3e

MAGBOOK

भारतीय अर्थव्यवस्था

UPSC, राज्य PCS एवं अन्य प्रतियोगी परीक्षाओं के लिए अत्यन्त उपयोगी

मनोहर पाण्डेय

सहयोगकर्ता

अजीत कुमार, मनीष मिश्रा

MAGBOOK

अरिहन्त पब्लिकेशन्स (इण्डिया) लिमिटेड

卐 रजि. कार्यालय

'रामछाया' 4577/15, अग्रवाल रोड, दरिया गंज, नई दिल्ली–110002
फोन: 011-47630600, 43518550

卐 मुख्य कार्यालय

कालिन्दी, टी०पी० नगर, मेरठ (यूपी)– 250002, **फोन:** 0121-7156203, 7156204

卐 शाखा कार्यालय

आगरा, अहमदाबाद, बरेली, बंगलुरु, चेन्नई, दिल्ली, गुवाहाटी, हैदराबाद, जयपुर, झाँसी, कोलकाता, लखनऊ, नागपुर तथा पुणे

卐 मूल्य : ₹ 350.00

Published by Arihant Publications (India) Ltd.

卐 **PO No. :** TXT-59-T069760-3-26

'अरिहन्त' की पुस्तकों के बारे में अधिक जानकारी के लिए हमारी वेबसाइट **www.arihantbooks.com** पर लॉग इन करें या **info@arihantbooks.com** पर सम्पर्क करें।

Follow us on 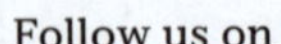   

संशोधित संस्करण का प्राक्कथन

MAGBOOK

वर्तमान समय में सभी प्रतियोगी परीक्षाओं में सिविल सेवा परीक्षा का स्थान सबसे सर्वश्रेष्ठ एवं प्रतिष्ठित है। इस परीक्षा का उद्देश्य अभ्यर्थी के विश्लेषणात्मक, तार्किक, विषय आधारित एप्रोच, विषयवार समसामयिक मुद्दों पर समझ आदि की जाँच करना है।

भारतीय अर्थव्यवस्था की यह पुस्तक उपरोक्त सभी उद्देश्यों को पूर्ण करती है, साथ ही अभ्यर्थी की विषय पर बेहतर समझ एवं मजबूत पकड़ का दावा भी करती है। यह पुस्तक प्रीलिम्स परीक्षा में अर्थव्यवस्था विषय के लिए ब्रह्मास्त्र की तरह कार्य करती है, क्योंकि इसमें सिलेबस का सम्पूर्ण कवरेज तथा प्रैक्टिस हेतु प्रश्न (प्रारम्भिक एवं मुख्य दोनों परीक्षा हेतु) समाहित हैं।

इस पुस्तक के सम्पूर्ण अवलोकन के पश्चात् अभ्यर्थी निश्चय ही राष्ट्रीय आय, निर्धनता एंव बेरोजगारी, कृषि, औद्योगिक क्षेत्र, लोकवित्त, बजट, मुद्रा एवं बैंकिंग, अन्तर्राष्ट्रीय संगठन, प्रमुख समितियाँ एवं सूचकांक आदि प्रकरणों को सरलता से समझ सकेंगे।

पुस्तक के अन्तर्गत अवधारणाओं को सरल और आसान तरीके से इस प्रकार प्रस्तुत या समझाने का प्रयास किया गया है कि अभ्यर्थी वस्तुनिष्ठ एवं विषयनिष्ठ सभी प्रकार के प्रश्न हल करने में सक्षम हों।

संशोधित संस्करण की प्रमुख विशेषताएँ

- सम्पूर्ण सिलेबस, NCERT फैक्ट्स एवं अपडेटेड फैक्ट्स का संकलन।
- प्रीलिम्स फैक्ट्स का अतिरिक्त कवरेज, जिसमें IAS एवं PCS परीक्षाओं में पूछे गए महत्त्वपूर्ण तथ्य दिए गए हैं।
- चैप्टर के अन्त में सेल्फ चैक का कवरेज, जिसके अन्तर्गत प्रश्नों को प्रैक्टिस हेतु संकलित किया गया है।
- पुस्तक के अन्त में IAS मुख्य परीक्षा (2024-2015) के प्रश्नों का टॉपिकवाइज संकलन है, जिसकी प्रैक्टिस के माध्यम से अभ्यर्थी मुख्य परीक्षा हेतु अपनी समझ और तैयारी का स्तर जाँच सकते हैं।

इस पुस्तक को पूरा करने में विशेषज्ञों की एक टीम ने उत्साह के साथ कार्य किया है। इस पुस्तक के संकलन में विशेषज्ञों के साथ-साथ प्रोजेक्ट मैनेजमेण्ट टीम का भी विशेष योगदान रहा, जिसमें मोना यादव (प्रोजेक्ट मैनेजर), मानसी गुप्ता (प्रोजेक्ट कॉर्डिनेटर), मीनाक्षी, सुशील कुमार (प्रूफ रीडर्स), विनय शर्मा, आकाश (डीटीपी ऑपरेटर) और बिलाल एवं अंकित प्रजापति (कवर एवं इनर डिजाइनर) प्रमुख हैं।

आशा है कि सिविल सेवा तथा अन्य प्रतियोगी परीक्षाओं के अभ्यर्थी इस पुस्तक का अध्ययन कर अपने लक्ष्य को निश्चित ही प्राप्त कर अपने सपने को साकार करेंगे। आपके उपयोगी सुझाव सदैव हमें बेहतर संस्करण बनाने में सहायक सिद्ध हुए हैं। इसलिए आप हमें अपने सुझाव अवश्य भेजें, जिनके आधार पर हम पुस्तक के आगामी संस्करण को और भी बेहतर बना सकें।

लेखकगण

विषय-सूची

"

अर्थशास्त्र, सामाजिक विज्ञान की एक शाखा है, जिसके अन्तर्गत उत्पादन, उपभोग, विनिमय तथा वितरण का अध्ययन किया जाता है, परन्तु आधुनिक अर्थशास्त्र में राजस्व, जनकल्याण, अन्तर्राष्ट्रीय व्यापार, विदेशी विनिमय, बैंकिंग इत्यादि का अध्ययन किया जाता है।

अध्याय एक

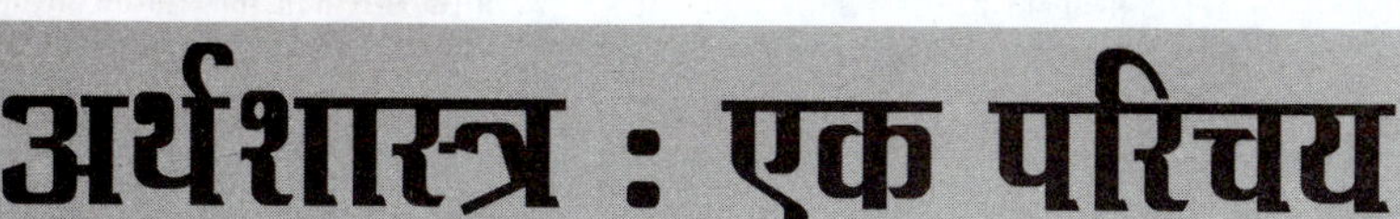

अर्थशास्त्र : एक परिचय

सामान्य परिचय

- अर्थशास्त्र अंग्रेजी शब्द इकोनॉमिक्स (Economics) का हिन्दी रूपान्तरण है।
- इकोनॉमिक्स शब्द ग्रीक भाषा के ओकोनॉमिया (Oikonomia) शब्द से उत्पन्न हुआ है।
- ओकोनॉमिया शब्द ओकोस (Oikos) तथा नॉमोस (Nomos) से मिलकर बना है। ओकोस का शाब्दिक अर्थ–घर तथा नॉमोस का शाब्दिक अर्थ– प्रबन्धन/नियम होता है। इस प्रकार अर्थशास्त्र का अर्थ 'गृह प्रबन्धन' (Management of Household) होता है।

प्रमुख परिभाषाएँ

- एडम स्मिथ "धन के शास्त्र को अर्थशास्त्र कहते हैं।"
- अल्फ्रेड मार्शल "अर्थशास्त्र मनुष्य के व्यवहार का अध्ययन है।"
- लियोनेल रॉबिन्स "अर्थशास्त्र एक विज्ञान है, जिसमें मानव व्यवहार, उसकी आवश्यकताओं, इच्छाओं तथा उपलब्ध संसाधनों के वैकल्पिक प्रयोग का अध्ययन किया जाता है।"
- कार्ल मार्क्स "अर्थशास्त्र का उद्देश्य मानव समाज की प्रगति के नियम की खोज करना है।"

अर्थशास्त्र के जनक

- प्रसिद्ध अर्थशास्त्री एडम स्मिथ को अर्थशास्त्र का जनक कहा जाता है, जिन्होंने अपनी पुस्तक 'एन इन्क्वायरी इनटू द नेचर एण्ड कॉजेज ऑफ द वेल्थ ऑफ नेशन्स' (An Inquiry into the nature and causes of the wealth of nations) में अर्थशास्त्र को धन का विज्ञान कहा है।
- 1776 ई. में प्रकाशित इस पुस्तक से ही शास्त्रीय अर्थशास्त्र (Classical Economics) की शुरुआत मानी जाती है।

अर्थशास्त्र की प्रमुख पुस्तकें

विद्वान	पुस्तक	प्रकाशन वर्ष
एडम स्मिथ	एन इन्क्वायरी इनटू द नेचर एण्ड कॉजेज ऑफ द वेल्थ ऑफ नेशन्स	1776
कार्ल मार्क्स	दास कैपिटल	1867
अल्फ्रेड मार्शल	प्रिन्सिपल्स ऑफ इकोनॉमिक्स	1890
लियोनेल रॉबिन्स	एन एस्से ऑन नेचर एण्ड सिग्निफिकेन्स ऑफ इकोनॉमिक साइंसेज	1932
जे. एम. कीन्स	द जनरल थ्योरी ऑफ एम्प्लॉयमेण्ट, इण्टरेस्ट एण्ड मनी	1936
गुन्नार मिर्डल	इकोनॉमिक थ्योरी एण्ड अण्डरडेवल्पड रीजन	1957
अल्बर्ट ओ. हिर्शमैन	द स्ट्रैटेजी ऑफ इकोनॉमिक डेवलपमेण्ट	1958
निकोलस काल्डर	स्ट्रैटेजिक फैक्टर्स इन इकोनॉमिक डेवलपमेण्ट	1961

अर्थशास्त्र एवं अर्थव्यवस्था

- अर्थशास्त्र एवं अर्थव्यवस्था में तकनीकी रूप से भिन्नता पाई जाती है। अर्थशास्त्र में आर्थिक गतिविधियों से सम्बन्धित सिद्धान्तों व नियमों (जैसे आय व रोजगार का सिद्धान्त आदि) आदि का वर्णन होता है।
- अर्थव्यवस्था, अर्थशास्त्र का व्यावहारिक पक्ष है, इसमें अर्थशास्त्र के सिद्धान्तों व नियमों का व्यावहारिक प्रयोग किया जाता है। आर्थिक सिद्धान्तों व नियमों की वास्तविक जाँच अर्थव्यवस्था में ही होती है।
- अर्थव्यवस्था एक अधूरा शब्द है, जब तक कि इसके आगे किसी क्षेत्र या देश विशेष का नाम जुड़ा हुआ न हो; जैसे-भारतीय अर्थव्यवस्था, अमेरिकी अर्थव्यवस्था, ग्रामीण अर्थव्यवस्था इत्यादि।
- एक क्षेत्र में रहने वाले लोगों द्वारा की गई आर्थिक क्रियाओं की 'प्रकृति एवं स्तर' एक व्यवस्था (system) को प्रदर्शित करते हैं, जिनके द्वारा उस क्षेत्र के लोग अपनी आजीविका अर्जित करते हैं। इस व्यवस्था को ही अर्थव्यवस्था (Economy) कहते हैं।

एक अर्थव्यवस्था की केन्द्रीय समस्याएँ
- क्या उत्पादन किया जाए?
- कैसे उत्पादन किया जाए?
- किसके लिए उत्पादन किया जाए?

अर्थशास्त्र की शाखाएं

अर्थशास्त्र की शाखाएँ

व्यष्टि अर्थशास्त्र
- → **Micro शब्द की व्युत्पत्ति** ग्रीक भाषा के शब्द **Mikros** से हुई है, इसका अर्थ है-छोटा या सूक्ष्म।
- → **उद्देश्य** बाजार में माँग व आपूर्ति की व्यवस्था को बनाए रखना व उपभोग तथा माँग के अन्य तत्वों की पहचान करना।

घटक
- → **कीमत सिद्धान्त**
  - माँग का सिद्धान्त
  - उत्पादन व लागत का सिद्धान्त
- → **साधन कीमत सिद्धान्त**
  - लगान
  - ब्याज
  - मजदूरी
  - लाभ
- → **आर्थिक कल्याण का सिद्धान्त**

समष्टि अर्थशास्त्र → **जॉन मेनार्ड कीन्स** द्वारा दिया गया शब्द

इन्होंने अपनी पुस्तक **द जनरल थ्योरी ऑफ एम्प्लॉयमेण्ट, इण्टरेस्ट एण्ड मनी** में 1930 के दशक की मन्दी के उपचार का सुझाव दिया

- → **Macro शब्द** की व्युत्पत्ति ग्रीक भाषा के शब्द 'Makros' से हुई है, जिसका अर्थ है-वृहद या बड़ा।
- → **उद्देश्य** जीवन स्तर को अधिकतम करना और स्थिर आर्थिक विकास प्राप्त करना।

> **Micro और Macro शब्द का सर्वप्रथम प्रयोग**
> नॉर्वेजियन अर्थशास्त्री रैगनर एण्टोन किटिल फ्रिश (1895-1973) ने सर्वप्रथम अपने व्यापार-चक्रों पर एक लेख में व्यक्तिगत फर्म और निर्माता के अध्ययन को **'माइक्रो- इकोनॉमिक्स'** और समग्र अर्थव्यवस्था के अध्ययन को **'मैक्रोइकोनॉमिक्स'** के रूप में सन्दर्भित किया था।

घटक
- → **आय व रोजगार का सिद्धान्त**
  - उपभोग का सिद्धान्त
  - विनियोग का सिद्धान्त
- → **सामान्य कीमत स्तर तथा मुद्रा स्फीति का सिद्धान्त**
  - व्यापार चक्र का सिद्धान्त
- → **आर्थिक विकास का सिद्धान्त**
  - वितरण का वृहद विश्लेषण सिद्धान्त
  - मौद्रिक नीति
  - राजकोषीय नीति

व्यष्टि एवं समष्टि अर्थशास्त्र में अन्तर

व्यष्टि अर्थशास्त्र	समष्टि अर्थशास्त्र
यह व्यक्तिगत व छोटी आर्थिक इकाइयों (स्थान विशेष) का अध्ययन करता है।	यह अर्थव्यवस्था की सम्पूर्ण इकाइयों (वृहद् अर्थात् अन्तर्राष्ट्रीय उपयोगिता) का एक समग्र इकाई के रूप में अध्ययन करता है।
यह एक फर्म, उद्योग व इकाई की तेजी-मन्दी की विवेचना करता है।	यह सम्पूर्ण आर्थिक मन्दी की विवेचना व स्पष्टीकरण करता है।
यह सीमान्त विश्लेषण पर आधारित नियमों तक सीमित है।	यह राष्ट्रीय आय, पूर्ण रोजगार आदि का वृहद् विश्लेषण है।
यह बाजार में कीमत के निर्धारण से सम्बद्ध होता है।	यह समग्र उत्पाद तथा सामान्य कीमत स्तर के निर्धारण से सम्बद्ध होता है।
यह अर्थव्यवस्था के भीतर भूमि, श्रम, पूँजी, उद्यमियों जैसे उत्पादन के कारकों से सम्बन्धित है।	यह समग्र रूप से मुद्रास्फीति, अपस्फीति तथा बेरोजगारी जैसी अर्थव्यवस्था की प्रमुख समस्याओं का समाधान करता है।

माँग एवं आपूर्ति

माँग का नियम

- यह नियम यह बताता है कि जब अन्य सभी कारक स्थिर हों, तब किसी वस्तु की कीमत बढ़ती है, तो आमतौर पर उसकी माँग कम हो जाती है और जब कीमत कम होती है, तो उसकी माँग बढ़ जाती है।

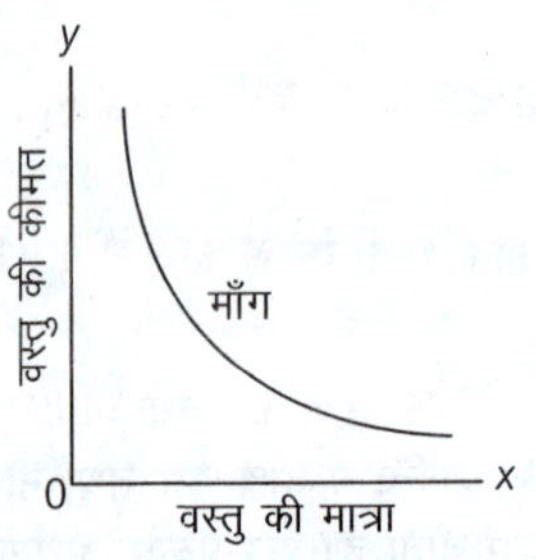

- अन्य कारक अपरिवर्तित रहने पर भी किसी वस्तु के लिए बाजार माँग बढ़ सकती है, यदि इसकी स्थानापन्न वस्तु की कीमत में वृद्धि हो।
- दूसरे शब्दों में किसी वस्तु की माँग उसकी कीमत के बीच विपरीत सम्बन्ध (Inverse Relation) होता है।

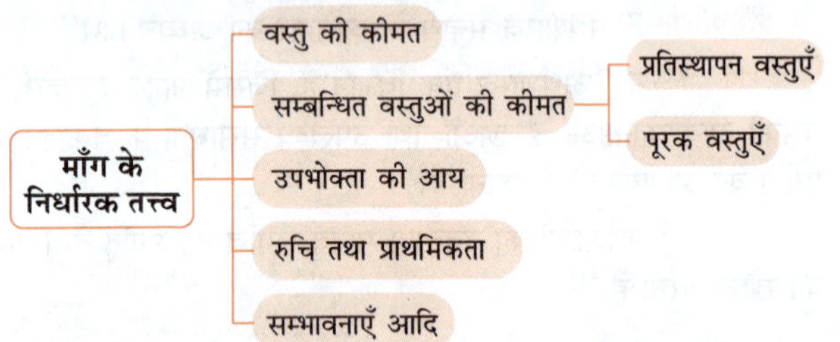

- **माँग के नियम के अपवाद** (Exceptions to the law of Demand) कुछ वस्तुओं पर माँग के नियम लागू नहीं होते हैं। ये माँग के नियम के अपवाद हैं; जैसे-प्रतिष्ठासूचक वस्तुएँ, गिफिन वस्तुएँ (Giffen Goods), विवेकरहित मूल्यांकन (Irrational Judgement) आदि।

माँग की लोच

- कीमत में परिवर्तन होने पर किसी वस्तु की माँग में आनुपातिक परिवर्तन को **माँग की लोच** (Elasticity of Demand) कहते हैं।
- माँग की लोच से यह ज्ञात होता है कि किसी वस्तु की कीमत अथवा उपभोक्ता की आय या सम्बन्धित वस्तुओं की कीमत में परिवर्तन होने से उस वस्तु की माँगी गई मात्रा में कितना परिवर्तन हुआ है।

माँग की लोच

पूर्णतया बेलोच माँग (Perfectly in elastic demand)	जब किसी वस्तु की कीमत में परिवर्तन होने पर वस्तु की माँगी गई मात्रा में कोई परिवर्तन न हो; जैसे-नमक [Ed = 0] Ed= Elasticity of demand
बेलोच माँग या इकाई से कम माँग लोच (In elastic demand or less than unit elastic demand)	जब किसी वस्तु की कीमत में होने वाले प्रतिशत परिवर्तन की तुलना में माँग में होने वाला प्रतिशत परिवर्तन कम होता है। Ed = < 1
इकाई के बराबर लोचदार माँग (Unitary elastic demand)	जब किसी वस्तु की कीमत में प्रतिशत परिवर्तन उसकी माँग में होने वाला प्रतिशत परिवर्तन समान हो। Ed = 1
इकाई से अधिक लोचदार माँग (More than unit elastic demand)	जब किसी वस्तु की कीमत में प्रतिशत परिवर्तन की तुलना में उसकी माँगी गई मात्रा में प्रतिशत परिवर्तन अधिक हो। Ed = > 1
पूर्णतया लोचदार माँग (Perfectly Elastic demand)	जब किसी वस्तु की कीमत में कोई परिवर्तन न होने पर (या बहुत ही कम परिवर्तन होने पर) उसकी माँग बहुत अधिक बढ़ जाती है या घटकर शून्य रह जाता है। $Ed = \infty$ (अनन्त)

आपूर्ति का नियम

- आपूर्ति से आशय एक वस्तु की उन विभिन्न मात्राओं से है, जिसे उत्पादक वस्तु की विभिन्न सम्भव कीमतों पर व एक निश्चित समय पर विक्रय करने हेतु तैयार होता है।
- आपूर्ति का नियम (Law of Supply) यह बताता है कि वस्तु की कीमत में वृद्धि उत्पादकों को अधिक वस्तु की पूर्ति बढ़ाने के लिए प्रेरित करती है तथा कीमत में कमी आपूर्ति में भी कमी करने के लिए बाध्य करती है।
- आपूर्ति का नियम आपूर्ति की कीमत के साथ प्रत्यक्ष सम्बन्ध को प्रदर्शित करता है; जैसे– कीमत में वृद्धि होना, वस्तु की आपूर्ति में वृद्धि होना।

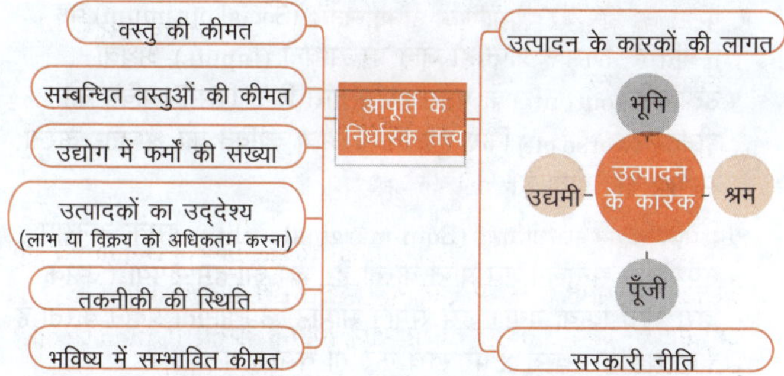

- आपूर्ति के नियम के अपवाद (Exception to the law of supply) कुछ अवस्थाओं व वस्तुओं पर आपूर्ति के नियम लागू नहीं होते हैं। ये आपूर्ति के नियम के अपवाद हैं; जैसे-प्राकृतिक तत्त्व (किसी वस्तु के उत्पादन का प्राकृतिक तत्त्वों पर अधिक निर्भर होना), सामाजिक प्रतिष्ठा (Social status) की वस्तुएँ, नाशवान वस्तुएँ आदि।
- मजदूरी में वृद्धि के कारण समग्र पूर्ति वक्र में विवर्तन (Shifting) होता है तथा समग्र पूर्ति वक्र में विवर्तन के कारण लागत प्रेरित स्फीति होती है।

विभिन्न प्रकार की वस्तुएँ

- सार्वजनिक वस्तुएँ (Public Goods) ये ऐसी वस्तुएँ तथा सेवाएँ होती हैं, जिनकी व्यवस्था सरकार की बजटीय व्यवस्था के अन्तर्गत नहीं की जाती है, किन्तु ये सभी के लिए सुलभ होती हैं; जैसे—वायु, जल आदि।
- निजी वस्तुएँ (Private Goods) ये ऐसी वस्तुएँ या सेवाएँ होती हैं, जो सभी को उपलब्ध नहीं होती, बल्कि ये बाजार के द्वारा उपलब्ध कराई जाती हैं, जिनके पास क्रय क्षमता होती है, वही इनका लाभ उठा पाते हैं; जैसे—कार, हीरे का हार आदि।
- स्थानापन्न वस्तुएँ (Substitute Goods) ये ऐसी वस्तुएँ होती हैं, जो एक-दूसरे के बदले प्रयोग में लाई जाती हैं। इसमें एक वस्तु की कीमत के बढ़ने पर दूसरी वस्तु की माँग पर सकारात्मक अथवा नकारात्मक प्रभाव पड़ता है; जैसे—चाय, कॉफी, चीनी और गुड़ आदि।
- मेरिट वस्तुएँ (Merit Goods) ये ऐसी निजी वस्तुएँ होती हैं, जो किसी विशेष समुदाय या किसी विशेष वर्ग के लिए आवश्यक एवं महत्त्वपूर्ण होती हैं; जैसे-सरकार के द्वारा गरीबों के लिए शिक्षा, स्वास्थ्य, आवास आदि की व्यवस्था करना आदि।
- मिश्रित वस्तुएँ (Mixed Goods) ये ऐसी वस्तुएँ होती हैं, जो न तो शुद्ध सार्वजनिक वस्तुएँ होती हैं और न ही शुद्ध रूप से निजी वस्तुएँ होती हैं अर्थात् इसमें दोनों के लक्षण विद्यमान होते हैं; जैसे—पीपीपी मॉडल पर निर्मित सड़कें, अस्पताल आदि।
- पूरक वस्तुएँ (Complementary Goods) ये ऐसी वस्तुएँ होती हैं, जिनका प्रयोग किसी उद्देश्य की पूर्ति के लिए साथ-साथ किया जाता है। इसमें एक वस्तु की कीमत में वृद्धि होने पर दूसरी वस्तु की माँग कम हो जाती है अथवा विपरीत प्रभाव पड़ता है; जैसे—पेन और स्याही, कार और पेट्रोल आदि। ये सभी एक-दूसरे के पूरक होते हैं।
- गिफिन वस्तुएँ (Giffen Goods) ये ऐसी वस्तुएँ होती हैं, जो घटिया किस्म की होती हैं, जिन पर उपभोक्ता अपनी आय का बड़ा भाग व्यय करता है। इन वस्तुओं पर माँग का नियम लागू नहीं होता है, बल्कि मूल्य में वृद्धि से इनकी माँग बढ़ जाती है तथा मूल्य में कमी से भी माँग में कमी हो जाती है।
- निम्न कोटि की वस्तुएँ (Inferior Goods) ये ऐसी वस्तुएँ होती हैं, जिनकी माँग तथा उपभोक्ता की आय में प्रतिकूल सम्बन्ध पाया जाता है। इसमें उपभोक्ता की आय में वृद्धि होने पर ऐसी वस्तुओं की माँग में कमी आ जाती है।

बाजार

- किसी वस्तु का बाजार वह क्षेत्र है, जिसमें वस्तु के क्रेता और विक्रेता एक-दूसरे के सम्पर्क में हों और जिनमें वस्तु के विनिमय सौदे होते हैं।
- बाजार एक संगठित संरचना होती है, जो कीमतों के स्तर को प्रभावित करती है।

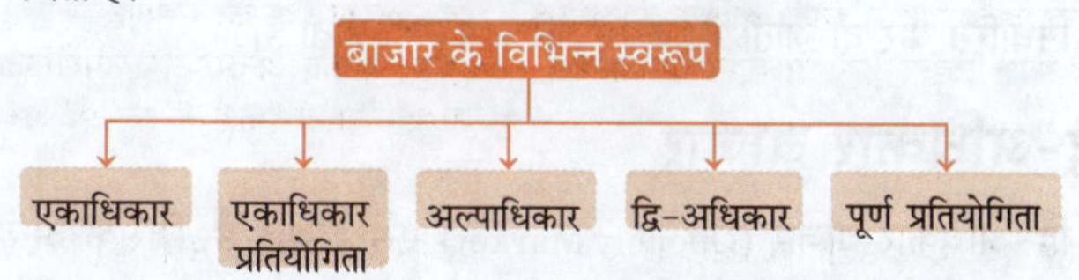

एकाधिकार बाजार

- एकाधिकार Monopoly दो ग्रीक शब्दों, Monos तथा Polus से मिलकर बना है, जिसका अर्थ क्रमश: अकेला और विक्रेता है।
- एकाधिकार बाजार में फर्मों द्वारा उत्पादित वस्तु का कोई स्थानापन्न नहीं होता है तथा कई फर्मों के प्रवेश पर प्रतिबन्ध होता है; जैसे-भारतीय रेल (भारत सरकार द्वारा संचालित)।
- इसमें एकाधिकारी का कीमत निर्धारण पर पूर्ण नियन्त्रण होता है।
- एकाधिकारी एक ही वस्तु को विभिन्न क्रेताओं को भिन्न-भिन्न कीमतों (कीमत विभेद) पर बेचता है।
- इसमें माँग वक्र नीचे की ओर ढाल वाला (बेलोचदार) होता है।

एकाधिकारी प्रतियोगिता बाजार

एकाधिकारी/एकाधिकारात्मक प्रतियोगिता (Monopolistic Competition) से आशय बाजार की ऐसी संरचना से है, जिसमें विभेदीकृत तथा निकट स्थानापन्न वस्तुओं के विक्रेताओं की एक बड़ी संख्या होती है। उदाहरणस्वरूप-रेस्टोरेण्ट, टूथपेस्ट का बाजार आदि।

- इसमें उत्पाद विभेद आकार, डिजाइन, गुणवत्ता, पैकिंग, रंग आदि के आधार पर हो सकता है।
- इसमें विक्रय लागत (वस्तु के विज्ञापन पर व्यय) उपस्थित होती है।
- इसमें माँग-वक्र की प्रकृति नीचे की ढाल वाली होती है।
- एकाधिकारात्मक प्रतियोगिता, एकाधिकार तथा पूर्ण प्रतियोगिता का मिश्रण है।
- इसमें एक फर्म का वस्तु की कीमत पर केवल आंशिक नियन्त्रण होता है।

अल्पाधिकार बाजार

- अल्पाधिकार बाजार (Oligopoly Market) अपूर्ण प्रतियोगिता का एक महत्त्वपूर्ण रूप है। अल्पाधिकार उस स्थिति को कहा जाता है, जिसमें एक वस्तु के उत्पादन या बेचने वाली फर्में कम होती हैं। उदाहरणस्वरूप - मोबाइल सेवा उपलब्ध कराने वाले, कार उद्योग, एयर लाइंस आदि।
- जब उत्पादकों या विक्रेताओं की संख्या दो से दस तक हो, तो इस स्थिति को अल्पाधिकार कहा जाता है और जब विक्रेताओं के पदार्थ समान हों, तो उसे शुद्ध अल्पाधिकार कहा जाता है।
- दूसरी ओर, जब विभिन्न विक्रेताओं या फर्मों के पदार्थ विभेदीकृत, परन्तु एक-दूसरे के निकट स्थानापन्न हों, तो इसको अपूर्ण अल्पाधिकार (Imperfect Oligopoly) कहा जाता है।
- इसमें कुछ ही फर्मों का सम्पूर्ण बाजार पर नियन्त्रण होता है तथा एक फर्म के द्वारा लिया गया निर्णय अन्य सभी फर्मों को प्रभावित करता है अर्थात् विक्रेताओं में अन्तर्निर्भरता पाई जाती है।
- इसमें विक्रय लागत (विज्ञापन पर व्यय) उपस्थित होती है। इसमें योग-वक्र अनिर्धारित होता है।
- इसमें सामान्यत: कीमतें निश्चित होती हैं। फर्मों द्वारा एक बार जो कीमत निर्धारित कर दी जाती है, उसमें परिवर्तन नहीं होता है।

द्वि-अधिकार बाजार

- द्वि-अधिकार बाजार (Duopoly Market) ऐसी स्थिति है, जिसके अन्तर्गत बाजार में केवल दो फर्में ही क्रियाशील होती हैं।
- द्वि-अधिकार की एक महत्त्वपूर्ण विशेषता यह है कि इसके अन्तर्गत व्यक्तिगत फर्म को अपनी कीमत अथवा उत्पादन मात्रा अथवा दोनों के परिवर्तन सम्बन्धी अपने निर्णय के अप्रत्यक्ष प्रभागों पर बड़ी सावधानी से विचार करना पड़ता है।
- इसमें कीमत में स्थायित्व की प्रकृति पाई जाती है। दोनों फर्मों में सामान्यत: एक ही वस्तु उत्पादित होती है। माँग वक्र, औसत आय वक्र एवं सीमान्त आय वक्र की ढाल ऋणात्मक होती है।

पूर्ण प्रतियोगिता बाजार

- पूर्ण प्रतियोगिता (Perfect competition) का आशय बाजार की उस अवस्था से है, जब किसी वस्तु के विक्रेताओं और क्रेताओं की संख्या अधिक होती है तथा किसी भी व्यक्तिगत क्रेता अथवा विक्रेता का इसकी कीमत पर कोई नियन्त्रण नहीं होता है।
- इसमें वस्तु समरूप (Homogeneous) होती है तथा उसकी कीमत बाजार की माँग तथा पूर्ति की शक्तियों द्वारा निर्धारित होती है।
- इसमें फर्म का कीमत पर कोई नियन्त्रण नहीं होता है तथा नई फर्मों के प्रवेश तथा बहिर्गमन की स्वतन्त्रता होती है।
- इसमें विक्रेताओं तथा क्रेताओं दोनों को वस्तुओं तथा उनकी कीमतों का पूर्ण ज्ञान होता है तथा वस्तुएँ तथा उत्पादन के साधन पूर्ण रूप से गतिशील होते हैं।
- इसमें विक्रय लागतों (विज्ञापन पर व्यय) का अभाव होता है।
- इसमें फर्म का माँग-वक्र क्षैतिजाकार तथा पूर्णतया लोचदार होता है।

अर्थशास्त्र के प्रमुख सिद्धान्त

- पैरेटो का सामाजिक अनुकूलतम का सिद्धान्त विलफ्रेडो पैरेटो इटली के प्रथम अर्थशास्त्री थे, जिन्होंने उपयोगिता के क्रमवाचक विचार (Ordinal Concept of utility) के आधार पर कल्याणकारी अर्थशास्त्र का विचार प्रस्तुत किया।
- पैरेटो के अनुसार सामाजिक अनुकूलतम (Social optimum) वह स्थिति है, जिसके प्राप्त हो जाने पर साधनों (Inputs) अथवा उत्पादनों (outputs) के पुनरावण्टन द्वारा बिना किसी व्यक्ति को हीनतर (worse off) किए हुए किसी अन्य व्यक्ति को श्रेष्ठतर करना सम्भव नहीं होता है।
- सम-सीमान्त उपयोगिता (Equi-marginal utility) इसके अनुसार उपभोक्ता सन्तुलन तब प्राप्त करता है, जब अन्तिम रुपया (उसके द्वारा खर्च किया गया) उसे समान सीमान्त उपयोगिता प्रदान करता है, चाहे वह उसे वस्तु X पर खर्च करे या वस्तु Y पर।

  दूसरे शब्दों में कोई उपभोक्ता अपनी सीमित आय को विभिन्न वस्तुओं पर किस तरह व्यय करे कि उसे अधिकतम संतुष्टि प्राप्त हो, उसे ही सम-सीमान्त उपयोगिता कहते हैं।
- व्यापार चक्र का विशुद्ध मौद्रिक सिद्धान्त (Pure Monetary Theory of trade cycle) इस सिद्धान्त का प्रतिपादन आर.जी. हाट्रे (R.G. Hawtrey) ने किया था। इनके अनुसार व्यापार चक्र एक विशुद्ध मौद्रिक घटना है, इसलिए आर्थिक गतिविधि के उतार-चढ़ाव की स्थिति को धन प्रवाह द्वारा नियन्त्रित किया जाता है।

"

भारत की अर्थव्यवस्था मिश्रित अर्थव्यवस्था है, जिसमें सार्वजनिक एवं निजी क्षेत्र मिल-जुलकर कार्य करते हैं। पिछले दशक के दौरान यह भारतीय अर्थव्यवस्था की विशिष्ट पहचान बनी है, जिसका संकेत 'तेजी से उभर रही अर्थव्यवस्था' संज्ञा से मिलता है।

अध्याय दो

भारतीय अर्थव्यवस्थाः एक परिचय

अर्थव्यवस्था वह व्यवस्था है, जिसके द्वारा एक क्षेत्र या देश विशेष के लोग अपनी आजीविका अर्जित करते हैं।

आर्थिक सिद्धान्तों एवं नियमों की वास्तविक परख अर्थव्यवस्था ही होती है। जब हम किसी देश को उसकी समस्त आर्थिक क्रियाओं के सन्दर्भ में परिभाषित करते हैं तो उसे 'अर्थव्यवस्था' कहते हैं।

आर्थिक विकास की अवधारणाएँ

- आर्थिक विकास एक **क्रमिक** प्रक्रिया है। जिस प्रकार मानव को अपने विकास के लिए विभिन्न अवस्थाओं (यथा-शिशु, किशोर, तरुण, वयस्क, वृद्धावस्था) से होकर गुजरना पड़ता है, ठीक उसी प्रकार प्रत्येक देश को अपने पिछड़ेपन से विकास की चरम सीमा तक पहुँचने के लिए विभिन्न अवस्थाओं से होकर गुजरना पड़ता है।
- **वाल्ट डब्ल्यू. रोस्टो की आर्थिक विकास की अवस्थाएँ** आर्थिक विकास की अवस्थाओं का वैज्ञानिक एवं तर्कपूर्ण ढंग से विश्लेषण करने का श्रेय अमेरिकन अर्थशास्त्री प्रो. वाल्ट डब्ल्यू. रोस्टो (Walt W. Rostow) को दिया जाता है।
- रोस्टो ने अपनी पुस्तक 'The Stages of Economic Growth' में आर्थिक विकास की अवस्थाओं को निम्न पाँच भागों में विभक्त किया है

पाँचवी अवस्था अत्यधिक उपभोग की अवस्था

चौथी अवस्था परिपक्वता की अवस्था

तीसरी अवस्था आत्मस्फूर्ति की अवस्था

दूसरी अवस्था उत्कर्ष या आत्मस्फूर्ति के पूर्व की अवस्था

प्रथम अवस्था परम्परावादी/परम्परागत समाज की अवस्था

(i) **परम्परागत अवस्था** यह अवस्था अत्यन्त पिछड़ी हुई होती है। इसमें अर्थव्यवस्था मुख्यतः कृषि पर आश्रित होती है। इसमें सामाजिक ढाँचा उत्तराधिकारवादी होता है, जिसमें परिवार तथा जाति सम्बन्ध प्रमुख भूमिका निभाते हैं।

(ii) **उत्कर्ष या आत्मस्फूर्ति के पूर्व की अवस्था** यह आर्थिक विकास के संक्रमण काल की अवस्था है, जिसमें सतत वृद्धि की पूर्व दशाओं का निर्माण होता है। इस अवस्था में समाज में परिवर्तन होने लगता है तथा समाज परम्परागत विधियों को छोड़कर वैज्ञानिक विधियों एवं तकनीकों का प्रयोग करने लगता है।

(iii) **आत्मस्फूर्ति की अवस्था** रोस्टो के अनुसार आत्मस्फूर्ति (Take-off) **अविकसित अवस्था** और **विकास की चरम सीमा के बीच एक मध्यान्तर** की अवस्था है। इसमें अर्थव्यवस्था आत्मनिर्भर व स्वयं संचालित होने लगती है। इसमें विकास की बाधाओं पर नियन्त्रण हो जाता है तथा आर्थिक प्रगति की उत्प्रेरक शक्तियों का पर्याप्त विस्तार होता है।

(iv) **परिपक्वता की अवस्था** यह वह अवस्था है, जिसमें कोई अर्थव्यवस्था उन मौलिक उद्योगों से आगे बढ़ने की क्षमता रखती है, जिन्होंने उसकी आत्मस्फूर्ति को सम्भव बनाया है और आधुनिक प्रौद्योगिकी को पूर्ण कुशलता के साथ अपने अधिकांश साधन क्षेत्रों पर लागू करने की सामर्थ्य रखती है।

(v) **अत्यधिक उपभोग की अवस्था** इस अवस्था में अग्रगामी क्षेत्र अधिकतर टिकाऊ उपभोग की वस्तुओं एवं सेवाओं का उत्पादन करने लगते हैं, जिससे उपभोग का स्तर काफी ऊँचा हो जाता है। टिकाऊ उपभोक्ता वस्तुओं; जैसे-रेफ्रिजेरेटर, वातानुकूलन यन्त्र व मोटरों आदि का उत्पादन व उपभोग बड़े पैमाने पर किया जाने लगता है। देश में पूर्ण रोजगार की स्थिति स्थापित हो जाती है। इन परिवर्तनों के पश्चात् समाज आधुनिक तकनीक में विस्तृत परिवर्तन स्वीकार करने के लिए तैयार नहीं होता है, क्योंकि यह विकास की चरम अवस्था होती है।

अर्थव्यवस्था का वर्गीकरण/प्रकार

अर्थव्यवस्था का वर्गीकरण निम्न प्रकार है

राज्य/सरकार की भूमिका के आधार पर

राज्य/सरकार की भूमिका के आधार पर अर्थव्यवस्था का वर्गीकरण निम्न प्रकार है

- उदारवादी/पूँजीवादी अर्थव्यवस्था (Liberal Economy) एक ऐसी अर्थव्यवस्था है, जहाँ आर्थिक गतिविधियों (पूँजी निवेश, उत्पादन के साधनों, वितरण तथा धन के विनिमय आदि) पर राज्य का न्यूनतम नियन्त्रण होता है तथा निजी क्षेत्र अधिक प्रभावकारी एवं स्वतन्त्र होता है।
  - यह अर्थव्यवस्था एडम स्मिथ के लेसेजफेयर (Laissez- faire) या अहस्तक्षेप के सिद्धान्तों पर कार्य करती है। इसे पूँजीवादी अर्थव्यवस्था (Capitalist Economy) भी कहते हैं।
  - इसमें बाजार की शक्तियाँ अधिक प्रभावी होती हैं; जैसे-यू.एस.ए., ब्रिटेन की अर्थव्यवस्था आदि।
  - बाजार अर्थव्यवस्था/पूँजीवादी अर्थव्यवस्था का उद्भव एडम स्मिथ की पुस्तक वेल्थ ऑफ नेशन्स से माना जाता है।
  - एडम स्मिथ, डेविड रिकॉर्डो और जे. के. गालब्रेथ ने बाजार अर्थव्यवस्था का प्रबल समर्थन किया था।
- समाजवादी अर्थव्यवस्था (Socialist Economy) इस प्रकार की अर्थव्यवस्था में राज्य की समस्त आर्थिक गतिविधियाँ; जैसे—उत्पादन, आपूर्ति और कीमत निर्धारण आदि राज्य अथवा सरकार द्वारा नियन्त्रित तथा निर्देशित होती हैं; जैसे-क्यूबा, उत्तर कोरिया की अर्थव्यवस्था।
  - इसे राज्य अर्थव्यवस्था भी कहते हैं, जिसका विचार सर्वप्रथम जर्मन दार्शनिक कार्ल मार्क्स के द्वारा प्रस्तुत किया गया था। समाजवादी अर्थव्यवस्था में सरकार/राज्य का उद्देश्य लाभ कमाना नहीं, बल्कि जन कल्याण करना होता है। इसमें सभी नागरिकों को वस्तुओं एवं सेवाओं का समान वितरण किया जाता है। इसे केन्द्रीकृत नियोजित अर्थव्यवस्था भी कहते हैं। इस अर्थव्यवस्था में उत्पादन के साधनों एवं उत्पाद दोनों पर सार्वजनिक स्वामित्व होता है, न कि निजी।

> **समाजवादी बनाम साम्यवादी अर्थव्यवस्था**
>
> - **समाजवादी अर्थव्यवस्था** के अन्तर्गत सभी नागरिकों में वस्तुओं एवं सेवाओं का समान वितरण किया जाता है; उदाहरणस्वरूप-पूर्व सोवियत संघ की अर्थव्यवस्था।
> - **साम्यवादी अर्थव्यवस्था** में प्रत्येक व्यक्ति से उसकी क्षमतानुसार कार्य एवं प्रत्येक को उसकी आवश्यकतानुसार प्रतिफल अर्थात् वस्तुएँ और सुविधाएँ उपलब्ध कराई जाती हैं। वर्ष 1985 से पहले की चीन की अर्थव्यवस्था को साम्यवादी अर्थव्यवस्था कहते हैं।

- मिश्रित अर्थव्यवस्था (Mixed Economy) इस अर्थव्यवस्था की संकल्पना को वर्ष 1929 की महामन्दी के कारण उत्पन्न आर्थिक समस्याओं के समाधान के रूप में ब्रिटिश अर्थशास्त्री जॉन मेनार्ड कीन्स ने प्रस्तुत किया था।
  - इस अर्थव्यवस्था में समाजवादी तथा उदारवादी दोनों प्रकार की अर्थव्यवस्थाओं की विशेषताएँ निहित होती हैं। इसमें निजी तथा सार्वजनिक दोनों क्षेत्रों का योगदान होता है।
  - निजी क्षेत्र, सार्वजनिक क्षेत्र का सहायक होता है; जैसे-भारत की अर्थव्यवस्था आदि। इस अर्थव्यवस्था में सरकार व्यापार की व्यक्तिगत स्वतन्त्रता व समाज के वंचित व पिछड़े वर्ग के कल्याण हेतु दोनों की पूर्ति में सक्षम होती है। इस प्रकार की अर्थव्यवस्था में पूँजीपति एवं सरकार दोनों देश के आर्थिक विकास में परस्पर सहयोगी भूमिका निभाते हैं।

> **भारत में मिश्रित अर्थव्यवस्था को अपनाने का कारण**
>
> - निजी क्षेत्र से पूँजी, तकनीकी एवं प्रबन्धन क्षमता का लाभ उठाना।
> - सार्वजनिक क्षेत्र के कार्य-भार को कम करना, जिससे सरकारें अवसंरचनात्मक ढाँचे का विकास तथा सामाजिक कल्याण कार्यक्रमों का संचालन कर सकें।
> - सार्वजनिक क्षेत्र के अन्य कार्य हैं-सार्वजनिक उपयोगिता संसाधन प्रदान करना, सामाजिक व आर्थिक ऊपरी पूँजी का निर्माण करना, सन्तुलित क्षेत्रीय व क्षेत्रकीय विकास सुनिश्चित करना तथा समतावादी लक्ष्यों को आगे बढ़ाना आदि।
> - नागरिकों को गुणवत्ता युक्त वस्तुओं एवं सेवाओं को उपलब्ध कराना।
> - आर्थिक विकास की गति को तीव्र करना।
> - गरीबी व बेरोजगारी जैसी समस्याओं का समाधान करना।
> - भारतीय अर्थव्यवस्था को वैश्विक प्रतिस्पर्द्धा के अनुरूप विकसित करना आदि।

राज्य अर्थव्यवस्था, पूँजीवादी अर्थव्यवस्था तथा मिश्रित अर्थव्यवस्था में अन्तर

केन्द्रीय नियोजित अर्थव्यवस्था/राज्य अर्थव्यवस्था/ समाजवादी अर्थव्यवस्था	पूँजीवादी अर्थव्यवस्था/बाजार अर्थव्यवस्था	मिश्रित अर्थव्यवस्था
राज्य अर्थव्यवस्था में आर्थिक क्रियाओं (उत्पादन, उपभोग, निवेश तथा विनिमय) पर सरकार अथवा किसी केन्द्रीय संस्था का नियन्त्रण होता है।	पूँजीवादी अर्थव्यवस्था में आर्थिक क्रियाओं पर बाजारी शक्तियों का नियन्त्रण होता है।	मिश्रित अर्थव्यवस्था में आर्थिक क्रियाओं पर सामान्यतया बाजारी शक्तियों का नियन्त्रण होता है, लेकिन सरकार द्वारा विनियामक की भूमिका का निर्वहन किया जाता है।
इसके अन्तर्गत आर्थिक निर्णय सामाजिक कल्याण को ध्यान में रखकर लिए जाते हैं।	इसके अन्तर्गत आर्थिक निर्णय लाभ को अधिकतम करने के उद्देश्य से लिए जाते हैं।	इसके अन्तर्गत आर्थिक निर्णय सामाजिक कल्याण तथा अधिकतम लाभ दोनों उद्देश्यों को ध्यान में रखकर लिए जाते हैं।
आर्थिक क्रियाएँ सार्वजनिक क्षेत्र में सक्रिय होती हैं।	आर्थिक क्रियाएँ निजी क्षेत्र में सक्रिय होती हैं।	आर्थिक क्रियाएँ निजी एवं सार्वजनिक दोनों क्षेत्रों में सक्रिय होती हैं।
राज्य अर्थव्यवस्था के अन्तर्गत कौन-कौन-सी वस्तुओं का उत्पादन किया जाए, यह निर्णय सरकार द्वारा लिया जाता है, इसलिए यहाँ उपभोक्ता की प्रभुता बाधित होती है।	पूँजीवादी अर्थव्यवस्था के अन्तर्गत उत्पादन उपभोक्ता की पसन्द के अनुसार किया जाता है, इसलिए यहाँ उपभोक्ता का प्रभुत्व होता है।	मिश्रित अर्थव्यवस्था में उपभोक्ता का प्रभुत्व होता है, परन्तु सार्वजनिक वितरण प्रणाली द्वारा सरकार आवश्यक वस्तुओं की आपूर्ति उपभोक्ताओं को सुनिश्चित कर सकती है।
इसमें अधिकतर संसाधनों पर सरकार का नियन्त्रण या स्वामित्व होता है। सरकार द्वारा ही बाजार में वस्तुओं का विक्रय मूल्य निर्धारित किया जाता है।	इसमें अधिकतर संसाधनों पर निजी क्षेत्रों का नियन्त्रण होता है। वस्तुओं और सेवाओं की कीमत बाजार द्वारा (माँग और पूर्ति द्वारा) निर्धारित की जाती है।	इसमें संसाधनों पर जनता एवं सरकार दोनों का नियन्त्रण होता है। वस्तुओं एवं सेवाओं की कीमत बाजार द्वारा निर्धारित की जाती है, परन्तु सरकार आवश्यक वस्तुओं की कीमत नियन्त्रित/नियमित करती है।

विकास की विभिन्न अवस्था के आधार पर

विकास की विभिन्न अवस्थाओं के आधार पर देशों का वर्गीकरण निम्न प्रकार है

- विकसित अर्थव्यवस्था (Developed Economy) इस अर्थव्यवस्था के अन्तर्गत वे देश आते हैं, जहाँ पर उच्च स्तर का औद्योगीकरण (Industrialisation) हो चुका है तथा इसके अतिरिक्त इन देशों की अर्थव्यवस्था में तृतीयक क्षेत्रकों की प्रधानता होती है; जैसे—अमेरिका, स्विट्ज़रलैण्ड, जापान आदि।
  - विकसित अर्थव्यवस्था में उत्पादन के तीनों संसाधन - प्राकृतिक, मानवीय तथा भौतिक प्रचुर मात्रा में उपलब्ध होते हैं एवं इनका अनुकूल एवं समुचित दोहन भी होता है।
  - इन देशों में राष्ट्रीय आय (National Income), प्रतिव्यक्ति आय (Per Capita Income) तथा जीवन स्तर (Living Standard) ऊँचा होता है।
- विकासशील देश/विकासशील अर्थव्यवस्था (Developing Economy) विश्व बैंक की परिभाषा के अनुसार, विकासशील देश (Developing Country) वे देश हैं, जिनमें पश्चिमी मानक के आधार पर लोकतान्त्रिक सरकार (Democratic Government), मुक्त व्यापार अर्थव्यवस्था (Liberated Business Economy), औद्योगीकरण (Industrialisation), सामाजिक उन्नति (Social Development) और मानवाधिकारों (Human Rights) की प्राप्ति नहीं हुई है।
- अल्पविकसित अर्थव्यवस्था (Under Developed Economy) इस प्रकार की अर्थव्यवस्था में एक ओर अप्रयुक्त या अर्द्ध-प्रयुक्त मानव संसाधन होता है और साथ ही प्राकृतिक संसाधनों की न्यूनतम उपलब्धता पाई जाती है।
  - वह अर्थव्यवस्था, जिनका आर्थिक विकास या लोगों के रहन-सहन का स्तर निम्न होता है, उसे अल्पविकसित अर्थव्यवस्था कहते हैं।
  - इनकी प्रतिव्यक्ति सकल राष्ट्रीय आय 1085 डॉलर या इससे कम होती है। सोमालिया, बुरुण्डी, चाड़, नाइजर अल्पविकसित देश हैं।

> संयुक्त राष्ट्र के अनुसार, जो देश विकास सूचकांक को प्रदर्शित करते हैं, वे इस वर्ग के अन्तर्गत आते हैं।

विकसित तथा अल्पविकसित अर्थव्यवस्थाओं में अन्तर

विकसित अर्थव्यवस्था	अल्पविकसित या विकासशील अर्थव्यवस्था
राष्ट्रीय आय और प्रतिव्यक्ति आय एक निर्धारित स्तर से ऊपर हो।	राष्ट्रीय आय और प्रतिव्यक्ति आय एक निर्धारित स्तर से कम हो।
राष्ट्रीय आय में प्राथमिक क्षेत्र की तुलना में द्वितीयक व तृतीयक क्षेत्र का अधिक योगदान।	राष्ट्रीय आय में प्राथमिक क्षेत्र का अधिक योगदान।
वैज्ञानिक प्रगति एवं तकनीकी प्रगति का उच्च स्तर।	वैज्ञानिक प्रगति एवं तकनीकी विकास का निम्न स्तर।
आधारभूत संरचना का उन्नत स्तर तथा औद्योगिक रूप से समृद्ध।	औद्योगिक पिछड़ापन एवं आधारभूत संरचना का निम्नतर स्तर।
जनसंख्या का भार कम एवं उच्च जीवन स्तर।	जनघनत्व अधिक एवं लोगों का निम्न जीवन स्तर।
पूँजी निर्माण की उच्च दर।	पूँजी निर्माण की निम्न दर।
मुख्यत: विनिर्मित वस्तुओं का निर्यात।	मुख्यत: कच्चे प्राकृतिक संसाधनों का निर्यात।
उदाहरण संयुक्त राज्य अमेरिका, कनाडा, ब्रिटेन तथा अन्य पश्चिम यूरोपीय देश।	उदाहरण भारत, पाकिस्तान, बांग्लादेश, इण्डोनेशिया आदि।

विभिन्न क्षेत्रों की भूमिका के आधार पर

विभिन्न क्षेत्रों की भूमिका के आधार पर अर्थव्यवस्था निम्न प्रकार है

- कृषक अर्थव्यवस्था (Agrarian Economy) जब किसी देश की अर्थव्यवस्था के सकल घरेलू उत्पाद (GDP) में कृषि एवं सम्बद्ध क्षेत्र (प्राथमिक क्षेत्र) का योगदान 50% अथवा इससे अधिक हो और साथ ही इतने ही अनुपात में लोग प्राथमिक क्षेत्र को जीवन निर्वाह हेतु अपनी आजीविका के रूप में अपनाते हैं, तो वह कृषक अर्थव्यवस्था कहलाती है। स्वतन्त्रता प्राप्ति के दौरान भारत की पहचान एक कृषक अर्थव्यवस्था के रूप में थी।

- **औद्योगिक अर्थव्यवस्था** (Industrial Economy) औद्योगिक अर्थव्यवस्था उस अर्थव्यवस्था को कहा जाता है, जहाँ के सकल घरेलू उत्पाद में औद्योगिक क्षेत्र का योगदान 50% अथवा इससे अधिक हो और साथ ही इतने ही अनुपात में लोग अपनी आजीविका के लिए इसी क्षेत्र पर निर्भर रहें। इसका सबसे अच्छा उदाहरण चीन को माना जाता है।
- **सेवा अर्थव्यवस्था** (Service Economy) जब किसी अर्थव्यवस्था के सकल घरेलू उत्पाद में सेवा अथवा तृतीयक क्षेत्र का योगदान 50% या उससे अधिक हो और साथ ही इतने ही अनुपात में लोग अपनी आजीविका के लिए रोजगार के रूप में इस क्षेत्र को अपनाते हैं, तो उसे सेवा अर्थव्यवस्था कहा जाता है।
- अमेरिका, ब्रिटेन, जापान इत्यादि विकसित देश इसके सबसे अच्छे उदाहरण हैं।

वैश्विक अन्तर्सम्बन्धों के आधार पर

वैश्विक अन्तर्सम्बन्धों के आधार पर अर्थव्यवस्था को दो भागों में वर्गीकृत किया जाता है

- **खुली अर्थव्यवस्था** (Open Economy) जिस अर्थव्यवस्था में उदारवादी तथा निजी आर्थिक तत्त्वों की प्रभाविता रहती है तथा **आयात-निर्यात पर न्यूनतम प्रतिबन्ध** रहते हैं, उन्हें खुली अर्थव्यवस्था कहते हैं; जैसे—हाँगकाँग व सिंगापुर आदि।
  - खुली अर्थव्यवस्था वाले देश विश्व के अन्य देशों के साथ वस्तुओं एवं सेवाओं के व्यापार तथा निवेश के लिए स्वतन्त्र होते हैं। इस अर्थव्यवस्था का विश्व की अन्य अर्थव्यवस्थाओं के साथ उचित आर्थिक सम्बन्ध व्याप्त होता है।
  - ऐसी अर्थव्यवस्था में उत्पादन, उपभोग तथा पूँजी निर्माण बाह्य लेन-देन से प्रभावित होता है। आधुनिक विश्व की लगभग सभी अर्थव्यवस्था, खुली अर्थव्यवस्था हैं।
- **बन्द अर्थव्यवस्था** (Closed Economy) ऐसी अर्थव्यवस्था, जो बाह्य अर्थव्यवस्था से किसी भी प्रकार से कोई सम्बन्ध नहीं रखती है अर्थात् आयात-निर्यात की गतिविधियाँ शून्य होती हैं तथा निजी क्षेत्र की भूमिका नगण्य होती है, उन्हें बन्द अर्थव्यवस्था कहते हैं; जैसे—उत्तरी कोरिया आदि।

बन्द अर्थव्यवस्था और खुली अर्थव्यवस्था में अन्तर

बन्द अर्थव्यवस्था	खुली अर्थव्यवस्था
इस अर्थव्यवस्था का शेष विश्व से कोई आर्थिक सम्बन्ध नहीं होता है।	इस अर्थव्यवस्था का विश्व की दूसरी अर्थव्यवस्थाओं से आर्थिक सम्बन्ध होता है।
इस अर्थव्यवस्था में **सकल घरेलू उत्पाद** (GDP) एवं **राष्ट्रीय आय** (National Income) दोनों **एकसमान** होते हैं।	इस अर्थव्यवस्था में **राष्ट्रीय आय** एवं **घरेलू आय में अन्तर** होता है।
इस अर्थव्यवस्था में **उपभोग एवं विनियोग दोनों उत्पादन के बराबर** होते हैं।	इस अर्थव्यवस्था में **उपभोग** तथा **विनियोग का योग उत्पादन से अधिक भी हो सकता** है और कम भी।
इस अर्थव्यवस्था में **अन्तर्राष्ट्रीय व्यापार के लाभ प्राप्त नहीं** होते हैं।	इस अर्थव्यवस्था में **अन्तर्राष्ट्रीय व्यापार के लाभ** प्राप्त होते हैं।
इस अर्थव्यवस्था में **पूँजी निर्माण नगण्य** होता है।	इस अर्थव्यवस्था में **पूँजी-निर्माण** तथा **विनियोग दोनों महत्त्वपूर्ण** होते हैं।
यह एक **काल्पनिक अर्थव्यवस्था** है।	यह एक **वास्तविक अर्थव्यवस्था** है।

नियोजन के आधार पर

नियोजन के आधार पर अर्थव्यवस्था के दो प्रकार हैं, जिनका विवरण निम्नवत् है

- **योजनाबद्ध अर्थव्यवस्था** (Planned Economy) ऐसी अर्थव्यवस्था वाले देश अपनी आर्थिक संवृद्धि एवं विकास के लक्ष्यों को प्राप्त करने के लिए योजना एवं रणनीतियाँ बनाते हैं।
  - भारत में योजना आयोग के द्वारा निर्मित पंचवर्षीय योजनाएँ तथा वर्तमान में नीति आयोग के द्वारा बनाया गया **15 वर्षीय विजन**, **7 वर्षीय रणनीति** तथा **3 वर्ष** के लिए अपनाया जाने वाला एजेण्डा योजनाबद्ध अर्थव्यवस्था के स्वरूप के उदाहरण हैं।
- **गैर-योजनाबद्ध अर्थव्यवस्था** (Unplanned Economy) इस अर्थव्यवस्था में आर्थिक विकास के लिए किसी भी प्रकार की दीर्घकालिक रणनीतियों को नहीं अपनाया जाता है।
  - इसमें आर्थिक संवृद्धि तथा विकास के लक्ष्यों की प्राप्ति के लिए योजना का निर्धारण नहीं किया जाता है या पूर्व निर्धारित नहीं होता है।

निर्भरता के आधार पर

निर्भरता के आधार पर अर्थव्यवस्था तीन प्रकार की होती है, जिनका विवरण निम्नवत् है

- **आश्रित अर्थव्यवस्था** (Dependent Economy) वह अर्थव्यवस्था, जो अपनी आवश्यकताओं की पूर्ति हेतु किसी दूसरी अर्थव्यवस्था पर निर्भर रहती है, उसे आश्रित अर्थव्यवस्था कहते हैं। इसके पास पूँजी व संसाधनों का सामान्यत: अभाव होता है तथा उत्पादन की उन्नत प्रौद्योगिकी की भी कमी पाई जाती है।
- **परस्पर-निर्भर अर्थव्यवस्था** (Mutually Dependent Economy) वह अर्थव्यवस्था, जो कुछ मामलों एवं क्षेत्रों में आत्मनिर्भर तथा दूसरे देशों पर निर्भर होती है, ऐसी अर्थव्यवस्था को परस्पर-निर्भर अर्थव्यवस्था कहते हैं। इसके अन्तर्गत ऐसे देश आते हैं, जिनके पास संसाधन होते हैं, किन्तु संसाधनों के कुशलतम प्रयोग के लिए तथा टेक्नोलॉजी के लिए दूसरे देशों पर निर्भर रहते हैं।
- **आत्मनिर्भर अर्थव्यवस्था** (Self-Dependent Economy) ऐसी अर्थव्यवस्था, जो अपनी आवश्यकता के लिए वस्तुओं तथा सेवाओं के उत्पादन के लिए स्वयं सक्षम होती है, उसे आत्मनिर्भर अर्थव्यवस्था कहते हैं। यह पूँजी व संसाधन के मामलों में सम्पन्न तथा नागरिकों की लगभग सभी आवश्यकताओं की पूर्ति करने में समर्थ होती है।
  - सामान्यत: अर्थजगत में अब यह माना जाता है कि आज की दुनिया में कोई भी देश अपने आप को पूर्ण रूप से आत्मनिर्भर अर्थव्यवस्था नहीं कह सकता है।

अन्य अर्थव्यवस्थाएँ

चक्रीय अर्थव्यवस्था

- यह अर्थव्यवस्था रेखीय अर्थव्यवस्था के विपरीत तथा एक वैकल्पिक व्यवस्था की अवधारणा पर कार्य करती है, जिसमें संसाधनों का कुशलतापूर्वक उपयोग किया जाता है। संसाधनों के अभाव जैसी परिस्थितियों में संसाधनों का कुशलतम उपयोग करना **संसाधन दक्षता** (Resource Efficiency) कहलाता है।

- इसमें संसाधनों के कुशलतम उपयोग, पुनः उपयोग, पुनर्चक्रण, पुनर्निर्माण तथा नवीकरण पर बल दिया जाता है।
- वर्तमान में बढ़ती जनसंख्या तथा शहरीकरण एवं उपभोक्तावादी संस्कृति के कारण प्राकृतिक संसाधनों पर दबाव बढ़ गया है, ऐसे में चक्रीय अर्थव्यवस्था महत्त्वपूर्ण है। यह आर्थिक संवृद्धि दर को भी उच्च करने में सहायक होती है।
- इस अर्थव्यवस्था में संसाधनों का किया जाने वाला कुशलतम उपयोग सतत विकास के प्रमुख आयामों; जैसे-आर्थिक, सामाजिक और पर्यावरण के अनुकूल होता है।
- नीति आयोग के पूर्व मुख्य कार्यकारी अधिकारी अमिताभ कान्त के अनुसार, चक्रीय अर्थव्यवस्था के अन्तर्गत आगामी 5-7 वर्षों में लगभग 1.4 करोड़ रोजगार सृजन किए जा सकते हैं।

गिग इकोनॉमी प्रारूप

- यह अर्थव्यवस्था का एक ऐसा मॉडल है, जिसमें स्थायी कर्मचारियों के बदले फ्रीलान्सर, गैर-स्थायी कर्मचारियों तथा अनुबन्ध आधारित (Contract Based) अस्थायी नौकरियाँ प्रदान की जाती हैं।
- इसमें कर्मचारियों की आय उनके कार्य की मात्रा एवं गुणवत्ता के आधार पर निर्धारित की जाती है। इसमें कम्पनियाँ अपनी आवश्यकता के अनुसार योग्य कर्मचारियों को नियुक्त करती हैं।
- यह एक मुक्त व्यवस्था होती है, जहाँ स्थायी रोजगार के स्थान पर अस्थायी रोजगार का विकल्प होता है। इसमें जानकारी रखने वाले व्यक्ति को कुछ समय के लिए अनुबन्धित किया जाता है।
- इसमें सक्षम व्यक्ति अपनी आवश्यकतानुसार कार्य करते हैं। इसमें व्यक्ति की सफलता, अनुकूल कार्य, योग्य अच्छे वेतन उसकी गुणवत्ता पर निर्भर करते हैं।
- भारत के सन्दर्भ में यह इकोनॉमी अनौपचारिक क्षेत्र का ही विस्तार है। इसमें कार्य करने वाले लोगों को सामाजिक सुरक्षा (Social Security), बीमा (Insurance) आदि सुविधाएँ प्रदान नहीं की जाती हैं।
- वर्तमान डिजिटलाइजेशन के युग में रोजगार व कार्य का स्वरूप बदल गया है, जिससे गिग इकोनॉमी का महत्त्व बढ़ गया है।

भारत में गिग इकोनॉमी का विकास

- भारत में **डिजिटलीकरण** (Digitalization) का तेजी से बढ़ना गिग इकोनॉमी के विकास का प्रमुख कारण है। इसमें रोजगार को लचीला बनाया गया है। इसमें बिना किसी भौगोलिक बाधा के कार्य करना सरल हो गया है। इससे कम्पनियाँ निश्चित अवधि या अस्थायी रूप से लोगों को रोजगार प्रदान कर रही हैं। इसमें पेशेवर व योग्य व्यक्ति के लिए रोजगार चुनने का विकल्प है।
- वर्तमान में यह स्थायी रोजगार के बदले एक विकल्प के रूप में देखा जा रहा है अर्थात् औपचारिक क्षेत्र में लगातार हो रही नौकरियों की कमी ने गिग इकोनॉमी को बढ़ावा दिया है।
- भारत की बढ़ती बेरोजगारी तथा दूसरी ओर घटती सरकारी नौकरियों की कमी ने पार्ट टाइम अथवा फ्रीलान्स जैसी बढ़ती नौकरियों का प्रचलन या आवश्यकता को बढ़ावा दिया है, जिससे गिग इकोनॉमी में वृद्धि हुई है।
- नीति आयोग ने **इण्डियाज़ बूमिंग गिग एण्ड प्लेटफॉर्म इकोनॉमी** शीर्षक से एक रिपोर्ट जारी की। रिपोर्ट के अनुसार, वर्ष 2029 से 2030 तक भारत के गिग वर्कफोर्स के 2.35 करोड़ तक बढ़ने की उम्मीद है।
- इस रिपोर्ट का अनुमान है कि वर्ष 2020 से 2021 में 77 लाख (7.7 मिलियन) कर्मचारी गिग इकोनॉमी में संलग्न थे, जो भारत में गैर-कृषि कार्यबल का 2.6% या कुल कार्यबल के 1.5% थे।

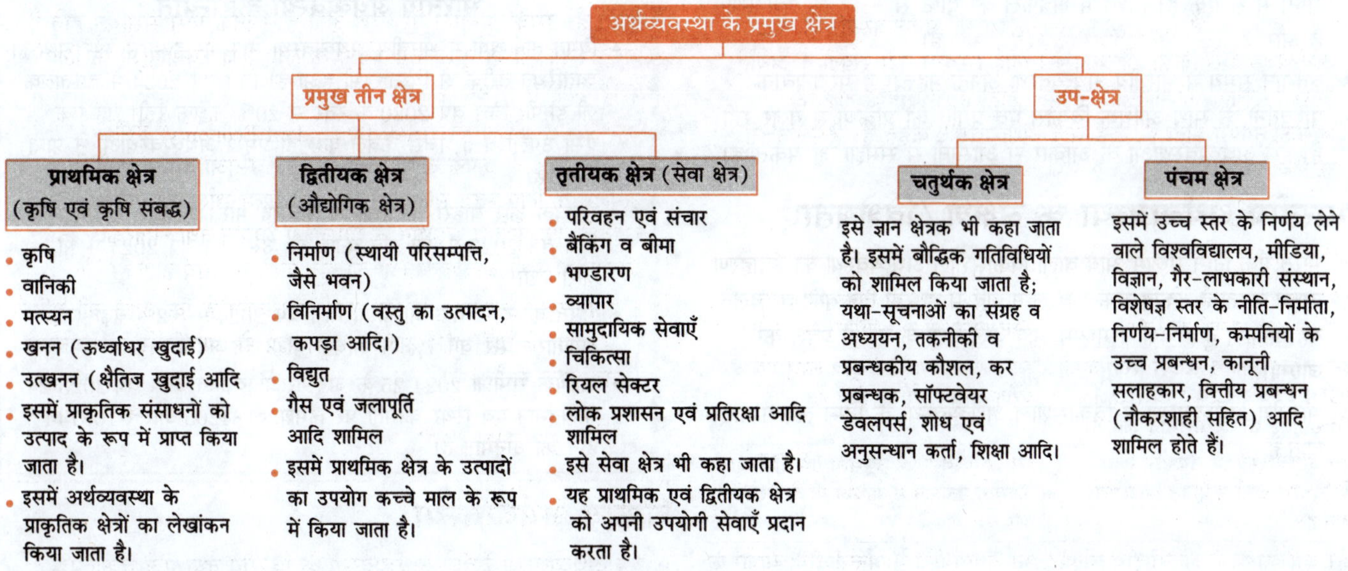

अर्थव्यवस्था के प्रमुख क्षेत्र

प्रमुख तीन क्षेत्र

प्राथमिक क्षेत्र (कृषि एवं कृषि संबद्ध)
- कृषि
- वानिकी
- मत्स्यन
- खनन (ऊर्ध्वाधर खुदाई)
- उत्खनन (क्षैतिज खुदाई आदि
- इसमें प्राकृतिक संसाधनों को उत्पाद के रूप में प्राप्त किया जाता है।
- इसमें अर्थव्यवस्था के प्राकृतिक क्षेत्रों का लेखांकन किया जाता है।

द्वितीयक क्षेत्र (औद्योगिक क्षेत्र)
- निर्माण (स्थायी परिसम्पत्ति, जैसे भवन)
- विनिर्माण (वस्तु का उत्पादन, कपड़ा आदि।)
- विद्युत
- गैस एवं जलापूर्ति आदि शामिल
- इसमें प्राथमिक क्षेत्र के उत्पादों का उपयोग कच्चे माल के रूप में किया जाता है।

तृतीयक क्षेत्र (सेवा क्षेत्र)
- परिवहन एवं संचार
- बैंकिंग व बीमा
- भण्डारण
- व्यापार
- सामुदायिक सेवाएँ
- चिकित्सा
- रियल सेक्टर
- लोक प्रशासन एवं प्रतिरक्षा आदि शामिल
- इसे सेवा क्षेत्र भी कहा जाता है।
- यह प्राथमिक एवं द्वितीयक क्षेत्र को अपनी उपयोगी सेवाएँ प्रदान करता है।

उप-क्षेत्र

चतुर्थक क्षेत्र

इसे ज्ञान क्षेत्रक भी कहा जाता है। इसमें बौद्धिक गतिविधियों को शामिल किया जाता है; यथा-सूचनाओं का संग्रह व अध्ययन, तकनीकी व प्रबन्धकीय कौशल, कर प्रबन्धक, सॉफ्टवेयर डेवलपर्स, शोध एवं अनुसन्धान कर्ता, शिक्षा आदि।

पंचम क्षेत्र

इसमें उच्च स्तर के निर्णय लेने वाले विश्वविद्यालय, मीडिया, विज्ञान, गैर-लाभकारी संस्थान, विशेषज्ञ स्तर के नीति-निर्माता, निर्णय-निर्माण, कम्पनियों के उच्च प्रबन्धन, कानूनी सलाहकार, वित्तीय प्रबन्धन (नौकरशाही सहित) आदि शामिल होते हैं।

भारतीय अर्थव्यवस्था का आकार एवं प्रकृति

- भारतीय अर्थव्यवस्था सकल घरेलू उत्पाद (जीडीपी) के आधार पर संयुक्त राज्य अमेरिका, चीन, जापान तथा जर्मनी के पश्चात् विश्व की पाँचवीं सबसे बड़ी अर्थव्यवस्था है।
- मई, 2024 की स्थिति के अनुसार सांकेतिक/नॉमिनल जी. डी. पी. के आधार पर भारतीय अर्थव्यवस्था का आकार $3.7 ट्रिलियन है। वर्तमान (अप्रैल 2025) में भारतीय अर्थव्यवस्था का आकार $4.2 ट्रिलियन है।
- भारत वर्ष 2027 तक जापान और जर्मनी को पीछे छोड़ते हुए विश्व की तीसरी सबसे बड़ी अर्थव्यवस्था बनने के लिए तैयार है।
- क्रय-शक्ति समता (Purchasing power parity) के आधार पर चीन एवं संयुक्त राज्य अमेरिका के पश्चात् भारत विश्व की तीसरी बड़ी अर्थव्यवस्था है।
- अंकटाड (UNCTAD) द्वारा जारी विश्व निवेश रिपोर्ट (World Investment Report) 2024 के अनुसार भारत में प्रत्यक्ष विदेशी निवेश (FDI) में गिरावट दर्ज की गई। यह वर्ष 2022 के $49 बिलियन डॉलर (43% की गिरावट) से घटकर वर्ष 2023 में $28 बिलियन पर आ गया।
- इस गिरावट के कारण भारत वर्ष 2023 में सर्वाधिक एफ. डी. आई. प्राप्तकर्ता देशों की सूची में वर्ष 2022 के 8वें स्थान से गिरकर 15वें स्थान पर पहुँच गया था।
- वर्तमान (अप्रैल 2025) में भारत का विदेशी मुद्रा भण्डार 686.15 बिलियन अमेरिकी डालर था।
- वित्त वर्ष 2023-2024 में भारत में प्रत्यक्ष विदेशी निवेश के क्षेत्र में सर्वाधिक निवेश मॉरीशस (25%) और सिंगापुर (23%) ने किया। इसके पश्चात् क्रमशः यू.एस.ए., नीदरलैण्ड और जापान का स्थान आता है।
- भारतीय अर्थव्यवस्था कृषि प्रधान अर्थव्यवस्था है। भारत विश्व के बड़े राष्ट्रों में से एक है। विश्व में क्षेत्रफल की दृष्टि से भारत का 7वाँ स्थान है और एशिया में चीन के बाद दूसरा स्थान है।
- वर्तमान समय में भारतीय अर्थव्यवस्था अनेक महत्त्वपूर्ण संरचनात्मक परिवर्तनों के साथ आर्थिक विकास एवं प्रगति की प्रक्रिया से गुजर रही है। इसे अर्थव्यवस्थाओं के आकार से आसानी से समझा जा सकता है।

भारतीय अर्थव्यवस्था के लक्षण/विशेषताएँ

- भारत एक निम्न मध्यम आय वाली विकासशील अर्थव्यवस्था का उदाहरण प्रस्तुत करता है, किन्तु सकल घरेलू उत्पाद में हो रही तेज वृद्धि के चलते यह आगामी कुछ वर्षों में मध्यम आय वाले देशों के वर्ग में प्रवेश कर जाएगा।
- भारतीय अर्थव्यवस्था में विकासशील अर्थव्यवस्था के निम्न लक्षण पाए जाते हैं
  - प्रतिव्यक्ति आय का निम्न होना वर्ष 2021 में भारत की प्रतिव्यक्ति सकल राष्ट्रीय आय विश्व बैंक के अनुसार, केवल $ 7130 (जीडीपी क्रय शक्ति समता के आधार पर) थी, जो बहुत ही कम है। वर्ष 2023-24 में स्थिर मूल्य पर भारत की प्रतिव्यक्ति आय ₹ 106744 दर्ज़ की गई है।
  - अधिकांश जनसंख्या का अर्थव्यवस्था के प्राथमिक क्षेत्र में संलग्न होना भारत की कुल कार्यकारी जनसंख्या का लगभग 46.1% भाग कृषि कार्य में लगा हुआ है, जबकि राष्ट्रीय आय में इसका योगदान 16% है।
  - बेरोजगारी की समस्या भारत लगातार बेरोजगारी और अल्परोजगार की समस्या से ग्रसित रहा है। यहाँ मात्रात्मक रोजगार के साथ-साथ गुणात्मक रोजगार की भी कमी रही है।
  - पर्याप्त पूँजी का अभाव यहाँ प्रतिव्यक्ति उपलब्धता काफी कम है। निम्न आय वर्ग वाली जनसंख्या की अधिकता के कारण यहाँ बचत दर भी काफी कम है। परिणामतः पूँजी निर्माण की प्रचलित दर भी निम्नतम है।
  - मानव संसाधन की गुणवत्ता का निम्न होना भारत को अपने मानव संसाधन पर बहुत अधिक निवेश करना पड़ता है। स्वास्थ्य, शिक्षा, सामाजिक सुरक्षा, सामाजिक सेवाओं व सामाजिक कल्याण पर अधिक व्यय के कारण आर्थिक विकास के लिए पूँजी का अभाव हो जाता है।
  - अधिकांश जनसंख्या के जीवन-स्तर का निम्न होना भारत में अधिकतर लोगों को प्रतिदिन सन्तुलित भोजन नहीं मिल पाता है।
  - नीति आयोग के राष्ट्रीय बहुआयामी गरीबी सूचकांक एक प्रगति सम्बन्धी समीक्षा 2024 के अनुसार भारत में बहुआयामी गरीबों की संख्या लगभग 23.4 करोड़ है।

भारतीय अर्थव्यवस्था की स्थिति

- विगत तीन वर्षों में भारतीय अर्थव्यवस्था में सुधार हुआ है और साथ ही व्यवस्थित तरीके से विस्तार भी हुआ है। वित्त वर्ष 2024 में वास्तविक जी.डी.पी. वित्त वर्ष 2020 के स्तर से 20% अधिक रही। यह एक ऐसी उपलब्धि है, जिसे केवल कुछ ही प्रमुख अर्थव्यवस्थाओं ने प्राप्त किया है।
- वैश्विक और बाहरी चुनौतियों के बावजूद भारत की अर्थव्यवस्था ने वित्त वर्ष 2023 में, जो गति बनाई थी, उसे वित्त वर्ष 2024 में भी जारी रखा।
- भारत की वास्तविक जी.डी.पी वित्त वर्ष 2024 में 8.2% बढ़ी, जो लगातार तीसरे वर्ष 7% से अधिक वृद्धि दर्ज करती है।
- आर्थिक समीक्षा 2024-25 के अनुसार प्रतिव्यक्ति आय वर्ष 2023-24 में वर्तमान एवं स्थिर कीमतों पर क्रमशः ₹184205 और ₹ 106744 होने का अनुमान है।

अल्पविकसित व विकासशील देशों की समस्याओं का स्थायी समाधान आर्थिक विकास के द्वारा ही सम्भव है। अत: आर्थिक विकास की अवधारणा की समुचित समझ होना अति आवश्यक है।

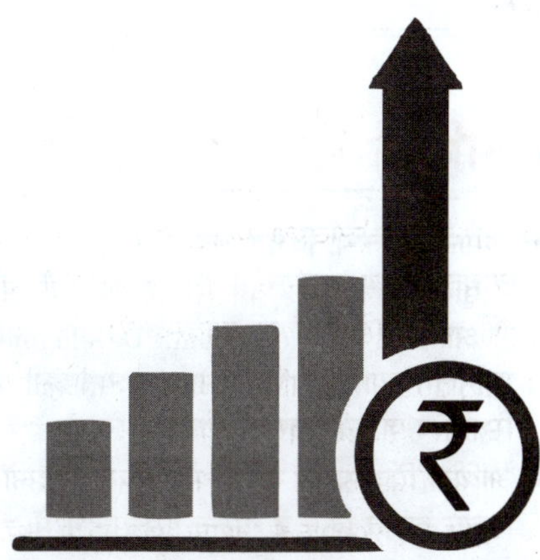

अध्याय तीन

आर्थिक संवृद्धि एवं आर्थिक विकास

आर्थिक संवृद्धि

- आर्थिक संवृद्धि (Economic Growth) से तात्पर्य, प्रतिव्यक्ति वास्तविक आय अथवा शुद्ध भौतिक उत्पाद में वृद्धि से है। सकल राष्ट्रीय उत्पाद, सकल घरेलू उत्पाद तथा प्रतिव्यक्ति आय में वृद्धि होती है, तो उसे सामान्यत: संवृद्धि कहते हैं।
- आर्थिक संवृद्धि में यह देखा जाता है कि राष्ट्रीय उत्पादन में सतत् वृद्धि हो रही है अथवा नहीं। राष्ट्रीय उत्पादन में सतत वृद्धि की प्रक्रिया ही 'संवृद्धि' के रूप में परिभाषित किया जाता है।
- आर्थिक संवृद्धि से यह ज्ञात होता है कि अर्थव्यवस्था के विभिन्न स्रोतों में मात्रात्मक रूप से कितनी वृद्धि हो रही है।
- इसे कुल उत्पादन में वृद्धि तथा प्रतिव्यक्ति उत्पादन में वृद्धि के सन्दर्भ में देखा जा सकता है। इसका सम्बन्ध सकल घरेलू उत्पाद के घटक; जैसे—सरकारी व्यय, निवेश, शुद्ध निर्यात में वृद्धि तथा उपभोग आदि से होता है।
- किसी भी अर्थव्यवस्था में संसाधनों के आवण्टन की सफलता के मूल्यांकन की सर्वाधिक मौलिक माप आर्थिक संवृद्धि को माना जाता है। आर्थिक विकास के लिए आर्थिक संवृद्धि आवश्यक है। यह आर्थिक विकास में सहायक सिद्ध होती है। आर्थिक संवृद्धि आर्थिक विकास की पूर्व शर्त है।
- आर्थिक संवृद्धि की सीमा की अवधारणा का प्रतिपादन क्लब ऑफ रोम (1972) द्वारा किया गया था।

आर्थिक संवृद्धि दर

- निवल राष्ट्रीय उत्पाद (Gross National Product) में परिवर्तन की दर आर्थिक संवृद्धि दर (Economic Growth Rate) कहलाती है। इसको राष्ट्रीय आय की वृद्धि दर भी कहा जाता है।

$$\text{आर्थिक संवृद्धि दर} = \frac{NNP_2 - NNP_1}{NNP_1} \times 100$$

यहाँ पर, NNP_2 = वर्तमान वर्ष का NNP

NNP_1 = पिछले वर्ष का NNP

- विकासशील देशों में आर्थिक संवृद्धि दर को विकास हेतु परिवर्तित करना अर्थव्यवस्था की सबसे बड़ी समस्या है।
- आर्थिक संवृद्धि के प्रमुख मापक सकल घरेलू उत्पाद, सकल राष्ट्रीय उत्पाद, निवल घरेलू उत्पाद, निवल राष्ट्रीय उत्पाद तथा प्रतिव्यक्ति आय है।
- किसी देश की आर्थिक संवृद्धि का सर्वाधिक उपयुक्त मापदण्ड प्रतिव्यक्ति वास्तविक आय होता है।

यूएनडीपी और आर्थिक संवृद्धि

संयुक्त राष्ट्र विकास कार्यक्रम (UNDP) ने संवृद्धि की चार अवस्थाओं का उल्लेख किया है, जिसमें रोजगार विहीन संवृद्धि को गरीबी का कारण बताया गया है। इसकी प्रमुख अवस्थाएँ निम्न हैं

- **भविष्य विहीन संवृद्धि** (Futureless Growth) पर्यावरण एवं प्राकृतिक संसाधनों की क्षति।
- **निष्ठुर संवृद्धि** (Cruel Growth) आय एवं सम्पत्ति में विषमता।
- **जड़ विहीन या निर्मूल संवृद्धि** (Rootless Growth) सामाजिक परम्पराएँ एवं सांस्कृतिक पक्ष को नुकसान।
- **स्वर विहीन संवृद्धि** (Voiceless Growth) इसमें समाज के पिछड़े वर्ग की स्थिति स्वरहीनता या बिना सशक्तीकरण की होती है।

आर्थिक विकास

- सामान्यत: किसी विशेष क्षेत्र, देश अथवा व्यक्तियों की आर्थिक संवृद्धि में वृद्धि को आर्थिक विकास कहा जाता है, परन्तु नीति निर्माण की दृष्टि से आर्थिक विकास (Economic Development) में उन सभी प्रयत्नों को शामिल किया जाता है, जिनका लक्ष्य किसी जन-समुदाय की आर्थिक स्थिति व जीवन-स्तर में सुधार करना है।
- आर्थिक विकास के सन्दर्भ में विभिन्न विद्वानों व विशेषज्ञों ने अपने-अपने विचार व्यक्त किए हैं, परन्तु इस सन्दर्भ में जी एम मायर (गेराल्ड एम. मायर) द्वारा प्रस्तुत परिभाषा को व्यापक रूप से स्वीकार किया गया है।
- इस परिभाषा के अनुसार, "आर्थिक विकास वह प्रक्रिया है, जिसके फलस्वरूप किसी देश की वास्तविक प्रतिव्यक्ति आय में दीर्घकालिक वृद्धि होती है, बशर्ते इससे गरीबी रेखा के नीचे रहने वालों की संख्या व आय वितरण की असमानता न बढ़ने पाए।"
- उपरोक्त वर्णित परिभाषा के विश्लेषण से यह स्पष्ट होता है कि आर्थिक विकास एक प्रक्रिया है, जिसमें उत्पादन के विभिन्न साधन; जैसे—पूँजी, श्रम, तकनीक आदि एक-दूसरे पर ऐसा अनुकूल प्रभाव डालते हैं, जिससे कि आय वृद्धि का क्रम आगे बढ़ता रहता है।
- पुन: इस परिभाषा में दीर्घकालिक (Long-Term) आय वृद्धि पर बल दिया गया है अर्थात् आर्थिक विकास का होना तभी समझा जाएगा, जब अर्थव्यवस्था में ऐसे परिवर्तन आएँ, जिनसे कि प्रतिव्यक्ति वास्तविक आय एक लम्बी अवधि के दौरान उत्तरोत्तर बढ़े।
- विकास की परिभाषा से यह शर्त भी जुड़ी है कि गरीबों की संख्या व आय की असमानता भी न बढ़े। इस शर्त पर इस कारण से बल दिया गया है, क्योंकि पिछले कुछ समय से अल्पविकसित देशों की अर्थव्यवस्थाओं में प्रतिव्यक्ति आय में वृद्धि तो हुई, परन्तु इसके साथ-साथ आय में असमानता व गरीबों की संख्या भी बढ़ी है।
- संयुक्त राष्ट्र विकास कार्यक्रम (UNDP) के अनुसार, "विकास मानवीय प्रयत्न का परिणाम है, आर्थिक विकास एक सतत् प्रक्रिया है, जिससे राष्ट्रीय आय में निरन्तर वृद्धि होती रहती है।"
- अन्तर्राष्ट्रीय श्रम संगठन (ILO) के अनुसार, आर्थिक विकास के लिए लोगों को वह आर्थिक योग्यता प्रदान करनी चाहिए, जिससे वह अपनी मौलिक आवश्यकताओं (basic needs) की पूर्ति कर सके। इसका मानना है कि विकास की प्रक्रिया निरपेक्ष गरीबी का उन्मूलन, रोजगार में वृद्धि एवं आय की असमानता को भी कम करती है।
- संयुक्त राष्ट्र (यूएन) द्वारा वर्ष 2012 में, विकास को मानव जीवन में खुशहाली (happiness) एवं जीवन सन्तुष्टि (Life satisfaction) प्रदान करने की प्रक्रिया कहा।

आर्थिक विकास दर

- सकल घरेलू उत्पादन में परिवर्तन की दर आर्थिक विकास दर (Economic Development Rate) कहलाती है।

$$\text{आर्थिक विकास दर} = \frac{GDP_2 - GDP_1}{GDP_1} \times 100$$

यहाँ पर, GDP_2 = वर्तमान वर्ष का GDP

GDP_1 = पिछले वर्ष का GDP

- 11वीं पंचवर्षीय योजना में भारत की आर्थिक विकास दर सर्वाधिक रही है, जबकि तीसरी पंचवर्षीय योजना में आर्थिक विकास दर सबसे कम रही है।
- उल्लेखनीय है कि भारत में सर्वाधिक आर्थिक संवृद्धि दर वर्ष 1998-99 में 10.5% रही थी।
- भारत की आर्थिक वृद्धि आर्थिक समीक्षा 2024-25 के अनुसार भारत की वास्तविक जी.डी.पी. वित्त वर्ष 2025 में 6.4% बढ़ी, जो लगातार तीसरे वर्ष 7% से अधिक वृद्धि दर्ज की, यह स्थिर उपभोग माँग और लगातार सुधरती निवेश माँग के कारण है।
- आपूर्ति पक्ष पर वर्ष 2011-12 की कीमतों पर सकल मूल्य वर्द्धित (जी.वी.ए) वित्त वर्ष 2025 में 6.4% की दर से बढ़ने का अनुमान है।

आर्थिक संवृद्धि एवं विकास के कारक/निर्धारक

- आर्थिक विकास एक जटिल प्रक्रिया है, जिसमें आर्थिक व अनार्थिक दोनों प्रकार के तत्त्व शामिल होते हैं। अत: स्पष्ट रूप से आर्थिक विकास को प्रभावित करने वाले कारक भी आर्थिक व गैर-आर्थिक दोनों ही होंगे।
- इन दो कारकों के अतिरिक्त प्राकृतिक संसाधन भी आर्थिक विकास की प्रक्रिया में महत्त्वपूर्ण भूमिका निभाते हैं और विकास की सीमाओं का निर्धारण भी करते हैं।

आर्थिक और गैर-आर्थिक विकास के कारक

आर्थिक	गैर-आर्थिक
प्राकृतिक संसाधन	कृषि विक्रय अधिशेष
मानव संसाधन	पूँजी निर्माण
आर्थिक प्रणाली	राजनैतिक स्वतन्त्रता
वित्तीय स्थिरता	न्यायपूर्ण
पूँजी-उत्पादन अनुपात	सामाजिक
विदेशी व्यापार	संगठन
विकासात्मक नियोजन	–
श्रम शक्ति व जनसंख्या	विकास की आकांक्षा
आधारभूत संरचना	श्रम कानून
तकनीकी प्रगति	–

आर्थिक विकास को प्रभावित करने वाले अन्य कारकों का संक्षिप्त विवरण निम्नलिखित है

- प्राकृतिक संसाधन यह संसाधन किसी भी अर्थव्यवस्था के विकास को प्रभावित करने वाले महत्त्वपूर्ण घटक होते हैं, जिसमें भूमि, मिट्टी, वन सम्पदा, खनिज एवं तेल, नदी प्रणाली आदि शामिल होते हैं।
- पूँजी निर्माण पूँजी निर्माण वह प्रक्रिया है, जिससे बचत व निवेश के द्वारा पूँजी स्टॉक में वृद्धि होती है। यह आधुनिक आर्थिक विकास का मूल बाजार है। योजना आयोग के अनुसार, "किसी भी देश का आर्थिक विकास पूँजी की उपलब्धता पर ही निर्भर करता है। आय एवं रोजगार के अवसरों की वृद्धि तथा उत्पादन की कुंजी, पूँजी के अधिकाधिक निर्माण में निहित है।" कोई भी देश पूँजी निर्माण के बिना अपना समुचित आर्थिक विकास नहीं कर सकता है।
- पूँजी उत्पाद अनुपात यह उत्पादन की प्रति इकाई पर लगने वाली पूँजी की मात्रा होती है, जो क्रमश: औसत पूँजी उत्पाद अनुपात तथा वर्द्धमान पूँजी

उत्पाद अनुपात के दो रूपों में प्राप्त किए जाते हैं। जब किसी देश का वृद्धिशील पूँजी उत्पाद अनुपात (Incremental Capital Output Ratio-ICOR) कम होता है, तो उसे लाभदायक एवं प्रगतिशील माना जाता है तथा वहाँ कम पूँजी व निवेश से भी अधिक उत्पादन होता है।

- कृषि का विक्रय अधिशेष आर्थिक विकास में कृषि उत्पादन तथा उत्पादकता के साथ-साथ, कृषि का विक्रय अधिशेष का विशेष योगदान होता है। इस पर शहरी लोगों का जीवन निर्भर करता है।
- जब अर्थव्यवस्था का विकास होता है, तो शहरी जनसंख्या का अनुपात बढ़ता है, जिससे खाद्यान्नों की माँग बढ़ती है। इससे कृषि के विक्रय अधिशेष में वृद्धि होती है।

औद्योगीकरण की तीव्र वृद्धि औद्योगीकरण (Industrialisation) की प्रक्रिया तीव्र होने से रोजगार के नए-नए अवसरों को बढ़ावा मिलता है। इससे आर्थिक संवृद्धि तथा आर्थिक विकास के गुणात्मक पक्षों में वृद्धि होती है।

- सेवा क्षेत्र की बढ़ती भूमिका सेवा क्षेत्र में वृद्धि से भी रोजगार के नए-नए अवसरों का सृजन होता है, जिससे सकल घरेलू उत्पाद (GDP) को बढ़ावा मिलता है।
- आर्थिक समीक्षा 2023-24 के अनुसार वर्तमान मूल्यों पर समग्र सकल मूल्य वर्द्धन (जी.वी.ए.) में सेवा क्षेत्र का योगदान वित्त वर्ष 2025 में 55% है, जो भारत के बढ़ते आर्थिक विकास को दर्शाता है।
- आर्थिक प्रणाली वर्तमान में पूँजीवादी अर्थव्यवस्था को बढ़ावा मिल रहा है, जिससे निजी क्षेत्र के सहयोग व विदेशी निवेश की भूमिका और संसाधनों की उपलब्धता को भी बढ़ावा मिला है। ये आर्थिक विकास को प्रतिबिम्बित करते हैं। इतना ही नहीं बैंकिंग, बीमा, मुद्रा व पूँजी बाजार में ये महत्त्वपूर्ण भूमिका निभाते हैं।
- राजनीतिक कारक एक सशक्त व कुशल सरकार, ईमानदार प्रशासन होने व पारदर्शी नीतियों को लागू करने से घरेलू तथा विदेशी निवेशकों को बढ़ावा मिलता है अर्थात् सक्षम प्रशासन से घरेलू एवं विदेशी पूँजी आकर्षित होती है, जिससे आर्थिक विकास में वृद्धि होती है। इस प्रकार कुशल व पारदर्शी प्रशासन, आर्थिक विकास के लिए महत्त्वपूर्ण होते हैं।
- विदेशी व्यापार एवं नीतियाँ विदेशी व्यापार नीति, विदेशी निवेश, विदेशी मुद्रा भण्डार एवं भुगतान सन्तुलन में लगातार बेहतर होना आर्थिक विकास के साथ-साथ आर्थिक संवृद्धि की वृद्धि को दर्शाता है।
- वर्ष 1991 के पश्चात् उदारीकरण, वैश्वीकरण एवं निजीकरण ने भारत के आर्थिक विकास में महत्त्वपूर्ण योगदान दिया है। इससे आर्थिक वृद्धि एवं मानव कल्याण को बढ़ावा मिला है, जो लगातार जारी है।
- तकनीकी उन्नति यह प्राकृतिक संसाधनों के पूर्ण प्रयोग की योग्यता में सुधार करता है अर्थात् इसकी उपलब्धता से संसाधनों की कम मात्रा उपलब्ध होने के साथ ही अधिक उत्पादन करना सम्भव होता है; जैसे—जापान आदि। तकनीकी उन्नति रोजगार के लिए अवसर प्रदान करती है, जिससे आर्थिक विकास के विभिन्न क्षेत्रों में वृद्धि होती है।
- मानव संसाधन का उपयोग मानव संसाधन किसी भी अर्थव्यवस्था के लिए महत्त्वपूर्ण होता है। किसी देश की अर्थव्यवस्था के उत्पादन में श्रम, बल, कार्यशील जनसंख्या का महत्त्वपूर्ण योगदान होता है। मानव संसाधन का कुशल प्रबन्धन करके उत्पादन के विभिन्न क्षेत्रों; जैसे—उत्पादन या सेवा आदि में इनका योगदान बढ़ाया जा सकता है, अन्यथा ये बोझ बन सकते हैं। वर्तमान में भारत सबसे युवा जनसंख्या वाला देश है, जो आर्थिक विकास में इन्हीं को भागीदार बनाकर लगातार वृद्धि कर रहा है।
- उद्यमशीलता यह किसी भी देश में निवेश को बढ़ावा देती है। इससे व्यावसायिक इकाइयों में निवेश की इच्छा में वृद्धि होती है, जिससे रोजगार के नए-नए अवसर सृजित होते हैं। वर्तमान में विश्व के अधिकांश देश विशेष कर विकासशील व अल्पविकसित देश पूँजी की कमी, प्राकृतिक संसाधनों की कमी न होते हुए भी उद्यमशीलता की कमी के कारण पिछड़े देश बने हुए हैं।
- सामाजिक सुविधाएँ/लागतें सरकार अपने नागरिकों के लिए आधारभूत अवसंरचना तथा सामाजिक सुविधाओं को बढ़ावा देती है। इसके लिए विभिन्न प्रकार के विकासात्मक कार्यक्रमों को संचालित करती है। सरकार इन सुविधाओं के माध्यम से देश की जनसंख्या को कुशल, कार्यशील एवं उत्पादक बनाती है, जो आर्थिक विकास में महत्त्वपूर्ण योगदान देते हैं।

आर्थिक विकास एवं आर्थिक संवृद्धि में अन्तर

स्तर/आधार	आर्थिक विकास	आर्थिक संवृद्धि
अवधारणा	यह व्यापक अवधारणा को प्रस्तुत करता है।	यह संकीर्ण अवधारणा को प्रस्तुत करती है।
प्रक्रिया/कालावधि	यह दीर्घकालीन एवं सतत् चलने वाली प्रक्रिया है।	यह अल्पकालीन प्रक्रिया है, जिससे परिवर्तन एक निश्चित अवधि में होता है।
प्रक्रिया का स्वरूप	यह निर्देशित एवं उचित नियन्त्रण वाली प्रक्रिया का परिणाम होता है।	यह स्वचालित एवं नियोजित प्रक्रिया का परिणाम होती है।
क्षेत्र	यह अर्थव्यवस्था में संरचनात्मक परिवर्तन से सम्बन्धित है। इसमें विकास को मानव विकास सूचकांक में वृद्धि तथा असमानता में कमी से मापा जाता है।	यह उत्पादन में होने वाली वृद्धि से सम्बन्धित है। इसमें वृद्धि को सकल घरेलू उत्पाद, उपभोग, सरकारी व्यय, निवेश एवं निर्यात के आधार पर देखा जाता है।
मापन	मानव विकास सूचकांक लिंग आधारित सूचकांक, मानव निर्धनता सूचकांक, मातृ एवं शिशु मृत्यु दर, साक्षरता।	सकल घरेलू उत्पाद में होने वाली मात्रात्मक वृद्धि।
कारक	मानव पूँजी में वृद्धि, असमानता में कमी तथा संरचनात्मक परिवर्तन आदि प्रमुख हैं।	सरकारी व्यय, उपभोग, निवेश, शुद्ध निर्यात में वृद्धि (सकल घरेलू उत्पाद के घटक) प्रमुख हैं।
प्रभाव	इससे अर्थव्यवस्था में मात्रात्मक एवं गुणात्मक परिवर्तन आते हैं।	अर्थव्यवस्था में मात्रात्मक परिवर्तन आता है।
महत्त्व	यह अर्थव्यवस्था में जीवन की गुणवत्ता में परिवर्तन या उन्नति पर प्रकाश डालता है।	यह अर्थव्यवस्था में सकल घरेलू उत्पाद तथा प्रतिव्यक्ति आय में वृद्धि पर प्रकाश डालती है।

आर्थिक विकास के मापक/संकेतक

आर्थिक विकास के प्रमुख संकेतक निम्नलिखित हैं

मानव विकास रिपोर्ट

- मानव विकास रिपोर्ट (HDR) संयुक्त विकास कार्यक्रम (UNDP) के मानव विकास कार्यालय द्वारा प्रकाशित एक वार्षिक रिपोर्ट है। प्रथम मानव विकास सूचकांक (HDI) वर्ष 1990 में प्रस्तुत किया गया था।
- पहली बार इस रिपोर्ट में असमानता समायोजित मानव विकास सूचकांक (IHDI), लिंग असमानता सूचकांक (GII) और बहुआयामी निर्धनता सूचकांक (MPI) को HDR में वर्ष 2010 से उल्लेख किया गया था। लैंगिक विकास सूचकांक (GDI) को वर्ष 2014 में HDR में प्रकाशित किया गया था।

मानव विकास

- मानव विकास (Human Development) की अवधारणा का प्रतिपादन पाकिस्तानी अर्थशास्त्री डॉ. महबूब-उल-हक के द्वारा किया गया था।
- इन्होंने मानव विकास का वर्णन एक ऐसे विकास के रूप में किया है, जो लोगों के विकल्पों में वृद्धि करता है और जीवन में सुधार लाता है।
- इस अवधारणा के सभी प्रकार के विकास का केन्द्र-बिन्दु मनुष्य है। विकास का मूल उद्देश्य ऐसी दशाओं को उत्पन्न करना है, जिनमें लोग सार्थक जीवन व्यतीत कर सकते हैं।
- केवल दीर्घ जीवन सार्थक नहीं होता, बल्कि उद्देश्यपूर्ण जीवन का होना आवश्यक होता है अर्थात् इसका अर्थ है कि लोग स्वस्थ हों, अपने विवेक और बुद्धि का विकास कर सकते हों, वे समाज में प्रतिभागिता करें तथा अपने उद्देश्यों को पूर्ण करने हेतु स्वतन्त्र हों।
- दीर्घ एवं स्वस्थ जीवन जीना, ज्ञान प्राप्त कर पाना तथा एक शिष्ट जीवन जीने के पर्याप्त साधनों का होना मानव विकास का सर्वाधिक महत्त्वपूर्ण पक्ष है। अतः संसाधनों तक पहुँचने के लिए स्वास्थ्य एवं शिक्षा मानव विकास के केन्द्र बिन्दु हैं।

मानव विकास सूचकांक

- मानव विकास सूचकांक की अवधारणा का प्रतिपादन वर्ष 1990 में संयुक्त राष्ट्र विकास कार्यक्रम (यूएनडीपी) से सम्बद्ध पाकिस्तानी अर्थशास्त्री महबूब-उल-हक तथा अन्य सहयोगी अर्थशास्त्री ए. के. सेन तथा सिंगर हंस ने किया।
- यह सूचकांक स्वास्थ्य, शिक्षा व आय के स्तर के आधार पर तैयार किया जाने वाला संयुक्त राष्ट्र विकास कार्यक्रम (यूएनडीपी) का सूचकांक है।
- एचडीआई का अधिकतम मूल्य 1 तथा न्यूनतम मूल्य 0 होता है। मानव विकास आयाम या घटकों की रचना तीन सूचकांकों के आधार पर होती है; जैसे—जीवन प्रत्याशा सूचकांक, शिक्षा सूचकांक, जीवन निर्वाह का स्तर।
- ये तीनों घटक जो अलग-अलग तीन चरों पर आधारित होते हैं, सभी मिलकर मानव विकास सूचकांक का निर्माण करते हैं।

इस प्रकार मानव विकास सूचकांक $= \frac{1}{3}$ (जीवन प्रत्याशा सूचकांक + शिक्षा सूचकांक + सकल घरेलू उत्पादक सूचकांक) है।

- इन घटकों के लिए स्वास्थ्य स्तर का आकलन जीवन प्रत्याशा के द्वारा शैक्षणिक स्तर का प्रौढ़ साक्षरता और प्राथमिक, द्वितीय एवं तृतीयक स्तर पंजीकरण के आधार पर तथा रहन-सहन स्तर का आकलन आय के स्तर एवं क्रय-शक्ति क्षमता के आधार पर किया जाता है।

सूचकांक का मापन

- अत्यधिक उच्च मानव विकास वाले देश का मापन 0.800 एवं इससे अधिक
- उच्च मानव विकास वाले देश का मापन 0.700 से 0.799
- मध्यम मानव विकास वाले देश का मापन 0.550 से 0.699
- निम्न मानव विकास वाले देश का मापन 0.550 से कम

असमानता समायोजित मानव विकास सूचकांक

- असमानता समायोजित मानव विकास सूचकांक (Inequality Adjusted Human Development Index, HDI) को सर्वप्रथम वर्ष 2010 में शुरू किया गया था।
- इस वर्ष मानव विकास सूचकांक रिपोर्ट में यह कहा गया था कि विषमताएँ जीवन की गुणवत्ता पर विपरीत प्रभाव डालती हैं। अतः इसमें अन्तर किया गया।
- असमानता समायोजित मानव विकास सूचकांक को निकालने के लिए मानव विकास सूचकांक के प्रत्येक मानक को शामिल करते हुए राष्ट्रों की विषमता का पता लगाया जाता है।
- इसकी गणना में जीवन प्रत्याशा स्कूलों में व्यतीत समय तथा असमानता को शामिल किया जाता है। इसकी गणना में मानव विकास सूचकांक के तीनों औसत मूल्यों में असमानता के अनुसार कटौती की जाती है।
- इस प्रकार इस सूचकांक से न केवल स्वास्थ्य, शिक्षा तथा आय के आधार पर देश के औसत मानव विकास की, बल्कि इसके वितरण की जानकारी प्राप्त होती है।

लिंग असमानता सूचकांक

- मानव विकास रिपोर्ट, 2014 में इसका उल्लेख किया गया है। लिंग असमानता सूचकांक (Gender Inequality Index, GII) एक समग्र उपाय है, जो उपलब्धियों में असमानता को दर्शाता है। यह तीन आयामों में महिलाओं और पुरुषों के बीच उपलब्धियों में असमानता को दर्शाता है; जैसे—प्रजनन, स्वास्थ्य, सशक्तीकरण और श्रम बाजार आदि।
- लिंग आधारित विकास सूचकांक ज्ञात करने के लिए उन्हीं तीन सूचकांकों का प्रयोग किया जाता है, जिनका HDI में प्रयोग किया जाता है। इस सूचकांक से पुरुष तथा महिला की सामाजिक, सांस्कृतिक एवं आर्थिक स्थिति का अध्ययन किया जाता है।

लिंग आधारित विकास सूचकांक $= \frac{1}{3}$ (जीवन प्रत्याशा सूचकांक + शिक्षा सूचकांक + सकल घरेलू उत्पादक सूचकांक) जहाँ एचडीआई औसत उपलब्धि की माप करता है, वहीं जीडीआई पुरुषों तथा स्त्रियों की माप करता है।

बहुआयामी निर्धनता सूचकांक

- बहुआयामी गरीबी सूचकांक (Multidimensional Poverty Index, MPI) स्वास्थ्य, शिक्षा और जीवन-स्तर में व्यक्तिगत स्तर पर बहुआयामी वंचना की पहचान करता है। इसके लिए हाउसहोल्ड सर्वे से प्राप्त माइक्रो डाटा का प्रयोग किया जाता है। एचडीआई के विपरीत इसमें एक ही सर्वेक्षण से सभी संकेतकों के सन्दर्भ में प्राप्त आँकड़ों का प्रयोग किया जाता है।
- सर्वेक्षण में शामिल हाउसहोल्ड में प्रत्येक व्यक्ति का वर्गीकरण गरीब और गरीब नहीं के रूप में किया जाता है। यह वर्गीकरण इस बात पर निर्भर करता है कि उसके अनुभव क्या हैं? इन आँकड़ों को समायोजित कर गरीबों की राष्ट्रीय स्तर पर पहचान की जाती है।
- बहुआयामी निर्धनता सूचकांक (एमपीआई) जनसंख्या के उस हिस्से का प्रतिनिधित्व करता है, जो बहुआयामी निर्धनता का शिकार है और जिसने तीव्रता व सघनता के साथ उस वंचना को महसूस किया है। इसके शिक्षा, स्वास्थ्य और जीवन-स्तर से सम्बन्धित उपमानक निम्न प्रकार हैं
    - शिक्षा से सम्बन्धित पाँच वर्ष की स्कूली शिक्षा से वंचित लोग, स्कूल में जाने योग्य बच्चों का स्कूल में नामांकन नहीं।
    - स्वास्थ्य से सम्बन्धित कुपोषण तथा शिशु मृत्यु-दर (प्रति हजार जीवित-प्रसव)।
    - जीवन-स्तर से सम्बन्धित बिजली का अभाव, पर्याप्त सफाई व्यवस्था, स्वच्छ ईंधन का अभाव, स्वच्छ पेयजल की अनुपलब्धता, घर का गन्दा/कच्चा फर्श तथा वाहन का अभाव।

> **संयुक्त राष्ट्र विकास कार्यक्रम** की मानव विकास रिपोर्ट में निर्धनता की स्थिति के आकलन हेतु **ह्यूमन पॉवर्टी इण्डेक्स** (एचपीआई) का उपयोग वर्ष 1997 से ही किया जाता था, किन्तु अब उपरोक्त नया मल्टीडायमेंशनल पॉवर्टी इण्डेक्स (एमपीआई) वर्ष 2010 से मानव विकास रिपोर्ट में शामिल किया गया है।

वैश्विक बहुआयामी गरीबी सूचकांक

- इस रिपोर्ट के अनुसार वर्ष 2005-06 से लेकर वर्ष 2019-2021 के दौरान भारत में 41.5 करोड़ लोग गरीबी से बाहर निकलने में सफल रहे।
- वर्तमान रिपोर्ट (2024) के अनुसार गरीबी में रहने वाले पाँच सबसे बड़ें देशों में भार (234 मिलियन), पाकिस्तान (93 मिलियन), इथीपिया (86 मिलियन) नाइजीरिया (74 मिलियन) व कांगो लोकतान्त्रिक गणराज्य (66 मिलियन) है।
- भारत में प्रत्येक पाँच में से एक से अधिक बच्चे गरीब हैं, जबकि सात में से एक वयस्क गरीब है।

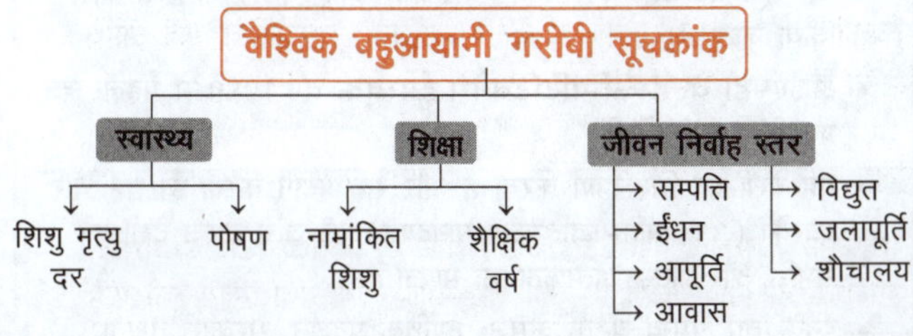

राष्ट्रीय बहुआयामी गरीबी सूचकांक (MPI)

- नीति आयोग एमपीआई के लिए नोडल एजेन्सी के रूप में कार्य करता है। नीति आयोग ने राष्ट्रीय स्तर पर पहली बार बहुआयामी गरीबी सूचकांक (MPI) वर्ष 2021 में जारी किया था।
- एमपीआई को तैयार करने में तीन आयामों (स्वास्थ्य, शिक्षा और जीवन स्तर) और 12 संकेतकों का प्रयोग किया जाता है।

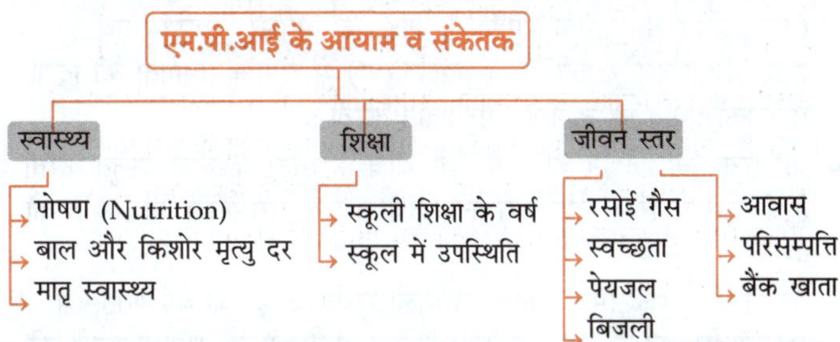

लैंगिक विकास सूचकांक

- यह सूचकांक महिला एवं पुरुषों के मानव विकास सूचकांक के बीच तुलना करता है। इस प्रकार यह लिंग के आधार पर मानव विकास की असमानता की माप करता है।

> यह सूचकांक संयुक्त राष्ट्र विकास कार्यक्रम (UNDP) द्वारा जारी किया जाता है। इसमें मानव विकास को तीन आयाम-स्वास्थ्य, ज्ञान तथा जीवन स्तर के आधार पर महिलाओं एवं पुरुषों के बीच की असमानता को दिखाया जाता है।

- विश्व के देशों का लैंगिक विकास सूचकांक (Gender Development Index, GDI) के अन्तर्गत मानव विकास सूचकांक मूल में लैंगिक असमानता के आधार पर विश्व के देशों को पाँच समूहों में बाँटा गया है, जिनका विवरण निम्नवत् है
    - समूह I इसमें महिला एवं पुरुषों के बीच उच्च समानता वाले देश शामिल किए जाते हैं, जिनमें लैंगिक असमानता से विचलन 2.5% से कम पाया जाता है।
    - समूह II इसमें महिला एवं पुरुषों के बीच उच्च समानता वाले देश पाए जाते हैं, जिसमें लैंगिक असमानता से विचलन 2.5 से 5% के बीच पाया जाता है।
    - समूह III इसमें महिला एवं पुरुषों के बीच मध्य समानता वाले देशों को शामिल किया जाता है, जिसमें असमानता से विचलन 5 से 7.5% के बीच पाया जाता है।
    - समूह IV इसमें महिलाओं एवं पुरुषों के बीच की समानता वाले देशों को शामिल किया जाता है, जिसमें असमानता से विचलन 7.5% से 10% के बीच पाया जाता है।
    - समूह V इसमें महिलाओं एवं पुरुषों के बीच कम समानता वाले देशों को शामिल किया जाता है, जिसमें असमानता से विचलन 10% से अधिक पाया जाता है।

वैश्विक लैंगिक अन्तराल सूचकांक

- महिलाओं और पुरुषों के बीच का अन्तर ही वैश्विक लैंगिक अन्तराल (Global Gender Gap) कहलाता है, जो सामाजिक, राजनीतिक, बौद्धिक, सांस्कृतिक या आर्थिक उपलब्धियों के सन्दर्भ में लैंगिक अन्तराल को देखता है।
- इस सूचकांक को विश्व आर्थिक मंच (World Economic Forum) के द्वारा जारी किया जाता है। यह उप मैट्रिक्स के साथ चार प्रमुख आयामों (श्रम बाजार में आर्थिक भागीदारी, शिक्षा का अवसर, स्वास्थ्य एवं उत्तरजीविता तथा राजनीतिक सशक्तीकरण) में लैंगिक समानता की दिशा में उनकी प्रगति पर देशों का मूल्यांकन करता है।
- यह सूचकांक प्रदर्शन को 0 से 1 के बीच के स्कोर के बीच प्रस्तुत करता है, जिसमें स्कोर 1 लैंगिक समानता तथा 0 पूर्ण असमानता की स्थिति को दर्शाता है।
- यह सबसे लम्बे समय तक चलने वाला सूचकांक है, जो वर्ष 2006 में स्थापना के बाद से समय के साथ लैंगिक अन्तरालों को समाप्त करने की दिशा में प्रगति को ट्रैक करता है।

आधारभूत आवश्यकता प्रत्यागम

इस प्रत्यागम (Approach) का पहली बार उपयोग **अन्तर्राष्ट्रीय श्रम संगठन (ILO) द्वारा आयोजित एम्प्लॉयमेण्ट कॉन्फ्रेंस में वर्ष** 1976 में किया गया। इसने छः मूलभूत आवश्यकताओं को प्रस्तुत किया, ये आवश्यकताएँ हैं

1. शिक्षा 2. स्वास्थ्य 3. खाद्य
4. स्वच्छता 5. जलापूर्ति 6. आवास

जीवन का भौतिक गुणवत्ता सूचकांक

- इस सूचकांक का विकास डेविड मॉरिश द्वारा किया गया था, जिसके अन्तर्गत आर्थिक विकास के संकेतकों के रूप में तीन तत्त्वों की गणना की जाती है। यह एक सामाजिक सूचकांक है, इसके अन्तर्गत तीन संकेतकों का चुनाव किया जाता है
  - जीवन प्रत्याशा
  - शिशु मृत्युदर
  - मौलिक साक्षरता
- इन तीनों संकेतकों का औसत लेकर हम जीवन की भौतिक गुणवत्ता का सूचकांक (Physical Quality of Life Index, PQLI) निकाल सकते हैं। जीवन की भौतिक गुणवत्ता का सूचकांक

$$= \frac{1}{3} \text{(जीवन प्रत्याशा + शिशु मृत्युदर + मौलिक साक्षरता)}$$

- जीवन के भौतिक गुणवत्ता सूचकांक का मान 0 से 100 के बीच होता है। यह सूचकांक संयुक्त राज्य की एक निजी संस्था ओवरसीज विकास परिषद् के द्वारा प्रस्तुत किया जाता है।
- इसके अनुसार मानव विकास का उच्च स्तर होने के लिए जीवन प्रत्याशा अधिक तथा शिशु मृत्यु दर का कम होना आवश्यक होता है। इसके अतिरिक्त उच्च आय का होना भी महत्त्वपूर्ण होता है।

निवल आर्थिक कल्याण

- आर्थिक विकास की माप के लिए विलियम नोरघास तथा जेम्स रोबिन ने मेजर ऑफ इकोनॉमिक वेलफेयर (MoEW) की धारणा विकसित की, जिसे बाद में सेम्युल्सन ने और संशोधित किया, जिसे निवल आर्थिक कल्याण (Net Economic Welfare-NEW) मापक कहा गया।
- इसके अनुसार निवल आर्थिक कल्याण = GNP – (उत्पादन की छिपी लागत तथा आधुनिक नगरीकरण की हानियाँ (Disamenities) + अवकाश तथा गृहणियों की सेवाएँ)

विश्व खुशहाली रिपोर्ट

- विश्व खुशहाली रिपोर्ट (World Happiness Report, WHR) संयुक्त राष्ट्र सतत् विकास समाधान नेटवर्क के द्वारा जारी किया जाता है। इसे वर्ष 2012 से प्रकाशित किया जाता है।
- वर्ष 2012 से प्रकाशित इस रिपोर्ट को मुख्य रूप से खुशी या जीवन मूल्यांकन को सर्वेक्षणों के माध्यम से मापने तथा उन प्रमुख तत्त्वों की पहचान करने पर आधारित पाया जाता है, जो देश में कल्याण एवं जीवन मूल्यांकन का निर्धारण करते हैं।
- यह प्रतिवर्ष 0-10 के पैमाने पर आबादी-भारित औसत स्कोर को मापता है, जिसे समय की अवधि तथा अन्य देशों की तुलना में ट्रैक किया जाता है।

खुशहाली की माप के घटक

- खुशहाली की माप निम्न 6 घटकों के आधार पर की जाती है
  (i) प्रतिव्यक्ति सकल घरेलू उत्पाद (क्रय शक्ति के आधार पर)
  (ii) जीवन विकल्पों के चयन की स्वतन्त्रता
  (iii) लोक विश्वास (भ्रष्टाचार मुक्त सरकार और व्यापार)
  (iv) सामाजिक सहयोग
  (v) स्वस्थ्य जीवन प्रत्याशा
  (vi) उदारता
- ऊपर दिए गए घटकों के आधार पर विश्व के 150 देशों की खुशहाली की माप की जाती है तथा रैंक प्रदान किए जाते हैं।

सकल राष्ट्रीय प्रसन्नता (खुशहाली) सूचकांक

- जीएनएचआई (Gross National Happiness Index) देश की गुणवत्ता को अधिक समग्र तरीके से मापता है।
- इसके अन्तर्गत ऐसा विश्वास किया जाता है कि मानव समाज का विकास तब होता है, जब भौतिक और आध्यात्मिक विकास साथ-साथ होते हैं और वे एक-दूसरे के पूरक होते हैं।
- इसकी अवधारणा वर्ष 1972 में भूटान के नरेश जिग्मे सिंग्ये वांगचुक (Jigme Singye Wangchuck) ने की थी।

वैश्विक प्रतिस्पर्द्धात्मकता सूचकांक

- यह सूचकांक प्रबन्धन विकास संस्थान (आईएमडी) के द्वारा जारी किया जाता है।
- आईएमडी **वर्ल्ड कैम्पिटिटिवनेस ईयरबुक** वर्ष 1989 में पहली बार प्रकाशित की गई थी।
- यह देशों का विश्लेषण करता है और रैंक प्रदान करता है। यह चार कारकों (334 प्रतिस्पर्द्धात्मकता मानदण्ड) की जाँच करके देशों की समृद्धि और प्रतिस्पर्द्धात्मकता को मापता है।
- इनके चार प्रमुख घटक क्रमशः आर्थिक प्रदर्शन, सरकारी दक्षता, व्यापार दक्षता तथा आधारभूत संरचना है।

समावेशी विकास

परिचय

- सामान्य शब्दों में समावेशी विकास से तात्पर्य विकास की उस प्रक्रिया से है, जिससे समाज के सभी वर्ग-समूह समान रूप से लाभान्वित हों, समाज का कोई व्यक्ति पीछे न रह जाए।
- **नीति आयोग** के अनुसार समावेशी विकास से आशय उस आर्थिक वृद्धि से है, जो अर्थव्यवस्था में रोजगार के अवसर सृजित करती है तथा गरीबी को कम करने में सहायक होती है। यह गरीबों की स्वास्थ्य सम्बन्धी आवश्यक सेवाओं तथा शिक्षा तक पहुँच को सुनिश्चित करती है। यह लोगों को अवसर की समानता उपलब्ध कराती है। लोगों को शिक्षा एवं कौशल विकास के माध्यम से बनाती है।
- यह पर्यावरण में सुधार व अच्छे प्रशासन को लक्षित कर लैंगिक संवेदनशील समाज की स्थापना में सहायक सिद्ध होता है।

समावेशी विकास की प्रक्रिया के तीन अवयव

- **उच्च आर्थिक वृद्धि दर** ऐसी वृद्धि दर जो राष्ट्रीय उत्पाद के आकार में वृद्धि करे। इससे लोगों को मिलने वाले लाभ तथा कल्याण के अधिकतम होने की स्थिति उत्पन्न होगी।
- **उत्पन्न लाभ का वितरण** ताकि शहरी व ग्रामीण क्षेत्र के कमजोर तथा वंचित वर्ग के लोग और पिछड़े क्षेत्र को अधिक लाभ मिल सके।
- **एक मेकेनिज्म या प्रणाली** यहाँ प्रणाली से तात्पर्य रोजगार रूपी उस कड़ी/लिंक से है, जो विकास के लाभ को सभी लोगों तक पहुँचाने के सम्बन्ध में इंजन के रूप में कार्य करता है।

समावेशी विकास में निहित चुनौतियाँ

- **आबादी के एक बड़े हिस्से का अशिक्षित होना**
  - गरीबी
  - भुखमरी
  - क्षेत्रीय असमानताएँ
  - औद्योगिक पिछड़ापन
- **आधारभूत संरचनाओं का अभाव**
  - बेरोजगारी
  - कुपोषण
  - कृषि पिछड़ापन
  - लैंगिक विभेद

समावेशी विकास हेतु सरकारी प्रयास

सामाजिक समावेशन

सामाजिक समावेशन से आशय मुख्य रूप से गरीबी, आय व सम्पत्ति तथा उपभोग में वितरण की असमानता, अशिक्षा, बेरोजगारी, स्वास्थ्य सेवाओं की कमी, कुपोषण, लैंगिक विभेद आदि सामाजिक विषमताओं को दूर करने से है।

- महात्मा गाँधी राष्ट्रीय ग्रामीण रोजगार गारण्टी अधिनियम (मनरेगा)
- आयुष्मान भारत (पीएम जे ए वाई)
- सर्व शिक्षा अभियान
- एकीकृत बाल विकास परियोजना
- प्रधानमन्त्री कौशल विकास योजना
- प्रधानमन्त्री रोजगार सृजन कार्यक्रम इत्यादि।
- पीएम गति शक्ति योजना

वित्तीय समावेशन

आर.बी.आई के अनुसार वित्तीय समावेशन से तात्पर्य अल्प आय और कमजोर वर्ग के उस बड़े समूह से (जो सामान्यतः प्रचलित बैंकिंग प्रणाली से बैंकिंग सेवा व लाभ प्राप्त करने से वंचित रह जाता है) को वहनीय लागत पर बैंकिंग सेवाएँ प्रदान करना है।

- **सूक्ष्म वित्त के लिए** इण्डिया माइक्रो फाइनेंस इक्विटी फण्ड की स्थापना
- महिला स्वयं सहायता समूह विकास निधि की स्थापना
- स्वाभिमान योजना
- प्रत्यक्ष नकद अन्तरण (CBT) की शुरुआत।
- प्रधानमन्त्री जन-धन योजना

वैश्विक भुखमरी सूचकांक

- वैश्विक भुखमरी सूचकांक (Global Hunger Index, GHI) में एक बहुआयामी सांख्यिकी आँकड़ों का प्रयोग कर देश की भुखमरी के सन्दर्भ में स्थिति को स्पष्ट किया जाता है।
- इस सूचकांक को इण्टरनेशनल फूड पॉलिसी रिसर्च इन्स्टीट्यूट (IFPRI) द्वारा विकसित किया गया था। इसका सर्वप्रथम प्रकाशन वर्ष 2006 में हुआ। यह सूचकांक प्रतिवर्ष तैयार किया जाता है।
- प्रत्येक वर्ष इस सूचकांक में किसी एक मुख्य मुद्दे पर विशेष ध्यान दिया जाता है, जोकि भुखमरी को प्रभावित करता है।
- सामान्यतः भुखमरी या हंगर भोजन की कमी से होने वाली परेशानी को सन्दर्भित करती है। हालाँकि वैश्विक भुखमरी सूचकांक इस आधार पर केवल भुखमरी का मापन नहीं करता है, बल्कि यह भुखमरी की बहुआयामी प्रकृति पर विचार प्रकट करता है।

> वैश्विक भुखमरी सूचकांक (ग्लोबल हंगर इण्डेक्स) का प्रकाशन प्रतिवर्ष **अन्तर्राष्ट्रीय खाद्य नीति अनुसन्धान संस्थान** के द्वारा प्रकाशित किया जाता है, जिसे **कन्सर्न वर्ल्डवाइड तथा वेल्थहंगरहिल्फ** (WHH) नामक यूरोपीय गैर-सरकारी संगठनों के द्वारा तैयार किया जाता है।

- यह 100 बिन्दु पैमाने पर भूख की गम्भीरता का निर्धारण करता है, जिसमें 0 (शून्य) सबसे अच्छा स्कोर (शून्य भूखा) तथा 100 सबसे खराब स्कोर (अधिक भूखा) माना जाता है। इसके लिए जीएचआई चार आधारों पर विचार करता है
  - अल्पपोषण जनसंख्या का वह हिस्सा जिसका कैलोरी सेवन अपर्याप्त है। यह जीएचआई कोर के 1/3 भाग का निर्माण करता है।
  - चाइल्ड स्टण्टिंग 5 वर्ष से कम आयु के बच्चों का वह भाग, जिनका कद उनकी आयु के अनुरूप कम है, जो गम्भीर अल्पपोषण को दर्शाता है। यह जीएचआई स्कोर के 1/6 भाग का निर्माण करता है।
  - चाइल्ड वेस्टिंग 5 वर्ष से कम आयु के बच्चे का वह भाग, जिनका वजन उनके कद के अनुरूप कम है, जो तीव्र अल्पपोषण को दर्शाता है। यह भी जीएचआई स्कोर के 1/6 भाग का निर्माण करता है।
  - बाल मृत्यु दर पाँच वर्ष की आयु से पूर्व मृत्यु का शिकार हो जाने वाले बच्चों का भाग, जो अपर्याप्त पोषण और अस्वास्थ्यकर वातावरण के घातक मिश्रण को प्रकट करता है। यह जीएचआई स्कोर के 1/3 भाग का निर्माण करता है।
- कुल स्कोर को 100 प्वॉइण्ट स्केल पर रखा गया है और कम स्कोर बेहतर प्रदर्शन को परिलक्षित करता है।

प्रमुख सूचकांक/रिपोर्ट

सूचकांक/रिपोर्ट	कुल देश	शीर्ष देश	भारत की रैंक
मानव विकास सूचकांक (2023-24)	193	स्विट्जरलैण्ड, नॉर्वे, आइसलैण्ड	134वाँ
वैश्विक भुखमरी सूचकांक (2023)	1257	इसमें 20 देशों को पहला स्थान प्राप्त हुआ है, जिनमें मुख्यत: बेलारूस, बोस्निया तथा हर्जेगोविना, चिली, चीन आदि शामिल हैं।	105वाँ
वैश्विक लैंगिक अन्तराल सूचकांक (2024)	146	आइसलैण्ड, फिनलैण्ड, नॉर्वे	129वाँ
वैश्विक शान्ति सूचकांक (2024)	163	आइसलैण्ड, आयरलैण्ड, ऑस्ट्रिया	116वाँ
विश्व खुशहाली रिपोर्ट	143	फिनलैण्ड, डेनमार्क, आइसलैण्ड	126वाँ
वैश्विक प्रतिस्पर्द्धात्मकता सूचकांक (2024)	67	सिंगापुर, स्विट्जरलैण्ड, डेनमार्क	39वाँ
ग्लोबल इनोवेशन इण्डेक्स (2024)	133	स्विट्जरलैण्ड, स्वीडन, संयुक्त राज्य अमेरिका	39वाँ

सतत् विकास

- सतत् विकास एक ऐसी प्रक्रिया है, जिसमें उपलब्ध संसाधनों का उपयोग इस तरह से किया जाता है कि वर्तमान आवश्यकताओं को पूर्ण करने के साथ ही भावी पीढ़ी की जरूरतों का भी ध्यान रखा जाए।
- सतत् विकास शब्द का पहली बार प्रयोग प्रकृति के संरक्षण के लिए अन्तर्राष्ट्रीय संघ (International Union for the Conservation of Nature-IUCN) द्वारा वर्ष 1980 में किया गया।
- वर्ष 1983 संयुक्त राष्ट्र महासभा द्वारा पर्यावरण तथा विकास पर गठित 'विश्व आयोग' जिसे 'ब्रण्टलैण्ड आयोग' भी कहा जाता है, के अनुसार "सतत् विकास वह विकास है, जो भविष्य की पीढ़ियों की अपनी जरूरतों को पूरा करने की क्षमता से समझौता किए बिना वर्तमान की आवश्यकताओं को पूरा करता है।"
- इसमें आर्थिक विकास, पर्यावरण संरक्षण तथा सामाजिक समावेशन की प्रक्रिया एकसाथ सम्पन्न होती है। यह भविष्य की पीढ़ियों की आवश्यकताओं को प्रभावित किए बिना वर्तमान की अर्थव्यवस्थाओं की पूर्ति को बढ़ावा देता है।

सतत् विकास के तत्त्व

- **आर्थिक तत्त्व** आर्थिक क्रियाएँ ऐसी हों, जिनमें सामान्य जनता का हित हो और आत्मनिर्भरता के गुण विद्यमान हों।
- **सामाजिक तत्त्व** समाज की सभी गतिविधियाँ, वितरण, लाभ और निर्णय की प्रक्रिया में समाज की पूर्ण सहभागिता हो।
- **पर्यावरणीय तत्त्व** मानव केन्द्रित विचारधारा को त्यागकर यह धारणा स्वीकार की जानी चाहिए कि मानव प्रकृति का हिस्सा है। प्राकृतिक संसाधनों की अपनी सीमा है-उनका सम्मान, संरक्षण हो।

"There is enough on earth for everybody's NEED but not enough for everybody's GREED"- Mahatma Gandhi

- **सतत् विकास** (Sustainable Development) की अवधारणा वर्तमान में पर्यावरण नीति और अन्तर्राष्ट्रीय विकास वर्तमान का मार्गदर्शक सिद्धान्त बन गया है।

सतत् विकास के उद्देश्य

- प्राकृतिक संसाधनों का संरक्षण
- प्रकृति के लिए अनुकूल तकनीक का प्रयोग
- आर्थिक वंचनाओं से छुटकारा
- सामाजिक अन्याय से मुक्ति
- समानता और न्याय से पूर्ण जीवन स्तर प्रदान करना
- प्रकृति की पुनरुत्पादन क्षमता का सम्मान हो

ब्रण्टलैण्ड आयोग के अनुसार सतत् विकास के उद्देश्य

- आर्थिक कुशलता
- पर्यावरण की धारणीयता
- सामाजिक स्वीकार्यता

नोट *संयुक्त राष्ट्र का एक उप-संगठन है, जिसे विश्व पर्यावरण एवं विकास आयोग के रूप में जाना जाता है। इसका उद्देश्य सतत विकास को बढ़ावा देना और वैश्विक पर्यावरणीय चुनौतियों का समाधान करना था। ब्रण्टलैण्ड नॉर्वे की पूर्व प्रधानमन्त्री थीं।*

स्रोत- **ब्रण्टलैण्ड आयोग** की "Our Common Future" शीर्षक नामक रिपोर्ट (1987).

मिलेनियम या सहस्राब्दी विकास लक्ष्य

- वर्ष 2000 में संयुक्त राष्ट्र संघ की महासभा (जनरल असेम्बली) द्वारा सहस्राब्दी विकास लक्ष्य (Millennium Development Goals, MDG) का प्रस्ताव पारित किया गया, जिसमें वर्ष 2015 तक के लिए 8 वैश्विक विकास लक्ष्य तथा 18 एसोसिएटेड लक्ष्य निर्धारित किए गए थे, इसे ही सहस्राब्दी विकास लक्ष्य कहा जाता है।
- उल्लेखनीय है कि संयुक्त राष्ट्र (UN) के तत्कालीन 189 सदस्य देशों (वर्तमान में 193) तथा 22 अन्तर्राष्ट्रीय संस्थाओं ने वर्ष 2015 तक इन लक्ष्यों की प्राप्ति के लिए संकल्प लिया था।

सतत् विकास हेतु अन्तर्राष्ट्रीय अभिकरण

- **संयुक्त राष्ट्र पर्यावरण कार्यक्रम** (United Nations Environment Programme, UNEP) स्टॉकहोम सम्मेलन (1972) के उपरान्त 5 जून, 1972 को UNEP की स्थापना हुई। UNEP पर्यावरण संरक्षण हेतु संयुक्त राष्ट्र की प्रमुख संस्था है।
- **सतत् विकास आयोग** (Sustainable Development Commission) पृथ्वी समझौते से सम्बन्धित क्षेत्रीय, राष्ट्रीय, स्थानीय और अन्तर्राष्ट्रीय रिपोर्ट प्रस्तुत करना इसका कार्य है। यह स्वतन्त्र सलाहकारी निकाय है और यह प्रतिवर्ष वार्षिक बैठक भी कराने का कार्य करता है।
- **वैश्विक पर्यावरण सुविधा एजेन्सी** (Global Environment Facility Agency) यह अन्तर्राष्ट्रीय वित्तपोषित एजेन्सी है। इसका गठन वर्ष 1996 में किया गया था। इसका मुख्य कार्य विकासशील देशों में पर्यावरणीय परियोजनाओं, कार्यक्रमों का वित्त पोषण करना है।

सतत् विकास लक्ष्य

- ब्राजील के रियो-डि-जेनेरियो शहर में जून, 2012 में सतत् विकास सम्बन्धी संयुक्त राष्ट्र सम्मेलन (रियो + 20) में दि फ्यूचर वी वाण्ट (The Future we want) नामक परिणाम दस्तावेज जारी किया गया।
- इस दस्तावेज द्वारा अधिदेशित 30 सदस्यीय कार्यदल ने जुलाई, 2014 में 17 सतत् विकास लक्ष्य जारी किए हैं।
- इन लक्ष्यों में व्यापक स्तर पर सम्पोषणीय विकास के मुद्दे शामिल किए गए हैं। इन लक्ष्यों को संयुक्त राष्ट्र (United Nations) के वर्ष 2015 में पोस्ट विकास एजेण्डा में समेकित किया है।
- इन लक्ष्यों को वर्ष 2030 तक पूर्ण करना है। सतत् विकास के लिए निर्धारित लक्ष्य निम्नलिखित हैं

सतत् विकास सम्बन्धित रिपोर्ट

वैश्विक सतत् विकास रिपोर्ट, 2024

- जून, 2024 में संयुक्त राष्ट्र सतत् विकास समाधान नेटवर्क (SDSN) द्वारा सतत् विकास रिपोर्ट, 2024 जारी की गई।
- यह सतत् विकास के समग्र 17 सतत् विकास लक्ष्यों को प्राप्त करने की दिशा में कुल प्रगति को मापता है।
- इसमें सभी लक्ष्यों को 100 स्कोर में मापा जाता है। स्कोर के आधार पर देशों को रैंक प्रदान किया जाता है।

वैश्विक प्रदर्शन

- इस सूचकांक रिपोर्ट में 167 देशों में फिनलैण्ड सबसे ऊपर है, इसके बाद क्रमशः स्वीडन, डेनमार्क तथा जर्मनी का स्थान है।
- ब्रिक्स और ब्रिक्स + देशों (मिस्र, इथियोपिया, ईरान, सऊदी अरब, यूएई) ने वर्ष 2015 के बाद से औसत से अधिक तेजी से एस.डी.जी. लक्ष्यों में प्रगति दिखाई है।

भारत का प्रदर्शन

- वैश्विक सतत् विकास रिपोर्ट के अनुसार, भारत 167 देशों में 109वें स्थान पर है, जबकि वर्ष 2023 में यह 112वें स्थान पर था। भारत अब तक केवल लगभग 30 प्रतिशत एस. डी. जी. लक्ष्य की स्थिति है, जो प्राप्त किए गए हैं। अन्य 40 प्रतिशत लक्ष्यों में सीमित प्रगति हुई है, जबकि लगभग 30 प्रतिशत लक्ष्यों में स्थिति खराब रही है।
- भारत ने एस. डी. जी.-1 (शून्य गरीबी), एस. डी. जी.-4 (गुणवत्ता पूर्ण शिक्षा), एस. डी. जी.-12 (संवहनीय उपभोग और उत्पादन) और एस. डी. जी. 13 (जलवायु कार्रवाई) को प्राप्त करने में बेहतर प्रदर्शन किया है।

सतत् विकास के लक्ष्यों की प्राप्ति में भारत के प्रयास

भारत सरकार ने नीति आयोग को सतत् विकास के लक्ष्यों के क्रियान्वयन, निगरानी तथा समन्वयन सम्बन्धी कार्यों को सौंपा है। नीति आयोग ने वर्ष 2016 में सतत् विकास से सम्बन्धित 169 लक्ष्यों को चिन्हित कर सम्बन्धित मन्त्रालयों को जवाबदेही प्रदान की।

इस दिशा में की गई प्रमुख पहल निम्नवत् हैं

- कार्बन टैक्स यह एक प्रकार का कर है, जो कार्बन उत्सर्जन पर लगाया जाता है। यह उस कार्बन का मूल होता है, जो कोयला पेट्रोलियम तथा प्राकृतिक गैस जैसे हाइड्रोकार्बन के जलने से उत्सर्जित होता है।
- कार्बन टैक्स, कोयला, तेल और गैस जैसे कार्बन आधारित ईंधन के जलने पर लगाया जाने वाला कर है। कार्बन टैक्स जीवाश्म ईंधन के उपयोग को कम करने और अन्ततः समाप्त करने की मुख्य रणनीति है, जिसके जलने से जलवायु में अस्थिरता और विनाश हो रहा है।
- कार्बन टैक्स के कारण बड़ी मात्रा में CO_2 का उत्सर्जन करने वाले संगठन एवं कम्पनियाँ कम हो जाती हैं। इससे पर्यावरण में CO_2 की मात्रा में कमी आती है, जिससे प्रदूषण का स्तर घटता है।
- हरित मसाला बॉण्ड्स यह भारतीय कम्पनियों या बैंकों के द्वारा विदेशों में जारी किए जाने वाला बॉण्ड्स है। यह रुपए में जारी किया जाता है।
- इस बॉण्ड्स से प्राप्त धन का उपयोग हरित परियोजना में किया जाता है। इसलिए इसे ग्रीन मसाला बॉण्ड्स भी कहते हैं। एचडीएफसी भारत की पहली कम्पनी है, जिसने वर्ष 2016 में इस बॉण्ड्स को लन्दन स्टॉक एक्सचेंज में सूचीबद्ध कराया था।
- हरित लेखांकन हरित लेखांकन पर्यावरण के सम्बन्ध में पारम्परिक खातों में कमियों को दूर करने पर केन्द्रित है। एकीकृत पर्यावरण और आर्थिक (हरित) लेखांकन, सामाजिक-आर्थिक प्रदर्शन और इसके पर्यावरणीय प्रभाव दोनों के लिए लेखांकन का प्रयास करता है और पर्यावरणीय चिन्ताओं की मुख्यधारा को आर्थिक योजना तथा नीतियों में एकीकृत करता है।
- कार्बन क्रेडिट यह पर्यावरण से CO_2 के उत्सर्जन को कम करने का प्रयास है। इसके अन्तर्गत यदि कोई कम्पनी या राष्ट्र क्योटो-प्रोटोकॉल के अन्तर्गत CO_2 का उत्सर्जन कम करता है, तो उन्हें कार्बन क्रेडिट मिलता है।

- यदि कोई राष्ट्र या कम्पनी अधिक मात्रा में CO_2 का उत्सर्जन करती है, तो उसे कार्बन क्रेडिट खरीदना होता है या स्वच्छ प्रौद्योगिकी में निवेश करना होता है।
- इसके अन्तर्गत एक टन CO_2 को पर्यावरण में उत्सर्जन की अनुमति होती है। अत: अधिक उत्सर्जन करने वाली कम्पनी के लिए यह एक प्रेरक का कार्य करता है।

- **ग्रीनेक्स-हरित सूचकांक** यह सूचकांक BSE (Bombay Stock Exchange) का शेयर है, जो कि ऊर्जा दक्षता में सबसे अग्रणी 25 कम्पनियों के शेयर मूल्यों को शामिल करता है। इसको वर्ष 2012 में प्रारम्भ किया गया था।

नीति आयोग एस. डी. जी. इण्डिया इण्डेक्स 2023-24

- नीति आयोग ने जुलाई, 2024 में एस. डी. जी. इण्डिया इण्डेक्स 2023-24 (चौथा-संस्करण) जारी किया। इस इण्डेक्स के माध्यम से नीति आयोग द्वारा एस. डी. जी. पर प्रगति रिपोर्ट के अनुसार, वैश्विक चुनौतियों के बावजूद भारत ने इन लक्ष्यों को पूरा करने में काफी सुधार किया है।
- प्रधानमन्त्री आवास योजना, उज्ज्वला योजना, स्वच्छ भारत अभियान, जन धन योजना, आयुष्मान भारत-पी एम जे ए वाई, आयुष्मान आरोग्य मन्दिर, पी एम-मुद्रा योजना, सौभाग्य और स्टार्ट-अप इण्डिया जैसे लक्षित हस्तक्षेपों का महत्त्वपूर्ण प्रभाव पड़ा है और तेजी से सुधार हुआ है।
- नीति आयोग के एस. डी. जी. इण्डिया इण्डेक्स द्वारा मापा गया देश का समग्र स्कोर/कम्पोजिट स्कोर 2018 में 57 से बढ़कर 2023-24 में 71 हो गया है।

एस.डी.जी स्कोर में प्रगति

- भारत ने सूचकांक के 2020-21 और 2023-24 संस्करणों के बीच सतत् विकास लक्ष्यों पर प्रगति को गति देने में महत्त्वपूर्ण कदम उठाए हैं।
- लक्ष्य-1 (गरीबी उन्मूलन), 8 (सभ्य कार्य और आर्थिक विकास), 13 (जलवायु कार्रवाई) में उल्लेखनीय प्रगति देखी गई है। ये अब 'फ्रंट रनर' श्रेणी (65-99 के बीच स्कोर) में है।
- इनमें से लक्ष्य 13 (जलवायु कार्रवाई) में सबसे अधिक सुधार हुआ है, जिसका स्कोर 54 से बढ़कर 67 हो गया है। लक्ष्य 1 (गरीबी उन्मूलन) का स्थान इसके ठीक पीछे है, जिसका स्कोर 60 से बढ़कर 72 हो गया है।

प्रगति का मापन

- एस. डी. जी. इण्डिया इण्डेक्स 2023-24 सांख्यिकी और कार्यक्रम कार्यान्वयन मन्त्रालय (एओएसपीआई) के राष्ट्रीय संकेतक फ्रेमवर्क (एन आई एफ) से जुड़े 113 संकेतकों पर सभी राज्यों और केन्द्रशासित प्रदेशों की राष्ट्रीय प्रगति को मापता है और ट्रैक करता है।
- इस कार्य प्रदर्शन को 16 मात्रात्मक लक्ष्यों के लिए मापा जाता है तथा लक्ष्य 17 के लिए गुणात्मक मूल्यांकन किया जाता है।
- राज्यों/केन्द्रशासित प्रदेशों को उनके प्रदर्शन के आधार पर स्कोर प्रदान किए जाते हैं। ये स्कोर 0-100 के बीच होता है। यदि कोई राज्य/केन्द्रशासित प्रदेश 100 का स्कोर प्राप्त करता है, तो यह दर्शाता है कि उसने लक्ष्य हासिल कर लिया है।

आर्थिक विकास सम्बन्धी विचारधाराएँ

आर्थिक विकास सम्बन्धी विचारधारा को निम्न दो भागों में बाँटा जा सकता है

- **परम्परागत विचारधारा** यह आर्थिक विकास को आर्थिक संवृद्धि के रूप में देखती है। इस विचारधारा के अन्तर्गत यह मान्यता है कि सकल राष्ट्रीय उत्पाद (GNP) एवं एकल घरेलू उत्पाद (GDP) प्रति वर्ष 5-7% की दर से वृद्धि करे तथा रोजगार उपलब्ध कराने एवं उत्पादन में कृषि क्षेत्र की भूमिका धीरे-धीरे कम होती जाए एवं द्वितीयक तथा तृतीयक क्षेत्र की भूमिका बढ़ती जाए, इसमें गरीबी निवारण, रोजगार के अवसरों में वृद्धि जैसे उद्देश्यों को महत्त्व नहीं दिया जाता है।
- **नवीनतम विचारधारा** यह आर्थिक विकास को गरीबी, असमानता तथा बेरोजगारी के निवारण में देखती है। यह समग्र विकास पर बल देती है। **चार्ल्स पी. किंडलबर्गर** और **ब्रूस हैरिक** के अनुसार, "जब किसी देश में कम आय वाले लोगों के भौतिक कल्याण में वृद्धि होती है, तो इससे लोगों को अशिक्षा, बीमारी, छोटी उम्र में मृत्यु के साथ-साथ गरीबी से मुक्ति मिलती है।"

प्रो. अमर्त्य सेन व आर्थिक विकास

- नोबेल पुरस्कार विजेता प्रो. अमर्त्य सेन ने आर्थिक विकास को अधिकारिता (Entitlement) तथा क्षमता (Capabilities) के विस्तार के रूप में परिभाषित किया है।
- इसमें अधिकारिता का दृष्टिकोण जीवन पोषण (Life sustenance) तथा आत्मसम्मान (self esteem) से सम्बन्धित है, जबकि क्षमता स्वतन्त्रता प्रदान करने से सम्बन्धित है।
- अधिकारिता कुछ कार्यों को करने की क्षमता को जन्म देती है तथा स्वतन्त्रता आवश्यकता (want), अनभिज्ञता (Ignorance) तथा गन्दगी (squalor) के दोषों से मुक्ति दिलाता है।

“

राष्ट्रीय आय देश के निवासियों द्वारा एक वर्ष में देश की घरेलू सीमाओं के भीतर या बाहर निर्मित वस्तुओं और सेवाओं के मूल्य का योग है। यह एक वर्ष में उत्पादन तथा विनिमय द्वारा नागरिकों की शुद्ध आय है।

अध्याय चार

राष्ट्रीय आय

राष्ट्रीय आय का अर्थ

- राष्ट्रीय आय का अर्थ-किसी देश की अर्थव्यवस्था में किसी समय अवधि में (साधारणतया एक वित्त वर्ष के दौरान) उत्पादित सभी अन्तिम वस्तुओं तथा सेवाओं के कुल मुद्रा मूल्य से होता है।
- इसका अभिप्राय यह है कि देश के विभिन्न उद्योगों तथा व्यवसायों (निवासी साधनों) द्वारा जितना उत्पादन एक वर्ष में होता है, उसका मूल्यांकन कर लिया जाता है। इस राशि से ह्रास (Depreciation) की राशि घटा दी जाती है, परिणामस्वरूप जो राशि प्राप्त होती है, वह देश की राष्ट्रीय आय कहलाती है।
- राष्ट्रीय आय की गणना प्राप्त आँकड़ों के विश्लेषण से अर्थव्यवस्था के विभिन्न क्षेत्रों में सन्तुलन बनाने व प्राथमिकता की स्थापना करने में अभूतपूर्व सहायक है। सामान्यत: इसे अर्थव्यवस्था का महत्त्वपूर्ण सूचकांक माना जा सकता है।
- इसके अन्तर्गत उन सभी अन्तिम वस्तुओं व सेवाओं के मूल्यों को शामिल किया जाता है, जो देश के सामान्य निवासियों द्वारा घरेलू सीमा के अन्दर या बाहर रहकर उत्पादित की गई हों। इसमें विदेशों से अर्जित साधन आय को भी शामिल किया जाता है।
- राष्ट्रीय आय का आशय निवल या शुद्ध राष्ट्रीय उत्पाद (Net National Product-NNP) से है।
- उल्लेखनीय है कि जनवरी, 2015 में राष्ट्रीय सांख्यिकी कार्यालय (National Statistical Office-NSO) द्वारा जारी दिशा-निर्देशों के अनुसार, बाजार मूल्य पर व्यक्त सकल घरेलू उत्पाद (Gross Domestic Product-GDP) जो अर्थव्यवस्था के सभी क्षेत्रों के मूल कीमतों (Basic Price) पर व्यक्त सकल मूल्य वर्धन (Gross Value Added-GVA) के योग तथा उत्पादन कर उत्पादन सब्सिडी पर आधारित शुद्ध/ निवल राष्ट्रीय आय ही राष्ट्रीय आय को प्रदर्शित करता है।
- भारत में राष्ट्रीय आय के आँकड़े 1 अप्रैल से 31 मार्च तक के वित्तीय वर्ष पर आधारित होते हैं। इसके लिए भारत के राष्ट्रीय सांख्यिकी कार्यालय (National Statistical Office-NSO) उत्तरदायी है। पूर्व में इस कार्य का उतरदायित्व केन्द्रीय सांख्यिकी कार्यालय (Central Statistical Office- CSO) के पास था।
- राष्ट्रीय आय अर्थव्यवस्था में वस्तुओं तथा सेवाओं के प्रवाह (Flow) की माप होती है न कि संग्रह (Stock) की।

आय का चक्रीय प्रवाह

- आय के चक्रीय प्रवाह (circular flow of Income) का तात्पर्य किसी अर्थव्यवस्था में वस्तुओं और सेवाओं का उत्पादन, आय एवं व्यय के अन्तहीन प्रवाह से है, जो उत्पादन इकाई एवं परिवारों के बीच चक्राकार तरीके से आय के पुनर्वितरण को दर्शाता है।
- यह दो सिद्धान्तों पर आधारित है
  1. क्रेता का व्यय विक्रेता की आय बन जाता है और
  2. वस्तुएँ और सेवाएँ विक्रेता से क्रेता की ओर प्रवाहित होती हैं।
- इनके लिए मौद्रिक भुगतान विपरीत दिशा में अर्थात् क्रेता से विक्रेता की ओर प्रवाहित होता है। इस प्रकार वस्तुओं और सेवाओं के प्रवाह (वास्तविक प्रवाह) एक दिशा में होते हैं तो दूसरी ओर मौद्रिक भुगतान के रूप में प्रवाह (मौद्रिक प्रवाह) होते हैं। ये एकसाथ मिलकर चक्रीय प्रवाह कहलाते हैं।

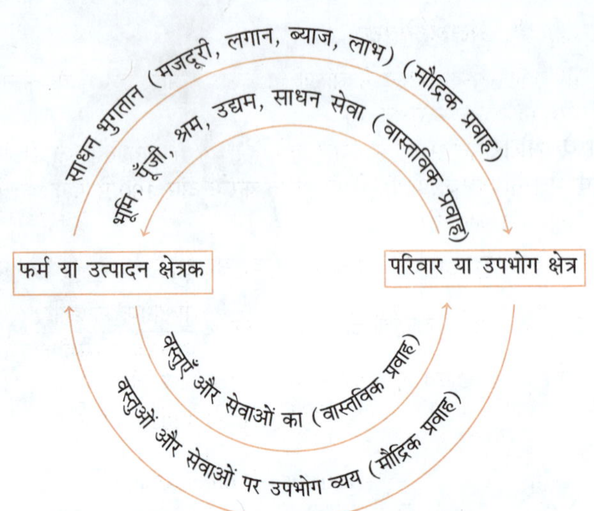

राष्ट्रीय आय लेखा प्रणाली का विकास

- राष्ट्रीय आय लेखा प्रणाली का विकास 17वीं शताब्दी में **सर विलियम पेटी** (ब्रिटेन) तथा **वॉयल गिल्बर्ट** (फ्रांस) ने किया था।
- सर विलियम पेटी ने अपनी पुस्तक **पॉलिटिकल अर्थमेटिक** में बताया है कि किसी देश की राष्ट्रीय आय एक वर्ष में श्रमिकों के द्वारा उत्पादित मूल्य का कुल योग होती है।
- द्वितीय विश्वयुद्ध के बाद **साइमन कुजनेट्स** ने राष्ट्रीय आय लेखा प्रणाली का विकास किया तथा वर्ष 1971 में इसके लिए इन्हें नोबेल पुरस्कार दिया गया।
- कुजनेट्स ने देश की घरेलू एवं राष्ट्रीय आय को सकल (Gross) एवं निवल (Net) रुपयों में माप करते हुए चार स्पष्ट अवधारणाओं (GDP, NDP, GNP एवं NNP) का विकास किया।
- इसके पश्चात् विश्व बैंक, अन्तर्राष्ट्रीय मुद्रा कोष तथा संयुक्त राष्ट्र ने इस प्रणाली को व्यवस्थित रूप प्रदान किया।

राष्ट्रीय आय की अवधारणाएँ

राष्ट्रीय आय की गणना के सम्बन्ध में मूलत: दो अवधारणाओं; जैसे—घरेलू उत्पाद तथा राष्ट्रीय उत्पाद को आधारस्वरूप लिया जाता है। शेष सभी धारणाएँ इन धारणाओं पर आधारित इनके स्वरूप हैं। राष्ट्रीय आय से सम्बद्ध समग्र अवधारणाओं को निम्न प्रकार से व्यक्त कर सकते हैं

सकल घरेलू उत्पाद

- किसी देश की घरेलू सीमा के अन्दर एक वर्ष में उत्पादित सभी अन्तिम वस्तुओं एवं सेवाओं के मौद्रिक मूल्य के योग को सकल घरेलू उत्पाद (Gross Domestic Product) कहते हैं।
- सकल घरेलू उत्पाद के सन्दर्भ में घरेलू सीमा के भीतर कार्य कर रही उत्पादक इकाइयों में कार्यरत् साधन निवासी तथा अनिवासी/गैर-निवासी शामिल होते हैं।
- जी.डी.पी. को निम्न सूत्र के द्वारा व्यक्त किया जा सकता है

  $GDP = C + I + G + NX$

  जहाँ, C = कुल उपभोग व्यय, I = कुल निवेश व्यय
  G = कुल सरकारी व्यय, NX = शुद्ध निर्यात
- इसमें होने वाले वार्षिक प्रतिशत परिवर्तन ही अर्थव्यवस्था की वृद्धि दर कहलाती है।
- यह एक परिमाणात्मक दृष्टिकोण होता है, हालाँकि इससे उत्पादों तथा सेवाओं के स्तर का पता नहीं लगता है।
- इसकी गणना के आधार पर ही विश्व बैंक (World Bank) तथा अन्तर्राष्ट्रीय मुद्रा कोष (International Monetary Fund) देशों का तुलनात्मक रूप से विश्लेषण करता है।

बाजार मूल्य पर सकल घरेलू उत्पाद

देश की सीमा के अन्तर्गत निवासी और गैर-निवासी उत्पादक इकाइयों द्वारा बाजार मूल्य (Market Price) पर व्यक्त मूल्यवर्द्धनों का योग या सम्पूर्ण अन्य वस्तुओं तथा सेवाओं का बाजार मूल्य पर व्यक्त मूल्य ही बाजार कीमत पर सकल घरेलू उत्पाद (GDP at Market Price GDP_{mp}) कहलाता है।

साधन लागत पर सकल घरेलू उत्पाद

- यह देश की घरेलू सीमा के अन्दर निवासियों तथा गैर-निवासियों के द्वारा प्राप्त की गई कुल साधन आय होती है, जिसमें मूल्य ह्रास भी शामिल होता है। इसे ज्ञात करने के लिए बाजार मूल्य पर सकल घरेलू उत्पाद में से अप्रत्यक्ष कर (Indirect Tax) को घटाकर सरकार के द्वारा दी गई सब्सिडी को जोड़ा जाता है।
- बाजार कीमत पर सकल घरेलू उत्पाद तथा साधन लागत (Gross Domestic Product at Factor Cost-GDP_{FC}) पर सकल घरेलू उत्पाद के मध्य में अन्तर पाया जाता है। यह परोक्ष कर तथा सब्सिडी की मात्रा या निवल राष्ट्रीय उत्पाद के कारण होता है।

$GDP_{FC} = GDP_{MP}$ − निवल परोक्ष कर या
$GDP_{FC} = GDP_{MP}$ − प्रत्यक्ष कर + सब्सिडी।

सकल घरेलू बचत

- सकल घरेलू बचत (Gross Domestic Saving) में घरेलू क्षेत्र, निजी सहकारी क्षेत्र और सार्वजनिक क्षेत्र की बचत शामिल है; जैसे—घरेलू (परिवार), गैर-लाभकारी संस्थान (कॉलेज, अस्पताल आदि) और गैर-सहकारी व्यवसाय इकाई आदि।
- भारत में बचत में सर्वाधिक योगदान घरेलू क्षेत्र का है।
- भारत में घरेलू बचतों जमा धनराशि, करेन्सी, भौतिक परिसम्पत्तियों, शेयर्स और डिबेन्चर में से सर्वाधिक हिस्सा भौतिक परिसम्पत्तियों का है।

सांकेतिक और वास्तविक सकल घरेलू उत्पाद

- सांकेतिक सकल घरेलू उत्पाद (Nominal Gross Domestic Product) जब वस्तुओं और सेवाओं का मौद्रिक मूल्य सकल घरेलू उत्पाद में चालू कीमतों पर सम्मिलित किया जाता है, तो वह चालू कीमतों पर जी.डी.पी. मौद्रिक/सांकेतिक जी.डी.पी. कहलाता है।

◆ चालू कीमत से आशय उस कीमत से होता है, जिस वर्ष में जी.डी.पी. का अनुमान लगाया जाता है। सांकेतिक जी.डी.पी. अर्थव्यवस्था की वास्तविक स्थिति को प्रदर्शित नहीं करती है। (मुद्रास्फीति में वृद्धि या कमी के कारण) यद्यपि सांकेतिक जी.डी.पी. का भी महत्त्व है।

सांकेतिक जी.डी.पी. का महत्त्व

- अर्थव्यवस्था में क्रयशक्ति पर प्रकाश डालता है।
- अर्थव्यवस्था में स्फीति के दबाव की जानकारी देता है।
- वित्त मन्त्रालय इसके अनुमान के आधार पर ही राजकोषीय लक्ष्यों को निर्धारित करता है।
- इसके आधार पर बजट का आधार निर्धारित होता है।

वास्तविक सकल घरेलू उत्पाद

- वास्तविक सकल घरेलू उत्पाद (Real Gross Domestic Product-RGDP) जब जी.डी.पी. (वस्तुओं और सेवाओं के मूल्य) की गणना किसी आधार वर्ष की कीमतों के सन्दर्भ में की जाती है, उसे वास्तविक सकल घरेलू उत्पाद या स्थिर कीमतों पर सकल घरेलू उत्पाद या स्फीति समायोजित (Inflation Adjusted) सकल घरेलू उत्पाद कहा जाता है।
  - ◆ स्थिर कीमतों पर जी.डी.पी. या वास्तविक जी.डी.पी. का आकलन किसी अर्थव्यवस्था के आर्थिक संवर्धन की वास्तविक छवि प्रस्तुत करता है।
  - ◆ जब सांकेतिक जी.डी.पी. वृद्धि दर में से वास्तविक जी.डी.पी. वृद्धि दर को घटा दिया जाता है, तो स्फीति की दर ज्ञात हो जाती है।

आधार वर्ष

- वास्तविक जी.डी.पी. ज्ञात करने हेतु जब सामान्य कीमत स्तर नॉर्मल होता है अर्थात् यह न तो बहुत अधिक होता है और न ही बहुत कम, तब एक आधार वर्ष चुन लिया जाता है। कीमतों को आधार वर्ष में 100 निर्धारित कर दिया जाता है।
- अब उस वर्ष का सामान्य कीमत स्तर जिसके लिए वास्तविक जी.डी.पी की गणना करनी है। वह आधार वर्ष से सम्बन्धित अवस्फीतिक सूचक (deflator Index) कहलाता है।
- इसे निम्न सूत्र के द्वारा व्यक्त किया जा सकता है

$$\text{वास्तविक जी.डी.पी.} = \text{वर्तमान वर्ष की जी.डी.पी.} \times \frac{\text{आधार वर्ष (100)}}{\text{वर्तमान वर्ष सूचक}}$$

उदाहरणस्वरूप, 2004-05 आधार वर्ष है तथा वर्ष 2012-13 के लिए जी.डी.पी. ₹ 20,00,000 करोड़ और इस वर्ष के लिए कीमत सूचक 200 है, तो

वर्ष 2012-13 के लिए वास्तविक जी.डी.पी.

$$= 2000000 \times \frac{100}{200} = ₹\ 1000000 \text{ करोड़}$$

जी.डी.पी. अवस्फीतिक

- यह सकल घरेलू उत्पाद में सम्मिलित वस्तुओं और सेवाओं के कीमत परिवर्तनों का एक सूचक है।
- यह एक कीमत सूचक है, जिसे एक दिए वर्ष में सांकेतिक जी.डी.पी. को वास्तविक जी.डी.पी. से विभाजित करके और 100 से गुणा करके ज्ञात किया जाता है।

  इसे निम्न सूत्र द्वारा भी व्यक्त किया जा सकता है

$$\text{वर्ष 2012-13 के लिए जी.डी.पी. डिफ्लेटर} = \frac{\text{सांकेतिक जीडीपी}}{\text{वास्तविक जीडीपी}} \times 100$$

उदाहरणस्वरूप-भारत के सन्दर्भ में 2012-13 के लिए जी.डी.पी. डिफ्लेटर

$$= \frac{1556}{1233} \times 100 = ₹\ 126.19 \text{ करोड़}$$

2004-05 की कीमतों पर

इससे यह ज्ञात होता है कि वर्ष 2012-13 में 2004-05 की स्थिर कीमतों पर जी.डी.पी. में 126.19 प्रतिशत की वृद्धि स्फीति (कीमतों में वृद्धि) के कारण हुई।

बाजार मूल्य पर शुद्ध/घरेलू उत्पाद

- जब सकल घरेलू उत्पाद (जीडीपी) में से उत्पादन की प्रक्रिया में प्रयुक्त पूँजीगत साधनों (मशीनों, भवनों आदि) में घिसावट होने से उनकी कीमतों में होने वाली कमी (मूल्य ह्रास) को घटा दिया जाता है, तो इसे निवल घरेलू उत्पाद (NDP) कहते हैं

$$NDP_{MP} = GDP_{MP} - \text{Depreciation (मूल्य ह्रास)}$$

- यह अर्थव्यवस्था की गणना में मूल्य ह्रास के कारण होने वाली क्षति को समझने में सहायक होता है।
- देश में अनुसन्धान तथा विकास के क्षेत्र में हुई उपलब्धियों को दिखाने या दर्शाने में निवल घरेलू उत्पाद (NAP) का उपयोग किया जाता है। मूल्य ह्रास की दर वाणिज्य एवं उद्योग मन्त्रालय तय करता है।

साधन लागत पर शुद्ध घरेलू उत्पाद

- साधन लागत पर शुद्ध घरेलू उत्पाद को प्राप्त करने के लिए बाजार कीमत पर शुद्ध घरेलू उत्पाद में से निवल अप्रत्यक्ष कर को घटाया जाता है।
- इस उत्पाद से आशय एक लेखा वर्ष की अवधि के दौरान देश की घरेलू सीमा के अन्दर कारक आय का कुल जोड़ से होता है। इसे निम्न प्रकार निकाला जा सकता है

  साधन लागत पर शुद्ध घरेलू उत्पाद (NDP_{FC}) = बाजार कीमत पर शुद्ध घरेलू उत्पाद (NDP_{MP}) – निवल अप्रत्यक्ष कर

सम्भाव्य जी.डी.पी.

- यह किसी देश की वर्तमान आर्थिक स्थिति की अपेक्षा भविष्य में जी.डी.पी. उत्पादन के उच्चतम स्तर पर होने का अनुमान लगाता है। इसका सम्बन्ध उत्पादन के कारकों के पूर्ण रूप से नियोजित होने की स्थिति में उत्पादित होने वाली वस्तुओं तथा सेवाओं के वास्तविक मौद्रिक मूल्य से होता है।

- वास्तविक जी.डी.पी. और सम्भाव्य जी.डी.पी. के बीच अन्तर को आउटपुट- गैप (Output Gap) कहा जाता है। जब आउटपुट-गैप सकारात्मक होता है, तब जी.डी.पी. सम्भाव्य जी.डी.पी. (Potential GDP) से ऊँचा होता है।
- भारत में सम्भाव्य जी.डी.पी. के अवरोध तत्त्व निम्नलिखित हैं
  - प्रतिव्यक्ति आय का निम्न स्तर
  - निम्न क्रय क्षमता
  - सम्पत्तियों का असमान वितरण
  - श्रम शक्ति की निम्न उत्पादकता
  - उच्च उत्पादन लागत
  - पर्याप्त बुनियादी ढाँचा का अभाव इत्यादि।
- सम्भाव्य जी.डी.पी. के प्रमुख निर्धारक तत्त्व निम्न हैं
  - राजनीतिक स्थिरता
  - तकनीकी प्रगति
  - प्रतिस्पर्धी बाजार का होना
  - श्रम की उपलब्धता
  - भौतिक पूँजी का उपयोग
  - कौशल क्षमता
  - श्रम का विभिन्न क्षेत्रों में वितरण
  - मानव संसाधन का समुचित उपयोग

सकल राष्ट्रीय उत्पाद

- सकल राष्ट्रीय उत्पाद (Gross National Product- GNP) से तात्पर्य एक वित्त वर्ष में देश के सामान्य नागरिकों द्वारा देश की घरेलू सीमा के भीतर अथवा बाहर उत्पादित सभी अन्तिम वस्तुओं एवं सेवाओं के मौद्रिक मूल्य से होता है।
- दूसरे शब्दों में जीएनपी, सकल घरेलू उत्पाद (जी.डी.पी.) और विदेशों से प्राप्त निवल साधन आय (Net factor Income From Abroad) का योग होता है।
- जीएनपी के अन्तर्गत देश की सीमा के अन्दर विदेशी नागरिकों द्वारा अर्जित आय (M) को घटा दिया जाता है तथा विदेशों में भारतीयों द्वारा अर्जित आय (X) को जोड़ दिया जाता है।
- इसे निम्न रूपों में व्यक्त किया जा सकता है

$$GNP = GDP + (X-M)$$

यदि $X = M$

तो $GNP = GDP$ होगा (यह सहअर्थव्यवस्था में होगा)

GNP = GDP + विदेशों से प्राप्त निवल आय

जी.डी.पी. और जी.एन.पी. अवधारणा में अन्तर

जी.डी.पी.	जी.एन.पी.
इसमें घरेलू सीमा के भीतर सामान्य निवासियों तथा गैर-निवासियों द्वारा उत्पादित वस्तु व सेवाएँ शामिल होती हैं।	इसमें घरेलू सीमा के भीतर तथा बाहर केवल निवासियों द्वारा उत्पादित वस्तु व सेवाएँ शामिल होती हैं।

भारत के सामान्य निवासी तथा गैर-निवासी की अवधारणा

देश का सामान्य निवासी वह होता है, जो देश से सम्बन्धित होता है, जिसमें वह निवास करता है; उदाहरणस्वरूप देश में स्थित विभिन्न अन्तर्राष्ट्रीय संगठनों; जैसे—IMF, विश्व बैंक, WHO आदि को उस देश का सामान्य निवासी नहीं माना जाता है।

बाजार मूल्य पर सकल राष्ट्रीय उत्पाद

- किसी देश के सामान्य निवासियों द्वारा एक निश्चित समयावधि सामान्यत: एक वर्ष में उत्पादित वस्तुओं एवं सेवाओं के अन्तिम मौद्रिक मूल्य को सकल राष्ट्रीय उत्पाद (GNP) कहते हैं।
- बाजार मूल्य पर GNP ज्ञात करने हेतु इसमें अप्रत्यक्ष कर को जोड़ दिया जाता है तथा आर्थिक सहायता (सब्सिडी) को घटा दिया जाता है।

$GNP_{MP} = GNP_{FC}$ + अप्रत्यक्ष कर सब्सिडी

$= GNP_{FC}$ + निवल अप्रत्यक्ष कर

साधन लागत पर सकल राष्ट्रीय उत्पाद

- साधन लागत के अन्तर्गत भूमि, पूँजी, श्रम तथा उद्यम से प्राप्त आय क्रमशः ब्याज, लगान, मजदूरी लाभ आदि को शामिल किया जाता है।
- इसमें जब अप्रत्यक्ष करों को जोड़ा जाता है तथा सरकार के द्वारा दी गई सब्सिडी को घटाया जाता है, तो बाजार मूल्य प्राप्त होता है, किन्तु जब सरकार वस्तुओं पर आर्थिक सहायता (सब्सिडी) प्रदान करती है, तब वस्तुओं का बाजार मूल्य कम हो जाता है।
- साधन लागत पर सकल राष्ट्रीय उत्पाद को बाजार मूल्य पर सकल राष्ट्रीय उत्पाद (GNP) में से निवल अप्रत्यक्ष कर को घटाने के बाद ज्ञात किया जा सकता है।
- इसकी गणना में निवल अप्रत्यक्ष कर को अप्रत्यक्ष कर में से सब्सिडी को घटाकर प्राप्त किया जा सकता है।

$GNP_{FC} = GNP_{MP}$ − निवल अप्रत्यक्ष कर

निवल अप्रत्यक्ष कर = अप्रत्यक्ष कर − सब्सिडी

शुद्ध राष्ट्रीय उत्पाद

सकल राष्ट्रीय उत्पाद (GNP) में से मूल्य ह्रास (अचल पूँजी का प्रयोग) को घटाने पर शुद्ध राष्ट्रीय उत्पाद (NNP) प्राप्त होता है।

NNP = GNP − मूल्य ह्रास

बाजार कीमत पर शुद्ध राष्ट्रीय उत्पाद

- बाजार मूल्य पर शुद्ध राष्ट्रीय उत्पाद का सम्बन्ध देश के निवासियों के द्वारा घरेलू सीमा के अन्दर तथा सीमा के बाहर किए गए वस्तुओं एवं सेवाओं के उत्पादन के मौद्रिक मूल्य से होता है।
- इसमें देश के लोगों के द्वारा विदेशों में अर्जित आय को जोड़ा जाता है तथा विदेशी नागरिकों के द्वारा देश में अर्जित आय को घटाया जाता है। इसके साथ ही इसकी गणना में अन्तिम उत्पाद में हुए मूल्य ह्रास की राशि को निकाल दिया जाता है।

मूल्य ह्रास या $NNP_{MP} = GNP_{MP}$ + विदेशों से प्राप्त की गई निवल आय

- साधन लागत पर शुद्ध राष्ट्रीय उत्पाद इसमें एक वित्तीय वर्ष (Financial Year) के दौरान देश की सीमा के अन्दर उत्पादित अन्तिम वस्तुओं तथा सेवाओं का बाजार मूल्य, जिसमें मूल्य ह्रास शामिल होता है तथा आकलन साधन लागत पर होता है।

- ◆ साधन लागत पर शुद्ध राष्ट्रीय उत्पाद को ही राष्ट्रीय आय कहा जाता है।
- ◆ इसे ज्ञात करने हेतु बाजार मूल्य पर आंकलित शुद्ध राष्ट्रीय उत्पाद में से अप्रत्यक्ष कर को घटाया जाता है और सब्सिडी को जोड़ा जाता है।
- ◆ इसमें सार्वजनिक तथा निजी क्षेत्र दोनों की आय शामिल होती है। इसमें लागत आय शामिल होती है, किन्तु राष्ट्रीय ऋण पर दिया गया ब्याज (Interest) शामिल नहीं होता है।

- इसकी गणना में विदेशों से प्राप्त शुद्ध साधन आय को जोड़ा जाता है तथा साधन लागत पर सकल राष्ट्रीय उत्पाद में से मूल्य ह्रास को घटाया जाता है। इनकी गणना निम्नवत् है
  - $NNP_{FC} = GNP_{FC}$ – मूल्य ह्रास
  - $NNP_{FC} = NNP_{MP}$ – निवल अप्रत्यक्ष कर
  - $NNP_{FC} = NDP_{FC}$ + विदेशों से प्राप्त शुद्ध साधन आय

साधन लागत एवं बाजार मूल्य

- साधन लागत (Factor Cost, FC) वास्तव में, किसी वस्तु के उत्पादन में लगी लागत मूल्य होती है। सरकार द्वारा इस लागत मूल्य पर अप्रत्यक्ष कर लगाया जाता है। इसके अतिरिक्त सरकार द्वारा कभी-कभी सब्सिडी भी दी जाती है, जिससे उत्पाद को बाजार मूल्य पर उपलब्ध कराया जा सके।
- यदि कर लगाया जाता है, तो वस्तु का बाजार मूल्य (Market Price, MP) बढ़ जाता है और यदि सब्सिडी दी जाती है, तो बाजार मूल्य लागत मूल्य से कम हो जाता है।

> MP = FC + अप्रत्यक्ष कर – सब्सिडी
>
> अब, GDP_{MP} = देश की सीमा के अन्दर अन्तिम वस्तुओं और सेवाओं के बाजार मूल्य पर GDP का आकलन $GDP_{MP} = GDP_{FC}$ + अप्रत्यक्ष कर (Indirect Tax) – सब्सिडी

GDP_{FC} = देश की सीमा के अन्दर अन्तिम वस्तुओं एवं सेवाओं के साधन लागत पर GDP का आकलन

$GDP_{FC} = GDP_{MP}$ – अप्रत्यक्ष कर + सब्सिडी

GNP_{MP} = देशवासियों द्वारा उत्पादित अन्तिम वस्तुओं एवं सेवाओं के बाजार मूल्य पर GNP का आकलन

$GNP_{MP} = GNP_{FC}$ + अप्रत्यक्ष कर – सब्सिडी

GNP_{FC} = देशवासियों द्वारा उत्पादित अन्तिम वस्तुओं एवं सेवाओं के साधन लागत पर GNP का आकलन

$GNP_{FC} = GNP_{MP}$ – अप्रत्यक्ष कर + सब्सिडी

नोट *यदि अर्थव्यवस्था बन्द है, तब GDP = GNP*

राष्ट्रीय आय से सम्बन्धित कुछ अन्य अवधारणाएँ

- शुद्ध राष्ट्रीय प्रयोज्य आय = शुद्ध घरेलू आय + विदेशों से प्राप्त शुद्ध कारक आय + शेष विश्व से प्राप्त शुद्ध चालू हस्तान्तरण।
- सकल राष्ट्रीय प्रयोज्य आय = शुद्ध राष्ट्रीय प्रयोज्य आय + चालू पुन: स्थापन लागत।
- वैयक्तिक प्रयोज्य आय (Disposable Personal Income- DPI) = वैयक्तिक आय – प्रत्यक्ष वैयक्तिक कर – परिवारों द्वारा दिए गए विविध शुल्क और जुर्माने।
- निजी क्षेत्र को शुद्ध घरेलू उत्पाद से प्राप्त कारक आय = कारक लागत पर शुद्ध घरेलू उत्पाद – सरकारी विभागीय उद्यमों की सम्पत्ति तथा उद्यमवृत्ति से प्राप्त आय – गैर-विभागीय उद्यमों की बचत।
- वैयक्तिक आय घरेलू क्षेत्र द्वारा प्राप्त आय को ही वैयक्तिक आय (Personal Income- PI) कहते हैं। वास्तव में, यह देशवासियों द्वारा प्राप्त आय है।
  - ◆ यह आय व्यक्तियों तथा परिवारों के सभी स्रोतों से प्राप्त लागत आय तथा चालू हस्तान्तरण का जोड़ होती है। यह लोगों की क्रय-क्षमता को दर्शाती है। अत: इसे उपयोग का सूचक भी माना जाता है।
  - ◆ वैयक्तिक आय को ज्ञात करने के लिए राष्ट्रीय आय में से निगम करों तथा निगमों द्वारा अवितरित लाभांश एवं सामाजिक सुरक्षा योजना के लिए भुगतान को घटाने तथा सरकारी हस्तान्तरण भुगतान, व्यापारिक हस्तान्तरण भुगतान एवं सरकार से प्राप्त शुद्ध ब्याज को जोड़ने से प्राप्त होता है; जैसे—

वैयक्तिक आय = राष्ट्रीय आय – निगम कर – निगमों द्वारा अवितरित लाभांश – सामाजिक सुरक्षा योजना के लिए भुगतान + सरकारी हस्तान्तरण भुगतान + व्यापारिक हस्तान्तरण भुगतान + सरकार से प्राप्त शुद्ध ब्याज।

- प्रतिव्यक्ति आय (Per-capita Income) गणना के लिए राष्ट्रीय आय में देश की कुल जनसंख्या से भाग दिया जाता है।
  - ◆ यह देश में प्रतिव्यक्ति अर्जित की जाने वाली औसत आय होती है, जब बाजार मूल्य पर सकल राष्ट्रीय उत्पाद को उस वर्ष की जनसंख्या से भाग दिया जाता है, तो प्रतिव्यक्ति सकल घरेलू उत्पाद प्राप्त होता है।
  - ◆ जब प्रतिव्यक्ति सकल घरेलू उत्पाद में बढ़ने की प्रवृत्ति पाई जाती है, तब समय के साथ लोगों के जीवन स्तर में बदलाव दिखता है।
  - ◆ प्रतिव्यक्ति आय किसी भी देश के लोगों के कल्याण का एक महत्त्वपूर्ण संकेतक होता है।

$$\text{प्रतिव्यक्ति आय} = \frac{\text{कुल आय}}{\text{कुल जनसंख्या}}$$

कुजनेट्स वक्र

साइमन कुजनेट्स एक रूसी-अमेरिकी विकास, अर्थशास्त्री थे। इन्होंने कुजनेट्स वक्र को प्रतिपादित किया था। इस वक्र के अनुसार, आर्थिक विकास के शुरुआती दौर में आर्थिक संवृद्धि का लाभ घनी लोगों तक सीमित होता है, जिससे आय असमानता बढ़ती है। देश के विकसित होने की प्रक्रिया में अर्थव्यवस्था मजबूत होने पर आय असमानता में कमी आती है। यह वक्र एक उल्टे U आकार का होता है, जो शुरू में आर्थिक विकास में अधिक असमानता की ओर ले जाता है, जिसके बाद असमानता में कमी आती है।

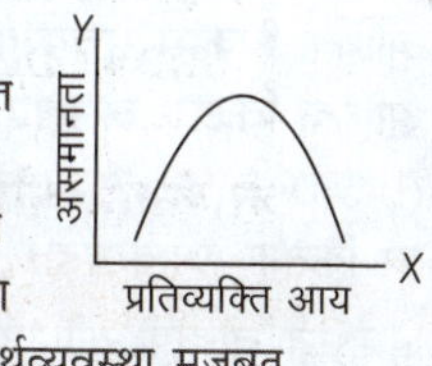

- वास्तविक प्रतिव्यक्ति आय स्थिर कीमतों पर राष्ट्रीय आय के आकलन के पश्चात् देश की कुल जनसंख्या से विभाजित करने पर, जो परिणाम प्राप्त होता है, उसे ही वास्तविक प्रतिव्यक्ति आय (Real per-capita Income) कहा जाता है।

वास्तविक प्रतिव्यक्ति आय = $\frac{\text{स्थिर कीमतों पर राष्ट्रीय आय}}{\text{कुल जनसंख्या}}$

- वास्तविक राष्ट्रीय आय किसी देश में राष्ट्रीय आय की वृद्धि के कारण प्रतिव्यक्ति आय में वृद्धि को वास्तविक राष्ट्रीय आय (RNI) कहते हैं।
- इसे आर्थिक वृद्धि के सूचक के रूप में प्रयुक्त किया जाता है।
- व्यय योग्य वैयक्तिक आय राष्ट्रीय आय का वह भाग, जिसको लोग अपनी इच्छा से जब चाहें खर्च कर सकते हैं, उसे व्यय योग्य वैयक्तिक आय (डीपीआई) कहा जाता है।
  - सभी प्रकार के प्रत्यक्ष कर चुकाने के बाद जो आय बचती है, उसको लोग अपनी इच्छानुसार व्यय कर सकते हैं या बचत कर सकते हैं।

डीपीआई = उपभोग + बचत
डीपीआई = व्यक्तिगत आय − प्रत्यक्ष कर + सब्सिडी

- यह वह आय होती है, जिसे व्यक्ति या परिवार बिना अपनी सम्पत्ति में कमी लाए या ऋण लिए बिना व्यय करने में सक्षम होता है।
- निजी आय सरकारी क्षेत्र के अतिरिक्त निजी क्षेत्र द्वारा प्राप्त की गई कुल आय को निजी आय (Private Income) कहते हैं। इसमें निजी निगम क्षेत्र एवं घरेलू क्षेत्र दोनों शामिल किए जाते हैं।
  - इसमें सार्वजनिक क्षेत्र से कुछ आय निजी क्षेत्र को हस्तान्तरित आय के रूप में प्राप्त होती है।
  - निजी आय में साधन आय तथा हस्तान्तरण भुगतान दोनों ही सम्मिलित होते हैं।

निजी आय = निजी क्षेत्र को घरेलू उत्पाद से प्राप्त आय + सार्वजनिक ऋण पर ब्याज + विदेश से शुद्ध साधन आय + अन्तरण भुगतान + शेष विश्व से चालू हस्तान्तरण

अथवा

निजी आय = राष्ट्रीय आय + सरकार से हस्तान्तरण भुगतान + विदेशों से चालू हस्तान्तरण + राष्ट्रीय ऋण पर ब्याज − सरकार को सम्पत्ति तथा उद्यमवृत्ति से प्राप्त आय - गैर-विभागीय उपक्रमों की बचत

- हरित जीडीपी हरित जीडीपी का अर्थ है—पर्यावरणीय परिणामों के साथ आर्थिक विकास सूचकांक तैयार करना। हरित सूचकांक बताता है कि आर्थिक विकास के लिए किसी देश ने अपनी जैव-विविधता (Bio-Diversity) को कितना नुकसान पहुँचाया अथवा उससे पर्यावरण पर कितना प्रभाव पड़ा।
  - हरित जीडीपी की गणना सकल घरेलू उत्पाद में से शुद्ध प्राकृतिक पूँजी की खपत के (जिसमें संसाधनों में आई कमी, पर्यावरण क्षरण एवं पर्यावरणीय संरक्षात्मक पहल शामिल होती है) मौद्रिक मूल्य को घटाकर की जाती है।
- हरित जीएनपी एक दी हुई समयावधि में प्रतिव्यक्ति उत्पादन की वह अधिकतम सम्भावी मात्रा जो देश की प्राकृतिक सम्पदा को स्थिर बनाए रखते हुए प्राप्त की जा सकती है।
  - वर्ष 1995 में हरित जीएनपी की अवधारणा को प्रारम्भ किया गया एवं इसमें अभी तक 192 देशों को शामिल किया गया है।
  - हरित जीएनपी → कुल वृद्धि −प्राकृतिक (पर्यावरणीय) ह्रास

हरित राष्ट्रीय आय

हरित लेखांकन राष्ट्रीय आय के आकलन की एक ऐसी विधि है, जिसमें राष्ट्रीय उत्पाद की अभिवृद्धि में प्रयुक्त हुए प्रकृति प्रदत्त संसाधनों की क्षय लागतों को राष्ट्रीय आय में से घटाया जाता है।

- सकल मूल्य योजित/ सकल मूल्य वर्द्धन (Gross Value Added-GVA) सकल मूल्य वर्द्धन (जी.वी.ए.), देश की अर्थव्यवस्था के सभी क्षेत्रक; जैसे—प्राथमिक क्षेत्र, द्वितीयक क्षेत्र तथा तृतीय क्षेत्रक के द्वारा उत्पादित अन्तिम वस्तुओं तथा सेवाओं का कुल मौद्रिक मूल्य होता है।
  - इसका अनुमान साधन लागत के स्थान पर मूल कीमतों पर किया जाता है। सकल मूल्ययोजित के माप को जी.डी.पी. के सब्सिडी से प्रत्यक्ष बिक्री कर को घटाकर प्रस्तुत करते हैं।

GVA = GDP + उत्पादों पर सब्सिडी − उत्पादों पर कर

राष्ट्रीय आय गणना की संशोधित विधि

- केन्द्रीय सांख्यिकी कार्यालय (CSO) ने जनवरी, 2015 में जी.डी.पी. की गणना के लिए संशोधित व नई विधि जारी की, जिसके अनुसार जी.डी.पी. गणना के लिए क्षेत्रवार सकल मूल्य वर्धन (GVA) के अनुमान के लिए साधन लागत के स्थान पर मूल कीमतों (Basic Price) का प्रयोग किया जाता है।
- मूल कीमतों के आधार पर जी.वी.ए. की धारणा को संयुक्त राष्ट्र संघ के सिस्टम और नेशनल अकाउण्ट्स द्वारा वर्ष 2008 में घोषित किया गया था, जबकि यह धारणा वर्ष 1993 में प्रारम्भ हुई थी।
- यह अवधारणा वर्ष 2015-16 से प्रारम्भ है, जिसका आधार वर्ष 2011-12 है। इसके अन्तर्गत राष्ट्रीय आय तथा अर्थव्यवस्था के कुल निष्पादन की माप की जाती है।
- इस प्रकार आर्थिक वृद्धि दर की गणना अब जी.डी.पी. के स्थिर बाजार मूल्यों (Constant Market Price) पर की जाती है, जिसे जी.डी.पी. कहा जाता है। इससे पूर्व जी.डी.पी. की गणना स्थिर मूल्यों एवं कारक लागत (Factor Cost) पर की जाती थी।
- साधन लागत पर जी.वी.ए. की गणना करते समय सभी अनुदानों को शामिल किया जाता है, किन्तु किसी भी कर को शामिल नहीं किया जाता है, जबकि बाजार मूल्य पर जी.वी.ए. की गणना में उत्पाद अनुदान को शामिल नहीं किया जाता है, किन्तु उत्पादन करों को शामिल किया जाता है।
- जी.वी.ए. की मूल कीमतों के द्वारा जी.डी.पी की गणना निम्न सूत्र द्वारा की जाती है

जी.डी.पी. = मूल कीमतों पर जी.वी.ए. + उत्पाद कर − उत्पाद सब्सिडी

मूल कीमतों पर जी.वी.ए. = सीई (CE) + ओ.एस/एम.आई. (OS/MI) + सी.एफ.सी. (CFC) + उत्पादन कर - उत्पादन सहायता

यहाँ, CE (Compensation of Employees) = कर्मचारियों के वेतन पेंशन आदि

OS/MI (Operating Surplus or Mixed Income) = परिचालन अधिशेष/मिश्रित आय

CFC (Consumption of Fixed Capital) = अचल पूँजी का उपयोग/घिसावट/मूल्य ह्रास

> कारक लागत पर जी.वी.ए. = जी.वी.ए. मूल कीमतों पर – उत्पादन कर + उत्पादन सहायता

- इन सहायताओं का भुगतान व उनकी प्राप्ति उत्पादन के आयतन/ मात्रा के आधार पर
    - उत्पाद कर उत्पाद कर/सेनवैट, बिक्री कर/वैट, सीमा शुल्क आदि
    - उत्पाद सहायता खाद्य, उर्वरकों, पेट्रोलियम, ब्याज आदि पर दी जाने वाली सब्सिडी
    - उत्पादन कर मालगुजारी/प्रॉपर्टी कर, स्टॉक एवं पंजीयन शुल्क व्यावसायिक कर आदि। इनका आधार उत्पादन की मात्रा न होकर उत्पादन की प्रक्रिया होती है।
    - उत्पादन सहायता ग्रामीण एवं छोटे उद्योगों किसानों, रेलवे को दी जाने वाली इनपुट सहायता, निगमों व सहकारी समितियों को दी जाने वाली प्रशासनिक सहायता आदि।

जी.डी.पी. और जी.वी.ए. में अन्तर

जी.डी.पी.	जी.वी.ए.
इसके अन्तर्गत उपभोक्ता पक्ष अथवा माँग पक्ष से सम्बद्ध सभी आर्थिक गतिविधियों का ज्ञान होता है।	इसके अन्तर्गत अर्थव्यवस्था के उत्पादक पक्ष अथवा आपूर्ति पक्ष की आर्थिक गतिविधियों का ज्ञान आसानी से होता है।
यह माँग आधारित अर्थव्यवस्था के मापन की एक प्रमुख विधि है।	यह पद्धति पूर्ति आधारित अर्थव्यवस्था के मापन की विधि है।
माँग विधि के अन्तर्गत जी.डी.पी. की गणना अर्थव्यवस्था में किए गए सभी व्ययों को जोड़कर की जाती है।	आपूर्ति विधि के अन्तर्गत विविध आर्थिक क्षेत्र-कृषि, उद्योग एवं सेवा क्षेत्र द्वारा किए गए मूल्यवर्धन को जोड़कर जी.वी.ए. का अनुमान लगाया जाता है।
किसी अर्थव्यवस्था में विशेष रूप से कर व्यय के चार स्रोत होते हैं निजी उपभोग (व्यक्तियों व गृहस्थी), सरकारी व्यय, व्यवसाय जगत का व्यय और निवल निर्यात।	जी.वी.ए. किसी अर्थव्यवस्था के विभिन्न क्षेत्रकों का तुलनात्मक अध्ययन करने हेतु बेहतर होता है।

राष्ट्रीय आय मापने की विधियाँ

- राष्ट्रीय आय साधन लागत पर आकलित निवल राष्ट्रीय उत्पाद है। इसकी लेखांकन सम्बन्धी अवधारणा सर्वप्रथम साइमन कुजनेट्स द्वारा प्रतिपादित की गई। इन्होंने राष्ट्रीय आय को मापने की तीन विधियों को प्रस्तुत किया है, जो निम्न हैं

राष्ट्रीय आय मापन की विधियाँ

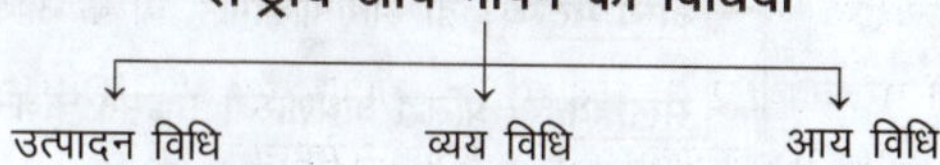

उत्पादन विधि

- इस विधि को वस्तु सेवा विधि के नाम से भी जाना जाता है। इसके अन्तर्गत यह आकलन किया जाता है कि अन्तिम उत्पाद में प्रत्येक उद्योग ने अलग- अलग क्या योगदान दिया। इस पद्धति के अन्तर्गत सर्वप्रथम देश में एक वर्ष में उत्पादित अन्तिम वस्तुओं एवं सेवाओं का मूल्य ज्ञात कर लेते हैं।
- इस विधि को बाजार मूल्य पर आधारित सकल घरेलू उत्पाद (GDP_{MP}) कहा जाता है।

व्यय विधि

- व्यय विधि (Expenditure Method) के अनुसार, कुल आय या तो उपभोग पर व्यय की जाती है अथवा बचत पर। अत: राष्ट्रीय आय कुल उपभोग व्यय तथा कुल बचत का योग होती है।
- इस विधि से आय की गणना के लिए उपभोक्ता की आय तथा उनकी बचत से सम्बन्धित आँकड़ों का होना आवश्यक होता है। चूँकि इस प्रकार सही आँकड़े आसानी से उपलब्ध नहीं हो पाते हैं, इसलिए इस विधि का प्रयोग सामान्यत: कम किया जाता है।
- इसे बाजार कीमत पर देश की आर्थिक सीमा के अन्दर उत्पादित अन्तिम वस्तुओं तथा सेवाओं पर किए गए कुल व्यय के रूप में देखा जाता है, जो निम्न वर्गों में शामिल होता है

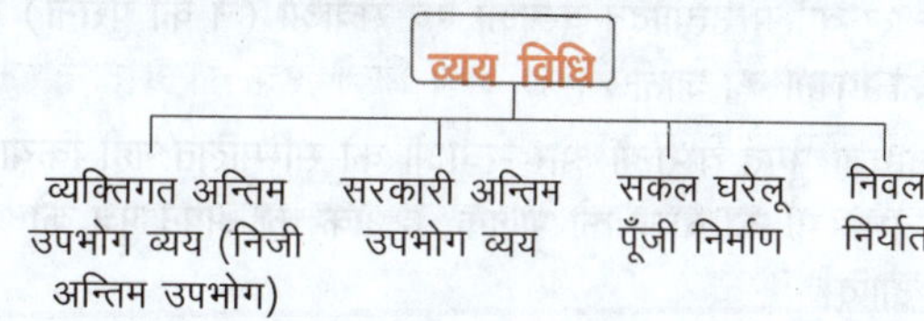

- निजी अन्तिम उपभोग व्यय (C)
- सकल घरेलू पूँजी निर्माण (I)
- सरकारी अन्तिम उपभोग व्यय (G)
- निवल विदेशी निवेश [निर्यात (X) – आयात (M)]

इनके सम्बन्ध को निम्न प्रकार व्यक्त किया जा सकता है

$$GDP_{MP} = C + I + G + (X - M)$$

आय विधि

- आय विधि (Income Method) के अन्तर्गत राष्ट्रीय आय का आकलन उत्पाद कारकों के लिए भुगतान के आधार पर किया जाता है। दूसरे शब्दों में, यह उत्पादन की प्रक्रिया में लगे सभी साधनों; जैसे–भूमि, श्रम, पूँजी तथा उद्यमी के सभी प्रयोगों का योग होती है, जो लगान, मजदूरी, ब्याज तथा लाभ के रूप में होता है।
- अत: इसकी गणना के लिए विभिन्न क्षेत्रों में कार्यरत व्यक्तियों तथा व्यावसायिक उपक्रमों की शुद्ध आय का योग प्राप्त किया जाता है; जैसे– सभी उत्पादन साधनों की आय का योग।
- भारत जैसे देश में राष्ट्रीय आय की गणना के लिए उत्पाद पद्धति तथा आय पद्धति के सम्मिश्रण का प्रयोग किया जाता है।

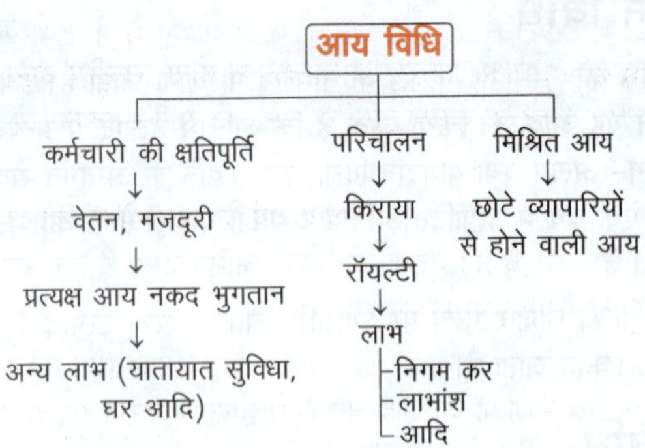

भारत में राष्ट्रीय आय की गणना

राष्ट्रीय आय की गणना करते समय निम्नलिखित सावधानियों का ध्यान रखना होता है

- इसमें दोहरी गणना से बचने के लिए अन्तिम वस्तुओं एवं सेवाओं का मूल्य ही शामिल होता है। इसमें मध्यवर्ती वस्तुओं को शामिल नहीं किया जाता। मध्यवर्ती वस्तु वह होती है, जिसमें मूल्य वृद्धि को पुन: बेचा जा सकता है।
- राष्ट्रीय आय को मुद्रा के रूप में मापा जाता है।
- इसमें चालू वर्ष में उत्पादित वस्तुओं एवं सेवाओं (न की पुरानी) के मूल्य की गणना की जाती है।
- घरेलू अथवा मुफ्त वस्तुओं और सेवाओं को सम्मिलित नहीं किया जाता; जैसे—माँ का बच्चे को पालना, शिक्षक का अपने पुत्र को पढ़ाना आदि।
- इसमें पुराने वित्तीय प्रकार के क्रय-विक्रय यथा—शेयरों, ऋण-पत्रों तथा अन्य प्रतिभूतियों को सम्मिलित नहीं किया जाता, क्योंकि इससे केवल स्वामित्व में परिवर्तन होता है।
- इसमें सरकारी हस्तान्तरण भुगतान (Transfer Payment by Government); जैसे—बेरोजगारी भत्ता, बीमारी भत्ता, वृद्ध आयु पेंशन आदि को सम्मिलित नहीं किया जाता है।
- इसमें निजी हस्तान्तरण भुगतान (Private Transfer Payment) जैसे छात्रों द्वारा अपने माता-पिता से प्राप्त मुद्रा-राशि को सम्मिलित नहीं किया जाता है।

भारत में राष्ट्रीय आय की गणना के ऐतिहासिक परिप्रेक्ष्य

- भारतीय राष्ट्रीय आय का सर्वप्रथम अनुमान 1868 ई. में दादाभाई नौरोजी ने अपनी पुस्तक पॉवर्टी एण्ड अनब्रिटिश रूल इन इण्डिया में लगाया था। इसमें इन्होंने प्रतिव्यक्ति आय ₹ 20 बताई थी।
- इसके अतिरिक्त शाह एवं खम्बाटा (1921), फिण्डले शैरस (1931), वी. के. आर. वी. राव (1932), आर. सी. देसाई (1931-40) आदि ने भी राष्ट्रीय आय का अनुमान लगाया था।
- इन लोगों ने गणना के लिए कृषि क्षेत्र के उत्पादन का मूल्य प्राप्त कर, इसमें एक निश्चित प्रतिशत कृषि भिन्न क्षेत्र के भाग के रूप में जोड़ दिया था। इन अनुमानों की मान्यताओं का कोई वैज्ञानिक आधार नहीं था।
- वर्ष 1931-32 में डॉ. वी. के. आर. वी. राव ने सर्वप्रथम वैज्ञानिक विधि से राष्ट्रीय आय की गणना की तथा राष्ट्रीय आय लेखा प्रणाली का प्रतिपादन किया। इसी कारण राव को राष्ट्रीय आय लेखा प्रणाली का जनक माना जाता है।
- डॉ. राव ने उत्पादन गणना प्रणाली और आय गणना प्रणाली के सम्मिश्रण का प्रयोग किया था। स्वतन्त्रतापूर्व काल में उपलब्ध आँकड़ों की विश्वसनीयता को ध्यान में रखते हुए डॉ. राव का अनुमान सबसे अधिक विश्वसनीय माना जाता है।
- राष्ट्रीय आय समिति और केन्द्रीय सांख्यिकीय संगठन (Central Statistical Organisation) ने डॉ. राव की पद्धति में कुछ संशोधन कर उसे स्वीकार कर लिया।
- राष्ट्रीय आय के अनुमान का सबसे पहला सरकारी अनुमान वाणिज्य मन्त्रालय द्वारा वर्ष 1948-49 में दिया गया।
- भारत में राष्ट्रीय आय का अनुमान/आकलन केन्द्रीय सांख्यिकी कार्यालय (CSO) वर्तमान राष्ट्रीय सांख्यिकी कार्यालय (NSO) द्वारा किया जाता है।
- वर्ष 1967 से पूर्व भारत में राष्ट्रीय आय का आकलन आय तथा उत्पादन विधि से किया जाता था, किन्तु वर्ष 1967 में पहली बार आय, उत्पादन विधि के साथ व्यय विधि को जोड़ा गया।
- राष्ट्रीय सांख्यिकी कार्यालय (NSO) ने राष्ट्रीय आय के आकलन के सन्दर्भ में सम्पूर्ण अर्थव्यवस्था को 6 क्षेत्रों तथा 14 उपक्षेत्रों में विभाजित किया है।
- राष्ट्रीय आय के आकलन से सम्बन्धित 6 प्रमुख क्षेत्र तथा उनका विभाजन निम्नलिखित प्रकार से किया जा सकता है
  (i) प्राथमिक क्षेत्र के अन्तर्गत कृषि, वानिकी और लट्ठा, मत्स्यपालन, खनन तथा उत्खनन आदि हैं।
  (ii) द्वितीयक क्षेत्र के अन्तर्गत विनिर्माण (गैर-पंजीकृत भी), बिजली, गैस और जल आपूर्ति, निर्माण आदि हैं।
  (iii) परिवहन एवं संचार के अन्तर्गत परिवहन, भण्डारण और संचार, व्यापार, होटल और रेस्तरां आदि हैं।
  (iv) वित्त एवं वास्तविक सम्पदा के अन्तर्गत बैंकिंग एवं बीमा, वास्तविक सम्पदा, भवनों का स्वामित्व तथा व्यावसायिक सेवाएँ इत्यादि शामिल हैं।
  (v) सामुदायिक एवं निजी सेवाएँ इसके अन्तर्गत सार्वजनिक प्रशासन एवं सुरक्षा तथा अन्य सेवाएँ शामिल हैं।
  (vi) विदेशी क्षेत्र के अन्तर्गत 1 से 5 के सन्दर्भ में उत्पाद विधि अथवा मूल्य वर्द्धक विधि का प्रयोग किया जाता है।
- उपरोक्त क्षेत्रों में निर्माण को छोड़कर शेष अन्य क्षेत्रों में आय विधि प्रयुक्त की जाती है। निर्माण क्षेत्र के अन्तर्गत वस्तु तथा प्रवाह विधि का प्रयोग किया जाता है।

राष्ट्रीय आय समिति

- **गठन** वर्ष 1949
- **अध्यक्ष** पी.सी. महालनोबिस
- **अन्य सदस्य** डी आर गाडगिल, वी के आर वी राव
- **सलाहकार** प्रसिद्ध अर्थशास्त्री साइमन कुजनेट्स
- **रिपोर्ट** पहली वर्ष 1951 तथा अंतिम 1954 में।

हिन्दू वृद्धि दर

- हिन्दू वृद्धि दर का तात्पर्य भारतीय अर्थव्यवस्था में राष्ट्रीय आय अथवा वास्तविक वृद्धि दर से सम्बन्धित है। हिन्दू वृद्धि दर अवधारणा के प्रतिपादक प्रो. राज कृष्ण थे।
- आर्थिक सुधारों के प्रारम्भ होने से पूर्व वर्ष 1950 के दशक के मध्य भारत की वार्षिक आर्थिक वृद्धि की दर 3.5% थी, इस वास्तविक आर्थिक वृद्धि दर को ही हिन्दू वृद्धि दर कहा गया।
- वर्ष 1950-80 के बीच यह वृद्धि दर 3 से 4% तक रही। पूर्व केन्द्रीय मन्त्री अरुण शौरी ने इस 3 से 4% वार्षिक वृद्धि दर को समाजवादी वृद्धि दर कहा।
- वर्ष 1991 में अपनाए गए उदारीकरण की नीति के पश्चात् भारत इस वृद्धि दर से बाहर निकलने में सफल रहा।

राष्ट्रीय आय के लिए आधार वर्ष

- राष्ट्रीय आय के आकलन की नई श्रृंखला, जिसका आधार वर्ष 2011-12 है, का आरम्भ 30 जनवरी, 2015 को किया गया।
- इस आधार वर्ष का बदलाव केन्द्रीय सांख्यिकी कार्यालय (CSO) के द्वारा वर्ष 2004-05 के स्थान पर किया गया, जिसका निर्णय प्रणब सेन की अध्यक्षता में गठित आयोग की संस्तुति के पश्चात् किया गया।

आरम्भ में (वर्ष 1948-49 से 1964-65) राष्ट्रीय आय के अनुमान को वर्ष 1948-49 के आधार वर्ष पर व्यक्त किया गया था। इसके बाद अब तक राष्ट्रीय आय की गणना की **7 श्रृंखलाएँ** आरम्भ की जा चुकी हैं

(i) वर्ष 1960-61 (ii) वर्ष 1970-71 (iii) वर्ष 1980-81
(iv) वर्ष 1993-94 (v) वर्ष 1999-2000 (vi) वर्ष 2004-05
(vii) वर्ष 2011-2012

- आरम्भ में राष्ट्रीय आय के अनुमान को वर्ष 1948-49 के आधार वर्ष पर व्यक्त किया गया था।
- वर्तमान में गणना की नई श्रृंखला का आधार वर्ष 2011-12 है। इसका आरम्भ 31 जनवरी, 2015 को किया गया।
- सांख्यिकी मन्त्रालय के द्वारा राष्ट्रीय अंकेक्षण की गणना के लिए आधार वर्ष को वर्ष 2011-12 से बदलकर वर्ष 2017-18 करने का विचार किया जा रहा है, हालाँकि वर्तमान में वर्ष 2011-12 ही है।
- उपरोक्त श्रृंखला को कन्वेंशनल सीरीज कहते हैं। इसके अन्तर्गत भारतीय अर्थव्यवस्था को 13 उप-क्षेत्रों में विभाजित किया गया था, जिसके अन्तर्गत आय तथा उत्पाद विधि को राष्ट्रीय आय के आकलन में प्रयोग किया गया। वर्तमान समय में राष्ट्रीय आय के आकलन के सन्दर्भ में 6 क्षेत्र तथा 14 उप-क्षेत्रों को सम्मिलित किया जाता है।

राष्ट्रीय आय की मापन सम्बन्धी समस्याएँ

राष्ट्रीय आय में मापन सम्बन्धी कुछ समस्याएँ पाई जाती हैं, जिन्हें निम्न प्रकार से समझा जा सकता है

- मापन की कई विधियों का होना राष्ट्रीय आय मापन की उत्पाद विधि, आय विधि एवं व्यय विधि प्रचलित हैं, जिनकी गणना में भिन्नता का होना एक विवाद का विषय है।
- अमौद्रिकृत वस्तुओं एवं सेवाओं का मूल्य गणना में न होना अमौद्रिक वस्तुओं एवं सेवाओं का सही मूल्यांकन न होना, राष्ट्रीय आय में शामिल न करने के कारण राष्ट्रीय आय का सही आकलन नहीं हो पाता है।
- स्टॉक मूल्यांकन की समस्या वित्तीय वर्ष के अन्त में न बिकने वाली वस्तुओं के स्टॉक का मूल्यांकन करना कठिन होता है, जो राष्ट्रीय आय की गणना में एक प्रमुख समस्या है।
- दोहरी गणना एवं मध्यवर्ती वस्तुओं की समस्या उत्पादन की प्रक्रिया में वस्तुओं एवं सेवाओं को कई चरणों से होकर गुजरना पड़ता है, जिससे राष्ट्रीय आय की गणना में वस्तुओं की दोहरी गणना तथा मध्यवर्ती वस्तुओं से सम्बन्धित समस्याएँ पाई जाती हैं।
- मूल्य ह्रास का मूल्यांकन मूल्य ह्रास की पद्धति एवं दर अनिश्चित होती है तथा इसे सकल राष्ट्रीय उत्पाद में से घटाकर ही शुद्ध राष्ट्रीय उत्पाद प्राप्त किया जाता है। इसमें मूल्य ह्रास के मूल्यांकन की समस्या पाई जाती है।
- पर्याप्त आँकड़ों की कमी होना राष्ट्रीय आय की गणना में बहुत-सी वस्तुओं एवं सेवाओं से सम्बन्धित आँकड़े (जैसे-बहुत से लघु एवं कुटीर उद्योगों से सम्बन्धित आँकड़े) उपलब्ध नहीं होते हैं, जो गणना की एक प्रमुख समस्या है।

भारत में राष्ट्रीय आय के आकलन की सीमाएँ

- राष्ट्रीय उत्पाद मापते समय साधारणतया यह मान लिया जाता है कि उत्पादित वस्तुओं और सेवाओं का मुद्रा से विनिमय होता है। भारत में जहाँ निर्वाह कृषि की जाती है, उपज का काफी भाग विक्रय के लिए बाजार में उपलब्ध नहीं होता है।
- इस भाग को उत्पादक या तो उपभोग के लिए रख लेते हैं या अन्य वस्तुओं और सेवाओं के विनिमय में उसे दूसरे उत्पादकों को दे देते हैं। ऐसे उत्पादों का अनुमानित मूल्य जोड़ा जाता है।
- भारत में असंगठित क्षेत्र में अनेक लघु, कुटीर एवं घरेलू उत्पादक हैं, जो लेखा नहीं बनाते हैं। अत: इनकी वास्तविक आय को लेकर एक अनुमानित आय को ही जोड़ा जाता है। भारत में उद्योगों के अनुसार, राष्ट्रीय आय के आँकड़े शामिल करने की प्रवृत्ति है। इस प्रकार यह आवश्यक है कि उत्पादकों को विभिन्न व्यवसाय वर्गों में रखा जाए।
- उदाहरण के लिए, एक कृषि श्रमिक वर्ष का कुछ समय खेती में, कुछ उद्योग में, कुछ ताँगा चलाने में लगा सकता है। ऐसी स्थिति में राष्ट्रीय आय को विभिन्न व्यवसायों में बाँटना कठिन होगा।
- भारत में काले धन के बारे में सार्वजनिक वित्त एवं नीति संस्थान के अनुसार, काली आय 18-21% है, जो काली अर्थव्यवस्था के रूप में कार्य करती है। यह आय रिपोर्ट नहीं की जाती, इस कारण राष्ट्रीय आय की गणना त्रुटिपूर्ण हो जाती है।
- विश्वसनीय आँकड़ों का अभाव; जैसे–फसलों के अधीन 80% आँकड़ों की अनुपलब्धता है, साथ ही फलों और सब्जियों से सम्बन्धित आँकड़े नियमित रूप से प्राप्त नहीं किए जाते। उद्योग क्षेत्र में लगभग 10% इकाइयाँ अपने आँकड़े नहीं भेजती हैं। इन सब कारणों से राष्ट्रीय आय की गणना त्रुटिपूर्ण हो जाती है।

राष्ट्रीय आय की गणना से सम्बन्धित महत्त्वपूर्ण संगठन

सांख्यिकी और कार्यक्रम कार्यान्वयन मन्त्रालय (MOSPI)

गठन-15 अक्टूबर, 1999 को एक स्वतन्त्र मन्त्रालय के रूप में, सांख्यिकी विभाग और कार्यक्रम कार्यान्वयन विभाग के विलय के पश्चात।
विशेष-यह देश में जारी किए जाने वाले आँकड़ों के कवरेज और गुणवत्ता पहलुओं को महत्त्व देता है।

दो स्कंध (Two Wings)

सांख्यिकी से सम्बन्धित

राष्ट्रीय सांख्यिकी कार्यालय (NSO)
- MoSPI ने 23 मई, 2019 को केन्द्रीय सांख्यिकी कार्यालय (CSO) और राष्ट्रीय प्रतिदर्श सर्वेक्षण कार्यालय (NSSO) का विलय कर NSO का गठन किया।
- NSO के साथ घटक के रूप में CSO एवं NSSO शामिल हैं। इसकी अध्यक्षता MoSPI का सचिव करता है।
- यह वृद्ध आर्थिक आँकड़े यथा जीडीपी औद्योगिक उत्पादन सूचकांक मुद्रास्फीति के आँकड़े जारी करता है।

केन्द्रीय सांख्यिकी कार्यालय (CSO)
- गठन- मई, 1951 (राष्ट्रीय आय समिति की सिफारिश पर यद्यपि इसका प्रारम्भ वर्ष 1949 में ही सांख्यिकी इकाई के रूप में किया गया था।)

मुख्यालय-नई दिल्ली
- यह वर्ष 1956 से प्रत्येक वर्ष राष्ट्रीय लेखा सांख्यिकी प्रकाशित करता है।
- यह सांख्यिकी प्रणाली के नियोजित विकास हेतु नोडल एजेंसी के रूप में कार्य करता है।

राष्ट्रीय प्रतिदर्श सर्वेक्षण कार्यालय (NSSO)
- गठन- वर्ष 1950 राष्ट्र प्रतिदर्श सर्वेक्षण के रूप में
- पुनर्गठन- वर्ष 1970 में जनवरी, 1971 में NSSO की स्वायत्त संस्था के रूप में स्थापना की गई।

राष्ट्रीय सांख्यिकी आयोग

- इसका गठन (दोनों स्कंधों के अतिरिक्त) सांख्यिकी और कार्यक्रम कार्यान्वयन मन्त्रालय के एक प्रस्ताव द्वारा किया गया।
- **सी. रंगराजन समिति** द्वारा वर्ष 2000 में दिए गए सुझाव के आधार पर 1 जून, 2005 को स्थायी सांख्यिकी आयोग गठित किया गया।
- 12 जुलाई, 2006 को **प्रो. सुरेश तेन्दुलकर** की अध्यक्षता में इसने (एनएससी) कार्य प्रारम्भ किया।
- इसकी स्थापना का मुख्य उद्देश्य सांख्यिकी के मामलों में नीतियों, प्राथमिकताओं एवं मानकों का निर्माण करना एवं सांख्यिकीय एजेन्सियों के बीच समन्वय बनाना था।
- राष्ट्रीय सांख्यिकी आयोग की स्थापना के साथ ही राष्ट्रीय प्रतिदर्श सर्वेक्षण संगठन (एनएसएसओ) का कार्य लगभग समाप्त हो चुका है, किन्तु प्रतिदर्श सर्वेक्षण संगठन द्वारा आर्थिक सर्वेक्षण का कार्य अब भी जारी है।

कार्यक्रम कार्यान्वयन से सम्बन्धित इसके तीन भाग हैं।
- 20 सूत्रीय कार्यक्रम
- अवसंरचना तथा परियोजना मॉनीटरिंग
- सांसद लोकल एरिया विकास स्कीम

प्रमुख-महानिदेशक
- यह स्वास्थ्य शिक्षा, घरेलू खर्च व सामाजिक व आर्थिक सर्वेक्षण के माध्यम से डेटा एकत्र करता है। यह अखिल भारतीय आधार पर विविध क्षेत्रों में बड़े पैमाने पर नमूना सर्वेक्षण के लिए जिम्मेदार है।
- यह सामान्यत: 1 वर्ष की अवधि (जुलाई-जून) के रूप में संचालित किया जाने वाला एक निरंतर सर्वेक्षण कार्यक्रम है।
- **सर्वेक्षण अभिकल्प और अनुसन्धान प्रभाग** (Survey Design and Research Division - SDRD) (एसडीआरडी) यह प्रभाग कलकत्ता में स्थित है और सर्वेक्षणों की तकनीकी योजना तैयार करने, संकल्पनाएँ और परिभाषाएँ तैयार करने, अभिकल्प प्रतिदर्श तैयार करने, पूछताछ अनुसूचियाँ तैयार करने, तालिका योजना बनाने, सर्वेक्षण परिणामों के विश्लेषण और प्रस्तुतीकरण के लिए उत्तरदायी है।
- **फील्ड कार्य प्रभाग** (Field Operations Division-FOD) इस प्रभाग का मुख्यालय दिल्ली/फरीदाबाद में स्थित है और इसका 6 आंचलिक कार्यालयों, 49 क्षेत्रीय कार्यालयों और 118 उप-क्षेत्रीय कार्यालयों का नेटवर्क है, जो सम्पूर्ण देश में फैला हुआ है। यह प्रभाग एनएसएसओ द्वारा किए जाने वाले सर्वेक्षणों के लिए प्राथमिक डाटा के संकलन के लिए जिम्मेदार है।
- **डाटा संसाधन प्रभाग** (Data Processing Division-DPD) इस प्रभाग का मुख्यालय कोलकाता में स्थित है और विभिन्न स्थानों में इसके 6 अन्य डाटा संसाधन केन्द्र हैं। यह प्रभाग प्रतिदर्श चयन, सॉफ्टवेयर विकास, संसाधन, सर्वेक्षण के माध्यम से एकत्र किए जाने वाले डाटा के वैधीकरण और तालिका तैयार करने के लिए उत्तरदायी है।
- सर्वेक्षण समन्वय प्रभाग (Survey Co-ordination Division-SCD) यह प्रभाग नई दिल्ली में स्थित है। यह प्रभाग एनएसएसओ के विभिन्न प्रभागों के सभी क्रियाकलापों का समन्वय करता है।
- यह 'सर्वेक्षण' नामक एनएसएसओ की छमाही पत्रिका का प्रकाशन भी करता है और एनएसएसओ द्वारा किए गए विभिन्न सामाजिक-आर्थिक सर्वेक्षणों के परिणामों के सम्बन्ध में राष्ट्रीय संगोष्ठियाँ भी आयोजित करता है।

आर्थिक नियोजन की प्रक्रिया अन्ततः सामाजिक नियोजन की अवधारणा को निरूपित करती है। वर्तमान समय में कल्याणकारी राज्य की अवधारणा के अन्तर्गत आर्थिक नियोजन का उद्देश्य समाज की आर्थिक स्थिति को सुदृढ़ करना है।

अध्याय पाँच

भारत में आर्थिक नियोजन तथा नीति आयोग

आर्थिक नियोजन

- आर्थिक नियोजन (Economic Planning) एक संगठित आर्थिक प्रयास है, जिसमें राज्य एक निश्चित अवधि में सुनिश्चित आर्थिक एवं सामाजिक लक्ष्यों की प्राप्ति के लिए प्राकृतिक और आर्थिक संसाधनों तथा मानवीय संसाधनों का विवेकपूर्ण ढंग से समन्वय एवं नियन्त्रण करता है। यह आर्थिक लक्ष्यों की प्राप्ति के लिए उपलब्ध संसाधनों का इष्टतम दोहन या उपयोग करने की प्रक्रिया होती है।
- वर्ष 1930 की महामन्दी के पश्चात् नियोजन की अवधारणा लोकप्रिय हुई। महामन्दी ने पूँजीवाद की कमजोरियों को उजागर कर दिया, क्योंकि पूँजीवाद की मुक्त बाजार अर्थव्यवस्था ने व्यापक स्तर पर बेरोजगारी, गरीबी, आय की असमानता और इसके सामाजिक साध्यों के प्रति घोर उपेक्षा की स्थिति को जन्म दिया।
- फलस्वरूप सर्वप्रथम पूर्व सोवियत संघ (The Union of Soviet Socialist Republics-USSR) में वर्ष 1928 में आर्थिक नियोजन को अपनाया गया और इसके बाद भारत ने भी इसका अनुसरण किया। इस तरह भारत में आर्थिक नियोजन पूर्व सोवियत संघ से प्रेरित है।
- भारत में आर्थिक एवं सामाजिक नियोजन का उल्लेख भारतीय संविधान की सातवीं अनुसूची की समवर्ती सूची में है।
- आर्थिक नियोजन के कुछ प्रमुख उद्देश्य निम्नलिखित हैं
  - आर्थिक संवृद्धि
  - रोजगार में वृद्धि
  - आय की असमानताओं में कमी
  - गरीबी में कमी
  - अर्थव्यवस्था का आधुनिकीकरण
  - सामाजिक न्याय तथा समानता सुनिश्चित करना।

नियोजन के प्रकार

नियोजन को निम्नलिखित आधारों पर वर्गीकृत किया जा सकता है

राज्य के हस्तक्षेप के आधार पर

राज्य के हस्तक्षेप के अन्तर्गत नियोजन के निम्नलिखित स्वरूप आते हैं

- आदेशात्मक नियोजन (Imperative Planning) इस नियोजन में राज्य की भूमिका आदेशात्मक व अत्यन्त महत्त्वपूर्ण होती है तथा इसमें केन्द्रीय स्तर पर एक शीर्ष संस्था होती है, जो योजना निर्माण एवं उसके क्रियान्वयन को सुनिश्चित करती है।
  - इसमें निर्णय लेने की प्रक्रिया केन्द्रीकृत होती है, इसलिए इसे केन्द्रीकृत नियोजन के नाम से जाना जाता है। इसमें राज्य एवं सरकारी संस्थाओं दोनों का महत्त्वपूर्ण, व्यापक तथा प्रत्यक्ष हस्तक्षेप होता है। अतः यह एक केन्द्रीकृत व्यवस्था होती है।
- निर्देशात्मक नियोजन (Indicative Planning) इसमें राज्य द्वारा योजना के लक्ष्यों का निर्धारण किया जाता है, और उन्हें प्राप्त करने का उत्तरदायित्व निजी क्षेत्र और बाजार शक्तियों को सौंपा जाता है। इसमें राज्य की भूमिका केवल प्रेरणादायक और प्रोत्साहक की होती है, जो केवल नीतियाँ बनाता है।
  - इस प्रकार यह एक विकेन्द्रीकृत व्यवस्था होती है, जिसमें राज्य एवं सरकारी संस्थाओं का अप्रत्यक्ष तथा सांकेतिक हस्तक्षेप होता है।
  - भारत में आठवीं पंचवर्षीय योजना में निर्देशात्मक नियोजन को अपनाया गया। वर्ष 1991 के पश्चात् नव आर्थिक सुधार की प्रक्रिया में इसे पुनः स्वीकार किया गया।

लक्ष्य प्राप्ति की रणनीति के आधार पर

लक्ष्य प्राप्ति की रणनीति के आधार पर नियोजन के दो प्रमुख प्रकार निम्न हैं

- संरचनात्मक नियोजन (Structural Planning) नियोजन की वह व्यवस्था, जिसमें आर्थिक लक्ष्यों की प्राप्ति के लिए संसाधनों के वितरण व स्वामित्व की संरचना (ढाँचे), उत्पादन की विधि तथा संस्थागत व्यवस्था में व्यापक परिवर्तन किया जाता है, उसे संरचनात्मक नियोजन कहते हैं।

- बैंकों का राष्ट्रीयकरण करना, भूमि सुधार करना आदि संरचनात्मक नियोजन के उदाहरण हैं, यह नियोजन अर्थव्यवस्था (एक आर्थिक प्रणाली है, जिसमें राज्य सभी आर्थिक गतिविधियों को नियन्त्रित करता है।) की आधारभूत क्षमता को बढ़ाने में सहायक होता है।

- प्रकार्यात्मक नियोजन (Functional Planning) नियोजन की वह व्यवस्था, जिसमें आर्थिक लक्ष्यों की प्राप्ति के लिए संसाधनों, स्वामित्व के ढाँचे, उत्पादन की विधि या संस्थागत व्यवस्था में कोई मूलभूत या बदलाव करने के बदले उसके अनुकूलतम दोहन की रणनीति अपनाई जाती है, तो उसे प्रकार्यात्मक नियोजन कहा जाता है।
  - हरित क्रान्ति के माध्यम से कृषि क्षेत्र में परिवर्तन लाना, श्वेत क्रान्ति से दुग्ध की उत्पादकता को बढ़ाना तथा प्रयास करना आदि इसके उदाहरण हैं।

योजना निर्माण की प्रक्रिया के आधार पर

योजना निर्माण की प्रक्रिया के आधार पर नियोजन के दो स्वरूप निम्न प्रकार हैं

- केन्द्रीकृत नियोजन (Centralized Planning) इसमें नियोजन योजना को पूर्ण करने आदि का उत्तरदायित्व केन्द्रीय सत्ता या एक केन्द्रीय संगठन पर होता है और इस सन्दर्भ में सभी निर्णय उसके द्वारा स्वयं लिए जाते हैं।
  - इसमें नियोजन से सम्बन्धित सभी आर्थिक निर्णय केन्द्र सरकार के द्वारा लिए जाते हैं। इसे ऊपर से नीचे की ओर नियोजन (Top-Down Planning) कहा जाता है। इस नियोजन को सामान्यत: साम्यवादी देशों के द्वारा अपनाया जाता है।
  - भारत में इसी प्रकार के नियोजन की शुरुआत हुई, किन्तु बाद के वर्षों में नियोजन को लोकतन्त्र में उपयुक्त बनाने के लिए राष्ट्रीय विकास परिषद् (National Development Council-NDC) की स्थापना की गई।
- विकेन्द्रीकृत नियोजन (Decentralised Planning) इस नियोजन में योजनाओं के निर्माण तथा क्रियान्वयन में केन्द्र सरकार, राज्य सरकार, स्थानीय सरकार, निजी क्षेत्र आदि की भागीदारी होती है।
  - केन्द्रीय सत्ता कुछ विशेष स्थितियों में ही प्रभावी होती है। मुख्य भूमिका निम्न स्तरीय संस्थाओं की होती है। इससे लोकतान्त्रिक प्रक्रिया और मजबूत होती है।
  - इसमें सरकार, स्थानीय निकाय, व्यक्तिगत उद्यमी आदि मिलकर योजना सम्बन्धी निर्णय लेते हैं, इसलिए इसे हम नीचे से ऊपर की ओर नियोजन भी कहते हैं। इसे नीतिगत नियोजन या निर्देशात्मक नियोजन भी कहते हैं।
- बहु-स्तरीय नियोजन (Multi-level Planning-MLP) भारत में इसका लक्ष्य नियोजन का विकेन्द्रीकरण करना था, जिसमें सरकारों अथवा प्रशासन के विभिन्न स्तरों पर नियोजन किया जाता है। उदाहरणस्वरूप भारत में इसे केन्द्र से लेकर स्थानीय क्षेत्रों तक कई स्तरों (Layers) पर अपनाया गया।
  - जैसे—केन्द्रीय और राज्य योजनाओं के साथ-साथ, जिलों, ब्लॉकों और स्थानीय स्तर की सभी इकाइयों (गाँवों, पहाड़ी क्षेत्रों व आदिवासी क्षेत्रों) पर।
  - केन्द्रीय स्तर पर नियोजन वर्ष 1951 में प्रारम्भ हुआ, राज्य स्तर पर नियोजन 1961 तथा आदिवासी क्षेत्र में 1982 में शुरू हुआ।
  - पंचायती राज संस्थाओं को संवैधानिक दर्जा (1993 में) मिलने के पश्चात् नियोजन के विकेन्द्रीकरण के बहु-स्तरीय नियोजन की संरचना परिवर्तित हो गई। नीति आयोग के नियोजन की प्रक्रिया में यह संस्करण (version) नहीं है।
  - इसमें नियोजन की नई संकल्पना की बात है, जिसमें राष्ट्र राज्यों व स्थानीय निकायों की सभी आवश्यकताओं को समाहित करके राष्ट्रीय एजेण्डा पर कार्य करने की बात है।

क्षेत्रीय व्यापकता के आधार पर

क्षेत्रीय व्यापकता के आधार पर नियोजन के प्रमुख प्रकार निम्न हैं

- राष्ट्रीय नियोजन (National Planning) केन्द्रीय संस्था द्वारा राष्ट्रीय स्तर पर बनाई गई योजना को राष्ट्रीय नियोजन कहते हैं। राष्ट्रीय नियोजन पूरे राष्ट्र को नियोजन की इकाई मानता है।
  - इसमें नियोजन के लक्ष्यों तथा रणनीतियों का निर्धारण राष्ट्रीय स्तर पर किया जाता है; जैसे—स्वच्छ भारत अभियान को राष्ट्रीय स्तर पर कार्यान्वित करना, 12वीं पंचवर्षीय योजना के द्वारा आर्थिक संवृद्धि दर का निर्धारण करना आदि।
  - फ्रांस वर्ष 1947 में राष्ट्रीय योजना (पहली छः वर्षीय योजना) अपनाने वाला पहला गैर-राज्य अर्थव्यवस्था (Non-State Economy) था।
- क्षेत्रीय/प्रादेशिक नियोजन (Regional Planning) क्षेत्र विशेष को ध्यान में रखकर बनाई गई योजना को क्षेत्रीय नियोजन कहा जाता है, जिसके क्षेत्र/प्रदेश-विशिष्ट विकासात्मक लक्ष्य होते हैं; जैसे—भारत के किसी क्षेत्र अर्थात् उत्तर-पूर्वी राज्यों के लिए विकास परियोजनाओं का निर्माण करना आदि।
  - इस प्रकार यह नियोजन प्रायः राष्ट्रीय नियोजन का ही भाग होता है, जिसका कार्यान्वयन क्षेत्र विशेष में होता है।
  - विश्व की पहली क्षेत्रीय/प्रादेशिक नियोजन की शुरुआत वर्ष 1933 में अमेरिका में टेनेसी वैली अथॉरिटी (Tennessee Valley Authority-TVA) के रूप में हुई थी। भारत की दामोदर घाटी निगम परियोजना (1948) इसी से प्रेरित है।

दामोदर घाटी निगम

- यह भारत सरकार, तत्कालीन बिहार और पश्चिम बंगाल की एक संयुक्त परियोजना है, जो **वर्ष 1948** में शुरू की गई।
- अमेरिका की टेनेसी वैली अथॉरिटी की तरह इसके भी प्राथमिक (बाढ़ नियन्त्रण, मृदा संरक्षण, विद्युत उत्पादन) और सम्बद्ध उद्देश्य (औद्योगिक विकास, वन्यजीव संरक्षण, वानिकी, नगर नियोजन सड़क आदि का निर्माण आदि) समान थे।
- भारत में सभी नदी आधारित परियोजनाएँ दामोदर घाटी निगम (Damodar Valley Corporation) पर आधारित हैं।

अवधि के आधार पर

अवधि के आधार पर नियोजन के प्रमुख प्रकार निम्नलिखित हैं

- दीर्घावधिक नियोजन (Long Term Planning) एक लम्बे समय के लिए योजना के लक्ष्यों एवं उद्देश्यों तथा रणनीतियों का निर्धारण दीर्घावधिक नियोजन कहलाता है; जैसे—विजन 2020, राष्ट्रीय जनसंख्या नीति, 2000 आदि। इसमें नियोजन की अवधि सामान्यत: 10 वर्ष या उससे अधिक होती है।

अनवरत योजना

- इसके अन्तर्गत दीर्घकाल के लिए योजनाओं के लक्ष्यों और रणनीतियों का निर्धारण किया जाता है और वार्षिक आधार पर इसका मूल्यांकन करते हुए संशोधित लक्ष्यों का निर्धारण किया जाता है, जिससे निश्चित समय सीमा के भीतर लक्ष्यों को प्राप्त किया जा सके।
- भारत में वर्ष 1978 में जनता पार्टी सरकार द्वारा **अनवरत योजना** (Rolling Plan) शुरू की गई थी। बजट भी एक वार्षिक वित्तीय विवरण है।

- अल्पकालिक नियोजन (Short Term Planning) सामान्यत: वार्षिक आधार पर योजना के लक्ष्यों और रणनीतियों का निर्धारण करना ही अल्पकालिक योजना कहलाती है, इसकी अवधि तीन या चार वर्ष तक की भी हो सकती है।
- सिस्टम्स एवं मानक नियोजन (Systems and Normative Planning) इसका वर्गीकरण मूल्य प्रणाली (Value System) के समावेशन और बहिष्करण के आधार पर किया जाता है।
    - सिस्टम्स नियोजन बहुत हद तक विकास के आर्थिक पहलुओं (आर्थिक मानव पर विचार) से सम्बन्धित होता है और इसका लक्षित जनसंख्या की सामाजिक-सांस्कृतिक वास्तविकताओं से कोई सम्बन्ध नहीं होता है।
    - इसके विपरीत मानक नियोजन समाज की मूल्य प्रणाली पर भी विचार करता है। इसके अन्तर्गत विकासात्मक नीतियाँ लक्षित जनसंख्या की सामाजिक वास्तविकताओं के प्रति संवेदनशील एवं अनुरूप होती हैं।
    - वर्ष 2010 के प्रारम्भ में व्यावहारिक अर्थशास्त्र ने आर्थिक मानव के विचार को निरस्त कर दिया, जिससे इसकी स्वीकार्यता बढ़ी और मानक दृष्टिकोण प्रबलित हुआ।

भारत में आर्थिक नियोजन

भारत में नियोजन सम्बन्धी विचार 1930 के दशक में चर्चा में आ गया था, जो आगे चलकर विभिन्न प्रस्तावों के रूप में सामने आया, जिसकी उपयोगिता तब सार्थक हुई, जब भारत में स्वतन्त्रता के पश्चात् नियोजित अर्थव्यवस्था को निम्न योजनाओं द्वारा अपनाया गया, इनका विवरण निम्नवत् है

विश्वेश्वरैया योजना-1934

- भारत में आर्थिक नियोजन की **पहली रूपरेखा** का प्रस्ताव प्रस्तुत करने का श्रेय एम. विश्वेश्वरैया को (अभियन्ता व मैसूर प्रांत के पूर्व दीवान) जाता है।
- **पुस्तक प्लैण्ड इकोनॉमी फॉर इण्डिया** (1934) में 10 वर्षीय नियोजित विकास के लिए कार्यक्रम प्रस्तुत
- **विचार** अमेरिका के लोकतान्त्रिक पूँजीवाद के समान व्यावहारिक व उपयोगी।
- **उद्देश्य** राष्ट्रीय आय को दोगुना और औद्योगिक उत्पादन में वृद्धि करना।

कांग्रेस योजना-1938

- कांग्रेस के **हरिपुरा अधिवेशन** में राष्ट्रीय आयोजन समिति के नाम से गठन
- **अध्यक्ष जवाहर लाल नेहरू**
- **पहल** सुभाष चन्द्र बोस की पहल पर नियोजन की आवश्यकता एवं सम्भावना पर विचार करने हेतु
- **रिपोर्ट** देश की आर्थिक समस्याओं से सम्बन्धित पहलुओं का अध्ययन कर वर्ष 1948 में रिपोर्ट प्रस्तुत की।

बॉम्बे योजना-1944

- मुम्बई के आठ उद्योगपतियों द्वारा बॉम्बे प्लान नाम से 15 वर्षीय योजना को प्रस्तुत किया गया।
- योजना का आकार ₹ 10000 करोड़
- **पूर्ण रूप-ए प्लान फॉर इकोनॉमिक डेवलपमेण्ट ऑफ इण्डिया** था।
- **आठ उद्योगपति** पुरुषोत्तमदास ठाकुरदास, जे.आर.डी टाटा (अध्यक्ष) जी.डी. बिड़ला, लाला श्रीराम, कस्तूरभाई लालभाई, ए.डी. श्रॉफ, जॉन मथाई, अर्देशिर दलाल।

सर्वोदय योजना- 1950

- इसे **जयप्रकाश नारायण** द्वारा प्रस्तुत किया गया।
- यह गाँधी के **सर्वोदय सिद्धान्त** पर आधारित थी।
- **उद्देश्य** अहिंसात्मक तरीके से शोषण विहीन समाज की स्थापना करना
- इसमें कृषि व कृषि आधारित लघु व कुटीर उद्योगों पर बल, आर्थिक विषमता को कम करना, राज्य की समग्र आय का पंचायतों एवं सत्ता में समान विभाजन जैसे विषयों पर बल दिया गया, इसके कुछ भाग को सरकार ने स्वीकार कर लिया।

जन योजना/पीपुल्स प्लान-1945

- इसे **एमएन रॉय** द्वारा प्रस्तुत किया गया (साम्यवादी प्रणाली पर आधारित)।
- **उद्देश्य** जनता की आधारभूत आवश्यकताओं की पूर्ति सुनिश्चित करना।
- इसके अतिरिक्त कृषि व औद्योगिक क्षेत्र के विकास को प्राथमिकता।
- इसमें 10 वर्ष की अवधि के लिए प्रस्तावित व्यय ₹ 15000 करोड़ था।

गाँधीवादी योजना-1944

- इसे गाँधीवादी विचारक **श्रीमन्नारायण अग्रवाल** द्वारा प्रस्तुत किया गया।
- **उद्देश्य** जन समुदाय के जीवन स्तर को न्यूनतम निर्वाह स्तर तक लाना।
- इसमें ₹ 3500 करोड़ के व्यय का प्रस्ताव किया गया।
- सहकारी कृषि क्षेत्र एवं लघु तथा कुटीर उद्योगों के विकास पर बल दिया गया।

योजना आयोग

- इसका गठन के.सी. नियोगी समिति की संस्तुति के आधार पर केन्द्रीय मन्त्रिमण्डल के एक प्रस्ताव द्वारा 15 मार्च, 1950 को एक गैर-संवैधानिक/सलाहकारी/परामर्शदात्री निकाय के रूप में किया गया था।
- योजना आयोग (Planning Commission) की अनुशंसा पर प्रथम पंचवर्षीय योजना 1 अप्रैल, 1951 से लागू हुई। 1 जनवरी, 2015 को योजना आयोग के स्थान पर नीति आयोग का गठन किया गया।

- योजना आयोग की संरचना
  - अध्यक्ष प्रधानमन्त्री (पदेन)
  - उपाध्यक्ष प्रधानमन्त्री द्वारा नामित व्यक्ति (कैबिनेट मन्त्री का दर्जा)
  - पूर्णकालिक सदस्य तीन (पदेन) केन्द्रीय कैबिनेट मन्त्री
  - अंशकालिक सदस्य तीन (पदेन) केन्द्रीय कैबिनेट मन्त्री
  - योजना मन्त्री एक
  - विशेषज्ञ सदस्यों की संख्या आवश्यकतानुसार (सचिवालय और एक सदस्य सचिव)
  - प्रथम अध्यक्ष जवाहरलाल नेहरू
  - प्रथम उपाध्यक्ष गुलजारी लाल नन्दा
  - अन्तिम उपाध्यक्ष मोण्टेक सिंह अहलूवालिया

योजना आयोग के अध्यक्षों की सूची

नाम	कब से	कब तक
जवाहरलाल नेहरू	मार्च, 1950	27 मई, 1964
लाल बहादुर शास्त्री	जून, 1964	जनवरी, 1966
श्रीमती इन्दिरा गाँधी	जनवरी, 1966	24 मार्च, 1977
श्रीमती इन्दिरा गाँधी	जनवरी, 1980	31 अक्टूबर, 1984
मोरारजी देसाई	25 मार्च, 1977	9 अगस्त, 1979
चौधरी चरण सिंह	10 अगस्त, 1979	जनवरी, 1980
राजीव गाँधी	नवम्बर, 1984	दिसम्बर, 1989
वी.पी. सिंह	22 दिसम्बर, 1989	नवम्बर, 1990
चन्द्रशेखर	दिसम्बर, 1990	24 जून, 1991
पी. वी. नरसिम्हा राव	9 जून, 1991	15 मई, 1996
अटल बिहारी वाजपेयी	16 मई, 1996	31 मई, 1996
एच.डी. देवगौड़ा	1 जून, 1996	20 अप्रैल, 1997
आई. के. गुजराल	21 अप्रैल, 1997	18 मार्च, 1998
अटल बिहारी वाजपेयी	19 मार्च, 1998	22 मई, 2004
डॉ. मनमोहन सिंह	22 मई, 2004	22 मई, 2014
नरेन्द्र मोदी	मई, 2014	31 दिसम्बर, 2014

राष्ट्रीय विकास परिषद्

- राष्ट्रीय विकास परिषद् (National Development Council-NDC) का गठन कैबिनेट के एक प्रस्ताव द्वारा 6 अगस्त, 1952 को राष्ट्रीय विकास के सभी कार्यों के लिए केन्द्र तथा राज्यों के बीच घनिष्ठ सहयोग के मंच के रूप में किया गया था।
- इसके गठन का उद्देश्य नियोजन की प्रक्रिया का विकेन्द्रीकरण था। राज्यों को पंचवर्षीय योजनाओं पर अपने सुझाव देने की अनुमति के साथ-साथ एनडीसी को नियोजित विकास के मुद्दों और अनुभवों पर विचार विमर्श करने की छूट प्राप्त थी।
- राष्ट्रीय विकास परिषद योजना आयोग की तरह ही एक गैर-संवैधानिक निकाय है। के. सन्थानम ने एनडीसी को सर्वोच्च मन्त्रिपरिषद की संज्ञा दी।
- एनडीसी योजना आयोग का हिस्सा/अंग नहीं था।

राष्ट्रीय विकास परिषद् की संरचना

पद	नाम
अध्यक्ष/प्रमुख	भारत का प्रधानमन्त्री
सदस्य	सभी केन्द्रीय कैबिनेट मन्त्री, राज्यों के मुख्यमन्त्री, केन्द्रशासित प्रदेशों के उपराज्यपाल/प्रशासक, नीति आयोग के सदस्य।
सचिव	योजना आयोग (वर्तमान) नीति आयोग का सचिव

- विशेष प्रारम्भ में राज्यों के केवल मुख्यमन्त्री इसके सदस्य होते थे, परन्तु वर्ष 1967 के बाद से केन्द्रीय मन्त्रिपरिषद् के सभी सदस्य, केन्द्रशासित प्रदेशों के प्रशासक तथा योजना आयोग के सभी सदस्य इसके सदस्य होते हैं।

राष्ट्रीय विकास परिषद् के कार्य

इसके प्रमुख कार्य निम्नलिखित हैं

- देश के सभी भागों के तीव्र तथा सन्तुलित विकास के लिए कार्य करना।
- राष्ट्रीय योजना के निर्धारित लक्ष्यों तथा उद्देश्यों की प्राप्ति के लिए सुझाव देना।
- राष्ट्रीय योजना के संचालन का समय-समय पर मूल्यांकन करना।
- विकास को प्रभावित करने वाली सामाजिक-आर्थिक नीतियों सम्बन्धी विषयों पर विचार करना।
- पंचवर्षीय योजनाओं का अनुमोदन करना आदि।

- वर्तमान स्थिति
  - राष्ट्रीय विकास परिषद की पहली बैठक 8-9 नवम्बर, 1952 को पण्डित जवाहर लाल नेहरू की अध्यक्षता में सम्पन्न हुई थी।
  - इसकी अन्तिम बैठक (57 वीं) दिसम्बर, 2012 में हुई थी। योजना आयोग के स्थान पर नीति आयोग के गठन के पश्चात् वर्तमान में यह संस्था निष्क्रिय अवस्था में है।

नीति आयोग

- 65 वर्ष पुराने योजना आयोग के स्थान पर 1 जनवरी, 2015 को राष्ट्रीय भारत परिवर्तन संस्थान (National Institution for Transforming India- NITI) का गठन किया गया। इसे संक्षेप में नीति आयोग (NITI Aayog) की संज्ञा दी गई है।
- नीति आयोग के गठन की घोषणा प्रधानमन्त्री नरेन्द्र मोदी द्वारा 15 अगस्त, 2014 (स्वतन्त्रता दिवस के अवसर पर) को उनके सम्बोधन में की गई थी।
- नीति आयोग की मुख्य भूमिका राष्ट्रीय तथा अन्तर्राष्ट्रीय महत्त्व के विभिन्न नीतिगत मुद्दों पर केन्द्र तथा राज्य सरकारों को आवश्यक रणनीतिक तथा तकनीकी परामर्श देने की है। आयोग के लिए 13 सूत्री उद्देश्य रखे गए हैं।
- इस आयोग में राज्य के मुख्यमन्त्रियों तथा निजी क्षेत्र के विशेषज्ञों को अधिक महत्त्वपूर्ण भूमिका दी गई है, जो संघीय ढाँचे को मजबूत करेगी, जबकि योजना आयोग में केन्द्रीयता को महत्त्व दिया गया था।
- भारत सरकार के थिंक-टैंक के रूप में नीति आयोग का लक्ष्य राज्यों की सक्रिय भागीदारी के साथ-साथ उसे निर्देशात्मक एवं नीतिगत गतिशीलता प्रदान करना है।
- यह सतत् आधार पर संरचनात्मक सहयोग एवं नीतिगत मार्गदर्शन के माध्यम से सहयोगपूर्ण संघवाद को बढ़ावा देता है।

नीति आयोग की संरचना

नीति आयोग की अध्यक्षता **प्रधानमन्त्री** द्वारा की जाती है। इसकी संरचना निम्न प्रकार की बनाई गई है

पद	नाम
अध्यक्ष	भारत के प्रधानमन्त्री
गवर्निंग काउन्सिल	सभी राज्यों के मुख्यमन्त्री एवं केन्द्रशासित प्रदेशों के उपराज्यपाल/ प्रशासक
विशेष आमन्त्रित सदस्य	नीति आयोग से सम्बन्धित विभिन्न क्षेत्रों के विशेषज्ञ (प्रधानमन्त्री के द्वारा नामित)

पूर्णकालिक सांगठनिक ढांचा

पद	नाम
उपाध्यक्ष	प्रधानमन्त्री के द्वारा नियुक्त, कैबिनेट मन्त्री का दर्जा प्राप्त।
पूर्णकालिक सदस्य	प्रधानमन्त्री के द्वारा नियुक्त राज्यमन्त्री के समकक्ष दर्जा।
अंशकालिक सदस्य	पदेन सदस्य के रूप में, विश्वविद्यालयों, शोध संगठनों तथा अन्य प्रासंगिक संस्थाओं से अधिकतम दो सदस्य।
पदेन सदस्य	प्रधानमन्त्री के द्वारा नामित केन्द्रीय मन्त्रिपरिषद् से अधिक चार सदस्य।
मुख्य कार्यकारी अधिकारी	केन्द्र के सचिव स्तर का अधिकारी, जिसे निश्चित कार्यकाल के लिए नियुक्त किया जाता है।
क्षेत्रीय परिषदें	विशिष्ट मुद्दों, आकस्मिक मामले, जो एक से अधिक राज्यों को प्रभावित करते हैं, आवश्यकतानुसार तथा विशिष्ट कार्यकाल हेतु गठन। अध्यक्षता प्रधानमन्त्री या नामित व्यक्ति द्वारा।
सचिवालय	आवश्यकतानुसार बनाना।

नीति आयोग एवं योजना आयोग में अन्तर

नीति आयोग	योजना आयोग
देश में आर्थिक नियोजन के उद्देश्य से 15 वर्षीय विजन, 7 वर्षीय रणनीति तथा 3 वर्षीय एक्शन एजेण्डा का निर्माण करना।	देश में आर्थिक नियोजन के उद्देश्य से पंचवर्षीय योजनाओं का निर्माण करना तथा उसका क्रियान्वयन सुनिश्चित करना।
इसकी प्रकृति प्राय: **विकेन्द्रीकृत** (किसी संगठन, सरकार या व्यवस्था की शक्ति और निर्णय लेने की प्रक्रिया को एक केन्द्रीय व्यवस्था को हटाकर छोटी इकाइयों में बाँटना) है।	इसकी प्रकृति प्राय: केन्द्रीकृत थी। यह राज्यों को अधीन बनाता था।
इसमें सरकारों के साथ-साथ निजी क्षेत्रों की भी भूमिका महत्त्वपूर्ण है।	इसमें केवल केन्द्र सरकार की भूमिका महत्त्वपूर्ण थी।
यह राज्यों को सहयोगी बनाकर सहयोगात्मक संघवाद को बढ़ावा देता है।	यह संघवाद को बढ़ावा देने के अनुकूल नहीं था।
केन्द्र सरकार व सभी राज्य सरकारें नीति के निर्माण व उसके क्रियान्वयन में भाग लेती हैं।	यहाँ योजना आयोग सहित केन्द्र सरकार नीति निर्माण एवं क्रियान्वयन में महत्त्वपूर्ण भूमिका निभाती है।
योजनाओं के निर्माण में केन्द्र सरकार और राज्य सरकारों की सहभागिता।	योजनाओं के निर्माण में केन्द्र सरकार की प्रमुख भूमिका।
राज्यों एवं केन्द्रशासित प्रदेशों के साथ सहकारी संघवाद को बढ़ाना।	राज्य एवं केन्द्रशासित प्रदेशों को उनकी योजनाओं के लिए पूँजी का आवण्टन करना।
इसमें योजनाओं की क्षेत्रीयता एवं स्थानीयता को महत्त्व दिया गया।	इसमें योजनाओं की केन्द्रीयता को महत्त्व दिया गया।
भारत के महापुरुषों की शिक्षा से प्रेरित।	पूर्व सोवियत संघ (रूस) की अवधारणा व मॉडल से प्रेरित।
इसमें योजनाओं एवं नीतियों के निर्माण में विश्वविद्यालयों एवं शोध संस्थानों तथा विशेषज्ञों को शामिल किया जाता है।	इसमें किसी भी प्रकार के विशेषज्ञों को योजनाओं के निर्माण में शामिल नहीं किया जाता था।
नीतिगत मुद्दों पर केन्द्र एवं राज्य सरकारों को आवश्यक रणनीति व तकनीकी परामर्श देना।	राज्य सरकारों को रणनीति व तकनीकी परामर्श देने में महत्त्वपूर्ण भूमिका निभाना।

हब-स्पोक संस्थागत मॉडल

- इसके लिए सभी केन्द्रीय मन्त्रालयों और राज्य सरकारों को इण्टरफेस/ इण्टरेक्शन के लिए अपने दर्पण संस्थानों (नीति आयोग की तरह) का निर्माण करना निर्धारित किया गया है, जो एक राष्ट्रीय हब-स्पोक संस्थागत मॉडल (Hub-spoke Institutional Model) के रूप में विकसित होगा।
- नीति आयोग को इसी के माध्यम से केन्द्रीय मन्त्रालयों और राज्य सरकारों के सहयोग और परामर्श एवं समन्वय में कार्य करना है।

- नीति आयोग विशेष विंगों के कार्य
  - अनुसंधान विंग (Research wing) उच्च स्तर के विशेषज्ञों की क्षेत्रीय विशेषता विकसित करना।
  - कंसल्टेंसी विंग (Consultancy wing) केन्द्र और राज्यों को विशेषज्ञता एवं फंडिंग के एक मैचमेकर की तरह कार्य करना।
  - टीम इण्डिया विंग (Team India wing) प्रत्येक केन्द्रीय और राज्य मन्त्रालयों के साथ मिलकर राष्ट्रीय सहयोग के लिए एक स्थायी मंच एवं संपर्क इंटरफेस की तरह कार्य करना

नीति निर्माण का आधार

- **सहकारी संघवाद** राज्यों को राष्ट्रीय विकास में समान रूप से भागीदार बनाना।
- **नॉलेज हब** थिंक-टैंक द्वारा सुझाए गए सुशासन की सर्वोत्तम प्रथाओं के साथ।
- **कार्यान्वयन** केन्द्र एवं राज्यों के संयुक्त सहयोग से।

नीति आयोग के उद्देश्य

नीति आयोग के प्रमुख उद्देश्य निम्न हैं

- सशक्त राज्य से सशक्त राष्ट्र का निर्माण, सहकारी संघवाद को समृद्ध करना।
- ग्राम स्तर पर योजनाएँ बनाने के तन्त्र को विकसित करना।
- आर्थिक प्रगति से वंचित रहे वर्गों पर विशेष ध्यान देना।
- रणनीतिक और दीर्घावधि के लिए नीति तथा कार्यक्रमों का ढाँचा तैयार करना।

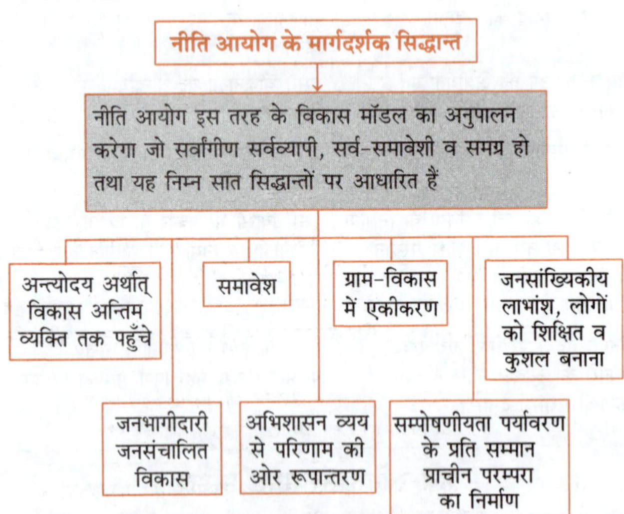

नीति आयोग के कार्य

नीति आयोग के निम्नलिखित कार्य अथवा भूमिका निर्धारित किए गए हैं

- एक साझा दृष्टिकोण विकसित करना राष्ट्रीय उद्देश्यों की प्राप्ति में राज्यों की भागीदारी के साथ प्राथमिकताओं, क्षेत्रों तथा रणनीतियों का एक साझा दृष्टिकोण विकसित करना नीति आयोग का प्रमुख कार्य है।
- सहकारी और प्रतिस्पर्द्धी संघवाद नीति आयोग, सहकारी संघवाद के लिए प्राथमिक मंच के रूप में कार्य करने के साथ-साथ प्रधानमन्त्री एवं मुख्यमन्त्रियों के संयुक्त प्राधिकार में, राज्यों के सक्रिय सहयोग से राष्ट्रीय नीति बनाकर परिमाणात्मक एवं गुणात्मक लक्ष्यों के साथ इसे समयबद्ध रूप से लागू करने को प्रतिबद्ध होगा।
- केन्द्र में राज्य के सबसे अच्छे मित्र के रूप में राज्यों को स्वयं की चुनौतियों से जूझने में सहायता प्रदान करने के साथ-साथ तुलनात्मक लाभों एवं शक्ति-निर्माण की ओर ले जाना।
- विशेषज्ञों के तन्त्र के रूप में राष्ट्रीय एवं अन्तर्राष्ट्रीय विशेषज्ञों की सहायक मण्डली, पेशेवर एवं अन्य साझीदारों के माध्यम से मुख्यधारा के बाहरी विचारों तथा विशेषज्ञता को सरकारी नीतियों एवं कार्यक्रमों के प्रयोग में लाना।
- मतभेद समाधान में केन्द्र-राज्य, अन्तर्राष्ट्रीय एवं अन्तर्क्षेत्रीय के साथ-साथ अन्तर्विभागीय समस्याओं के हल में सहायता प्रदान करने वाले एक ऐसे सहयोगी मंच के रूप में कार्य करना, जो सभी के लिए लाभदायक एवं मान्य सामान्य को पारदर्शिता एवं त्वरित रूप से लागू करने के लिए आम सहमति तैयार करे।
- शासन क्षेत्र की रणनीतियाँ बनाने में केन्द्र एवं राज्य सरकारों के मन्त्रालयों को उनकी विकास योजना तैयार करने तथा समस्या समाधान सम्बन्धी आवश्यकताओं के लिए विशेषज्ञ कोष के एक और एक से अधिक समूह निर्माण द्वारा सहायक की भूमिका का निर्वहन करना।
- विचारों को फैलाने के माध्यम के रूप में वस्तुनिष्ठ आलोचनाओं एवं व्यापक प्रतिविचारों द्वारा सरकारी क्रियाकलापों एवं स्थितियों में तेजी लाने के रूप में कार्य करना।

नीति आयोग के अन्य कार्य

- राष्ट्रीय एवं अन्तर्राष्ट्रीय विचारकों के साथ शैक्षिक एवं नीतिगत अनुसन्धान संस्थानों के मध्य भागीदारी को बढ़ावा देना।
- सुशासन पर अनुसन्धान, न्यायसंगत विकास के साथ-साथ उनके हितधारकों के प्रसार में सहायता करना, संसाधन केन्द्र का अनुरक्षण करना आदि।
- कार्यक्रमों के क्रियान्वयन के लिए प्रौद्योगिकी विकास एवं क्षमता निर्माण पर ध्यान केन्द्रित करना तथा बढ़ावा देना।

नीति आयोग की कार्य प्रणाली

- नीति आयोग विकास के लिए यह प्रणाली तीन प्रकार के एक्शन एजेण्डे पर कार्य करती है—15 वर्षीय विजन डॉक्यूमेण्ट, 7 वर्षीय रणनीतिक रूपरेखा एवं 3 वर्षीय एक्शन एजेण्डा।
- 15 वर्षीय विजन डॉक्यूमेण्ट
  - प्रधानमन्त्री कार्यालय (पीएमओ) ने नीति आयोग को वर्ष 2030 तक के लिए 15 वर्षों का दृष्टि-पत्र बनाने का कार्य सौंपा है।
  - एक्शन एजेण्डों में 15 वर्षीय विजन पहला डॉक्यूमेण्ट है, जिसमें प्रस्तावित सामाजिक लक्ष्यों और वैश्विक सतत विकास लक्ष्यों को ध्यान में रखा गया है। इसकी अवधि वर्ष 2017-18 से वर्ष 2031-32 तक है। इसमें बदलते आर्थिक परिदृश्य एवं भविष्य की चुनौतियों को ध्यान में रखा गया है।

- इस 15 वर्षीय डॉक्यूमेंट में पहली बार रक्षा एवं आन्तरिक सुरक्षा को शामिल किया गया है, जो पंचवर्षीय योजनाओं में शामिल नहीं थे।

• सात वर्षीय रणनीति रूपरेखा

- स्ट्रेटजी फॉर न्यू इण्डिया@75 शीर्षक वाले इस दस्तावेज में विकास को एक 'जन आन्दोलन' बनाने और वर्ष 2022-23 तक भारत को 3.0 ट्रिलियन डॉलर की अर्थव्यवस्था बनाने की बात कही गई थी। (वर्तमान, अप्रैल 2025 $4.2 ट्रिलियन)
- इस दस्तावेज की रणनीति 41 उपक्षेत्रों में वर्ष 2022-23 के लिए रणनीति को परिभाषित करती है। इसमें विकासात्मक उद्देश्यों की प्राप्ति के लिए उपायों को चार शीर्षकों में विभाजित किया गया है-संचालक/ड्राइवर्स, बुनियादी ढाँचा, समावेशन और अभिशासन।

• तीन वर्षीय कार्य एजेण्डा

- 2017-18 से 2019-20 की अवधि के लिए घोषित इस एजेण्डा का उद्देश्य बदलती हुई वैश्विक आर्थिक गतिशीलता के परिप्रेक्ष्य में विकास को बढ़ावा देने हेतु एक उपकरण एवं दृष्टिकोण की स्थापना करना था।
- इस कार्य एजेण्डा का लक्ष्य स्वास्थ्य, कौशल विकास, राजकोषीय समेकन (सरकार द्वारा शुरू की जाने वाली नीतियों का एक समूह है), परिवहन, प्रौद्योगिकी नवाचार, डिजिटल कनेक्टिविटी, न्यूनतम सरकार, समावेशन तथा स्थिरता के कुछ क्षेत्रों में कुछ प्रमुख उपकरणों के साथ दृष्टिकोणों के विकास का है।

निगरानी एवं मूल्यांकन

- केन्द्रीय योजनाओं की निगरानी और मूल्यांकन (Monitoring and Evaluation-M&E) की जिम्मेदारी नीति आयोग की है। (पूर्व में योजना आयोग की थी)
- योजनाओं एवं कार्यक्रमों की निगरानी एवं मूल्यांकन के लिए, **विकास निगरानी एवं मूल्यांकन कार्यालय** (DMEO- Development Monitoring and Evaluation Office) की स्थापना भारत सरकार द्वारा 18 सितम्बर, 2015 को नीति आयोग के एक संलग्न कार्यालय के रूप में की गई।
- इसकी स्थापना दो एम एण्ड ई (M&E) निकायों — कार्यक्रम मूल्यांकन संगठन (1952) और स्वतन्त्र मूल्यांकन कार्यालय (2016) के विलय करके की गई।

भारत में पंचवर्षीय योजनाएँ

- राष्ट्रीय आन्दोलन के समय आर्थिक विकास की जो परिकल्पना की जा रही थी, उसमें नियोजन के माध्यम से विकास का लक्ष्य रखा गया था। फलत: स्वतन्त्रता के पश्चात् पंचवर्षीय योजनाओं के माध्यम से विकास की नीति अपनाई गई।
- पंचवर्षीय योजना प्रत्येक 5 वर्ष के लिए केन्द्र सरकार द्वारा देश के लोगों के लिए शुरू की जाती है।
- पंचवर्षीय योजनाएँ केन्द्रीकृत और एकीकृत राष्ट्रीय आर्थिक कार्यक्रम हैं।
- भारत की पंचवर्षीय योजना सोवियत संघ के नियोजित विकास की अवधारणा से प्रेरित है।

पंचवर्षीय योजनाओं का संक्षिप्त विवरण

योजना	उद्देश्य	मूल्यांकन
प्रथम योजना (1951-56) (हैरॉड-डोमर संवृद्धि मॉडल)	• उच्चतम प्राथमिकता कृषि एवं सम्बद्ध क्षेत्र को प्राप्त थी। • निवेश की दर में 5% से 7% की वृद्धि। • कुल व्यय का सर्वाधिक भाग 31% कृषि को।	• सफल योजना, इसमें 2.1% लक्ष्य विकास की दर की तुलना में 3.6% विकास दर प्राप्त की गई। • राष्ट्रीय आय 18% ऊपर गई एवं प्रतिव्यक्ति आय में 1.8% की वृद्धि हुई। • भाखड़ा-नाँगल, दामोदर घाटी तथा हीराकुड बहुउद्देशीय नदी घाटी परियोजनाएँ शुरू की गईं।
दूसरी योजना (1956-61) (महालनोबिस मॉडल)	• पी. सी. महालनोबिस द्वारा विकसित दो क्षेत्रीय मॉडलों पर आधारित थी। • राष्ट्रीय आय में 25% की वृद्धि। • पूँजी निवेश की दर को 7% से बढ़ाकर 11% करना। • मुख्य उद्देश्य **समाजवादी समाज की स्थापना** करना था। • इस योजना में बुनियादी तथा पूँजीगत वस्तु उद्योगों के प्रतिस्थापन की दिशा पर निश्चयात्मक बल दिया गया।	• इस योजना में 4.5% विकास दर के लक्ष्य की तुलना में 4.2% वार्षिक विकास दर का लक्ष्य प्राप्त किया जा सका। • इस योजना के दौरान **राउरकेला** (ओडिशा), **भिलाई** (छत्तीसगढ़) तथा **दुर्गापुर** (पश्चिम बंगाल) में लौह-इस्पात संयन्त्र स्थापित किए गए। • टाटा मूलभूत अनुसन्धान संस्थान (Tata Institute Fundamental Research, TIFR) की स्थापना।
तीसरी योजना (1961-66) (गॉडगिल योजना)	• इसमें 5% वार्षिक राष्ट्रीय आय में वृद्धि का लक्ष्य रखा गया, जिससे लगभग प्रतिव्यक्ति आय में 17% वृद्धि हो सके। • इस योजना में कृषि और उद्योग दोनों पर बल दिया गया था। • मुख्य उद्देश्य **भारतीय अर्थव्यवस्था को आत्मनिर्भर** बनाना तथा स्वत: स्फूर्त अवस्था में पहुँचाना था।	• इस योजना में जे. सैण्डी, सुखमय चक्रवर्ती एवं महालनोबिस मॉडल का भी प्रभाव रहा। • योजना के असफल होने का कारण भारत- चीन युद्ध (1962), भारत-पाक युद्ध (1965), वर्ष 1965-66 का भयंकर सूखे इत्यादि को माना जाता है। • 5.6% की उच्च वृद्धि दर का लक्ष्य, परन्तु वास्तविक वृद्धि दर 2.8% हो सकी। • देश में खाद्यान्न की कमी, मूल्य में वृद्धि तथा विदेशी मुद्रा का संकट। भारतीय मुद्रा का अवमूल्यन 57% हुआ।

योजना	उद्देश्य	मूल्यांकन
वार्षिक योजना (1966-69)	• एक-एक वर्ष की तीन योजनाओं की कालावधि में देश के निर्यात में वृद्धि के लिए **रुपये का अवमूल्यन दूसरी बार** वर्ष **1966** में किया गया। निर्यात वस्तुओं की माँग लोच में कमी के कारण अवमूल्यन का भी अनुकूल परिणाम प्राप्त न हो सका, क्योंकि इस अवधि में कोई नियमित नियोजन नहीं किया गया, इसलिए इसे **योजना अवकाश** (Plan Holiday–1966-69) कहा जाता है।	
चौथी योजना (1969-74) (अशोक रुद्र-मेनन मॉडल)	• चौथी योजना का मुख्य उद्देश्य स्थायित्व के साथ **विकास** तथा **आर्थिक आत्मनिर्भरता** की प्राप्ति था। इस योजना काल में **गरीबी हटाओ** का नारा दिया गया। गरीबी हटाओ वर्ष 1971 के आम चुनाव का मूल नारा था। • इस योजना का अन्य उद्देश्य राष्ट्रीय आय में, रोजगार के अवसरों में वृद्धि करना, आय, सम्पत्ति वितरण तथा क्षेत्रीय असमानता को दूर करना और आधारभूत एवं भारी उद्योगों पर विशेष बल देते हुए **तीव्रगति से औद्योगिक विकास** करना था।	• इस योजना में विकास दर का लक्ष्य 5.7% रखा गया, जबकि वास्तविक प्राप्ति केवल 3.3% ही रही। • राष्ट्रीय आय में भी केवल 1.1% की वृद्धि दर्ज की गई। इस दृष्टि से यह योजना असफल मानी जाती है।
पाँचवीं योजना (1974-79) (इन्वेस्टमेण्ट मॉडल)	• इस योजना का मुख्य उद्देश्य **गरीबी उन्मूलन** और **आत्मनिर्भरता** था। इसके अतिरिक्त इस योजना में निम्नलिखित लक्ष्य निर्धारित किए गए • प्राथमिक शिक्षा, पेयजल, ग्रामीण स्वास्थ्य सेवाएँ, पोषण, ग्रामीण आवास, ग्रामीण सड़क, ग्रामीण विद्युतीकरण जैसे न्यूनतम आवश्यकता कार्यक्रम पर बल। • आयात प्रतिस्थापन एवं निर्यात संवर्द्धन। • सामाजिक, आर्थिक एवं क्षेत्रीय असमानता को कम करना। • अनावश्यक उपभोग पर कड़ा प्रतिबन्ध। • न्यायपूर्ण मजदूरी-कीमत नीति। • खाद्यान्न भण्डार एवं सार्वजनिक वितरण प्रणाली का विस्तार।	• यह योजना **आगत-निर्गत मॉडल** पर आधारित थी। • इसी योजना के दौरान वर्ष 1975 में **बीस सूत्रीय कार्यक्रम** (20 Point Programme) शुरू किया गया। • इस योजना के लिए 4.4% विकास दर का लक्ष्य निर्धारित किया गया था, जबकि वास्तविक उपलब्धि 4.8% रही। इस प्रकार यह एक सफल योजना कही जा सकती है।
अनवरत योजना (1978-80)	• जनता पार्टी की सरकार द्वारा पाँचवीं पंचवर्षीय योजना को वर्ष 1978 में ही समाप्त करके 1 अप्रैल, 1978 से 31 मार्च, 1980 तक के लिए अनवरत योजना प्रारम्भ की गई। अनवरत योजना (Rolling Plan) का प्रतिपादन **गुन्नार मिर्डल** ने किया था तथा इसे भारत में लागू करने का श्रेय **डी. टी. लकड़ावाला** को जाता है।	
छठी योजना (1980-85) (इनपुट-आउटपुट मॉडल)	• भारत में छठी योजना भी आगत-निर्गत मॉडल पर आधारित थी। • इस योजना का मुख्य लक्ष्य गरीबी निवारण, आर्थिक विकास, आधुनिकीकरण, आत्मनिर्भरता तथा सामाजिक न्याय स्थापित करना था। • गरीबी एवं बेरोजगारी दूर करने के लिए कई महत्त्वपूर्ण कार्यक्रम इसी योजना के दौरान आरम्भ किए गए। ये वस्तुत: 15 वर्ष की दीर्घावधि को ध्यान में रखकर बनाए गए थे।	• छठी योजना आगत-निर्गत मॉडल का विस्तार थी। • इस योजना में विकास दर का लक्ष्य 5.2% रखा गया तथा वास्तविक उपलब्धि 5.4% रही। • गरीबी निवारण के लिए एकीकृत ग्रामीण विकास कार्यक्रम (Integrated Rural Development Programme), राष्ट्रीय ग्रामीण रोजगार योजना (National Rural Employment Programme), ग्रामीण भूमिहीन रोजगार गारण्टी कार्यक्रम (Rural Landless Employment Guarantee Programme), ट्राइसेम (Training Rural Youth for Self-Employment) तथा ड्वाकरा (Development of Women and Children in Rural Areas) कार्यक्रम को लागू किया गया।
सातवीं योजना (1985-90) (आर्किटेक्चर मॉडल)	• सातवीं पंचवर्षीय योजना दीर्घकालीन विकास युक्तियों पर बल देते हुए उदारीकरण पर बल देने वाली थी। • इस योजना में **गरीबी, बेरोजगारी** और **क्षेत्रीय विषमता** की समस्या पर प्रत्यक्ष प्रहार की रणनीति अपनाई गई।	• यह योजना वस्तु मजदूरी मॉडल पर आधारित थी। • 5% विकास दर के लक्ष्य की तुलना में इस योजना में वास्तविक विकास दर 6.02% रही। प्रतिव्यक्ति आय में भी 3.5% वृद्धि हुई। इस प्रकार यह एक सफल योजना रही। • इन्दिरा आवास योजना (1985-86), जवाहर रोजगार योजना (1989) एवं नेहरू रोजगार योजना (1989) लागू की गई।
वार्षिक योजना (1990-92)	• 31 मार्च, 1990 को 7वीं पंचवर्षीय योजना की समाप्ति पर सरकार के जल्दी-जल्दी बदलने से 8वीं पंचवर्षीय योजना प्रारम्भ नहीं हो सकी। यद्यपि सितम्बर, 1989 में ही कांग्रेस सरकार ने वर्ष 1990-95 हेतु 8वीं योजना का प्रारूपण कर लिया था, लेकिन आम चुनावों में जनता दल के विजयोपरान्त वी. पी. सिंह सरकार ने रामकृष्ण हेगड़े की उपाध्यक्षता वाले नए योजना आयोग का गठन किया था, जिसने नई 8वीं योजना (1990-95) को प्रारूपित किया। • नवम्बर, 1990 में जनता दल सरकार के पतन के बाद कांग्रेस समर्थित चन्द्रशेखर सरकार ने योजना आयोग का पुनर्गठन कर मोहन धारिया को इसका उपाध्यक्ष नियुक्त किया। दुर्भाग्य से इस सरकार का भी पतन हो गया और जून, 1992 में कांग्रेस सरकार की पुनर्वापसी के बाद प्रणब मुखर्जी को योजना आयोग का उपाध्यक्ष नियुक्त किया गया और अन्तत: 8वीं पंचवर्षीय योजना वर्ष 1992-93 से 1996-97 की अवधि हेतु प्रवृत्त हुई।	

योजना	उद्देश्य	मूल्यांकन
आठवीं योजना (1992-97) (जॉन डब्ल्यू. मिलर मॉडल)	• आठवीं पंचवर्षीय योजना उदारीकरण के बाद लागू की गई प्रथम योजना थी। यह योजना जॉन डब्ल्यू. मिलर के मॉडल पर आधारित थी। इस योजना में सर्वोच्च प्राथमिकता मानव संसाधन विकास को दी गई। • वर्ष 1992 में 8वीं पंचवर्षीय योजना से महालनोबिस मॉडल के स्थान पर राव मनमोहन मॉडल को स्वीकार किया गया (नरसिम्हा राव तत्कालीन प्रधानमन्त्री एवं मनमोहन सिंह तत्कालीन वित्त मन्त्री)।	• इस योजना में लक्षित विकास दर 5.6% की तुलना में वास्तविक उपलब्धि 6.68% की रही, जो लक्ष्य से काफी अधिक है। • इसके साथ ही इस योजना में निवल राष्ट्रीय उत्पाद (Net National Product, NNP) में भी 4.6% की औसत वार्षिक वृद्धि दर्ज की गई। कुल मिलाकर यह योजना सफल रही। • प्रधानमन्त्री रोजगार योजना (1993), रोजगार बीमा योजना (1993) एवं महिला समृद्धि योजना लागू की गई।
नौवीं योजना (1997-2002) (इनपुट-आउटपुट मॉडल)	• नौवीं पंचवर्षीय योजना का मुख्य लक्ष्य **न्यायपूर्ण वितरण** एवं **समानता** के साथ विकास (Growth with Equity and Distributive Justice) करना था। इसके अन्तर्गत इस योजना में पर्याप्त रोजगार के अवसर का सृजन, निर्धनता उन्मूलन के उद्देश्य से कृषि एवं ग्रामीण विकास को प्राथमिकता देना, पंचायती राज संस्थाओं, सहकारिताओं तथा स्वयंसेवी संस्थाओं को बढ़ावा देना तथा स्वच्छ पेयजल, प्राथमिक स्वास्थ्य देख-रेख सुविधा, सार्वभौमिक प्राथमिक शिक्षा एवं आवास जैसी मूलभूत न्यूनतम सेवाओं की उपलब्धता सुनिश्चित करना आदि लक्ष्य निर्धारित किए गए।	• प्रारम्भ में इस योजना के लिए वार्षिक विकास दर 7% निर्धारित की गई, किन्तु बाद में इसे संशोधित करके 6.5% कर दिया गया, जबकि वास्तविक वृद्धि दर 5.4% रही। • इस योजना के अन्तर्गत लागू की गई योजनाएँ थीं—स्वर्ण जयन्ती ग्राम स्वरोजगार योजना तथा प्रधानमन्त्री ग्रामोदय योजना।

दसवीं योजना
(2002-2007)
	• दसवीं योजना में दो महत्त्वपूर्ण आधारभूत तत्त्वों पर जोर दिया गया, जो निम्न हैं
	  • अब तक की उपलब्धियों को अक्षुण्ण बनाए रखते हुए इन्हीं पर आगे का विकास करना।
	  • अब तक की अर्थव्यवस्था के विभिन्न क्षेत्र के विकास के मार्ग में आई बाधाओं को प्राथमिकता के आधार पर हल करना।
	• दसवीं योजना में कई महत्त्वाकांक्षी लक्ष्य निर्धारित किए गए।
	• इस योजना में कृषि पर सर्वाधिक बल दिया गया, जबकि सर्वाधिक व्यय ऊर्जा पर किया गया।
		• इस योजना में लक्षित विकास दर 7.9% (लगभग 8%) थी, जबकि वास्तविक उपलब्धि लगभग 7.8% रही, जोकि लक्ष्य के काफी निकट रही।
		• विकास दर के मामले में यह अब तक की **सर्वाधिक सफल योजना** है। अन्तिम आँकड़ों के अनुसार, इस योजना में निवेश की दर (Rate of Investment) सकल घरेलू उत्पाद की 32.1% रही है, जबकि लक्ष्य 28.41% का था।
		• सकल घरेलू बचतें सकल घरेलू उत्पाद (Gross Domestic Product, GDP) का लक्ष्य 23.31% रखना था, जबकि वास्तविक उपलब्धि लक्ष्य से कहीं अधिक (GDP का 31.9%) रही है।

ग्यारहवीं योजना (2007-12)	• ग्यारहवीं योजना में समावेशी विकास को ध्यान में रखकर कई महत्त्वपूर्ण सामाजिक-आर्थिक लक्ष्य निर्धारित किए गए। इसमें 9% की औसत वृद्धि दर के साथ अन्तिम वर्ष 2011-12 में 10% वृद्धि का लक्ष्य रखा गया, जिसे बाद में संशोधित करके 8.1% कर दिया गया। • कृषि विकास का लक्ष्य 4% प्रति वर्ष रखा गया।	• इस योजना में वास्तविक विकास दर 7.9% है। • कृषि क्षेत्र में विकास दर 4% निर्धारित की गई थी, किन्तु 4 वर्षों (2007 से 2011 तक) के दौरान विकास दर लगभग 3.2% ही रही। • इसके अतिरिक्त कृषि क्षेत्र में लगभग 58.2% लोगों को रोजगार भी मिला। सेवाओं और सॉफ्टवेयर सेवाओं का अनुमान निर्यात 59 अरब डॉलर का रहा।
बारहवीं योजना (2012-17)	बारहवीं पंचवर्षीय योजना के प्रमुख उद्देश्य निम्नलिखित थे • वास्तविक सकल घरेलू उत्पाद में 8% संवृद्धि दर। • कृषि क्षेत्र में 4% की संवृद्धि दर। • औद्योगिक क्षेत्रक में 7.6% की संवृद्धि दर। • सेवा क्षेत्रक में 9.0% की संवृद्धि दर। • विनिर्माण क्षेत्रक में 10% (सम्भावित 7.1%) की संवृद्धि दर। • शिशु मृत्यु दर घटाकर 25, मातृत्व मृत्यु दर को घटाकर 1 के स्तर पर लाना तथा बाल लिंगानुपात को बढ़ाकर 956 करना। • इस योजना के अन्त तक प्रजनन दर 2.1% करना।	• बारहवीं पंचवर्षीय योजना का प्रारूप बनाते समय सरकार ने 9% विकास दर का लक्ष्य रखा था। सितम्बर, 2012 में इस लक्ष्य को संशोधित कर 8.2% कर दिया गया तथा पुन: संशोधित कर विकास दर का लक्ष्य 8% कर दिया गया। • बारहवीं पंचवर्षीय योजना के पाँच वर्ष (2013-14 से 2017-18) में विकास दर क्रमश: 6.4%, 7.5%, 8.0%, 7.1% तथा 6.6% रही है। इस योजना का कुल परिव्यय ₹ 37.7 लाख करोड़ रखा गया है, जो पिछली योजना से 13.7% अधिक था। • इस योजना की अवधि 31 मार्च, 2017 को समाप्त हो रही थी, परन्तु वित्त मन्त्रालय ने इस योजना की अवधि को छ: महीने तक के लिए बढ़ा दिया। इस कारण यह योजना 30 सितम्बर, 2017 को समाप्त हुई।

नोट *भारतीय मुद्रा का पहली बार अवमूल्यन 19 सितम्बर, 1949 को हुआ था।*

"

सरकार द्वारा जारी और अंकित मूल्य पर स्वीकार किए जाने वाले कागज या सिक्कों को मुद्रा के रूप में जाना जाता है, जिसे व्यापक रूप से लेन-देन में स्वीकार किया जाता है।

अध्याय छः

मुद्रा एवं मुद्रास्फीति

मुद्रा

- कोई भी वस्तु जो विनिमय के माध्यम, मूल्य के मापक, स्थगित भुगतानों के मान तथा मूल्यों के संचय के साधन के रूप में कार्य करती है और जिसे सरकारी संरक्षण प्राप्त होता है, मुद्रा कहलाती है।
- अमेरिकी अर्थशास्त्री फ्रान्सिस अमासा वाकर (फ्रान्सिस ए. वाकर) के अनुसार, "मुद्रा वह है, जो मुद्रा का कार्य करे।"

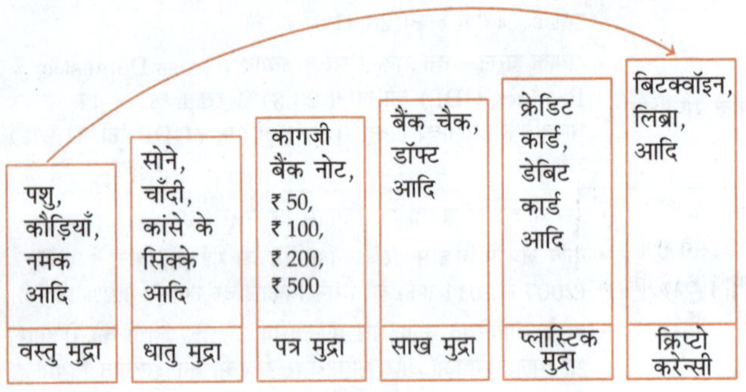

मुद्रा का विकास

- प्राचीन समय में जब मुद्रा नहीं थी, तब लोग अपनी आवश्यकताओं की पूर्ति अपनी वस्तुओं को दूसरी वस्तुओं से अदला-बदली करके करते थे। इस व्यवस्था को ही वस्तु-विनिमय प्रणाली (Bartex System) कहा जाता था। वस्तु-विनिमय प्रणाली में निहित समस्याओं के कारण इस प्रणाली का त्याग करना पड़ा।

मुद्रा के कार्य

मुद्रा के प्रमुख कार्यों में प्राथमिक कार्य एवं द्वितीयक/गौण कार्यों को सम्मिलित किया जाता है

प्राथमिक कार्य

- विनिमय का माध्यम (Medium of Exchange) मुद्रा सभी वस्तुओं एवं सेवाओं के विनिमय या भुगतान के माध्यम का कार्य करती है। यह इसका सबसे महत्त्वपूर्ण कार्य है।
  - इसने वस्तु-विनिमय प्रणाली की आवश्यकताओं के दोहरे संयोग की कठिनाइयों को दूर कर विनिमय क्रिया को आसान बना दिया है, जिससे बाजार का विस्तार हुआ है।
- मूल्य की मापक/इकाई (Unit of Price Value) मुद्रा लेखे की इकाई के रूप में मूल्य की माप करती है, इससे आशय है कि प्रत्येक वस्तु तथा सेवा का मूल्य मुद्रा के रूप में मापा जाता है।
  - वस्तु की क्रय की गई मात्रा को उसकी कीमत से गुणा करने पर वस्तु का मूल्य निश्चित किया जाता है।

द्वितीयक/गौण कार्य

- स्थगित भुगतानों का मान (Value of Deferred Payments) भविष्य में किसी समय पर किए जाने वाले भुगतानों को स्थगित भुगतान कहते हैं; जैसे-ऋणों का भुगतान।
  - मुद्रा का मूल्य तुलनात्मक रूप से स्थिर होता है, अतः यह ऋण व उधार के भुगतान को सरल बना देता है। इसमें मुद्रा का वही पैमाना उपयोगी होता है, जिसका मान स्थिर एवं अपरिवर्तित होता है।
- मूल्य का संचय (Store of Value) मुद्रा धन अथवा मूल्य के संग्रह का सबसे किफायती और सुविधाजनक साधन है तथा इसके मूल्य में समय के साथ शीघ्रता से कमी नहीं आती। इसके अतिरिक्त यह लम्बी अवधि तक रखने पर भी खराब या नष्ट नहीं होती।
  - यदि किसी के पास मुद्रा है, तो उसके पास वस्तुओं व सेवाओं को खरीदने की शक्ति है।

- **मूल्य के संचय** से सभी व्यक्ति अपनी आय, सुरक्षा तथा तरलता सम्बन्धी गणनाओं के आधार पर मूल्य के भण्डार के स्वरूप का चयन करने में सक्षम हो पाते हैं। मुद्रा के अतिरिक्त ऋण-पत्र, जमा-पत्र तथा भूमि और भवन आदि का भी मूल्य के संयन्त्र के रूप में उपयोग किया जा सकता है।
- **मूल्य का हस्तान्तरण/स्थानान्तरण** (Transfer of Value) मुद्रा का प्रयोग एक स्थान से दूसरे स्थान या एक व्यक्ति से दूसरे व्यक्ति को मूल्य के स्थानान्तरण में किया जाता है। मुद्रा के मूल्य संग्रह के कारण वस्तु के स्थानान्तरण की तुलना में मुद्रा का हस्तान्तरण अधिक सरल एवं वहनीय होता है।

आकस्मिक कार्य/अन्य कार्य

- साख प्रणाली का आधार, जैसे-चैक ड्राफ्ट आदि।
- राष्ट्रीय आय का मापन व वितरण।
- निर्णय का वाहक।
- मूल्य की एकरूपता और द्रव्यता।
- पूँजी की तरलता में सहायक/तरल परिसम्पत्तियों में सर्वाधिक तरल।
- पूँजी की गतिशीलता में सहायक।
- व्यापार के सुचारू संचालन (मुद्रा व पूँजी बाजार) में समन्वय का आधार/ स्थापना।

मुद्रा का वर्गीकरण/प्रकार

मुद्रा के कई प्रकार होते हैं। इनका वर्गीकरण मौद्रिक प्रणाली में (जिन वस्तुओं से मुद्रा बनाई गई है), मुद्रा को जारी करने वालों की प्रकृति (जैसे केन्द्रीय सरकार/केन्द्रीय बैंक) अथवा स्वीकार्यता कसौटी और मुद्रा के रूप में मुद्रा के मूल्य तथा वस्तु के रूप में मुद्रा के मूल्य के बीच सम्बन्ध के आधार पर किया जाता है।

मुद्रा-प्रणाली कसौटी/आधार

मुद्रा-प्रणाली कसौटी पर मुद्रा को तीन प्रकार से वगीकृत किया जाता है- **धातु मुद्रा**, **कागज मुद्रा** और **साख मुद्रा**। इनका विवरण निम्न प्रकार से है

- **धातु मुद्रा** (Meatallic Money) जब मुद्रा किसी धातु विशेष से निर्मित होती है, तो वह धातु मुद्रा कहलाती है; जैसे—सोना, चाँदी, निकिल, ताँबा आदि। इस मुद्रा को निम्न रूपों में वर्गीकृत किया गया है
  - **मानक मुद्रा** (Standard Money) वह मुद्रा है, जिसका मूल्य वस्तु के रूप में गैर-मौद्रिक उद्देश्यों के लिए भी उतना ही है, जितना कि मुद्रा के रूप में उसका मूल्य है। इस तरह के सिक्कों का धारक यदि चाहे, तो उन्हें पिघलाकर धातु के रूप में अथवा मुद्रा के रूप में प्रयोग कर सकता है, क्योंकि सिक्कों में धातु का मूल्य उतना ही होता है, जितना उनका मौद्रिक मूल्य है। इसलिए मानक मुद्रा को **पूर्ण मूल्य मुद्रा** भी कहते हैं। भारत में 1835-1893 ई. के मध्य तक प्रचलित ₹ 1 का सिक्का मानक मुद्रा था।
  - **प्रतीक मुद्रा** (Token Money) वह प्रतिनिधि मुद्रा है, जिसका यथार्थ मूल्य उसके अंकित मूल्य से कम होता है। वर्तमान में भारत में प्रचलित ₹ 1 का सिक्का प्रतीक मुद्रा है। यदि उसे पिघलाया जाए, तो इसकी धातु ₹ 1 में नहीं बिकेगी।
  - **सहायक मुद्रा** (Subsidiary Money) इस मुद्रा का कार्य प्रतीक मुद्रा की सहायता करना है। 50 पैसे से ₹ 10 तक के जो सिक्के भारत में चलन में हैं, वे सभी सहायक मुद्रा के हैं। इस तरह के सिक्के **वैध मुद्रा** होते हैं।

> **ग्रेशम का नियम**
>
> - इस नियम का प्रतिपादन थॉमस ग्रेशम ने किया, इसलिए इसे ग्रेशम का नियम कहा जाता है।
> - इस नियम के अनुसार, खराब मुद्रा अर्थव्यवस्था से अच्छी मुद्रा को निकाल देती है। इसका अर्थ यह है कि जब अर्थव्यवस्था में खराब मुद्रा का प्रचलन होता है, तब अच्छी मुद्रा का प्रचलन कम हो जाता है, क्योंकि अच्छी मुद्रा का आन्तरिक मूल्य खराब मुद्रा से अधिक होता है।

- **कागजी मुद्रा** (Paper Money) से तात्पर्य कागज के बने विभिन्न अंकित मूल्य के उन नोटों से है, जिन्हें देश के **केन्द्रीय बैंक** अथवा **सरकार** द्वारा जारी किया जाता है। कागजी मुद्रा को निम्न रूपों में वर्गीकृत किया गया है
  - **प्रतिनिधि कागज मुद्रा** (Representative Paper Money) इसे **प्रतिनिधि पूर्ण मूल्य मुद्रा** भी कहते हैं, क्योंकि प्रतिनिधि कागज मुद्रा सरकारी खजाने में रखे स्वर्ण सिक्कों अथवा **बुलियन** (उच्च शुद्धता वाला भौतिक सोना और चाँदी है, जिसे अक्सर बार, सिल्लियाँ या सिक्कों के रूप में रखा जाता है।) से पूर्णतया समर्थित होती है।
  - **परिवर्तनीय कागज मुद्रा** (Convertible Paper Money) वह मुद्रा, जिसे मानक सिक्कों अथवा बुलियन के रूप में शत-प्रतिशत समर्थन प्राप्त नहीं होता, परन्तु कागज मुद्रा का धारक (Holder) उसी माँग पर बुलियन अथवा सिक्कों में बदलवा सकता है, परिवर्तनीय कागज मुद्रा कहलाती है।
  - **अपरिवर्तनीय कागज मुद्रा** (Inconvertible Paper Money) जिस कागज मुद्रा को मानक सिक्कों अथवा बुलियन का कोई समर्थन प्राप्त नहीं होता और जिससे उनमें बदलाव भी नहीं किया जा सकता, उसे अपरिवर्तनीय कागज मुद्रा कहते हैं।
  - **आदेश या अधिदिष्ट मुद्रा** (Fiat Money) जो कागज मुद्रा सरकार के आदेश पर प्रचलित होती है, उसे आदेश मुद्रा कहते हैं। यह **वैध मुद्रा** होती है। भारत सरकार के वित्त मन्त्रालय द्वारा जारी प्रतीक सिक्के आदेश मुद्रा हैं।

स्वीकार्यता कसौटी/आधार पर

- वह मुद्रा, जो आम जनता में आसानी से स्वीकार्य हो, उसे **प्रचलित मुद्रा** या **स्वीकार्य मुद्रा** (Acceptable Money) कहा जाता है।
- स्वीकार्यता कसौटी के आधार पर मुद्रा को **वैध मुद्रा** और **अवैध मुद्रा** (Non-legal Tender Money) में वर्गीकृत किया जाता है।
- **वैध मुद्रा** (Legal Tender Money) वह मुद्रा है, जिसे सरकार तथा जनता दोनों ही भुगतान और ऋण चुकाने के साधन के रूप में स्वीकार करते हैं। यह मुद्रा सरकारी आज्ञा पर चलन में आती है।
  - **सरकार एवं केन्द्रीय बैंक** (भारतीय रिजर्व बैंक) द्वारा जारी किए गए सभी नोट एवं सिक्के **वैधानिक मुद्रा** (Legal or Statury Legal Money)

होते हैं। इनके भुगतान में स्वीकार करने की कानूनी बाध्यता होती है। इसे अनिवार्य वैध मुद्रा भी कहा जाता है।

- सीमित वैध मुद्रा (Limited Legal Tender Money) यह वह मुद्रा है, जिसमें कानूनी रूप से एक निश्चित सीमा तक ही भुगतान किया जा सकता है। भारत में 50 पैसे के सिक्के से लेकर ₹ 20 तक के सिक्के सीमित वैध मुद्रा हैं।
- असीमित वैध मुद्रा (Unlimited Legal Tender Money), असीमित वैध तब होती है, जब असीमित मात्रा में कानूनी रूप से इसमें भुगतान किया जाता है। भारत में, सभी कागज के नोट और 50 पैसे, ₹ 1, ₹ 2, ₹ 5 के सिक्के असीमित वैध मुद्रा हैं।

- अवैध मुद्रा जिस मुद्रा को सरकार अथवा केन्द्रीय बैंक की कानूनी मंजूरी प्राप्त नहीं होती, उसे अवैध मुद्रा कहते (Non-legal Tender Money) हैं।
  - रॉबर्टसन ने इसे वैकल्पिक मुद्रा (Optional Money) की संज्ञा दी है। चैकों, हुण्डियों और प्रतिज्ञा-पत्रों (प्रोनोटों) आदि के रूप में प्रचलित मुद्रा अवैध मुद्रा है।
  - वैकल्पिक मुद्रा के अन्य रूप भी हैं; जैसे—सावधि जमा, बॉण्ड, प्रतिभूतियाँ, डिबेन्चर, विनिमय-पत्र, खजाना-पत्र, पोस्ट ऑफिस सर्टिफिकेट, इंश्योरेंस पॉलिसी आदि।
- ऐच्छिक मुद्रा यह वह मुद्रा होती है, जिसे भुगतान के रूप में स्वीकार करना अथवा न करना पूर्णत: भुगतान प्राप्तकर्ता की इच्छा पर निर्भर करता है। इसे स्वीकारने की वैधानिक बाध्यता नहीं होती है।

लेखा मुद्रा तथा यथार्थ/वास्तविक मुद्रा

- लेखा मुद्रा वह मुद्रा है, जिसमें ऋण तथा कीमतें और सामान्य क्रयशक्ति को व्यक्त किया जाता है, जबकि **यथार्थ/वास्तविक मुद्रा** वह मुद्रा है, जिसमें ठेकों तथा ऋणों का हिसाब चुकाया जाता है, यथा - भारतीय रुपया, अमेरिकी डॉलर, फ्रान्स का फैंक इत्यादि।
- सामान्यत: जब देश के भीतर यथार्थ मुद्रा में लेखा-जोखा रखा जाता है, तो यथार्थ मुद्रा और लेखा मुद्रा में कोई अन्तर नहीं होता, किन्तु यदि किसी अन्य करेंसी में लेखा रखा जाए, तो यथार्थ मुद्रा और लेखा मुद्रा में अन्तर होता है, जैसे-प्रथम विश्व युद्ध के पश्चात् जर्मनी में लेखे की मुद्रा **डॉलर** थी, जबकि यथार्थ मुद्रा **मार्क** थी।
- यद्यपि दोनों में अन्तर हो सकता है, जब मुद्रा के रूप में मुद्रा का मूल्य और वस्तु के रूप में मुद्रा का मूल्य भिन्न हो; जैसे—लेखा मुद्रा के रूप में भारतीय रुपये का मूल्य स्थिर रहा है, किन्तु वस्तु के रूप में इसका मूल्य (यथार्थ मुद्रा) समयानुसार परिवर्तित हो रहा है।

बैंकिंग मुद्रा

यह वह मुद्रा है, जिसका निर्गमन बैंकों द्वारा किया जाता है, इसका विवरण निम्न प्रकार है

- चैक (Cheque) यह चैक द्वारा खाता धारक को दिया जाने वाला भुगतान का वचन-पत्र होता है, जिससे ग्राहक किसी अन्य व्यक्ति को अपने खाते से प्रत्यक्ष नकद न देकर भुगतान करने में सक्षम होता है। चैक पर प्राप्तकर्ता का नाम, खाता संख्या, भुगतान राशि, जारी करने की तिथि, जारीकर्ता के हस्ताक्षर तथा भुगतान राशि लिखी होती है, जिसे प्राप्तकर्ता बैंक खाते में जमाकर भुगतान प्राप्त कर लेता है।
- डिमाण्ड ड्राफ्ट यह पूर्व भुगतान का एक उपकरण होता है। इसे बैंक निश्चित राशि और शुल्क लेने के पश्चात् जारी करता है। यह किसी व्यक्ति अथवा संस्था के नाम जारी किया जाता है, जो विशेष शाखा में ही भुनाया जाता है। ड्राफ्ट को बैंकर जारी करता है। इसे बनाने हेतु बैंक पहले ही पैसा ले लेता है, जिसमें बाउन्स होने का खतरा नहीं होता है।
- बैंकर्स चैक (Bankers Cheque) इसे पे ऑर्डर (Pay order) भी कहते हैं। इसे भी बैंक जारी करता है। यह उसी शाखा में भुनाया जाता है, जहाँ से जारी किया जाता है। इसका प्रयोग सामान्यत: एक ही शहर में होने वाले लेन-देन के लिए किया जाता है।
- यात्री चैक (Travellers Cheque) यह किसी बैंक द्वारा जारी किया गया ऐसा चैक होता है, जिसे जारी करते समय चेक के मुख्य पृष्ठ पर आवेदक के हस्ताक्षर होते हैं।
  - इसका भुगतान सम्पूर्ण देश में सम्बन्धित बैंक की किसी भी शाखा से प्राप्त किया जा सकता है। बैंक द्वारा अधिकृत प्रमुख वाणिज्यिक संस्थान यात्री चैक नकद मुद्रा की तरह स्वीकार करते हैं।
  - इस प्रकार के चैक यात्रियों के लिए बहुत उपयोगी होते हैं। इस चैक के खो जाने पर आवश्यक शर्तें पूर्ण करके प्रतिरूप चैक प्राप्त किया जा सकता है।
- पोस्टल ऑर्डर (Postal Order) यह डाक के माध्यम से धन भेजने के लिए एक वित्तीय साधन होता है। इसे पोस्ट ऑफिस से खरीदा जा सकता है। यह कानूनी निविदा नहीं होता है, किन्तु चैक की तरह वचन-पत्र का एक प्रकार है। भारतीय डाक विभाग द्वारा 13 नवम्बर, 1995 को जारी राज-पत्र के अनुसार, पोस्टल ऑर्डर की वैधता जारी होने वाले महीने के अन्तिम दिन से 24 माह तक मानी जाती है।
- साख मुद्रा (Credit Money) यह वह मुद्रा है, जिसका भुगतान चैकों के माध्यम से होता है। इसका विवरण निम्न प्रकार है
  - वचन-पत्र (Promissory Note) यह एक लिखित विलेख होता है, जिसमें बैंक नोट या करेंसी नोट शामिल नहीं होता है, जिस पर हस्ताक्षर किया जाता है। इसमें किसी निश्चित व्यक्ति अथवा उनके आदेशानुसार या विलेख के वाहक को एक निश्चित राशि का भुगतान करने का वचन दिया जाता है; उदाहरण-बैंक चैक।
  - विनिमय विपत्र (Bill of Exchange) यह एक लिखित आदेश होता है, जिस पर जारीकर्ता का हस्ताक्षर होता है। इसमें निश्चित व्यक्ति अथवा विलेख वाहक एक निश्चित धन राशि का भुगतान करते हैं।
  - हुण्डी (Hundi) यह विनिमय-पत्र का भारतीय रूप है, जिसे भारतीय भाषा में लिखा जाता है। यह एक लिखित विपत्र होता है, जिस पर जारीकर्ता के हस्ताक्षर होते हैं। इसमें किसी व्यक्ति को बिना शर्त आदेश दिया जाता है कि विपत्र के धारक को या उसमें अंकित व्यक्ति को अंकित धनराशि का भुगतान करें।

मुद्रा के अन्य रूप

प्लास्टिक मुद्रा (Plastic Money)

बैंकों, वित्तीय संस्थानों तथा अन्य कम्पनियों द्वारा जारी किए गए डेबिट एवं क्रेडिट कार्ड को प्लास्टिक मनी कहा जाता है। डेबिट कार्ड के द्वारा बैंक खाते से खरीददारी एवं निकासी की सुविधा होती है, जबकि क्रेडिट कार्ड से बैंक खाते में धनराशि ना होने पर कुछ निकासी या खरीददारी की जा सकती है।

न्यास मुद्रा (Fiduciary Money)

यह मुद्रा विनिमय के माध्यम के रूप में स्वीकार की जाती है। यह मुद्रा प्रायः प्राप्तकर्ता तथा जारीकर्ता के बीच परस्पर विश्वास पर आधारित होती है। चैक, न्यास मुद्रा का प्रमुख उदाहरण है।

महँगी मुद्रा (Expensive Money)

सरकार द्वारा बॉण्ड जारी करने के दौरान जिस मुद्रा का प्रवाह सरकार के कोष में होता है, उसे महँगी मुद्रा कहा जाता है। यह सरकार की धन की कमी को दर्शाती है।

दुर्लभ मुद्रा (Hard Money)

वह मुद्रा, जिसकी अन्तर्राष्ट्रीय बाजार में आपूर्ति की तुलना में माँग अधिक होती है, उसे दुर्लभ मुद्रा कहते हैं; जैसे-अमेरिकी डॉलर, ब्रिटिश पॉण्ड, यूरोपीय संघ के यूरो आदि।

भूमण्डलीय मुद्रा (Global Money)

इसे वह मुद्रा कहते हैं जिसे विनिमय के माध्यम के रूप में पूरे विश्व में स्वीकार किया जाता है, जैसे-अमेरिकी डॉलर।

सुलभ मुद्रा (Soft Money)

वह मुद्राः जिसकी अन्तर्राष्ट्रीय बाजार में आपूर्ति अधिक तथा माँग कम रहती है, सुलभ मुद्रा कहलाती है, जैसे-भारतीय रुपया।

नजदीकी मुद्रा (Near Money)

यह मुद्रा उस सम्पत्ति के रूप में होती है, जिसे शीघ्र तथा आसानी से मुद्रा में परिवर्तित किया जा सकता है, इसे नजदीकी मुद्रा या समीपस्थ मुद्रा कहते हैं; जैसे—सोना एवं चाँदी।

सस्ती मुद्रा (Cheap Money)

जब सरकार द्वारा अपने बॉण्ड को उनकी परिपक्वता की अवधि के पहले ही खरीद लिया जाता है, तो इस प्रक्रिया से अर्थव्यवस्था में जिस धन का प्रवाह होता है, उसे सस्ती मुद्रा कहा जाता है।

गर्म मुद्रा (Hot Money)

गर्म मुद्रा या हॉट मनी उस मुद्रा को कहा जाता है, जिसमें वित्तीय बाजार में शीघ्र पलायन कर जाने की प्रवृत्ति पाई जाती है। उदाहरणस्वरूप शेयर बाजार में लगी विदेशी मुद्राएँ। इस मुद्रा के अन्तर्गत निवेशक अल्पकालीन लाभ को ध्यान में रखते हुए वित्तीय परिसम्पत्तियों एवं प्रतिभूतियों (Securities) में निवेश कराते हैं।

सन्निकट मुद्रा (Adjacent Money)

इसका अभिप्राय ऐसी तरल परिसम्पत्तियों से है, जिनमें तरलता के गुण होने के बाद भी उन्हें स्पष्ट रूप से मुद्रा के रूप में प्रयुक्त नहीं किया जाता है। बॉण्ड, सरकारी प्रतिभूतियाँ, ऋण-पत्र, कम्पनी के शेयर आदि सन्निकट मुद्रा के उदाहरण हैं। इनमें अपूर्ण तरलता होती है तथा इनके माध्यम से ब्याज का अर्जन होता है।

सम्मिश्र मुद्रा (Composite Money)

सम्मिश्र मुद्रा उस मुद्रा को कहते हैं जो राष्ट्रों के एक समूह की विभिन्न करेंसियों के औसत मूल्यों को प्रतिबिम्बित करती है; जैसे-यूरोपियन यूनियन का यूरो।

डिजिटल मुद्रा

- डिजिटल मुद्रा, केवल इलेक्ट्रॉनिक रूप से अस्तित्व में होती है। इससे किसी भी प्रकार के धन का भुगतान सम्भव होता है। इसमें बिल, चेक या सिक्कों जैसे मूर्त रूपों का अभाव होता है। उदाहरणस्वरूप क्रिप्टो करेंसी एक डिजिटल या आभासी मुद्रा होती है।
- डिजिटल/क्रिप्टो मुद्राएँ विनियमित नहीं हैं, हालाँकि भारत में अभी तक इन्हें अवैध भी घोषित नहीं किया गया है।
- भारतीय रिजर्व बैंक ने अपने डिजिटल रुपये को पायलट प्रॉजेक्ट के रूप में 1 दिसम्बर, 2022 को सफलतापूर्वक लॉन्च कर दिया। यह चरणबद्ध तरीके से शुरू किया जाना है। इसके पहले चरण में यह दिल्ली, मुम्बई, बंगलुरु तथा भुवनेश्वर में जारी किया गया है।
- इसे खुदरा डिजिटल रुपया के रूप में लॉन्च किया गया, जिसे केन्द्रीय बैंक डिजिटल मुद्रा भी कहा जाता है। इस रुपये (ई. रुपया) को भारतीय रिजर्व बैंक डिजिटल संस्करण के रूप में परिभाषित, सम्प्रभु व स्वतन्त्र मुद्रा माना है। यह क्रिप्टोकरेन्सी से भिन्न है। इस रुपये को खुदरा एवं थोक में सीमांकित किया गया है।

क्रिप्टोकरेन्सी

- यह एक प्रकार की डिजिटल मुद्रा या आभासी मुद्रा होती है, जो क्रिप्टोग्राफी (जानकारी को छिपाने या कोड करने की तकनीक है, ताकि केवल वही व्यक्ति इसे पढ़ सके, जिसके लिए सन्देश भेजा गया है।) द्वारा सुरक्षित होती है। यह ब्लॉकचेन तकनीकी पर आधारित विकेन्द्रीकृत नेटवर्क के माध्यम से अस्तित्व में होती है।
- यह जालसाजी या दोहरे व्यय (Double Spend) को लगभग असम्भव बनाती है। डिजिटल मुद्रा के रूप में सबसे सफल और व्यापक उपयोग किया जाने वाला रूप बिटकॉइन क्रिप्टोकरेंसी (Cryptocurrency) है, जिसे वर्ष 2008-09 में सातोशी नाकामोतो नामक एक सॉफ्टवेयर डेवलपर ने प्रचलित किया था।
- वर्तमान में सोशल मीडिया कम्पनी 'फेसबुक' द्वारा घोषित लिब्रा (Libra) के अतिरिक्त इथेरियम (Ethereum), रेड कॉइन (Red Coin), सिया कॉइन (Sia Coin), सिसकॉइन (Syscoin), वाइस कॉइन (Vice Coin), कैश (Cash), मोनेरो (Monero) आदि के अतिरिक्त क्रिप्टोकरेंसी विश्व में प्रचलन में हैं।

मुद्रा की तरलता

- तरलता (Liquidity) से तात्पर्य किसी परिसम्पत्ति को बिना किसी विलम्ब अथवा नुकसान के नकद मुद्रा में परिवर्तित कर देने की क्षमता से है।
- नकद मुद्रा सबसे अधिक तरल परिसम्पत्ति है। इसमें सिक्के, करेंसी और बैंक जमा शामिल होते हैं। इसका कारण यह है कि वे मुद्रा के विनिमय के माध्यम का कार्य करते हैं।
- सम्पत्ति के बदले शीघ्रता से नकद में बदलने की प्रवृत्ति ही तरलता होती है।
- तरलता के घटते क्रम में परिसम्पत्तियों का क्रम है—
मुद्रा > बैंकों के माँग जमा > बैंकों में बचत जमा > बैंकों में सावधि जमा।

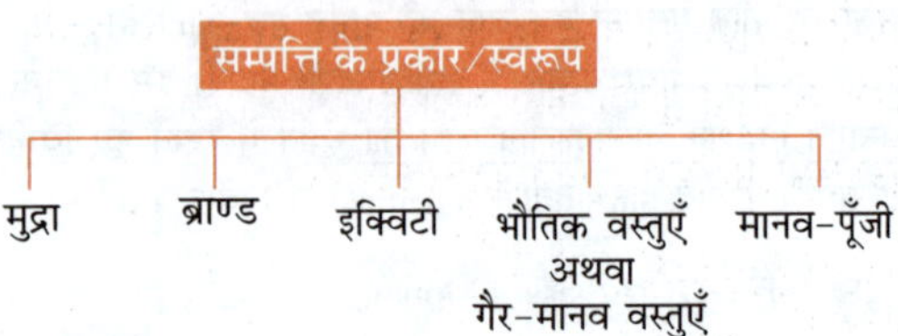

मुद्रा की माँग

- मुद्रा की माँग, मुद्रा के दो महत्त्वपूर्ण कार्यों से उत्पन्न होती है।
- प्रथम मुद्रा विनिमय के माध्यम का कार्य करती है, जिससे अप्रत्यक्ष रूप से मनुष्य की विभिन्न आवश्यकताओं की पूर्ति होती है। मुद्रा में क्रय शक्ति के गुण होते हैं, इसलिए मुद्रा की माँग वस्तुओं एवं सेवाओं को खरीदने के लिए की जाती है।
- दूसरा मुद्रा मूल्य के संचय का साधन है। अत: व्यक्ति और व्यापारी मुद्रा को आंशिक रूप से नकदी में और आंशिक रूप से परिसम्पत्तियों मे रखना चाहते हैं।

> **मुद्रा का संचलन वेग**
> मुद्रा की एक इकाई का एक इकाई अवधि (समय) में जितनी बार हस्तान्तरण होता है, उसे मुद्रा का संचलन वेग कहते हैं।

मुद्रा की पूर्ति/माप

- मुद्रा की पूर्ति (Supply of Money) एक स्टॉक अवधारणा है। इससे अभिप्राय एक निश्चित समय पर देश के लोगों के पास कुल मुद्रा (सभी प्रकार की) के स्टॉक से है।
- दूसरे शब्दों में मुद्रा की पूर्ति का अर्थ जनता के पास अथवा मुद्रा की माँग करने वालों के पास मुद्रा का स्टॉक है।
- किसी देश में निश्चित समय पर सभी प्रकार की मुद्राओं के कुल योग को मुद्रा की आपूर्ति कहा जाता है। इसका आकलन कर मुद्रा की आपूर्ति की काल श्रृंखला की रचना करना सम्भव होता है।
- मुद्रा की पूर्ति पर विचार करने के लिए भारतीय रिजर्व बैंक ने वर्ष 1961 में प्रथम कार्यकारी समूह का गठन किया, जिसने अपनी रिपोर्ट वर्ष 1964 में दी।
- भारतीय रिजर्व बैंक वर्ष 1967 – 68 तक मुद्रा की पूर्ति की केवल एक ही माप (M) प्रकाशित करता था। इसे निम्न रूपों मे व्यक्त किया जाता था

$$M = C + DD + OD$$

यहाँ, C = करेन्सी; DD (Demand Deposit) = माँग जमा; OD (Other Deposit) = अन्य जमा

- इसके पश्चात् भारतीय रिजर्व बैंक (आरबीआई) के द्वारा दूसरे कार्यकारी समूह का गठन वर्ष 1977 में किया गया। इसने अपनी रिपोर्ट वर्ष 1977 में ही प्रस्तुत की, जिसने मुद्रा पूर्ति के सम्बन्ध में चार दृष्टिकोण प्रस्तुत किए, जिसे रिजर्व बैंक ने स्वीकार किया। इन्होंने तरलता के माप के आधार पर मुद्रा को चार वर्गों में बाँटा, जिसका विवरण निम्न है
  - M_0 = पैसा जो चलन में है + बैंकों की आरबीआई के पास जमाएँ + आरबीआई के साथ अन्य जमा।
  - M_1 = जनता के पास मुद्रा (करेंसी नोट तथा सिक्के) + बैंकों की माँग जमाएँ (चालू और बचत खातों पर) + रिजर्व बैंक के पास अन्य जमाएँ
  - $M_2 = M_1$ + डाकघरों की बचत व बैंक जमाएँ
  - $M_3 = M_1$ + व्यापारिक बैंकों की निवल सावधि जमाएँ
  - (M_3) = जनता के पास चलन + बैंकों की चालू एवं बचत जमाएँ + बैंकों की सावधि जमाएँ + रिजर्व बैंक के पास अन्य जमाएँ
  - $M_4 = M_3$ + डाकघर की कुल जमा राशि (राष्ट्रीय बचत पत्र)
- वर्ष 1992 के बाद वित्तीय क्षेत्र के परिवर्तनों तथा मौद्रिक समुच्चयों पर पड़ने वाले प्रभावों की व्याख्या के लिए वाई. वी. रेड्डी की अध्यक्षता में वर्ष 1997 में एक कमेटी का गठन किया गया, जिन्होंने अपनी रिपोर्ट को 24 जून, 1998 को प्रस्तुत किया।
- डॉ. वाई. वी. रेड्डी भारतीय रिजर्व बैंक के तत्कालीन डिप्टी गवर्नर (अब आरबीआई के पूर्व गवर्नर) की अध्यक्षता में रिजर्व बैंक के एक कार्य दल ने चार नए मौद्रिक उपाय (M_1, M_2, M_3 और M_4) सुझाए हैं।
- रिपोर्ट में मौद्रिक समुच्चयों को पुन: परिभाषित करने तथा तरलता के समुच्चयों की माप के सम्बन्ध में सुझाव दिए गए।
- रिपोर्ट में यह बताया गया कि M_0 का संकलन साप्ताहिक आधार पर M_1, M_2 तथा M_3 का संकलन पाक्षिक (15 दिन) आधार पर, L_1, L_2 का संकलन मासिक आधार पर, तथा L_3 का संकलन त्रैमासिक आधार पर किया जाए। यद्यपि M_0, M_1, M_2, M_3 और M_4 वर्ष 1977 के बाद से अभी तक चल रहा है।
- उपरोक्त चारों संघटकों में M_1 सबसे अधिक तरलता को प्रदर्शित करता है। इसे संकीर्ण मुद्रा (Narrow Money) कहते हैं तथा यह तरलता क्रमश: घटती जाती है, जबकि अन्तिम संघटक M_4 में सबसे कम तरलता पाई जाती है।
- दूसरे शब्दों में, जब हम M_1 से M_4 की ओर स्थानान्तरित होते हैं, वस्तुत: मुद्रा के विनिमय के माध्यम के रूप से उसके मूल्य संचय की ओर बढ़ते जाते हैं। तरलता की दृष्टि से ये चारों निम्न प्रकार हैं

$$M_1 > M_2 > M_3 > M_4$$

- चारों मापक के प्रकार और तरलता को निम्न प्रकार से समझा जा सकता है

मापक	प्रकार	तरलता
M_1	संकीर्ण मुद्रा	सबसे ज्यादा
M_2	संकीर्ण मुद्रा	M_1 से कम
M_3	व्यापक मुद्रा	M_2 से कम
M_4	व्यापक मुद्रा	सबसे कम

- बैंकों के लिए M_3 सर्वाधिक उपयोगी मुद्रा होती है, इसे विस्तृत मुद्रा (Broad Money) भी कहते हैं, क्योंकि बैंकों द्वारा इसका दीर्घकालिक उपयोग किया जाता है।
- उपरोक्त माप के साथ ही रिजर्व बैंक ने तरलता मिश्रण की नई अवधारणा को अलग से मौद्रिक समीकरणों के नए तरीकों में परिभाषित किया है।
- तरलता मिश्रणों की गणना निम्न प्रकार की जाती है
  - L_1 = नई M_3 + डाकघर बचत बैंक के पास सभी जमाएँ (राष्ट्रीय बचत-पत्र को छोड़कर)
  - $L_2 = L_1$ + सावधि वित्तीय एवं पुनर्वित्त संस्थाओं के पास सावधि जमाएँ
  - $L_3 = L_2$ + गैर-बैंकिंग वित्त कम्पनियों (NBFCs) के पास जनता की जमाएँ

मुद्रा एवं माँग जमा

- जनता के पास मुद्रा इसमें करेंसी नोट व सिक्कों को रखा जाता है तथा इसके प्रवाह RBI नियन्त्रित करता है।
- बैंकों की माँग जमा यह लोगों द्वारा बैंकों में जमा की गई वह राशि होती है, जिसे वह किसी भी समय निकाल सकते हैं, यदि कोई व्यक्ति ₹ 1 लाख की नकद राशि बैंक की माँग जमा खाते से निकालता है, तो अर्थव्यवस्था में तत्कालीन रूप से मुद्रा की समग्र पूर्ति अपरिवर्तित रहेगी।

उच्च शक्ति प्राप्त मुद्रा

- उच्च शक्ति प्राप्त मुद्रा उस मुद्रा को कहते हैं, जिसको केन्द्रीय बैंक अथवा सरकार जारी करती है और जो जनता तथा बैंकों के पास होती है। उच्च शक्ति प्राप्त मुद्रा को प्रारक्षित मुद्रा (Reserve Money-M_0) (यह वह मुद्रा होती है जो सोने या चाँदी जैसी किसी वस्तु से समर्पित नहीं होती। इसे आमतौर पर सरकार की डिक्री द्वारा कानून निविदा घोषित किया जाता है।) भी कहते हैं, इसे निम्न रूपों में व्यक्त किया जा सकता है

$$H / M_0 = R + C$$

या

उच्च शक्ति मुद्रा = बैंकों का कुल रिजर्व + जनता के पास करेंसी (नोट + सिक्के)

यहाँ, H / Mo = उच्च शक्ति मुद्रा

R= बैंकों के कुल रिजर्व (इसमें बैंकों की अपेक्षित रिजर्व Required Reserve - RR: + बैंको की अन्य जमाएँ अथवा केन्द्रीय बैंक (RBI) के पास अतिरिक्त रिजर्व (Excess Reserve - ER) शामिल होता है।)

C = चलन में करेंसी

- मुद्रा (M1) तथा उच्च शक्ति प्राप्त मुद्रा (H/Mo) में अन्तर यह है कि मुद्रा (M1) में करेंसी के अतिरिक्त माँग जमा (DD) को शामिल किया जाता है, जबकि उच्च शक्ति प्राप्त मुद्रा में करेंसी के अतिरिक्त बैंकों के रिजर्व (R) को शामिल किया जाता है। DD के स्थान पर R का रखना प्रारक्षित मुद्रा को अधिक शक्तिमान बनाता है। मुद्रा की पूर्ति में वृद्धि तब होती है, जब उच्च शक्ति मुद्रा में वृद्धि होती है।

मुद्रा गुणक

- मुद्रा गुणक मुद्रा की पूर्ति (M3) में परिवर्तन तथा उच्च शक्ति प्राप्त मुद्रा (H) या प्रारक्षित मुद्रा (M0) में परिवर्तन का अनुपात है। दूसरे शब्दों में अर्थव्यवस्था में मुद्रा की पूर्ति प्रारक्षित मुद्रा की (H) की कई गुना होगी। प्रारक्षित मुद्रा की वृद्धि के कारण मुद्रा की पूर्ति में कितनी वृद्धि होगी, इसी को मुद्रा गुणक कहा जाता है।
- इसे निम्न रूपों मे व्यक्त किया जा सकता है

$$\text{मुद्रा गुणक } (m) = \frac{\text{मुद्रा पूर्ति}}{\text{उच्च शक्ति प्राप्त मुद्रा}}$$

$$\text{या} \quad = \frac{M3 \text{ व्यापक मुद्रा}}{H \text{ प्रारक्षित मुद्रा}}$$

$$\text{या} \quad = \frac{M3}{M0}$$

विमुद्रीकरण

- पुराने नोट बन्द करने और नए नोट जारी करने की प्रक्रिया को अर्थशास्त्र में विमुद्रीकरण सिद्धान्त (Demonetisation Principle) कहा जाता है। यह अत्यन्त गोपनीय प्रक्रिया होती है।
- जब काला धन बढ़ जाता है और अर्थव्यवस्था के लिए खतरा बन जाता है, तो इसे दूर करने के लिए इस विधि का प्रयोग किया जाता है।
- विमुद्रीकरण के उद्देश्य निम्नलिखित हैं
  - काले धन को समाप्त करना।
  - जाली (नकली) नोटों के कारोबार पर रोक लगाना या समाप्त करना।
  - आतंकी संगठनों के द्वारा नकली नोटों से किए गए कार्य पर रोक लगाना तथा उनकी गतिविधियों पर अंकुश लगाना।
  - कर चोरी को रोकना आदि।

मुद्रास्फीति

- मूल्य स्तरों में होने वाली सतत् वृद्धि को ही मुद्रास्फीति (Inflation) कहा जाता है।
- मुद्रास्फीति का शाब्दिक अर्थ मुद्रा के मूल्य में कमी होता है अर्थात् मुद्रा की क्रय शक्ति में कमी आने को ही मुद्रास्फीति कहा जाता है। अंग्रेजी भाषा में 'Inflation' शब्द का अर्थ फैलाव या वृद्धि होता है।

- मुद्रास्फीति के उत्पन्न होने के दो कारण होते हैं—पहला मुद्रा के प्रसार में वृद्धि तथा दूसरा वस्तु के उत्पादन में कमी। माँग बढ़ने पर मूल्य में होने वाली वृद्धि दर को माँग जनित मुद्रास्फीति कहते हैं। वहीं दूसरी ओर यदि लोगों की आय स्थिर रहे, लेकिन वस्तु का उत्पादन कम हो जाए, जिससे अन्य विनिर्मित वस्तुओं की लागत बढ़ जाती है और अन्ततः वस्तु के मूल्य में वृद्धि हो जाती है। इसे लागत जन्य मुद्रास्फीति कहा जाता है।

मुद्रास्फीति सम्बन्धी अन्य अवधारणाएँ

मुद्रास्फीति सम्बन्धी अन्य अवधारणाएँ निम्नलिखित हैं

अवस्फीति व अपस्फीति

- स्फीति की एक ऊँची स्थिति प्राप्त करने के पश्चात् कीमत स्तर में गिरने की प्रवृत्ति होती है, गिरने की इस अवस्था को दो वर्गों में रखा जाता है- अवस्फीति (Disinflation) और अपस्फीति (Deflation)।
- ये दोनों मुद्रास्फीति के विपरीतार्थक शब्द हैं तथा दोनों का अर्थ मूल्यों में कमी/ह्रास होता है। ये दोनों उपभोक्ता के लिए लाभदायक होते हैं, किन्तु लम्बी अवधि में उपभोक्ताओं और अर्थव्यवस्था दोनों के लिए ही हानिकारक होते हैं।
- इसे एक उदाहरण द्वारा स्पष्ट किया जा सकता है, जैसे भारत में 4% (+2/-2 के साथ) की वार्षिक मुद्रास्फीति दर का लक्ष्य रखा गया है।
- इस स्थिति के अनुसार जब तक मुद्रा स्फीति की दर उच्च स्तर से, 6 से 4 प्रतिशत की ओर नीचे गिर रही होती है तो इसे अवस्फीति कहा जाएगा।
- किन्तु जब मुद्रास्फीति की दर 2% से नीचे हो जाती है तो तो इसे अपस्फीति कहा जाता है।
- भारत के सन्दर्भ में 2% से कम की दर सुस्ती (Slowdown) को प्रदर्शित करेगी तथा यदि इसे रोका अथवा बढ़ाया नहीं जाता है तो यह मन्दी (recession) का रूप धारण कर लेती है।

मुद्रा प्रत्यवस्फीति/पुनर्मुद्रास्फीति

- मुद्रा प्रत्यवस्फीति (Reflation) एक प्रकार से नियन्त्रित मुद्रास्फीति होती है। जब कभी मुद्रा अवस्फीति की मात्रा इतनी अधिक हो जाती है कि वस्तुओं की कीमतें बहुत नीचे गिर जाती हैं, तो सरकार कीमतों को फिर से पटरी पर लाने के लिए मुद्रा का अधिक मात्रा में निर्गमन करने लगती है, जिसे मुद्रा प्रत्यवस्फीति की अवस्था कहते हैं।
- इसके अन्तर्गत सरकार करों में कटौती, ब्याज दरों में कमी आदि करके अर्थव्यवस्था में मुद्रा की आपूर्ति को बढ़ाती है।

स्टैगफ्लेशन

- स्टैगफ्लेशन (Stagflation) शब्द का निर्माण स्टैगनेशन व इन्फ्लेशन दो शब्दों को मिलाकर हुआ है। स्टैगफ्लेशन उस स्थिति को इंगित करता है, जब मुद्रास्फीति की दर व बेरोजगारी दोनों ही उच्च अवस्था में पहुँच जाती हैं।
- ऐसी स्थिति में मुद्रास्फीति के साथ आर्थिक अस्थिरता की स्थिति उत्पन्न हो जाती है। यह एक देश के लिए आर्थिक रूप से एक कठिन स्थिति होती है, क्योंकि इस समय मुद्रास्फीति और आर्थिक अस्थिरता, दोनों समस्याएँ एकसाथ उत्पन्न होती हैं।
- ऐसी स्थिति 1970 के दशक में अमेरिका में उत्पन्न हुई थी। कोई भी व्यापक नीति एक ही समय में इन समस्याओं पर एकसाथ ध्यान केन्द्रित नहीं कर सकती।
- इसको नियन्त्रित करने हेतु सरकार को सूक्ष्म और लक्षित नीतिगत पहल करनी पड़ती है।

स्क्यूफ्लेशन

- स्क्यूफ्लेशन (Skewflation) उस स्थिति को अभिव्यक्त करता है जब एक मद या मदों के एक छोटे समूह में निरन्तर/दीर्घावधिक मूल्य में वृद्धि होती है। यह मूल्य वृद्धि सभी मदों में दीर्घावधिक मूल्य वृद्धि (जिसे सामान्य मुद्रास्फीति कहा जाता है) अथवा एक मद या मदों के एक छोटे समूह में आकस्मिक (Episodic) मूल्यवृद्धि (अल्पावधि) होती है, जिसे सापेक्ष मूल्य वृद्धि कहते हैं से भिन्न होती है।
- इस संकल्पना को पहली बार 2009-10 की आर्थिक समीक्षा में प्रस्तुत किया गया था।

मुद्रा का अवमूल्यन

- मुद्रा के अवमूल्यन (Devalution of Money) से अभिप्राय मुद्रा के बाह्य मूल्य में कमी से होता है। जब सरकार मुद्रा का बाहरी मूल्य कम कर देती है, तब देश की एक मुद्रा इकाई के बदले में कम विदेशी मुद्रा प्राप्त होने लगती है। मुद्रा के अवमूल्यन से मुद्रा के आन्तरिक मूल्य पर कोई विशेष प्रभाव नहीं पड़ता।
- भारत में अब तक अवमूल्यन पहली बार वर्ष 1949 में दूसरी बार वर्ष 1966 में तथा तीसरी बार वर्ष 1991 में किया गया था।

मुद्रा युद्ध

- इस को मुद्रा का प्रतिस्पर्द्धी अवमूल्यन भी कहा जाता है। यह अन्तर्राष्ट्रीय सम्बन्धों की वह अवस्था है, जिसमें देश अपनी मुद्रा के लिए एक अपेक्षाकृत कम विनिमय दर प्राप्त करने के लिए परस्पर प्रतिस्पर्द्धा करते हैं। जब किसी देश की मुद्रा का अवमूल्यन होता है, तब उस देश में आयात करना महँगा हो जाता है और उस देश से निर्यात करना सस्ता हो जाता है।

आर्थिक मन्दी

- एक निरन्तर अवधि के दौरान सामान्य आर्थिक गतिविधि में कमी आने या व्यापार चक्र में संकुचन को अर्थशास्त्र में व्यापारिक मन्दी कहा जाता है। मन्दी के दौरान कई व्यापक-आर्थिक संकेतक समान रूप से परिवर्तित होते हैं। सकल घरेलू उत्पाद (GDP) द्वारा मापा जाने वाला उत्पादन, रोजगार, निवेश, क्षमता उपयोग, घरेलू आय और व्यावसायिक लाभ, इन सभी में मन्दी के दौरान घटोतरी होती है।
- सरकारें सामान्यतः मन्दी का सामना विस्तारी व्यापक आर्थिक नीतियों को अपनाकर करती हैं; जैसे—धन आपूर्ति में वृद्धि, सरकारी खर्च में बढ़ोतरी और कर में कटौती। एक मन्दी के कई लक्षण हैं, जो एक ही समय पर प्रकट हो सकते हैं; जैसे—रोजगार, निवेश और कारोबारी मुनाफे (लाभ) में एक ही समय में कमी।
- एक गम्भीर (सकल घरेलू उत्पाद में 10% की कमी) या लम्बे समय तक (तीन या चार वर्ष) चलने वाली मन्दी को आर्थिक विषाद (डिप्रेशन) कहा जाता है।

व्यापार चक्र

- विश्व अर्थव्यवस्थाओं का प्रमुख लक्ष्य आर्थिक विकास होता है तथा आर्थिक वृद्धि के बिना विकास सम्भव नहीं होता, किन्तु आर्थिक वृद्धि एक निरन्तर प्रक्रिया नहीं होती है इसमें उतार-चढ़ाव आते रहते हैं।
- अर्थव्यवस्थाओं की आर्थिक गतिविधियों के इस उतार-चढ़ाव को ही अर्थशास्त्र में व्यापार चक्र (Business Cycle) कहा जाता है। व्यापार चक्र को निम्न चरणों द्वारा समझा जा सकता है।

व्यापार चक्र के चरण

आर्थिक उत्पादन में उतार-चढ़ाव सामान्यतः 2 से 10 वर्ष की अवधि तक चलते हैं, इस दौरान अधिकांश आर्थिक क्षेत्रों में विस्तार (expansion) अथवा संकुचन (contraction) होता है। इस प्रकार व्यापार चक्र को दो व्यापक चरणों में विभाजित किया जाता है।

- उत्थान का चरण (Phase of upturn) इस चरण में अर्थव्यवस्था की आर्थिक वृद्धि इसकी समग्र माँग, मुद्रास्फीति तथा रोजगार के इष्टतम स्तरों तक बढ़ती है और अर्थव्यवस्था धनात्मक आर्थिक चक्र का लाभ उठाते हुए वृद्धि (वृद्धिमान वृद्धि व तेजी) की ओर अग्रसर होती है।
- सुस्ती का चरण Phase of downturn) इस चरण में अर्थव्यवस्था की आर्थिक वृद्धि इसकी समग्र माँग, मुद्रास्फीति, रोजगार के निम्नतम स्तरों तक घटती है और अर्थव्यवस्था ऋणात्मक चक्र का सामना करने लगती है तथा सुस्ती स्थगन, प्रतिसार मन्दी व दिवाला जैसी समस्याओं की ओर बढ़ने लगती है।
- व्यावहारिक रूप से अभी तक किसी भी अर्थव्यवस्था में दिवाले की स्थिति उत्पन्न नहीं हुई है, यद्यपि तकनीकी रूप से यह सम्भव है; उदाहरणस्वरूप अर्जेण्टीना (2001) तथा आइसलैण्ड (2008) में दिवाला जैसी स्थिति उत्पन्न हो गई थी।

तकनीकी मन्दी

- जब किसी अर्थव्यव्स्था के जी.डी.पी. में लगातार दो तिमाही में गिरावट दर्ज की जाती है, तो अर्थव्यवस्था को तकनीकी प्रतिसार (Technical Recession) से ग्रस्त माना जाता है।
- दूसरी ओर अन्तर्राष्ट्रीय मुद्रा कोष (International Monetary Fund-IMF) के अनुसार जब वैश्विक उत्पादन 2-5% से नीचे दर्ज किया जाता है, तो विश्व अर्थव्यवस्था को वैश्विक तकनीकी प्रतिसार से ग्रस्त माना जाता है।

प्रतिसार बनाम मन्दी

- प्रतिसार (Recession) और मन्दी (Depression) दोनों समान लक्षण प्रदर्शित करते हैं, किन्तु ये समान नहीं होते हैं। साधारण शब्दों में मन्दी एक प्रतिसार है, जो पैमाने और अवधि दोनों में ही बँधी होती है।
- अर्थशास्त्रियों द्वारा इस अवधि को एक प्रमुख विशेषता जबरन/बलात श्रम कटौती (Forced Labour Cut) के द्वारा समझा जाता है।
- यद्यपि जबरन श्रम कटौती दोनों में होती हैं, किन्तु यह जब अर्थव्यवस्था के असम्बद्ध दोनों क्षेत्रों में होने लगता है, तो इसे प्रतिसार के बदले मन्दी कहा जाता है।
- अमेरिकी अर्थव्यवस्था में वर्ष 2008 के सब-प्राइम संकट के पश्चात् बैंकिंग, बीमा, प्रतिभूति बाजार और सूचना प्रौद्योगिकी (जो असम्बद्ध क्षेत्र दिखते हैं) जैसे क्षेत्रों में जबरन श्रम कटौती की गई, यद्यपि गहन जाँच पड़ताल से ज्ञात हुआ कि ये क्षेत्र परस्पर जुड़े हुए थे।
- श्रम कटौती केवल बैंक, बीमा और प्रतिभूति बाजार (वित्तीय क्षेत्र) से सम्बन्धी सूचना प्रौद्योगिकी क्षेत्रों तक ही सीमित थी। अतएव इसे मन्दी के स्थान पर महान प्रतिसार (Great Recession) कहा गया (प्रतिसार के लक्षण उच्च होने के कारण)।

डबल/ट्रिपल-डिप प्रतिसार

- सामान्यतः अर्थव्यवस्थाओं में प्रतिसार और समुत्थान (Recovery) की श्रृंखला भी दृष्टिगोचर होती है। यदि कोई अर्थव्यवस्था प्रतिसार से समुत्थान की ओर अग्रसर हो तथा इस दौरान वह पुनः प्रतिसार की स्थिति में आ जाए तो इसे डबल डिप प्रतिसार (Double-Dip recession) (डब्ल्यू आकार का प्रतिसार) कहा जाता है।
- इस तरह यदि डबल-डिप प्रतिसार से उभरती हुई अर्थव्यवस्था फिर से प्रतिसार के प्रभाव में आ जाए, तो इसे ट्रिपल-डिप प्रतिसार (Triple-Dip recession) कहा जाता है।

मुद्रास्फीति के प्रकार

- रेंगती या नम्र/अल्प मुद्रास्फीति (Creeping / Moderate / Low Inflation) जब स्फीति की वार्षिक दर एक अंक में हो, तो इसे नम्र या रेंगती स्फीति कहते हैं। इस स्फीति की सबसे प्रमुख विशेषता यह होती है कि इसका पूर्वाभास किया जा सकता है, तद्नुसार नीति निर्धारित की जा सकती है।
  - नम्र स्फीति को वांछित माना जाता है, क्योंकि इससे आर्थिक क्रियाएँ प्रेरित होती हैं। यह मुद्रास्फीति का अत्यन्त मन्द रूप होता है। इस मुद्रास्फीति की दर 3% या उससे कम होती है। ऐसी स्थिति सामान्यतः विकसित देशों में पाई जाती है।
- चलती हुई स्फीति (Walking or Troting Inflation) जब कीमतें साधारण रूप से बढ़ती हैं एवं वार्षिक स्फीति दर एक अंक की होती है। दूसरे शब्दों में, यह कहा जा सकता है कि जब कीमतों में वृद्धि की दर 3% से 6% प्रतिवर्ष के बीच अथवा 10% से कम हो, तो वह चलती हुई स्फीति कहलाती है। यह मुद्रास्फीति भारत जैसे विकासशील देशों के लिए अच्छी, किन्तु दीर्घ अवधि के लिए यह खतरे के संकेतक के रूप में होती है।
- दौड़ती हुई स्फीति (Running Inflation) जब कीमतें तीव्रता से 10%-20% प्रतिवर्ष की दर से बढ़ती हैं, तो उसे दौड़ती हुई स्फीति कहते हैं। ऐसी स्फीति गरीब एवं मध्यम वर्गों पर बुरा प्रभाव डालती है। इसके नियन्त्रण के लिए शक्तिशाली मौद्रिक एवं फिस्कल उपाय अपनाने की आवश्यकता होती है, अन्यथा यह अतिस्फीति की ओर ले जाती है।
- कूदती या गैलोपिंग स्फीति (Galloping Inflation) यह मुद्रास्फीति की एक ऐसी स्थिति है, जब मुद्रास्फीति की दर 10% से 50% तक पहुँच जाती है। गैलोपिंग स्फीति में स्फीति की वार्षिक दर अत्यन्त ऊँची होती है। उदाहरणस्वरूप अर्जेण्टीना, चिली, ब्राजील व लैटिन अमेरिकी देशों में 1970 के दशक में 50 से 700% तक मुद्रास्फीति की दर हो गई थी।

- अतिस्फीति या हाइपर स्फीति (Hyper Inflation) जब स्फीति की दर तीन अंकों से भी बहुत अधिक हो जाए, तो उसे अतिस्फीति कहते हैं। इसकी वार्षिक दर अरबों-खरबों में हो सकती है।
  उदाहरणस्वरूप 1920 के दशक के प्रारम्भ में प्रथम विश्व युद्ध के पश्चात् जर्मनी में ऐसा हुआ था। वर्ष 1923 के अन्त तक मुद्रास्फीति दो वर्ष पूर्व की तुलना में 36 अरब गुना अधिक थी।
- हाइपर स्फीति की सर्वप्रथम चर्चा केगन ने की। हाइपर स्फीति की स्थिति में पत्र-मुद्रा बिल्कुल बेकार हो जाती है। मुद्रा से लोगों का विश्वास समाप्त हो जाता है।
- आयातित मुद्रास्फीति (Imported Inflation) पेट्रोलियम पदार्थों की कीमतों में वृद्धि के कारण भारत में उत्पन्न मुद्रास्फीति को आयातित मुद्रास्फीति कहते हैं। इस प्रकार की मुद्रास्फीति की उत्पत्ति विदेशों से आयात किए गए कच्चे उत्पाद की कीमतों में वृद्धि के कारण होती है।
- खुली स्फीति (Open Inflation) यह वह स्थिति होती है, जब मुद्रास्फीति पर किसी प्रकार का कोई नियन्त्रण नहीं होता है तथा मूल्यस्तर स्वत: उच्च स्तर पर आ जाता है,
- नियन्त्रित मुद्रास्फीति (Suppressed Inflation) यह वह स्थिति है जब सरकार कई प्रकार की नीतियों के द्वारा मूल्य स्तर को एक सीमा तक रखने का प्रयास करे तथा मूल्यस्तर उतना ऊँचा दृष्टिगोचर न हो, जितना की वास्तविक रूप में होता है। इसमें स्फीति के लक्षण तो रहते हैं, किन्तु प्रदर्शित नहीं होते हैं।
- संरचनात्मक मुद्रास्फीति (Structural Inflation) यह मुद्रास्फीति अर्थव्यवस्था में उपस्थित संरचनात्मक कारणों से होती है; यथा — बाढ़-सूखा, महामारी, भू-राजनीतिक कारण-पूर्ति पक्ष में अवरोध, कार्यशील जनसंख्या में वृद्धि/कमी, प्रवासन जैसे जनसांख्यिकीय कारक, अधिक अथवा कम विनियमन, व्यापार करने की सुविधा जैसे संस्थागत जड़ता तथा तकनीकी गतिरोध में नई तकनीकों की उपलब्धता व उनका उपयोग आदि।
  - मुद्रास्फीति के सिद्धान्त का प्रतिपादन गुन्नार मिर्डल द्वारा किया गया है, हालाँकि इसमें पॉल स्ट्रीटेन ने अधिक योगदान दिया।
  - भारत इस प्रकार की मुद्रा स्फीति का सामना करता रहा है।

मुद्रास्फीति के कारण

- मुद्रास्फीति माँग व पूर्ति में असन्तुलन के कारण उत्पन्न होती है। इसलिए मुद्रास्फीति के कारणों को माँग पक्ष तथा आपूर्ति पक्ष में बाँटकर देखा जा सकता है। इसके अतिरिक्त मुद्रा आपूर्ति में परिवर्तन के कारण भी मुद्रा स्फीति उत्पन्न हो जाती है। इनका विवरण निम्न है
  - माँग पक्ष (Demand Side) से अभिप्राय वस्तुओं के क्रय हेतु मुद्रा की माँग में वृद्धि से होता है। मुद्रा की माँग में वृद्धि निम्न कारणों से होती है, जैसे—सार्वजनिक व्यय में वृद्धि करने से, सस्ती मौद्रिक नीति को अपनाने से, घाटे की वित्त व्यवस्था की स्थिति में, व्यय योग्य आय में वृद्धि से, काले धन के बढ़ने से, निवेश की मात्रा में वृद्धि से, करो में कमी होने से, निर्यात में वृद्धि से, जनसंख्या में वृद्धि से तथा सार्वजनिक ऋण में वृद्धि से इत्यादि।
  - आपूर्ति पक्ष (Supply Side) से आशय वस्तुओं एवं सेवाओं के उत्पादन की उस उपलब्ध मात्रा से होता है, जिस पर लोग अपनी आय को खर्च करने में सक्षम होते हैं।
- मुद्रास्फीति की अवस्था में जब माँग की तुलना में आपूर्ति कम हो जाती है, तब अर्थव्यवस्था में असन्तुलन की स्थिति उत्पन्न हो जाती है, जिससे कीमतों में वृद्धि हो जाती है।
- अर्थव्यवस्था में आपूर्ति पक्ष वस्तुओं व सेवाओं के उत्पादन में कमी, कृत्रिम रूप से बाजार प्रभावित होने, सरकार की कर नीति, खाद्यान्न में कमी, औद्योगिक विवाद, तकनीकी परिवर्तन, कच्चे माल की कमी, प्राकृतिक आपदाएँ, सरकार की औद्योगिक नीति, उत्पादन में उत्पन्न गतिरोध, अन्तर्राष्ट्रीय कारण आदि से प्रभावित होते हैं।
- अत: मुद्रास्फीति के कारणों को मुख्यत: तीन कारकों के माध्यम से देखा जा सकता है, जिनका विवरण निम्नवत् है
  (i) माँगजन्य मुद्रास्फीति (Demand Pull Inflation) जब अर्थव्यवस्था में वस्तुओं एवं सेवाओं की आपूर्ति की अपेक्षा उसकी माँग अधिक हो जाती है, तो उसे माँगजन्य मुद्रास्फीति या माँग प्रेरित मुद्रास्फीति कहते हैं। यह मुद्रास्फीति लोगों की आय बढ़ने, सरकारी व्यय में तीव्र वृद्धि होने, बैंकों के द्वारा अधिक मात्रा में ऋण उपलब्ध कराने, नगरीकरण आदि कारणों से बढ़ती है।
  (ii) लागतजन्य मुद्रास्फीति (Cost Push Inflation) जब अर्थव्यवस्था में उत्पादन लागत में वृद्धि के कारण कीमतें बढ़ती हैं, तो उसे लागतजन्य मुद्रास्फीति (Cost Push Inflation) कहते हैं। प्राकृतिक कारण; जैसे— बाढ़, सूखा या मानवीय कारणों; जैसे—हड़ताल व तालाबन्दी, मध्यवर्ती वस्तुओं पर अत्यधिक कर, अप्रत्यक्ष कर में वृद्धि, स्टील, सीमेण्ट, रेलवे, कोयला एवं विद्युत इत्यादि के मूल्य में वृद्धि।
  (iii) मौद्रिक मुद्रास्फीति (Monetary Inflation) यह मुद्रास्फीति मुद्रा आपूर्ति में परिवर्तन के कारण होती है। जब भारतीय बैंक सस्ती अथवा प्रसारवादी मौद्रिक नीति अपनाते हैं तो बाजार में मुद्रा की पूर्ति में वृद्धि हो जाती है और वस्तुओं व सेवाओं की माँग में वृद्धि के कारण मौद्रिक मुद्रास्फीति उत्पन्न हो जाती है।

मुद्रास्फीति की माप/गणना/सूचक

भारत में मुद्रास्फीति को मापने हेतु दो प्रमुख सूचकांकों थोक मूल्य सूचकांक (Wholesale Price Index-WPI) तथा उपभोक्ता मूल्य सूचकांक (Consumer Price Index-CPI) का प्रयोग किया जाता है। यद्यपि मुद्रास्फीति की गणना के अन्य सूचकांक यथा उत्पादक मूल्य सूचकांक (Producer Price Index-PPI) इत्यादि भी होते हैं। इनका विवरण निम्न प्रकार है

मुद्रास्फीति माप सम्बन्धी सूचकांक
→ थोक मूल्य सूचकांक
→ उपभोक्ता मूल्य सूचकांक
  → पुराना
    - औद्योगिक कामगारों के उपभोक्ता मूल्य सूचकांक (CPI-IW)
    - कृषि मजदूरी के लिए उपभोक्ता मूल्य सूचकांक (CPI-AL)
    - ग्रामीण क्षेत्र के मजदूरों के लिए उपभोक्ता मूल्य सूचकांक (CPI-RL)
    - अर्बन नॉन-मैनुअल इम्प्लॉजी के लिए उपभोक्ता मूल्य सूचकांक (CPI-UNME)
  → नया
    - ग्रामीण क्षेत्रों के उपभोक्ता मूल्य सूचकांक (CPI-R)
    - शहरी क्षेत्रों के लिए उपभोक्ता मूल्य सूचकांक (CPI-U)
    - ग्रामीण + शहरी या संयुक्त उपभोक्ता मूल्य सूचकांक (CPI-R+U/CPI-C)

थोक मूल्य सूचकांक

- थोक मूल्य सूचकांक (Wholesale Price Index, WPI) वस्तुओं के समूह/टोकरे (Basket) के मदों के थोक मूल्य में परिवर्तन को प्रदर्शित करता है। इस मूल्य निर्देशांक का संकलन उद्योग मन्त्रालय के आर्थिक सलाहकार कार्यालय द्वारा मासिक स्तर पर होता है, यद्यपि पहले साप्ताहिक स्तर पर होता था।
- पहला थोक मूल्य सूचकांक 10 जनवरी, 1942 से शुरू हुआ था, जिसका आधार वर्ष 1939 था।
- डब्ल्यू.पी.आई समूह/टोकरे (Basket) में मदों की संख्या तथा उनके भार (Weight) पैटर्न के अतिरिक्त आधार वर्ष को भी अब तक कई बार परिवर्तित किया जा चुका है।

संशोधित थोक मूल्य सूचकांक

- केन्द्र सरकार द्वारा वर्ष 2017 में संशोधित थोक मूल्य सूचकांक की श्रृंखला का **आधार वर्ष 2011-12** कर दिया गया। पुरानी श्रृंखला का आधार वर्ष 2004-05 था।
- केन्द्र सरकार द्वारा मार्च, 2012 में नई श्रृंखला सम्बन्धी सलाह देने हेतु **सौमित्र चौधरी** (तत्कालीन योजना आयोग के अध्यक्ष) की अध्यक्षता में एक कार्य दल का गठन किया गया था।
- संशोधित सूचकांक में तीन प्रमुख समूहों **प्राथमिक वस्तुएँ, ईंधन** एवं **ऊर्जा तथा विनिर्मित उत्पाद** को यथावत रखा गया।
- **मूल्य कोटेशन** (Quotation) की संख्या में 52% की वृद्धि की गई, जिससे यह पूर्व की तुलना में अधिक प्रतिनिधित्वकारी हो गया है।
- मूल्यों की गणना में अप्रत्यक्ष करों को सम्मिलित नहीं किया गया है, जिससे यह सूचकांक अन्तर्राष्ट्रीय स्तर पर अवधारणात्मक रूप से उत्पादक मूल्य सूचकांक के समान हो गया था।
- समग्रों (कुल मदों) की गणना हेतु गुणात्मक माध्य (Geometric Mean) का प्रयोग किया गया है, यह भी एक अन्तर्राष्ट्रीय मान्य प्रक्रिया है तथा नए उपभोक्ता मूल्य सूचकांक (CPI-C) में इसी विधि का प्रयोग किया गया है।
- खाद्य पदार्थों (प्राथमिक समूह के) व खाद्य उत्पादों (विनिर्मित उत्पादों के) को शामिल करके पहली बार एक नए **थोक खाद्य मूल्य सूचकांक को** (Wholesale food Price index) शुरू किया गया है।
- इस तरह यह सूचकांक केन्द्रीय सांख्यिकी कार्यालय (Central Statistical Office-SO) द्वारा पूर्व से जारी की जा रही **उपभोक्ता खाद्य मूल्य सूचकांक** (Consumer Food Price Index-CFPI) के साथ मिलकर खाद्य पदार्थों के मूल्यों की निगरानी को प्रभावी बनाएगा।

पुरानी व नई आधार श्रृंखला पर वस्तुओं एवं उनके भारों की तुलना

प्रमुख समूह	वजन		वस्तु की संख्या		प्रचलित मूल्य	
	2004-05	2011-12	2004-05	2011-12	2004-05	2011-12
कुल वस्तुएँ	100.00	100.00	676	697	5482	8331
I प्राथमिक वस्तुएँ	20.12	22.62	102	117	579	983
II ईंधन और ऊर्जा	14.91	13.15	19	16	72	442
विनिर्मित उत्पाद	64.97	64.23	555	564	4831	6906

थोक मूल्य सूचकांक में संशोधन के लिए कार्यसमूह

- भारत सरकार ने वर्ष 2019 में थोक मूल्य सूचकांक (WPI) (आधार वर्ष 2011-12) श्रृंखला में संशोधन व सुझाव देने हेतु नीति आयोग के सदस्य **रमेश चन्द्र** की अध्यक्षता में एक कार्यदल का गठन किया।
- उद्योग एवं आन्तरिक व्यापार सम्वर्धन विभाग (DPIIT) के आर्थिक सलाहकार का कार्यालय कार्य समूह के लिए नोडल कार्यालय के रूप में कार्य करेगा।
- इस कार्य दल का कार्य थोक मूल्य सूचकांक तथा उत्पाद मूल्य सूचकांक (PPI) के सूचकांक संख्याओं की एक नई आधिकारिक श्रृंखला तैयार करने हेतु उपर्युक्त आधार वर्ष का चयन करने, डब्ल्यूपीआई की वर्तमान श्रृंखला की **कमोडिटी बास्केट** की समीक्षा करना तथा 2011-2012 से अर्थव्यवस्था में हुए संरचनात्मक परिवर्तनों के आलोक में कमोडिटीज में वृद्धि/कटौती का सुझाव देना आदि।

उपभोक्ता मूल्य सूचकांक

- भारत में वस्तुओं तथा सेवाओं के सामान्य मूल्य स्तर में परिवर्तन का अध्ययन करने के लिए उपभोक्ता मूल्य सूचकांक (Consumer Price Index,CPI) की अवधारणा प्रचलन में लाई गई है।
- देश में उपभोक्ताओं की सामाजिक व आर्थिक भिन्नताओं को देखते हुए चार उपभोक्ता मूल्य सूचकांकों का प्रयोग किया जाता रहा है। इसके अतिरिक्त एकल उपभोक्ता मूल्य सूचकांक के प्रयोग हेतु वर्ष 2011-12 में पहली बार सरकार ने पहल की तथा सी.पी.आई. शहरी व सी.पी.आई. ग्रामीण के आधार पर सी.पी.आई. संयुक्त की घोषणा की।
- वर्तमान में दोनों उपभोक्ता मूल्य सूचकांकों (पुरानी एवं नई) के आँकड़े जारी किए जाते हैं, जिसका विवरण निम्न प्रकार है

श्रमिकेत्तर शहरी कर्मचारियों के लिए उपभोक्ता मूल्य सूचकांक

- श्रमिकेत्तर शहरी कर्मचारियों के लिए उपभोक्ता मूल्य सूचकांक (Consumer price index for urban Non-manual Employee CPI-UNME) का आधार वर्ष 1984-85 है, जो पहले वर्ष 1958-59 था। इसके अन्तर्गत 146-365 मदों को शामिल किया जाता है। वर्तमान में इसका सीमित उपयोग किया जाता है, इसके लिए आँकड़े देश के 59 केन्द्रों से एकत्र किए जाते हैं।
- इसमें समय अन्तराल दो सप्ताह का होता है। इस सूचकांक का उपयोग मुख्य रूप से भारत में संचालित विदेशी कम्पनियों के कर्मचारियों के महँगाई भत्ते के निर्धारण में किया जाता है।
- इसका उपयोग आयकर अधिनियम के अन्तर्गत पूंजी प्राप्तियों के निर्धारण में भी किया जाता है। केन्द्रीय सांख्यिकी कार्यालय के अनुसार, इस सूचकांक को जनवरी, 2011 से बन्द कर दिया गया है।

औद्योगिक कामगारों के लिए उपभोक्ता मूल्य सूचकांक

- औद्योगिक श्रमिकों (IW) के उपभोक्ता मूल्य सूचकांक (Consumer price index for industrial workers : CPI-IW) का आधार वर्ष 2020 को कर दिया गया है, जो पहले वर्ष 2001 था। इस सूचकांक में 463 मदों को शामिल किया जाता है। यह सूचकांक मुख्य रूप से सरकारी कर्मचारियों (बैंक एवं दूतावासों में कार्य करने वाले कर्मचारियों को छोड़कर) से सम्बन्धित पाया जाता है।
- इस आधार पर ही कर्मचारियों के महँगाई भत्ते का निर्धारण किया जाता है। इस सूचकांक के आँकड़े देश के 70 विभिन्न केन्द्रों से प्रत्येक माह श्रम ब्यूरो द्वारा एकत्रित तथा जारी किए जाते हैं।
- इसके अन्तर्गत सात औद्योगिक क्षेत्र - विद्युत उत्पादन व वितरण, फैक्ट्री, खान, पौधारोपण, रेलवे, लोकोमोटर परिवहन और पत्तन आते हैं।

कृषि श्रमिकों के लिए उपभोक्ता मूल्य सूचकांक

- कृषि (खेतिहर) श्रमिकों के लिए उपभोक्ता मूल्य सूचकांक (Consumer price index for Agricutural Labour : CPI-AL) का उपयोग किया जाता है, जिसका आधार वर्ष 1986-87 है। इसमें कुल 260 मदों को शामिल किया जाता है। प्रत्येक माह इसके आँकड़े देश के विभिन्न राज्यों से एकत्रित किए जाते हैं। इसमें सामान्यत: तीन सप्ताह की देरी होती है।
- इस सूचकांक के आने से खेतिहर मजदूरों की व्यय की संरचना में बदलाव हुआ है। इस सूचकांक में बदलावों को लेकर केन्द्र व राज्य सरकारें अधिक सजग रहती हैं। इसका उपयोग खेतिहर मजदूरों की न्यूनतम मजदूरी में संशोधन के लिए किया जाता है तथा इसका संकलन श्रम मन्त्रालय के श्रम ब्यूरो द्वारा किया जाता है।
- ग्रामीण श्रमिकों के उपभोग में आने वाली वस्तुओं के मूल्यों पर आधारित इस सूचकांक का आधार वर्ष 1986-87 = 100 है। इसके लिए भी प्रत्येक महीने 20 राज्यों के 600 गाँव से आँकड़े एकत्रित किए जाते हैं तथा इसमें भी तीन सप्ताह की देरी होती है।
- इस सूचकांक के बास्केट में 260 वस्तुएँ रखी गई हैं। इसका प्रकाशन श्रम मंत्रालय के श्रम ब्यूरो (2001-02 में बन्द बाद में पुन: प्रारम्भ) द्वारा किया जाता है।

नए उपभोक्ता मूल्य सूचकांक

- केन्द्र सरकार ने वर्ष 2011-12 में तीन नए उपभोक्ता मूल्य सूचकांकों - सीपीआई - ग्रामीण (CPI-R), सीपीआई - शहरी (CPI-U) तथा दोनों को सम्मिलित कर सीपीआई-ग्रामीण + शहरी (CPI-R + U) अथवा राष्ट्रीय बाजार के लिए सी.पी.आई. संयुक्त (Combined) CPI-C प्रारम्भ किया।
- यह तीनों सूचकांक प्रत्येक महीने केन्द्रीय सांख्यिकी कार्यालय (CSO) द्वारा प्रकाशित किए जाते हैं।

उपभोक्ता मूल्य सूचकांक में संशोधन

- फरवरी, 2015 में (CPI) में पुन: संशोधन किया गया, जिसके द्वारा गणना सम्बन्धी कई परिवर्तन किए गए, जिनका संक्षिप्त विवरण इस प्रकार है
  - आधार वर्ष को वर्ष 2010 से परिवर्तित कर 2011-12 = 100 कर दिया गया।
  - राष्ट्रीय प्रतिदर्श सर्वेक्षण कार्यालय (National Sample Survey Organisation-NSSO) के 68वें चक्र के उपभोक्ता व्यय सर्वे 2011-12 के आँकड़ों के साथ संशोधित मिक्स्ड रेफेरेन्स पीरियड (Modified Mixed Reference Period-MMRP) के प्रयोग के आधार पर सामग्रियों की टोकरी एवं उनके भार का निर्धारण किया गया है।
  - जबकि, सीपीआई की पुरानी शृंखला (2004-05) NSSO के 61 वें चक्र के उपभोग व्यय सर्वे के आँकड़ों के यूनिफार्म रेफरेन्स पीरियड (Uniform Reference Period-URP) पर आधारित थी।
- यह परिवर्तन अन्तर्राष्ट्रीय प्रचलनों के अनुरूप साम्यता स्थापित करने हेतु किया गया। अन्तर्राष्ट्रीय स्तर पर अधिकतर खाद्य सामग्रियों हेतु छोटी सन्दर्भ अवधि और निम्न-उपभोग वाली वस्तुओं के लिए लम्बी सन्दर्भ अवधि ली जाती है।
- पुरानी शृंखला में समूहों की संख्या पाँच थी, जो कि बढ़ाकर छ: कर दी गई है। पान - तम्बाकू आदि को अब नए समूहों में रखने के साथ खाद्य, पेय व तम्बाकू को परिवर्तित कर खाद्य एवं पेय कर दिया गया है।
- सूचकांकों की गणना हेतु अन्तर्राष्ट्रीय प्रचलनों के तहत ज्यामितीय मान (Geometric Mean) का उपयोग किया जा रहा है। यह विभिन्न बाजारों के आधार मूल्यों से सम्बन्धित वर्तमान मूल्यों के प्राइस रिलिटिव्स पर आधारित होता है। पुरानी शृंखला में अंकगणितीय मान (Arithmetic Mean) का उपयोग किया जाता है।
- सूचकांकों में अन्त्योदय अन्न योजना के अन्तर्गत सार्वजनिक वितरण प्रणाली (Public Distribution System-PDS) की वस्तुओं के मूल्य को सम्मिलित किया गया है, जो पुरानी शृंखला में बीपीएल और एपीएल मूल्यों के अतिरिक्त है।
- सीपीआई-ग्रामीण, सीपीआई-शहरी और सीपीआई संयुक्त के अलावा सीएफपीआई (उपभोक्ता खाद्य मूल्य सूचकांक) को भी उप-समूहों के भारित औसत के रूप में संकलित किया जाता है।
- उल्लेखनीय है कि भारतीय रिजर्व बैंक ने अप्रैल, 2014 से हेडआन मुद्रास्फीति के माप हेतु सीपीआई (संयुक्त) को मौद्रिक नीति के आधार रूप में प्रयोग में लाने का निर्णय लिया। इसकी सिफारिश अन्तर्राष्ट्रीय मुद्रा कोष (International Monetary Fund-IMF) तथा उर्जित पटेल (RBI के पूर्व गवर्नर) समिति ने की थी।

पुरानी और नई शृंखला की तुलना

समूह विवरण	पुरानी शृंखला का सीपीआई गणना का आधार 2004-05			नई शृंखला की सीपीआई भार गणना का आधार 2011-12		
	संयुक्त	ग्रामीण	शहरी	संयुक्त	ग्रामीण	शहरी
खाद्य एवं पेय पदार्थ	47.58	56.59	35.81	45.86	54.18	36.29
पान, तम्बाकू एवं नशीले पदार्थ	2.13	2.22	1.34	2.38	3.26	1.36
वस्त्र एवं जूते	4.73	5.36	3.91	6.53	7.36	5.57
आवास	9.77	-	22.54	10.07	-	21.67
ईंधन एवं प्रकाश	9.49	10.42	8.40	6.84	7.94	5.58
अनाज	26.31	24.91	28.00	28.32	27.26	29.53
कुल	100.00	100.00	100.00	100.00	100.00	100.00

उपभोक्ता खाद्य मूल्य सूचकांक में विभिन्न उप-समूहों का भार

उप-समूह विवरण	संयुक्त	ग्रामीण	शहरी
अनाज एवं उत्पाद	24.77	26.14	22.24
दुग्ध एवं दुग्ध उत्पाद	16.92	16.34	17.98
सब्जी	15.46	15.78	14.88
मांस एवं मछली	9.25	9.26	9.23
तेल एवं वसा	9.11	8.90	9.49
मसाले	6.39	6.57	6.05
दलहन एवं दलहन उत्पाद	6.11	6.25	5.84
फल	7.40	6.10	9.10
चीनी एवं मिष्ठान्न	3.49	3.61	3.28
अण्डे	1.10	1.05	1.21

थोक मूल्य सूचकांक एवं उपभोक्ता मूल्य सूचकांक में अन्तर

थोक मूल्य सूचकांक (WPI)	उपभोक्ता मूल्य सूचकांक (CPI)
इसकी गणना थोक बाजार में उत्पादकों और बड़े व्यापारियों द्वारा किए गए भुगतान के आधार पर की जाती है।	इसकी गणना उपभोक्ता द्वारा बाजार में किए गए भुगतान (खुदरा/फुटकर) के आधार पर की जाती है।
इसमें **केवल वस्तुओं** के मूल्य में परिवर्तन को मापा जाता है।	इसमें **वस्तुओं के साथ-साथ सेवाओं** के मूल्य में परिवर्तन को भी मापा जाता है।
इसका उपयोग भारत सहित कुछ देशों में होता है।	इसका उपयोग 157 देशों में होता है।
इसका प्रकाशन आर्थिक सलाहकार कार्यालय (वाणिज्य और उद्योग मन्त्रालय) करता है।	इसका प्रकाशन केन्द्रीय सांख्यिकी कार्यालय (सांख्यिकी और कार्यक्रम कार्यान्वयन मन्त्रालय) करता है।
इसमें समूह मदें (Basket) सीमित हैं।	इसमें समूह मदें WPI की तुलना में व्यापक हैं।

परिष्कृत कोर मुद्रा-स्फीति (Refined Core Inflation)

- भारत में इस अवधारणा का पहली बार उपयोग 2021-22 में एक बेहतर कोर मुद्रास्फीति विकसित करने के लिए किया गया था।
- यह सीपीआईसी पर मुद्रास्फीति है, जिसके अन्तर्गत खाद्य पदार्थ ऊर्जा परिवहन, संचार व मुख्य ईंधन मद जैसे पेट्रोल/डीजल स्नेहक तथा वाहनों के लिए अन्य ईंधन।
- जो ईंधन व प्रकाश में शामिल नहीं है, बल्कि विविध समूह के उप-समूह परिवहन तथा संचार में आते हैं, को शामिल नहीं किया जाता है।

कोर-कोर मुद्रास्फीति (Core-Core Inflation)

- इस अवधारणा का पहली बार वर्ष 2015-16 में उपयोग किया गया।
- यह ऊर्जा, खाद्य सामग्री, परिवहन एवं संचार को छोड़कर सीपीआईसी पर मुद्रास्फीति है।

कोर मुद्रास्फीति (Core Inflation)

- यह एक पश्चिमी अवधारणा वर्ष 1975 का है। जिसका भारत में सर्वप्रथम उपयोग **वर्ष 2000-01** में किया गया था।
- यह ईंधन और प्रकाश अर्थात् ऊर्जा व खाद्य वस्तुओं के अतिरिक्त सीपीआईसी पर मुद्रास्फीति है।
- खाद्य वस्तुओं व ऊर्जा पर अधिक निर्भर होने के कारण भारत के सन्दर्भ में इसे अनुकूल नहीं माना जाता है।

अन्य सूचकांक

- उत्पादक मूल्य सूचकांक (Producer Price Index) यह सूचकांक मुद्रास्फीति की माप हेतु थोक मूल्य सूचकांक तथा उपभोक्ता मूल्य सूचकांक दोनों ही से श्रेष्ठ माना जाता है। पीपीआई के अन्तर्गत मूल्य परिवर्तन को उत्पादकों के परिप्रेक्ष्य में मापा जाता है, जबकि सीपीआई में उपभोक्ता तथा डब्ल्यूपीआई में थोक मण्डियों के परिप्रेक्ष्य में मापा जाता है।
- उचित तुलनात्मक मापकों के विकास के सन्दर्भ में भारत के लिए यह आवश्यक है, क्योंकि तुलनात्मक अर्थशास्त्र में मुद्रास्फीति के आँकड़े बहुत ही महत्त्वपूर्ण एवं परिवर्तनशील भूमिका निभाते हैं। इसी को देखते हुए सरकार द्वारा वर्ष 2003-04 में डब्ल्यूपीआई को पीपीआई से प्रतिस्थापित करने का प्रस्ताव रखा गया।
- पीपीआई के अन्तर्गत केवल मूल कीमतों का प्रयोग किया जाता है तथा कर, ट्रेड मार्जिन और परिवहन लागत को इससे बाहर कर दिया जाता है।

- पीपीआई को महँगाई के आकलन हेतु बेहतर माना जाता है, क्योंकि इसके अन्तर्गत प्राथमिक तथा माध्यमिक स्तर कीमतों के अन्तर को वस्तुओं के अन्तिम उत्पाद के रूप में सामने आने से पहले ही ज्ञात किया जा सकता है।
- इस सूचकांक की सबसे पुरानी शृंखला अमेरिकी अर्थव्यवस्था के लिए ब्यूरो ऑफ लेबर स्टेटिस्टिक्स (Burean of Labour Statistic) ने तैयार की थी।

- सेवा मूल्य सूचकांक (Service Price Index) भारत में अभी तक एकल राष्ट्रीय सेवा मूल्य सूचकांक नहीं है, जो कि सेवा क्षेत्र के मूल्यों में होने वाले परिवर्तनों की माप कर सके।
  - थोक मूल्य सूचकांक पर व्यक्त मुद्रास्फीति वस्तुओं के उत्पादक क्षेत्र के मूल्य परिवर्तनों को ही प्रदर्शित करता है। यह केवल प्राथमिक और द्वितीयक (कृषि एवं विनिर्माण) का ही प्रतिनिधित्व करता है, सेवा (तृतीयक) क्षेत्र का नहीं।
  - थोक मूल्य सूचकांक (1993-94) शृंखला के परिवर्तन हेतु प्रो. अभिजीत सेन की अध्यक्षता में गठित कार्यसमूह ने इस सूचकांक की आवश्यकता की सिफारिश की थी। सी. रंगराजन की अध्यक्षता में गठित राष्ट्रीय सांख्यिकी आयोग ने भी इसकी सिफारिश की थी।
  - इस दिशा में वाणिज्य और उद्योग मन्त्रालय के आर्थिक सलाहकार कार्यालय विश्व बैंक के सहयोग से आर्थिक सुधार परियोजनाओं से तकनीकि सहायता प्राप्त कर क्षेत्र आधारित सेवा मूल्य सूचकांक विकसित करने का प्रयास कर रहा है।
  - इसके द्वारा वर्ष 2005-06 में सात सेवाओं—रेलवे, डाक, दूरसंचार, बैंकिंग, बीमा तथा पत्तन हेतु एक प्रयोगात्मक सेवा मूल्य सूचकांक (Experimental Service Price Index) को प्रारम्भ किया गया, यद्यपि एकल राष्ट्रीय सेवा सूचकांक अभी भी अपने विकास क्रम में है।
- आवास मूल्य सूचकांक (Housing Price Index) इस सूचकांक का नाम एनएचबी रेसिडेक्स (NHB RESIDEX) है। इसे वित्त मन्त्री द्वारा 9 जुलाई, 2007 को मुम्बई में लॉन्च किया गया था।
  - इस सूचकांक को मूल रूप से भारतीय होम लोन नियामक, नेशनल हाउसिंग बैंक (National Housing Bank-NHB) द्वारा विकसित किया गया है। इस सूचकांक का आधार वर्ष 2017-18 है तथा इसे प्रत्येक तिमाही के लिए प्रकाशित किया जाता है।
  - इस सूचकांक का प्रकाशन वर्तमान में देश के 50 शहरों के लिए किया जा रहा है तथा इसे 100 शहरों तक बढ़ाने का लक्ष्य है। वर्तमान में इसमें 21 राज्य/केन्द्रशासित प्रदेशों एवं 33 स्मार्ट सिटीज को सम्मिलित किया गया है।
  - उल्लेखनीय है कि एनएचबी द्वारा अखिल भारतीय संयुक्त आवासीय सूचकांक (All India Combined Housing Index) की गणना नहीं की जाती है।

जीडीपी अवस्फीतिकारक

- यह मुद्रास्फीति मापन का एक नवीन तरीका है। इसमें किसी वर्ष में उत्पादित सभी वस्तुओं तथा सेवाओं के मूल्यों में परिवर्तन को लिया जाता है।
- जब सकल घरेलू उत्पाद (GDP) की गणना बाजार कीमतों या प्रचलित सूचक मूल्यों पर की जाती है, तो उसे मौद्रिक जीडीपी कहते हैं तथा जब सकल घरेलू उत्पाद की गणना आधार वर्ष के मूल्यों पर की जाती है, तो उसे वास्तविक जीडीपी कहते हैं।
- जब आधार वर्ष के स्थिर मूल्यों पर जीडीपी की गणना की जाती है, तो GDP पर पड़ने वाला स्फीति प्रभाव समाप्त हो जाता है।
- मौद्रिक जीडीपी में वृद्धि तथा वास्तविक जीडीपी की वृद्धि का अन्तर ही जीडीपी की कीमत में वृद्धि होती है, इसे ही जीडीपी डिफ्लेटर कहा जाता है। इसकी गणना निम्न रूप में की जा सकती है

$$\text{जीडीपी डिफ्लेटर} = \frac{\text{चालू कीमतों पर जीडीपी}}{\text{स्थिर कीमतों पर जीडीपी}}$$

- जब जीडीपी डिफ्लेटर का मान 1 होता है, तो स्पष्ट होता है कि कीमत स्तर में कोई परिवर्तन नहीं हुआ है। वहीं जब इसका मान 2 होता है, तो दो गुने की वृद्धि तथा जब मान 4 हो, तो कीमत स्तर में 4 गुनी वृद्धि देखी जाएगी।

मुद्रास्फीति का प्रभाव

प्रभाव के क्षेत्र	विवरण
स्थिर आय वर्ग पर प्रभाव	मुद्रास्फीति से वेतन भोगी कर्मचारी, मजदूर, असंगठित क्षेत्र में कार्यरत कर्मचारी अधिक प्रभावित होते हैं, क्योंकि इनकी आय स्थिर होती है। अतः यह कम मात्रा में ही वस्तुएँ एवं सेवाएँ खरीद पाते हैं।
भुगतान शेष पर प्रतिकूल प्रभाव	मुद्रास्फीति से घरेलू अर्थव्यवस्था में आयात की तुलना में निर्यात महँगे हो जाते हैं। इससे घरेलू वस्तुओं के मूल्य में वृद्धि से निर्यात हतोत्साहित होता है और आयात में वृद्धि होती है। इसके परिणामस्वरूप व्यापार शेष तथा भुगतान शेष पर प्रतिकूल प्रभाव पड़ता है।
विदेशी विनिमय दर में कमी	मुद्रास्फीति के कारण अर्थव्यवस्था में मुद्रा का मूल्य ह्रास / डेप्रिसिएशन होता है अर्थात् विदेशी विनिमय दर में कमी आती है।
सार्वजनिक ऋणों पर प्रभाव	मुद्रास्फीति के समय सरकार द्वारा किया जाने वाला सार्वजनिक व्यय बढ़ जाता है। इस दौरान सरकार जनता (बाजार) से ऋण लेती है, जिससे सार्वजनिक ऋण बढ़ जाता है।
बैंकों तथा बीमा कम्पनियों पर प्रभाव	वस्तुओं की कीमतें बढ़ने पर व्यापारियों, कृषकों तथा उद्योगपतियों की आय में वृद्धि होती है और वे बैंकों में धन जमा करते हैं। इससे बैंकिंग संस्थाओं तथा बीमा कम्पनियों दोनों का विकास होता है।
करों पर प्रभाव	मुद्रास्फीति के बढ़ने पर सरकार का कर संग्रह बढ़ता है, करदाताओं को करों का उतना ही अतिरिक्त भुगतान करना पड़ता है, जितनी मुद्रास्फीति बढ़ती है।

प्रभाव के क्षेत्र	विवरण
उत्पादकों या उद्यमियों पर प्रभाव	मुद्रास्फीति के समय वस्तुओं की माँग अधिक होती है, जिससे वस्तुएँ महँगी बिकती हैं, जिसके फलस्वरूप उत्पादकों तथा उद्यमियों को लाभ मिलता है।
कुल माँग	मुद्रास्फीति के बढ़ने पर कुल योग में वृद्धि होती है साथ ही इससे अपेक्षाकृत कम आपूर्ति और उपभोक्ताओं के उच्च क्रय शक्ति का संकेत भी मिलता है।
समाज पर नैतिक प्रभाव	मुद्रास्फीति का समाज की नैतिक व्यवस्था पर नकारात्मक प्रभाव पड़ता है; उदाहरणस्वरूप-व्यापारी वर्ग अधिक संचय के लालच में जमाखोरी, मुनाफाखोरी जैसी गलत प्रवृत्तियों को अपना लेता है।
उधारकर्ता/उधारदाता	मुद्रास्फीति के बढ़ने पर ऋणदाता को हानि और उधारकर्ता को लाभ होता है, इस प्रभाव को **मुद्रास्फीति प्रीमियम** कहा जाता है, यहाँ प्रीमियम का अर्थ लाभ है, जो उधारकर्ता के पक्ष में तथा ऋणदाता के विरुद्ध होता है।
निवेश पर	मुद्रास्फीति के कारण निवेश में वृद्धि अल्पावधि में होती है।
आय पर	मुद्रास्फीति में वृद्धि होने से आय में नाममात्र का मूल्य (अंकित मूल्य) ही बढ़ता है, वास्तविक मूल्य नहीं बढ़ता है।
व्यय पर	उपभोग व्यय में कमी तथा निवेश के व्यय में वृद्धि होती है।
बचत पर	अल्पावधि में बचत दर में वृद्धि, जबकि दीर्घकाल में कमी होती है।
निर्यात/आयात	मुद्रास्फीति में निर्यात में वृद्धि होती है, जबकि आयात में कमी होती है।
व्यापार सन्तुलन	विकसित अर्थव्यवस्था के लिए अनुकूल, जबकि विकासशील अर्थव्यवस्था के लिए प्रतिकूल होती है।
रोजगार/बेरोजगारी पर	अल्पावधि में रोजगार में वृद्धि, जबकि दीर्घावधि में तटस्थ या नकारात्मक भी हो सकता है।
मजदूरी पर	मजदूरी की नॉमिनल वैल्यू बढ़ जाती है, जबकि इसका वास्तविक मूल्य गिर जाता है।
व्यवसाय/उद्योग	व्यवसाय व उद्योग को लाभ होता है।
राजकोषीय घाटा	मुद्रास्फीति में वृद्धि के कारण सरकारों के व्यय बढ़ने से राजकोषीय घाटे में वृद्धि होती है।
सरकार पर प्रभाव	कर संग्रह में वृद्धि, ब्याज देनदारियों में कमी, नए पैसों का निर्माण/मुद्रण

आधार प्रभाव

- यह वह प्रभाव है, जो डेटा बिन्दुओं के बीच तुलना के लिए एक अलग सन्दर्भ बिन्दु का चयन करने से तुलना के परिणाम पर पड़ सकता है।
- यह विगत वर्ष के कीमतों के स्तर में वृद्धि के चालू वर्ष में कीमतों के स्तर में समरूपी दृष्टि के प्रभाव को प्रदर्शित करता है।
- मुद्रास्फीति के सन्दर्भ में आधार प्रभाव वर्तमान मुद्रास्फीति के आँकड़ों में विकृति (Distortion) है, जो पिछली सन्दर्भ अवधि में मुद्रास्फीति के असाधारण रूप से उच्च या निम्न स्तर के कारण होती है।
- जैसे यदि पिछले वर्ष में उसी समयावधि में मूल्य सूचकांक ऊँची दर से बढ़ा था, जिसके कारण महँगाई दर में वृद्धि हुई, तो कुछ सम्भावित वृद्धि पहले ही आ चुकी है, अतएव चालू वर्ष में मूल्य सूचकांक में उसी तरह की बढ़ोतरी के कारण महँगाई दर अपेक्षाकृत कम बढ़ेगी।
- जबकि इसके विपरीत, पिछले वर्ष की इसी समयावधि में महँगाई दर बहुत ही कम हो, तो मूल्य सूचकांक में अपेक्षाकृत थोड़ी सी बढ़ोतरी भी वर्तमान महँगाई की दर में अधिक बढ़ोतरी कर देगी।
- इसे निम्न तालिका के माध्यम से समझा जा सकता है

	मूल्य सूचकांक				महँगाई		
आधार वर्ष	2019	2020	2021	2022	2020	2021	2022
मार्च	100	120	140	160	20	16.67	14.29

- तालिका से स्पष्ट होता है कि सूचकांक में वर्ष 2020, 2021 व 2022 में 20-20 अंक की बढ़ोतरी हुई। यद्यपि महँगाई दर (वर्ष-दर-वर्ष की गणना के आधार पर) इन तीन वर्षों में नीचे की ओर गिरती दिख रही है, जो वर्ष 2020 में 20 प्रतिशत से वर्ष 2022 तक 14.29 तक हो गया।
- इसका कारण यह है कि प्रत्येक वर्ष मूल्य सूचकांक में 20 अंक की बढ़ोतरी ने आधार वर्ष के मूल्य सूचकांक में समान मात्रा में वृद्धि कर दी, किन्तु मूल्य सूचकांक में पूर्ण वृद्धि एक समान रही।

मुद्रास्फीति को रोकने के उपाय

मुद्रास्फीति को नियन्त्रित करने के लिए अपनाए जाने वाले उपायों को मुख्य रूप से दो भागों में बाँटा जा सकता है, जो निम्न प्रकार हैं

- आपूर्ति पक्षीय उपाय इसके अन्तर्गत तात्कालिक उपाय के रूप में जमाखोरी तथा काला बाजारी को रोकने तथा दीर्घकालिक उपाय के रूप में घरेलू उत्पादन को बढ़ाने पर बल दिया जाता है।
- इन उपायों के अन्तर्गत वस्तुओं की राशनिंग करना, महत्त्वपूर्ण खाद्य पदार्थों के बफर स्टॉक का निर्माण करना, उद्योगों की उत्पादन क्षमता को बढ़ाना तथा उत्पादन क्षमता को बाधित करने वाले और लागत बढ़ाने वाले कारकों पर रोक लगाना जैसे आदि कार्यों को अपनाया जाता है।
- माँग पक्षीय उपाय इसके अन्तर्गत अर्थव्यवस्था से तरलता को सोंखकर माँग को कम करके कीमतों को नियन्त्रित करने का प्रयास किया जाता है। बाजार में मुद्रा की पूर्ति जितनी कम होती है, लोगों की क्रय शक्ति भी उतनी ही कम होती है।

मुद्रास्फीति और राजकोषीय नीति

- **स्फीतिकारी अन्तर** (Inflationary gap) अर्थव्यवस्था में स्फीतिकारी अन्तर उस समय उत्पन्न होता है, जब सरकार राष्ट्रीय आय से अधिक (राजकोषीय घाटा उत्पन्न होता है) व्यय/खर्च करती है।
  - सरकार विकास गतिविधियों को बढ़ावा देने हेतु सामान्यत: ऐसा जानबूझकर करती है। ऐसी स्थिति में वास्तविक जीडीपी सम्भावित जीडीपी (Potential GDP) से अधिक (जीडीपी/आउटपुट में अन्तर शून्य से ऊपर) होती है। यह **उच्च आर्थिक गतिविधियों** का संकेत देता है।
  - **उपाय** स्फीतिकारी अन्तर को नियन्त्रित करने हेतु सरकारी व्यय में कटौती, करों और ब्याज दरों में वृद्धि तथा मुद्रा आपूर्ति में कमी की जाती है।
- **अपस्फीतिकारी अन्तर** (Deflationary gap) अर्थव्यवस्था में अपस्फीतिकारी अन्तर उस समय उत्पन्न होता है, जब सरकार राष्ट्रीय आय से कम व्यय/खर्च (राजकोषीय अधिशेष की स्थिति) करती है।
  - ऐसी स्थिति में वास्तविक जीडीपी सम्भावित जीडीपी (जीडीपी/आउट अन्तर शून्य से नीचे) से कम होती है। यह आर्थिक सुस्ती का संकेत देता है।
  - **उपाय** अपस्फीतिकारी अन्तर को नियन्त्रित करने हेतु **सरकारी व्यय/खर्च** में वृद्धि, **करों और ब्याज दरों** में कटौती तथा मुद्रा आपूर्ति में वृद्धि की जाती है।

आर्थिक विकास एवं मुद्रास्फीति

- आर्थिक विकास दर तथा मुद्रास्फीति के मध्य एक सीमा तक प्रत्यक्ष सम्बन्ध पाया जाता है।
- मुद्रास्फीति एक सीमा तक (इष्टतम दर पर) अर्थव्यवस्था की संवृद्धि के लिए आवश्यक एवं लाभदायक है। मुद्रास्फीति की इष्टतम दर वह है, जिसे कोई अर्थव्यवस्था बिना किसी प्रतिकूल प्रभाव के वहन कर सके।
- इस सन्दर्भ में विभिन्न मत निम्न प्रकार हैं

विभिन्न मत	देश	इष्टतम दर
सुखमय चक्रवर्ती	भारत	4.00 %
सी. रंगराजन	भारत	5.6 %
तारापोर समिति	भारत	3.5 %
आर.बी.आई. स्फीति लक्ष्यीकरण	भारत	4±2 %
आई एम एफ	विकासशील देश	4.6 %
आई एम एफ	विकसित देश	2.3 %

- उत्पादन बढ़ाने के लिए निवेश बढ़ाना आवश्यक होता है। निवेश तभी बढ़ाया जाना सम्भव होता है, जब ब्याज की दर घटाई जाए, ब्याज की दर बढ़ने पर निवेश पर नकारात्मक प्रभाव पड़ता है। इसलिए आरबीआई मुद्रास्फीति की ऊँची दर होने के पश्चात् भी ब्याज की दर को बढ़ाने का प्रयास नहीं करता है।

फिलिप्स वक्र

- फिलिप्स वक्र (Phillips Curve) के प्रतिपादक न्यूजीलैण्ड के प्रमुख अर्थशास्त्री ए. डब्ल्यू. फिलिप्स हैं। यह वक्र बेरोजगारी की दर, मौद्रिक मजदूरी में वृद्धि दर तथा मुद्रास्फीति की दर के बीच के सम्बन्ध को स्थापित करता है।
- इस वक्र में स्फीति की दर तथा बेरोजगारी की दर के बीच व्युत्क्रमानुपाती (उल्टा) सम्बन्ध पाया जाता है।

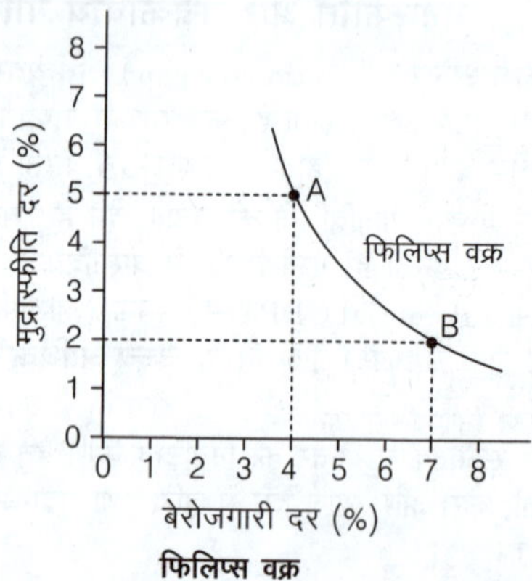

फिलिप्स वक्र

- यह वक्र दर्शाता है कि यदि बेरोजगारी की दर को कम करना है, तो इसके लिए अर्थव्यवस्था में मौद्रिक मजदूरी बढ़ानी होगी। हालाँकि मौद्रिक मजदूरी बढ़ने से अर्थव्यवस्था में तरलता बढ़ती है, जिससे मुद्रास्फीति बढ़ती है। इस प्रकार यदि बेरोजगारी समाप्त करनी है, तो ऊँची मुद्रास्फीति का वहन करना होगा।

मुद्रास्फीति कर

- मुद्रास्फीति के समय उपभोक्ता की धनराशि की क्रय क्षमता का कम होना तथा उपयोग का महँगा हो जाना मुद्रास्फीति कर कहलाता है।
- इसकी वसूली सरकार के द्वारा की जाती है। यह वास्तविक कर नहीं होता है।

टॉबिन टैक्स

- विदेशी विनिमय दर में तीव्र उतार-चढाव को अंकुश में लाने के लिए मुद्रा को किसी दूसरी मुद्रा में बदलते समय एक अल्प दर से करारोपण (किसी देश या अन्य प्राधिकरण की सरकार द्वारा अपने नागरिकों से करों के रूप में धन एकत्र करना।) की सिफारिश की गई, जिसे टॉबिन टैक्स (Tobin Tax) के नाम से जाना जाता है।
- इसका उद्देश्य राजस्व प्राप्ति नहीं है, बल्कि विदेशी विनिमय में अवैध व्यापार को तथा पूँजी के अत्यधिक अन्तर्प्रवाह को हतोत्साहित करना है।

टॉबिन प्रभाव

- पूँजी तथा मुद्रा परस्पर स्थानापन्नीय हैं, इसलिए बढ़ती स्फीति के परिणामस्वरूप पूँजी संचयन बढ़ सकता है, जिसके कारण स्फीति आर्थिक विकास में सहायक होगी, जिसे हम टॉबिन प्रभाव कहते हैं।
- भारत में औसत विधि और बिन्दु-दर-बिन्दु विधि के अन्तर्गत मुद्रास्फीति की गणना की जाती है, परन्तु बिन्दु-दर-बिन्दु विधि को आर्थिक संकेतन या वास्तविक विधि के रूप में स्वीकार किया गया है।

नायरू (NAIRU)

- नायरू (बेरोजगारी की गैर-त्वरित मुद्रास्फीति दर (Non-Accelerating Inflation Rate of Unemployment - NAIRU) की अवधारणा का उद्भव **फिलिप्स वक्र** की अवधारणा के प्रतिकार स्वरूप हुआ।
- फिलिप्स वक्र की अवधारणा के अनुसार मुद्रास्फीति और बेरोजगारी के बीच विपरीत सम्बन्ध होता है अर्थात् जैसे-जैसे मुद्रास्फीति की दर बढ़ती है, तो बेरोजगारी की दर घटती है।
- जबकि नायरू की अवधारणा यह बताती है कि मुद्रास्फीति और बेरोजगारी के बीच कोई दीर्घकालिक सम्बन्ध नहीं होता। नायरू मुद्रास्फीति की वह दर है, जिसके ऊँचे होने पर बेरोजगारी नहीं घटती है।
- जब एक बार मुद्रास्फीति की दर इस स्तर पर पहुँच जाती है, तो मुद्रास्फीति की उच्च दरें भी बेरोजगारी को नहीं घटाती हैं। इसे **बेरोजगारी की प्राकृतिक दर** कहते हैं। यह वह अवस्था होती है, जब कोई अर्थव्यवस्था अपने सम्भावित/पोटेशियल स्तर पर उत्पादन कर रही होती है।

“

भारत में बैंकिंग प्रणाली किसी-न-किसी रूप में प्राचीन काल से ही उपलब्ध थी, परन्तु अंग्रेजों के आगमन के बाद ही यह व्यवस्था संगठित हो पाई। यह अन्य वित्तीय संस्थाओं से भिन्न होती है, क्योंकि यह अग्रिम के साथ-साथ साख का भी सृजन करती है।

अध्याय सात

भारतीय बैंकिंग प्रणाली

बैंक

बैंक एक ऐसी संस्था है, जो लोगों की जमा स्वीकार करती है और इसके बदले साख निर्माण करके अग्रिम ऋण देती है। यह अन्य वित्तीय संस्थाओं से भिन्न होती है, क्योंकि ये संस्थाएँ जमा और अग्रिम तो स्वीकार कर सकती हैं, लेकिन साख का सृजन नहीं कर सकतीं। बैंकों का विनियमन भारतीय रिजर्व बैंक द्वारा किया जाता है।

बैंकों द्वारा धन जुटाना ऋण देना

धन जुटाना (Fund Mobilisation) : बैंकों द्वारा सामान्यत: दो प्रकार के बैंक खातों/जमाओं (Accounts/Deposits) के द्वारा धन जुटाए जाते हैं—पहला माँग जमा (Demand Deposit) तथा दूसरा सावधि जमा (Time/Term Deposit)।

- माँग जमा चालू खातों (Current Accounts) और बचत खातों (Saving Accounts) के द्वारा जुटाई जाती है। इन खातों के अन्तर्गत जमाकर्ता किसी भी समय धन आहरण या निकासी (Withdrawal) कर सकता है।
- बैंकों द्वारा चालू खातों पर सामान्यत: ब्याज प्रदान नहीं किया जाता है, जबकि बचत खातों पर ब्याज का भुगतान किया जाता है।
- सावधि जमाओं में बैंक आवर्ती जमा खाता (Recurring Deposit Accounts) और नियत जमा खातों (Fixed Deposit Accounts) के माध्यम से धन जुटाते हैं। इन जमाओं पर बैंक जमाकर्ता को खातों की परिपक्वता अवधि पूरा होने पर ब्याज सहित धन की राशि प्रदान करता है।

ऋण / अग्रिम देना

बैंक द्वारा जरूरतमन्दों को दो प्रकार के ऋण/अग्रिम दिए जाते हैं—सुरक्षित (secured) और असुरक्षित/जोखिम युक्त (Unsecured)

- सुरक्षित ऋण यह ऐसा ऋण होता है, जिसमें कोई जोखिम नहीं होता है। इस प्रकार के ऋण ग्राहकों की सम्पत्ति आदि के पत्रों को (सुरक्षा की दृष्टि से) गिरवी रखकर दिए जाते हैं। दूसरे शब्दों में यह सम्पार्श्विक (Collateral) द्वारा समर्थित होते हैं तथा इसमें ऋण की धनराशि सम्पार्श्विक (गिरवी रखी गई) सम्पत्ति के मूल्य के बराबर होती है अथवा उससे कम होती है।
- असुरक्षित ऋण वह ऋण होता है, जो जोखिम से युक्त होता है। यह ऋण आंशिक रूप से सम्पार्श्विक (ऋण चुकाने की गारण्टी के लिए दी जाने वाली कोई सम्पत्ति या वस्तु होती है, यह एक मूर्त या अमूर्त सम्पत्ति हो सकती है।) द्वारा समर्पित होते हैं। इसके अतिरिक्त ऋण की धनराशि सम्पार्श्विक मूल्य से अधिक होती है।

बैंकिंग संरचना

संगठित बैंकिंग संरचना	असंगठित बैंकिंग संरचना
इसके अन्तर्गत भारतीय रिजर्व बैंक, वाणिज्यिक बैंक, वित्तीय संस्थाएँ आदि आते हैं, जिन पर भारत के **केन्द्रीय बैंक** का नियन्त्रण होता है। ये बैंक साख का निर्माण कानूनी रूप से करते हैं तथा नियमों का पालन करते हैं।	इसके अन्तर्गत साहूकार, महाजन आदि निजी व्यक्ति व संगठन आते हैं, जिन्हें **देशी बैंकर** के नाम से जाना जाता है। इन पर भारतीय रिजर्व बैंक (केन्द्रीय बैंक) का कोई नियन्त्रण नहीं होता है। ये रुपये का लेन-देन अपनी शर्तों पर करते हैं।

भारत में बैंकिंग का प्रारम्भ एवं विकास

- 17वीं शताब्दी में अंग्रेजों के भारत आने पर स्वदेशी बैंकिंग प्रणाली का अन्त होना शुरू हो गया। मैसर्स अलेक्जेण्डर एण्ड कम्पनी ने 1770 ई. में द बैंक ऑफ हिन्दुस्तान के नाम से पहले यूरोपियन बैंक की स्थापना कलकत्ता में की थी। यूरोपीय बैंकिंग पद्धति पर आधारित इस बैंक को अलेक्जेण्डर एण्ड कम्पनी के द्वारा स्थापित किया गया था।

प्रेसीडेन्सी बैंकों की स्थापना

- ईस्ट इण्डिया कम्पनी के हितों को ध्यान में रखते हुए भारत में निजी और सरकारी अंशधारियों द्वारा तीन प्रेसीडेन्सी बैंकों की स्थापना की गई, ये बैंक थे
  - बैंक ऑफ बंगाल (1806)
  - बैंक ऑफ बॉम्बे (1840)
  - बैंक ऑफ मद्रास (1843)
- इन तीनों बैंकों को 1862 ई. तक नोट निर्गमन का अधिकार दिया गया था। इन बैंकों पर सरकार का नियन्त्रण होता था।

- 1860 ई. में एक अधिनियम द्वारा सीमित देयता (Limited liability) के आधार पर बैंकों की स्थापना करने का नियम पारित किया गया।
- सीमित देयता के आधार पर अवध कॉमर्शियल बैंक (1881) भारतीयों द्वारा स्थापित एवं संचालित पहला बैंक था। यद्यपि पूर्ण रूप से भारतीयों द्वारा स्थापित एवं संचालित पहला बैंक पंजाब नेशनल बैंक था, जिसकी स्थापना 1894 ई. में हुई थी।
- प्रथम विश्वयुद्ध के पश्चात् भारत में बैंकिंग के विकास में तीव्रता आई। तत्पश्चात् वर्ष 1921 में तीनों प्रेसीडेन्सी बैंकों का आपस में विलय कर इम्पीरियल बैंक ऑफ इण्डिया की स्थापना की गई।
- वर्ष 1930 में केन्द्रीय बैंकिंग जाँच समिति की नियुक्ति हुई, इस समिति ने अनेक सिफारिशें कीं, जो निम्नलिखित हैं
  - देश में एक केन्द्रीय बैंक की स्थापना की जाए और बैंकिंग व्यवस्था के समुचित विकास के लिए बैंकिंग-सन्नियम (Regulation) बनाया जाए।
  - समिति के सुझाव के आधार पर वर्ष 1934 में भारतीय रिजर्व बैंक अधिनियम पारित किया गया, जिसके फलस्वरूप भारतीय रिजर्व बैंक ने वर्ष 1935 से कार्य करना शुरू किया।
- वर्ष 1939 से 1946 तक के काल को बैंकिंग विस्तार की अवधि कहा जाता है। इसी दौरान यूनाइटेड कॉमर्शियल बैंक तथा हिन्दुस्तान कॉमर्शियल बैंक की स्थापना वर्ष 1943 में की गई।
- 1 जनवरी, 1949 को भारतीय रिजर्व बैंक का राष्ट्रीयकरण तथा मार्च, 1949 में भारतीय बैंकिंग अधिनियम पारित किया गया। इसके अन्तर्गत भारतीय रिजर्व बैंक को अनुसूचित बैंकों के निरीक्षण के साथ व्यापक अधिकार दिया गया।

> 1 जुलाई, 1955 को इम्पीरियल बैंक ऑफ इण्डिया का राष्ट्रीयकरण किया गया और इसका नाम बदलकर **भारतीय स्टेट बैंक** (SBI) कर दिया गया। वर्ष 1996 में 14 तथा वर्ष 1980 में 6 बड़े व्यावसायिक बैंकों का राष्ट्रीयकरण किया गया।

- वर्ष 1975 में क्षेत्रीय ग्रामीण बैंक की स्थापना की प्रक्रिया शुरू हुई।
- वर्ष 1991 में नई आर्थिक नीति के लागू होने के पश्चात् वर्ष 1993-94 में निजी बैंक खोलने तथा विदेशी बैंकों को भारत में अपना विस्तार करने तथा शाखाएँ खोलने के लिए अनुमति दी गई। ये प्रक्रियाएँ वर्तमान में भी कार्य कर रही हैं। भारत में बैंकिंग व्यवस्था के विकास को उनके स्थापना वर्ष से समझा जा सकता है।

भारतीय बैंक एवं उनके स्थापना वर्ष

बैंक	स्थापना वर्ष	बैंक	स्थापना वर्ष
द बैंक ऑफ हिन्दुस्तान	1770	बैंक ऑफ बड़ौदा	1909
बैंक ऑफ बंगाल	1806	सेण्ट्रल बैंक ऑफ इण्डिया	1911
बैंक ऑफ बॉम्बे	1840	बैंक ऑफ मैसूर	1913
बैंक ऑफ मद्रास	1843	इम्पीरियल बैंक ऑफ इण्डिया	1921
इलाहाबाद बैंक	1865	भारतीय रिजर्व बैंक	1935
एलाइन्स बैंक ऑफ शिमला	1881	भारतीय स्टेट बैंक	1955
अवध कॉमर्शियल बैंक	1881	भारतीय औद्योगिक विकास बैंक	1964
पंजाब नेशनल बैंक	1894	एक्सिस बैंक	1993
बैंक ऑफ इण्डिया	1906	भारतीय औद्योगिक ऋण और निवेश निगम	1994
पंजाब एण्ड सिन्ध बैंक	1908		

भारत में बैंकिंग संरचना

- भारत की संगठित बैंकिंग प्रणाली को तीन वर्गों में विभाजित किया जा सकता है—देश का केन्द्रीय रिजर्व बैंक ऑफ इण्डिया, वाणिज्यिक बैंक और सहकारी बैंक। रिजर्व बैंक ऑफ इण्डिया देश का सर्वोच्च मौद्रिक एवं बैंकिंग प्राधिकार (Monetary and Banking Authority) है और इसी पर देश में बैंकिंग प्रणाली को नियन्त्रित करने का दायित्व भी है।
- यह सभी अनुसूचित बैंकों के नकद आरक्षण (Cash Reserve) को अपने पास रखता है, इसलिए इसे रिजर्व बैंक कहा जाता है।

भारत में बैंकिंग ढाँचा

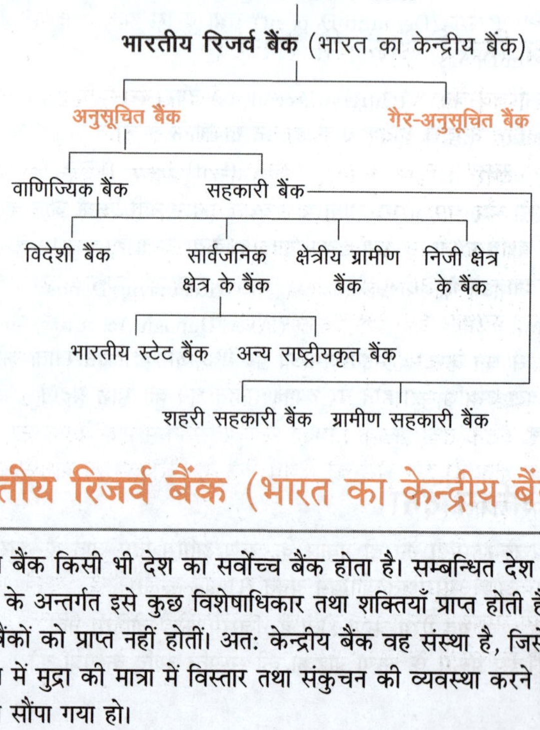

भारतीय रिजर्व बैंक (भारत का केन्द्रीय बैंक)
- अनुसूचित बैंक
  - वाणिज्यिक बैंक
    - विदेशी बैंक
    - सार्वजनिक क्षेत्र के बैंक
      - भारतीय स्टेट बैंक
      - अन्य राष्ट्रीयकृत बैंक
    - क्षेत्रीय ग्रामीण बैंक
    - निजी क्षेत्र के बैंक
  - सहकारी बैंक
    - शहरी सहकारी बैंक
    - ग्रामीण सहकारी बैंक
- गैर-अनुसूचित बैंक

भारतीय रिजर्व बैंक (भारत का केन्द्रीय बैंक)

- केन्द्रीय बैंक किसी भी देश का सर्वोच्च बैंक होता है। सम्बन्धित देश के विधान के अन्तर्गत इसे कुछ विशेषाधिकार तथा शक्तियाँ प्राप्त होती हैं, जो अन्य बैंकों को प्राप्त नहीं होतीं। अतः केन्द्रीय बैंक वह संस्था है, जिसे सामान्य जनहित में मुद्रा की मात्रा में विस्तार तथा संकुचन की व्यवस्था करने का दायित्व सौंपा गया हो।

- विभिन्न देशों में इसके अलग-अलग नाम हैं, जैसे भारत में इसे रिजर्व बैंक ऑफ इण्डिया, अमेरिका में फेडरल रिजर्व सिस्टम, इंग्लैण्ड में बैंक ऑफ इंग्लैण्ड, फ्रांस में बैंक ऑफ फ्रांस इत्यादि नामों से जाना जाता है। विश्व में सबसे पहले केन्द्रीय बैंक की स्थापना स्वीडन में 1668 ई. में हुई थी।
- भारतीय रिजर्व बैंक (Reserve bank of India-RBI) की स्थापना ब्रिटिश सरकार द्वारा 1 अप्रैल, 1935 को आरबीआई अधिनियम 1934 के तहत निजी स्वामित्व में ₹ 5 करोड़ की चुकता पूँजी (Paid up capital) के साथ की गई थी।
- भारत में केन्द्रीय बैंक की स्थापना से सम्बन्धित प्रथम प्रयास चैम्बरलिन आयोग (1914) द्वारा किया गया।
- इसके पश्चात् वर्ष 1926 में रॉयल कमीशन ऑन इण्डियन करेन्सी एण्ड फाइनेन्स हिल्टन यंग कमीशन ने एक अलग केन्द्रीय बैंक की स्थापना पर बल दिया। यह पहला आयोग था, जिसने केन्द्रीय बैंक के रूप में रिजर्व बैंक ऑफ इण्डिया नाम की सिफारिश की थी।
- भारतीय केन्द्रीय बैंकिंग जाँच समिति (1931) ने पुन: भारत के केन्द्रीय बैंक के रूप में भारतीय रिजर्व बैंक की स्थापना की सिफारिश की।
- इस समिति की सिफारिश पर वर्ष 1934 में रिजर्व बैंक ऑफ इण्डिया अधिनियम पारित किया गया और आरबीआई का गठन किया गया।

> - सर ओसबोर्न स्मिथ आरबीआई के प्रथम गवर्नर थे।
> - **सी.डी. देशमुख** आरबीआई के तीसरे, प्रथम भारतीय और स्वतन्त्र भारत के प्रथम गवर्नर थे। इन्हीं के कार्यकाल में 1 जनवरी, 1949 को आरबीआई का राष्ट्रीयकरण किया गया।
> - आरबीआई का मुख्यालय **मुम्बई** में स्थित है। वर्ष 1937 से पूर्व आरबीआई का केन्द्रीय कार्यालय कलकत्ता (वर्तमान कोलकत्ता) में स्थित था।

भारतीय रिजर्व बैंक की संरचना

- भारतीय रिजर्व बैंक का सामान्य प्रबन्ध एवं निर्देशन का कार्य 20 सदस्यों पर आधारित केन्द्रीय निदेशक मण्डल को सौंपा गया है।
- इसमें 1 गवर्नर, 4 डिप्टी गवर्नर, 1 वित्त मन्त्रालय द्वारा नियुक्त सरकारी अधिकारी और भारत सरकार द्वारा नियुक्त दस ऐसे निदेशक होते हैं, जो देश के आर्थिक जीवन के विभिन्न पहलुओं का प्रतिनिधित्व करते हैं और चार निदेशक स्थानीय बोर्डों (Local Boards) का प्रतिनिधित्व करने के लिए केन्द्र सरकार द्वारा नियुक्त किए जाते हैं।
- रिजर्व बैंक का केन्द्रीय निदेशक बोर्ड इसके कार्यों का पर्यवेक्षण करता है। इस बोर्ड के अन्तर्गत 1 गवर्नर तथा 4 उप-गवर्नर होते हैं। बोर्ड की 1 वर्ष में 6 बैठकें तथा प्रत्येक तिमाही में कम-से-कम एक बैठक का आयोजन होता है। इस बोर्ड को रिजर्व बैंक के निरीक्षण का प्राथमिक अधिकार होता है।
- भारतीय रिजर्व बैंक के 27 क्षेत्रीय कार्यालय तथा 4 उप-कार्यालय हैं अर्थात् केन्द्रीय बोर्ड के अतिरिक्त चार स्थानीय बोर्ड भी हैं, जिनके मुख्य कार्यालय बम्बई (मुम्बई), कलकत्ता (कोलकाता), मद्रास (चेन्नई) और नई दिल्ली में अवस्थित हैं।
- स्थानीय बोर्डों के पाँच सदस्य होते हैं, जो केन्द्र सरकार द्वारा 4 वर्षों की अवधि के लिए नियुक्त किए जाते हैं और इनमें क्षेत्रीय एवं आर्थिक हितों और सरकारी एवं देशी बैंकों को प्रतिनिधित्व मिलता है।
- वित्त मन्त्रालय द्वारा नियुक्त सरकारी अधिकारी प्राय: भारत सरकार का वित्त सचिव होता है, जो सरकार की इच्छानुसार बोर्ड (मण्डल) में बना रहता है।

भारतीय रिजर्व बैंक के गवर्नर व उनका कार्यकाल

गवर्नर	कार्यकाल
सर ओसबोर्न स्मिथ	1-4-1935 से 30-6-1937
सर जेम्स टेलर	1-7-1937 से 17-2-1943
सर सी. डी. देशमुख	11-8-1948 से 30-6-1949
सर बेनेगल रामाराव	1-7-1949 से 14-1-1957
के. जी. अम्बेगांवकर	14-1-1957 से 28-2-1957
एच. वी. आर. आयंगर	1-3-1957 से 28-2-1962
पी. सी. भट्टाचार्य	1-3-1962 से 30-6-1967
एल. के. झा	1-7-1967 से 3-5-1970
बी. एन. अदारकर	4-5-1970 से 15-6-1970
एस. सी. जगन्नाथन	16-6-1970 से 19-5-1975
एन. सी. सेनगुप्ता	19-5-1975 से 19-8-1975
के. आर. पुरी	20-8-1975 से 2-5-1977
एम. नरसिम्हम	2-5-1977 से 30-11-1977
आई.जी. पटेल	1-12-1977 से 15-9-1982
डॉ. मनमोहन सिंह	16-9-1982 से 14-1-1985
ए. घोष	15-1-1985 से 4-2-1985
आर. एन. मल्होत्रा	4-2-1985 से 22-12-1990
एस. वेंकटरमन	22-12-1990 से 21-12-1992
डॉ. सी. रंगराजन	22-12-1992 से 21-11-1997
डॉ. बिमल जालान	22-11-1997 से 6-9-2003
डॉ. वाई. वी. रेड्डी	6-9-2003 से 5-9-2008
डी. सुब्बाराव	5-9-2008 से 4-9-2013
रघुराम गोविन्द राजन	4-9-2013 से 4-9-2016
उर्जित पटेल	4-9-2016 से 11-12-2018
शक्तिकान्त दास	12-12-2018 से 10-12-2024
संजय मल्होत्रा	10-12-2024 से अब तक

भारतीय रिजर्व बैंक के कार्य

भारतीय रिजर्व बैंक के कार्य निम्नलिखित हैं

केन्द्रीय बैंक के रूप में

केन्द्रीय बैंक के रूप में भारतीय रिजर्व बैंक के कार्य निम्नलिखित हैं

- मौद्रिक प्राधिकरण के रूप में मौद्रिक नीति का निर्माण व संचालन (Conduct monetary Policy as a monetary Authority) रिजर्व बैंक

मौद्रिक नीति को तैयार तथा उसकी निगरानी करता है। स्थिरता को बनाए रखना इसका व्यापक उद्देश्य होता है। यह मुद्रास्फीति को नियन्त्रण में रखने के साथ नकदी की पर्याप्त व्यवस्था को बढ़ावा देता है।

- वर्तमान में आरबीआई द्वारा थोक मूल्य सूचकांक (Wholesale Price India, WPI) स्थिरीकरण एवं उपभोक्ता मूल्य सूचकांक (Consumer Price Index-CPI) को लक्षित किया जाता है।

- मुद्रा प्राधिकरण के रूप में नोटों का निर्गमन (Issues of Paper currency Notes as a currency Authority) भारतीय रिजर्व बैंक ₹ 1 के नोट तथा सिक्कों को छोड़कर सभी मूल्यों के नोटों व मुद्रा को जारी करता है। यह करेन्सी नोट जारी करने के लिए न्यूनतम निधि पद्धति को अपनाता है। भारतीय रिजर्व बैंक अधिनियम, 1934 के अन्तर्गत एक वित्त वर्ष में रिजर्व बैंक ₹ 10 हजार करोड़ से अधिक नए नोटों को जारी नहीं कर सकता। यह सरकार को नवीनतम सुरक्षा वाले करेन्सी नोटों की डिजाइनिंग की जानकारी उपलब्ध कराता है।
- आरबीआई का व्यापक उद्देश्य गुणवत्ता वाले नोटों एवं सिक्कों की अपेक्षित मात्रा की आपूर्ति करना भी है। इसके अन्तर्गत ऐसे नोटों व सिक्कों को बदलना एवं नष्ट करना शामिल है, जो चलन (criculation) के लिए उपयुक्त नहीं हैं।

भारत में प्रतिभूति मुद्रण के संस्थान

प्रतिभूति मुद्रण	स्थान	सामग्री
करेन्सी प्रेस नोट (1928)	नासिक (महाराष्ट्र)	बैंक नोट ₹ 1 से ₹ 100 तक
सिक्योरिटी पेपर मिल (1967-68)	होशंगाबाद (मध्य प्रदेश)	बैंक और करेन्सी नोट कागज
बैंक नोट प्रेस (1974)	देवास (मध्य प्रदेश)	बैंक नोट ₹ 20, ₹ 50, ₹ 100, ₹ 200 और ₹ 500
सिक्योरिटी प्रिण्टिंग प्रेस (1982)	हैदराबाद (तेलंगाना)	केन्द्रीय उत्पाद शुल्क स्टाम्प
इण्डिया सिक्योरिटी प्रेस (1992)	नासिक (महाराष्ट्र)	डाक टिकट, पोस्टल ऑर्डर, सभी सरकारी पत्र आदि।
आधुनिक नोट मुद्रा प्रेस (1995)	मैसूर (कर्नाटक) और शाहबनी (पश्चिम बंगाल)	आधुनिक करेन्सी नोट

नोट *भारतीय सिक्के मुम्बई, कोलकाता, हैदराबाद और नोएडा में बनाए जाते हैं।*

भारतीय रिजर्व बैंक द्वारा ₹ 1 के नोट का पुनर्प्रचलन

- भारतीय रिजर्व बैंक (RBI) ने 4 मार्च, 2015 को ₹ 1 का नोट पुनर्प्रचलन में लाने की घोषणा की। इसके लिए **द क्वाएनेज एक्ट,** 2011 के अन्तर्गत निविदा जारी की गई है, जिसके माध्यम से नोट की प्रिण्टिंग शुरू हुई।
- नवम्बर, 1994 में अधिक लागत के कारण ₹ 1 के नोट की प्रिण्टिंग बन्द कर दी गई थी। ₹ 2 तथा ₹ 5 के नोट की प्रिण्टिंग भी वर्ष 1995 में बन्द कर दी गई। इसके बाद से इन मूल्यों के सिक्के ही परिचालन में रह गए थे।
- भारतीय रिजर्व बैंक ₹ 1 से ऊपर के नोट व सिक्के जारी करता है।
- भारतीय रिजर्व बैंक के द्वारा छापे गए ₹ 1 के ऊपर के नोटों पर भारतीय रिजर्व बैंक के गवर्नर के हस्ताक्षर होते हैं। ₹ 1 के नोटों पर वित्त सचिव का हस्ताक्षर होता था। वर्तमान में ₹ 1 तथा ₹ 2 के नोटों का मुद्रण बन्द कर दिया गया है।

- मौद्रिक नीति का संचालन करना (Conduct Monetary Policy) रिजर्व बैंक मौद्रिक नीति को तैयार तथा उसकी निगरानी करता है। यह मूल्य स्थिरता को बनाए रखने में सहायक होता है। यह मुद्रास्फीति को नियन्त्रण में रखने के साथ नकदी की पर्याप्त व्यवस्था को बढ़ावा देता है।
- साख नियन्त्रण (Credit Control) रिजर्व बैंक देश में आर्थिक संवृद्धि को सुनिश्चित करने, वित्तीय आवश्यकताओं की पूर्ति के लिए संस्थाओं को स्थापित करने के साथ-साथ मुद्रा व साख की माँग व पूर्ति के बीच सन्तुलन स्थापित करने का प्रयास करता है तथा साख का सृजन करता है।
- सरकार के बैंकर, एजेण्ट के रूप में कार्य करना (Act as the Banker's, Agent of the Government) रिजर्व बैंक केन्द्र सरकार तथा राज्य सरकार के बैंकर, एजेण्ट तथा वित्तीय सलाहकार के रूप में कार्य करता है।
  - यह सरकार को बेहतर नकदी प्रबन्धन के लिए सलाह भी देता है। यह सरकारी प्रतिभूतियों के बाजार के विकास तथा इसके व्यवस्थित कार्य संचालन में सहायता करता है।
  - यह सरकार की करों से होने वाली आय को जमा करने के साथ ही आदेशानुसार भुगतान भी करता है।
  - सरकार को अपने दैनिक कार्यों को सम्पन्न कर पाने के लिए आवश्यक मात्रा में लघु एवं दीर्घावधि के लिए तरलता (Liquidity) उपलब्ध कराना इस कार्य का मूल उद्देश्य है।
- बैंकों के बैंक के रूप में कार्य करना (Work as Bankers Bank) यह सभी बैंकों के लिए अन्तिम उधारदाता के रूप में कार्य करता है तथा सभी अनुसूचित बैंकों के बैंक खाते को व्यवस्थित करता है।

  यह समस्त वित्तीय प्रणाली तथा निजी बैंकों में पर्याप्त नकदी की उपलब्धता को दैनिक आधार पर सुनिश्चित करता है। इस प्रकार वह बैंकों के बैंकर के रूप में कार्य करता है।
- बैंकिंग एवं वित्तीय व्यवस्था को विनियमित करना (Regulation on Banking and Financial System) रिजर्व बैंक देश की बैंकिंग तथा वित्तीय प्रणाली के कार्यान्वयन हेतु मानदण्ड को निर्धारित करता है तथा यह वाणिज्यिक बैंकों पर नियन्त्रण, परिसम्पत्तियों की तरलता, शाखा विस्तार तथा बैंकों के लिए लाइसेन्स भी जारी करता है। इसके अतिरिक्त बैंकिंग व्यवस्था पर लोगों का विश्वास बना रहे, इसके लिए यह महत्त्वपूर्ण पहल भी करता है।
- विदेशी मुद्रा भण्डार का संरक्षण (Conservation of Foreign Exchange Reserves) भारतीय रिजर्व बैंक विदेशी व्यापार को सुगम बनाने तथा विदेशी मुद्रा बाजार के विकास को बनाए रखने की दिशा में महत्त्वपूर्ण भूमिका निभाता है। इस प्रकार यह विदेशी मुद्रा प्रबन्धन अधिनियम, 1999 के अन्तर्गत विदेशी मुद्राओं के भण्डार का संरक्षण तथा प्रबन्धन करता है।
- विदेशी विनिमय दर का नियमन (Foreign Exchange Rate Regulation) रिजर्व बैंक निवेश तथा विदेशों में भारतीय निवेश को सुगम बनाने के लिए विदेशी व्यापार तथा भुगतानों के लिए नीति

निर्माण करता है। इसके साथ ही विदेशी विनिमय दर का निर्धारण तथा नियमन करता है।

- भुगतान एवं व्यवस्थापन व्यवस्थाओं का नियामक तथा पर्यवेक्षक (Regulator and Supervisor of Payment and Settlement System) आरबीआई इसके अन्तर्गत देश में भुगतान एवं व्यवस्थापन की सुरक्षित व्यवस्था बनाए रखने तथा इसके उन्नयन व इनसे सम्बन्धित नई पहल करता है। इसका मुख्य उद्देश्य देश की भुगतान एवं व्यवस्थापन व्यवस्थाओं में विश्वास को बनाए रखना है।
- विकासात्मक कार्य (Development Function) विश्व के अन्य देशों के केन्द्रीय बैंकों से अलग रिजर्व बैंक को कुछ विकासात्मक कार्य भी सौंपे गए थे।

> भारतीय रिजर्व बैंक तीव्र आर्थिक विकास व राष्ट्रीय उद्देश्यों की प्राप्ति के लिए सहयोगात्मक कार्य के माध्यम से योगदान देता है। भारतीय औद्योगिक विकास बैंक (IDBI), भारतीय लघु उद्योग विकास बैंक (SIDBI), राष्ट्रीय कृषि एवं ग्रामीण विकास बैंक (NABARD) तथा राष्ट्रीय आवासीय बैंक (NHB) आदि की स्थापना रिजर्व बैंक के द्वारा की गई है, जो विकासात्मक कार्यों को बढ़ावा देते हैं।

- ◆ यद्यपि इन बैंकों का स्वामित्व भारत सरकार को धीरे-धीरे हस्तान्तरित कर दिया गया, जिससे केन्द्रीय बैंक अपने विनियामक व पर्यवेक्षक का कार्य स्वतन्त्र एवं व्यावसायिक/प्रोफेशनल तरीके से कर सके और साथ ही सरकार विकास सम्बन्धी आवश्यकताओं की पूर्ति बेहतर तरीके से कर सके।
- विश्व बैंक में खाता खोलना (Account Opening in World Bank) रिजर्व बैंक, विश्व बैंक में देश की ओर से खाता खोलता है तथा अपना शेयर या प्रतिनिधित्व प्रस्तुत करता है। विश्व बैंक सदस्य देशों को विकासात्मक कार्यों में सहयोग देता है।
- समाशोधन गृह (Clearing House) का कार्य करना देश के केन्द्रीय बैंक होने के नाते भारतीय रिजर्व बैंक बैंकों को समाशोधन गृह की सुविधा प्रदान करता है। इसके द्वारा रिजर्व बैंक सदस्य बैंकों में रुपये के स्थानान्तरण को सुविधाजनक बनाता है।
- आँकड़ों का संकलन व प्रकाशन (Collection and Publication of Data) यह बैंक मुद्रा, साख, बैंकिंग, उत्पादन मूल्य, विदेशी व्यापार, भुगतान शेष, विदेशी विनिमय आदि विषयों से सम्बन्धित आँकड़ों का विश्लेषण व प्रकाशन करता है। यह समय-समय पर डेटा से सम्बन्धित रिपोर्ट भी जारी करता है। इसका मासिक बुलेटिन महत्त्वपूर्ण आर्थिक सूचनाएँ व आँकड़े भी देता है।
- अन्तर्राष्ट्रीय वित्तीय संगठनों में भारत का प्रतिनिधित्व भारतीय रिजर्व बैंक अन्तर्राष्ट्रीय मुद्राकोष, विश्व बैंक तथा ऐसे अन्य अन्तर्राष्ट्रीय वित्तीय संगठन जिसका भारत सदस्य है में भारत सरकार का प्रतिनिधित्व करता है।

भारतीय रिजर्व बैंक के अन्य कार्य

- भारतीय रिजर्व बैंक निर्यात उद्योगों (Export Industries) को ऋण भी देता है। ये ऋण प्रत्यक्ष व अप्रत्यक्ष दोनों रूपों में दिए जाते हैं।
- बैंकिंग विकास हेतु रिजर्व बैंक ने कई प्रशिक्षण केन्द्र (Training Centre) भी खोले हैं, जहाँ प्रतिभाशाली बैंकर्स को प्रशिक्षण दिया जाता है। बैंकिंग ट्रेनिंग कॉलेज की स्थापना वर्ष 1954 में मुम्बई में हुई, जहाँ बैंकिंग अधिकारियों को प्रशिक्षण दिया जाता है।
- पुणे में कृषि बैंकिंग कॉलेज व चेन्नई में स्टाफ ट्रेनिंग कॉलेज की भी स्थापना की गई है।
- बैंकिंग प्रशिक्षण के लिए रिजर्व बैंक, प्रबन्ध की एक राष्ट्रीय संस्था है तथा क्लर्कों के प्रशिक्षण हेतु बम्बई, कोलकाता, चेन्नई तथा दिल्ली, ये चार प्रशिक्षण केन्द्र हैं।

भारतीय रिजर्व बैंक का लेखांकन वर्ष

- भारतीय रिजर्व बैंक (आरबीआई) का परिचालन अप्रैल, 1935 में प्रारम्भ हुआ, तब इसका लेखांकन वर्ष जनवरी-दिसम्बर था। इसे वर्ष 1940 में बदलकर जुलाई-जून कर दिया गया।
- आर्थिक पूँजी फ्रेमवर्क पर बिमल जालान समिति (2019) की सिफारिश पर आरबीआई ने लेखांकन वर्ष को जुलाई-जून से बदलकर अप्रैल-मार्च कर दिया था।
- इसका उद्देश्य देश की वित्तीय प्रणाली के प्रभावी प्रबन्धन को सुनिश्चित करने के लिए सरकार के वित्तीय वर्ष (अप्रैल-मार्च) के समान करना है।
- आरबीआई बजटीय उद्देश्यों के लिए वर्तमान वित्त वर्ष के लिए सरकार को आनुपातिक अधिशेष के हस्तान्तरण में सहायक होगा। अत: वर्तमान में वित्तीय वर्ष के समान ही लेखांकन 1 अप्रैल से 31 मार्च है।

मौद्रिक नीति

- मौद्रिक नीति से तात्पर्य उन सभी उपायों से है, जिनके माध्यम से अर्थव्यवस्था में मुद्रा व साख की मात्रा को नियन्त्रित किया जाता है।
- दूसरे शब्दों में, किसी देश की सरकार द्वारा वहाँ के केन्द्रीय बैंक के माध्यम से अर्थव्यवस्था में विशेष आर्थिक उद्देश्यों की प्राप्ति हेतु मुद्रा व साख की मात्रा के नियमन व नियन्त्रण (Control and Regulation) को मौद्रिक नीति (Monetary Policy) कहा जाता है।
- यह एक व्यापक अवधारणा है, जो अर्थव्यवस्था में व्यय निवेश प्रवाह के समायोजन के माध्यम से कार्य करती है। इसके द्वारा मुद्रा के प्रवाह तथा प्रचलन की मात्रा को विनियमित किया जाता है।
- भारत के मौद्रिक नीति की घोषणा वर्ष 2016 से भारतीय रिजर्व बैंक द्वारा मौद्रिक नीति समिति (Monetary Policy Committee-MPC) की सलाह पर द्विमासिक आधार पर की जाती है। यह एक वैधानिक निकाय है, जिसमें छ: सदस्य होते हैं।

मौद्रिक नीति के उद्देश्य व लक्ष्य

- अर्थव्यवस्था में कीमत स्थिरता को बनाए रखना मौद्रिक नीति का प्रमुख उद्देश्य है। यह मुद्रास्फीति को नियन्त्रित करने व मुद्रा अवस्फीति से निकलने का महत्त्वपूर्ण शस्त्र है। यह ब्याज दरों को नियन्त्रित करने के साथ आर्थिक गतिविधियों में वृद्धि कर आर्थिक संवृद्धि की दर को तीव्र करने में सहायक होता है।
- वित्तीय स्थिरता तथा समावेशी विकास को प्राप्त करना।
- पूर्ण रोजगार व भुगतान शेष सन्तुलन बनाए रखना।

मौद्रिक नीति समिति

- मौद्रिक नीति समिति (एम.पी.सी.) का गठन आरबीआई अधिनियम, 1934 की धारा (45Zb) के अन्तर्गत किया गया है। इसका गठन 29 सितम्बर, 2016 को किया गया था।
- इस समिति में 6 सदस्य होते हैं, जिनमें से 3 आरबीआई से तथा 3 अन्य सदस्य भारत सरकार वित्त मन्त्रालय द्वारा नामित किए जाते हैं।
- आरबीआई के तीन सदस्यों में आरबीआई के गवर्नर (अध्यक्ष) एक डिप्टी गवर्नर और एक अधिकारी शामिल होते हैं।
- इस समिति की वर्ष में कम-से-कम चार बैठक होती हैं तथा इसकी बैठक का कोरम चार सदस्यों का है। इसके प्रत्येक सदस्य को वोट/मत देने का अधिकार प्राप्त है, किन्तु वोट बराबर होने की स्थिति में गवर्नर (दूसरा निर्णायक) वोट देता है।
- समिति का प्रत्येक सदस्य को प्रस्तावित प्रस्ताव के पक्ष में या उसके विरुद्ध मतदान करने के कारणों को निर्दिष्ट करते हुए एक वक्तव्य लिखना होता है।
- यह मुद्रास्फीति लक्ष्य को प्राप्त करने के लिए आवश्यक नीतिगत रेपो दर निर्धारित करती है।
- उपयुक्त मौद्रिक नीति बनाने/लागू करने के लिए भारतीय रिजर्व बैंक के पास कई नीतिगत उपकरण (Policy tool) उपलब्ध हैं, जिनका संक्षिप्त विवरण अग्रसर है

मौद्रिक नीति के उपकरण

परिमाणात्मक
- → बैंक दर
- → भारतीय रिजर्व बैंक की दरें
  - • रेपो दर • रिवर्स रेपो दर
- → आरबीआई के नीतिगत अनुपात
  - • नकद आरक्षित अनुपात
  - • वैधानिक तरलता अनुपात
- → चलनिधि/तरलता समायोजन सुविधा
- → सीमान्त स्थायी सुविधा
- → पूँजी पर्याप्तता अनुपात
- → खुले बाजार की क्रियाएँ
- → सीमान्त निधि
- → लागत पर आधारित उधार दर
- → बाह्य बेंचमार्क आधारित उधार दर
- → स्थायी जमा सुविधा

चयनात्मक/गुणात्मक
- → सीमा आवश्यकताओं का नियमन
- → उपभोक्ता साख का नियमन
- → साख की राशनिंग
- → प्रत्यक्ष कार्यवाही
- → नैतिक प्रभाव व प्रचार का उपयोग

परिमाणात्मक/मात्रात्मक साख नियन्त्रण

परिमाणात्मक या मात्रात्मक (Quantitative) उपायों व उपकरणों का सम्बन्ध अर्थव्यवस्था की समग्र मुद्रा की पूर्ति से होता है। इसके द्वारा मुद्रा की पूर्ति में वृद्धि या कमी की जाती है। इसके अन्तर्गत अपनाए जाने वाले प्रमुख उपाय निम्नलिखित हैं

बैंक दर

- यह वह दर होती है, जिस पर भारतीय रिजर्व बैंक अन्य व्यापारिक बैंकों को उनकी प्रथम श्रेणी की प्रतिभूतियों के आधार पर दीर्घकालीन ऋण प्रदान करता है।
- यह दर व्यापारिक बैंकों द्वारा दिए जाने वाले उधार पर ब्याज की न्यूनतम सीमा तय करती है।
- बैंक दर में वृद्धि से वाणिज्यिक बैंक आरबीआई से कम दीर्घकालीन ऋण लेगा, जिससे बैंकों के पास पूँजी की मात्रा अथवा तरलता में कमी आएगी, वाणिज्यिक बैंकों द्वारा ब्याज दरों में वृद्धि की जाएगी।
- बैंक दर में कमी करने पर वाणिज्यिक बैंक, आरबीआई से अधिक ऋण प्राप्त करेंगे, जिससे बैंकों के पास पूँजी की मात्रा या तरलता में वृद्धि होगी।
- मुद्रास्फीति को रोकने के लिए बैंक दर को बढ़ाया तथा मुद्रा संकुचन या मुद्रा अवस्फीति का सामना करने के लिए बैंक दर को कम किया जाता है। इस प्रकार यह दर बैंकों की साख सृजन क्षमता को प्रभावित करती है।

भारतीय रिजर्व बैंक की दरें

भारतीय रिजर्व बैंक की दरें दो प्रकार की होती हैं, जो निम्न हैं

रेपो दर

- रेपो का अर्थ पुन: खरीद (Re-purchase) होता है। इसमें प्रतिभूतियों को इस आश्वासन के साथ बेचा जाता है कि विक्रेता एक निश्चित अवधि के बाद प्रतिभूतियों को पुन: खरीद लेगा। इस पूर्ण खरीद की एक दर निर्धारित कर दी जाती है, जिसे रेपो दर (Repo Rate) कहते हैं।
- यह एक ऐसी सुविधा है, जिसे आरबीआई व्यापारिक बैंकों को प्रदान करता है, जिससे व्यापारिक बैंक अपनी सरकारी प्रतिभूतियों (सम्पार्श्विक) के माध्यम से अत्यन्त कम समय के लिए ऋण प्राप्त कर सकें।
- यह दर भारतीय रिजर्व बैंक अनुसूचित वाणिज्यिक बैंकों को अल्पकालीन ऋण प्रदान करती है। इसका उपयोग रिजर्व बैंक के द्वारा नीतिगत दरों के रूप में करके प्रतिभूतियों के क्रय के माध्यम से अर्थव्यवस्था में तरलता की वृद्धि की जाती है।
- रेपो दर में वृद्धि से वाणिज्यिक बैंक आरबीआई से अल्पकालीन ऋण कम मात्रा में प्राप्त करेंगे, जिससे वाणिज्यिक बैंकों के पास पूँजी की मात्रा में कमी आएगी।
- रेपो दर में कमी करने से वाणिज्यिक बैंकों को अपनी प्रतिभूतियों पर कम ब्याज दर पर ऋण प्राप्त होता है अर्थात् वाणिज्यिक बैंकों के पास पूँजी की मात्रा अथवा तरलता में वृद्धि होती है।

रिवर्स रेपो दर

- रिवर्स रेपो दर, रेपो दर के विपरीत होती है। जब वाणिज्यिक बैंक अपने पास उपलब्ध अतिरिक्त धन को भारतीय रिजर्व बैंक में रखते हैं, तो उस पर वाणिज्यिक बैंकों को जो ब्याज मिलता है, उसे रिवर्स रेपो दर (Reverse Repo Rate) कहते हैं अर्थात् यह वह दर होती है, जिस पर रिजर्व बैंक, वाणिज्यिक बैंक से ऋण प्राप्त करता है।
- इस प्रकार इसके माध्यम से रिजर्व बैंक वाणिज्यिक बैंकों से अल्पकालिक ऋण (सम्पार्श्विक आधारित) लेकर अर्थव्यवस्था से तरलता को निकालता (सोखता) है।
- रिवर्स रेपो दरों में वृद्धि करके आरबीआई वाणिज्यिक बैंकों को अपने यहाँ धन जमा करने हेतु प्रेरित करता है। यह स्थिति भी मौद्रिक तरलता को कम करती है अर्थात् इससे वाणिज्यिक बैंकों की पूँजी में कमी हो जाती है।

- रिवर्स रेपो दर में कमी करने पर वाणिज्यिक बैंक आरबीआई को अल्पकालिक ऋण कम मात्रा में उपलब्ध कराएगा। इससे वाणिज्यिक बैंकों के पास पूँजी की मात्रा में वृद्धि हो जाएगी।
- वर्ष 2022-23 में पुराने रिवर्स रेपो को फिक्स्ड रिवर्स रेपो में परिवर्तित कर दिया गया था।

आरबीआई के नीतिगत अनुपात

आरबीआई के नीतिगत अनुपात दो प्रकार के होते हैं, जो निम्न हैं

नकद आरक्षित अनुपात

- प्रत्येक वाणिज्यिक बैंक अपनी कुल जमा राशि (शुद्ध माँग और सावधि जमाओं) का एक निश्चित भाग भारतीय रिजर्व बैंक के पास नकद रखने को बाध्य होता है, जिसे नकद आरक्षित अनुपात (Cash Reserve Ratio, CRR) कहा जाता है। यह 3 से 20% के मध्य कुछ भी हो सकता है।
- वर्ष 2007 में सीआरआर की न्यूनतम सीमा को समाप्त कर दिया गया।
- बाजार में तरलता को समायोजित करने के लिए भारतीय रिजर्व बैंक नकद आरक्षित अनुपात में कमी एवं वृद्धि करता रहता है। नकद आरक्षित अनुपात में वृद्धि से साख में कमी होने लगती है तथा नकद आरक्षित अनुपात में कमी करने से साख में वृद्धि होने लगती है।
- नकद आरक्षित अनुपात की मात्रा रिजर्व बैंक द्वारा निर्धारित की जाती है। यह बैंकों को नकदी की समस्या से सुरक्षा प्रदान करने में कवच का कार्य करता है। इस पर आरबीआई बैंकों को कोई ब्याज नहीं देता है। इसकी गणना पाक्षिक (Fortnight) अर्थात् 14 दिनों की औसत जमा राशि पर की जाती है।
- इस नकद आरक्षित अनुपात में वृद्धि से वाणिज्यिक बैंक को RBI के पास पहले से अधिक पूँजी रखनी होगी। फलस्वरूप बैंकों की साख सृजन क्षमता में कमी आएगी।
- इसमें कमी होने पर वाणिज्यिक बैंकों के पास पूँजी की मात्रा बढ़ जाएगी, जिससे साख सृजन की क्षमता में वृद्धि होगी तथा बैंकों के पास तरलता में वृद्धि होगी।

वैधानिक/सांविधिक तरलता अनुपात

- व्यापारिक बैंकों को अपनी जमा (शुद्ध माँग एवं सावधि जमा) का कुछ भाग कम-से-कम 25% व अधिकतम 40% अपने पास सोना, विदेशी मुद्रा या स्वीकृत प्रतिभूतियों में रखना अनिवार्य होता है। यह राशि नकद आरक्षित अनुपात के अन्तर्गत रखी गई नकद राशि के अतिरिक्त होती है, इसे वैधानिक/सांविधिक तरलता अनुपात (Statutory Liquidity Ratio-SLR) कहते हैं।
- वर्ष 2007 में सीआरआर की तरह इसकी न्यूनतम सीमा को भी समाप्त कर दिया गया। इसका उद्देश्य जमाकर्ता की धन निकासी की आवश्यकता को पूर्ण करना है।
- आरबीआई द्वारा जब एसएलआर में वृद्धि की जाती है, तो बैंकों की साख में कमी आने लगती है तथा जब आरबीआई द्वारा एसएलआर में कमी की जाती है, तो बैंकों की साख में वृद्धि होने लगती है।
- यह रिजर्व बैंक द्वारा निर्धारित किया जाता है, जिसका उपयोग रिजर्व बैंक मौद्रिक नीति के उपकरण के रूप में समय-समय पर परिवर्तन के साथ करता रहता है।
- एसएलआर में कमी से बैंकों को कम पूँजी रखनी होगी, जिससे बैंकों के पास तरलता में वृद्धि होगी।
- इसके अतिरिक्त वस्तुओं तथा सेवाओं की कीमतों में तथा अर्थव्यवस्था की समग्र माँग में वृद्धि होगी।

खुले बाजार की क्रियाएँ

- जब केन्द्रीय बैंक बाजार में प्रतिभूतियों, ऋण-पत्रों एवं बिलों और अन्य स्वीकृत विपत्रों का क्रय-विक्रय करता है, तो बाजार में मुद्रा की मात्रा में कमी आ जाती है, जिससे साख का सन्तुलन होता है और जब इन सभी का क्रय किया जाता है, तो बाजार में मुद्रा की मात्रा बढ़ती है और साख का विस्तार होता है। इस प्रकार के क्रियाकलाप को खुले बाजार की क्रियाएँ (Open Market Operations) कहते हैं।

खुले बाजार की क्रियाएँ

- सार्वजनिक ऋण प्रबन्धन के अन्तर्गत सरकारी प्रतिभूतियों की खरीद-बिक्री करना
- साख नियन्त्रण को यन्त्र (उपकरण) के रूप में उपयोग करना

- इसके परिचालन में सरकारी प्रतिभूतियों की एक मुक्त खरीद व बिक्री की जाती है।
- यह एक आन्तरिक व्यवस्था है, जो सरकार एवं भारतीय रिजर्व बैंक के बीच होती है। इसमें रिजर्व बैंक सरकार के एजेण्ट के रूप में कार्य करता है।
- यह सार्वजनिक ऋण प्रबन्धन के अन्तर्गत सरकारी प्रतिभूतियों के क्रय-विक्रय के साथ साख नियन्त्रण के उपकरण के रूप में भी कार्य करता है।
- इस प्रकार भारतीय रिजर्व बैंक द्वारा साख नियन्त्रण के रूप में खुले बाजार की क्रियाएँ तरलता के समायोजन के रूप में की जाती हैं अर्थात् रिजर्व बैंक खुले बाजार की क्रियाओं के अन्तर्गत अर्थव्यवस्था में कुल माँग को बढ़ाने तथा मुद्रा संकुचन की स्थिति से बाहर निकलने के लिए प्रतिभूतियों को क्रय करता है।

चलनिधि/तरलता समायोजन सुविधा

- भारतीय रिजर्व बैंक द्वारा बैंकों को दी गई चलनिधि समायोजन सुविधा (Liquidity Adjustment Facility, LAF) एक महत्त्वपूर्ण सुविधा है। यह मौद्रिक नीति के क्रियान्वयन में प्रयुक्त किया जाने वाला एक प्रमुख यन्त्र (टूल) है। इसके अन्तर्गत रेपो और रिवर्स आते हैं, जिनकी दरों पर नियन्त्रण करके भारतीय रिजर्व बैंक बाजार में उपलब्ध मुद्रा को नियन्त्रित करता है।
- बैंकिंग सुधार हेतु गठित **नरसिम्हम समिति** की सिफारिशों के आधार पर वर्ष 2000 में तरलता समायोजन सुविधा को अपनाया गया।
- इसकी सहायता से रिजर्व बैंक बाजार की अलग-अलग दशाओं में अल्पकालीन तरलता को नियमित एवं नियन्त्रित करता है। इससे बाजार की तरलता को प्रबन्धित करने में सफलता मिलती है।

सीमान्त स्थायी सुविधा

- सीमान्त स्थायी सुविधा (Marginal Standing Facility, MSF) भी आरबीआई की मौद्रिक नीति का एक भाग है। मौद्रिक नीति के उपकरण के रूप में इसकी शुरुआत मई, 2011 में हुई। इसके अन्तर्गत आरबीआई बैंकों की अति अल्पकालिक ऋण आवश्यकता की पूर्ति करता है।
- यह बैंकों के लिए एक पैनल दर होगा और बैंकों को एसएलआर की सीमाओं के अन्तर्गत सरकार सुरक्षापूर्ण गिरवी रखकर निधि उधार ले सकती है। इस सुविधा के अन्तर्गत केवल अनुसूचित वाणिज्यिक बैंक (Scheduled Commercial Bank) ही रिजर्व बैंक से उधार ले सकते हैं। इसके ऋण के लिए जमानत के अन्तर्गत प्रतिभूतियों को रखा जाता है।
- आरबीआई के अनुसार, यह एक दण्डात्मक दर है, क्योंकि यह रेपो रेट से अधिक होता है।

सीमान्त निधि लागत पर आधारित उधार दर

- भारतीय रिजर्व बैंक ने व्यापारिक बैंकों द्वारा उधार दर निर्धारित करने की नई पद्धति सीमान्त निधि लागत पर आधारित उधार दर को अपनाया है तथा इससे सम्बन्धित दिशा-निर्देश जारी किए हैं। यह 1 अप्रैल, 2016 से प्रभावी है।
- इससे यह अपेक्षा की जाती है कि बैंकों की उधार दरों में नीति दरों के संचारण को उत्कृष्ट बनाने में सहायता करने के अतिरिक्त ये उपाय अग्रिमों पर ब्याज दरों के निर्धारण के लिए बैंकों द्वारा अपनाई जा रही पद्धति में पारदर्शिता को उत्कृष्ट बनाने में सहायक होंगे।
- यह भी अपेक्षा की जाती है कि इन दिशा-निर्देशों से ऐसी ब्याज दरों पर बैंक ऋण की उपलब्धता सुनिश्चित होगी, जो उधारकर्ताओं के साथ-साथ बैंकों के लिए उचित हों। साथ ही ऋणों की सीमान्त लागत की कीमत-निर्धारण से बैंक और प्रतिस्पर्द्धी बनने तथा दीर्घावधिक मूल्य को बढ़ाने में सहायता मिलेगी और साथ ही आर्थिक वृद्धि में योगदान मिलेगा।

बाह्य बेंचमार्क आधारित उधार दर

- भारतीय रिजर्व बैंक द्वारा इसे वर्ष 2018 में लाया गया। बैंक अपनी आधार दरें (Base Rates) निर्धारित करने हेतु सिर्फ बाह्य बेंचमार्क आधारित दरों (External Benchmark Based Lending Rate EBLR) का ही उपयोग कर सकते हैं।
- इसके लिए आरबीआई द्वारा चार विकल्प उपलब्ध कराए गए हैं
  - रेपो दर
  - 91 दिवसीय ट्रेजरी बिल ब्याज दर (Yield)
  - 182-दिवसीय ट्रेजरी बिल ब्याज दर (Yield)
  - वित्तीय बेंचमार्क इण्डिया प्राइवेट लिमिटेड द्वारा बनाई गई अन्य कोई बेंचमार्क।

मौद्रिक संचरण

- यह वह प्रवाह है, जो केन्द्रीय बैंकों की नीति दरों का देश के बैंकों की उधार दरों में होता है। मौद्रिक नीति को उचित तरीके से संचालित करने हेतु बैंकों की उधार दरें आरबीआई की नीति दरों रेपो, स्थायी जमा सुविधा सीमान्त स्थायी सुविधा और बैंक के प्रति संवेदनशील होनी चाहिए।
- भारतीय रिजर्व बैंक द्वारा मौद्रिक संचरण (Monetary Transmission) को बेहतर बनाने के उद्देश्य से दो नए उपाय सीमान्त फण्ड लागत आधारित उधार दर (एमसीएलआर) और बाह्य बेंचमार्क आधारित उधार दर (ईबीएलआर) किए गए।

स्थायी जमा सुविधा

- स्थायी जमा सुविधा (Standing Deposit facility) को 8 अप्रैल, 2022 को लागू किया गया। यह भारतीय रिजर्व बैंक द्वारा बैंकों को दी जाने वाली अल्पकालिक ऋण (गैर-सम्पार्श्विक) आधारित ब्याज दर है।
- इसकी ब्याज दर नीति रेपो दर से 25 आधारित बिन्दु (basis points) से कम होगी।

ऋण एवं जमा दरें

- भारतीय रिजर्व बैंक द्वारा निर्धारित आरक्षित अनुपातों और नीति दरों के आधार पर वाणिज्यिक बैंकों द्वारा ऋणों पर वसूले जाने वाले और जमाओं पर दिए जाने वाले ब्याजों को निर्धारित/घोषित किया जाता है, ये निम्न प्रकार हैं
  - आधार दर (Base Rate) इसको वर्ष 2010 में प्रारम्भ किया गया। बेंचमार्क प्राइम लेंडिंग रेट (बीपीएलआर) के स्थान पर था। यह ब्याज की वह दर है, जिसे बैंक अपने द्वारा दिए जाने वाले ऋण पर वसूल करता है। इस दर का निर्धारण बैंक द्वारा स्वयं किया जाता है, जबकि बीपीएलआर का निर्धारण आरबीआई द्वारा किया जाता है।
  - बचत जमा दर (Saving Deposit Rate) यह वह ब्याज दर है, जो बैंकों द्वारा बचत जमा पर दिया जाता है।
  - सावधि जमा दर (Term Deposit Rate) यह वह ब्याज दर है, जो बैंकों द्वारा सावधि जमाओं पर दिया जाता है।

तरलता प्रबन्धन फ्रेमवर्क

- भारतीय रिजर्व बैंक द्वारा वर्ष 2014 में अन्तर बैंक कॉल मुद्रा बाजार (Call Money Market) की अस्थिरता (Volatility) को नियन्त्रित करने के उद्देश्य से तरलता प्रबन्धन फ्रेमवर्क (Liquidity Management Framework) की व्यवस्था की गई।
- फरवरी, 2020 में इस फ्रेमवर्क में संशोधन किया गया, जिसके अनुरूप इसके प्रमुख दिशा निर्देश निम्न प्रकार हैं
- बैंकों का रेपो उधार उनकी निबल माँग तथा सावधि जमाओं (Net Demand and Time Liabilities-NDTL) का एक दिन में एक प्रतिशत से अधिक नहीं होना चाहिए। इसे रेपो उधार की ऊपरी सीमा के रूप में जाना जाता है।
- रेपो प्रचालन के अन्तर्गत कोई एक बैंक अपनी एनडीटीएल का एक प्रतिशत अधिक उधार नहीं ले सकता है तथा इसमें भी वह 0.25% एक रात की अवधि के लिए तथा शेष 0.75% टर्म रेपो (Term Repo) जैसे 7 दिन, 14 दिन अथवा 28 दिन की अवधि के लिए ले सकता है।
- रेपो प्रचालन के अतिरिक्त यदि किसी बैंक को अल्पकाल एकदिवसीय एक रात के लिए पूँजी की आवश्यकता पड़ती है, तो वह भारतीय रिजर्व बैंक से सीधे सीमान्त स्थायी सुविधा के अन्तर्गत अपने एमडीटीएल का एक प्रतिशत उधार ले सकता है।

- उपरोक्त के अतिरिक्त फरवरी, 2020 में आरबीआई द्वारा दीर्घ टर्म रेपो (Long Term Repo) प्रारम्भ किया गया, जो कि रेपो उधार (एक प्रतिशत की सीमा) से अलग है।
- आरबीआई द्वारा ऋण बाजार में स्थायित्व लाने तथा ब्याज दर के बेहतर संकेत के उद्देश्यों को देखते हुए बैंकों को अल्पावधि की पूँजी की प्राप्ति हेतु दीर्घावधिक सोच के विकास को बढ़ावा दे रहा है।

मौद्रिक नीति के विभिन्न रुख

- केन्द्रीय बैंकों की मौद्रिक नीति के अभिविन्यास/रुख (Stance of Monetary Policy) को उनके आवश्यक, उद्देश्यों व निहितार्थों के आधार पर विभिन्न नाम दिए गए हैं, जो निम्न प्रकार हैं
- **उदार रुख** (Accommodative stance) इससे आशय यह है कि मुद्रास्फीति के कम होने पर ब्याज दरों में कटौती की जाएगी।
- **कैलिब्रेटेड सख्ती/सख्त रुख** (Calibrated tightening) इससे आशय है कि ब्याज दरों में केवल वृद्धि हो सकती है (ऊपर की ओर)।
- **तटस्थ रुख** (Neutral stance) इससे आशय है कि ब्याज दरें नीचे अथवा ऊपर किसी भी तरफ जा सकती हैं।
- **हॉकिश रुख** (Hawkish stance) इससे आशय है कि ब्याज दरों में वृद्धि की जाएगी। इसका एकमात्र उद्देश्य मुद्रास्फीति लक्ष्मीकरण होना।
- **संकुचनवादी रुख** (Contractionary stance) इससे आशय है ब्याज में वृद्धि कर धन को बाहर निकालना।
- **विस्तारवादी रुख** (Expansionary stance) इससे आशय है कि ब्याज दरों में कटौती करके धन/फण्ड का प्रसार/विस्तार किया जाना।

चयनात्मक/गुणात्मक साख नियन्त्रण

- गुणात्मक या चयनात्मक साख नियन्त्रण (Selective/Qualitative Credit Control) मुद्रा या साख को पूर्ण प्रभावित नहीं करता है। यह साख को किसी विशेष उपयोग में दिशा देता है।
- जब भारतीय रिजर्व बैंक को यह प्रतीत होता है कि अर्थव्यवस्था के कुछ क्षेत्रों में उदार साख नीति की आवश्यकता है, तो बैंक चयनात्मक साख नियन्त्रण व्यवस्था को अपनाता है।
- इस व्यवस्था के अन्तर्गत रिजर्व बैंक सार्वजनिक हित में किसी भी या एकसाथ सभी बैंकों को ऋण सम्बन्धी निर्देश दे सकता है;
  जैसे—मूल्यान्तर निश्चित करने से सम्बन्धित, ऋण देने सम्बन्धित (प्रतिबन्ध या पूर्वानुमति)।
- चयनात्मक साख नियन्त्रण की नीति मुख्यत: दो उद्देश्यों से अपनाई जाती है
  - सट्टा व जमाखोरी रोकने हेतु
  - मूल्यों में अनुचित वृद्धि रोकने हेतु
- भारतीय रिजर्व बैंक मौद्रिक नीति के गुणात्मक उपकरणों अथवा चयनात्मक साख नियन्त्रण के अन्तर्गत निम्नलिखित उपकरणों का प्रयोग करता है

सीमा-आवश्यकताओं का नियमन

- आरबीआई द्वारा इस उपाय का प्रयोग सटोरियों को प्रतिभूतियाँ खरीदने या रखने हेतु साख के अत्यधिक प्रयोग को रोकने के लिए किया जाता है।
- इसके लिए वह प्रतिभूतियाँ खरीदने या रखने के लिए कर्जा/ऋणों पर न्यूनतम सीमा आवश्यकताएँ नियत कर देता है।
- वाणिज्यिक बैंक ऋण लेने वालों को कुछ प्रतिभूतियों या सम्पत्ति के बदले ऋण प्रदान करता है। रखी गई जमानत के रूप में सम्पत्ति का मूल्य स्वीकृत ऋण मूल्य से अधिक होता है।
- इस प्रकार जमानत के रूप में रखी गई सम्पत्ति तथा उसके आधार पर दिए गए ऋण के बीच के अन्तर को सीमान्त आवश्यकता या ऋण मार्जिन कहा जाता है।
- इस विधि का प्रयोग भारतीय रिजर्व बैंक प्राय: मुद्रास्फीति के समय करता है, जिसमें सीमान्त आवश्यकता को बढ़ाकर साख की पूर्ति को कम किया जाता है।
- इससे तरलता में कमी आती है। वहीं मुद्रा संकुचन की स्थिति में सीमान्त आवश्यकता को कम किया जाता है, जिससे मुद्रा की पूर्ति में वृद्धि हो सके।

  नोट *मुद्रा संकुचन का अर्थ मुद्रा की माँग से कम होना है, इसे अपस्फीति भी कहा जाता है। इसमें वस्तुओं और सेवाओं के सामान्य मूल्य में गिरावट आती है। मुद्रा संकुचन की स्थिति मुद्रास्फीति से अधिक खतरनाक होती है।*

उपभोक्ता साख का नियमन

- आरबीआई के इस साधन का प्रमुख उद्देश्य आर्थिक स्थिरता हेतु टिकाऊ उपभोक्ता वस्तुओं की माँग को नियमित करना है। इसके अन्तर्गत उपभोक्ता किश्त साख या किराया खरीद (Hire-Purchase) के वित्त का नियमन करता है, क्योंकि उपभोक्ताओं द्वारा टिकाऊ वस्तुओं को खरीदने के लिए बैंक साख का प्रयोग किया जाता है।
- आरबीआई इसके नियमन हेतु दो विधियों का प्रयोग करता है—पहला न्यूनतम नकद भुगतान (Minimum Down Payments) और दूसरा पुनर्भुगतान की अधिकतम अवधियाँ (किश्तों की अवधि)।

साख की राशनिंग

यह साख का गुणात्मक (Qualitative) नियन्त्रण करने का एक महत्त्वपूर्ण तरीका है। इसका उद्देश्य बैंकों की साख निर्माण शक्ति को सीमित करना है। अन्तिम ऋणदाता (Lender of the Last Resort) के रूप में केन्द्रीय बैंक जब अन्य बैंकों की माँग को पूर्ण रूप से पूरा नहीं कर पाता, तो वह इसकी राशनिंग कर देता है अर्थात् यह निश्चित कर देता है कि प्रत्येक बैंक को कितनी साख दी जाएगी।

प्रत्यक्ष कार्यवाही

- आरबीआई द्वारा इस साधन का उपयोग उस समय किया जाता है, जब वह किसी विशेष नीति को लागू करना चाहता है तथा वाणिज्यिक बैंकों द्वारा उस नीति का अनुसरण नहीं किया जाता है।
- इस स्थिति में आरबीआई प्रत्यक्ष कार्यवाही का सहारा लेता है; जैसे-आरबीआई ऐसे बैंकों को पुनर्बट्टा सुविधाएँ देने से मना कर सकता है, जो सट्टामूलक उद्देश्यों के लिए बहुत अधिक ऋण देता हो अथवा अपनी पूँजी तथा रिजर्वों से अधिक उधार देता हो।

नैतिक सलाह व प्रचार का उपयोग

- सामान्यत: चयनात्मक साख नियन्त्रणों के साथ-साथ रिजर्व बैंक नैतिक प्रभाव तथा प्रचार का प्रभावपूर्ण उपयोग कर सकता है।

- नैतिक रूप से रिजर्व बैंक, बैंकों से उसके अनुरूप कार्य करने की अपेक्षा करता है या उसे सलाह देता है। इसे विचार-विमर्श, पत्रों, अभिभाषणों तथा बैंकों को संकेतात्मक सन्देशों के माध्यम से व्यावहारिक रूप में दिया जाता है।
- प्रचार के अन्तर्गत आरबीआई जनता की सूचना के लिए वाणिज्यिक बैंकों की परिसम्पत्तियों तथा देयताओं के साप्ताहिक अथवा मासिक विवरण प्रकाशित करता है।

बाजार स्थिरीकरण योजना

- बाजार स्थिरीकरण योजना (Market stabilisation scheme) को वर्ष 2004 में शुरू किया गया था। इसके अन्तर्गत बड़ी मात्रा में पूँजी के बाजार में आने के अतिरिक्त, नकदी को अल्पकालिक सरकारी प्रतिभूति और राजकोष बिलों के माध्यम से कम किया जाता है।
- इस योजना में वैधानिक तरलता अनुपात तथा नकद आरक्षित अनुपात दोनों की विशेषताएँ पाई जाती हैं।
- इस प्रकार इसका मुख्य उद्देश्य विदेशी मुद्रा भण्डारों में होने वाली वृद्धि के परिणामस्वरूप जनित अतिरिक्त तरलता को एकत्रित करना है, जिससे पूँजी अन्तर्प्रवाहों के मौद्रिक प्रवाहों को निष्क्रिय किया जा सके।

ऑपरेशन ट्विस्ट

- इसके अन्तर्गत केन्द्रीय बैंक **दीर्घकालीन सरकारी बॉण्ड्स** को खरीदने के लिए अल्पकालिक सरकारी बॉण्ड्स का विक्रय करता है। इसकी शुरुआत वर्ष 1961 में अमेरिका के फेडरल रिजर्व बैंक द्वारा की गई थी। यह मौद्रिक नीति के उपकरण के रूप में कार्य करता है।
- इसके अन्तर्गत भारतीय रिजर्व बैंक ने 23 सितम्बर, 2019 को **ओपन मार्केट ऑपरेशन्स** के अन्तर्गत ₹10,000 करोड़ की सरकारी प्रतिभूतियों का क्रय-विक्रय किया। इसके साथ ही खुले बाजार संचालन से वर्ष 2029 में परिपक्व हो रहे ₹10,000 करोड़ के 6.45% ब्याज दर वाले सरकारी बॉण्ड्स को खरीदेगा। इस प्रकार यह 10 वर्षीय अवधि वाले दीर्घकालिक बॉण्ड हैं।

ई-कुबेर

यह भारतीय रिजर्व बैंक द्वारा डिजाइन किया गया एक **इलेक्ट्रॉनिक प्लेटफार्म** है। इसके माध्यम से प्रतिभूतियों को ऑनलाइन के माध्यम से क्रय-विक्रय किया जाता है।

भारत में बैंकों के विभिन्न प्रकार

भारत में बैंकों के प्रकार का वर्णन निम्नलिखित है

अनुसूचित बैंक

- ऐसे बैंकों को अनुसूचित बैंक (Scheduled Banks) की संज्ञा दी जाती है, जिनको भारतीय रिजर्व बैंक अधिनियम, 1934 की दूसरी अनुसूची में सम्मिलित किया गया है। अनुसूचित बैंक का दर्जा प्राप्त करने के लिए बैंकों को निम्नवत् शर्तें पूर्ण करनी होती हैं।
  - बैंक की प्रदत्त पूँजी तथा संचित राशि ₹ 5 लाख से कम नहीं होनी चाहिए। भारतीय रिजर्व बैंक इस बात से पूर्ण रूप से सन्तुष्ट हो कि इन बैंकों द्वारा ऐसा कोई कार्य नहीं किया जाएगा, जिससे जमाकर्ताओं को हानि हो।
  - यह एक संयुक्त पूँजी कम्पनी (Joint Capital Company) होनी चाहिए, न कि एकल व्यापारी साझा फर्म।
  - इसके अतिरिक्त इन बैंकों को अपनी जमा का एक निश्चित अंश भारतीय रिजर्व बैंक के पास नकद रूप में रखना पड़ता है तथा बैंकिंग अधिनियम, 1949 के अन्तर्गत भारतीय रिजर्व बैंक के पास समय-समय पर विवरण-पत्र भी भेजना पड़ता है।

गैर-अनुसूचित बैंक

- गैर-अनुसूचित बैंक (Non-Scheduled Banks) का आशय ऐसे बैंकों से है, जिन्हें भारतीय रिजर्व बैंक अधिनियम, 1934 की दूसरी अनुसूची में सम्मिलित नहीं किया गया है।
- ये बैंक वैधानिक नकद आरक्षण आवश्यकताओं के अधीन हैं और इनको निश्चित राशि भारतीय रिजर्व बैंक के पास न रखकर अपने पास रखने का अधिकार है। गैर-अनुसूचित बैंकों को भारतीय रिजर्व बैंक से रियायती प्रेषण तथा उधार लेने की सुविधा प्राप्त नहीं होती है।

अनुसूचित बैंकों के प्रकार

अनुसूचित बैंकों के प्रकारों का विवरण निम्नलिखित है

वाणिज्यिक बैंक

- वाणिज्यिक बैंक (Commerical Banks) वह वित्तीय संस्था है, जो लोगों के धन अथवा मुद्रा को अपने पास जमा के रूप में स्वीकार करती है और उनको उपभोग अथवा निवेश के लिए उधार देती है। ऐसे बैंकों की परिसम्पत्ति में अग्रिम, निवेश, माँग तथा अल्प सूचना मुद्रा आदि को शामिल किया जाता है।
- वाणिज्यिक बैंक ऐसे बैंकों को कहा जाता है, जो बचतें एकत्र करते हैं और उन्हें बड़ी तथा छोटी औद्योगिक एवं व्यापारिक इकाइयों को देते हैं, जो मुख्यतः इनकी कार्यकारी पूँजी की आवश्यकता को पूर्ण करती हैं।

वाणिज्यिक बैंकों द्वारा साख सृजन

- यह बैंक अपने द्वारा जमा की गई राशियों से साख सृजन करता है। इनको अपनी बचत का कुछ भाग **नकद आरक्षित अनुपात** (Cash Reserve Ratio, CRR) के रूप में रिजर्व बैंक के पास रखना होता है। इसके अतिरिक्त जमाओं का कुछ भाग नकद, सोना, सरकारी प्रतिभूतियों जैसी **तरल सम्पत्तियों** या **सांविधिक तरलता अनुपात** (Statutory Liquidity Ratio, SLR) के रूप में रखना पड़ता है।
- रिजर्व बैंक के द्वारा जब सांविधिक आरक्षित अनुपात बढ़ाया जाता है, तो इन बैंकों की साख सृजन की क्षमता कम हो जाती है। वहीं जब यह अनुपात कम किया जाता है, तो साख सृजन की क्षमता में वृद्धि हो जाती है।

सार्वजनिक क्षेत्र के बैंक

- भारत में सार्वजनिक क्षेत्र का बैंक (Public Sector Banks-PSB) उस बैंक को कहा जाता है, जिसमें 50% से अधिक शेयरधारिता सरकार के पास होती है।

- इनका भारतीय अर्थव्यवस्था में महत्त्वपूर्ण योगदान पाया जाता है। वर्तमान में देश में सार्वजनिक क्षेत्र के बैंकों की संख्या 12 (भारतीय स्टेट बैंक और ग्यारह राष्ट्रीयकृत बैंक) है।
- स्टेट बैंक ऑफ इण्डिया तथा इसके **अनुषंगी बैंक** (Associated Banks) एवं अन्य राष्ट्रीयकृत क्षेत्र के बैंक सार्वजनिक क्षेत्र के बैंक हैं।
- निजी बैंकों में कुछ भारतीय अनुसूचित बैंक हैं, जिनका राष्ट्रीयकरण नहीं किया गया था और भारत में कार्य करने वाले कुछ विदेशी बैंक हैं, जो सामान्य रूप से **विदेशी मुद्रा बैंक** (Foreign Exchange Banks) भी कहे जाते हैं।
- सार्वजनिक क्षेत्र के बैंक को दो भागों में बाँटा गया है
  - भारतीय स्टेट बैंक
  - अन्य राष्ट्रीयकृत बैंक

भारतीय स्टेट बैंक

- भारतीय स्टेट बैंक (State Bank of India-SBI) देश का केन्द्रीय बैंक नहीं है, तथापि यह उन सभी स्थानों पर केन्द्रीय बैंक का ही कार्य करता है, जहाँ पर रिजर्व बैंक की अपनी शाखाएँ नहीं हैं।
- वर्ष 1935 में **भारतीय रिजर्व बैंक** (आरबीआई) की स्थापना तक भारतीय स्टेट बैंक **इम्पीरियल बैंक ऑफ इण्डिया** के रूप में अपने वाणिज्यिक बैंकिंग कार्यों के अतिरिक्त कुछ केन्द्रीय बैंकिंग कार्य भी कर रहा था।
- भारतीय स्टेट बैंक के दो महत्त्वपूर्ण कार्यों में सरकार के बैंकर के रूप में कार्य एवं बैंकों के बैंक के रूप में कार्य शामिल हैं।
- इसके अतिरिक्त भारतीय स्टेट बैंक व्यापारिक बैंकों को धन स्थानान्तरण सम्बन्धी सस्ती सुविधाएँ भी प्रदान करता है।
- भारतीय स्टेट बैंक देश में प्रत्येक स्थान पर उपलब्ध अपनी शाखाओं के बड़े नेटवर्क द्वारा भारतीय रिजर्व बैंक की ओर से **करेन्सी चेस्ट** (Currency Chest) का कार्य सम्पन्न करता है।
- भारतीय स्टेट बैंक केन्द्र और राज्य सरकार दोनों की आवश्यकताओं को पूर्ण करता है, इसलिए भारतीय स्टेट बैंक को **सरकार का बैंकर** (Banker of Government) भी कहते हैं।
- भारतीय स्टेट बैंक को बैंकरों का बैंक सीमित अर्थों में माना जाता है। यह बैंक भारतीय रिजर्व बैंक हेतु **क्लियरिंग हाउस** के रूप में कार्य करता है।

नोट *क्लियरिंग हाउस एक मध्यस्थ है जो दो पक्षों के बीच वित्तीय लेन-देन को सुविधाजनक बनाने के लिए जिम्मेदार है। इसका उद्देश्य यह है कि विक्रेता रिसीवर को प्रतिभूतियों और खरीदार विक्रेता से खरीदे गए सामान के लिए भुगतान करने में सक्षम है।*

- भारतीय स्टेट बैंक में **1 अप्रैल, 2017** इसके पाँच सहयोगी बैंकों एसबीआई त्रावणकोर, एसबीआई बीकानेर, एसबीआई मैसूर, एसबीआई पटियाला, एसबीआई हैदराबाद तथा भारतीय महिला बैंक (2013 में स्थापित) का विलय कर दिया गया।
- भारतीय स्टेट बैंक देश का सबसे पुराना और सार्वजनिक क्षेत्र का सबसे बड़ा **व्यापारिक बैंक** है। यह विश्व के प्रमुख 50 बैंकों में शामिल है।

बैंकों का राष्ट्रीयकरण

- भारत में बैंकों का सामाजिक उत्तरदायित्व सुनिश्चित करने हेतु बैंकों का राष्ट्रीयकरण करने का निश्चय भारत सरकार द्वारा किया गया, चूँकि वाणिज्यिक बैंक दूसरी निजी संस्थाओं की तरह स्वलाभ की प्रेरणा से ही व्यवसाय कर रहे थे, जिससे एकाधिकारी प्रवृत्तियों को प्रोत्साहन मिल रहा था एवं आर्थिक शक्ति का केन्द्रीकरण हो रहा था।
- इस प्रक्रिया का दुष्परिणाम यह हुआ कि प्राथमिक क्षेत्र को उपेक्षा का शिकार होना पड़ा तथा समुचित मात्रा में ऋण नहीं मिला, जिससे वे विकास की दौड़ में पीछे रह गए।
- उपरोक्त तथ्यों को ध्यान में रखकर वर्ष 1968 में बैंकों के लिए भारत सरकार द्वारा दो व्यवस्थाएँ की गईं
  - बैंकिंग अधिनियम का निर्माण।
  - राष्ट्रीय साख परिषद् (National Credit Council) की स्थापना।
- सामाजिक नियन्त्रण की इस नीति का प्रभाव बहुत ही अल्पकालिक सिद्ध हुआ। अत: 19 जुलाई, 1969 को उन 14 वाणिज्यिक बैंकों का राष्ट्रीयकरण कर दिया गया, जिनकी जमाराशि ₹ 50 करोड़ या उससे अधिक थी, जो अग्रलिखित हैं
  - सेण्ट्रल बैंक ऑफ इण्डिया
  - पंजाब नेशनल बैंक
  - बैंक ऑफ इण्डिया
  - केनरा बैंक
  - इलाहाबाद बैंक
  - बैंक ऑफ बड़ौदा
  - सिण्डिकेट बैंक
  - यूनाइटेड बैंक ऑफ इण्डिया
  - यूनाइटेड कॉमर्शियल बैंक
  - यूनियन बैंक ऑफ इण्डिया
  - इण्डियन बैंक
  - बैंक ऑफ महाराष्ट्र
  - देना बैंक
  - इण्डियन ओवरसीज बैंक
- वर्ष 1969 के पश्चात् 15 अप्रैल, 1980 को 6 वाणिज्यिक बैंकों का राष्ट्रीयकरण किया गया, जिसकी जमा राशि ₹ 200 करोड़ या उससे अधिक थी, जो निम्न प्रकार हैं
  - आन्ध्रा बैंक
  - कॉर्पोरेशन बैंक
  - पंजाब एण्ड सिन्ध बैंक
  - ओरियण्टल बैंक ऑफ कॉमर्स
  - विजया बैंक
  - न्यू बैंक ऑफ इण्डिया

> वर्ष 1980 के राष्ट्रीयकरण के पश्चात् **राष्ट्रीय बैंकिंग बाजार** में सार्वजनिक्क क्षेत्र के बैंकों की भागीदारी 91% थी, जो वर्तमान में घटकर 70% हो गई है।

- वर्ष 2019 में भारत में बैंकों के राष्ट्रीयकरण के 50 वर्ष पूर्ण हुए। इसके साथ ही **1 अप्रैल, 2020** को सार्वजनिक क्षेत्र के 10 बैंकों के विलय के प्रभावी हो जाने के बाद वर्तमान में कुल राष्ट्रीयकृत बैंकों की संख्या 11 हो गई है।

राष्ट्रीयकृत बैंकों का विलय

- बैंकों के विलय की प्रक्रिया में दो-या-दो से अधिक बैंकों का विलय करके एक बड़ा बैंक बनाया जाता है।
- वित्तीय सुधारों पर गठित एम नरसिम्हम समिति (1991 एवं 1998) की सिफारिशों के पश्चात् वर्ष 1993-94 में ही सार्वजनिक क्षेत्र के बैंकों के विलय की प्रक्रिया प्रारम्भ कर दी गई।
- यद्यपि इस सन्दर्भ में सबसे विवादास्पद मुद्दा सरकार के स्वामित्व को लेकर रहा, कि विनिवेशित बैंकों में सरकार का स्वामित्व कितना होगा।

- 4 सितम्बर, 1993 को न्यू बैंक ऑफ इण्डिया का विलय पंजाब नेशनल बैंक में किया गया।

सरकारी बैंकों को विश्व स्तरीय बनाना

बैंकों की दक्षता बढ़ाना — बैंकों के विलय का उद्देश्य — बैंकों की परिचालन लागत में कमी करना

इनकी आधारिक पूँजी का विस्तार करना

- वर्ष 2017 में भारतीय स्टेट बैंक में इसके पाँच सहयोगी बैंकों तथा भारतीय महिला बैंक का विलय कर दिया गया।
- अप्रैल, 2019 को बैंक ऑफ बड़ौदा में विजया बैंक और देना बैंक का विलय किया गया। इसके साथ बैंक ऑफ बड़ौदा देश का तीसरा सबसे बड़ा बैंक बन गया।
- अप्रैल, 2020 को ओरियण्टल बैंक ऑफ कॉमर्स और यूनाइटेड बैंक ऑफ इण्डिया का पंजाब नेशनल बैंक में विलय हो गया। इसके साथ ही पंजाब नेशनल बैंक देश का दूसरा सबसे बड़ा बैंक बन गया।
- केनरा बैंक में सिण्डिकेट बैंक के विलय के बाद यह चौथा सबसे बड़ा सार्वजनिक क्षेत्र का बैंक बन गया है।
- यूनियन बैंक ऑफ इण्डिया, आन्ध्रा बैंक और कॉर्पोरेशन बैंक को मिलाकर भारत का पाँचवाँ सबसे बड़ा सरकारी क्षेत्र का बैंक अप्रैल, 2020 में बना।
- इण्डियन बैंक और इलाहाबाद बैंक का विलय भी अप्रैल, 2020 में किया गया। इसके साथ ही यह देश का सातवाँ बड़ा बैंक बन गया।
- इस प्रकार अब भारत में सार्वजनिक क्षेत्र के सरकारी बैंकों की कुल संख्या, जो वर्ष 2017 में 27 थी, से घटकर (भारतीय स्टेट बैंक सहित) 12 हो गई है।

11 राष्ट्रीयकृत बैंक

बैंक का नाम	स्थापना/संस्थापक	मुख्यालय	शाखाएँ
पंजाब नेशनल बैंक	19 मई, 1894 लाहौर सार्वजनिक क्षेत्र के बैंक के रूप में दयाल सिंह मजीठिया एवं लाला लाजपत राय द्वारा 12 अप्रैल, 1895 व्यवसायिक कार्य प्रारम्भ	नई दिल्ली	भारत में 12248 विदेशों में केवल एक
केनरा बैंक	1 जुलाई, 1906 मैंगलौर (कर्नाटक में) अम्मेम्बल सुब्बाराव पई द्वारा	बंगलुरु	भारत में 9877 विदेशों में 6
बैंक ऑफ इण्डिया	7 सितम्बर, 1906 रामनारायण रुइया द्वारा	मुम्बई	भारत में 5089 विदेशों में 23
इण्डियन बैंक	5 मार्च, 1907 15 अगस्त, 1907 से कार्य प्रारम्भ एम. रामास्वामी चेट्टियार	चेन्नई	भारत में 5770 विदेशों में 3
पंजाब एण्ड सिंध बैंक	24 जून, 1908 भाई वीर सिंह, सुन्दर सिंह, मजीठिया एवं सरदार तिरलोचन सिंह द्वारा	नई दिल्ली	भारत में 1526
बैंक ऑफ बड़ौदा	20 जुलाई, 1908 बड़ौदा के महाराजा सयाजीराव गायकवाड (तृतीय) द्वारा	वडोदरा (गुजरात) कॉर्पोरेट कार्यालय मुम्बई	भारत में 3454 विदेशों में 86
सेण्ट्रल बैंक ऑफ इण्डिया	21 दिसम्बर, 1911 सर सोराबजी पोचखान वाला द्वारा	मुम्बई	भारत में 4695
यूनियन बैंक ऑफ इण्डिया	11 नवम्बर, 1919 सेठ सीताराम पोद्दार द्वारा उद्घाटन महात्मा गाँधी द्वारा वर्ष 1921	मुम्बई	भारत में 8700 विदेशों में 3
बैंक ऑफ महाराष्ट्र	16 सितम्बर, 1935 वी.जी. काले एवं वी.के. साठे द्वारा	पुणे	भारत में 2240
इण्डियन ओवरसीज बैंक	10 फरवरी, 1937 एम.सीटी.एम चिदम्बरम चेट्टियार	चेन्नई	भारत में 3218 विदेशों में 4
यूको बैंक	6 जनवरी, 1943 घनश्याम दास बिरला	कोलकत्ता	भारत में 230 विदेशों में 2

निजी बैंक

- निजी बैंक (Private Banks) भारत में पिछले दिनों निजी बैंकों की भूमिका में वृद्धि हुई है। इनमें 74% तक विदेशी निवेश की अनुमति है। इनमें आईसीआईसीआई बैंक, एक्सिस बैंक, टाइम्स बैंक, एचडीएफसी बैंक, कोटक महिन्द्रा तथा येस बैंक मुख्य हैं।
- निजी बैंकों को दो वर्गों-पुराने निजी बैंक और नए निजी बैंक में विभाजित किया जा सकता है। वर्ष 1969 में जिन बैंकों का राष्ट्रीयकरण नहीं किया गया, वे पुराने निजी बैंक कहलाते हैं, जबकि नए निजी बैंक वह कहलाते हैं, जो वर्ष 1991 के आर्थिक सुधार के पश्चात् अस्तित्व में आए।

नए निजी बैंक

- अप्रैल, 2014 में भारतीय रिजर्व बैंक ने आईडीएफसी तथा बन्धन फाइनेन्शियल सर्विसेज लिमिटेड को बैंकिंग का लाइसेन्स प्रदान किया।
- इन बैंकों को लाइसेन्स प्रदान करने की सिफारिश बिमल जालान समिति ने की थी। इससे पूर्व वर्ष 2003-04 में कोटक महिन्द्रा व येस बैंक को बैंकिंग लाइसेन्स दिया गया था।

नए निजी क्षेत्र के बैंकों हेतु दिशा-निर्देश

- निजी क्षेत्र के साथ सार्वजनिक कम्पनियाँ व गैर-बैंकिंग वित्तीय कम्पनियाँ भी निजी बैंक हेतु आवेदन कर सकती हैं।
- प्रवर्तक कम्पनी का कारोबार मॉडल बैंकिंग मॉडल से अलग नहीं होना चाहिए।
- न्यूनतम चुकता पूँजी ₹ 500 करोड़ होनी चाहिए।
- पहले 5 वर्षों में विदेशी भागीदारी अधिकतम 48% हो सकती है।
- बैंकों को अपनी 25% शाखाएँ ग्रामीण क्षेत्रों में स्थापित करनी होंगी।
- इसके अतिरिक्त निजी क्षेत्र में स्थानीय क्षेत्र बैंक (Local Area Bank) को भी स्थापित करने की अनुमति केन्द्र सरकार द्वारा प्रदान की गई है।
- स्थानीय क्षेत्र बैंक वे होते हैं, जो क्षेत्रीय संसाधनों का विदोहन कर क्षेत्र विशेष की साख सम्बन्धी आवश्यकताओं को पूर्ण करते हैं।
- भारत में निजी क्षेत्र के बैंकों की संख्या 21 है, जबकि 2 लोकल एरिया बैंक हैं।
- अब निजी प्रवर्तक ऐसे बैंक स्थापित कर सकते हैं, जिनकी न्यूनतम चुकता पूँजी ₹ 5 करोड़ है और उनमें प्रवर्तकों की शेयरधारिता कम-से-कम ₹ 2 करोड़ हो।
- नए निजी बैंक केवल पूर्ण स्वामित्व वाली गैर-संचालित हॉल्डिंग कम्पनी (Non-Operative Holding Company, NOHC) के द्वारा ही स्थापित किए जा सकेंगे। हॉल्डिंग कम्पनियों को बैंक में न्यूनतम 40% इक्विटी भागीदारी रखनी होगी। इसे 5 वर्ष तक बेचा नहीं जा सकेगा।
- 40% से अधिक इक्विटी भागीदारी होने पर हॉल्डिंग कम्पनी को लाइसेन्स मिलने की तिथि से 2 वर्ष के अन्दर उसे घटाकर न्यूनतम सीमा तक लाना होगा। इतना ही नहीं हॉल्डिंग कम्पनियों को नए बैंकों में 2 वर्ष के अन्दर शेयर बाजार में सूचीबद्ध कराना होगा।
- साथ ही इन कम्पनियों में कम-से-कम आधे स्वतन्त्र निदेशक होंगे। नए बैंकों पर कम-से-कम 25% शाखाएँ बैंकिंग सुविधाओं की दृष्टि से पिछड़े क्षेत्रों में खोलने की शर्त लगाने का भी प्रस्ताव नए दिशा-निर्देश में है।

विदेशी वाणिज्यिक बैंक

- अगस्त, 2024 तक भारत में विदेशी बैंकों की कुल संख्या 44 है और उनकी 269 शाखाएँ भारत में कार्यरत् हैं।
- विश्व व्यापार संगठन के साथ किए गए समझौते के अनुरूप देश में विदेशी बैंकों की शाखाओं का विस्तार किया जा रहा है।
- समझौते के अन्तर्गत विदेशी बैंकों की न्यूनतम 12 शाखाओं की स्थापना की अनुमति प्रतिवर्ष भारतीय रिजर्व बैंक को प्रदान करनी होती है।
- प्रावधान के अन्तर्गत विदेशी बैंकों को भारत में अपनी पहली शाखा शुरू करने के समय केवल $10 मिलियन की पूँजी की आवश्यकता होती है।
- दूसरी व तीसरी शाखा के लिए अतिरिक्त पूँजी की आवश्यकता क्रमश: $10 मिलियन व $5 मिलियन होगी।

भारत में कार्यरत् प्रमुख विदेशी बैंक

भारत में कार्यरत् सबसे बड़े विदेशी बैंक (शाखाओं के आधार पर)	जिस देश में निगमित हैं
स्टैण्डर्ड चार्टर्ड बैंक	ब्रिटेन
एचएसबीसी	हाँगकाँग
नेटवेस्ट मार्केट्स पीएलसी (2019 से पुराना नाम-रॉयल बैंक ऑफ स्कॉटलैण्ड)	स्कॉटलैण्ड (ब्रिटेन)
ड्यूश बैंक	जर्मनी
अमेरिकन एक्सप्रेस बैंक लिमिटेड	यूएसए
बैंक ऑफ नोवास्कोटिया	कनाडा
बैंक ऑफ अमेरिका	अमेरिका

क्षेत्रीय ग्रामीण बैंक

- क्षेत्रीय ग्रामीण बैंकों (Regional Rural Bank) की स्थापना एम नरसिम्हम की अध्यक्षता में गठित कार्यदल (1975) की सिफारिश पर 2 अक्टूबर, 1975 को की गई थी। एक साथ पाँच क्षेत्रीय ग्रामीण बैंक स्थापित किए गए। ये बैंक सर्वप्रथम उत्तर प्रदेश के मुरादाबाद एवं गोरखपुर में, हरियाणा के भिवानी में, पश्चिम बंगाल के मालदा में तथा राजस्थान के जयपुर में स्थापित किए गए थे। ये बैंक सिक्किम एवं गोवा को छोड़कर देश के सभी राज्यों में कार्यरत् हैं।
- क्षेत्रीय ग्रामीण बैंक की स्थापना विशेषकर दूर-दराज के ऐसे गाँवों में बैंकिंग सेवाएँ पहुँचाने के लिए की गई थी, जहाँ पहले ऐसी सेवाओं की पहुँच नहीं थी। इन्हें मूलत: समाज के कमजोर वर्गों को संस्थानिक ऋण उपलब्ध कराने की दृष्टि से शुरू किया गया था। अप्रैल, 1997 से प्राथमिक क्षेत्र को ऋण देने का कार्य भी इन्हें सौंप दिया गया।
- कुछ शर्तों के साथ चुनिन्दा क्षेत्रीय ग्रामीण बैंकों को रुपयों में अनिवासी (Non Residential) खाते खोलने और रखने की अनुमति दी जाती है। इन्हें सशक्त बनाने की दृष्टि से सितम्बर, 2005 में इन बैंकों को चरणबद्ध तरीके से विलय करने की प्रक्रिया शुरू की गई। अगस्त, 2024 के अनुसार, इन बैंकों की संख्या 43 हो गई।
- समाज के कमजोर वर्ग को सस्ती ब्याज दर पर ऋण उपलब्ध कराना तथा ग्रामीण क्षेत्रों में बचत को बढ़ावा देना तथा उत्पादक गतिविधियों में सहयोग देना क्षेत्रीय ग्रामीण बैंक के प्रमुख दायित्व हैं।
- क्षेत्रीय ग्रामीण बैंक में केन्द्र सरकार, राज्य सरकार तथा प्रवर्तक बैंक की पूँजी भागीदारी 50 : 15 : 35 के अनुपात में होती है।
- केन्द्र सरकार द्वारा नाबार्ड के परामर्शानुसार क्षेत्रीय ग्रामीण बैंकों के एकीकरण की प्रक्रिया को प्रारम्भ किया गया है। इसके अतिरिक्त इन बैंकों के पास कई चुनौतियाँ विद्यमान हैं, जिनमें कुछ प्रमुख हैं
  - बढ़ती गैर-निष्पादित परिसम्पत्तियाँ।
  - जमा संग्रहण में आने वाली समस्याएँ।
  - प्रक्रियात्मक समस्याएँ, निर्णय निर्माण की धीमी प्रक्रिया।
  - ऋण प्रदान करने की जटिलताएँ।
  - कोर बैंकिंग सेवाओं के लिए अवसंरचना विकास में अधिक लागत का आना।
  - ग्रामीणों में बैंकिंग सेवाओं की जानकारी का अभाव।

अग्रणी (लीड) बैंक योजना

- बैंकों की प्रगति के क्षेत्रीय पहुँच के लक्ष्यों को मजबूती प्रदान करने के लिए वर्ष 1969 में लीड बैंक योजना की शुरुआत की गई थी। लीड बैंक योजना की शुरुआत भारतीय रिजर्व बैंक द्वारा गाडगिल अध्ययन समूह की सिफारिश के आधार पर की गई थी। इसे सेवा क्षेत्र के उपागम के कार्यक्षेत्र के अधीन कार्यान्वित किया गया था।
- लीड बैंक बैंकिंग कारोबार में जिला स्तरीय समन्वय बनाते हैं। इसके अन्तर्गत प्रमुख बैंक अपने-अपने निर्धारित जिलों के लिए जिला ऋण योजना बनाते हैं। प्रमुख बैंक इस योजना के अन्तर्गत अपने जिलों के लिए 3 वर्षीय ऋण योजनाएँ तैयार करते हैं।

क्षेत्रीय ग्रामीण बैंक (संशोधन) अधिनियम, 2015

- यह क्षेत्रीय ग्रामीण बैंक (आरआरबी) अधिनियम, 1976 को संशोधित करता है। यह अधिनियम ग्रामीण अर्थव्यवस्था को विकसित करने की दृष्टि से क्षेत्रीय ग्रामीण बैंकों के निगमन, विनियमन और समापन हेतु सम्बन्धित और उसके आनुवंशिक विषयों का उपबन्ध करता है।
- अभी पहले 5 वर्षों तक कार्मिक प्रशिक्षण, प्रबन्धकीय और वित्तीय सहायता प्रदान करने का उत्तरदायित्व भी प्रायोजक बैंकों (यह बैंक लेन-देन को व्यवस्थित करने, शर्तों पर बातचीत करने तथा सफल निष्पादन सुनिश्चित करने में भूमिका निभाता है।) पर था।
- इस अधिनियम में आरआरबी की अधिकृत पूँजी को ₹ 2,000 करोड़ तक बढ़ने और ₹ 1 करोड़ से कम न करने का भी प्रावधान है।
- आरआरबी अधिनियम, 1976 के अन्तर्गत यह पूँजी अधिक-से-अधिक ₹ 5 करोड़ और ₹ 25 लाख की निम्नतम सीमा तक थी।
- यह अधिनियम क्षेत्रीय ग्रामीण बैंकों की पूँजीगत सीमा ₹ 25 लाख से ₹1 करोड़ के स्लॉट को बढ़ाकर कम-से-कम ₹ 1 करोड़ करने की अनुमति देता है। इस संशोधन के बाद अब क्षेत्रीय ग्रामीण बैंकों को प्रायोजिक बैंक, केन्द्रीय और राज्य सरकारों के अतिरिक्त अन्य स्रोतों से भी पूँजी बढ़ाने के लिए स्वतन्त्र होंगे। ये बैंक केन्द्र व राज्य सरकारों और प्रायोजकों पर निर्भर थे, जिसमें 50% केन्द्र सरकार, 15% राज्य सरकार और 35% प्रायोजक बैंकों की भागीदारी थी।
- इस अधिनियम में क्षेत्रीय ग्रामीण बैंकों को यह भी सुविधा दी गई है कि अन्य स्रोतों से पूँजी बढ़ाने के मामले में केन्द्र सरकार और प्रायोजक बैंकों की भागीदारी 51% से कम न हो। यदि कोई राज्य सरकार क्षेत्रीय ग्रामीण बैंकों में अपनी भागीदारी 15% से कम करना चाहे, तो केन्द्र सरकार सम्बन्धित राज्य सरकार का परामर्श लेगी।
- यह अधिनियम संघीय सरकार को अधिकार देता है कि वह केन्द्र सरकार, राज्य सरकार और प्रायोजक बैंकों को सूचित करके क्षेत्रीय ग्रामीण बैंकों में उनकी भागीदारी को कम और अधिक कर सकती है। ऐसा करने के लिए केन्द्र सरकार, राज्य सरकार और प्रायोजक बैंकों से परामर्श लेगी।

सहकारी बैंक

- भारत में सहकारी बैंक (Co-operative Bank) भी बैंकिंग के आधारभूत कार्य सम्पन्न करते हैं, किन्तु वे वाणिज्यिक बैंकों से भिन्न प्रकार के होते हैं।
- व्यवसायिक/वाणिज्यिक बैंकों में सामान्यत: भारतीय स्टेट बैंक, राष्ट्रीयकृत बैंक, निजी क्षेत्र के बैंक, क्षेत्रीय ग्रामीण बैंक, विदेशी बैंकों को सम्मिलित किया जाता है, जिनके पास बैंकिंग व्यवसाय का एक बड़ा भाग है।
- इनका गठन एवं कार्य व्यवहार सहकारिता के आधार पर होता है। ये बैंकिंग एवं वित्तीय सुविधाएँ भी प्रदान करते हैं; जैसे—ऋण देना, पैसा जमा करना तथा बैंक खाता खोलना आदि। यह बैंक सम्बन्धित राज्यों के सहकारी समिति अधिनियम पर बहुराज्यीय **सहकारी समिति अधिनियम, 2002** के अन्तर्गत पंजीकृत होते हैं।
- प्रारम्भ में इसका गठन ग्रामीण क्षेत्रों में लोगों को, स्थानीय वित्त/ऋण के स्रोतों यथा साहूकार व जमींदार आदि से छुटकारा दिलाना था, किन्तु वर्तमान में इसका कार्य कृषि एवं सम्बद्ध गतिविधियों, ग्रामीण उद्योगों के अतिरिक्त कुछ स्तर तक शहरी केन्द्रों के व्यापार और उद्योगों की आवश्यकताओं को पूरा करना है।
- सहकारी बैंकों का प्रमुख लक्ष्य लाभ कमाना नहीं, बल्कि सदस्यों को सर्वोत्तम उत्पाद एवं सेवाएँ उपलब्ध कराना होता है।

सहकारी बैंकों का ढाँचा

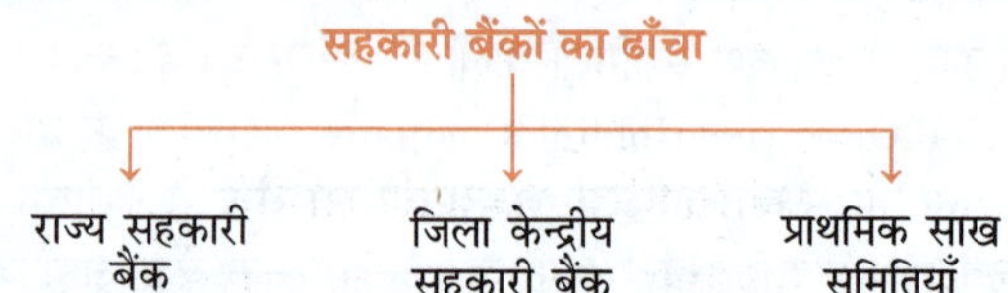

राज्य सहकारी बैंक

- इस बैंक को राज्य का शीर्ष सहकारी बैंक (Apex Co-operative Bank) भी कहते हैं। यह बैंक राज्य के केन्द्रीय सहकारी बैंकों को ऋण देता है और उनके कार्यों का नियन्त्रण करता है।
- इस प्रकार यह नाबार्ड, केन्द्रीय सहकारी बैंक तथा प्राथमिक सहकारी समितियों के मध्य एक महत्त्वपूर्ण वित्तीय कड़ी का कार्य सम्पन्न करता है। इनका प्रमुख कार्य केन्द्रीय अथवा जिला सहकारी बैंकों को ऋण उपलब्ध कराना होता है।

केन्द्रीय सहकारी बैंक

- केन्द्रीय सहकारी बैंक (Central Co-operative Bank) को जिला सहकारी बैंक (District Co-operative Bank) भी कहा जाता है। इनका कार्यक्षेत्र एक जिले तक ही सीमित रहता है। यह राज्य सहकारी बैंक एवं सहकारी समितियों के मध्य सेतु का कार्य करता है।
- केन्द्रीय सहकारी बैंकों को दो भागों में विभाजित किया जा सकता है
  - सहकारी बैंकिंग संघों की सदस्यता केवल सहकारी समितियों को ही प्राप्त है।
  - मिश्रित सहकारी बैंकों की सदस्यता सहकारी समितियों को ही प्राप्त है।

प्राथमिक साख समितियाँ

- प्राथमिक साख समितियों (Primary Credit Socities) की स्थापना कृषि क्षेत्र की अल्पकालीन ऋणों की आवश्यकता की पूर्ति के लिए की गई है।
- एक गाँव अथवा क्षेत्र में कोई भी कम-से-कम 10 व्यक्ति मिलकर एक प्राथमिक साख समिति का निर्माण कर सकते हैं।

शहरी सहकारी बैंक

- शहरी क्षेत्रों में प्राथमिक ऋण संस्थाएँ (Primary Agricultural Credit Societies-PACS) जो कुछ निर्धारित मानदण्डों को पूरा करती हैं, शहरी सहकारी बैंक (Urban co-operative bank-UCBs) खोलने हेतु भारतीय रिजर्व बैंक से लाइसेन्स प्राप्त कर सकती हैं।
- सामान्य तौर पर यूसीबी का कार्यक्षेत्र महानगरों, शहरी अथवा अर्द्ध-शहरी केन्द्रों तक ही सीमित होता है, जिनमें यह, सूक्ष्म, लघु व मध्यम उद्योग, छोटे उद्यमी, खुदरा व्यापारी, पेशेवर व वेतन भोगी आदि की ऋण आवश्यकताओं की पूर्ति करते हैं।
- यद्यपि इन पर ऐसी कोई बाध्यता नहीं होती है। यूसीबी जिस जिले में पंजीकृत है वह उस सम्पूर्ण जिले (ग्रामीण क्षेत्र सहित) में कार्य कर सकती है। इसके अतिरिक्त ऐसे यूसीबी जिनका प्रबन्धन बहुत बेहतर है तथा उनकी जमा ₹ 50 करोड़ तक की है। कुछ शर्तों के साथ अन्य राज्यों में कार्य कर सकते हैं।
- यूसीबी दोहरे नियामक नियन्त्रण में होता है, क्योंकि इनका पंजीकरण सम्बन्धित राज्य के सहकारी संस्था कानून के अन्तर्गत होता है, जबकि इसका संचालन बैंकिंग नियमन 1949 के अन्तर्गत होता है।
- इन बैंकों का प्रबन्धन, नियुक्ति, ऋणाशोधन आदि का नियन्त्रण राज्य सरकार करती है तथा बैंकिंग से सम्बन्धी विषयों पर नियन्त्रण आरबीआई का होता है।

> **बहुराज्यीय-सहकारी समिति**
>
> - ये समितियाँ अधिनियम, 2002 के अन्तर्गत पंजीकृत होती हैं।
> - वर्तमान में देश में 66 बहु-राज्यीय सहकारी समितियाँ हैं।

- शहरी सहकारी बैंक भारतीय रिजर्व बैंक अधिनियम, 1934 की दूसरी अनुसूची के अन्तर्गत आते हैं। अतएव इन्हें आरबीआई के पास नकद आरक्षित अनुपात आदि रखना तथा उससे उधार प्राप्त करने का अधिकार होता है।
- वर्तमान में देश में शहरी सहकारी बैंकों की संख्या 1485 है।
- शहरी सहकारी बैंकों के विनियमन में परिवर्तन सहकारी बैंकों के प्रशासन को बेहतर और विनियमित करने के सम्बन्ध में सरकार द्वारा वर्ष 2020 में बैंकिंग नियमन अधिनियम, 1949 में संशोधन कर आरबीआई को और अधिकार दिए गए। इसके अन्तर्गत आरबीआई को निम्न अधिकार प्रदान किए गए हैं
  - इन बैंकों के प्रबन्धन, निदेशक/अध्यक्ष की नियुक्ति व वेतन सम्बन्धी मामलों में अब आरबीआई निर्देश दे सकता है।
  - इनके बोर्ड में न्यूनतम 51% सदस्यों के पास निर्धारित क्षेत्रों का ज्ञान व अनुभव होना अनिवार्य बना दिया गया है।
  - ये बैंक अब आरबीआई के दिशा-निर्देशों के अन्तर्गत ही डिबेन्चर व बॉण्ड के माध्यम से ही पूँजी जुटा सकते हैं।
  - जिन बैंकों का परिचालन एक राज्य में ही सीमित है उनके बोर्ड का स्थान सम्बन्धी राज्य से परामर्श कर ले सकता है।
  - आरबीआई केन्द्र सरकार की अनुमति से इन बैंकों का विलय पुनर्निर्माण की योजना आदि बना सकता है।
- सहकारी बैंकों की समस्याएँ विनियमन सहकारी बैंकों की सबसे बड़ी समस्या विनियमन है, क्योंकि इन पर दोहरा नियन्त्रण होता है। जिला सहकारी बैंक व राज्य सहकारी बैंक नाबार्ड और सहकारी संस्थाओं के पंजीयक आरसीएस के अन्तर्गत जबकि शहरी सहकारी बैंक आरबीआई और आरसीएस के अन्तर्गत आते हैं।
  - कई नियामक संस्थाओं के होने से इन्हें उपयुक्त मानकों के साथ संचालन में कठिनाई होती है।
  - इन बैंकों में कौशल व विशेषज्ञता का अभाव होता है।
  - इसके अधिकांश स्तरों पर भर्तियाँ व नियुक्तियाँ राजनीति से जुड़े व्यक्तियों की होती हैं।

भुगतान बैंक

- बैंकिंग सेवाओं में विस्तार के लिए भारतीय रिजर्व बैंक (आरबीआई) (Registrar of Cooperative Societies-RCS) ने 19 अगस्त, 2015 को भुगतान बैंकों (Payments Bank) को सैद्धान्तिक मंजूरी दी।
- भुगतान बैंकों का मूल उद्देश्य कम आय वाले परिवारों, लघु व्यवसायों असंगठित क्षेत्र की अन्य इकाइयों तथा श्रमिकों इत्यादि के खाते खुलवाना, भुगतान प्रेषण सेवाएँ प्रदान करना आदि हैं। हालाँकि इसमें बैंकिंग कार्य सीमित रूप में निहित होते हैं।
- भुगतान बैंकों की विशेषताएँ निम्नलिखित हैं
  - खाताधारक ₹ 2 लाख तक की धनराशि जमा कर सकता है।
  - एटीएम, डेबिट कार्ड जारी कर सकेंगे, लेकिन क्रेडिट कार्ड जारी नहीं कर सकेंगे।
  - पैसों का लेन-देन किया जा सकेगा, किन्तु ऋण नहीं दे सकते।
  - केवल नकदी व सरकारी प्रतिभूतियाँ ही जमा कर सकते हैं।
- वर्ष 2013 में RBI ने भुगतान बैंक के लिए डिस्कशन पेपर जारी किया था। इसके बाद नचिकेत मोर कमेटी गठित की गई थी।
- आरबीआई ने 11 कम्पनियों को पेमेण्ट बैंक के लाइसेन्स जारी किए थे। इनमें शामिल हैं—एयरटेल, वोडाफोन, आदित्य बिरला ग्रुप, चोला मण्डलम, कोटक महिन्द्रा, रिलायन्स तथा भारतीय डाक विभाग आदि।
- जिन मोबाइल टेलीफोन कम्पनियों और सुपर बाजार शृंखलाओं का स्वामित्व एवं नियन्त्रण भारतीयों के पास है, वे भुगतान बैंक के प्रवर्तक हो सकते हैं। भुगतान बैंक के लिए इक्विटी कैपिटल की सीमा न्यूनतम ₹ 100 करोड़ होनी चाहिए। इनका प्रसार क्षेत्र सम्पूर्ण भारत में हो सकता है।

इण्डिया पोस्ट पेमेण्ट्स बैंक

- इसका शुभारम्भ 1 सितम्बर, 2018 को दिल्ली के तालकटोरा स्टेडियम में किया गया। हालाँकि इसे पायलट प्रोजेक्ट के रूप में वर्ष 2017 में राँची तथा रायपुर से प्रारम्भ किया गया था। इसमें भारत सरकार की 100% इक्विटी पाई जाती है।
- इस बैंक की थीम है- आपका बैंक, आपके द्वार। इसका उद्देश्य आम आदमी के लिए सबसे सुलभ, किफायती और भरोसेमन्द बैंकिंग सुविधाएँ उपलब्ध कराना है।

- इसका उद्देश्य बैंकिंग सुविधाओं को प्राप्त करने के लिए बाधाओं को दूर करके एवं लागत कम करके वित्तीय समावेशन को बढ़ावा देना, भारत के प्रत्येक घर तक कुशल बैंकिंग सेवाओं को पहुँचाना तथा वित्तीय रूप से सुरक्षित और सशक्त बनाना है।
- इण्डिया पोस्ट पेमेण्ट्स बैंक देश के प्रत्येक जिले, कस्बे व गाँव में विस्तृत डाकघरों एवं डाक कर्मचारियों के विशाल नेटवर्क की उपलब्धता के माध्यम से बैंकिंग सेवाएँ प्रदान कर रहा है।

देश में डिजिटल रूप से वित्तीय समावेशन को बढ़ावा देने हेतु इस बैंक ने **Dakpay** नामक एप्लिकेशन प्रारम्भ किया है, जिसके माध्यम से ग्राहक को वित्तीय सेवाएँ उपलब्ध कराई जा रही हैं।

लघु वित्त बैंक

- भारतीय रिजर्व बैंक ने जुलाई, 2014 में वित्तीय समावेशन को बढ़ावा देने के लिए लघु वित्त बैंक (Small Finance Bank) की स्थापना के लिए दिशा-निर्देश जारी किए।
- लघु वित्त बैंक छोटे किसानों, कुटीर उद्योग, लघु और अतिलघु एवं असंगठित क्षेत्र की इकाइयों को प्राथमिक बैंकिंग सेवाएँ उपलब्ध कराते हैं। इन बैंकों के ऋण पोर्टफोलियो में कम-से-कम 50% योगदान ₹25 लाख तक के ऋण और अग्रिमों का होना अपरिहार्य होता है।
- इसका मुख्य उद्देश्य जमा तथा ऋण की आपूर्ति प्रदान करना, छोटे किसानों, सूक्ष्म एवं लघु उद्योगों तथा अन्य असंगठित क्षेत्र की इकाइयों को उच्च तकनीक एवं कम लागत वाले परिचालन के माध्यम से ऋण की उपलब्धता सुनिश्चित करना है।
- भारतीय रिजर्व बैंक ने छोटे किसानों और कुटीर उद्योगों को बैंकिंग सुविधाएँ उपलब्ध कराने के लिए 16 सितम्बर, 2015 को 10 कम्पनियों को लघु वित्त बैंक की स्थापना के लिए सैद्धान्तिक अनुमति दी।
- इन बैंकों में एयू स्मॉल फाइनेन्स बैंक, केपिटल स्मॉल फाइनेन्स बैंक, इक्वीटास स्मॉल फाईनेन्स बैंक, उत्कर्ष स्मॉल फाइनेन्स बैंक इत्यादि शामिल हैं।

लघु बैंक की स्थापना के लिए शर्तें

लघु बैंक की स्थापना के लिए निम्नलिखित शर्तें हैं

- न्यूनतम चुकता इक्विटी पूँजी ₹100 करोड़ की होगी।
- प्रत्येक लघु बैंक को अपने नाम के साथ लघु वित्त बैंक शब्द लगाना होगा। वे गैर-बैंकिंग वित्तीय सेवा की गतिविधियों को शुरू करने के लिए सहायक कम्पनियों की स्थापना नहीं कर सकते हैं।
- भारतीय रिजर्व बैंक द्वारा वर्गीकृत इसके समायोजित निवल बैंक ऋण (Adjusted Net Bank Credit-ANBC) का 75% प्राथमिक क्षेत्र के लिए आवण्टित किया जाना चाहिए। कम-से-कम 50% ऋण संरक्षित होना चाहिए और अग्रिम ऋण ₹25 लाख तक दे सकते हैं।
- लघु वित्तीय बैंक भारतीय रिजर्व बैंक की पूर्व अनुमति से सभी बैंकिंग गतिविधियाँ संचालित कर सकते हैं।
- लघु वित्तीय बैंकों को 25% शाखाएँ बैंक रहित क्षेत्रों में खोलनी अनिवार्य हैं।

लघु वित्त बैंक तथा भुगतान बैंकों में अन्तर

लघु वित्त बैंक	भुगतान बैंक
इसकी न्यूनतम पूँजी **₹ 100 करोड़** है।	इसकी न्यूनतम पूँजी **₹ 100 करोड़** है।
इसे **नचिकेत मोर** एवं **उषा थोराट समिति** के सुझावों पर स्थापित किया गया।	इसे **नचिकेत मोर समिति** के सुझावों पर स्थापित किया गया।
यह जमा लेने एवं उधार देने का कार्य करता है।	यह केवल जमा लेने का कार्य करता है, जबकि उधार नहीं देता।
इसमें 40% भागीदारी प्रमोटर की होती है, जिसे 12 वर्षों में कम करके 26% पर लाया जाएगा।	इसमें 40% भागीदारी प्रमोटर की होती है, जो अगले 5 वर्षों तक बनाए रखी जाती है।
इसके द्वारा **डेबिट** एवं **क्रेडिट** (दोनों) **कार्ड** जारी किए जाते हैं।	इसके द्वारा केवल **डेबिट कार्ड** जारी किए जाते हैं।
इसमें एक दिन में जमा करने की कोई सीमा निर्धारित नहीं की गई है।	इसमें एक दिन में ₹1 लाख से अधिक जमा नहीं किया जा सकता।

भारत में विभिन्न प्रकार के बैंकों की स्थिति अगस्त, 2024

बैंक	स्थिति	बैंक	स्थिति
सार्वजनिक क्षेत्र के बैंक	12	विदेशी बैंक	44
राष्ट्रीयकृत बैंक	11	लघु वित्त बैंक	11
निजी क्षेत्र के बैंक	21	भुगतान बैंक	6
क्षेत्रीय ग्रामीण बैंक	43		-

नियो/डिजिटल बैंक

- नियो बैंक बैंकिंग प्रणाली में सामान्य रूप से तथा वित्तीय समावेशन की दिशा में एक अभूतपूर्व क्रान्ति है। यह एक ऐसा बैंक है, जिसकी कोई भौतिक स्थिति नहीं होती (किसी स्थान पर स्थापित नहीं होते) है, ये पूरी तरह ऑनलाइन कार्य करते हैं।
- ये बैंक आधुनिक डिजिटल प्लेटफार्म यथा मोबाइल तथा ऐप के माध्यम से अपने ग्राहकों को कम-से-कम समय में बिना किसी समय लागत के घर बैठे बैंकिंग सेवाएँ उपलब्ध कराते हैं।
- ये बैंक मुख्य धारा के बैंकिंग प्रणाली के अन्तर्गत कार्य करते हैं, किन्तु परम्परागत बैंकिंग संस्थानो यथा-बैंक, भुगतान प्रदाताओं आदि सेवा को सशक्त बनाते हैं।
- संघीय बजट 2022-23 के प्रस्ताव के अन्तर्गत सरकार ने देश के विभिन्न भागों में डिजिटल बैंकिंग को पहुँचाने हेतु डिजिटल बैंकिंग यूनिट्स की स्थापना की है।

गैर-बैंकिंग वित्तीय संस्थाएँ

गैर-बैंकिंग वित्तीय संस्थाओं के अन्तर्गत कई प्रकार की संस्थाओं को शामिल किया जाता है, जिससे भारतीय रिजर्व बैंक तीन प्रमुख श्रेणियों का नियमन व पर्यवेक्षण करता है अर्थात् इनके अन्तर्गत अखिल भारतीय वित्तीय संस्थाएँ, गैर-बैंकिंग वित्तीय कम्पनियाँ तथा प्राथमिक डीलर आते हैं, जिनका विवरण निम्नवत् है

अखिल भारतीय वित्तीय संस्थाएँ

इन वित्त संस्थाओं के अन्तर्गत विकास वित्त संस्थाएँ तथा निवेश संस्थाएँ शामिल होती हैं। वर्तमान में चार प्रमुख अखिल भारतीय वित्तीय संस्थाएँ हैं, जिनका पूर्णत: विनियमन तथा पर्यवेक्षण भारतीय रिजर्व बैंक द्वारा किया जाता है, ये संस्थाएँ निम्न प्रकार हैं

- भारतीय निर्यात-आयात बैंक (EXIM Bank)
- राष्ट्रीय आवास बैंक (NHB)
- भारतीय लघु उद्योग विकास बैंक (SIDBI)
- राष्ट्रीय कृषि और ग्रामीण विकास बैंक (NABARD)

गैर-बैंकिंग वित्तीय कम्पनियाँ

कम्पनी अधिनियम, 1956 के अन्तर्गत पंजीकृत सभी कम्पनियाँ, जिनका मुख्य कार्य ऋण उपलब्ध कराना, बीमा कारोबार करना, शेयर, डिबेन्चर, बॉण्ड्स, चिट फण्ड सम्बन्धी कारोबार को करना, निवेश करना तथा विभिन्न प्रकार की जमाएँ स्वीकार करना आदि हैं, उन्हें प्राय: गैर-बैंकिंग वित्तीय कम्पनियाँ (Non-Banking Financial Company -NBFCs) कहा जाता है।

- इन कम्पनियों की क्रेडिट रेटिंग निवेश ग्रेड की होनी चाहिए तथा इनको पूँजी पर्याप्तता अनुपात (Capital Adcquacy Ratio-CAR) का पालन करना अनिवार्य होता है।
- ये कम्पनियाँ केवल सावधि जमाओं व उधारी के द्वारा धन जुटा सकते हैं।
- इन कम्पनियों को कृषि/औद्योगिक गतिविधियों को अपने मुख्य व्यवसाय के रूप में चुनने, वस्तुओं का व्यापार करने (प्रतिभूतियों को छोड़कर) तथा अचल सम्पत्ति सम्बन्धी सेवाएँ उपलब्ध कराने की अनुमति नहीं है।
- ये कम्पनियाँ उन क्षेत्रों में महत्त्वपूर्ण भूमिका निभाती हैं, जहाँ वाणिज्यिक बैंक सीमित रूप में भूमिका निभाते हैं। इन कम्पनियों को छाया बैंक भी कहा जाता है।
- रिजर्व बैंक के अनुसार, गैर-बैंकिंग वित्तीय कम्पनियों की मुख्यत: दो श्रेणियाँ हैं, जो निम्न प्रकार हैं
  - जमाएँ स्वीकार करने वाली गैर-बैंकिंग वित्तीय कम्पनियाँ (NBFC-D)। इन कम्पनियों का आरबीआई में पंजीकृत होना आवश्यक होता है।
  - जमाएँ एनबीएफसी स्वीकार न करने वाली गैर-बैंकिंग वित्तीय कम्पनियाँ (NBFC- ND)। इन कम्पनियों का आरबीआई में पंजीकृत होना अनिवार्य नहीं है।

गैर-बैंकिंग वित्तीय कम्पनियों के लिए लोकपाल योजना

- भारतीय रिजर्व बैंक **अधिनियम, 1934 की धारा 45(IA)** के अन्तर्गत रिजर्व बैंक पंजीकृत एनबीएफसी के विरुद्ध शिकायतों के समाधान के लिए फरवरी, 2018 में लोकपाल योजना शुरू की गई।
- इसमें अपील का प्रावधान है, जिसके अन्तर्गत शिकायतकर्ता एनबीएफसी लोकपाल के निर्णय के विरुद्ध अपील प्राधिकारी के पास अपील कर सकता है।
- इसके अन्तर्गत एनबीएफसी के द्वारा प्रदान की जाने वाली सेवाओं में कमी के सम्बन्ध में लागत मुक्त तथा तीव्र शिकायत समाधान उपलब्ध कराती है। यह दिल्ली, मुम्बई, कोलकाता तथा चेन्नई में मुख्य रूप से कार्यरत् है।

वैसी वित्तीय कम्पनियाँ जिनका आरबीआई विनियमन नहीं करती

वित्तीय कम्पनियाँ	पंजीकरण/विनियमन
आवास वित्त कम्पनियाँ	राष्ट्रीय आवास बैंक द्वारा विनियमन
बीमा कम्पनियाँ	आईआरडीए द्वारा पंजीकृत/विनियमित
मर्चेण्ट बैंक, वेन्चर कैपिटल फण्ड, स्टॉक ब्रेकिंग फर्म	सेबी (SEBI) द्वारा पंजीकृत/विनियमित
चिटफण्ड कम्पनियाँ	चिट फण्ड अधिनियम, 1982 के अन्तर्गत सम्बन्धित राज्य सरकारों द्वारा विनियमित
निधि कम्पनियाँ	कम्पनी एक्ट 1956 के अन्तर्गत कॉर्पोरेट मामलों के मन्त्रालय द्वारा पंजीकृत/विनियमित

बैंक और गैर-बैंकिंग वित्तीय कम्पनियों में अन्तर

- बैंक को कानूनी रूप से मान्यता प्राप्त वित्तीय संस्था माना जाता है, बल्कि एनबीएफसी को बैंकिंग लाइसेन्स की जरूरत नहीं होती है।
- बैंक जमा लेते हैं और पैसा उधार देते हैं, जबकि एनबीएफसी न तो जमा लेती हैं और न ही ऋण देती हैं।
- बैंकों में विदेशी निवेश एक निश्चित राशि तक सीमित होता है, जबकि एनबीएफसी में 100% तक विदेशी निवेश की अनुमति है।
- बैंक स्व-माँग ड्रॉफ्ट जारी कर सकते हैं, जबकि एनबीएफसी को ऐसा करने की अनुमति नहीं होती है।
- बैंक अपने नाम पर चेक जारी कर सकते हैं, जबकि एनबीएफसी ऐसा नहीं कर सकती हैं।
- बैंक भुगतान और निपटान का काम करते हैं, जबकि एनबीएफसी भुगतान और निपटान का भाग नहीं हैं।

आंशिक-आरक्षित बैंकिंग

- यह बैंकिंग प्रणाली पूर्ण रिजर्व बैंकिंग, जिसके अन्तर्गत कुल जमा को आरक्षित रखा जाता है, के विपरीत होती है। इसके बैंक अपनी कुल जमा राशि का केवल एक भाग ही आरक्षित रखते हैं तथा शेष धनराशि का उपयोग वह ऋण देने एवं निवेश के लिए करते हैं।
- भारत में आरबीआई द्वारा पूर्ण रिजर्व बैंकिंग के अन्तर्गत ही आरक्षित अनुपात (एसएलआर तथा सीआरआर) विकसित किए गए हैं।
- कम अथवा बिना रिजर्व वाले बैंकों को **बैंक रन** (Bank run) का भय बना रहता है। कई देशों में; यथा-यूके, यूएसए कनाडा, ऑस्ट्रेलिया आदि में बैंक शून्य रिजर्व बनाए रखते हैं।
- बैंक रन की स्थिति उस समय उत्पन्न होती है, जब बैंक के जमाकर्ता बड़ी संख्या में एक ही समय में बैंकों से अपना धन निकालना प्रारम्भ कर देते हैं, जिसके कारण बैंक विफल हो जाता है।
- ऐसी स्थिति वर्ष 2007-2008 की मन्दी व बाद के वित्तीय संकट के दौरान अमेरिका में देखी गई थी, जब बड़ी संख्या में बैंक बन्द हो चुके थे।

प्राथमिकता क्षेत्र ऋण

- इस क्षेत्र का सम्बन्ध कृषि, लघु उद्यम तथा व्यवहार्य तथा कम आय वाली आवासीय परियोजनाओं से होता है। यह वह महत्त्वपूर्ण क्षेत्र है, जिसे वाणिज्यिक बैंकों को ऋण देने में प्राथमिकता (बाध्यता) देनी होती है। इसके लिए रिजर्व बैंक समय-समय पर दिशा-निर्देश भी देता है।
- वर्तमान में भारतीय अनुसूचित वाणिज्यिक बैंकों तथा 20 या 20 से अधिक शाखाओं वाले विदेशी बैंकों को अपने कुल समायोजित निवल बैंक ऋण का 40% भाग प्राथमिकता प्राप्त क्षेत्र को देना होता है।
- विदेशी बैंक, जिनकी भारत में 20 से भी कम शाखाएँ हैं, वे वर्ष 2020 से अपने निवल बैंक का 40% प्राथमिकता प्राप्त क्षेत्रों (**Primary Sector Lending-PSL**) को वितरित कर रहे हैं।
- वर्तमान में भारत के सरकारी तथा निजी क्षेत्र के बैंकों के लिए प्राथमिकता प्राप्त क्षेत्र के अन्तर्गत निम्न को शामिल किया गया है
  - कृषि ऋण (प्रत्यक्ष एवं अप्रत्यक्ष ऋण)
  - शिक्षा ऋण
  - सूक्ष्म, लघु एवं मध्यम उद्योग ऋण
  - आवास ऋण
  - सामाजिक अवसंरचना के लिए ऋण
  - निर्यात ऋण
  - नवीकरणीय ऊर्जा व अन्य ऋण

सार्वजनिक क्षेत्र के बैंकों के लिए योजनाएँ

मुद्रा बैंक

- यह योजना प्रधानमन्त्री द्वारा अप्रैल, 2015 में शुरू की गई। इस योजना के द्वारा माइक्रो यूनिट्स डेवलपमेण्ट एण्ड रिफाइनेन्स एजेन्सी बैंक (मुद्रा बैंक) को शुरू किया गया, जिसे प्रधानमन्त्री मुद्रा योजना के नाम से जाना जाता है।
- माइक्रो फाइनेन्स वित्तीय समावेशन का एक उपकरण है, जो छोटे-छोटे ऋणों के माध्यम से अर्थव्यवस्था के पिछड़े हुए क्षेत्रों तथा समाज के गरीब एवं वंचित लोगों को वित्तीय सुविधा उपलब्ध कराने में महत्त्वपूर्ण भूमिका निभाता है।
- इसकी घोषणा वर्ष 2015 के बजट में की थी, जिसके लिए ₹ 20,000 करोड़ का कोष निर्धारित किया गया तथा ₹ 3000 करोड़ की ऋण गारण्टी राशि की घोषणा की गई।
- मुद्रा बैंक प्रधानमन्त्री मुद्रा योजना के द्वारा सूक्ष्म वित्त संस्थानों के पुनर्वित्तीयन में सहायक है। कर्ज देते समय अनुसूचित जाति/जनजाति उद्यमों को प्राथमिकता दी जाती है।
- इन उपायों से युवाओं, शिक्षित अथवा कौशल प्राप्त श्रमिकों के आत्मविश्वास को बढ़ावा मिला है, जो पहली पीढ़ी के उद्यमी बनने की आकांक्षा रखते हैं, साथ ही इसमें वर्तमान लघु उद्यमी भी शामिल होकर अपनी गतिविधियों का विस्तार करना चाहते हैं।

मुद्रा बैंक की विशेषताएँ

- इस योजना के अन्तर्गत छोटे उद्यमियों को कम ब्याज दर पर ₹ 50 हजार से 10 लाख तक का कर्ज दिया जाएगा।
- केन्द्र सरकार इस योजना पर ₹ 20 हजार करोड़ निवेश करेगी, साथ ही इसके लिए ₹ 3,000 करोड़ की क्रेडिट गारण्टी रखी गई है।
- मुद्रा बैंक छोटे फाइनेन्स संस्थानों (माइक्रोफाइनेन्स इन्स्टीट्यूशन) को रिफाइनेन्स करेगा, ताकि वे प्रधानमन्त्री मुद्रा योजना के अन्तर्गत छोटे उद्यमियों को कर्ज दे सकें।
- मुद्रा बैंक के अन्तर्गत अनुसूचित जाति/जनजाति के उद्यमियों को प्राथमिकता पर कर्ज दिया जाएगा। इसकी पहुँच का दायरा बढ़ाने के लिए डाक विभाग के विशाल नेटवर्क का प्रयोग किया जाएगा।
- मुद्रा बैंक सम्पूर्ण भारत की 5.77 करोड़ छोटी व्यापार इकाइयों की मदद करेगा, जिन्हें अभी बैंक से कर्ज लेने में बहुत कठिनाई होती है।
- इस व्यवस्था के अन्तर्गत तीन प्रकार के कर्ज दिए जाएँगे—शिशु, किशोर और तरुण, जिनमें
  - ₹ 50,000 तक के ऋण हेतु शिशु।
  - ₹ 50,000 से अधिक तथा 5 लाख तक के ऋण हेतु किशोर।
  - ₹ 5 लाख से 10 लाख तक के ऋण हेतु तरुण।
- उल्लेखनीय है कि केन्द्रीय बजट 2024-25 में मुद्रा ऋण की सीमा को ₹ 10 लाख से बढ़ाकर ₹ 20 लाख कर दिया गया है।
- इसका लाभ वे लोग ले सकेंगे, जिन्होंने पहले तरुण श्रेणी के तहत ऋण लिया है और उसका भुगतान कर दिया है।

स्वर्ण मौद्रीकरण योजना

- भारतीय रिजर्व बैंक ने स्वर्ण मौद्रीकरण योजना लागू करने के लिए 22 अक्टूबर, 2015 को निर्देश जारी किया। आरबीआई के निर्देश के अन्तर्गत इस योजना के अन्तर्गत डिपॉजिट की कोई अधिकतम सीमा नहीं होगी। इसके साथ ही इस योजना के अन्तर्गत कम-से-कम 30 ग्राम खरा सोना जमा कराना आवश्यक होगा।
- आरबीआई के अनुसार, यह योजना गोल्ड डिपॉजिट की पुरानी स्कीमों का स्थान लेगी। इसके साथ ही अब शुद्धता की परख के बाद ही गोल्ड डिपॉजिट किया जा सकेगा।
- स्वर्ण मौद्रीकरण योजना में छोटी अवधि में 1-3 वर्ष के लिए गोल्ड डिपॉजिट किया जाएगा, वहीं मध्यम अवधि में 5-7 वर्ष के लिए गोल्ड डिपॉजिट किया जाएगा।
- इसके अतिरिक्त लम्बी अवधि में 12-15 वर्ष के लिए गोल्ड डिपॉजिट किया जाएगा। इस योजना में निर्धारित अवधि से पहले सोना निकालने पर पेनल्टी लगेगी।
- आरबीआई के अनुसार, छोटी अवधि के डिपॉजिट से कैश रिजर्व रेशियो, एसएलआर को बढ़ावा मिलेगा। स्वर्ण मौद्रीकरण योजना के अन्तर्गत केवाईसी (Know Your Customers-KYC) कराना आवश्यक होगा।

सम्प्रभु स्वर्ण बॉण्ड योजना

केन्द्र सरकार ने सम्प्रभु स्वर्ण गोल्ड बॉण्ड योजना के प्रारूप की रूपरेखा 19 जून, 2015 को जारी की। गोल्ड बॉण्ड योजना की विशेषताएँ निम्नलिखित हैं

- बॉण्ड पैसे के भुगतान पर जारी किया जाएगा और इसे सोने की कीमत से जोड़ा जाएगा। इसके अन्तर्गत प्रत्येक इकाई, प्रतिव्यक्ति, प्रतिवर्ष 500 ग्राम से अधिक नहीं खरीद सकते।

- बॉण्ड 2, 5 और 10 ग्राम सोने के मूल्यवर्ग में जारी किए जाएँगे या अन्य मूल्यवर्ग में भी जारी किए जा सकते हैं।
- बॉण्ड ब्याज एक साधारण दर के साथ जारी किया जाएगा। (सोने पर उधारी के लिए उसे अन्तर्राष्ट्रीय ब्याज दर से जोड़ा जाएगा।)
- बॉण्ड पर ब्याज की दर सोने के ग्राम के मामले में देय होगी।
- बॉण्ड की अवधि 5 से 7 वर्ष न्यूनतम हो सकती है। इससे सोने की कीमतों में मध्यम अवधि के उतार-चढ़ाव से निवेशकों का निवेश सुरक्षित रहेगा। इस योजना के प्रमुख उद्देश्यों में भारतीय घरों में निष्क्रिय रखे सोने को अर्थव्यवस्था में लाना तथा स्वर्ण आयात पर भारत की निर्भरता कम करना है।

विमुद्रीकरण

- विमुद्रीकरण (Demonetisation) का तात्पर्य- किसी अर्थव्यवस्था में से विनिमय के माध्यम के रूप में प्रचलित मुद्रा का वैधानिक रूप से प्रतिबन्धित होना है।
- इसके अन्तर्गत पुराने नोटों (मुद्रा) के स्थान पर नए नोट निर्गमित किए जाते हैं। भारत में विमुद्रीकरण की शुरुआत सर्वप्रथम वर्ष 1946 में हुई।
- इसके पश्चात् मोरारजी देसाई सरकार के द्वारा वर्ष 1978 में ₹ 1,000 के नोट तथा इससे ऊपर के मूल्य के नोटों के प्रचलन को प्रतिबन्धित कर दिया गया था।
- ₹ 1,000 के नोटों का पुन: प्रचलन वर्ष 2000 से प्रारम्भ किया गया।
- जुलाई, 2011 में 25 पैसे के सिक्के एवं इससे नीचे मूल्य के सिक्कों का प्रचलन बन्द कर दिया गया।
- नरेन्द्र मोदी की सरकार द्वारा अपने प्रथम कार्यकाल के दौरान 8 नवम्बर, 2016 को ₹ 500 एवं ₹ 1000 के नोटों के प्रचलन को प्रतिबन्धित कर दिया गया। इसके पश्चात् ₹ 500 एवं ₹ 2000 के नए नोटों का प्रचलन प्रारम्भ किया गया।
- आरबीआई ने 19 मई, 2023 को ₹ 2000 के नोट को प्रचलन से बाहर कर दिया है।

गैर-निष्पादन परिसम्पत्तियाँ

- जब बैंकों एवं वित्तीय संस्थाओं के द्वारा दिए गए ऋणों की किस्तों व ब्याजों का भुगतान समय पर नहीं होता है अर्थात् भुगतान में जब 90 दिनों से अधिक का विलम्ब हो जाता है, तो ऐसी सम्पत्ति को गैर-निष्पादनकारी परिसम्पत्तियाँ (Non-Performing Assets, NPA) कहा जाता है।
- कृषि अग्रिमों के सम्बन्ध में गैर-निष्पादनकारी परिसम्पत्तियाँ वे होती हैं, जिनको ब्याज की राशि एवं किस्त का भुगतान दो फसलों (180 दिन) तक देय नहीं होता है।

पूर्वोपाय

भारतीय रिजर्व बैंक के अनुसार, प्रत्येक बैंक अपने बाँटे गए ऋण में से एनपीए में परिवर्तित धनराशि के एक निश्चित अनुपात के बराबर की धनराशि अपने लाभ में से निकालकर सुरक्षित रखता है, जिसे **पूर्वोपाय** (Reserve) कहा जाता है।

- बैंकों के द्वारा दिए गए कर्ज को लौटाने में समर्थ होने के पश्चात् भी कर्ज न लौटाने वाले ऋण को इरादतन चूककर्ता (Willful Defaulter) कहते हैं।
- रिजर्व बैंक ने अक्टूबर, 2009 में एनपीए के सम्बन्ध में ग्रेडेड प्रॉविजनिंग प्रणाली (जोखिम के आधार पर श्रेणीकरण) की व्यवस्था प्रारम्भ की है, इसके आधार पर गैर-निष्पादन सम्पत्तियों को तीन श्रेणियों में बाँटा जाता है, जिनका विवरण निम्नवत् है
  - सब-स्टैण्डर्ड (Sub-standarad) परिसम्पत्तियाँ या अवमानक परिसम्पत्तियाँ इसमें उन परिसम्पत्तियों को रखा जाता है, जिनकी एनपीए अवधि 3 माह से लेकर 12 माह होती है। इसके अन्तर्गत आने वाले अग्रिम वे होते हैं, जिनके पीछे रखी गई प्रतिभूतियाँ/सम्पत्ति ·अग्रिमों के भुगतान को सुरक्षित करने की स्थिति में होती हैं।
  - संदिग्ध परिसम्पत्तियाँ (Doubtful Assets) के अन्तर्गत उन परिसम्पत्तियों को रखा जाता है, जिनकी एनपीए अवधि 1 वर्ष से लेकर 3 वर्ष तक होती है।
  - हानि वाली परिसम्पत्तियाँ (Loss Assets) के अन्तर्गत उन परिसम्पत्तियों को रखा जाता है, जिनकी एनपीए अवधि 3 वर्ष से अधिक हुई होती है। यह ऐसी परिसम्पत्ति होती हैं, जिसे बैंक के आन्तरिक तथा बाहरी अंकेक्षक या केन्द्रीय बैंक पर्यवेक्षक ने पहचाना है तथा जिसे बैंक द्वारा आंशिक या पूर्ण रूप से भी अपलिखित (Updation) नहीं किया गया हो।

गैर-निष्पादनकारी परिसम्पत्तियों की पहचान

- भारत में बैंकिंग क्षेत्र में एनपीए की पहचान के लिए मानक को 31 मार्च, 2014 से 90 दिनों के विलम्ब के मानक को स्वीकार किया गया है।
- इसके अन्तर्गत 1 वर्ष में एक तिमाही या 90 दिनों से अधिक का ब्याज एवं मूलधन की किस्त का भुगतान प्राप्त न होने पर उस ऋण को एनपीए की श्रेणी में शामिल कर लिया जाता है।

गैर-निष्पादनकारी सम्पत्ति अनुपात

बैंक की कुल निष्पादनकारी परिसम्पत्तियों के प्रतिशत के रूप में परिसम्पत्तियों के भाग को गैर-निष्पादनकारी सम्पत्ति अनुपात कहा जाता है। यह दो प्रकार के होते हैं, जो निम्न प्रकार हैं

- सकल गैर-निष्पादनकारी सम्पत्ति अनुपात (Gross- Non-Performing Assets Ratio-GNPA Ratio) यह वह ऋण होता है, जो वसूली योग्य नहीं होता, किन्तु इसे बैंकों की लेखा पुस्तकों में दिखाया जाता रहता है।
- निवल गैर-निष्पादनकारी सम्पत्ति अनुपात (Net Non-Performoming Assets Ratio-NNPARatio) यह वह ऋण होता है, जिसके कुछ भाग की वसूली हो गई होती है, किन्तु इनका बैंकों की पुस्तकों में समायोजन नहीं हुआ होता है। इनका समायोजन होने के बाद जो बचता है, उसे एनएनपीए कहा जाता है।
- आर्थिक समीक्षा 2023-24 के अनुसार मार्च, 2016 तक बैंकों के जीएनपीए अनुपात 14.5% था, जो मार्च, 2024 में घटकर 2.8% रह गया है।

- जीएनपीए में यह कमी बैंकिंग विनियामक ढाँचे को मजबूत करने, वसूली कानूनों में संशोधन करने, व्यापक दिवाला और दिवालियापन कानून बनाने और सार्वजनिक क्षेत्र की परिसम्पत्ति पुनर्निर्माण कम्पनी की स्थापना जैसे उपायों को लागू करने के कारण आई है।

एन.पी.ए. की समस्या के समाधान हेतु उठाए गए कदम

- असेट रिकॉन्सट्रक्शन कम्पनी (ARC)
- इन्द्रधनुष प्लान
- 5/25 रीफाइनेन्सिंग
- इन सालवेन्सी एण्ड बैंकरप्ट्सी कोड
- राष्ट्रीय परिसम्पत्ति पुनर्निर्माण कम्पनी लिमिटेड
- सरफेशी (SARFESI) एक्ट 2002
- स्ट्रैटेजिक डेट रीस्ट्रक्चरिंग (SDR) स्कीम
- स्कीम फॉर सस्टेनेबल स्ट्रक्चरिंग ऑफ स्ट्रेस्ड असेट्स (S4A)
- पब्लिक सेक्टर असेट टी हैबिलिटेसन एजेन्सी (PARA)
- प्राम्प्ट् करेक्टिव ऐक्सन (PCA)

नोट *बुरे ऋणों (Bad Loans) के संकट का समाधान करने हेतु अन्तिम उपाय के रूप में दिवालिया और शोधन अक्षमता कोड लागू किया गया।*

शोधन-अक्षमता/दिवाला और दिवालियापन संहिता 2016

- इसका उद्देश्य कॉर्पोरेट, फर्मों तथा व्यक्तियों के दिवालिया होने पर समाधान, परिसमापन और शोधन करना है। इसे वर्ष 2016 में पारित किया गया था। इसके अन्तर्गत दिवालियापन सम्बन्धी मामलों को 180 दिनों में निपटाने का प्रावधान किया गया है।
- वर्ष 2022 के अन्त तक 5893 कॉर्पोरेट दिवाला समाधान प्रक्रियाएँ (सीआईआरपी) शुरू हो चुकी थीं, जिनमें से 67% को बन्द कर दिया गया है।

शोधन अक्षमता/दिवाला और दिवालियापन में अन्तर

शोधन-अक्षमता/दिवाला (In solvency)	दिवालियापन (Bankruptcy)
• साधारण शब्दों में यह वह स्थिति है, जब कोई भी व्यक्ति या संस्था/फर्म ऋण का भुगतान समय पर करने में सक्षम नहीं होता है और उसके पास दायित्व से स्वयं को मुक्त करने की वित्तीय व्यवहार्यता नहीं होती है। • यह परिसम्पत्तियों के मूल्य देनदारियों से कम होने के कारण होता है।	• यह किसी व्यक्ति/फर्म/संस्था द्वारा दिवालिया होने की कानूनी घोषणा के रूप में जाना जाता है अर्थात् ऋण का भुगतान करने में असमर्थता। • दिवालियापन दिवालिया का परिणाम होता है। • उल्लेखनीय है कि सभी दिवालिया या शोधन-अक्षमता की स्थिति दिवालियापन नहीं होता है। • दिवालियापन के दो विकल्प पहला वसूली/समाधान तथा दूसरा परिसमापन कम्पनी/निकाय को बन्द करना है।

सार्वजनिक क्षेत्रक सम्पदा पुनर्निवेशन एजेन्सी

- भारत में इसे **बैड बैंक** के रूप में भी जाना जाता है। इसको वर्ष 2016-17 में एक स्वतन्त्र इकाई के रूप में चिह्नित किया गया, जिसके अन्तर्गत एनपीए खातों की पहचान करने तथा बैंकों से उन्हें खरीदने का प्रावधान किया गया।
- बैंकों के समस्याग्रस्त खातों को जमाकर तथा जब्त करके निम्न दो प्रकार की समस्याओं का समाधान किया गया
  - उधार लेने वाले से त्वरित गति से समझौता करने का प्रयास करना।
  - उधार लेने वालों से सौदेबाजी करना तथा उनके विरुद्ध कड़ी प्रवर्तनीय कार्यवाही करना।

इरादतन चूककर्ता

- सामान्य शब्दों में इरादतन चूककर्ता उसे कहा जाता है, जो बैंकों द्वारा लिए गए ऋण को चुकाने में समर्थ होने के बावजूद भी जानबूझकर नहीं चुकाता है।
- भारतीय रिजर्व बैंक के अनुसार, निम्न को विलफुल डिफॉल्टर माना गया है
  - जो ऋण चुकाने की वित्तीय स्थिति होने के बावजूद ऋण नहीं चुका रहा हो।
  - जिस उद्देश्य के लिए ऋण लिया गया है, उसका उपयोग उस उद्देश्य कार्य में न कर दूसरे कार्य/उद्देश्य के लिए कर रहा हो।
  - जिस सम्पत्ति के लिए ऋण लिया गया है, उस सम्पत्ति को बेच देना आदि।

विलफुल डिफॉल्टर्स व्यक्ति/संस्था पर प्रतिबन्ध

- यदि कोई व्यक्ति/संस्था विलकुल डिफॉल्टर्स की श्रेणी में शामिल हो जाता है, तो उस पर निम्न प्रतिबन्ध लागू हो जाते हैं
  - वह पूँजी बाजार में हिस्सा नहीं ले सकता है।
  - उस पर बैंक/वित्तीय संस्थाओं से ऋण लेने पर 5 वर्ष का प्रतिबन्ध लग जाता है।
  - वसूली के लिए कर्ज देने वाली संस्था कार्रवाई कर सकती है।
  - डिफॉल्टर्स से सम्बन्धित किसी भी व्यक्ति को दूसरे किसी कम्पनी के बोर्ड में शामिल होने से कर्ज देने वाली संस्था रोक सकती है।

सरफेशी अधिनियम, 2002

- यह अधिनियम जानबूझकर ऋण नहीं चुकाने वाले विलफुल डिफॉल्टर्स से निपटने हेतु सरकार द्वारा पारित किया गया था।
- इस अधिनियम का पूरा नाम **सिक्योरिटाइजेशन एण्ड रीकंस्ट्रक्शन ऑफ फाइनेंशियल असेट एण्ड एनफोर्समेण्ट ऑफ सिक्योरिटी इण्टरेस्ट** (SARFAESI) है। संक्षेप में इसे **सरफेशी अधिनियम** के नाम से जाना जाता है।
- यह अधिनियम बैंक तथा वित्तीय संस्थाओं को एनपीए से निपटने हेतु अधिक शक्ति प्रदान करता है।
- 75% ऋण वाले बैंक अथवा वित्तीय संस्थान एकसाथ मिलकर ऋणी के विरुद्ध कार्रवाई कर सकते हैं।
- वे 60 दिन के अदा ऋण का भुगतान करने हेतु डिफॉल्ट का नोटिस जारी कर सकते हैं।
- यदि ऋणी बकाया का भुगतान नहीं करता है, तो उसकी जमानत (सिक्योरिटी) जब्त की जा सकती है, उसके प्रबन्धन पर अधिकार किया जा सकता है, उसे संचालित करने हेतु किसी व्यक्ति को नियुक्त किया जा सकता है।

- यदि विवाद पूर्व से ही बोर्ड फॉर इंण्डस्ट्रियल एण्ड फाइनेंस रीकंस्ट्रक्शन (BIFR) के अधीन है, तो 75% हिस्से वाले बैंक वित्तीय संस्थान की कार्रवाई को रोका जा सकता है।
- बैंक अथवा वित्तीय संस्थाएँ शेयर को परिसम्पत्ति पुनर्निर्माण कम्पनी (Asset Reconstruction Company-ARC) अथवा प्रतिभूतियों को बेच सकती है।
- ऋण वसूली अधिकरण इसकी स्थापना वर्ष 1993 में की गई थी, जिसका मुख्य कार्य ऋण वसूली में नियामकीय भूमिका निभाना है।
- एसैट रीकंस्ट्रक्शन कम्पनी एक निजी कम्पनी के रूप में इसकी स्थापना की गई, जिसकी न्यूनतम पूँजी को वर्ष 2007 में ₹ 2 करोड़ से बढ़ाकर
₹100 करोड़ कर दिया गया। भारत की प्रथम परिसम्पत्ति पुनर्निर्माण कम्पनी एसेट रिकन्सट्रक्शन कम्पनी ऑफ इण्डिया लिमिटेड (ARCIL) की स्थापना की गई थी।
- एस 4 ए या दाबित सम्पदा की सतत् संरचना स्कीम को वर्ष 2016 में शुरू किया गया। इसके अन्तर्गत संघर्षरत् कम्पनी के ऋण को सतत् व असतत् दोनों रूपों में बाँटा जाता है।

एनएआरसीएल (NARCL) और आईडीआरसीएल (IDRCL)

- सरकार ने एनपीए की समस्या के समाधान हेतु दिवाला एवं दिवालियापन संहिता 2016 के साथ पुनर्निर्माण मार्ग को अपनाने का निर्णय लिया।
- यद्यपि यह मार्ग नरसिम्हम समिति (1991) की सिफारिश पर ही स्थापित किया गया था। इस दिशा में देश में कुल 28 परिसम्पत्ति पुनर्निर्माण कम्पनियाँ (ARCs) पहले से ही कार्य कर रही थी, किन्तु वो कम मूल्य वाले एनवीए का समाधान कर सकती थी।
- इसलिए सरकार ने वर्ष 2021 में नेशनल एसैट रीकंस्ट्रक्शन कम्पनी लिमिटेड (NARCL) भारत की पहली सरकारी स्वामित्व वाली तथा इण्डिया डेब्ट रिसल्यूशन कम्पनी लिमिटेड (IDRCL) की स्थापना की। इसमें 51% की धारिता सार्वजनिक क्षेत्र के बैंकों के पास तथा शेष धारिता निजी वित्तीय संस्थानों की होगी।
- एनएआरसीएल बैंकों की ₹ 2 लाख करोड़ की एनपीए को चरणबद्ध तरीके से तनाव ग्रस्त सम्पत्ति का 15% नकद तथा 85% प्रतिभूति रिसीट (Receipt) आधार पर प्राप्त करेगा।
- वास्तविक वसूली और परिसम्पत्ति के अंकित मूल्य के बीच की कमी को पूरा करने हेतु सरकार ने ₹ 30600 करोड़ की गारण्टी प्रदान की है, जो एनएआरसीएल द्वारा जारी प्रतिभूति रसीद का समर्थन करेगी, यह गारण्टी 5 वर्षों के लिए वैध होगी।
- आईडीआरसीएल की स्थापना एनएआरसीएल के द्वारा सम्पत्ति के प्रबन्धन के लिए की गई है। इसमें निजी वित्तीय संस्थानों की धारिता 51% तथा सार्वजनिक क्षेत्र के बैंकों तथा वित्तीय संस्थानों की धारिता 49% की होगी।
- आईडीआरसीएल बाजार के पेशेवरों व विशेषज्ञों को साथ लेकर एक सेवा परिचालन निकाय की भाँति कार्य करेगा।

वित्तीय सेवा संस्थान ब्यूरो

- बैंक बोर्ड ब्यूरो (BBB) के स्थान पर वित्तीय सेवा संस्थान ब्यूरो (Financial Services Institution Bureau-FSIB) की स्थापना के लिए एक सरकारी प्रस्ताव जुलाई, 2022 में पारित किया गया।
- वित्तीय सेवा संस्थान ब्यूरो सार्वजनिक क्षेत्र के बैंकों और बीमा कम्पनियों के प्रमुखों का चयन करेगा। एफएसआईबी के पास दिशा-निर्देश जारी करने और राज्य द्वारा संचालित गैर-जीवन बीमा कम्पनियों, सामान्य बीमाकर्ताओं और वित्तीय संस्थानों के महाप्रबन्धकों तथा निदेशकों का चयन करने का स्पष्ट अधिदेश होगा।
- एफएसआईबी सार्वजनिक क्षेत्र के बैंकों, इण्डिया प्राइवेट लिमिटेड कम्पनी और वित्तीय संस्थाओं में पूर्णकालिक निदेशक तथा गैर-कार्यकारी अध्यक्ष की नियुक्ति के लिए सिफारिशें करने वाली एकल इकाई होगी।

> **बैंक बोर्ड ब्यूरो**
>
> बैंकिंग प्रणाली के ढाँचे को पारदर्शी तथा व्यावहारिक बनाने के लिए केन्द्र सरकार ने **फरवरी, 2016** में बैंक बोर्ड ब्यूरो (बीबीबी) की स्थापना की। इसका प्रथम अध्यक्ष पूर्व महालेखा परीक्षक **विनोद राय** को बनाया गया।

उत्तरदायित्व

- एफएसआईबी राज्य द्वारा संचालित वित्तीय सेवा संस्थाओं के पूर्णकालिक निदेशकों एवं गैर-कार्यकारी अध्यक्षों के लिए एक उपयुक्त निष्पादन मूल्यांकन प्रणाली पर सरकार को परामर्श देगा।
- निकाय सार्वजनिक क्षेत्र के बैंकों (Public Sector Bank-PSB), वित्तीय संस्थाओं एवं बीमा कम्पनियों के प्रदर्शन से सम्बन्धित एक डेटा बैंक का निर्माण करेगा। यह इन संस्थाओं में 'पूर्णकालिक निदेशकों के लिए आचार संहिता तथा नैतिकता के निर्माण एवं प्रवर्तन' पर सरकार को परामर्श देगा।
- एफएसआईबी इन सरकारी बैंकों, वित्तीय संस्थाओं तथा बीमा कम्पनियों को व्यावसायिक रणनीतियाँ विकसित करने एवं पूँजी जुटाने की योजना इत्यादि में भी सहायता करेगा।

बैंकिंग लोकपाल

- बैंकिंग ऑम्बुड्समैन योजना 14 जून, 1995 से चल रही है। यह योजना भारतीय रिजर्व बैंक के नियन्त्रण और देखरेख में कार्य करती है। विवादों को शीघ्र और कम खर्च में निपटाने की कानूनी शक्तियों के साथ बैंकिंग ऑम्बुड्समैन एक स्वतन्त्र संस्था है।
- रिजर्व बैंक ने सम्पूर्ण देश में 15 बैंकिंग ऑम्बुड्समैन नियुक्त किए हैं। इस व्यवस्था का उद्देश्य अधिक कानूनी कार्यवाहियों के बिना शिकायतों की शीघ्र समाप्ति को सुनिश्चित करना है। कोई भी ग्राहक जिसकी शिकायत का बैंक द्वारा सन्तोषजनक समाधान न किया गया हो, बैंकिंग ऑम्बुड्समैन के पास जा सकता है।
- 3 फरवरी, 2009 को भारतीय रिजर्व बैंक द्वारा भारत सरकार की सलाह से बैंकिंग ऑम्बुड्समैन योजना वर्ष 2006 को पुन: संशोधित कर दी गई है। शिकायतों के नए कारणों को शामिल करने के लिए योजना का दायरा बढ़ा दिया गया है।
- बैंकों में आन्तरिक लोकपाल योजना, 2018 के अन्तर्गत यह प्रावधान किया गया है कि बैंक आन्तरिक लोकपाल का कार्यकाल 3 से 5 वर्ष निश्चित कर सकता है।

- आन्तरिक लोकपाल को केवल रिजर्व बैंक की सहमति से ही हटाया जा सकता है। इसके अन्तर्गत लोकपाल को दिए जाने वाले पारिश्रमिक का निर्णय बोर्ड की ग्राहक उप-समिति द्वारा किया जाएगा।
- लोकपाल योजना, 2018 के कार्यान्वयन की देखभाल भारतीय रिजर्व बैंक के नियामक निरीक्षण के अतिरिक्त बैंक के आन्तरिक लेखा परीक्षा तन्त्र द्वारा किए जाने का प्रावधान है।
- ऑम्बुड्समैन स्कीम के दायरे निम्नलिखित शिकायतें आती हैं
    - क्रेडिट कार्ड से सम्बन्धित शिकायतें।
    - पेंशन से सम्बन्धित शिकायतें।
    - बैंक के प्रतिनिधियों द्वारा सीधे बेची गई सुविधाओं सहित, वादे के अनुसार सेवाएँ प्राप्त न होने से सम्बन्धित शिकायतें।
    - किसी बैंक द्वारा अपनाए गए उचित व्यवहार कोड का पालन न करने सम्बन्धी शिकायतें।
    - चैकों, ड्राफ्टों, बिलों इत्यादि का भुगतान न करना अथवा चैकों के भुगतान या कलेक्शन में अनुचित देरी।
    - अन्य पार्टियों द्वारा हस्तान्तरित धन का भुगतान न करना या देर से भुगतान करना।
    - ड्राफ्ट्स, पे-ऑडर्स या बैंकर्स चैकों को जारी न करना या देर से जारी करना।
    - निधारित कार्य समय का पालन न करना।
    - भारत में खाताधारी अनिवासी भारतीयों की विदेश से हस्तान्तरित धन, जमाओं तथा बैंक से सम्बन्धित अन्य शिकायतें।
    - ग्राहक को बिना पर्याप्त पूर्व सूचना दिए बैंक द्वारा प्रभार लगा देना।
    - बैंकों द्वारा रिकवरी एजेण्टों की नियुक्ति के सम्बन्ध में रिजर्व बैंक के दिशा-निर्देशों का पालन न करना।
    - बैंकिंग या अन्य सेवाओं से सम्बन्धित रिजर्व बैंक के निर्देशों के उल्लंघन से सम्बन्धित कोई अन्य मामला।

डिजिटल लेन-देन के लिए लोकपाल योजना

- भारतीय रिजर्व बैंक ने डिजिटल लेन-देन के लिए लोकपाल की शुरुआत वर्ष 2019 में की।
- इसे भुगतान और निपटान प्रणाली अधिनियम, 2007 की धारा-18 के अन्तर्गत शुरू किया गया है।
- इसके अन्तर्गत लोकपाल ग्राहकों के समय, धन की क्षति और मानसिक पीड़ा के लिए ₹ 1 लाख तक का मुआवजा तथा डिजिटल भुगतान सम्बन्धी ₹ 20 लाख की अधिकतम क्षतिपूर्ति का आदेश दे सकता है।

वित्तीय पर्यवेक्षण बोर्ड

- वित्तीय पर्यवेक्षण बोर्ड (Board for Financial Supervision-BFS) की स्थापना वर्ष 1994 में भारतीय रिजर्व बैंक के अन्तर्गत हुई। यह बोर्ड, परिसम्पत्तियों के वर्गीकरण, आय अभिज्ञान, ऋण-सम्बन्ध, पूँजी पर्याप्तता आदि से सम्बन्धित नियमों के क्रियान्वयन को सुनिश्चित करता है।
- वर्ष 1997 से इस बोर्ड द्वारा **कैमल्स प्रणाली** (बैंकों की समग्र स्थिति का आकलन करने के लिए प्रयोग की जाने वाली एक पर्यवेक्षी रेटिंग प्रणाली है। इसका उपयोग अन्तर्राष्ट्रीय स्तर पर किया जाता है।) के आधार पर वार्षिक वित्तीय निरीक्षण प्रारम्भ किए गए हैं।

बैंक धोखाधड़ी जाँच हेतु केन्द्रीय बोर्ड

- बैंक फण्ड के केन्द्रीय बोर्ड (Central Board of Bank Funds-CBBF) का गठन वर्ष 1997 में वित्त मन्त्रालय द्वारा किया गया। इसकी स्थापना महाप्रबन्धक के स्तर तक बैंक अधिकारियों के विरुद्ध चलाई जा रही सीबीआई जाँच के मामलों की जानकारी हेतु की गई।
- बोर्ड उन सभी मामलों में बैंक को सलाह देता है, जो महाप्रबन्धक व उससे उच्चाधिकारियों के विरुद्ध जाँच-पड़ताल के लिए सीधे सीबीआई के पास भेजे गए हों।

बैंकिंग क्षेत्र सुधार की समितियाँ

बैंकिंग क्षेत्र सुधार की प्रमुख समितियाँ एवं योजनाएँ निम्नलिखित हैं

नरसिंहम समिति I

- भारत सरकार ने वित्तीय प्रणाली की तत्कालीन संरचना तथा उसके विभिन्न अवयवों के आलोचनात्मक विवेचन के लिए रिजर्व बैंक के भूतपूर्व गवर्नर एम. नरसिंहम की अध्यक्षता में अगस्त, 1991 में एक 9 सदस्यीय समिति का गठन किया था।
- इस समिति की रिपोर्ट 17 नवम्बर, 1991 को संसद में प्रस्तुत की गई। वित्तीय क्षेत्र में सुधारों के प्रति समिति का दृष्टिकोण तीन मुख्य व अन्तर्सम्बन्धित बातों पर आधारित था, जोकि निम्न हैं
    - अर्थव्यवस्था के वास्तविक क्षेत्रों में प्रतिस्पर्द्धात्मक दक्षता लाने हेतु जो प्रयास किए जा रहे हैं, उसी प्रकार के प्रयास वित्तीय क्षेत्र में भी करने की आवश्यकता है।
    - प्रतिस्पर्द्धात्मक दक्षता के वातावरण में अपना कार्य सुचारू और प्रभावी तरीके से कर पाने के लिए वित्तीय क्षेत्र का स्वस्थ व लाभप्रद होना आवश्यक है।
    - दक्ष और लाभप्रद आधार पर वित्तीय क्षेत्र कार्य कर पाने में तभी सफल हो सकता है, यदि उसे बिना हस्तक्षेप कार्य करने की स्वतन्त्रता हो तथा बिना किसी बाहरी हस्तक्षेप के साख एवं निवेश निर्णयों का निर्धारण केवल उच्च व्यावसायिक मानदण्डों के आधार पर किया जाए।
- नरसिंहम समिति के मुख्य सुझाव निम्नलिखित हैं
    - बैंकिंग संरचना में चार स्तर होने चाहिए, सबसे ऊपर के स्तर पर स्टेट बैंक के साथ तीन-चार और बड़े बैंक होने चाहिए (जिनका स्वरूप अन्तर्राष्ट्रीय हो सकता है) तथा सबसे निचले स्तर पर ग्रामीण बैंक (जिनमें क्षेत्रीय ग्रामीण बैंक भी शामिल हैं) होने चाहिए। ग्रामीण बैंकों का कार्यक्षेत्र ग्रामीण क्षेत्रों तक सीमित रहना चाहिए और उनका कार्य कृषि एवं सहायक गतिविधियों को ऋण देना होना चाहिए।

- बैंकों तक वित्तीय संस्थाओं पर निगरानी या निरीक्षणात्मक कार्यों का उत्तरदायित्व रिजर्व बैंक के तत्त्वावधान में गठित एक अर्द्ध-स्वायत्त संस्था को सौंप देना चाहिए।
- 8% पूँजी पर्याप्तता अनुपात (Capital Adequacy Ratio) को प्राप्त करने का लक्ष्य होना चाहिए। यह कार्य विभिन्न चरणों में सम्पन्न किया जा सकता है।
- शाखा लाइसेन्सिंग नीति को समाप्त कर दिया जाना चाहिए।
- समिति ने निर्देशिक निवेशों (Direct Investments) तथा साख कार्यक्रमों के सम्बन्ध में भी सुझाव दिए और परिसम्पत्ति पुनर्निर्माण फण्ड (Assets Reconstruction Fund) की स्थापना की सिफारिश की गई।
- वर्ष 1991-92 से वैधानिक तरलता अनुपात (Statutory Liquidity Ratio) में धीरे-धीरे क्रमबद्ध कमी की जानी चाहिए।
- ब्याज दरों का नियमन समाप्त करके उन्हें चक्रवर्ती कमेटी के सुझाव के अनुसार, बैंक दर से सम्बन्धित किया जाना चाहिए।
- वित्तीय संस्थाओं के बीच प्रतिस्पर्द्धा को बढ़ावा देना चाहिए।

नरसिंहम समिति II

- इस समिति का गठन 26 दिसम्बर, 1997 को किया गया, जिसने अपनी रिपोर्ट 22 अप्रैल, 1998 को केन्द्रीय वित्त मन्त्री के सम्मुख प्रस्तुत की। समिति का उद्देश्य वित्तीय ढाँचे, संगठन, कार्यप्रणाली व कार्यविधियों से सम्बन्धित सभी पहलुओं की जाँच से है।
- इस समिति द्वारा पूँजी खाते में रुपये की पूर्ण परिवर्तनीयता की सिफारिश की, परन्तु इससे पहले देश की वित्तीय व्यवस्था को मजबूत व स्थायी बनाने पर बल दिया। साथ ही बैंक की परिसम्पत्तियों की गुणवत्ता में सुधार, गैर-निष्पादित परिसम्पत्तियों (Non Performing Assets-NPA) में कमी, पूँजी पर्याप्तता अनुपात में वृद्धि की अनुशंसा की गई।
- बैंकों की खराब परिसम्पत्तियों के अधिग्रहण के लिए एसेट रिकन्सट्रक्शन फण्ड, भारतीय रिजर्व बैंक की नियामक व देख-रेख सम्बन्धी क्रियाओं को पृथक् करने हेतु बोर्ड फॉर फाइनेन्शियल सुपरविजन (Board for Financial Supervision- BFS) को स्वायत्तता प्रदान करने की भी सिफारिश की गई।
- बैंकों को राजनीति से मुक्त करने, निर्देशक बोर्ड में पेशेवर व्यक्तियों को शामिल करने तथा बैंक के किसी भी कर्मचारी के विरुद्ध कार्यवाही से पूर्व समुचित जाँच-पड़ताल करने की संस्तुति भी की गई।

दामोदरन समिति

- इस समिति की स्थापना वर्ष 2011 में की गई, जिसने अपनी रिपोर्ट अगस्त, 2011 में सरकार को सौंप दी।
- सेबी के पूर्व अध्यक्ष एम. दामोदरन की अध्यक्षता में गठित समिति ने बैंकिंग सेवाओं में सुधार हेतु कई महत्त्वपूर्ण सिफारिशें कीं। इसके द्वारा जारी रिपोर्ट पर आरबीआई द्वारा आम जनता की टिप्पणियाँ भी आमन्त्रित की गई थीं।
- बैंकिंग सेवाओं के सन्दर्भ में समिति द्वारा न्यूनतम बैलेन्स की अवधारणा को समाप्त करने का सुझाव दिया गया और आवश्यक सेवाओं को नि:शुल्क बनाने की भी सिफारिशें की गईं।
- होम लोन, नि:शुल्क कॉल सेण्टर की स्थापना आदि के सन्दर्भ में भी समिति ने अपने विचार व्यक्त किए।

श्यामला गोपीनाथ समिति

- लघु बचत योजनाओं के सन्दर्भ में विचार हेतु रिजर्व बैंक के तत्कालीन डिप्टी गवर्नर श्यामला गोपीनाथ की अध्यक्षता में वर्ष 2010 में गठित समिति ने अपनी सिफारिशें प्रस्तुत कर दीं, जिनको स्वीकार करते हुए सरकार ने किसान विकास-पत्र योजना को नवम्बर, 2011 से बन्द कर दिया।
- मासिक आय योजना तथा राष्ट्रीय बचत पत्र योजना की परिपक्वता अवधि 6 वर्ष से घटाकर 5 वर्ष कर दी गई। साथ ही 10 वर्ष की परिपक्वता अवधि वाली राष्ट्रीय बचत-पत्र योजना प्रारम्भ करने की घोषणा की गई, दूसरी ओर डाकघर में बचत जमाओं पर ब्याज दर 3.5% से बढ़ाकर 4% कर दी गई।
- मासिक आय योजना (Monthly Income Scheme-MIS) पर 8.0% से बढ़ाकर 8.2% तथा पब्लिक प्रॉविडेण्ट फण्ड (PPF) पर इसे 8.0% से बढ़ाकर 8.6% किया गया है।

PPF खातों में वार्षिक निवेश की अधिकतम सीमा ₹ 70 हजार से बढ़ाकर अब ₹ 1 लाख कर दी गई है। डाकघरों में सावधि जमाओं पर देय ब्याज दरों में भी वृद्धियाँ की गई हैं। सर्वाधिक वृद्धि 1 वर्ष की **सावधि जमा (Fixed Deposit)** के मामले में (6.25% से बढ़ाकर 7.7%) की गई है।

खण्डेलवाल समिति

इस समिति का गठन बैंकों में मानव संसाधन दक्षता में सुधार लाने के लिए किया गया। इस समिति द्वारा निम्नलिखित सुझाव दिए गए हैं

- बैंकों में मानव संसाधन प्रबन्धन
- उनकी नियुक्ति, योजना, प्रशिक्षण, भविष्य योजना
- निष्पादन प्रबन्धन
- पुरस्कार प्रबन्धन
- उत्तराधिकार योजना एवं नेतृत्व विकास
- अभिप्रेरण
- मानव संसाधन में व्यावसायिक दृष्टिकोण
- वेतन, सेवा शर्तें तथा कल्याण

भारतीय रिजर्व बैंक द्वारा गठित प्रमुख समितियाँ

भारतीय रिजर्व बैंक द्वारा गठित प्रमुख समितियाँ निम्न प्रकार हैं

जालान समिति

- भारतीय रिजर्व बैंक के पूर्व गवर्नर बिमल जालान की अध्यक्षता वाले उच्चस्तरीय पैनल ने 25 फरवरी, 2014 को अपनी रिपोर्ट सौंप दी। इस पैनल की नियुक्ति सितम्बर, 2013 में आरबीआई द्वारा नए बैंक परमिट हेतु आए आवेदनों की समीक्षा हेतु की गई थी।
- इस पैनल में अध्यक्ष बिमल जालान के अतिरिक्त आरबीआई की पूर्व डिप्टी गवर्नर ऊषा थोराट, पूर्व सेबी अध्यक्ष सी. बी. भावे तथा आरबीआई के सेण्ट्रल बोर्ड ऑफ डायरेक्टर्स के डायरेक्टर नचिकेत मोर शामिल थे।

उर्जित पटेल समिति

- भारतीय रिजर्व बैंक के मौद्रिक नीति ढाँचे का विश्लेषण करने और इसको सशक्त बनाने के लिए नियुक्त की गई उर्जित पटेल की अध्यक्षता वाली समिति का गठन किया गया, जिसने अपनी रिपोर्ट सौंप दी थी। उर्जित पटेल समिति की प्रमुख सिफारिशें निम्न हैं
- उपभोक्ता मूल्य सूचकांक पर आधारित दर को मौद्रिक नीति के केन्द्र में रखा जाना चाहिए। नीतिगत दरें आरबीआई और बाहरी सदस्यों वाली समिति निर्धारित करें।
- खुदरा महँगाई दर को अगले दो वर्षों में 6% पर लाया जाए और फिर 4% का लक्ष्य निर्धारित किया जाए। वास्तविक नीतिगत दर धनात्मक रहे अर्थात् खुदरा महँगाई दर से अधिक रहे। विभिन्न वस्तुओं के आधिकारिक मूल्य निर्धारित करने की परम्परा समाप्त की जाए।

ऊषा थोराट समिति

- देश के सभी गाँवों में वित्तीय सेवाएँ उपलब्ध कराने के उद्देश्य से आरबीआई की डिप्टी-गवर्नर ऊषा थोराट की अध्यक्षता में एक समिति का गठन किया गया था।
- इस समिति ने अपनी रिपोर्ट में वर्ष 2011 तक देश के सभी गाँवों में वित्तीय सुविधाएँ उपलब्ध कराने की सिफारिश की थी।
- वित्तीय सेवाओं में जमा, ऋण अदायगी एवं अन्य बैंकिंग सुविधाओं को शामिल किया जाता है।

एम.वी. नायर समिति

- प्राथमिकता प्राप्त क्षेत्र में विद्यमान वर्गीकरण की समीक्षा तथा इस क्षेत्र में उधार से सम्बन्धित मुद्दों में संशोधित दिशा-निर्देश प्रस्तावित करने के लिए भारतीय रिजर्व बैंक द्वारा एम. वी. नायर की अध्यक्षता में एक समिति का गठन किया गया। इस समिति द्वारा निम्नलिखित अनुशंसाएँ की गईं
    - कृषि एवं इससे सम्बद्ध गतिविधियाँ प्राथमिकता प्राप्त क्षेत्र के अन्दर ही सम्मिलित हों।
    - कृषि एवं सम्बद्ध क्रियाकलापों का लक्ष्य ANBC (Adjusted Net Bank Credit) अथवा CEOBE (Credit Equivalent amount of off Balance Sheet Exposure) जो भी अधिक हो, का 18% होना चाहिए।
    - मध्यम तथा लघु उद्यम क्षेत्र को प्राथमिकता प्राप्त क्षेत्र में जारी रखा जाए। आवास एवं शिक्षा ऋण को प्राथमिकता प्राप्त क्षेत्र के अन्तर्गत जारी रखा जाए।
    - आर्थिक रूप से कमजोर एवं निम्न आय समूह के व्यक्तियों को प्रदान किए जाने वाले आवास ऋणों को कमजोर वर्ग श्रेणी में शामिल किया जाए।
    - प्राथमिकता प्राप्त क्षेत्र के अन्तर्गत महिलाओं के सभी ऋणों को भी कमजोर वर्गों के ऋण में गिना जाए।

नचिकेत मोर समिति

- भारतीय रिजर्व बैंक की नचिकेत मोर समिति ने 7 जनवरी, 2014 को अपनी सिफारिशें प्रस्तुत कीं। देश ने प्रत्येक नागरिक को वित्तीय व्यवस्था से जोड़ने पर इस समिति का गठन 22 सितम्बर, 2013 को सुझाव देने के लिए किया।
- इसमें कुल 13 सदस्य थे और इसके अध्यक्ष नचिकेत मोर हैं, जो आरबीआई के केन्द्रीय बोर्ड ऑफ डायरेक्टर्स के सदस्य हैं। देश के प्रत्येक क्षेत्र में बैंक खोलने व लोगों को प्रत्येक प्रकार के वित्तीय उत्पाद पहुँचाने पर यह रिपोर्ट वर्तमान व्यवस्था में व्यापक बदलाव के पक्ष में है।

दीपक मोहन्ती समिति

- भारतीय रिजर्व बैंक के कार्यकारी निदेशक दीपक मोहन्ती वित्तीय समावेशन की मध्यावधि (पाँच वर्ष) कार्य-योजना तैयार करने के लिए 15 जुलाई, 2015 को गठित समिति की अध्यक्षता की थी।
- यह मध्यावधि पथ सम्बन्धी समिति देश में वित्तीय सेवाओं के प्रसार के लिए कार्य करने हेतु गठित की गई है।

भुगतान के लिए बैंकों का नया प्लेटफार्म एकीकृत भुगतान इण्टरफेस

- भारत में खुदरा भुगतानों की प्रणाली के संचालन के लिए गठित नेशनल पेमेण्ट्स कॉर्पोरेशन ऑफ इण्डिया (NPCI) ने 11 अप्रैल, 2016 को मुम्बई में एकीकृत भुगतान इण्टरफेस (Unified Payment Interface, UPI) प्रणाली की शुरुआत की। इस भुगतान प्रणाली को विकसित करने का उद्देश्य खुदरा भुगतान को आसान बनाना है।
- यूपीआई एक ऑनलाइन समाधान प्रणाली है। इसके द्वारा धन का हस्तान्तरण मात्र एक स्मार्टफोन की सहायता से सम्भव है। इस सुविधा के अन्तर्गत किसी भी खाताधारक को अपने स्मार्टफोन की सहायता से अन्य व्यक्ति को धन प्रेषित करने के लिए केवल एक अभिज्ञाता (Identifier) की आवश्यकता होती है, जो मोबाइल नम्बर, आधार संख्या या अन्य कोई आभासी पता होता है। इस सेवा का उपयोग करने के लिए स्मार्टफोन पर यूपीआई ऐप डाउनलोड करना आवश्यक है।
- एकीकृत भुगतान की प्रमुख विशेषताएँ निम्न हैं
    - यूपीआई के माध्यम से प्रतिदिन ₹ 1 लाख तक की धनराशि प्रेषित की जा सकती है। यह सेवा 24×7 में उपलब्ध रहती है।
    - धन प्रेषण का शुल्क प्रेषित धनराशि के आधार पर लगाया जाएगा।
    - भुगतान के लिए डेबिट या क्रेडिट कार्ड की आवश्यकता नहीं होती।
    - इसमें भुगतान के पश्चात् खाता संख्या पर निगरानी नहीं रखी जा सकती है।
    - किसी भी खाता संख्या में हेरा-फेरी नहीं की जा सकती है।
    - यूपीआई तत्काल भुगतान सेवा का एक रूप है।

एकीकृत भुगतान इण्टरफेस *2.0 (UPI 2.0)*

यह एकीकृत भुगतान का अपग्रेड रूप है, जिसके अन्तर्गत कई सुविधाओं को व्यापक एवं आसान बनाया गया है। इसकी कुछ प्रमुख विशेषताएँ निम्न हैं

- वन-टाइम मैण्डेट की सुविधा प्रदान करना।
- ओवरड्राफ्ट खाते को जोड़ना।
- भुगतान की जाँच इनबॉक्स में इनबॉक्स से करना।
- ग्राहकों के लिए कोड की एक त्वरित प्रतिक्रिया (Quick Response)।

कोर बैंकिंग

- यह केन्द्रीयकृत बैंकिंग की ऐसी प्रणाली है, जिसके द्वारा इस प्रणाली से जुड़े सभी बैंक **केन्द्रीयकृत डाटासेण्टर्स** का उपयोग बैंकिंग लेन-देन से जुड़े सम्पूर्ण सौदों के लिए करते हैं।
- कोर बैंकिंग (Core Banking) में रीयल-टाइम आधार पर कार्य किया जाता है तथा किसी भी बैंक में हुआ कोई भी लेन-देन केन्द्रीय सर्वर के द्वारा सम्पूर्ण बैंकिंग प्रणाली में प्रतिबिम्बित होता है।
- कोर बैंकिंग प्रणाली में ग्राहक अपने बैंक खाते का उपयोग और सदस्य शाखा कार्यालयों में से किसी से भी बुनियादी लेन-देन कर सकते हैं, जहाँ नेटवर्क बैंक शाखाओं के एक समूह द्वारा उपलब्ध कराई गई एक बैंकिंग सेवा हो। यह प्रणाली कर्मचारी क्षमता को बढ़ाती है और मानव त्रुटि, धोखाधड़ी आदि को कम करती है।
- फ्री-बैंकिंग के अन्तर्गत नोट निर्गमन का एकाधिकार केन्द्रीय बैंक; जैसे—भारत में भारतीय रिजर्व बैंक के पास न होकर, सभी बैंकों के पास **नोट निर्गमन का अधिकार** होता है।

स्विफ्ट

- स्विफ्ट (SWIFT) विश्व में इण्टरबैंक वित्तीय दूरसंचार के लिए एक संक्षिप्त शब्द है। स्विफ्ट (Society for Worldwide Financial Telecommunication, SWIFT) बेल्जियम स्थित एक सुरक्षित वित्तीय सन्देश सेवा है, जिसका उपयोग विश्व के 200 से अधिक देशों में 11000 से अधिक बैंकिंग और प्रतिभूति संगठनों द्वारा किया जाता है।
- यह गैर-लाभकारी सहकारी समिति है, जो मई, 1977 में शुरू की गई थी, इसके कार्य निम्नलिखित हैं
  - स्विफ्ट हस्तान्तरण (ट्रान्सफर) को अन्तर्राष्ट्रीय मनी ट्रान्सफर (International Money Transfer) भी कहा जाता है। यह दुनिया में कहीं भी बैंकों से पैसे भेजने या प्राप्त करने का एक सुरक्षित और मानकीकृत तरीका है। स्विफ्ट भुगतान नेटवर्क के माध्यम से किया गया भुगतान है।
  - स्विफ्ट प्रत्येक बैंक को 8 या 11 वर्ण का एक कोड प्रदान करता है, जिससे बैंक पहचानकर्ता के रूप में जाना जाता है। यह घरेलू अन्तर-बैंक हस्तान्तरण के लिए उपयोग किए जाने वाले आईएफएससी कोड के समान है। इसके पहले 4 अक्षर उस बैंक के लिए होते हैं, जिसमें पैसा हस्तान्तरण किया जाएगा।

तत्काल सकल निपटान प्रणाली

- तत्काल सकल निपटान प्रणाली (Real Time Gross Settlement-RTGS) भारत में 29 अप्रैल, 2004 से प्रारम्भ हुई।
- तत्काल सकल निपटान प्रणाली (आरटीजीएस या वास्तविक समय सकल समझौता) में एक बैंक से दूसरे बैंक में फण्ड का स्थानान्तरण वास्तविक समय में एवं सकल आधार (Gross Basis) पर होता है।
- वास्तविक समय का अर्थ है कि इसमें धन अन्तरण (फण्ड ट्रान्सफर) बिना किसी समयान्तराल के होता है। तत्काल निपटान (ग्रोस सेटेलमेण्ट) का अर्थ है कि किसी अन्य अन्तरण के साथ आरटीजीएस का कोई सम्बन्ध नहीं होता है। एक बार प्रक्रिया होने के बाद यह अन्तिम व अपरिवर्तनीय माना जाता है।
- आरटीजीएस द्वारा लेन-देन के लिए न्यूनतम और अधिकतम सीमा ₹ 2 लाख ही निर्धारित है।
- बैंक शाखा से या इण्टरनेट बैंकिंग के उपयोग से ही आरटीजीएस के द्वारा भुगतान किया जाता है।
- आरबीआई ने पेटीएम, एयरटेल वॉलेट और भुगतान बैंकों आदि सहित गैर-बैंक भुगतान प्रणाली ऑपरेटरों के लिए आरटीजीएस सुविधाओं का विस्तार किया।

राष्ट्रीय इलेक्ट्रॉनिक निधि अन्तरण प्रणाली

- राष्ट्रीय इलेक्ट्रॉनिक निधि अन्तरण (National Electronic Fund Transfer-NEFT) प्रणाली के अन्तर्गत किसी व्यक्ति, फर्म या कम्पनी द्वारा एक बैंक शाखा से दूसरे किसी बैंक या उसी बैंक की शाखा में किसी व्यक्ति, फर्म या कम्पनी के खाते में पैसा ट्रान्सफर किया जा सकता है।
- यहाँ तक कि ऐसे व्यक्ति, फर्म या कम्पनी/कॉर्पोरेट जिनके पास बैंक खाता नहीं है, वे भी एनईएफटी सक्षम शाखा में एनईएफटी का उपयोग करके फण्ड ट्रान्सफर (धन अन्तरण) करने के निर्देश के साथ नकद जमा कर सकते हैं। भारत में यह नवम्बर, 2005 से प्रारम्भ हुआ।
- एनईएफटी सेवा **4 दिसम्बर, 2020** से ग्राहकों को **24 घण्टे** उपलब्ध कर दिया गया है। अब ये **24 × 7 × 365** दिन सेवा के लिए उपलब्ध है। इसमें न तो न्यूनतम और न ही अधिकतम धन की सीमा रखी गई है।
- इण्टरनेट/मोबाइल बैंकिंग चैनलों के माध्यम से ऑनलाइन शुरू किए गए एनईएफटी द्वारा धन हस्तान्तरण पर कोई शुल्क नहीं है, परन्तु बैंक शाखा से एनईएफटी सुविधा का लाभ उठाने पर शुल्क (कर के साथ ₹ 25) लगाया जाता है।
- आरबीआई द्वारा पेटीएम, एयरटेल बैंक और भुगतान बैंकों आदि सहित गैर बैंक भुगतान प्रणाली ऑपरेटरों के लिए भी 4 मई, 2021 से एनईएफटी सुविधाओं का विस्तार किया गया है।

भारतीय राष्ट्रीय भुगतान निगम

- भारतीय राष्ट्रीय भुगतान निगम (National Payment Corporation of India-NPCI) भारतीय रिजर्व बैंक द्वारा स्थापित एक निगम है, जिसका भारत में विभिन्न भुगतान प्रणालियों के लिए एकमात्र संस्थान के रूप में विकास किया गया है।
- इसकी स्थापना वर्ष 2008 में की गई थी। इसके द्वारा प्रदान की जाने वाली सेवाओं में निम्नलिखित शामिल हैं
  - सीटीएस वस्तुत: चैक ट्रांजेक्शन सिस्टम (Cheque Transaction System, CTS) यह ऑनलाइन चैकों की क्लीयरिंग का ऐसा तरीका

है, जिसमें शीघ्रता से चैकों की क्लीयरिंग हो जाती है। इसके अन्तर्गत चैक ग्रहण करने वाले बैंक द्वारा चैक का छायाचित्र एवं मैग्नेटिक इंक कैरेक्टर रिकॉग्निशन (MICR) डाटा को लेकर उसे इलेक्ट्रॉनिक माध्यम से सम्बन्धित बैंक को भेजा जाता है। इस तरीके में चैक को अमूर्त रूप (Image) से सम्बन्धित बैंक को भेजा जाता है और साथ ही अन्य आवश्यक सूचनाएँ; जैसे—MICR Field, Date of presentation, Name of presenting Bank etc. भी साथ भेजी जाती हैं।

- इस प्रणाली में चेक के निपटारे में बहुत कम समय लगता है तथा सत्यापन एवं मिलान भी शीघ्र एवं अधिक उचित तरीके से हो जाता है तथा गलती की सम्भावना कम रहती है। इस प्रणाली में खर्चा भी कम होता है।

एमआईसीआर

- यह चैक बुक (Cheque Book) के नीचे के भाग पर छपा रहता है। MICR (Magnetic Ink Character Recognition Code) के अक्षर विशेष प्रकार की लिखावट में होते हैं और इसमें चुम्बकीय स्याही का प्रयोग होता है।
- प्रत्येक बैंक शाखा के लिए अलग एमआईसीआर नम्बर होता है, इसमें कुल नौ संख्याएँ होती हैं।
- प्रथम तीन अंक जिला कोड, जहाँ बैंक की शाखा स्थित होती है, को व्यक्त करते हैं।
- अगले तीन अंक बैंक कोड को तथा अन्तिम तीन अंक बैंक शाखा कोड को व्यक्त करते हैं। बैंकों के तीव्रगति से भुगतान की प्रणाली में एमआईसीआर का महत्त्वपूर्ण योगदान है।

- **राष्ट्रीय वित्तीय स्विच** भारत के साझे एटीएम का नेटवर्क है। राष्ट्रीय वित्तीय स्विच (National Financial Switch-NFS) **विश्व का सबसे बड़ा एटीएम नेटवर्क** है। इसका डिजाइन, विकास और संस्थापन बैंकिंग प्रौद्योगिकी विकास और अनुसन्धान संस्थान (आईडीआरबीटी) द्वारा 27 अगस्त, 2004 को किया गया था। इस नेटवर्क का संचालन **भारतीय राष्ट्रीय भुगतान निगम** (National Payments Corporation of India-NPCI) द्वारा किया जाता है।
- **आधार इनेबल्ड पेमेण्ट सिस्टम** (Adhaar Enabled Payment System-AEPS) यह एनपीसीआई द्वारा विकसित एक सिस्टम है, जो लोगों को आधार नम्बर और उनके फिंगर प्रिण्ट/आईरिस स्कैन की मदद से वैरिफिकेशन करके माइक्रो एटीएम द्वारा वित्तीय ट्रांजेक्शन करने की अनुमति देता है।
- **आधार इनेबल्ड पेमेण्ट सिस्टम** इसकी सहायता से लोग अपने आधार नम्बर के माध्यम से एक बैंक अकाउण्ट से दूसरे बैंक में पैसे भेज और प्राप्त कर सकते हैं। लोगों को यह ट्रांजेक्शन करने के लिए अपने बैंक अकाउण्ट की जानकारी देने की आवश्यकता नहीं पड़ती है।
- **आधार पेमेण्ट ब्रिज सिस्टम** (Aadhaar Payment Bridge System, APBS) यह ग्राहकों को सरकार द्वारा दिए जाने वाले विभिन्न प्रकार के पेमेण्ट से सम्बन्धित है। इसमें सब्सिडी और डायरेक्ट बेनिफिट ट्रान्सफर जैसी सुविधाएँ शामिल हैं।
- इसमें लाभार्थी की पहचान एक आधार नम्बर से होती है, जो सीधे एक बैंक खाते से जुड़ा होता है। यह एनपीसीआई द्वारा विकसित किया गया है।

तत्काल भुगतान सेवा

- तत्काल भुगतान सेवा (Immediate Payment Service-IMPS) का उपयोग करने के लिए माध्यम के रूप में मोबाइल, कम्प्यूटर या एटीएम का प्रयोग करना आवश्यक होता है, जिसमें इण्टरनेट की सुविधा भी विद्यमान होनी चाहिए। ये सेवा भारतीय राष्ट्रीय भुगतान निगम द्वारा दी जाती है।
- इस सेवा के लिए आधार कार्ड संख्या उपयोगकर्ता के खाते के साथ जुड़ी होनी चाहिए। यदि आधार कार्ड खाते से संलग्न है, तो बिना खाता संख्या के भी खाते में प्रतिदिन पैसे भेजे जा सकते हैं। इस सेवा का लाभ अवकाश सहित पूरे वर्ष 24×7 तक उठाया जा सकता है। वर्तमान में (नवम्बर, 2024 के अनुसार) आरबीआई ने IMPS सेवा की सीमा ₹ 5 लाख प्रतिदिन कर दी है।
- यदि किसी कारण से पैसा लाभार्थी के खाते में नहीं पहुँच पाता है, तो वह स्वत: ही भेजे जाने वाले के खाते में जमा हो जाता है।
- भारतीय रिजर्व बैंक की मोबाइल पेमेण्ट गाइडलाइन वर्ष 2008 के अन्तर्गत ही भारत में यह सेवा वर्ष 2012 में लागू की गई। तत्काल भुगतान सेवा का उद्देश्य बैंक ग्राहकों को अपने बैंक खातों तक पहुँचने और धन भेजने के लिए एक चैनल के रूप में मोबाइल उपकरणों का उपयोग करने में सक्षम बनाना है।

भारतीय वित्तीय प्रणाली कोड

इसका विकास भारतीय रिजर्व बैंक द्वारा किया गया है। आईएफएससी (Indian Financial System Code-IFSC) में 11 अंक होते हैं। प्रथम चार अंक बैंक को प्रदर्शित करते हैं। पाँचवाँ अंक शून्य है, जो भविष्य में उपयोग आने के लिए रखा गया है। अन्तिम छ: अंक बैंक की शाखा को इंगित करते हैं। इसका उपयोग आरटीजीएस, एनईएफटी और आईएमपीएस इत्यादि प्रणालियों में होता है।

इलेक्ट्रॉनिक समाशोधन (क्लियरिंग) सेवा

- इलेक्ट्रॉनिक समाशोधन सेवा (Electronic Clearing Service, ECS) बार-बार एवं आवधिक आधार पर होने वाले **इलेक्ट्रॉनिक निधि अन्तरणों** का माध्यम है। इलेक्ट्रॉनिक समाशोधन केन्द्र के एक बैंक खाते से कई बैंक खातों अथवा इसके विपरीत मुद्रा के थोक अन्तरण की सुविधा प्रदान करता है। प्रमुख रूप से ईसीएस के दो घटक हैं
  - **ईसीएस क्रेडिट** इसका प्रयोग हिताधिकारियों की बड़ी संख्या को क्रेडिट देने के लिए किया जाता है। ईसीएस क्रेडिट में प्रयोक्ता संस्था का लाभांश, ब्याज, वेतन, पेंशन आदि का भुगतान किया जाता है।
  - **ईसीएस डेबिट** इसका प्रयोग केन्द्र के अधिकार क्षेत्र में स्थित विभिन्न बैंक शाखाओं के बहुत से खातों को डेबिट करने के लिए किया जाता है। ईसीएस डेबिट बैंक का खाता (प्रयोक्ता संस्था का खाता) एक बार ही क्रेडिट होता है। जून, 2021 से व्यक्तिगत ट्रांजेक्शन के लिए राशि सीमा समाप्त कर दी गई है।

नई बैंकिंग सेवाएँ

- भारत में बैंकिंग क्षेत्र की गतिविधियों में तकनीकी रूप से तेजी से विकास हुआ है। पिछले कई दशकों से चली आ रही पारम्परिक बैंकिंग सेवाओं अर्थात् कागज आधारित लेन-देन में महत्त्वपूर्ण बदलाव आया है, जिसमें कोर बैंकिंग, एटीएम, इलेक्ट्रॉनिक बैंकिंग, बैंक कार्ड आदि की भूमिका प्रमुख रही हैं।
- इससे जहाँ एक ओर बैंकों की कार्यकुशलता में वृद्धि हो रही है, वहीं दूसरी ओर ग्राहकों को भी सुविधा हो रही है।

इलेक्ट्रॉनिक बैंकिंग

- इलेक्ट्रॉनिक माध्यमों द्वारा बैंकिंग सेवाओं को उपलब्ध कराना, इलेक्ट्रॉनिक बैंकिंग (Electronic Banking) कहलाता है।
- इलेक्ट्रॉनिक बैंकिंग इस समय बैंकिंग विकास का स्तम्भ माना जा रहा है। इसे इलेक्ट्रॉनिक फण्ड ट्रान्सफर (Electronic Fund Transfer-EFT) भी कहा जाता है।

इलेक्ट्रॉनिक बैंकिंग के प्रमुख संघटक

इलेक्ट्रॉनिक बैंकिंग के प्रमुख संघटक निम्नलिखित हैं

- पीसी बैंकिंग या होम बैंकिंग इसके अन्तर्गत ग्राहक घर बैठे ही अपेक्षित राशि निकालने या जमा करने आदि के लिए बैंक को कम्प्यूटर पर आदेश दे सकते हैं। इस प्रकार की सेवा को पीसी बैंकिंग या होम बैंकिंग (PC Banking or Home Banking) कहते हैं।
- प्वॉइण्ट ऑफ सेल (POS) ट्रान्सफर टर्मिनल यह एक इलेक्ट्रॉनिक उपकरण है, जो उपभोक्ताओं को खुदरा खरीद के लिए कार्ड से भुगतान करने को संसाधित करता है। प्वॉइण्ट ऑफ सेल (Point of Sell-POS) कार्ड एक क्रेडिट कार्ड के समान होता है। इसके प्रयोग से ग्राहक के खाते से धनराशि विक्रेता के खाते में सीधे ही स्थानान्तरित हो जाती है।
- टेलीफोन द्वारा भुगतान वित्तीय (धन सम्बन्धी) संस्थाओं का टेलीफोन के माध्यम से ग्राहक के बिल के भुगतान व विभिन्न खातों में निधियों के अन्तरण का अनुदेश देने की सुविधा को टेलीफोन द्वारा भुगतान (Payment by Telephone) कहते हैं।
- इण्टरनेट बैंकिंग (Internet Banking) इसे ऑनलाइन बैंकिंग, वेब बैंकिंग एवं ई-बैंकिंग आदि नामों से भी जाना जाता है। यह एक इलेक्ट्रॉनिक भुगतान प्रणाली है, जो किसी बैंक या अन्य वित्तीय संस्थान के ग्राहकों को ऑनलाइन मोड के माध्यम से विभिन्न प्रकार के वित्तीय लेन-देन करने की सुविधा प्रदान करती है।
- मोबाइल बैंकिंग (Mobile Banking) यह वह प्रणाली है, जिसमें मोबाइल फोन या किसी अन्य मोबाइल युक्ति को किसी ग्राहक के खाते के साथ जोड़कर वित्तीय व्यापार करते हैं। इसके लिए इण्टर बैंक मोबाइल भुगतान सेवा से जुड़े मोबाइल फोन सहित बैंक में खाते की आवश्यकता होती है। एसएमएस बैंकिंग वन टाइम पासवर्ड द्वारा संचालित होती है।
- इलेक्ट्रॉनिक निधि अन्तरण प्रणाली (Electronic Reserve Transfer System) इस प्रकार की भुगतान प्रणालियों में लिखित चैक के बिना भी एक खाते से दूसरे खाते में धन अन्तरित किया जा सकता है। इलेक्ट्रॉनिक निधि अन्तरण प्रणाली अब सभी बैंकों के लिए सामान्य सेवा हो गई है।

मोबाइल वॉलेट प्रौद्योगिकी

- इस प्रौद्योगिकी का प्रयोग स्मार्टफोन पर किया जाता है। यह बिना डेबिट अथवा क्रेडिट कार्ड के भुगतान की अनुमति प्रदान करता है।
- किसी भी बैंक के डेबिट कार्ड अथवा क्रेडिट कार्ड के माध्यम से मोबाइल वॉलेट में पैसों का हस्तान्तरण (जमा) किया जा सकता है।
- आरबीआई के द्वारा मोबाइल वॉलेट के सन्दर्भ में एक मासिक सीमा निर्धारित की गई है; जैसे—इस वॉलेट में ₹ 20,000 से अधिक पैसा नहीं रखा जा सकता है और न ही इससे अधिक की खरीददारी की जा सकती है।
- कुछ शर्तों के अधीन खाते में पैसों की अधिकतम सीमा ₹ 1 लाख तक बढ़ाई जा सकती है। इसके लिए केवाईसी की प्रक्रियाओं का अनुपालन करना पड़ता है।

भारत क्यूआर

- भारत क्यूआर (Bharat QR) एक क्यूआर आधारित भुगतान समाधान है और इसका उपयोग (Person to Merchant-P2M) (व्यक्ति से व्यापारी) डिजिटल भुगतान करने के लिए किया जाता है। भारत क्यूआर मोबाइल फोन से भुगतान करने का एक नया परिवर्तनकारी तरीका है।
- भारत क्यूआर, यूपीआई के माध्यम से भुगतान करने जितना ही सुरक्षित है। इसमें व्यक्तिगत विवरण किसी तीसरे पक्ष के सामने नहीं आता है।
- भारत क्यूआर के माध्यम से भुगतान करने के लिए ग्राहक पर कोई अतिरिक्त शुल्क नहीं लगाया जाता है। भारत क्यूआर लेन-देन में क्यूआर कोड की आवश्यकता होती है।
- मोबाइल बैंकिंग ऐप या वॉलेट का उपयोग करने वाला उपयोगकर्ता मर्चेण्ट आउटलेट में रखे गए क्यूआर कोड को स्कैन करेगा और भारत क्यूआर से जुड़े रुपे कार्ड का उपयोग करके भुगतान करेगा।

भीम

- भीम अर्थात् भारत इण्टरफेस फॉर मनी (Bharat Interface for Money-BHIM) को भारतीय राष्ट्रीय भुगतान निगम (एनपीसीआई) द्वारा विकसित किया गया है। 30 दिसम्बर, 2016 को प्रधानमन्त्री नरेन्द्र मोदी ने इसका उद्घाटन किया था। इसका उपयोग करके, आसान और त्वरित लेन-देन किया जा सकता है।
- भीम वर्चुअल पेमेण्ट एड्रेस का उपयोग करके यूपीआई के माध्यम से डिजिटल भुगतान की सुविधा प्रदान करता है। इसके लिए बैंक खाता संख्या या आईएफएससी कोड जैसी जानकारी की कोई आवश्यकता नहीं है।
- इसके उपयोग से भी धन हस्तान्तरित किया जा सकता है। ये तभी सम्भव है, जब मोबाइल नम्बर भीम ऐप के साथ पंजीकृत हो या *99# और खाते को लिंक किया गया हो।
- वर्तमान में भीम ऐप के माध्यम से क्यूआर कोड को स्कैन करके भुगतान किया जा सकता है।

- वर्तमान में भीम ऐप 12 भाषाओं में उपलब्ध है, जिसमें हिन्दी, अंग्रेजी, तमिल, तेलुगू, मलयालम, बंगाली, ओडिया, कन्नड़, गुजराती, मराठी, असमिया आदि शामिल हैं।
- एक उपयोगकर्ता एक लेन-देन के लिए ₹ 20,000 प्रतिदिन और अधिकतम ₹ 40,000 प्रतिदिन भेज सकता है। यह सीमा भीम ऐप से जुड़े प्रति बैंक खाते पर लागू होती है।

आईएमटी भुगतान प्रणाली

- आईएमटी (Instant Money Transfer) दूर-दराज के क्षेत्र के लोगों को मोबाइल फोन एवं एटीएम से जोड़ने की सुविधा उपलब्ध कराता है।
- यह वित्तीय समावेशन के लक्ष्य की प्राप्ति में अत्यन्त सहायक रहा है, क्योंकि यह भुगतान एवं मुद्रा के हस्तान्तरण जैसी सुविधाएँ वंचित लोगों तक पहुँचाता है।

वित्तीय समावेशन हेतु संचालित पहलें

वित्तीय समावेशन को बढ़ावा देने के लिए सरकार द्वारा कई योजनाएँ, कार्यक्रमों तथा प्रौद्योगिकी से जुड़े कई उपायों को बढ़ावा दिया गया है, जो निम्न हैं

प्रधानमन्त्री जन धन योजना

- प्रधानमन्त्री श्री नरेन्द्र मोदी ने 28 अगस्त, 2014 को प्रधानमन्त्री जन धन योजना (Pradhan Mantri Jan Dhan Yojana-PMJDY) को वित्तीय समावेशन के लिए एक राष्ट्रीय मिशन के रूप में शुरू किया। इस मिशन का उद्देश्य—वहन करने योग्य तरीके से बैंकिंग/बचत और जमा खाते, भेजी हुई रकम, कर्ज, बीमा, पेंशन जैसी वित्तीय सेवाओं तक पहुँच सुनिश्चित करना है। इस योजना का उद्देश्य प्रत्येक परिवार के लिए कम-से-कम एक बैंक खाता सुनिश्चित करना है।
- इसके अन्तर्गत जीरो बैलेन्स खाता खोला जाता है अर्थात् खाते में न्यूनतम राशि रखना आवश्यक नहीं होता है। इसमें जमा राशि पर ब्याज भी प्रदान किया जाता है।
- इसमें लाभार्थी/खाताधारी को रूपे डेबिट कार्ड दिया जाता है। इसके अन्तर्गत सरकारी लाभों को लाभार्थियों के खातों में प्रत्यक्ष लाभ हस्तान्तरण के माध्यम से बढ़ावा दिया जा रहा है।
- वर्ष 2018 में केन्द्रीय मन्त्रिमण्डल में प्रधानमन्त्री जन धन योजना को ओपन-एडेड योजना में बदलकर जारी रखने की मंजूरी प्रदान की गई, जो वर्तमान में जारी है।
- इसके लाभों का विवरण निम्नवत् है
  - बैंक खातों की ओवरड्राफ्ट की सीमा को ₹ 5000 से बढ़ाकर ₹ 10,000 कर दी गई है।
  - ₹ 2000 की ओवरड्राफ्ट के लिए कोई भी शर्त निर्धारित नहीं है। ओवरड्राफ्ट की सुविधा के लिए आयु सीमा 18-60 वर्ष को बढ़ाकर 18-65 वर्ष कर दी गई है।
  - ₹ 2 लाख तक का दुर्घटना बीमा कवर।
  - न्यूनतम बैलेन्स की आवश्यकता नहीं।
  - ₹ 30,000 का जीवन बीमा कवर।

- भारत में कहीं भी आसानी से धन का हस्तान्तरण।

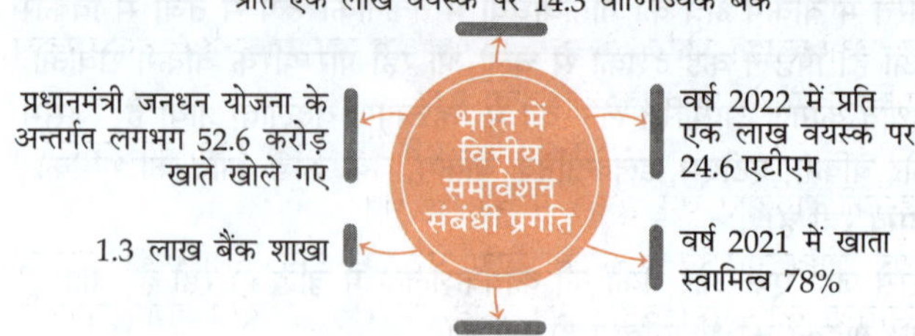

पहल योजना

- पहल योजना की शुरुआत 1 जून, 2013 को की गई। यह योजना LPG की खरीद पर मिलने वाली सब्सिडी प्राप्त करने का एक विकल्प है।
- 1 जनवरी, 2015 से संशोधित योजना के अन्तर्गत LPG उपभोक्ता अब दो पद्धतियों द्वारा अपने बैंक खाते में सब्सिडी प्राप्त कर सकते हैं। उपभोक्ता को योजना में शामिल होने पर नकद अन्तरण अनुपालक कहा जाएगा और उसे बैंक खाते में सब्सिडी प्राप्त होगी। इस योजना के दो विकल्प निम्नलिखित हैं
  - विकल्प I (प्राथमिक) जिस LPG उपभोक्ता के पास आधार संख्या है, उसे बैंक खाता संख्या के साथ तथा LPG उपभोक्ता संख्या के साथ जोड़ना होगा।
  - विकल्प II (द्वितीयक) यदि LPG उपभोक्ता के पास आधार संख्या नहीं है, तो वह आधार संख्या के प्रयोग के बिना अपने बैंक खाते में सब्सिडी सीधे प्राप्त कर सकता है।

दर्पण परियोजना

- डाकघर के माध्यम से ग्रामीण आबादी के मध्य वित्तीय समावेशन के लक्ष्य को पूर्ण करने व बढ़ावा देने हेतु दर्पण परियोजना को शुरू किया गया है, जिसके माध्यम से देश के **1.28 लाख डाकघरों की शाखाओं का डिजिटलीकरण** करना है।
- इस परियोजना का उद्देश्य ग्रामीण आबादी तक डाक विभाग की पहुँच को बढ़ाना, वित्तीय प्रेषण, बचत खाता, ग्रामीण डाक जीवन बीमा तथा नकद प्रमाण-पत्र को बढ़ावा देना, खुदरा डाक व्यापार से राजस्व में वृद्धि करना तथा मनरेगा जैसी सामाजिक सुरक्षा योजनाओं के लिए वितरण व्यवस्था को सरल बनाना आदि।

आरबीआई रिटेल डायरेक्ट योजना

- फरवरी, 2021 में रिजर्व बैंक में खुदरा निवेशकों को सरकारी प्रतिभूतियों में प्रत्यक्ष निवेश को बढ़ावा देने हेतु एक गिल्ट प्रतिभूति खाता खोलने का प्रस्ताव रखा, जिसे जुलाई, 2021 में प्रधानमन्त्री द्वारा शुरू किया गया था। इसकी कुछ प्रमुख विशेषताएँ निम्नलिखित हैं
  - इसके अन्तर्गत व्यक्तिगत खुदरा निवेशकों को भारतीय रिजर्व बैंक के साथ खुदरा प्रत्यक्ष गिल्ट खाता (Retail Direct Gilt Account) खोलने व उस पर नियन्त्रण की सुविधा प्रदान करता है। इसके अन्तर्गत खुदरा निवेशक एवं गैर-पेशेवर निवेशक के रूप में शामिल हो सकता है, जो प्रतिभूतियों या फण्डों, जिसमें म्यूचुअल फण्ड तथा एक्सचेंज ट्रेडेड फण्ड को खरीदता तथा बेचता है।

- एक गिल्ट खाते में पैसे के अतिरिक्त ट्रेजरी बिल या सरकारी प्रतिभूतियों को डेबिट या क्रेडिट किया जाता है।
- यह ऑनलाइन पोर्टल के रूप में पंजीकृत उपयोगकर्ताओं को सरकारी प्रतिभूतियों के प्राथमिक जारीकर्ता तथा नेगोशिएटेड डीलिंग सिस्टम ऑर्डर मैचिंग सिस्टम (NDS-OM) तक पहुँच को सुनिश्चित करता है, इसकी शुरुआत वर्ष 2005 में की गई थी।
- यह व्यक्तिगत निवेशकों के लिए सरकारी प्रतिभूतियों में निवेश की सुविधा को सरल बनाता है। इसके साथ ही केन्द्रीय बैंक, वाणिज्यिक बैंक तथा म्यूचुअल फण्ड से अलग सरकारी ऋण प्रतिभूतियों के स्वामित्व में भी महत्त्वपूर्ण भूमिका निभाता है।

सुकन्या समृद्धि खाता योजना

- जनवरी, 2015 में केन्द्र सरकार ने बेटी बचाओ-बेटी पढ़ाओ कार्यक्रम के एक हिस्से के रूप में यह योजना आरम्भ की है। यह खाता बालिका के नाम से उसके जन्म लेने से 10 वर्ष तक की आयु प्राप्त करने तक खोला जा सकेगा। यह खाता डाकघरों या बैंकों में से किसी में भी खोला जा सकेगा।
- इस योजना का उद्देश्य—लड़कियों को शिक्षित करना और विवाह खर्च उपलब्ध कराकर सुनहरे भविष्य का निर्माण करना है। इस योजना की अन्य विशेषताएँ निम्न हैं
  - इसमें 8.6% प्रतिवर्ष की दर से ब्याज मिलेगा।
  - 14 वर्ष तक रकम जमा की जा सकेगी।
  - 18 वर्ष की उम्र में बालिका 50% राशि निकाल पाएगी।
  - 21 वर्ष या विवाह तक, जो भी पहले हो, खाता बन्द हो जाएगा।
  - यह खाता टैक्स मुक्त होगा।

बैंक कार्ड

बैंक कार्ड बैंक द्वारा ग्राहक को जारी किया जाने वाला वह कार्ड है, जो बैंक की विभिन्न गतिविधियों को सम्पन्न करता है। यह प्लास्टिक का बना होता है। कार्ड के उपयोग, उद्देश्य एवं जारी करने के आधार पर ये अनेक प्रकार के होते हैं।

विभिन्न प्रकार के कार्ड

बैंकों द्वारा अपने ग्राहकों को भुगतान सम्बन्धी सेवाएँ प्रदान करने के लिए विभिन्न प्रकार के कार्ड जारी किए जाते हैं। अधिकांश बैंक एटीएम व डेबिट कार्ड की सुविधाएँ एक ही कार्ड पर उपलब्ध कराते हैं। बैंकों के द्वारा जारी किए जाने वाले प्रमुख कार्ड प्लास्टिक मनी के नाम से भी जाने जाते हैं। ये प्रमुख कार्ड निम्नलिखित हैं

स्मार्ट कार्ड

- यह भी क्रेडिट कार्ड के आकार का प्लास्टिक कार्ड होता है, जिसमें माइक्रो चिप लगी होती है।
- स्मार्ट कार्ड (Smart Card) का उपयोग अधिकतर इलेक्ट्रॉनिक धन भुगतान, टेलीफोन भुगतान, किराया भुगतान आदि के लिए किया जाता है।

रुपे कार्ड

- यह राष्ट्रीय भुगतान निगम द्वारा विकसित स्वदेशी भुगतान प्रणाली पर आधारित एटीएम कार्ड है।
- इसका नाम दो शब्दों रुपया और पेमेण्ट को मिलाकर रखा गया है। इसे बहुराष्ट्रीय वीजा, अमेरिकन एक्सप्रेस एवं मास्टर कार्ड की तरह प्रयोग किया जाता है।
- रुपे कार्ड (RuPay Card) को 12 अंकों की आधार संख्या, जोकि भारतीय विशिष्ट पहचान प्राधिकरण द्वारा प्रदान की जाती है, को आधार सक्षम बैंक खाते के साथ जोड़ दिया गया है।
- इसकी शुरुआत घरेलू, ओपन लूप, बहुपक्षीय प्रणाली प्रदान करने के लिए की गई है।
- रुपे भुगतान कार्ड की शुरुआत मार्च, 2012 में की गई थी तथा मई, 2014 में तत्कालीन राष्ट्रपति प्रणब मुखर्जी ने इसे राष्ट्र को समर्पित किया था। यह भारत का स्वदेशी डेबिट कार्ड नेटवर्क है। इसकी औपचारिक शुरुआत वर्ष 2017 से हुई।
- इसके माध्यम से प्रत्येक लेन-देन की लागत में कमी आती है। ग्रामीण क्षेत्र के निवासी, जो बैंकिंग सेवाओं की पहुँच से बाहर हैं, उन्हें इस रुपे कार्ड के माध्यम से बैंकिंग क्षेत्र से जोड़ा जा रहा है। इसके लेन-देन से सम्बन्धी सभी डेटा भारत में ही सुरक्षित रहते हैं।

किसान गोल्ड कार्ड

- इस कार्ड का मुख्य उद्देश्य किसानों को संकट के समय ऋण मुक्त करना है।
- किसान गोल्ड कार्ड (Kisan Gold Card) द्वारा किसान कृषि विकास के लिए ऋण लेकर मशीनरी, कृषि उपकरणों, बीज, भूमि के विकास इत्यादि आवश्यकताओं को पूर्ण करते हैं।
- इसके अन्तर्गत ऋण की सीमा किसान की आय की पाँच गुना या अधिकतम 5 लाख होती है।

एटीएम (ऑटोमेटेड टेलर मशीन)

- यह मशीन ग्राहकों को बिना किसी बैंक शाखा में गए नकदी निकासी, जमा करने, मनी ट्रान्सफर करने एवं अन्य वित्तीय और गैर वित्तीय लेन-देन के लिए अपने खाते तक पहुँच की सुविधा प्रदान करती है।
- भारतीय बैंकिंग में एटीएम का आगमन वर्ष 1990 के दशक में हुआ था।
- वर्तमान में यह कई रूपों व प्रकारों में विद्यमान है। भारत में सभी ATMs को जोड़ने वाले नेटवर्क नेशनल फाइनेन्शियल स्विच द्वारा एटीएम नेटवर्क का संचालन भारतीय राष्ट्रीय भुगतान निगम (एनपीसीआई) द्वारा किया जाता है।
- बैंकों के द्वारा स्वयं के स्वामित्व एवं संचालन वाला एटीएम बैंकों का स्वयं का एटीएम का प्रयोग किया जाता है। यह महँगा होता है तथा इसमें बैंकों के अपने लोगो का प्रयोग किया जाता है।

एटीएम से सम्बन्धित महत्त्वपूर्ण तथ्य

- भारत में सबसे पहला एटीएम **वर्ष** 1987 में एचएसबीसी बैंक द्वारा मुम्बई में स्थापित किया गया। मोबाइल एटीएम प्रारम्भ करने वाला पहला बैंक ICICI बैंक था।
- **दृष्टिहीनों के लिए** यूनियन बैंक ऑफ इण्डिया द्वारा **पहला बोलता एटीएम अहमदाबाद (गुजरात)** में प्रारम्भ किया गया था। **भारत का सर्वप्रथम ग्रामीण बैंक एटीएम वाराणसी** में नेशनल पेमेण्ट कॉर्पोरेशन ने जारी किया।
- टाटा कम्युनिकेशन पेमेण्ट्स सॉल्यूशन्स लिमिटेड (इण्डीकैस) द्वारा जून, 2013 में **महाराष्ट्र के ठाणे जिले** में **भारत का प्रथम गैर-स्वामित्व वाला एटीएम** स्थापित किया गया था।

एटीएम के विभिन्न प्रकार

- व्हाइट लेबल एटीएम (White Label ATM) इस प्रकार के एटीएम का स्वामित्व और संचालन गैर-बैंकिंग संस्थाओं के अन्तर्गत आता है। किसी भी बैंक का ग्राहक सेवा शुल्क का भुगतान करके व्हाइट लेबल एटीएम से धन निकाल सकता है। व्हाइट लेबल एटीएम पर किसी भी बैंक का लोगो (logo) नहीं होता है। भारत के प्रथम व्हाइट लेबल एटीएम की स्थापना टाटा कम्पनी ने मुम्बई के निकट चन्द्रपाड़ा नामक स्थान पर की है।
- ब्राउन लेबल एटीएम (Brown Label ATM) इस प्रकार के एटीएम का हार्डवेयर और पट्टा (Lease) सेवा प्रदाता के स्वामित्व में होता है, लेकिन धन का प्रबन्ध तथा बैंकिंग नेटवर्क के साथ कनेक्टिविटी उस प्रायोजक बैंक द्वारा प्रदान की जाती है, जिसका ब्राण्ड एटीएम पर प्रयोग किया जाता है। ब्राउन लेबल एटीएम बैंक के स्वामित्व वाले एटीएम और व्हाइट लेबल एटीएम के बीच का एक विकल्प होता है।
- ऑनलाइन एटीएम इस प्रकार के एटीएम हर समय बैंक के डेटाबेस के साथ जुड़े होते हैं तथा ऑनलाइन लेन-देन की सुविधा उपलब्ध कराते हैं। ऑनलाइन एटीएम (Online ATM) के अन्तर्गत भुगतान राशि की सीमा तथा खाते में शेष राशि को बैंक द्वारा निगरानी में रखा जाता है।
- ऑफलाइन एटीएम (Offline ATM) इस प्रकार के एटीएम बैंक के डेटाबेस से जुड़े हुए नहीं होते हैं। इसके अन्तर्गत निकासी की राशि पूर्व निश्चित होती है तथा उपयोगकर्ता अपने खाते में उपलब्ध राशि के आधार पर ही धनराशि निकाल सकता है।

बेसल मानक / समझौता

- बेसल (स्विट्ज़रलैण्ड का एक शहर है) में वर्ष 1930 में स्थापित बैंक फॉर इण्टरनेशनल सेटलमेण्ट्स (BIS) ने जी-10 (समूह-10) देशों के केन्द्रीय बैंकों के गवर्नरों की एक समिति का गठन किया गया, जिसे बैंकिंग पर्यवेक्षण पर बेसल समिति (Basel committee on Banking supervision - BCBS) कहा जाता है।
- बीसीबीएस का उद्देश्य अन्तर्राष्ट्रीय स्तर पर बैंकों के प्रबन्धन तथा पर्यवेक्षण नीतियों में एकरूपता लाना था। इस समिति की पहली बैठक फरवरी, 1975 में हुई तथा इस बैंक में जो समझौता हुआ उसे बेसल समझौता (Basel Accord) और जो मानक निर्धारित किए गए उसे बेसल मानक कहा जाता है।
- वर्तमान में इस समिति के सदस्यों की संख्या 10 से बढ़कर 45 हो गई है, जिसमें यूएसए के यूरोपीय संघ, भारत, चीन, रूस, दक्षिण अफ्रीका आदि शामिल हैं।
- इस समिति का प्रमुख उद्देश्य विश्व में बैंकिंग पर्यवेक्षण की समझ एवं इसके मानकों की गुणवत्ता में सुधार करना है।
- बीसीबीएस द्वारा अब तक बेसल मानदण्डों के चार समुच्चय विकसित अथवा कार्यान्वित किए गए हैं।

पूँजी पर्याप्तता अनुपात

- पूँजी पर्याप्तता अनुपात (Capital Adequacy Ratio) पूँजी से जोखिम भारित सम्पत्ति अनुपात (Capital to Risk (weighted) Assets Ratio-CRAR) की अवधारणा का प्रतिपादन वर्ष 1988 में बैंक ऑफ इण्टरनेशनल सेटलमेण्ट द्वारा गठित बेसल समिति द्वारा किया गया।
- पूँजी पर्याप्तता से तात्पर्य ऐसी पूँजी से है, जिसके अन्तर्गत कोई भी कम्पनी अपने द्वारा सृजित परिसम्पत्ति (Assets) का एक निश्चित भाग अपने पास रखती है। अत: यह स्पष्ट रूप से कहा जा सकता है कि पूँजी पर्याप्तता अनुपात व्यवसाय के उस स्तर को निर्धारित करता है, जो वाणिज्यिक बैंक या वित्तीय संस्थाएँ करने हेतु अधिगृहीत हैं।

बेसल समिति की सिफारिशों के अनुरूप भारत के समस्त बैंकों में पूँजी पर्याप्तता मानक को वर्ष 1992-93 से लागू कर दिया गया।

इसे निम्न प्रकार से मापा जाता है

$$\text{पूँजी पर्याप्तता अनुपात} = \frac{\text{कुल पूँजी}}{\text{जोखिम-भारित सम्पत्तियाँ}} \times 100$$

- बेसल-I मानदण्ड : इसे बीसीबी एस द्वारा वर्ष 1988 में जारी किया गया था, जिसका उद्देश्य अन्तर्राष्ट्रीय बैंकिंग प्रणाली की स्थिरता को मजबूत करने तथा राष्ट्रीय पूँजी आवश्यकताओं में अन्तर से उत्पन्न होने वाली प्रतिस्पर्धात्मक असमानता के स्रोत को दूर करने हेतु एक बहुराष्ट्रीय समझौते पर पहुँचना था।
- इस समझौते में वर्ष 1992 के अन्त तक बैंकों के लिए पूँजी-से जोखिम-भारित सम्पत्ति का अनुपात/पूँजी पर्याप्तता अनुपात को 8% रखा गया। भारत में इसे वर्ष 1992 में अपनाया गया।
- बेसल-II मानदण्ड : इसे बेसल-I में संशोधन कर वर्ष 2004 में जारी किया गया। इसके अन्तर्गत बेसल-I के पूँजी पर्याप्तता अनुपात की गणना करने की विधि को संशोधित कर बैंकों की पूँजी को तरलता तथा जोखिम के आधार पर दो स्तरों टीयर 1 और टीयर 2 में वर्गीकृत किया गया तथा बैंकों को 8% का सीएआर बनाए रखने को कहा गया।
- बेसल-II तीन स्तम्भों से बनाया गया था
- न्यूनतम पूँजी आवश्यकताएँ, जिसका उद्देश्य वर्ष 1988 के समझौते में निर्धारित मानकीकृत नियमों को विकसित और विस्तारित करना।
- किसी संस्थान की पूँजी पर्याप्तता और आन्तरिक मूल्यांकन प्रक्रिया की पर्यवेक्षी समीक्षा करना।
- बाजार अनुशासन को मजबूत करने और सुदृढ़ बैंकिंग प्रथाओं को प्रोत्साहित करने के लिए प्रकटीकरण का प्रभावी उपयोग।

- बेसल-III मानदण्ड इसे बीसीबीएस द्वारा वर्ष 2009 में प्रस्तावित किया गया तथा वर्ष 2010 में इसे लागू करने की घोषणा की गई। इसका उद्देश्य यह सुनिश्चित करना था कि वर्ष 2007-08 के अमेरिकी सब-प्राइम जैसे वित्तीय संकट की पुनरावृत्ति न हो।
- इसने बेसल-I और बेसल-II को बैंकों के जोखिम से निपटने के लिए अपर्याप्त माना तथा बैंकों की पूँजी को तीन वर्गों-टीयर-I, टीयर-II और टीयर-III में विभाजित किया गया और सीएआर की गणना की विधि को संशोधित किया गया।
- इसके अन्तर्गत बैंकों को 13% सीएआर बनाए रखने की बात कही गई तथा टीयर-I पूँजी हिस्से को 4% से बढ़ाकर 6% कर दिया गया।
- इसका अनुपालन कई बार स्थगित किए जाने के पश्चात् जनवरी, 2023 से प्रारम्भ हुआ।
- बेसल-IV मानदण्ड यह बेसल-III के मानदण्डों का विस्तार है, जिसे वर्ष 2021 में जारी किया गया इसे बेसल 3.1 भी कहा जाता है।
- इसके अन्तर्गत सीएआर की गणना को संशोधित कर अनेक परिवर्तनों यथा क्रेडिट वैल्यूएशन एडजस्टमेण्ट रिस्क (CVAR) परिचालन जोखिम रियल एस्टेट बॉण्ड व डेरिवेटिव से सम्बन्धित जोखिम तथा विश्व स्तर पर प्रणालीगत रूप से महत्त्वपूर्ण बैंकों (Globally Systemically Important Bank-GSIBs) हेतु लिवरेज अनुपात इत्यादि का प्रस्ताव करता है।
- इसका अनुपालन 5 जनवरी, 2023 को आरम्भ हुआ। इसके अन्तर्गत बैंको की पूँजी को तीन वर्गों में बाँटा गया है
  - टीयर I या आन्तरिक पूँजी (Tier-I or Core Capital) इसमें चुकता पूँजी (Paid Capital), वैधानिक आरक्षण, शेयर प्रीमियम तथा पूँजी आरक्षण सम्मिलित किए जाते हैं। यहाँ अप्रत्याशित हानियों के विरुद्ध सबसे अधिक स्थायी एवं अधिमान भाग सम्मिलित किए जाते हैं। इसे कोर पूँजी भी कहा जाता है।
  - टीयर II पूँजी (Tier-II Capital) इसमें अघोषित संचित निधियाँ, हाइब्रिड ऋण पूँजी, अधीनस्थ ऋण, गैर-सम्पार्श्विक/असुरक्षित ऋण प्राप्ति आदि को शामिल किया जाता है।
  - टीयर-III पूँजी (Tier-III Capital) इसके अन्तर्गत टीयर-II की अपेक्षा अधिक संख्या में अधीनस्थ सम्पत्ति सम्मिलित होते हैं। इसे तृतीयक पूँजी (सबसे कम विश्वसनीय पूँजी) भी कहा जाता है।

बेसल मानदण्ड लागू करने हेतु समिति का गठन

- भारतीय रिजर्व बैंक ने वित्तीय स्थिरता और विकास परिषद् (Financial Stability and Development Council-FSDC) के अन्तर्गत एक समिति के गठन की घोषणा 7 मार्च, 2014 को की।
- इस समिति का कार्य बेसल-III पूँजी मानदण्ड लागू करने हेतु बैंकिंग क्षेत्र के लिए दिशा-निर्देश निर्धारित करने होंगे। यह निर्णय आरबीआई के तत्कालीन गवर्नर रघुराम जी. राजन की अध्यक्षता वाली एफएसडीसी की उप-समिति की बैठक में लिया गया। इस बैठक के मुख्य बिन्दु निम्न हैं
  - एक डिपोजटरी स्थापित करने सम्बन्धित मुद्दा (निवेशकों को वित्तीय) परिसम्पत्तियों की समस्त श्रेणियों का एक एकल व्यू उपलब्ध कराने हेतु।
  - वित्तीय क्षेत्र विद्यार्थी सुधार आयोग की सिफारिशों का कार्यान्वयन।
  - बेसल-III को ध्यान में रखते हुए अगले 5 वर्षों में बैंकिंग क्षेत्र की पूँजीगत आवश्यकताओं के सन्दर्भ में उपाय।

बेसल मानक व भारत

- भारत बेसल मानकों (Basel Norms) के प्रति अपनी प्रतिबद्धता व्यक्त करते हुए लक्ष्यों की प्राप्ति हेतु लगातार प्रयासरत् रहा है।
- भारत ने बेसल I के मानकों को वर्ष 1992 में अपनाया। उल्लेखनीय है कि बैंकिंग क्षेत्र सुधार पर गठित नरसिम्हन समिति ने भारत में वर्ष 2000 तक सीएआर स्तर 9% निर्धारित किए जाने की सिफारिश की जिसे स्वीकार कर लिया गया।
- भारतीय रिजर्व बैंक (RBI) के दिशा-निर्देशों के अन्तर्गत कार्यरत् सभी बैंकों ने बेसल-II मानकों का अनुपालन वर्ष, 2009 तक कर लिया है।
- बेसल-III मानक, भारत में अप्रैल, 2013 से लागू हो गए हैं, जो चरणबद्ध ढंग से मार्च, 2019 तक पूर्ण रूप से लागू होना था, परन्तु अब कोरोना वायरस महामारी के कारण बेसल-III मानदण्डों के कार्यान्वयन को 1 जनवरी, 2023 तक के लिए स्थगित कर दिया गया और इसके लिए भारत सरकार द्वारा बैंकों के पूँजी आधार में वृद्धि हेतु समय-समय पर वित्तीय सहायता उपलब्ध कराना प्रारम्भ कर दिया गया।

बेसल तृतीय फ्रेमवर्क, 2015

- RBI द्वारा 28 मई, 2015 को बैंकों के लिए तरलता मानक पर बेसल तृतीय फ्रेमवर्क के अन्तर्गत स्थिर अनुदान अनुपात पर दिशा-निर्देश जारी किया गया।
- इसके अन्तर्गत देश के सभी बैंक अपनी परिसम्पत्तियों एवं बैलेन्स शीट से सम्बन्धित मामलों में वित्तीय स्थिति को स्थिर रख सकेंगे।

> **बैंक फॉर इण्टरनेशनल सेटिलमेण्ट्स**
>
> यह बेसल (स्विट्जरलैण्ड) में स्थित एक **अन्तर्राष्ट्रीय बैंक** है, जो **वर्ष 1930** में स्थापित किया गया। शुरू में यह जर्मनी, फ्रांस, इटली, बेल्जियम तथा यूके के भुगतान सन्तुलन के असन्तुलन को समायोजित करने की एजेन्सी के रूप में कार्य करता था।

बैंकिंग संशोधन अधिनियम, 2011

- बैंकिंग क्षेत्र में निजी पूँजी को बढ़ावा देने के उद्देश्य से बैंकिंग संशोधन अधिनियम, 2011 को पारित किया गया है। इस अधिनियम में बैंकों को शेयर पूँजी एकत्र करने में अधिक आजादी प्रदान की गई है तथा बैंकों के निजी निवेश को बढ़ावा देने के प्रावधान भी किए गए हैं।
- राष्ट्रीयकृत बैंकों में निजी निवेश को बढ़ावा देने के लिए शेयर धारकों के लिए मताधिकार की अधिकतम सीमा को 1% से बढ़ाकर 10% करने का प्रावधान किया गया है।
- इस विधेयक के अधिनियमित होने से निजी क्षेत्र के बैंक के मामले में शेयर धारकों का मताधिकार उनकी शेयर हॉल्डिंग के अनुरूप होगा।

"

मुद्रा एवं पूँजी बाजार किसी भी अर्थव्यवस्था में विकास के सबसे बड़े साधन होते हैं, क्योंकि ये संगठित तथा असंगठित क्षेत्रों को अल्पकालीन एवं दीर्घकालीन ऋण उपलब्ध कराते हैं। ये बचत को गतिशील करते हैं।

अध्याय आठ

भारतीय वित्तीय बाजार (प्रतिभूति बाजार) एवं वित्तीय संस्थान

वित्तीय बाजार

- वित्तीय बाजार (Financial Market) एक ऐसा स्थान (प्लेटफार्म) होता है, जहाँ पर क्रेता एवं विक्रेता व्यापारिक गतिविधियों में भाग लेते हैं। इस प्लेटफार्म के माध्यम से प्रतिभूतियों, ऋण-पत्रों, बॉण्ड्स इत्यादि वित्तीय साधनों की खरीद- बिक्री सुनिश्चित की जाती है। साथ ही इसके माध्यम से कम्पनी अथवा व्यावसायिक वर्ग अपने व्यवसाय के विस्तार हेतु धन या पूँजी का एकत्रीकरण करते हैं।
- यह बाजार एक संस्थागत व्यवस्था होती है, जहाँ क्रेता एवं विक्रेता नियमित रूप से वित्त का विनिमय करते हैं। यह अनेक बाजारों का समूह होता है, जिसमें मुद्रा बाजार, स्टॉक विनिमय बाजार या प्रतिभूति बाजार तथा विदेशी विनिमय बाजार आदि शामिल होते हैं। इसमें मौद्रिक जमाओं, चैकों, बिलों, बॉण्डों तथा मुद्राओं आदि वित्तीय परिसम्पत्तियों का व्यापार होता है।
- वित्तीय बाजार ऋणदाता व ऋणी के मध्य अन्तरण प्रक्रिया है, जिसके माध्यम से वित्तीय कोषों के हस्तान्तरण में सुगमता आती है। इसमें निवेशक, वित्तीय संस्थाओं और अन्य मध्यस्थों को शामिल किया जाता है, जिन्हें विभिन्न सम्पत्तियों व साख-पत्रों के व्यावसायिक विक्रय हेतु औपचारिक नियमों और संचार माध्यमों से जोड़ दिया जाता है अर्थात् वे व्यक्ति जिनके पास अधिक धन है, वे अपना धन उन व्यक्तियों को उनकी आवश्यकता की पूर्ति हेतु उधार देते हैं, जिन्हें इसकी आवश्यकता है।
- वित्तीय बाजार में क्रेता व विक्रेता के मध्य पारस्परिक वार्तालाप के फलस्वरूप क्रय-विक्रय की जाने वाली वित्तीय सम्पत्ति के मूल्य निर्धारण से सम्बन्धित सूचना दी जाती है।
- यह वित्तीय सम्पत्ति के लेन-देन को सुरक्षा प्रदान करता है। यह निवेशकों को वित्तीय सम्पत्ति की विक्रय प्रक्रिया में तरलता प्रदान करता है, साथ ही यह लेन-देनों व सम्बन्धित सूचना की न्यूनतम लागत सुनिश्चित करता है।

वित्तीय बाजार के विभिन्न घटक

मुद्रा बाजार

इस बाजार का सम्बन्ध उन वित्तीय सम्पत्तियों के व्यापार से है, जिनकी परिपक्वता अवधि एक वर्ष तक या इससे कम होती है। इस प्रकार यह बाजार वित्तीय परिसम्पत्तियों के अल्पकालीन लेन-देन के लिए है।

विदेशी मुद्रा विनिमय बाजार

मुद्राओं के व्यापार के लिए यह एक वैश्विक विकेन्द्रीकृत बाजार है। इस बाजार के भागीदार बड़े अन्तर्राष्ट्रीय बैंक हैं। यह बाजार वित्तीय संस्थाओं के माध्यम से कार्य करता है।

वायदा बाजार

इस बाजार में विभिन्न प्रकार के जोखिमों की खरीद और बिक्री होती है। यह बाजार अनिश्चित हानि के जोखिम से बचाव के लिए अपनाया जाने वाला जोखिम प्रबन्धन का एक तरीका है।

कमोडिटी बाजार

इस बाजार में विनिर्मित वस्तुओं का नहीं, बल्कि प्राथमिक वस्तुओं का व्यापार होता है। वायदा अनुबन्ध वस्तुओं में निवेश का सबसे पुराना तरीका है। कमोडिटी बाजार में स्पॉट प्राइसेज, फॉरवर्ड्स और फ्यूचर्स पर ऑप्शन्स का प्रयोग करते हुए डेरिवेटिव व्यापार किया जा सकता है। इस बाजार की प्राथमिक वस्तुओं को दो भागों में वर्गीकृत किया जाता है-हार्ड कमोडिटीज (सोना एवं तेल आदि) और सॉफ्ट कमोडिटीज (गेहूँ, मक्का, चीनी आदि)।

डेरिवेटिव बाजार

यह वित्तीय बाजार है, जिसमें सम्पत्ति के अन्य रूपों से निकाली गई डेरिवेटिव, वायदा अनुबन्ध या विकल्पों जैसे वित्तीय साधनों में व्यापार होता है। यह डेरिवेटिव भण्डार, वस्तुओं, मुद्राओं, बाजार सूचकांकों, विनिमय दरों एवं ब्याज की दरों में प्रयोग किए जाने योग्य है।

पूँजी बाजार

यह बाजार उन वित्तीय परिसम्पत्तियों के व्यापार के लिए होता है, जिनकी परिपक्वता अवधि, लम्बे समय या अनिश्चित समय की होती है। सामान्यत: यह बाजार दीर्घावधिक प्रतिभूतियों, जिनकी परिपक्वता अवधि एक वर्ष से अधिक होती है, के लिए होता है। यह व्यापार व उद्योग की कार्यशील पूँजी की उपलब्धता को सुनिश्चित करता है।

भारतीय वित्तीय बाजार

वित्तीय व्यवस्थाओं का संचालन वित्तीय बाजार (Financial Market) एवं संस्थाओं के द्वारा होता है। भारतीय वित्तीय व्यवस्था को मुख्यत: दो निम्न भागों मुद्रा बाजार एवं पूँजी बाजार में बाँटा जाता है, जिनका वर्णन निम्न है

भारतीय मुद्रा बाजार

- भारतीय मुद्रा बाजार (Indian Money Market) के दो रूप हैं- संगठित मुद्रा बाजार एवं असंगठित मुद्रा बाजार।
- मुद्रा बाजार (Money Market) एक ऐसा बाजार है, जहाँ अल्पकालीन प्रतिभूतियों का क्रय-विक्रय होता है। इस बाजार के माध्यम से उधार लेने व देने वाली संस्थाएँ व व्यक्तियों के बीच परस्पर लेन-देन होता है।
- इस मुद्रा बाजार का सम्बन्ध मौद्रिक उप-कारकों के व्यापार से होता है। एक प्रभावी मौद्रिक नीति (Monetary Policy) का आधार सुसंगठित मुद्रा बाजार होता है।

संगठित मुद्रा बाजार

- भारतीय मुद्रा बाजार में रिजर्व बैंक को केन्द्रीय स्थिति प्राप्त है, क्योंकि वही देश में साख का नियमन व नियन्त्रण करता है।

माँग/अविलम्ब मुद्रा बाजार

- अविलम्ब मुद्रा बाजार (Call Money Market) में माँग पर देय ऋणों का लेन-देन होता है। यह मुद्रा बाजार वह खण्ड है, जो बैंकों की दिन-प्रतिदिन की निधि (धन) की आवश्यकता से सम्बन्धित है।
- इस बाजार में जिस दर पर लेन-देन होता है, उसे माँग दर कहा जाता है। इससे मुद्रा की माँग अति अल्पकाल के लिए (प्राय: कुछ घण्टों से लेकर 14 दिनों तक) की जाती है।
- इसमें ब्याज दरों का निर्धारण ऋणों की माँग के आकार तथा बैंकों की तरलता की स्थिति (आपूर्ति) पर निर्भर करता है।
- 1 दिन की परिपक्वता अवधि वाले ऋण मनी को कॉल मनी (Call Money), 2 से 14 दिन की ऋण (परिपक्वता) अवधि वाले ऋण मनी को सूचना मुद्रा (Notice Money) तथा 15 से 365 दिनों की परिपक्वता अवधि वाले ऋण मनी को टर्म मनी (Term Money) कहा जाता है।
- इसके लिए उधार कर्ताओं के पास भारतीय रिजर्व बैंक के साथ चालू खाता होना आवश्यक होता है।

अन्तर बैंक अविलम्ब मुद्रा बाजार

- अन्तर बैंक अविलम्ब मुद्रा बाजार (Inter-Bank Call Money Market) एक ऐसा शब्द है, जिसका उपयोग संस्था के लिए अविलम्ब मुद्रा बाजार के अन्तर्गत व्यापक रूप में किया जाता है।
- इस बाजार में भारत में वाणिज्यिक बैंक और सहकारी बैंक निधियों को उधार देते हैं, जबकि बीमा एवं म्यूचुअल फण्ड कम्पनियाँ, IDBI और नाबार्ड इसमें केवल ऋण आवण्टनकर्ता के रूप में कार्य करते हैं।
- आर. बी. आई द्वारा (2011 में) जारी दिशा-निर्देशों के अनुसार अब इसमें तीन संस्थान ही- व्यापारिक बैंक, सहकारी बैंक और प्राथमिक डीलर (यथा-डिस्काउण्ट एण्ड फाइनेन्स हाउस ऑफ इण्डिया (DFHI)) ही ऋण देने और लेने वालों के रूप में शामिल हो सकते हैं।

डिस्काउण्ट एण्ड फाइनेन्स हाउस ऑफ इण्डिया (DFHI)

- डीएफएचआई की स्थापना भारतीय रिजर्व बैंक ने सार्वजनिक क्षेत्र के बैंकों और वित्तीय संस्थाओं के साथ मिलकर मार्च, 1988 में मुद्रा बाजार को सक्रिय करने के लिए की थी।
- डीएफएचआई दो उद्देश्यों को पूरा करता है- पहला बैंकिंग प्रणाली में तरलता सन्तुलन स्थापित करना तथा दूसरा संगठित मुद्रा बाजार को तरलता प्रदान करना।
- फरवरी, 1996 में इसे प्राथमिक डीलर का दर्जा प्रदान किया गया। कालान्तर में आरबीआई ने अपनी हिस्सेदारी बेच दी और डीएफएचआई भारतीय स्टेट बैंक (एसबीआई) की सहायक कम्पनी बन गई।
- एसबीआई ने वर्ष 1996 में प्राथमिक डीलर का व्यवसाय करने के लिए एसबीआई गिल्ट्स लिमिटेड नामक एक सहायक कम्पनी भी स्थापित की थी। इन दोनों कम्पनियों का वर्ष 2004 में विलय कर दिया गया, जिसके पश्चात् यह देश की सबसे बड़ी प्राथमिक डीलर बन गई।

वाणिज्यिक बिल या विनिमय बिल

- यह भी मुद्रा बाजार का एक प्रमुख उपकरण है, जिसे सर्वप्रथम वर्ष 1990 में लाया गया था। यह एक पराक्रम्य विपत्र (Negotiable Instrument) है, जिसमें बिल को स्वीकार करने वाला जिसे आहारी (drawee) कहा जाता है तथा बिल को लिखने वाले (आहर्त्ता) के निर्देश पर एक निश्चित रकम एक निर्धारित अवधि के पश्चात् बिना किसी शर्त के भुगतान करना स्वीकार करता है।
- ये बिल विक्रेता द्वारा खरीदने वाले को उसके द्वारा दिए गए माल के मूल्य के बदले जारी किए जाते हैं। यह 30, 60 अथवा 90 दिन की परिपक्वता अवधि के होते हैं।
- इस उपकरण का उपयोग अखिल भारतीय वित्तीय संस्थानों, अनुसूचित वाणिज्यिक बैंकों, गैर-बैंकिंग वित्तीय कम्पनियों, म्यूचुअल फण्ड कम्पनियों, सहकारी बैंकों, मर्चेंट बैंकों द्वारा किया जाता है।

बिल बाजार

- आधारभूत उद्देश्य बैंकों एवं वित्तीय संस्थानों को इस प्रकार से समर्थ बनाना है, जिससे वे अपने अतिरिक्त फण्ड को उचित अवसरों के द्वारा लाभदायक बना सकें। यह बिल (हुण्डी) बाजार अल्पकालीन स्व तरलता वाला तथा निगोसिएनिल बाजार होता है। भारत में यह अभी अल्प विकसित है।
- वाणिज्यिक बिल के प्रारम्भ होने के साथ ही, बिल बाजार को (1952 में शुरू) निरस्त कर दिया गया।

वाणिज्यिक प्रपत्र

- वाणिज्यिक पत्र (Commercial Paper) एक असुरक्षित मुद्रा बाजार उपकरण है, जो एक वचन-पत्र के रूप में जारी किया जाता है, जो जारीकर्ता द्वारा सीधे निवेशकों को बेचा जाता है या उधारकर्ताओं द्वारा मर्चेण्ट बैंकों और सुरक्षा गृहों में रखा जाता है।
- ये पत्र पूँजी बाजार (Capital Market) में सूचीबद्ध कम्पनियों द्वारा (जिनकी कार्यकारी पूँजी ₹4 करोड़ से अधिक हो) ₹5 लाख के गुणांकों में जारी किए जाते हैं। इसके अतिरिक्त इसे प्राथमिक डीलर और अखिल भारतीय वित्तीय संस्थान जारी कर सकते हैं।
- इनकी न्यूनतम राशि ₹1 करोड़ व परिपक्वता अवधि 7 दिन से 1 वर्ष तक होती है। भारत में इनकी शुरुआत वर्ष 1990 में की गई थी।
- इसे जारी करने वाले प्रतिभागियों को आरबीआई द्वारा निर्दिष्ट क्रेडिट रेटिंग एजेन्सियों (यथा - CRISIL, ICRA) से क्रेडिट रेटिंग प्राप्त करनी होती है।

प्रतिज्ञा पत्र

- यह एक लिखित विलेख (Document) है (इसमें बैंक नोट अथवा करेन्सी नोट शामिल नहीं हैं), जिसमें शर्तहीन प्रतिज्ञा-पत्र (Promissory Note) लिखने वाला हस्ताक्षर करता है।
- इसमें किसी निश्चित व्यक्ति अथवा उनके आदेशानुसार अथवा विलेख के वाहक को एक निश्चित राशि चुकाने का वचन दिया जाता है।
- ये सामान्य रूप से बड़े निगमों द्वारा जारी किए जाते हैं, लेकिन कुछ देशों में लघु व्यवसाय वित्त का यह सामान्य रूप है।

जमा/निक्षेप प्रमाण-पत्र

- जब कोई वाणिज्यिक बैंक से उधार लेता है, तो वह एक वचन-पत्र पर हस्ताक्षर करता है। निक्षेप प्रमाण-पत्र (Certificate of Deposit) वाणिज्यिक बैंकों द्वारा जारी किए जाते हैं। पूर्व में इनका मूल्य ₹1 लाख या उनके ही गुणांकों में होता था, किन्तु वर्ष 2021 में हुए संशोधन के अनुसार न्यूनतम ₹5 या इसके गुणांकों में कर दिया गया।
- परिपक्वता अवधि 7 माह से 1 वर्ष तक होती है। अखिल भारतीय वित्तीय संस्थाएँ जमा प्रमाण-पत्र 1 से 3 वर्ष तक की अवधि के लिए जारी करने की स्वीकृति है।
- वर्ष 2021 में आरबीआई द्वारा क्षेत्रीय ग्रामीण बैंक व लघु वित्त बैंक को इसे जारी करने की अनुमति प्रदान कर दी गई है।
- निक्षेप प्रमाण-पत्र (सीडी) वे प्रतिभूतियाँ हैं, जिन्हें बातचीत से उनके अंकित मूल्य से कम पर खरीदा जाता है और परिपक्वता पर प्रतिफल प्रदान किया जाता है।
- निक्षेप प्रमाण-पत्र पहली बार न्यूयॉर्क में 1960 के दशक में जारी किया गया था, जबकि भारत में इसे वर्ष 1989 में प्रारम्भ किया गया था।

ट्रेजरी/कोषागार बिल

- कोषागार बिल (Treasury Bill) एक प्रतिज्ञा-पत्र है, जो रिजर्व बैंक द्वारा जारी किया जाता है। इसकी तरलता अत्यधिक होती है, जिसको धारक द्वारा किसी भी दूसरे पक्ष को स्थानान्तरित किया जा सकता है तथा रिजर्व बैंक से भी भुनाया जा सकता है।
- यह सरकार द्वारा अल्पावधि उधार लेने का एक साधन है।
- कोषागार बिल (टी-बिल) सरकार को नकदी के लिए अपनी उतार-चढ़ाव वाली आवश्यकताओं को पूर्ण करने के लिए धन उधार लेने का एक अत्यधिक लचीला और अपेक्षाकृत सस्ता साधन प्रदान करता है।
- बैंकरों, डिस्काउण्ट हाउसों और दलालों से प्रत्येक हफ्ते निविदाएँ (Tenders) आमन्त्रित की जाती हैं।
- इसे 364 दिन से अधिक के लिए बट्टे के आधार पर जारी नहीं किया जा सकता है। इन्हें अंकित मूल्य (Face Value) से कम पर जारी किया जाता है, परन्तु इनका शोधन अंकित मूल्य पर ही होता है। इन दोनों मूल्यों के बीच का अन्तर विनियोग पर ब्याज प्रदर्शित करता है।
- यह 91 दिवसीय, 182 दिवसीय और 364 दिवसीय होता है। वर्ष 1997-98 में 14 दिवसीय और 28 दिवसीय कोषागार बिल भी जारी किए गए थे। साधारणतः चार प्रकार के कोषागार बिल होते हैं
  (i) 14 दिनों के (ii) 91 दिनों के
  (iii) 182 दिनों के (iv) 364 दिनों के
- वर्तमान में रिजर्व बैंक ऑफ इण्डिया के तीन ट्रेजरी बिल 91 दिनों वाले टी-बिल की नीलामी साप्ताहिक आधार पर तथा 182 और 364 दिनों के टी-बिल की नीलामी पाक्षिक आधार पर करता है।

असंगठित मुद्रा बाजार

- असंगठित मुद्रा बाजार (Unorganised Money Market) क्षेत्र के अन्तर्गत देशी बैंकर तथा मुद्रा उधार देने वाले विभिन्न व्यक्ति आते हैं, जिन्हें देश के विभिन्न भागों में साहूकार, महाजन आदि नामों से जाना जाता है।
- ये ऐसे क्षेत्र हैं, जिन्हें किसी वित्तीय संस्था द्वारा वैधानिक मान्यता प्राप्त नहीं होती। चिटफण्ड निधि आदि इसी के अन्तर्गत आते हैं।
- इस क्षेत्र के अन्तर्गत आने वाली सभी व्यक्तिगत संस्थाओं के अपने कुछ निश्चित नियम-कानून होते हैं।
- इस क्षेत्र के अन्तर्गत आने वाली सभी संस्थाओं का प्रतिशत लाभ स्वयं उनके ही द्वारा निर्धारित किया जाता है। ऐसी संस्थाएँ प्रायः अविकसित क्षेत्रों में ही पाई जाती हैं।

भारतीय मुद्रा बाजार की कमियाँ

- भारतीय मुद्रा बाजार एशिया के सर्वश्रेष्ठ मुद्रा बाजारों में से एक है, किन्तु इसकी कुछ कमियाँ भी हैं यथा वित्तीय समावेशन का पर्याप्त न होना।
- इसके द्वारा सामान्यतः सरकारों व विनियमित सार्वजनिक तथा निजी वित्तीय संस्थाओं की सुविधाएँ प्रदान की जाती हैं।
- यह केवल निगमित संस्थाओं को सुविधा प्रदान करता है, छोटी संस्थाओं की आवश्यकताओं को पूरा नहीं कर पाता है।
- संगठित क्षेत्र के पास अनेक उपकरणों के होने के बावजूद भी असंगठित क्षेत्र (साहूकार महाजन आदि) देश में कार्य कर रहे हैं।

भारतीय पूँजी बाजार

- पूँजी बाजार वित्तीय प्रणाली का एक अंग है। यह दीर्घकालीन कोष बाजार है, जहाँ अंश-पत्रों /शेयरों तथा ऋण के माध्यम से पूँजी का लेन-देन होता है।

- पूँजी बाजार के कार्य पूँजी बाजार बचतों को गतिशीलता प्रदान कर आर्थिक विकास में सहयोग करता है। यह बचतों को एकत्र करने तथा इन्हें वाणिज्य तथा उद्योग के विकास के लिए उत्पादक निवेशों में प्रवाहित करने में महत्त्वपूर्ण भूमिका निभाता है।
- यह बचतकर्ता और निवेशकों के मध्य एक महत्त्वपूर्ण कड़ी का काम करता है। बचतकर्ता निधियों के ऋण दाता होते हैं, जबकि निवेशक निधियों के ऋणी होते हैं।
- भारतीय पूँजी बाजार गिल्ट-एज्ड या सरकारी प्रतिभूति बाजार, विकास वित्तीय संस्थान और वित्तीय मध्यस्थों से मिलकर बनता है।

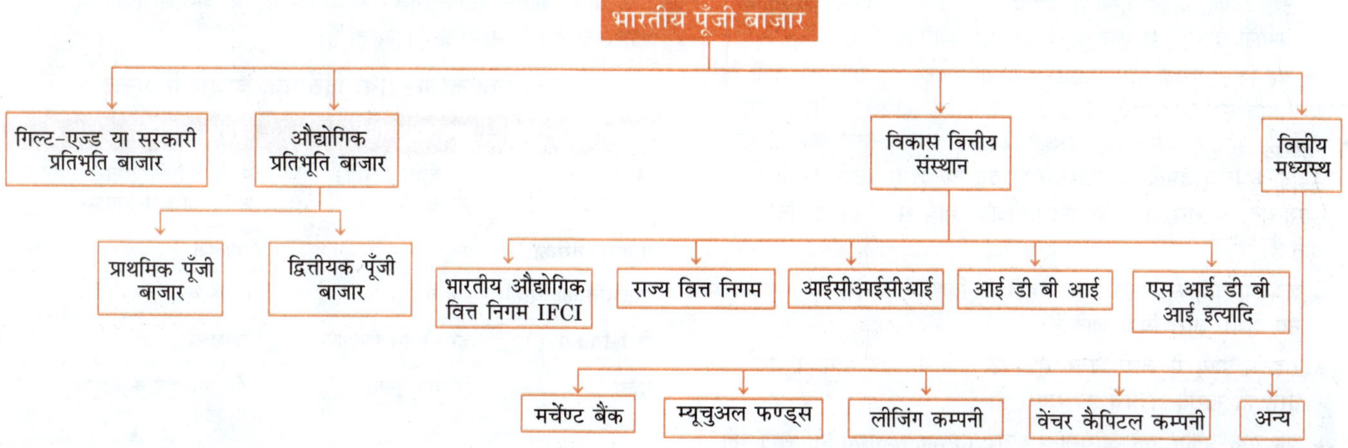

गिल्ट-एज्ड-मार्केट

- आरबीआई (RBI) द्वारा समर्थन प्राप्त यह एक उत्कृष्ट बाजार है, जो सरकारी एवं अर्द्ध-सरकारी प्रतिभूतियों से सम्बन्धित होता है।
- सरकारी प्रतिभूतियाँ सरकार द्वारा जारी की जाती हैं, जिनमें बिक्री योग्य ऋण लिखते हैं, जो इनकी वित्तीय आवश्यकताओं को पूर्ण करती हैं।
- उत्कृष्ट शब्द का अर्थ होता है-सर्वोत्तम क्वालिटी। यह जोखिम मुक्त है इस कारण सरकारी प्रतिभूतियों के खरीददार को कोई जोखिम नहीं उठाना पड़ता एवं इनसे बहुत मात्रा में नकदी प्राप्त होती है। इसे बाजार में चालू मूल्यों पर बड़ी आसानी से बेचा जा सकता है।

औद्योगिक प्रतिभूति बाजार

- वह बाजार जहाँ शेयर, प्रतिभूति, बॉण्ड, डिबेन्चर, म्यूचुअल फण्ड इत्यादि माध्यमों द्वारा दीर्घकालिक पूँजी की व्यवस्था की जाती है, उसे औद्योगिक प्रतिभूति बाजार (Industrial Security Market) कहा जाता है।
- इन बाजारों में विभिन्न प्रकार के लेन-देन सम्पन्न होते हैं; जैसे—वायदा कारोबार, इनसाइड ट्रेडिंग इत्यादि। इन्हें प्राथमिक और द्वितीयक बाजार में बाँटा जाता है।

प्राथमिक बाजार

- प्राथमिक बाजार (Primary Market) पूँजी बाजार का वह अंग होता है, जहाँ कई प्रतिभूतियों का पहली बार विक्रय होता है अर्थात् यह नए निर्गमनों (New Issues) से सम्बन्धित बाजार है, जहाँ कोषों का गतिशीलन सर्वथा नई प्रतिभूतियों के माध्यम से होता है।
- प्राथमिक बाजार में घरेलू व विदेशी दोनों प्रकार के कोषों की उगाही की जा सकती है तथा इसमें निर्गमित प्रतिभूतियाँ, समता अंश (Equity Share) या ऋण प्रपत्र (Debenture) दोनों हो सकते हैं।
- घरेलू कोषों के अन्तर्गत आने वाली प्रतिभूतियों में कम्पनियों द्वारा निर्गमित समता अंश व कम्पनियाँ सरकार तथा वित्तीय मध्यस्थों द्वारा निर्गमित ऋण प्रपत्र शामिल हैं।
- वहीं विदेशी कोषों के अन्तर्गत ग्लोबल डिपॉजिटरी रिसीट व अमेरिकन डिपॉजिटरी रिसीट के माध्यम से निर्गमित समता अंश व विदेशी वाणिज्यिक उधारी (Foreign Commercial Borrowing) के द्वारा आने वाली उधारियाँ सम्मिलित हैं।
- नई स्थापित होने वाली कम्पनियाँ जब पहली बार शेयर जारी करती हैं, तो उन्हें Initial Public Offerings (IPO) कहा जाता है। इस बाजार में प्रतिभूति के क्रेता को प्राइमरी वित्तीय प्रपत्र धारक कहा जाता है।

प्राथमिक बाजार से पूँजी उगाही

कम्पनियों द्वारा बाजार से जो भी फण्ड उगाही की जाती है वह सभी प्राथमिक बाजार से ही की जाती है, द्वितीय बाजार से नहीं। प्राथमिक बाजार से पूँजी की उगाही करने के लिए कम्पनियों द्वारा निम्न तरीके अपनाए जाते हैं-

- प्रारम्भिक सार्वजनिक प्रस्ताव (Initial Public Offering) इनीशियल पब्लिक ऑफर को संक्षेप में आईपीओ (IPO) कहते हैं। आइपीओ (IPO) को कम्पनी अपनी पूँजी में विस्तार के लिए जारी करती है। इसके माध्यम से कम्पनी शेयर बाजार में सूचीबद्ध होती है। दिसम्बर, 2019 में सऊदी अरामको, विश्व में आईपीओ के माध्यम से सार्वजनिक पूँजी प्राप्त करने वाली कम्पनी बनी थी।
    - जब भी कम्पनी IPO जारी करती है, वह यह घोषित करती है कि वह किस प्रकार के सिक्योरिटीज जारी करेगी। IPO पूर्ण रूप से एक जोखिम भरा निवेश माना जाता है। इसमें निवेशकों द्वारा लगाई गई पूँजी प्रत्यक्ष रूप से कम्पनी को प्राप्त होती है।

अनुवर्ती सार्वजनिक प्रस्ताव (FPO)

- जब शेयर स्टॉक एक्सचेन्ज में सूचीबद्ध कम्पनियाँ पूँजी प्राप्त करने के उद्देश्य से अतिरिक्त शेयर को जारी करती हैं, तो उसे **अनुवर्ती सार्वजनिक प्रस्ताव** (Follow-on Public Offer, FPO) कहा जाता है।
- इसे कम्पनी बाजार मूल्य से कम पर जारी करती है। इसके माध्यम से कम्पनी छूट दर पर शेयर प्राप्त करने का प्रयास करती है।
- यह किसी पुरानी कम्पनी द्वारा पूँजी प्राप्त करने हेतु जारी की जाती है।

- अधिकार निर्गम/राइट्स इश्यू (Rights Issue) के अन्तर्गत कम्पनी धन जुटाने के लिए उपलब्ध शेयरधारकों को नए शेयर जारी करती है। सामान्यत: ये शेयर डिस्काउण्ट (मौजूदा भाव से कम) पर दिए जाते हैं।
  - शेयरधारकों को उनके पास पहले से विद्यमान शेयरों के अनुपात में नए शेयर जारी किए जाते हैं।
  - राइट्स इश्यू में जारी शेयर सूचीबद्ध होने के बाद सामान्य शेयरों की तरह ही खरीदे व बेचे जा सकते हैं।
  - यह एक प्रकार की अधिमान्य शेयर (Preferential Share) की बिक्री है, जो आम नागरिकों के लिए उपलब्ध नहीं होता है।
- निजी स्थापना/आवण्टन (Private Placement) इसके अन्तर्गत कम्पनी के शेयर पब्लिक ऑफर के पूर्व ही कुछ चिन्हित वित्तीय संस्थानों (बैंक, बीमा कम्पनी इत्यादि) को पहले ही निजी तौर पर बेच/निर्गमित दिए जाते हैं।
  - इसके माध्यम से पूँजी की उगाही शीघ्र और कम लागत में की जाती है। यद्यपि इस तरीके में पूँजी उगाही करने वाली कम्पनी को अपने स्वामित्व का भय बना रहता है, क्योंकि शेयर को खरीदने वाले संस्थान आवश्यकतानुसार अपनी निष्ठा कभी भी बदल सकते हैं।

द्वितीयक बाजार

- वह बाजार, जिसके अन्तर्गत पुरानी अर्थात् पूर्व में निर्गमित प्रतिभूतियों का व्यापार होता है, द्वितीयक बाजार (Secondary Market) कहलाता है। द्वितीयक बाजार के अन्तर्गत कानून के अधीन कार्य करने वाले पंजीकृत (Registered) स्टॉक एक्सचेन्ज आते हैं।
- द्वितीय बाजार या स्टॉक एक्सचेन्ज में उन्हीं प्रतिभूतियों समता अंश या ऋण-पत्रों की ट्रेडिंग होती है, जो स्टॉक मार्किट में सूचीबद्ध (listed) होती हैं। यहाँ सूचीबद्धता का आशय किसी मान्यता प्राप्त स्टॉक एक्सचेन्ज द्वारा प्रतिभूतियों (Securities) को व्यापार के लिए स्वीकार किए जाने से है। इसे शेयर बाजार के नाम से भी जाना जाता है।
- वास्तव में एक सक्रिय द्वितीयक बाजार प्राथमिक बाजार की विकास प्रक्रिया को अपेक्षाकृत अधिक सुविधाजनक बनाता है, क्योंकि यह प्राथमिक बाजार में अंशों व ऋण-पत्रों को तरलता प्रदान करने हेतु सतत बाजार का कार्य करता है।
- द्वितीयक बाजार के अन्तर्गत प्राथमिक बाजार में शामिल संस्थाओं, व्यापारिक बैंकर्स, पारस्परिक कोष (Mutual Fund), वित्तीय संस्थान व व्यक्तिगत निवेशकों (Investors) के अतिरिक्त शेयर दलाल (Share Agents) भी शामिल होते हैं। ये शेयर दलाल, शेयर बाजार के सदस्य होते हैं और इन्हीं के माध्यम से शेयरों का क्रय-विक्रय होता है।
- इस बाजार में पुरानी सूचीबद्ध कम्पनियाँ जब अपने नए शेयरों को जारी करती हैं, तो उसे FPO (Follow on Public Offer) कहा जाता है।
- इस बाजार में प्रतिभूतियों का क्रय-विक्रय पूँजी निर्माण का सृजन नहीं करता है, बल्कि स्टॉक बाजार में विक्रय हेतु प्राप्त अंश प्रपत्रों को तरलता एवं विनिमय प्रदान करता है।

प्राथमिक बाजार तथा द्वितीयक बाजार में अन्तर

आधार	प्राथमिक बाजार	द्वितीयक बाजार
अर्थ	नए शेयरों (अंशों) का विक्रय	पहले से बिके/पुराने शेयरों का क्रय-विक्रय
क्रय का तरीका	प्रत्यक्ष	अप्रत्यक्ष
प्रतिभूति का विक्रय	एक बार	अनेक बार
क्रय-विक्रय	कम्पनी एवं निवेशक	निवेशकों
मूल्य	निश्चित मूल्य	माँग एवं पूर्ति के अनुसार परिवर्तन
मध्यस्थ	अभिगोपन कर्ता	कमीशन एजेण्ट, दलाल
संरचनात्मक ढाँचा	निश्चित भौगोलिक ढाँचा नहीं	निश्चित भौगोलिक ढाँचा, जहाँ प्रतिभूतियों का क्रय-विक्रय
पूँजी की उपलब्धता	कम्पनी की स्थापना एवं विस्तार हेतु	कम्पनी को पूँजी की प्राप्ति नहीं

पूँजी बाजार के उपकरण

पूँजी बाजार के उपकरण निम्नलिखित हैं

बॉण्ड

- बॉण्ड बाजार (Bond Market) वित्तीय बाजार होता है, जिसमें भागीदार नया डेब्ट जारी कर सकते हैं और डेब्ट सिक्योरिटीज को खरीद एवं बेच सकते हैं।
- सामान्यत: इस बाजार में कार्य, बॉण्ड्स के रूप में होता है, लेकिन नोट्स, बिल्स और अन्य वित्तीय उपकरणों का प्रयोग भी इस बाजार में होता है।
- बॉण्ड बाजार को डेब्ट बाजार या क्रेडिट बाजार भी कहते हैं। बॉण्ड बाजार का प्राथमिक उद्देश्य, निजी और लोक व्यय के लिए दीर्घकालीन वित्त व्यवस्था करना है।
- यह किसी देश की सरकार या कम्पनी के द्वारा पूँजी संग्रहण हेतु जारी किया जाता है, जिसकी परिपक्वता अवधि 1 वर्ष से अधिक होती है।
- प्रत्येक बॉण्ड का एक निश्चित मूल्य होता है, जिसे जारीकर्ता के द्वारा निर्धारित किया जाता है, उसे अंकित मूल्य कहा जाता है तथा इस पर प्राप्त वार्षिक ब्याज को कूपन भुगतान के नाम से जाना जाता है।
- बॉण्ड पर प्राप्त होने वाले लाभ या धनराशि अथवा प्रभावी प्राप्ति दर को बॉण्ड प्रतिफल (Bond Yield) कहा जाता है।
- इसकी गणना बॉण्ड की कूपन दर को उस पर अंकित मूल्य से भाग देकर की जाती है।

- यह बॉण्ड प्रतिफल आर्थिक विकास के आकलन में उपयोगी होता है। इसकी कीमत में उतार-चढ़ाव से बॉण्ड प्रतिफल पर विपरीत प्रभाव पड़ता है अर्थात् जब बॉण्ड का मूल्य बढ़ता है, तो बॉण्ड का प्रतिफल घटता है। इस प्रकार बॉण्ड कीमत तथा बॉण्ड प्रतिफल के बीच उल्टा अर्थात् व्युत्क्रमानुपाती सम्बन्ध पाया जाता है।
- बॉण्ड बाजार को निम्नलिखित भागों में बाँटा गया है
  - कॉर्पोरेट बॉण्ड बाजार
  - मॉर्टगेज बॉण्ड बाजार
  - सरकार और एजेन्सी
  - म्युनिसिपल बॉण्ड बाजार
  - फण्डिंग बॉण्ड बाजार

बॉण्ड बाजार भागीदारी

- बॉण्ड मार्केट के भागीदार, अन्य सभी वित्तीय बाजारों के भागीदारों के समान हैं। बॉण्ड बाजार के भागीदार या तो कोष के खरीदार या कोष के विक्रेता या फिर दोनों होते हैं।
- बॉण्ड मार्केट के भागीदारों में संस्थागत निवेशक, व्यापारी, सरकारें तथा व्यक्ति विशेष शामिल होते हैं

कुछ महत्त्वपूर्ण बॉण्ड

कुछ महत्त्वपूर्ण बॉण्ड निम्न प्रकार हैं

- कॉर्पोरेट बॉण्ड (Corporate Bond) एक निगम द्वारा अपनी गतिविधियों के लिए पूँजी एकत्रित के लिए जारी किया गया एक बॉण्ड है। यह बॉण्ड धारक को कम्पनी के सामान्य शेयरों की एक निर्दिष्ट संख्या के लिए बॉण्ड का आदान-प्रदान करने का अधिकार देता है।
  - प्राथमिक डीलरों को सरकारी बॉण्ड के लिए बाजार निर्माता के रूप में कार्य करने की स्वीकृति है।
  - बीमा कम्पनियों, पेंशन/भविष्य निधि को कॉर्पोरेट बॉण्ड में निवेश करने की अनुमति प्रदान की गई है।
  - बाजार में ब्याज दर के बढ़ने से बॉण्ड की कीमतें घटती हैं, जिसके कारण बॉण्ड धारक को घाटा होता है।
- सरकारी बॉण्ड (Government Bond) 1 वर्ष से अधिक की अवधि वाली सरकारी प्रतिभूतियों को सरकारी बॉण्ड कहा जाता है। यह बॉण्ड सरकार के लिए रिजर्व बैंक द्वारा जारी किया जाता है। ये निम्न जोखिम वाले तथा कम लाभ देने वाले होते हैं। सरकारी बॉण्ड के निम्न प्रकार हैं
- हरित बॉण्ड (Green Bond) यह किसी भी अन्य बॉण्ड की तरह ही है, जहाँ एक निकाय धन जुटाने के लिए निवेशकों के लिए ऋण साधन जारी करता है। इस बॉण्ड में जारीकर्ता सार्वजनिक रूप से घोषणा करता है कि वह पर्यावरणीय लाभ; जैसे—अक्षय ऊर्जा, कम कार्बन परिवहन आदि जैसी हरित परियोजनाओं, परिसम्पत्तियों या व्यापारिक गतिविधियों के लिए पूँजी की उगाही कर रहा है। हरित बॉण्ड की पेशकश का लाभ हरित परियोजनाओं के वित्त पोषण में उपयोग के लिए होता है। भारत में सबसे पहले यस बैंक ने वर्ष 2015 में इसे जारी किया था।
- मसाला बॉण्ड (Masala Bond) विदेशों से पूँजी जुटाने के लिए रुपए में जारी किया जाने वाला बॉण्ड मसाला बॉण्ड कहलाता है। यह एक प्रकार का कॉर्पोरेट बॉण्ड है, जो अन्तर्राष्ट्रीय बाजार में जारी किया जाता है। यह बॉण्ड विदेशी एक्सचेन्जों पर सूचीबद्ध किया जाता है। वर्ष 2015 में तत्कालीन वित्तमन्त्री अरुण जेटली ने मसाला बॉण्ड बेचने की अनुमति दी थी।
- प्रथम मसाला बॉण्ड नवम्बर, 2014 में अन्तर्राष्ट्रीय वित्त निगम के द्वारा जारी किया गया था, जबकि भारत में प्रथम मसाला बॉण्ड जारी करने वाला राज्य केरल है। इसके अन्तर्गत बॉण्ड ग्राहक अपनी अघोषित आय का 40% इसमें निवेश करने के योग्य होते हैं। इस पर ब्याज की दर 5% सामान्यत: होती है, जिससे प्राप्त ब्याज पर 7.5% की दर से कर देय होती है। इससे प्राप्त राशि का 45% भाग जमाकर्ता के पास जमा होता है तथा शेष 15% राशि सरकार के द्वारा कर के रूप में वसूल की जाती है।
- म्युनिसिपल बॉण्ड (Municipal Bond) शहरी स्थानीय निकायों, नगर निकायों तथा नगर निगमों द्वारा जारी किया गया विपणन योग्य ऋण उपकरण होता है। इसका उद्देश्य—शहरी स्थानीय निकायों द्वारा क्रियान्वित की जा रही परियोजना के लिए ऋण उपलब्ध कराना है। इसके धन का उपयोग आवश्यक अवसंरचनात्मक बुनियादी ढाँचे, ऋणों के भुगतान, कार्यशील पूँजी की आवश्यकताओं को पूर्ण करने आदि के लिए किया जाता है।

> वर्ष 1997 में बंगलुरु नगर निगम के द्वारा जारी भारत का पहला **म्युनिसिपल बॉण्ड** था। वर्ष 2020 में लखनऊ नगर निगम ने ₹ 200 करोड़ का बॉण्ड जारी किया था। हालाँकि इससे पहले इसे इन्दौर, हैदराबाद तथा पुणे के नगर-निगमों के द्वारा जारी किया गया था।

- जीरो कूपन बॉण्ड (Zero Coupon Bond) यह अपने अंकित मूल्य से कम कीमत पर जारी किया गया एक बॉण्ड है और इसके अंकित मूल्य पर देय ब्याज की कोई दर नहीं होती है। जब बॉण्ड परिपक्वता तक पहुँचता है, तो इसके निवेशकों को इसका सममूल्य ही प्राप्त होता है।

कॉर्पोरेट बॉण्ड और डिबेन्चर्स में अन्तर

कॉर्पोरेट बॉण्ड	डिबेन्चर्स
यह कम्पनी की पूँजी संरचना में प्रदर्शित होता है।	यह कम्पनी की पूँजी संरचना में प्रदर्शित नहीं होता है।
ये क्रेडिट रेटिंग और अन्तर्निहित परिसम्पत्तियों द्वारा समर्थित होते हैं।	ये क्रेडिट रेटिंग और अन्तर्निहित परिसम्पत्तियों द्वारा समर्थित नहीं होते हैं।
ये कम ब्याज दर वाले होते हैं।	ये अपेक्षाकृत अधिक ब्याज दर वाले होते हैं।
ये गैर-परिवर्तनीय होते हैं।	ये कम्पनी के शेयरों में परिवर्तनीय होते हैं।
इसकों कम्पनी के परिसमापन (Liquidation) होने पर प्राथमिकता मिलती है।	इसका भुगतान नहीं किया जा सकता है।
यह कम जोखिम वाला होता है।	यह अपेक्षाकृत अधिक जोखिम वाला होता है।

पर्पस बॉण्डस

- सतत् (Perpetual) बॉण्ड को पर्पस (Perps Bonds) के नाम से जाना जाता है। यह एक ऋण साधन/पत्र जिसकी परिपक्वता की कोई तिथि नहीं होती है। यह अन्य बॉण्डों के समान ब्याज का भुगतान करते हैं, यद्यपि जारीकर्ता परिपक्वता होने पर मूलधन का भुगतान

नहीं करता है अर्थात् यह गैर-प्रतिदेय (Non-shade) होता है। यह सदैव सरकारों को दीर्घकालिक प्रकृति के विकासात्मक कार्यों को पूरा करने के लिए जारी किए जाते हैं। इन्हें स्टॉक एक्सचेन्जों पर कारोबार करने की सुविधा होती है तथा जारीकर्ता को बेचने का विकल्प भी प्रदान कर सकते हैं।

प्रतिभूति

- प्रतिभूति (Security) एक प्रमाण-पत्र होता है, जिसका विक्रय करके वित्त को प्राप्त किया जाता है। यह लिखित प्रमाण-पत्र होता है, जो ऋण लेने के बदले दिया जाता है। इसमें जारी करने की शर्तों एवं मूल्यों का उल्लेख होता है तथा इनका क्रय-विक्रय भी किया जाता है।
- सरकार द्वारा जारी किया जाने वाला बॉण्ड, तरजीही शेयर (Preferential Share), ऋण-पत्र आदि प्रतिभूतियों की श्रेणी में आते हैं। सामान्यत: प्रतिभूति को दो भागों में बाँटा जाता है-शेयर प्रतिभूति तथा ऋण प्रतिभूति।

शेयर या अंश प्रतिभूति

- जिस प्रतिभूति से क्रेता को प्रतिभूति जारी करने वाली संस्था के स्वामित्व में एक निश्चित अंश प्राप्त होता है, उसे अंश प्रतिभूति कहा जाता है। शेयर को किसी संस्था के द्वारा नहीं, केवल कम्पनी के द्वारा ही जारी किया जा सकता है।
- ये शेयर कई भागों में विभाजित हो सकते हैं, जिसमें सभी अंश कम्पनी के स्वामित्व के इकाई का प्रतिनिधित्व करते हैं। ये शेयर समता अंश तथा वरीयता क्रम अंश में होते हैं, जोकि निम्न हैं

1. **समता अंश**

- ये ऐसे अंश होते हैं, जिनको लाभांश के भुगतान अथवा पूँजी के पुन: भुगतान के सम्बन्ध में कोई पूर्वाधिकार (Preferential Right) प्राप्त नहीं होता है, पूर्वाधिकार वाले अंशधारकों को लाभांश भुगतान करने के बाद लाभांश प्राप्त होता है।
- समता अंशधारकों के लिए लाभांश की कोई निश्चित दर नहीं होती, बल्कि यह अतिरिक्त लाभ पर निर्भर करती है। अधिक लाभ होने की दशा में कम्पनी समता अंशधारकों को ऊँची दर से लाभांश का भुगतान करती है। इस प्रकार के अंशों के निर्गमन से प्राप्त धन को समता अंश पूँजी कहते हैं। इसे स्वामित्व पूँजी या स्वामित्व कोष भी कहते हैं।
- समता अंश धारक ही कम्पनी के वास्तविक स्वामी माने जाते हैं, जिनकी कम्पनी के प्रबन्धन में भागीदारी होती है। इसमें धारित अंशों के अनुपात में कम्पनी का स्वामित्व प्राप्त होता है। इन्हें लाभांश प्राप्ति में कोई वरीयता नहीं दी जाती है।

2. **वरीयता या अधिमान अंश**

- वरीयता या अधिमान अंश (Preferential Shares) वे अंश होते हैं, जिनको लाभांश एवं पूँजी की वापसी के सम्बन्ध में अधिमान अधिकार प्राप्त होते हैं। समता अंशों के लाभांश भुगतान से पूर्व पूर्वाधिकार अंशों (Preferences Shares) पर निश्चित दर से लाभांश का भुगतान करना होता है, लेकिन यह लाभांश लाभ होने की दशा में ही देना होता है।
- पूर्वाधिकार अंशधारकों के पास कोई भी मताधिकार नहीं होता है, इसलिए वह कम्पनी के प्रबन्ध में भाग नहीं ले सकते। पूर्वाधिकार अंशों को निर्गमित करना कम्पनी के लिए अनिवार्य नहीं है। ये अंश दो प्रकार के होते हैं
  - ऐसे वरीयता अंश, जिन पर लाभांश संचित होता जाता है, उन्हें संचयी वरीयता अंश कहा जाता है। जिस वित्त वर्ष में कम्पनी को पर्याप्त लाभ होता है, उस वर्ष वरीयता अंशधारियों को पहले लाभांश दिया जाता है।
  - ऐसे वरीयता अंश, जिन पर लाभांश संचयी नहीं होता है, उन्हें असंचयी वरीयता अंश कहा जाता है। जब कम्पनी दिवालिया हो जाए, तो ऐसी स्थिति में समता अंशों की तुलना में इन्हें भुगतान में वरीयता दी जाती है।

ऋण प्रतिभूति

- ऋण प्रतिभूति (Debt Security) कम्पनियों के लिए दीर्घकालीन पूँजी प्राप्ति का एक स्रोत होता है। इसके आधार पर कम्पनियाँ ऋण प्राप्त करती हैं। ऋण प्रतिभूति पर अंकित ब्याज दर को कूपन कहा जाता है।

> **ऋण-पत्रों** (Debentures) के निर्गमन द्वारा कम्पनियाँ दीर्घकालीन वित्त प्राप्त कर सकती हैं, इनसे निवेशकों को निश्चित ब्याज दर के रूप में एक निश्चित आय प्राप्त होती है। इसे कम्पनी की **ऋण पूँजी** या **उधार पूँजी** भी कहते हैं।

- ऋण-पत्र उधार ली गई राशि की लिखित पावती (रसीद) है। इसमें नियम एवं शर्तें; जैसे—ब्याज दर, भुगतान वापसी का समय एवं दी गई जमानत इत्यादि विशेष रूप से लिखी होती हैं। ऋण-पत्र धारक कम्पनी के ऋणदाता होते हैं, जो निश्चित ब्याज प्राप्त करने के अधिकारी हैं, चाहे कम्पनी को लाभ हुआ हो अथवा नहीं। इनको कोई मताधिकार प्राप्त नहीं होता है।
- सामान्यतया ऋण-पत्र पूर्ण सुरक्षित होते हैं। कम्पनी यदि ऋण-पत्रों पर ब्याज देने या मूलधन को लौटाने में असफल रहती है, तो ऋण-पत्र धारक कम्पनी की सम्पत्तियाँ बेचकर इन्हें वसूल कर सकते हैं। इसके कुछ महत्त्वपूर्ण गुण निम्न हैं
  - ऋण-पत्र सुरक्षित ऋण है। कम्पनी का समापन होने पर समता एवं पूर्वाधिकार अंशधारक को कोई भी भुगतान करने से पूर्व इनका भुगतान किया जाता है।
  - लाभ न होने पर ऋण-पत्र धारकों को निश्चित दर से आय प्राप्त होती है। जब कम्पनी को अधिक लाभ होता है, तब ऋण-पत्रों का निर्गमन कम्पनी को उसके समता अंशधारकों को ऊँची दर से लाभ प्रदान करने को सामर्थ्य प्रदान करता है।
  - ऋण-पत्र धारकों को न तो मत देने का और न ही कम्पनी के प्रबन्ध में भाग लेने का अधिकार होता है, इसलिए ऋण-पत्रों द्वारा कम्पनी प्रबन्ध नियन्त्रण को प्रभावित किए बिना अतिरिक्त पूँजी प्राप्त करती है। ऋण-पत्रों पर दिए गए ब्याज़ को व्यय के रूप में माना जाता है। यह कम्पनी के लाभों पर प्रभार होता है। इस प्रकार से कम्पनी आयकर बचा लेती है।

शेयर वारण्ट्स

- यह एक विलेख होता है, जो खरीददार को उसमे उल्लिखित कम्पनी के शेयरों की संख्या को भविष्य में एक निश्चित मूल्य पर खरीदने का अधिकार देता है।

- भारत में खरीददार को वारण्ट खरीदते समय शेयर के मूल्य को 25% का भुगतान (अपफ्रण्ट भुगतान) करना होता है तथा बाकी का भुगतान वारण्ट्स के अधिकार का प्रयोग करते समय किया जाता है। वर्ष 2023 में एनडीटीवी का अधिग्रहण इन्हीं के प्रयोग द्वारा ही किया गया था।

शेयर का निर्गमन

- शेयर का निर्गमन (Issue of Share) कम्पनी जिस मूल्य पर शेयर को बेचती है, उसे आवण्टित मूल्य (Alloted Value) कहा जाता है, जबकि शेयर पर अंकित किया गया मूल्य उसका अंकित मूल्य (Face Value) कहलाता है। शेयरों का निर्गमन प्रायः तीन प्रकार से होता है, जिनका विवरण निम्न प्रकार है
  - सममूल्य पर निर्गमन (Issue of par) जब कोई कम्पनी शेयर को उसके अंकित मूल्य पर बेचती है, तो वह सममूल्य पर निर्गमन कहलाता है। यह एक स्थिर मूल्य होता है। इसका निर्धारण प्रतिभूति को जारी करते समय किया जाता है।
  - कटौती पर निर्गमन (Issue at Discount) जब कम्पनी शेयर को अंकित मूल्य से कम मूल्य पर बेचती है, तो उसे कटौती पर निर्गमन कहा जाता है। शेयर के सममूल्य (अंकित मूल्य) तथा शेयर पर प्राप्त राशि के बीच के अन्तर को शेयर पर निर्गमन छूट कहा जाता है।
  - प्रीमियम पर निर्गमन (Issue at Premium) जब कोई कम्पनी अपने शेयर को अंकित मूल्य से अधिक मूल्य पर बेचती है, तो उसे प्रीमियम पर निर्गमन कहा जाता है। शेयर के अंकित मूल्य से अधिक प्राप्त हुई राशि को शेयर पर प्रीमियम कहा जाता है।

- **बुल एण्ड बियर** (Bulls & Bear) ऐसा निवेशक, जो किसी विशिष्ट प्रतिभूति (शेयर) के मूल्य बढ़ने की प्रत्याशा रखता है, को बुल या तेजड़िया कहते हैं, जबकि मूल्य कम होने की प्रत्याशा रखने वाले निवेशक को बियर या मन्दड़िया कहा जाता है।
- **बुल्स** (Bulls) चालू कीमत पर अपनी पसन्द की प्रतिभूतियों या शेयर को खरीद लेते हैं, जिससे कीमत अधिक होने पर इनकी बिक्री कर लाभ कमाया जा सके तथा बियर्स चालू कीमत पर अपने शेयरों को बेच देते हैं, जिससे प्राइस लेवल कम होने पर उन्हें फिर खरीद सकें। बियर्स प्रायः शेयरों की बिक्री करते हैं, जो उनके पास होते ही नहीं, इस प्रकार के सौदे को **शॉर्ट सेलिंग** कहते हैं।
- **पेन्नी स्टॉक्स** (Penni Stocks) ये वे प्रतिभूतियाँ हैं, जिनकी शेयर बाजार में कोई कीमत नहीं होती है, परन्तु पेन्नी स्टॉक्स (Penny Stocks) व्यापार सट्टेबाजी में भागीदारी निभाता है।
- **लाभांश** (Dividend) विभाजन योग्य लाभों का वह भाग, जो शेयरधारकों के बीच वितरित किया जाता है, लाभांश कहा जाता है। यह **कर युक्त** और **कर मुक्त** दोनों प्रकार का हो सकता है।
- **डुअल लिस्टिंग** (Dual Listing) उस प्रक्रिया को कहते हैं, जिसके अन्तर्गत कोई कम्पनी दो अलग-अलग देशों के स्टॉक एक्सचेन्जों में स्वयं को सूचीबद्ध कराती है। अभी तक भारत में रुपए की पूर्ण परिवर्तनीयता के न होने व फेमा नियमों आदि के चलते डुअल लिस्टिंग पूर्ण रूप से लागू नहीं है।

शेयर बाजार

शेयर बाजार (Share Market) शब्द सामान्यतः द्वितीयक बाजार के लिए प्रयुक्त होने वाला शब्द है। यहाँ विभिन्न प्रकार की प्रतिभूतियों; जैसे—अंशों, ऋण-पत्रों, बॉण्ड्स तथा सरकारी प्रतिभूतियों इत्यादि का नियमित क्रय-विक्रय होता है। शेयर बाजार निम्नलिखित सुविधा प्रदान करते हैं

- तात्कालिक एवं अनवरत बाजार उपलब्ध कराना।
- लेन-देन एवं निवेश में सुरक्षा प्रदान करना।
- मूल्य एवं विक्रय सम्बन्धी सूचना प्रदान करना।
- बचत की गतिशीलता एवं पूँजी नियन्त्रण में सहायक।
- व्यापारिक एवं आर्थिक स्थिति का मापक।
- कोष का उचित आवण्टन।

भारत के प्रमुख शेयर बाजार

- सर्वप्रथम भारत में 1875 ई. में शेयर बाजार की स्थापना बॉम्बे स्टॉक एक्सचेन्ज (BSE) के नाम से की गई। इसके बाद अहमदाबाद, कलकत्ता (कोलकाता) व मद्रास (चेन्नई) आदि शहरों में भी शेयर बाजारों की स्थापना हुई। वर्तमान समय में भारत में कुल 6 सक्रिय तथा अन्य 19 शेयर बाजार हैं।
- संगठित शेयर बाजारों के अतिरिक्त बहुत-से असंगठित शेयर बाजारों ने भी औपचारिक रूप से स्थापना के बाद कार्य प्रारम्भ किया, जिन्हें कर्ब मार्केट कहा जाता है।

विश्व में स्टॉक एक्सचेन्ज

- विश्व के प्रथम स्टॉक एक्सचेन्ज की स्थापना 1631 ई. में बेल्जियम के (तत्कालीन नीदरलैण्ड का हिस्सा) एण्टवर्प शहर में की गई थी। लन्दन स्टॉक एक्सचेन्ज की स्थापना 1773 ई. में की गई थी।
- आधुनिक युग का पहला स्टॉक एक्सचेन्ज फिलाडेल्फिया की स्थापना वर्ष 1970 में संयुक्त राज्य अमेरिका में की गई थी।

भारत के स्टॉक एक्सचेन्ज

भारत के मान्यता प्राप्त स्टॉक एक्सचेन्ज निम्नलिखित हैं

क्रम	मान्यता प्राप्त स्टॉक एक्सचेन्ज		
	स्टॉक एक्सचेन्ज का नाम	अवस्थिति	मान्यता (तक)
1	बॉम्बे स्टॉक एक्सचेन्ज	मुम्बई	स्थायी
2	नेशनल स्टॉक एक्सचेन्ज ऑफ इण्डिया	मुम्बई	स्थायी
3	कोलकाता स्टॉक एक्सचेन्ज	कोलकाता	स्थायी
4	मल्टी कॉमोडिटी एक्सचेन्ज ऑफ इण्डिया	मुम्बई	स्थायी
5	नेशनल कॉमोडिटी एण्ड डेरीवेटिव्स एक्सचेन्ज	मुम्बई	स्थायी
6	इण्डियन कॉमोडिटी एक्सचेन्ज	मुम्बई	स्थायी
7	मेट्रोपॉलिटन स्टॉक एक्सचेन्ज ऑफ इण्डिया	मुम्बई	15 सितम्बर, 2024

स्टॉक एक्सचेन्ज जिनको बाहर निकलने की अनुमति दी गई है-

क्रम	स्टॉक एक्सचेन्ज का नाम	विकास की तिथि
1	हैदराबाद सिक्योरिटीज एण्ड एण्टरप्राइजेज लिमिटेड (पूर्ववर्ती हैदराबाद स्टॉक एक्सचेन्ज)	25 जनवरी, 2013
2	कोयम्बटूर स्टॉक एक्सचेन्ज लिमिटेड	3 अप्रैल, 2013
3	सौराष्ट्र कच्छ स्टॉक एक्सचेन्ज लिमिटेड	5 अप्रैल, 2013
4	मंगलोर स्टॉक एक्सचेन्ज	3 मार्च, 2014
5	इण्टर कनेक्टेड स्टॉक एक्सचेन्ज ऑफ इण्डिया लिमिटेड	8 दिसम्बर, 2014
6	कोचीन स्टॉक एक्सचेन्ज लिमिटेड	23 दिसम्बर, 2014
7	बंगलुरु स्टॉक एक्सचेन्ज लिमिटेड	26 दिसम्बर, 2014
8	लुधियाना स्टॉक एक्सचेन्ज लिमिटेड	30 दिसम्बर, 2014
9	गुवाहाटी स्टॉक एक्सचेन्ज लिमिटेड	27 जनवरी, 2015
10	भुवनेश्वर स्टॉक एक्सचेन्ज लिमिटेड	9 फरवरी, 2015
11	जयपुर स्टॉक एक्सचेन्ज लिमिटेड	23 मार्च, 2015
12	ओटीसी (ओवर-द-काउण्टर) एक्सचेन्ज ऑफ इण्डिया	31 मार्च, 2015
13	पुणे स्टॉक एक्सचेन्ज	13 अप्रैल, 2015
14	मद्रास स्टॉक एक्सचेन्ज लिमिटेड	14 मई, 2015
15	उत्तर प्रदेश स्टॉक एक्सचेन्ज	9 जून, 2015
16	मध्य प्रदेश स्टॉक एक्सचेन्ज	9 जून, 2015
17	वडोदरा स्टॉक एक्सचेन्ज	9 नवम्बर, 2015
18	बॉम्बे कॉमोडिटी एक्सचेन्ज लिमिटेड	28 अक्टूबर, 2016
19	कॉटन एसोसिएशन ऑफ इण्डिया	29 दिसम्बर, 2016
20	दिल्ली स्टॉक एक्सचेन्ज लिमिटेड	23 जनवरी, 2017
21	द स्पाइस एण्ड ऑयलसीड्स एक्सचेन्ज लिमिटेड	12 अप्रैल, 2017
22	इण्डिया पीपर एण्ड स्पाइस ट्रेड एसोसिएशन	10 जनवरी, 2018
23	राजकोट कॉमोडिटी एक्सचेन्ज लिमिटेड	9 जनवरी, 2018
24	यूनिवर्सल कॉमोडिटी एक्सचेन्ज लिमिटेड	16 मार्च, 2018
25	अहमदाबाद स्टॉक एक्सचेन्ज लिमिटेड	2 अप्रैल, 2018
26	हापुड़ कॉमोडिटी एक्सचेन्ज लिमिटेड	29 जून, 2018
27	ऐस डेरिवेटिव्स एण्ड कॉमोडिटी एक्सचेन्ज लिमिटेड (ACE)	31 दिसम्बर, 2018
28	मगध स्टॉक एक्सचेन्ज	8 मई, 2019

भारत के महत्त्वपूर्ण शेयर बाजार

भारत के कुछ महत्त्वपूर्ण शेयर बाजार निम्नलिखित हैं

बॉम्बे स्टॉक एक्सचेन्ज

- बॉम्बे शेयर बाजार की स्थापना 1875 ई. में हुई थी, जिसे वर्ष 1956 में शेयर बाजार के रूप में मान्यता प्राप्त हुई थी। यह दक्षिण एशिया का सबसे बड़ा स्टॉक एक्सचेन्ज है। वर्ष 2005 से यह पब्लिक लिमिटेड कम्पनी में रूपान्तरित हो गया है। इसका वर्तमान नाम (Bombay Stock Exchange, BSE) वर्ष 2002 में किया गया।
- यह एशिया का सबसे पुराना स्टॉक एक्सचेन्ज है, जिसमें 5000 से भी अधिक कम्पनियाँ पंजीकृत हैं। यह विश्व का सबसे बड़ा स्टॉक एक्सचेन्ज है।
- यह प्रतिभूतियों, शेयरों, डिबेन्चर्स, डेरिवेटिव्स, म्यूचुअल फण्ड आदि के व्यापार के लिए कुशल एवं पारदर्शी बाजार को बढ़ावा देते हुए निवेशकों के हितों की रक्षा करता है।
- बॉम्बे स्टॉक एक्सचेन्ज ISO 9001 : 2000 प्रमाण-पत्र प्राप्त करने वाला भारत का पहला तथा विश्व का दूसरा स्टॉक एक्सचेन्ज है। इसके साथ ही यह ऑनलाइन ट्रेडिंग सिस्टम (BOLT) के लिए सूचना सुरक्षा प्रबन्धन प्रणाली मानक बीएस 7799-2-2002 प्रमाणीकरण प्राप्त करने वाला देश का पहला तथा विश्व का दूसरा सूचकांक है।
- यह BSE संस्थान लिमिटेड के नाम से पूँजी बाजार से सम्बद्ध एक शैक्षिक संस्थान को संचालित करता है। यह अपने सेण्ट्रल डिपॉजिटरी सर्विसेज लिमिटेड (CDSL) के माध्यम से डिपॉजिटरी सेवाएँ भी प्रदान करता है। यह वर्ष 2017 में नेशनल स्टॉक एक्सचेन्ज पर सूचीबद्ध हुआ।
- यह बॉम्बे स्टॉक एक्सचेन्ज राष्ट्रीय सूचकांक 100 शीर्ष कम्पनियों तथा संवेदी सूचकांक वाली 30 शीर्ष कम्पनियों से सम्बद्ध पाया जाता है।
- वर्तमान में बॉम्बे स्टॉक एक्सचेन्ज के साथ पाँच शेयर सूचकांक कार्य कर रहे हैं, जो निम्न प्रकार हैं

प्रमुख बीएसई (BSE) इण्डेक्स

- सेन्सेक्स इसे संवेदी सूचकांक द्वारा मापा जाता है तथा वर्तमान में सेन्सेक्स (Sensex) के अन्तर्गत 30 कम्पनियाँ अधिसूचित हैं।
- BSE 500 नए सूचकांक का परिचलन वर्ष 1999 में BSE द्वारा किया गया तथा यह इसका सबसे बड़े आधार वाला सूचकांक है।
- BSE 200 यह 200 बड़े आधार वाली कम्पनियों का शेयर सूचकांक है। इसमें शेयर का मूल्य अमेरिकी डॉलर में भी दर्शाया जाता है, इसलिए इसे डॉलेक्स (Dollex) भी कहा जाता है।
- राष्ट्रीय सूचकांक (National Index) इस सूचकांक में 100 कम्पनियाँ हैं। राष्ट्रीय सूचकांक (National Index) से देश के महत्त्वपूर्ण प्रादेशिक शेयर बाजारों में कोट किया जाता है।
- इण्डोनेक्स्ट (Indonext) बीएसई तथा FISE (Federation of India Stock Exchanges) द्वारा छोटी कम्पनियों के शेयरों की तरलता को प्रोत्साहित करने के उद्देश्य से संयुक्त रूप से इण्डोनेक्स्ट (Indonext) की स्थापना की गई है।

BSE ग्रीनेक्स

- ग्रीनेक्स (GREENEX) देश का पहला पर्यावरण अनुकूल शेयर मूल्य सूचकांक है। देश में हरित निवेश को बढ़ावा देने के लिए मुम्बई शेयर बाजार ने देश का पर्यावरण अनुकूल इक्विटी सूचकांक शुरू किया है।
- BSE (Bombay Stock Exchange) ग्रीनेक्स नाम के इस सूचकांक का उद्घाटन कम्पनी मामलों के मन्त्री वीरप्पा मोइली द्वारा 22 फरवरी, 2012 को स्टॉक एक्सचेन्ज में किया गया।

- इसका उद्देश्य देश में हरित निवेश को बढ़ावा देना है। राष्ट्रीय स्टॉक एक्सचेन्ज ने अप्रैल, 1996 में NSE 100 के स्थान पर नया शेयर मूल्य सूचकांक NSE 50 लॉन्च किया है। इसमें 50 कम्पनियों के शेयर ही सम्मिलित किए गए हैं।

वैश्विक शेयर बाजार

सूचकांक	देश
हाँग सेन (Hang Seng)	हाँगकाँग
जेसीआई (JCI)	इण्डोनेशिया
निक्की 225 (Nikki 225)	जापान
कोस्पी (KOSPI)	दक्षिण कोरिया
कुआला लम्पुर कम्पोजिट	मलेशिया
टीएसइसी वेटेड इण्डेक्स	ताइवान
एसएसई कम्पोजिट इण्डेक्स	चीन
सेट (SET)	थाईलैण्ड
एफटीएसई 100 (FTSE 100)	यूके
नैसडैक्स कम्पोजिट इण्डेक्स	यूएस
स्टोक्स (STOXX)	यूरोप
डो जोन्स	यूएसए (न्यूयॉर्क)
टोरण्टो	कनाडा
फ्रेंकफर्ट	जर्मनी
शेन्जेन	चीन

नेशनल स्टॉक एक्सचेन्ज (NSE)

- यह भारत का सबसे महत्त्वपूर्ण शेयर बाजार है, जिसकी स्थापना वर्ष 1992 में फेरवानी समिति की सिफारिशों के आधार पर हुई। इसका प्रमुख प्रवर्तक भारतीय औद्योगिक विकास बैंक (Industrial Development Bank of India) है। इसका मुख्यालय वर्ली (दक्षिणी मुम्बई) में स्थित है। इसने अपना कार्य वर्ष 1994 से प्रारम्भ किया और सम्पूर्ण देश इसका कार्यक्षेत्र है।
- राष्ट्रीय शेयर बाजार के अन्य प्रवर्तकों में भारतीय स्टेट बैंक, भारतीय जीवन बीमा निगम, भारतीय औद्योगिक वित्त निगम (Industrial Finanace Corporation of India-IFCI), ICICI बैंक, स्टॉक होल्डिंग कॉर्पोरेशन ऑफ इण्डिया लिमिटेड (SHCIL), एसबीआई कैपिटल मार्केट लिमिटेड, आईएल तथा एफएस ट्रस्ट लिमिटेड कम्पनी आदि संस्थाएँ शामिल हैं।

नेशनल स्टॉक एक्सचेन्ज (NSE) के सूचकांक

- S और P CNX निफ्टी (NSE 50, का नाम वर्ष 1998 में बदला गया।)
- सीएनएक्स (CNX) निफ्टी जूनियर
- CNX 100
- S और P CNX 500
- CNX मिडकैप
- निफ्टी मिडकैप 50
- S और P CNX डेफ्टी
- भारत VIX
- S और P CNX निफ्टी डीवीडेण्ड

मिबोर एवं मिबिड

- अन्तर बैंक कॉल मनी मार्केट के ऋणों के लिए राष्ट्रीय शेयर बाजार (NSE) द्वारा नई दरें जून, 1998 को प्रारम्भ की गईं, जो निम्नलिखित हैं
  - मिबोर (Mumbai Inter-bank Offer Rate-MIBOR)
  - मिबिड (Mumbai Inter-Bank Bid Rate-MIBID)
- मिबोर दर ऋणों के लिए उधार दर (Lending Rate) की सूचक है, जबकि मिबिड दर प्राप्तियों के लिए उधार दर की सूचक है।
- LIBOR (London Inter-Bank Offered Rate) एक औसत ब्याज दर है, जिसे प्रमुख बैंक लन्दन में निर्धारित करते हैं और सभी बैंकों से उधार लेने में यह दर शॉर्ट टर्म की उधारी हेतु वैश्विक बेन्चमार्क के रूप में सम्पूर्ण विश्व में प्रयोग की जाती है।

निफ्टी

- निफ्टी (Nifty) 50 नेशनल स्टॉक एक्सचेन्ज द्वारा जारी प्रमुख सूचकांक है। नेशनल स्टॉक एक्सचेन्ज में सूचीबद्ध पहली 50 कम्पनियों के आधार पर निफ्टी को जारी किया जाता है। इस सूचकांक को ज्ञात करने के लिए Free Float Market Capitalization क्रियाविधि का उपयोग किया जाता है। इसका आधार वर्ष 1995 तथा आधार मूल्य 1000 है।
- इसी प्रकार निफ्टी नेक्सट 50 सूचकांक निफ्टी 100 में से 50 कम्पनियों के सूचकांक को निकालकर ज्ञात किया जाता है, जिसमें सामान्यत: निफ्टी 50 के बाद वाली 50 कम्पनियों के शेयरों को शामिल किया जाता है। इसके लिए आधार वर्ष 1996 तथा आधार मूल्य 1000 लिया जाता है।

ओवर द काउण्टर एक्सचेन्ज ऑफ इण्डिया

- यह लघु व मध्यम औद्योगिक इकाइयों के एक्सचेन्ज के रूप में भारत का प्रथम ऑनलाइन ट्रेडिंग सुविधा सम्पन्न कम्प्यूटराइज्ड एक्सचेन्ज है। इसकी स्थापना मुम्बई में वर्ष 1992 में की गई थी। UTI, ICICI, IDBI, IFCI, FIC आदि इसके प्रवर्तक हैं। इसमें उन कम्पनियों को सूचीबद्ध किया गया है, जिनकी पूँजी का स्तर ₹ 30 लाख से ₹ 25 करोड़ तक हो।
- इसके अतिरिक्त कुछ अंश-पत्रों व ऋण-पत्रों, जो अन्य शेयर बाजारों में सूचीबद्ध हैं, का भी व्यवसाय इसमें होता है, परन्तु यह 9 मार्च, 2015 से कार्यात्मक विनिमय नहीं है।
- इसकी स्थापना के मुख्य उद्देश्य—कम लागत पर नई परियोजनाओं के लिए वित्त जुटाना, निवेशकों को पारदर्शी तथा कुशल तरीके से ट्रेडिंग की सुविधा को उपलब्ध कराना था। भारत के शेयर बाजार में स्क्रीन आधारित कारोबार (कम्प्यूटर आधारित कारोबार) की शुरुआत की गई।

MCX-SX

BSE और NSE के पश्चात् देश में राष्ट्रीय स्तर पर तीसरा ऑनलाइन स्टॉक एक्सचेन्ज MCX-SX एक्सचेन्ज है। MCX-SX में शेयरों का कारोबार फरवरी, 2013 में शुरू हो गया था। इस एक्सचेन्ज में 51% मल्टी कमोडिटी एक्सचेन्ज (MCX) का है।

सामाजिक स्टॉक एक्सचेन्ज

- यह इलेक्ट्रॉनिक रूप से फण्ड जुटाने का एक प्लेटफॉर्म है, जो निवेशकों को सामाजिक उद्यमों में शेयरों को खरीदने का अवसर प्रदान करता है।
- इस सन्दर्भ में जुलाई, 2019 के अपने बजट भाषण में वित्त मन्त्री निर्मला सीतारमण द्वारा देश में गैर-लाभकारी और लाभ-उन्मुख सामाजिक उद्यमों के लिए एक सोशल स्टॉक एक्सचेन्ज (Social Stock Exchange-SSE) स्थापित करने की घोषणा की गई थी, जिसके परिणामस्वरूप बी.एस.ई पर एक अलग खण्ड का निर्माण किया गया है, जो केवल सामाजिक उद्यमों के लिए है।
- यह सामाजिक उद्यमों को निवेशकों और दानदाताओं को एक बहुत बड़े समूह तक पहुँचने में सक्षम करेगा और निवेशकों तथा दानदाताओं को उनके राशि (धन) से होने वाले प्रभाव के बारे में अधिक पारदर्शिता प्रदान करेगा।

सामाजिक स्टॉक एक्सचेजो की आवश्यकता/लाभ

- मानव विकास क्षेत्र मे निवेश की माँग को पूरा करना
- सामाजिक उद्यमों के समक्ष आने वाली निधि की कमी को हल करना
- पारदर्शिता और जवाबदेही
- सामाजिक उद्देश्यों मे निवेशक और निवेशित के बीच समन्वय
- प्रदर्शन - आधारित परोपकार

लक्षित समूह

- सामाजिक उद्यम उपेक्षित सुविधा के वंचित वर्ग केन्द्रीय या राज्य सरकारों की विकास प्राथमिकताओं में कम प्रदर्शन दर्ज करने वाले क्षेत्रों को लक्षित करेंगे।

सामाजिक उद्यम

संस्था के प्रकार	गैर - लाभकारी संगठन (एनपीओ)	लाभकारी उद्यम (एफ पी ई)
सोशल स्टॉक एक्सचेन्ज पर पंजीकरण	आवश्यक (न्यूनतम वार्षिक रिपोर्टिंग की आवश्यकता)	आवश्यक नहीं
सूचीबद्धता	जीरो कूपन जीरो प्रिन्सिपल (ZCZP) जैसे साधन	मुख्य बोर्ड या एसएसई या आई जीपी, ऋण प्रतिभूतियों पर इक्विटी शेयरों की सूची

- वर्तमान में विश्व के कई देशों में सामाजिक स्टॉक एक्सचेन्ज कार्य कर रहे हैं; जैसे - सिंगापुर, कनाडा, यू.के, दक्षिण अफ्रीका, ब्राजील, भारत इत्यादि।

पहला अन्तर्राष्ट्रीय स्टॉक एक्सचेन्ज

- प्रधानमन्त्री नरेन्द्र मोदी ने 9 जनवरी, 2017 को गुजरात के गाँधीनगर में भारत के पहले अन्तर्राष्ट्रीय स्टॉक एक्सचेन्ज ऑफ इण्डिया (आईएनएक्सआई) का उद्घाटन किया।
- यह 22 घण्टे कार्य करता है, जिसमें अन्तर्राष्ट्रीय निवेशक एवं प्रवासी भारतीय विश्व में कहीं से भी ट्रेडिंग कर सकते हैं।

भारत में वायदा कारोबार/वायदा बाजार

- जिस प्रकार से शेयरों के कारोबार के लिए स्टॉक एक्सचेन्जों की स्थापना की गई है, उसी प्रकार कमोडिटी बाजार में कारोबार हेतु वायदा बाजार की स्थापना की गई है। जिसके माध्यम से खाद्य, तेलों व प्रमुख अनाजों का प्रमुख रूप से ऑनलाइन कारोबार किया जा रहा है।
- कमोडिटी एक्सचेन्ज में कमोडिटीज; जैसे—कच्चे तेल, खाद्य पदार्थों तथा सोना-चाँदी जैसी वस्तुओं की कीमत का व्यापार होता है। किसी वस्तु की आगामी भविष्य की कीमतों का अनुमान लगाकर उनकी खरीद-फरोख्त करना (फ्यूचर ट्रेडिंग) ही कीमत का व्यापार कहलाता है।
- इस प्रकार कमोडिटी एक्सचेन्ज वह विनिमय बाजार होता है, जिसमें विभिन्न प्रकार की वस्तुओं या जिन्सोर (Commodities) व उनसे व्युत्पन्न वस्तुओं का व्यापार किया जाता है।
- विश्व में अधिकांश जो बाजार कृषि उत्पादों व कच्चे उत्पादों; जैसे—गेहूँ, चीनी, दाल, तेल, कपास तथा धातुओं आदि का व्यापार करते हैं। इसमें स्पॉट मूल्य, फॉरवड्र्स तथा वायदा कारोबार आदि शामिल होते हैं। भारत में वायदा कारोबार की नियामक संस्था Forward Markets Commission (FMC) थी, जिसका वर्तमान में सेबी में विलय कर दिया गया है।
- वस्तु व्यापार एवं कमोडिटी एक्सचेन्ज वायदा कारोबार के माध्यम से अर्थव्यवस्था में भूमिका बढ़ा रही है। इसका प्रमुख उद्देश्य वस्तु में वायदा कारोबार की सुविधा प्रदान कर कीमतों में विपरीत संचलन से भागीदारों को सुरक्षा प्रदान करना होता है। इसमें वस्तुओं के लिए वायदा समझौता किया जाता है।
- इस प्रकार वायदा बाजार का समझौता उत्पादकों तथा इसमें लगे अन्य को मूल्य की वृद्धि के साथ संरक्षण प्रदान करता है।

सेबी में वायदा बाजार आयोग का विलय

- केन्द्र सरकार ने **28 सितम्बर, 2015** से **भारतीय प्रतिभूति एवं विनिमय बोर्ड (SEBI)** के साथ वस्तुओं के बाजार नियामक वायदा बाजार आयोग (FMC) के विलय की अधिसूचना दे दी।
- इस उद्देश्य के लिए सरकार ने वायदा संविदा विनियमन अधिनियम (FCRA), 1952 को निरस्त कर दिया और रेगुलेशन एक्ट (SCRA), 1956 संविदा सिक्योरिटीज के अन्तर्गत को डेरिवेटिव बाजार के नियमन में परिवर्तन करके बनाया है।

कमोडिटी एक्सचेन्ज

- कमोडिटी एक्सचेन्ज में कई प्रकार की कमोडिटी में ट्रेडिंग होती है। इनमें एग्री और नॉन एग्री कमोडिटी शामिल हैं। नॉन एग्री कमोडिटी में सोना-चाँदी, जिंक, पीतल आदि शामिल हैं, जबकि कमोडिटी में, चना, सोयाबीन, हल्दी आदि शामिल हैं। मार्च, 2024 की स्थिति के अनुसार, कॉमोडिटी एक्सचेंजों की संख्या 21 है, जिसमें 6 राष्ट्रीय हैं। ये एक्सचेन्ज हैं
- मल्टी कमोडिटी एक्सचेन्ज ऑफ इण्डिया लिमिटेड, मुम्बई (MCX)
- नेशनल कमोडिटी और डेरिवेटिव्स एक्सचेन्ज लिमिटेड, मुम्बई (NCDEX)

- इण्डियन कमोडिटी एक्सचेन्ज लिमिटेड, नवी मुम्बई (ICEL)
- नेशनल मल्टी कमोडिटी एक्सचेन्ज ऑफ इण्डिया (NMCE)
- यूनिवर्सल कमोडिटी एक्सचेन्ज (UCE)
- ऐस डेरिवेटिव एण्ड कमोडिटी एक्सचेन्ज (ACE)

स्पॉट एक्सचेन्ज

- यह एक इलेक्ट्रॉनिक ट्रेडिंग प्लेटफार्म को सन्दर्भित करता है। जो निर्दिष्ट वस्तुएँ, जिसमें कृषिगत वस्तुएँ, धातु और सोने-चाँदी आदि सम्मिलित होते हैं, के क्रय तथा विक्रय कृषिगत इन वस्तुओं में स्पॉट डिलेवरी संविदा (काण्ट्रैक्ट) उपलब्ध कराकर सुगम बनाता है।
- इसके अन्तर्गत सामान्यत: दो कार्य दिवसों में नकद एवं वस्तु का हस्तान्तरण (व्यापार का सेटलमेण्ट) सम्पन्न हो जाता है, जिसे टी + 2 सेटलमेण्ट कहा जाता है।
- यह आधुनिक स्टॉक एक्सचेन्ज की तरह ही वस्तु बाजार में आधुनिक प्रौद्योगिकी के प्रयोग पर आधारित है तथा यह सामान्य स्टॉक एक्सचेन्ज की भाँति ही अपनी भूमिका निभाता है।
- इसमें निर्धारित मूल्य पारम्परिक वस्तु बाजार में निर्धारित मूल्य की तुलना में अधिक अच्छा होता है, क्योंकि पारम्परिक वस्तु बाजार में मूल्य का निर्धारण स्थानीय लोगों की भागीदारी से होता है, किन्तु स्पॉट मार्केट में भागीदारी की कोई स्थान सम्बन्धी सीमा नहीं होती है, इसमें पूरे देश के लोग भाग लेते हैं।

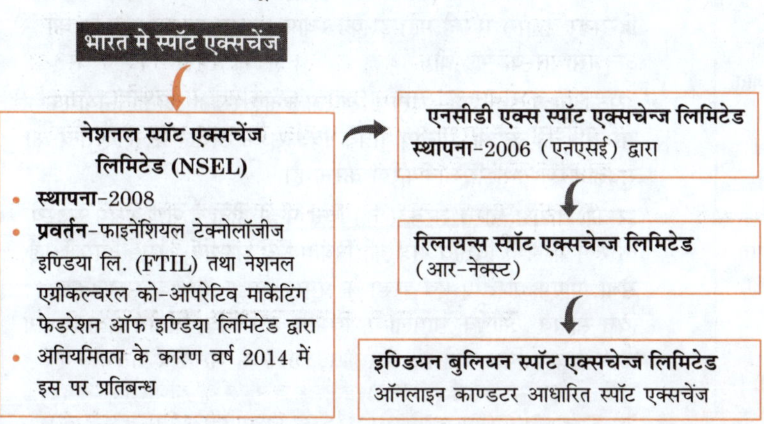

विदेशी मुद्रा का वायदा कारोबार

- भविष्य की तिथि के लिए विदेशी मुद्रा के शेयर बाजार में निर्धारित दर पर क्रय-विक्रय को ही विदेशी मुद्रा का वायदा कारोबार की संज्ञा दी जाती है।
- भारत में सर्वप्रथम 29 अगस्त, 2008 को राष्ट्रीय स्टॉक एक्सचेन्ज (NSE) में डॉलर-रुपए के बीच इस कारोबार को अनुमति दी गई। इससे आयातकों, निर्यातकों एवं विदेश यात्रा पर जाने के इच्छुक लोगों को विनिमय दर (Exchange Rate) में होने वाले उतार-चढ़ाव के जोखिम से सुरक्षा मिलती है।
- विदेशी मुद्रा के वायदा कारोबार के लिए अभी तक निम्न चार वायदा बाजारों को स्वीकृति प्रदान की गई है
  - राष्ट्रीय स्टॉक एक्सचेन्ज (NSE)
  - बॉम्बे स्टॉक एक्सचेन्ज (BSE)
  - मल्टी कमोडिटी स्टॉक एक्सचेन्ज (MCX)
  - यूनाइटेड स्टॉक एक्सचेन्ज ऑफ इण्डिया लिमिटेड (USEIL)

निक्षेप-निधि प्रणाली

- निक्षेप-निधि प्रणाली (Depository System) एक ऐसी व्यवस्था है, जिसके अन्तर्गत स्वामित्व सम्बन्धी परिवर्तन इलेक्ट्रॉनिक बही प्रविष्टि अन्तरण के द्वारा किया जाता है।
- इस प्रणाली में प्रतिभूतियों का भौतिक आदान-प्रदान नहीं किया जाता है।
- निक्षेप-निधि के प्रमुख कार्य निम्नलिखित हैं
  - प्रतिभूतियों को सुरक्षित रूप से रखने के लिए उनके डिपॉजिट स्वीकार करना।
  - स्वामित्व के हस्तान्तरण के साक्ष्य के रूप में प्रतिभूतियों की कम्प्यूटराइज्ड बही प्रविष्टि करना।
  - बन्धक रखी गई प्रतिभूतियों के विवरण को कम्प्यूटर पर रखना।

निक्षेप-निधि प्रणाली के प्रकार

विश्व के अलग-अलग देशों में प्राय: निम्नलिखित दो प्रकार की निक्षेप निधियाँ पाई जाती हैं

प्रतिभूतियों का भौतिकविहीन आदान-प्रदान

- इस प्रणाली के अन्तर्गत प्रतिभूतियों के प्रमाण-पत्र निक्षेप-निधि में सुरक्षित रूप से जमा हो जाते हैं तथा इनका सम्पूर्ण विवरण कम्प्यूटर पर ले लिया जाता है। इसके बाद इन प्रमाण-पत्रों का भौतिक चलन बन्द कर दिया जाता है।
- इन प्रतिभूतियों के भावी क्रय-विक्रय से उत्पन्न स्वामित्व सम्बन्धी परिवर्तन निक्षेप-निधि के इलेक्ट्रॉनिक अभिलेखों में ही किए जाते हैं।
- कोई भी प्रमाण-पत्र जब एक बार निक्षेप-निधि में जमा कर दिया जाता है, तो उससे सम्बन्धित समस्त कारोबार उस समय तक केवल इलेक्ट्रॉनिक लेखांकन प्रणाली के द्वारा ही किया जा सकता है, जब तक कि वह प्रतिभूति उस निक्षेप-निधि से वापस न निकाल ली जाए।

प्रतिभूति प्रमाण-पत्रविहीन निक्षेप-निधि प्रणाली

- इस प्रणाली में प्रतिभूतियों के स्वामित्व के साक्ष्य के रूप में भौतिक रूप से कोई प्रमाण-पत्र आदि नहीं रखा जाता है। स्वामित्व सम्बन्धी अभिलेख केवल इलेक्ट्रॉनिक प्रविष्टियों के रूप में कम्प्यूटर पर रखे जाते हैं।
- इस प्रकार की प्रणाली उस समय परिपक्व मानी जाती है, जब शेयरधारकों को शेयर प्रमाण-पत्र जारी किए जाने की आवश्यकता नहीं रहती।
- स्वामित्व में परिवर्तन सम्बन्धी प्रविष्टियाँ कम्प्यूटर द्वारा की जाती हैं। इस प्रकार यह प्रणाली पूर्व प्रणाली की तुलना में बहुत सस्ती है।

भारत में निक्षेप-निधि

- भारत में वर्ष 1992 के शेयर घोटालों के बाद, निक्षेप-निधि (Depository System) प्रणाली को अपनाने का निर्णय लिया गया है।
- इसका उद्देश्य प्रतिभूतियों के स्वामित्व के हिसाब-किताब का रख-रखाव और हस्तान्तरण इलेक्ट्रॉनिक बहीखाते के रूप में रखना तथा स्टॉक एक्सचेन्जों में मूल-पत्र के बिना कारोबार को सम्भव बनाना है, जिससे सौदों के निपटान में कोई जोखिम न हो।
- भारतीय प्रतिभूति एवं एक्सचेन्ज बोर्ड (सेबी) ने डिपॉजिटरी अधिनियम, 1996 के अन्तर्गत दो डिपॉजिटरी कम्पनियों—नेशनल सिक्योरिटीज डिपॉजिटरी लिमिटेड (NSDL) और सेण्ट्रल डिपॉजिटरी सर्विसेज इण्डिया लिमिटेड (CDSL) को पंजीकृत कर दिया है। शेयरों को डिपॉजिटरी के माध्यम से इलेक्ट्रॉनिक खातों में दर्ज कर उनके कारोबार में मूल-पत्र की आवश्यकता समाप्त कर दी गई है। इस प्रक्रिया को शेयरों को डि-मैटीरियलाइज (De-materialisation) करना कहा जाता है।

डिपॉजिटरी

- यह एक ऐसी संस्था है, जिसमें निवेशकों के द्वारा विभिन्न प्रतिभूतियों; जैसे—शेयरों, डिबेन्चरों, बॉण्ड आदि में किए गए निवेश को इलेक्ट्रॉनिक रूप में रखा जाता है। इसकी शुरुआत वर्ष 1996 में हुई थी।
- इसमें शेयरों को अभौतिकीकरण अथवा इलेक्ट्रॉनिक या डिजिटली रूप में रखा जाता है, जिस कारण इसे **डीमैट** (Demat) कहा जाता है। यह विभिन्न प्रतिभूतियों का लेन-देन भी करता है।
- भारत में डिपॉजिटरी अधिनियम, 1996 के अन्तर्गत सार्वजनिक क्षेत्र की दो कम्पनियाँ शेयरों को डीमैट (Demat) के रूप में रखती हैं, जिनका विवरण इस प्रकार है
- **नेशनल सिक्यूरिटीज डिपॉजिटरीज लिमिटेड** (NSDL) यह भारत की पहली एवं सबसे बड़ी डिपॉजिटरी है, जिसकी स्थापना अगस्त, 1996 में की गई थी।
- **सेण्ट्रल डिपॉजिटरीज सर्विसेज लिमिटेड** (CDSL) इसकी भी महत्त्वपूर्ण भूमिका रही है, इसकी स्थापना वर्ष 1999 में की गई थी।

निक्षेप रसीद

- भारतीय कम्पनियाँ अन्तर्राष्ट्रीय पूँजी बाजार में शेयरों को सीधे विदेशों में बेचने के स्थान पर अन्तर्राष्ट्रीय पूँजी धारकों के पास जमा करती हैं।
- अन्तर्राष्ट्रीय पूँजी धारक शेयरों की साख के आधार पर जमा के बदले एक निक्षेप रसीद जारी करते हैं, जिसे विश्व के स्टॉक बाजारों में अनुसूचित करके अन्तर्राष्ट्रीय बाजारों में बेचा जाता है।
- अमेरिका के द्वारा जारी डिपॉजिटरी रसीदों ADR (American Depository Receipt) तथा विश्व के अन्य देशों के द्वारा जारी रसीदों को GDR (Global Depository Receipt) या IDR (Indian Depository Receipt) कहा जाता है। इनको (ADR, GDR या IDR) जारी करने के लिए सरकार से अनुमति लेनी होती है।

विदेशी वाणिज्यिक उधार नीति (ECB)

- विदेशी वाणिज्यिक उधार का सम्बन्ध उन वाणिज्यिक ऋणों से होता है, जो बैंकों के ऋण, खरीददारों के ऋण तथा आपूर्तिकर्ताओं के ऋण को अनिवासी ऋणदाताओं से 3 वर्षों की न्यूनतम औसत परिपक्वता के लिए भारतीय इकाई द्वारा प्राप्त किया जाता है।
- इसकी समीक्षा भारत सरकार के द्वारा रिजर्व बैंक के परामर्श से की जाती है। वर्तमान में भारतीय कम्पनियाँ निम्न माध्यमों से विदेशी धन प्राप्त करती हैं
  - विदेशी वाणिज्यिक ऋण
  - विदेशी मुद्रा परिवर्तनीय बॉण्ड्स
  - वरीयता प्राप्त शेयर
  - विदेशी मुद्रा विनिमय बॉण्ड्स
- भारतीय रिजर्व बैंक द्वारा विदेशी मुद्रा प्रबन्धन अधिनियम, 1999 के अधीन जारी अधिसूचना के माध्यम से विदेशी वाणिज्यिक उधार नीति (ECB) का संचालन किया जाता है।
- यह मानक वित्त कम्पनियों के मामलों को छोड़कर अन्य सभी सन्दर्भों में विदेशी मुद्रा परिवर्तनीय बॉण्ड्स के सम्बन्ध में कार्य करता है। जबकि आवास वित्त कम्पनियों के लिए नियम आरबीआई के द्वारा निर्धारित (अधिसूचित) किए जाते हैं।

वित्तीय स्थिरता एवं विकास परिषद्

- इसकी स्थापना भारत सरकार द्वारा G-20 पहल की रूपरेखा पर दिसम्बर, 2010 में की गई। इसकी स्थापना रघुराम राजन समिति की अनुशंसा पर की गई थी।
- इसका मुख्य उद्देश्य—वित्तीय स्थिरता बनाए रखना, अन्तर्विनियामक समन्वय को बढ़ाना, वित्तीय क्षेत्रक विकास के उत्थान के लिए तन्त्र का सुदृढ़ीकरण तथा संस्थानीकरण करना है।
- इसका अध्यक्ष भारत सरकार का वित्त मन्त्री होता है तथा इसमें सदस्य के रूप में सभी वित्तीय क्षेत्र की नियामकीय संस्थाएँ; जैसे—आरबीआई, सेबी, पीएफआरडीए एवं इरडा के प्रमुख, मुख्य आर्थिक सलाहकार, वित्त सचिव, आर्थिक मामलों के विभाग के सचिव, वित्तीय सेवा विभाग के सचिव शामिल होते हैं।

क्रेडिट रेटिंग

- यह ऋणी या उधार लेने वाले की साख क्षमता या उधार लौटाने की क्षमता का निर्धारण है। क्रेडिट रेटिंग (Credit Rating) का मुख्य उद्देश्य उधार देने वाले को उधार लेने वाले की भुगतान क्षमता का मूल्यांकन प्रस्तुत करना है।
- क्रेडिट रेटिंग, वित्तीय बाजार के विकास में सहायक होता है। क्रेडिट रेटिंग की अवधारणा का प्रारम्भ संयुक्त राज्य अमेरिका में वर्ष 1999 में हुआ।

भारत में प्रमुख क्रेडिट एजेन्सियाँ

- क्रेडिट रेटिंग इन्फॉर्मेशन सर्विसेज ऑफ इण्डिया लिमिटेड (CRISIL) यह एक वैश्विक विश्लेषक (Global Analysis) कम्पनी है, जो रेटिंग, रिसर्च और जोखिम एवं नीति सम्बन्धी सलाहकारी सेवाएँ उपलब्ध कराती है। CRISIL की बहुमत शेयरधारक कम्पनी स्टैण्डर्ड एण्ड पुअर्स (Standards and Poor's) है। CRISIL का मुख्यालय मुम्बई में स्थित है।

यह भारत की पुरानी व विश्वसनीय संस्था है, जिसकी स्थापना वर्ष 1987 में हुई थी तथा इसने अपना कार्य वर्ष 1988 से प्रारम्भ किया।

- इन्वेस्टमेण्ट इन्फॉर्मेशन एण्ड क्रेडिट रेटिंग एजेन्सी (ICRA) यह एक व्यावसायिक और स्वतन्त्र, भारतीय इन्वेस्टमेण्ट इन्फॉर्मेशन एवं क्रेडिट रेटिंग एजेन्सी है। इसकी स्थापना वर्ष 1991 में की गई थी। ग्राहक रेटिंग के आधार पर यह एजेन्सी भारत की दूसरी सबसे बड़ी क्रेडिट कम्पनी है। इस एजेन्सी में अन्तर्राष्ट्रीय रेटिंग एजेन्सी मूडीज की भागीदारी है। इसका मुख्यालय गुरुग्राम (हरियाणा) में स्थित है।
- क्रेडिट एनालिसिस एण्ड रिसर्च लिमिटेड (CARE) इस एजेन्सी की स्थापना वर्ष 1993 में की गई थी। CARE द्वारा तैयार की गई रेटिंग, भारत सरकार द्वारा प्रमाणित की जाती है। रिजर्व बैंक ऑफ इण्डिया, सेबी और अन्य विनियामक संस्थाएँ CARE द्वारा जारी रेटिंग को मान्यता देती हैं।

विश्व की क्रेडिट रेटिंग एजेन्सियाँ

- विश्व की तीन प्रमुख क्रेडिट रेटिंग एजेन्सी क्रमशः स्टैण्डर्ड एण्ड पुअर्स, मूडीज तथा फिच हैं, जिन्हें बिग थ्री क्रेडिट रेटिंग एजेन्सी के नाम से जाना जाता है। इनका विवरण इस प्रकार है
  - स्टैण्डर्ड एण्ड पुअर्स इसकी स्थापना 1860 ई. में तथा वर्ष 1914 में पुनर्गठन हुआ। इसका मुख्यालय न्यूयॉर्क (USA) में अवस्थित है।
  - मूडीज इसकी स्थापना वर्ष 1909 में हुई तथा इसका मुख्यालय न्यूयॉर्क (USA) में अवस्थित है।
  - फिच इसकी स्थापना वर्ष 1914 में हुई तथा मुख्यालय न्यूयॉर्क और लन्दन में अवस्थित है।

रेटिंग की श्रेणियाँ

A	वादों को पूर्ण करने की क्षमता, किन्तु विपरीत परिस्थितियों से प्रभावित भी होना।
AA	वादों को पूर्ण करने में सक्षम होना।
AAA	सबसे मजबूत स्थिति में होना तथा सबसे बेहतर होना।
BBB	वादों को पूर्ण करने की क्षमता तथा साथ ही विपरीत परिस्थितियों से आर्थिक स्थितियाँ प्रभावित होने की अधिक सम्भावना।
CC	वर्तमान में बहुत कमजोर स्थिति का होना।
D	ऋण लौटाने में असफल होना।

कम्पनी

व्यापार को संचालित करने के उद्देश्य से गठित स्वैच्छिक संगठन को कम्पनी कहा जाता है। भारत में कम्पनी का गठन एवं पंजीकरण कम्पनी अधिनियम, 2013 के अन्तर्गत किया जाता है। इसके प्रमुख लक्षणों में स्वतन्त्र कानूनी अधिकार, सीमित देयता, निरन्तर उत्तराधिकार स्वतन्त्र सम्पत्ति एवं स्वतन्त्र प्रबन्धन आदि शामिल होते हैं।

- सार्वजनिक कम्पनी (Public Company) इसमें कम-से-कम 7 सदस्य तथा अधिकतम सदस्यों की संख्या शेयरों की संख्या के बराबर हो सकती है। इसमें निदेशकों की संख्या कम-से-कम 3, किन्तु 15 निदेशकों से अधिक नहीं हो सकती।
- लिमिटेड एवं अनलिमिटेड कम्पनी (Limited and Unlimited Company) जिस कम्पनी के ऋण भुगतान का दायित्व, शेयरधारकों की व्यक्तिगत परिसम्पत्ति पर न होकर कम्पनी सम्पत्ति के मूल्य तक सीमित होता है, उस कम्पनी को लिमिटेड कम्पनी कहा जाता है। इसके विपरीत शेयरधारकों की व्यक्तिगत परिसम्पत्ति तक विस्तृत ऋण भुगतान के दायित्व वाली कम्पनी को अनलिमिटेड कम्पनी कहा जाता है। निजी कम्पनियाँ लिमिटेड तथा अनलिमिटेड दोनों हो सकती हैं, जबकि सार्वजनिक कम्पनी को अनलिमिटेड कम्पनी नहीं कहा जा सकता।
- निजी कम्पनी (Private Company) कम्पनी अधिनियम, 2013 के अन्तर्गत निजी कम्पनी वह होती है, जिसमें कम-से-कम 2 सदस्य तथा अधिकतम 200 सदस्य तक होते हैं। इसमें निदेशकों की संख्या कम-से-कम 2 तथा अधिकतम 15 तक हो सकती है।

कम्पनियों से सम्बन्धित पूँजी

- **अधिकृत पूँजी** (Authorised Capital) सेबी में सूचीबद्ध कम्पनियाँ सेबी की अनुमति से जितने शेयर जारी करती हैं, उसे सम्बन्धित कम्पनियों की अधिकृत पूँजी कहते हैं।
- **निर्गत पूँजी** (Issue Capital) यह अधिकृत पूँजी का भाग होती है, जिसे सेबी द्वारा शेयर जारी करने की अनुमति दी जाती है, इसे ही निर्गत पूँजी कहते हैं।
- **चुकता पूँजी** (Paid up Capital) जब अंशधारक, अंश-पत्र के अंकित मूल्य से कम मूल्य का भुगतान करता है, तो इस भुगतान को चुकता पूँजी कहा जाता है।
- **जोखिम पूँजी** (Risk Capital) जब कोई उद्यमी, बाजार में पहली बार प्रवेश करता है, तो बिना गारण्टी के निवेशकों एवं कम्पनियों से दीर्घकाल के लिए पूँजी प्राप्त करता है, तो ऐसी पूँजी को जोखिम पूँजी कहा जाता है।

- पूर्वीक्रीत या अभिदत्त पूँजी (Subscribed Captial) यह शेयरधारों द्वारा वास्तव में, भुगतान की गई या अंशदान हेतु उनके द्वारा वायदा की गई धनराशि होती है।

राजीव गाँधी इक्विटी योजना

- केन्द्र सरकार द्वारा 23 नवम्बर, 2012 को एक नई बचत योजना को स्वीकृति दी गई। यह खुदरा निवेशकों (Retail Investor) के लिए प्रतिभूति बाजार में निवेश से सम्बन्धित है।
- इस योजना के अन्तर्गत उन नए निवेशकों को, जिनकी वार्षिक आय ₹ 10 लाख से कम है और वे ₹ 50,000 तक का निवेश कर रहे हैं, उनकी कर योग्य निवेशित राशि पर 50% की छूट दी जाएगी।
- सेबी द्वारा इस योजना के परिचालन सम्बन्धी दिशा-निर्देश दिसम्बर, 2012 में जारी किए गए।
- राजीव गाँधी इक्विटी योजना के प्रमुख बिन्दु निम्नलिखित हैं
- यह योजना स्थायी खाता संख्या के आधार पर अभिज्ञात नए खुदरा निवेशकों के लिए है।
- अनुमत कर छूट आयकर अधिनियम की धारा-80(ग) के अन्तर्गत स्वीकृत/अनुमत ₹ 1 लाख की सीमा से अतिरिक्त होगी।
- निवेशों के लिए 50% कर छूट के अतिरिक्त, लाभांश भी कर मुक्त है।

- अन्य RGESS डीमैट खाते में ₹ 50,000 तक के निवेश के लिए यदि निवेशक बुनियादी सेवा डीमैट खाते का चयन करता है, तो डीमैट खाते के लिए वार्षिक रख-रखाव प्रभार शून्य है तथा ₹ 2 लाख तक के निवेशकों के लिए ₹ 100 है।
- BSE 100 या COX 100 के अन्तर्गत सूचीबद्ध स्टॉक था। सरकारी क्षेत्रक उपक्रमों (PSU), जो नवरत्न, महारत्न और मिनीरत्न कम्पनियों के स्टॉक योजना के अन्तर्गत पात्र होंगे। इन कम्पनियों की अनुवर्ती सार्वजनिक पेशकशें (FPO) भी पात्र होंगी।
- सरकारी क्षेत्र इसके अन्तर्गत पात्र होंगे।
- लघु निवेशकों को लाभ के लिए उस वर्ष में, जिसमें कर दावे किए गए हों, निवेशक किश्तों में अनुमति है।
- निवेशकों को लाभ के लिए, उस वर्ष में जिसमें कर दावे किए हों, निवेश किश्तों में अनुमति है।
- निवेशकों के लिए कुल अवरुद्धता अवधि में तीन वर्ष की प्रारम्भिक सर्वव्यापी अवरुद्धता अवधि शामिल है।

भारतीय प्रतिभूति व विनियामक बोर्ड (सेबी)

- शेयर बाजार में चलने वाले व्यापक व वृहद् कारोबार के विनियमन व नियन्त्रण हेतु वर्ष 1988 में केन्द्र सरकार द्वारा कानून पास करके एक गैर-सांविधिक संस्था के रूप में भारतीय प्रतिभूति व विनियामक बोर्ड (Securities and exchange Board of India -SEBI) की स्थापना की गई।
- 30 जनवरी, 1992 को एक अध्यादेश द्वारा इस संस्था को वैधानिक दर्जा प्रदान किया गया। इसका मुख्यालय मुम्बई में स्थित है तथा इसके क्षेत्रीय कार्यालय कोलकाता, दिल्ली, चेन्नई में स्थापित किए गए हैं।

सेबी के कार्य

भारतीय शेयर बाजार को कार्य प्रणाली में पारदर्शिता हेतु सृजित करना सेबी का प्रमुख कार्य है। इसके अन्य कार्य निम्नलिखित हैं

- यथोचित उपायों के द्वारा प्रतिभूति बाजार को विकसित एवं नियमित करना तथा इस बाजार में निवेशकों के हितों की रक्षा करना।
- म्यूचुअल फण्ड्स की सामूहिक निवेश योजनाओं का पंजीकरण तथा नियमन करना।
- स्वयं द्वारा नियन्त्रित संगठनों को प्रोत्साहित करना।
- प्रतिभूतियों की इनसाइडर ट्रेडिंग को रोकना। इनसाइडर ट्रेडिंग शेयर बाजार सम्बन्धित अवैध कार्य हैं, जिसमें किसी कम्पनी के कर्मचारी या किसी सम्बन्धित व्यक्ति द्वारा आन्तरिक सूचनाओं का उपयोग करके ट्रेडिंग की जाती है।
- प्रतिभूति बाजार से सम्बन्धित अनुचित व्यवहार की समाप्ति करना।
- स्टॉक एक्सचेन्जों सहित किसी भी प्रतिभूति बाजार के व्यवसाय को नियन्त्रित करना। प्रतिभूति बाजार से संलग्न संगठनों के क्रियाकलापों का निरीक्षण एवं व्यवस्था सुनिश्चित करना।
- शेयर ट्रान्सफर एजेण्ट्स, स्टॉक ब्रोकर्स, सब-ब्रोकर्स, मर्चेण्ट बैंकर्स, ट्रस्टीज, अण्डर राइटर्स, पोर्टफोलियो मैनेजर आदि के कार्यों का नियमन करना तथा उनका पंजीकरण करना।
- प्रतिभूति बाजार में संलग्न व्यक्तियों को प्रशिक्षण प्रदान करना तथा निवेशकों की शिक्षा को प्रोत्साहित करना।
- उपरोक्त उद्देश्यों की पूर्ति हेतु अनुसन्धान कार्य करना। वर्ष 2002 में सेबी संशोधन अधिनियम के अन्तर्गत सेबी को इनसाइडर ट्रेडिंग व लघु निवेशकों से धोखाधड़ी के मामले में जुर्माना लगाने तथा शेयर बाजार को मान्यता प्रदान करने का अधिकार प्रदान किया गया।

सेबी गाइडलाइन, 1999 में संशोधन

- भारतीय प्रतिभूति एवं विनिमय बोर्ड (SEBI) द्वारा 17 जनवरी, 2013 को एम्प्लॉयी स्टॉक ऑप्शन स्कीम (Employee Stock Option Scheme, ESPS) तथा एम्प्लॉयी स्टॉक पर्चेज स्कीम (Employee Stock Purchase Scheme, ESPS) गाइडलाइन्स में संशोधन किए गए।
- इन दिशा-निर्देशों के माध्यम से कम्पनियाँ अपने कर्मचारियों के लिए लाभदायक योजनाओं का संचालन कर रही हैं।
- इन योजनाओं के माध्यम से वित्तीय धोखाधड़ी की प्रवृत्तियों को देखते हुए सेबी ने उन दिशा-निर्देशों में संशोधन किया है।
- कम्पनियों को अपने कर्मचारियों के लिए चलाई जा रही लाभदायक योजनाओं की जानकारी सेबी को देना अनिवार्य बना दिया गया है।

सेबी (संशोधन) अधिनियम, 2014

- देश की चिटफण्ड कम्पनियों द्वारा जनता से गलत तरीके से धन एकत्र करने अथवा सरकार द्वारा मान्य निर्धारित समय से पहले धन को दोगुना या तिगुना करने की योजनाओं पर नियन्त्रण करने के लिए केन्द्र सरकार ने भारतीय प्रतिभूति एवं विनिमय बोर्ड (SEBI) अधिनियम, 1992 में संशोधन किया है।
- इसके अन्तर्गत पहले से लागू **प्रतिभूति संविदा (विनियमन) अधिनियम, 1956** तथा **डिपॉजिटरी अधिनियम, 1991** के मूल प्रावधानों में संशोधन किया गया अथवा उसमें नए प्रावधानों को जोड़ा गया।
- इस संशोधन के द्वारा सेबी को कम्पनियों, चिटफण्ड योजना संचालकों के कार्यालयों, परिसरों आदि पर छापा मारने, सम्पत्ति तथा दस्तावेजों को जब्त करने का अधिकार दिया गया है।

संशोधन अधिनियम के प्रमुख उद्देश्य

- यह भारतीय प्रतिभूति विनिमय बोर्ड (सेबी) को किसी भी व्यक्ति से सम्बन्धित जानकारी या रिकॉर्ड प्राप्त करने के लिए बुलाने का अधिकार प्रदान करता है।
- विधेयक में सेबी के अध्यक्ष को फर्जी योजनाओं के मामलों में तलाशी लेने, खाते सील करने और उन्हें बन्द करने के आदेश देने का प्रावधान है।
- इस विधेयक में सेबी को एक अरब से अधिक मूल्य की सभी धन जमा करने वाली योजनाओं का नियमन करने का अधिकार भी दिया गया है। यह विधेयक समझौते के लिए अधिकार प्रदान करता है।
- यह सेबी को विशेष अदालत स्थापित करने का अधिकार प्रदान करता है।
- इसमें सेबी को धन वसूलने के अधिकार का प्रावधान है।
- निर्णायक अधिकारी द्वारा लगाए गए जुर्माने को बढ़ाने के लिए बोर्ड को अधिकार है।

- यह सेबी को मुम्बई में विशेष अदालत के अन्तर्गत जाँच करने सम्बन्धी अनुसन्धान और जब्ती ऑपरेशन करने की भी शक्ति देता है।
- प्रतिभूति कानून (संशोधन) विधेयक, 2014 ने सेबी अधिनियम की धारा-15 (A-HB) में संशोधन किया है और प्रत्येक उल्लंघन के लिए एक न्यूनतम जुर्माने की सिफारिश की है।
- सेबी किसी मामले की जाँच या अन्वेषण (Investigation) के दौरान किसी भी व्यक्ति, संस्था, कम्पनी या बैंक से कोई भी सूचना अथवा दस्तावेज माँग सकता है।
- सेबी द्वारा जब्त की गई धनराशि को निवेशक सुरक्षा एवं शिक्षा कोष में जमा तथा शामिल किया जाना चाहिए।
- सितम्बर, 2015 में सेबी (SEBI) और एफएमसी (Forward Markets Commision, FMC) का आपस में विलय कर दिया गया है। इस विलय के साथ ही कमोडिटी ब्रोकर सेबी के ब्रोकर नियमों की सीमा में आ गए हैं, जिससे वायदा कारोबार में पारदर्शिता आई है।

पूँजी / शेयर बाजार से सम्बन्धित महत्त्वपूर्ण शब्दावलियाँ

पूँजी बाजार से सम्बन्धित महत्त्वपूर्ण शब्दावलियाँ निम्न प्रकार हैं

- बाजार पूँजीकरण किसी स्टॉक एक्सचेन्ज में सूचीबद्ध अंशों को उसके बाजार मूल्य से गुणा करके पूँजीकरण ज्ञात करते हैं, जिसे स्टॉक एक्सचेन्ज का बाजार पूँजीकरण कहते हैं। इस आधार पर कम्पनी को तीन भागों में बाँटा जाता है
  - Small Cap कम्पनी यह ₹ 2500 करोड़ से कम शेयर मूल्य वाली कम्पनी होती है।
  - Mid Cap कम्पनी यह ₹ 2500-10,000 करोड़ से कम शेयर मूल्य वाली कम्पनी होती है।
  - Large Cap कम्पनी यह ₹ 10,000 करोड़ से अधिक शेयर मूल्य वाली कम्पनी होती है।
- डेरिवेटिव्स यह एक ऐसा वित्तीय उपकरण होता है, जिसका स्वयं का कोई स्वतन्त्र मूल्य नहीं होता तथा इसका मूल्य व लाभ इसके अन्तर्निहित प्रतिभूतियों के समझौतों पर निर्धारित होता है।
  - कोई भी ऐसा उपकरण (Instrument) जिसका स्वयं का कोई मूल्य नहीं होता, बल्कि उसका मूल्य किसी और पर निर्भर रहता है, जिस पर इसका मूल्य निर्भर होता है, उसे अन्तर्निहित परिसम्पत्ति (Underlying Assets) कहा जाता है।
  - डेरिवेटिव्स (Derivatives) पूँजी बाजार में सबसे तेजी से धन कमाने का एक बेहतरीन माध्यम है।
  - डेरिवेटिव्स एक प्रकार का फॉरवर्ड, फ्यूचर तथा अन्य उपबन्ध होता है, जिसमें वित्तीय परिसम्पत्तियों तथा प्रतिभूतियों के क्रय-विक्रय से सम्बन्धित अनुबन्ध शामिल होते हैं।
- फॉरवर्ड अनुबन्ध यह भविष्य की किसी निश्चित तारीख को पहले से निर्धारित मूल्य पर किसी वित्तीय परिसम्पत्ति, मुद्रा के क्रय-विक्रय से सम्बन्धित एक प्रकार का अनुबन्ध होता है।
  - इसमें किसी प्रकार का मानक निश्चित नहीं होता है तथा इसके संविदा को निपटने एवं समाशोधन (Clearing) की कोई गारण्टी निर्धारित नहीं होती है।
- फ्यूचर अनुबन्ध यह वित्तीय परिसम्पत्ति मुद्रा, कमोडिटी के क्रय-विक्रय से सम्बन्धित अनुबन्ध होता है, जो सामान्य एक्सचेन्जों के माध्यम से किया जाता है।
  - इसमें अनुबन्धों की शर्तों एवं मानकों का पूर्व निर्धारण होता है। इसमें अनुबन्धों के निपटान एवं समाशोधन की गारण्टी निश्चित होती है।
- पार्टिसिपेटरी नोट्स पार्टिसिपेटरी नोट्स एक वित्तीय उपकरण होता है, जो सेबी में पंजीकृत नहीं किए गए निवेशकों या विदेशी संस्थागत निवेशकों द्वारा भारतीय प्रतिभूतियों में निवेश हेतु जारी किया जाता है।
  - इस नोट्स में निवेश करने वाला निवेशक भारतीय प्रतिभूति का स्वामी नहीं होता है।
  - इसका धारक वह विदेशी निवेशक होता है, जो पार्टिसिपेटरी नोट जारी करता है।
  - निबल परिसम्पत्ति मूल्य (NAV, Net Asset Value) यह ऐसी राशि होती है, जो कम्पनी या फण्ड के बन्द होने के बाद कम्पनी के शेयरधारकों को सामूहिक रूप से भुगतान के रूप में प्राप्त होती है।
  - पूँजीकरण निर्गमन (Capitalisation Issues) जब किसी कम्पनी के द्वारा वर्षों से एकत्रित की गई संचित निधि (वितरित लाभ से एकत्रित पूँजी), पूँजी संचित निधि से अधिक हो जाती है, तो कम्पनी अपने शेयरधारकों को बिना किसी अतिरिक्त भुगतान के अंश को निर्गत करती है, जिस प्रक्रिया को पूँजीकरण निर्गमन या पूँजीकरण के आधार पर निर्गमन कहा जाता है।
- शॉर्ट सेलिंग जब किसी व्यक्ति या दलाल द्वारा उससे अधिक स्टॉक के विक्रय का सौदा किया जाता है, जितना उसके पास नहीं होता है, तो वह उसे कहीं से लेकर पूर्ति कर सकता है, जिसे शॉर्ट सेलिंग कहते हैं।
- स्नो बालिंग जब शेयर के मूल्य एक निश्चित सीमा में पहुँच जाते हैं, तब क्रय-विक्रय के अनेक स्टॉप ऑर्डर होने लगते हैं। इन ऑर्डरों के कारण पुनः बाजार में दबाव बनता है तथा पुनः ऑर्डर मिलने लगते हैं, तो इस स्थिति को स्नो बालिंग कहा जाता है।
- चिटफण्ड यह एक प्रकार की बचत योजना होती है, जिसे व्यक्ति या संस्था द्वारा संचालित किया जाता है। इसके सदस्य/ग्राहक इस फण्ड के लिए किस्तें एकत्रित करते हैं।
  - इसमें ग्राहक को एक रियायती कटौती के बाद एकत्र की गई पूर्ण धनराशि प्रदान की जाती है। इसके माध्यम से कम समय में अधिक धन प्राप्त किया जाता है।
- शेयरों का पुनर्क्रय किसी कम्पनी द्वारा अपने ही अंशों का अंशधारियों से बाजार में क्रय किया जाना, शेयर का पुनर्क्रय या बाइबैक कहलाता है।
  - जब कम्पनी के पास पूँजी अधिक हो जाती है, तो उसके पास निवेश का कोई विकल्प नहीं होता है।
  - वह अपने ही शेयरों को खरीदती है, जिससे कम्पनी के बचे हुए शेयर बाजार का निवल मूल्य बढ़ जाता है।

- प्रतिभूतिकरण इसके अन्तर्गत गैर-तरल सम्पत्तियों को व्यापार योग्य प्रतिभूतियों में परिवर्तित किया जाता है। यह विकसित बाजार से फण्ड उगाही करने की एक प्रचलित तकनीक होती है।
  - यह वर्ष 1960 में यूएसए में शुरू हुई थी। यह यूएसए एवं यूके में अधिक प्रचलित है।
- डीमैट अकाउण्ट डीमैट से तात्पर्य डीमैटेरीलाइज्ड अकाउण्ट से है। यह एक प्रकार का खाता है, जिसमें रुपए का लेन-देन नहीं होता है। सेबी के नियमों के अनुसार, यदि आपको शेयर बाजार में खरीद-फरोख्त करनी हो, तो वह डीमैट खाते के माध्यम से ही हो सकती है। यही नहीं यदि किसी कम्पनी के आईपीओ में निवेश करना हो, तो भी डीमैट खाता आवश्यक है।
- इनसाइडर ट्रेडिंग यह एक अवैध कार्य होता है, जब उन व्यक्तियों द्वारा भारी मात्रा में शेयरों का क्रय-विक्रय करके लाभ कमाया जाता है, जिनके पास कम्पनियों की गुप्त सूचनाएँ रहती हैं, तो इस प्रकार के शेयरों के क्रय-विक्रय को इनसाइडर ट्रेडिंग कहा जाता है अर्थात् जब कम्पनी की गोपनीय सूचनाएँ रखने वाला व्यक्ति शेयरों का क्रय-विक्रय करता है, तो उस कारोबार को इनसाइडर ट्रेडिंग या भेदिया कारोबार कहा जाता है। सेबी के द्वारा इस पर नियन्त्रण हेतु मानदण्ड निर्धारित किए गए हैं।
- जॉबर यह एक दलाल का दलाल होता है, जिसका मुख्य कार्य किसी शेयर को तरलता प्रदान करना होता है। इसे शेयर जारी करने वाली कम्पनी द्वारा स्टॉक एक्सचेन्ज में नियुक्त किया जाता है। वैसी कम्पनी जिसकी शेयर पूँजी ₹ 3 करोड़ से अधिक है। उन्हें बॉम्बे स्टॉक एक्सचेन्ज में एक जॉबर नियुक्त करना अनिवार्य होता है।
- राउण्ड ट्रिपिंग सामान्य शब्दों में इसका अर्थ—जाना और पुन: लौटना होता है। इसमें किसी देश से धन अनाधिकारिक माध्यमों से बाहर जाता है और पुन: उसी देश में कर समझौता का लाभ उठाते हुए किसी अन्य देश के माध्यम से निवेशित किया जाता है। इस प्रक्रिया का प्रयोग काले धन को वैध बनाने में किया जाता है।
- ब्लूचिप शेयर पूँजी बाजार तथा उद्योग जगत में अत्यधिक ख्याति वाली बड़ी कम्पनियों के इक्विटी शेयर को ब्लूचिप कहते हैं। ये कम्पनियाँ ऐसी हैं, जिनका बाजार पूँजीकरण बहुत अधिक होता है।
  - इन कम्पनियों के शेयरों की माँग बहुत होती है तथा शेयरों की तरलता भी बहुत अधिक होती है।
  - ब्लूचिप शेयरों को ग्रोथ शेयर भी कहा जाता है। भारत में शीर्ष की 50 कम्पनियों को ब्लूचिप कम्पनी कहा जाता है।
- हेजिंग यह एक जोखिम प्रबन्धन की रणनीति होती है, जिसमें कमोडिटी, मुद्राओं या प्रतिभूतियों की कीमतों में उतार-चढ़ाव से होने वाले नुकसान की सम्भावना को समायोजित किया जाता है।
  - इसके द्वारा निर्यातक एवं आयातक विदेशी विनिमय दरों में होने वाले उतार-चढ़ाव से उत्पन्न हानियों से स्वयं को सुरक्षित रखते हैं। इसके माध्यम से भौतिक बाजार में होने वाले परिवर्तनों से बचने के लिए वायदा बाजार में खरीदारी की जाती है।
- बबल जब शेयर के बन्द भाव व उसके खुलने के भाव में बहुत अधिक अन्तर पाया जाता है, तो उसे बबल कहा जाता है। यह स्थिति तब उत्पन्न होती है, जब निवेशक अचानक किसी शेयरों और प्रतिभूतियों की बहुत अधिक माँग करता है, जिससे प्रतिभूतियों (शेयरों) से सम्पत्तियों की कीमतों में वृद्धि होती है।
- क्रैश जब शेयर बाजार में शेयरों की कीमतों में बहुत अधिक वृद्धि अथवा गिरावट आती है, तो उसे क्रैश कहा जाता है। इस स्थिति में शेयरों में तेजी से गिरावट आती है। इस दौरान शेयर को बेचकर हानि से बचते हुए बाजार से बाहर निकला जाता है।
- हंग अप (Hung up) एक ऐसी स्थिति होती है, जिसमें कोई निवेशक अपनी प्रतिभूति को खरीदे गए मूल्य से कम मूल्य पर रोक कर रखता है।

बाजार के अन्य महत्त्वपूर्ण शब्द

- शेयर वारण्ट (Share Warrant) वह विलेख है, जो धारक को उसमें उल्लिखित शेयरों की संख्या को भविष्य में निश्चित मूल्य पर क्रय करने का अधिकार देता है।
- स्वेट शेयर (Sweat Share) जब कम्पनी के द्वारा कर्मियों को बिना किसी शुल्क के शेयर उपलब्ध कराया जाता है, तो उसे स्वेट शेयर कहा जाता है। यह सामान्यत: उच्च कर्मियों को ही दिया जाता है।
- स्प्रेड (Spread) शेयर के क्रय-विक्रय मूल्य के बीच के अन्तर को स्प्रेड कहते हैं। इसे मार्जिन या हेटकट भी कहा जाता है। शेयर की तरलता अधिक होने पर स्प्रेड कम होता है।
- ब्लोआउट (Blowout) जब कोई कम्पनी नया इश्यू जारी करती है और उसका सब्सक्रिप्शन पहले ही दिन पूर्ण होकर बन्द हो जाता है, तो उसे ब्लोआउट या आउट ऑफ विण्डो कहा जाता है।
- जंक बॉण्ड (Junk Bond) यह वह बॉण्ड है, जिसकी रेटिंग नीची हो, परन्तु जिन पर प्राप्य प्रतिफल की दर ऊँची हो जाती है। इससे सम्बन्धित बाजार को उच्च प्रतिफल ऋण बाजार भी कहते हैं।
- ब्रिज लोन (Bridge Loan) किसी परियोजना/प्रोजेक्ट की दीर्घकालीन वित्तीय व्यवस्था जब तक नहीं हो जाती, तब तक के लिए स्थायी वित्त व्यवस्था को ब्रिज लोन कहते हैं।

विकास वित्तीय संस्थाएँ/संस्थान

- वित्त (Finance) का अर्थ उस पूँजी से है, जो उत्पादन कार्य के सुचारु संचालन हेतु आवश्यक होती है। सामान्यत: वित्त का तात्पर्य उस रुपये से होता है, जो किसी भी प्रकार के उत्पादन हेतु दिन-प्रतिदिन के व्यय को पूर्ण करने का कार्य करता है। अर्थव्यवस्था में वित्त की आवश्यकता को पूर्ण करने वाली संस्थाएँ वित्तीय संस्थाएँ (Financial Institutions) कही जाती हैं।
- ये संस्थाएँ देश के विकास में महत्त्वपूर्ण भूमिका निभाती हैं, इसलिए इन्हें विकास वित्तीय संस्थान भी कहा जाता है। ये संस्थाएँ मध्यम अवधि और दीर्घकालिक वित्तीय सहायता प्रदान करती हैं।
- वित्तीय संस्थाएँ, भारतीय वित्तीय व्यवस्था का महत्त्वपूर्ण अंग हैं। विशेषीकृत वित्तीय संस्थाओं के अन्तर्गत IFCI, IDBI, SIDBI, NHB, ICICI, LIC आदि संस्थाएँ आती हैं। इनका संक्षिप्त विवरण निम्न प्रकार है–

भारतीय औद्योगिक वित्त निगम (IFCI)

- आईएफसीआई की स्थापना वर्ष 1948 में औद्योगिक वित्त निगम अधिनियम, 1948 के तहत एक वैधानिक निगम के रूप में की गई थी।
- वर्ष 1993 में औद्योगिक वित्त निगम अधिनियम निरस्त होने के पश्चात् आईएफसीआई एक सार्वजनिक लिमिटेड कम्पनी बन गई तथा वर्ष 2015 में यह कम्पनी अधिनियम, 2013 के अन्तर्गत एक सरकारी कम्पनी बनी।
- यह भारतीय रिजर्व बैंक के साथ एक गैर-जमा और गैर-बैंकिंग वित्तीय कम्पनी (एनबीएफसी-एनडी) के रूप में पंजीकृत है।
- आईएफसीआई का उद्देश्य औद्योगिक क्षेत्र को उसकी मध्यम और दीर्घकालिक वित्तीय आवश्यकताओं को पूरा करने में सहायता करना है।
- इसके प्रमुख हित धारकों (स्टेक होल्डर्स) में आईडीबीआई, अनुसूचित बैंक, बीमा क्षेत्र और सहकारी बैंक शामिल हैं।

भारतीय औद्योगिक ऋण तथा निवेश निगम लिमिटेड (ICICI)

- ICICI की स्थापना जनवरी, 1955 में भारतीय कम्पनी अधिनियम के अन्तर्गत निजी क्षेत्र में लघु व मध्यम उद्योगों के विकास के लिए की गई थी, जिसकी समस्त पूँजी को कम्पनी, संस्थाओं व व्यक्तियों ने निजी रूप से धारण कर रखा था। वर्तमान में इसकी अधिकांश अंश पूँजी (Equity Capital) का स्वामित्व सार्वजनिक क्षेत्र (Public Sector) के संस्थानों के अधीन है।
- निगम दीर्घ व मध्यकालीन ऋणों का वितरण ऋण-पत्रों के आधार पर करता है, साथ ही निजी क्षेत्रों की औद्योगिक इकाइयों के अंशों में अभिदान, अंशों व ऋण-पत्रों की नई श्रृंखलाओं का अनुलेखन करता है। साथ ही बॉण्डों, ऋण-पत्रों का क्रय तथा रुपये में भुगतान योग्य ऋणों की गारण्टी भी देता है।
- बम्बई उच्च न्यायालय के निर्णय के अनुसार, सरकार ने नौवहन उद्योग (Shipping Industry) को वित्त उपलब्ध कराने वाली SCICI (Shipping Credit and Investment Company of India) लिमिटेड का ICICI (Industrial Credit and Investment Corporation of India, ICICI) में विलय कर दिया। ICICI बैंक का मुख्यालय वड़ोदरा (गुजरात) में स्थित है।

राज्य वित्त निगम

- राज्य वित्त निगम (State Finance Corporation, SFC) सम्बन्धित राज्यों में छोटे व मध्यम वर्ग के उद्यमों के उन्नयन हेतु प्रयासरत रहते हैं, जिससे कि अधिक निवेश, रोजगार व सन्तुलित क्षेत्रीय विकास सुनिश्चित हो सकें।
- वर्तमान (नवम्बर, 2024 के अनुसार) समय में देश में 18 राज्य वित्त निगम कार्यरत् हैं, जिनमें से 17 का गठन राज्य वित्त अधिनियम, 1951 के अन्तर्गत तथा तमिलनाडु औद्योगिक निवेश निगम लिमिटेड की स्थापना कम्पनी अधिनियम, 1949 के अन्तर्गत की गई।
- नए राज्य वित्त निगम (संशोधन) अधिनियम, 2000 के अन्तर्गत यह प्रावधान किया गया है कि राज्य वित्त निगम अपने लाभ के अनुरूप ही लाभांश का भुगतान करें।
- संशोधित अधिनियम के अन्तर्गत इन निगमों में भारतीय औद्योगिक विकास बैंक (IDBI) की शेयरधारिता को लघु उद्योग विकास बैंक (SIDBI) को हस्तान्तरित किया जाएगा तथा आगे से इन निगमों के क्रियाकलापों की निगरानी का दायित्व सम्बन्धित राज्य सरकारों व सिडबी का होगा।
- इन निगमों के पूँजी आधार को बढ़ाकर ₹ 500 करोड़ करने तथा आगे ₹ 1000 करोड़ तक बढ़ाने का विकल्प खुला रखने का प्रावधान भी संशोधित अधिनियम में किया गया है। संशोधित अधिनियम के अन्तर्गत इन निगमों में निजी शेयरधारिता 49% तक ही हो सकेगी।

राज्य औद्योगिक विकास निगम लिमिटेड

इनकी स्थापना राज्य सरकार ने अपनी पूर्ण स्वामित्वाधीन कम्पनियों के रूप में की है। वर्तमान (नवम्बर, 2024 के अनुसार) समय में **देश में 28 निगम कार्यरत्** हैं। इन निगमों के प्रमुख उद्देश्यों में **औद्योगिक क्षेत्रों का विकास**, बाजार **सुविधा की व्यवस्था** तथा **नए विकास केन्द्रों** की स्थापना सम्मिलित है।

भारतीय औद्योगिक विकास बैंक लिमिटेड

- वर्ष 1964 में **भारतीय औद्योगिक विकास बैंक** (Industrial Development Bank of India) की स्थापना करने का निर्णय केन्द्रीय सरकार द्वारा देश में औद्योगिक विकास की वित्तीय आवश्यकताओं को पूर्ण करने के लिए लिया गया। इसका मुख्यालय मुम्बई में स्थित है।
- वर्ष 1976 में इसे रिजर्व बैंक से अलग कर इसका स्वामित्व भारत सरकार ने अपने अधीन ले लिया।
- वर्तमान में एलआईसी के पास 51% भागीदारी इसी बैंक की है, जबकि भारत सरकार की भागीदारी 46.46% है। IDBI का मुख्य कार्य औद्योगिक उद्योगों को वित्तीय सहायता प्रदान करने के साथ-साथ उद्योगों के विकास में लगी संस्थाओं को भी बढ़ावा देना है।
- IDBI वृहद् व मध्यम औद्योगिक इकाइयों को सीधे तथा छोटी व मझोली इकाइयों को बैंकों व राज्य स्तरीय वित्तीय संस्थाओं के माध्यम से वित्तीय सहायता प्रदान करता है।
- IDBI की स्थिति में सुधार हेतु सरकार द्वारा अक्टूबर, 2004 में एक **अधिसूचना** जारी कर इसको RBI अधिनियम, 1934 के अन्तर्गत एक अनुसूचित बैंक बना दिया गया है, जिसमें भारत सरकार की अंशधारिता 53% है।

भारतीय लघु उद्योग विकास बैंक

- इसकी स्थापना भारतीय औद्योगिक विकास बैंक (Small Industries Development Bank of India, SIDBI) के पूर्ण स्वामित्व में एक सहायक बैंक के रूप में की गई। वर्ष 1990 से इसने स्वतन्त्र रूप से कार्य करना प्रारम्भ कर दिया।
- यह लघु उद्योगों (Small Industries) के विकास, वित्त व संवर्द्धन हेतु अति लघु व मझोले उद्यमों को व्यापारिक क्षेत्रीय ग्रामीण बैंकों व राज्य औद्योगिक वित्त निगमों के सहकारी माध्यम से सहायता प्रदान करता है।

- यह लघु उद्योगों के विकास तथा सम्बन्धित कार्यों में संलग्न संस्थाओं के मध्य समन्वय का कार्य भी करता है, साथ ही यह अपनी **एकल खिड़की सेवा** (Single Window Service) के अन्तर्गत भारतीय मुद्रा के साथ-साथ विदेशी मुद्रा में भी लघु उद्योगों को ऋण उपलब्ध कराता है।
- इसका मुख्यालय लखनऊ में अवस्थित है। इसके अतिरिक्त इसके 5 क्षेत्रीय कार्यालय व 21 शाखा कार्यालय देश के विभिन्न भागों में स्थापित किए गए हैं।
- इस बैंक की स्थापना हो जाने पर लघु क्षेत्र के उद्योगों के लिए जो कार्य IDBI करता था, वह सभी कार्य इस बैंक को हस्तान्तरित कर दिए गए हैं।

भारतीय औद्योगिक निवेश बैंक

- मार्च, 1985 में भारतीय औद्योगिक पुनर्निर्माण बैंक अधिनियम, 1984 के अन्तर्गत भारतीय औद्योगिक निवेश बैंक (IIBIL) की स्थापना देश के मुख्य ऋण तथा पुनर्निर्माण एजेन्सी के रूप में रुग्ण व बन्द पड़ी औद्योगिक इकाइयों के पुनर्निर्माण हेतु की गई। इस संस्था का गठन तत्कालीन भारतीय औद्योगिक पुनर्निर्माण निगम लिमिटेड के पुनर्गठन के फलस्वरूप हुआ।
- अब भारतीय औद्योगिक पुनर्निर्माण बैंक (IRBI) के स्थान पर एक नई कम्पनी स्थापित करने की सरकार की योजना है। इस सम्बन्ध में 6 मार्च, 1997 को लोकसभा ने एक विधेयक भी पारित कर दिया। नई व्यवस्था के अन्तर्गत भारतीय औद्योगिक निवेश बैंक लिमिटेड (Industrial Investment Bank of India Ltd., IIBIL) के नाम से इसका पुनर्गठन किया गया है।
- इसका मुख्यालय कोलकाता में स्थित है और अब यह IDBI, IFCI व ICICI की तरह ही एक स्वतन्त्र वित्त विकास संस्था के रूप में कार्य करेगा।
- केन्द्र सरकार ने ग्रामीण विकास बैंक नाबार्ड के द्वारा देश के ग्रामीण क्षेत्रों में रूरल नॉलेज सेण्टर्स (Rural Knowledge Centres, RKC) की स्थापना की है।
- किसान क्रेडिट कार्ड की वैधता 3 वर्ष की होती है तथा प्रत्येक आहरण के भुगतान की समय-सीमा 12 माह निर्धारित की गई है।
- वित्तीय समावेशन पर सुझाव देने के लिए वर्ष 2008 में गठित डॉ. सी. रंगराजन समिति ने शहरी गरीबों को वित्त उपलब्ध कराने के लिए नाबार्ड अधिनियम में परिवर्तन का सुझाव दिया था।
- वर्ष 1951 के राज्य वित्त निगम अधिनियम में संशोधन करके केन्द्र सरकार ने अनेक निगमों के शेयरों पर लाभांश की गारण्टी समाप्त कर दी है।

भारतीय आयात-निर्यात बैंक

- एक्जिम बैंक (Exim Bank) की स्थापना जनवरी, 1982 में निर्यातकों व आयातकों को वित्तीय सहायता प्रदान करने के प्रमुख उद्देश्य से की गई थी।
- इसके अतिरिक्त इसके अन्य महत्त्वपूर्ण कार्यों में उन सभी वित्तीय संस्थाओं का समन्वय करने का कार्य भी शामिल है, जो वस्तुओं व सेवाओं के निर्यात हेतु वित्त एकत्र करते हैं। इसका मुख्यालय मुम्बई में स्थित है।
- एक्जिम बैंक भारत के साथ-साथ तृतीय विश्व के देशों के लिए भी आयात-निर्यात (Export-Import Bank, EXIM) सम्बन्धी वित्त का प्रबन्ध करते हैं। वाशिंगटन, सिंगापुर, अजरबैजान व बुडापेस्ट में इसके विदेशी कार्यालय भी स्थित हैं।

राष्ट्रीय आवास बैंक

- राष्ट्रीय आवास बैंक (National Housing Bank, NHB) की स्थापना भारतीय रिजर्व बैंक की सहायक संस्था के रूप में जुलाई, 1988 में की गई थी।
- यह बैंक देश में आवास सम्बन्धी वित्त व्यवस्था के लिए शीर्षस्थ बैंक है। यह बैंक भूमि एवं भवन निर्माण सामग्री एवं संघटकों; जैसे—वास्तविक संसाधनों की आपूर्ति के संवर्द्धन के लिए भी प्रयत्नशील रहा है। इसका मुख्यालय नई दिल्ली में स्थित है।
- वित्त अधिनियम, 2019 तथा राष्ट्रीय आवास बैंक अधिनियम, 1987 में संशोधन किया गया। संशोधन के अन्तर्गत भारतीय रिजर्व बैंक को राष्ट्रीय आवास बैंक तथा सम्बन्धित कम्पनियों के नियमन की शक्तियाँ प्रदान की गई हैं।
- राष्ट्रीय आवास बैंक बॉण्डों तथा ऋण-पत्रों को जारी करके अपने संसाधन जुटा सकता है। 30 जून, 2009 को राष्ट्रीय आवास बैंक की अधिकृत प्रदत्त पूँजी ₹ 450 करोड़ थी, जो शत-प्रतिशत RBI द्वारा प्रदत्त थी। यह बैंक देश की आवास वित्त कम्पनियों का नियामक एवं पर्यवेक्षक है।
- 1 जुलाई, 1989 से राष्ट्रीय आवास बैंक ने जमाराशि स्वीकार करने की एक योजना प्रारम्भ की, जिसे गृह ऋण खाते की योजना कहते हैं। यह योजना व्यापारिक बैंकों तथा सहकारी बैंकों के माध्यम से चलाई जा रही है।
- इस योजना के अन्तर्गत कोई भी व्यक्ति, जो मकान निर्माण के लिए ऋण लेना चाहता है, किसी व्यापारिक बैंक या सहकारी बैंक में गृह ऋण खाता खोलकर 5 वर्ष तक एक निर्धारित राशि जमा करता रहता है। 5 वर्ष बाद वह निर्धारित राशि तक का ऋण प्राप्त करने का अधिकारी हो जाता है।
- इस योजना में राष्ट्रीय आवास बैंक, व्यापारिक बैंक अथवा सहकारी बैंक के लिए पुनर्वित्त प्रदान करता है।

भारत की प्रमुख वित्तीय संस्थाएँ

संस्था	स्थापना
भारतीय रिजर्व बैंक (RBI)	1 अप्रैल, 1935
भारतीय औद्योगिक वित्त निगम (IFCI)	वर्ष 1948
भारतीय औद्योगिक ऋण व निवेश निगम (ICICI)	जनवरी, 1955
भारतीय स्टेट बैंक (SBI)	1 जुलाई, 1955
भारतीय जीवन बीमा निगम (LIC)	सितम्बर, 1956
भारतीय यूनिट ट्रस्ट (UTI)	1 फरवरी, 1964
भारतीय औद्योगिक विकास बैंक (IDBI)	जुलाई, 1964
भारतीय साधारण बीमा निगम (LIC)	नवम्बर, 1972
भारतीय निर्यात-आयात बैंक (EXIM Bank)	1 जनवरी, 1982

संस्था	स्थापना
कृषि एवं ग्रामीण विकास हेतु राष्ट्रीय बैंक (NABARD)	12 जुलाई, 1982
भारतीय औद्योगिक पुनर्निर्माण बैंक (IRBI)	20 मार्च, 1985
राष्ट्रीय आवास बैंक (NHB)	जुलाई, 1988
भारतीय लघु उद्योग विकास बैंक (SIDBI)	वर्ष 1990

वित्तीय मध्यस्थ

- वित्तीय मध्यस्थ एक ऐसा संगठन है, जो निवेशक और उधारकर्ता के बीच एक कड़ी के रूप में कार्य करता है, ताकि दोनों पक्षों के वित्तीय उद्देश्यों को पूरा किया जा सके।
- इसके अन्तर्गत मर्चेण्ट बैंक, पारस्परिक निधियाँ (म्यूचुअल फण्ड्स), यूनिट ट्रस्ट, लीजिंग कम्पनी, वेंचर कैपिटल कम्पनी इत्यादि शामिल होती हैं।

मर्चेंट बैंक

- मर्चेंट बैंकिंग एक पेशेवर सेवा है, जो मर्चेंट बैंकों द्वारा अपने ग्राहकों को उनकी वित्तीय आवश्यकताओं को ध्यान में रखते हुए, शुल्क के रूप में पर्याप्त प्रतिफल के लिए प्रदान की जाती है।
- ये बैंक केवल बड़े निगमों को धन उगाहने, वित्तीय सलाह देने और ऋण सेवाएँ प्रदान करते हैं।
- ये आम जनता को सेवाएँ प्रदान नहीं करते हैं।
- यह देश में बहुराष्ट्रीय व्यवसायों और बड़ी व्यवसायिक संस्थाओं को धन उपलब्ध कराती है, जो देश की आर्थिक वृद्धि को बढ़ाने में सहायता करती है।
- यह महत्त्वपूर्ण और कई जिम्मेदारियाँ भी निभाता है यथा प्रतिभूतियों के सार्वजनिक निर्गम का प्रबन्धन, निजी प्लेसमेंट, स्टॉक ब्रोकिंग, अन्तर्राष्ट्रीय वित्तीय सलाहकार सेवाएँ इत्यादि।
- भारत में मर्चेंट बैंकिंग के कार्य भारतीय प्रतिभूति एवं विनिमय बोर्ड अधिनियम, 1992 (सेबी अधिनियम) द्वारा नियन्त्रित होता है।

म्यूचुअल फण्ड

- पारस्परिक कोष या म्यूचुअल फण्ड (Mutual Funds) एक निवेश करने वाला वित्तीय मध्यस्थ है, जिसके माध्यम से आमजन प्रतिभूति बाजार (Securities Market) में प्रतिभाग (Participation) करते हैं।
- म्यूचुअल फण्ड सामान्यत: एक ऐसी वित्तीय व्यवस्था है, जिसमें सामान्य जनता के निवेश योग्य धन को उनकी इच्छा के आधार पर विनियोग के सबसे अच्छे उपलब्ध अवसरों में प्रयुक्त किया जाता है।
- यह ऐसा कोष है, जो न्यास (Trust) के रूप में स्थापित किया जाता है। सबसे महत्त्वपूर्ण यह कि यह विनियोग के सर्वोत्तम अवसर मात्र उपलब्ध ही नहीं कराता है, बल्कि विनियोग के जोखिमों (Risks) को भी कम करता है और अच्छा प्रतिफल उपलब्ध कराता है तथा छोटे निवेशकों के लिए एक निवेश एजेन्सी के रूप में भी कार्य करता है।
- म्यूचुअल फण्ड के द्वारा निवेश करके निवेशक (Investors) को सुरक्षा एवं कर बचत (Savings) की भी सुविधा प्राप्त होती है।
- निवेशक शेयर मूल्यों में होने वाले परिवर्तनों तथा पूँजी हानि की सम्भावना के जोखिम के डर से शेयर बाजार में निवेश नहीं करते हैं, जबकि म्यूचुअल फण्ड एक पेशेवर रूप से प्रबन्धित करता है।
- म्यूचुअल फण्ड के रूप में छोटे-छोटे निवेशकों से विभिन्न प्रकार की योजनाओं के माध्यम से उनकी बचत को एकत्र किया जाता है तथा उसे स्टॉक, बॉण्ड एवं अन्य प्रतिभूतियों के रूप में निवेश किया जाता है।
- इसमें छोटे निवेशकों से प्राप्त बचतों को अनुभव तथा कुशलता के साथ सन्तुलित एवं विविधिकृत पोर्टफोलियो में विनियोजित किया जाता है, जिससे जोखिम कम होता है तथा उच्च प्रतिफल को प्राप्त किया जाता है।

म्यूचुअल फण्ड के प्रकार

खुला कोष (Open Ended Funds)

इसके अन्तर्गत यूनिटों का क्रय-विक्रय वर्षभर चलता रहता है, अत: यूनिटधारक अपनी इच्छानुसार किसी भी समय अपने निवेश को वापस प्राप्त कर सकता है। US 64 इस प्रकार की योजना का सर्वोत्तम उदाहरण है। इसके अन्तर्गत निवेशक किसी भी प्रकार की योजना का चयन कर सकता है और किसी भी योजना में नि:शुल्क प्रवेश ले सकता है तथा जब चाहे बाहर आ सकता है।

बन्द कोष (Close Ended Funds)

इसका संचालन एक निश्चित अवधि के लिए किया जाता है, जिसमें सदस्यों से निश्चित अवधि तक अंशदान एकत्र करने के पश्चात्, अवधि के पूर्ण होने पर यूनिटों के पूँजी मूल्य में होने वाली वृद्धि को सदस्यों में वितरित (Distribute) कर दिया जाता है। इसमें निवेशक केवल **द्वितीयक बाजार से ही यूनिट्स** खरीदने योग्य होते हैं। इसमें शेयर केवल **प्रारम्भिक प्रस्ताव अवधि** में ही खरीदे जाते हैं तथा निश्चित अवधि में बेचे जाते हैं। इसके साथ ही इसके अन्तर्गत खरीदे गए शेयरों को पुन: म्यूचुअल फण्ड में नहीं बेचा जाता है।

ऑफशोर म्यूचुअल फण्ड

यह ऐसा निवेश बाजार है, जो किसी देश की राष्ट्रीय सीमाओं के बाहर स्थित होता है। यह निवेशकों को अन्तर्राष्ट्रीय बाजारों में धन निवेश करने का अवसर प्रदान करता है। इसलिए इसे अन्तर्राष्ट्रीय फण्ड भी कहा जाता है। उच्च जोखिम के कारण इससे (अपतटीय म्यूचुअल फण्ड) उच्च प्रतिफल की भी आशा की जाती है।

मनी मार्केट म्यूचुअल फण्ड

मनी मार्केट म्यूचुअल फण्ड एक प्रकार का म्यूचुअल फण्ड है, जो उच्च गुणवत्ता और अल्पकालिक ऋण उपकरणों; जैसे—नकद और उसके समकक्षों में निवेश करता है। RBI ने अप्रैल, 1992 में भारत में MMMF की यह योजना शुरू की। इस योजना के पीछे का उद्देश्य व्यक्तिगत निवेशकों को एक अतिरिक्त अल्पावधि अवसर प्रदान करना था।

म्यूचुअल फण्ड नियामक

- वर्ष 1993 में सेबी (SEBI) द्वारा देश का प्रथम पारस्परिक कोष नियामक (Mutual Fund Regulator) जारी करने के साथ ही म्यूचुअल फण्ड बाजार में नवीन युग का प्रारम्भ हुआ।
- इस व्यवस्था से पहले भारत में म्यूचुअल फण्ड योजनाओं का संचालन मात्र, सार्वजनिक क्षेत्र के उपक्रमों द्वारा ही किया जाता था, परन्तु वर्ष 1993 में सेबी द्वारा जारी नियामक के पश्चात् देशी-विदेशी निजी उद्यमियों को भी म्यूचुअल फण्ड योजनाओं के संचालन की छूट दी गई।

- वर्ष 1996 में सेबी (SEBI) के द्वारा वर्ष 1993 के दिशा-निर्देशों को पूर्णत: संशोधित किया गया। वर्तमान समय में सेबी के इसी दिशा-निर्देश के अन्तर्गत म्यूचुअल फण्ड को विनियमित किया जाता है।
- विदेशी मुद्रा कोषों में निरन्तर हो रही वृद्धि को संज्ञान में लेते हुए RBI ने घरेलू म्यूचुअल फण्डों के लिए विदेशों में निवेश की सीमा के विस्तार हेतु वर्ष 2008 में अनुमति प्रदान की और यह सीमा 5 अरब डॉलर से बढ़ाकर 7 अरब डॉलर की गई।

भारत में म्यूचुअल फण्ड

- भारत में म्यूचुअल फण्ड व्यवस्था का आरम्भ वर्ष 1964 में यूनिट ट्रस्ट ऑफ इण्डिया (UTI) की स्थापना के साथ हुआ, जो अमेरिका की यूनिट स्कीम, 1964 (Unit Scheme 1964-US-64) पर आधारित थी।
- यह घरेलू और ऑफशोर फण्ड के पोर्टफोलियो का प्रबन्धन करती है तथा उच्च-निवल मूल्य वाले ग्राहकों, कॉर्पोरेट्स और संस्थानों को विवेकाधीन, गैर-विवेकाधीन व सलाहकार सेवाएँ प्रदान करने के साथ ही प्रमुख और सहायक व्यावसायिक संस्थाओं के माध्यम से भारत और 35 से अधिक देशों में सेवानिवृत्ति समाधान और निजी इक्विटी फण्ड भी प्रदान करती है।

लीजिंग कम्पनी

- लीजिंग कम्पनी एक व्यवसाय है जो सम्पत्ति खरीदता है तथा फिर उसे एक निश्चित अवधि के लिए व्यक्तियों या व्यवसायों को पट्टे (Lease) पर देता है।
- सम्पत्ति का पट्टादार या स्वामी समय-समय पर भुगतान के बदले में पट्टेदार या उपयोगकर्ता को सम्पत्ति प्रदान करता है, जिसे सामान्य तौर पर किराया कहा जाता है।
- इससे पट्टेदार परिसम्पत्ति का कानूनी स्वामी बना रहता है, किन्तु पट्टाधारक को लाभ प्राप्त होता है तथा यह स्वामित्व की लागतों एवं जोखिमों के लिए जिम्मेदार होता है।
- लीजिंग कम्पनी अनेक प्रकार की होती हैं; जैसे-वित्तीय लीजिंग कम्पनी, परिचालन लीजिंग कम्पनी, तथा बिक्री लीजिंग कम्पनी इत्यादि।
- भारत में लीजिंग की अवधारणा साउदर्न पैट्रोकेमिकल इण्डस्ट्रीज कॉर्पोरेशन (SPIC) समूह द्वारा शुरू की गई थी, जिसने वर्ष 1973 में चेन्नई में फर्स्ट लीजिंग कम्पनी ऑफ इण्डिया लिमिटेड की स्थापना की थी। वर्तमान में आईएफसीआई, आईडीबीआई, आईसीआईसीआई, भारतीय स्टेट बैंक, सुन्दरम फाइनेन्स और अन्य संस्थाएँ देश में लीजिंग कम्पनियाँ चला रही हैं।

वेंचर कैपिटल

- वेंचर कैपिटल (वी. सी.) का प्रयोग आमतौर पर स्टार्टअप और अन्य व्यवसायों को समर्थन देने के लिए किया जाता है, जिनमें पर्याप्त और तीव्र विकास करने की सम्भावना होती है।
- वेंचर कैपिटल फर्में सीमित साझेदारों से धन जुटाकर, आशाजनक स्टार्टअप्स या यहाँ तक कि बड़े वेंचर फण्ड्स में निवेश करती हैं।
- इस प्रकार के निवेश ऊँची जोखिम तथा ऊँचे प्रतिफल के अवसर होते हैं।
- वेंचर कैपिटल निवेश में निवेशित पूँजी पर स्टार्टअप्स के अधिग्रहण या आईपीओ में अधिक हिस्से के रूप में अत्यधिक ऊँची मात्रा में प्रतिफल कमाना होता है।

एंजेल निवेशक

- ये ऐसे निवेशक होते हैं, जो उद्यमियों को अपना कारोबार शुरू करने के लिए स्टार्टअप कैपिटल प्रदान करते हैं। इन्हें सेबी या भारत सरकार के द्वारा कुछ प्रोत्साहन भी दिया जाता है। इसकी संकल्पना वित्तीय वर्ष 2013-14 में प्रस्तुत की गई थी।
- सेबी के अनुसार, इनकी पहचान श्रेणी-I एआईएफ वेन्चर कैपिटल के रूप में की गई है, जिनका अर्थव्यवस्था पर स्पिल ऑवर प्रभाव धनात्मक होता है तथा ये अर्थव्यवस्था को अनुकूल रूप से प्रभावित करते हैं।

आर्बिट्रेज

- किसी प्रतिभूति को एक बाजार से खरीद करके उसी समय दूसरे बाजार में अधिक मूल्य पर बेचने की प्रक्रिया आर्बिट्रेज (Arbitrage) कहलाती है।
- ऐसा विश्व के विभिन्न बाजारों में विदेशी विनिमय दरों के अन्तर का लाभ उठाने हेतु किया जाता है। इसमें विदेशी मुद्राओं प्रतिभूतियों तथा कमोडिटीज को खरीदा व बेचा जाता है। यह निवेशकों हेतु जोखिम रहित होता है। इसमें व्यापारी मध्यस्थ के अवसरों का लाभ उठाते हैं।

“

भारत में बीमा का इतिहास बहुत ही पुराना है। इसकी चर्चा मनु की रचना मनुस्मृति, याज्ञवल्क्य के धर्मशास्त्र और कौटिल्य की अर्थशास्त्र में की गई है।

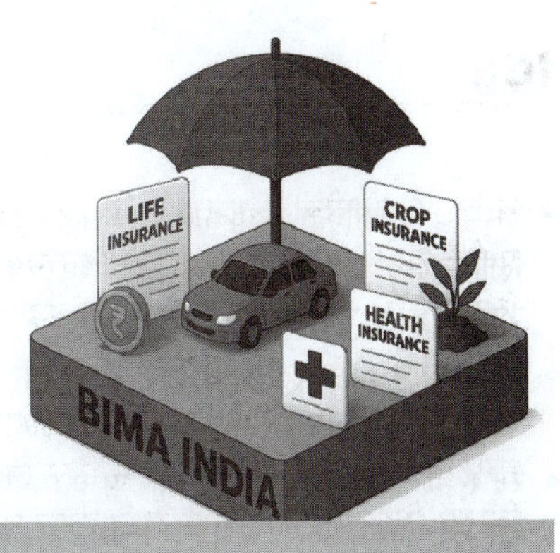

अध्याय नौ

भारत में बीमा प्रणाली

बीमा

- बीमा एक वित्तीय उत्पाद है अर्थात् आर्थिक अवधारणा के अनुसार, वह घटक जो जोखिम (risk) को कम करे, उसे बीमा कहा जाता है।
- इस प्रकार यह एक जोखिम प्रबन्धन का रूप होता है, जो प्राथमिक रूप से किसी आकस्मिक अथवा अनिश्चित हानि से संरक्षण प्रदान करता है।

बीमा के कार्य

- बीमाधारक की सुरक्षा व संरक्षा सुनिश्चित करना
- सुरक्षा जाल प्रदान करना
- जोखिम साझा करना (मानव जीवन और परिसम्पत्तियों का वित्तीय जोखिम)
- हानि की रोकथाम करना
- निवेश के लिए संसाधन जुटाना
- अर्थव्यवस्था के विकास को बढ़ावा देना आदि

- किसी बीमा कम्पनी के द्वारा सामान्यत: दो प्रकार के बीमा उत्पाद को उपलब्ध कराया जाता है, जो निम्न हैं
  - जीवन बीमा यह किसी दुर्घटना से मृत्यु अथवा साधारण मृत्यु तक के जोखिम का वहन कर संरक्षण प्रदान करता है।
  - साधारण बीमा इसे गैर-जीवन बीमा भी कहा जाता है। यह परिसम्पत्तियों (assets) से जुड़े जोखिम का बीमा करता है। हालाँकि विगत कुछ वर्षों से बीमा के नए-नए स्वरूपों का विकास हुआ है; जैसे-स्वास्थ्य बीमा, पेंशन बीमा, वाहन बीमा, यूनिट लिंक्ड बीमा आदि।

प्रीमियम

किसी भी बीमा योजना के अन्तर्गत पॉलिसीधारकों को किस्त के रूप में कुछ राशि का भुगतान करना होता है, जिसे प्रीमियम (Premium) कहा जाता है।

भारत में बीमा व्यवसाय का विकास

- भारत में बीमा व्यवसाय अपने मौजूदा स्वरूप में 1818 ई. में कलकत्ता में ओरिएण्टल जीवन बीमा कम्पनी की स्थापना के साथ शुरू हुआ था।
- ट्राइटन बीमा कम्पनी लिमिटेड पहली सामान्य बीमा कम्पनी है, जिसकी स्थापना 1850 ई. में कलकत्ता (वर्तमान में कोलकाता) में हुई थी।
- 1870 ई. में बॉम्बे म्यूचुअल लाइफ इंश्योरेन्स सोसायटी नामक बीमा कम्पनी ने पहली बार भारतीय बीमा कम्पनी के रूप में कार्य करना शुरू किया। भारतीय जीवन बीमा कम्पनी अधिनियम, 1912 ही बीमा व्यवसाय को विनियमित करने वाला पहला अधिनियम था।
- वर्ष 1907 में स्थापित इण्डियन मर्केण्टाइल इंश्योरेन्स लिमिटेड, सामान्य बीमा व्यवसाय के सभी वर्गों का लेन-देन करने वाली पहली कम्पनी बनी।
- भारतीय बीमा कम्पनी अधिनियम, 1928 सरकार द्वारा जीवन और गैर-जीवन बीमा व्यवसाय के बारे में सांख्यिकीय जानकारी एकत्र करने में सक्षम बनाने के लिए लाया गया अधिनियम था।
- बीमा अधिनियम, 1938 द्वारा बीमा व्यवसाय के ढाँचे और स्वरूप में व्यापकता प्रदान की गई।
- 245 भारतीय एवं विदेशी बीमाकर्ता और प्राइवेट सोसायटी का केन्द्र सरकार द्वारा अधिग्रहण किया गया तथा इसका राष्ट्रीयकरण वर्ष 1956 में हुआ।
- इस प्रकार राष्ट्रीयकरण के समय भारत में लगभग 154 जीवन बीमा कम्पनियाँ, 16 विदेशी बीमा कम्पनियाँ तथा 75 प्रोविडेण्ट सोसायटीज कार्य कर रही थीं।

भारत में बीमा बाजार

- भारत में बीमा बाजार के अन्तर्गत 71 बीमा कम्पनियाँ कार्यरत् हैं, जिनमें से 26 जीवन बीमा कम्पनियाँ व्यवसाय में हैं तथा 34 गैर-जीवन बीमाकर्ता हैं। इसमें 7 स्वास्थ्य बीमाकर्ता हैं, जिनका मुख्य कार्य स्वास्थ्य बीमा व्यवसाय है। इनके अतिरिक्ति 11 पुन: बीमाकर्ता हैं।
- वर्तमान (सितम्बर, 2024 की स्थिति के अनुसार) में बीमा क्षेत्र में 71 बीमा कर्ताओं में से 8 सार्वजनिक क्षेत्र में तथा 63 निजी क्षेत्र में हैं। जीवन बीमाकर्ताओं में से जीवन बीमा निगम एकमात्र सार्वजनिक क्षेत्र की कम्पनी है। वहीं 34 गैर-जीवन बीमा (साधारण बीमा) कर्ताओं में से 6 सार्वजनिक क्षेत्र के हैं।

- इसमें 2 विशेषीकृत बीमाकर्ता में फसल बीमा के लिए कृषि बीमा कम्पनी लिमिटेड तथा ऋण बीमा के लिए भारतीय निर्यात ऋण गारण्टी निगम शामिल हैं।
- इसके साथ ही भारतीय साधारण बीमा निगम एकमात्र राष्ट्रीय पुन: बीमाकर्ता भी है तथा 10 पुन: बीमाकर्ता निजी क्षेत्र (विदेशी) में कार्य कर रहे हैं।
- स्टार हैल्थ एण्ड एलाइड इंश्योरेन्स कम्पनी, आदित्य बिड़ला हेल्थ इंश्योरेन्स कम्पनी, केयर हेल्थ इंश्योरेन्स लिमिटेड (पूर्व में रेलिगेयर हेल्थ इंश्योरेन्स कम्पनी), गैलेक्सी हेल्थ एण्ड एलाइड इंश्योरेन्स कम्पनी, नारायण हेल्थ इंश्योरेन्स लिमिटेड, मणिपाल सिग्ना हेल्थ इंश्योरेन्स कम्पनी और निवा बूपा हेल्थ इंश्योरेन्स कम्पनी स्वतन्त्र स्वास्थ्य बीमा कम्पनियों के रूप में कार्य करती हैं।

भारतीय बीमा विनियामक एवं विकास प्राधिकरण (IDRAI)

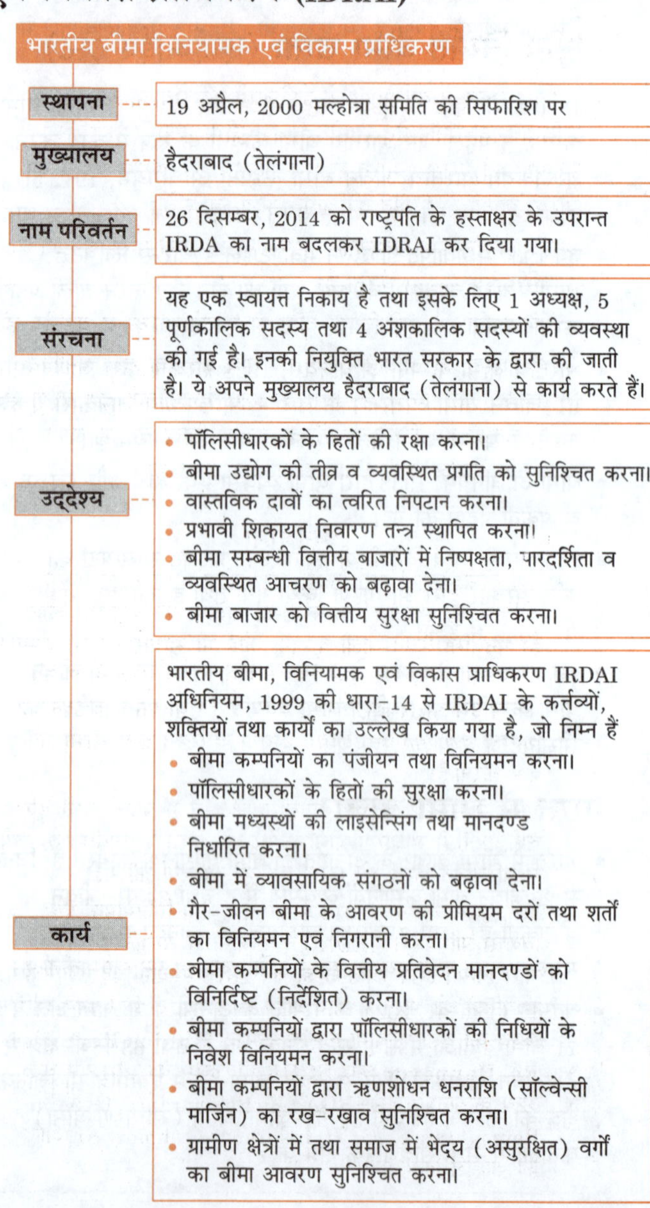

सार्वजनिक क्षेत्र में बीमा

स्वतन्त्रता प्राप्ति के पश्चात् सरकार द्वारा बीमा बाजार को एक संगठित रूप प्रदान किया गया तथा कुछ सार्वजनिक क्षेत्रों के लिए बीमा कम्पनियों की स्थापना की गई, जो निम्न प्रकार हैं

भारतीय जीवन बीमा निगम

- संसद के अधिनियम के अन्तर्गत सितम्बर, 1956 में भारतीय जीवन बीमा निगम (Life Insurance Company, LIC) की स्थापना की गई। यह सरकारी अथवा सार्वजनिक कम्पनी के रूप में ₹ 5 करोड़ की पूँजी के साथ 1 सितम्बर, 1956 को पूर्ण रूप से स्थापित हुआ।
- भारतीय जीवन बीमा निगम अपने मुम्बई स्थित केन्द्रीय कार्यालय के अतिरिक्त कोलकाता, दिल्ली, चेन्नई, हैदराबाद, कानपुर तथा भोपाल स्थित 8 क्षेत्रीय कार्यालयों एवं प्रमुख शहरों में स्थित अपने 109 मण्डल कार्यालयों, 2,048 शाखा कार्यालयों और 1,004 मोबाइल कार्यालयों के द्वारा कार्य करती हैं।

बीमा घनत्व

- बीमा घनत्व (Insurance Density) से तात्पर्य जनसंख्या के प्रति बीमा प्रीमियम के अनुपात से है अर्थात् प्रतिव्यक्ति बीमा प्रीमियम। इसे **अमेरिकी डॉलर** में मापा जाता है।
- भारत में कुल बीमा घनत्व जो वर्ष 2022 में 91 अमेरिकी डॉलर था, वह वर्ष 2024 में (आर्थिक समीक्षा 2024-25) बढ़कर 95 अमेरिकी डॉलर हो गया है।

बीमा प्रवेशन

- बीमा प्रवेशन/पैठ (Insurance Penetration) को सकल घरेलू उत्पाद (जीडीपी) में बीमा प्रीमियम के प्रतिशत के रूप में मापा जाता है। वर्ष 2024 में भारत में बीमा प्रवेशन 3.7% प्रतिशत था।
- उल्लेखनीय है कि **बीमा घनत्व** और **बीमा प्रवेशन** दो ऐसे मापदण्ड हैं, जिनका उपयोग सामान्यत: किसी देश में बीमा क्षेत्र के विकास के स्तर का आकलन करने के लिए किया जाता है।

- वर्तमान में यह निगम फिजी, मॉरीशस और ब्रिटेन में शाखा कार्यालय तथा बहरीन, नेपाल, श्रीलंका, कीनिया और सऊदी अरब में संयुक्त उद्यम कम्पनियों के द्वारा भी कार्य कर रही है।
- बजट 2020-21 में सरकार द्वारा LIC के IPO (Initial Public Offering) के जारी करने के लिए एक योजना की घोषणा की गई। इसके अन्तर्गत स्टॉक एक्सचेन्ज के माध्यम से निजी, खुदरा एवं संस्थागत निवेशकों को IDBI बैंक ने सरकार की इक्विटी को बेचने का प्रस्ताव दिया। वर्तमान में इस बैंक का LIC द्वारा अधिग्रहण किया गया है।
- इस प्रकार मार्च, 2020 से LIC द्वारा IPO के माध्यम से 5% की भागीदारी के विनिवेश की प्रक्रिया शुरू कर दी गई है। इसके पश्चात् सरकार की LIC में 95% की भागीदारी हो जाएगी।
- इस IPO का एक अंश पॉलिसीधारकों एवं कर्मचारियों के लिए आरक्षित है। इसके साथ ही स्वचालित मार्ग से LIC में 20% की FDI की अनुमति भी दी गई।

जनरल इंश्योरेन्स कॉर्पोरेशन ऑफ इण्डिया

- नवम्बर, 1972 में भारत सरकार ने भारतीय साधारण बीमा निगम (General Insurance Company, GIC) के नाम से एक सरकारी कम्पनी की स्थापना की, जिसे बाद में चार साधारण बीमा कम्पनियों में विभाजित कर दिया गया।
- इसने 1 जनवरी, 1973 से कार्य करना प्रारम्भ किया। GIC को चार प्रमुख कम्पनियों में विभाजित किया गया है, जो निम्न हैं

कम्पनी/स्थापना	मुख्यालय
नेशनल इंश्योरेन्स कम्पनी लिमिटेड (1906)	कोलकाता
न्यू इण्डिया इंश्योरेन्स कम्पनी लिमिटेड (1919)	मुम्बई
यूनाइटेड इण्डिया इंश्योरेन्स कम्पनी लिमिटेड (1938)	चेन्नई
ओरिएण्टल इंश्योरेन्स कम्पनी लिमिटेड (1947)	नई दिल्ली

- साधारण बीमा निगम की ये कम्पनियाँ एक-दूसरे से स्पर्धा रखते हुए, सम्पूर्ण देश में अपना कार्य करती हैं। निगम ने 1 अप्रैल, 2003 से पुनर्बीमा का कार्य भी पूर्ण तरीके से शुरू कर दिया।
- नवम्बर, 2000 में GIC को एक पुनर्बीमाकर्ता के रूप में अधिसूचित कर दिया गया, जिसके पश्चात् GIC के अन्तर्गत संचालित चारों साधारण बीमा कम्पनियों का स्वामित्व भारत सरकार को हस्तान्तरित हो गया।
- वर्तमान समय में यह भारत की एकमात्र पुनर्बीमाकर्ता कम्पनी है, जिसका नाम बदलकर GIC-Re (यह भारतीय बाजार में प्रत्यक्ष सामान्य बीमा कम्पनियों को पुनर्बीमा प्रदान करती है। घरेलू पुनर्बीमा बाजार में एकमात्र पुनर्बीमाकर्ता के रूप में कार्यरत् है।) कर दिया गया है।
- GIC का लक्ष्य देश के अन्दर धारण क्षमता को इष्टतम बनाए रखना तथा पुनर्बीमा क्षमता का विकास करना है।

एग्रीकल्चर इंश्योरेन्स कम्पनी ऑफ इण्डिया लिमिटेड

- भारतीय कृषि बीमा कम्पनी लिमिटेड (Agriculture Insurance Company of India, AIC) को 20 दिसम्बर, 2002 को कम्पनी अधिनियम, 1956 के अन्तर्गत भारत में कृषि और सम्बद्ध गतिविधियों में लगे व्यक्तियों की बीमा आवश्यकताओं को पूर्ण करने के लिए विशेष रूप से निगमित किया गया था।
- AIC की स्थापना भारतीय कम्पनी अधिनियम, 1956 के अन्तर्गत ₹ 1500 करोड़ की प्राधिकृत शेयर पूँजी तथा ₹ 200 करोड़ की प्रदत्त पूँजी के साथ 20 दिसम्बर, 2002 को की गई। इसने 1 अप्रैल, 2003 से कार्य करना शुरू किया।
- यह सार्वजनिक क्षेत्र की बीमा कम्पनियों एवं विकास वित्त संस्थाओं का एक संयुक्त उपक्रम है। इसमें साधारण बीमा निगम की शेयरधारिता 35%, नाबार्ड की शेयरधारिता 30% तथा चारों सार्वजनिक क्षेत्र बीमा कम्पनियों से प्रत्येक की शेयरधारिता 8.75% है।

भारतीय निर्यात ऋण गारण्टी निगम लिमिटेड (ईसीजीसी)

- भारतीय निर्यात ऋण गारण्टी निगम लिमिटेड (ईसीजीसी) भारत सरकार का उद्यम है, जो भारतीय निर्यातकों एवं वाणिज्यिक बैंको को निर्यात ऋण बीमा प्रदान करता है।
- यह भारत सरकार के वाणिज्य मन्त्रालय के प्रशासकीय नियन्त्रण के अधीन कार्य करता है और इसका प्रबन्धन भारत सरकार, भारतीय रिजर्व बैंक, बैंकिंग, बीमा व निर्यात समुदाय के प्रतिनिधियों से मिलकर बने निदेशक मण्डल द्वारा किया जाता है।
- ईसीजीसी राष्ट्रीय निर्यातों को सुरक्षा प्रदान करने वाला विश्व का सातवाँ सबसे बड़ा ऋण बीमाकर्ता है।

ईसीजीसी के कार्य

- निर्यातकों को उनके माल व सेवाओं के निर्यात में हुई हानि पर ऋण जोखिम बीमा रक्षाओं की शृंखला प्रदान करना।
- निर्यातक, बैंकों को निर्यात ऋण बीमा रक्षा व वित्तीय संस्थानों से बेहतर सुविधाएँ प्राप्त कर सके इसलिए बैंकों व वित्तीय संस्थानों को गारण्टी प्रदान करता है।
- उन भारतीय कम्पनियों को विदेशी निवेश बीमा प्रदान करना, जो विदेशों में इक्विटी अथवा ऋण के रूप में संयुक्त उद्यमों में निवेश करती हैं।

राष्ट्रीय निर्यात बीमा खाता (एनईआईए ट्रस्ट)

- भारत सरकार ने वर्ष 2006 में ईसीजीसी की सेवाओं को सुविधाजनक बनाने हेतु राष्ट्रीय निर्यात बीमा खाता (ट्रस्ट) की स्थापना की, जिससे भारत से राजनीतिक और राष्ट्रीय महत्त्व की परियोजनाओं के निर्यात को बढ़ावा दिया जा सके।
- एनईआईए निम्नलिखित शर्तों को पूरा करने वाली परियोजनाओं को आवरित (Covered) करता है।
  - परियोजना जो वाणिज्यिक दृष्टि से व्यवहारपरक व वहनीय हो।
  - परियोजना जो आयातक देश के साथ आर्थिक व राजनीतिक सम्बन्धों के सन्दर्भ में भारत के लिए राजनीतिक दृष्टिकोण से महत्त्वपूर्ण हो। निर्यातक संविदा को कार्यरूप देने में सक्षम हो, जो कि उसके विगत कार्य प्रणाली से पुष्ट हो।

पुनर्बीमा

- एक बीमा कम्पनी द्वारा किसी अन्य बीमा कम्पनी को अपने जोखिम को स्थानान्तरित करने की प्रक्रिया को पुनर्बीमा कहते हैं। पुनर्बीमा बेचने वाली कम्पनी कोई भी साधारण बीमा कम्पनी हो सकती है या यह एक ऐसी कम्पनी भी हो सकती है, जो केवल इस प्रकार का बीमा ही बेचती है। पुनर्बीमा खरीदने का कम्पनी का एकमात्र उद्देश्य **अपना जोखिम कुछ सीमा** तक कम करना है।
- भारत में सरकार के द्वारा पुनर्बीमा के क्षेत्र में पहल करते हुए वर्ष 2000 में साधारण बीमा निगम को भारतीय पुनर्बीमा के रूप में परिवर्तित करते हुए GIC-Re की स्थापना की गई।
- इसी प्रकार नवम्बर, 2015 में भारतीय बीमा विनियामक एवं विकास प्राधिकरण (IRDAI) ने पुनर्बीमा से सम्बन्धित विनिमय जारी किया। इसके अन्तर्गत ही वर्ष 2016 में चार विदेशी पुनर्बीमा कम्पनियों को भारत में कार्य करने की मंजूरी दी गई। इनमें शामिल विश्व की बड़ी पुनर्बीमा कम्पनी क्रमश: **Munich Re, Swiss Re, Hannover** और **SCOR** थीं। इसमें वर्ष 2018 में कुछ अन्य कम्पनियाँ; जैसे—RGA Life Reinsurance, General Reinsu- rance AG, XL Insurance Company SE आदि को शामिल किया गया।

जमा बीमा

- जमा बीमा (Deposit Insurance) का शुभारम्भ जमाकर्ताओं की सुरक्षा, वित्तीय स्थिरता, बैंकिंग प्रणाली में भरोसा कायम रखने व जमा राशि जुटाने के उद्देश्य से किया गया था। इसके लिए जमा बीमा और ऋण गारण्टी निगम (Deposit Insurance and Credit Guarantee Corporation-DICGC) की स्थापना वर्ष 1978 में की गई।
- डीआईसीजीसी का गठन जमा बीमा निगम (1962) और ऋण गारन्टी निगम (1971) नामक दो संस्थानों के विलय करके किया गया।
- फरवरी, 2020 में सरकार ने बैंक जमाओं पर मिलने वाले बीमा की सीमा को एक लाख रुपये से बढ़ाकर ₹ 5 लाख कर दिया।
- यह बीमा सेवा देश में कार्यरत् सभी बैंकों; जैसे - सरकारी, निजी, विदेशी व सहकारी बैंकों (विदेशी सरकारों, केन्द्र व राज्य सरकारों, अन्तर - बैंक जमा को छोड़कर) की जमाओं पर प्रदान किया जाता है।

बीमा के अन्य तरीके

बीमा उत्पादों को पेश करने के कई अन्य तरीके भी हैं, ये तरीके निम्न हैं

बैंकाश्योरेन्स

- बैंकाश्योरेन्स (Bancassurance), शब्द एकसमान ग्राहक या ग्राहक आधार को बीमा उत्पादों के वितरण के लिए बैंकों और बीमा कम्पनियों के मध्य हुए सहयोग को दर्शाता है। इसे 'बैंक-बीमा मॉडल' के रूप में भी जाना जाता है।
- यह विश्व स्तर पर एक महत्त्वपूर्ण वितरण चैनल के रूप में उभरा है तथा परिचालन लागत और प्रभावशीलता के सन्दर्भ में अन्य चैनलों पर इसके द्वारा लाभों की पेशकश करने के कारण अपेक्षाकृत कम समय में इसे आगे बढ़ गया है। यह बैंकों के लिए सुलभ व्यापक उपभोक्ता नेटवर्क के कारण सम्भव हुआ है।

बैंक लॉकर का बीमा

- इस प्रकार के बीमा की पेशकश इफको टोकियो जनरल इंश्योरेन्स ने की है। यह ऑफर बैंक लॉकर प्रोटेक्टर पॉलिसी (Bank Locker Protector Policy) के रूप में की जा रही है।
- बैंक लॉकर का बीमा लेने के लिए आपको बीमा कम्पनी को उसमें रखी महँगी वस्तुओं की सूची बतानी होगी। यद्यपि उनके मूल्य को बताने की आवश्यकता नहीं होगी। मूल्य बताने की आवश्यकता तभी होगी, यदि बीमा की राशि ₹ 40 लाख से अधिक है। कम्पनी की यह बीमा पॉलिसी दुर्घटना, चोरी, आतंकी वारदात या बैंक कर्मचारी की किसी गलती से हुए नुकसान को कवर करती है।

यूनिट लिंक्ड इंश्योरेन्स प्लान

- यूलिप (Unit Linked Insurance Plan, ULIP) दीर्घकालीन निवेशकों का निवेश करने का एक लोकप्रिय विकल्प है। इसके अन्तर्गत 10 से 20 वर्षों के लिए निवेश किया जाता है। यह प्लान लचीला होने के साथ-साथ परिवर्तनशील भी है।
- यह प्लान जीवन बीमा के साथ-साथ अधिक रिटर्न भी प्रदान करता है। इसका सम्बन्ध शेयर बाजार से होता है, जिसमें ग्राहकों को उनकी जोखिम क्षमता के अनुसार इक्विटी की यूनिट में निवेश करने का अवसर मिलता है। इनमें पॉलिसीधारक को जोखिम उठाना पड़ता है।

बीमा क्षेत्र में सुधार

- भारत में आर्थिक सुधारों की प्रक्रिया के अन्तर्गत वर्ष 1993 में भारतीय रिजर्व बैंक के पूर्व गवर्नर आर. एन. मल्होत्रा की अध्यक्षता में एक बीमा सुधार समिति का गठन किया गया।
- इस समिति की सिफारिश के आधार पर ही 19 अप्रैल, 2000 को भारतीय बीमा, विनियामक और विकास प्राधिकरण (IRDAI) की स्थापना के साथ ही भारतीय तथा विदेशी क्षेत्र की बीमा कम्पनियों को बीमा क्षेत्र में प्रवेश की अनुमति दी गई।
- इन कम्पनियों के प्रवेश से भारतीय जीवन बीमा निगम तथा भारतीय साधारण बीमा निगम का एकाधिकार हो गया और बाजार में पूर्ण प्रतिस्पर्धा को बढ़ावा मिला। इससे कम प्रीमियम पर उच्च गुणवत्ता युक्त बीमा उत्पाद बीमाधारकों को मिलना प्रारम्भ हुआ।
- इसके साथ ही बीमा नियन्त्रक द्वारा बीमा सर्वेक्षकों को लाइसेन्स देने का अधिकार भी सरकार द्वारा वर्ष 2000 में लागू किया गया।
- इस प्रकार बीमा क्षेत्र में निजी कम्पनियों के प्रवेश का मार्ग प्रशस्त करते हुए केन्द्र सरकार बीमा, विनियामक एवं विकास प्राधिकरण (Regulatory and Development Authority of India, IRDAI) के गठन के पश्चात् अधिक सुधार हुआ है। वर्तमान में इसी का परिणाम है कि बीमा क्षेत्र में प्रत्यक्ष विदेशी निवेश की सीमा 74% हो गई है।
- भारतीय रिजर्व बैंक ने वाणिज्यिक बैंकों के बीमा क्षेत्र में प्रवेश हेतु 31 मार्च, 2000 को दिशा-निर्देश जारी किए, जो निम्न हैं
  - बैंक बीमा कारोबार में संयुक्त उपक्रम कम्पनियों के माध्यम से प्रवेश करेगा, जिसमें इसकी अधिकतम भागीदारी 50% होगी।
  - बैंक की चुकता पूँजी ₹ 500 करोड़ से कम नहीं होनी चाहिए।
  - बैंक का पूँजी पर्याप्तता अनुपात कम-से-कम 10% होना चाहिए।
  - बैंक की गैर-निष्पादनीय परिसम्पत्तियाँ (NPA) सन्तोषजनक स्तर पर होनी चाहिए।
  - विगत लगातार तीन वर्षों में बैंक ने शुद्ध लाभ अर्जित किया हो।

बीमा कानून (संशोधन) विधेयक, 2015

- मार्च, 2015 में बीमा कानून संशोधन विधेयक, 2015 संसद द्वारा (4 मार्च को लोकसभा तथा 12 मार्च को राज्यसभा) पारित किया गया।
- इस संशोधन का मुख्य उद्देश्य भारतीय स्वामित्व एवं नियन्त्रण की रक्षा के साथ-साथ भारतीय बीमा कम्पनी में विदेशी निवेश कैम्प की एक स्पष्ट रूप से समग्र सीमा को 26% से बढ़ाकर 49% करना है।

बीमा कानून के प्रमुख प्रावधान

- जीवन बीमा परिषद् एवं जनरल इंश्योरेन्स काउन्सिल की स्थापना, जो बीमा क्षेत्र के लिए आत्म-विनियमन निकायों के रूप में कार्य करेगी।

- पीएसयू (पब्लिक सेक्टर अण्डरटेकिंग, ये सरकार के स्वामित्व वाली कम्पनियाँ या संस्थाएँ हैं। इसमें भारत सरकार या राज्य सरकार के पास 51% की हिस्सेदारी होती है।) समान बीमा कम्पनियों को पूँजी बाजार से धन एकत्र करने की अनुमति।
- बीमा उत्पादों के बहुस्तरीय विपणन को रोकने हेतु जुर्माने की राशि में वृद्धि।
- बीमा नियामक (इरडा) के साथ पंजीकरण के बिना पॉलिसी बिक्री के लिए 10 वर्ष तक का कारावास।
- बीमा पॉलिसी को बेचने के 3 वर्ष की अवधि के पश्चात् किसी भी आधार पर इसे चुनौती देने से बीमा कम्पनी पर प्रतिबन्ध।
- पीएसयू सामान्य बीमा कम्पनियों को पूँजी बाजार से धन एकत्र करने की अनुमति प्रदान करना। पॉलिसीधारक के नामित को भुगतान करने की व्यवस्था को सरल बनाना।
- बीमाकर्ताओं को बीमा एजेण्टों की नियुक्ति का दायित्व सौंपना तथा इरडा को उनकी अर्हता, योग्यता एवं अन्य पक्षों को निश्चित करने की अनुमति प्रदान करना।
- इरडा को सर्वेक्षकों तथा क्षति आकलनकर्ताओं के कार्यों, आचरण आदि को नियमित करने की भी शक्ति प्रदान करना।
- स्वास्थ्य बीमा व्यवसाय के अन्तर्गत यात्रा व व्यक्तिगत दुर्घटना कवर को शामिल करना, किन्तु अगम्भीर परिचालकों को हतोत्साहित करना।
- भारत में पुनर्बीमा व्यवसाय को बढ़ावा देना तथा विदेशी पुनर्बीमा कम्पनियों को भारत में शाखा खोलने की अनुमति प्रदान करना।

बीमा कानून (संशोधन) अधिनियम, 2021

बीमा कानून (संशोधन) अधिनियम, 2021 के माध्यम से बीमा क्षेत्र में प्रत्यक्ष विदेशी निवेश की सीमा 49% से बढ़ाकर 74% कर दी गई है।

बीमा लोकपाल

- बीमा पॉलिसीधारकों के हितों की सुरक्षा हेतु एक मध्यस्थ अथवा निगरानी तन्त्र की आवश्यकता को देखते हुए, व्यक्तिगत पॉलिसीधारकों की शिकायतों, न्यायिक प्रणाली के बाहर लागत कुशल कार्यश्रम तथा निष्पक्ष तरीके से निपटने हेतु भारत सरकार द्वारा बीमा लोकपाल (Insurance Ombudsman) को लागू किया गया है।
- वर्तमान में देश के विभिन्न भागों में 17 बीमा लोकपाल कार्यरत् हैं। शिकायतकर्ता को कार्यालय से सम्बन्धित अधिकार क्षेत्र वाले लोकपाल को शिकायत करनी होती है।
- बीमा लोकपाल के समक्ष शिकायत करने की परिस्थितियाँ
  - बीमाधारक द्वारा बीमा कम्पनी को शिकायत करना तथा समाधान नहीं होना।
  - समाधान बीमाधारक की इच्छा व सन्तुष्टि के अनुरूपन होना।
  - 30 दिन तक की गई शिकायत पर प्रतिक्रिया न होना।
  - शिकायत पॉलिसी से सम्बद्ध होना।
  - व्यय सहित दावे का मूल्य ₹ 30 लाख से अधिक न होना

बीमा से सम्बन्धित योजनाएँ

प्रधानमन्त्री सुरक्षा बीमा योजना (PMBSY)

प्रारम्भ मई, 2015

विशेषताएँ

- दुर्घटना के कारण मृत्यु की स्थिति में ₹ 2 लाख बीमा कवर
- अस्थायी अपंगता की स्थिति में ₹ 1 लाख की वित्तीय सुरक्षा
- 18 से 70 वर्ष की आयु के व्यक्ति पात्र हैं
- वार्षिक प्रीमियम ₹12 प्रतिवर्ष

राष्ट्रीय स्वास्थ्य बीमा योजना (RSBY)

प्रारम्भ - 1 अप्रैल, 2008 (श्रम एवं रोजगार मन्त्रालय) 1 अप्रैल, 2015 से स्वास्थ्य एवं परिवार कल्याण मन्त्रालय द्वारा क्रियान्वयन

विशेषताएँ

- बी. पी. एल. परिवारों को प्रति परिवार अस्पताल में भर्ती के दौरान उपचार हेतु ₹ 30000 की राशि प्रतिवर्ष स्मार्टकार्ड के माध्यम से प्रदान की जाती है।
- नामांकन हेतु ₹ 30 प्रति परिवार द्वारा भुगतान
- कुल प्रीमियम का 75% केन्द्र सरकार 25% राज्य सरकार द्वारा भुगतान

प्रधानमन्त्री जीवन ज्योति बीमा योजना (PMJJBY)

प्रारम्भ मई, 2015

विशेषताएँ

- प्रत्येक बैंक खाताधारकों को ₹ 2 लाख तक का जीवन बीमा
- 18-50 वर्ष के आयु वर्ग के लोग पात्र
- वार्षिक प्रीमियम की राशि ₹ 330

आम आदमी बीमा योजना (AABY)

प्रारम्भ-2 अक्टूबर, 2007

विशेषताएँ

- प्राकृतिक मृत्यु होने पर ₹ 30000 दुर्घटना से मृत्यु होने पर ₹ 75000 पूर्ण स्थायी अशक्तता पर ₹ 75000 आंशिकपूर्ण अशक्तता पर ₹ 37500 का बीमा कवर
- केन्द्र तथा राज्य/संघ राज्य क्षेत्रों की सरकारों द्वारा बराबर अनुपात में ₹ 200 का अंशदान
- 18-54 वर्ष की आयु के ग्रामीण भूमिहीन परिवारों के मुखिया अथवा कमाने वाले कोई भी सदस्य पात्र

आनन्दा (आत्मनिर्भर एजेण्ट्स न्यू बिजनेस डिजिटल ऐप)

प्रारम्भ नवम्बर, 2020 (एल आई सी द्वारा)

विशेषताएँ

इसके द्वारा कागजरहित जीवन बीमा पॉलिसी खरीदना सम्भव हो सकेगा

राष्ट्रीय स्वास्थ्य प्रतिरक्षा योजना (NHPS)

प्रारम्भ सितम्बर, 2018 (आयुष्मान भारत के अन्तर्गत)

विशेषताएँ

देश के आर्थिक रूप से कमजोर 10 करोड़ परिवारों (लगभग 50 करोड़ जनसंख्या) को प्रतिवर्ष ₹ 5 लाख का स्वास्थ्य बीमा

मिशन 2047 तक सभी के लिए बीमा

प्रारम्भ नवम्बर, 2022 (आई आर डी ए आई द्वारा)

विशेषताएँ

देश में प्रत्येक नागरिक और उद्यम के पास उचित बीमा कवर सुनिश्चित करना

बीमा सुगम, बीमा वाहक, बीमा विस्तार पहल

उद्देश्य बीमा पैठ बढ़ाना

बीमा सुगम

एक ऑनलाइन पोर्टल, जो बीमा खरीदने, पोर्टेबिलिटी सुविधाओं, बीमा एजेण्टों को बदलनें की क्षमता, सौर बीमाकृतिओं के साथ प्रत्यक्ष रूप से जीवन, मोटर और स्वास्थ्य दावों के निपटान की सुविधा प्रदान करना है।

बीमा वाहक

यह एक महिला केन्द्रित बीमा वितरण चैनल है

बीमा विस्तार

यह एक सामाजिक सुरक्षा जाल है, जो बीमा सुगम मंच के माध्यम से सभी के लिए सुलभ है।

"

व्यय और कर परिवर्तन के माध्यम से अर्थव्यवस्था के परिचालन में लोकवित्त तथा राजकोषीय नीति अपनी भूमिका निभाती है। राजस्व संग्रहण तथा व्यय के समुचित नियम की व्यवस्था राजकोषीय नीति में अपनाई जाती है। इन वित्तीय प्रवृत्तियों का अनुमोदन 'बजट प्रावधान' द्वारा किया जाता है।

अध्याय दस

लोकवित्त, राजकोषीय नीति एवं बजट

लोकवित्त

- लोकवित्त (Public Finance) का सम्बन्ध राजकोषीय नीतियों से है, जो देश की आर्थिक नीतियों तथा अर्थव्यवस्था को प्रभावित करती हैं। सभी सरकारों का लक्ष्य एक न्यायोचित वित्त व्यवस्था द्वारा सामाजिक न्याय स्थापित करना होता है।
- इस प्रकार सरकार की समस्त आर्थिक गतिविधियों का समावेश बजट के अन्तर्गत होता है। बजट किसी देश की आर्थिक वृद्धि दर का प्रमुख संकेतक एवं आर्थिक व्यवस्था का प्रमुख मापक होता है।
- राज्य अपने दायित्वों को सार्वजनिक सत्ताओं (केन्द्र सरकार, राज्य सरकार, स्थानीय शासन संस्थाओं आदि) के माध्यम से वित्तीय साधनों (धन) के द्वारा सम्पन्न करता है। इन्हीं संस्थाओं के वित्त से सम्बन्धित सिद्धान्तों, समस्याओं एवं नीतियों के विधिवत अध्ययन को ही लोकवित्त (Public Finance) कहा जाता है।
- लोकवित्त मात्र सरकारी आय-व्यय की अवधारणाओं से सम्बन्धित नहीं है, बल्कि इसके आयाम कहीं अधिक विस्तृत हैं। इसके अन्तर्गत सार्वजनिक ऋण, वित्तीय प्रशासन तथा राजकोषीय नीति आदि भी शामिल होते हैं।
- डॉल्टन के अनुसार, "सार्वजनिक वित्त उन विषयों में से एक है, जो अर्थशास्त्र और राजनीति के बीच की सीमा रेखा है। यह सार्वजनिक प्राधिकरणों की आय और व्यय तथा एक के साथ दूसरे के समायोजन से सम्बन्धित है।"
- आर्थर स्मिथीज के अनुसार, "यह ऐसी नीति है जिसके अन्तर्गत सरकार अपने व्यय तथा राजस्व कार्यक्रमों को राष्ट्रीय आय, उत्पादन तथा रोजगार पर अपेक्षित प्रभाव उत्पन्न करने और अनपेक्षित प्रभाव रोकने के लिए प्रयोग करती है।"

लोकवित्त और निजी वित्त में अन्तर

अन्तर का बिन्दु / आधार	लोकवित्त	निजी वित्त
उद्देश्य	समाज को अधिकतम सामाजिक लाभ प्रदान करना	निजी हितों की पूर्ति करना
व्यय का निर्धारण	सरकार सर्वप्रथम अपने व्यय की मात्रा और विभिन्न तरीकों का निर्धारण करती है।	व्यक्ति अपनी आय पर विचार करता है और फिर व्यय की मात्रा निर्धारित करता है।
साख की स्थिति	बाजार में साख का उच्च अंश (High Degree) होता है।	निजी व्यक्ति का साख सीमित होता है।
मुद्रा/नोट छापने का अधिकार	सरकार भारतीय रिजर्व बैंक के माध्यम से नोट छाप सकती है।	निजी व्यक्ति को ऐसा अधिकार प्राप्त नहीं है।
वित्त की लोच (Elasticity)	सार्वजनिक वित्त अधिक लोचदार (Elastic) होता है।	निजी वित्त में परिवर्तन की अधिक सम्भावना नहीं होती है।
अर्थव्यवस्था पर प्रभाव	देश की अर्थव्यवस्था पर व्यापक प्रभाव पड़ता है।	राष्ट्रीय अर्थव्यवस्था पर सीमान्त (Marginal) प्रभाव पड़ता है।

राजकोषीय वर्ष में परिवर्तन

- राजकोषीय वर्ष के परिवर्तन के सन्दर्भ में सरकार द्वारा जुलाई, 2016 में पूर्व मुख्य आर्थिक सलाहकार **शंकर आचार्य** की अध्यक्षता में एक उच्च स्तरीय समिति का गठन किया गया।
- इस समिति ने अपने सुझाव दिसम्बर, 2016 में सरकार को सौंप दिए, किन्तु उसे अभी तक सार्वजनिक नहीं किया गया है।

लोकवित्त का विभाजन

सार्वजनिक आय

सरकार को किसी **1 वर्ष** में विविध स्रोतों से प्राप्त होने वाली आय।

राजस्व प्राप्तियाँ

- ऐसी सार्वजनिक प्राप्तियाँ, जिनसे न तो सरकार की देयता में वृद्धि होती है और न ही सरकार की परिसम्पत्तियों में कमी आती है।
- इनका उच्च स्तर (कर प्राप्तियाँ) अर्थव्यवस्था की बेहतर वित्तीय स्थिति को बताता है।

- कर आय
  - प्रत्यक्ष कर
  - अप्रत्यक्ष कर
- गैर-कर आय
  - प्रशासनिक राजस्व
  - व्यापारिक राजस्व

पूँजीगत प्राप्तियाँ

- ये सरकार की या तो देयता में वृद्धि करती हैं या उसकी परिसम्पत्तियों में कमी होती है।
- इनका उच्च स्तर (उधार तथा विनिवेश) अर्थव्यवस्था की कमजोर वित्तीय स्थिति को दर्शाता है।
- इसके अन्तर्गत सरकार द्वारा लिया जाने वाला ऋण, ऋणों की वसूली, भविष्य निधि आदि से प्राप्तियाँ शामिल होती हैं।

सार्वजनिक व्यय

सरकारी प्राधिकारियों द्वारा किया जाने वाला व्यय।

विकासात्मक व्यय

- वे व्यय, जो प्रकृति में उत्पादनकारी होते हैं तथा रेलवे, सड़क, बाँध, अनुसन्धान व विकास पर व्यय किए जाते हैं।
- सुखमय चक्रवर्ती समिति की सिफारिश से इसे योजनागत व गैर-योजनागत व्यय कहा जाने लगा।

गैर-विकासात्मक व्यय

- वे व्यय जो प्रकृति में उपभोगात्मक होते हैं तथा इनसे कोई उत्पादन नहीं होता; यथा - ब्याज भुगतान, वेतन, पेंशन, रक्षा, प्रशासन लागत, युद्ध पर व्यय आदि।

योजनागत व्यय

- नियोजन के अन्तर्गत सरकार द्वारा पंचवर्षीय योजनाओं की प्राथमिकताओं के आधार पर होने वाला व्यय, इन व्ययों के द्वारा परिसम्पत्तियों का निर्माण होता था।

गैर-योजनागत व्यय

- ये व्यय उपभोग प्रकृति/गैर-विकासशील होते हैं।
- सी. रंगराजन की अध्यक्षता में गठित समिति ने वर्ष 2011 में योजनागत और गैर-योजनागत व्यय को पूँजी और राजस्व व्यय में पुनर्परिभाषित करने की सिफारिश की थी।
- वर्ष 2017-18 से योजनागत व्यय एवं गैर-योजनागत व्यय के विभाजन को समाप्त कर दिया गया और इसे राजस्व और पूँजी के वर्गीकरण में हस्तान्तरित कर दिया गया।

पूँजीगत व्यय

सरकारी व्यय, जिससे या तो परिसम्पत्तियों का निर्माण होता है (यथा-विद्यालय, चिकित्सालय, सड़कों आदि का निर्माण) अथवा देयताओं को कम करता है यथा-ऋणों का भुगतान,

- सरकार द्वारा दिया जाने वाला ऋण, देश के भीतर अथवा बाहर आदि।
- यह व्यय सकल घरेलू उत्पाद की संवृद्धि से सम्बन्धित होता है।
- उच्च पूँजी व्यय अर्थव्यवस्था में निजी निवेश के अभाव को दिखाता है।

राजस्व व्यय

- सरकारी व्यय, जिससे न तो किसी परिसम्पत्ति का निर्माण होता है और न ही किसी देयता में कमी आती है। इसका सम्बन्ध चालू खाते से होता है (यथा-ब्याज भुगतान, वेतन, पेंशन, सरकारी सब्सिडी, सरकारी सम्पत्ति के रख-रखाव पर व्यय)।
- लोगों के कल्याण से सम्बन्धित
- उच्च राजस्व व्यय लोगों की निर्धनता को दिखाता है।

सार्वजनिक ऋण

सरकार को विभिन्न कार्यों के निष्पादन के लिए बड़ी मात्रा में साधनों की आवश्यकता पड़ती है। इसकी पूर्ति के लिए सरकार ऋण का सहारा लेती है।

आन्तरिक ऋण

देश के भीतर नागरिकों, बैंकों, केन्द्रीय बैंक, वित्तीय संस्थानों, व्यापारिक घरानों आदि से।

बाह्य ऋण

विदेशी सरकारों, विदेशी बैंकों या संस्थानों यथा अन्तर्राष्ट्रीय मुद्रा कोष, विश्व बैंक आदि से।

वित्तीय प्रशासन

सरकार की राजस्व, व्यय और ऋण नीति के सुचारू और कुशल कार्यान्वयन को वित्तीय प्रशासन कहा जाता है। इसमें देश के समग्र विकास के साथ - साथ सरकारी बजट की तैयारी और कार्यान्वयन शामिल है।

राजकोषीय नीति

- राजकोषीय नीति का प्रारम्भ वर्ष 1936 से माना जाता है।
- जब कीन्स ने सार्वजनिक व्यय की भूमिका पर बल दिया था।

विशुद्ध तीन अस्त्र

- करारोपण
- सार्वजनिक व्यय
- सार्वजनिक ऋण

उद्देश्य

- सरकार इस नीति के माध्यम से निजी क्षेत्रों के लिए संसाधनों की उपलब्धता, उसका आवण्टन तथा सार्वजनिक क्षेत्र की भूमिका आदि को प्रभावित करती है।
- राजकोषीय नीति के द्वारा सरकार अर्थव्यवस्था में रोजगार, राष्ट्रीय उत्पादन, आन्तरिक तथा बाह्य आर्थिक स्थिरता इत्यादि उद्देश्यों को प्राप्त करती है।
- इसके अन्तर्गत मुद्रास्फीति की स्थिति में कम घाटे का बजट बनाने, हीनार्थ प्रबन्धन को अपनाने, आवश्यक वस्तुओं पर से कर को कम करने या समाप्त करने, सब्सिडी को बढ़ाने जैसे आदि महत्त्वपूर्ण कार्यों को अपनाया जाता है।

क्षतिपूरक राजकोषीय नीति

इसका लक्ष्य, सार्वजनिक व्ययों तथा करों को समन्वित करके स्फीति तथा अवस्फीति के प्रति चिरकालिक प्रवृत्तियों के विरुद्ध अर्थव्यवस्था की क्षतिपूर्ति करना है।

- आभ्यन्तरिक स्थिरीकारक
- स्वनिर्णयात्मक कार्य

राजकोषीय तटस्थता

- सरकार का ऐसा बजट जो न तो माँग को प्रोत्साहित करता है और न ही हतोत्साहित।
- इसके अन्तर्गत सरकार के करों एवं व्ययों का प्रभाव अर्थव्यवस्था की प्रभावी माँग के प्रति उदासीन होता है।
- इसके लिए सन्तुलित बजट प्रस्तुत किया जाता है।

आभ्यन्तरिक स्थिरीकारक (Foot notes Built-instablisers)

इससे आशय सरकार की ओर से बिना किसी योजना के अर्थव्यवस्था के भीतर चक्रीय उतार-चढ़ावों की प्रतिक्रिया में व्ययों तथा करों का स्वयं समायोजन होना है। इसे स्वचालित स्थिरीकरण की तकनीक भी कहा जाता है।

लोकवित्त सम्बन्धी प्रमुख शब्दावलियाँ

लोकवित्त सम्बन्धी प्रमुख शब्दावलियाँ निम्नलिखित हैं

- अन्तरण भुगतान (Transfer Payment) यह एक ऐसा सरकारी व्यय होता है, जिसके लिए सरकार को किसी प्रकार की सेवा या वस्तु प्राप्त नहीं होती है; जैसे बेरोजगारों को दिया जाने वाला बेरोजगारी भत्ता, सामाजिक क्षेत्र पर व्यय इत्यादि।
- राजकोषीय प्रोत्साहन (Fiscal stimulus) ये दो प्रकार के हो सकते हैं- पहला लाइन से ऊपर (Above the line) और दूसरा लाइन से नीचे (Below the line)।
    - लाइन-से-ऊपर इस तरह के प्रोत्साहन के उपायों में, स्वास्थ्य, बेरोजगारी लाभ पर व्यय, पूँजीगत अनुदान, कर सम्बन्धी रियायतें इत्यादि शामिल होते हैं। इसके कारण सरकार की छोटी अवधि के ऋणों में वृद्धि होती है।
    - इस प्रोत्साहन का प्रभाव उसी वर्ष के राजकोषीय घाटे पर पड़ता है।
    - लाइन-से-नीचे इस तरह के प्रोत्साहन के उपायों में आस्तियों का सृजन, ऋण आवण्टन, इक्विटी निषेचन (infusion) आदि शामिल होते हैं।
    - ऐसे प्रोत्साहनों का प्रभाव उस वर्ष से राजकोषीय घाटे पर पड़ने के अतिरिक्त आने वाले वर्षों मे भी सरकारी ऋणों में वृद्धि के रूप में अथवा तरलता की कमी के रूप में पड़ता है।
- राजकोषीय कर्षण/खिंचाव/बाधा (Fiscal Drag) उस स्थिति को सन्दर्भित करता है, जब सरकार की राजकोषीय नीति अर्थव्यवस्था में विकास को धीमा कर देती है।
    - यह सामान्यत: उस समय होता है, जब सरकार करों की दर में वृद्धि कर देती है। करदाताओं के अधिक कर चुकाने से सरकार के राजस्व में वृद्धि होती है, किन्तु करदाताओं पर प्रतिकूल प्रभाव पड़ता है, क्योंकि इससे करदाताओं की प्रयोज्य आय (आयकर देने के पश्चात् बची हुई आय) में कमी आती है और वह अपने खर्चों में कटौती करता है, जिसके परिणामस्वरूप प्रभावी माँग में कमी आती है।)
- अभ्यार्पित/निर्दिष्ट राजस्व (Assigned Revenue) इस शब्द का प्रयोग विभिन्न करों /शुल्कों /उपकरों /अधिशुल्कों आदि की प्राप्तियों के लिए किया जाता है।
    - भू-राजस्व पर स्थानीय उपकर, मनोरंजन कर, खातों एवं खनिजों की पट्टे की राशि, सामाजिक वानिकी से प्राप्तियाँ इत्यादि भारत में अभ्यर्पित राजस्व के कुछ प्रमुख उदाहरण हैं।
    - उल्लेखनीय है कि सरकार परम्परागत रूप से स्थानीय निकायों की ओर से वसूल करती है तथा बाद में पंचायती राज संस्थाओं को अभ्यर्पित अथवा उनके लिए समायोजित कर दिया जाता है। इस तरह के राजस्व का संग्रह स्थानीय निकायों हेतु प्रासंगिक कानूनों से शासित होता है।
- ऋण बनाम घाटा (Debt vs Deficit) सामान्यत: ऋण और घाटे को एक ही मान लिया जाता है, किन्तु इनमें अन्तर होता है; जैसे-ऋण एक प्रावधान है, जो सरकार की माँग के अनुरूप निरन्तर प्रवाहित होता रहता है, दूसरी ओर घाटा, सरकार द्वारा लिया गया वास्तविक ऋण होता है।
    - एक ओर सरकारी ऋण देनदारियों का भण्डार/स्टॉक होता है, तो दूसरी ओर घाटा नए ऋण का प्रवाह/फ्लो होता है।

वित्तीय घाटा

- जब सरकार का व्यय उसकी आय प्राप्ति से अधिक हो जाता है, तो सरकार इस घाटे को पूर्ण करने के लिए जिस व्यवस्था का सहारा लेती है, उसे घाटे की वित्त व्यवस्था कहते हैं।
- भारतीय दृष्टिकोण में घाटे की वित्त व्यवस्था में निम्नांकित तीन उपाय सम्मिलित किए जाते हैं
    - केन्द्रीय बैंक से उधार लेकर अर्थात् नई मुद्रा का सृजन करवाकर।
    - संचित नकद बकाया को खातों से निकालकर।
    - सरकार द्वारा नई मुद्रा एवं सिक्के जारी करके।

वित्तीय घाटे के प्रकार

वित्तीय घाटों को निम्नलिखित आधारों पर वर्गीकृत किया जा सकता है

बजटीय घाटा

- सरकार के बजट में कुल प्राप्तियों की तुलना में यदि कुल व्यय अधिक हो, तो उसे बजटीय घाटा (Budgetary Deficit) कहा जाता है। इसमें कुल सार्वजनिक व्यय में राजस्व व्यय तथा पूँजीगत व्यय शामिल होते हैं, वहीं कुल सार्वजनिक प्राप्तियों में राजस्व प्राप्तियाँ तथा पूँजीगत प्राप्तियाँ शामिल होती हैं, इसे निम्न रूप से व्यक्त किया जा सकता है

  बजटीय घाटा = कुल प्राप्तियाँ – कुल व्यय

  = राजस्व प्राप्तियाँ + पूँजीगत प्राप्तियाँ – आयोजना भिन्न व्यय + आयोजना व्यय

  = (कर राजस्व + कर भिन्न राजस्व) + (ऋणों की वसूली + अन्य प्राप्तियाँ + उधार और अन्य देयताएँ) – (राजस्व खाते पर आयोजना भिन्न व्यय + पूँजी खाते पर आयोजना भिन्न व्यय) + राजस्व खाते पर आयोजना व्यय + पूँजी खाते पर आयोजना व्यय
- उल्लेखनीय है कि वित्तीय वर्ष 1997-98 से बजटीय घाटे के प्रकटीकरण को समाप्त कर दिया गया।

राजस्व घाटा

- किसी वित्तीय वर्ष के अन्तर्गत कुल राजस्व प्राप्ति की तुलना में कुल राजस्व व्यय जितना अधिक होता है, उसे राजस्व घाटा (Revenue Deficit) कहा जाता है।
- इसका सम्बन्ध सरकार के राजस्व व्यय एवं राजस्व प्राप्तियों से होता है। इसमें पूँजीगत प्राप्तियों तथा पूँजीगत व्ययों को शामिल नहीं किया जाता है।
- राजस्व घाटे में ऐसे लेन-देन शामिल होते हैं, जिनसे सरकार की आय एवं व्यय प्रभावित होते हैं। अत: राजस्व व्यय में से राजस्व प्राप्तियों को घटाने पर राजस्व घाटा प्राप्त होता है। इसे इस प्रकार लिखा जा सकता है

  राजस्व घाटा = राजस्व व्यय – राजस्व प्राप्तियाँ

  राजस्व घाटा = [(कर राजस्व + कर भिन्न राजस्व) – (राजस्व खाते पर आयोजना भिन्न व्यय + राजस्व खाते पर आयोजना व्यय)]

प्रभावी राजस्व घाटा

- इस अवधारणा का पहली बार प्रयोग बजट 2011-12 में किया गया तथा 2012-13 बजट से इसे FRBM की व्यवस्थाओं में सम्मिलित कर लिया गया। यदि राजस्व घाटे से उन अनुदानों या व्ययों को निकाल दिया जाए, जो प्रभाव में पूँजी सृजन से सम्बन्धित हैं या पूँजीगत व्यय हैं, तो प्रभावी राजस्व घाटा (Effective Revenue Deficit) प्राप्त होगा।
- इसका प्रयोग राजस्व खाते में संरचनात्मक असन्तुलनों को व्यक्त करने के लिए किया जाता है। प्रभावी राजस्व की प्राप्ति केन्द्र सरकार के राजस्व घाटे में से उसके पूँजीगत परिसम्पत्तियों से सम्बन्धित अनुदानों को घटाने से होती है।

प्रभावी राजस्व घाटा = राजस्व घाटा - पूँजी सम्पत्ति के सृजन सम्बन्धी अनुदान

राजकोषीय घाटा

- जब बजटीय घाटे में उधार और अन्य देयताओं को जोड़ दिया जाता है, तब राजकोषीय घाटा (Fiscal Deficit) प्राप्त होता है।

राजकोषीय घाटा = बजटीय घाटा + उधार और अन्य देयताएँ

- बजटीय घाटे की तुलना में राजकोषीय घाटा अर्थव्यवस्था की वास्तविक स्थिति को और अधिक स्पष्ट रूप से व्यक्त करता है। बजटीय घाटे में सार्वजनिक ऋण को भी एक आय मान लिया जाता है, जबकि राजकोषीय घाटे में ऋण को आय नहीं माना जाता है।

राजकोषीय घाटा = [(राजस्व प्राप्तियाँ + ऋणों की वसूली + अन्य प्राप्तियाँ) - (कुल व्यय)]

- राजकोषीय घाटे की अवधारणा को वर्ष 1985 में मौद्रिक पद्धति के क्रियान्वयन पर गठित सुखमय चक्रवर्ती समिति ने प्रस्तुत किया था। इसमें सरकार के सभी व्ययों (राजस्व + पूँजीगत व्यय) तथा सभी प्राप्तियों (राजस्व + पूँजीगत प्राप्तियों) को शामिल किया जाता है। इसमें कुल व्ययों की कुल प्राप्तियों पर अधिकता पाई जाती है।
- इस प्रकार राजस्व प्राप्तियों तथा गैर-ऋण पूँजीगत प्राप्तियों के योग पर प्राप्त कुल सार्वजनिक व्यय की अधिकता राजकोषीय घाटा कहलाती है। यह सरकार की सम्पूर्ण देयता को दर्शाता है।
- यह दर्शाता है कि सरकार द्वारा किया गया खर्च उसके पास उपलब्ध संसाधनों से अधिक है। यह उस वर्ष के बजट के कारण सरकार की कुल देनदारी में हुई वृद्धि को भी दर्शाता है। इस घाटे को मात्रात्मक रूप से अथवा सकल घरेलू उत्पाद के प्रतिशत के रूप में देखा जा सकता है। राजकोषीय घाटा को निम्न प्रकार से लिखा जा सकता है

राजकोषीय घाटा = कुल सार्वजनिक व्यय - कुल सार्वजनिक आय (उधार व देयता को छोड़कर)
= (कुल व्यय - कुल प्राप्तियाँ) + सरकारी दायित्व
= राजस्व घाटा + (पूँजीगत व्यय - देयताएँ या सृजन करने वाली प्राप्तियाँ)

राजकोषीय घाटे के प्रकार

राजकोषीय घाटा दो प्रकार का होता है

- सकल राजकोषीय घाटा किसी वित्तीय वर्ष के अन्तर्गत सरकार की कुल आय और कुल व्यय का अन्तर ही सकल राजकोषीय घाटा (Gross Fiscal Deficit) कहलाता है।

  सकल राजकोषीय घाटा = राजस्व घाटा + पूँजीगत व्यय

  सकल राजकोषीय घाटा = कुल व्यय - (पूँजीगत प्राप्तियाँ + गैर-ऋण बनाने वाली पूँजी प्राप्ति

  इसमें राजस्व प्राप्तियों और गैर-ऋण-पूँजीगत प्राप्तियों पर कुल व्यय की अधिकता पाई जाती है।
- निवल राजकोषीय घाटा जब सकल राजकोषीय घाटे की कुल आय एवं कुल व्यय के अन्तर को ऋण अदायगी के साथ समायोजित किया जाता है, तो उसे निवल राजकोषीय घाटा कहते हैं।
- निवल राजकोषीय घाटा = सकल राजकोषीय घाटा - ऋण की अदायगी। यह सकल राजकोषीय घाटे में से सरकार के द्वारा लिए गए निवल ऋण घटाने पर प्राप्त होता है। राजकोषीय घाटा तथा चालू खाता घाटा को जुड़वा घाटा (Twin Deficit) कहा जाता है, क्योंकि ये दोनों अर्थव्यवस्था पर प्रतिकूल प्रभाव डालते हैं।

राजकोषीय घाटे का वर्गीकरण

राजकोषीय घाटे को निम्नलिखित आधारों पर वर्गीकृत किया गया है

- सरकारी बजट का सन्तुलन मूलतः संरचनागत (स्थायी) एवं चक्रीय (अस्थायी) दोनों प्रकार के कारकों से प्रभावित होता है, जिसका अर्थ है कि राजकोषीय घाटे में परिवर्तन या तो उत्पादन में होने वाले चक्रीय परिवर्तनों के कारण अथवा संरचनागत कारकों की प्रतिक्रिया स्वरूप होता है।
- संरचनागत घाटा (Structural Deficit) यह घाटा तब होता है, जब किसी देश का ऐसे समय में घाटा होता है, जब उस देश की अर्थव्यवस्था अपने सम्पूर्ण रोजगार स्तर पर कार्य कर रही हो।
- संरचनागत घाटे का अर्थ है कि घाटा अवश्य होगा, चाहे अर्थव्यवस्था-मन्दी या उत्कर्ष में कितना ही अच्छा निष्पादन क्यों न कर रही हो।
- जब अर्थव्यवस्था मजबूती से कार्य कर रही हो, तो अधिक नौकरियाँ, अधिक व्यय इत्यादि के कारण राजस्व सृजन अधिक होगा, लेकिन संरचनागत घाटे के चलते, अर्थव्यवस्था की अच्छी और मजबूत स्थिति अप्रासंगिक हो जाती है। संरचनागत घाटे को तीन भागों में बाँटा जा सकता है
  - राजकोषीय भार।
  - विवेकाधीन राजकोषीय नीति सम्बन्धी कार्यवाही।
  - आधार वर्ष सम्बन्धी सन्तुलन ताकि संरचनात्मक घाटे के निर्धारकों के बारे में अधिक अन्तर्दृष्टि प्राप्त की जा सके।
- इन तीन घटकों में से पहले दो राजकोषीय दशा को समझने की दृष्टि से महत्त्वपूर्ण हैं।
- चक्रीय घाटा (Cyclic Deficit) यह घाटा तब उत्पन्न होता है, जब कोई अर्थव्यवस्था अपनी पूर्ण क्षमता के अनुसार कार्य न कर रही हो। उदाहरणस्वरूप यदि कोई अर्थव्यवस्था मन्दी के दौर से गुजर रही हो।

- आन्तरिक बाजार उधारी, विदेशी ऋण, अल्पबचत योजना, विशिष्ट जमा, प्रोवीडेण्ट फण्ड आदि राजकोषीय घाटे को पूर्ण करने के स्रोत हैं
- राजकोषीय घाटे को समग्र प्राप्तियों (सार्वजनिक ऋण तथा अन्य दायित्वों) के आधार पर व्यक्त किया जाता है, जिससे इसको बजटीय घाटे के साथ सम्बन्धित किया जा सके।

प्राथमिक घाटा

- जब राजकोषीय घाटे में से ब्याज देयताओं को घटाया जाता है, तो प्राथमिक घाटा (Primary Deficit) प्राप्त होता है। प्राथमिक घाटा किसी भी वित्तीय वर्ष के दौरान सरकार की वास्तविक राष्ट्रीय वृद्धि का संकेतक है।
- इस धारणा का उपयोग वर्ष 1997-98 के बजट से प्रारम्भ किया गया था।
- इसका सम्बन्ध सरकार के सभी व्ययों तथा प्राप्तियों से होता है अर्थात् चालू वर्ष के राजकोषीय घाटे तथा पहले से ली गई उधारियों पर ब्याज भुगतान का अन्तर प्राथमिक घाटा होता है।
- इसमें इसका ध्यान नहीं रखा जाता है कि राजस्व घाटे का कितना भाग चालू बजेटरी व्यवहारों के कारण तथा कितना भाग पिछले वित्तीय वर्षों में किए गए बजेटरी व्यवहारों के कारण उत्पन्न हुआ है। इसे निम्न प्रकार से लिखा जा सकता है

  प्राथमिक घाटा = राजकोषीय घाटा – ब्याज की अदायगियाँ
  =[कर राजस्व + कर भिन्न राजस्व + ऋणों की वसूली + अन्य प्राप्तियाँ] – राजस्व खाते पर आयोजना भिन्न व्यय + पूँजी खाते पर आयोजना भिन्न व्यय + राजस्व खाते पर आयोजना व्यय + पूँजी खाते पर आयोजना व्यय + ब्याज की अदायगी]।
- सकल राजकोषीय घाटे में से ब्याज भुगतान को घटाने पर प्राथमिक घाटा तथा निवल राजकोषीय घाटे में से निवल ब्याज भुगतान को घटाने पर निवल प्राथमिक घाटा प्राप्त होता है।
- भुगतान किए गए ब्याज में से प्राप्त ब्याज को घटाने पर निवल ब्याज भुगतान प्राप्त होता है।

प्राथमिक घाटे के प्रकार

- प्राथमिक घाटा (उपभोग) = राजस्व घाटा - ब्याज अदायगियाँ + ब्याज प्राप्तियाँ + लाभ तथा लाभांश
- प्राथमिक घाटा (निवेश) = पूँजीगत व्यय - ब्याज प्राप्तियाँ - लाभ तथा लाभांश - ऋण की वापसी - अन्य प्राप्तियाँ।

- प्राथमिक अतिरेक (Primary Surplus) यह उस स्थिति को प्रदर्शित करता है जब सरकार की सकल प्राप्तियाँ उसके सकल व्यय (ब्याज भुगतान को छोड़कर) से अधिक होती हैं।
  - इस धारणा का उपयोग वर्ष 1997-98 से किया जा रहा है। यह ब्याज के भुगतान के प्रभावों को समझने के साथ-साथ सरकार के व्यय प्रबन्धन में भी उपयोगी होती हैं।
  - यह ऋण जी.डी.पी. अनुपात, कर आधार की स्थिति, कर व्यय, राजस्व व पूँजीगत व्ययों का आधार, सरकार की राजकोषीय सामर्थ्य इत्यादि को समझने में भी सहायक होता है।

पूँजीगत घाटा

- यद्यपि सार्वजनिक वित्त अथवा अर्थशास्त्र में ऐसा कोई शब्द नहीं है तथापि व्यवहार में इसका प्रयोग पूँजी के अभाव को प्रदर्शित करने के लिए किया जाता है अर्थात् यह पूँजी की कमी को सन्दर्भित करता है।
- यह वह स्थिति होती है जब कोई देश/सरकार सार्वजनिक व्यय के लिए अपेक्षित धन या पूँजी के प्रबन्धन की समस्या का सामना कर रही होती है। ये राजस्व अथवा पूँजी व्यय से भी सम्बन्धित हो सकते हैं।

क्रियात्मक घाटा

- स्फीति समायोजित राजकोषीय घाटा को क्रियात्मक घाटा (Operational Deficit) कहा जाता है। किसी भी अर्थव्यवस्था में स्फीति सार्वजनिक व्यय की मात्रा में वृद्धि लाती है। अतएव वास्तविक स्थिति का पता लगाने के लिए स्फीति समायोजित घाटा को ज्ञात किया जाता है। इसे निम्न रूप में व्यक्त किया जाता है

क्रियात्मक घाटा = सकल राजकोषीय घाटा - स्फीतिक समायोजन

मौद्रीकृत घाटा

- घाटे की वह राशि जिसकी आपूर्ति सरकार को आर. बी. आई द्वारा (नोट निर्गमन के द्वारा) की जाए, उसे मौद्रीकृत घाटा (Monetised Deficit) कहा जाता है। इसे निम्न रूप में व्यक्त किया जा सकता है-

मौद्रीकृत घाटा = एडहाक ट्रेजरी बिल में वृद्धि + सरकार के बाजार उधार में आर.बी.आई का योगदान

- उल्लेखनीय है कि सरकार अपने व्ययों के वित्त पोषण के लिए लघु अवधि के ट्रेजरी बिल्स तथा दीर्घ अवधि की सरकारी प्रतिभूतियाँ (G-Sec) वित्तीय बाजार में जारी करती थी तथा आर.बी.आई के लिए इन प्रतिभूतियों की खरीदारी अनिवार्य थी। अतएव किसी वर्ष में आर.बी.आई द्वारा इन प्रतिभूतियों की खरीद के लिए किए गए निवेश की मात्रा उस वर्ष के लिए मौद्रीकृत घाटा होता था।
- उल्लेखनीय है वर्ष 1997 में एड्हाक ट्रेजरी बिल्स की व्यवस्था को समाप्त कर उसके स्थान पर अर्थोपाय अग्रिम व्यवस्था (Ways and Means Advances System) प्रारम्भ की गई। अतएव तकनीकी रूप से मौद्रीकृत घाटा समाप्त हो चुका है यद्यपि यह अप्रत्यक्ष रूप से बना रह सकता है।

नोट *एक ऐसी सुविधा है, जिसके तहत सरकार अस्थायी रूप से अपनी नकदी को पूरा करने के लिए भारतीय रिजर्व बैंक से उधार ले सकती है। यह एक शॉर्ट टर्म क्रेडिट व्यवस्था है, जिसका उद्देश्य सरकार को नकदी प्रवाह में अस्थायी समस्याओं के समाधान में सहायता करना है।*

राजकोषीय समेकन

- भारत के इतिहास में पहली बार राजकोषीय मुद्दे पर दिसम्बर, 1985 में सरकार द्वारा संसद में एक 'दीर्घावधिक राजकोषीय नीति' पर दस्तावेज प्रस्तुत किया गया। वर्ष 1987 में सरकार ने दो ठोस कदम उठाए, पहला सरकारी व्यय पर रोक लगा दी गई तथा दूसरा बजट घाटे की ऊपरी सीमा निर्धारित की गई।

- यद्यपि इन दोनों कदमों का सकारात्मक प्रभाव पड़ा, किन्तु यह अस्थायी था और वर्ष 1988 के मध्य से स्थिति गम्भीर होने लगी। वर्ष 1990 के अन्त में भुगतान सन्तुलन संकट का एक कारण अधिक राजकोषीय घाटा तथा बढ़ती विदेशी ऋण की मात्रा थी।
- भारत सरकार के द्वारा आर्थिक सुधारों की प्रक्रिया के अन्तर्गत वर्ष 1991 में राजकोषीय समेकन (Fiscal Consolidation) की शुरुआत की गई।
- यह वह प्रक्रिया होती है, जिसके अन्तर्गत सरकार विभिन्न प्रकार के घाटों को कम करने के लिए राजकोषीय नीति में आवश्यक रूप से बदलाव करती है। इसके माध्यम से सरकार न केवल विभिन्न प्रकार के घाटों, बल्कि पूर्व में लिए गए ऋण की मात्रा को भी कम करने का प्रयास करती है।
- वर्ष 1975 से वर्ष 2000 तक भारत के राजकोषीय घाटे में तीव्र वृद्धि हुई, जिसका मुख्य कारण राजस्व व्यय में अत्यधिक वृद्धि था। इसके कारण राजस्व घाटे में भी वृद्धि हुई है।
- अत: वर्ष 1991 में अन्तर्राष्ट्रीय मुद्रा कोष (IMF) एवं विश्व बैंक (WB) द्वारा प्रदान किए गए ऋण के बदले राजकोषीय समेकन की प्रक्रिया को शुरू करना अनिवार्य हो गया।

राजस्व घाटे को कम करने सम्बन्धी उपाय

राजस्व घाटे को कम करने सम्बन्धी उपाय निम्नलिखित हैं

- राजस्व व्यय में कटौती इसके सम्बन्ध में भारत सरकार के द्वारा अनेक उपाय किए गए; जैसे—विदेशी ऋणों के समय पूर्व भुगतान करना, वेतन, पेंशन एवं आकस्मिक निधियों के भार में कमी करना, महँगे विदेशी ऋणों से बचना, ब्याज दरों में कटौती करना, घाटे में चल रहे सार्वजनिक उपक्रमों का विनिवेश करना आदि।
- राजस्व व्यय को बढ़ाने इसके सम्बन्ध में अनेक सुधार किए गए; जैसे—वस्तु एवं सेवा का मूल्य वर्द्धित कर, विदेशी विनिमय भण्डार के अतिरिक्त विदेशी ऋण का आवण्टन तथा विदेशी बॉण्ड में निवेश, राज्य सरकारों को अपने योजनागत व्ययों की पूर्ति के लिए बाजार से ऋण प्राप्त करने की अनुमति प्रदान करना आदि।
- ऋण कार्यक्रम पर नियन्त्रण हेतु सरकार द्वारा विभिन्न घाटों की पूर्ति के लिए वित्तपोषण की प्रक्रिया एवं ऋणों से सम्बन्धित कार्यक्रमों में बदलाव किया गया।

  उदाहरणस्वरूप वर्ष 1997 में प्रारम्भ किए गए उपायों के माध्यम से सरकार एवं रिजर्व बैंक के द्वारा वित्त वर्ष से पूर्व ही ऋणों की मात्रा निश्चित कर ली जाती है, जिससे ऋणों में पारदर्शिता एवं नियन्त्रण निश्चित हो सके।
- वर्ष 1997 से भारत सरकार की प्रतिभूतियों एवं बॉण्ड्स के निर्गमन का प्राथमिक ग्राहक भारतीय रिजर्व बैंक को नहीं रखा गया। प्रतिभूतियों को सरकार के द्वारा बाजार में बेचने का कार्य शुरू कर दिया गया।
- राजकोषीय उत्तरदायित्व वर्ष 2003 में संसद के द्वारा राजकोषीय उत्तरदायित्व एवं बजट प्रबन्धन अधिनियम पारित किया गया। इसके अन्तर्गत सरकार के राजकोषीय उत्तरदायित्व को कानूनी अधिकार दिया गया। इसके अन्तर्गत सरकार ने राजस्व घाटे एवं राजकोषीय घाटे को नियन्त्रित करने व रणनीति बनाने का कार्य शुरू किया।

राजकोषीय घाटे के नियन्त्रण के उपाय

राजकोषीय घाटे के नियन्त्रण हेतु सरकार दो प्रकार के उपायों को सामान्यत: अपनाती है, जो निम्न प्रकार हैं

- सकारात्मक उपाय इसके अन्तर्गत कर सुधार तथा कर आधार में वृद्धि करके राजस्व को बढ़ाने का प्रयास किया जाता है। कर अपवंचन (Tax Evasion) को रोकने हेतु सिंगापुर, मॉरीशस जैसे देशों से समझौते किए गए हैं। इसके साथ ही अप्रत्यक्ष करों की कटौती करते हुए वस्तु एवं सेवा कर (GST) को लाना एक महत्त्वपूर्ण कर सुधार है।
- नकारात्मक उपाय राजकोषीय घाटे को कम करने हेतु अनुत्पादक, सार्वजनिक व्यय का भुगतान, ब्याज का भुगतान, प्रशासनिक व्यय एवं सब्सिडी को कम किया जाता है। वर्तमान में सरकार कम-से-कम विदेशी ऋण लेने तथा समय से पूर्व भुगतान करने की रणनीति पर कार्य कर रही है। सब्सिडी के बढ़ते भार को कम करने हेतु भारत सरकार लक्षित सब्सिडी की नीति को बढ़ावा देती है, जिससे जरूरतमन्दों को वास्तविक लाभ मिल सके।
- प्रशासनिक व्ययों में कमी करने के उद्देश्य से सब्सिडी को लाभार्थी के खाते में देने का कार्य किया जा रहा है।
- सरकार के द्वारा पेट्रोल तथा डीजल पर दिए जाने वाली सब्सिडी को कम करते हुए इनकी कीमतों के नियन्त्रण से मुक्त कर दी गई है। वर्तमान में अन्तर्राष्ट्रीय बाजार की कीमतों के आधार पर पेट्रोलियम कम्पनियाँ स्वयं कीमत निर्धारित करती हैं।
- प्रशासनिक व्यय को कम करने हेतु सार्वजनिक क्षेत्र की नौकरियों में कटौती की जा रही है तथा सार्वजनिक उपक्रमों की भागीदारी को बेचा जा रहा है तथा उनका विनिवेश (Disinvestment) एवं निजीकरण (Privatisation) किया जा रहा है।
- इसके अतिरिक्त व्यय सुधार आयोग का गठन, आउटकम बजट, शून्य आधारित बजट आदि महत्त्वपूर्ण पहलें की गई हैं।

राजकोषीय भार

- संरचनागत घाटे के घटकों में राजकोषीय भार महत्त्वपूर्ण है और इसे सामान्यत: समय के साथ-साथ सांकेतिक आय में वृद्धि या मुद्रास्फीति या वास्तविक जीडीपी वृद्धि के उच्च स्तरों के परिणामस्वरूप प्रगामी आयकर योजना में औसत कर-दरों में वृद्धि के रूप में देखा जाता है। यह देखा गया है कि राजकोषीय बोझ केन्द्र सरकारी शेष के संरचनागत घाटे का एक प्रमुख योगदानकर्ता है।
- भारत में जब सरकार की कुल आय उसके कुल व्यय से कम होती है, तो इस कमी को पूरा करने के लिए सरकार रिजर्व बैंक में जमा अपने नकद कोषों से धन निकालती है अथवा रिजर्व बैंक व्यापारिक बैंकों से ऋण प्राप्त करता है या नए नोट छापता है, तो इसे **हीनार्थ प्रबन्धन** (Deficit Financing) कहा जाता है।

राजकोषीय मजबूती एवं सरकारी कदम

- राजकोषीय मजबूती तीव्र वास्तविक तथा स्वपोषित आर्थिक विकास के लिए आवश्यक है। मुद्रा स्फीति की अल्प दर, सुदृढ़ भुगतान सन्तुलन आदि आर्थिक स्थायित्व के परिचायक हैं।

- राजस्व में वृद्धि, सार्वजनिक व्ययों का विवेकीकरण, सार्वजनिक ऋण के आकार तथा ब्याज दायित्व में कमी एवं राजस्व घाटे और राजकोषीय घाटे में कमी के द्वारा सरकार ने राजकोषीय समेकन की दिशा में अनेक कदम उठाए हैं। इनमें नकदी प्रबन्ध प्रमुख है।

नकदी प्रबन्ध

- नकदी प्रबन्ध, व्यय प्रबन्ध का ही एक रूप नहीं, बल्कि समुचित प्रभावी व्यय प्रबन्ध की अनिवार्य दशा है। वर्तमान व्यय प्रबन्ध में कोई प्रभावशाली नकदी प्रबन्ध नहीं है।
- वर्तमान में सभी मन्त्रालयों की वास्तविक आवश्यकताओं के आधार पर मासिक अथवा त्रैमासिक नकदी सीमाएँ निर्धारित की जाती हैं। इससे प्राप्तियों और व्ययों के बीच अधिकांश होने वाले असन्तुलन तथा व्यय की अधिकता एवं अन्तिम तिमाही में संसाधनों के सम्भावित अपव्यय से बचा जा सकेगा।

राजकोषीय उत्तरदायित्व एवं बजट प्रबन्धन अधिनियम, 2003

- राजकोषीय समेकन (सुदृढ़ीकरण) तथा सार्वजनिक व्यय प्रबन्धन की दिशा में राजकोषीय उत्तरदायित्व बजट प्रबन्धन एक्ट, 2003 एक अत्यन्त ही महत्त्वपूर्ण प्रभावी कदम है।
- राजकोषीय समेकन तथा सरकार के राजस्व प्रबन्धन को समुन्नत करने के उद्देश्य से सरकार ने ई. ए. एस. शर्मा की अध्यक्षता में राजकोषीय उत्तरदायित्व विधि निर्माण (Fiscal Responsibility Legislation) के लिए जनवरी, 2000 में एक समिति गठित की, जिसका उद्देश्य राजकोषीय प्रणाली के विविध पहलुओं का परीक्षण करना तथा राजकोषीय उत्तरदायित्व के सम्बन्ध में कानून (विधि) के प्रारूप के सम्बन्ध में संस्तुति करना था, परन्तु अन्तिम रूप में राजकोषीय पारदर्शिता पर निर्मित अहलूवालिया कमेटी की रिपोर्ट (2001) इसका आधार बनी।
- राजकोषीय उत्तरदायित्व एवं बजट प्रबन्धन (Fiscal Responsibility and Budget Management, FRBM) बिल दिसम्बर, 2000 में संसद में प्रस्तुत किया गया तथा कुछ सुधार के बाद यह 26 अगस्त, 2003 को FRBM एक्ट के रूप में पारित हुआ तथा 5 जुलाई, 2004 को FRBM नियम के साथ अधिसूचित किया गया। FRBM एक्ट की प्रमुख विशेषताएँ निम्नलिखित हैं
  - केन्द्र सरकार ने राजकोषीय घाटा तथा राजस्व घाटे को कम करने के लिए उचित कदम उठाए, जिससे राजस्व घाटा 31 मार्च, 2008 तक समाप्त हो जाए तथा उसके बाद पर्याप्त राजस्व आधिक्य सृजित हो सके।
  - इसके अन्तर्गत उन नियमों को बनाना, जो राजकोषीय घाटा, राजस्व घाटा, आकस्मिक देयताएँ (Liabilities) तथा कुल देयताओं में कमी लाने के सम्बन्ध में वार्षिक लक्ष्य निर्धारित कर सकें।
  - राजस्व घाटा तथा राजकोषीय घाटा इन नियमों में निर्दिष्ट लक्ष्यों का तभी अतिक्रमण कर सकते हैं, जब केन्द्र सरकार द्वारा निर्दिष्ट कोई राष्ट्रीय सुरक्षा या राष्ट्रीय संकट की स्थिति हो।
  - केन्द्र सरकार, रिजर्व बैंक से उधार नहीं लेगी, केवल जब नकदी प्राप्ति की अपेक्षा नकद/व्यय अस्थायी रूप से अधिक हो, तो सरकार अग्रिम के रूप में रिजर्व बैंक से उधार ले सकेगी।
  - वर्ष 2006-07 से रिजर्व बैंक, केन्द्र सरकार की प्रतिभूतियों के प्राथमिक निर्गमन में खरीद नहीं करेगी।
  - केन्द्र सरकार अपने राजकोषीय क्रियाशीलन में अधिकाधिक पारदर्शिता लाने के उपाय करेगी।
  - केन्द्र सरकार प्रत्येक वित्तीय वर्ष में संसद के दोनों सदनों में वार्षिक वित्तीय विवरण तथा माँग अनुदान के साथ तीन विवरण प्रस्तुत करेगी। ये निम्न हैं—मीडियम टर्म फिस्कल पॉलिसी स्टेटमेण्ट, मैक्रोइकोनॉमिक फ्रेमवर्क स्टेटमेण्ट तथा फिस्कल पॉलिसी स्ट्रेटजी स्टेटमेण्ट।
  - बजट के सन्दर्भ में वित्तमन्त्री प्राप्तियों तथा व्ययों की प्रवृत्ति की समीक्षा संसद में प्रत्येक तीन महीने के बाद प्रस्तुत करेंगे।

FRBM एक्ट के संचालन व क्रियान्वयन से सम्बद्ध महत्त्वपूर्ण नियम

- वित्तीय वर्ष 2004-05 से प्रत्येक वित्तीय वर्ष में राजस्व घाटे को सकल घरेलू उत्पाद (GDP) के 0.5% या इससे कम करना, जिससे यह वर्ष 2007-08 (संशोधित वर्ष 2008-09) तक शून्य तक हो जाए।
- वित्तीय वर्ष 2004-05 से प्रत्येक वित्तीय वर्ष में राजस्व घाटे को जीडीपी के 0.3% या उससे अधिक कम करना, जिससे यह वर्ष 2007-08 (संशोधित वर्ष 2008-09) तक जीडीपी के 3% से कम हो जाए।
- वित्तीय वर्ष 2004-05 में जीडीपी के 9% से अधिक अतिरिक्त देयता का सृजन नहीं करना तथा आने वाले वर्षों में इसे प्रतिवर्ष 1% की दर से कम करना।
- क्रियान्वयन सही न होने के कारण राजकोषीय घाटे में तीव्र वृद्धि हुई, जिसके कई कारण पाए गए।

> कर्नाटक पहला राज्य था, जिसने FRBM लागू किया। सिक्किम तथा पश्चिम बंगाल को छोड़कर शेष सभी राज्यों ने इसे लागू किया है।

FRBM समीक्षा समिति

- मई, 2016 में श्री एन. के. सिंह की अध्यक्षता में पाँच सदस्यीय समिति का गठन FRBM के पुन: लक्ष्य निर्धारण तथा भारत सरकार की रणनीति के सम्बन्ध में किया गया।
- इस समिति के सदस्यों में एन. के. सिंह के अतिरिक्त सुमित बोस, डॉ. उर्जित पटेल, रॉथिन रॉय और डॉ. अरविन्द सुब्रह्मण्यम थे। इस समिति ने अपनी रिपोर्ट वर्ष 2017 में प्रस्तुत की।

FRBM समिति की प्रमुख सिफारिशें

FRBM समिति की प्रमुख सिफारिशें निम्नलिखित हैं

- समिति ने FRBM Act, 2003 तथा FRBM नियम, 2004 को समाप्त कर एक नया ऋण और राजकोषीय उत्तरदायित्व अधिनियम बनाने की सिफारिश की।

- वित्तीय वर्ष 2022-23 तक ऋण जीडीपी अनुपात को कम करते हुए 60% (केन्द्र 40% तथा राज्य 20%) तक करना।
- लक्षित ऋण जीडीपी अनुपात को प्राप्त करने के लिए वित्त वर्ष 2022-23 तक निरन्तर राजकोषीय घाटे को कम करने पर बल देना।
- राजकोषीय घाटे को वित्त वर्ष 2016-17 के 3.5% से कम करते हुए वर्ष 2017-18 से 2019-20 तक 3.0% तथा वर्ष 2022-23 तक 25% तक करना। राजस्व घाटे को प्रतिवर्ष 0.25% से कम करते हुए वित्त वर्ष 2016-17 के 2.3% के स्तर से कम करते हुए वर्ष 2022-23 तक 0.80% करना।
- राजकोषीय परिषद् की सलाह पर विषम परिस्थितियों में लक्ष्यों से विचलन होना। कुछ निर्धारित विषम परिस्थितियाँ निम्न हैं
  - राष्ट्रीय सुरक्षा को खतरा, युद्ध की स्थिति, राष्ट्रीय स्तर की कोई प्राकृतिक आपदा, कृषि फसलों का बर्बाद होना।
  - अर्थव्यवस्था में दूरगामी संरचनात्मक सुधार का होना।
  - वास्तविक उत्पादन वृद्धि दर का पूर्व चार तिमाहियों की औसत वृद्धि दर की तुलना में 3% का कम होना।

राजकोषीय परिषद्

- एन. के. सिंह समिति ने राजकोषीय परिषद् के गठन की सिफारिश की थी, जिसमें उन्होंने कहा था कि यह परिषद् एक स्वतन्त्र निकाय होगा।
- इसमें एक अध्यक्ष तथा दो सदस्य होंगे, जिसे केन्द्र सरकार के द्वारा नियुक्त किया जाएगा। इसका कार्यकाल 4 वर्ष का होगा।
- केन्द्र सरकार या राज्य सरकार के अन्तर्गत कार्य कर रहा कोई भी व्यक्ति इसका सदस्य या अध्यक्ष नहीं हो सकता।
- लोकवित्त, अर्थशास्त्र तथा सार्वजनिक मामलों के विद्वान इस परिषद् के अध्यक्ष अथवा सदस्य हो सकते हैं।
- राजकोषीय परिषद् के प्रमुख कार्य निम्न हैं
  - केन्द्र व राज्य सरकार की आगामी वर्षों की राजकोषीय स्थिति का पूर्व अनुमान लगाना।
  - ऋण तथा राजकोषीय स्थिति विश्लेषण को तैयार करना।
  - केन्द्र सरकार की राजकोषीय स्थिति का मूल्यांकन करना तथा निर्धारित लक्ष्यों के साथ तुलना करना।
  - मैक्रो इकोनॉमिक फ्रेमवर्क स्टेटमेण्ट को समय पर तैयार करना।
  - वार्षिक वित्तीय स्थिरता सुनिश्चित करने हेतु राजकोषीय रणनीतियों में आवश्यक परिवर्तनों की सिफारिश करना।
  - राजकोषीय डेटा की गुणवत्ता में सुधार हेतु आवश्यक कदम उठाना तथा केन्द्र सरकार को राजकोषीय नीति के सम्बन्ध में सलाह देना।
  - सरकार को राजकोषीय विचलन सम्बन्धी सुझाव देना तथा राजकोषीय लक्ष्यों को प्राप्त करने हेतु कार्य योजना बनाना तथा सिफारिश करना।

घाटे की वित्त व्यवस्था या हीनार्थ प्रबन्धन

- सरकार जिन स्रोतों के माध्यम से बजटरी घाटे एवं राजकोषीय घाटे को पूर्ण करने का प्रयास करती है, उसे घाटे की वित्त व्यवस्था अथवा हीनार्थ प्रबन्धन कहा जाता है।
- दूसरे शब्दों में, सरकार जिस प्रक्रिया के अन्तर्गत रिजर्व बैंक के अतिरिक्त नए नोट एवं सिक्के छापकर तथा आन्तरिक एवं बाह्य स्रोतों द्वारा ऋण एकत्रित करके बजेटरी घाटा एवं राजकोषीय घाटे की पूर्ति करती है, उसे हीनार्थ प्रबन्धन कहा जाता है।

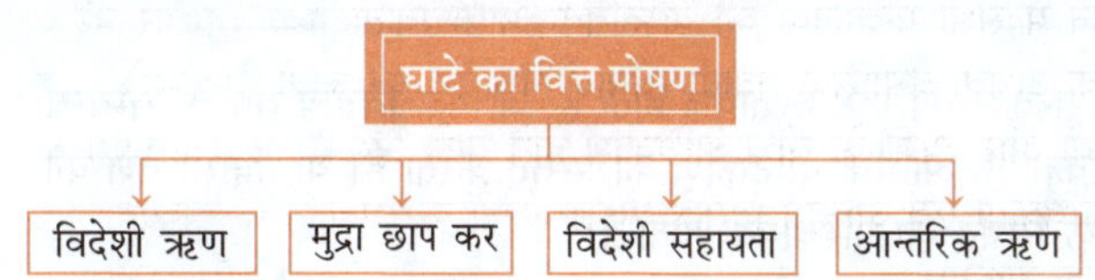

क्राउडिंग आउट इफेक्ट

- जब सरकार घाटे का बजट बनाती है, तो इसकी पूर्ति आन्तरिक बाजार से करती है। इसके लिए सरकार बॉण्ड जारी करके बैंक एवं वित्तीय संस्थाओं से ऋण लेती है, इससे निवेश एवं विकास पर नकारात्मक प्रभाव पड़ता है।
- इस प्रकार जब उच्च राजकोषीय घाटे के कारण अर्थव्यवस्था के कुल निवेश के स्तर में कमी आती है, तो इस प्रभाव को ही क्राउडिंग आउट प्रभाव कहा जाता है।
- इसके लिए यह आवश्यक होता है कि आन्तरिक बाजार उधारी की सहायता लें तथा हीनार्थ प्रबन्धन के उपायों की सहायता लें।

व्यय सुधार आयोग

- वित्त मन्त्रालय के द्वारा सरकार के गैर-योजनागत व्यय की उच्च दर की समस्या का समाधान करने तथा सरकार के प्रशासनिक ढाँचे एवं उनकी तथा उसकी भूमिका में कमी लाने के लिए 28 फरवरी, 2000 को के. पी. गीता कृष्णन की अध्यक्षता में व्यय सुधार आयोग का गठन किया गया। व्यय सुधार आयोग का कार्य समय-समय पर सुझाव देना कि किस प्रकार सार्वजनिक व्यय की मदों में कटौती करनी है।
- आयोग ने विभिन्न मन्त्रालयों तथा विभागों से सम्बन्धित कुल 10 रिपोर्ट्स प्रस्तुत की थीं, जिनमें कर्मचारियों की संख्या को कम करने से सम्बन्धित एक रिपोर्ट में 42,000 पदों को समाप्त करने की सिफारिश की गई थी, जिसके आधार पर सरकार ने लगभग 26,581 पदों को समाप्त किया था। इसके अतिरिक्त खाद्य सब्सिडी को कम करने तथा उर्वरक सब्सिडी को युक्तिसंगत बनाने की भी सिफारिश की थी।

व्यय प्रबन्धन आयोग

- राजकोषीय घाटे को कम करने तथा एक उचित प्रबन्धन कार्य हेतु सुझाव देने के लिए वर्ष 2014 में डॉ. विमल जालान की अध्यक्षता में व्यय प्रबन्धन आयोग का गठन किया गया था। आयोग के सुझाव सम्बन्धी प्रमुख कार्य निम्न हैं
- केन्द्र सरकार के व्यय के प्रमुख क्षेत्रों की समीक्षा करना।
- उपभोग लक्ष्य तथा परिणाम पर व्यय प्रचालन सम्बन्धी दक्षता में सुधार सम्बन्धी रूप-रेखा तैयार करना।
- वित्तीय लागतों में कटौती के उपाय को बताना तथा सूचना प्रौद्योगिकी के उपयोग को बढ़ावा देना।

- बजट प्रक्रिया तथा एफआरबीएम नियमों की समीक्षा करना तथा सुधार सम्बन्धी सुझाव देना।
- बजट प्रक्रिया, लेखांकन आदि के सम्बन्ध में बेहतर वित्तीय सूचना प्रणाली के प्रयोग के सम्बन्ध में सुझाव देना।
- लोक व्यय प्रबन्धन से सम्बन्धित किसी अन्य संगत मामलों पर विचार करना तथा इसके लिए सुधार सम्बन्धी सिफारिश करना।

बजट

- बजट सरकार का एक दस्तावेज होता है, जो एक वित्तीय वर्ष के सम्बन्ध में सरकार के आर्थिक दृष्टिकोण को प्रस्तुत करता है। यह किसी देश की आर्थिक स्थिति का परिचायक होता है।
- यह संसाधनों की उपलब्धता का अनुमान लगाने तथा एक पूर्व निश्चित प्राथमिकता के अनुसार विभिन्न क्रियाकलापों के लिए आवण्टित करने की एक प्रक्रिया है। यह आय-व्यय का स्पष्ट विवरण होता है।

बजट के उद्देश्य

- यह सरकारी विभागों की विभिन्न गतिविधियों को एक योजना के अधीन लाकर उनको एकीकृत करता है और इस प्रकार प्रशासनिक प्रबन्धन एवं समन्वय को आसान बनाता है।
- यह विधायिका के प्रति कार्यपालिका की वित्तीय एवं न्यायिक जवाबदेही को सुनिश्चित करता है।
- यह सामाजिक और आर्थिक नीति का उपकरण है, जिसका कार्य नीतियों का निर्धारण, वितरण और स्थिरीकरण है।
- यह सरकारी कार्यों और सेवाओं के कुशल कार्यान्वयन को सुनिश्चित करता है।

बजट के घटक

राजस्व बजट	पूँजीगत बजट
राजस्व बजट के अन्तर्गत सरकार की राजस्व प्राप्तियों एवं राजस्व व्ययों को सम्मिलित किया जाता है।	पूँजीगत बजट के अन्तर्गत सरकार की पूँजीगत प्राप्तियों एवं पूँजीगत व्ययों को सम्मिलित किया जाता है।
राजस्व बजट में सरकार की परिसम्पत्ति देयता को सन्दर्भित नहीं किया जाता है।	पूँजीगत बजट सरकार की परिसम्पत्ति देयता से सन्दर्भित रहता है।
राजस्व बजट के अन्तर्गत उच्च राजस्व प्राप्तियों की स्थिति में सरकार की पूँजीगत प्राप्तियों जैसे कि उधार एवं विनिवेश में कमी आती है।	पूँजीगत बजट के अन्तर्गत उच्च पूँजीगत प्राप्तियों जैसे कि उधार एवं विनिवेश में वृद्धि के कारण सरकार राजस्व प्राप्तियों जैसे कि कर शुल्क, जुर्माना इत्यादि में भी वृद्धि करती है।
राजस्व बजट लोगों के अधिकतम कल्याण की संकल्पना पर आधारित होता है।	पूँजीगत बजट सकल घरेलू उत्पाद की अधिकतम संवृद्धि की संकल्पना पर आधारित होता है।
इसके अन्तर्गत लोगों का अधिकतम कल्याण सुनिश्चित करने के लिए अनेक योजनाओं का क्रियान्वयन किया जाता है; जैसे—मनरेगा।	इसके अन्तर्गत जीडीपी में अधिकतम संवृद्धि के लिए सार्वजनिक निवेश को माध्यम बनाया जाता है।

सार्वजनिक बजट

- केन्द्र सरकार के समस्त वित्तीय संसाधनों को सार्वजनिक वित्त कहते हैं। सार्वजनिक वित्त के अन्तर्गत केन्द्र सरकार की समस्त आय एवं व्यय की मदों को सम्मिलित किया जाता है। इसी सार्वजनिक वित्त के बजटीय प्रबन्धन को सार्वजनिक बजट कहते हैं।
- सामान्यत: बजट एक वित्तीय वर्ष (भारत में 1 अप्रैल से 31 मार्च तक) की अवधि के दौरान सरकार की प्राप्तियों (आय) तथा सरकार के व्यय के अनुमानों का विवरण होता है। भारतीय संविधान के अनुच्छेद-112 में इसका उल्लेख किया गया है। इसमें इसे वार्षिक वित्तीय विवरण कहा गया है। इसे ही आम बजट कहा जाता है। इसीं प्रकार अनुच्छेद-202 के अन्तर्गत प्रत्येक राज्य सरकार राज्य का वार्षिक वित्तीय विवरण तैयार करती है, जिसे राज्य का बजट कहते हैं।

भारत का बजटीय इतिहास

- बजट शब्द का प्रतिपादन फ्रांसीसी शब्द बूजे से हुआ है, जिसका अर्थ चमड़े का बैग होता है। 1733 ई. में इंग्लैण्ड में इस शब्द का प्रयोग 'जादू के पिटारे' के अर्थ में किया गया था।
- सर्वप्रथम 1803 ई. में बजट शब्द का प्रयोग किया गया था। भारत में प्रथम बजट 18 फरवरी, 1860 को तत्कालीन वायसराय लॉर्ड कैनिंग के परिषद् के सदस्य जेम्स विल्सन द्वारा प्रस्तुत किया गया था। इन्हें भारतीय बजट का प्रणेता कहा जाता है।
- स्वतन्त्र भारत में बजट परम्परा का आधार वर्ष 1944 में निर्मित बॉम्बे प्लान से माना जाता है। इस प्लान की रचना करने वालों में जॉन मथाई, जी. के. बिरला तथा जे. आर. डी. टाटा प्रमुख थे।
- भारत में बजट निम्नलिखित अनुमानों को व्यक्त करता है; जैसे—
  - विगत वित्त वर्ष के वास्तविक आय-व्यय अनुमान।
  - चालू वित्त वर्ष के बजट अनुमान।
  - चालू वित्त वर्ष के संशोधित अनुमान।
  - आगामी वर्ष के प्रस्तावित बजट अनुमान।

भारत के बजटीय इतिहास के निम्नलिखित प्रमुख तथ्य हैं

- स्वतन्त्र भारत का पहला बजट 26 नवम्बर, 1947 को पहले वित्त मन्त्री आर. के. षणमुखम चेट्टी द्वारा पेश किया गया था। जॉन मथाई को वर्ष 1950 में गणतन्त्र भारत का पहला केन्द्रीय बजट पेश करने का गौरव प्राप्त हुआ था।
- गैर-हिन्दी भाषी होने के पश्चात् भी सी. डी. देशमुख ने वित्त मन्त्री रहते हुए वर्ष 1955-56 का बजट पेश करने से पहले इस बात को सुनिश्चित किया था कि बजट के सभी दस्तावेज हिन्दी में भी छपें। इससे पूर्व ये केवल अंग्रेजी में ही छपते थे। भारत में सबसे अधिक बजट पेश करने वाले वित्तमन्त्री मोरारजी देसाई थे। उन्होंने कुल दस बजट पेश किए, जबकि पी. चिदम्बरम ने अब तक आठ बजट पेश किए हैं।
- वित्तमन्त्री पद पर कार्य कर चुके प्रधानमन्त्री
  - मोरारजी देसाई
  - चौधरी चरण सिंह
  - मनमोहन सिंह
  - विश्वनाथ प्रताप सिंह
- वित्तमन्त्री जो वित्तमन्त्री रहने के बावजूद बजट प्रस्तुत नहीं कर पाए
  - हेमवती नन्दन बहुगुणा
  - के. सी. नियोगी

- अंग्रेजों ने भारत के लिए बजट पेश करना शुरू किया, तो उसके लिए शाम के पाँच बजे का समय रखा गया था, लेकिन वर्ष 1999 से राष्ट्रीय जनतान्त्रिक गठबन्धन सरकार के तत्कालीन वित्तमन्त्री यशवन्त सिन्हा ने बजट पेश करने का समय दिन के 11 बजे कर दिया।
- 25 फरवरी, 1992 में भारत में पहली बार रेल बजट और 29 फरवरी, 1992 को सामान्य बजट का टेलीविजन पर प्रसारण शुरू हुआ था।
- सर्वप्रथम सर्विस टैक्स की शुरुआत वर्ष 1994-95 के बजट में की गई। इस समय पहली बार टेलीफोन बिल, स्टॉक ब्रेकिंग चार्ज एवं जनरल इन्श्योरेन्स पर 5% सर्विस टैक्स लगाया गया था।
- बजट पेश करने के 75 दिन की अवधि के अन्दर बजट को पारित करना आवश्यक होता है। बजट के प्रस्तुतीकरण का दिन फरवरी माह के अन्तिम दिन में परिवर्तन करते हुए फरवरी माह का प्रथम दिन अर्थात् 1 फरवरी कर दिया गया है।

पृथक् रेल बजट समाप्त

वर्ष 1924 से ही रेल बजट को आम बजट से अलग प्रस्तुत किया जाता है। रेल बजट को अलग से प्रस्तुत करने की संस्तुति रेलों के विकास के लिए गठित **एकवर्थ समिति 1920** ने वर्ष 1924 में की थी। यद्यपि रेलवे की प्राप्तियाँ तथा व्यय भारत की संचित निधि के भाग होते हैं तथा उनसे सम्बन्धित आँकड़े वार्षिक वित्तीय विवरण में सम्मिलित किए जाते हैं। वर्ष 2017-18 से रेल बजट को आम बजट के साथ ही प्रस्तुत किया जाने लगा है। अब पृथक् रेल बजट प्रस्तुत नहीं किया जाता।

- बजट में सामान्यत: तीन वर्ष के आँकड़े दिए जाते हैं, जिसमें विगत वर्ष के अन्तिम आँकड़े, चालू वित्त वर्ष के संशोधित आँकड़े और अगले वित्त वर्ष (जिस वर्ष के लिए बजट प्रस्तुत किया जाता है) प्रस्तावित अनुमान (बजटीय अनुमान) होते हैं।

विभिन्न प्रकार के अनुमान

- अग्रिम अनुमान (Advance Estimate (AE)) यह एक प्रकार का तात्कालिक आकलन है, जो आँकड़ों को एकत्र करने से पहले किया जाता है। ये अन्तरिम आँकड़े होते हैं।
- संशोधित अनुमान (Revised Estimates (RE)) यह वर्तमान स्थिति को प्रदर्शित करता है। यह अनुमान मुख्यत: बजट अनुमान का संशोधित रूप होता है।
- द्रुत अनुमान (Quick Estimate (QE)) यह एक तरह का संशोधित आंकलन है, जो अपेक्षाकृत नवीनतम स्थिति को प्रदर्शित करता है।
  - यह कुछ क्षेत्रों व उप-क्षेत्रों के भविष्य के अनुमानों को दिखाने में सहायक होता है।
- प्रथम अग्रिम अनुमान (First Advance Estimates (FAE) इसे वर्ष 2016-17 में जी.डी.पी के प्रथम अग्रिम अनुमानों के सन्दर्भ में शुरू किया गया।
  - इसके द्वारा प्रासंगिक संकेतकों के आधार पर बहिर्वेशन (Extrapolation) के माध्यम से आर्थिक क्षेत्रों के निष्पादन का आंकलन किया जाता है। यह अनुमान सीमित आँकड़ों पर आधारित होता है।

बजट के प्रकार

- बजटीय प्रक्रिया के दौरान विभिन्न सरकारी हस्तक्षेप, सरकार के कल्याणकारी स्वरूप, देशहित आदि के आधार पर बजट के अनेक रूप प्रकाश में आए हैं, जिनका वर्णन निम्नलिखित है

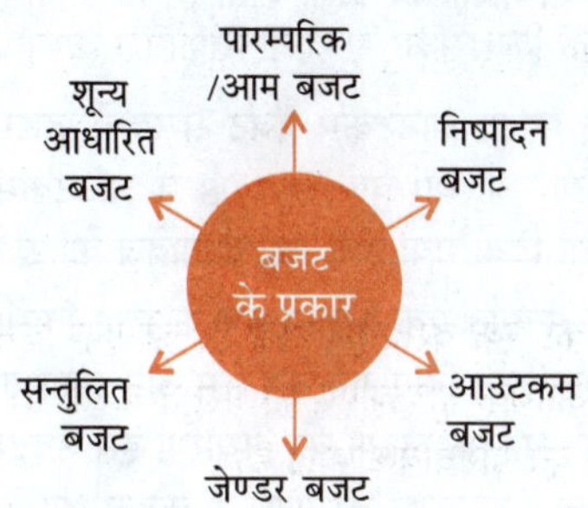

पारम्परिक/आम बजट

- आम बजट को पारम्परिक बजट (Traditional Budget) भी कहा जाता है, जिसमें समस्त आय और व्यय का लेखा-जोखा रहता है। बजट का यह स्वरूप अत्यन्त पारम्परिक किस्म का होता है, जिसका विकास 18वीं और 19वीं शताब्दी में हुआ। इस बजट का मुख्य उद्देश्य सरकारी व्यय पर नियन्त्रण रखना तथा विकास करना है। इस बजट में वस्तुओं या मद का महत्त्व उद्देश्य की अपेक्षा अधिक होता है।
- बजटिंग का उद्देश्य विधायिका द्वारा कार्यपालिका को स्वीकृत धन के दुरुपयोग को रोकना है, किन्तु समय के बदलते स्वरूप को देखते हुए बजट की यह प्रणाली भारत की समस्याओं को सुलझाने एवं इसकी महत्त्वाकांक्षाओं को प्राप्त करने में असफल रही। अत: बजट को इस रूप के स्थापन पर निष्पादन बजट की आवश्यकता महसूस की गई।

निष्पादन बजट

- इस बजट को उपलब्धि बजट भी कहा जाता है। यह बजट का ऐसा स्वरूप है, जिसका निर्माण परिणामों को ध्यान में रखकर किया जाता है। निष्पादन बजट (Performance Budget) में सरकार द्वारा उपलब्धियों पर ध्यान रखते हुए प्रस्तावित कार्यक्रमों की रूपरेखा एवं उन पर खर्च किए जाने वाले सभी मदों का मूल्यांकन आदि किया जाता है।
- निष्पादन बजट का सर्वप्रथम प्रयोग संयुक्त राज्य अमेरिका में वर्ष 1951 हूवर आयोग (1949) की सिफारिशों के आधार पर किया गया।
- भारत सरकार के द्वारा (सभी मन्त्रालयों एवं विभागों द्वारा) वित्तीय वर्ष 1975-76 के आम बजट से निष्पादन बजट की शुरुआत (कुछ क्षेत्रों में वर्ष 1968 से) की गई थी। इस बजट से संगठन के लक्ष्य एवं उद्देश्य परिलक्षित होते हैं।
- भारत में निष्पादन बजट को कार्यपूर्ति बजट या उपलब्धि बजट भी कहा जाता है। यह बजट लागत लाभ विश्लेषण को निरूपित करता है। यह संकेत देता है कि खर्च की गई निधियों से परिणामों को किस प्रकार प्राप्त होने की सम्भावना है।

आउटकम बजट

- आउटकम बजट (Outcome Budget) के विभिन्न प्रकारों में नए प्रकार का बजट है। भारत में इसकी शुरुआत वित्तमन्त्री पी. चिदम्बरम ने वर्ष 2005 में की थी। इसके अन्तर्गत आवण्टित साधनों के साथ-साथ उन लक्ष्यों को भी निर्धारित कर दिया जाता है, जिन्हें प्राप्त करना आवश्यक माना जाता है।
- इस प्रकार का पहला आउटकम बजट संसद के द्वारा 25 अगस्त, 2005 को पारित किया गया था। वर्ष 2007-08 में आउटकम बजट और निष्पादन बजट को मिला दिया गया तथा उसे दस्तावेज का रूप दे दिया गया।
- इस बजट के अन्तर्गत एक वित्तीय वर्ष के लिए किसी मन्त्रालय अथवा विभाग को आवण्टित किए गए बजट में अनुश्रवण तथा मूल्यांकन किए जा सकने वाले भौतिक लक्ष्यों का निर्धारण इस उद्देश्य से किया जाता है, जिससे बजट के क्रियान्वयन की गुणवत्ता को समझा जा सके।
- उल्लेखनीय है कि आउटकम बजट सामान्य बजट की तुलना में एक जटिल प्रक्रिया है, जिसमें वित्तीय प्रावधानों को परिणामों के सन्दर्भ में देखा जाना होता है।
- यह बजट सभी मन्त्रालयों एवं विभागों के कार्य प्रदर्शन हेतु एक मापक का कार्य करता है, जिससे विनिर्माण कार्य, सेवा एवं अन्य कार्यक्रम को बेहतर तरीके से करने में सहायता मिलती है।

शून्य आधारित बजट

- जीरो बेस बजट (Zero-Base Budget) के प्रवर्तन का श्रेय अमेरिका के पीटर ए. पायर (1969) को जाता है, जबकि इसके विकास का श्रेय ब्रिटिश अर्थशास्त्री हिल्टन यंग को जाता है।
- यह बजट खर्चों (व्यय) पर अंकुश लगाने का एक बेहतर तरीका है। इस बजट को सर्वप्रथम अमेरिका के जॉर्जिया प्रान्त (1973) में अपनाया गया था। इसके अन्तर्गत पूर्व में किए गए समस्त व्यय को ध्यान में नहीं रखा जाता, बल्कि आगे आने वाले कार्यों के लिए व्यय की जाने व न की जाने वाली मदों (धनराशि) को ध्यान में रखा जाता है।
- भारत में शून्य आधारित बजट प्रक्रिया सीएसआईआर (Council of Scientific and Industrial Research, CSIR) द्वारा शुरू की गई थी। भारत सरकार ने 10 जुलाई, 1986 को औपचारिक रूप से विभिन्न मन्त्रालयों व विभागों को पत्र लिखकर इसकी शुरुआत की। इसे वर्ष 1987-88 के आम बजट के साथ शुरू किया गया था।
- भारत का राजस्थान राज्य पहला ऐसा राज्य है, जिसने वित्त वर्ष 1995-96 से जीरो बेस बजट को सख्ती से लागू करने का निर्णय लिया।
- भारत में इस बजट को अपनाए जाने के कुछ प्रमुख कारण निम्न हैं
  - देश में सतत् रूप से पाए जाने वाले बजटीय घाटे की स्थिति।
  - निष्पादन प्रणाली का सफल क्रियान्वयन न होना।
- जीरो बेस बजट की विशेषताएँ
  - यह निचली वरीयता के कार्यक्रमों को घटाता या न्यूनतम कर देता है। यह कार्यक्रम की प्रभावशीलता को बढ़ा देता है।
  - इसमें प्रभावी कार्यक्रमों को अधिक धन मिलता है।
  - इसमें कर वृद्धि में कमी आती है।
  - यह योजनाओं की आलोचनात्मक समीक्षा को आसान बनाता है।
  - इससे वर्ष के दौरान बजट समायोजन शीघ्र होता है।
  - यह पर्याप्त संसाधनों का सुसंगत आवण्टन करता है।
  - बजट की तैयारी में यह सम्बद्ध कार्मिकों की भागीदारी को बढ़ाता है।

सन्तुलित बजट

- यह एक आदर्श बजट है, जिसे व्यवहार में लाना कठिन है, सन्तुलित बजट (Balanced Budget) में विभिन्न क्षेत्रों का समान अनुपात में आवण्टन किया जाता है तथा इसमें व्यय एवं प्राप्ति का अन्तराल सीमित होता है, जिसके परिणामस्वरूप बजट के अनुमानित घाटे एवं वास्तविक घाटे में भी अन्तर नहीं होता।
- मुद्रा की आन्तरिक विनिमय दर एवं मुद्रा प्रसार में ताल-मेल होना चाहिए, जिससे मुद्रा मूल्य स्थिर रहे।

> - सन्तुलित बजट → बजट प्राप्तियाँ = बजट व्यय
> - बचत (अधिशेष) का बजट → बजट प्राप्तियाँ > बजट व्यय
> - घाटे का बजट → बजट प्राप्तियाँ < बजट व्यय

जेण्डर बजट

- बजट की यह प्रणाली महिला सशक्तीकरण की दिशा में एक सशक्त प्रयास है, जिसका प्रारम्भ वर्ष 1982 में ऑस्ट्रेलिया में किया गया था। भारत में जेण्डर बजटिंग (Gender Budgeting) की बात पहली बार वर्ष 2005-06 के बजट में तत्कालीन वित्तमन्त्री पी. चिदम्बरम द्वारा की गई थी।
- जेण्डर बजटिंग के माध्यम से सरकार महिलाओं के विकास, कल्याण और सशक्तीकरण से सम्बन्धित योजनाओं एवं कार्यक्रमों के लिए प्रतिवर्ष बजट में एक निर्धारित राशि की व्यवस्था सुनिश्चित करती है। इसके माध्यम से आवण्टित धन एवं कार्यक्रमों से यह सुनिश्चित किया जाता है कि विकास का लाभ पुरुष-महिला दोनों को समान रूप से प्राप्त हो।

बजट के अन्य प्रकार

- घाटे का बजट यह एक ऐसा बजट है, जिसमें सरकार द्वारा प्रस्तावित व्यय का आकार सरकार की प्रस्तावित प्राप्तियों से अधिक होता है। इस प्रकार के घाटे की पूर्ति संचित कोषों से ऋण लेकर की जाती है। यदि यह ऋण केन्द्रीय बैंक से लिया जाए, तो मुद्रा का विस्तार होता है। मन्दी की स्थिति से निपटने व आर्थिक विकास के लिए साधन एकत्र करने के उद्देश्य से लिए घाटे का बजट बनाया जाता है। अत: बहुत से अर्द्ध-विकसित व विकासशील देश आर्थिक विकास को ध्यान में रखकर घाटे का बजट बनाते हैं।
- पूरक बजट इस बजट को कभी-कभी अप्रत्याशित कारणों; जैसे—प्राकृतिक आपदा, राजस्व में गिरावट या अन्य आकस्मिक कारणों के कारण पारित बजट पर पुन: विचार करने की आवश्यकता होती है अथवा नई माँगों, गतिविधियों को पूर्ण करने के लिए या विद्यमान सेवाओं में वृद्धि के लिए अतिरिक्त धन की आवश्यकता होती है, तब इसके लिए पूरक बजट का निर्माण किया जाता है।
- एकल बजट इसका आशय सरकार के समस्त विभागों एवं कार्यक्रमों के लिए एक ही बजट का प्रयोग करना है; जैसे—इसमें सरकार की समस्त आय एवं व्यय शामिल कर लिए जाते हैं; जैसे—ब्रिटेन एवं संयुक्त राज्य अमेरिका का संघीय बजट एकल बजट है।

- **मद आधारित बजट** यह वह बजट है, जिसमें निश्चित धनराशि की माँग की जाती है, लेकिन विभागानुसार उनका विवरण नहीं दर्शाया जाता है। इसमें सरकार को किसी भी मद का पैसा अन्य मद में खर्च करने की स्वीकृति मिल जाती है, लेकिन पुनर्वियोजन का अनुमोदन विधायिका से लेना पड़ता है। लेखानुदान (Vote on Account) इसी प्रकार का बजट है।
- **अनुपूरक बजट** यह अल्पकालिक बजट होता है। इस बजट को विशेषकर उस वर्ष प्रस्तुत किया जाता है, जिस वर्ष लोकसभा के आम चुनाव होते हैं। इस वित्तीय वर्ष में सरकार के शेष कार्यकाल हेतु व्यय निर्वाह के लिए यह बजट प्रस्तुत किया जाता है।

उत्पादन–परिणाम ढाँचा

- भारत सरकार द्वारा इस ढाँचे के विचार को वर्ष 2019-20 में अपनाया गया। यह फ्रेमवर्क परिणाम आधारित निगरानी की दिशा में एक महत्त्वपूर्ण सुधार का प्रतिनिधित्व करता है।
- यह फ्रेमवर्क मन्त्रालयों/विभागों द्वारा आउटपुट (कार्यक्रम गतिविधियों का मापनीय उत्पाद) और परिणाम (सेवाओं के वितरण द्वारा लाए गए सामूहिक परिणाम या गुणात्मक सुधार) संकेतकों पर लक्ष्य निर्धारण की सुविधा प्रदान करता है। निर्धारित लक्ष्यों के विरुद्ध प्रगति को सक्रिय रूप से ट्रैक करने से शासन के लिए दो प्रमुख लाभ मिलते हैं। पहला - विकास प्रभाव में सुधार तथा दूसरा - भारत सरकार द्वारा व्यय की गई धनराशि की सार्वजनिक जवाबदेही।

वित्त मन्त्रालय

- बजट के लिए आवश्यक सभी संसाधनों का एकत्रीकरण, विभिन्न संस्थाओं के मध्य समन्वय स्थापना तथा प्रारम्भिक स्तर से लेकर अन्तिम स्तर तक बजट के समस्त कार्यों का सम्पादन वित्त मन्त्रालय (Finance Ministry) द्वारा ही किया जाता है।

बजट निर्माण प्रक्रिया

- बजट निर्माण एक अत्यन्त विस्तृत एवं जटिल प्रक्रिया है। भारत में वित्तीय वर्ष की अवधि (जिसके लिए बजट बनाया जाता है) प्रत्येक वर्ष 1 अप्रैल से 31 मार्च तक की रहती है।
- बजट निर्माण हेतु प्रक्रिया सामान्यत: बजट प्रस्तुति समय से 6-7 माह पूर्व ही प्रारम्भ कर दी जाती है। बजट निर्माण प्रक्रिया को पाँच चरणों में बाँटा जा सकता है
  - बजट का प्राक्कलन या रूपरेखा
  - बजट का दस्तावेज
  - संसद की स्वीकृति
  - बजट का क्रियान्वयन
  - वित्तीय कोषों का लेखांकन और लेखा परीक्षण
- भारत में बजट प्रस्तुतीकरण का सम्बन्ध 3 वर्षों के आँकड़ों से होता है।

भारतीय बजट का दस्तावेजी रूप

भारत के आम बजट में सात दस्तावेजों को सम्मिलित किया जाता है

- **वित्तमन्त्री का भाषण** भारत के वित्तमन्त्री का बजट भाषण दो भागों में बँटा होता है—प्रथम भाग में आर्थिक तथ्यों तथा दूसरे भाग में प्रत्यक्ष और अप्रत्यक्ष करों के बारे में चर्चा करते हुए देश की आर्थिक नीतियों का विवरण देता है।
- **वार्षिक वित्तीय कथन** वित्तमन्त्री अपने भाषण के दौरान वार्षिक वित्तीय कथन के अन्तर्गत आगामी वित्तीय वर्ष के लिए समस्त अनुमानित सरकारी आय और व्यय पर विस्तृत टिप्पणी प्रस्तुत करता है।
- **बजट का सार** इस दस्तावेज में सम्पूर्ण बजट का संक्षिप्त रूप दिया होता है, जिसमें राज्यों/केन्द्रशासित प्रदेशों को दी जाने वाली धनराशि का विवरण होता है।
- **वित्त विधेयक** बजट के इस दस्तावेज में सरकार द्वारा प्रस्तावित सभी कर प्रणालियों का विवरण रहता है।
- **बजट प्राप्तियाँ** इस भाग में सरकार द्वारा प्राप्त होने वाली सभी आयों तथा घरेलू और विदेशी ऋण का विवरण रहता है।
- **बजट व्यय** बजट प्राप्ति वाले बजटीय दस्तावेज में जहाँ सरकार को प्राप्त होने वाली समस्त आय है, वहीं बजट व्यय वाले भाग में सरकार द्वारा व्यय की जाने वाली धनराशि, विभिन्न मन्त्रालयों और विभागों द्वारा व्यय, योजनागत और गैर-योजनागत व्ययों आदि को दी जाने वाली मदों का विवरण दिया होता है।
- **अनुदान की माँग** सरकार की माँगों का सारांश अनुदान की माँग दस्तावेज के अन्तर्गत उल्लिखित किया गया है। अनुदान माँगों पर विचार-विमर्श करने की अवधि 26 दिनों की होती है।

विनियोग विधेयक

- **भारतीय संविधान के अनुच्छेद-114** के अन्तर्गत संचित निधि से धन की निकासी हेतु लोकसभा के द्वारा अनुदान की माँग को पारित करने के बाद एक विनियोग विधेयक को लोकसभा में प्रस्तुत किया जाता है। प्रत्येक विनियोग विधेयक धन विधेयक होता है, जिसे धन विधेयक की प्रक्रिया के अनुसार ही पारित किया जाता है। इसमें संशोधन का निर्णय सदन के पीठासीन अधिकारी द्वारा किया जाता है।
- **लेखानुदान** यह एक अग्रिम व्यवस्था है, इसके अन्तर्गत संचित निधि से धन की प्राप्ति हेतु विनियोग विधेयक को प्रस्तुत किया जाता है। यह संघ सरकार को एक निश्चित अवधि के लिए संचित निधि से धन की निकासी की अनुमति देता है।

वित्त विधेयक

- जब धन विधेयक में साधारण विधेयक के भी उपबन्ध जोड़ दिए जाते हैं, तो उसे वित्त विधेयक कहते हैं। इसका उल्लेख भारतीय संविधान के **अनुच्छेद-110** में किया गया है। सभी धन विधेयक, वित्त विधेयक होते हैं, लेकिन सभी वित्त विधेयक, धन विधेयक नहीं होते हैं।
- वित्त विधेयक केवल लोकसभा में ही पेश किया जा सकता है। इसके लिए राष्ट्रपति की पूर्व अनुमति आवश्यक है। साधारण विधेयक के समान इसे भी दोनों सदनों में पारित होना होता है। राज्यसभा इसमें संशोधन कर सकती है या अस्वीकार कर सकती है। दोनों सदनों में असहमति होने पर संयुक्त बैठक का भी प्रावधान है। राष्ट्रपति इसे पुनर्विचार के लिए दोनों सदनों को लौटा सकता है।

बजट से सम्बन्धित संवैधानिक कोष के लिए QR कोड स्कैन करें

"

कर (Tax) सरकार को दिया गया एक अनिवार्य भुगतान होता है, जो करदाता द्वारा बिना प्रत्यक्ष लाभ प्राप्ति की आशा के ही दिया जाता है। वास्तव में, कर राज्य की आय का मुख्य साधन है, जो राज्य को अनिवार्य रूप से भुगतान किया जाता है।

अध्याय ग्यारह

भारतीय कर प्रणाली

कर

- प्रो. सेलिगमैन के अनुसार, "कर किसी व्यक्ति द्वारा सरकार को दिया जाने वाला अनिवार्य योगदान है, जिसमें उसे दिए गए विशेष लाभों का कोई सन्दर्भ नहीं होता"।
- भारत में सरकार तीन स्तरों पर विभाजित है और प्रत्येक स्तर पर इन्हें करारोपण का अधिकार भी प्राप्त है। वित्त आयोग की सिफारिशों के आधार पर केन्द्र सरकार एवं राज्य सरकारों के बीच कर राजस्व का विभाजन किया जाता है।
- केन्द्र सरकार द्वारा लगाए जाने वाले करों में आयकर, निगम कर, सीमा शुल्क, केन्द्रीय उत्पाद शुल्क तथा सेवा कर प्रमुख हैं। राज्य सरकारें, राज्य मूल्य वर्द्धित कर, कृषि आय पर कर, मनोरंजन कर, स्टाम्प ड्यूटी आदि करों को आवश्यकतानुसार लगाती हैं। स्थानीय स्तर पर स्थानीय सरकार व निकायों को चुंगी कर, भवन कर, जल कर, सफाई कर आदि को लगाने का अधिकार प्राप्त है।
- कुछ कर केन्द्र सरकार के द्वारा लगाए एवं एकत्रित किए जाते हैं, किन्तु उनसे प्राप्त आय को राज्यों के बीच बाँट दिया जाता है; जैसे—सम्पदा शुल्क, विज्ञापन कर आदि। कुछ कर एवं शुल्क केन्द्र सरकार द्वारा लगाए जाते हैं, किन्तु उनका एकत्रण तथा खर्च राज्य सरकारों के द्वारा किया जाता है; जैसे—स्टाम्प शुल्क आदि।
- 1 जुलाई, 2017 से वस्तु एवं सेवा कर (GST) को लागू किया गया है। यह सहकारी संघवाद को बढ़ावा देने की दिशा में महत्त्वपूर्ण पहल है।
- इस प्रकार आर्थिक सुधारों के पश्चात् उदारीकृत नीतियों की दिशा में भारतीय कर संरचना में मूलभूत परिवर्तन हुए हैं; जैसे—कर कानून को सरलीकृत करना, कर संरचना का पुनर्गठन करना, कर जीडीपी अनुपात को सन्तुलित करना, कर दबाव को कम करना आदि।

कराधान के सिद्धान्त (Theory of Taxation)

एडम स्मिथ ने चार सिद्धान्त प्रतिपादित किए हैं

- **समानता का सिद्धान्त** इसके अनुसार, प्रत्येक व्यक्ति अपनी भुगतान करने की क्षमता के अनुपात में सरकार को करों का भुगतान करेगा। इसका अर्थ है कि अमीर लोगों को गरीबों की तुलना मे अधिक कर देना चाहिए।
- **निश्चितता का सिद्धान्त** इसके अनुसार करदाता को पहले से पता होना चाहिए कि उसे कितना और किस समय व किस रूप में कर सरकार को देना है।
- **मितव्ययिता का सिद्धान्त** इसके अनुसार, कर संग्रह की लागत न्यूनतम होनी चाहिए। यदि कर आय का एक बड़ा हिस्सा कर संग्रह पर ही खर्च हो जाता है, तो ऐसे कर को अच्छा कर नहीं माना जा सकता है।
- **सुविधा सिद्धान्त** इसके अनुसार प्रत्येक कर को ऐसे तरीके से और ऐसे समय पर लगाया जाना चाहिए, जो करदाता के लिए सुविधाजनक हो।

कर से सम्बन्धित महत्त्वपूर्ण शब्दावलियाँ

- करापात (Incidene of Tax) उस बिन्दु को दिखाता है, जहाँ कर लगता हुआ प्रतीत होता है। उदाहरणस्वरूप, किसी वस्तु पर आरोपित VAT में वृद्धि होती है, तो करापात का बिन्दु व्यापारी होता है।
- कर विवर्तन (Shifting of Taxation) वह प्रक्रिया है, जिसके द्वारा एक व्यक्ति स्वयं पर लगाए गए कर भार को अन्य व्यक्तियों पर डाल देता है। उदाहरण के लिए, GST के मामले में निर्माता द्वारा कर के बोझ को अन्तिम उपभोक्ता पर स्थानान्तरित कर दिया जाता है।
- कराघात (Impact of Tax) कर लगाए जाने के पश्चात् कर का भुगतान, जिसके द्वारा किया जाता है, उस बिन्दु पर कराघात (Import of Tax) हुआ माना जाता है।
- कर उत्प्लावकता (Buoyant of Tax) कर उत्प्लावकता यह राष्ट्रीय आय का सकल घरेलू उत्पाद के सम्बन्ध में कर प्राप्तियों की अनुक्रियाशीलता की माप होती है। कर ढाँचे में सुधार, कर का युक्तिकरण, कर वसूली को प्रभावी बनाना आदि के

फलस्वरूप कर राजस्व में होने वाले परिवर्तनों के बीच पाए जाने वाले सम्बन्ध को कर उत्प्लावकता कहा जाता है। यह उस स्थिति में उत्पन्न होती है, जब राष्ट्रीय आय या सकल घरेलू उत्पाद में 1% की वृद्धि होने पर कर राजस्व से 1% की वृद्धि होती है।

- कर अपवंचन (Tax Evasion) यह आय छिपाने की वह प्रक्रिया है, जिसमें कर अदायगी को अवैध रूप से बचा लिया जाता है अर्थात् आयकर की चोरी की जाती है तथा इसके माध्यम से संचित किए गए धन को काला धन कहते हैं। यह एक गैर-कानूनी क्रिया एवं अपराध होता है।
- कर बचाव (Tax Avoidance) यह ऐसी प्रक्रिया है, जिसके माध्यम से कोई व्यक्ति अथवा संस्था किसी देश के कर कानूनों के अन्तर्गत कर छूट प्राप्त करती है अथवा कर कानूनों की कमियों के कारण कर भुगतान करने से बच जाती है।
- कर आधार (Tax Base) यह उन वस्तुओं, सेवाओं आदि को सन्दर्भित करता है, जिन पर कर लगाया जाता है। आयकर के सम्बन्ध में कर आधार, कर योग्य आय होता है।
- कर लोच (Elasticity of Tax) इससे आशय कर दर में परिवर्तन के कारण कर राजस्व में हुए परिवर्तन से है अर्थात् यह कर दर में परिवर्तन होने पर कर राजस्व में कितना प्रतिशत परिवर्तन (कमी या वृद्धि) हुआ को प्रदर्शित करता है।

विभिन्न प्रकार की कर प्रणाली

वैश्विक स्तर पर कर प्रणाली के अनेक रूप प्रचलित हैं, इसमें निम्नलिखित कर प्रणालियाँ उल्लेखनीय हैं

प्रगतिशील/प्रगामी कर प्रणाली

- प्रगतिशील कर प्रणाली (Progressive Tax System) में आय दर बढ़ने के साथ-साथ कर की दर भी बढ़ती जाती है; जैसे—₹ 2.5 लाख तक की आय का कर मुक्त होना। उसके बाद ₹ 2.5 से 5 लाख तक की आय पर 10% आयकर तथा पुनः ₹ 5–10 लाख की आय पर 20% की दर से कर लगाना। भारत में इसी प्रकार की कर प्रणाली प्रचलित है।
- इस स्थिति में निर्धन व्यक्ति को कम दर से तथा धनी व्यक्ति को ऊँची दर से कर देना होता है। यह एक बेहतर कर प्रणाली है, क्योंकि इसमें करों के भुगतान में न्यायशीलता का सिद्धान्त अपनाया जाता है।
- भारत में आयकर की प्रवृत्ति एक 'प्रगतिशील कर' की है। करारोपण जब अधिक प्रगतिशील होता है, तो करदाता कर अपवंचन (Tax Evasion) के लिए प्रोत्साहित होता है।

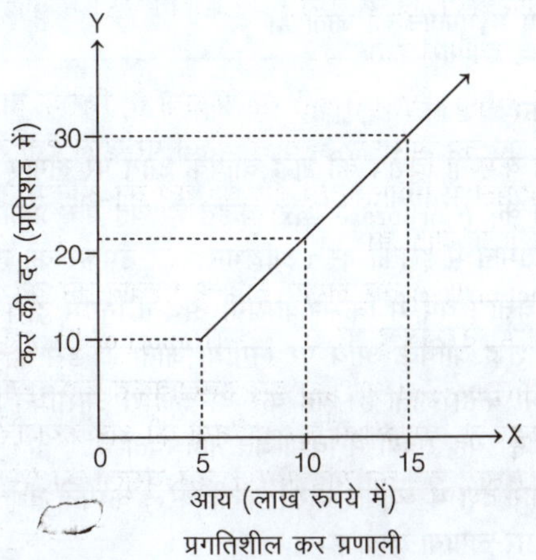

प्रगतिशील कर प्रणाली

प्रगतिहीन या प्रतिगामी कर प्रणाली

- प्रतिगामी कर प्रणाली (Regressive Tax System) में आय बढ़ने के साथ-साथ कर प्रतिशत में कमी आने लगती है; जैसे—₹ 5 लाख तक 10% कर लगाना तथा ₹ 5-10 लाख तक की आय पर 8% कर लगाना।
- इस प्रणाली का सबसे बड़ा लाभ यह होता है कि इसमें कर की दर में वृद्धि नहीं होती। परिणामतः लोग अपनी अधिक-से-अधिक आय को घोषित करना चाहते हैं। इससे काले धन में कमी आती है। यह प्रणाली अधिकांशतः विकसित देशों में प्रचलित है।
- इस कर प्रणाली में कर का भार निम्न आय वर्ग पर अधिक पड़ता है। यह कर प्रणाली अधिक आय अर्जित करने वाले व्यक्तियों को प्रोत्साहन प्रदान करती है। इसमें कर देने वाले के स्तर को ध्यान में रखे बिना ही करारोपण किया जाता है।

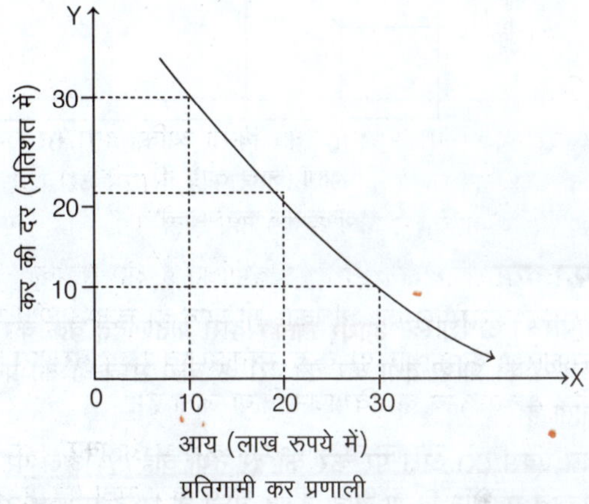

प्रतिगामी कर प्रणाली

आनुपातिक कर प्रणाली

- आनुपातिक कर प्रणाली (Proportional Tax System) में सम्पूर्ण आय पर सभी को समान दर से कर अदा करना पड़ता है। इसमें आय के प्रत्येक स्तर पर कर की दर एकसमान पाई जाती है। यह करों की न्यायशीलता के सिद्धान्त का पालन नहीं करती है। इसलिए करों का भार अमीर एवं गरीब दोनों पर समान रूप से पड़ता है।

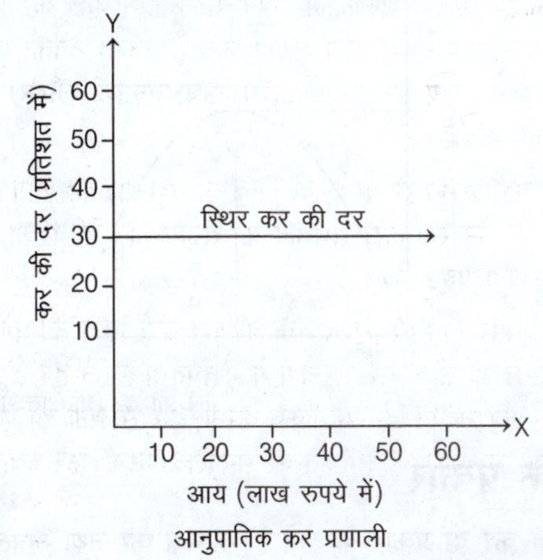

आनुपातिक कर प्रणाली

अधोगामी/अवक्रमिक कर प्रणाली

- इसमें एक सीमा तक आय बढ़ने पर कर प्रतिशत में वृद्धि होती है, किन्तु उसके बाद उससे ऊपर कितनी भी आय हो, अधोगामी कर प्रणाली की दर समान ही रहती है।
- इसमें प्रगतिशील और समानुपातिक दोनों कर प्रणालियों की विशेषताएँ शामिल होती हैं। इस प्रकार इसमें प्रारम्भ में कर की दर आय बढ़ने के साथ बढ़ती है, किन्तु एक निश्चित सीमा के बाद स्थिर अथवा निश्चित हो जाती है।

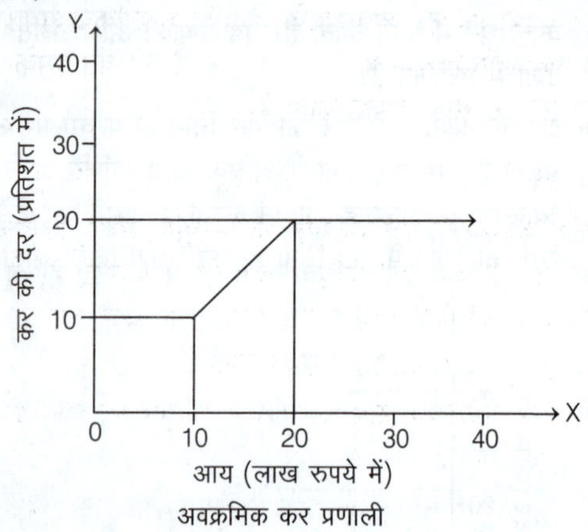

अवक्रमिक कर प्रणाली

लाफर वक्र

- अमेरिकी अर्थशास्त्री आर्थर लाफर द्वारा प्रतिपादित वक्र कर से राजस्व की प्राप्ति तथा कर की दरों के बीच सम्बन्धों को प्रदर्शित किया जाता है।
- जब एक्स (X) अक्ष पर कर की दर तथा वाई (Y) अक्ष पर कुल कर राजस्व प्रदर्शित किया जाता है, तो दोनों के मध्य सम्बन्ध दर्शाने वाला वक्र लाफर वक्र (Laffer Curve) कहलाता है।
- इस वक्र के अनुसार, कर की एक इष्टतम दर पर उच्चतम राजस्व की प्राप्ति होती है। इससे कर की दर कम होने पर राजस्व में कमी तथा उच्च होने पर कर वंचना की प्रवृत्ति बढ़ती है। यह वक्र बताता है कि कर की दर ऐसी होनी चाहिए, जिससे अधिकतम राजस्व प्राप्त हो सके। इसे व्यक्तिगत आयकर तथा निगम कर के सम्बन्ध में देखा जा सकता है।

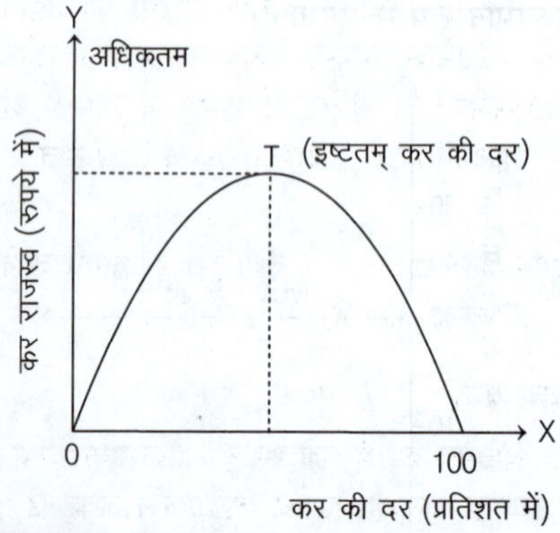

कर के प्रकार

सामान्यत: कर दो प्रकार के होते हैं—प्रत्यक्ष कर तथा अप्रत्यक्ष कर।

प्रत्यक्ष कर

- यह वह कर है, जिसे जिस व्यक्ति या संस्था पर लगाया जाता है, वही कर का भुगतान करता है। प्रत्यक्ष कर (Direct Tax) के बोझ को स्थानान्तरित नहीं किया जा सकता है।
- इसमें करारोपण प्रणाली तथा इसका पूर्वानुमान सरल होता है। इसमें कराघात और करापात दोनों एक ही व्यक्ति पर होते हैं। आयकर, सम्पत्ति कर, निगम कर (Corporate Tax), ब्याज कर, उपहार कर आदि प्रत्यक्ष कर के उदाहरण हैं। भारत के कर राजस्व में प्रत्यक्ष कर का योगदान 55% तक होता है। भारत में प्रमुख प्रत्यक्ष कर निम्न हैं

आयकर

- किसी व्यक्ति विशेष की शुद्ध आय पर आयकर (Income Tax) लगाए जाने का प्रावधान है। केन्द्रीय प्रत्यक्ष कर बोर्ड (CBDT) के अन्तर्गत आयकर विभाग द्वारा इसकी वसूली की जाती है।
- आयकर प्रणाली में सुधार करने के लिए आयकर अधिनियम, 1961 में समय-समय पर अनेक संशोधन किए गए हैं। शेयर बाजार बैंकिंग लोन तथा ₹ 50,000 से अधिक के लेन-देन के लिए पैनकार्ड को अनिवार्य किया गया है।
- आयकर अधिनियम में एक नया कर शामिल किया गया है, जो ऐसी सूचीबद्ध कम्पनियों के कदाचार रोकने के लिए है, जो लाभांश वितरण कर से बचने के लिए लाभांशों का भुगतान करने के अतिरिक्त शेयरों को वापसी खरीद सकती हैं।
- इसके अतिरिक्त मान्यता प्राप्त संस्थान में कारोबारित कृषि पण्य (Goods) को छोड़कर अन्य पण्यों के सम्बन्ध में पण्य व्युत्पन्न (Goods Perivatives) की बिक्री पर 0.01% की दर से पण्य लेन-देन कर (CTT) लगाना प्रारम्भ किया गया था।

नोट *पण्य व्युत्पन्न वह वित्तीय साधन है, जो वस्तुओं (यथा-कृषि, उत्पाद, ऊर्जा, धातु आदि) के मूल्य पर आधारित है। इनका उपयोग व्यापार और निवेश के लिए किया जाता है।*

- इस प्रकार आयकर स्रोतों में वेतन, व्यापार और व्यवसाय से प्राप्त आय, ब्याज प्राप्तियाँ तथा लाभांश आदि शामिल होते हैं।

विथहोल्डिंग कर

यह एक ऐसी राशि होती है, जो नियोक्ता के द्वारा कर्मचारी की आय से प्रत्यक्ष रूप से काटकर सरकार को व्यक्तिगत कर देय के भाग के रूप में भुगतान की जाती है।

निगम कर

- किसी कम्पनी विशेष की शुद्ध वार्षिक आय पर लगाए जाने वाले कर को निगम कर (Corporate Tax) कहते हैं। यह एक प्रकार का प्रत्यक्ष कर है। वर्तमान में इसकी दर (अधिभार और उपकर को छोड़कर) 25% है।
- यह वित्तीय वर्ष में किसी कम्पनी अथवा निगम द्वारा अपने व्यापार से प्राप्त शुद्ध वार्षिक आय पर लगाया जाता है। इसे कॉर्पोरेशन या कम्पनी कर भी कहा जाता है। यह कर केन्द्र द्वारा आरोपित एवं एकत्रित किया जाता है। यह राज्यों में विभाजित नहीं होता है।
- यह कर देश में व्यापार करने वाली घरेलू कम्पनी तथा विदेशी कम्पनी दोनों पर लगाया जाता है।

- वैयक्तिक आयकर की तरह राजस्व वृद्धि के उपाय के रूप में यदि किसी घरेलू कम्पनी की आय ₹10 करोड़ से अधिक हो, तो अधिभार 5% से बढ़ाकर 10% और अन्य के मामले में यदि कर योग्य आय ₹ 10 करोड़ से अधिक हो, तो अधिभार 20% से बढ़ाकर 25% किया गया है।
- भारत में वर्ष 1960-61 के पूर्व कम्पनियों के लाभ पर लगाए जाने वाले कर को सुपर टैक्स कहा जाता था। इसे वर्ष 1960-61 में समाप्त कर दिया गया। इसके स्थान पर निगम कर को लगाया जाना शुरू किया गया, जो वर्तमान में कम्पनियों के निवल लाभ (आय) पर लगाया जाता है। इसे कम्पनी अधिनियम, 1956 के अन्तर्गत पंजीकृत निजी और सार्वजनिक दोनों प्रकार की कम्पनियों तथा निगमों पर लगाया जाता है।

न्यूनतम वैकल्पिक कर

- न्यूनतम वैकल्पिक कर (Minimum Alternate Tax) के अन्तर्गत किसी कम्पनी को अपने पिछले वर्ष के सन्दर्भ में प्राप्त आय पर कर देना होता है, जहाँ लेखा पुस्तक की आय कम्पनी की आय होती है। इसी पर कम्पनी को कर देना होता है।
- इसके अन्तर्गत निर्धारित किया गया कि शून्य कर कम्पनियाँ न्यूनतम वैकल्पिक कर के अन्तर्गत निगम कर का भुगतान करेंगी।
- निगम कर की चोरी को रोकने के लिए सर्वप्रथम वर्ष 1997-98 में 2.5% की दर से MAT (Minimum Alternative Tax) लगाया गया। यह कम्पनी के सकल लाभ के उस भाग पर लगाया जाता है, जिस पर निगम कर का भुगतान न हुआ हो। वर्तमान में इसकी दर 18.5% है।

शून्य कर कम्पनी

जब किसी कम्पनी का शुद्ध लाभ धनात्मक होता है तथा वह अपने शेयरधारकों को लाभांश प्रदान करती है, किन्तु सरकार की कर छूट योजनाओं के कारण उसका कर योग्य लाभ शून्य हो जाता है, तो ऐसी कम्पनी को शून्य कर कम्पनी (Zero Tax Company) कहा जाता है।

सम्पत्ति कर

- यह कर सम्पत्ति से प्राप्त लाभ पर लगाया जाता है। सम्पत्ति कर (Wealth Tax) अधिनियम, 1957 के अन्तर्गत भारत में प्रथम बार सम्पत्ति कर 1 अप्रैल, 1957 को लगाया गया।
- यह कर व्यक्तियों, संयुक्त हिन्दू परिवारों तथा कम्पनियों की कर मुक्त सम्पत्ति को निकाल देने के पश्चात् निवल सम्पत्ति पर बाजार मूल्य पर लगाया जाता है।
- भारत में सम्पत्ति कर राज्य सरकारों का कर था, जिसके अन्तर्गत प्रतिवर्ष सम्पत्ति मूल्यांकन का कर लगाया जाता था। सम्पत्ति कर को वर्ष 2015-16 में तत्कालीन वित्त मन्त्री अरुण जेटली ने समाप्त कर दिया।

उपहार कर

- भारत में आयकर अधिनियम के अन्तर्गत किसी व्यक्ति द्वारा किसी दूसरे व्यक्ति को स्वेच्छा या बिना किसी प्रतिफल के हस्तान्तरित की गई चल या अचल परिसम्पत्ति उपहार कहलाती है। इसी उपहार पर लगने वाला कर उपहार कर (Gift Tax) कहलाता है।
- इसके अन्तर्गत वसीयत के उत्तराधिकार से प्राप्त सम्पत्ति तथा किसी पंजीकृत स्थानीय प्राधिकरण से प्राप्त उपहार, विवाह आदि पर निकटवर्त्ती रिश्तेदारी से मिले उपहार को छोड़कर शेष ₹ 50,000 से अधिक मूल्य के उपहार प्राप्त करने पर उपहार के मूल्य का 30% आयकर के रूप में देना होता है।
- भारत में उपहार कर अधिनियम, 1958 के अन्तर्गत प्रथम बार उपहार कर 1 अप्रैल, 1958 को लगाया गया।
- हालाँकि इसे वर्ष 1998 के पश्चात् समाप्त कर दिया गया, किन्तु पुनः वर्ष 2002-03 से इसे नई व्यवस्था के अन्तर्गत शुरू किया गया। इसकी शुरुआत तत्कालीन वित्त मन्त्री पी. चिदम्बरम ने की थी। इसके अन्तर्गत कर कुछ शर्तों के साथ लगाया जाता है।

पूँजी लाभ कर

- जब वित्तीय परिसम्पत्ति एवं प्रतिभूति; जैसे—भूमि, भवन, डिबेन्चर आदि क्रय किए जाते हैं तथा उन्हें अधिक लाभ पर बेचा जाता है, तो इससे होने वाले लाभ को पूँजी लाभ तथा इन पर लगने वाले कर को पूँजी लाभ कर (Capital Gain Tax) कहा जाता है।
- पूँजी लाभ कर सामान्यतः समय अवधि के आधार पर कार्य करता है। इनका विवरण निम्न है
- अल्पकालीन पूँजी लाभ कर जब कोई वित्तीय सम्पत्ति; जैसे—भूमि, भवन आदि विक्रेता के पास 36 माह से कम तथा प्रतिभूति (शेयर) 1 वर्ष से कम अवधि के लिए विक्रेता के पास रहता है, तो इसके विक्रय से होने वाले पूँजी लाभ पर कर अल्पकालीन पूँजी लाभ कर (Short Term Capital Gain Tax) कहलाता है।
- दीर्घकालीन पूँजी लाभ कर जब कोई वित्तीय परिसम्पत्ति; जैसे—भवन, भूमि आदि 36 माह से अधिक तथा प्रतिभूति (शेयर) 1 वर्ष से अधिक समय अवधि तक विक्रेता के पास रही हो, तो इस पर विक्रय से होने वाले पूँजी लाभ पर लगने वाले कर को दीर्घकालीन पूँजी लाभ कर (Long Term Capital Gain Tax) कहा जाता है।

फ्रिंज लाभ कर

- फ्रिंज लाभ कर (Fringe Benefits Tax) की शुरुआत वित्तीय वर्ष 2005-06 से की गई थी। इनका सम्बन्ध उन लाभों तथा सुविधाओं से होता है, जिसे एक नियोक्ता अपने कर्मचारियों को प्रदान करता है; जैसे—वेतन के अतिरिक्त उपहार, आवास, सुविधा, फोन, स्वास्थ्य सुविधाएँ, रिटायरमेण्ट के प्रोविडेण्ट फण्ड के रूप में अंशदान, यातायात सुविधा आदि। इसे 1 अप्रैल, 2009 से समाप्त कर दिया गया है।
- इसमें प्राप्त लाभ को सीमान्त लाभ तथा इस पर लगने वाले कर को सीमान्त लाभ कर कहा जाता है।

प्रतिभूति विनिमय कर

- यह एक ऐसा विनिमय कर है, जो घरेलू स्टॉक एक्सचेन्ज में हुए लेन-देन पर लगाया जाता है। इसकी शुरुआत 1 अक्टूबर, 2004 को की गई थी।

- इस कर की वसूली विभिन्न प्रतिभूतियों; जैसे—शेयर, डिबेन्चर, डेरिवेटिव्स, म्यूचुअल फण्ड आदि के खरीदने एवं बेचने पर की जाती है।
- इस प्रकार प्रतिभूति विनिमय कर (Securities Transaction Tax) एक प्रत्यक्ष कर है, यह शेयर बाजारों में शेयरों के हस्तान्तरण मूल्य पर लगाया जाता है।

वस्तु विनिमय/लेन देन/कर

- कमोडिटी ट्रांजेक्शन टैक्स (Commodities Transaction Tax) भारत में एक्सचेन्ज ट्रेडेड (यह वित्तीय उत्पादों का व्यापार है, जो स्टॉक एक्सचेंज में से संगठित बाजार में होता है। भारत में बॉम्बे स्टॉक एक्सचेंज, नेशनल स्टॉक एक्सचेंज प्लेटफार्म पर एक्सचेंज ट्रेडेड उत्पादनों का व्यापार छोटा है।) गैर कृषि कमोडिटी डेरिवेटिव पर लगाया जाने वाला कर है। इसे वर्ष 2013-14 के केन्द्रीय बजट में सरकार के लिए वित्तीय राजस्व बढ़ाने, पारदर्शिता लाने और कमोडिटी बाजार में सट्टेबाजी को कम करने के उद्देश्य से प्रस्तुत किया गया था। इस पर कर की दर 0.01 प्रतिशत थी।
- इस कर का विचार सर्वप्रथम 2008-2009 के बजट में प्रस्तुत किया गया था।

अन्य प्रत्यक्ष कर

- व्यय कर यह कर वर्ष 1989 में लागू किया गया तथा वर्ष 2003 में इसे समाप्त कर दिया गया।
- वस्तु शेयर कर वस्तु शेयर बाजार में लेन-देन पर लगाने वाले कर को वस्तु शेयर कर कहा जाता है, इसे वर्ष 2008 में शुरू किया गया था।
- लाभांश वितरण कर (Dividend Distribution Tax-DDT) इसे वर्ष 2007-08 में शुरू किया गया। इसमें भारतीय कम्पनियों को अपने शेयरधारकों को प्रदत्त लाभांश पर लागू अधिभार तथा उपकर सहित 15% की दर से लाभांश वितरण कर देय होता था।
- किन्तु केन्द्र सरकार द्वारा वर्तमान व्यवस्था को समाप्त कर यह घोषित किया गया है कि लाभांश वितरण पर कर कम्पनियों द्वारा दिए जाने के स्थान पर अब कर लाभांश प्राप्तकताओं द्वारा देय होगा तथा प्राप्त लाभांश प्राप्तकर्ता की आय होगी।

उपकर एवं अधिभार

उपकर (Cess)	अधिभार (Surcharge)
कर आधार पर लगाया गया अन्य कर उपकर होता है।	कर की दर पर लगाया गया अतिरिक्त कर अधिभार होता है।
यह किसी विशेष उद्देश्य के लिए लगाया जाता है।	इसके लिए विशेष उद्देश्य आवश्यक नहीं होता है।
यह प्रत्यक्ष तथा अप्रत्यक्ष दोनों करों पर लगाया जाता है।	यह आयकर तथा कुछ अन्य करों पर लगाया जाता है।
इसकी राशि एक निश्चित मद से जुड़ी होती है।	अधिभार से प्राप्त राजस्व भारत की संचित निधियों में जाता है।

नई प्रत्यक्ष कर संहिता

- 1961 के आयकर अधिनियम के स्थान पर प्रत्यक्ष कर संहिता (Direct Tax Code, DTC) को लाया जा रहा है। इस संहिता में कर की तीनों दरों (10%, 20% तथा 30%) को बराबर रखा गया है, किन्तु कर छूट की सीमा को बढ़ाने का प्रस्ताव है। इसमें वरिष्ठ नागरिकों को कर छूट की सीमा में वृद्धि का प्रावधान है, किन्तु महिलाओं को इसमें अतिरिक्त छूट देने का प्रावधान नहीं है। इसमें बचत योजनाओं की परिपक्वता राशि को कर मुक्त रखने का प्रस्ताव है।
- निगम कर, जोकि आयकर के साथ 33.2% है, उसे कम करके 30% करने का प्रस्ताव है। न्यूनतम वैकल्पिक कर को 18% से बढ़ाकर 20% करने का भी प्रावधान DTC के माध्यम से किया गया है। यद्यपि DTC अभी तक लागू नहीं हो सका है, किन्तु इसके अधिकांश प्रावधानों को बजट, 2012-13 के माध्यम से लागू कर दिया गया।
- नई प्रत्यक्ष कर संहिता को पहले 1 अप्रैल, 2011 से लागू करने की सरकार की योजना थी, परन्तु कुछ तकनीकी कठिनाइयों को देखते हुए इसे 1 अप्रैल, 2013 से लागू किया गया।

सेण्ट्रल बोर्ड ऑफ डायरेक्ट टैक्सेज (CBDT)

इसका गठन सेण्ट्रल बोर्ड ऑफ रेवेन्यू एक्ट 1963 के तहत हुआ है। इसने जनवरी, 1963 से कार्य करना प्रारम्भ किया। इसमें अध्यक्ष के अतिरिक्त 5 सदस्य होते हैं। यह बोर्ड प्रत्यक्ष करों की उगाही से जुड़े सभी मामलों का निपटारा करता है।

अप्रत्यक्ष कर

- यह कर वस्तुओं एवं सेवाओं पर लगाया जाता है, इसमें कर के बोझ को स्थानान्तरित किया जाना सम्भव होता है। इसमें करारोपण की प्रणाली कठिन होती है तथा इसका अनुमान लगाना भी कठिन होता है। इसमें कराघात किसी अन्य व्यक्ति पर होता है तथा करापात किसी अन्य व्यक्ति पर पड़ता है।
- अप्रत्यक्ष कर (Indirect Tax) के कारण ही वस्तुओं एवं सेवाओं के मूल्यों में वृद्धि होती है। अप्रत्यक्ष करों में मुख्य हैं—उत्पाद शुल्क, सीमा शुल्क तथा बिक्री कर। वर्तमान (1 जुलाई, 2017 से) अधिकांश अप्रत्यक्ष करों को समाप्त करके इनके स्थान पर वस्तु एवं सेवा कर (GST) को लागू किया गया है। भारत के प्रमुख अप्रत्यक्ष कर निम्न हैं

उत्पाद शुल्क

- किसी वस्तु का उत्पादन देश के अन्दर करने पर केन्द्र सरकार के द्वारा, जो कर लगाया जाता है, उसे उत्पाद शुल्क कहा जाता है। समस्त विनिर्मित उत्पादों के साधन लागत पर उत्पाद शुल्क (Excise Duty) लगाया जाता है।
- मादक पदार्थों पर उत्पाद शुल्क राज्य सरकार द्वारा लगाया जाता है। उत्पाद शुल्क के सन्दर्भ में अब तक अनेक सुधार किए गए हैं।
- वर्ष 2017 से जीएसटी के लागू होने से इस कर की संरचना में पर्याप्त बदलाव आया है।
- केन्द्रीय उत्पाद शुल्क भारत में केन्द्रीय उत्पाद शुल्क अधिनियम, 1944 के प्रावधानों के अन्तर्गत भारत सरकार के राजस्व विभाग के अधीन अप्रत्यक्ष कर एवं सीमा शुल्क बोर्ड द्वारा प्रशासित किया जाता है।

संशोधित मूल्य वर्द्धित कर *(MANVAT)* तथा केन्द्रीय मूल्य संवर्द्धन कर *(CENVAT)*

- वर्ष 1978 में एल. के. झा समिति ने निर्मित वस्तुओं पर मूल्य वर्द्धित कर लगाने के लिए MANVAT कर लगाने का सुझाव दिया। सर्वप्रथम वर्ष 1981 में MANVAT कर (Manufacturing Value Added Tax) लागू किया गया।
- वर्ष 1986 में MODVAT (Modified Value Added Tax) लागू किया गया। इसके अन्तर्गत उत्पादन के दो स्तर के बीच मूल्य वृद्धि पर कर लगाया गया, जिससे कर दोहराव से बचा जा सके। उत्पाद शुल्क की अलग-अलग दर को एकसमान करने के उद्देश्य से 1 अप्रैल, 2000 से केन्द्रीय मूल्य संवर्द्धन कर (CENVAT-Central Value Added Tax) लागू किया गया, जिसकी दर 16% निर्धारित की गई।
- CENVAT के साथ ही कुछ उत्पादों को दो अलग-अलग श्रेणियों में बाँटकर इनके लिए अलग-अलग कर की दर निर्धारित की गई है। इसे मेरिट एक्साइज एवं नॉन मेरिट एक्साइज कहा जाता है। मेरिट एक्साइज में ऐसे उत्पादों को रखा जाता है, जो पर्यावरण सुरक्षा, बच्चों एवं गरीबों के उपयोग हेतु होते हैं। इन पर 6% की दर से उत्पाद शुल्क लिया जाता है। नॉन मेरिट एक्साइज में विलासिता से जुड़ी वस्तुओं को शामिल किया जाता है। इन पर 24% की दर से शुल्क लिया जाता है।

मूल्य वर्द्धित कर

- यह एक अप्रत्यक्ष कर है, जो उत्पादन से लेकर बिक्री के प्रत्येक चरण में होने वाले मूल्य संवर्द्धन पर चुकाया जाता है। इसमें कर की गणना का आधार मूल्य वर्द्धन होता है। यह मूल रूप से राज्यों का विषय है।
- केन्द्र सरकार ने वर्ष 1986 में राजकोषीय नीति के अन्तर्गत इसे अपनाने का निश्चय किया। भारत में वैट केन्द्र एवं राज्य दोनों स्तरों पर लागू किया गया। यह एक कर नहीं, बल्कि करारोपण की एक प्रणाली है, जिसमें उत्पादन से लेकर वितरण तक प्रत्येक चरण में मूल्य वृद्धि पर कर लगाया जाता है।
- भारत में उपभोग प्रकार का वैट लागू किया गया, जिसका अर्थ है कि कोई भी व्यक्ति, चाहे वह भारतीय हो या विदेशी, यदि वह भारतीय वस्तु का उपभोग करता है, तो उसे वैट के अन्तर्गत कर देना होता है।
- भारत में वैट टैक्स क्रेडिट (यह एक ऐसी राशि है, जिसे करदाता को उसके कुल देयकर से घटाने की अनुमति होती है। यह कर कटौती (टैक्स डिडक्शन) से अलग होती है।) विधि से लागू किया गया तथा इसे असीम दास गुप्ता समिति की सिफारिश पर लगाया गया था।
- इसमें चुँगी तथा प्रवेश कर को छोड़कर सभी शुल्कों को समाप्त कर दिया गया। जीएसटी के आने के पश्चात् यह कर भी समाप्त कर दिया गया है।
- राज्यों में बिक्री कर के स्थान पर इसे लागू किया गया है। वर्तमान में अण्डमान एवं निकोबार द्वीप समूह तथा लक्षद्वीप को छोड़कर सम्पूर्ण देश में यह कर लागू है। वर्तमान में पेट्रोल एवं डीजल को छोड़कर शेष वस्तुओं की बिक्री पर VAT (Value Added Tax) लागू है, जबकि इन दोनों उत्पादों पर बिक्री कर लागू है।
- VAT में केवल वर्जित मूल्य पर कर लागू होने के कारण जहाँ एक ओर कर दोहराव नहीं होता, वहीं दूसरी ओर इसमें वस्तुओं की मूल्य वृद्धि भी रुकती है। व्यवस्थित लेखा पद्धति पर आधारित होने के कारण कर की चोरी भी रुकी है। VAT भारत में अप्रैल, 2005 से लागू किया गया। इसे सर्वप्रथम लगाने वाला राज्य हरियाणा था।

सीमा शुल्क

- इसे आयात-निर्यात शुल्क भी कहा जाता है, जो देश से होने वाले आयात व निर्यात पर लगाया जाता है। भारत से निर्यात को प्रोत्साहन देने के उद्देश्य से सरकार द्वारा न केवल वस्तुओं एवं सेवाओं पर से निर्यात शुल्क को हटा दिया गया है, बल्कि कुछ वस्तुओं पर निर्यात सब्सिडी भी दी जा रही है।
- वर्तमान में आयात शुल्क ही सीमा शुल्क (Custom Duty) है। WTO के मानकों के अनुरूप गैर-कृषि उत्पादों पर 10% की दर से यह शुल्क लागू है। कृषि उत्पादों पर आयात शुल्क की दर आरोपित करने का अधिकार इस समय सरकार के अधीन है।
- इसके अन्तर्गत आयात की जाने वाली वस्तुओं पर आयात शुल्क तथा निर्यात की जाने वाली वस्तुओं पर निर्यात शुल्क लगाया जाता है। यह केन्द्र का प्रमुख अप्रत्यक्ष कर है।
- भारत में सीमा शुल्क का संग्रहण सीमा शुल्क अधिनियम, 1962 के अन्तर्गत होता है। सीमा शुल्क के मामलो में केन्द्रीय अप्रत्यक्ष कर एवं सीमा शुल्क बोर्ड एक शीर्ष निकाय है, जो भारत सरकार के वित्त मन्त्रालय के राजस्व विभाग के अन्तर्गत कार्य करता है।
- प्रतिकारी शुल्क एक आयात शुल्क होता है, जिसे आयातक देश द्वारा नकारात्मक सब्सिडी के प्रभाव को कम करने के लिए आयात की गई वस्तुओं पर लगाया जाता है।

काउण्टरवेलिंग ड्यूटी बनाम एण्टी डम्पिंग ड्यूटी

- **प्रतिकारी शुल्क** (सीवीडी) आयात करने वाले देश द्वारा आयातित वस्तुओं पर उस स्थिति में लगाया जाता है, जब निर्यात करने वाला देश अपने निर्यात पर निर्यात सब्सिडी प्रदान करता है। इस शुल्क का उद्देश्य आयात के साथ घरेलू उत्पादों की कीमतों में सन्तुलन बनाए रखना होता है।
- **डम्पिंग से आशय** किसी देश के निर्माता के द्वारा किसी उत्पाद को या तो इसकी घरेलू कीमतों से नीचे अथवा उत्पादन लागत से कम कीमत पर निर्यात करना होता है।
- **एण्टी-डम्पिंग ड्यूटी** (Anti-Dumping Duty) एक संरक्षणवादी शुल्क होता है, जो आयातक देश द्वारा निर्यातक देश पर अधिक मात्रा में निर्यात की जाने वाली वस्तुओं पर लगाया जाता है।
- यह शुल्क किसी अर्द्ध-न्यायिक निकाय; जैसे—**वाणिज्य मन्त्रालय के व्यापार उपचार महानिदेशालय** (डीजीटीआर) द्वारा जाँच के पश्चात् आरोपित किया जाता है।

सेवा कर

- यह अप्रत्यक्ष कर विभिन्न सेवाओं को प्रदान करने के बदले लिए जाने वाला कर होता है। भारत में सर्वप्रथम वर्ष 1994-95 में तीन सेवाओं (टेलीफोन, बीमा तथा शेयर बाजार) पर सेवा कर (Service Tax) लगाया गया था। सेवाओं पर कर लगाने की सिफारिश सर्वप्रथम चेलैया समिति ने की थी।

- भारतीय अर्थव्यवस्था में सेवा क्षेत्र की भागीदारी बढ़कर लगभग 55% हो चुकी है, किन्तु सबसे अधिक कर औद्योगिक क्षेत्र से प्राप्त हो रहा है। आने वाले समय में कर राजस्व में सेवा क्षेत्र की भागीदारी बढ़ने की सम्भावना है।
- वर्तमान में नकारात्मक सूची में शामिल 17 सेवाओं के अतिरिक्त अन्य सेवाओं पर सेवा कर लागू है। 88वें संविधान संशोधन, 2003 द्वारा इसे संवैधानिक दर्जा देते हुए अनुच्छेद-268(A) एवं केन्द्रीय सूची में अनुच्छेद-92(C) जोड़ा गया।
- वित्तीय वर्ष 2016-17 से सभी सेवा कर एवं आरोपित मदों पर 0.5% का कृषि कल्याण उपकर लगाया गया, जिसमें प्राप्त धनराशि का प्रयोग किसानों के कल्याण उपक्रमों पर किया जाता है। वहीं नवम्बर, 2015 से 0.5% स्वच्छ भारत उपकर भी सेवा कर पर लगाया गया। जीएसटी के आने के बाद सेवा कर को उसमें शामिल कर दिया गया है।
- इस प्रकार वर्तमान में स्वच्छ पर्यावरण उपकर को छोड़कर अन्य सभी उपकर एवं अधिभार वस्तु एवं सेवा कर के अन्तर्गत शामिल कर दिए गए हैं।

करों के लागू होने का वर्ष

कर	लागू वर्ष	विशिष्ट तथ्य
सम्पदा शुल्क	1953	एल. के. झा समिति की सिफारिश से प्रारम्भ, वर्ष 1985 में समाप्त।
सम्पत्ति कर	1957	एन. निकोलस की सिफारिशों से लागू।
आयकर	1960	बजट, 2004-05 से पुन: लागू।
निगम कर	1960-61	चेलैया समिति की सिफारिशों पर लागू।
सीमा कर	1962	चेलैया समिति की सिफरिशो पर लागू।
कृषि आयकर	1972	के. एन. राज कमेटी की सिफारिश, परन्तु अभी तक लागू नहीं।
व्यय कर	1957	एन. निकोलस की सिफारिशों से लागू।
सेवा कर	1994-95	चेलैया समिति की सिफारिश से लागू।
प्रतिभूति कारोबार कर	2004	पी. चिदम्बरम ने वर्ष 2004-05 में लागू किया।

केन्द्रीय बिक्री कर

- सामान्यत: बिक्री कर (व्यापार कर) लगाने का अधिकार राज्यों को है, किन्तु अन्तर्राज्यीय बिक्री की दशा में केन्द्रीय विक्रय कर (CST) अधिनियम, 1956 के अन्तर्गत केन्द्र सरकार को भी बिक्री कर लगाने का अधिकार है, जिसे केन्द्रीय बिक्री कर कहते हैं।
- केन्द्र द्वारा दो राज्यों के बीच व्यापार पर केन्द्रीय बिक्री कर (Central Sales Tax, CST) लगाया जाता है।
- GST के लागू होने के बाद इसे समाप्त कर दिया गया तथा वर्तमान में यह 2% है।

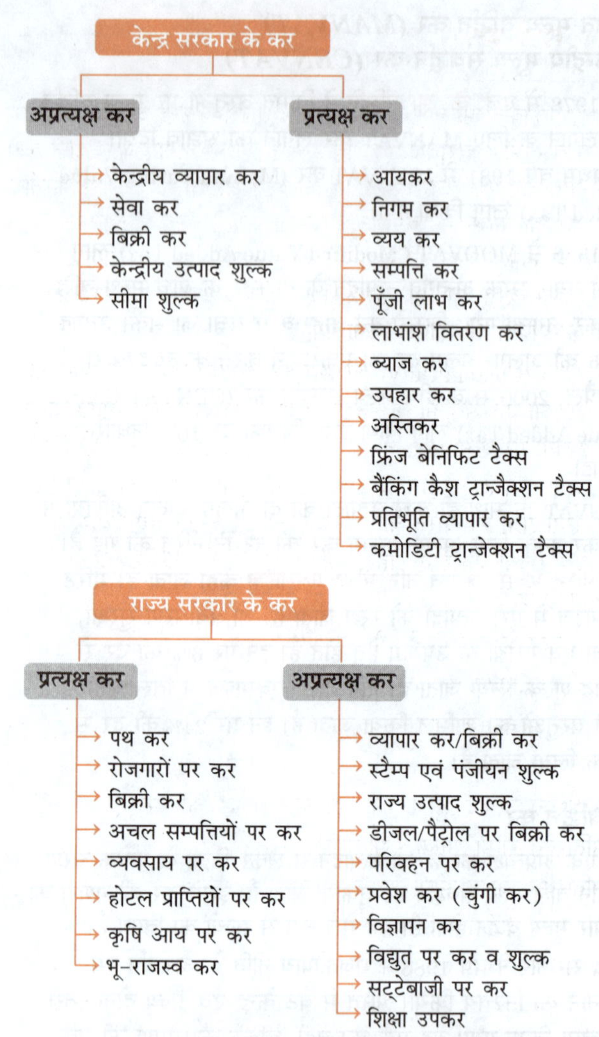

प्रत्यक्ष कर और अप्रत्यक्ष कर में अन्तर

अन्तर का आधार	प्रत्यक्ष कर	अप्रत्यक्ष कर
कराघात	यह व्यक्तियों या फर्मों पर लगाया जाता है।	यह वस्तुओं तथा सेवाओं पर लगाया जाता है।
भार का स्थानान्तरण	इसका भार दूसरों पर स्थानान्तरित नहीं किया जा सकता अर्थात् कराघात तथा कर का भार कर आरोपित व्यक्ति/फर्म पर ही होता है।	इसका भार दूसरों पर स्थानान्तरित किया जा सकता है अर्थात् कराघात तथा कर का भार भिन्न-भिन्न व्यक्तियों पर होता है; जैसे - विक्रेता वस्तु की कीमत में वृद्धि कर सकता है, ताकि क्रेता कर के भार को वहन करे।
प्रकृति	ये सामान्यत: प्रगतिशील प्रकृति के होते हैं।	इनकी प्रकृति आनुपातिक होती है।
क्षेत्र	इसका क्षेत्र सीमित होता है, अर्थात् इसकी पहुँच समाज के प्रत्येक वर्ग तक नहीं होती।	इनका क्षेत्र व्यापक होता है, क्योंकि ये समाज के सभी वर्गों को प्रभावित करते हैं।

वस्तु एवं सेवा कर (जीएसटी)

- यह एक एकीकृत अप्रत्यक्ष कर प्रणाली है, जिसमें केन्द्र व राज्य सरकारों के द्वारा वस्तुओं एवं सेवाओं पर विभिन्न चरणों में लगाए जाने वाले करों को समाप्त कर एकीकृत कर लगाने की व्यवस्था की गई है। इसे भारतीय कर सुधारों का सबसे महत्त्वपूर्ण सुधार माना गया है। एक ऐतिहासिक बदलाव के रूप में वस्तु एवं सेवा कर को 1 जुलाई, 2017 से लागू किया गया है। इसमें वस्तु एवं सेवा कर से 17 केन्द्रीय एवं राज्य कर तथा 22 प्रकार के उपकरों को शामिल किया गया है।
- सीमा शुल्क (Custom Duty) को छोड़कर केन्द्रीय एवं राज्य स्तर की सभी वस्तुओं एवं सेवाओं के सन्दर्भ में अप्रत्यक्ष करों को समाप्त करके इनके स्थानों पर एकसाथ (जीएसटी) (Goods and Service Tax) को लागू किया गया है। पेट्रोलियम पदार्थों को (जीएसटी) के दायरे से बाहर रखा गया है। भारत के संघीय ढाँचे को देखते हुए एकसाथ केन्द्र एवं राज्यों के लिए दोहरे (जीएसटी) को लागू किया गया है। यह कनाडा के उपभोग वैट मॉडल पर आधारित है।
- केन्द्र सरकार के कर जिन्हें जीएसटी में
  - केन्द्रीय उत्पादक शुल्क
  - उत्पाद शुल्क (दवाइयाँ एवं प्रसाधन पदार्थ)
  - अतिरिक्त उत्पाद शुल्क (विशेष महत्त्व की वस्तुएँ)
  - अतिरिक्त उत्पाद शुल्क (कपड़ा और कपड़े की वस्तुएँ)
  - अतिरिक्त सीमा शुल्क (सीवीडी)
  - अतिरिक्त विशेष सीमा शुल्क (एसएडी)
  - सेवा कर, बिक्री कर तथा प्रवेश कर
  - केन्द्रीय अधिभार एवं उपकर
  - राज्य सरकार के कर, जिन्हें जीएसटी में शामिल किया गया है
  - राज्य वैट (मूल्य वर्द्धित कर)
  - विलासिता कर (लक्जरी टैक्स)
  - क्रय कर, मनोरंजन कर, विज्ञापन कर
  - लॉटरी, सट्टेबाजी एवं जुए पर कर
  - राज्य अधिभार एवं उपकर

जीएसटी के स्वरूप/प्रारूप

- वस्तु एवं सेवा कर भारत में अप्रत्यक्ष कर सुधार की दिशा में स्वतन्त्रता के पश्चात् एक सराहनीय प्रयास है। वस्तु एवं सेवा कर अप्रत्यक्ष कर से सम्बन्धित है, जो वर्तमान में लगाए जाने वाले अनेक अप्रत्यक्ष करों को अपने में समाहित करता है।
- यह कुछ अपवादों को छोड़कर राष्ट्रीय स्तर पर एक कर एक देश की अवधारणा पर आधारित है, क्योंकि वर्तमान में देश में केन्द्रीय उत्पाद शुल्क, सीमा शुल्क, सीमा शुल्क का विशेष अतिरिक्त शुल्क तथा राज्य स्तर पर बिक्री कर, प्रवेश कर (एण्ट्री कर), मनोरंजन कर, विलासिता कर तथा लॉटरी, जुए एवं बेटिंग पर लगाए जाने वाले अनेक प्रकार के अप्रत्यक्ष कर आरोपित किए जाते हैं। इन सभी करों का जीएसटी में समावेश कर दिया गया है।
- जीएसटी प्रणाली के अन्तर्गत वस्तु एवं सेवा की खरीद पर दिए गए कर को उनकी सप्लाई के समय दिए जाने वाले कर के मुकाबले समायोजित कर दिया जाता है अर्थात् जीएसटी एक ऐसी सरलीकृत संरचना है, जो वस्तुओं के निर्माण पर या माल की बिक्री पर अथवा सेवाओं के प्रावधान पर, कर की वर्तमान व्यवस्था के स्थान पर और वस्तुओं की आपूर्ति पर लगाया जाता है।

वस्तु एवं सेवा कर की प्रमुख विशेषताएँ

- GST वस्तुओं एवं सेवाओं की आपूर्ति पर लागू होगा। यह एक गन्तव्य आधारित कर है।
- GST में तीन अंग होंगे-केन्द्रीय जीएसटी, राज्य जीएसटी और इण्टीग्रेटेड जीएसटी। केन्द्रीय जीएसटी और इण्टीग्रेटेड जीएसटी केन्द्र लागू करेगा। यह दोहरा कर होगा, जिसे केन्द्र एवं राज्यों द्वारा एकसाथ उभयनिष्ठ आधार पर लागू किया जाएगा।
- वस्तुओं तथा सेवाओं की अन्तर्राज्यीय आपूर्ति पर एक एकीकृत GST लागू किया गया। यह केन्द्र द्वारा एकत्र किया जाता है, जिससे क्रेडिट शृंखला में बाधा उत्पन्न न हो। वस्तुओं एवं सेवाओं के आयात को अन्तर्राज्यीय आपूर्ति माना जाएगा एवं यह लागू सीमा शुल्कों के अतिरिक्त (Integrated GST अर्थात् IGST)) एकीकृत GST के अधीन होगा।
- CGST, SGST एवं IGST उन दरों पर लागू किए जाएँगे, जिनकी अनुशंसा वस्तु एवं सेवा कर परिषद् द्वारा की जाएगी। केन्द्रीय वित्तमन्त्री इसके अध्यक्ष एवं सभी राज्यों के वित्तमन्त्री इसके सदस्य होंगे।
- CGST एवं SGST दोनों पर सामान्य प्रारम्भिक छूट सीमा लागू है। इसमें निर्यात की दर शून्य पाई जाती है।

जीएसटी परिषद्

- 101वें संविधान संशोधन अधिनियम, 2016 के द्वारा अनुच्छेद-279 (A)-1 में प्रावधान है कि राष्ट्रपति के द्वारा एक जीएसटी परिषद् का गठन किया जाएगा।
- परिषद् द्वारा विभिन्न राज्यों में वस्तुएँ एवं वैट की अलग-अलग दरें होने के पश्चात् भी सभी वस्तुएँ एवं सेवाओं को सुचारू रूप से विभिन्न स्तरों पर समायोजित किया गया है। परिषद् को एक सहकारी संघवाद के आदर्श रूप में प्रस्तुत किया गया है।

जीएसटी परिषद् की संरचना

- जीएसटी परिषद् की संरचना में केन्द्र एवं राज्यों के प्रतिनिधि शामिल होते हैं तथा यह परिषद् जीएसटी के लिए एक शीर्ष निकाय के रूप में कार्य करती है।
- इसमें केन्द्र व राज्यों से कुल मिलाकर 33 सदस्य होते हैं। केन्द्रीय वित्त मन्त्री अध्यक्ष तथा केन्द्रीय वित्त राज्य मन्त्री सदस्य होते हैं। इसके उपाध्यक्ष राज्य सरकारों के मन्त्रियों के बीच से निर्वाचित होते हैं।
- केन्द्रीय वित्त मन्त्री जीएसटी परिषद् के पदेन सभापति होते हैं। केन्द्रीय राजस्व सचिव जीएसटी परिषद् के पदेन सचिव होते हैं, जबकि परिषद् की समस्त कार्यवाही के लिए केन्द्रीय उत्पाद एवं सीमा शुल्क बोर्ड (CBEC) के अध्यक्ष अस्थायी सदस्य के रूप में शामिल होते हैं।

- जीएसटी परिषद् का निर्णय उपस्थित एवं मतदान के 75% भारित बहुमत (3/4 भारित बहुमत) होने के पश्चात् ही लिया जाता है।

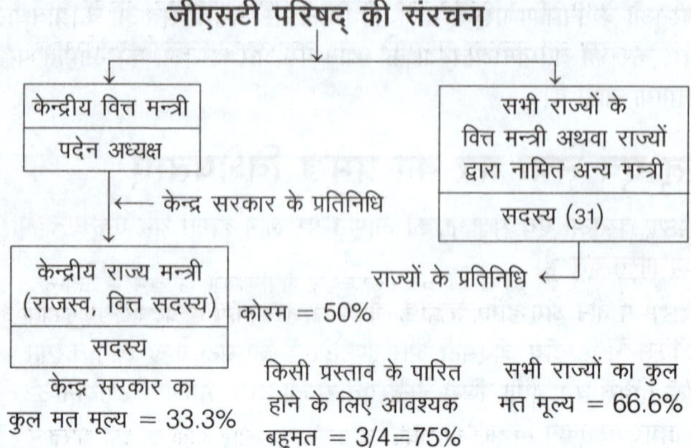

जीएसटी नेटवर्क

- GST की सम्पूर्ण प्रक्रिया को सरल एवं डिजिटल रूप में कार्य करने हेतु एक **GST Online Portal** का निर्माण केन्द्र एवं राज्य सरकारों के द्वारा किया गया है।
- इसे भारतीय आईटी कम्पनी **इन्फोसिस** (Infosys) के द्वारा तैयार किया गया है। इसमें केन्द्र एवं राज्य सरकार की कुल भागीदारी 49% (प्रत्येक 24.5%) है।

जीएसटी के प्रकार

जीएसटी प्रणाली के अन्तर्गत चार प्रकार की जीएसटी का प्रावधान किया गया है

केन्द्रीय जीएसटी

केन्द्रीय जीएसटी (C-GST) के अन्तर्गत केन्द्र सरकार द्वारा वस्तुओं एवं सेवाओं की आपूर्ति पर कर लगाए जाने व वसूल किए जाने का प्रावधान है।

राज्य जीएसटी

राज्य जीएसटी (SGST, एसजीएसटी) के अन्तर्गत वस्तुओं एवं सेवाओं पर राज्य सरकार द्वारा कर लगाए एवं वसूल किए जाएँगे।

एकीकृत जीएसटी

प्रस्तावित जीएसटी में एकीकृत जीएसटी (IGST) का प्रावधान है। आईजीएसटी अन्तर्राज्य वस्तुओं एवं सेवाओं पर लगाया जाने वाला कर है। यह कर केन्द्र सरकार द्वारा लगाया एवं वसूल किया जाएगा। आईजीएसटी के अन्तर्गत प्राप्त कर की राशि को राज्यों को होने वाले राजस्व क्षति की पूर्ति हेतु राज्यों में वितरित कर दिए जाने का प्रावधान है।

संघ राज्य क्षेत्र जीएसटी

वस्तु एवं सेवा कर प्रणाली के अन्तर्गत यूटीजीएसटी (UTGST) की व्यवस्था या प्रावधान उन केन्द्रशासित प्रदेशों के लिए है, जहाँ उनकी अपनी विधानसभाएँ नहीं हैं; जैसे—अण्डमान-निकोबार द्वीपसमूह, लद्दाख, लक्षद्वीप, दादरा एवं नगर हवेली और दमन एवं दीव। इन प्रदेशों में केन्द्र द्वारा कर लगाने व वसूले जाने का प्रावधान है।

जीएसटी से बाहर के कर

ऐसे कर जो जीएसटी के किसी भी प्रारूप में शामिल नहीं हैं, उनमें मानव उपभोग के लिए शराब, रियल एस्टेट, कच्चा तेल, पेट्रोल, प्राकृतिक गैस तथा दवाई एवं टरबाइन ईंधन पर कर शामिल हैं। ये सभी कर जीएसटी के दायरे से बाहर हैं तथा इन उत्पादों पर पूर्व में प्रचलित कर प्रणाली ही प्रचलित है।

जीएसटी के अन्तर्गत प्रचलित दरें			
5%	12%	18%	28%

ई-वे बिल

जीएसटी के अन्तर्गत शुरू किया गया ई. वे बिल (E-Way Bill) सिस्टम 1 अप्रैल, 2018 से सम्पूर्ण देश में लागू है। यह एक दस्तावेज है। जीएसटी की अधिनियम की धारा-68 के अन्तर्गत GST के अन्तर्गत ₹ 59000 से अधिक की वस्तु को 10 किमी से बाहर ले लाने वाले वाहन के लिए ई. वे बिल अनिवार्य है। यह वस्तुओं के अन्तर्राज्यीय हस्तान्तरण की स्थिति में जारी किया जाता है।

केन्द्र-राज्य के बीच वित्तीय सम्बन्ध

केन्द्र-राज्य के बीच वित्तीय सम्बन्धों की व्याख्या भारतीय संविधान के अनुच्छेद-264 से अनुच्छेद-293 के मध्य की गई है। इनमें राष्ट्रीय स्तर के विषयों/क्रियाकलापों पर कर लगाने का अधिकार केन्द्र सरकार को दिया गया है, जबकि राज्य स्तर के विषयों पर कर लगाने का अधिकार राज्यों को प्राप्त है।

कर राजस्व वितरण

- 80वाँ संविधान संशोधन अधिनियम, 2000 तथा 101वाँ संविधान संशोधन अधिनियम, 2016 के पश्चात् कर राजस्व के केन्द्र और राज्यों के बीच वितरण की स्थिति निम्न प्रकार है-
- वे कर, जो केन्द्र द्वारा लगाए जाते हैं, किन्तु जिनकी वसूली तथा उपयोग राज्यों द्वारा किया जाता है, वे निम्न हैं- स्टाम्प शुल्क, औषधि तथा प्रसाधनों पर उत्पादन शुल्क।
- यद्यपि ये संघीय सूची में सम्मिलित हैं तथा केन्द्रीय सरकार द्वारा ही आरोपित किए जाते हैं, किन्तु इन्हें राज्यों को संगृहीत करने व उपयोग करने हेतु अधिकार दिए गए हैं (अनुच्छेद 268)।
- वे कर, जो केन्द्र द्वारा आरोपित एवं संगृहीत किए जाते हैं, किन्तु जिनकी सम्पूर्ण राशि राज्यों को हस्तान्तरित कर दी जाती है, वे निम्न हैं-कृषि भूमि से भिन्न सम्पत्ति के सम्बन्ध में सम्पदा शुल्क, उत्तराधिकार शुल्क, रेल, समुद्र या वायु मार्ग द्वारा ले जाए जाने वाले माल तथा यात्रियों पर सीमा कर, रेल किराए तथा माल-भाड़े पर कर, समाचार-पत्रों से भिन्न माल के क्रय-विक्रय पर उस दशा में कर, जिसमें ऐसा क्रय या विक्रय अन्तर्राज्यीय व्यापार या वाणिज्य के दौरान होता है।
- इन करो को केन्द्रीय सरकार द्वारा आरोपित एवं संगृहीत किया जाता है, किन्तु इनका हस्तान्तरण उन राज्यों को कर दिया जाता है, जहाँ से ये संगृहीत किए जाते हैं (अनुच्छेद 269)।

- वे कर जो केन्द्र द्वारा आरोपित और संग्रहित किए जाते हैं तथा जीएस टी परिषद् की सिफारिश पर (संसद द्वारा निर्धारित विधि के तहत) केन्द्र और राज्यों के बीच विभाजित कर दिया जाता है। यथा - अन्तर राज्य व्यापार या वाणिज्य के दौरान हुई आपूर्ति पर वस्तु व सेवा कर। (अनुच्छेद 269 क)।
- वे कर, जो केन्द्र द्वारा आरोपित एवं संगृहीत किए जाते हैं तथा जिनका केन्द्र तथा राज्यों के मध्य बँटवारा किया जाता है। इसके अन्तर्गत संघ सूची में उल्लेखित सभी कर और शुल्क आते हैं। यथा-संविधान के अनुच्छेद 268, 269 व 269 क में वर्णित कर, किसी विशिष्ट उद्देश्य के लिए लगाया गया कोई सेस (अनुच्छेद 270)। इन करों और शुल्को की कुल प्राप्तियों के वितरण की प्रक्रिया राष्ट्रपति द्वारा वित्त आयोग की सिफारिश पर अनुशंसित की जाती हैं।

कुछ अन्य प्रकार के कर

सीमा समायोजन कर (Border Adjustment Tax, BAT)

यह ऐसा कर होता है, जो घरेलू उद्योगों को संरक्षण प्रदान करने के लिए अन्य देशों से आयातित वस्तुओं पर बन्दरगाह पर लेवी के शुल्क के अतिरिक्त लगाया जाता है। यह एक राजकोषीय उपाय होता है, जिसे कर के गन्तव्य सिद्धान्त के अनुसार वस्तुओं एवं सेवाओं पर लगाया जाता है।

पाइगोवियन कर (Pigovian Tax)

यह ऐसा कर होता है, जो बाजार की नकारात्मक गतिविधियों के क्रम में उत्पन्न नकारात्मक प्रभावों पर लगाया जाता है; जैसे—वाहन उपयोग से प्रदूषण पर लगाया जाने वाला कर।

खरीद (क्रय) कर (Purchase Tax)

यह कर व्यापारियों/उत्पादकों द्वारा की गई खरीद पर लागू होता है, इसे भारत में राज्यों द्वारा वसूला जाता था। सामान्यतः यह विक्रेता द्वारा किया गया और सम्बन्धित राज्य को दिया गया कर होता है। वर्तमान में यह जीएसटी के अन्तर्गत।

टोबिन टैक्स (Tobin Tax)

इसे अमेरिकी अर्थशास्त्री और नोबेल पुरस्कार विजेता जेम्स टोबिन (1918-2002) द्वारा प्रस्तावित किया गया था। विदेशी मुद्रा लेन-देन (विनिमय हेतु प्रस्तावित इस कर का उद्देश्य अस्थिर सट्टेबाजी को हतोत्साहित करना है।

सामान्य परिवर्जन-रोधी नियम (General Anti-Avoidance Rules-GAAR)

यह ऐसी व्यवस्था है, जिसमें कर बचाने के उद्देश्य से किए गए विदेशी निवेश पर कर लगाया जाता है। इस प्रणाली में कर से बचाने वाले उपायों को समाप्त करने का प्रावधान होता है। इसे वित्त मन्त्रालय के राजस्व विभाग के द्वारा तैयार किया गया है। भारत एकमात्र ऐसा देश है, जो कर बचाने के उपायों को समाप्त करना चाहता है।

सिन कर (Sin Tax)

यह ऐसा कर है, जो व्यक्तिगत रूप से तथा समाज के लिए हानिकारक वस्तुओं एवं सेवाओं पर लगाया जाता है; जैसे—एल्कोहॉल, तम्बाकू, सॉफ्ट ड्रिंक आदि पर लगाया जाने वाला कर।

मूल्यानुसार कर (Advalorem Tax)

जब किसी वस्तु अथवा सेवा पर लगाए गए कर को मौद्रिक मूल्य पर निर्धारित किया जाता है, तो उसे मूल्यानुसार कर कहते हैं।

विशिष्ट कर परिवर्जन-रोधी नियम (Specific Anti-Avoidance Rules-SAAR)

अर्थशास्त्रियों के द्वारा यह अनुमान लगाया गया है कि GAAR के नियम से भविष्य में इसके दुरुपयोग होने की सम्भावना हो सकती है। अतः GAAR के स्थान पर SAAR को लगाया जाना चाहिए।

एन्जल कर (Angle Tax)

जब कोई स्टार्टअप कम्पनी (गैर-सूचीबद्ध कम्पनियाँ जिनके शेयर स्टॉक मॉर्किट में खरीदने के लिए उपलब्ध नहीं हैं) भारत में निवेशकों से अपने शेयर के निर्गमन में निवेश पाते हैं, तो निवेश का वह भाग, जो उनके शेयरों के फेयर मार्केट वैल्यू से अधिक हो, तो उस आधिक्य को अन्य स्रोतों से आय मानी जाएगी उस पर जो कर देय होगा, उसे ही एंजल कर कहते हैं। भारत में इसे 2012 में शुरू किया गया, तथा केन्द्रीय बजट 2024 में घोषित किया गया कि स्टार्ट अप इको सिस्टम के विकास को बढ़ावा देने हेतु वित्त वर्ष 2025-26 से ऐन्जल टैक्स को समाप्त कर दिया जाएगा।

वित्त आयोग

- भारतीय संविधान के अनुच्छेद-280 (1) के अनुसार, राष्ट्रपति द्वारा प्रत्येक पाँचवें वर्ष या उससे पहले भी वित्त आयोग (Finance Commission) का गठन किया जा सकता है।
- प्रथम वित्त आयोग का गठन के. सी. नियोगी की अध्यक्षता में किया गया था। वित्त आयोग में एक अध्यक्ष तथा चार अन्य सदस्य सहित कुल पाँच सदस्य होते हैं।

वित्त आयोग के कार्य

- केन्द्र व राज्यों के बीच बाँटे जा सकने वाले करों के सम्बन्ध में राष्ट्रपति को सिफारिश करना। कर राजस्व, राज्यों के बीच किस आधार पर बाँटा जाए, इसकी सिफारिश करना।
- भारत में संचित निधि बढ़ाने के सम्बन्ध में सिफारिश करना।
- केन्द्र से राज्यों को किए जाने वाले करों का भागीदारी अनुदान, समग्र हस्तान्तरण के सम्बन्ध में आवश्यक सिफारिश करना।
- पंचायतों व नगर निगम की वित्तीय समस्याओं को दूर करने के लिए राज्यों की संचित निधि को बढ़ाने के सम्बन्ध में सिफारिश करना।
- राष्ट्रपति के द्वारा माँगे गए किसी अन्य मुद्दों व परामर्शो के सम्बन्ध में सिफारिश करना।

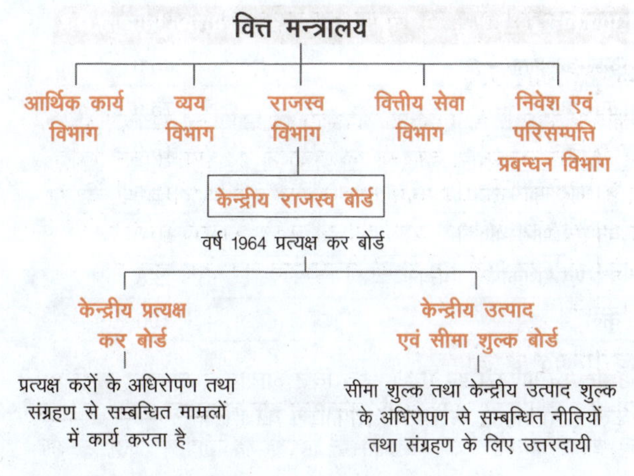

14वाँ वित्त आयोग

- संविधान के अनुच्छेद-280 में प्रदत्त शक्तियों के अन्तर्गत सरकार ने 2 जनवरी, 2013 को 14वें वित्त आयोग का गठन किया।
- इस आयोग की अध्यक्षता रिजर्व बैंक के पूर्व गवर्नर डॉ. वाई. वी. रेड्डी को सौंपी गई, और इसमें चार अन्य सदस्यों के साथ प्रो. अभिजीत सेन इसके अंशकालिक सदस्य थे।
- 14वें वित्त आयोग ने 24 फरवरी, 2015 को अपनी रिपोर्ट सरकार को सौंपी। इस रिपोर्ट में केन्द्र तथा राज्यों के मध्य वित्तीय प्रबन्धन की प्रक्रिया तथा प्रवृत्तियों को स्पष्ट करते हुए विभिन्न सिफारिशें की गई हैं।
- 14वें वित्त आयोग की रिपोर्ट में कर हस्तान्तरण सम्बन्धी सिफारिश लागू होने पर राज्यों को वित्त वर्ष 2015-16 में ₹ 5.26 लाख करोड़ प्राप्त हुए।

15वाँ वित्त आयोग

- 27 नवम्बर, 2017 को योजना आयोग के पूर्व सदस्य एन. के. सिंह की अध्यक्षता में 15वें वित्त आयोग के गठन की घोषणा की गई। इस बारे में जारी अधिसूचना के अनुसार, अजय नारायण झा पूर्व मुख्य आर्थिक सलाहकार, अशोक लाहिड़ी व जॉर्ज टाउन विश्वविद्यालय में प्रोफेसर अनूप सिंह इस आयोग के पूर्णकालिक सदस्य बनाए गए।
- 15वें वित्त आयोग की अवधि 1 अप्रैल, 2020 से 31 मार्च, 2025 तक होनी थी, लेकिन दो नए केन्द्रशासित प्रदेश बनने के कारण वार्षिक रिपोर्ट (2020-21) बनाई गई। इस कारण इस वित्त आयोग की अवधि अब वर्ष 2021-2026 होगी।
- 15वें वित्त आयोग ने दो रिपोर्ट-वित्तीय वर्ष 2020-21 के लिए पहली रिपोर्ट तथा 2021-22 से 2025-26 तक की अवधि के लिए अन्तिम रिपोर्ट प्रस्तुत की। इसकी प्रमुख सिफारिशें निम्नलिखित हैं
  - लम्बीय/ऊर्ध्वाधर हस्तान्तरण आयोग ने सिफारिश की है कि राज्यों को केन्द्र सरकार के निवल कर राजस्व से 41% की हिस्सेदारी होनी चाहिए। 14वें वित्त आयोग द्वारा 42% की सिफारिश की गई थी।
  - क्षैतिज हस्तान्तरण आवश्यकता, बराबरी, प्रदर्शन के सिद्धान्त के आधार पर निर्धारित

मानदण्ड	भारांक प्रतिशत में
आय का अन्तर	45.0
जनसंख्या	15.0
क्षेत्रफल	15.0
जनसांख्यिकीय (2011 की जनगणना)	12.5
वन एवं पारिस्थितिकी	10.0
कर एवं राजकोषीय प्रबन्धन	2.5
कुल	100

- अनुदान (ग्राण्ट्स इन एड) 15वें वित्त आयोग ने अनुदान के लिए कुल ₹ 1033062 करोड़ की सिफारिश की है।
- स्थानीय निकाय आयोग ने 2021-26 की अवधि के स्थानीय निकायों को कुल ₹ 436361 करोड़ अनुदान की सिफारिश की है। इनमें ₹ 8000 करोड़ नए शहरों को निष्पादन के आधार पर ₹ 236805 करोड़ ग्रामीण स्थानीय निकायों तथा ₹ 121055 करोड़ शहरी स्थानीय निकायों के लिए पूर्व निश्चित होगी और ₹ 70051 करोड़ एक स्थानीय निकायों के लिए स्वास्थ्य अनुदान होगी।
- राजस्व घाटा अनुदान 15वें वित्त आयोग ने राज्यों को राजस्व घाटा अनुदान ₹ 294514 करोड़ देने की सिफारिश की है।
- आपदा जोखिम प्रबन्धन इस आयोग ने आपदा प्रबन्धन विधियों के सम्बन्ध में केन्द्र व राज्यों के बीच लागत-साझाकरण पैटर्न को बनाए रखने की सिफारिश की है। इसमें हिमालयी राज्यों के लिए 90 : 10 तथा अन्य सभी राज्यों के लिए 75 : 25 के अनुपात का प्रावधान है।
- क्षेत्र-विशिष्ट अनुदान इस आयोग द्वारा राज्यों को 8 क्षेत्रों के लिए लगभग ₹ 1.3 लाख करोड़ के अनुदान की सिफारिश की गई है।
- राज्य-विशिष्ट अनुदान इस आयोग ने राज्य विशिष्ट अनुदान के लिए सिफारिश की है, जिसमें सामाजिक आवश्यकताएँ, प्रशासनिक गवर्नेन्स तथा बुनियादी ढाँचा, जल एवं स्वच्छता, पर्यटन आदि शामिल हैं।

16वाँ वित्त आयोग

- राष्ट्रपति ने 31 दिसम्बर, 2023 को 16वें वित्त आयोग के गठन को मंजूरी दी। इसके अध्यक्ष के रूप में नीति आयोग के पहले उपाध्यक्ष रह चुके अरविन्द पनगढ़िया को नियुक्त किया गया।
- वित्त आयोग के अन्य चार सदस्यों में तीन पूर्णकालिक- अजय नारायण झा (पूर्व व्यय सचिव व 15वें वित्त आयोग के सदस्य), ऐनी जॉर्ज मैथ्यू (पूर्व विशेष सचिव व्यय विभाग), निरंजन राजाध्यक्ष (अर्थ ग्लोबल के कार्यकारी निदेशक) तथा एक अंशकालिक सदस्य - सौम्य कांति घोष (भारतीय स्टेट बैंक के समूह मुख्य आर्थिक सलाहकार) शामिल हैं।
- यह आयोग अपनी रिपोर्ट 1 अप्रैल, 2026 से शुरू होने वाली 5 वर्ष की अवधि के लिए 31 अक्टूबर, 2025 तक प्रस्तुत करेगी।

रंगराजन समिति

योजना आयोग ने **डॉ. सी. रंगराजन** की अध्यक्षता में सरकारी व्यय के दक्ष प्रबन्धन के सम्बन्ध में सुझाव देने के लिए एक उच्चस्तरीय विशेषज्ञ समिति गठित की थी, जिसने अपनी रिपोर्ट सितम्बर, 2011 में सौंप दी। इसकी महत्त्वपूर्ण संस्तुतियाँ निम्न प्रकार हैं

- सार्वजनिक व्यय के सम्बन्ध में आयोजन तथा आयोजन भिन्न अन्तर को समाप्त करना और बजट व्यवस्था को उत्पादन एवं परिणामों के साथ जोड़कर सरकारी व्यय प्रबन्धन के दृष्टिकोण में मूलभूत परिवर्तन लाना।
- राज्यों में क्रियान्वित हो रहे केन्द्रीय कार्यक्रमों, उप-कार्यक्रमों तथा योजनाओं के लिए एकसमान करों के साथ एक नवीन बहुआयामी बजट तथा लेखाकरण की शुरुआत करना।
- सभी नई योजनाओं के लिए 12वीं योजना से सम्पूर्ण राजकोषीय मोड में रूपान्तरण।
- क्रय-शक्ति समानता सम्बन्धी परियोजनावार, क्षेत्रवार तथा मन्त्रालयवार सूचना उपलब्ध कराई जाएगी।
- राजस्व पूँजी वर्गीकरण को बनाए रखने पर समायोजित राजस्व घाटा।

कर सुधार सम्बन्धी समितियाँ

- करारोपण जाँच समिति भारत में वर्ष 1953 में जॉन मथाई की अध्यक्षता में करारोपण जाँच समिति का गठन किया गया।
    - इसका गठन केन्द्र, राज्य तथा स्थानीय प्राधिकरणों से सम्बद्ध करारोपण से सम्बन्धित सभी समस्याओं पर विचार करने, कर प्रणाली का भार, स्फीति नियन्त्रण आदि के लिए किया गया था।
    - इसने वस्तु करारोपण पर बल, प्रत्यक्ष करों की प्रगतिशीलता पर बल, भूमि पर कर के सम्बन्ध में कर आधार विवेकीकरण तथा मूल्य के परिवर्तनों के साथ जोड़ने पर बल दिया।
- कर सुधार समिति वर्ष 1956 में निकोलस फेल्डार की अध्यक्षता में कर सुधार समिति का गठन किया गया। इसका गठन प्रत्यक्ष करारोपण पर विचार करने हेतु किया गया था।
    - इन्होंने कर आधार के प्रसार के लिए निवल सम्पत्ति पर वार्षिक कर, पूँजी लाभ कर, उपहार कर तथा व्यय कर लगाने आदि का सुझाव दिया।
- कर प्रशासन सुधार समिति वर्ष 1968 में महावीर त्यागी की अध्यक्षता में कर प्रशासन सुधार समिति का गठन किया गया। इसका गठन कर अपवंचन की समस्या पर विचार करने के लिए किया गया था।
    - इस समिति ने करदाताओं को स्थायी खाता संख्या देने की सिफारिश की, जिसे वर्ष 1972 से लागू किया गया। इससे पहले, वर्ष 1959 में महावीर त्यागी की अध्यक्षता में राजकोषीय ढाँचे पर विचार करने के लिए गठित किया गया था। इन्होंने राजकोषीय ढाँचे को अधिक प्रभावपूर्ण बनाने का सुझाव दिया।
- प्रत्यक्ष कर जाँच समिति वर्ष 1970 में के. एन. वान्चू की अध्यक्षता में एक प्रत्यक्ष कर जाँच समिति का गठन किया गया।
    - इनके प्रमुख कार्य मुख्यत: काले धन को बाहर निकालना, निगम कर के अन्तर्गत विभिन्न देय रियायतों के सम्बन्ध में विचार करना, कर प्रशासन के सुधार पर विचार करना इत्यादि थे।
    - इस समिति ने वर्ष 1972 में अपनी रिपोर्ट पेश की। इस समिति ने वर्तमान नियन्त्रण एवं लाइसेन्सिंग प्रणाली और परमिट की पद्धति को काले धन के सृजन का कारण बताया तथा कर की सीमान्त दर में कटौती का सुझाव दिया।
    - वर्ष 1968 में रेशनलाइजेशन सिम्पलीफिकेशन ऑफ द टैक्स स्ट्रक्चर के सम्बन्ध में वान्चू समिति का गठन किया गया। इसका गठन कर ढाँचे को सरल बनाने के उद्देश्य से किया गया था।
    - इन्होंने राष्ट्रीय आय में परिवर्तनों के अनुरूप अनुक्रिया के लिए सामान्य उत्पादन शुल्क की अवधारणा की सिफारिश की।
- कृषि सम्पत्ति और आय पर करारोपण समिति वर्ष 1972 में के. एन. राज की अध्यक्षता में कृषि सम्पत्ति और आय पर करारोपण समिति का गठन किया गया।
    - इसका गठन कृषि क्षेत्र के आर्थिक विकास के लिए अतिरिक्त संसाधनों की गतिशीलता, कृषि आय तथा सम्पत्ति के सम्बन्ध में करारोपण के परीक्षण हेतु किया गया था।
    - इस समिति ने कृषि जोत कर, कृषि और गैर-कृषि आय पर कर की दर निर्धारित करने हेतु आयकर, अधिभार सम्पत्ति कर तथा उपहार कर को एकसाथ करने पर बल देने का सुझाव दिया।
- प्रत्यक्ष करारोपण सुधार समिति प्रत्यक्ष करारोपण पर विचार करने हेतु सी. सी. चोक्सी की अध्यक्षता में वर्ष 1978 में प्रत्यक्ष करारोपण सुधार समिति का गठन किया गया। इन्होंने रिटर्न फाइल करने सम्बन्धी सुझाव दिया।
- पार्थ सारथी सोम समिति कर वर्ष 2014 में कर प्रशासन सुधार एवं प्रत्यक्ष कर सुधार हेतु पार्थ सारथी सोम की अध्यक्षता में एक समिति का गठन किया गया था।
- आर. वी. ईश्वर समिति वर्ष 2015 में प्रत्यक्ष कर सुधार के सम्बन्ध में आर. वी. ईश्वर की अध्यक्षता में एक समिति का गठन किया गया। इन्होंने आयकर सम्बन्धी नियमों को सरल बनाने का सुझाव दिया।
- चेलैया समिति देश में कर ढाँचे में सुधार पर सुझाव देने हेतु वर्ष 1991 में प्रो. राजा चेलैया की अध्यक्षता में एक समिति गठित की गई थी।
    - समिति द्वारा अन्तिम रिपोर्ट जनवरी, 1993 में सरकार को सौंपी गई। समिति की अधिकांश सिफारिशों को सरकार ने बजट, 1993-94 में सम्मिलित कर लिया।

केलकर समिति

- केलकर समिति देश में प्रत्यक्ष एवं अप्रत्यक्ष करों में सुधार के सम्बन्ध में सुझाव देने हेतु गठित केलकर समिति ने अपनी रिपोर्ट दिसम्बर, 2002 में सरकार को सौंपी। इस समिति की मुख्य सिफारिशों में शामिल हैं
    - वैयक्तिक आयकर छूट की सीमा बढ़ाकर ₹ 1 लाख करना।
    - आयकर की केवल 2 दरें लागू करना।
    - आयकर पर अधिभार की समाप्ति।
    - आयकर छूट को समाप्त करना।
    - वरिष्ठ नागरिकों एवं विधवाओं को कर राहत।
    - निगम कर की दर को 36.5% से घटाकर 30% करना।
    - MAT को सामाप्त करना।
    - उत्पाद शुल्क व सीमा शुल्क की संरचना में परिवर्तन करना।
    - सेवा कर के दायरे में विस्तार करना आदि।
- एम. के. गुप्ता आयोग वस्तु एवं सेवा कर के साथ उत्पाद शुल्क एवं सेवा कर के समन्वय हेतु एकसमान कर संहिता (Common Tax Code) के निर्माण के लिए सरकार ने अप्रैल, 2012 में श्री एम. के. गुप्ता की अध्यक्षता में एक आयोग गठित किया।
    - समान कर संहिता का निर्माण इस प्रकार किया जाता है, जिससे भारत के संवैधानिक ढाँचे के अन्तर्गत उसे लागू किया जा सके।
- प्रत्यक्ष कर मामलों हेतु उच्चस्तरीय समिति प्रत्यक्ष कर से सम्बन्धित मामले को सुलझाने हेतु वित्त मन्त्रालय ने 20वें विधि आयोग के अध्यक्ष न्यायमूर्ति ए. पी. शाह की अध्यक्षता में 20 मई, 2015 को एक उच्चस्तरीय समिति का गठन किया।
- इस समिति का गठन विदेशी संस्थागत निवेशकर पर न्यूनतम वैकल्पिक कर (मैट) से सम्बन्धित विवाद को निपटाने के तरीके सुझाने के लिए किया गया था। यह तीन सदस्यीय समिति थी, जिसमें अध्यक्ष के अतिरिक्त डॉ. गिरीश आहूजा और डॉ. अशोक लहरी इसके सदस्य हैं।

कर प्रशासन सुधार आयोग

- कर-सुधारों के क्षेत्र में एक प्रमुख पहल करते हुए, केन्द्र सरकार ने 26 अगस्त, 2013 को कर क्षेत्र विशेषज्ञ व वित्त मन्त्री के सलाहकार पार्थ सारथी सोम की अध्यक्षता में कर प्रशासन सुधार आयोग (Tax Administration Reform Commission) गठित किया।
- इस आयोग का कार्यकाल 18 माह निर्धारित किया गया। इसमें अध्यक्ष सहित कुल सात सदस्य होंगे।
- आयोग के अध्यक्ष को राज्य मन्त्री का दर्ज़ा दिया गया। इस आयोग के प्रस्तावित कार्य निम्नलिखित रहे
- वैश्विक व्यवहार के सन्दर्भ में कर-कानूनों (Tax-Laws) की समीक्षा करना और सम्बन्धित प्रशासन के सुचारू संचालन हेतु संगणनात्मक ढाँचे में सुधार हेतु सरकार को सलाह देना।
- कर आधार को व्यापक बनाने हेतु सुझाव देना व मौजूदा करदाताओं की बढ़ोतरी की प्रक्रिया की समीक्षा करना।
  - कर विवाद निपटान की मौजूदा प्रणाली की समीक्षा करना।
  - केन्द्रीय प्रत्यक्ष कर बोर्ड (CBDT, Central Board of Direct Taxes), उत्पाद व सीमा शुल्क बोर्ड (CBEC, Central Board of Excise and Customs), प्रवर्तन निदेशालय (ED) आदि विभिन्न एजेंसियों के बीच सूचना बाँटने की प्रणाली को सुदृढ़ बनाने हेतु उपाय सुझाना।
  - कर प्रबन्धन से सम्बन्धित-कर्मचारियों की (Tax Management) भर्ती, क्षमता-बढ़ोतरी, सतर्कता, मानव संसाधन का उत्तरदायित्व व प्रदर्शन के स्तर का आकलन करना।
  - नीतिगत स्तर पर बेहतर फैसलों के सम्बन्ध में सिफारिश करना।
  - करदाताओं को दी जाने वाली सेवाओं व करदाता साक्षरता कार्यक्रम (Taxpayer Literacy Programme) में सुधार के उपाय बताना।

काला धन

- काला धन (Black Money) अवैध रूप से प्राप्त की गई वह आय है, जिस पर कर अदा करने से बचने के लिए सरकार को सूचित नहीं किया जाता है।
- इस प्रकार की अर्थव्यवस्था थर्ड वर्ल्ड और फर्स्ट वर्ल्ड की अनेक अर्थव्यवस्थाओं में पाई जाती है।
- यह एक नकद आधारित व्यवस्था है, जिसका लेन-देन गोपनीय अकाउण्ट बुक में रखा जाता है। इस आय को रीयल एस्टेट, गोल्ड अथवा देश के बाहर जमा किया जाता है। देश के बाहर इस तरह की गोपनीय जमाएँ स्विट्जरलैण्ड, लक्जमबर्ग आदि देशों में जमा की जाती हैं।
- यह आय वितरण में असमानता लाता है। एक निश्चित वेतन पाने वाले जो कर भुगतान करते हैं, सदैव अपने को निम्न आय वर्ग में पाते हैं। भारत में केवल 3 करोड़ लोग कर अदा करते हैं।
- एक बड़े स्तर पर काले धन की मौजूदगी से देश स्तर पर न तो नीतियों का सफल क्रियान्वयन हो पाता है और न ही त्रुटिरहित विश्लेषण। उदाहरण के लिए, बचत-आय अनुपात, राष्ट्रीय आय का विश्लेषण आदि। ऐसे में आर्थिक अनुमान, अनुमान आधारित ही हो पाते हैं।
- काले धन से मार्केट में माँग अधिक हो जाने पर अर्थव्यवस्था को तकनीकी मुद्रास्फीति का सामना करना पड़ता है।

काला धन की जाँच हेतु गठित एसआईटी (SIT)

- नरेन्द्र मोदी सरकार ने 27 मई, 2014 को एक महत्त्वपूर्ण फैसला लेते हुए विदेशों में जमा कुछ भारतीयों के काले धन की जाँच करने के लिए एक स्पेशल इन्वेस्टिगेशन टीम (Special Investigation Team, SIT) का गठन किया। इस SIT के अध्यक्ष सुप्रीम कोर्ट के सेवानिवृत न्यायाधीश जस्टिस एम. बी. शाह और उपाध्यक्ष सुप्रीम कोर्ट के सेवानिवृत न्यायाधीश जस्टिस अरिजित पसायत हैं।
- इस उच्चस्तरीय SIT के सदस्यों में रॉ, आईबी (IB), सीबीआई (CBI) के निदेशक, खुफिया राजस्व निदेशालय के सचिव, रिज़र्व बैंक के डिप्टी गवर्नर, सीबीडीटी के चेयरमैन, नारकोटिक्स कण्ट्रोल ब्यूरोरेवेन्यू इण्टेलिजेन्स के महानिदेशक, वित्त खुफिया इकाई के निदेशक शामिल हैं।

काले धन के सन्दर्भ में उठाए गए प्रमुख कदम

काले धन के सन्दर्भ में सरकार द्वारा उठाए गए प्रमुख कदम निम्न हैं

- प्रधानमन्त्री जन-धन योजना इसके अन्तर्गत सभी लोगों को बैंकों से जोड़ा गया है अर्थात् इस योजना के अन्तर्गत सभी का बैंक खाता होना अनिवार्य बनाया गया। इसका उद्देश्य अप्रत्यक्ष रूप से वित्तीय लेन-देन को नियन्त्रित करना भी है।
- कर सन्धियों की पुनः वार्ता तथा स्वतः सूचना विनिमय समझौता यह विदेशों में जमा काले धन को लाने के लिए दोहरा कर अपवंचन सन्धि के अन्तर्गत अनेक देशों के द्वारा किया गया समझौता है। वर्ष 2017 में इसके माध्यम से देश काले धन की जमा की सूची देने पर सहमत हुए।
- विदेशी कालाधन और इम्पोजिशन ऑफ टैक्स एक्ट, 2015 विदेशों में जमा काले धन के सम्बन्ध में काला धन और इम्पोजिशन ऑफ टैक्स एक्ट, 2015 को संसद में पारित किया गया। 1 जुलाई, 2015 से विदेश से होने वाली आय तथा सम्पत्ति के मूल्यांकन के नियमों को लागू किया गया। इसके अन्तर्गत विदेशी सम्पत्ति से होने वाली आय को छुपाने तथा कर चोरी पर 10 वर्ष की सजा का प्रावधान किया गया। इसके अन्तर्गत दोषी को सेटलमेण्ट कमीशन के पास जाने की अनुमति नहीं होगी तथा अघोषित सम्पत्ति की आय पर अधिकतम दर से कर लगाने का प्रावधान किया गया।
- इनकम डिक्लेरेशन स्कीम, 2016(1) यह स्कीम जून, 2016 से 30 सितम्बर, 2016 तक प्रभावी रही। इसके अन्तर्गत काला धन का खुलासा करने वाले व्यक्ति को 45% कर देना था। इसके साथ ही व्यक्ति का नाम गुप्त रखने का प्रावधान किया गया। इससे सरकार को ₹ 70 हजार करोड़ के काले धन की जानकारी प्राप्त हुई।
- इनकम डिक्लेरेशन स्कीम, 2016(2) इस स्कीम की घोषणा 26 नवम्बर, 2016 को की गई। इसके माध्यम से अघोषित आय या काले धन पर अधिक जुर्माना लगाया गया। इसमें नकदी पर 50% कर, जुर्माना तथा उपकर लगाने का प्रावधान किया गया तथा इसमें यह भी प्रावधान किया गया कि निर्धारित तिथि के बाद राशि को घोषित करने पर 85% तक

अधिभार तथा जुर्माना लगाया जाएगा। आय को छुपाने या गलत रिपोर्ट देने पर 200% की दर लगाने की व्यवस्था की गई।

- **रियल स्टेट आयकर में संशोधन** इसके अन्तर्गत रियल एस्टेट में ₹ 20 हजार से अधिक के नकद लेन-देन को प्रतिबन्धित किया गया। साथ ही इससे अधिक के लेन-देन पर 20% के जुर्माने का प्रावधान किया गया तथा एक लाख की सम्पत्ति की खरीददारी और बिक्री पर पैन (PAN) देना अनिवार्य बनाया गया।
- **आधार क्षय एवं लाभ स्थानान्तरण** (Base Erosion and Profit Shifting, BSPS) यह एक कर अपवंचन की रणनीति है, जिसके अन्तर्गत बहुराष्ट्रीय कम्पनियाँ योजनाबद्ध तरीके से कर नियमों के अन्तराल एवं बेमेलता का गलत लाभ उठाती हैं और यह प्रदर्शित करती हैं कि उनको कम लाभ हुआ है, जिससे वे कर देने की स्थिति में नहीं हैं। आधार क्षय एवं लाभ स्थानान्तरण (BEPS) विकासशील देशों की मुख्य विशेषता है, क्योंकि यहाँ की सरकारें निगम कर पर अधिक निर्भर होती हैं, जिस कारण निगम कर की दर उच्च होती है। अत: बहुराष्ट्रीय कम्पनियाँ **कर वंचन** के लिए बाध्य होती हैं। G-20 देश इसे रोकने हेतु प्रभावी रणनीति बनाने के लिए अग्रसर हैं।
- **बेनामी लेन-देन संशोधन विधेयक, 2015** देश में काले धन पर रोक लगाने से सम्बन्धित बेनामी लेन-देन संशोधन विधेयक, 2015 लोकसभा से 13 मई को एवं राज्यसभा से 15 मई, 2015 को पारित कर दिया गया। इसके अन्तर्गत बेनामी सम्पत्ति को कुर्क और जब्त करने के प्रावधानों को भी शामिल किया गया। इसका उद्देश्य बेनामी सम्पत्ति को अवरुद्ध करना है, जो रियल एस्टेट में काले धन का मुख्य कारण है। इसके अन्तर्गत विदेशों में काला धन छिपाने पर 7 वर्ष तक की सजा का प्रावधान किया गया। नए कानून के अन्तर्गत रिटर्न फाइल में देरी व सम्पत्ति की जानकारी छिपाने पर 7 वर्ष तक की सजा का प्रावधान किया गया।

टैक्स हेवेन्स

- टैक्स हेवेन्स (Tax Haven) ऐसे देश या क्षेत्र होते हैं, जहाँ कोई कर अदा नहीं करना होता है या अन्य देशों की अपेक्षा कर की दर न्यूनतम होती है। इन देशों द्वारा काला धन जमा करने वालों के प्रति अत्यधिक गोपनीयता बरती जाती है।
- ये देश विदेशी नागरिकों को यह सुविधा देते हैं कि वे देश में रहकर जो व्यापार करेंगे या वहाँ के उद्योगों में या अन्य रूप में विनियोग करेंगे उस पर उनको कर नहीं देना होगा अथवा रियायती दर पर कर देना होगा।
- विश्व के प्रमुख टैक्स हेवेन्स देश हैं—स्विट्जरलैण्ड, बरमूडा, लिन्चेस्तीन, सेण्ट किट्स एवं नेविस, एण्टीगुआ, लक्जमबर्ग, बारबाडोस, केनरी द्वीप, कुक द्वीप, साइप्रस, माल्टा, समोआ, ग्रेनेडा तथा जिब्राल्टर आदि।

राउंड ट्रिपिंग

- यह एक ऐसी वित्तीय क्रिया है जिसके तहत एक कम्पनी अपनी परिसम्पत्तियों को दूसरी कम्पनी को बेच देती है तथा पुन: उसे वापस क्रय कर लेती है। इस तरह के कार्य करने के लिए शेल (मुखौटा) कम्पनियों का सहारा लिया जाता है।

- **मनी-लाउण्डरिंग (कानून)** भारत में मनी-लाउण्डरिंग वर्ष 2002 में अधिनियमित किया गया था, लेकिन इसमें 3 बार संशोधन (2005, 2009 और 2012) किया जा चुका है।
- **मनी-लाउण्डरिंग (संशोधन)**, 2009 में आतंकवादी गतिविधियों के लिए काले धन के प्रयोग पर निगरानी के उपाय किए गए हैं। वित्तीय लेन-देन में मध्यस्थता करने वाले धन अन्तरण सेवा प्रदाताओं; जैसे—वेस्टर्न यूनियन, इण्टरनेशनल पेमेण्ट गेटवेज के अतिरिक्त वीजा एवं मास्टर कार्ड को भी उसके दायरे में लाया गया है। मनी-लाउण्डरिंग संशोधन अधिनियम, 2012 में अपराधों की सूची में धन को छुपाना, अधिग्रहण, कब्जा और धन का आपराधिक (क्रिमिनल) कार्यों में उपयोग करना आदि को शामिल किया गया है।
- **मुखबिर इनाम योजना** भारत सरकार द्वारा 1 जून, 2018 को इस योजना की शुरुआत की गई। इसके अन्तर्गत बेनामी प्रॉपर्टी की जानकारी देने पर ₹ 1 करोड़ तक इनाम देने की बात कही गई है। यद्यपि सम्पूर्ण सम्पत्ति का कुल 5% तक इस योजना में इनाम दिए जाने की घोषणा की गई है।
- **कराधान कानून (संशोधन) अधिनियम** यह अधिनियम 13 अगस्त, 2021 को पारित किया गया अर्थात् राष्ट्रपति द्वारा सहमति प्रदान की गई। इसमें विदेश से होने वाले भारतीय परिसम्पत्ति के किसी भी अप्रत्यक्ष हस्तान्तरण के लिए वित्त अधिनियम, 2012 के अन्तर्गत आयकर अधिनियम की धारा-9 में किए गए संशोधन के आधार पर भविष्य में कर माँग नहीं उठाए जाने के उद्देश्य से आयकर अधिनियम, 1961 में संशोधन किया गया है। इसमें शामिल कुछ महत्त्वपूर्ण प्रावधान निम्न हैं
  - 28 मई, 2012 से पहले विदेश में किए गए भारतीय परिसम्पत्तियों के अप्रत्यक्ष हस्तान्तरण के कर माँग को कुछ निर्दिष्ट शर्तों पर रद्द करना। शर्तों में लम्बित मुकदमे को वापस लेने और लागत, नुकसान, ब्याज आदि के लिए दावा नहीं किए जाने की स्थिति में निर्धारित शर्तों को पूर्ण करना।
  - निर्धारित शर्तों को पूर्ण करने पर भुगतान/एकत्रित की गई राशि को बिना ब्याज के वापस करना। कर सम्बन्धी निश्चितता लाना, एक बार निर्दिष्ट शर्तों को पूर्ण करने के पश्चात् आयकर से जुड़ी लम्बित कार्यवाही को वापस लेना आदि।

फ्यूजिटिव इकोनॉमिक ऑफेण्डर्स (FEO) / भगोड़ा आर्थिक अपराधी अधिनियम, 2018

- यह उन आर्थिक अपराधियों की सम्पत्ति जब्त करने का प्रयास करता है, जो आपराधिक मुकदमें का सामना करने से बचने के लिए देश छोड़ चुके हैं या अभियोजना का सामना करने के लिए देश लौटने से इंकार करते हैं।
- **भगोड़ा आर्थिक अपराधी** वह व्यक्ति होता है, जिसके विरुद्ध अधिनियम में सूचीबद्ध अपराध करने के लिए वारण्ट जारी किया गया है और अपराध का मूल्य कम-से-कम ₹ 100 करोड़ है।
- भगोड़ा आर्थिक अपराधी की घोषणा, आवेदन पर सुनवाई के पश्चात् एक विशेष अदालत किसी व्यक्ति को भगोड़ा आर्थिक अपराधी घोषित कर सकती है। यह भारत अथवा विदेश में अपराधी की आय, बेनामी सम्पत्ति और किसी भी अन्य सम्पत्ति को जब्त कर सकती है। जब्ती के पश्चात्, सम्पत्ति के सभी अधिकार और शीर्षक केन्द्र सरकार में निहित होंगे।

"

भारतीय अर्थव्यवस्था में कृषि तथा सम्बद्ध क्षेत्रों को प्राथमिक क्षेत्र के अन्तर्गत शामिल किया गया है। कृषि से सम्बद्ध क्षेत्रों में कृषि, पशुपालन, मत्स्यपालन एवं बागवानी आदि शामिल हैं।

अध्याय बारह

कृषि एवं खाद्य प्रबन्धन

भारतीय कृषि

- विश्व के मात्र 2.4% क्षेत्र से विश्व की आबादी के लगभग 17.5% लोगों का भरण-पोषण हो रहा है। वर्तमान समय में भारत खाद्यान्न उत्पादन में आत्मनिर्भर है।
- जनगणना, 2011 के अनुसार, देश की आबादी की 54.6% जनसंख्या कृषि एवं इससे सम्बद्ध गतिविधियों से जुड़ी हुई है। आर्थिक समीक्षा 2024-25 के अनुसार, भारतीय कृषि क्षेत्र लगभग 46.1% आबादी को आजीविका सहायता प्रदान करता है।
- कृषि एवं इससे सम्बन्धित क्षेत्रों में हुए विकास के साथ-साथ नए क्षेत्रों; जैसे—एग्री वेयरहाउसिंग, कोल्ड चेन, सप्लाई चेन, डेयरी, पोल्ट्री, मत्स्यन, बागवानी आदि में रोजगार के साथ-साथ स्वरोजगार के भी अवसर बढ़ रहे हैं।
- आजादी के समय भारत के सकल घरेलू उत्पाद (जीडीपी) में कृषि तथा इससे सम्बद्ध क्षेत्रों का योगदान 55.4% था, जो आर्थिक समीक्षा 2024-25 के अनुसार, वर्तमान मूल्यों पर 16% हो गया है।
- कृषि क्षेत्र का भारत की राष्ट्रीय आय में महत्त्वपूर्ण योगदान है। आर्थिक समीक्षा 2023-24 के अनुसार, भारत के सकल घरेलू उत्पाद में चालू कीमतों पर इसकी हिस्सेदारी 16% है। वर्तमान मूल्यों पर समग्र जीवीए में वित्त वर्ष 2024 में इसकी हिस्सेदारी 17.7% है।
- भारत के प्रमुख उद्योगों को कच्चा माल कृषि से ही प्राप्त होता है; जैसे-सूती और पटसन वस्त्र उद्योग, चीनी, वनस्पति आदि उद्योग प्रत्यक्ष रूप से कृषि पर निर्भर हैं। कृषि क्षेत्र ही खाद्य प्रसंस्करण उद्योगों को कच्चा माल उपलब्ध कराता है।

भारतीय कृषि का स्वरूप

- भारतीय कृषि स्वरूप में कई विभिन्नताओं को अपने अन्दर समेटे हुए है, जिनमें से कुछ प्रमुख निम्नलिखित हैं
  - निम्न उत्पादकता।
  - लघु जोत का आकार।
  - कृषि क्षेत्र में बेरोजगारी का आधिक्य।
  - भू-स्वामी और काश्तकार के मध्य संघर्ष।
  - निर्वाह खेती की विद्यमानता।
  - वर्षा पर अत्यधिक निर्भरता।
  - खेती में तकनीक का नगण्य प्रयोग।
  - आधुनिक कृषि आगतों का अभाव।
  - खेती के कई भागों में विभाजन की समस्या।
  - कृषि उत्पादन में क्षेत्रीय विषमता।

भारतीय कृषि का विकास

- विगत पाँच वर्षों में कृषि क्षेत्र ने स्थिर कीमतों पर 5% की औसत वार्षिक वृद्धि दर दर्ज की है। न्यूनतम समर्थन मूल्य (एमएसपी) के माध्यम से सुनिश्चित लाभकारी मूल्य, फसल विविधीकरण को सक्षम करना, डिजिटलीकरण एवं यन्त्रीकरण को बढ़ावा देना, जैविक और प्राकृतिक खेती के माध्यम से टिकाऊ प्रथाएँ अपनाने को प्रोत्साहित करना तथा उत्पादकता बढ़ाने पर ध्यान केन्द्रित करने के रूप में सरकार द्वारा की गई पहलों और उपायों का इस क्षेत्र पर सकारात्मक प्रभाव पड़ा है।
- 2024-25 के अन्तिम अनुमानों के अनुसार, कृषि क्षेत्र की वृद्धि दर 3.5% रही, जो कि वर्ष 2022-23 के 4.7% से कम है।

पंचवर्षीय योजनाएँ एवं भारतीय कृषि क्षेत्र

पंचवर्षीय योजना	विवरण
पहली पंचवर्षीय योजना (1951-56)	इस योजना में देश में खाद्य संकट को दूर करने के उद्देश्य से कृषि क्षेत्र को प्राथमिकता दी गई। कुल राजस्व आवण्टन का 31% कृषि क्षेत्र को प्रदान किया गया। परिणामत: औसत वार्षिक उत्पादन 67 लाख टन रहा, जबकि लक्ष्य 62 लाख टन का था। इस योजना में कृषि में कुल वृद्धि दर 2.71% रही थी।
दूसरी पंचवर्षीय योजना (1956-61)	इसमें कुल व्यय का 20% भाग कृषि को आवण्टित किया गया। परिणामत: उत्पादकता में कमी आई।
तीसरी पंचवर्षीय योजना (1961-66)	इस योजना में पुन: कृषि को विशेष प्राथमिकता दी गई। इस योजना में गहन कृषि कार्यक्रम के अन्तर्गत कृषि जिला कार्यक्रम (District Agriculture Programme) एवं अधिक उपज वाली किस्मों पर विशेष ध्यान दिया गया, किन्तु भयंकर सूखे के कारण यह योजना पूर्ण रूप से सफल नहीं रही।
चौथी पंचवर्षीय योजना (1969-74)	इस योजना में कृषि क्षेत्र में अनुसन्धान तथा विज्ञान एवं प्रौद्योगिकी के उपयोग पर विशेष बल दिया गया। इसमें कुल योजना व्यय का 22% कृषि क्षेत्र को आवण्टित किया गया।
पाँचवीं पंचवर्षीय योजना (1974-79)	इस योजना में कुल परिव्यय का 15% कृषि क्षेत्र को आवण्टित किया गया। यद्यपि पहली पंचवर्षीय योजना से पाँचवीं पंचवर्षीय योजना तक (तीसरी योजना को छोड़कर) वास्तविक उत्पादन लक्ष्य से अधिक ही रहा। इस योजना में खाद्यान्न उत्पादन का लक्ष्य 1520 लाख टन रखा गया था, जबकि उत्पादन लक्ष्य से अधिक (1840 लाख टन) हुआ। फलस्वरूप इस स्थिति को कुछ विद्वानों ने 'द्वितीय हरित क्रान्ति' की संज्ञा दी।
छठी पंचवर्षीय योजना (1980-85)	इसमें हरित क्रान्ति का दूसरा चरण शुरू हुआ। इसके अन्तर्गत कृषि क्षेत्र में निवेश एवं प्रबन्धन (Investment and Management) पर अधिक बल दिया गया।
सातवीं पंचवर्षीय योजना (1985-90)	इसमें कपास को छोड़कर सभी फसलों का उत्पादन लक्ष्य से अधिक रहा।
आठवीं पंचवर्षीय योजना (1992-97)	इसमें कृषि क्षेत्र में विकास दर 4.7% रही।
नौवीं पंचवर्षीय योजना (1997-2002)	यह योजना कृषि के सम्बन्ध में असफल मानी जाती है। इस दौरान कृषि क्षेत्र में विकास दर मात्र 2.06% रही।
दसवीं पंचवर्षीय योजना (2002-07)	इसमें राष्ट्रीय कृषि नीति, 2000 को अपनाया गया। इस नीति में मृदा स्वास्थ्य (Soil Health) एवं जल जैसे संसाधनों के प्रबन्धन पर विशेष ध्यान दिया गया। इस योजना में कृषि क्षेत्र की वार्षिक विकास दर 2.4% रही।
ग्यारहवीं पंचवर्षीय योजना (2007-12)	इसमें कृषि उत्पादकता में वृद्धि, रोजगार सृजन, भूमि पर जनसंख्या दबाव कम करने तथा ग्रामीण क्षेत्रों में असमानता को कम करने जैसे महत्त्वपूर्ण लक्ष्य निर्धारित किए गए। इस योजना में कृषि में 4% वृद्धि का वार्षिक लक्ष्य निर्धारित किया गया।
बारहवीं पंचवर्षीय योजना (2012-17)	इसके दृष्टिकोण-पत्र में कृषि क्षेत्र में 4% वार्षिक विकास दर का लक्ष्य रखा गया। इसमें खाद्य कृषि उत्पाद में वार्षिक वृद्धि 2% एवं गैर-खाद्य कृषि उत्पाद में वार्षिक वृद्धि 6.5% का लक्ष्य रखा गया।

भारतीय कृषि क्षेत्र की समस्याएँ

परम्परागत दृष्टिकोण भारतीय किसान आज भी परम्परागत तरीके से खेती करते हैं और खेती को केवल जीवन-निर्वाह का साधन मानते हैं।

वित्त का अभाव भारतीय कृषि की एक बड़ी समस्या वित्त का अभाव होना है। किसानों को अल्पकालीन एवं दीर्घकालीन वित्त की आवश्यकता होती है, जिससे वे अपनी आवश्यकताओं; को पूर्ण करने हेतु जैसे—बीज, उर्वरक, कीटनाशक, ट्रैक्टर थ्रेसर आदि को खरीद कर उनका उपयोग कर सकें।

छोटी एवं बिखरी आकार की जोतें भारत के सभी राज्यों में चकबन्दी न होने से जोतों का बिखराव (फैलाव) अधिक है और इनका आकार भी छोटा है, जिसके कारण फसल उत्पादन में लागत अधिक लगती है।

सिंचाई साधन के स्थायी स्रोतों का अभाव भारत में खेती मुख्यत: वर्षा पर आधारित है और प्राकृतिक वर्षा का अधिकतर पानी बिना किसी तटबन्ध के नदियों में बह जाता है।

कृषि में मशीनीकरण का निम्न प्रयोग भारतीय कृषि में मशीनों का बहुत कम प्रयोग होता है, जिससे उत्पादन लागत पर अधिक प्रभाव पड़ता है और उत्पादन भी कम होता है।

सुसंगत विपणन (बाजार) प्रणाली का अभाव कृषि उत्पादों के लिए एक सुसंगत विपणन प्रणाली का अभाव है। छोटे किसान अपने उत्पादों को कम कीमत पर स्थानीय मण्डियों में बेचते हैं, जिससे उन्हें अपनी फसल का उचित व सम्पूर्ण मूल्य प्राप्त नहीं होता है और उन्हें (किसान) हानि उठानी पड़ती है।

कृषि भूमि की उत्पादकता में कमी लगातार खेती करने से कृषि भूमि की उत्पादकता में कमी आने लगती है। अत: भूमि की उर्वरा शक्ति को बढ़ाने के लिए जैविक खाद या प्राकृतिक जीवांश से परिपूर्ण खाद का प्रयोग करना चाहिए, जिससे भूमि की उर्वरा शक्ति बढ़ जाए।

पर्याप्त भण्डारण और परिवहन की सुविधा का न होना भारतीय किसानों के पास पर्याप्त भण्डारण की सुविधा नहीं होती है, जिससे वे अपने उत्पादों को कम कीमत में बेचने पर विवश होते हैं। भारत में परिवहन के पर्याप्त साधन न होने से विभिन्न प्रकार के अनाजों, फलों व सब्जियों का परिवहन एक राज्य से दूसरे राज्यों में नहीं हो पाता है। इसके अभाव में उत्पादकों को अधिक लाभ नहीं मिल पाता है, जिससे कृषकों की आय निम्न स्तर की बनी रहती है।

फसल अवशेष प्रबन्धन भारत में हरियाणा, पंजाब, उत्तर प्रदेश तथा राष्ट्रीय राजधानी क्षेत्र दिल्ली में किसानों के फसल अवशेष के प्रबन्धन की भी समस्या है।

कृषि के कुछ प्रमुख प्रकार

प्राकृतिक खेती

- प्राकृतिक खेती के अन्तर्गत प्रकृति व पर्यावरण के साथ सामंजस्य स्थापित कर कृषि उत्पादन को बनाए रखना है, जिससे कृषि में प्रयुक्त होने वाले रसायनों को इसके उत्पादन से बाहर रखा जा सके। इस प्रकार की कृषि जलवायु के अनुकूल होती है तथा इस प्रणाली में पानी की भी कम आवश्यकता होती है।
- सामान्यतया यह निम्न पद्धतियों पर आधारित होती है।
    - बायोमास मल्चिंग (Biomas mulching) पर विशेष बल
    - खेतों में बायोमास पुनर्चक्रण
    - आवधिक मृदा वातन और सभी संश्लिष्ट रासायनिक सामग्री के प्रयोग को रोकना
- भारत में प्राकृतिक खेती को भारतीय प्राकृतिक कृषि पद्धति (बीपीकेपी) कार्यक्रम द्वारा बढ़ावा दिया जा रहा है। भारतीय प्राकृतिक कृषि पद्धति कार्यक्रम परम्परागत कृषि विकास योजना के अन्तर्गत एक उप-मिशन है।
- पारम्परिक स्वदेशी प्रथाओं को बढ़ावा देना, जो किसानों को बाहरी रूप से खरीदे गए इनपुट से आजादी देते हैं। यह योजना मुख्य रूप से सभी सिन्थेटिक रासायनिक आदानों के बहिष्करण पर ध्यान केन्द्रित करती है।

झूम कृषि

कृषि कार्य करने की वह विधि है, जिसमें पहले किसी स्थान का चुनाव करना, फिर वृक्ष काटकर साफ करना और आग लगाकर मैदान को कृषि कार्य के लिए तैयार करना, झूम कृषि कहलाती है, कुछ समय के बाद नए स्थान को कृषि के लिए चुना जाता है। भारत के पूर्वोत्तर राज्यों में मध्य प्रदेश, केरल आदि में झूम कृषि प्रणाली प्रचलित है।

मिश्रित कृषि

कृषि उत्पादन के साथ पशुपालन करना, मिश्रित कृषि का उदाहरण है, परन्तु एक सामान्य शर्त यह है कि द्वितीयक क्रिया से कुल आय का 10% कम से कम प्राप्त होना चाहिए।

बारानी कृषि

खेती की ऐसी प्रणाली, जिसमें सिंचाई कार्य पूर्ण रूप से वर्षा पर निर्भर होता है। इस प्रकार की कृषि में सिंचाई किसी भी कृत्रिम सिंचाई पर निर्भर नहीं होती है।

जैविक कृषि

- ऐसी कृषि, जिसमें संश्लेषित उर्वरकों एवं कीटनाशकों का न्यूनतम प्रयोग किया जाता है। इस कृषि के अन्तर्गत जैविक अथवा प्राकृतिक खाद के प्रयोग पर अधिक बल दिया जाता है। सिक्किम भारत का पहला पूर्ण जैविक राज्य बन गया है।
- जैविक कृषि में भूमि की उर्वरा शक्ति को बनाए रखने के लिए हरी खाद, कम्पोस्ट और फसल चक्र आदि का ध्यान रखा जाता है। जैविक कृषि करने से धारणीय कृषि जैव-विविधता संरक्षण एवं पर्यावरण संरक्षण को बढ़ावा मिलता है।

सहकारी कृषि

- भूमि के अपखण्डन की समस्या का एक और उपाय सहकारी कृषि (Cooperative Farming) है। इसके सहारे न केवल जोत उपविभाजन और विखण्डन की समस्या का स्थायी समाधान सम्भव है, बल्कि इससे कृषि की अनेक समस्याएँ भी हल की जा सकती हैं।
- सहकारी कृषि से आशय उस कृषि प्रणाली से है, जिसके अन्तर्गत कृषि क्षेत्र के भूमिधर कृषक स्वेच्छा से अपनी जमीनें एक में मिलाकर संयुक्त रूप से खेती करते हैं।
- इस प्रक्रिया में कृषक अपनी जमीन के मालिक बने रहते हैं। सहकारी व्यवस्था में केवल जमीनों को आपस में मिलाकर कृषि की जाती है।
- सहकारी व्यवस्था के अन्तर्गत कृषि का कार्य संयुक्त रूप से सदस्यों द्वारा योजनानुसार किया जाता है। सदस्यों को उनके कार्य के बदले में मजदूरी तथा उनकी भूमि के बदले में लाभांश प्रदान किया जाता है।

अनुबन्धित कृषि

- अनुबन्धित कृषि के अन्तर्गत कृषि उत्पादन का क्रेता किसानों के साथ किसी फसल उत्पाद को उगाने व उससे खरीदने का अनुबन्ध करता है।
- इस प्रकार का अनुबन्ध किसान एवं किसी संस्था तथा कम्पनी के मध्य होता है। इसमें कम्पनी अथवा संस्था किसान से उसके फसल उत्पाद को किसी पूर्व निर्धारित निश्चित मूल्य पर अथवा बाजार मूल्य पर खरीदती है।

कृषि क्षेत्र में निविष्टियाँ

कृषि में सुधार, कृषि की दीर्घावधि वृद्धि का मुख्य कारण है। अत: कृषि की वृद्धि हेतु प्रौद्योगिकी, गुणवत्ता पूर्ण बीजों के उपयोग, उर्वरक, वित्तीय सुविधाएँ, कीटनाशक, सूक्ष्म पोषक तत्त्वों व सिंचाई सहित कई कारक महत्त्वपूर्ण भूमिका निभाते हैं। इनसे सम्बन्धित महत्त्वपूर्ण कारकों का विवरण निम्नलिखित है

बीज

- उन्नत बीज कृषि उत्पादकता और उत्पादन बढ़ाने के लिए अत्यन्त महत्त्वपूर्ण निविष्टियों में से एक है। अन्य कृषि निविष्टियाँ; जैसे—उर्वरक, कीटनाशक और सिंचाई की प्रभावोत्पादकता बड़े स्तर पर बीज के द्वारा निर्धारित होती हैं।
- बीज गुणवत्ता का उत्पादकता में योगदान अनुमानत: 20-25% पाया जाता है। अत: यह आवश्यक है कि किसानों को गुणवत्तापूर्ण बीज उपलब्ध कराए जाएँ।

राष्ट्रीय बीज मिशन

- तेजी से विकसित हो रहे बीज क्षेत्र की चुनौतियों से निपटने के लिए बड़े परिवर्तन और उन्नयन तथा गुणवत्तापूर्ण बीजों के विस्तृत उपयोग को सुनिश्चित करने की आवश्यकता है। तद्नुसार बारहवीं योजना अवधि में एक राष्ट्रीय बीज मिशन (National Seed Mission) शुरू किया गया।
- इसकी मंजूरी अप्रैल, 2012 में दी गई थी। हालाँकि वर्तमान में इस सम्बन्ध में कोई स्पष्ट मिशन नहीं है।

- कृषि विकास के संवर्द्धन में बीज क्षेत्र के महत्त्व को देखते हुए मौजूदा बीज अधिनियम, 1966 को कृषि मन्त्रालय द्वारा उपयुक्त विधान के अन्तर्गत प्रतिस्थापित किए जाने का प्रस्ताव प्रस्तुत किया गया है।
- फसलों के प्रमाणित बीजों के उत्पादन एवं वितरण को प्रोत्साहित करने के उद्देश्य से वर्ष 1963 में राष्ट्रीय बीज निगम तथा वर्ष 1969 में स्टेट फॉर्मर्स कारपोरेशन ऑफ इण्डिया की स्थापना की गई।
- राष्ट्रीय बीज अनुसन्धान एवं प्रशिक्षण केन्द्र वाराणसी (उत्तर प्रदेश) को 1 अप्रैल, 2001 से प्रभावी केन्द्रीय बीज प्रशिक्षण एवं रेफरल प्रयोगशाला के रूप में अधिसूचित किया गया। राष्ट्रीय बीज अनुसन्धान एवं प्रशिक्षण केन्द्र को स्थापित करने का प्राथमिक उद्देश्य केन्द्रीय बीज परीक्षण एवं रेफरल प्रयोगशाला के रूप में कार्य करने के लिए अलग से राष्ट्रीय बीज गुणवत्ता नियन्त्रण प्रयोगशाला बनाना तथा बीज गुणवत्ता के क्षेत्र में मानव संसाधन विकास के रूप में कार्य करना है।

जल एवं सिंचाई प्रणाली का प्रयोग

- भारतीय कृषि मानसून पर आधारित है। जलवायु परिवर्तन से मानसून विचलन बढ़ रहा है, इसलिए भारत में कृषि उत्पादकता की वृद्धि के लिए जल एवं सिंचाई की सुदृढ़ प्रणाली अत्यन्त आवश्यक है। देश में (वर्तमान) उपलब्ध जल स्रोतों का लगभग 80% भाग कृषि क्षेत्रों में प्रयोग किया जाता है।
- भारत में शुल्क सिंचित क्षेत्र का भाग देश के कुल बुआई किए गए क्षेत्र का लगभग 55% है। इन सिंचित क्षेत्रों में लगभग 24.54% भाग नहरों द्वारा तथा लगभग 65% भाग भू-जल द्वारा सिंचित है।
- कृषि क्षेत्र में सिंचित दक्षता को बढ़ावा देने के लिए भारत सरकार द्वारा 1 जुलाई, 2015 को प्रधानमन्त्री कृषि सिंचाई योजना प्रारम्भ की गई।
- सूक्ष्म सिंचाई के लिए राज्यों को संसाधन पूर्ति के लिए नाबार्ड के अन्तर्गत सूक्ष्म सिचाई कोष की स्थापना की गई। यह कोष पीएमएसवाई का एक अवयव है।

सिंचाई परियोजनाओं का वर्गीकरण

छोटी सिंचाई परियोजना	2000 हेक्टेयर तक कृषि भूमि
मध्यम सिंचाई परियोजना	2000-10000 हेक्टेयर तक कृषि भूमि
बड़ी सिंचाई परियोजना	10000 हेक्टेयर से अधिक कृषि भूमि

डायवर्सन-आधारित सिंचाई प्रणाली

- मध्य प्रदेश के बड़वानी और खरगोन जिलों के पहाड़ी और उतार-चढ़ाव वाले क्षेत्रों में, आगा खान ग्रामीण सहायता कार्यक्रम (एकेआरएसपी) ने डायवर्सन-आधारित सिंचाई (डीबीआई) प्रणालियों के विकास की पहल की है।
- ये प्रणालियाँ धाराओं से कृषि क्षेत्रों में पानी को मोड़ने के लिए गुरुत्वाकर्षण प्रवाह का उपयोग करती हैं। 2016 से अब तक 13 डीबीआई सिस्टम चालू हो चुके हैं, जिससे 111 हेक्टेयर भूमि सिंचाई के अन्तर्गत आ गई है और 93 किसानों को लाभ हुआ है।
- इन सिस्टम की लागत-प्रभावी प्रकृति, जिसके लिए प्रति रनिंग मीटर लगभग 300 रुपये की आवश्यकता होती है, उन्हें पहाड़ी इलाकों में सिंचाई कवरेज बढ़ाने के लिए एक व्यवहार्य समाधान बनाती है।

कीटनाशक दवाएँ

- भारतीय कृषि क्षेत्रों में कीटों, बीमारियों एवं खरपतवारों के कारण किसानों के कृषि उत्पादन की लगभग 12% से 22% उत्पादित फसलें नष्ट या क्षतिग्रस्त हो जाती हैं। इसके बचाव के लिए फसलों में कीटनाशकों का प्रयोग किया जाता है।
- भारत में कीटनाशकों की खपत 0.6 किग्रा/हेक्टेयर है, जबकि यूके में यह 6-7 किग्रा/हेक्टेयर तथा चीन में 13 किग्रा/हेक्टेयर है।

कृषि क्षेत्र में मशीनीकरण

- कृषि क्षेत्र में मशीनीकरण से तात्पर्य कृषि में मशीनों के अधिकाधिक प्रयोग से है। परम्परागत खेती (जिसमें प्राकृतिक संसाधनों तथा पारम्परिक उपकरणों का प्रयोग किया जाता है।) में मनुष्यों और पशुओं के श्रम का प्रयोग होता था। कृषि में मशीनीकरण से श्रम और समय की बचत होती है तथा फसल की उत्पादन लागत में कमी और किसानों की आय में बढ़ोतरी होती है।
- विकसित देशों में श्रम के अभाव एवं पूँजी की पर्याप्तता के कारण यन्त्रीकरण का प्रयोग अधिक होता है, वहीं विकासशील देशों में श्रम की अधिकता के कारण मशीनीकरण का प्रयोग कम होता है, जिससे किसानों की आय का स्तर भी बढ़ता है।
- भारत सरकार द्वारा कृषि क्षेत्र की आवश्यकता को देखते हुए वर्ष 2014-15 में मशीनीकरण से सम्बन्धित सब-मिशन ऑन एग्रीकल्चर मेकनाइजेशन (Sub-mission on Agricultural Mechanization) को प्रारम्भ किया गया।
- अमेरिका में सकल घरेलू उत्पाद में कृषि क्षेत्र का योगदान 5.6 है एवं पूर्ण रूप से मशीनीकरण हो चुका है। भारत में सकल घरेलू उत्पाद में कृषि क्षेत्र का योगदान लगभग 16% तथा रोजगार हेतु प्रत्यक्ष व अप्रत्यक्ष रूप से निर्भरता लगभग 46% एवं कृषि मशीनीकरण वर्ष 2023-24 तक लगभग 48% ही हुआ है।

उर्वरक

- हरित क्रान्ति के पश्चात् भारत में उर्वरकों के उपयोग में वृद्धि हुई है। उर्वरकों के उपयोग से भूमि की उर्वरा शक्ति को बढ़ावा मिलता है, जिससे वर्ष में एक या एक से अधिक फसलों का उत्पादन किया जा सकता है।
- उर्वरकों के लिए अक्टूबर, 2018 में प्रत्यक्ष लाभ हस्तान्तरण (DBT) प्रणाली शुरू की गई। उर्वरक प्रत्यक्ष लाभ हस्तान्तरण प्रणाली के अन्तर्गत उर्वरकों की विभिन्न श्रेणियों पर 100% तक सब्सिडी फुटकर व्यापारियों द्वारा लाभार्थियों हेतु की गई।
- भारत अपनी यूरिया आवश्यकता के 80% भाग की पूर्ति स्वदेशी उत्पादन से कर रहा है, लेकिन अपनी फॉस्फेट तथा पोटाश उर्वरक आवश्यकताओं हेतु आयात पर निर्भर है।
- यूरिया, फॉस्फेट तथा पोटाश उर्वरकों के 21 ग्रेड तथा NP K (नाइट्रोजन, फॉस्फोरस तथा पोटाश) सम्मिश्रित उर्वरकों के 15 ग्रेड किसानों को सब्सिडी प्राप्त मूल्यों पर उपलब्ध कराए जाते हैं।
- उर्वरकों (Fertilisers) के पोषक तत्त्व पर आधारित सब्सिडी (NBS) नीति वर्ष 2011 में कार्यान्वित हुई थी।

- उर्वरक उत्पादन में चीन के बाद विश्व में भारत का दूसरा स्थान है।
- भारत में उर्वरक की प्रति हेक्टेयर खपत में पंजाब पहले स्थान पर है।
- भारत में उर्वरकों की सबसे अधिक खपत उत्तर प्रदेश (5628 टन) में होती है। भारत ने दिसम्बर 2024 तक 7045.08 हजार-टन (एन.पी.के.) उर्वरक का आयात किया।
- किसान वास्तविक लागत का केवल 25% से 40% भुगतान करते हैं और शेष लागत सरकार द्वारा सब्सिडी के रूप में वहन की जाती है, जिसकी प्रतिपूर्ति विनिर्माताओं/आयातकों को की जाती है।
- वर्ष 2012 में सरकार ने स्वदेशी क्षमता में बढ़ोतरी करने, आयात निर्भरता में कमी एवं सब्सिडियों में बचत के लिए 'नई निवेश नीति' को अधिसूचित किया।

नैनो उर्वरक

- नैनो यूरिया को सफलतापूर्वक अपनाने के बाद **बजट 2024-25** के अनुसार, देश में सबसे अधिक उपयोग किया गया उर्वरक नैनो डीएपी के अनुप्रयोग का विस्तार किया जा रहा है।
- नैनो टेक्नोलॉजी आधारित ये तरल उर्वरक अपने ठोस पूर्ववर्तियों से कहीं बेहतर है। नाइट्रोजन/फॉस्फेट उपयोग दक्षता 70-80% अधिक है तथा फसल उत्पादकता 8-15% अधिक पाई जाती है।

नई यूरिया नीति, *2015*

- नई यूरिया नीति को 13 मई, 2015 को अनुमति प्रदान की गई।
- इसका प्रमुख उद्देश्य स्वदेशी यूरिया उत्पादन और यूरिया की प्रौद्योगिकी का विकास करना, जिससे इसकी लागत में लगने वाली ऊर्जा दक्षता को कम किया जा सके।
- इसके अन्तर्गत किसानों की यूरिया पर निर्भरता कम करना और किसानों को समय पर इसकी आपूर्ति करना शामिल था।
- इस नीति के अन्तर्गत घरेलू क्षेत्र में कार्यरत 31 ऊर्जा इकाइयों को अधिक ऊर्जा दक्ष बनाने और सब्सिडी बोझ को कम करने या युक्तिसंगत बनाने के लिए प्रोत्साहन देना है।
- नई यूरिया नीति को 1 अप्रैल, 2019 से अगले आदेश तक बढ़ाया गया, हालाँकि इसमें वे प्रावधान शामिल नहीं थे, जिन्हें पहले ही 28 मार्च, 2018 की समसंख्यक अधिसूचना के माध्यम से संशोधित किया गया था।

जैविक-उर्वरक

- जैव-उर्वरकों (Biofertilizers) में राइजोबियम प्रजाति के जीवाणु, जो दलहनी फसलों की जड़ों में पाए जाते हैं, का प्रयोग विभिन्न दलहनी फसलों में अच्छी संख्या की उपस्थिति के लिए किया जाता है।
- ये वायुमण्डलीय नाइट्रोजन का मृदा में संस्थापन करते हैं। राष्ट्रीय जैव-उर्वरक विकास केन्द्र (भारत सरकार) गाजियाबाद, उत्तर प्रदेश में स्थित है।

फर्टीगेशन

इस विधि से फसल को पोषक तत्त्व सिंचाई के माध्यम से दिए जाते हैं। फर्टीगेशन में 25% उर्वरक की बचत होती है।

फसलों का वर्गीकरण

फसलों को उनके उपभोग, प्रतिरूप, उत्पादन प्रणाली तथा आर्थिक उद्देश्य के आधार पर निम्न भागों में विभाजित किया गया है

खाद्यान्न फसल

- खाद्यान्न फसलें (Cereal Crops) सम्पूर्ण विश्व में भरण-पोषण का प्रमुख आधार है। खाद्यान्न का सम्बन्ध घास कुल के पौधों से है, जिन्हें भोजन के लिए उगाया जाता है।
- खाद्यान्न फसलों में 12 प्रमुख फसलें कुल मानवीय भोजन की आवश्यकताओं के 93% भाग को पूर्ण करती हैं। खाद्यान्न फसलों को निम्नलिखित तीन उपवर्गों में विभाजित किया जा सकता है
  - प्रमुख खाद्यान्न (Major Cereals) इनके अन्तर्गत गेहूँ, धान तथा जौ को सम्मिलित किया जाता है।
  - मोटे खाद्यान्न (Millets/Minor Cereals) इनके अन्तर्गत मक्का, ज्वार, बाजरा तथा मडुवा (रागी) को सम्मिलित किया जाता है। संघीय बजट में मोटे अनाजों को श्री अन्न कहा गया।
  - लघु खाद्यान्न (Smaller Millets) इनके अन्तर्गत मडुवा या रागी, कोदो, साँवा, काकुन, चना तथा कुटकी आदि सम्मिलित किए जाते हैं।

व्यापारिक फसल

- व्यापारिक फसलें (Commercial Crops) उन फसलों को कहते हैं, जिन्हें उगाने का मुख्य उद्देश्य व्यापार करके धन अर्जित करना होता है। किसान इन्हें या तो पूर्ण रूप से बेच देता है या आंशिक रूप से इनका उपयोग करता है।
- इन फसलों में प्रमुख रूप से तिलहन (Oil Seeds) फसलें; जैसे—मूँगफली, सरसों, तिल, अलसी, अरण्डी (Castor), सूरजमुखी आदि को शामिल किया गया है।
- इसमें शर्करा वाली फसलें (Sugar Crops); जैसे—गन्ना और चुकन्दर तथा रेशे वाली फसलें (Fibre Crops); जैसे—जूट, मेस्टा (Mesta), सनई (Sunnhemp) और कपास आदि शामिल हैं। उद्दीपक वाली फसलें (Narcotic Crops); जैसे—चाय एवं कहवा आदि सम्मिलित हैं।

नकदी फसल

- ऐसी फसलें, जिनकी बिक्री से तुरन्त मुद्रा प्राप्त होती है अर्थात् वे फसलें, जो बाजार में शीघ्र बिक जाती हैं, उन फसलों को नकदी फसल कहते हैं; जैसे—जूट, गन्ना, कपास, तम्बाकू आदि।
- भारत में कृषि उत्पादन के मूल्य में नकदी फसलों का योगदान लगभग 40% है और ये फसलें देश के लगभग 23% क्षेत्रों में उत्पादित होती हैं।

जीएम फसलें

- भारत में सर्वप्रथम वर्ष **2002** में **जीएम फसल** (ऐसी फसलें, जिन्हें किसी अन्य स्रोत से प्राप्त जीन को शामिल करके वांछित गुण प्राप्त करने हेतु विकसित किया गया हो।) के अन्तर्गत बी. टी. कॉटन को अनुमति प्रदान की गई थी और इसके परिणाम सन्तोषजनक नहीं थे।
- बीटी कॉटन (Bt. Cotton) की फसल रोपाई के 4 महीने बाद ही कपास का बढ़ना बन्द हो गया और आन्ध्र प्रदेश में 80% के लगभग कपास की फसल बर्बाद हो गई।
- 15 जीएम फसलों को भारत सरकार के **पर्यावरण मन्त्रालय** द्वारा परीक्षण की अनुमति प्रदान की गई थी, किन्तु लोगों के स्वास्थ्य पर पड़ने वाले प्रभावों को देखते हुए तथा लोगों के विरोध करने के कारण इसे वापस लेना पड़ा। इसके अलावा GM सरसों फसल का प्रयोग भी विवादास्पद बना हुआ है।

बागवानी फसलें

- वर्तमान परिप्रेक्ष्य में बागवानी (Horticulture) सम्भावनाओं से परिपूर्ण क्षेत्र है। इसके अन्तर्गत फल, सब्जी, कन्दमूल फसलें, फूल, चिकित्सीय पौधे, मसाले, बागवानी फसलें आदि शामिल हैं। रोजगार सृजन, आजीविका सुरक्षा, पोषण सुरक्षा के साथ ही साथ यह आय बढ़ाने का भी एक मुख्य स्रोत है।
- 11वीं योजना के दौरान बागवानी/उच्च मूल्य बागवानी फसलों के अन्तर्गत 16.7 लाख हेक्टेयर भूमि लाई गई। वर्षों के बाद बागवानी उत्पाद की उपलब्धता में पर्याप्त सुधार हुआ है।
- विश्व के कुल फल उत्पादन का 11% भाग उत्पादित कर भारत विश्व में फल उत्पादन में द्वितीय स्थान पर है। संसार में सर्वाधिक फल उत्पादन चीन में होता है।
- भारत दुनिया में फलों का दूसरा सबसे बड़ा उत्पादक है यह विश्व के कुल फल उत्पादन का लगभग 20% उत्पादन करता है।
- भारत का शीर्ष फल उत्पादक राज्य आन्ध्र प्रदेश है जो कुल फल उत्पादन का 17.28% उत्पादन करता है।
- बागवानी फसलों में मसालों का महत्त्वपूर्ण स्थान है भारत वैश्विक रूप से मसालों का सबसे बड़ा उत्पादक, उपभोक्ता व निर्यातक देश है। देश में सर्वाधिक मसालों के उत्पादन में मध्य प्रदेश प्रथम स्थान पर है।
- 2022-23 में भारत में कुल बागवानी फसलों का उत्पादन लगभग 355.48 मिलियन टन हुआ। 2022-23 के दौरान भारत से मसालों का निर्यात $3.73 बिलियन रहा, जबकि 2021-22 में यह $3.46 बिलियन था।

राष्ट्रीय बागवानी बोर्ड

- भारत सरकार द्वारा वर्ष 1989 में राष्ट्रीय बागवानी बोर्ड की स्थापना की गई। यह एक स्वायत्त संस्थान है, जिसका मुख्यालय गुरुग्राम (हरियाणा) में स्थित है। राष्ट्रीय बागवानी बोर्ड के प्रमुख उद्देश्य निम्नलिखित हैं
  - बागवानी उद्योग का विकास करना।
  - बागवानी फसलों (फल एवं सब्जियों) के उत्पादन एवं प्रसंस्करण को उच्च स्तर पर बनाए रखना।
  - फसलों के रख-रखाव के लिए कोल्ड स्टोरेज शृंखला की अवसंरचना का विकास करना। इसके विकास के लिए कुछ विशेष क्षेत्रों को बागवानी हब के रूप में विकसित करना।

राष्ट्रीय बागवानी मिशन

- कृषि मन्त्रालय सभी पणधारियों की सक्रिय भागीदारी के साथ वर्ष 2005-06 से बागवानी क्षेत्र के सम्पूर्ण विकास के लिए केन्द्र प्रायोजित राष्ट्रीय बागवानी मिशन (National Horticulture Mission) कार्यान्वित कर रहा है।
- कुछ राज्य तथा अण्डमान और निकोबार द्वीप समूह, लक्षद्वीप और पुदुचेरी केन्द्रशासित प्रदेश इसमें शामिल हैं, यद्यपि सिक्किम, लद्दाख जम्मू-कश्मीर, हिमाचल प्रदेश और उत्तराखण्ड सहित आठ पूर्वोत्तर राज्य/केन्द्रशासित प्रदेश इस मिशन में शामिल नहीं हैं। ये राज्य हार्टिकल्चर मिशन फॉर नार्थईस्ट एण्ड हिमालयन स्टेट्स (HMNEH) में शामिल हैं।

राष्ट्रीय कृषि वानिकी एवं बाँस मिशन

- यह मिशन एकीकृत बागवानी विकास मिशन की एक उप-योजना है। बाँस की फसल की सम्भावना को देश में उपयोग करने के दृष्टिकोण से कृषि मन्त्रालय के कृषि सहकारिता एवं किसान कल्याण विभाग द्वारा देश के 27 राज्यों में केन्द्र प्रायोजित एक योजना विभिन्न राज्यों में क्षेत्रीय विभेदित रणनीति के द्वारा लागू की जा रही है।
- इस मिशन का उद्देश्य क्षेत्र आधारित क्षेत्रवार भिन्न-भिन्न कार्य योजनाएँ अपनाकर बाँस क्षेत्र का सम्पूर्ण विकास तथा बाँस कृषि और विपणन के अन्तर्गत क्षेत्र में वृद्धि करना है।
- इस मिशन के अन्तर्गत नई पौधशालाओं/उत्तम संवर्द्धन इकाइयों की स्थापना और पहले से स्थापित इकाइयों को सशक्त बनाकर गुणवत्ता पौध सामग्री की उपलब्धता बढ़ाने के लिए कदम उठाए गए।
- इस मिशन से लगातार बढ़ रही प्लास्टिक की खपत को कम करने में भी सहायता मिलेगी, क्योंकि बाँस के उत्पादों का प्रयोग प्लास्टिक के स्थान पर किया जा सकेगा।
- इस मिशन द्वारा बाँस उत्पादन, विशेष रूप से हस्तशिल्प सामान का विपणन सशक्त बनाने के लिए कदम उठाए जा रहे हैं।

एकीकृत बागवानी विकास मिशन की उप-योजनाएँ और कार्यक्षेत्र

उप-योजना	कार्यक्षेत्र
राष्ट्रीय बागवानी मिशन	हिमालयी व पूर्वोत्तर राज्यों को छोड़कर सम्पूर्ण भारत के सभी राज्यों में
पूर्वोत्तर व हिमालयी राज्य बागवानी मिशन	पूर्वोत्तर व हिमालयी राज्यों में
राष्ट्रीय कृषि वानिकी एवं बाँस मिशन	सम्पूर्ण भारत में
राष्ट्रीय बागवानी बोर्ड	व्यावसायिक बागवानी के लिए सम्पूर्ण भारत में
नारियल विकास बोर्ड	नारियल उत्पादन वाले सभी राज्यों व केन्द्रशासित प्रदेशों में
केन्द्रीय बागवानी संस्थान	केवल पूर्वोत्तर राज्यों में

विभिन्न फलों के शीर्ष उत्पादक देश

फल	उत्पादक देश
आम	भारत, इण्डोनेशिया, मैक्सिको, पाकिस्तान
केला	भारत, चीन, इण्डोनेशिया, नाइजीरिया, ब्राजील
अंगूर	चीन, इटली, फ्रांस, स्पेन, यूएसए
अमरूद	भारत, इण्डोनेशिया, मैक्सिको, चीन
काजू	आइवरी कोस्ट, भारत, वियतनाम, फिलीपीन्स, तंजानिया
बादाम	यूएसए, स्पेन, ऑस्ट्रेलिया, तुर्किये, मोरक्को
पपीता	भारत, डोमिनिकन रिपब्लिक, ब्राजील, इण्डोनेशिया, मैक्सिको
सेब	चीन, यूएसए, तुर्किये, पोलैण्ड, भारत

विभिन्न फलों के शीर्ष उत्पादक राज्य

फल	उत्पादक राज्य
आम	उत्तर प्रदेश, आन्ध्र प्रदेश, कर्नाटक
आँवला	उत्तर प्रदेश, मध्य प्रदेश, तमिलनाडु
केला	आन्ध्र प्रदेश, गुजरात, महाराष्ट्र
अंगूर	महाराष्ट्र, कर्नाटक, आन्ध्र प्रदेश
लीची	बिहार, पश्चिम बंगाल, झारखण्ड
अमरूद	उत्तर प्रदेश, मध्य प्रदेश, बिहार
अनन्नास	पश्चिम बंगाल, असम, त्रिपुरा
नारियल	कर्नाटक, तमिलनाडु, केरल
अनार	महाराष्ट्र, गुजरात, कर्नाटक

डिजिटल कृषि

डिजिटल कृषि सूचना एवं संचार प्रौद्योगिकी (ICT) और डेटा पारिस्थितिकी तन्त्र है, जो सभी के लिए सुरक्षित पौष्टिक व शुद्ध भोजन प्रदान करने के उद्देश्य से खेती को लाभदायक व टिकाऊ बनाने हेतु लक्षित सूचना एवं सेवाओं के विकास व वितरण का समर्थन करता है।

डिजिटल कृषि के लिए सम्बन्धित सरकारी प्रयास

- एग्रीस्टेक यह किसानों को कृषि खाद्य मूल्य शृंखला में एण्ड-टू-एण्ड सेवाएँ प्रदान करने हेतु एक एकीकृत मंच का निर्माण करता है।
- एकीकृत किसान सेवा मंच (UFSP) यह कृषि पारिस्थितिकी तन्त्र में विभिन्न सार्वजनिक और निजी आईटी प्रणालियों की निर्बाध अन्तः क्रियाशीलता को सक्षम बनाता है।

डिजिटल कृषि मिशन

- भारत का कृषि क्षेत्र डिजिटल प्रौद्योगिकियों के एकीकरण के साथ एक महत्त्वपूर्ण परिवर्तन से गुजर रहा है। डिजिटल कृषि मिशन 2021-2025 का उद्देश्य एआई, रिमोट सेंसिंग, ड्रोन आदि जैसी उन्नत तकनीकों के माध्यम से कृषि को आधुनिक बनाना है।
- इसके अतिरिक्त, संघीय बजट 2023-24 के अनुसार, सरकार ने कृषि के लिए एक खुले स्रोत, खुले मानक और अन्तर-संचालन योग्य सार्वजनिक वस्तु के रूप में डिजिटल सार्वजनिक अवसंरचना (डीपीआई) बनाने के लिए विभिन्न पहलें की हैं। डीपीआई फसल नियोजन और स्वास्थ्य के लिए प्रासंगिक सूचना सेवाओं, कृषि इनपुट, ऋण और बीमा तक बेहतर पहुँच, फसल आकलन के लिए सहायता, बाजार की जानकारी और कृषि -तकनीक उद्योग और स्टार्ट-अप के विकास के लिए समर्थन के माध्यम से समावेशी, किसान-केन्द्रित समाधान में सक्षम है।

जलवायु स्मार्ट कृषि

- जलवायु स्मार्ट कृषि (Climate-smart Agriculture) एक दृष्टिकोण है, जो कृषि-खाद्य प्रणालियों को हरित एवं जलवायु प्रत्यास्थी अभ्यासों मे बदलने के लिए कार्रवाइयों को निर्देशित करने में सहायता करती है।
- जलवायु परिवर्तन कृषि क्षेत्र को कई तरह से प्रभावित कर सकता है, जिसका कृषक समुदाय पर बहुत नकारात्मक प्रभाव पड़ता है। इसी प्रकार की अनिश्चितताओं से निपटने के लिए कृषि व्यवस्था को जलवायु - लोच (Climate resilient) बनाने की आवश्यकता है।
- जलवायु स्मार्ट कृषि के तीन प्रमुख उद्देश्य हैं
  - कृषि उत्पादकता एवं आय में धारणीय उत्थान
  - हरित गैसों के उत्सर्जन को कम करना तथा धीरे-धीरे उन्मूलन की ओर बढ़ना
  - जलवायु परिवर्तन की प्रक्रिया में अनुकूलन व लचीलेपन का विकास।
- कृषि उत्पादकता में वृद्धि वर्तमान में जलवायु लोच तकनीकों का 446 मॉडल गाँवों (किसान विकास केन्द्र के अन्तर्गत) में प्रदर्शित किया जा रहा है, जो 23 राज्यों में विस्तृत है। इनका उद्देश्य मौसमी अनिश्चितता से उत्पन्न समस्याओं (बाढ़, सूखा, हिमपात, लू आदि) का प्रबन्धन करना है।

मिलेट्स

- संयुक्त राष्ट्र संघ द्वारा वर्ष 2023 को अन्तर्राष्ट्रीय मोटा अनाज वर्ष (International Year of Millets-IYM) के रूप में घोषित किया गया, जो संयुक्त राष्ट्र संघ के कई सतत विकास लक्ष्यों (SDGs) के साथ भी जुड़ा हुआ है, मोटे अनाजों मे आजीविका उत्पन्न करने, आय बढ़ाने तथा पूरे विश्व में खाद्य और पोषण सुरक्षा सुनिश्चित करने की अत्यधिक क्षमता है।
- सरकार ने 2018 में इसे पोषण अनाज के रूप में अधिसूचित किया था। मोटा अनाज खाद्य शृंखला के तहत वर्तमान में भारत में 500 से अधिक स्टार्ट अप कार्यरत हैं, जबकि भारतीय अनाज अनुसन्धान संस्थान ने राष्ट्रीय विकास योजना [रिम्यूनरेटिव अप्रोच फार एग्रीकल्चर एण्ड एलाइड सेक्टर्स (RKVY-RAFTAAR)] के अन्तर्गत 250 नए स्टार्टअप प्रारम्भ किए हैं।
- 2022-23 में भारत ने 50.9 मिलियन टन से अधिक मोटे अनाज का उत्पादन किया, जो विश्व के लगभग 20% व एशिया के 80% के बराबर है।

कृषि जोत

- कृषि जोत (Agriculture Holding) से आशय भूमि के उस क्षेत्रफल से है, जो प्रत्येक किसान तथा परिवार के पास अपने पारिवारिक भरण-पोषण के लिए उपलब्ध होता है।

- भारत में कृषि जोत को पाँच प्रकारों मे विभक्त किया जा सकता है, जिनका विवरण निम्न है-

कृषि जोत के प्रकार

आर्थिक जोत/ लाभकर जोत	आर्थिक जोत वह है, जो कृषक को एक समुचित अच्छा जीवन स्तर रखने में समर्थ बनाती है। केन्द्रीय भूमि सुधार कमेटी के अनुसार, एक परिवार (पाँच सदस्यों का) के लिए लाभकर जोत का आकार सिंचित भूमि का 10 एकड़ या अंशत: सिंचित भूमि का 27 एकड़ या असिंचित भूमि का 54 एकड़ निर्धारित किया गया है।
पारिवारिक जोत	वह जोत, जो स्थानीय परिस्थितियों के अनुसार कृषि की वर्तमान पद्धति के अन्तर्गत औसत परिवार के लिए उस सहायता सहित काम करते हुए (जो कृषि में सामान्यत: उपलब्ध होती है।) एक कार्य इकाई के बराबर हो। (एक कार्य इकाई का अर्थ सामान्य परिवार के उचित भरण पोषण से है)
अनुकूलतम जोत/आदर्श जोत	वह जोत जिसमें भू-स्वामी द्वारा इस प्रकार कृषि की जाती है, जिसमें न्यूनतम लागत पर अधिकतम उपज प्राप्त हो सके।
बुनियादी जोत	बुनियादी जोत का अर्थ लाभप्रद कृषि के लिए आवश्यक न्यूनतम क्षेत्र से है, जिसमें आसानी से जीवन निर्वाह हो सके।
अधिकतम जोत	इस जोत का तात्पर्य भूमि के उस क्षेत्रफल से है, जिसको एक कृषक अपने स्वामित्व में कानूनी रूप से रख सकता है।

कृषि जोतों का आकार

1. सीमान्त जोत – 1 हेक्टेयर से कम
2. लघु जोत – 1-2 हेक्टेयर से कम
3. अर्द्ध-मध्यम जोत – 2-4 हेक्टेयर से कम
4. मध्यम जोत – 4-10 हेक्टेयर से कम
5. वृहत् जोत – 10 हेक्टेयर और इससे अधिक

- एक हेक्टेयर से कम आकार वाली जोत को सीमान्त जोत कहा जाता है। भारत में सर्वाधिक संख्या (64.0%) में सीमान्त जोत पाई जाती है।
- भारत में सर्वाधिक विस्तृत जोत आकार राजस्थान (3.94 हेक्टेयर) में और न्यूनतम जोत आकार केरल (0.36 हेक्टेयर) में पाया जाता है। भारत में 18.0% जोतों का आकार 1 से 2 हेक्टेयर है, इसे छोटी या लघु जोत की संज्ञा दी जाती है।

कृषि जोतों का पुनर्गठन

कृषि जोतों के पुनर्गठन का आशय खेतों को इस प्रकार व्यवस्थित करना है, जिससे छोटे तथा बिखरे खेतों से उत्पन्न होने वाली समस्याएँ समाप्त हो सकें तथा खेतों की उत्पादकता में वृद्धि हो सके। इसके अन्तर्गत मुख्य रूप से दो तरीके हैं

- चकबन्दी (Consolidation) वह तरीका है, जिसके द्वारा किसी किसान के दूर-दूर फैले हुए खेतों को एकसाथ व्यवस्थित किया जा सकता है।
- सहकारी खेती (Co-operative Farming) इसमें खेती संगठन बनाकर की जाती है। यह मुख्य रूप से दो उद्देश्यों पर आधारित होता है—पहला, खेतों के छोटे तथा बिखरे होने की समस्या का समाधान तथा दूसरा, भूमि का समाजीकरण करना, जिससे भूमिहीनों, छोटे किसानों तथा कृषि श्रमिकों के साथ न्यायोचित बर्ताव हो सके।

भारत में भूमि सुधार

- भूमि सुधार (Land Reform) एक व्यापक अवधारणा है, जिसमें सामाजिक न्याय की दृष्टि से जोतों के स्वामित्व का पुनर्वितरण तथा भूमि के इष्टतम् प्रयोगों की दृष्टि से खेती किए जाने वाले जोतों का पुनर्गठन सम्मिलित है। भूमि सुधार के अन्तर्गत हम निम्नलिखित तत्त्वों को सम्मिलित करते हैं
  - बिचौलियों (मध्यस्थों) की समाप्ति।
  - काश्तकारी सुधार।
  - जोतों के अधिकतम तथा न्यूनतम आकार का निर्धारण।
  - सहकारी खेती की व्यवस्था।
- भूमि सम्बन्धी ढाँचे का पुनर्गठन, जिसमें जोतों की चकबन्दी एवं खेती के बिखराव को रोकना सम्मिलित है।
- स्वतन्त्रता के तुरन्त बाद भूमि सुधार के अन्तर्गत महत्त्वपूर्ण कदम जमींदारी उन्मूलन का था, चूँकि भूमि सुधार राज्य के विषय के अन्तर्गत आता है, इसलिए सम्बन्धित कानून राज्य द्वारा बनाए गए। जमींदारी उन्मूलन की शुरुआत उत्तर प्रदेश में जमींदारी उन्मूलन एवं भूमि सुधार अधिनियम, 1950 के पारित होने से हुई एवं 1970 के दशक तक लगभग सभी राज्यों में बिचौलियों को समाप्त कर दिया गया।

भूमि सुधार सम्बन्धी अन्य प्रमुख पहलें

राष्ट्रीय भूमि अभिलेख आधुनिकीकरण कार्यक्रम	• यह कार्यक्रम एक आधुनिक सुधार की पहल सिद्ध हुआ है, जो न केवल भूमि अभिलेखों के कम्प्यूटरीकरण, अध्ययन करने और अनुरक्षण तथा नामों के विधि मान्यकरण से सम्बन्धित है, बल्कि यह विकासात्मक योजना, विनियामक और आपदा प्रबन्धन की गतिविधियों के लिए भी व्यापक आँकड़े उपलब्ध कराता है। • इस कार्यक्रम के अन्तर्गत खतौनी के डाटा का वैलिडेशन, खसरा अभिलेखों की फीडिंग, नक्शे का कम्प्यूटरीकरण आदि कार्य किया जा रहा है। इसके अधीन उपग्रह चित्रों, हवाई फोटोग्राफी, आकाशीय आँकड़े, भारत का सर्वेक्षण व राजस्व अभिलेख सम्बन्धी आँकड़ों की उपलब्धता सुनिश्चित कराई जाती है। • इस कार्यक्रम का नाम बदलकर डिजिटल इण्डिया भूमि अभिलेख आधुनिकीकरण कार्यक्रम कर दिया गया है।
डिजिटल इण्डिया भूमि अभिलेख आधुनिकीकरण कार्यक्रम	• यह परिवर्तित कार्यक्रम देश के भूमि अभिलेखों की गुणवत्ता में सुधार करने, उन्हें सुलभ बनाने तथा सरकार द्वारा गारण्टीकृत अधिकार प्रदान करने सम्बन्धी प्रमुख कार्यक्रम है। डिजिटल इण्डिया भूमि अभिलेख आधुनिकीकरण कार्यक्रम के उद्देश्य निम्न हैं • इस कार्यक्रम के उद्देश्यों में भूमि अभिलेखों के प्रबन्धन का आधुनिकीकरण, भूमि/सम्पत्ति विवादों के दायरों को कम करना, भूमि अभिलेख रख-रखाव प्रणाली में पारदर्शिता लाना और देश में अचल सम्पत्तियों के लिए गारण्टीकृत निर्णायक अधिकार की ओर बढ़ने की सुविधा प्रदान करना आदि शामिल हैं। • इस कार्यक्रम के प्रमुख घटकों में भूमि स्वामित्व परिवर्तन, मानचित्रों का डिजिटलीकरण, पाठ्यचर्या व स्थानिक डाटा का एकीकरण, सर्वेक्षण और मूल भूमि रिकॉर्डों सहित भूमि अभिलेखों को कम्प्यूटरीकृत करना आदि शामिल हैं।

कृषि भूमि पट्टा प्रारूप अधिनियम, 2016	• कृषि भूमि की पट्टेदारी के लिए **टी. हक** के नेतृत्व में गठित सदस्यीय समिति द्वारा कृषि भूमि को पट्टा देने तथा उसे सरल बनाने के लिए एक कानून बनाने की सिफारिश भी की गई। • इनकी सिफारिश के बाद नीति आयोग ने **कृषि भूमि पट्टा प्रारूप अधिनियम,** 2016 को प्रस्तुत किया। इसके अन्तर्गत भूमिहीन किसानों, छोटे एवं सीमान्त किसानों को पट्टे पर भूमि की उपलब्धता कराने का प्रावधान शामिल किया गया। • भू-स्वामी को कृषि भूमि को विक्रय करने, उपहार में देने तथा गिरवीं रखने का अधिकार होगा। इसमें कृषक के कृषि भूमि के उपयोग सम्बन्धी अधिकार बाधित नहीं होते हैं। • इस अधिनियम के अन्तर्गत किराए का भुगतान न करने, भूमि का आपसी सहमति से निर्धारित तरीकों के बदले अन्य तरीकों से उपयोग करने, पट्टे द्वारा भूमि को हानि होने से, पट्टे का कानूनी ढाँचा 8 कृषकों के लिए हितकारी न होने तथा दोनों के लिए लाभप्रद न होने की स्थिति में नोटिस देकर लीज समयावधि के अन्दर पट्टेदारी को समाप्त किया जा सकता है।

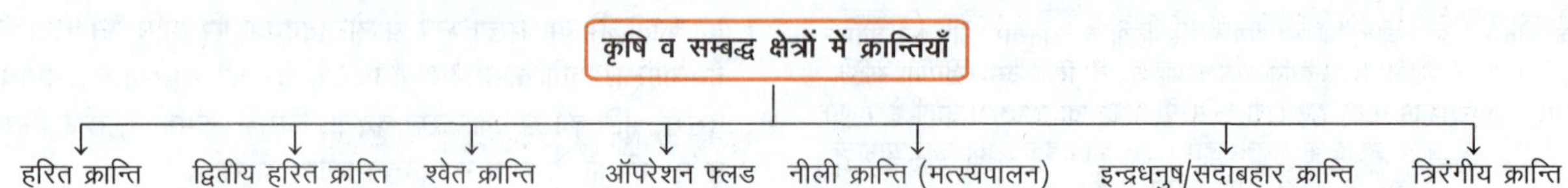

हरित क्रान्ति

- अमेरिकी वैज्ञानिक डॉ. विलियम गैड ने अधिक उपज देने वाली किस्मों के सन्दर्भ में सर्वप्रथम वर्ष 1968 में हरित क्रान्ति (Green Revolution) शब्द का प्रयोग किया था। भारत में तृतीय पंचवर्षीय योजना (1961-66) के अन्तिम दो वर्षों में देशव्यापी सूखे का प्रभाव कृषि के उत्पादन पर पड़ा। अत: देश के खाद्य उत्पादन में आत्मनिर्भर बनाने के उद्देश्य को ध्यान में रखकर वर्ष 1966-67 में (योजनावकाश) कृषि क्षेत्र में विकास के लिए नई कृषि रणनीति अपनाई गई।
- इसके अन्तर्गत बड़े पैमाने पर अधिक उपज देने वाले उन्नत किस्म के बीजों का प्रयोग आरम्भ हुआ। इन उन्नत किस्म के बीजों (High Yield Variety, HYV) से अधिक उत्पादन प्राप्त करने के लिए रासायनिक उर्वरकों के प्रयोग को बढ़ावा दिया गया तथा सघन कृषि कार्यक्रम अपनाया गया। इनके अतिरिक्त कृषि क्षेत्र में अनुसन्धान एवं प्रशिक्षण, लघु सिंचाई, भूमि संरक्षण जैसे उपाय भी अपनाए गए।
- इन उपायों के परिणामस्वरूप भारत के पश्चिमोत्तर भाग में गेहूँ के उत्पादन में तीव्र वृद्धि हुई तथा अन्य फसलों के उत्पादन का भी मार्ग प्रशस्त हुआ।
- इसे ही भारतीय कृषि के क्षेत्र में हरित क्रान्ति नाम दिया गया, क्योंकि इस नीति के परिणामस्वरूप भारतीय कृषि में क्रान्तिकारी परिवर्तन आया।
- इस कार्य में अमेरिकी कृषि वैज्ञानिक डॉ. नॉर्मन बॉरलोग तथा भारतीय कृषि वैज्ञानिक डॉ. एम. एस. स्वामीनाथन का विशेष योगदान रहा।
- भारत के तत्कालीन कृषि और किसान कल्याण मन्त्री चन्द्रमौली सुब्रह्मण्यम को हरित क्रान्ति का राजनीतिक जनक कहा जाता है।
- भारत में हरित क्रान्ति के परिणामस्वरूप गेहूँ, मक्का और चावल जैसे खाद्यान्नों के उत्पादन में भारी वृद्धि हुई। इससे भारत खाद्यान्न के मामलों में आत्मनिर्भर हो गया। अनाजों का आयात बन्द होने से महत्त्वपूर्ण विदेशी मुद्रा की बचत होने लगी।
- हरित क्रान्ति का सर्वाधिक प्रभाव गेहूँ के उत्पादन पर पड़ा। शेष फसलों को हरित क्रान्ति का लाभ उस अनुपात में प्राप्त नहीं हो सका। रासायनिक उर्वरकों एवं कीटनाशकों के अत्यधिक प्रयोग से पर्यावरण प्रदूषण को भी बढ़ावा मिला। 1990 के दशक तक आते-आते कृषि क्षेत्र में स्थिरता आ गई।

द्वितीय हरित क्रान्ति

- कृषि क्षेत्र में आई स्थिरता को दूर करने, क्षेत्रीय असन्तुलन को कम करने, पर्यावरणीय हितों को ध्यान में रखते हुए कृषि क्षेत्र में समग्र विकास को बढ़ावा देने के उद्देश्य से सबसे पहले वर्ष 2006 के विज्ञान कांग्रेस में ए. पी. जे. अब्दुल कलाम ने द्वितीय हरित क्रान्ति का आह्वान किया।
- इसके अन्तर्गत उन्नत बीजों का चयन क्षेत्रीय भूमि की दशा के आधार पर किया गया। इसमें मोटे अनाजों के उत्पादन पर भी ध्यान दिया गया। द्वितीय हरित क्रान्ति के अन्तर्गत जैव-प्रौद्योगिकी तथा आनुवंशिक इंजीनियरिंग (Biotechnology and Genetic Engineering) के प्रयोग द्वारा अधिक उत्पादकता एवं गुणवत्तापूर्ण बीजों के विकास पर बल दिया गया। इस चरण में ड्रिप सिंचाई एवं स्प्रिंकल सिंचाई जैसे सिंचाई के उन्नत एवं पर्यावरणीय दृष्टि से अनुकूल साधनों के उपयोग पर बल दिया गया है।
- इसके साथ ही वाटर शेड मैनेजमेण्ट द्वारा बंजर भूमि को कृषि योग्य बनाने के भी उपाय किए गए हैं। प्रथम हरित क्रान्ति, जहाँ उत्पादकता में वृद्धि पर आधारित थी, वहीं द्वितीय हरित क्रान्ति कृषिगत आय वृद्धि पर आधारित है।

श्वेत क्रान्ति

- भारत में पशुपालन भारतीय कृषि की एक प्रमुख सहायक क्रिया के रूप में है। दुग्ध के क्षेत्र में क्रान्ति उत्पन्न करके उत्पादकता बढ़ाने के कार्यक्रम को ही श्वेत क्रान्ति (White Revolution) की संज्ञा प्रदान की गई। इसका नेतृत्व डॉ. वर्गीज कूरियन ने किया।
- वर्ष 1964-65 में सघन पशु विकास कार्यक्रम (Integrated Conservation and Development Projects, ICDP) चलाया गया, जिसके अन्तर्गत श्वेत क्रान्ति को सम्मिलित करने के लिए पशुपालकों को सहायता राशि उपलब्ध कराई गई तथा बाद में श्वेत क्रान्ति की गति को अधिक तीव्र करने के उद्देश्य से ऑपरेशन फ्लड नामक योजना आरम्भ की गई।

ऑपरेशन फ्लड

भारत में ऑपरेशन फ्लड के जनक डॉ. वर्गीज कूरियन हैं। ऑपरेशन फ्लड तथा श्वेत क्रान्ति एक-दूसरे के पर्याय हैं। इस योजना को तीन चरणों में लागू किया गया है, जिससे कृषकों तथा दुग्ध उत्पादकों को पर्याप्त लाभ मिला है, जिनका विवरण निम्नलिखित है

- **प्रथम चरण** (वर्ष 1970 से 1980 तक) इस चरण को विश्व खाद्य कार्यक्रम के माध्यम से यूरोपीय संघ तत्कालीन (EEC) द्वारा उपहार में दिए गए स्किम्ड मिल्क पाउडर और बटर ऑयल की ब्रिकी से वित्तपोषित किया गया। इस दौरान, ऑपरेशन फ्लड ने भारत के चार प्रमुख महानगरीय शहरों–दिल्ली, मुम्बई, कोलकाता और चेन्नई में उपभोक्ताओं के साथ भारत के 18 प्रमुख मिल्कशेड को जोड़ा।
- **द्वितीय चरण** (वर्ष 1981 से 1985 तक) इसमें यूरोपियन आर्थिक समुदाय के सहयोग से संकर गाय तथा अच्छी नस्ल की भैंस तैयार करने की योजना बनाई गई। इस योजना का लाभ देश के 12 राज्यों (उत्तर प्रदेश, पंजाब, राजस्थान, गुजरात, तमिलनाडु, मध्य प्रदेश, आन्ध्र प्रदेश, हरियाणा, पश्चिम बंगाल, महाराष्ट्र, बिहार तथा कर्नाटक) को मिला।
- **तृतीय चरण** (वर्ष 1986 से 1996 तक) इस चरण में दुग्ध उत्पादन में तीव्रता से वृद्धि के साथ-साथ विपणन सुविधाओं में वृद्धि के उद्देश्य को भी सम्मिलित किया गया, जिससे कृषकों तथा दुग्ध उपभोक्ताओं को भी इस योजना का समान लाभ प्राप्त हो सके।

ऑपरेशन फ्लड की सफलता का ही परिणाम है कि दूध की भारत में प्रति व्यक्ति दैनिक औसत प्राप्ति, जो वर्ष 1950 में मात्र 124 ग्राम थी, 2022-23 में यह उपलब्धता 459 ग्राम प्रतिदिन हो गई है। ऑपरेशन फ्लड की सफलता के कारण आज दुग्ध उत्पादन के क्षेत्र में भारत का विश्व में प्रथम स्थान है।

प्रमुख कृषि क्रान्तियाँ

क्रान्ति	सम्बन्धित उत्पादन
काली क्रान्ति	पेट्रोलियम उत्पादन
भूरी क्रान्ति	कोको उत्पादन/चर्म उत्पादन
स्वर्ण फाइबर क्रान्ति	जूट उत्पादन
गोल्डन क्रान्ति	समस्त बागवानी/शहद उत्पादन
ग्रे क्रान्ति	उर्वरक उत्पादन
गुलाबी क्रान्ति	प्याज/औषधि/झींगा उत्पादन
लाल क्रान्ति	मांस/टमाटर उत्पादन
चाँदी फाइबर क्रान्ति	कपास उत्पादन/अण्डा उत्पादन
पीली क्रान्ति	तिलहन उत्पादन
सदाबहार क्रान्ति	कृषि का समस्त विकास

कृषि साख/ऋण

- कृषि विकास तथा कृषि साख (Agricultural Credit) में गहरा सम्बन्ध है। समय तथा उचित ब्याज दर पर ऋण की उपलब्धता कृषि उत्पादन में वृद्धि करती है।
- भारतीय कृषि क्षेत्र में वित्त की समस्या मुख्य रूप से ग्रामीण साहूकारों के कारण है, जो कृषकों को अत्यन्त ही ऊँची ब्याज दर पर ऋण देते हैं, साथ ही उनकी गरीबी का लाभ उठाकर उनका शोषण करते हैं और उन्हें बाध्य करते हैं कि वे अपनी फसल कम मूल्य पर उनको बेच दें।
- कृषि के क्षेत्र में वित्त सम्बन्धित आवश्यकताओं को पूर्ण करने के लिए वित्त का वर्गीकरण तीन अवधियों के आधार पर किया गया है
  - **अल्पावधिक ऋण** इसके द्वारा किसानों को उर्वरक, बीज, सिंचाई व मजदूरी आदि की सुविधा दी जाती है। यह ऋण 15 महीने की अवधि के लिए दिया जाता है।
  - **मध्यकालिक ऋण** यह प्रायः 15 महीनों से 5 वर्ष तक की अवधि के लिए प्रदान किया जाता है। इस प्रकार के ऋणों का प्रयोग प्रायः कृषि यन्त्रों एवं मशीनों को खरीदने के लिए किया जाता है।
  - **दीर्घकालिक ऋण** इस प्रकार का ऋण प्रायः किसानों को 5 से 20 वर्षों की अवधि के लिए प्रदान किया जाता है। यह ऋण प्रायः बड़े कृषि यन्त्रों (ट्रैक्टर, थ्रेसर) एवं कृषि भूमि के क्रय करने के लिए प्रदान किया जाता है।

कृषि साख से सम्बन्धित संस्थाएँ

कृषि साख से सम्बन्धित प्रमुख संस्थाएँ निम्नलिखित हैं

संस्थाएँ	विवरण
नाबार्ड	• **स्थापना** 12 जुलाई, 1982 को **शिवरमन सिंह समिति** की सिफारिश पर। • देश में कृषि एवं ग्रामीण विकास हेतु वित्त उपलब्ध कराने वाली शीर्ष संस्था • **मुख्यालय** - मुम्बई • यह अनेक वित्तीय संस्थाओं, जैसे - राज्य भूमि विकास बैंक, क्षेत्रीय ग्रामीण बैंक आदि को पुनर्वित करने की सुविधाएँ प्रदान करती है, जो ग्रामीण क्षेत्र मे उत्पादक गतिविधियों के विस्तृत क्षेत्रों को बढ़ावा देने के लिए ऋण देती है।
भूमि विकास बैंक	• किसानों की दीर्घकालीन वित्तीय आवश्यकताओं की पूर्ति के लिए भूमि विकास बैंक (Land Development Bank) की स्थापना की गई। • यह बैंक किसानों को भूमि खरीदने, भूमि पर स्थायी सुधार करने अथवा पुराने ऋणों का भुगतान करने आदि के लिए दीर्घकालीन ऋणों की व्यवस्था करता है।
क्षेत्रीय ग्रामीण बैंक	• ग्रामीण बैंकों के सम्बन्ध में नियुक्त कार्यदल की संस्तुति पर वर्ष 1975 में क्षेत्रीय ग्रामीण बैंकों की स्थापना की गई। • क्षेत्रीय ग्रामीण बैंक कृषि के लिए साख उपलब्ध कराने वाली एक महत्त्वपूर्ण संस्था है।

कृषि विपणन

कृषि विपणन (Agriculture Marketing) वह प्रक्रिया है, जिससे सम्पूर्ण देश में उत्पादित कृषि पदार्थों का संग्रह, भण्डारण, प्रसंस्करण, परिवहन, पैकिंग, वर्गीकरण और वितरण आदि किया जाता है।

- प्रायः किसानों को बाजार में प्रचलित भावों का पता नहीं हो पाता और उन्हें अपनी फसल कम कीमत पर बेचनी पड़ती है। उनके पास अपनी फसल उत्पादन के लिए अच्छी भण्डारण सुविधा भी नहीं होती है।
- आज कृषि उत्पादन का महत्त्वपूर्ण भाग भण्डारण सुविधाओं के अभाव के कारण क्षतिग्रस्त हो रहा है, इसलिए सरकार को निजी व्यापारियों को नियन्त्रित करने के लिए बाजार में हस्तक्षेप करने हेतु बाध्य होना पड़ा। कृषि विपणन के विभिन्न पहलुओं को सुधारने के लिए निम्न कदम उठाए गए हैं
  - कृषि उत्पादों के लिए न्यूनतम समर्थन मूल्य (Minimum Support Price, MSP) सुनिश्चित करना।

- भारतीय खाद्य निगम (Food Corporation of India, FCI) द्वारा गेहूँ और चावल के सुरक्षित भण्डार का रख-रखाव करना।
- सार्वजनिक वितरण प्रणाली (Public Distribution System, PDS) के माध्यम से खाद्यान्नों और चीनी का वितरण करना।
- इलेक्ट्रॉनिक राष्ट्रीय कृषि बाजार (ई-नाम) का शुभारम्भ वर्ष 2016 में किया गया, जिससे किसानों को उनके उत्पादों का प्रतियोगी और लाभकारी मूल्य मिल सके।

कृषि विपणन से सम्बन्धित प्रमुख संस्थाएँ

वर्तमान समय में देश में सहकारी विपणन से सम्बन्धित प्रमुख संस्थाएँ निम्नलिखित हैं

संस्थाएँ	विवरण
ट्राइफेड	• जनजातीय लोगों का शोषण करने वाले, निजी व्यापारियों से छुटकारा दिलाने और उनके द्वारा तैयार की गई वस्तुओं का अच्छा मूल्य दिलाने के उद्देश्य से सरकार ने अगस्त, 1987 में **भारतीय जनजातीय सहकारी विपणन विकास परिसंघ** (Tribal Co-operative Marketing Development Federation of India Ltd, TRIFED) की स्थापना की। जिसने अप्रैल, 1988 से कार्य करना प्रारम्भ किया। • गेहूँ और धान की सरकारी खरीद के लिए ट्राइफेड भारतीय खाद्य निगम के एजेण्ट और मोटे अनाजों, दालों और तिलहनों की सरकारी खरीद में कृषि एवं सहकारिता विभाग के एजेण्ट के रूप में कार्य करता है। • इसे पेड़ों तथा वनों के उत्पादों के एकत्रीकरण, प्रसंस्करण, भण्डारण और विकास की प्रमुख एजेन्सी भी घोषित किया गया है। • अप्रैल, 2008 में ट्राइफेड की नियमावली को बहुराज्यीय समिति अधिनियम, 2002 से सुसंगत बनाने के लिए इसमें से लघु वन उपवन और अधिनियम कृषि उपजों की खरीद को बन्द कर लिया गया।
नाफेड	• कृषि उपजों के विपणन हेतु सहकारी क्षेत्र में राष्ट्रीय स्तर पर **राष्ट्रीय कृषि सहकारी विपणन संघ** (National Agricultural Co-operative Marketing Federation of India Ltd, NAFED) की स्थापना वर्ष 1958 में की गई। • यह दलहन, तिलहन, सब्जियों तथा मसालों के सन्दर्भ में केन्द्र सरकार की नोडल एजेन्सी के रूप में कार्य करती है।
राष्ट्रीय सहकारी विकास निगम	• राष्ट्रीय सहकारी विकास निगम (National Co-operative Development Corporation, NCDC) संसद के एक अधिनियम के द्वारा वर्ष 1963 में अधिनियमित किया गया था। इस निगम का उद्देश्य सहकारी कृषि विपणन कार्यक्रमों की योजना बनाना और बढ़ावा देना है। • इस संस्था ने उत्पादन, प्रसंस्करण, भण्डारण तथा विपणन की गतिविधियों को सहकारी समितियों के माध्यम से सम्पन्न कराने के लिए अधिसूचित किया।
ई-राष्ट्रीय कृषि बाजार	• 14 अप्रैल, 2016 को प्रधानमन्त्री नरेन्द्र मोदी ने **ई-राष्ट्रीय कृषि बाजार** (e-NAM) को प्रारम्भ किया, जिसका उद्देश्य किसानों को उनकी उपज का अधिकतम मूल्य प्रदान कराना है। • यह एक एकीकृत बाजार प्रणाली है, जिसमें देश की 2477 प्रमुख मण्डियाँ और 4843 छोटी मण्डियाँ आपस में जुड़ी हुई हैं। ई-नाम की टैग लाइन **उत्तम फसल, उत्तम इनाम** है। • राष्ट्रीय कृषि बाजार एक वर्चुअल (आभासी) बाजार है, जिसमें देश के किसी भी क्षेत्र के किसान एवं व्यापारी देश के किसी भी कृषि बाजार में अपने उत्पादों को खरीद व बेच सकते हैं। वर्तमान में देश के 1389 मण्डियों को मण्डी प्लेट फार्म (e-Nam) से जोड़ा जा चुका है। • इसका विकास मेटल स्क्रैप ट्रेड कॉर्पोरेशन लिमिटेड (एमएसटीसी) और सेण्ट्रल रेलसाइड वेयरहाउस कम्पनी लिमिटेड (सीआरडब्ल्यूसी) द्वारा संयुक्त रूप से किया गया है।
आदर्श उत्पाद कृषि विपणन समिति अधिनियम	• इस अधिनियम को **कृषि उत्पाद विपणन समिति अधिनियम, 2003** के अन्तर्गत विनियमित किया गया है। • इसके अन्तर्गत भारत सरकार के कृषि एवं किसान मन्त्रालय द्वारा अप्रैल, 2017 में नए आदर्श ऐपीएमसी कानून की घोषणा की गई। इस घोषणा के अन्तर्गत राज्य सरकारों को यह छूट प्राप्त है कि वे अपनी आवश्यकतानुसार बदलाव कर सकती हैं।
किसान उत्पादक संगठन	• किसान उत्पादक संगठन (Farmer Producer Organisations) के सदस्य किसान होते हैं, जिसकी अवधारणा वर्ष 2011-12 में अस्तित्व में आई थी। यह एक कानूनी संगठन है, जिसका गठन किसान, दुग्ध उत्पादक, मछुआरे, बुनकर, ग्रामीण कारीगर, काश्तकार व शिल्पकार आदि से होता है। • वर्तमान में सम्पूर्ण देश में लगभग 5000 कृषक उत्पादक संगठन कार्यरत हैं और वर्ष 2019-2027 के मध्य में लगभग 10000 नए कृषक उत्पादक संगठनों की स्थापना और निर्माण के लिए आर्थिक मामलों की मन्त्रिमण्डलीय समिति ने स्वीकृति प्रदान की है।

एपिडा

- कृषि एवं संवर्द्धित खाद्य उत्पाद निर्यात विकास प्राधिकरण (Agricultural and Processed Food Products Exports Development Authority, APEDA) वर्ष 1986 में अस्तित्व में आया। यह प्राधिकरण कृषि उत्पादों एवं संकरित बीजों के विकास तथा कृषि उत्पादों के निर्यात को बढ़ावा देता है। निर्यात द्वारा विदेशी मुद्रा की प्राप्ति से किसानों की अच्छी आय एवं ग्रामीण क्षेत्रों में रोजगार का सृजन किया जाता है। एपिडा नए बाजारों की खोज निर्यातकों को विशेष सुविधाओं द्वारा एवं नए उत्पादों को बाजार में लाता है। कृषि निर्यात क्षेत्रों के मामले में एपिडा केन्द्र सरकार की शीर्ष एजेन्सी है।
- ऐपीडा को निम्नलिखित उत्पादों के निर्यात एवं संवर्द्धन तथा विकास के लिए उत्तरदायी बनाया गया है
  - फल, सब्जियाँ एवं इनसे सम्बन्धित उत्पाद
  - दुग्ध (डेयरी) उत्पाद
  - मांस एवं मांस से सम्बन्धित उत्पाद
  - कुक्कुट एवं कुक्कुट से सम्बन्धित उत्पाद
  - मूँगफली एवं अखरोट का उत्पाद
  - अनाज एवं अनाज से सम्बन्धित उत्पाद
  - शहद, गुड़ एवं चीनी उत्पाद
  - कन्फेक्शनरी, बिस्कुट तथा बेकरी उत्पाद
  - कोको एवं उसके उत्पाद तथा सभी प्रकार के चॉकलेट
  - अचार, पापड़ एवं चटनी
  - पुष्प कृषि एवं पुष्प कृषि से सम्बन्धित उत्पाद
  - जड़ी-बूटी एवं औषधीय पौधे
  - ग्वार गम, एल्कोहॉल एवं गैर-एल्कोहल पेय पदार्थ
  - ऐपीडा के द्वारा चीनी के आयात की भी निगरानी की जाती है।

कृषि में आयात-निर्यात

- भारत कुछ फसलों अर्थात् कपास, चावल, तेल, काली मिर्च और शर्करा में महत्त्वपूर्ण कृषि निर्यातक के रूप में उभरा है।
- विश्व व्यापार संगठन (WTO) की उपलब्ध व्यापार सांख्यिकी समीक्षा (2023) के अनुसार, 2022 में विश्व कृषि व्यापार में भारत के कृषि निर्यात और आयात का हिस्सा क्रमश: 2.4% और 1.9% था। वैश्विक कृषि निर्यातकों की रैंकिंग में भारत 9वें स्थान पर था।
- वर्ष 2023-24 में कृषि निर्यात 48.9 बिलियन डॉलर तक पहुँच गया, जो 2022-23 में 53.2 बिलियन डॉलर से कम है। वर्ष 2023-24 में भारत के कृषि आयात में भी गिरावट दर्ज की गई, यह 2022-23 में 35.7 बिलियन डॉलर से घटकर 2023-24 में 32.8 बिलियन डॉलर हो गया।
- शीर्ष दस निर्यात उत्पाद (घटते क्रम में) भारत के शीर्ष कृषि निर्यात उत्पाद क्रमशः अनाज, समुद्री उत्पाद, मसाले, फूल, सब्जियाँ एवं दालें, आयलमील्स, कॉफी, चाय, अपरिष्कृत कपास, अनिर्मित तम्बाकू तथा काजू हैं।
- शीर्ष दस कृषि आयात उत्पाद (घटते क्रम में) भारत में कृषि आयात के शीर्ष दस उत्पाद (घटते क्रम में) क्रमश:—खाद्य निर्धारित वनस्पति तेल, दालें, काजू, फल एवं गिरी (काजू को छोड़कर), चीनी, मसाले, कच्चा कपास तथा अपशिष्ट, दूध तथा क्रीम, कच्चा पटसन, अनाज उत्पाद हैं।

कृषि निर्यात क्षेत्र

- वर्ष 2001-02 में कृषि निर्यात को बढ़ावा देने के कार्यक्रम के अन्तर्गत सात राज्यों में आठ नए कृषि निर्यात क्षेत्रों (Agriculture Export Zones, AEZs) की स्थापना को केन्द्र सरकार ने अनुमति प्रदान की थी। वर्ष, 2023 के अनुसार, देश के 20 राज्यों में कृषि निर्यात क्षेत्रों की कुल संख्या 60 हो गई।
- उत्तराखण्ड में बासमती चावल, मध्य प्रदेश में मसालों, पश्चिम बंगाल व तमिलनाडु में आम, पश्चिम बंगाल में हरी सब्जी, महाराष्ट्र में प्याज, झारखण्ड में सब्जी तथा ओडिशा में अदरक व हल्दी के लिए निर्यात क्षेत्र शामिल हैं। उत्तराखण्ड में बासमती चावल के लिए स्थापित किया जाने वाला निर्यात क्षेत्र देश का दूसरा निर्यात क्षेत्र है। बासमती के लिए एक निर्यात क्षेत्र पंजाब में पहले ही स्थापित किया गया है।
- मध्य प्रदेश में स्थापित किया जाने वाला बीज मसाला (Seed Spice) निर्यात क्षेत्र देश में अपनी किस्म का पहला निर्यात क्षेत्र है। यह धनिया (Coriander) व मेथी (Fenugreek) के निर्यात पर केन्द्रित है। इससे पूर्व प्याज, आलू व अदरक के लिए एक कृषि निर्यात क्षेत्र पहले ही केन्द्र द्वारा मध्य प्रदेश के लिए स्वीकृत किया जा चुका है।

कृषि निर्यात नीति, 2018

कृषि निर्यात नीति का मुख्य उद्देश्य वर्ष 2022 तक कृषि निर्यात को 30 अरब डॉलर से बढ़ाकर 60 अरब डॉलर करना था, जिसे प्राप्त किया तथा एक टिकाऊ व्यापार नीति के माध्यम से अगले कुछ वर्षों में इसे 100 अरब डॉलर तक पहुँचाना है। केन्द्र सरकार ने इस नीति को दिसम्बर, 2018 में अनुमति दी थी।

कृषि निर्यात नीति के उद्देश्य

- कृषि उत्पादों के रख-रखाव का उचित प्रबन्ध करना, जिससे शीघ्र खराब होने वाले उत्पादों सहित अन्य किस्म के उत्पादों का प्रयोग करने योग्य बनाकर उनका मूल्य बढ़ाना। संस्थागत प्रणाली का विकास करना, जिससे कृषि उत्पादों की बाजार तक पहुँच आसान हो।
- वैश्विक बाजार में घरेलू किसानों के लिए निर्यात के अवसर बढ़ाना।

विश्व व्यापार संगठन एवं कृषि

- विश्व व्यापार संगठन के अन्तर्गत विभिन्न समझौतों में कृषि समझौता सर्वाधिक विवादास्पद रहा है। कृषि क्षेत्र में प्रदान की जाने वाली सब्सिडी (छूट) को विश्व व्यापार संगठन द्वारा सकल सहायता व्यवस्था कहा गया है।
- विश्व व्यापार संगठन (WTO) के अन्तर्गत किसी देश द्वारा कृषि वर्ग को प्रदान की जाने वाली सब्सिडी (जैसे-न्यूनतम समर्थन मूल्य MSP) और आगत छूटें (जैसे—ऋण, उर्वरक, सिंचाई, बिजली) कृषि में लगने वाले मूल्यों को घटाती हैं और उस देश को अनुचित तरीके से वैश्विक व्यापार में लाभ पहुँचाती हैं। इस प्रकार की छूटें विश्व व्यापार में विसंगति उत्पन्न करती हैं।
- विश्व व्यापार संगठन द्वारा किसी देश को उसकी सकल मात्रा के अनुसार ही छूट की सीमा निर्धारित की जाती है।
- विकसित एवं विकासशील देशों के लिए यह सीमा वर्ष 1998 के अनुसार उनकी कुल सकल आय का क्रमश: 5% और 10% निर्धारित है।

निर्यात सब्सिडी

- विश्व स्वास्थ्य संगठन (WTO) के अन्तर्गत यह सर्वाधिक विवादास्पद मुद्दा है, जो दोहा वार्ता के अन्तर्गत सामने आया था। पिछले दिनों विकासशील देशों द्वारा बनाए जा रहे दबाव के कारण विकसित देशों द्वारा अपने निर्यातकों को दी जा रही सब्सिडी में अधिक कटौती की गई है, किन्तु अन्य रूप में सब्सिडी जारी है।
- इससे विकासशील देशों के कृषकों के दीर्घकालीन हित से जुड़े होने के कारण विकासशील देश इस मुद्दे पर पीछे हटने के लिए तैयार नहीं हैं।

विश्व व्यापार संगठन के समझौते के तहत दी जाने वाली सब्सिडी

ग्रीन बॉक्स सब्सिडी	• यह पर्यावरण संरक्षण, पशुधन संरक्षण, अनुसन्धान कीट प्रबन्धन व बीमारी नियन्त्रण के अन्तर्गत किए जा रहे उपायों के लिए प्रदान की जाती है। • इसके अन्तर्गत किसी प्रकार की मूल्य सहायता (न्यूनतम समर्थन मूल्य) प्रदान नहीं की जाती।
ब्लू बॉक्स सब्सिडी	• इसके अन्तर्गत उत्पादन स्तर की प्राप्ति के लिए कृषकों को छूट प्रदान की जाती है। • इस प्रकार की छूटों का उद्देश्य कृषि एवं ग्रामीण विकास को प्रोत्साहन प्रदान करना है।
एम्बर बॉक्स सब्सिडी	• अधिक उत्पादन को प्रोत्साहन देने के उद्देश्य से यह छूट दी जाती है। • इसके अन्तर्गत विकासशील देश अपने सकल कृषि उत्पाद में 5% तक की छूट प्रदान कर सकते हैं। इससे विकसित व विकासशील देशों के निर्यातकों के बीच अस्वस्थ प्रतिस्पर्द्धा को बढ़ावा मिलता है। • **विश्व व्यापार संगठन के अनुसार**, यह सब्सिडी किसी देश के उत्पादों को दूसरे देशों से सस्ता बनाकर अन्तर्राष्ट्रीय बाजार को विकृत कर सकती है।

खाद्य सुरक्षा

खाद्य एवं कृषि संगठन (Food and Agriculture Organisation, FAO) के अनुसार, ''सभी व्यक्तियों को सही समय पर उनके लिए आवश्यक बुनियादी भोजन के लिए भौतिक एवं आर्थिक दोनों रूप में उपलब्धि का आश्वासन मिलना खाद्य सुरक्षा (Food Security) कहलाता है।''

सार्वजनिक वितरण प्रणाली

- आवश्यक खाद्यान्न वस्तुओं (गेहूँ, चावल, खाद्य तेल, नमक मसाले आदि) को उचित मूल्य पर उपभोक्ताओं को उपलब्ध कराने के उद्देश्य से वर्ष 1950 में सार्वजनिक वितरण प्रणाली (Public distribution System, PDS) लागू की गई।
- उद्देश्य कम आय वाले परिवारों को सस्ती कीमतों पर खाद्यान्न और अन्य आवश्यक वस्तुएँ उपलब्ध कराना।
- प्रक्रिया केन्द्र सरकार भारतीय खाद्य निगम (एफसीआई) के माध्यम से राज्य सरकारों को खाद्यान्न की खरीद, भण्डारण, परिवहन व थोक आवण्टन की जिम्मेदारी सौंपती है। राज्य सरकारें पात्र परिवारों की पहचान कर राशन कार्ड जारी करती हैं और उचित मूल्य की दुकानों (सरकारी राशन/गल्ले की दुकान, सहकारी व नियन्त्रित उपभोक्ता भण्डार, सुपर बाजार आदि) वितरण का कामकाज देखती हैं।

नवीकृत सार्वजनिक वितरण प्रणाली

- नवीकृत सार्वजनिक वितरण प्रणाली का प्रारम्भ जून, 1992 को किया गया। इसके अन्तर्गत सूखा प्रवण क्षेत्र, रेगिस्तानी क्षेत्र, पहाड़ी क्षेत्र व शहरों की मलिन बस्तियों के 1775 खण्डों का चयन किया गया।
- वर्ष 1995 से इसे 2446 विकास खण्डों में लागू किया जा रहा है। इसमें 6 मुख्य आवश्यक वस्तुओं में गेहूँ, चावल, चीनी, खाद्य तेल, मिट्टी का तेल एवं कोयला आदि को शामिल किया गया है।
- वर्तमान में कई राज्य और केन्द्रशासित प्रदेश; जैसे-दिल्ली, हरियाणा, पंजाब, आन्ध्र प्रदेश, दादरा एवं नगर हवेली और दमन एवं दीव, पुदुचेरी, व अण्डमान आदि कैरोसिन तेल मुक्त हो चुके हैं।

लक्षित सार्वजनिक वितरण प्रणाली

- सार्वजनिक वितरण प्रणाली (TPDS) को अधिक प्रभावी बनाने के उद्देश्य से वर्ष 1997 में इसकी शुरुआत की गई।
- इस योजना के अन्तर्गत मूल्य निर्धारण के लिए उपभोक्ताओं को दो वर्गों, गरीबी की रेखा से नीचे (Below Poverty Line, BPL) तथा गरीबी की रेखा से ऊपर (Above Poverty Line, APL) में बाँटा गया है। इन दोनों ही वर्गों को विशेष पहचान युक्त राशनकार्ड जारी किए जाते हैं।

अन्त्योदय अन्न योजना

- अत्यधिक गरीब श्रेणी के उपभोक्ताओं को खाद्य सुरक्षा उपलब्ध कराने के लिए अन्त्योदय अन्न योजना (AAY) प्रारम्भ की गई।
- इसके अन्तर्गत ग्रामीण एवं शहरी निर्धनों को एक विशेष राशन कार्ड जारी करके प्रतिमाह ₹ 2 प्रति किग्रा की दर से गेहूँ तथा ₹ 3 प्रति किग्रा की दर से चावल उपलब्ध कराया जा रहा है। इसके अन्तर्गत प्रत्येक परिवार को प्रतिमाह 35 किग्रा खाद्यान्न उपलब्ध कराया जा रहा है।

राष्ट्रीय खाद्य सुरक्षा अधिनियम, 2013

- प्रारम्भ अधिसूचित - 10 नवम्बर 2013 तथा 3 नवम्बर, 2016 से सभी राज्यों व केन्द्र शासित प्रदेशों में लागू।
- उद्देश्य राष्ट्रीय खाद्य सुरक्षा अधिनियम, 2013 भारत सरकार द्वारा अधिसूचित एक कानून है। इसके माध्यम से भारत सरकार का उद्देश्य सस्ते दरों पर देश की दो-तिहाई जनसंख्या को खाद्यान्न उपलब्ध कराना है।
- मुख्य प्रावधान राष्ट्रीय खाद्य सुरक्षा कानून के अन्तर्गत लक्षित सार्वजनिक वितरण प्रणाली (टीपीडीएस) के अन्तर्गत ग्रामीण क्षेत्रों में 75% तक तथा शहरी क्षेत्रों की 50% तक की आबादी को रियायती दरों पर खाद्यान्न उपलब्ध कराने का प्रावधान है।
- इसके तहत पात्र परिवारों को प्रतिमाह पाँच किग्रा चावल, गेहूँ व मोटा अनाज क्रमशः ₹ 3, 2 और 1 प्रति किग्रा की रियायती दर पर प्रदान किया जाता है।
- अन्त्योदय अन्न योजना (एएवाई) में शामिल परिवारों को प्रति परिवार 35 किग्रा अनाज प्रदान किया जाता है।
- खाद्यान्न अथवा भोजन की आपूर्ति न हो पाने की स्थिति में लाभार्थी को खाद्य सुरक्षा भत्ता देने का प्रावधान है।
- इस अधिनियम में जिला एवं राज्य स्तर पर शिकायत निवारण तन्त्र स्थापित करने का भी प्रावधान है।
- इस अधिनियम के अनुसार, APL परिवारों को मिलने वाले खाद्यान्न का मूल्य MSP के 50% से अधिक नहीं होता है।
- इसमें खाद्यान्न पाने वाले परिवारों में महिला मुखिया के नाम से राशन कार्ड जारी करने का प्रावधान किया गया है।

एक राष्ट्र एक राशन कार्ड योजना

- खाद्य सुरक्षा अधिनियम 2013 के तहत सभी को खाद्य सुरक्षा सुनिश्चित करने हेतु भारत सरकार ने वर्ष 2019 में एक राष्ट्र एक राशन कार्ड योजना (वन-नेशनल-वन राशन कार्ड) की शुरुआत की।
- मार्च, 2021 से यह योजना सम्पूर्ण देश में लागू हुई असम इस योजना को लागू करने वाला अन्तिम राज्य बना।
- इस योजना के माध्यम से देश के सभी नागरिकों को एक कार्ड से सम्पूर्ण देश में कहीं भी राशन उपलब्ध करने का प्रावधान है। इस योजना से गरीब, मजदूर और ऐसे लोग लाभान्वित होते हैं, जो जीविका, रोजगार या किसी अन्य कारण से एक राज्य से दूसरे राज्य में प्रवास करते हैं।
- वर्तमान में आन्ध्र प्रदेश, गुजरात, हरियाणा, झारखण्ड, कर्नाटक, केरल, महाराष्ट्र, राजस्थान, तेलंगाना और त्रिपुरा ऐसे 10 राज्य हैं, जहाँ खाद्यान्न वितरण का 100% कार्य मशीनों के द्वारा हो रहा है।
- इसके अन्तर्गत गरीबों को ₹ 2 प्रति किलो गेहूँ और ₹ 3 प्रति किलो चावल देने की व्यवस्था की गई है। इस योजना की नोडल एजेन्सी भारतीय खाद्य निगम (FCI) है और इस योजना की समय सीमा 30 जून, 2030 तक निर्धारित की गई है।

राष्ट्रीय खाद्य सुरक्षा मिशन

- राष्ट्रीय खाद्य सुरक्षा मिशन एक केन्द्र प्रायोजित योजना है। यह योजना अक्टूबर, 2007 में पेश की गई थी। 12वीं पंचवर्षीय योजना के अन्तर्गत इस योजना को जारी रखा गया तथा इसमें नए लक्ष्य भी सम्मिलित किए गए। इन लक्ष्यों में प्रमुखतः खाद्यान्न उत्पादन को 25 मिलियन टन तक बढ़ाना, जिसमें 10 मिलियन टन चावल, 8 मिलियन टन गेहूँ, 4 मिलियन टन दालें, 3 मिलियन टन मोटा अनाज शामिल किए गए।
- वर्ष 2014-15 से 28 राज्यों के 619 जिलों में नवीकृत राष्ट्रीय खाद्य सुरक्षा मिशन योजना चल रही है।
- वर्ष 2014-15 से इसमें व्यावसायिक फसल (कपास, जूट व गन्ना) तथा मोटे अनाज भी जोड़े गए हैं।

खाद्य प्रबन्धन

- खाद्य प्रबन्धन का मुख्य उद्देश्य लाभकारी मूल्यों पर किसानों से खाद्यान्नों की अधिप्राप्ति, उपभोक्ताओं विशेष रूप से समाज के कमजोर वर्गों को वहनीय कीमतों पर खाद्यान्न का वितरण और खाद्य सुरक्षा एवं मूल्य विस्तार के लिए खाद्य बफर का अनुरक्षण है।
- इसमें न्यूनतम समर्थन मूल्य (Minimum Support Price, MSP) और केन्द्रीय निर्गम मूल्य (Central Issue Price, CIP) महत्त्वपूर्ण भूमिका निभाते हैं।
- खाद्यान्न की अधिप्राप्ति, वितरण और भण्डारण करने वाली नोडल एजेन्सी भारतीय खाद्य निगम है। न्यूनतम समर्थन मूल्य पर अधिप्राप्ति खुली है, जबकि वितरण आवण्टन के स्केल और लाभभोगियों के उपभोग से नियन्त्रित होता है।
- खाद्यान्नों की कुल खरीद प्राथमिक रूप से लक्षित सार्वजनिक वितरण प्रणाली के अन्तर्गत और भारत सरकार की अन्य कल्याणकारी योजनाओं के लिए होती है।

खाद्य प्रसंस्करण

- खाद्य प्रसंस्करण वह प्रणाली या प्रक्रिया है, जिसके अन्तर्गत किसी कृषि उत्पाद को तकनीक का प्रयोग कर उसे टिकाऊ और पोषणयुक्त बनाना तथा इसके मूल्यवर्द्धन और आसानी से प्रयोग के लिए बनाया जाता है।
- सब्सिडी प्राप्त खाद्यान्नों के द्वारा गरीबों को न्यूनतम पोषाहार सहायता का प्रावधान और विभिन्न राज्यों में कीमत स्थिरता सुनिश्चित करना आदि खाद्य सुरक्षा व्यवस्था के दो उद्देश्य हैं। समुचित वितरण का अपना दायित्व पूर्ण करते हुए सरकार खाद्य सब्सिडी देती है।

खाद्य प्रसंस्करण के प्रकार

प्राथमिक प्रसंस्करण	इसमें किसी कृषि पदार्थ को थोड़े बहुत परिवर्तन के साथ मानव के प्रयोग के योग्य बनाया जाता है। इसके लिए मुख्यतः सफाई, छँटाई, पैकिंग, ग्रेडिंग और रिफाइनिंग का कार्य किया जाता है।
द्वितीयक प्रसंस्करण	इसके अन्तर्गत मूल कृषि उत्पादों में भौतिक परिवर्तन कर इसे नए रूप में तैयार किया जाता है। इस प्रक्रिया में मशीन, बिजली और पूँजी का प्रयोग किया जाता है; जैसे– गेहूँ को आटे में बदलना, मांस उत्पादों का प्रसंस्करण करना आदि।
तृतीयक प्रसंस्करण	इसके अन्तर्गत किसी कृषि उत्पाद को परिवर्तन कर उन्हें तुरन्त खाने योग्य बनाया जाता है; जैसे–फलों से जूस तैयार करना, जैम, सॉस, मुरब्बा आदि।

राष्ट्रीय खाद्य प्रसंस्करण मिशन

- प्रारम्भ भारत सरकार द्वारा 12वीं पंचवर्षीय योजना के दौरान 2012-13 में।
- उद्देश्य किसानों की आय बढ़ाने तथा खाद्य पदार्थों को लम्बे समय तक संरक्षित रखने के योग्य बनाना।
- प्रमुख प्रावधान: इस योजना के अन्तर्गत वर्ष 2012 से निम्नलिखित मुख्य योजनाओं और कार्यक्रमों को सम्मिलित किया गया है
  - खाद्य प्रसंस्करण उद्योग में नई प्रौद्योगिकी का विकास और आधुनिकीकरण करना।
  - आधारिक अवसंरचना का निर्माण करना; जैसे—शीतगृह, संस्करण प्रणाली एवं मूल्य वर्द्धन आदि।
  - मानव संसाधन विकास एवं तकनीकी का विकास।
  - स्लॉटर हाउस (बूचड़खाना) का आधुनिकीकरण करना।
  - इस मिशन के अन्तर्गत केन्द्र एवं राज्यों की भागीदारी क्रमशः 75:25 अनुपात का तथा केन्द्र एवं पूर्वोत्तर राज्यों की भागीदारी 90:10 के अनुपात में है।

पीएम फॉर्मलाइजेशन ऑफ माइक्रो फूड प्रोसेसिंग सेण्टर प्राइजेज योजना

- इस योजना को ₹ 10 हजार करोड़ के व्यय के साथ पाँच वर्षों (2020-21 से 2024-25) की अवधि के लिए आरम्भ किया गया।
- पीएमएफएमई योजना को खाद्य प्रसंस्करण उद्योग मन्त्रालय द्वारा सूक्ष्म खाद्य प्रसंस्करण उद्यमों को तकनीकी और वित्तीय, व्यावसायिक सहायता प्रदान करने के उद्देश्य से प्रारम्भ किया गया।
- इस योजना में केन्द्र और राज्यों की भागीदारी क्रमशः 60 : 40 के अनुपात में तथा केन्द्र व पूर्वोत्तर एवं हिमालयी राज्यों के मध्य 90:10 के अनुपात में और केन्द्रशासित प्रदेशों के लिए 100% सहायता केन्द्र सरकार द्वारा प्रदान की जाती है। इस योजना का लक्ष्य एक जिला एक उत्पाद को बढ़ावा देना था।

मेगा फूड पार्क योजना

- प्रारम्भ सितम्बर, 2008 में केन्द्र सरकार द्वारा
- उद्देश्य खाद्य प्रसंस्करण क्षेत्र में ग्रामीण बुनियादी सुविधाओं के निर्माण में सार्वजनिक-निजी भागीदारी को प्रोत्साहित करना
- इस योजना के तहत कृषि उपज, फल और सब्जियों का सुरक्षित भण्डारण किया जाता है।
- वर्तमान में भारत मे 24 मेगा फूड पार्क संचालित हैं तथा 17 परियोजनाएँ कार्यान्वयन के अधीन हैं।
- खाद्य प्रसंस्करण उद्योग मन्त्रालय के फ्लैगशिप कार्यक्रम मेगा फूड पार्क योजना का मुख्य उद्देश्य एक प्रभावी आपूर्ति शृंखला के द्वारा मजबूत खाद्य प्रसंस्करण अवसंरचना की स्थापना करके देश में खाद्य प्रसंस्करण उद्योग के विकास में प्रगति लाना है।
- देश में इस प्रकार के फूड पार्क निम्न गतिविधियों को प्रोत्साहित करते हैं

- फसल के बाद नुकसान को कम करना
- स्थायी तरीके से आपूर्ति श्रृंखला का रख-रखाव
- मूल्य संवर्द्धन
- किसानों की अतिरिक्त आय का सृजन करना
- किसानों का अधिक बाजार संचालित और खेती गतिविधियों की ओर स्थानान्तरण।

बफर स्टॉक

- सूखा, अकाल, फसल नष्ट होने तथा मूल्य क्षेत्र में अचानक आई तेजी जैसी घटनाओं से सामान्य लोगों को सुरक्षित करने के लिए गेहूँ एवं चावल की अतिरिक्त मात्रा जिसे सरकार रखती है, को बफर स्टॉक कहा जाता है।
- 1969 में शुरू की गई इस योजना में निम्न उद्देश्य तय किए गए हैं
  - खाद्य सुरक्षा की बहाली करना।
  - लक्षित जन वितरण प्रणाली व अन्य कल्याणकारी योजनाओं की मासिक आपूर्ति की व्यवस्था बनाए रखने में सहायक होना।
  - मूल्यों में स्थिरता लाना।

कृषि से सम्बन्धित नीतियाँ व आयोग

राष्ट्रीय कृषि नीति, 2007

- यह स्वतन्त्र भारत की तीसरी कृषि नीति है। प्रथम कृषि नीति वर्ष 1992 में तथा द्वितीय कृषि नीति वर्ष 2000 में जारी की गई।
- इस कृषि नीति में स्वामीनाथन आयोग की अधिकांश संस्तुतियों को शामिल कर लिया गया। इस कृषि नीति के प्रमुख लक्ष्य निम्नलिखित हैं
  - कृषकों की निवल आय (Net Income) में पर्याप्त वृद्धि।
  - उत्पादकता, लाभदेयता तथा प्रमुख कृषि प्रणालियों की स्थिरता विद्यमान करने के लिए भूमि, जल, जैव-विविधता तथा जेनेटिक संसाधनों को सुरक्षित तथा समुन्नत बनाना।
  - समर्थक सेवाओं; जैसे—बीज, सिंचाई, उर्वरक इत्यादि का विकास करना।
  - फसलों, कृषि, पशु, मछली, जंगल के सन्दर्भ में जैव-सुरक्षा (Bio-security) को मजबूत बनाना।
  - भूमि सुधार एजेण्डे के शेष भाग को पूर्ण करना।
  - सभी कृषि नीति तथा कार्यक्रम में मानवीय आयाम को स्थान देना।
  - पोषणीय ग्रामीण आजीविका पर ध्यान देना।
  - कृषकों के लिए सामाजिक सुरक्षा विकसित करना।
  - ग्रामीण परिवारों के लिए गैर-कृषि रोजगार (Non-Agricultural Employment) के पर्याप्त अवसर विकसित करना।
  - कृषि के विकास के लिए कृषि को राज्य सूची से समवर्ती सूची में लाना।

कृषि मूल्य (कीमत) नीति

- सरकार द्वारा कृषि कीमत नीति का प्रारम्भ तब किया गया, जब वर्ष 1965 में कृषि कीमत आयोग की स्थापना की गई। कृषि कीमत नीति के मुख्य उद्देश्य निम्नलिखित हैं
  - उत्पादन प्रक्रिया को इस प्रकार प्रोत्साहित करना कि उनके उपज की कीमत एक न्यूनतम स्तर से कम न हो। इसके अतिरिक्त कृषि और गैर-कृषि क्षेत्र के बीच उचित व्यापार शर्तों द्वारा कृषक समुदाय की प्रासंगिक आय स्तर को सुनिश्चित करना।
  - उपभोक्ता के हितों की सुरक्षा हेतु कीमत स्तर में अत्यधिक वृद्धि को रोकना तथा कृषि क्षेत्र और सम्पूर्ण अर्थव्यवस्था को स्थिर रखने हेतु कीमतों में स्थिरता लाना।

कृषि लागत मूल्य आयोग

- वर्ष 1964 में कृषि उत्पादों का मूल्य निर्धारित करने के लिए गठित खाद्य मूल्य नीति समिति की अनुशंसा पर वर्ष 1965 में कृषि मूल्य (कीमत) आयोग (Agricultural Prices Commission, APC) की स्थापना की गई, जिसका नाम वर्ष 1985 में कृषि लागत मूल्य आयोग रखा गया।
- इस आयोग का मुख्यालय नई दिल्ली में स्थित है। इस आयोग का प्रमुख कार्य कृषि की लागत व बाजार मूल्यों को ध्यान में रखकर कृषिगत उत्पादों के न्यूनतम समर्थन मूल्य (Minimum Support Price, MSP), खरीद या वसूली मूल्य तथा आवण्टन मूल्यों के निर्धारण के सन्दर्भ में सरकार को सलाह देना है। यद्यपि सरकार इसकी दी गई सलाह को मानने हेतु बाध्य नहीं है।

राष्ट्रीय कृषि आयोग

- किसानों और कृषि क्षेत्र के लिए कार्य योजना का सुझाव देने के लिए वर्ष 2004 में डॉ. एम. एस. स्वामीनाथन की अध्यक्षता में गठित राष्ट्रीय कृषक आयोग (National Agriculture Commission) ने दिसम्बर, 2004 में, अगस्त, 2005 में, दिसम्बर, 2005 में, अप्रैल, 2006 में तथा अक्टूबर, 2006 में अपनी पाँच अन्तरिम रिपोर्टें प्रस्तुत की थीं।
- चौथी रिपोर्ट केन्द्रीय कृषि मन्त्री द्वारा 13 अप्रैल, 2006 को प्रस्तुत की गई थी, जिसमें किसानों के लिए एक विस्तृत नीति के निर्धारण की संस्तुति की गई। इसमें कहा गया कि सरकार को सभी कृषिगत उपजों के लिए न्यूनतम समर्थन मूल्य घोषित करना चाहिए तथा यह भी सुनिश्चित करना चाहिए कि किसानों को विशेषत: वर्षाधारित कृषि वाले क्षेत्रों में न्यूनतम समर्थन मूल्य उचित समय पर प्राप्त हो सके।
- कृषिगत उपजों के मूल्यों में होने वाले उतार-चढ़ावों से किसानों की सुरक्षा के लिए केन्द्र एवं राज्य सरकारों के साथ-साथ वित्तीय संस्थानों द्वारा नियन्त्रित मार्केट रिस्क स्टेबलाइजेशन फण्ड के गठन के लिए आयोग ने कहा। इसी के साथ सूखे एवं वर्षा सम्बन्धी आपदाओं से किसानों की सुरक्षा के लिए एग्रीकल्चर रिस्क फण्ड की स्थापना की संस्तुति आयोग ने की। इसके द्वारा नई कृषि नीति के लिए निम्नलिखित बातों पर बल दिया गया
  - सभी कृषिगत उपजों के लिए न्यूनतम समर्थन मूल्य।
  - मूल्यों में उतार-चढ़ाव से किसानों की सुरक्षा हेतु मार्केट रिस्क स्टेबलाइजेशन फण्ड का सुझाव।
  - सूखे एवं वर्षा सम्बन्धी जोखिमों से बचाव हेतु एग्रीकल्चर रिस्क फण्ड का सुझाव।
  - सभी राज्यों में राज्यस्तरीय किसान आयोग के गठन का सुझाव।
  - किसानों के लिए बीमा योजनाओं का विस्तार।

- कृषि सम्बन्धी मामलों में स्थानीय पंचायतों के अधिकारों में वृद्धि।
- राज्य सरकारों द्वारा कृषि हेतु अधिक संसाधनों के आवण्टन की संस्तुति।
- केन्द्र एवं राज्यों में कृषि मन्त्रालयों का नाम बदलकर कृषि एवं कृषक कल्याण मन्त्रालय करने का सुझाव।

कृषि उपज व्यापार और वाणिज्य (संवर्द्धन और सुविधा) अध्यादेश

- यह अध्यादेश राज्यों के कृषि उत्पाद मार्केट कानूनों (APMC Act, 2017) के अन्तर्गत अधिसूचित बाजारों के बाहर किसानों को उपज के निशुल्क व्यापार की सुविधा देता है।
- इस अध्यादेश के प्रावधान राज्यों के एपीएमसी अधिनियमों के प्रावधानों के होते हुए भी लागू रहेंगे। इस अध्यादेश का मूल उद्देश्य एक देश, एक कृषि बाजार की अवधारणा को बढ़ावा देना और एपीएमसी बाजारों की सीमाओं से बाहर किसानों को कारोबार के साथ ही अवसर उपलब्ध कराना है, जिससे किसानों की फसल की अच्छी कीमत मिल सके। कोई व्यापार करने पर राज्य सरकार किसानों, व्यापारियों और इलेक्ट्रॉनिक ट्रेडिंग प्लेटफॉर्म्स से कोई बाजार फीस, सेस या प्रभार नहीं वसूलेगी।

कृषि कीमत और कीमत नीति

- कृषि उत्पादों की दर (कीमत) को कृषि कीमत कहा जाता है। कृषि कीमत किसी भी वस्तु एवं उत्पाद के विक्रय मूल्य का निर्धारण करती है। कृषि कीमतों के निम्नलिखित प्रकार हैं
  (i) मण्डी कीमत किसी उत्पाद की मण्डी में तात्कालिक समय की कीमत को मण्डी कीमत कहा जाता है। यह एक अल्पकालीन कीमत होती है।
  (ii) सामान्य कीमत किसी बाजार विशेष में किसी उत्पाद की माँग व पूर्ति पर निर्भर जो कीमत होती है, उसे सामान्य कीमत कहते हैं। यह दीर्घकालीन कीमत होती है।

न्यूनतम समर्थन मूल्य

- प्रमुख कृषि वस्तुओं के सम्बन्ध में वसूली मूल्य या न्यूनतम समर्थित मूल्य (Minimum Support Price, MSP) की घोषणा वर्ष में दो बार रबी और खरीफ की फसल के समय की जाती है। भारत सरकार द्वारा किसानों की कृषि उपजों के मूल्य में तीव्र गिरावट के विरुद्ध सुरक्षा से बचाव के लिए न्यूनतम समर्थन मूल्य का प्रयोग किया जाता है।
- न्यूनतम समर्थन मूल्य की घोषणा, सरकार द्वारा कृषि लागत एवं मूल्य आयोग (CACP) की संस्तुति पर की जाती है।
- इसका का उद्देश्य किसानों को उनके उत्पाद का उचित मूल्य प्रदान करना व सार्वजनिक वितरण प्रणाली और खाद्य सुरक्षा के लिए खाद्यान्न को प्राप्त करना भी है।
- सरकार द्वारा घोषित किए गए मूल्य पर ही किसानों से उनके उत्पाद को खरीदा जाता है।
- सरकार द्वारा प्रतिवर्ष 24 मुख्य फसलों के लिए न्यूनतम समर्थन मूल्य की घोषणा की जाती है, जिसमें 16 खरीफ की फसल, 6 रबी की फसल और 2 वाणिज्यिक फसलें प्रमुख हैं।

न्यूनतम समर्थन मूल्य का निर्धारण

- न्यूनतम समर्थन मूल्य का निर्धारण कृषि लागत एवं मूल्य आयोग द्वारा किया जाता है।
- उत्पाद के मूल्य के निर्धारण के लिए CACP द्वारा उत्पादन की लागत को आधार बनाया जाता है।
- सरकार द्वारा न्यूनतम समर्थन मूल्य का निर्धारण फसल की उत्पादन लागत की तुलना में 50% ऊपर किया जाता है। किसानों के फसल उत्पादन में लगने वाली लागत को दो आधारों पर वर्गीकृत किया जाता है
  (i) स्पष्ट लागतें (Explicit Cost) इसके अन्तर्गत किसानों द्वारा फसल उत्पादन के समय फसलों के मूल्य को वस्तु या मौद्रिक के रूप में लगाया जाता है।
  (ii) निहित लागतें (Implicit Cost) इसमें किसानों द्वारा स्वयं की भूमि पारिवारिक भूमि, स्वयं की पूँजी और पारिवारिक श्रम को लागत के रूप में गिना जाता है।

नीति आयोग द्वारा न्यूनतम समर्थन मूल्य से सम्बन्धित तीन मॉडल प्रस्तुत किए गए हैं

- बाजार आश्वासन योजना इसके अन्तर्गत राज्य सरकार किसान के द्वारा उत्पादित फसलों की खरीदारी करेगी। इस खरीद के उपरान्त यदि एमएसपी से सम्बन्धित कुछ सीमा तक हानि होती है, तो राज्य सरकार के द्वारा इसकी क्षतिपूर्ति खरीदे गए उपजों की बिक्री करके की जाती है।
- मूल्य अन्तर खरीद योजना इसके अन्तर्गत यदि उपज का विक्रय मूल्य नीति आयोग द्वारा प्रस्तुत मॉडल से कम होता है, तो किसानों की क्षतिपूर्ति के रूप में एमएसपी एवं वास्तविक मूल्य के मध्य के अन्तर की राशि प्रदान की जाती है, किन्तु यह राशि एमएसपी के 25% से अधिक नहीं हो सकती।
- निजी खरीद एवं स्टॉकिस्ट योजना इसके अन्तर्गत निजी उद्यमियों के द्वारा एमएसपी पर कृषि फसल की खरीद की जाएगी। इसके लिए भारत सरकार उन्हें विभिन्न प्रकार की रियायतें देगी; जैसे—नीतिगत एवं कर से सम्बन्धित इत्यादि। पारदर्शिता सुनिश्चित करने हेतु निजी उद्यमियों के सन्दर्भ में भारत सरकार के द्वारा बोली प्रक्रिया अपनाई जाएगी।

वसूली खरीद मूल्य

इसका तात्पर्य उस कीमत से है, जिस पर सरकार द्वारा किसानों से उनके उत्पादों को क्रय किया जाता है, ताकि कमजोर वर्गों को उचित कीमतों पर न्यूनतम आवश्यक मात्रा में खाद्यान्न उपलब्ध कराया जा सके।

खुला बाजार बिक्री

इसके तहत भारतीय खाद्य निगम (एफ.सी.आई.) निम्न तीन उद्देश्य की पूर्ति के लिए खाद्यान्नों की बिक्री करता है

- बाजार में आपूर्ति बढ़ाने के लिए
- बाजार में कीमतों के नियन्त्रण के लिए
- अधिशेष स्टॉक समाप्त करने के लिए

निर्गम मूल्य

- यह वह मूल्य है जिस पर भारतीय खाद्य निगम अपने खाद्यान्नों को बेचता है।
- निर्गम मूल्य कभी भी बाजार आधारित मूल्य नहीं होता है।
- निर्गम मूल्य व बाजार मूल्य का अन्तर ही खाद्य छूट (food subsidy) माना जाता है।

निर्गमन अथवा आवण्टन मूल्य

इसका तात्पर्य सरकार द्वारा जिस कीमत पर उपभोक्ताओं को सरकारी दुकानों से सामान अथवा खाद्यान्न उपलब्ध करवाया जाता है, उसकी कीमत प्राय: क्रय कीमत से कम होती है, क्योंकि अत्यन्त कमजोर वर्गों को भी खाद्यान्न उपलब्ध करवाया जाता है।

कृषि जीन्स व्यापार

- यह कृषि क्षेत्र से प्राप्त कच्चे उत्पादों का व्यापार होता है। इस व्यापार का मूल उद्देश्य कृषि उत्पादों का स्थिरीकरण करना होता है, जिनकी प्राप्ति बाजार आधारित (माँग व आपूर्ति के आधार पर) मूल्य खोज द्वारा की जाती है। कृषि उत्पादों का व्यापार कृषि जीन्स बाजार में होता है।
- भारत में कृषि उत्पादों के मूल्यों पर दो प्रकार (न्यूनतम समर्थन मूल्यों व थोक बाजार का थोक मूल्यों पर थोक विक्रेताओं) का प्रत्यक्ष प्रभाव होता है।
- इस प्रकार की कृषि व्यवस्था से अर्थव्यवस्था व कृषि समुदाय दोनों को लाभ प्राप्त होता है, इसकी कुछ संस्थाएँ निम्नलिखित हैं
  1. नेशनल कमोडिटी एण्ड डेरेवेटिव एक्सचेंज यह देश का सबसे बड़ा कृषि जिन्स एक्सचेंज है, इसके सकल व्यवसाय में कृषि जिन्सों की हिस्सेदारी लगभग 99.9% है।
  2. नेशनल मल्टी कमोडिटी एक्सचेंज इसका लगभग 90% व्यापार कृषि जिन्सों में होता है।
  3. मल्टी कमोडिटी एक्सचेंज (MCE) इस प्लेटफार्म पर कृषि जिन्सों की इसके कारोबार में लगभग 3% की हिस्सेदारी है।
  4. इण्डियन कमोडिटी एक्सचेंज (ICEX) इसका लगभग 2% कारोबार कृषिगत उत्पादों में होता है।
- वर्तमान में भारत में जिन्स कारोबार में कृषि उत्पादों की हिस्सेदारी लगभग 12% है।
- अप्रैल 2024 में सेबी (SEBI) द्वारा 113 जिन्सों को अग्रवर्ती संविदा के अन्तर्गत अधिसूचित किया गया, जिसमें 17 अनाज व दलहन, 13 मसाले, 4 रेशे, 2 मधुरक (गुड़ व चीनी) व 13 अन्य जीन्स थे।

कृषि से सम्बन्धित प्रमुख योजनाएँ

कृषि क्षेत्र से सम्बन्धित राष्ट्रीय योजनाओं का विवरण निम्नलिखित है

योजना	विवरण
प्रधानमन्त्री किसान मान-धन योजना	• **शुरुआत** - 12 सितम्बर, 2019 को झारखण्ड (राँची) से, प्रधानमन्त्री मोदी द्वारा। • इस योजना के तहत छोटे व सीमान्त किसानों को 60 वर्ष की आयु होने के पश्चात् न्यूनतम ₹ 3000 प्रति माह पेंशन उपलब्ध कराए जाने का प्रावधान है। • 18 से 40 वर्ष की आयु के किसानों के लिए यह स्वैच्छिक और योगदान आधारित पेंशन योजना है। इस योजना को छोटे किसानों के लिए बनाया गया है। इसके तहत किसानों को 60 वर्ष होने के पूर्व तक ₹ 55-200 प्रतिमाह का योगदान करना होता है।
प्रधानमन्त्री किसान सम्मान निधि योजना	• **शुरुआत** - 1 दिसम्बर, 2019 को गोरखपुर (उत्तर प्रदेश) से • इसे लोकप्रिय रूप से पीएम किसान सम्मान योजना के नाम से भी जाना जाता है। • इस योजना के अन्तर्गत लगभग 12.5 करोड़ किसानों को सालाना ₹6000 दो-दो हजार की तीन किश्तों में दिए जाते हैं। • इसमें प्रारम्भ के ऐसे किसान परिवारों को शामिल किया गया, जिसमें पति-पत्नी और 18 वर्ष तक के बच्चे 2 हेक्टेयर भूमि पर खेती करते हों, किन्तु वर्तमान में सभी भूमि धारक किसानों को इस योजना का लाभ प्रदान किया जाता है।
रायथु बन्धु, कालिया, कृषिक बन्धु, रायथु भरोसा	• इस तरह की योजनाएँ कुछ राज्यों के द्वारा भी चलाई जा रही हैं; जैसे—रायथु बन्धु योजना (तेलंगाना सरकार), कालिया योजना (उड़ीसा सरकार), कृषिक बन्धु (पश्चिम बंगाल) तथा रायथु भरोसा योजना (आन्ध्र प्रदेश) आदि।
प्रधानमन्त्री फसल बीमा योजना	• **शुरुआत** 13 जनवरी, 2016 • इस योजना का प्रमुख उद्देश्य देश की आजादी की 75वीं वर्षगाँठ (2022) तक किसानों की आय को दो गुना करना था। • बीमा योजना के अन्तर्गत यदि फसल बोने या तैयार होने के पश्चात् बारिश या अन्य प्राकृतिक आपदा से उपज नष्ट होती है, तो किसानों को मुआवजा दिया जाता है। इसके अन्तर्गत सभी प्रकार की फसलों (खरीफ के रबी, जायद और बागवानी) को शामिल किया जाता है। रबी फसलों के लिए 1.5% प्रीमियम के भुगतान का प्रावधान है। खरीफ फसल के लिए 2% प्रीमियम के भुगतान का प्रावधान है। • जायद और बागवानी फसलों के बीमा के लिए 5% का प्रीमियम का प्रावधान किया गया है। इसके अन्तर्गत आधुनिक संचार तकनीक का प्रयोग, किसान मोबाइल हैण्डसेट के माध्यम से अपनी फसल के नुकसान के बारे में जान सकता है। • इसमें प्राकृतिक आपदाओं, कीटों और रोगों या किसी भी तरह से फसल के खराब होने की स्थिति में बीमा प्रदान किया जाता है, जिससे किसानों की आय स्थित बनी रहे।
भारतीय कृषि बीमा निगम लिमिटेड	• कृषि बीमे के लिए कम्पनी अधिनियम, 1956 के अधीन एक अलग संगठन का गठन 20 दिसम्बर, 2002 से भारतीय कृषि बीमा निगम के नाम से किया गया। इस प्रयोजन के लिए भारतीय सामान्य बीमा निगम, सार्वजनिक क्षेत्र की चार सामान्य बीमा कम्पनियो 1. नेशनल इन्श्योरेन्स कम्पनी लिमिटेड, 2. न्यू इण्डिया इन्श्योरेन्स कम्पनी लिमिटेड, 3. ओरिएण्टल इन्श्योरेन्स कम्पनी लिमिटेड, 4. यूनाइटेड इण्डिया इन्श्योरेन्स कम्पनी लिमिटेड तथा नाबार्ड से पूँजी जुटाई गई। • प्रारम्भ में भारतीय कृषि बीमा निगम लिमिटेड द्वारा अपना कार्य कृषि बीमा से शुरू किया गया, परन्तु फिर सम्बद्ध ग्रामीण/कृषि जोखिमों के लिए बढ़ाया गया। सामान्य बीमा निगम द्वारा लागू राष्ट्रीय कृषि बीमा योजना को अब नए संगठन आईसीआईएल को हस्तान्तरित कर दिया गया है। इसके अतिरिक्त यह मौसम आधारित उपज बीमा योजना भी चला रही है।

योजना	विवरण
प्रधानमन्त्री कृषि सिंचाई योजना	• **शुरुआत** - 1 जुलाई, 2015 • इस योजना को पूर्व से प्रचलित तीन सिंचाई योजनाओं त्वरित सिंचाई लाभ कार्यक्रम, समन्वित वाटरशेड प्रबन्धन कार्यक्रम तथा खेत में जल प्रबन्धन को सम्मिलित कर बनाया गया है। • प्रधानमन्त्री की अध्यक्षता में गठित एक अन्तर मन्त्रालयी राष्ट्रीय संचालन समिति (NSC) द्वारा इस योजना की निगरानी एवं नियन्त्रण किया जाता है। • इस योजना (NSC) की टैग लाइन **हर खेत को पानी** तथा **प्रति बूँद अधिक उत्पादन** है। इसमें पाँच वर्षों (2015-16 से 2019-20) के लिए ₹ 50000 करोड़ की राशि का प्रावधान किया गया। • इस योजना में केन्द्र एवं राज्यों की भागीदारी 75:25 है एवं विशेष राज्यों के लिए अनुपात 90:10 है। • इसके मुख्य उद्देश्य सिंचाई में निवेश में एकरूपता लाना, हर खेत को पानी के अन्तर्गत कृषि योग्य क्षेत्र का विस्तार करने हेतु, खेतों में ही जल का प्रयोग करने की दक्षता को बढ़ाना, जिससे पानी के अपव्यय को कम किया जा सके तथा सही सिंचाई और पानी को बचाने की तकनीकी को अपनाना आदि हैं।
नीरांचल सम्भरण योजना	• **प्रारम्भ** - 7 अक्टूबर 2015 • इस योजना का संचालन केन्द्र सरकार के द्वारा विश्व बैंक के सहयोग से नौ राज्यों आन्ध्र प्रदेश, तेलंगाना, छत्तीसगढ़, ओडिशा, महाराष्ट्र, झारखण्ड, मध्य प्रदेश, राजस्थान और गुजरात में किया गया। • प्रधानमन्त्री कृषि सिंचाई योजना (पीएमकेएसवाई) के जल सम्भरण घटक के रूप में नीरांचल का मुख्य लक्ष्य प्रत्येक खेत में सिंचाई सुनिश्चित करना और जल के अधिकतम उपयोग को बढ़ावा देना है।
मृदा स्वास्थ्य कार्ड योजना	• **प्रारम्भ** - 19 फरवरी 2015 को विश्व मृदा दिवस पर • **उद्देश्य** - मिट्टी की स्थिति में सुधार के लिए किसानों द्वारा आवश्यक सूचनाएँ प्राप्त करना। • **थीम** - स्वस्थ धरा खेत हरा • यह योजना कृषि एवं सहकारिता विभाग, कृषि एवं किसान कल्याण मन्त्रालय भारत सरकार द्वारा चलाई जा रही है। • यह योजना किसानों को वैज्ञानिक दृष्टि से मृदा का विश्लेषण करने में सहायता करती है। इस योजना का उद्देश्य पोषक तत्त्वों एवं उर्वरकों के उचित उपयोग से उत्पादकता में सुधार लाकर किसानों की सहायता करना है। • राज्य द्वारा प्रति 2 वर्ष में मृदा स्थिति का आकलन किया जाता है। • इसके द्वारा कृषि भूमि पर उर्वरकों की मात्रा की आवश्यकता की जाँच भी की जाती है। • इस योजना के लिए प्रधानमन्त्री ने स्वस्थ धरा, खेत हरा का नारा भी दिया है।
राष्ट्रीय सतत कृषि मिशन	• यह मिशन जलवायु परिवर्तन सम्बन्धी राष्ट्रीय कार्रवाई योजना (National Action Plan) के अन्तर्गत आठ मिशनों में से एक है, जिसको तैयार किया गया है। कृषि उत्पादकता पर जलवायु परिवर्तन का प्रभाव पड़ता है तथा कृषि गतिविधियाँ स्वयं भी वैश्विक तापन (Global Warming) में योगदान देती हैं। • यह मिशन खाद्य सुरक्षा एवं आजीविका के अवसरों को बढ़ाने और राष्ट्रीय स्तर पर आर्थिक स्थायित्व में योगदान सुनिश्चित करने वाली उचित अनुकूलन तथा प्रशासन कार्य योजनाएँ सुझाकर जलवायु परिवर्तन के जोखिमों के सन्दर्भ में **सतत् कृषि** (Sustainable Farming) सम्बन्धी मुद्दे हल करती है। यह मिशन पशुधन और मात्स्यिकी के साथ कृषि प्रणालियों को स्वीकृत करने के लिए वर्षा सिंचित क्षेत्रों तक इसके कवरेज का विस्तार करने के प्रति प्रतिबद्ध है, जिससे कृषि का सतत् तरीके से विकास हो सके।
राष्ट्रीय कृषि विकास योजना	• **शुरुआत** - 2007-08 में प्रारम्भ • **उद्देश्य** - इस योजना का मुख्य उद्देश्य राज्यों को कृषि व सम्बद्ध क्षेत्रों में और अधिक धन बाँटने के लिए प्रोत्साहित करना है।
कृषि में राष्ट्रीय ई-गवर्नेन्स योजना	• इस योजना में सूचना एवं प्रसारण प्रौद्योगिकी के प्रयोग से किसानों को संशोधित सेवाएँ उपलब्ध कराने के लिए ICT पहल पर बल दिया जा रहा है। इसका उद्देश्य सामान्य सेवा केन्द्रों इण्टरनेट एवं SMS सहित किसानों को विविध माध्यमों से सूचना उपलब्ध कराना है। • कृषि एवं सहयोग विभाग इस लक्ष्य को प्राप्त करने के लिए कृषि में राष्ट्रीय ई-गवर्नेन्स प्लान तैयार कर रहा है। इस योजना का उद्देश्य हितधारकों को प्रासंगिक सूचना और सेवा का अनुकूल वातावरण उपलब्ध कराना है।
किसान क्रेडिट कार्ड योजना	• **प्रारम्भ** - अगस्त 1998 में कृषि साख उपलब्ध कराने के उद्देश्य से। • **प्रावधान** - इसका कार्यान्वयन वाणिज्यिक बैंक, केन्द्रीय सहकारी बैंकों व क्षेत्रीय ग्रामीण बैंकों के माध्यम से किया जाता है। • इस योजना की व्यवस्था नाबार्ड द्वारा होती है। • किसानों को उनकी भूमि के आधार पर दिया जाने वाला यह कार्ड ₹ 5,000 अथवा उससे अधिक ऋण के लिए पात्र किसानों को दिया जाता है। प्राप्त ऋण का उपयोग किसान, बीज, उर्वरक, कीटनाशक के अतिरिक्त अन्य आवश्यक वस्तुओं की खरीद के लिए कर सकता है। • कार्ड की वैधता 3 वर्ष की होती है तथा प्रत्येक आहरण के भुगतान की समय-सीमा 12 माह निर्धारित की गई है। ऋण का निर्धारण जोत, फसल प्रारूप तथा वित्त की श्रेणी द्वारा निर्धारित होता है। प्राकृतिक आपदा अथवा अन्य कारणों से होने वाले फसल के नुकसान के मामले में ऋण का पुन:निर्धारण भी किया जा सकता है। इस योजना में ₹ 3 लाख तक की राशि पर प्रसंस्करण शुल्क नहीं लगाया जाता है। • बैंक, किसान क्रेडिट कार्ड की वैधता को ऋण अवधि की सुविधा की स्वीकृति के अनुसार 3 वर्ष से 5 वर्ष तक बढ़ा सकते हैं, साथ ही जिन किसानों के पास किसान क्रेडिट कार्ड है, उनकी किसी दुर्घटना में मौत या हमेशा के लिए अपंग होने पर क्रमश: ₹ 50,000 तथा ₹ 25,000 तक के बीमा की भी व्यवस्था है।

योजना	विवरण
किसान कॉल सेण्टर	• किसान कॉल सेण्टर 21 जनवरी, 2004 से कार्य कर रहे हैं और ये देश के लगभग सभी राज्यों में 25 विभिन्न स्थानों पर चालू हैं। इन सभी किसान कॉल सेण्टरों में एक ही टोल फ्री नम्बर 1551 और 1880-180-1551 को डायल करके बात की जा सकती है। • ये किसान कॉल सेण्टर सम्पूर्ण भारत में सप्ताह के सभी सातों दिन प्रातः 7 बजे से शाम 7 बजे तक उपलब्ध हैं। प्रत्येक किसान कॉल सेण्टर पर किसान कॉल सेण्टर एजेण्ट कार्य करते हैं, जिसे एल-1 एजेण्ट के रूप में जाना जाता है और वे किसानों के सवालों का तत्काल जवाब देते हैं। किसानों की समस्याओं का उत्तर 22 स्थानीय भाषाओं में दिया जाता है।
किसान चैनल	• प्रधानमन्त्री नरेन्द्र मोदी ने दूरदर्शन पर किसान चैनल को लॉन्च किया। DD किसान चैनल का प्रसारण 24 घण्टे होता है, जिस पर कृषि की नई तकनीक और किसानों की चिन्ताओं से जुड़े कार्यक्रमों का प्रसारण किया जाता है। DD किसान चैनल के पीछे सरकार का मुख्य उद्देश्य किसानों को खेती से जुड़ी जानकारी देना है, जिससे कि किसानों में जागरूकता बढ़े। इस चैनल पर सम्पूर्ण देश की 1000 मण्डियों के भाव का प्रसारण भी होता है। इसमें मौसम आधारित घटनाओं की भी जानकारी तथा प्रतिदिन मौसम से सम्बन्धित आधे घण्टे का कार्यक्रम प्रसारित भी किया जाता है।
स्वच्छ पौध कार्यक्रम/ क्लीन प्लांट कार्यक्रम	• कृषि एवं किसान कल्याण मन्त्रालय द्वारा प्रस्तावित इस कार्यक्रम को 9 अगस्त, 2024 को मंजूरी दी गई। • **उद्देश्य** – कृषि व बागवानी क्षेत्र में सुधार लाकर किसानों की आय में वृद्धि करना।
नमो ड्रोन डीडी	• **शुरुआत** – 28 नवम्बर, 2023 • **उद्देश्य** – 15000 चयनित महिला स्वयं सहायता समूहों (एसएचजी) को सशक्त बनाना तथा इसके माध्यम से कृषि उद्देश्यों (उर्वरकों और कीटनाशकों के प्रयोग) के लिए किसानों को किराये पर ड्रोन की सेवाएँ उपलब्ध कराना।
प्रधानमन्त्री अन्नदाता आय संरक्षण अभियान	• **शुरुआत** – 2018 में • **उद्देश्य** – किसानों को उनकी उपज के लिए समर्थन मूल्य प्रदान करना
नैनो उर्वरक सब्सिडी योजना	• **शुरुआत** – 6 जुलाई, 2024 • किसानों की खेती की उत्पादकता बढ़ाने तथा उसमें लगने वाली लागत को कम करने के लिए नैनो उर्वरक पर 50% की सब्सिडी प्रदान करने की व्यवस्था की गई है।
प्रधानमन्त्री किसान सम्पदा योजना	• **प्रारम्भ** – 11 अप्रैल, 2017 को केन्द्रीय खाद्य प्रसंस्करण मन्त्रालय द्वारा • इसके अन्तर्गत खाद्य प्रसंस्करण क्षेत्र की मौजूदा तथा नई योजनाओं को एकीकृत कर खाद्य अपव्यय को कम और किसानों की आय को दोगुना करने का लक्ष्य है। • इस योजना से सम्पूर्ण खाद्य प्रसंस्करण क्षेत्र के विकास में सहायता मिली है। • पहले से चल रही मेगा फूड पार्क्स तथा कोल्ड चेन प्रोजेक्ट जैसी योजनाओं में बदलाव करते हुए तीन नई योजनाएँ लाई गई हैं, जिसमें खाद्य प्रसंस्करण के क्षेत्र में बेहतर दक्षता और पारदर्शिता के लिए सम्पदा स्कीम के साथ इन्हें एकीकृत किया गया है।

कृषि क्षेत्र में सम्बन्धित प्रौद्योगिकी व प्रमुख संस्थान

प्रौद्योगिकी व प्रमुख संस्थान	विवरण
किसान ड्रोन	इसके माध्यम से फसलों का मूल्यांकन, भूमि अभिलेखों (पट्टों) का डिजिटलीकरण रूप में संरक्षण एवं खेतों में पोषक तत्त्वों एवं कीटनाशकों का छिड़काव आसानी से सम्भव हो पाएगा। इससे समय एवं श्रम दोनों की बचत होगी। किसान ड्रोन एक मानवरहित टैंक है, जिसमें 5 से 10 किग्रा तक कीटनाशक अथवा पोषक तत्त्व को भरा जा सकता है।
डिजिटल कृषि	इसे **कृषि 2.0** भी कहा जाता है। इसके माध्यम से विभिन्न कृषि एवं उससे सम्बन्धित क्षेत्रों की गतिविधियों के सन्दर्भ में सूचनाएँ उपलब्ध कराई जाती हैं। इन सूचनाओं का प्रयोग कृषि उत्पादन में वृद्धि हेतु किया जा सकता है।
कृषि में डिजिटल प्लेटफॉर्म	इसका क्रियान्वयन साइबर फिजिकल सिस्टम (CPSs) के माध्यम से किया जाता है, जिसमें सुपर कम्प्यूटिंग सुविधा एवं कृत्रिम बुद्धिमत्ता (AI) जैसी प्रौद्योगिकी का प्रयोग स्थापित करना सम्भव हो सकता है। इससे भारतीय कृषि को व्यावहारिक, आत्मनिर्भर एवं अन्तर्राष्ट्रीय स्तर पर प्रतिस्पर्धी उद्यम के रूप में स्थापित किया जा सकता है।
किसान पोर्टल	इसका उद्देश्य किसानों को एक ऐसा मंच उपलब्ध कराना है, जिससे वे सभी कृषिगत गतिविधियों की सूचनाएँ प्राप्त कर सकें; जैसे— खेती करने के तरीके, बीजों के प्रकार (किस्मों), कृषि उपकरण, कृषि मौसम सम्बन्धी परामर्श एवं पूर्वानुमान की प्राप्ति इत्यादि।
राष्ट्रीय फसल बीमा पोर्टल	इसके अन्तर्गत सभी राज्य एवं केन्द्रशासित प्रदेशों के किसानों को फसल बीमा के सन्दर्भ में महत्त्वपूर्ण जानकारियाँ उपलब्ध कराई जाती हैं। इसमें बीमा के दावों का शीघ्र निपटान हेतु व्यवस्था भी की गई है।
किसान सुविधा ऐप	इस ऐप का प्रारम्भ 19 मार्च, 2016 को किया गया। इस ऐप के माध्यम से किसान जलवायु, फसलों एवं पौधों के संरक्षण, जिन्सों के बाजार मूल्य, कृषि डीलरों, कृषि विशेषज्ञों के परामर्श इत्यादि के सम्बन्ध में जानकारी प्राप्त कर सकते हैं।
एग्री मार्केट ऐप	इस ऐप के माध्यम से किसान अपने नजदीकी लगभग 50 किलोमीटर के दायरे में अवस्थित मण्डियों में विभिन्न कृषि उपजों के बाजार मूल्य के सन्दर्भ में जानकारी एकत्रित कर सकते हैं।
फसल बीमा ऐप	इस ऐप के माध्यम से किसान विभिन्न क्षेत्रों में उपजाई जाने वाली फसलों, फसलों के विभिन्न प्रकार, सरकार द्वारा चलाई जा रही विभिन्न योजनाएँ एवं उन योजनाओं में देय प्रीमियम के सन्दर्भ में जानकारी प्राप्त कर सकते हैं।
पूसा कृषि	इस ऐप का प्रारम्भ 21 मार्च, 2016 को किया गया। इस ऐप का उद्देश्य प्रधानमन्त्री के **प्रयोगशाला से खेत** के सपने को पूर्ण करना है। यह ऐप उन प्रौद्योगिकियों की भी जानकारी प्रदान करने में सहायक है, जो **भारतीय कृषि अनुसन्धान संस्थान** (Indian Institute of Agricultural Research-IIAR) द्वारा या तो विकसित किए जा चुके हैं अन्यथा विकसित किए जा रहे हों।

प्रौद्योगिकी व प्रमुख संस्थान	विवरण
इण्डिया वेदर	इस ऐप के माध्यम से देश के 300 से अधिक शहरों के लिए वर्तमान मौसम की स्थिति एवं आने वाले 4 दिनों के मौसम पूर्वानुमान के सन्दर्भ में सूचना प्राप्त की जा सकती है।
डिजी-क्लेम-पेमेंट मॉड्यूल	राष्ट्रीय फसल बीमा कार्यक्रम (एनसीआईपी) को **सार्वजनिक वित्तीय प्रबन्धन प्रणाली** (पीएफएमएस) के साथ अन्त-से-अन्त तक एकीकृत करने के लिए एक नया मॉडयूल लॉन्च किया गया है। इससे सरकार को पात्र दावों की मात्रा, बीमा कम्पनी द्वारा भुगतान किए गए दावों और लाभार्थी किसानों को हस्तांतरित वास्तविक दावों की जानकारी प्राप्त हो सकेगी।
प्रौद्योगिकी पर आधारित उपज अनुमान (यस-तकनीक)	यह एक प्रौद्योगिकी-आधारित उपज अनुमान तन्त्र है जिसे दो साल के कठोर परीक्षण और देश के 100 जिलों में चलने वाले पायलट प्रोजेक्ट के बाद विकसित किया गया है। नौ राज्य, अर्थात् असम, हरियाणा, राजस्थान, मध्य प्रदेश, महाराष्ट्र आन्ध्र प्रदेश, तमिलनाडु और कर्नाटक और ओडिशा, खरीफ 2023 सीजन से यम-तकनीक को लागू कर रहे हैं।
मौसम सूचना नेटवर्क और डेटा सिस्टम (डब्ल्यूआई एनडीएस)	तालुक / ब्लॉक और ग्राम पंचायत (जीपी) स्तरों पर स्वचालित मौसम स्टेशनों और वर्षा गेज का एक नेटवर्क स्थापित करने की एक अग्रणी पहल है, जिसका उपयोग सभी किसान और खेती-उन्मुख सेवाओं के लिए किया जा सकता है। यह प्रस्तावित है कि पीएमएफबीवाई के तहत आने वाले प्रत्येक जीपी में एक स्वचालित वर्षा गेज (एआरजी) और प्रत्येक ब्लॉक में एक स्वचालित मौसम स्टेशन (एडब्ल्यूएस) स्थापित किया जाए।
फसलों के वास्तविक समय के अवलोकन और तस्वीरों का संग्रह (क्रोपिक)	यह एक पहल है जो उनके जीवन चक्र के दौरान फसलों की आवधिक तस्वीरें एकत्र करने के लिए शुरू की गई है। ये तस्वीरें बोई गई और बीमित फसलों को मान्य करेंगी, किसी भी स्थानीय और व्यापक आपदा या जलवायु की स्थिति से नुकसान का आकलन करेंगी और प्रौद्योगिकी-आधारित उपज अनुमान मॉडल के लिए एक इनपुट के रूप में काम करेगी।
कपार्ट	**गठन**- 1 सितम्बर 1986 (लोक कार्य क्रम एवं ग्रामीण प्रौद्योगिकी विकास परिषद्) **उद्देश्य** - ग्रामीण समृद्धि के लिए परियोजनाओं के कार्यान्वयन में स्वैच्छिक कार्य को प्रोत्साहन देना व उनमें मदद करना। कपार्ट ने 9 प्रादेशिक समितियाँ/केन्द्र स्थापित किए हैं, जो जयपुर, लखनऊ अहमदाबाद, भुवनेश्वर, पटना, चण्डीगढ़, हैदराबाद, गुवाहाटी व धारवाड़ में स्थित हैं। **मुख्यालय** - नई दिल्ली
कृषि तकनीक प्रबन्धन एजेन्सी	**स्थापना** - 6 नवम्बर, 2005 किसानों तक नई तकनीक और आवश्यक जानकारी उपलब्ध कराने के लिए गाँव से जिला स्तर की प्रशासनिक इकाइयों, कृषि विज्ञान केन्द्रों व गैर-सरकारी संगठनों का एकसाथ जोड़कर एग्रीकल्चर टैक्नोलॉजी मैनेजमेण्ट सिस्टम गठन का निर्णय लिया गया। योजना पर कुल खर्च का 90% केन्द्र तथा 10% राज्य सरकार वहन करती हैं
भारतीय कृषि अनुसन्धान परिषद	सामान्यत: इसके दो भाग हैं। (1) सामान्य निकाय (सर्वोच्च प्राधिकरण) (2) शासित निकाय (मुख्य कार्यकारिणी) **उद्देश्य** : कृषि अनुसन्धान के क्षेत्र में विज्ञान एवं प्रौद्योगिकी कार्यक्रमों को प्रोत्साहित करना। कृषि क्षेत्र मे संसाधनों के संरक्षण और प्रबन्ध तथा फसलों, पशुओं, मत्स्यपालन आदि सम्बन्धित क्षेत्रों की समस्या दूर करने का प्रयास करना **मुख्यालय** - नई दिल्ली सम्पूर्ण देश में इसके 49 संस्थान व विश्वविद्यालय स्तर के 4 राष्ट्रीय संस्थान 6 राष्ट्रीय ब्यूरो, 17 राष्ट्रीय अनुसन्धान केन्द्र व 25 परियोजना निदेशालय हैं।
भारतीय कृषि अनुसन्धान संस्थान	**स्थापना** - 2017 में यह संस्थान भारत की कृषि चुनौतियों और जटिलताओं पर शोध कार्य के लिए प्रसिद्ध है। यह कृषि से सम्बन्धित सभी क्षेत्रों; जैसे—फसल, बागवानी, कृषि वानिकी, पशुपालन, मत्स्यपालन, मुर्गीपालन, सुअर पालन, रेशम और लाख उत्पादन शहद उत्पादन आदि में अनुसन्धान व शोध के लिए प्रतिबद्ध है। इस संस्थान की एक शाखा का शिलान्यास असम में 26 मई, 2017 को किया गया।
राष्ट्रीय नींबू वर्गीय फल-फसल अनुसन्धान केन्द्र	वर्ष 1985 में नागपुर में नींबू वर्गीय फल-फसल अनुसन्धान केन्द्र की स्थापना की गई थी। इस संस्थान का मुख्य उद्देश्य नींबू वर्गीय फलों, विशेषत: सन्तरे पर शोध करने के लिए किया गया था।

पशुपालन एवं कृषि से सम्बन्धित अन्य क्षेत्रक

पशुपालन की दृष्टि से विश्व में भारत प्रथम स्थान पर है पशुपालन डेयरी और मत्स्यपालन विभाग कृषि एवं सहकारिता मन्त्रालय के अन्तर्गत कार्य करता है। भारत के पास विश्व की भैंसों का लगभग 55% तथा गायों का लगभग 16% है।

डेयरी क्षेत्र

- भारत विश्व में दुग्ध उत्पादन में प्रथम स्थान पर है। इस सन्दर्भ में यू.एस.ए व पाकिस्तान का क्रमश: दूसरा व तीसरा स्थान है।
- भारत में दुग्ध उत्पादन की दृष्टि से उत्तर प्रदेश (15.7%) व राजस्थान (14.44%) क्रमश: प्रथम व द्वितीय स्थान पर हैं।
- वर्तमान में भारत में प्रतिव्यक्ति दुग्ध उपलब्धता 459 ग्राम प्रतिदिन है, जबकि विश्व में औसत दुग्ध उपलब्धता 315 ग्राम प्रतिदिन है।
- भारत सरकार ने पाँच वर्षो (2019-2024) के लिए खुर एवं मुख रोग (FMD) और ब्रुसेलोसिस के नियन्त्रण के लिए एक नई केन्द्रीय योजना राष्ट्रीय पशु रोग नियन्त्रण कार्यक्रम (NADCA) शुरू की है। यह योजना वर्ष 2025 तक पूर्ण नियन्त्रण की परिकल्पना करती है।

नोट *ब्रूसेलोसिस बैक्टीरिया के द्वारा मादा पशुओं में होने वाली एक प्रमुख बीमारी है, जो मुख्य रूप से मवेशी, सुअर, भेड़ और कुत्तों में होती है। यह संक्रमित दुधारू पशुओं के कच्चे दूध के सेवन व सम्पर्क में रहने से मनुष्यों में फैलता है।*

राष्ट्रीय दुग्ध विकास कार्यक्रम

- इस कार्यक्रम को 19 अप्रैल, 2012 को आरम्भ किया गया था। इसका मुख्य उद्देश्य-दुधारू पशुओं की नस्ल सुधारना तथा अधिक दूध देने वाले पशुओं का विकास करना है।
- इस कार्यक्रम के लिए राष्ट्रीय डेयरी विकास बोर्ड (NDDB) को इसका नोडल एजेन्सी बनाया गया है।
- प्रारम्भ में इस कार्यक्रम में 14 राज्य (उत्तर प्रदेश, पंजाब, हरियाणा, गुजरात, बिहार, राजस्थान, पश्चिम बंगाल, मध्य प्रदेश, महाराष्ट्र, कर्नाटक, ओडिशा, तमिलनाडु, केरल और आन्ध्र प्रदेश) सम्मिलित थे।
- फरवरी 2014 से इसे पूरे देश में लागू किया गया।
- इसके दो घटक हैं
  (i) घटक A गुणवत्तायुक्त दूध परीक्षण उपकरणों के साथ-साथ प्राथमिक शीतलन सुविधाओं के लिए बुनियादी ढाँचे के सृजन/मतबूतीकरण पर ध्यान केन्द्रित करना।
  (ii) घटक B इसका उद्देश्य दूध और दूध उत्पादों की ब्रिकी बढ़ाना, डेयरी प्रोसेसिंग सुविधाओं और विपणन बुनियादी ढाँचे को उन्नत करना तथा निर्माता स्वामित्व वाली संस्थाओं की क्षमता बढ़ाना।

पशुपालन अवसंरचना विकास कोष

- केन्द्रीय मत्स्यपालन, पशुपालन एवं डेयरी मन्त्रालय द्वारा ₹ 15000 करोड़ की अनुमानित लागत से 24 जून, 2020 को पशुपालन अवसंरचना विकास कोष (AHIDF) की स्थापना को अनुमति प्रदान की गई। इस विकास कोष में किसान उत्पादक संगठन (FPO), एमएसएमईएस कम्पनी, निजी क्षेत्र की कम्पनियों और व्यक्तिगत उद्यमियों को सम्मिलित किया गया है।
- इस कोष का प्रमुख उद्देश्य दुग्ध उद्योग और मांस प्रसंस्करण उद्योग को बढ़ावा देना तथा इस क्षेत्र में नए रोजगार का सृजन करना है।
- यह प्रावधान देश के सभी राज्यों और केन्द्रशासित प्रदेशों में संचालित है।

रेशम कीट पालन एवं रेशम उद्योग

- विश्व में भारत प्राकृतिक रेशम का दूसरा सर्वाधिक उत्पादक देश है तथा यह विश्व में कच्चे रेशम के उत्पादन में 18% का योगदान करता है। भारत के पास रेशम की चारों किस्में उपलब्ध हैं; जैसे—मलबरी, एरी, टसर एवं मूँगा।
- रेशम न्यूनतम निवेश पर अधिक लाभ देने वाली एक उच्च लाभकारी नकदी फसल है और यह एकमात्र नकदी फसल है, जो पूरे वर्ष लाभों को बनाए रखती है। रेशमकीट (Sericulture) पालन क्षेत्र में लगभग 6 मिलियन लोगों को रोजगार मिलता है। सम्बन्धित 60% गतिविधियों में ग्रामीण महिलाओं का योगदान है।
- देश में रेशम उद्योग के विकास का उत्तरदायित्व भारत सरकार का है, जिसे वह प्रमुख रूप से केन्द्रीय रेशम बोर्ड [Central Silk Board (CSB)] के माध्यम से पूर्ण करती है।
- भारत में रेशम का सबसे बड़ा उत्पादक राज्य कर्नाटक (32.3%) है।
- भारत में रेशम उद्योग को प्रोत्साहन देने के लिए वर्ष 1949 में केन्द्रीय रेशम बोर्ड की स्थापना की गई। केन्द्रीय रेशम अनुसन्धान प्रशिक्षण संस्थान की स्थापना मैसूर (कर्नाटक) में की गई है।

मात्स्यिकी

- भारत में मत्स्य उत्पादन (Fisheries) में भारी वृद्धि हुई है। भारत विश्व में मत्स्यपालन का तीसरा सबसे बड़ा उत्पादक और अन्तर्देशीय मत्स्य पालन का दूसरा सबसे बड़ा उत्पादक देश है।
- इस उद्योग के विकास के लिए राष्ट्रीय मत्स्य विकास बोर्ड की स्थापना सितम्बर, 2006 में हैदराबाद में की गई।
- भारत विश्व के कुल मछली उत्पादन का लगभग 7.96% मछली उत्पादित करता है।

राष्ट्रीय मत्स्य उद्योग विकास बोर्ड

- राष्ट्रीय मत्स्य उद्योग विकास बोर्ड (National Fisheries Development Board, NFDB) की स्थापना सितम्बर, 2006 में की गई। इसका मुख्यालय हैदराबाद में स्थित है।
- इसका प्रमुख कार्य मत्स्य उद्योग क्षेत्र की अनुपयुक्त क्षमता, मत्स्यपालन, मत्स्य संसाधन एवं विपणन, मत्स्य उद्योग में उत्पादन एवं आशाजनक उत्पादन के लिए अनुसन्धान व विकास के आधुनिक उपकरणों के उपयोग को प्रोत्साहित किया जाना है।

मत्स्य उत्पादक शीर्ष 5 राज्य (2022-23)

	राज्य	उत्पादक (लाख टन)
1.	आन्ध्र प्रदेश	48.13 लाख टन
2.	पश्चिम बंगाल	18.43 लाख टन
3.	कर्नाटक	10.74 लाख टन
4.	गुजरात	8.74 लाख टन
5.	ओडिशा	8.73 लाख टन

स्रोत Handbook on Fisheries 2024

प्रधानमन्त्री मत्स्य सम्पदा योजना

- प्रधानमन्त्री नरेन्द्र मोदी ने डिजिटल माध्यम से 10 सितम्बर, 2020 को प्रधानमन्त्री मत्स्य सम्पदा योजना (PMMSY) का शुभारम्भ किया। पीएम मोदी ने इस योजना को बिहार में वीडियो कॉन्फ्रेन्स के माध्यम से लॉन्च किया था। इस योजना का उद्देश्य देश के गाँवों को सशक्त बनाना और 21वीं सदी में आत्मनिर्भर भारत का निर्माण करना है।
- यह मत्स्य क्षेत्र पर केन्द्रित और सतत् विकास योजना है। इसे आत्मनिर्भर भारत पैकेज के अन्तर्गत वित्त वर्ष 2020-21 से वित्त वर्ष 2024-25 तक 5 वर्ष की अवधि के दौरान सभी राज्यों/संघ शासित प्रदेशों में कार्यान्वित किया जाना है।
- इसके अन्य उद्देश्य मछुआरों और मत्स्य किसानों की आय दोगुनी करना, पैदावार के बाद नुकसान 20-25% से घटाकर 10% करना, मत्स्यपालन क्षेत्र और सहायक गतिविधियों में 55 लाख प्रत्यक्ष एवं अप्रत्यक्ष रोजगार के अवसर उत्पन्न करना तथा मूल्य निर्धारण श्रृंखला का आधुनिकीकरण और सुदृढ़ीकरण करना आदि हैं।

"

विनिर्माण तथा उत्पादन की अपनी भूमिका के कारण औद्योगिक क्षेत्रक अर्थव्यवस्था की महत्त्वपूर्ण इकाई है। औद्योगिक विकास से अर्थव्यवस्था में संरचनात्मक परिवर्तन होता है और प्राथमिक क्षेत्रक से अर्थव्यवस्था की निर्भरता कम होती है। भारत की औद्योगिकीकरण की प्रगति अपर्याप्त रही है, जिससे अर्थव्यवस्था की निर्भरता कृषि तथा सम्बद्ध क्षेत्रों पर बनी हुई है।

अध्याय तेरह

उद्योग एवं औद्योगिक क्षेत्र

उद्योग एवं औद्योगिक विकास

- औद्योगिक विकास से ही देश का तीव्र विकास होता है, जिससे उसमें आत्मनिर्भरता को बल मिलता है। इसमें प्राथमिक उत्पादों के द्वितीयक उत्पादों में परिवर्तन की दर अधिक होती है। अर्थव्यवस्था में औद्योगिक क्षेत्र का अर्थ द्वितीयक क्षेत्र से होता है, जिसमें विनिर्माण, गैस, बिजली आदि को शामिल किया जाता है। किसी भी देश के आर्थिक विकास में औद्योगिक विकास निम्नलिखित रूप में योगदान देता है
  - कृषि उत्पादों का प्रसंस्करण करके मूल्य वर्द्धन करता है।
  - कृषि उत्पादन उद्योगों के लिए कच्चे माल की आपूर्ति करता है, जबकि कृषि एवं सेवा क्षेत्र के लिए औद्योगिक क्षेत्र, उर्वरक, मशीन एवं संयन्त्र आदि को उपलब्ध कराता है, जिससे कृषि विकास में योगदान मिलता है। अर्थव्यवस्था में रोजगार के अवसर उपलब्ध कराता है।
  - विनिर्माण क्षेत्र निर्यात के लिए उत्पाद उपलब्ध कराते हैं।
- उद्योग एक व्यावसायिक क्रिया है, जिसमें वस्तुओं के उत्पादन परिष्करण अथवा निर्माण की क्रिया सम्पन्न होती है। इसके अन्तर्गत उत्पाद दो प्रकार के होते हैं

उत्पाद

उपभोक्ता वस्तुएँ	पूँजीगत वस्तुएँ
ऐसी वस्तुएँ, जिनका प्रयोग उपभोक्ता तथा लोगों द्वारा होता है; जैसे-कपड़ा खाद्य पदार्थ, खेल की वस्तुएँ आदि।	ऐसी वस्तुएँ, जिनका प्रयोग औद्योगिक वस्तुओं या उपभोक्ता वस्तुओं के उत्पादन के लिए किया जाता है; जैसे मशीन, उपकरण, औजार आदि।

- किसी भी देश का औद्योगिक विकास (Industrial Development) उसके विकास का मापक होता है, क्योंकि इस पर ही कृषि क्षेत्र एवं सेवा क्षेत्र का विकास निर्भर करता है।
- यह रोजगार का सृजन करता है, परिणामस्वरूप श्रमिकों की क्रयशक्ति में वृद्धि होती है, जिससे औद्योगिक माँग में वृद्धि होती है।
- वित्त वर्ष 2025 में भारत की औद्योगिक वृद्धि 6.2% रही, उद्योग के चार उपक्षेत्रों में से विनिर्माण और निर्माण ने दोहरे अंकों की वृद्धि हासिल की, जबकि खनन और उत्खनन तथा बिजली और जल आपूर्ति ने भी वित्त वर्ष 2025 में सकारात्मक वृद्धि दर्ज की।

कुल जीवीए (GVA) में उद्योग और उसके घटकों का हिस्सा (स्थिर मूल्य में)

क्षेत्र	वर्ष			
	2020-21	2021-22	2022-23	2023-24
खनन और उत्खनन	2.3%	2.2%	2.1%	2.1%
उत्पादन	18.4%	18.5%	16.9%	17.3%
बिजली, गैस, जल आपूर्ति और अन्य उपयोगी सेवाएँ	2.3%	2.3%	2.4%	2.4%
निर्माण	7.8%	8.6%	8.8%	9.0%
उद्योग	30.8%	31.6%	30.2%	30.9%

औद्योगीकरण

- प्राथमिक उत्पादों के द्वितीयक उत्पाद में बदलने की प्रक्रिया को औद्योगीकरण (Industrialisation) कहते हैं।
- यह कार्य विनिर्माण क्षेत्रों द्वारा किया जाता है। इसके लिए उद्योगों में निवेश आवश्यक है। औद्योगीकरण द्वारा राष्ट्रीय उत्पादन में उद्योगों के उत्पादन की बहुलता एवं सकल घरेलू उत्पादन में औद्योगिक क्षेत्र का भाग बढ़ाया जाता है।
- इससे अर्थव्यवस्था में कृषि की भागीदारी धीरे-धीरे कम होती जाती है, जबकि उद्योगों की भागीदारी बढ़ती जाती है।

सकल घरेलू उत्पाद में उद्योगों का योगदान

- एक लेखा वर्ष में एक देश की घरेलू सीमा में सभी उद्यमियों, चाहे वे निवासी हों या अनिवासी, द्वारा की गई सकल मूल्य वृद्धि को सकल घरेलू उत्पाद कहा जाता है। सकल घरेलू उत्पाद में उद्योगों का एक बड़ा योगदान होता है।

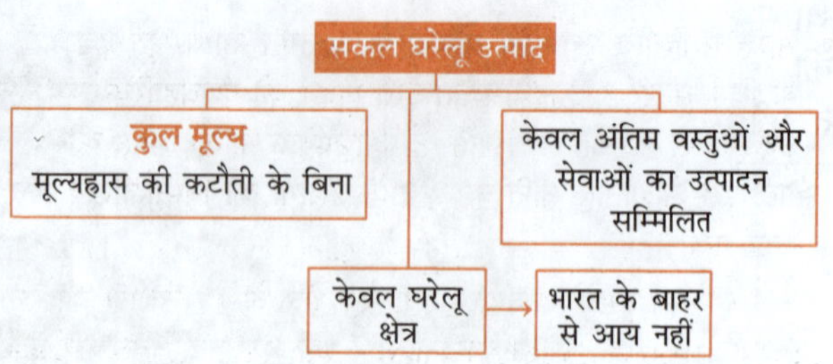

- वित्त वर्ष 2023-2024 में स्थिर कीमतों पर औद्योगिक जी.वी.ए. कोविड- पूर्व वित्त वर्ष 2019-2020 के स्तर से 25% अधिक रहा जो, व्यापक आधार पर सुधार और समेकन की पुष्टि करता है।
- आर्थिक सर्वेक्षण 2023-24 के अनुसार, वित्त वर्ष 2023 में वर्तमान मूल्य के कुल सकल मूल्य वर्द्धन में विनिर्माण का हिस्सा 14.3% था। हालाँकि आउटपुट शेयर 35.2% है, जो दर्शाता है, कि इस क्षेत्र में महत्त्वपूर्ण पिछले समय और भविष्य के सम्बन्ध हैं, जो इसके मूल्य वर्धित हिस्से (Gross Value Addition) में पूरी तरह से शामिल नहीं है।
- देश में कुल उत्पादन मूल्य का लगभग 47.5% उत्पादक गतिविधियों में इनपुट के रूप में उपयोग किया गया। विनिर्माण गतिविधियाँ अन्तर उद्योग खपत का लगभग 50% हिस्सा है तथा साथ ही ये सभी उत्पादक गतिविधियों, कृषि उद्योग और सेवाओं में प्रयुक्त इनपुट का लगभग 50% आपूर्ति करती हैं।

भारत के औद्योगिक क्षेत्र

- भारत की अर्थव्यवस्था एक मिश्रित अर्थव्यवस्था है, जिसमें उत्पादन के साधनों पर सार्वजनिक एवं निजी क्षेत्र दोनों का आधिपत्य होता है।
- भारत में सार्वजनिक तथा निजी दोनों प्रकार के उद्योग अस्तित्व में हैं। इनके मध्य अन्तर संसाधनों के स्वामित्व और उनके क्रियाकलापों के आधार पर किया जाता है।

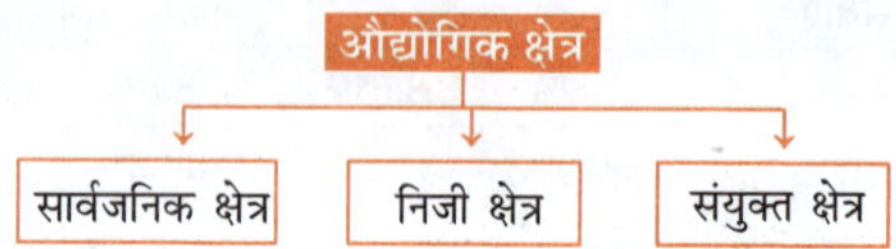

1. सार्वजनिक क्षेत्र

- सार्वजनिक क्षेत्र (Public Sector) के उद्यमों पर सरकार का स्वामित्व होता है और सरकार इस प्रकार के उद्योगों का प्रबन्धन करती है।
- सार्वजनिक क्षेत्र के उद्यमों को संचालित करने के लिए सरकार द्वारा अनेक विभागों का गठन किया गया है; जैसे—रेलवे, डाक आदि। सरकार मन्त्रालय के सहयोग से इनका क्रियान्वयन अथवा संचालन करती है।
- इन उद्योगों का उद्देश्य आम जनता के हितों की पूर्ति करना होता है।
- ये आम जनता को ध्यान में रखकर काम करते हैं।
- सार्वजनिक क्षेत्र के उद्यमों के उदाहरण
  - बीएचईएल (BHEL)
  - सेल (SAIL)
  - हिन्दुस्तान एयरोनॉटिक्स लिमिटेड (HAL)
- 31 अक्टूबर, 2024 तक भारत में केन्द्रीय सार्वजनिक क्षेत्र के उद्यमों (सीपीएसई) और उनकी सहायक कम्पनियों की संख्या 389 हो गई है, इनमें से केवल 70 कम्पनियाँ सूचीबद्ध हैं।
- वित्त वर्ष 2023-24 में भारत के स्टॉक एक्सचेंज पर कारोबार करने वाले 63 CPSEs का कुल बाजार पूँजीकरण ₹ 16.69 लाख करोड़ था।

2. निजी क्षेत्र

- निजी क्षेत्र (Private Sector) के उद्योग वे उद्योग होते हैं, जिनका स्वामित्व, नियन्त्रण और प्रबन्धन किसी व्यक्ति, फर्म या कम्पनी के हाथ में होता है।
- स्वतन्त्रता के बाद भारत में निजी क्षेत्र (Private Sector) के उद्यमों का स्वामित्व एवं संचालन निजी क्षेत्र के हाथों में आ गया।
- नई औद्योगिक नीति, 1991 के अन्तर्गत अर्थव्यवस्था के 9 उद्योगों को निजी क्षेत्र के लिए खोल दिया गया।
- भारत में निजी क्षेत्र के उद्योगों का विस्तार हो रहा है, जिनमें बड़े उद्योग, लघु उद्योग, व्यापार, होटल व्यवसाय, दूरसंचार आदि क्षेत्रों में निजी कम्पनियों की भागीदारी बढ़ रही है।
- वर्तमान समय में केवल दो उद्योगों को ही सार्वजनिक क्षेत्र के लिए आरक्षित किया गया है तथा अन्य सभी उद्योगों को निजी क्षेत्र के लिए खोल दिया गया है।

3. संयुक्त क्षेत्र

- संयुक्त क्षेत्र (Joint Sector) के उद्योग वे उद्योग होते हैं, जिनका स्वामित्व और संचालन राज्य और व्यक्तियों या व्यक्तियों के समूह के द्वारा होता है।
- इन उद्योगों में सरकारी और निजी दोनों क्षेत्र मिलकर काम करते हैं।
- संयुक्त क्षेत्र के उद्योग, मिश्रित अर्थव्यवस्था की अवधारणा का एक उदाहरण है।
- संयुक्त क्षेत्र का सुझाव सर्वप्रथम दत्त समिति द्वारा वर्ष 1970 में दिया गया था और इसके सम्बन्ध में वर्ष 1972 में दिशा-निर्देश दिए गए।

सहकारी क्षेत्र

- इसके अन्तर्गत लोगों के समूह, जो आर्थिक, सामाजिक व सांस्कृतिक तरीके से उद्यमों को संचालित करते हैं, को शामिल किया जाता है। इसका उद्देश्य समूह के लोगों को सशक्त करना है।
- सहकारी क्षेत्र में सामान्यतः वह सदस्य होते हैं, जो कच्चा माल बनाते हैं। इनमें हथकरघा खाद्य प्रसंस्करण और डेयरी उत्पाद से सम्बन्धित उद्योगों को रखा जाता है।
- भारत में दो सहकारी क्षेत्र (Co-operative Sector) के दो उपक्रम वर्ष 1967 में **इण्डियन फार्मर्स फर्टिलाइजर को-ऑपरेटिव** (IFFCO) और वर्ष 1980 में **कृषक भारती को-ऑपरेटिव** (KR'IBHCO) की स्थापना की गई।

भारत की औद्योगिक नीतियाँ

- औद्योगिक नीति (Industrial Policy) विनिर्माण क्षेत्र की प्रगति का मूल्यांकन करने के लिए सरकार द्वारा निर्धारित मानकों और उपायों का समूह है, जो अंतत: देश की आर्थिक वृद्धि और विकास को दर्शाता है।
- सरकार विभिन्न फर्मों की प्रतिस्पर्द्धात्मकता और क्षमताओं को प्रोत्साहित करने तथा सुधारने के लिए कदम उठाती है।
- औद्योगिक नीति और संवर्द्धन विभाग (डीआईपीपी) के नाम को जनवरी, 2019 में परिवर्तित कर, उद्योग और आन्तरिक व्यापार संवर्द्धन विभाग (डीपीआईआईटी) कर दिया गया है।
- यह वाणिज्य और उद्योग मन्त्रालय के अन्तर्गत आता है, जो औद्योगिक नीति के लिए उत्तरदायी है।
- भारत में स्वतन्त्रता प्राप्ति के बाद से लेकर अब तक कई औद्योगिक नीतियों की घोषणा की गई है। इनका संक्षिप्त विवरण निम्न है-

औद्योगिक नीति, 1948

- इस औद्योगिक नीति की घोषणा 6 अप्रैल, 1948 को तत्कालीन उद्योग एवं वाणिज्य मन्त्री डॉ. श्यामा प्रसाद मुखर्जी द्वारा की गई थी।
- यह नीति न केवल भारत की पहली औद्योगिक नीति थी, बल्कि इसने भारतीय अर्थव्यवस्था के स्वरूप (मिश्रित अर्थव्यवस्था) को भी निश्चित किया।
- इस नीति में सार्वजनिक और निजी क्षेत्र के सह-अस्तित्व को स्वीकारा गया तथा मिश्रित अर्थव्यवस्था जारी रखने का सुझाव दिया गया। इस नीति के अन्तर्गत उद्योगों को चार भागों में वर्गीकृत किया गया
  - प्रथम वर्ग इसमें सैनिक एवं राष्ट्रीय महत्त्व के उद्योग (अस्त्र-शस्त्र, अणु शक्ति, रेल परिवहन इत्यादि) को रखा गया तथा इस पर सरकार के एकाधिकार की बात कही गई।
  - द्वितीय वर्ग इसके अन्तर्गत छह आधारभूत उद्योगों में कोयला, लौह-इस्पात, वायुयान निर्माण, जलयान निर्माण, टेलीफोन (टेलीग्राम) तथा खनिज तेल उद्योग को रखा गया। यद्यपि इन उद्योगों को निजी क्षेत्र के अन्तर्गत कार्य करते रहने की आज्ञा थी, किन्तु आवश्यकता पड़ने पर इनके राष्ट्रीयकरण की बात भी कही गई।
  - तृतीय वर्ग इसमें 18 उद्योगों को रखा गया, जिनमें रासायनिक उद्योग, चीनी, सूती एवं ऊनी-वस्त्र, सीमेण्ट, कागज, नमक, मशीन टूल्स इत्यादि मुख्य हैं।
  - चतुर्थ वर्ग इसके अन्तर्गत शेष उद्योगों को रखा गया तथा इसे निजी एवं सहकारी क्षेत्रों द्वारा वर्ष 1956 में स्थापित एवं संचालन की आज्ञा दी गई।
- इस नीति के अन्तर्गत 10 वर्ष उपरान्त इसकी समीक्षा का प्रावधान भी रखा गया।

औद्योगिक नीति, 1956

- वर्ष 1948 की औद्योगिक नीति के परिणामों से प्रोत्साहित होकर 8 वर्षों के बाद ही भारतीय उद्योग के लिए नई तथा अधिक ठोस नीति की घोषणा की गई।
- भारत में द्वितीय पंचवर्षीय योजना के अन्तर्गत आधारभूत एवं भारी उद्योगों के विकास पर बल दिया गया। इसी लक्ष्य को व्यावहारिक रूप देने के उद्देश्य से 30 अप्रैल, 1956 को औद्योगिक नीति, 1956 की घोषणा की गई। इस औद्योगिक नीति के अन्तर्गत उद्योगों को निम्नलिखित तीन वर्गों में रखा गया
  - प्रथम वर्ग इसके अन्तर्गत आधारभूत क्षेत्र के 17 उद्योगों को रखा गया। वर्ष 1956 की औद्योगिक नीति में इस पर सर्वाधिक बल दिया गया।
  - द्वितीय वर्ग इस सूची में 12 उद्योगों को रखा गया।
  - तृतीय वर्ग इसके अन्तर्गत शेष सभी उद्योगों को रखा गया। निजी उद्यमियों को इसमें विकास की अनुमति दी गई।
- इस नीति में लघु एवं कुटीर उद्योगों के विकास, बड़े पैमाने पर उत्पादन तथा छोटे उद्योगों के विकास में समन्वय पर बल दिया गया।
- इस नीति की सबसे बड़ी विशेषता यह थी कि इसमें उद्योगों का वर्गीकरण अधिक कठोर नहीं था और आवश्यकतानुसार सूचियों में परिवर्तन सम्भव था। इसके अतिरिक्त औद्योगिक विकास में क्षेत्रीय विषमता को कम करने पर भी बल दिया गया।
- इस नीति में समाजवादी समाज की स्थापना के उद्देश्य को ध्यान में रखते हुए श्रमिकों के हितों की रक्षा एवं प्रबन्धकीय मामलों में उनकी भागीदारी को स्वीकार किया गया।
- इसी औद्योगिक नीति के अन्तर्गत तत्कालीन प्रधानमन्त्री पण्डित जवाहरलाल नेहरू ने सरकारी कम्पनियों (PSUs) को भारत के आधुनिक औद्योगिक मन्दिर (Modern Industrial Temples of India) कहा एवं उनके महत्त्व की ओर संकेत किया।
- औद्योगिक नीति, 1956 के अन्तर्गत ही भारत में बड़े इस्पात संयन्त्रों की स्थापना की गई, जो निम्नलिखित हैं

इस्पात संयन्त्र	सहयोगी देश
भिलाई इस्पात संयन्त्र (छत्तीसगढ़)	सोवियत संघ (अब रूस)
दुर्गापुर इस्पात संयन्त्र (पश्चिम बंगाल)	ब्रिटेन
बोकारो इस्पात संयन्त्र (झारखण्ड)	सोवियत संघ (अब रूस)
राउरकेला इस्पात संयन्त्र (ओडिशा)	जर्मनी

औद्योगिक नीति, 1969

- इस औद्योगिक नीति का प्रमुख उद्देश्य कम्पनियों की व्यापारिक तथा वाणिज्यिक प्रक्रियाओं का नियमन करना तथा आर्थिक सुधार के लिए एकाधिकार एवं केन्द्रीकरण को कम करना।
- इसके लिए एकाधिकार तथा व्यापारिक प्रतिबन्धक व्यापार व्यवहार अधिनियम (MRTP Act) वर्ष 1969 को पारित किया गया था, जिसे नई औद्योगिक नीति, 1991 के पश्चात् समाप्त कर दिया गया।

औद्योगिक नीति वक्तव्य, 1973

- इस औद्योगिक नीति वक्तव्य (Industrial Policy Statement) के माध्यम से अर्थव्यवस्था में कुछ नई अवधारणाओं को सम्मिलित किया गया।
  - इसमें बड़े औद्योगिक क्षेत्रों और विदेशी कम्पनियों से निवेश के साथ उच्च प्राथमिकता वाले क्षेत्रों की पहचान की गई और इनको कोर अथवा मूलभूत उद्योग (वह उद्योग हैं, जो अन्य उद्योगों के विकास

के लिए मूलरूप से महत्त्वपूर्ण होते हैं; जैसे-लोहा व इस्पात, सीमेण्ट, कोयला, कच्चा तेल आदि।) कहा गया।

- कुछ उद्योगों को आरक्षित सूची में रखा गया, जहाँ केवल लघु अथवा मध्यम उद्योग ही स्थापित किए जा सकते थे।
- बड़े उद्योगों को ग्रामीण और पिछड़े क्षेत्रों में काम करने की अनुमति प्रदान की गई तथा संयुक्त क्षेत्र की अवधारणा विकसित हुई।

औद्योगिक नीति, 1977

- 23 दिसम्बर, 1977 में घोषित औद्योगिक नीति में सार्वजनिक क्षेत्र की भूमिका में बिना बदलाव किए, इसे वर्ष 1956 की नीति के अनुसार ही बनाया गया। इस नीति में लघु एवं कुटीर उद्योग के विकास पर विशेष बल दिया गया तथा लघु क्षेत्र को तीन वर्गों में बाँटा गया—कुटीर उद्योग; घरेलू उद्योग, सूक्ष्म एवं लघु उद्योग।
- इसके अन्तर्गत लघु उद्यमकर्ता को एक ही स्थान पर सभी सुविधाएँ उपलब्ध कराने के उद्देश्य से जिला उद्योग केन्द्र (District Industries Centre, DIC) की स्थापना का निर्णय लिया गया।

औद्योगिक नीति, 1980

- 23 जुलाई, 1980 को घोषित इस नीति के तीन मौलिक उद्देश्य निर्धारित किए गए थे—आधुनिकीकरण, विस्तार और पिछड़े क्षेत्रों का विकास। इस नीति में सार्वजनिक उद्यमों (Public Enterprises) के कुशल प्रबन्धन पर बल दिया गया।
- इस नीति में आर्थिक संघवाद की धारणा पर बल देते हुए, प्रत्येक चिह्नित पिछड़े जिलों में लघु एवं कुटीर औद्योगिक इकाइयों की स्थापना पर बल दिया गया।
- इस नीति में ग्रामीण क्षेत्रों में उद्योगों की स्थापना तथा रुग्ण औद्योगिक इकाइयों की समस्याओं के समाधान पर बल देने का निर्णय लिया गया। इसके अतिरिक्त लघु इकाई, लघु उद्योग एवं अनुषंगी इकाइयों में निवेश सीमा में भी निम्न वृद्धि की गई
  - लघु इकाई ₹ 1 लाख से ₹ 2 लाख (निवेश की सीमा)
  - लघु उद्योग ₹ 10 लाख से ₹ 20 लाख
  - अनुषंगी इकाई ₹ 15 लाख से ₹ 25 लाख

नोट : *रुग्ण औद्योगिक इकाई को उस इकाई के रूप में परिभाषित किया गया है, जो कम-से-कम पाँच वर्षों से अस्तित्व में है तथा जिसने किसी वित्तीय वर्ष के अन्त में अपनी सम्पूर्ण निवल सम्पत्ति के बराबर या उससे अधिक संचित घाटा उठाया हो।*

नई आर्थिक नीति

- **उदारीकरण** (Liberalisation) इस नीति के अन्तर्गत सरकार द्वारा उद्योग क्षेत्र से लाइसेन्सिंग की व्यवस्था को हटाया गया और अर्थव्यवस्था को सभी के लिए खोला गया। उद्योग तथा अन्य आर्थिक क्रियाओं पर से सरकार का नियन्त्रण कम किया गया।
- **निजीकरण** (Privatisation) इसके अन्तर्गत उद्योगों में कोटा प्रणाली के स्थान पर निजी क्षेत्र को आमन्त्रित किया गया, इन्हें उद्योगों में स्वामित्व का अधिकार प्रदान किया गया।
- **वैश्वीकरण** (Globalisation) इस प्रणाली के अन्तर्गत देश की अर्थव्यवस्था को पूँजी व्यापार तथा प्रौद्योगिकी के माध्यम से विश्व अर्थव्यवस्था के साथ जोड़ा गया।

नई औद्योगिक नीति, 1991

भारत में औद्योगिक नीति में व्यापक परिवर्तन की घोषणा सरकार द्वारा 24 जुलाई, 1991 में की गई। इसके अन्तर्गत औद्योगिक लाइसेन्सिंग नीति, एकाधिकार (Monopoly) तथा प्रतिबन्धात्मक व्यापार व्यवहार, सार्वजनिक क्षेत्र, विदेशी निवेश आदि के सम्बन्ध में व्यापक बदलाव किए गए। इस नीति के मुख्य बिन्दु निम्नलिखित हैं

- औद्योगिक नीति (Industrial Policy) में एकाधिकार एवं अवरोधक व्यापार व्यवहार अधिनियम (MRTP Act) के अन्तर्गत आने वाली कम्पनियों की परिसम्पत्ति सीमा को समाप्त कर दिया गया है, इसलिए अब नई इकाइयों की स्थापना, विस्तार, विलयन, समामेलन (Amalgamation) तथा अधीनीकरण (Take over) के लिए एवं निदेशकों की नियुक्ति के लिए केन्द्र सरकार से पूर्व-अनुमति लेना आवश्यक नहीं रहा।
- नई औद्योगिक नीति (New Industrial Policy) में उच्च-प्रौद्योगिकी व उच्च-निवेश के आधार पर कुछ प्राथमिक उद्योगों की सूची बनाई गई। इन उद्योगों में बिना सरकार की अनुमति लिए 51% तक विदेशी इक्विटी की अनुमति दी गई। इन क्षेत्रों में विदेशी प्रत्यक्ष निवेश (Foreign Direct Investment, FDI) की अनुमति नहीं है; जैसे—परमाणु ऊर्जा, लॉटरी का व्यवसाय तथा जुआ एवं सट्टा आदि।
- वर्ष 1956 की औद्योगिक नीति में 17 उद्योग सार्वजनिक क्षेत्र के लिए आरक्षित रखे गए थे। नई नीति में इनकी संख्या घटाकर मात्र 8 कर दी गई थी। वर्तमान में 6 और उद्योगों को इससे मुक्त कर दिया गया। इस प्रकार मात्र 2 उद्योग सार्वजनिक क्षेत्र के लिए आरक्षित रह गए हैं, इन उद्योगों में परमाणु ऊर्जा, भारत सरकार के वाणिज्य और उद्योग मन्त्रालय तथा रेल परिवहन सम्मिलित हैं।

औद्योगिक लाइसेन्सिंग

- वर्ष 1991 की नई औद्योगिक नीति लागू होने के पश्चात् औद्योगिक क्षेत्र में विभिन्न नियन्त्रणों की समाप्ति हेतु एक व्यापक कार्यक्रम प्रारम्भ किया गया।
- वर्तमान में सुरक्षा, सामरिक व पर्यावरण की दृष्टि से मात्र 5 उद्योग अनिवार्य लाइसेंस के अन्तर्गत शामिल हैं, जो निम्न प्रकार हैं
  - एल्कोहॉल युक्त पेय पदार्थों का आसवन, मद्यकरण।
  - तम्बाकू निर्मित सिगार, सिगरेट तथा विनिर्मित तम्बाकू उत्पाद।
  - इलेक्ट्रॉनिक, एयरोस्पेस और सभी प्रकार के रक्षा उपकरण।
  - डेटोनेरिंग सेल्युलोज, सुरक्षा फ्यूजिंग, बारूद, नाइट्रो सेल्युलोज और दियासलाई सहित औद्योगिक विस्फोटक।
  - विशिष्ट प्रकार के खतरनाक रसायन; जैसे—हाइड्रोसायनिक अम्ल और इससे व्युत्पन्न फास्जीन एवं इसके आइसोसाइनेट एवं हाइड्रोकार्बन के आइसोसाइनेट (उदाहरणस्वरूप—मिथाइल आइसोसाइनेट)

नई औद्योगिक नीति, 1991 का मूल्यांकन

- औद्योगिक नीति वर्ष 1991 के पश्चात् भारत में औद्योगिक विकास तीव्र हुआ, जहाँ वर्ष 1991 के पूर्व के वर्षों में औद्योगिक विकास दर औसतन 4% थी, वहीं वर्ष 1991 के बाद वर्ष 2012 तक औसत वृद्धि

दर बढ़कर 6.5% प्रतिवर्ष हो गई। इसके अतिरिक्त उदारीकरण (Liberalisation) की नीतियों के परिणामस्वरूप उद्योगों में श्रम सघनता में बढ़ोतरी हुई तथा जीडीपी में औद्योगिक उत्पाद का अनुपात बढ़ा है।

- सार्वजनिक क्षेत्र में किए जाने वाले सुधारों से उत्पादन पर अनुकूल प्रभाव पड़ा। इन सुधारों के अन्तर्गत सार्वजनिक क्षेत्र की इकाइयों को निजी क्षेत्र के हाथ बेचने की व्यवस्था है, क्योंकि निजी क्षेत्र की कार्यदक्षता बेहतर है, इसलिए इस बिक्री से उत्पादन बढ़ेगा।
- दूसरी ओर अक्षम व कमजोर इकाइयों को बन्द करने से इनमें लगे संसाधन उचित रूप से उपयोग किए जा सकेंगे।
- निजीकरण (Privatisation) के परिणामस्वरूप स्टॉक एक्सचेंज पर सार्वजनिक इकाइयों के शेयरों की खरीद-बिक्री बढ़ी है, जिससे इनके दक्षता स्तरों में सुधार हुआ है।

उद्योगों से सम्बन्धित अन्य प्रावधान

वर्ष 1991 के बाद उद्योगों के विकास के लिए कई महत्त्वपूर्ण प्रावधान किए गए हैं, जो निम्न हैं

नई विनिर्माण नीति, 2011

- भारत सरकार द्वारा 4 नवम्बर, 2011 को नई विनिर्माण नीति (New Manufacturing Policy) की घोषणा की गई।
- इस नीति का उद्देश्य एक दशक के अन्दर देश की जीडीपी में विनिर्माण क्षेत्र की 25% भागीदारी करना तथा रोजगार के 10% अतिरिक्त (Additional) अवसरों का सृजन करना है।
- सतत् विकास (Sustainable Development) इस नीति का एक अभिन्न अंग है। अत: विनिर्माण हेतु बेहतर व धारणीय प्रौद्योगिकी के प्रयोग पर बल दिया जाएगा। यह नीति केन्द्र व राज्य की भागीदारी पर आधारित है, जिसमें औद्योगिक वृद्धि के लिए केन्द्र सरकार आवश्यक ढाँचा प्रदान करेगी और सार्वजनिक-निजी भागीदारी पर विकसित ढाँचे को उचित वित्तीय सहायता देगी।

राष्ट्रीय निवेश व विनिर्माण क्षेत्र (NIMZs)

- राष्ट्रीय निवेश और विनिर्माण क्षेत्र (National Investment and Manufacturing) भारत में विशेष क्षेत्र है, जिनका उद्देश्य निवेश आकर्षित करना और विनिर्माण को बढ़ावा देना है।
- ये व्यवसायों के लिए बेहतर बुनियादी ढाँचा और सहायता प्रदान करते हैं। राष्ट्रीय निवेश और विनिर्माण क्षेत्र प्राधिकरण एनआईएम जेड (NIMZ) के लिए नियामक निकाय है।
- प्रारम्भ में निम्नलिखित को औद्योगिक शहरों के रूप में विकसित करने का कार्य शुरू किया गया
  - अहमदाबाद-धोरेला निवेश क्षेत्र (गुजरात)
  - शेन्द्रा-बिदकिन औद्योगिक पार्क सिटी (औरंगाबाद के निकट, महाराष्ट्र)
  - मानेसर-बावल निवेश क्षेत्र (हरियाणा)
  - खुशखेड़ा-भिवाड़ी-नीमराना निवेश क्षेत्र (राजस्थान)
  - जोधपुर-पाली-मारवाड़ औद्योगिक क्षेत्र (राजस्थान)
  - पीथमपुर-धार-महू निवेश क्षेत्र (मध्य प्रदेश)
  - दादरी-नोएडा-गाजियाबाद निवेश क्षेत्र (उत्तर प्रदेश)
  - दिघी पोर्ट औद्योगिक क्षेत्र (महाराष्ट्र)
  - पाँच अल्प औद्योगिक क्षेत्रों को सैद्धान्तिक रूप से स्वीकृति दी गई है, जिनमें नागपुर (महाराष्ट्र), तुमकुर (कर्नाटक), चित्तूर, मेडक एवं प्रकाशम (आन्ध्र प्रदेश) हैं।
- दिसम्बर, 2024 तक भारत में 16 एनआईएमजेड थे, एनआईएमजेड में कुल निवेश ₹ 100000 करोड़ से अधिक होने का अनुमान है।

प्रतिस्पर्धा नीति तथा कानून समिति

- वर्ष 1991 की औद्योगिक नीति के बाद बदलावों के अन्तर्गत सरकार ने अक्टूबर, 1999 में एस. बी. एस. राघवन की अध्यक्षता में प्रतिस्पर्द्धा नीति तथा कानून समिति गठित कीं।
- इस समिति के गठन का मुख्य उद्देश्य एकाधिकारी प्रवृत्ति को रोकने के स्थान पर प्रतिस्पर्द्धा को बढ़ावा देने वाली नीति के सम्बन्ध में सुझाव देना था। एकाधिकारी एवं प्रतिबन्धात्मक व्यापार व्यवहार आयोग के स्थान पर गठित भारतीय प्रतिस्पर्द्धा आयोग (स्थापना-14 अक्टूबर, 2003) ने 20 मई, 2009 से कार्य करना शुरू किया।
- इस नीति के द्वारा व्यवसायों को एक-दूसरे के साथ निष्पक्ष रूप से प्रतिस्पर्धा करने के लिए नियम बनाए गए हैं।
- प्रतिस्पर्धा नीति से उपभोक्ताओं को भी लाभ होता है, क्योंकि इससे उन्हें ज्यादा विकल्प मिलते हैं, कीमते कम होती हैं और गुणवत्ता में सुधार होता है।

कम्पनी अधिनियम, 2013

- संसद द्वारा पारित नए कम्पनी अधिनियम को 29 अगस्त, 2013 को संसद से पारित होने के उपरान्त भारत के राष्ट्रपति ने अनुमति दी है। इस अधिनियम ने कम्पनियों से सम्बन्धित वर्ष 1956 के कानून का स्थान लिया है। यह अधिनियम 12 सितम्बर, 2013 को लागू हुआ।
- इस अधिनियम के प्रमुख प्रावधान निम्न है
  - कम्पनी के निदेशक बोर्ड में एक-तिहाई स्वतन्त्र निदेशकों को रखना।
  - कम-से-कम एक महिला निदेशक की नियुक्ति अनिवार्य।
  - पारदर्शी कॉर्पोरेट गवर्नेंस व भ्रष्टाचार के मामलों का निपटारा करने के लिए विशेष अदालतें गठित की जाएँगी।
  - प्रत्येक पाँच वर्ष में लेखा परीक्षक को बदलना होगा।
- कम्पनी अधिनियम, 2013 में निम्नलिखित नई परिभाषाओं को दिया गया है, जो निम्न प्रकार हैं
  - एक व्यवस्थित कम्पनी यह कम्पनी व्यवसायियों को एक व्यवस्थित व्यवसाय शुरू करने का अवसर देती है।
  - लघु कम्पनी लघु कम्पनी ऐसी कम्पनियों को कहते हैं, जिनकी प्रदत्त पूँजी ₹ 25 करोड़ से अधिक न हो तथा जिनका कुल कारोबार ₹ 100 करोड़ से कम हो।
  - सुषुप्त कम्पनी (Dormant Company) वह कम्पनी, जो इस अधिनियम के अन्तर्गत भविष्य की किसी परियोजना के लिए पंजीकृत है या कुछ परिसम्पत्ति रखती है और कोई महत्त्वपूर्ण लेन-देन नहीं करती है।

- **राष्ट्रीय वित्तीय प्रतिवेदन प्राधिकरण** इसके अन्तर्गत राष्ट्रीय वित्तीय प्रतिवेदन प्राधिकरण (National Financial Reporting Authority, NFRA) के संगठन का प्रावधान है। इसे विशेष अधिकार दिए गए हैं। यह इकाई लेखा परीक्षण पेशे का विनियमन (Regulation) करती है।
- **क्लास एक्शन स्यूट** (Class Action Suit) इसके अन्तर्गत निवेशकों का कोई समूह या मंच कम्पनी के विरुद्ध कोई विवाद दर्ज करता है, तो उसका फैसला उन सभी पर लागू होगा, जो समान रूप से पीड़ित हैं।
- **कॉर्पोरेट सामाजिक जिम्मेदारी** (Corporate Social Responsibility, CSR) एक प्रबन्धन अवधारणा के रूप में परिभाषित किया जाता है, जिसके अन्तर्गत कम्पनियाँ अपने व्यापारिक भागीदारों के साथ सामाजिक और पर्यावरण सम्बन्धी चिन्ताओं को उनके हितधारकों के साथ एकीकृत करती हैं।
- इस अधिनियम के अन्तर्गत भारतीय कॉर्पोरेट क्षेत्र में कॉर्पोरेट सामाजिक दायित्व को प्रस्तावित किया गया है। कॉर्पोरेट सामाजिक दायित्व के अन्तर्गत कम्पनियों को लगातार तीन वर्ष के अपने औसत लाभ का न्यूनतम 2% सामाजिक दायित्वों के लिए व्यय करना होगा।
- इसके अन्तर्गत किए जाने वाले खर्चे जीवन स्तर का विकास, वन्यजीव संरक्षण, स्वास्थ्य, शिक्षा, पर्यावरणीय गतिविधियाँ आदि पर खर्च किए जाएँगे। यह सभी कम्पनियों पर लागू होगा, जिनका लाभ वार्षिक रूप में ₹ 5 करोड़ से अधिक हो, इसके अतिरिक्त ₹ 1000 करोड़ वार्षिक टर्न ओवर और ₹ 500 करोड़ नेटवर्थ वाली कम्पनियाँ भी इसमें शामिल हैं। इस सामाजिक दायित्व में पंजीकृत विदेशी कम्पनियाँ भी शामिल होंगी।

कम्पनी अधिनियम, 2013 में संशोधन

- कम्पनी अधिनियम, 2013 में संशोधन सरकार द्वारा मई, 2020 में किया गया, जिसमें कुछ प्रक्रियाओं को इसमें अपराध श्रेणी से बाहर कर दिया गया; जैसे—तकनीकी और प्रक्रियात्मक चूक, कम्पनी की वार्षिक बैठक के सन्दर्भ में बोर्ड रिपोर्ट में होने वाली अनियमितता आदि।
- देश में व्यापार सुगमता को बढ़ावा देने के लिए कम्पनी (संशोधन) अधिनियम 2020 पारित किया गया।
- इस संशोधन में **कम्पाउण्डेबल अपराधों** (Compoundable Offence) की संख्या को कम कर 31 कर दिया गया है तथा 7 अपराधों को समाप्त कर दिया गया है।

नोट *कम्पाउण्डेबल अपराध ऐसे अपराध होते हैं, जिन्हें पूर्व में एक राशि का भुगतान करके समाधान किया जाता था। इसके अन्तर्गत अधिकांश अपराधों का वर्तमान कम्पनी रजिस्ट्रार के द्वारा निपटारा किया जाता है, जोकि पूर्व में नेशनल कम्पनी लॉ ट्रिब्यूनल के अन्तर्गत होते थे।*

नई औद्योगिक नीति और संयुक्त उपक्रम

नई औद्योगिक नीति के अन्तर्गत सरकार द्वारा बहुत-से उद्यमों में विनिवेश किया जा रहा है, जिससे इनमें निजीकरण की भागीदारी को बढ़ावा दिया जा सके। संयुक्त उपक्रम के लिए निम्नलिखित तीन प्रकार के प्रयास किए जाते हैं

- इसके अन्तर्गत निजी क्षेत्र के लिए 25% शेयर का स्वामित्व सौंपा जाता है तथा 5% शेयर का स्वामित्व व्यक्तियों और कर्मचारियों को दिया जाता है तथा इन शेयरों पर वीटो पावर का अधिकार सरकार के पास होता है। सरकार द्वारा कम्पनी के 49% शेयर निजी क्षेत्र को बेचे जाते हैं तथा 51% शेयर अपने पास रखे जाते हैं।
- तीसरे प्रकार में सरकार अपने पास 26% शेयर अंश रखती है तथा 74% शेयर पूँजी निजी क्षेत्रों को बेच देती है और वीटो का अधिकार सरकार द्वारा अपने पास रखा जाता है।

औद्योगिक नवीकरण: बौद्धिक सम्पदा अधिकार

- सरकार ने देश में बौद्धिक सम्पदाओं (Intellectual Properties) के विकास के लिए ऐसी बहुमुखी रणनीति बनाई है, जिससे कार्य संस्कृति तथा रचनात्मकता का विकास हो सके। इस दिशा में निम्नलिखित कदम उठाए गए हैं, जिनमें अन्तर्राष्ट्रीय बाध्यताओं को पूर्ण करना, राष्ट्रीय हितों की रक्षा करना, प्रशासन का आधुनिकीकरण तथा जागरूकता को बढ़ाना आदि सम्मिलित हैं।
- हाल ही के वर्षों की उपलब्धियाँ निम्न प्रकार हैं
  - **पेटेण्ट डिजाइन** ट्रेडमार्क तथा भौगोलिक संकेतों (Geographical Indication) से सम्बद्ध सभी कानूनों को संशोधित किया गया है। ये सभी व्यापार से सम्बद्ध बौद्धिक सम्पदा अधिकारों के अन्तर्गत भारत की अन्तर्राष्ट्रीय बाध्यताओं का पालन करते हैं।
  - **ट्रेडमार्क** (संशोधन) अधिनियम, 2010 ट्रेडमार्क (संशोधन) विधेयक को संसद द्वारा स्वीकृत किया गया था, जो ट्रेडमार्क (संशोधन) अधिनियम, 2010 बना।
  - **राष्ट्रीय डिजाइन नीति** इस नीति की घोषणा पहली बार फरवरी, 2007 में की गई। यह नीति भारतीय उद्योग के विकास में सहायक होने के साथ ही इसे प्रतिस्पर्द्धात्मक (Competitive) भी बनाएगी।
  - **डिजाइन परिषद्** की स्थापना मार्च, 2009 में डिजाइन जागरूकता का प्रभावी कार्यक्रम शुरू करने और डिजाइन संस्थानों को मान्यता, डिजाइन पाठ्यक्रम के विकास को अधिक स्तरीय बनाने, सरकार के साथ समन्वय कर नई डिजाइनों के पंजीकरण की प्रक्रिया को सरल बनाने के लिए सभी दावेदारों से बातचीत के फोरम के रूप में की गई।
- केन्द्र सरकार ने मई, 2016 में **राष्ट्रीय बौद्धिक सम्पदा नीति** को स्वीकृति प्रदान की। इस नीति से भारत में रचनात्मक और अभिनव ऊर्जा भण्डार को प्रोत्साहन मिला तथा सभी के बेहतर और उज्ज्वल भविष्य के लिए इस ऊर्जा का आदर्श उपयोग सम्भव होगा। राष्ट्रीय बौद्धिक सम्पदा अधिकार नीति 'रचनात्मक भारत : अभिनव भारत' के लिए कार्य करेगी।
- बौद्धिक सम्पदा अधिकार के अन्तर्गत 7 प्रमुख लक्ष्यों का निर्धारण किया गया है, जो निम्न रूप से प्रमुख हैं
  - **IPR जागरूकता कार्यक्रम** (आधुनिकीकरण योजना) इस कार्यक्रम के अन्तर्गत आधुनिकीकरण योजना का एक महत्त्वपूर्ण पहलू है—जागरूकता

फैलाना। इससे शेयरधारकों को पंजीकरण के बारे में शिक्षित करने में आसानी होगी। आम जनता तथा विशेषकर व्यवसायी समुदाय को उत्पाद की पायरेसी या इससे सम्बद्ध जानकारी जागरूकता के माध्यम से मिल सकती है।

- IPR अधिकारों का निर्माण बौद्धिक सम्पदा अधिकारों के निर्माण को प्रोत्साहन प्रदान करने हेतु किया गया।
- बौद्धिक सम्पदा के अधिकार के अन्तर्गत आने वाले विभिन्न प्रकार के क्षेत्रों को चिह्नित करते हुए उन्हें विभिन्न श्रेणियों में बाँटा जा सकता है।
- कानून एवं नियामकीय तन्त्र का विकास इसके अन्तर्गत प्रभावी एवं सशक्त कानूनों को बनाना, जिससे व्यक्तियों एवं जनहित के कार्यों के मध्य सन्तुलन को स्थापित किया जा सके।
- प्रशासनिक एवं प्रबन्धकीय तन्त्र को सशक्त बनाना, जिससे अधिकारों की सेवा को सुचारू रूप से चलाया जा सके।
- व्यवसायीकरण इसके अन्तर्गत बौद्धिक सम्पदा के अधिकारों का मूल्य प्राप्त किया जा सकता है।
- प्रवर्तन में लाना इससे सम्बन्धित कानूनों के उल्लंघन होने एवं इसके समाधान के लिए स्वतन्त्र न्यायपालिका को मजबूत बनाना।
- मानव पूँजी विकास इसके अन्तर्गत मानव पूँजी का विकास करने के लिए शिक्षण, प्रशिक्षण, अनुसन्धान तथा कौशल आदि का विकास करना।

आर्थिक गणना

- केन्द्रीय सांख्यिकी कार्यालय (CSO) ने वर्ष 1977 में पहली देशव्यापी आर्थिक गणना (Economic Census) कराई थी।
- देश में आर्थिक जनगणना वर्ष 1977, 1980, 1990, 1998, 2005, 2013 के बाद वर्ष 2019-2020 में सम्पूर्ण देश में की गई है।

> - **सर्वाधिक उद्यम संख्या वाले तीन राज्य** महाराष्ट्र, उत्तर प्रदेश और गुजरात हैं।
> - **सर्वाधिक उद्यम संख्या वाले तीन केन्द्रशासित प्रदेश** दिल्ली, पुदुचेरी, चण्डीगढ़ हैं। (वार्षिक सर्वेक्षण रिपोर्ट 2023-24)

पंचवर्षीय योजनाएँ एवं औद्योगिक विकास

पंचवर्षीय योजना	विवरण
पहली पंचवर्षीय योजना	इसमें औद्योगिक विकास में सार्वजनिक एवं निजी दोनों क्षेत्रों की भूमिका को स्वीकार करते हुए **मिश्रित अर्थव्यवस्था** (Mixed Economy) की शुरुआत की गई। यह मूलत: कृषि एवं सम्बद्ध क्षेत्र पर केन्द्रित योजना थी और इसमें कुल व्यय का केवल **2.8%** भाग ही उद्योग एवं खनिज क्षेत्र को प्रदान किया गया।
दूसरी पंचवर्षीय योजना	यह व्यापक औद्योगीकरण से सम्बन्धित आधारभूत योजना थी। इस योजना में देश में तीव्र औद्योगिक विकास सुनिश्चित करने के लिए **आधारभूत उद्योगों की स्थापना पर बल** दिया गया। इस योजना के अन्तर्गत कुल व्यय की 20.1% राशि उद्योग क्षेत्र को प्रदान की गई।
तीसरी पंचवर्षीय योजना	यह दूसरी योजना की निरन्तरता में चल रही योजना थी। इसमें भी कुल व्यय का 20.1% भाग औद्योगिक क्षेत्र में खर्च किया गया।
चौथी पंचवर्षीय योजना	इसमें औद्योगिक विकास में किया गया व्यय कुल व्यय का 18.2% रहा।
पाँचवीं पंचवर्षीय योजना	इसमें कुल व्यय का लगभग 22.8% भाग उद्योग पर व्यय किया गया, जो सभी योजनाओं में सर्वाधिक था।
छठी पंचवर्षीय योजना	इस योजना के दौरान औद्योगिक नीति में अनेक बदलाव किए गए तथा उदारीकरण की प्रक्रिया शुरू की गई। इस योजना में कुल व्यय का 13.8% भाग औद्योगिक क्षेत्र में किया गया।
सातवीं पंचवर्षीय योजना	इसमें कुल व्यय का लगभग 11.9% भाग औद्योगिक क्षेत्र में व्यय किया गया।
आठवीं पंचवर्षीय योजना	इसमें कुल व्यय का लगभग 9.3% भाग औद्योगिक क्षेत्र में व्यय किया गया।
नौवीं पंचवर्षीय योजना	इस योजना में कुल योजनागत व्यय का 5% औद्योगिक क्षेत्र को प्रदान किया गया।
दसवीं पंचवर्षीय योजना	इसमें कुल व्यय का मात्र 3.9% भाग ही औद्योगिक क्षेत्र में व्यय किया गया।
ग्यारहवीं पंचवर्षीय योजना	इसमें 10% औद्योगिक विकास का लक्ष्य निर्धारित करते हुए इस क्षेत्र में कुल व्यय का लगभग 4.5% भाग व्यय के लिए प्रदान किया गया।
बारहवीं पंचवर्षीय योजना	इसमें 9.6% भाग पर औद्योगिक विकास का लक्ष्य निर्धारित किया गया है।

भारत में औद्योगिक विकास के समक्ष बाधाएँ

भारत में औद्योगिक विकास के समक्ष निम्नलिखित बाधाएँ हैं

- उत्पादन में प्रयुक्त होने वाले कच्चे माल, आधुनिक यन्त्रों (Machines) तथा उन्नत प्रौद्योगिकियों का अभाव आदि।
- पूँजी एवं साख सुविधाओं की अपर्याप्त व्यवस्था।
- सार्वजनिक क्षेत्र के कई उद्यमों का असफल होना एवं इनका निराशाजनक निष्पादन (Performance) करना।
- योजनाकाल में औद्योगिक विकास के लक्ष्य एवं प्राप्ति में भारी अन्तर।
- औद्योगिक रुग्णता की समस्या।
- क्षेत्रीय असमानताओं में वृद्धि।
- विदेशी उद्यमों के साथ होने वाली प्रतिस्पर्द्धा।
- उद्यमशीलता का अभाव।
- आर्थिक शक्तियों का केन्द्रीकरण इत्यादि।

औद्योगिक प्रदर्शन का मूल्यांकन

- देश में औद्योगिक प्रदर्शन के मूल्यांकन का सबसे सामान्य तरीका है—उद्योगों का वार्षिक सर्वेक्षण करना। इस सर्वेक्षण के अन्तर्गत विनिर्माण क्षेत्र की उन इकाइयों को भी शामिल कर लिया जाता है, जहाँ 10 या उससे अधिक लोग कार्यरत् होते हैं। यह सर्वेक्षण, राष्ट्रीय सांख्यिकी कार्यालय (NSO) के द्वारा किया जाता है, जिसके परिणाम संगठित विनिर्माण क्षेत्र का कामकाज प्रदर्शित करते हैं।

- अद्यतन जारी उद्योगों के वार्षिक सर्वेक्षण के अनुसार, देश की कुल फैक्ट्रियों में सर्वाधिक संख्या खाद्य उत्पाद समूह से सम्बन्धित है, जिनका 16.1% भाग इसमें सम्मिलित है।
- औद्योगिक उत्पादन सूचकांक का आकलन (जारी) मासिक आधार पर विकास के नियमित संकेतक के रूप में राष्ट्रीय सांख्यिकी कार्यालय (NSO) के द्वारा किया जाता है, चूँकि यह एक निर्धारित भार व आधार वाला सूचकांक है। अत: औद्योगिक क्षेत्र में संरचनात्मक परिवर्तनों पर दृष्टि रखने हेतु दशकीय आधार पर इसमें संशोधन किया जाता है।
- औद्योगिक निष्पादन सूचकांक के आधार वर्ष को वर्ष 2004-05 से संशोधित कर वर्ष 2011-12 कर दिया गया।

औद्योगिक निष्पादन सूचकांक का भारांश

क्षेत्र	आधार वर्ष (2004-05)		आधार वर्ष (2011-12)	
	मदों की संख्या	भारांश (%)	मदों की संख्या	भारांश (%)
खनन	1	14.2	1	14.4
विनिर्माण	397	75.5	405	77.6
विद्युत	1	10.3	1	8
कुल		100		100

उद्योगों में प्रत्यक्ष विदेशी निवेश का अन्तर्प्रवाह

- भारत में प्रत्यक्ष विदेशी निवेश (FDI) का अन्तर्प्रवाह विशेषकर मशीनरी, रसायन, ऑटोमोबाइल क्षेत्र, विविध निर्माण, दूरसंचार तथा विद्युत जैसे क्षेत्रों में अधिक होता है।
- भारत के पारम्परिक उद्योग में विदेशी निवेश का प्रवाह सामान्यत: कम होता है, क्योंकि इस क्षेत्र में तकनीकी विकास का स्तर बहुत कम है।
- अंकटाड द्वारा जारी विश्व निवेश रिपोर्ट 2024 के अनुसार वैश्विक FDI (प्रत्यक्ष विदेशी निवेश) वर्ष 2022 में 1.4 ट्रिलियन अमेरिकी डॉलर से 2% घटकर वर्ष 2023 में 1.3 ट्रिलियन अमेरिकी डॉलर हो गया।
- वैश्विक एफडीआई प्रवाह में हुई गिरावट ने भारत को भी प्रभावित किया है।
- भारत में निवल एफडीआई (Net FDI) प्रवाह वित्त वर्ष 2023 के दौरान 42.0 बिलियन अमेरिकी डॉलर से घटकर वित्त वर्ष 2024 में 26.5 बिलियन अमेरिकी डॉलर हो गया।
- यद्यपि, सकल एफडीआई (FDI) प्रवाह वित्त वर्ष 2023 में 71.4 बिलियन अमेरिकी डॉलर से केवल 0.6% घटकर वित्त वर्ष 2024 में 71 बिलियन अमेरिकी डॉलर से कम हो गया।

प्रमुख औद्योगिक क्षेत्र में विदेशी निवेश

औद्योगिक क्षेत्र	भागीदारी
वस्त्र	1.3%
रसायन	17.0%
दूरसंचार	13.4%
विद्युत	9.6%
अन्य विनिर्माण	9.6%
मशीनरी और उपकरण	23.2%

आठ कोर उद्योग

- आईआईपी (Index of Industrial Production, IIP) बास्केट में आने वाले उद्योगों में से आठ प्रमुख उद्योगों (Eight Core Industry, ECI); जैसे-कोयला, उर्वरक, विद्युत, कच्चा तेल, प्राकृतिक गैस, रिफाइनरी उत्पाद, इस्पात और सीमेण्ट, जोकि महत्त्वपूर्ण (कोर) प्रकृति के होते हैं, क्योंकि सामान्य आर्थिक क्रियाकलापों के साथ-साथ अन्य उद्योगों पर जिनका प्रभाव पड़ता है, का एक संकेतात्मक मासिक सूचकांक तैयार किया जाता है, जोकि सम्बन्धित माह के अन्तिम उत्पादन सूचकांकों पर आधारित होता है।
- इन आठों प्रमुख उद्योगों का कुल भार लगभग 40.27% माना गया है (नई आधार वर्ष श्रृंखला 2011-12 के अनुसार)। आठ उद्योगों का प्रमुख भार निम्न प्रकार है
  - विद्युत (भार 19.85%)
  - इस्पात (भार 17.92%)
  - रिफाइनरी उत्पाद (भार 28.04%)
  - कच्चा तेल (भार 6.88%)
  - कोयला (भार 10.33%)
  - सीमेण्ट (भार 5.37%)
  - प्राकृतिक गैस (भार 8.98%)
  - उर्वरक (भार 2.63%)

भारत के कुछ महत्त्वपूर्ण शहर एवं उनसे सम्बन्धित उद्योग

शहर	उद्योग
कानपुर	चमड़ा उद्योग, विस्फोटक
बरेली	बाँस उत्पादन, जरी साड़ियाँ
मुरादाबाद	ब्रासवेयर हैण्डीक्राफ्ट, धातु-पत्र
तिरुपुर	हौजरी एवं बुनाई उद्योग
सहारनपुर	काष्ठ नक्काशी
लुधियाना	भारी मशीनरी एवं हौजरी, ऊनी वस्त्र
पानीपत	हथकरघा
सूरत	रत्न और आभूषण, वस्त्र उद्योग, जरी और रेशम साड़ी
भोपाल	कीटनाशक उद्योग
मोदीनगर	रबर उद्योग
जालन्धर	खेल का सामान
रानीपेट	चमड़ा उद्योग
नलवाड़ी (असम)	बाँस पर आधारित वस्तुएँ
गुरुग्राम	ऑटोमोबाइल
नेपानगर	अखबारी कागज
टीटागढ़ (पश्चिम बंगाल)	जूट का सामान
भदोही (उत्तर प्रदेश)	ऊनी कालीन
बाराबंकी	पॉली फाइबर
मूरी	एल्युमीनियम
पीलीभीत	काष्ठ पादुका
नागपुर	हस्त उपकरण
विशाखापत्तनम	स्टील उत्पादन, मछली उत्पादन एवं पोत निर्माण
मेरठ	खेल का सामान
अलीगढ़	पीतल के ताले

शहर	उद्योग
आगरा	चमड़ा फुटवियर, पर्यटन
काँचीपुरम	रेशम वस्त्र उद्योग एवं पारम्परिक साड़ी
सलेम	हस्त उपकरण, कपड़ा
खुर्जा	मिट्टी के बर्तन
शिवकाशी	पटाखे, माचिस
अम्बाला	वैज्ञानिक उपकरण, हथकरघा
उन्नाव	चमड़ा उद्योग

भारत के प्रमुख उद्योग

भारत के प्रमुख उद्योगों को निम्नलिखित उप-वर्गों में बाँटा जा सकता है

लोहा और इस्पात उद्योग

- लौह-इस्पात उद्योग (Iron and Steel Industry) को किसी देश के आर्थिक विकास की धुरी माना जाता है। भारत में इसका सबसे पहला बड़े पैमाने का कारखाना वर्ष 1907 में झारखण्ड राज्य में सुवर्णरिखा नदी घाटी में साकची नामक स्थान पर जमशेदजी टाटा द्वारा स्थापित किया गया था।
- लौह-इस्पात उद्योग (Iron Steel Industry) के विकास के सम्बन्ध में पहली पंचवर्षीय योजना पर विचार किया गया, किन्तु इसका कार्य दूसरी पंचवर्षीय योजना में ही प्रारम्भ हो सका। अतः द्वितीय पंचवर्षीय योजना में भिलाई (छत्तीसगढ़) में (सोवियत संघ के सहयोग से), दुर्गापुर (पश्चिम बंगाल) में (ब्रिटेन के सहयोग से) और राउरकेला (ओडिशा) में (जर्मनी के सहयोग से) लौह-इस्पात कारखानों की स्थापना की गई।
- तीसरी पंचवर्षीय योजना में सोवियत संघ (अब रूस) के सहयोग से बोकारो (झारखण्ड) में एक और इस्पात कारखाने की स्थापना की गई। चौथी पंचवर्षीय योजना में सलेम (तमिलनाडु), विजयनगर (कर्नाटक) और विशाखापत्तनम (आन्ध्र प्रदेश) में नए इस्पात कारखाने स्थापित करके इस्पात की उत्पादन क्षमता में वृद्धि करने का लक्ष्य निश्चित किया गया।

भारतीय इस्पात प्राधिकरण लिमिटेड (सेल)

- वर्ष 1973 में सरकार ने स्टील अथॉरिटी ऑफ इण्डिया (सेल) की स्थापना की तथा इसे इस्पात उद्योग के विकास का उत्तरदायित्व दिया गया। इण्डियन आयरन एण्ड स्टील कम्पनी का विलय भारतीय इस्पात प्राधिकरण में कर दिया गया है। सन्दर्भित विलय 1 अप्रैल, 2005 से प्रभावी माना गया है।
- सेल 5 एकीकृत इस्पात संयन्त्रों तथा 3 विशेष इस्पात संयन्त्रों के माध्यम से लौह-इस्पात का उत्पादन करती है।

सेल के अन्तर्गत इस्पात संयन्त्र

- एकीकृत संयन्त्र के अन्तर्गत भिलाई, बोकारो, दुर्गापुर इस्पात संयन्त्र एवं राउरकेला आदि आते हैं।
- विशेष संयन्त्र के अन्तर्गत सलेम व विश्वेश्वैरया इस्पात संयन्त्र शामिल हैं। सहायक कम्पनी के अन्तर्गत सेल रिफ्रैक्टरी कम्पनी लिमिटेड शामिल है।
- भारत ने वर्ष 2023-24 में **12.2 मिलियन टन इस्पात** का उत्पादन किया। कच्चा इस्पात उत्पादन में भारत का विश्व में दूसरा स्थान है।

भारत में स्थापित प्रमुख इस्पात संयन्त्र

इस्पात संयन्त्र	स्थापना वर्ष	सहयोगी देश
राउरकेला (ओडिशा)	1955	जर्मनी
दुर्गापुर (पश्चिम बंगाल)	1955	ब्रिटेन
भिलाई (छत्तीसगढ़)	1955	सोवियत संघ (अब रूस)
बोकारो (झारखण्ड)	1964	सोवियत संघ (अब रूस)

राष्ट्रीय इस्पात नीति, 2017

इस नीति को लौह-इस्पात उद्योग के अन्तर्गत मई, 2017 में अपनाया गया। इसमें इस्पात उद्योग के लिए एक दीर्घकालिक दृष्टिकोण को अपनाया गया है, जोकि निम्न प्रकार है

- छोटे एवं निजी स्तर के इस्पात उत्पादकों को नीतिगत एवं तकनीकी सहायता प्रदान करना।
- उन्नत एवं प्रतिस्पर्धी इस्पात उद्योग का विकास करना।
- आयात पर निर्भरता को कम करना।
- विदेशी निवेश को बढ़ाना तथा घरेलू स्तर पर माँग को सशक्त बनाना।

इस्पात विकास कोष

इस्पात विकास कोष का मुख्य कार्य लौह-इस्पात क्षेत्र में अनुसन्धान व विकास को बढ़ावा देना है। वर्तमान समय तक इस्पात विकास कोष (Steel Development Fund) के ₹ 318 करोड़ के साथ ₹ 606 करोड़ सार्वजनिक व निजी क्षेत्र की 89 अनुसन्धान परियोजनाओं पर खर्च किए जाने का निर्णय लिया गया है।

मिशन पूर्वोदय

- इस्पात मन्त्रालय द्वारा मिशन पूर्वोदय की शुरुआत 28 फरवरी, 2020 को की गई। यह योजना भारत के पूर्वी क्षेत्र के विकास से जुड़ी हुई है। इस मिशन से सम्बन्धित मुख्य बिन्दु निम्नलिखित हैं
  - 5 ट्रिलियन डॉलर अर्थव्यवस्था की ओर बढ़ने के भारत के प्रयासों में पूर्वी राज्य प्रमुख भूमिका निभा सकते हैं।
  - इस मिशन में फोकस, भारत के पूर्वी राज्यों में ओडिशा, झारखण्ड, छत्तीसगढ़, पश्चिम बंगाल और उत्तरी आन्ध्र प्रदेश पर किया गया है, जहाँ से लगभग 200 मिलियन टन इस्पात उत्पादन का लक्ष्य है।
  - इसके अन्तर्गत वर्ष 2030-31 तक 300 मिलियन टन इस्पात उत्पादन की क्षमता को विकसित करना है।
  - एकीकृत स्टील हब की विकास योजना के लिए इस्पात मन्त्रालय द्वारा Confederation of Indian Industry (CII) और Joint Plant Committee (JPC) के साथ भागीदारी की गई।
  - इसके अन्तर्गत कलिंग नगर (ओडिशा) में एक उपकेन्द्र की स्थापना का प्रस्ताव है। वर्तमान में ओडिशा देश का सर्वाधिक इस्पात उत्पादक राज्य है।

ऑटोमोबाइल उद्योग

- वैश्विक रूप से ऑटोमोबाइल उद्योग (Automobile Industry) एक बड़ा उद्योग है तथा अर्थव्यवस्था के संचालन में भी इसका महत्त्वपूर्ण योगदान है।
- भारत का ऑटोमोबाइल उद्योग अधिक विकसित है। इस उद्योग द्वारा अनेक प्रकार के वाहन तैयार किए जाते हैं; जैसे—पैसेंजर कार, हल्के, मध्यम तथा भारी व्यावसायिक वाहन, बहु-उपयोगी वाहन, स्कूटर, मोटरसाइकिल, थ्री व्हीलर आदि। जुलाई, 1991 में जब से इसे लाइसेंस मुक्त तथा 100% FDI के अन्तर्गत लाया गया है, इस क्षेत्र का अत्यधिक विकास हुआ है।
- भारत में ऑटोमोटिव उद्योग (वाहन व कलपुर्जा निर्माण) प्रत्यक्ष व अप्रत्यक्ष रूप से 13.1 मिलियन लोगों को रोजगार प्रदान करता है तथा राष्ट्रीय GDP में इसका 6% का योगदान है, साथ ही अप्रत्यक्ष कर के रूप में यह 20% का योगदान देता है। आर्थिक सर्वेक्षण 2024-25 के अनुसार, वित्त वर्ष 2024 में उद्योग क्षेत्र ने ऑटोमोबाइल की घरेलू बिक्री में 12.5% की वृद्धि दर्ज की है।
- भारत के ऑटोमोबाइल उद्योग को सनराइज क्षेत्र की संज्ञा दी जाती है।
- आर्थिक सर्वेक्षण के अनुसार वित्त वर्ष 2024 में देश में लगभग 49 लाख यात्री वाहन, 9.8 लाख तिपहिया वाहन, 214.7 लाख दोपहिया वाहन और 10.7 लाख वाणिज्यिक वाहन का उत्पादन हुआ।

ऑटोमोटिव मिशन प्लान (2016-2026)

केन्द्र सरकार ने सितम्बर, 2015 में ऑटोमोटिव मिशन प्लान-II जारी किया, जिसकी विशेषताएँ निम्नलिखित हैं

- वर्ष 2026 तक भारत को मोटरवाहन उद्योग के 74 अरब अमेरिकी डॉलर के वर्तमान मूल्य से 4 गुना वृद्धि करना तथा विश्व के शीर्ष तीन मोटरवाहन उद्योगों में भारत को स्थापित करना।
- वर्तमान में भारत की जीडीपी में ऑटोमोटिव क्षेत्र का भाग 7.1% है, जो वर्ष 2026 तक 12% हो जाएगा। इसके अतिरिक्त इस क्षेत्र में 12 मिलियन अतिरिक्त नौकरियों का सृजन होगा।
- इस योजना का उद्देश्य ऑटोमोटिव क्षेत्र को मेक इन इण्डिया कार्यक्रम के इंजन के रूप में बनाना है। उल्लेखनीय है कि ऑटोमोटिव मिशन प्लान, 2006-16 को वर्ष 2007 में जारी किया गया था।

एल्युमीनियम उद्योग

- एल्युमीनियम एक खनिज आधारित उद्योग है। भारत में बॉक्साइट नामक खनिज से एल्युमीनियम का निष्कर्षण किया जाता है।
- भारत में एल्युमीनियम उद्योग का संचालन मुख्य रूप से नेशनल एल्युमीनियम कम्पनी लिमिटेड (NALCO), हिन्दुस्तान एल्युमीनियम कॉरपोरेशन लिमिटेड (HINDALCO) वेदान्ता समूह आदि के द्वारा किया जाता है।
- देश का प्रथम एल्युमीनियम संयन्त्र जे. के. नगर (पश्चिम बंगाल) में वर्ष 1937 स्थापित किया गया था।
- दूसरा उद्योग वर्ष 1938 में झारखण्ड के बॉक्साइट खनन क्षेत्र मुरी में स्थापित किया गया। वर्तमान समय में भारत की प्रमुख एल्युमीनियम कम्पनियों का विवरण तालिका के द्वारा स्पष्ट किया गया है

एल्युमीनियम संयन्त्र : संक्षिप्त परिचय

कम्पनी	प्रमुख केन्द्र	स्थापना (वर्ष)
हिंडाल्को	जे. के. नगर (पश्चिम बंगाल) आसनसोल	1937
इण्डाल	मुरी (झारखण्ड), हीराकुड (ओडिशा), बेलगाँव (कर्नाटक), बेलूर (पश्चिम बंगाल)	1938
हिण्डाल्को	रेनुकूट (मध्य प्रदेश)	1958
माल्को	मेट्टूर (सलेम) तमिलनाडु	1965
बाल्को	कोरबा (छत्तीसगढ़)	1965
नाल्को	दामनजोड़ी (अंगुल, ओडिशा)	1981

- स्वतन्त्रता के उपरान्त देश में एल्युमीनियम के उत्पादन में तीव्र वृद्धि हुई है, जहाँ वर्ष 1950-51 में देश में केवल 1,000 टन एल्युमीनियम का उत्पादन होता था।
- अप्रैल, 2024 में भारत का एल्युमीनियम उत्पादन 3.42 लाख टन रहा, जो गत वर्ष 2023 के 3.39 लाख टन से 1% अधिक है।
- एल्युमीनियम उत्पादन में यह वृद्धि भारत के ऊर्जा बुनियादी ढाँचे, निर्माण ऑटोमोटिव और मशीनरी क्षेत्रों में मजबूत आर्थिक गतिविधि का संकेत है।

नेशनल एल्युमीनियम कम्पनी लिमिटेड (नाल्को)

भारत के सर्वाधिक बड़े एकीकृत एल्युमीनियम परियोजना कॉम्प्लेक्स नेशनल एल्युमीनियम कम्पनी लिमिटेड (नाल्को) की स्थापना 7 जनवरी, 1981 को हुई थी। इसका निबन्धित कार्यालय भुवनेश्वर में स्थित है और ₹ 4,200 करोड़ के निवेश से कम्पनी के प्रथम चरण का विस्तार वर्ष 2004 में पूर्ण किया गया।

चीनी उद्योग

- चीनी उद्योग (Sugar Industry) एक महत्त्वपूर्ण कृषि आधारित उद्योग है, जो लगभग 50 मिलियन गन्ने की खेती करने वाले किसानों और चीनी मिलों में सीधे कार्यरत लगभग 5 लाख श्रमिकों की आजीविका को प्रभावित करता है।
- भारत विश्व में ब्राजील के बाद चीनी उत्पादन करने वाला दूसरा बड़ा देश है, जबकि चीनी खपत का विश्व में पहला स्थान रखता है।
- चीनी उद्योग देश के प्रमुख कृषि पर आधारित उद्योगों में से एक है। कृषि उत्पादों पर आधारित उद्योगों में सूती-वस्त्र उद्योग के बाद चीनी उद्योग द्वितीय वृहत्तम् उद्योग है।
- देश में चीनी मिलों की संख्या महाराष्ट्र में सबसे अधिक है तो वहीं चीनी उत्पादन में उत्तर प्रदेश प्रथम स्थान पर है, जबकि दूसरे स्थान पर महाराष्ट्र तथा तीसरे स्थान पर कर्नाटक है।
- 20 अगस्त, 1998 को सरकार द्वारा इस उद्योग को लाइसेंस मुक्त कर दिया गया।
- गन्ने के लिए केन्द्र सरकार द्वारा उचित और लाभकारी मूल्य (Fair and Remunerative Price-FRP) की घोषणा की जाती है।

वस्त्र उद्योग

- वस्त्र उद्योग (Textile Industry) भारत का सबसे प्राचीन उद्योग है। यह क्षेत्र कृषि के बाद सर्वाधिक रोजगार प्रदान करने वाला क्षेत्र है, जो प्रत्यक्ष रूप से 10 करोड़ से भी अधिक लोगों को रोजगार प्रदान करता है।
- वस्त्र उद्योग को दो भागों में बाँटा जा सकता है
  1. असंगठित क्षेत्र (Unorganised Sector)
  2. संगठित क्षेत्र (Organised sector)

कपड़ा और वस्त्र उद्योग

असंगठित क्षेत्र	संगठित क्षेत्र
असंगठित क्षेत्र छोटे पैमाने का क्षेत्र है, जो पारम्परिक उपकरणों और विधियों का उपयोग करता है।	संगठित क्षेत्र आधुनिक मशीनरी और तकनीकों का उपयोग करता है तथा इसमें कताई, परिधान एवं वस्त्र शामिल हैं।

- केन्द्रीय सांख्यिकी कार्यालय द्वारा प्रकाशित राष्ट्रीय खातों के अनुसार परिधान क्षेत्र सहित वस्त्रों में वित्त वर्ष 2023 में 3.77 लाख करोड़ का सकल मूल्य वर्धित किया, जो वर्ष के दौरान मौजूदा कीमतों पर विनिर्माण जीवीए का लगभग 10.6% था।
- भारत दुनिया का दूसरा सबसे बड़ा कपड़ा निर्माता है और शीर्ष पाँच निर्यातकों में से एक है। हस्तशिल्प सहित भारत का वस्त्र और परिधान का वित्त वर्ष 2024 में निर्यात 35.87 बिलियन अमेरिकी डॉलर रहा।

साथी योजना *(SAATHI)*

साथी योजना (Sustainable and Accelerated Adoption of Efficient Textile Technology to Help Small Industries- SAATHI) का प्रारम्भ अक्टूबर, 2017 में वस्त्र मन्त्रालय और विद्युत मन्त्रालय द्वारा एक नई पहल के रूप में किया गया। इस पहल के अन्तर्गत विद्युत चालित ऊर्जा करघों (Power Looms) मोटर एवं रिपेयर किटों को थोक में क्रय कर बिना किसी अग्रिम लागत के लघु एवं मध्यम इकाइयों को उपलब्ध कराया जाएगा।

एकीकृत वस्त्रोद्योग पार्क

- एकीकृत (Integrated) वस्त्रोद्योग पार्क की योजना (SITP) जुलाई, 2005 में शुरू की गई। इसमें पहले से चल रही दो योजनाओं; जैसे–निर्यात योजना के लिए परिधान पार्क तथा वस्त्रोद्योग केन्द्र बुनियादी ढाँचा विकास योजना को शामिल किया गया है।
- इसका उद्देश्य वस्त्रोद्योग वृद्धि में बुनियादी ढाँचे का विकास करना है। एकीकृत वस्त्रोद्योग पार्क योजना के अन्तर्गत दसवीं योजना अवधि के दौरान अनेक पार्कों को मंजूरी दी गई। सरकार ने इस योजना को 11वीं योजना अवधि के दौरान चालू रखने का निर्णय लिया।

नेशनल टेक्सटाइल कॉर्पोरेशन

- नेशनल टेक्सटाइल कॉर्पोरेशन (National Textile Corporation, NTC) ने 17 मिलों का आधुनिकीकरण किया है। इनमें से 4 मिलें कोयम्बटूर (तमिलनाडु) तथा 3 मिलें मुम्बई में स्थित हैं, जहाँ उत्पादन जारी है।
- देश का पहला वस्त्र पार्क सिले-सिलाए वस्त्रों के निर्यात संवर्द्धन के लिए वस्त्र पार्क (Apparel Park) की स्थापना तमिलनाडु में तिरुपुर में एट्टीवरम्पलायम गाँव में की गई है। इसके साथ ही इस गाँव का नाम तिरुपुर कर दिया गया। भारतीय कपड़ा उद्योग देश के निर्यात में भी महत्त्वपूर्ण योगदान करता है। वर्तमान में देश के कुल निर्यातों में कपड़े के निर्यात (हस्तशिल्प, पटसन और नारियल रेशा मिलाकर) का 20% योगदान है।

जूट उद्योग

- भारत में जूट को सोने का रेशा (Golden Fibre) कहा जाता है। भारत में जूट का प्रथम कारखाना 1854 ई. में पश्चिम बंगाल में रिशरा में लगाया गया। आज यह देश के लिए विदेशी मुद्रा प्राप्त करने का एक बड़ा साधन बन चुका है।
- भारत जूट से निर्मित वस्तुओं का सबसे बड़ा उत्पादक देश है और विश्व का 35% जूट भारत में उत्पादित किया जाता है।
- भारत में जूट उत्पादन को बढ़ावा देने हेतु सरकार की दो पहले हैं
  1. गोल्डन फाइबर क्रान्ति
  2. मेस्टा पर प्रौद्योगिकी मिशन

उर्वरक उद्योग

- देश की बढ़ती आबादी की आवश्यकताएँ पूर्ण करने हेतु भारतीय कृषि के लिए उर्वरकों (Fertilizer) को आवश्यक माना जाता है। अनाज उत्पादन बढ़ाने में रासायनिक उर्वरकों का बहुत अधिक योगदान है।
- वर्ष 1967 में गठित इण्डियन फार्मर्स को-ऑपरेटिव लिमिटेड (इफको) तथा वर्ष 1980 में गठित कृषक भारती को-ऑपरेटिव लिमिटेड (कृभको) बहुराजकीय सहकारी सोसायटी हैं।
- भारत में उर्वरक उद्योग (Fertiliser Industry) का सर्वाधिक संकेन्द्रण गुजरात व तमिलनाडु राज्य में है।
- आर्थिक सर्वेक्षण 2024-25 के अनुसार वित्त वर्ष 2021-22 में भारत का उर्वरक आयात 9.3 मिलियन टन था, जो वित्त वर्ष 2022-23 में बढ़कर 10.27 मिलियन टन हो गया। वित्त वर्ष 2023-24 के लिए उर्वरक का आयात 9.6 मिलियन टन है।
- केन्द्रीय रसायन व उर्वरक मन्त्रालय की रिपोर्ट के अनुसार 2022-23 में भारत में उर्वरकों का मूल उत्पादन 20.75 मिलियन मीट्रिक टन था।

पेट्रो-रसायन उद्योग

- पेट्रो-रसायन ऐसे रसायन तथा यौगिक हैं, जिन्हें मुख्यत: पेट्रोलियम पदार्थों से प्राप्त किया जाता है। इनका उपयोग कृत्रिम रेशा, प्लास्टिक, कृत्रिम रबर, रंग-रोगन कीटनाशक, डिटर्जेण्ट और औषधि निर्माण में किया जाता है।
- देश में पेट्रो-रसायन उद्योग की शुरुआत निजी क्षेत्र में वर्ष 1966 में यूनियन कार्बाइड इण्डिया लिमिटेड ट्रॉम्बे के संयन्त्र की स्थापना से हुई।
- वडोदरा में वर्ष 1969 में सार्वजनिक क्षेत्र का प्रथम कारखाना इण्डियन पेट्रो केमिकल स्थापित किया गया।
- पेट्रो–रसायन उद्योग में मुख्यत: सिन्थेटिक फाइबर, पॉलीमर्स, इलास्टोमर्स, सिन्थेटिक डिटर्जेण्ट, परफॉर्मेंस प्लास्टिक आदि आते हैं। पेट्रो-रसायन उद्योग के लिए फीड स्टॉक तथा ईंधन का मुख्य स्रोत प्राकृतिक गैस तथा नाप्था (Naphtha) हैं।

तेल एवं गैस उद्योग

- भारत के छह आधारभूत उद्योगों में से एक तेल एवं गैस उद्योग भारतीय अर्थव्यवस्था की प्रगति में काफी महत्त्वपूर्ण भूमिका निभाता है।
- पेट्रोलियम और प्राकृतिक गैस क्षेत्र, जिनमें पेट्रोलियम उत्पादों व गैस का परिवहन, रिफाइनिंग और मार्केटिंग शामिल हैं, देश के सकल घरेलू उत्पाद (जीडीपी) में 15% से अधिक भागीदारी रखता है।
- पेट्रोलियम उत्पादों के निर्यात का देश के कुल निर्यात में 17.24% भाग है और विदेशी मुद्रा कमाने में यह उद्योग अन्य उद्योगों से आगे है।
- भारत का खनिज तेल का सबसे बड़ा आपूर्तिकर्ता देश सऊदी अरब है। वहीं ईरान को विस्थापित कर इराक, दूसरा सबसे बड़ा आपूर्तिकर्ता देश बन गया है। नवीन उपलब्ध आँकड़ों के अनुसार, भारत के खनिज तेल के प्रमुख आपूर्तिकर्ता देश निम्नलिखित हैं
  - सऊदी अरब
  - इराक
  - कुवैत
  - ईरान
  - नाइजीरिया

तेल एवं प्राकृतिक गैस निगम

- यह 23 जून, 1993 से प्रारम्भ हुई एक भारतीय सार्वजनिक क्षेत्र की पेट्रोलियम कम्पनी है। इसे **फॉर्च्यून ग्लोबल 500** द्वारा 335वें स्थान पर रखा गया है।
- यह भारत में कच्चे तेल के कुल उत्पादन में 77% और गैस के उत्पादन में 81% का योगदान करती है। यह सार्वजनिक क्षेत्र की सबसे अधिक लाभ अर्जित करने वाली कम्पनी है। इसे 14 अगस्त, 1956 को एक आयोग के रूप में स्थापित किया गया था। इस कम्पनी में भारत की कुल इक्विटी का 74.14% भाग है।

सीमेण्ट उद्योग

- सीमेण्ट उद्योग देश के तकनीकी रूप से सर्वाधिक उन्नत उद्योगों में से एक है। वर्ष 1989 से सीमेण्ट से वितरण सम्बन्धी प्रतिबन्धों को हटा लिया गया तथा औद्योगिक (विकास एवं नियमन) कानून, 1951 के अन्तर्गत वर्ष 1991 में इसे लाइसेंस से भी छूट दे दी गई।
- भारतीय सीमेण्ट उद्योग न केवल उत्पादन के स्तर पर विश्व में दूसरा स्थान रखता है, बल्कि विश्व स्तरीय गुणवत्ता का सीमेण्ट उत्पादित करता है।
- सीमेण्ट उद्योग भारत में विनिर्माण क्षेत्र में इनपुट लागत का लगभग 11% योगदान देता है।
- भारत में सीमेण्ट उद्योग का वितरण एकसमान नहीं है। यहाँ सीमेण्ट उद्योग का सर्वाधिक केन्द्रीकरण मध्य भारत में दिखाई देता है। उत्तर एवं पूर्वी भारत में पर्याप्त माँग के बाद भी यह याहँ पर्याप्त मात्रा में विकसित नहीं हो पाया है।
- भारत में वर्ष 2022-23 में सीमेण्ट का कुल उत्पादन 391 मिलियन टन रहा।

भारत में सीमेण्ट उद्योग मध्य प्रदेश के कटनी, सतना, नीमच, दुर्ग, रतलाम में, झारखण्ड में झींकपानी, सिन्दरी, चाईबासा एवं खेलारी में, राजस्थान के चित्तौड़गढ़, सवाई माधोपुर, सीकर आदि में, गुजरात के जामनगर, द्वारिका, पोरबन्दर में तथा कर्नाटक के बंगलुरु, बीजापुर, भद्रावती, गुलबर्गा आदि में मुख्य रूप से स्थापित हैं।

विजन 2022 के प्रमुख उद्देश्य

विजन 2022 के प्रमुख उद्देश्य निम्नलिखित हैं

- इस्पात इसके अन्तर्गत इस्पात की उत्पादन क्षमता को वर्ष 2022 तक बढ़ाकर 175 मिलियन टन और वर्ष 2031 तक 300 मिलियन टन बढ़ाने का लक्ष्य है। क्रूड स्टील के उत्पादन में 11% की वृद्धि कर 200.5 मिलियन टन प्रतिवर्ष उत्पादित करना।
- तेल उत्पादन में 415 मिलियन मीट्रिक टन प्रतिवर्ष की क्षमता को वर्ष 2025 तक प्राप्त करने का लक्ष्य और आयातों में 10% तक की कटौती करना।
- पेट्रोल और डीजल में 4% तक जैव ईंधन के मिश्रण को बढ़ावा देना।
- प्राकृतिक गैस बड़े शहरों में एलपीजी पाइपलाइन नेटवर्क का विस्तार करना और उत्तर-पूर्व के राज्यों में राष्ट्रीय गैस ग्रिड का विस्तार 1500 किमी तक करना।
- ऊर्जा क्षेत्र में सरकार द्वारा वर्ष 2022 तक 20% बिजली की प्राप्ति नवीकरणीय स्रोत से करना था, जिसे प्राप्त किया जा चुका है। भारत के 75 शहरों में सरकार द्वारा इलेक्ट्रिक वाहन चार्जिंग स्टेशनों के निर्माण का लक्ष्य है।
- उर्वरक क्षेत्र इन क्षेत्रों में यूरिया उत्पादन में आत्मनिर्भरता की प्राप्ति यूरिया उत्पादन को 30 मिलियन टन बढ़ाने का लक्ष्य है।
- जैव प्रौद्योगिकी इस क्षेत्र में भारत सरकार द्वारा अगले कुछ वर्षों में 100 बिलियन डॉलर की सहायता से इकोसिस्टम की स्थापना करना और इसके अन्तर्गत 3000 स्टार्ट-अप, 150 प्रौद्योगिकी कार्यालय और 50 बायो इनक्यूबेटरों का निर्माण किया जाएगा।

चौथी औद्योगिक क्रान्ति

- डिजिटल क्रान्ति को ही चौथी औद्योगिक क्रान्ति की संज्ञा दी गई है। इस क्रान्ति द्वारा प्रौद्योगिकियों के युग की शुरुआत हो रही है, जिससे बैंकिंग, औषधि, कृषि जैसे पारम्परिक क्षेत्रों में क्रान्तिकारी परिवर्तन आ रहे हैं।
- प्रशासन में पारदर्शिता, सेवा क्षेत्र की सहज उपलब्धता, कृत्रिम मेधा (Artifical intelligence), क्लाउड कम्प्यूटिंग, ब्लॉकचेन, क्वाण्टम कम्प्यूटिंग, मशीन लर्निंग, ड्रोन और 3डी प्रिण्टिंग आदि के आ जाने से विभिन्न क्षेत्रों के कामकाज, नीति निर्धारण और संचालन व्यवस्था तेजी से बदल रही है। इसे उद्योग 4.0 नाम से भी जाना जा रहा है।

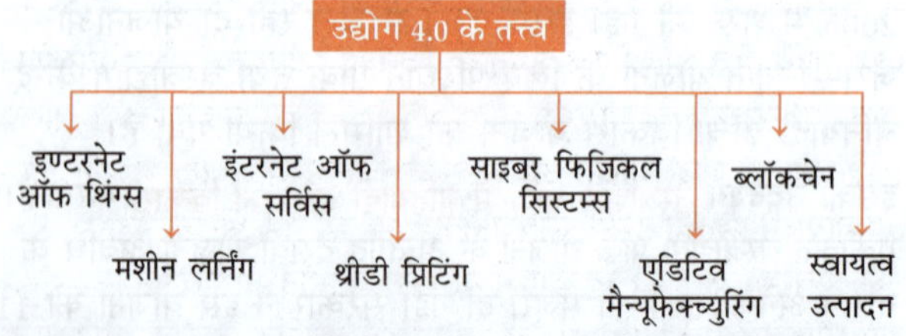

- इससे प्रक्रियाओं में उत्पादकता, दक्षता और गुणवत्ता में वृद्धि होगी, खतरनाक, वातावरण (Dangerous Environment) में कार्य को कम करके श्रमिकों के लिए अधिक सुरक्षा, डेटा आधारित उपकरणों के साथ निर्णय लेने में वृद्धि होगी और अनुकूल उत्पादों को विकसित करके प्रतिस्पर्द्धा में सुधार किया जाएगा।

- भारतीय पूँजीगत उत्पाद क्षेत्र में प्रतिस्पर्द्धात्मकता को बढ़ावा देने के लिए भारी उद्योग विभाग ने समर्थ 4.0 (SAMARTH 4.0) प्लेटफॉर्म की शुरुआत की। समर्थ का तात्पर्य स्मार्ट एडवांस्ड मैन्युफैक्चुरिंग एण्ड रैपिड ट्रांसफॉर्मेशन हब (Smart advanced manufacturing and Capid transformation HUB) से है।

जीएसटी का क्रियान्वयन एवं उद्योगों पर इसके पड़ने वाले प्रभाव

- जीएसटी के क्रियान्वयन से कर बाधाएँ दूर होती हैं, जिससे एक साझे बाजार (Common Market) का निर्माण सम्भव हो पा रहा है। इसके क्रियान्वयन से करों का प्रपातन प्रभाव (Cascading Effect) की भी समाप्ति सम्भव हुई, जिसके परिणामस्वरूप विनिर्माण वस्तुओं की उत्पादन लागत कम हो गई।
- उपभोक्ताओं को अब उपभोग की वस्तुएँ सापेक्षिक रूप से कम कीमत पर प्राप्त हो रही हैं। मुद्रास्फीति भी इसके नियन्त्रण की स्थिति में रहती है।

राष्ट्रीय स्तर पर उद्यमिता जागरूकता अभियान

- इस अभियान की शुरुआत भारतीय लघु उद्योग विकास बैंक (SIDBI) के द्वारा 115 आकांक्षी जिलों में उद्यम अभिलाषा के नाम से की गई है।
- इस अभियान के क्रियान्वयन के लिए सिडबी के द्वारा कॉमन सर्विस सेण्टर्स एवं ई-गवर्नेन्स सर्विसेज इण्डिया लिमिटेड के साथ साझेदारी की गई है।
- इस अभियान के प्रमुख उद्देश्य निम्न हैं
  - आकांक्षी जिलों के ग्रामीण युवाओं को अपना उद्यम स्थापित करने हेतु प्रोत्साहित करना।
  - सम्पूर्ण देश में डिजिटल माध्यम के द्वारा प्रशिक्षण प्रदान करना।
  - आकांक्षी जिलों की महत्त्वाकांक्षी महिला उद्यमियों को प्रोत्साहित करना।
  - कॉमन सर्विस सेण्टर्स के माध्यम से ग्रामीण उद्यमियों के लिए व्यावसायिक अवसर का सृजन करना।
  - ग्रामीण प्रतिभागियों (उद्यमियों) को बैंकों से ऋण प्राप्त करने में सहायता उपलब्ध कराना।

सार्वजनिक क्षेत्र के उपक्रम

- ऐसे आर्थिक व औद्योगिक उपक्रम, जिनका स्वामित्व और नियन्त्रण राज्य या सरकार के पास हो, सार्वजनिक उपक्रम कहलाते हैं। भारत में स्वतन्त्रता के बाद मिश्रित अर्थव्यवस्था वाले समाजवादी मॉडल को अपनाया गया तथा इसमें सार्वजनिक उपक्रमों की परिकल्पना अर्थव्यवस्था के इंजन के रूप में की गई। वर्तमान में पब्लिक इण्टरप्राइजेज सर्वे 2021-22 के अनुसार सार्वजनिक क्षेत्र के उपक्रम की कुल संख्या 365 थी।
- सार्वजनिक उपक्रमों का उद्देश्य लाभ अर्जित करना न होकर सामाजिक और सार्वजनिक हित को बढ़ावा देना है। भारत में सार्वजनिक क्षेत्र के उपक्रमों को मुख्यत: तीन भागों में बाँटा जाता है, ये निम्न प्रकार हैं
  - विभागीय संगठन इनमें रेलवे, दूरसंचार, डाकतार इत्यादि शामिल हैं। इनकी लाभ और हानि संचित निधि से सम्बन्धित होती हैं।
  - कम्पनी अधिनियम, 1956 इसके अन्तर्गत गठित सरकारी लिमिटेड कम्पनी; जैसे—सेल, भेल इत्यादि शामिल हैं। ये लाभ और हानि के लिए स्वयं उत्तरदायी होती हैं।
  - निगमित कम्पनी अथवा लोक निगम इनमें—ओएनजीसी, डीवीसी, एनटीपीसी इत्यादि शामिल हैं। इनमें प्रत्येक कम्पनी के लिए अलग-अलग कानून होते हैं। ये अपने लाभ और हानि के लिए स्वयं उत्तरदायी होती हैं।
- सार्वजनिक उपक्रमों को भारत सरकार के भारी उद्योग और सार्वजनिक उद्यम मन्त्रालय के अन्तर्गत सार्वजनिक उपक्रम विभाग द्वारा संचालित किया जाता है।
- सरकार द्वारा सार्वजनिक उद्यमों द्वारा दिए गए लाभ के आधार पर इन उद्यमों को महारत्न, नवरत्न और मिनीरत्न का दर्जा प्रदान किया जाता है।

केन्द्रीय सार्वजनिक क्षेत्र के उद्यमों में एमओयू व्यवस्था

- केन्द्रीय सार्वजनिक क्षेत्र के उद्यमों में एमओयू व्यवस्था की शुरुआत वर्ष 1986 में हुई।
- एमओयू व्यवस्था का मुख्य उद्देश्य प्राइवेट कॉर्पोरेट सेक्टर की चुनौतियों के समक्ष पब्लिक सेक्टर उद्यम की क्षमता को सुनिश्चित करना है।
- वर्ष 1987-88 में केन्द्रित सार्वजनिक क्षेत्र के केवल चार उद्यमों ने आपसी समझौते (एमओयू) पर हस्ताक्षर किए, जबकि वर्ष 2010-11 में यह संख्या बढ़कर 202 तक पहुँच गई थी।

महारत्न योजना

- इस योजना की शुरुआत वर्ष 2010 से की गई थी। इसका उद्देश्य बड़े आकार के नवरत्न उपक्रमों के बोर्ड को अधिक स्वायत्तता सौंपना है, जिससे उपक्रमों का संचालन घरेलू बाजार के साथ ही वैश्विक बाजार में भी हो सके।
- किसी भी नवरत्न कम्पनी को महारत्न का दर्जा प्रदान करने के लिए निम्नलिखित मानदण्ड को आधार बनाया जाता है
  - जो कम्पनी शेयर बाजार में सूचीबद्ध हो।
  - पिछले 3 वर्षों में कम्पनी का औसत कारोबार ₹ 25000 करोड़ रहा हो।
  - इस दौरान कम्पनी ने ₹ 5000 करोड़ का औसत शुद्ध लाभ अर्जित किया हो।
  - 3 वर्षों में कम्पनी का निवल मूल्य (नेटवर्थ) औसतन ₹ 15,000 करोड़ रहा हो।
  - कम्पनी के पास नवरत्न का दर्जा हो।
  - कम्पनी का विदेश में भी कारोबार हो।

भारत की महारत्न कम्पनियाँ

- भारतीय इस्पात प्राधिकरण लिमिटेड (SAIL)
- तेल एवं प्राकृतिक गैस निगम (ONGC)
- भारतीय तेल निगम (IOCL)
- राष्ट्रीय ताप-विद्युत निगम (NTPC)
- कोल इण्डिया लिमिटेड (CIL)
- भारत हैवी इलेक्ट्रिकल्स लिमिटेड (BHEL)
- भारतीय गैस प्राधिकरण लिमिटेड (GAIL)
- भारत पेट्रोलियम कॉर्पोरेशन लिमिटेड (BPCL)
- पावर ग्रिड कॉर्पोरेशन ऑफ इण्डिया लिमिटेड (PGCIL)
- हिन्दुस्तान पेट्रोलियम कॉर्पोरेशन लिमिटेड (HPCL)
- पावर फाइनेन्स कॉर्पोरेशन लिमिटेड (PFCL)
- ग्रामीण विद्युतीकरण निगम लिमिटेड (RECL)
- ऑयल इण्डिया लिमिटेड (OIL)
- हिन्दुस्तान एयरोनॉटिक्स लिमिटेड (HAL)

**मार्च 2025 तक अपडेटेड*

नवरत्न योजना

- नवरत्न सार्वजनिक उपक्रमों का एक विशिष्ट वर्ग है, जिनमें सरकार ग्लोबल कम्पनी होने की सम्भाव्य क्षमता देखती है। सरकार ने नवरत्न योजना का प्रारम्भ वर्ष 1997 में किया।
- किसी सार्वजनिक क्षेत्र की कम्पनी को नवरत्न का दर्जा प्राप्त करने के लिए कुल 100 में से 60 अंक प्राप्त करने होते हैं। ये अंक छः मानकों द्वारा निर्धारित होते हैं, जो निम्न हैं
    - कुल परिसम्पत्ति की तुलना में विशुद्ध लाभ।
    - कुल उत्पादन लागत व सेवा लागत की तुलना में कुल श्रमशक्ति लागत।
    - पूँजी नियोज्य की तुलना में मूल्य ह्रास से पूर्व लाभ, ब्याज व कर।
    - टर्नओवर की तुलना में मूल्य ह्रास से पूर्व लाभ, ब्याज व कर।
    - प्रति शेयर अर्जन।
    - अन्तर्क्षेत्रक प्रदर्शन।
- नवरत्न का दर्जा स्वायत्तता प्राप्त कम्पनियों को अधिक प्रशासनिक एवं वित्तीय स्वायत्तता मिलती है। ये कम्पनियाँ घरेलू एवं अन्तरराष्ट्रीय बाजार में पूँजी एकत्रित कर सकती हैं और ये कम्पनियाँ सरकार की अनुमति के बिना भी ₹ 1000 करोड़ या परियोजना के कुल मूल्य के 15% तक निवेश कर सकती हैं एवं देश-विदेश में उद्यम लगा सकती हैं। इन कम्पनियों के निदेशक बोर्ड को अधिग्रहण एवं विलय सम्बन्धी निर्णय लेने का अधिकार होता है।
- भारत की नवरत्न कम्पनियाँ
    - भारत इलेक्ट्रॉनिक्स लिमिटेड (BEL)
    - महानगर टेलीफोन निगम लिमिटेड (MTNL)
    - राष्ट्रीय खनिज विकास निगम लिमिटेड (NMDCL)
    - नेशनल एल्युमीनियम कम्पनी लिमिटेड (NACL)
    - राष्ट्रीय इस्पात निगम लिमिटेड (RINL)
    - शिपिंग कॉर्पोरेशन ऑफ इण्डिया लिमिटेड (SCOIL)
    - नेवेली लिग्नाइट कॉर्पोरेशन लिमिटेड (NLCL)
    - कण्टेनर कॉर्पोरेशन ऑफ इण्डिया (CONCOR)
    - इंजीनियर्स इण्डिया लिमिटेड (EIL)
    - राष्ट्रीय भवन निर्माण निगम (NBCCL)
    - राष्ट्रीय केमिकल एण्ड फर्टीलाइजर्स लिमिटेड (RCFL)
    - इरकॉन इण्टरनेशनल लिमिटेड (IRCON)
    - राइट्स लिमिटेड (RITES)
    - राष्ट्रीय फर्टीलाइजर्स लिमिटेड (NFL)
    - केन्द्रीय भण्डारण निगम (CWC)
    - आवास एवं शहरी विकास निगम लिमिटेड (HUDCL)
    - भारतीय नवीकरणीय ऊर्जा विकास एजेंसी (IREDAL)
    - मझगाँव शिपबिल्डर्स लिमिटेड (MDS)
    - ओएनजीसी विदेश लिमिटेड
    - सोलर एनर्जी कार्पोरेशन ऑफ इण्डिया (SECI)
    - रेलटेल कार्पोरेशन आफ इण्डिया लिमिटेड
    - एन.एच.पी.सी लिमिटेड (NHPC)
    - एस.जे.वी.एन.लिमिटेड
    - नेशनल बिल्डिंग कन्स्ट्रक्शन कार्पोरेशन लिमिटेड
    - भारतीय रेलवे वित्त निगम (IRFC)
    - भारतीय रेलवे खानपान एवं पर्यटन निगम (IRCTC)

मिनीरत्न योजना

सरकार ने वर्ष 1997 में मिनीरत्न योजना की शुरुआत की थी। सरकार ने नवरत्न के अतिरिक्त मुनाफा (लाभ) कमा रहे अन्य उद्यमों को प्रोत्साहन देने के लिए कुछ शर्तों के साथ इन्हें वित्तीय संचालन एवं प्रबन्धन सम्बन्धी स्वायत्तता प्रदान की है। वर्तमान में इनकी संख्या 59 है। इसे दो श्रेणियों में रखा गया है

- श्रेणी 1 इसके अन्तर्गत वे मिनीरत्न कम्पनियाँ आती हैं, जिन्होंने किसी एक वर्ष में ₹ 30 करोड़ से अधिक लाभ के साथ लगातार तीन वर्षों तक लाभ कमाया हो। ये कम्पनियाँ ₹ 500 करोड़ या अपने शुद्ध मूल्य के बराबर राशि बिना सरकार की आज्ञा के खर्च कर सकती हैं। वर्तमान में इनकी संख्या 49 है।
- श्रेणी 2 (मिनीरत्न) इसमें लगातार 3 वर्षों तक लाभ कमाने वाली कम्पनियों को रखा जाता है। ये कम्पनियाँ अपने शुद्ध मूल्य के 50% अथवा ₹ 150 करोड़ (जो भी कम हो) बिना सरकार की आज्ञा के खर्च कर सकती हैं। इनकी वर्तमान में संख्या 10 है।

सूक्ष्म, लघु एवं मध्यम उद्योग की नई परिभाषा, 2020

- सूक्ष्म, लघु एवं मध्यम उद्योग की परिभाषा में समय-समय पर बदलाव आते रहे हैं। वर्तमान में इसे निर्माण उद्योग और सेवा उद्योग के लिए अलग-अलग रूप से परिभाषित किया गया है।
- एमएसएमई किसी देश की अर्थव्यवस्था में विविधता, उत्पादन क्षमता, रोजगार सृजन तथा क्षेत्रीय असमानता को कम कर लोगों को सशक्त करने में प्रमुख भूमिका निभाते हैं।

- भारत में ये उद्यम लगभग 6000 प्रकार के विविध उत्पादों का निर्माण करते हैं तथा देश के कुल विनिर्माण में 33% का योगदान और कुल निर्यात में 48% का योगदान करते हैं।
- एमएसएमई को प्रोत्साहन प्रदान करना राज्य सरकार का प्राथमिक कार्य है, लेकिन केन्द्र सरकार द्वारा वर्ष 2006 में सूक्ष्म, लघु एवं मध्यम उद्यम विकास अधिनियम का निर्माण कर, इसे सशक्त करने का प्रयास किया गया।
- सरकार द्वारा एमएसएमई की कम्पनियों को कई प्रकार से प्रोत्साहन प्रदान किया जाता है; जैसे—बैंकों से कम ब्याज पर ऋण, टैक्स, छूट, लाइसेंस एवं प्रमाण-पत्र आदि।
- बजट 2025-26 में सरकार द्वारा एमएसएमई के वर्गीकरण मानदण्डों में संशोधन कर सूक्ष्म, लघु एवं मध्यम उद्योग की नई परिभाषा निम्न प्रकार दी गई है

अद्यतन एमएसएमई परिभाषा

उद्योग के प्रकार	निवेश	कारोबार (टर्नओवर)
सूक्ष्म उद्यम	₹ 2.5 करोड़	₹ 10 करोड़
लघु उद्यम	₹ 25 करोड़	₹ 100 करोड़
मध्यम उद्यम	₹ 125 करोड़	₹ 500 करोड़

- सूक्ष्म, लघु व मध्यम उद्योग क्षेत्र का देश के उत्पादन, रोजगार सृजन व निर्यात में महत्वपूर्ण योगदान है।
- इस क्षेत्र की लगभग 36.1 मिलियन इकाईयाँ इस समय भारत में लगी हुई हैं।
- इस क्षेत्र में लगभग 120 मिलियन लोगों को रोजगार मिलता है। यह क्षेत्र कुल निर्यात में 45% योगदान करता है। देश के सकल घरेलू उत्पाद में 8% का योगदान इसी क्षेत्र का है।
- अखिल भारतीय स्तर पर विनिर्माण उत्पादन में एमएसएमई (MSME) क्षेत्र की हिस्सेदारी वित्त वर्ष 2022 में 35.4% हिस्सेदारी थी, वहीं भारत में निर्यात क्षेत्र में एमएसएमई की हिस्सेदारी वित्त वर्ष 2023-24 में 45.7% है।

सूक्ष्म, लघु और मध्यम उद्यमों के लिए सार्वजनिक क्रय नीति

- सूक्ष्म, लघु और मध्यम उद्यमों के विकास तथा प्रोत्साहन के लिए एमएसएमई (MSME) मन्त्रालय ने केन्द्रीय मन्त्रालय, विभागों, सूक्ष्म, लघु एवं मध्यम उद्यमों और सार्वजनिक क्षेत्र के उद्यमों के लिए माल एवं सेवा की खरीद के लिए एक वरीयता नीति अधिसूचित की है, जो सूक्ष्म और लघु उद्यमों के लिए सार्वजनिक क्रय नीति, आदेश 2012 के शीर्षक के रूप में अधिसूचित की गई है।
- इस आदेश के अन्तर्गत प्रत्येक केन्द्रीय मन्त्रालय, विभाग को मध्यम उद्यमों से दी जाने वाली वस्तुओं और सेवा की खरीद का लक्ष्य निर्धारित करना होगा।
- 3 वर्षों की अवधि के लिए यह लक्ष्य कुल उत्पादों और सेवाओं की खरीद का कम-से-कम 20% होना चाहिए।
- वार्षिक लक्ष्य में कुल खरीद का अनुसूचित जाति और अनुसूचित जनजाति के उद्यमियों से कम-से-कम 4% की खरीद करना आवश्यक है।

महत्त्वपूर्ण लघु उद्योग

महत्त्वपूर्ण लघु उद्योग निम्नलिखित हैं

कुटीर और ग्रामोद्योग

- कुटीर उद्योग परिवार के सदस्यों द्वारा पूर्ण या अंशकालिक आधार पर चलाए जाते हैं। इनमें नगण्य पूँजी निवेश होती है।
- 10,000 से कम जनसंख्या वाले स्थानों पर और ₹ 15,000 से कम स्थायी पूँजी निवेश वाले ग्रामीण क्षेत्रों में स्थापित उद्योग को ग्रामोद्योग कहा जाता है।

हथकरघा व हस्तशिल्प

- हथकरघा (Handicrafts) भारतीय संस्कृति का प्रतीक व हमारी समृद्ध परम्परा का अंग है। अपने विशेषीकृत डिजाइनों व पर्यावरण अनुकूल होने के कारण हथकरघा उत्पादों की घरेलू व अन्तर्राष्ट्रीय बाजार में बहुत माँग है। देश के वस्त्र उत्पादन उद्योग में हथकरघा का 15% भाग है तथा निर्यात से होने वाली आय में इसका विशेष योगदान है।
- भारतीय हथकरघा प्रौद्योगिकी संस्थान (IIHT) हथकरघा क्षेत्र में उच्च शिक्षा के लिए संचालित सरकारी संस्थान है। केन्द्रीय क्षेत्र के 6 संस्थान तथा राज्य क्षेत्र के 4 आईआईएचटी स्थापित किए जा चुके हैं। वाराणसी, सलेम, गुवाहाटी, जोधपुर, बारगढ़ तथा फुलिया में केन्द्रीय क्षेत्र के आईआईएचटी उपस्थित हैं।
- भारतीय हस्तशिल्प (Handloom) देश की विविधता व संस्कृति के प्रतिनिधि हैं, जो हमारी विरासत, परम्परागत कौशल व गुणों को संरक्षित रखते हैं। इस क्षेत्र में निवेश की लागत कम है और यह अधिक लाभ निर्यात की दृष्टि से सर्वाधिक सम्भावना वाला क्षेत्र है। हाल के वर्षों में हस्तशिल्प क्षेत्र विदेशी मुद्रा अर्जित करने वाले सबसे महत्त्वपूर्ण क्षेत्र के रूप में उभरा है। भारतीय कालीनों का विश्व कालीन बाजार में 26% भाग का योगदान है।

भारत में असमाविष्ट गैर-कृषि उद्यमों (निर्माण को छोड़कर) की मुख्य संकेतक रिपोर्ट

इस रिपोर्ट को जून, 2017 में राष्ट्रीय प्रतिदर्श सर्वेक्षण कार्यालय (NSSO) द्वारा 73वें दौर की संकलित सूचना के आधार पर जारी किया गया था। इस रिपोर्ट के प्रकाशन से निम्नलिखित परिणाम आए हैं

- वर्ष 2022 तक भारत में कुल 6634006 करोड़ उद्यमों ने उद्यम पोर्टल पर पंजीकरण कराया है, जिनमें से 6279858 सूक्ष्म, 319793 लघु और 34355 माध्यम उद्यम हैं।
    - इन उद्यमों में से 51.3% ग्रामीण क्षेत्रों में और 48.7% शहरी क्षेत्रों में स्थापित हैं। भारत के लगभग 22 राज्यों में 98% उद्यम स्थापित हैं। उत्तर प्रदेश में 14.20%, पश्चिम बंगाल में 13.99%, तमिलनाडु में 7.80%, महाराष्ट्र में 7.54% एवं कर्नाटक में 6.05% उद्यम स्थापित हैं। इन उद्यमों का 80% स्वामित्व पुरुषों के पास तथा शेष का स्वामित्व महिलाओं के पास है।
- इससे 11.13 करोड़ नौकरियों का सृजन किया गया, जिनमें से **55%** लोग शहरी क्षेत्रों में और 45% लोग ग्रामीण क्षेत्रों में कार्यरत् हैं।
- इस क्षेत्र में कार्य करने वाले लोगों में से लगभग 50% लोग 5 राज्यों (उत्तर प्रदेश, पश्चिम बंगाल, तमिलनाडु, महाराष्ट्र, कर्नाटक) में कार्यरत् हैं।

हथकरघा से सम्बन्धित योजनाएँ

हथकरघा से सम्बन्धित योजनाएँ निम्न प्रकार हैं

- वित्तीय वर्ष 2021-22 से 2025-26 के लिए राष्ट्रीय हथकरघा विकास कार्यक्रम (NHDP) शुरू किया गया है।
- योग्य हथकरघा बुनकरों को रियायती दरों पर गुणवत्तापूर्ण धागा उपलब्ध कराने के लिए यार्न आपूर्ति योजना (YSS) को शुरू किया गया।
- बुनकर MUDRA योजना के अन्तर्गत 6% की रियायती ब्याज पर ऋण प्रदान किया जाएगा।
- बुनकरों हेतु पर्याप्त विपणन सुविधाओं के लिए शहरी हाट योजना को लाया गया है।
- डिजाइन और प्रौद्योगिकी उन्नयन (DTU) योजना के अन्तर्गत नवीन डिजाइनों का विकास तथा लुप्तप्राय शिल्पों का पुनरुद्धार किया जाएगा।

सूक्ष्म, लघु एवं मध्यम उद्यमों के लिए 12 सूत्री कार्य योजना

भारत में वित्तीय समावेशन के लक्ष्य की प्राप्ति हेतु सूक्ष्म, लघु एवं मध्यम उद्यमों (MSMEs) का विकास अपरिहार्य है तथा इसके विकास हेतु सरकार के द्वारा पाँच पहलुओं; जैसे—उद्यमियों की ऋण तक आसान पहुँच, बाजार तक पहुँच, तकनीकी अथवा प्रौद्योगिकी विकास, व्यापार करने की सुविधा एवं कर्मचारियों हेतु सामाजिक सुरक्षा पर विशेष ध्यान दिया जा रहा है। इन पाँचों पहलुओं की प्राप्ति हेतु ही सरकार के द्वारा 12 सूत्री कार्य योजना के क्रियान्वयन की घोषणा की गई है।

12 सूत्री कार्य योजना

कार्य योजना	विवरण
59 मिनट का ऋण	GST पंजीकृत सूक्ष्म, लघु और मध्यम उद्यमों (MSME) को एक नए पोर्टल के माध्यम से केवल 59 मिनट में ₹ 71 करोड़ का ऋण स्वीकृत किया जाएगा।
ब्याज दर में छूट	GST पंजीकृत MSMEs को 2% सबवेंशन या ₹ 1 करोड़ तक के वृद्धिशील नए ऋणों पर छूट मिलेगी।
कैश फ्लो निश्चितता	अब ₹ 500 करोड़ से अधिक टर्नओवर वाली कम्पनियों के लिए ट्रेड रिसीवेबल्स ई-डिस्काउण्टिंग सिस्टम (TREDs) से जुड़ना अनिवार्य है, जिससे MSMEs को कैश फ्लो में कठिनाई का सामना न करना पड़े।
PSUs द्वारा खरीद	सार्वजनिक क्षेत्र (PSUs) की कम्पनियों द्वारा खरीद, जिन्हें अपनी वार्षिक खरीद का 20% MSMEs से निकालना अनिवार्य था।
महिला उद्यमी	MSMEs से अनिवार्य 25% खरीद में से 3% अब महिला उद्यमियों के लिए आरक्षित होगा।
गवर्नमेण्ट ई-मार्केटप्लेस (GeM)	सभी सार्वजनिक क्षेत्र के उद्यमों को सामान के सामान्य उपयोग की ऑनलाइन खरीद की सुविधा के लिए GeM की सदस्यता लेनी होगी।
तकनीकी उन्नयन	सरकार ने बेहतर तकनीकी सहायता और उपकरणों की सुविधा के लिए ₹ 6000 करोड़ के पैकेज की घोषणा की।
फार्मा कम्पनियाँ	सरकार MSME फार्मा कलस्टर बनाएगी। इन कलस्टरों की स्थापना की 70% लागत सरकार द्वारा वहन की जाएगी।
एक वार्षिक रिटर्न	MSME को 8 श्रम कानूनों और 10 केन्द्रीय नियमों पर केवल एक वार्षिक रिटर्न दाखिल करना होगा।
इन्स्पेक्टर राज नहीं	MSME के क्षेत्र में अब और इन्स्पेक्टर राज की मंजूरी नहीं दी जाएगी।
पर्यावरण मंजूरी में छूट	MSME को अब फैक्ट्री स्थापित करने के लिए हवा और पानी की एक ही मंजूरी तथा एक सहमति की आवश्यकता होगी।
कम्पनी अधिनियम में अध्यादेश	कम्पनी अधिनियम के अन्तर्गत मामूली अपराधों के लिए दण्ड को आसान बनाने के लिए एक अध्यादेश जारी किया गया है।

बाजार तक पहुँच

- सार्वजनिक क्षेत्र की कम्पनियों के लिए यह अनिवार्य कर दिया गया है कि वे अपनी कुल खरीदारी की 25% खरीदारी एमएसएमई क्षेत्र से करेंगे।
- केन्द्र सरकार के सभी सार्वजनिक उपक्रम अनिवार्यतः जीईएम पोर्टल के साथ जुड़ेंगे, साथ ही वे अपने उपभोक्ताओं को भी इस पोर्टल पर पंजीकृत कराएँगे।

तकनीकी अथवा प्रौद्योगिकी विकास

- फार्मा क्षेत्र में एमएसएमई से सम्बन्धित कलस्टर विकसित किए जाएँगे। इस दौरान कुल लागत का 70% केन्द्र सरकार वहन करेगी।
- सरकारी प्रक्रियाओं का सरलीकरण करते हुए सरकार द्वारा 8 श्रम कानूनों एवं 10 केन्द्रीय विनियमों का निर्माण किया जा रहा है। इन विनियमों में यह भी प्रावधान होगा कि उद्यमी एक वर्ष में केवल एक ही बार फाइल रिटर्न करेंगे।
- इन्स्पेक्टर राज की समाप्ति करते हुए इन्स्पेक्टरों के लिए यह व्यवस्था की जा रही है कि वे कम्प्यूटरीकृत माध्यम से ही अपने वरीय अधिकारियों का निर्देशन प्राप्त करेंगे कि वे किन प्रतिष्ठानों का दौरा करेंगे।
- पर्यावरण एवं स्थापना से सम्बन्धित अनापत्ति प्रमाण-पत्र (NOC) उद्यमी अब एक ही अनुज्ञा-पत्र से प्राप्त कर सकते हैं। इसके अतिरिक्त स्व-प्रमाणन के माध्यम से भी रिटर्न स्वीकार किए जाएँगे।

कर्मचारियों हेतु सामाजिक सुरक्षा

इसके लिए सरकार के द्वारा कई योजनाएँ चलाई जा रही हैं; जैसे—जनधन योजना, आम आदमी बीमा योजना इत्यादि।

सूक्ष्म, लघु एवं मध्यम उद्योग विकास संगठन

इसकी स्थापना वर्ष 1954 में लघु उद्योग विकास संगठन के रूप में की गई थी। यह सूक्ष्म, लघु एवं मध्यम उद्योगों के लिए एक शीर्ष संस्था के रूप में कार्य करता है। यह सूक्ष्म, लघु एवं मध्यम औद्योगिक इकाइयों को सुविधाएँ और सेवाएँ प्रदान करता है।

राष्ट्रीय लघु उद्योग निगम लिमिटेड

- राष्ट्रीय लघु उद्योग निगम एनएसआईसी, सूक्ष्म, लघु और मध्यम उद्यम (MSME) मन्त्रालय के अन्तर्गत एक आईएसओ वर्ष 9001-2015 प्रामाणिक भारत सरकार का उद्यम है।
- एनएसआईसी देश में सूक्ष्म, लघु और उद्यमों के विकास को बढ़ावा देने तथा सहायता देने के लिए कार्य कर रहा है।
- इसकी स्थापना वर्ष 1955 में की गई थी। यह सूक्ष्म एवं लघु उद्योग के लिए प्रोत्साहन, सहायता और पोषण का कार्य करता है।

महत्त्वपूर्ण संस्थान

संस्थान	स्थान
भारतीय उद्यमशीलता संस्थान	गुवाहाटी
राष्ट्रीय उद्यमशीलता एवं लघु विकास व्यापार संस्थान	नोएडा
राष्ट्रीय लघु उद्योग विस्तार पश्चिमी संस्थान	हैदराबाद

राष्ट्रीय उद्यमिता विकास संस्थान

- अति लघु, लघु और मध्यम उद्यमों एमएसएमई को बढ़ावा देने, विशेषकर पहली पीढ़ी के उद्यमियों द्वारा नए उद्यमों की स्थापना के लिए उद्यमिता विकास और प्रशिक्षण एक मुख्य तत्त्व है।
- पहली पीढ़ी के उद्यमियों में उद्यमिता संस्कृति का विकास करने के लिए मन्त्रालय ने तीन राष्ट्रीय स्तर के उद्यमिता विकास संस्थानों की स्थापना की है।
- इसकी स्थापना वर्ष 1983 में भारतीय औद्योगिक वित्त निगम, इण्डस्ट्रियल क्रेडिट एण्ड इन्वेस्टमेण्ट कॉर्पोरेशन ऑफ इण्डिया (आईसीआईसीआई) एवं भारतीय स्टेट बैंक की स्पॉन्सरशिप से हुई।

सूक्ष्म, लघु एवं मध्यम उद्योग से सम्बन्धित बोर्ड

- एमएसएमई के विकास कार्य में केन्द्र व राज्य सरकारों के कई विभाग/मन्त्रालय और संगठन शामिल हैं। समन्वय और अन्तर संस्था सम्पर्क के लिए एमएसएमई विकास अधिनियम, 2006 के अन्तर्गत नेशनल बोर्ड फॉर माइक्रो, स्मॉल और मीडियम एण्टरप्राइजेज की स्थापना की गई है।
- यह एमएसएमई क्षेत्र से जुड़े सभी मुद्दों पर सरकार को सलाह देने वाली शीर्ष संस्था है।
- एमएसएमई के प्रभारी मन्त्री बोर्ड के अध्यक्ष हैं। इस बोर्ड में राज्यों के उद्योग मन्त्री, कुछ सांसद, भारत सरकार के विभिन्न विभागों के सचिव, वित्तीय संस्थाओं, सार्वजनिक क्षेत्र के प्रतिष्ठानों, उद्योग संघों के प्रतिनिधि और क्षेत्र के विशेषज्ञ शामिल होते हैं।

मीरा सेठ समिति

- देश में हथकरघा क्षेत्र से जुड़ी समस्याओं की पहचान एवं उनके समाधान हेतु उपाय सुझाने के लिए मीरा सेठ समिति का गठन किया गया था। इन्होंने अपनी रिपोर्ट जनवरी, 1997 में सरकार को सौंपी।
- इस समिति ने गैर-सरकारी क्षेत्र के बुनकरों को ऋण प्रदान करने के लिए ₹ 500 करोड़ का राष्ट्रीय हथकरघा ऋण कोष स्थापित करने तथा एक आपदा राहत योजना लागू करने की सिफारिश की थी।

आबिद हुसैन समिति

- लघु उद्योग की समस्या का अध्ययन करके उनके विकास हेतु सुझाव देने के लिए उद्योग मन्त्रालय द्वारा गठित डॉ. आबिद हुसैन समिति की सिफारिशों को 27 जनवरी, 1997 को सार्वजनिक रूप से घोषित किया गया। इस समिति का गठन वर्ष 1995 में किया गया था। इस समिति की प्रमुख सिफारिशें निम्नलिखित थीं
    - लघु उद्योगों के लिए मदों के आरक्षण की प्रणाली की समाप्ति।
    - निवेश की सीमा, वर्तमान ₹ 60-75 लाख से बढ़ाकर ₹ 3 करोड़ की जाए।
    - विदेशी पूँजी निवेश की 24% सीमा की समाप्ति।
    - लघुतर इकाई में निवेश-सीमा ₹ 5 लाख के वर्तमान स्तर से बढ़ाकर ₹ 25 लाख की जाए। प्राथमिकता क्षेत्र ऋण के अन्तर्गत लघु उद्योगों को दिए जाने वाले ऋण का 70% अति लघु इकाइयों को दिया जाए।
    - अगले पाँच वर्षों में लघु उद्योगों के हितों के लिए सरकार ₹ 2500 करोड़ के विशेष पैकेज की घोषणा करे। अति लघु उद्योगों की सहायता के लिए रिवॉल्विंग फण्ड की स्थापना हो।
    - लघु औद्योगिक इकाइयों पर नजर रखने के लिए उद्योगमन्त्री की अध्यक्षता में एक संचालन समिति का गठन किया जाए।
    - सेवा क्षेत्र की लघु स्तर की इकाइयों को भी लघु उद्योगों में सम्मिलित किया जाए तथा लघु उद्योग क्षेत्र लघु स्तरीय उद्यम क्षेत्र के नाम से जाना जाए।
- एक ही प्रकार के एक ही स्थान पर केन्द्रीय लघु उद्यम समूहों के लिए क्रेडिट रेटिंग प्रणाली विकसित की जाए।

सूक्ष्म, लघु व मध्यम उद्योग की महत्त्वपूर्ण योजनाएँ व कार्यक्रम

योजना	वर्ष	लक्ष्य
अन्तर्राष्ट्रीय सहयोग योजना	1996	एम.एस. एम. ई. को विदेशों में अन्तर्राष्ट्रीय प्रदर्शनियों, सेमीनारों आदि में भागीदारी की सुविधा
पूँजी सहायता योजना	2000	मशीनरी व संयन्त्र खरीदने हेतु पूँजी सहायता।
ऋण गारण्टी कोष योजना	2000	उद्यमियों को बिना कुछ गिरवी रखे ₹ 1 करोड़ तक का ऋण उपलब्ध कराना।
सूक्ष्म वित्त कार्यक्रम	2003-04	सिडबी की सूक्ष्म क्रेडिट योजना के साथ सम्बद्ध किया गया है, भारत सरकार एक पोर्टफोलियो जोखिम निधि के अन्तर्गत सिडबी को फण्ड प्रदान करती है, जिसका उपयोग सूक्ष्म वित्त संस्थाएँ करती हैं।
ऋण रेटिंग योजना	2005	इसके अन्तर्गत मध्यम उद्योग नहीं आते। इसे राष्ट्रीय लघु उद्योग निगम द्वारा कार्यान्वित किया जाता है।
राष्ट्रीय उत्पादन प्रतिस्पर्द्धात्मक कार्यक्रम	2007-08	उद्यमों में वैश्विक प्रतिस्पर्द्धा विकसित करने हेतु।
आपातकालीन ऋण सुविधा गारण्टी योजना	2020	130 लाख से अधिक एम. एस. एम. ई. को अतिरिक्त ऋण लाभ

चैम्पियन पोर्टल

- यह एक आईसीटी आधारित प्रौद्योगिकी प्रणाली है, जो लघु इकाइयों को बड़ी इकाई में परिवर्तित करने में मदद करती है।
- यह एमएसएमई मन्त्रालय के अधीन है।
- एमएसएमई क्षेत्र में हाल के विकास का नियमित अध्ययन करना।
- शिकायतों के त्वरित समाधान के लिए मन्त्रालय के अधिकारियों की योजना की मैपिंग करना।
- इसे राष्ट्रीय सूचना विज्ञान केन्द्र की सहायता से तैयार किया गया है।

राष्ट्रीय निवेश कोष

- राष्ट्रीय निवेश कोष (National Investment Fund) के गठन को केन्द्रीय मन्त्रिमण्डल ने वर्ष 2005 में अनुमति प्रदान की थी। इसकी औपचारिक शुरुआत 6 अक्टूबर, 2007 से उस समय हुई, जब पावर ग्रिड कॉर्पोरेशन ऑफ इण्डिया लिमिटेड के विनिवेश से प्राप्त ₹ 994.82 करोड़ की राशि इस कोष में जमा की गई।
- सार्वजनिक उपक्रमों के विनिवेश से प्राप्त होने वाले राजस्व के सुनिश्चित उपयोग के लिए केन्द्रीय सड़क निधि की तर्ज पर राष्ट्रीय निवेश निधि की स्थापना की गई है। सार्वजनिक उपक्रमों में विनिवेश से प्राप्त होने वाली राशि इस कोष में जमा की जाएगी तथा यह राशि भारत के संचित कोष (Consolidated Fund) से बाहर रहेगी।
- इस राशि के 75% भाग का उपयोग शिक्षा, स्वास्थ्य जैसे सामाजिक क्षेत्र के विकास के साथ-साथ 25% राशि का उपयोग सार्वजनिक क्षेत्र की इकाइयों में निवेश के लिए किया जाएगा।
- विनिवेश से प्राप्त राशि का प्रबन्धन तीन एसेट मैनेजमेण्ट कम्पनियों को सौंपा गया है। इनमें UTI एसेट मैनेजमेण्ट कम्पनी प्राइवेट लिमिटेड, SBI फण्ड्स मैनेजमेण्ट प्राइवेट लिमिटेड व एलआईसी म्यूचुअल फण्ड एसेट मैनेजमेण्ट कम्पनी लिमिटेड शामिल हैं।

विनिवेश

- विनिवेश वह प्रक्रिया है, जिसके अन्तर्गत किसी सार्वजनिक उपक्रम में लगी सरकारी पूँजी को बाहर निकाला जाता है। यह 100% तक हो सकती है। वर्ष 1991 के उदारीकरण के बाद इस दिशा में अधिक तेजी आई है।
- सार्वजनिक उपक्रमों के विनिवेश से सम्बन्धित सुझाव देने हेतु सर्वप्रथम रामकृष्ण की अध्यक्षता में विनिवेश आयोग का गठन किया गया। वर्ष 1999-2004 में पुन: एच. आर. पाटिल की अध्यक्षता में एक विनिवेश आयोग का गठन किया गया। 17 मई, 2020 को भारत सरकार ने यह घोषणा की कि गैर-रणनीतिक क्षेत्रों में सभी सार्वजनिक क्षेत्र के उद्यमों का निजीकरण करेगी।
- भारत सरकार द्वारा 14 अप्रैल, 2016 से विनिवेश विभाग का नाम परिवर्तित कर निवेश और लोक परिसम्पत्ति प्रबन्धन विभाग कर दिया गया।

विनिवेश के प्रकार

विनिवेश को दो प्रकारों में विभाजित किया जा सकता है

- सांकेतिक विनिवेश यह विनिवेश की वह प्रक्रिया है, जिसमें सार्वजनिक क्षेत्र के उपक्रमों पर सरकारी नियन्त्रण को बरकरार रखा जाता है तथा उसके कुछ भागो; जैसे—5%, 10%, 20%, 25% तथा 49% को ही बेचा जाता है।
- सामरिक विनिवेश इस विनिवेश प्रक्रिया के अन्तर्गत सार्वजनिक क्षेत्र के उपक्रमों में निजी क्षेत्र के भागों को बढ़ाया जाता है और सरकार द्वारा सार्वजनिक क्षेत्र के उपक्रमों पर अपना नियन्त्रण कम किया जाता है। सरकार द्वारा सार्वजनिक क्षेत्र के उद्यमों को सामरिक तथा गैर-सामरिक उद्योगों में वर्गीकृत किया जाता है
    - सरकार गैर-सामरिक प्रकार के उद्यमों में अपनी भागीदारी को कम करके 26% या उससे भी कम कर सकती है।
    - सरकार द्वारा सामरिक उद्योगों के अन्तर्गत अस्त्र-शस्त्र एवं युद्धोपकरण, परमाणु ऊर्जा व सम्बद्ध क्रियाएँ तथा रेल में अपनी अधिकांश भागीदारी को सुनिश्चित रखा जाएगा।

भारत सरकार द्वारा कुछ वर्षों में निर्धारित किए गए लक्ष्य एवं उपलब्धियाँ

वित्त वर्ष	लक्ष्य (₹ करोड़)	उपलब्धि (₹ करोड़)
2019-20	105000	50298.64
2020-21	–	32845.18
2021-22	–	13530.67
2022-23	–	24543.67
2023-24	51,000	–
2024-25	50,000	–

विनिवेश और निजीकरण में अन्तर

- विनिवेश में सार्वजनिक क्षेत्र की कम्पनी में सरकार कुछ भाग बेचती है, लेकिन कम्पनी पर नियन्त्रण सरकार का ही रहता है, जबकि निजीकरण में बहुमत भागीदारी निजी कम्पनियों को दे दी जाती है। इस प्रकार प्रबन्धन निजी कम्पनी के हाथों में चला जाता है।
- अन्य शब्दों में अन्तर यह है कि विनिवेश के सन्दर्भ में सरकार नियन्त्रण निजी कम्पनी को दे या न दे, यह उस पर निर्भर है, लेकिन निजीकरण में ऐसा नहीं है।

विनिवेश प्रक्रिया

- राजकोष पर राजकोषीय भार को कम करने के लिए सरकार द्वारा विनिवेश किया जा रहा है। यह अन्य स्रोतों से आय की कमी को पूर्ण करने जैसे विशिष्ट उद्देश्यों के लिए धन जुटाता है।
- एक सार्वजनिक क्षेत्र की इकाई की किसी अन्य इकाई को शेयरधारिता के हस्तान्तरण की रणनीतिक विनिवेश (अधिक निजी क्षेत्र की इकाई को) के रूप में जाना जाता है।
- विनिवेश आयोग रणनीतिक बिक्री को केन्द्रीय सार्वजनिक क्षेत्र के व्यवसाय; जैसे—50% या उससे अधिक (CPSE) में सरकार के स्टॉक के एक महत्त्वपूर्ण भाग की बिक्री के रूप में परिभाषित करता है। इसमें प्रबन्धन, प्राधिकरण को सौंपना भी शामिल है।
- भारत में विनिवेश प्रक्रिया का संचालन निवेश और लोक परिसम्पत्ति प्रबन्धन विभाग (DIPAM) द्वारा किया जाता है, जो वित्त मन्त्रालय के अन्तर्गत आता है।

- DIPAM का प्राथमिक उद्देश्य सार्वजनिक क्षेत्र के उद्यमों में सरकार के निवेश का प्रबन्धन करना और इन उद्यमों में सरकारी इक्विटी के विनिवेश की देख-रेख करना है।

सरकार ने वर्ष 2005 में राष्ट्रीय निवेश कोष (National Investment Fund-NIF) का गठन किया था, जिसमें केन्द्रीय सार्वजनिक क्षेत्र के उद्यमों के विनिवेश से प्राप्त आय को चैनलाइज किया जाना था।

औद्योगिक रुग्णता

- कम्पनी अधिनियम, 2002 की धारा-3 (46AA) के अनुसार, रुग्ण इकाई वह है, जिसकी किसी वित्तीय वर्ष में संचित हानियाँ पिछले चार वित्तीय वर्षों के औसत निवल सम्पत्ति मूल्य के 50% के बराबर या अधिक हों, अथवा जो निरन्तर तीन तिमाहियों में अपने देनदारों के ऋण को चुकाने में विफल रही हो।
- यदि सामान्य शब्दों में कहा जाए, तो एक औद्योगिक रुग्ण इकाई वह है, जो बहुत दिनों से घाटे में चल रही हो। औद्योगिक रुग्णता (Industrial Sickness) भारत में औद्योगिक क्षेत्र की प्रमुख समस्याओं में से एक है। एक अनुमान के अनुसार, भारत में 2 लाख से अधिक औद्योगिक इकाइयाँ रुग्ण अवस्था में हैं तथा इनमें 33% इकाइयाँ लघु क्षेत्र से हैं। इनके अतिरिक्त प्रतिवर्ष इनमें 29,000 इकाइयाँ शामिल होती जा रही हैं, जोकि गम्भीर चिन्ता का विषय है।
- औद्योगिक रुग्णता के निम्नलिखित कारण हैं
    - आधारभूत संरचना की अपर्याप्तता।
    - माँग का अभाव, कार्यशील पूँजी का अभाव, कच्चे-माल की अनुपलब्धता।
    - श्रमिकों के साथ औद्योगिक विवाद।
    - ऊर्जा सुविधाओं की अनुपलब्धता।
    - विपणन (Marketing) की समस्या।
    - कुशल प्रबन्धन का अभाव और इसके कारण कार्यकुशलता और प्रतिस्पर्द्धात्मकता में कमी।
- औद्योगिक रुग्णता के निम्नलिखित परिणाम हैं
    - देश की उत्पादक पूँजी के एक बड़े अंश का अनुत्पादक पूँजी में परिवर्तित हो जाना, जिसके कारण उस निवेश का लाभ निवेशकर्ता के साथ-साथ देश की अर्थव्यवस्था को नहीं मिल पाता।
    - श्रमिक हितों पर प्रतिकूल प्रभाव और श्रमिकों का अनिश्चित भविष्य।
    - बैंकों और वित्तीय संस्थाओं पर प्रतिकूल प्रभाव तथा गैर-निष्पादित परिसम्पत्ति की समस्या।
    - सरकारी राजस्व पर प्रतिकूल प्रभाव।
    - बन्द इकाइयों के श्रमिकों की छँटनी का अन्य उद्योगों के श्रम संघ विरोध करते हैं तथा व्यापक स्तर पर औद्योगिक हड़तालें होती हैं।
    - बैंकों और दूसरे वित्तीय संस्थानों को अत्यधिक हानि होती है, जो रुग्ण इकाइयों को पहले ऋण दिए होते हैं।

भारतीय औद्योगिक निवेश बैंक (IIBI)

- इसकी स्थापना 20 मार्च, 1985 को भारतीय औद्योगिक पुनर्निर्माण बैंक अधिनियम, 1984 के अन्तर्गत भारतीय औद्योगिक पुनर्निर्माण निगम लिमिटेड के पुनर्गठन के फलस्वरूप की गई।
- इसका मुख्य उद्देश्य देश के प्रधान ऋण तथा पुनर्निर्माण एजेन्सी के रूप में रुग्ण तथा बन्द औद्योगिक एककों का पुनर्निर्माण करना है।
- वर्ष 1997 में नई व्यवस्था में कम्पनी अधिनियम, 1956 के अन्तर्गत पंजीकृत कर इसे एक कम्पनी का रूप दे दिया गया।
- इसका मुख्यालय कोलकाता में स्थित है। IIBI, सेबी के पास पंजीकृत श्रेणी-1 का मर्चेण्ट बैंकर है।

औद्योगिक श्रम

- स्वतन्त्रता के प्रारम्भ के वर्ष 1948 में ही श्रमिकों को पूँजीपतियों के शोषण से बचाने के उद्देश्य से न्यूनतम मजदूरी अधिनियम पास किया गया। इस नियम के अन्तर्गत केन्द्रीय अथवा राज्य सरकारें न्यूनतम मजदूरी दर, कार्य के घण्टे, अवकाश की अवधि इत्यादि का निर्धारण करती हैं।
- सार्वजनिक उपक्रमों के विनिवेश से सम्बन्धित सुझाव देने हेतु सर्वप्रथम रामकृष्ण की अध्यक्षता में विनिवेश आयोग का गठन किया गया था।

भारत में लघु उद्योगों से जुड़ी समस्याओं की पहचान के लिए **आबिद हुसैन समिति** तथा हथकरघा क्षेत्र की समस्याओं के लिए **मीरा सेठ समिति** गठित की गई।

- विनिवेश (Disinvestment) के अन्तर्गत सार्वजनिक उपक्रम में लगी सरकारी पूँजी को बाहर निकाला जाता है, जबकि निजीकरण की अवस्था में सार्वजनिक क्षेत्र के उपक्रम की पूँजी एवं प्रबन्धन पर निजी नियन्त्रण स्थापित हो जाता है।
- औद्योगिक नीति, 1977 के अन्तर्गत लघु उद्यमकर्ता को एक ही स्थान पर सभी सुविधाएँ उपलब्ध कराने के उद्देश्य से जिला उद्योग केन्द्र (डीआईसी) की स्थापना का निर्णय किया गया था।

राष्ट्रीय श्रम आयोग

- प्रथम राष्ट्रीय श्रम आयोग का गठन वर्ष 1966 में किया गया था, जिसने श्रम समस्याओं के सभी पहलुओं का अध्ययन करने के बाद वर्ष 1969 में अपनी रिपोर्ट पेश की। उसके बाद से अनेक महत्त्वपूर्ण परिवर्तन हो चुके हैं।
- रवीन्द्र वर्मा की अध्यक्षता में 15 अक्टूबर, 1999 को दूसरे राष्ट्रीय श्रम आयोग का गठन किया गया, जिसने अपनी रिपोर्ट 29 जून, 2002 को प्रस्तुत की। इस आयोग ने अपनी रिपोर्ट में श्रम सन्नियमों में व्यापक सुधारों के सुझाव दिए हैं। इसमें संगठित क्षेत्र के साथ-साथ असंगठित क्षेत्र के श्रमिकों के कार्य की दशाओं को सुधारने के लिए भी सुझाव दिए गए हैं।

राष्ट्रीय निवेश तथा विनिर्माण क्षेत्र

- भारत सरकार ने एक दशक के अन्दर सकल घरेलू उत्पाद में विनिर्माण की भागीदारी को 25% तक बढ़ाने और 100 मिलियन रोजगार सृजित करने के उद्देश्य से एक राष्ट्रीय विनिर्माण नीति, 2011 की घोषणा की गई।
- इस नीति के अनुसार, राष्ट्रीय निवेश तथा विनिर्माण क्षेत्र (एनआईएमजेड) को जोनिंग के आधार पर अत्याधुनिक बुनियादी ढाँचे और भूमि उपयोग के साथ एकीकृत औद्योगिक टाउनशिप के रूप में विकसित किया जाएगा, जहाँ पर स्वच्छ और ऊर्जा कुशल प्रौद्योगिकी, आवश्यक सामाजिक अवसंरचना, कौशल विकास सुविधाओं आदि का विकास किया जाएगा।
- एनआईएम जेड के लिए प्रस्तावित कुल भूमि क्षेत्र का कम-से-कम 30% निर्माण इकाइयों के स्थान के लिए उपयोग किया जाएगा। इसके लिए भूमि की व्यवस्था बंजर भूमि से की जाएगी।
- एनआईएम जेड को कम-से-कम 5000 हेक्टेयर भूमि क्षेत्र के साथ विकसित किया जा सकेगा। इसके लिए उद्योग और आन्तरिक व्यापार संवर्द्धन विभाग नोडल एजेन्सी होगा।
- भारत सरकार ने अभी तक 16 एनआईएम जेड क्षेत्रों को सैद्धान्तिक अनुमति प्रदान की है। हाल ही में तीन नए राष्ट्रीय निवेश और विनिर्माण क्षेत्रों-प्रकाशम (आन्ध्र प्रदेश), संगारेड्डी (तेलंगाना) और कलिंगनगर (ओडिशा) को स्वीकृति प्रदान की गई है।

औद्योगिक/आर्थिक गलियारे

- औद्योगिक आर्थिक गलियारे (Industrial/Economical Corridor) उद्योग और बुनियादी ढाँचे का प्रभावी एकीकरण करते हैं, जिससे समग्र आर्थिक और सामाजिक विकास होता है।
- औद्योगिक/आर्थिक गलियारों का विकास सरकार की महत्त्वपूर्ण नीतिगत पहल है, जिससे औद्योगिक विकास, आय और रोजगार को प्रोत्साहन मिलेगा।
- भारत सरकार के राष्ट्रीय गलियारा कार्यक्रम के अन्तर्गत 2024-25 तक 11 औद्योगिक गलियारों का विकास किया जाना है-जिसमें अधोलिखित गलियारों का विकास जारी है, शेष विकसित किए जाएँगे। यथा:

क्र.सं.	गलियारा
1.	दिल्ली-मुम्बई इण्डस्ट्रियल कोरिडोर (प्रथम)
2.	चेन्नई-बंगलुरु इण्डस्ट्रियल कॉरिडोर
3.	बेंगलुरु-मुम्बई आर्थिक गलियारा
4.	अमृतसर-कोलकाता इण्डस्ट्रियल कॉरिडोर
5.	पूर्वोतर आर्थिक गलियारा परियोजना
6.	विजाग-चेन्नई औद्योगिक गलियारा

निर्यात प्रसंस्करण क्षेत्र

- निर्यात प्रसंस्करण क्षेत्र (Export Processing Zone) एक इकाई के रूप में निर्यात को बढ़ावा देने के लिए किसी भी देश के द्वारा स्थापित किया जाता है। इसके अन्तर्गत इस क्षेत्र में स्थापित उद्योगों को राजकोषीय प्रोत्साहन, कर छूट और निर्यातित वस्तुओं के लिए उपयुक्त वातावरण उत्पन्न करना है, जिससे वे अन्तर्राष्ट्रीय प्रतियोगिता में अपना स्थान बना सकें।
- भारत द्वारा निर्यात संवर्द्धन को बढ़ावा देने के उद्देश्य से एशिया का पहला निर्यात संवर्द्धन क्षेत्र वर्ष 1965 में काण्डला में स्थापित किया गया। सार्वजनिक क्षेत्र में कुल 7 ईपीजेड स्थापित किए गए। ये हैं—काण्डला (गुजरात), सान्ताक्रूज (महाराष्ट्र), फाल्टा (पश्चिम बंगाल), नोएडा (उत्तर प्रदेश), कोच्चि (केरल), चेन्नई (तमिलनाडु) तथा विशाखापत्तनम (आन्ध्र प्रदेश)।
- इनके अतिरिक्त निजी क्षेत्र में दो ईपीजेड स्थापित किए गए हैं; जैसे-मुम्बई (महाराष्ट्र), सूरत (गुजरात)। इलेक्ट्रॉनिक निर्यात संसाधन क्षेत्र विशिष्ट रूप से इलेक्ट्रॉनिक सामान तथा रत्न और आभूषणों के लिए हैं, जबकि अन्य क्षेत्र सभी प्रकार के उत्पादों के लिए हैं।

विशेष आर्थिक क्षेत्र

- इस क्षेत्र का अभिप्राय ऐसे भौगोलिक क्षेत्र से है, जो देश में गैर-विशेष आर्थिक क्षेत्र (नॉन सेज) की अपेक्षा विशेषाधिकारों का लाभ प्राप्त कर रहा है।
- एक्सपोर्ट प्रोसेसिंग जोन का अनुभव बहुत अधिक सकारात्मक नहीं होने के कारण आयात-निर्यात नीति वर्ष 1997-2002 में सेज की संकल्पना लागू की गई।
- चीनी मॉडल का अनुसरण करते हुए 1 अप्रैल, 2000 से कोच्चि (केरल) को छोड़कर सभी को सेज में परिवर्तित कर दिया गया। सेज की कार्य प्रणाली को अधिक प्रभावी बनाने के लिए सेज अधिनियम, 2005 पारित किया गया। सामान्यत: आर्थिक मामलों में सेज को विदेशी क्षेत्र माना जाता है।

विशेष आर्थिक क्षेत्रों की वर्तमान स्थिति

- वर्ष 2024 में 423 औपचारिक सेज का अनुमोदन प्राप्त हुआ है, जबकि कुल सेज की संख्या 442 है।
- भारत सरकार द्वारा स्वीकृत सेज (7 केन्द्र सरकार + 12 राज्य + निजी) की कुल संख्या 423 है। वर्तमान में (मार्च, 2024 तक) भारत में कुल 280 विशेष आर्थिक क्षेत्र परिचालित या संचालित हैं।
- सेज से वर्तमान में लगभग 30.70 लाख रोजगार का सृजन होता है।
- विशेष आर्थिक क्षेत्र के मुख्य उद्देश्य निम्नलिखित हैं
  - निवेश को घरेलू व विदेशी स्रोतों से आकर्षित करना।
  - रोजगार के अवसरों का सृजन करना।
  - वस्तुओं एवं सेवाओं के निर्यात को प्रोत्साहित करना।
  - आधारिक संरचनाओं का विकास करना।
  - नई आर्थिक गतिविधियों का सृजन करना।

उद्योग संवर्द्धन और आन्तरिक व्यापार विभाग

- सर्वप्रथम वर्ष 1995 में औद्योगिक नीति एवं संवर्द्धन विभाग (DIPP) की स्थापना की गई। इसके पश्चात् औद्योगिक विकास विभाग के साथ विलय करते हुए वर्ष 2000 में इसे पुनर्गठित किया गया।

- जनवरी, 2019 में इसका नाम परिवर्तित करते हुए उद्योग और आन्तरिक व्यापार संवर्द्धन विभाग (DPIIT) कर दिया गया। इस विभाग के कार्य निम्न हैं
  - भारत में औद्योगिक क्षेत्र को प्रोत्साहित करते हुए, उसके लिए औद्योगिक नीति तैयार करना एवं उसका क्रियान्वयन सुनिश्चित करना।
  - तीव्र औद्योगिक वृद्धि हेतु औद्योगिक अवसंरचनात्मक सहायता उपलब्ध कराना।
  - प्रत्यक्ष विदेशी निवेश एवं अनिवासी भारतीय निवेश को आकर्षित करना।
  - यह बौद्धिक सम्पदा अधिकारों से सम्बन्धित नीतियों का निर्माण करता है।
  - यह ई-कॉमर्स एवं स्टार्ट-अप से सम्बन्धित गतिविधियों का निर्धारण करता है।
  - इसके द्वारा औद्योगिक उत्पादन सूचकांक के निर्माण हेतु थोक मूल्य सूचकांक एवं मासिक औद्योगिक उत्पादन के आँकड़ों का संकलन किया जाता है।

सेज नीति और बाबा कल्याणी समिति

- वाणिज्य एवं उद्योग मन्त्रालय द्वारा बाबा कल्याणी की अध्यक्षता में सेज नीति के अध्ययन के लिए समिति का गठन किया गया।
- बाबा कल्याणी द्वारा सेज नीति से सम्बन्धित कुछ महत्त्वपूर्ण सुझाव दिए गए हैं, जो निम्नलिखित हैं
  - सेज नीति की स्थापना का मुख्य उद्देश्य निर्यात के साथ-साथ रोजगार सृजन और आर्थिक संवृद्धि करना था।
  - सेवा और विनिर्माण उद्योग के लिए अलग-अलग प्रकार के सेज की स्थापना का प्रयास करना चाहिए।
  - संचालन दृष्टिकोण को अपनाना, क्योंकि इससे रोजगार एवं आर्थिक संवृद्धि को बल मिलता है। आधारिक संरचना का विकास हाईस्पीड, मल्टी मॉडल कनेक्टिविटी और व्यावसायिक सेवाओं में निवेश को बढ़ावा देना, जिससे प्रतिस्पर्द्धा को बढ़ावा मिल सके।
  - विशेष आर्थिक क्षेत्रों में परिवहन और संचार सेवाओं का विकास करना। सेज परियोजनाओं को वित्त की व्यवस्था करने वाले संस्थानों को आधारिक संस्थान का दर्ज़ा प्रदान करना।
  - सरकार द्वारा ड्यूटी व कर से सम्बन्धित लाभों को सेज में यथावत् बनाए रखना। सेज के अन्तर्गत प्राप्त होने वाले विभिन्न अनुमोदनों में तेजी लाना।
  - इसके अन्तर्गत विवादों का निपटारा मध्यस्थता व वाणिज्यिक अदालतों से इसका समाधान करना

औद्योगिक वित्त

औद्योगिक क्षेत्र के विकास की स्थापना से लेकर पुनर्जीवन (Innovation) अर्थात् बीमार औद्योगिक इकाई के पुन: संचालन, आधुनिकीकरण, यन्त्रीकरण आदि के लिए पूँजी की व्यवस्था ही औद्योगिक वित्त कहलाता है।

औद्योगिक वित्त के प्रकार

औद्योगिक वित्त के निम्नलिखित दो प्रकार हैं

- स्थिर पूँजी अथवा दीर्घकालीन पूँजी इसके अन्तर्गत मुख्यत: नए उद्यमों की स्थापना में प्रयुक्त भूमि, भवन, मशीन, औजार, फर्नीचर आदि की खरीद में लगने वाली पूँजी को दीर्घकालिक पूँजी कहा जाता है।
- कार्यशील पूँजी अथवा अल्पकालिक पूँजी इसके अन्तर्गत उद्योग में लगने वाले या होने वाले दिन-प्रतिदिन के खर्चे एवं अन्य कार्यों को पूर्ण करने के लिए लगने वाली पूँजी को कार्यशील पूँजी कहते हैं।

औद्योगिक वित्त के स्रोत

औद्योगिक वित्त के स्रोत को दो प्रकारों-आन्तरिक स्रोत व बाह्य स्रोतों में विभाजित किया जाता है; जो निम्न प्रकार हैं

- आन्तरिक स्रोत अंश पूँजी, ऋण-पत्र, लाभ का पुनर्नियोजन।
- बाह्य स्रोत व्यापारिक बैंक, सार्वजनिक जमाएँ, उद्योगों का संस्थागत वित्त प्रबन्धन।

भारतीय औद्योगिक वित्त निगम

- औद्योगिक वित्त निगम की स्थापना वर्ष 1948 में की गई। इसकी स्थापना का प्रमुख उद्देश्य उद्योगों को मध्यकालीन तथा दीर्घकालीन साख उपलब्ध कराना था।
- इस निगम की प्रदत्त पूँजी ₹ 5 करोड़ थी, जिसे बढ़ाकर वर्ष 1962 में ₹ 7 करोड़ कर दी गई। निगम द्वारा ऋणों के अतिरिक्त गारण्टी देने का कार्य भी सम्पन्न किया जाता है। औद्योगिक उपक्रमों द्वारा व्यापारिक बैंकों और राज्य सरकारी बैंकों से लिए गए ऋणों तथा भारत सरकार की पूर्वानुमति से विदेशी मुद्रा में लिए गए ऋणों की गारण्टी भी प्रदान की जाती है।

दिवाला और दिवालियापन संहिता, 2016

- दिवाला और दिवालियापन संहिता, 2016 को संसद द्वारा अधिनियमित किया गया था।
- इसका उद्देश्य कॉर्पोरेट व्यक्तियों, साझेदारी फर्मों और व्यक्तियों के दिवालिया होने तथा दिवालियापन से प्रभावी तरीके से निपटना है।
- इसके अतिरिक्त यह संहिता उपलब्ध विधायी ढाँचे के प्रावधानों को भी समेकित करती है, जिससे सभी वर्गों के देनदारों और लेनदारों के लिए एक साझा मंच तैयार किया जा सके।
- इस संहिता में कॉर्पोरेट दिवालियापन समाधान प्रक्रिया को अधिकतम 270 दिनों में पूर्ण करने का प्रावधान किया गया है।

दिवाला और दिवालियापन संहिता (द्वितीय संशोधन) अधिनियम, 2018

- इस अधिनियम के अन्तर्गत दिवाला और दिवालियापन संहिता, 2016 में संशोधन हुआ था, जिससे यह स्पष्ट होता है कि रियल एस्टेट प्रोजेक्ट के अन्तर्गत एलॉटी को वित्तीय लेनदार माना जाएगा।

- लेनदारों की समिति द्वारा लिए गए नियमित निर्णयों के लिए मतदान की सीमा 75% से घटाकर 51% कर दी गई है। यद्यपि कुछ प्रमुख निर्णयों के लिए, यह सीमा घटाकर 66% कर दी गई है।
- विधेयक संहिता के अन्तर्गत एनसीएनटी को प्रस्तुत समाधान आवेदन को वापस लेने की अनुमति देता है। यह निर्णय लेनदारों को समिति के 90% अनुमोदन के साथ लिया जा सकता है।

भारतीय दिवाला और शोधन अक्षमता बोर्ड-कॉर्पोरेट लोगों के लिए दिवालियापन समाधान प्रक्रिया (संशोधन) अधिनियम, 2019

- इस अधिनियम की प्रक्रिया द्वारा ऋणदाताओं की समिति के गठन के पूर्व एवं बाद में आवेदन को वापस लिया जा सकता है।
- इसके अन्तर्गत ऋणदाताओं की समिति द्वारा कॉर्पोरेट देनदार के ऋणशोधन का फैसला करके मंजूरी प्रदान की जाती है।
- इसके अन्तर्गत कॉर्पोरेट कर्जदार की बिक्री की प्रक्रियाओं का निर्धारण किया जाता है। कॉर्पोरेट देनदार की बिक्री होने के पश्चात् ऋण शोधन की प्रक्रिया को बन्द कर दिया जाता है।
- ऋण शोधन की प्रक्रिया को प्रारम्भ करने के एक वर्ष के अन्दर ही पूर्ण किया जाता है।
- ऋण शोधन प्रक्रिया के अन्तर्गत प्रत्येक कार्य के लिए निश्चित समय-सीमा का निर्धारण किया जाता है।

दिवाला और शोधन अक्षमता संहिता (संशोधन) अधिनियम, 2021

- दिवाला और शोधन अक्षमता संहिता (संशोधन) विधेयक, 2021 को दिवाला कानूनों में संशोधन करने तथा तनावग्रस्त सूक्ष्म, लघु और मध्यम उद्यमों के लिए पूर्व से तैयार समाधान प्रक्रिया प्रदान करने के लिए पेश किया गया था।
- यह विधेयक अध्यादेश प्री-पैक्स को एमएसएमई के लिए दिवाला समाधान तन्त्र के रूप में प्रस्तावित किया गया है।
- इस प्रक्रिया के अन्तर्गत मुख्य हितधारक, जैसे कि लेनदार और शेयरधारक एक सम्भावित खरीददार की पहचान हेतु तथा सार्वजनिक बोली प्रक्रिया के कारण बातचीत करने के लिए एकसाथ आते हैं।
- इसके अन्तर्गत प्री-पैकेज्ड इनसॉल्वेन्सी रिजॉल्यूशन प्रोसेस शुरू करने के लिए न्यूनतम सीमा ₹ 1 करोड़ से अधिक नहीं है।
- यह एक ही कॉर्पोरेट देनदार के विरुद्ध लम्बित दिवाला समाधान प्रक्रिया और प्री-पैकेज्ड दिवाला समाधान प्रक्रिया शुरू करने के लिए एकसाथ आवेदनों के निपटान का प्रावधान करता है।

यह प्री-पैकेज्ड इनसॉल्वेन्सी रिजॉल्यूशन प्रोसेस (PIR) की कपटपूर्ण या दुर्भावनापूर्ण पहल के लिए या व्यक्तियों को धोखा देने के इरादे से और प्रक्रिया के दौरान कॉर्पोरेट देनदार के कपटपूर्ण प्रबन्धन के लिए जुर्माने का प्रावधान करता है।

- यह प्री-पैकेज्ड दिवाला समाधान प्रक्रिया से सम्बन्धित अपराधों के लिए सजा का प्रावधान करता है।
- एनसीएलटी सीआईआरपी के लिए एक याचिका पर विचार करने से पहले प्री-पैकेज्ड दिवाला कार्यवाही के लिए 14 दिनों के अन्दर आवेदन को स्वीकार या अस्वीकार कर सकती है।
- आवेदन के लिए कम-से-कम 66% वित्तीय लेनदारों के अनुमोदन की आवश्यकता होगी, जो एसजीएलटी को समाधान योजना प्रस्तुत करने के लिए अनुकूल होगी।
- इस संहिता की धारा-12 में यह उल्लेख है कि देनदार की समाधान प्रक्रिया को आवेदन प्राप्त होने के समय से 330 दिनों के अन्दर पूर्ण होना चाहिए।

भारतीय दिवाला और शोधन अक्षमता बोर्ड

- इसकी स्थापना 1 अक्टूबर, 2016 को दिवाला और दिवालियापन संहिता, 2016 के अन्तर्गत की गई थी।
- यह दिवालियापन से सम्बन्धित सभी एजेन्सियों, पेशेवरों और सूचना उपक्रम को विनियोजित करता है।

प्रतिस्पर्धा अधिनियम, 2002

- प्रतिस्पर्धा अधिनियम, 2002 एक ऐसा कानून है, जो भारत में वाणिज्यिक प्रतिस्पर्धा को नियन्त्रित करता है। इसने पूर्ववर्ती एकाधिकार और प्रतिबन्धित व्यापार व्यवहार अधिनियम, 1969 का स्थान लिया है।
- इसके अन्तर्गत भारतीय प्रतिस्पर्द्धा आयोग की स्थापना हुई। इस अधिनियम में देश के आर्थिक विकास को ध्यान में रखते हुए, भारत में व्यवसाय पर प्रतिकूल प्रभाव डालने वाले व्यवहारों को रोकने, बाजार में प्रतिस्पर्द्धा को बढ़ावा और उसे बनाए रखने, उपभोक्ताओं के हितों की रक्षा करने तथा बाजार में अन्य प्रतिभागियों द्वारा चलाए जा रहे व्यापार की स्वतन्त्रता सुनिश्चित करने एवं उससे जुड़े और सम्बन्धित मामलों के लिए एक आयोग की स्थापना का प्रावधान है।

औद्योगिक विकास से सम्बन्धित योजनाएँ व कार्यक्रम

औद्योगिक विकास से सम्बन्धित योजनाएँ व कार्यक्रम निम्नलिखित हैं

मेक इन इण्डिया

- प्रधानमन्त्री श्री नरेन्द्र मोदी जी ने 25 सितम्बर, 2014 को मेक इन इण्डिया पहल की शुरुआत नई दिल्ली में राष्ट्रीय और राज्य स्तर पर एकसाथ की।
- इस कार्यक्रम का उद्देश्य भारत को एक निवेश स्थल के रूप में प्रदर्शित करना है। यह कार्यक्रम नोडल मन्त्रालय-औद्योगिक नीति एवं संवर्द्धन विभाग, वाणिज्य एवं उद्योग मन्त्रालय द्वारा क्रियान्वित किया जा रहा है।
- मेक इन इण्डिया पहल का मुख्य उद्देश्य नए आविष्कार और नई प्रौद्योगिकी के क्षेत्र में अग्रणी घरेलू कम्पनियों की पहचान कर उन्हें विश्व में सर्वोत्तम बनाना है।

- इसके अन्तर्गत हरित और अत्याधुनिक निर्माण को बढ़ावा देने और इन कम्पनियों को वैश्विक मूल्य शृंखला में भाग लेने में सहायता करने पर मुख्य रूप से ध्यान दिया जाएगा।
  - सरकार स्टार्ट-अप पेटेण्ट आवेदनों की फास्ट-ट्रैकिंग के लिए एक सिस्टम तैयार करेगी।
  - इन कारोबारों के लिए पेटेण्ट शुल्क में 80% तक छूट प्रदान की जाएगी।
  - स्टार्ट-अप के लिए 9 श्रम और पर्यावरण कानूनों के लिए एक स्व-प्रमाणन आधारित अनुपालन व्यवस्था पेश की जाएगी।
  - नवाचार को बढ़ावा देने के लिए जल्द ही अटल इनोवेशन मिशन प्रस्तुत किया जाएगा।
  - 16 जनवरी को प्रतिवर्ष राष्ट्रीय स्टार्ट-अप दिवस के रूप में मनाया जाता है।

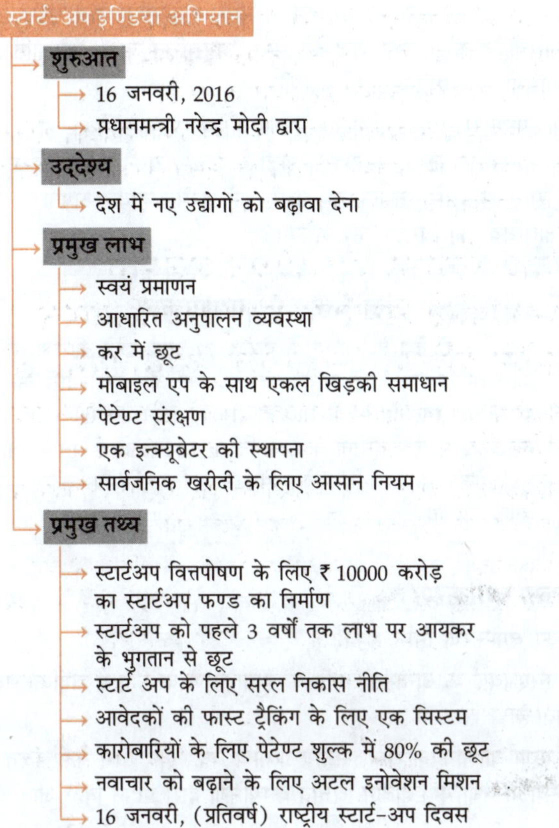

स्टैण्ड-अप इण्डिया योजना

- 6 जनवरी, 2016 को केन्द्रीय मन्त्रिमण्डल ने अनुसूचित जाति/अनुसूचित जनजातियों एवं महिलाओं में उद्यमिता को बढ़ावा देने के लिए स्टैण्ड-अप इण्डिया योजना को अनुमति दी।
- योजना का उद्देश्य प्रत्येक उद्यमी वर्ग के लिए औसतन प्रति बैंक शाखा न्यूनतम दो परियोजनाओं को सरल बनाना है। योजना से 2.5 लाख उधारकर्ताओं को लाभ मिलने की उम्मीद है। कम-से-कम 2.5 लाख अनुमति का यह लक्ष्य योजना के शुरू होने के 3 वर्षों के भीतर प्राप्त करना तय किया गया है।
- स्टैण्ड-अप इण्डिया योजना की मुख्य विशेषताएँ निम्न हैं
  - यह योजना ₹ 10,000 करोड़ की प्रारम्भिक धनराशि के साथ भारतीय लघु उद्योग एवं विकास बैंक (सिडबी) के माध्यम से पुनर्वित्त है।
  - यह योजना राष्ट्रीय क्रेडिट गारण्टी ट्रस्टी कम्पनी (एनसीजीटीसी) के द्वारा क्रेडिट गारण्टी तन्त्र बनाएगी।
  - यह योजना उधारकर्ताओं को ऋण पूर्व चरण और संचालन दोनों के दौरान समर्थन उपलब्ध कराएगी।
  - इस योजना का उद्देश्य एससी/एसटी और महिला उधारकर्ताओं को समर्थन देना है।
  - इस योजना का उद्देश्य 7 वर्ष तक बैंक का कर्ज चुकाने की सुविधा के साथ आबादी के पिछड़ों तक संस्थागत ऋण संरचना का लाभ पहुँचाना और एससी, एसटी तथा महिला उधारकर्ताओं द्वारा गैर-कृषि क्षेत्र वाले सेटअप में ग्रीनफील्ड एण्टरप्राइजेज के लिए ₹ 10 लाख से ₹ 100 लाख के बीच की धनराशि उपलब्ध कराना है।
  - इसके अन्तर्गत अक्टूबर, 2023 तक मान्यता प्राप्त 1.14 लाख स्टार्ट-अप ने 12 लाख से अधिक नौकरियाँ प्रदान की हैं।

पावर टेक्स इण्डिया योजना

- सरकार ने देश में 45 स्थानों पर एकसाथ पावर टेक्स इण्डिया योजना का आरम्भ 3 अप्रैल, 2017 को किया, जो बिजली के क्षेत्र के विकास के लिए एक व्यापक योजना है।
- इस योजना की शुरुआत तत्कालीन केन्द्रीय कपड़ा मन्त्री स्मृति ईरानी ने भिवण्डी, थाणे (महाराष्ट्र) से की। इस योजना से विशेष रूप से छोटे मशीनकरघा बुनकरों को लाभ होगा।
- मन्त्री और मुख्यमन्त्रियों ने वीडियो कॉन्फ्रेन्स के द्वारा महाराष्ट्र, गुजरात, बिहार, तमिलनाडु, कर्नाटक, उत्तर प्रदेश और अन्य राज्यों से बातचीत की, क्योंकि पावर टेक्स इण्डिया योजना देशव्यापी शुरू की गई थी।

प्रधानमन्त्री मुद्रा योजना

- यह योजना प्रधानमन्त्री नरेन्द्र मोदी द्वारा 8 अप्रैल, 2015 को नई दिल्ली से प्रारम्भ हुई। इस योजना का पूर्ण रूप सूक्ष्म इकाई विकास एवं पुनर्वित्त एजेन्सी लिमिटेड (MUDRA) है।
- इस योजना के अन्तर्गत माइक्रो यूनिट्स डेवलपमेण्ट रिफाइनेंस एजेन्सी बैंक की घोषणा वर्ष 2015 के बजट में की गई थी, जिसके लिए ₹ 20,000 करोड़ का कोष निर्धारित किया गया था और इसमें ₹ 3,000 करोड़ की ऋण गारण्टी राशि की घोषणा की गई थी।

- मुद्रा बैंक प्रधानमन्त्री मुद्रा योजना के माध्यम से सूक्ष्म वित्त संस्थानों का पुनर्वित्तीयन करेगा तथा कर्ज देते समय अनुसूचित जाति/ जनजाति उद्यमियों को प्राथमिकता दी जाएगी।
- इन उपायों से युवाओं, शिक्षित अथवा कौशल प्राप्त श्रमिकों का आत्मविश्वास बढ़ेगा, जो पहली पीढ़ी के उद्यमी बनने की आकांक्षा रखते हैं, साथ ही इसमें वर्तमान लघु उद्यमी भी शामिल होकर अपनी गतिविधियों का विस्तार कर सकेंगे।

मुद्रा बैंक की आवश्यकता

मुद्रा बैंक से देश के लगभग 5 करोड़ 77 लाख छोटे कारोबारियों को लाभ मिलेगा। छोटी मैन्युफैक्चरिंग यूनिट और दुकानदारों को इससे लोन मिलेगा। इसके साथ ही सब्जी, सैलून एवं खोमचे वालों को भी इस योजना के अन्तर्गत ऋण प्राप्त होगा। प्रधानमन्त्री मुद्रा योजना के अन्तर्गत प्रत्येक सेक्टर के लिए योजना स्कीम बनाई जाएगी।

मुद्रा का वर्गीकरण

मुद्रा का वर्गीकरण निम्न प्रकार है

- पीएमएमवाई के अन्तर्गत ऋणों को मुद्रा ऋण के रूप में वर्गीकृत किया जाता है।
- ये ऋण वाणिज्यिक बैंक, क्षेत्रीय ग्रामीण बैंक, लघु वित्त बैंक, वित्त संस्थाओं तथा गैर-बैंकिंग वित्तीय कम्पनियों द्वारा प्रदान किए जाते हैं।
- प्रधानमन्त्री मुद्रा योजना के अन्तर्गत तीन प्रकार के ऋणों की व्यवस्था की गई
  - शिशु (Shishu), ₹ 50,000 तक के ऋण।
  - किशोर (Kishor), ₹ 50,001 से 5 लाख तक के ऋण।
  - तरुण (Tarun), ₹ 5,00,001 से 10 लाख तक के ऋण। मुद्रा ऋण की सीमा को उन उद्यमियों के लिए मौजूदा ₹ 10 लाख से बढ़ाकर ₹ 20 लाख कर दिया जाएगा, जिन्होंने 'तरुण' श्रेणी के अन्तर्गत ऋण लिया है और पहले के ऋणों को चुका दिया है। (स्रोत बजट 2024-25)

- मुद्रा कम्पनी को 100% पूँजी के योगदान के साथ भारतीय लघु उद्योग विकास बैंक के पूर्ण स्वामित्व वाली सहायक कम्पनी के रूप में स्थापित किया गया है। वर्तमान में मुद्रा कम्पनी की अधिकृत पूँजी 1000 करोड़ है और भुगतान की गई पूँजी (Paid Up Capital) 750 करोड़ है।

उत्पादन से जुड़ी प्रोत्साहन योजना

- यह योजना भारत सरकार की एक पहल है, जिसका उद्देश्य भारतीय निर्माताओं को बढ़ावा देना और देश की विनिर्माण क्षमताओं को बढ़ाना है।
- इस योजना के अन्तर्गत देश में विदेशी कम्पनियों को भी रोजगार पैदा करने के लिए प्रोत्साहित किया जाता है। इसके अतिरिक्त घरेलू और स्थानीय उत्पादन को भी बढ़ावा दिया जाता है।
- अप्रैल, 2023 तक इस योजना के अन्तर्गत कुल 14 क्षेत्रों को शामिल किया गया था, जिसके प्रोत्साहन पर सरकार द्वारा कुल ₹ 2,02,325 लाख करोड़ का प्रावधान किया गया था।
- इस योजना के अन्तर्गत आने वाले प्रमुख क्षेत्र हैं
  1. मोबाइल विनिर्माण तथा निर्दिष्ट (Specified) इलेक्ट्रॉनिक संघटक (Components)
  2. औषधियों से जुड़े क्रान्तिक (Critical) पदार्थ
  3. मेडिकल उपकरण
  4. एडवांस्ड कैमिस्ट्री सेल बैटरी
  5. इलेक्ट्रॉनिक/तकनीकी उत्पाद
  6. ऑटोमोबाइल एवं ऑटो संघटक
  7. औषधियाँ
  8. दूरसंचार एवं नेटवर्क उत्पाद
  9. वस्त्र उत्पाद/एम.एम.एफ एवं तकनीकी वस्त्र
  10. खाद्य उत्पाद
  11. उच्च दक्षता वाले सौर फोटो वोल्टेईक मॉड्यूल
  12. श्वेत वस्तुएँ/एयर कण्डिशनर एवं लेड उत्पाद
  13. स्पेशलिटी इस्पात
  14. ड्रोन एवं ड्रोन कम्पोनेण्ट्स

"

भारत में आर्थिक सुधारों के अन्तर्गत वैश्वीकरण, उदारीकरण तथा निजीकरण की प्रक्रिया लागू की गई। आर्थिक सुधार का उद्देश्य व्यापारिक गतिविधियों में सुधार लाकर तकनीक, पूँजी तथा वस्तु एवं सेवाओं के प्रवाह को अबाध बनाना है।

अध्याय चौदह

आर्थिक सुधार एवं उदारीकरण, निजीकरण और वैश्वीकरण

भारत में आर्थिक सुधारों की पृष्ठभूमि

- भारत में आर्थिक सुधारों की पृष्ठभूमि का मूल कारण देश में उत्पन्न गम्भीर आर्थिक संकट था। स्वतन्त्रता के पश्चात् भारत ने मिश्रित अर्थव्यवस्था के ढाँचे को अपनाया। इसमें पूँजीवादी अर्थव्यवस्था की विशेषताओं के साथ सामाजिक अर्थव्यवस्था की विशेषताएँ भी सम्मिलित थीं।
- कुछ विद्वानों का तर्क है कि इन वर्षों (वर्ष 1991 से पूर्व) में इस व्यवस्था में नियमन और नियन्त्रण (Regulation and Control) के लिए इतने अधिक नियम-कानून बनाए गए कि उनसे आर्थिक संवृद्धि और विकास की सम्पूर्ण प्रक्रिया ही अवरुद्ध हो गई।
- इस वित्तीय संकट का वास्तविक उद्गम स्रोत 1980 के दशक में अर्थव्यवस्था में अकुशल प्रबन्धन था। इस अकुशल प्रबन्धन के कारण निम्न आर्थिक संकट उत्पन्न हुए
  (i) 1980 के दशक के अन्त तक सरकार का व्यय उसके राजस्व से इतना अधिक हो गया कि ऋण के द्वारा व्यय धारण क्षमता से अधिक माना जाने लगा।
  (ii) अनेक आवश्यक वस्तुओं की कीमतों में वृद्धि होने लगी।
  (iii) प्रतिकूल भुगतान सन्तुलन (निर्यात की तुलना में आयात की तीव्र वृद्धि)
  (iv) पेट्रोलियम आदि आवश्यक वस्तुओं के आयात के लिए विदेशी मुद्रा रिज़र्व का कम होना या पर्याप्त न होना (केवल 15 दिनों के आयात का भुगतान विदेशी मुद्रा रिजर्व शेष था)
  (v) अन्तर्राष्ट्रीय उधारदाताओं को ब्याज चुकाने के लिए भारत सरकार के पास पर्याप्त विदेशी मुद्रा नहीं थी।
  (vi) उपरोक्त के अतिरिक्त कोई देश या अन्तर्राष्ट्रीय निवेशक भी भारत में निवेश नहीं करना चाहता था।
- इस प्रकार, उक्त स्थिति से निपटने के लिए भारत ने विश्व बैंक की संस्था अन्तर्राष्ट्रीय पुनर्निर्माण और विकास बैंक (International Bank for Reconstruction and Development, IBRD) और अन्तर्राष्ट्रीय मुद्रा कोष (International Monetary Fund, IMF) से सहायता माँगी।
- इन दोनों ने भारत को वित्तीय संकट का सामना करने के लिए 7 बिलियन डॉलर का ऋण दिया, किन्तु उस ऋण को पाने के लिए इन संस्थाओं ने भारत सरकार के समक्ष कुछ शर्तें रखीं; जैसे-
  - सरकार उदारीकरण करेगी
  - निजी क्षेत्रों पर लगे प्रतिबन्धों को हटाना
  - सरकारी हस्तक्षेप में कमी करना
  - भारत और अन्य देशों के बीच विदेशी व्यापार पर लगे प्रतिबन्धों को हटाना आदि।
- भारत सरकार ने विश्व बैंक और अन्तर्राष्ट्रीय मुद्रा कोष की उपरोक्त शर्तें मान ली और नई आर्थिक नीति की घोषणा की।

1991 की नई आर्थिक नीति के मुख्य उद्देश्य

- वर्ष 1991 की नई आर्थिक नीति (New Economic Policy) में व्यापक आर्थिक सुधारों को सम्मिलित किया गया।
- यह नीति विकास के LPG (Liberalisation Privatisation and Globalisation) के नाम से भी विख्यात है।
- भारत की नई आर्थिक नीति की घोषणा 24 जुलाई, 1991 को की गई थी। उस समय भारत के वित्तमन्त्री डॉ. मनमोहन सिंह थे, इसलिए उन्हें भारतीय अर्थव्यवस्था के उदारीकरण का अग्रदूत कहा जाता है।
- इन समस्त नीतियों का उद्देश्य अर्थव्यवस्था में अधिक स्पर्धापूर्ण व्यावसायिक वातावरण का निर्माण करना और फर्मों के व्यापार में प्रवेश करने और उनकी समृद्धि में आने वाली बाधाओं को दूर करना था।
- इन नीतियों को दो उपसमूहों में विभाजित किया जा सकता है
  (i) स्थायित्वकारी उपाय (Stability Measures) ये उपाय अल्पकालिक होते हैं तथा इनका उद्देश्य भुगतान सन्तुलन में उत्पन्न त्रुटियों को दूर करना और मुद्रास्फीति का नियन्त्रण करना था। सामान्य शब्दों में इसका अर्थ पर्याप्त विदेशी मुद्रा भण्डार बनाए रखने और बढ़ती हुई कीमतों को नियन्त्रित करना था।

(ii) संरचनात्मक सुधार के उपाय (Structural Reform Measures) ये वे दीर्घकालिक उपाय हैं, जिनका उद्देश्य अर्थव्यवस्था की कुशलता को सुधारना तथा अर्थव्यवस्था के विभिन्न क्षेत्रों की जटिलताओं को दूर कर भारत की अन्तर्राष्ट्रीय स्पर्धा क्षमता को विकसित करना था।

इस दृष्टि से सरकार ने अनेक नीतियाँ प्रारम्भ कीं। इनके तीन उपवर्ग हैं—उदारीकरण, निजीकरण और वैश्वीकरण। इनका वर्णन निम्न है

उदारीकरण

- उदारीकरण (Liberalisation) का अर्थ है—देश में उद्योगों की स्थापना तथा संचालन में सरकार द्वारा नियन्त्रण एवं नियमों को उदार बनाना या समाप्त करना। वर्ष 1991 से पूर्व सार्वजनिक क्षेत्र की सभी इकाइयाँ व्यावहारिक रूप से सरकार के अन्तर्गत थीं, यद्यपि वे स्वायत्त संस्थाएँ कहलाती थीं।
- सार्वजनिक क्षेत्र के कार्य करने में सरकार के मन्त्रियों का अत्यधिक हस्तक्षेप होता था। इसके परिणामस्वरूप राजनीतिकरण और व्यावसायिक गुणवत्ता में गिरावट तथा अकुशलता आई। उदारीकरण इन्हीं प्रतिबन्धों को दूर कर अर्थव्यवस्था के विभिन्न क्षेत्रों को मुक्त करने की नीति थी। उदारीकरण के अन्तर्गत कई क्षेत्रों में सुधार किए गए।

उदारीकरण

- **क्या?**
  - देश में उद्योगों की स्थापना तथा संचालन में सरकार द्वारा नियन्त्रण एवं नियमों को उदार बनाना या समाप्त करना।
- **उद्देश्य**
  - आर्थिक विकास को बढ़ावा देना
- **माध्यम**
  - भारतीय व्यापार और उद्योग को अनावश्यक नियन्त्रणों और बन्धनों से मुक्त करना
  - निजी क्षेत्र की भागीदारी बढ़ाना
  - प्रत्यक्ष विदेशी निवेश को बढ़ावा देना
  - घरेलू व्यापार में प्रतिस्पर्धा बढ़ाना
  - बहुराष्ट्रीय और निजी कम्पनियों को बढ़ावा देना
- **लाभ**
  - आर्थिक विकास में तीव्र वृद्धि होती है।
  - निवेशकों को नए अवसर प्राप्त होते हैं।
  - देश में विदेशी निवेश आने की सम्भावनाएँ बढ़ जाती हैं।
  - घरेलू उद्योगों के बीच प्रतिस्पर्धा बढ़ती है।
  - देश में विदेशी पूँजी और प्रौद्योगिकी आती है।

उदारीकरण के अन्तर्गत किए गए सुधार

उदारीकरण के अन्तर्गत निम्नलिखित क्षेत्रों में सुधार किए गए

औद्योगिक क्षेत्र का विनियमीकरण

- उदारीकरण के अन्तर्गत उद्योगों पर लगे अनेक प्रतिबन्धों को समाप्त कर दिया गया। एल्कोहल, सिगरेट, हानिकारक रसायनों, औद्योगिक विस्फोटकों, इलेक्ट्रॉनिकी, विमानन तथा औषधि इन उत्पाद श्रेणियों को छोड़कर अन्य सभी उद्योगों के लिए लाइसेंस की व्यवस्था को समाप्त कर दिया गया।
- लघु उद्योगों द्वारा उत्पादित अनेक वस्तुओं को अनारक्षित श्रेणी में कर दिया गया। इसके अतिरिक्त कई उद्योगों में कीमतों का निर्धारण बाजार के द्वारा होने लगा।
- वर्तमान में परमाणु ऊर्जा उत्पादन और रेल परिवहन ही आरक्षित हैं। इससे पूर्व उद्योगों की स्थापना करना, बन्द करना, उत्पादन की मात्रा निर्धारण हेतु सरकार की अनुमति लेना अनिवार्य था।

वित्तीय क्षेत्र में सुधार

- वित्तीय क्षेत्र में व्यावसायिक और निवेश बैंक, स्टॉक एक्सचेंज तथा विदेशी मुद्रा बाजार जैसी वित्तीय संस्थाएँ सम्मिलित हैं। भारत में वित्तीय क्षेत्र का नियमन भारतीय रिजर्व बैंक द्वारा किया जाता है।
- इस क्षेत्र में सुधार के अन्तर्गत आर.बी.आई. (भारतीय रिजर्व बैंक) को इस क्षेत्रक के नियन्त्रक की भूमिका से हटाकर एक सहायक की भूमिका तक सीमित कर दिया गया।
- इसका अर्थ है कि अब वित्तीय क्षेत्रक आर.बी.आई. से सलाह किए बिना ही कई मामलों में अपने निर्णय स्वयं ले सकता है।
- इस क्षेत्र में सुधार ने भारतीय और विदेशी निजी बैंकों को भी प्रवेश करने का अवसर प्रदान किया।
- बैंकों की पूँजी में विदेशी भागीदारी की सीमा 74% कर दी गई।
- कुछ निश्चित शर्तों को पूरा करने वाले बैंक अब आर.बी.आई. की अनुमति के बिना ही नई शाखाएँ खोल सकते थे तथा पुरानी शाखाओं के नेटवर्क को अधिक युक्तिसंगत बना सकते थे।
- बैंकों को यद्यपि अब देश-विदेश से और अधिक संसाधन जुटाने की अनुमति प्राप्त है, तथापि खाताधारकों और देश के हितों की रक्षा के उद्देश्य से कुछ नियन्त्रक शक्ति वर्तमान में भी आर.बी.आई. के पास ही है।
- विदेशी निवेश संस्थाओं (Foreign Investment Institutions) (एफ. आई. आई.) तथा व्यापारी बैंक, म्यूचुअल फण्ड और पेंशन कोष आदि को भी अब भारतीय वित्तीय बाजारों में निवेश की अनुमति प्रदान कर दी गई है।

कर व्यवस्था में सुधार

- इन सुधारों का सम्बन्ध सरकार की कराधान और सार्वजनिक व्यय नीतियों से है, जिन्हें सामूहिक रूप से राजकोषीय नीति (Fiscal Policy) कहा जाता है।
- इसके अन्तर्गत प्रत्यक्ष व अप्रत्यक्ष करों में सुधार किए गए हैं। वर्ष 1991 के पश्चात् से प्रत्यक्ष करों में आय कर एवं निगम करों की दरों में निरन्तर कमी की गई। इसकी मुख्य धारणा यह थी कि उच्च कर दरों के कारण ही कर-वंचन होता है। इसके अतिरिक्त कर की दरें कम होने पर बचतों को बढ़ावा मिलता है तथा लोग स्वेच्छा से अपनी आय का विवरण दे देते हैं।
- प्रत्यक्ष करों के अतिरिक्त अप्रत्यक्ष करों में भी सुधार किए गए। विगत वर्षों से अप्रत्यक्ष कर प्रणाली को एकीकृत एवं सरल बनाने के लिए संसद द्वारा वस्तु एवं सेवा कर अधिनियम, 2016 (जी.एस.टी. 2016)

कानून को पारित किया गया है, जो 1 जुलाई, 2017 से प्रभावी है। इसके द्वारा सरकार को अतिरिक्त आय प्राप्त होने की, कर-वंचन कम होने की तथा एक-समान राष्ट्रीय स्तर के बाजार के निर्माण होने की सम्भावना होती है।

विदेशी विनिमय सुधार

- विदेशी क्षेत्र में पहला सुधार विदेशी विनिमय बाजार में किया गया था। वर्ष 1991 में भुगतान सन्तुलन की समस्या के तात्कालिक निदान के लिए अन्य देशों की मुद्रा की तुलना में रुपये का अवमूल्यन किया गया। इससे देश में विदेशी मुद्रा के आगमन में वृद्धि हुई।

  नोट *अवमूल्यन का अर्थ है किसी देश की मुद्रा के मूल्य को विदेशी मुद्रा के मुकाबले कम करना। यह एक मौद्रिक नीति है, जिसका प्रयोग देश में माँग व आपूर्ति को नियन्त्रित करने के लिए करते हैं।*
- इसके अतिरिक्त विदेशी विनिमय बाजार में रुपये के मूल्य के निर्धारण को सरकारी नियन्त्रण से मुक्त करने की पहल की गई।
- वर्तमान में सामान्यत: बाजार के द्वारा ही विदेशी मुद्रा की माँग और आपूर्ति के आधार पर विनिमय दरों का निर्धारण होता है।

व्यापार और निवेश नीति में सुधार

- भारतीय अर्थव्यवस्था में औद्योगिक उत्पादों और विदेशी निवेश तथा प्रौद्योगिकी की अन्तर्राष्ट्रीय प्रतिस्पर्धा की क्षमता को प्रोत्साहित करने के लिए व्यापार और निवेश व्यवस्थाओं का उदारीकरण किया गया।
- इसका एक उद्देश्य स्थानीय उद्योगों की कार्यकुशलता को सुधारना और उन्हें आधुनिक प्रौद्योगिकी को अपनाने के लिए प्रोत्साहित करना भी था।
- व्यापार नीतियों के सुधारों के निम्नलिखित लक्ष्य थे
  - आयात और निर्यात पर लगे परिमाणात्मक प्रतिबन्धों को समाप्त करना।
  - प्रशुल्क दरों में कटौती करना।
  - आयातों के लिए लाइसेंस प्रक्रिया को समाप्त करना।
- इस दिशा में **हानिकारक** और पर्यावरण संवेदी उद्योगों के उत्पादों को छोड़कर अन्य सभी वस्तुओं से आयात लाइसेंस व्यवस्था को समाप्त कर दिया गया।
- अप्रैल, 2001 से कृषि पदार्थों और औद्योगिक उपभोक्ता पदार्थों के आयात भी मात्रात्मक प्रतिबन्धों से मुक्त कर दिए गए।
- भारतीय वस्तुओं की अन्तर्राष्ट्रीय बाजारों में स्पर्धा शक्ति बढ़ाने हेतु उन्हें निर्यात शुल्क से मुक्त कर दिया गया।

निजीकरण

- निजीकरण (Privatisation) से तात्पर्य किसी सार्वजनिक उपक्रम के स्वामित्व या प्रबन्धन का सरकार द्वारा त्याग करने से है। सरकारी कम्पनियाँ निजी क्षेत्र की कम्पनियों में दो प्रकार से परिवर्तित हो रही हैं
  - (i) सरकार का सार्वजनिक कम्पनी के स्वामित्व और प्रबन्धन से बाहर होना।
  - (ii) सार्वजनिक क्षेत्र की कम्पनियों को सीधे बेच दिया जाना।
- उल्लेखनीय है कि किसी सार्वजनिक क्षेत्र के उद्यमों द्वारा जनसामान्य को इक्विटी के विक्रय के माध्यम से निजीकरण को विनिवेश (Disinvestment) कहा जाता है।
- सरकार का मानना है कि इस प्रकार के विक्रय का मुख्य उद्देश्य वित्तीय अनुशासन बढ़ाना और आधुनिकीकरण में सहायता देना था। इसके अतिरिक्त यह भी माना गया कि निजी पूँजी और प्रबन्धन क्षमताओं का उपयोग इन सार्वजनिक उद्यमों के निष्पादन को सुधारने में प्रभावी सिद्ध होगा।
- सरकार का यह भी मानना था कि निजीकरण से प्रत्यक्ष विदेशी निवेश के अन्तर्वाह को भी बढ़ावा मिलेगा।

निजीकरण

- **क्या?**
  - निजीकरण से तात्पर्य किसी सार्वजनिक उपक्रम के स्वामित्व या प्रबन्धन का त्याग करने से है।
- **उद्देश्य**
  - वित्तीय अनुशासन बढ़ाना और आधुनिकीकरण में सहायता देना
- **माध्यम**
  - सरकार का सार्वजनिक कम्पनी के स्वामित्व और प्रबन्धन से बाहर होना
  - सार्वजनिक क्षेत्र की कम्पनियों को सीधे बेच दिया जाता है।
- **लाभ**
  - बाजार में प्रतिस्पर्धा
  - सार्वजनिक क्षेत्र का एकाधिकार खत्म
  - राजनीतिक हस्तक्षेप में कमी
  - कम मूल्य पर गुणवत्तापूर्ण वस्तुओं और सेवाओं की प्राप्ति

भारत में निजीकरण के सन्दर्भ में तीन बातों को महत्त्व दिया गया।

1. विराष्ट्रीयकरण (De-nationalisation) यह निजीकरण की एक प्रक्रिया है, जिसमें सार्वजनिक स्वामित्व वाले व्यवसायों या सेवाओं को निजी कम्पनियों को सौंपा जाता है। विराष्ट्रीयकरण के माध्यम से सरकार किसी उद्योग या सेवा को निजी क्षेत्र को सौंप सकती है (किसी उद्योग का राष्ट्रीयकरण खत्म कर देना) यदि उसे लगता है कि इसका संचालन निजी तौर पर ज्यादा कुशल और लागत प्रभावी तरीके से किया जा सकता है।
2. विनिवेश (Disinvestment) यह निजीकरण का दूसरा उदाहरण है, जिसके अन्तर्गत सरकार द्वारा अपनी परिसम्पत्तियों/कम्पनियों की हिस्सेदारी/शेयर को बेचने की प्रक्रिया है। हिस्सेदारी की 100% बिक्री विराष्ट्रीयकरण (De-nationalisation) में परिणत होता है।
3. निजी क्षेत्र को बढ़ावा निजीकरण की तीसरी प्रक्रिया है, जिसमें सरकार निजी निवेश को बढ़ाने (Promotion of private sector) के लिए सभी नीतियों को सरल बनाती है। इसके माध्यम से सभी नियमों को सरल बनाया जाता है, जिससे उद्योगों को विस्तार से करने में आसानी हो सके। भारत में नई औद्योगिक नीति 1991 (New Industrial Policy - 1991) इसका सर्वोत्तम उदाहरण है।

वैश्वीकरण

- सामान्य शब्दों में वैश्वीकरण (Globalisation) एक ऐसी प्रक्रिया है, जिसमें विश्व के विभिन्न देशों द्वारा वस्तुओं और सेवाओं, श्रम, प्रौद्योगिकी, निवेश आदि के स्वतन्त्र प्रवाह के प्रयास किए जाते हैं।
- वैश्वीकरण को किसी अर्थव्यवस्था का विश्व अर्थव्यवस्था के साथ एकीकरण के रूप में जाना जाता है।

- यह उन सभी नीतियों का परिणाम है, जिनका उद्देश्य विश्व को परस्पर निर्भर और अधिक एकीकृत करना है।
- इसके अन्तर्गत आर्थिक, सामाजिक और भौगोलिक सीमाओं के अतिक्रमण की गतिविधियों तथा नेटवर्क का सृजन होता है।
- इस प्रकार वैश्वीकरण समग्र विश्व को एक बनाने या सीमामुक्त विश्व की रचना करने का प्रयास है।

वैश्वीकरण

- **क्या?**
  - राष्ट्र की अर्थव्यवस्था का विश्व अर्थव्यवस्था के साथ एकीकरण की प्रक्रिया है।
- **उद्देश्य**
  - आर्थिक, सामाजिक और भौगोलिक सीमाओं से परे गतिविधियों के माध्यम से अधिक से अधिक अन्योन्याश्रित और एकीकरण के साथ विश्व को बदलना है, जिससे एक सीमाहीन विश्व का निर्माण हो सके।
- **माध्यम**
  - परिवहन व्यापार, प्रौद्योगिकी और संचार का विकास करना
  - इण्टरनेट, संचार उपग्रहों और समुद्र के भीतर फाइबर ऑप्टिकल केबल जैसी तकनीकों का उपयोग
  - कॉपीराइट कानून, पेटेण्ट और विश्व व्यापार समझौतों के माध्यम से
- **लाभ**
  - आर्थिक विकास को गति मिलती है।
  - बाजार में अन्तर्राष्ट्रीय प्रतियोगिता में वृद्धि
  - उपभोक्ताओं को गुणवत्तापूर्ण उत्पादों की प्राप्ति
  - देशों के बीच तकनीक व्यापार और अन्य गतिविधियों के क्षेत्र में सहयोग बढ़ता है।

वैश्वीकरण और विश्व व्यापार संगठन

- विश्व व्यापार संगठन (World Trade Organisation, WTO) वैश्वीकरण के विकास के लिए एक शीर्ष एजेन्सी है। व्यापार और सीमा शुल्क महासन्धि (General Agreement on Tariffs and Trade, GATT) के परवर्ती विश्व व्यापार संगठन का गठन वर्ष 1995 में किया गया था। GATT का निर्माण विश्व व्यापार प्रशासक के रूप में 23 देशों ने वर्ष 1948 में मिलकर किया था। उसका ध्येय सभी देशों को विश्व व्यापार में समान अवसर सुलभ करवाना था।
- विश्व व्यापार संगठन (World Trade Organisation-WTO) का लक्ष्य/ध्येय ऐसी नियम आधारित व्यवस्था की स्थापना है, जिसमें कोई देश मनमाने तरीके से व्यापार के मार्ग में बाधा उत्पन्न न कर पाए।
- इसके अतिरिक्त इसका उद्देश्य सेवाओं के सृजन और व्यापार को प्रोत्साहन देना भी है, जिससे कि विश्व के संसाधनों का एक निश्चित स्तर पर प्रयोग हो सके और पर्यावरण का भी संरक्षण हो सके।
- डब्ल्यू.टी.ओ. की सन्धियों में द्विपक्षीय और बहुपक्षीय व्यापार को बढ़ावा देने हेतु इसमें वस्तुओं के साथ-साथ सेवाओं के विनिमय को भी स्थान दिया गया है।
- ऐसा सभी सदस्य देशों के प्रशुल्क और अप्रशुल्क अवरोधों को हटाकर तथा अपने बाजारों को सदस्य देशों के लिए खोलकर किया गया है।
- भारत डब्ल्यू.टी.ओ. के एक महत्त्वपूर्ण सदस्य के रूप में विकासशील विश्व के हितों का संरक्षण करते हुए न्यायपूर्ण विश्वस्तरीय व्यापार व्यवस्था के नियमों तथा सुरक्षात्मक व्यवस्थाओं की रचना में सक्रिय भागीदार रहा है।
- भारत ने व्यापार के उदारीकरण की अपनी प्रतिबद्धता को बनाए रखा है। इसके लिए भारत ने आयात से कई परिमाणात्मक प्रतिबन्ध हटाए हैं और प्रशुल्क दरों को भी बहुत कम किया है।

वैश्वीकरण और भारतीय अर्थव्यवस्था

उदारीकरण और निजीकरण की नीतियों के माध्यम से वैश्वीकरण का भारतीय अर्थव्यवस्था पर प्रभाव को निम्न तथ्यों के द्वारा व्यक्त किया जा सकता है

अर्थव्यवस्था की संवृद्धि

- किसी अर्थव्यवस्था की संवृद्धि का मापन सकल घरेलू उत्पाद (जी.डी.पी.) द्वारा किया जाता है। वर्ष 1991 के पश्चात् से भारत में दो दशकों तक जी.डी.पी. में लगातार वृद्धि होती रही।
- वर्ष 1980-91 में जी.डी.पी. वृद्धि दर 5.6% से बढ़कर वर्ष 2007-2012 में 8.2% हो गई। आर्थिक सुधारों की अवधि में कृषि क्षेत्र की वृद्धि में कमी आई। औद्योगिक क्षेत्र में उतार-चढ़ाव हुए, किन्तु सेवा क्षेत्र में वृद्धि हुई। यह निम्न तालिका से स्पष्ट होता है

जी.डी.पी. और प्रमुख क्षेत्रकों की संवृद्धि दरें (प्रतिशत में)

क्षेत्रक	1980-91	1992-01	2002-07	2007-12	2012-13	2013-14	2014-15	2020-21	2021-22	2022-23
कृषि	3.6	3.3	2.3	3.2	1.5	4.2	– 0.2	3.6	3.9	4.4
उद्योग	7.1	6.5	9.4	7.4	3.6	5.0	7.0	– 7.0	11.8	2.1
सेवाएँ	6.7	8.2	7.8	10.0	8.1	7.8	9.8	– 8.4	8.2	12.0
कुल योग	5.6	6.4	7.8	8.2	5.6	6.6	7.4	– 11.8	23.9	18.5

वैश्वीकरण का रोजगार पर प्रभाव

- वैश्वीकरण ने उत्पादन और बाजारों के वैश्विक एकीकरण को सक्षम बनाया, जिससे भारतीय अर्थव्यवस्था को दूसरी अर्थव्यवस्थाओं से जुड़ने का अवसर मिला।
- कुछ अर्थशास्त्रियों के अनुसार वैश्वीकरण ने अर्थव्यवस्था और औपचारिक रोजगार के सूचनाकरण को कम कर दिया है। हालाँकि अनौपचारिकीकरण ने लोगों को आजीविका प्रदान की है, लेकिन इसके पश्चात् भी इसने इच्छित जीवन स्तर को नहीं बढ़ाया है।

औपचारिक रोजगार में कमी के कारण

1. सार्वजनिक रोजगार में गिरावट औपचारिक रोजगार का सबसे स्थिर स्रोत सार्वजनिक क्षेत्र रहा है, क्योंकि उदारीकरण का एक प्रमुख फोकस सार्वजनिक क्षेत्र के आकार में कमी है। औपचारिक रूप से नियोजित श्रमिकों का अनुपात तब तक गिरता है, जब तक सरकारें उनके कार्यबल में कटौती नहीं करती हैं।
2. प्रतिबन्धात्मक श्रम कानून उदारीकरण के बाद प्रतिबन्धात्मक श्रम कानूनों और श्रम सुधारों की कमी के कारण, उद्योग अनुबन्ध आधार पर श्रमिकों को रखने लगे इससे औपचारिक नौकरियों में कमी आई और अल्पकालिक प्रकृति की अधिक संविदात्मक नौकरियाँ बढ़ी हैं।

3. अनौपचारिकीकरण सेवा क्षेत्र में वृद्धि के कारण कई नौकरियाँ आउटसोर्स की गई, जो अनौपचारिक क्षेत्र द्वारा पूरी की गई। इसके अतिरिक्त संविदात्मक नौकरियों ने श्रम क्षेत्र और औपचारिक क्षेत्र में असुरक्षा को जन्म दिया। इस प्रकार अधिकांश लोगों ने अनौपचारिक नौकरियाँ करना प्रारम्भ किया।
4. पूँजी गहन उद्योग नए उद्योग श्रम गठन के बजाए पूँजी प्रधान थे। अत: वह कम कार्यबल को अवशोषित करते थे। इसने श्रमिकों को औपचारिक क्षेत्र के रोजगार से बाहर कर दिया।
6. सेवा क्षेत्र के नेतृत्व में विकास वैश्वीकरण के कारण भारत में सेवा क्षेत्र का विकास हुआ। सेवा क्षेत्र को कुशल श्रम की आवश्यकता होती है, जो आवश्यकतानुसार उपलब्ध नहीं था। परिणामस्वरूप कई क्षेत्रों में कुशल जनशक्ति की कमी थी और औपचारिक रोजगार सृजित नहीं हुए।

विदेशी निवेश

- वैश्वीकरण की प्रक्रिया से प्रत्यक्ष विदेशी निवेश में वृद्धि हुई है। विदेशी निवेश, जिसमें प्रत्यक्ष विदेशी निवेश (Foreign Direct Investment, FDI) और विदेशी पोर्टफोलियो निवेश (Foreign Portfolio Investment, FPI) सम्मिलित हैं, वर्ष 1990-91 में 100 मिलियन अमेरिकी डॉलर से बढ़कर वर्ष 2017-18 में 30 बिलियन डॉलर के स्तर पर पहुँच गया।
- आर्थिक समीक्षा 2023-24 के अनुसार, वर्ष 2023-24 में देश में कुल प्रत्यक्ष विदेशी निवेश 44.4 बिलियन डॉलर का था, जिसमें 9.3 बिलियन डॉलर 20.9% की हिस्सेदारी विनिर्माण क्षेत्र की थी।

आर्थिक सुधारों की पीढ़ियाँ

- भारत सरकार ने जब वर्ष 1991 में आर्थिक सुधारों को प्रारम्भ किया, तो ऐसी कोई घोषणा या प्रस्ताव नहीं था, यद्यपि आने वाले वर्षों में सुधारों की कई पीढ़ियों की घोषणा की गई।
- भिन्न-भिन्न उद्देश्यों को लक्षित करते हुए एकसाथ चलाई जा रही इन पीढ़ियों का वर्णन निम्नलिखित है

प्रथम पीढ़ी के सुधार (1991-2000)

- वर्ष 2000-01 में सरकार ने दूसरी पीढ़ी के सुधारों की घोषणा की थी, जिन्हें 1991-2000 में तत्कालीन सरकार द्वारा शुरू किया गया था, इन्हें प्रथम पीढ़ी के सुधार कहा गया।
- इन सुधारों के दौरान उठाए गए कदम निम्नलिखित हैं
  - निजी क्षेत्र को प्रोत्साहन।
  - सार्वजनिक क्षेत्र को अधिक लाभदायक और कुशल बनाने के लिए पहल।
  - बैंकिंग क्षेत्र, बीमा इत्यादि के लिए सुधार किए गए।
  - कर सुधार जैसे महत्त्वपूर्ण सुधारों को क्रियान्वित किया गया।

द्वितीय पीढ़ी के सुधार (2000-01 के बाद)

- इस पीढ़ी के सुधारों की शुरुआत सरकार द्वारा वर्ष 2000-01 में की गई। वर्ष 1990 के प्रारम्भ में शुरू किए सुधार वाँछित स्तर तक नहीं पहुँच पाए, तब सरकार ने उच्च राजनीतिक इच्छाशक्ति के साथ गहरे और सूक्ष्म सुधारों को शुरू किया।
- इन सुधारों में निम्नलिखित तत्त्व शामिल हैं
  - पेट्रोलियम, चीनी उर्वरक, ड्रग्स आदि से सम्बन्धित सुधार द्वितीय पीढ़ी के हैं। अब पेट्रोलियम में केवल कैरोसिन एलपीजी, एपीएम के तहत थे, जबकि पेट्रोल, डीजल और स्नेहक एपीएम से बाहर थे।
  - सार्वजनिक क्षेत्र में पूँजी बाजार के लाभ से सम्बन्धित सुधार किए गए।
  - कानूनी क्षेत्र में सुधारों को पहली पीढ़ी में ही लागू किया गया था, लेकिन इसे प्रभावी द्वितीय पीढ़ी के सुधारों के समय किया गया।
  - इन सुधारों की मुख्य विशेषता सरकार की भूमिका को नियन्त्रक (Controller) से बदलकर सुसाध्यकर्ता (Faeislitator) की बना दी गई है।
- द्वितीय पीढ़ी के सुधारों में कई अन्य क्षेत्रों, जैसे-आधारभूत संरचना क्षेत्र (बिजली, सड़क, दूरसंचार आदि में) में सुधारों की शुरुआत की गई।
- कृषि एवं कृषि अनुसन्धान, शिक्षा एवं चिकित्सा क्षेत्र को भी इसमें शामिल किया गया और इस क्षेत्र को सरकार ने 'क्रान्तिक क्षेत्र' कहा।
- इसके अतिरिक्त इन सुधारों में कुछ अन्य महत्त्वपूर्ण सुधारात्मक कदम भी उठाए गए
  - पहली बार आर्थिक सुधारों की प्रक्रिया में राज्यों की भूमिका का वर्णन करते हुए कहा गया कि आने वाले समय में राज्य स्वयं सुधारात्मक कदम उठाएँगे और केन्द्र सरकार उन्हें सहायता प्रदान करेगी।
  - एफ.आर.बी.एम. अधिनियम, 2002 के माध्यम से राजकोषीय समेकन के प्रति संवैधानिक प्रतिबद्धता व्यक्त की गई।
  - केन्द्र सरकार के द्वारा राज्यों को ज्यादा कर का अन्तरण (greater tax devolution to the states) करके राज्य सरकारों को बेहतर वित्तीय स्थिति प्रदान करने की शुरुआत की गई।
  - इन सुधारों में सामाजिक क्षेत्र विशेषकर शिक्षा एवं चिकित्सा पर विशेष ध्यान दिया गया है।

तृतीय पीढ़ी के आर्थिक सुधार

- आर्थिक विकास तथा आर्थिक सुधारों के विकेन्द्रीकरण के उद्देश्य से सरकार द्वारा दसवीं पंचवर्षीय योजना (2002-07) का कार्यान्वयन किया गया।
- सामान्य जनमानस को आर्थिक विकास में शामिल करने के लिए पंचायती राज संस्थानों PRIs के सफल कार्यान्वयन पर बल दिया गया।
- इस विकेन्द्रीकरण के माध्यम से विकास की प्रक्रिया को बढ़ाने के लिए पहले ही संवैधानिक व्यवस्था लागू कर दी गई थी, चूँकि सरकार का मानना था कि जब तक आर्थिक विकास की प्रक्रिया सामान्य जनता तक नहीं पहुँचती वह अधूरी है।

चतुर्थ पीढ़ी के सुधार

- वर्ष 2002 में विशेषज्ञों ने आर्थिक सुधारों की चतुर्थ पीढ़ी की चर्चा की थी। यह आर्थिक सुधारों से जुड़ी गैर आधिकारिक प्रक्रिया है, यह पीढ़ी भारतीय अर्थव्यवस्था में सूचना तकनीक की संकल्पना पर आधारित है।
- इस संकल्पना का ध्येय सूचना प्रौद्योगिकी से आर्थिक लाभ प्राप्त करने के साथ-साथ अन्य तीन पीढ़ियों को समन्वित और गति प्रदान करना था।
- आधार, जे ए एम (JAM) नम्बर ट्रिनिटी, प्रत्यक्ष लाभ अन्तरण (DBT) और डिजिटल इण्डिया जैसी पहलों पर बढ़ते प्रयासों के कारण यह सुधार गैर आधिकारिक होते हुए भी प्रासंगिक बने हुए हैं।

सुधारों के प्रति भारत का दृष्टिकोण

- भारत के सुधारों को क्रमिकतावादी बताया गया है। कई विशेषज्ञ भारत को गैर-क्रमिक सुधारों के पक्ष में सलाह देते थे, जिससे सुधारों के परिणाम आशा के अनुरूप हो सके। इन क्रमिक सुधारों से भारत को सामाजिक-आर्थिक अस्थिता से बचने में काफी मदद मिली। अपने क्रमिक सुधारों के पक्ष में भारत के निम्न वैध कारण थे
  - अत्यधिक बहुलवादी व लोकतान्त्रिक नीति निर्माण प्रक्रिया (केन्द्र-राज्य गठबन्धन के कारण)
  - उच्च गरीबी
  - सुधारों के प्रति लोगों में निम्न जागरूकता

क्रमिकवादी व गैर-क्रमिकवादी सुधार

क्रमिकतावादी दृष्टिकोण धीमे व कम कट्टरपन्थी थे। इसमें कम जोखिम के तत्त्व थे। गैर-क्रमिकतावादी दृष्टिकोण (स्टाप एण्ड गो) तेज व ज्यादा कट्टरपन्थी थे, इसमें अधिक जोखिम के तत्त्व शामिल होते थे।

परिवर्तनकारी सुधार

- भारत सरकार द्वारा वर्ष 2014-15 में कुछ सुधारवादी कदम उठाए गए जिन्हें परिवर्तनकारी सुधार कहा गया।
- इन सुधारों में (केन्द्रीय बजट 2017-18 के अनुसार) आर.बी.आई. अधिनियम, 1934 (RBI Act 1934) में संशोधन करके मुद्रास्फीति लक्ष्यीकरण (4 ± 2) और मौद्रिक नीति समिति (Monetary Policy commitlec) की स्थापना की गई।
- उच्च मूल्य के करेंसी नोटों का विमुद्रीकरण किया गया, जिसका उद्देश्य नकली मुद्रा के प्रचलन को रोकना, भ्रष्टाचार और आतंकवाद पर अंकुश लगाने के साथ-साथ काले धन को रोकना तथा कर चोरी को हतोत्साहित करना था।
- इन सुधारों में रणनीतिक विनिवेश की प्रक्रिया को शुरू करना, दिवाला और दिवालियापन संहिता तथा बेनामी कानून का अधिनियम आदि को भी अपनाया गया।
- आधार अधिनियम का अधिनियमन किया गया, जिससे अभिशासन में भ्रष्टाचार पर नियन्त्रण लग सके और सब्सिडी जैसी व्यवस्थाओं को तर्कसंगत बनाया गया।

परिवर्तनकारी सुधारों की विशेषता

इन सुधारों के माध्यम से लोगों में व्यावहारिक परिवर्तन लाने का प्रयास किया गया। इस नीति के माध्यम से सरकार लोगों के व्यवहार में संशोधन के माध्यम से उन्हें नीति के अनुसार कार्य करने के लिए प्रेरित करती है।

"

आधारभूत संरचना एक प्रमुख क्षेत्र है, जो किसी अर्थव्यवस्था के समग्र विकास को गति प्रदान करता है। आधारभूत संरचना के अन्तर्गत उन तत्वों को शामिल किया जाता है, जो आर्थिक विकास को प्रोत्साहित करते हैं।

अध्याय पन्द्रह

आधारभूत अवसंरचना

आधारभूत अवसंरचना के प्रकार

शुरुआती वर्गीकरण के चरणों में आधारभूत संरचना को सॉफ्ट अवसंरचना और हार्ड अवसंरचना के साथ-साथ महत्त्वपूर्ण या क्रिटिकल अवसंरचना के रूप में देखा जाता था, किन्तु बदलती आवश्यकताओं और डिजिटल अवसंरचना के विकास के बाद हम इसके प्रकारों को निम्न आधारों पर देख सकते हैं

1. भौतिक अवसंरचना
2. ऊर्जा अवसंरचना
3. डिजिटल अवसंरचना
4. सामाजिक अवसंरचना

1. भौतिक अवसंरचना

- भौतिक अवसंरचना से तात्पर्य किसी अर्थव्यवस्था की गतिशीलता के लिए आवश्यक बुनियादी भौतिक संरचनाओं से है। ये संरचनाएँ सम्पूर्ण देश, क्षेत्र या समुदाय की आर्थिक संवृद्धि में सहायक होती हैं।
- भौतिक अवसंरचना, सामाजिक आवश्यकताओं को पूरा करने के साथ-साथ वृहद स्तर पर उत्पादन को भी प्रोत्साहित करती हैं।

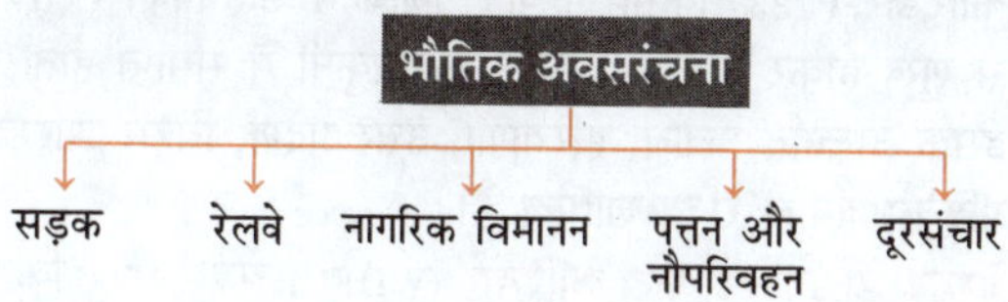

सड़क

- भारत में माल का एक बड़ा हिस्सा सड़क मार्ग से परिवहन किया जाता है। भारत का सड़क नेटवर्क लगभग 66.71 लाख कि मी लम्बा तथा विश्व का दूसरा सबसे बड़ा, (संयुक्त राज्य अमेरिका के पश्चात्) नेटवर्क है।
- सड़क परिवहन और राजमार्ग मन्त्रालय (MORTH) ने राष्ट्रीय राजमार्गों पर सड़क सुरक्षा मानकों को बढ़ाने के लिए एक व्यापक '4 ई' रणनीति - इंजीनियरिंग (सड़कें और वाहन), एनफोर्समेण्ट (प्रवर्तन), इमरजेंसी केयर (आपातकालीन देखभाल) और एजुकेशन (शिक्षा) भी तैयार की है।

सड़क क्षेत्र में शुरू की गई पहलें

- भारतमाला परियोजना यह योजना वर्ष 2015-2016 में शुरू की गई थी।
  - इस योजना के अन्तर्गत सरकार द्वारा लगभग ₹7 लाख करोड़ के निवेश के माध्यम से कुल 83,677 किमी राजमार्ग सड़कें बनाई जाएँगी।
  - इस योजना का वित्तपोषण ऋण निधियों, निजी निवेश या केन्द्रीय सड़क निधि या टोल संग्रहण के माध्यम से किया जायेगा।
  - भारतमाला परियोजना के चरण-I के अन्तर्गत 34,800 किमी राष्ट्रीय राजमार्ग की लम्बाई के विकास की परियोजना बनाई गई थी। दिसम्बर, 2023 तक 26,418 किमी राजमार्ग (76%) निर्माण के लिए आवण्टित किए जा चुके हैं।
- अवसंरचना निवेश न्यास यह एक सामूहिक निवेश योजना है, जो निवेशकों को अवसंरचना से जुड़ी परियोजनाओं में सीधे निवेश करने का अवसर देती है।
  - अवसंरचना निवेश न्यास (Infrastructure Investment Trust) म्युच्यूअल फण्ड की तरह काम करते हैं, इनमें निवेशकों से छोटी-छोटी रकमें जुटाई जाती हैं।
  - पूर्वोत्तर भारत के लिए विशेष त्वरित सड़क विकास कार्यक्रम (SARDP-NE) यह भारत सरकार का एक सड़क विकास कार्यक्रम है, जिसके अन्तर्गत पूर्वोत्तर के सभी जिला मुख्यालयों को कम-से-कम दो लेन वाले राजमार्ग से जोड़ा जाना है।
  - कार्यक्रम का उद्देश्य पिछड़े और दूर-दराज के क्षेत्रों को सड़क सम्पर्क उपलब्ध कराना, सामरिक महत्त्व के क्षेत्रों को सड़क सम्पर्क से जोड़ना तथा पड़ोसी देशों से सड़क सम्पर्क बनाना है।
  - एसएआरडीपी- एनई (SARDP-NE) के अन्तर्गत चिन्हित कुल लम्बाई 892.822 किमी है। चरण-ए के अन्तर्गत 9 परियोजनाओं की पहचान की गई है, जिनकी कुल लम्बाई 715. 822 किमी है और चरण बी के अन्तर्गत 3 परियोजनाओं की पहचान की गई है, जिनकी कुल लम्बाई 177 किलोमीटर है।

- प्रधानमन्त्री ग्राम सड़क योजना (PMGSY) के अन्तर्गत ग्रामीण सड़कों का निर्माण (2000) इस योजना की शुरुआत वर्ष 2000 में ग्रामीण विकास मन्त्रालय के अन्तर्गत की गई थी।
  - इस योजना के तहत बारहमासी सड़कें बनाई जाती हैं, जिसका उद्देश्य 500 से अधिक आबादी वाले मैदानी क्षेत्रों और 250 से अधिक आबादी वाले पहाड़ी क्षेत्रों की बस्तियों को सभी मौसमों के अनुकूल चलने वाली सड़कों के द्वारा जोड़ा जाना है।
  - योजना के तहत 8 दिसम्बर, 2021 तक 6,80,040 किमी लम्बी सड़के बनाई जा चुकी हैं।

रेलवे

भारतीय रेलवे लम्बाई के संदर्भ में दुनिया का चौथा सबसे बड़ा (अमेरिका, चीन, रूस के पश्चात्) रेलवे नेटवर्क है। भारतीय रेलवे द्वारा शुरू की गई प्रमुख पहल निम्न है

- राष्ट्रीय रेल परियोजना (National Rail Plan NRP) इसके अन्तर्गत वर्ष 2050 तक की यातायात सम्बन्धी आवश्यकताओं को पूरा करने के लिए वर्ष 2030 तक अवसंरचना के विकास का लक्ष्य रखा गया है।
- योजना के अन्तर्गत रेलवे की परिचालन क्षमताओं और वाणिज्यिक नीतियों को बेहतर किया जाएगा, जिससे माल ढुलाई में रेलवे की हिस्सेदारी बढ़ सके।
- इसके प्रमुख लक्ष्य निम्नलिखित हैं
  - माल ढुलाई में रेलवे की हिस्सेदारी को 27% से बढ़ाकर 45% करना।
  - प्रति वैगन और प्रति ट्रेन की क्षमता बढ़ाना।
  - 13000 टन तक का भार ले जाने वाली भारी ढुलाई वाली ट्रेनें चलाना।
- प्राथमिकता के आधार पर माल ढुलाई नीति यह एक उपभोक्ता केन्द्रित नीति है, जिसका उद्देश्य पारम्परिक सेगमेण्ट्स के माध्यम से माल ढुलाई को बढ़ाने के साथ-साथ इसके दायरे में नए उपभोक्ताओं को भी शामिल करना है।
- समर्पित माल ढुलाई गलियारा यह मौजूदा भारतीय रेलवे नेटवर्क पर अतिरिक्त बोझ को कम करके, माल गाड़ियों की औसत गति को 25 किमी प्रति घण्टे की रफ्तार से बढ़ाकर 70 किमी प्रति घण्टे तक लाने में मदद करेगा। इसके अतिरिक्त यह हैवी हॉल ट्रेनों के संचालन के साथ-साथ परिवहन से जुड़ी लॉजिस्टिक लागत को भी कम करेगा।
- स्वदेशी ट्रेन टकराव बचाव प्रणाली (Train Collision Avoidance System TCAS) की स्थापना इसे यात्रियों की सुरक्षा को बढ़ाने के लिए स्थापित किया गया है।
- हाई स्पीड ट्रेन प्रोजेक्ट (High Speed Train Project) हाई स्पीड ट्रेन प्रोजेक्ट से सम्बन्धित व्यवहार्यता रिपोर्ट जापान इण्टरनेशनल कॉर्पोरेशन एजेन्सी ने दी थी, जिसे भारत सरकार ने वर्ष 2015 में अनुमति प्रदान की।
  - हाई स्पीड ट्रेन मार्ग का निर्माण अहमदाबाद से मुम्बई के बीच किया जा रहा है।
  - इस प्रोजेक्ट को लागू करने का एक विशेष उद्देश्य यातायात की तीव्र व्यवस्था को स्थापित किया जाना है, जिसमें रेल मन्त्रालय (50% भागीदारी) के साथ, गुजरात व महाराष्ट्र की राज्य सरकारें (50% भागीदारी) भागीदारी करेंगी।
- शून्य कार्बन उत्सर्जन भारतीय रेलवे देश में विद्युत की एक बड़ी उपभोक्ता इकाई है। अत: रेलवे ने वर्ष 2022-23 में अपने निवल शून्य कार्बन उत्सर्जन के लक्ष्य को वर्ष 2030 तक प्राप्त करने की घोषणा की थी।
  - इस लक्ष्य की प्राप्ति के लिए रेलवे ने अपनी निर्भरता को नवीकरणीय ऊर्जा स्रोतों की ओर उन्मुख किया है।
- अमृत भारत स्टेशन योजना (वर्ष 2023) इसे निरन्तर आधार पर स्टेशनों के विकास के लिए अगस्त, 2023 में लॉन्च किया गया। इसके अन्तर्गत भवन सुधार, सुविधाओं में सुधार और स्थिरता में सुधार के लिए मास्टर प्लान तैयार किया गया।
  - इसके अन्तर्गत अब तक उन्नयन के लिए 1324 स्टेशनों की पहचान की जा चुकी है।
  - इसके अतिरिक्त रेलवे की कुछ अन्य प्रमुख पहले हैं, जिनमें
    - बड़े मेट्रो शहरों (दिल्ली, मुम्बई, कोलकाता और चेन्नई) से जोड़ने वाली हाई स्पीड रेलवे का हीरक चतुर्भुज नेटवर्क बनाना।
    - नई भारत रेलवे पटल के माध्यम से सार्वजनिक निजी साझेदारी (PPP) के आधार पर 15 जोड़े से भी अधिक आधुनिक ट्रेनें चलाए जाने का प्रस्ताव रखना।
    - किसान रेल (संघीय बजट 2021-22) की शुरुआत करना, जिसमें जल्दी नष्ट होने वाले कृषिगत उत्पादों (यथा-दूध, माँस, मछली, फल एवं सब्जियाँ आदि) के परिवहन द्वारा बेहतर बाजार को बेहतर अवसर उपलब्ध कराना शामिल है।
- डेडिकेटेड फ्रेट कॉरिडोर (DFC's) यह मालगाड़ियों के लिए उच्च गति और उच्च क्षमता वाली विश्व स्तरीय तकनीक के अनुसार बनाया गया एक रेलमार्ग है।
  - इसमें बेहतर बुनियादी ढाँचे और अत्याधुनिक प्रौद्योगिकी का एकीकरण होता है।
  - सरकार द्वारा दो डेडिकेटेड फ्रेट कॉरिडोर-ईस्टर्न डेडिकेटेड फ्रेट कॉरिडोर (EDFC) और वेस्टर्न डेडिकेटेड फ्रेट कॉरिडोर (WDEC) बनाने की घोषणा की गई है।

  (i) ईस्टर्न डेडिकेटेड फ्रेट कॉरिडोर (EDFC) इसके अन्तर्गत कोयला खदानें, थर्मल पावर प्लाण्ट और औद्योगिक शहर मौजूद हैं। यह कॉरिडोर (1337 किमी लम्बा) पंजाब में साहनेवाल (लुधियाना) से शुरू होकर पश्चिम बंगाल के दनकुनी में समाप्त होता है। इसके अन्तर्गत पंजाब, हरियाणा, उत्तर प्रदेश, बिहार झारखण्ड, पश्चिम बंगाल राज्य शामिल हैं।

  (ii) वेस्टर्न डेडिकेटेड फ्रेट कॉरिडोर (WDFC) यह (1506 किमी लम्बा) जवाहरलाल नेहरू पोर्ट टर्मिनल (महाराष्ट्र) से दादरी (उत्तर प्रदेश) तक का रेलमार्ग है। यह देश के प्रमुख बन्दरगाहों से होकर गुजरता है। इसमें हरियाणा, राजस्थान, गुजरात, महाराष्ट्र और उत्तर प्रदेश शामिल हैं। यह जापान अन्तर्राष्ट्रीय सहयोग एजेंसी (JICA) द्वारा वित्तपोषित है। वित्त वर्ष 2024 के अन्त तक, कुल डीएफसी मार्ग का 96% प्रतिशत पूरा हो चुका है।
- ईस्टर्न डेडिकेटेड फ्रेट कॉरिडोर और वेस्टर्न डेडिकेटेड फ्रेट कॉरिडोर को जोड़ने के लिए दादरी और खुर्जा के बीच एक खण्ड निर्माणाधीन है।

नागरिक विमानन

- भारत वैश्विक स्तर पर सबसे तेजी से बढ़ते विमानन बाजारों में से एक है। वर्तमान में भारत विश्व में नागर विमानन का यूएसए (प्रथम) और चीन (द्वितीय) के बाद तीसरा सबसे बड़ा घरेलू बाजार है।
- सरकार की इस क्षेत्र के लिए वित्त वर्ष 2020 से 2025 के दौरान ₹26000 करोड़ से अधिक के पूँजीगत व्यय की योजना है, ताकि अन्तर्राष्ट्रीय मानकों को पूरा करने के लिए हवाई अड्डों का विकास, उन्नयन और आधुनिकीकरण किया जा सके।
- नियोजित व्यय में से भारतीय विमानपत्तन प्राधिकरण (Airports Authority of India) ने वित्त वर्ष 2020 से 2024 के दौरान लगभग ₹ 23000 करोड़ प्राप्त किए हैं।
- भारत में हवाई अड्डों की संख्या वर्ष 2014 से बढ़कर 487 (दोगुनी) हो गई है। हालांकि अगले 5 वर्षों में अधिक हवाई अड्डों को जोड़ने के साथ-साथ मौजूदा हवाई अड्डों के विस्तार/उन्नयन के माध्यम से इस क्षमता को बढ़ाने की आवश्यकता है।

राष्ट्रीय नागर विमानन नीति (2016) (NCAP) इस नीति की घोषणा एक ऐसे पारिस्थितिकी तन्त्र के निर्माण के लिए की गई, जिसमें विमानन क्षेत्र में प्रमुख विकास हो और साथ ही पर्यटन को बढ़ावा मिले, रोजगार में वृद्धि हो सके तथा सन्तुलित क्षेत्रीय विकास सम्भव हो सके।

पत्तन और नौपरिवहन

- पत्तन, पोत परिवहन और जलमार्ग मन्त्रालय भारत सरकार का एक मन्त्रालय है। यह मन्त्रालय समुद्री परिवहन, बन्दरगाह नौपरिवहन और जलमार्ग से जुड़े कार्यों के लिए समर्पित हैं। मन्त्रालय का कार्य इन क्षेत्रों में नीतियाँ और कार्यक्रम तैयार करना और उनका कार्यान्वयन करना भी है।
- किसी भी देश की वस्तुओं और सेवाओं दोनों के व्यापार के लिए नौपरिवहन आवश्यक होता है। मात्रा के आधार पर भारत का 95% और मूल्यों के आधार पर 68% व्यापार जल परिवहन के माध्यम से किया जाता है।
- बढ़ते व्यापार को पूरा करने के लिए भारतीय बन्दरगाह तेजी से क्षमता का विस्तार कर रहे हैं। वर्ष 2014 के बाद से प्रमुख बन्दरगाह क्षमता लगभग दोगुनी हो गई है।
- पीएम गतिशक्ति मास्टर प्लान के तहत समन्वित योजना के माध्यम से बेहतर कनेक्टिविटी और सार्वजनिक-निजी भागीदारी (PPP) पर ध्यान केन्द्रित करने से विश्व स्तर पर भारत की समुद्री प्रतिस्पर्धा में वृद्धि हुई है। विश्व बैंक रसद (Logistic) प्रदर्शन सूचकांक में अन्तर्राष्ट्रीय शिपमेण्ट श्रेणी में भारत की रैंक 2014 में 44वें से बढ़कर 2023 में 22वें स्थान पर पहुँच गई है।
- इसके अतिरिक्त नीतिगत सुधारों और नई प्रौद्योगिकी को शामिल करने से बन्दरगाह दक्षता और उत्पादकता में वृद्धि हुई है। कण्टेनर टर्नअराउण्ड समय में वर्ष 2014 से वर्ष 2023 के बीच 50% की कमी आई है।

पत्तन और नौपरिवहन के क्षेत्र में शुरू की गई पहलें

- सागरमाला परियोजना (31 जुलाई, 2015) सागरमाला परियोजना के तहत जलमार्गों और समुद्र तट की क्षमता को बढ़ाकर बुनियादी ढाँचे में निवेश कम करना है।
  - परियोजना के माध्यम से वर्ष 2025 तक ₹35,000 से 40,000 करोड़ की बचत होगी। इस परियोजना से निर्यात-आयात और घरेलू कारोबार के लिए लॉजिस्टिक लागत कम होगी।
  - इस योजना में 14 मेगा तटीय आर्थिक क्षेत्रों (CEZ's) की स्थापना की भी सिफारिश की गई है। प्रत्येक तटीय आर्थिक क्षेत्र एक राज्य के अन्तर्गत तटीय जिलों के संयोजन को रेखांकित करता है।
  - इस कार्यक्रम के तहत अभी तक ₹5.8 लाख करोड़ की कुल 839 परियोजनाएँ बन्दरगाह आधुनिकीकरण और नवीन विकास, कनेक्टिविटी वृद्धि, बन्दरगाह के नेतृत्व वाले औद्योगिकीकरण, तटीय समुदाय विकास और तटीय शिपिंग और अन्तर्देशीय जल परिवहन के क्षेत्र में शुरू की गई हैं।
  - अभी तक ₹ 1.4 लाख करोड़ की 262 परियोजनाएँ पूरी हो चुकी हैं, जबकि ₹ 1.65 लाख करोड़ की 21 परियोजनाएँ कार्यान्वयन के अधीन हैं और ₹ 2.7 लाख करोड़ की 360 परियोजनाएँ विकास के अधीन हैं।
- पत्तन विकास के लिए मॉडल कनेक्शन समझौता (2021) यह विकास समझौता सागरमाला कार्यक्रम के अन्तर्गत परिकल्पित किया गया था, जिसके लिए केन्द्र सरकार द्वारा अब सार्वजनिक निजी भागीदारी (PPP) हेतु संशोधन के माध्यम से मंजूरी प्रदान कर दी गई है।
  - इसके माध्यम से विकास कर्ताओं को एक निकासी सुविधा प्रदान की गई है, जहाँ वह वाणिज्यिक परिचालन तिथि से 2 वर्ष पूर्ण होने के बाद वह अपने हिस्से के 100% को छोड़ सकते हैं।
  - प्रति मिलियन टन कार्गो प्रबन्धन के अनुसार विकासकर्ता पर अधिशुल्क (रॉयल्टी) आरोपित की जाएगी।
  - परियोजना की आवधिक स्थिति रिपोर्ट को बनाए रखने के क्रम में पोत उपभोक्ताओं के लिए एक शिकायत पोर्टल और निगरानी व्यवस्था की भी शुरुआत की गई है।
- प्रमुख पत्तन प्राधिकरण विधेयक, 2020 इस विधेयक का उद्देश्य देश के 12 प्रमुख बन्दरगाहों को निर्णय लेने में अधिक स्वायत्तता प्रदान करना और बोर्डों की स्थापना करके उनकी संचालन प्रक्रिया को अधिक कुशल बनाना है।
  - विधेयक के माध्यम से प्रमुख पत्तनों के प्रशासन, नियन्त्रण और प्रबन्धन की जिम्मेदारी मेजर पोर्ट्स अथॉरिटी बोर्ड्स को सौंपने का प्रावधान है। ये बोर्ड्स मौजूदा पत्तन न्यास का स्थान लेंगे।
  - विधेयक के माध्यम से सार्वजनिक-निजी भागीदारी (PPP) परियोजनाओं को बोर्ड द्वारा रियायत समझौते के रूप में शुरू की गई परियोजना के रूप में परिभाषित किया गया है।

राष्ट्रीय अवसंरचना पाइपलाइन

- राष्ट्रीय अवसंरचना पाइपलाइन (National Information Pipeline-NIP) भारत में सामाजिक-आर्थिक बुनियादी ढाँचे के विकास के लिए 5 वर्ष की अवधि में चलाई जाने वाली परियोजनाओं का एक समूह है।
- इस योजना को सर्वप्रथम प्रधानमन्त्री मोदी ने वर्ष 2019 में स्वतन्त्रता दिवस के अवसर पर प्रस्तुत किया था, जिसके उद्देश्य निम्नलिखित हैं—
  1. देश में विश्वस्तरीय अवसंरचना का विकास करना।
  2. देश में आर्थिक गतिविधियों को बढ़ावा देना।
  3. रोजगार के अवसर सृजित करना।
  4. लोगों की जीवन गुणवत्ता में सुधार लाना।

5. देश में निवेश आकर्षित करना और
6. भारत को वर्ष 2025 तक 5 ट्रिलियन डॉलर की अर्थव्यवस्था बनाने में मदद करना है।

प्रोजेक्ट मॉनीटरिंग ग्रुप

- परियोजना निगरानी समूह (Project Monitoring Group-PMG) 500 करोड़ और उससे अधिक के निवेश वाली परियोजनाओं में मुद्दों और नियामक बाधाओं के शीघ्र समाधान के लिए एक संस्थागत तन्त्र है।
- पीएमजी (PMG) ने ₹ 46.1 लाख करोड़ की लागत वाली 1,443 परियोजनाओं में 6,867 मुद्दों के समाधान की सुविधा प्रदान की है। पीएमजी पोर्टल ने मार्च, 2024 तक ₹ 62.5 लाख करोड़ की लागत वाली 2457 परियोजनाओं को शामिल किया है, जिसमें उच्च प्रभाव वाली पीएम गतिशक्ति परियोजनाओं और महत्त्वपूर्ण बुनियादी ढाँचा अन्तराल परियोजनाएँ तथा सभी महत्त्वपूर्ण मेगा बुनियादी ढाँचा परियोजनाएँ शामिल हैं।

प्रधानमन्त्री गतिशक्ति योजना

- प्रधानमन्त्री नरेन्द्र मोदी द्वारा अक्टूबर, 2021 में मल्टी-मॉडल कनेक्टिविटी के लिए राष्ट्रीय मास्टर प्लान लॉन्च किया गया, जो अनिवार्य रूप से बुनियादी ढाँचा कनेक्टिविटी परियोजनाओं की एक एकीकृत योजना है।
- इसमें रेलवे, रोडवेज सहित 16 मन्त्रालयों को एक-साथ समाहित किया गया है। यह एक डिजिटल प्लेटफॉर्म है।
- इस योजना के अन्तर्गत सरकारों की बुनियादी ढाँचा योजनाओं; जैसे—भारतमाला, सागरमाला, अन्तर्देशीय जलमार्ग, शुष्क भूमि बन्दरगाह, उड़ान आदि को समाहित किया गया है।
- यह योजना वर्ष 2019 में ₹110 लाख करोड़ की लागत से शुरू की गई। इसके अन्तर्गत राष्ट्रीय अवसंरचना पाइपलाइन भी समाहित है।
- यह वर्ष 2024-25 के लिए सरकार द्वारा निर्धारित महत्त्वाकांक्षी लक्ष्यों को पूर्ण करने में सहायता करेगा, जिसमें राष्ट्रीय राजमार्ग नेटवर्क की लम्बाई को 20 लाख किमी तक विस्तारित तथा 200 से अधिक नए हवाई अड्डे, हेलीपोर्ट और वाटर एयरोड्रोम का निर्माण किया जाएगा।
- मार्च, 2024 तक 43 मन्त्रालयों को पीएमजीएस (PMGs) एनएमपी (NMP) पर शामिल किया गया है। मन्त्रालयों और राज्यों के 1,530 डेटा लेयर (642 मन्त्रालय डेटा लेयर और 888 राज्य डेटा लेयर) पीएमजीएस-एनएमपी पोर्टल पर अपलॉड किए गए हैं।
- सभी 36 राज्यों और केन्द्रशासित प्रदेशों में राज्य स्तरीय संस्थागत तन्त्र और राज्य मास्टर प्लान पोर्टल बनाए गए हैं और एनएमपी (NMP) पर 533 परियोजनाओं की योजना बनाई गई है।
- प्रधानमन्त्री गतिशक्ति योजना के केन्द्र स्तरीय संस्थागत तन्त्र नेटवर्कप्लानिग ग्रुप ने 149 परियोजना प्रस्तावों का मूल्यांकन किया है, जिनकी कुल अनुमानित परियोजना लागत ₹ 13.3 लाख करोड़ है।

राष्ट्रीय मुद्रीकरण पाइपलाइन

- इस योजना की शुरुआत अगस्त, 2021 में की गई।
- इस योजना के लिए वित्तीय वर्ष 2022 से 2025 तक 4 वर्षों के लिए केन्द्र सरकार की मूल सम्पत्ति में ₹ 6 लाख करोड़ की कुल मुद्रीकरण क्षमता का अनुमान है।
- इस योजना के अन्तर्गत सम्पत्ति मुद्रीकरण, सरकार या सार्वजनिक प्राधिकरण के स्वामित्व वाली सम्पत्ति का एक सीमित अवधि का लाइसेन्स/पट्टा निजी क्षेत्र की इकाई को अग्रिम या आवधिक विचार के लिए शामिल किया जाता है।
- इस योजना के अन्तर्गत बुनियादी अवसंरचना के वित्त पोषण हेतु एक प्रमुख साधन प्रदान किया जाता है।
- इस योजना के अन्तर्गत भारत सरकार के मन्त्रालयों के साथ-साथ केन्द्रीय सार्वजनिक उपक्रम की सम्पत्ति को भी शामिल किया गया है।
- इस योजना के माध्यम से ब्राउनफील्ड सम्पत्तियों जो जोखिम रहित होती हैं, में निजी निवेश को प्रोत्साहित किया जाएगा।
- इसमें 12 से अधिक मन्त्रालयों व 22 से अधिक सम्पत्ति श्रेणियों को शामिल किया गया है।
- इस योजना के अन्तर्गत सड़क, बन्दरगाह, हवाई अड्डे, खनन, दूरसंचार, स्टेडियम, हॉस्पिटैलिटी, आवास, वेयरहाउसिंग गैस एवं उत्पाद पाइपलाइन, बिजली उत्पादन और पारेषण आदि को शामिल किया गया है।
- मुद्रीकरण के माध्यम से जुटाई गई राशि राष्ट्रीय अवसंरचना पाइपलाइन के अन्तर्गत केन्द्र के ₹ 43 लाख करोड़ के प्रस्तावित परिव्यय का लगभग 14% है।

इस योजना का उद्देश्य ब्राउनफील्ड परियोजनाओं में निजी क्षेत्र को शामिल करना और उन्हें राजस्व अधिकार हस्तान्तरित करना है। हालाँकि इसके अन्तर्गत परियोजनाओं के स्वामित्व का हस्तान्तरण नहीं किया जाएगा, साथ ही इसके माध्यम से उत्पन्न पूँजी का उपयोग बुनियादी अवसंरचनाओं के निर्माण के लिए किया जाएगा।

- इस योजना का उद्देश्य NMP का प्राथमिक कार्य मुद्रीकरण (Monetisation) के लिए एक स्पष्ट ढाँचा प्रदान करना और सम्भावित निवेशकों के लिए मुद्रीकरण हेतु उपलब्ध सम्पत्ति की एक सूची तैयार करना है।
- राष्ट्रीय अवसंरचना पाइपलाइन बुनियादी अवसंरचना परियोजना पर एक सकारात्मक दृष्टिकोण प्रदान करेगी, जो रोजगार उत्पन्न करने, जीवन-यापन में सुधार और सभी के लिए बुनियादी अवसंरचना तक समान पहुँच सुनिश्चित करने में मददगार होगी, जिससे विकास अधिक समावेशी हो सकेगा। इसमें मुख्यत: आर्थिक और सामाजिक बुनियादी अवसंरचना परियोजनाएँ शामिल हैं।

दूरसंचार

- 1.16 बिलियन के ग्राहक आधार के साथ भारत चीन के बाद विश्व का दूसरा सबसे बड़ा दूरसंचार बाजार है।
- सूचना प्रौद्योगिकी (IT) सेवाओं की कुल जीवीए (GVA) में हिस्सेदारी वित्त वर्ष 2012-13 में 3.2 प्रतिशत से बढ़कर वित्त वर्ष 2022-23 में 5.9% हो गई है।
- अगले पाँच वर्षों में मोबाइल फोन की उपलब्धता में अत्यधिक बढ़ोतरी और डेटा लागत में कमी होने से भारत में 500 मिलियन नये इण्टरनेट उपयोगकर्ता शामिल होने की सम्भावना है।

- भारतीय अर्थव्यवस्था में दूरसंचार की भूमिका इसलिए भी बढ़ जाती है, क्योंकि सरकार द्वारा इसी पर आधारित जनधन-आधार-मोबाइल (JAM) के माध्यम से कई सामाजिक क्षेत्र की योजनाओं का कार्यान्वयन किया जा रहा है।

सेमीकण्डक्टर क्षेत्र

- सेमीकण्डक्टर क्षेत्र (Semiconductor sector) आधुनिक इलेक्ट्रॉनिक्स का आधार है। यह क्षेत्र उन सामग्रियों और उपकरणों का है, जो बिजली के प्रवाह को नियन्त्रित करते हैं। भारत के पहले सेमीकण्डक्टर का विनिर्माण संयन्त्र गुजरात के साणंद जिले में लगाया जा रहा है।
- सेमीकण्डक्टर के निर्माण में आत्मनिर्भर बनने के लिए भारत लगातार प्रयास कर रहा है। भारत ने वैश्विक मूल्य श्रृंखला का हिस्सा बनने और सेमीकण्डक्टर (अर्द्धचालक) विनिर्माण पारिस्थितिकी तन्त्र विकसित करने के लिए, निवेश आकर्षित करने के लिए कई नीतिगत पहलों की घोषणा की है।
- भारत में सेमीकण्डक्टर और डिस्प्ले विनिर्माण पारिस्थितिकी तन्त्र ने इन उद्योगों के लिए एक स्थायी पारिस्थितिकी तन्त्र विकसित करने का एक कार्यक्रम शुरू किया गया है। यह कार्यक्रम डिजिटल इण्डिया कॉर्पोरेशन का हिस्सा है और इसे इण्डिया सेमीकण्डक्टर मिशन (ISM) के नाम से जाना जाता है।
- इस कार्यक्रम को वर्ष 2021 में ₹ 76000 करोड़ के कुल परिव्यय के साथ लॉन्च किया गया था। इसी प्रकार भारत ने सेमीकण्डक्टर्स के विकास के लिए 'स्कीम फॉर इलेक्ट्रॉनिक कम्पोनेण्ट्स एण्ड सेमीकण्डक्टर्स' (SPECS) शुरू की है, जिसके तहत इलेक्ट्रॉनिक्स घटकों और सेमीकण्डक्टर के निर्माण के लिए आठ वर्ष की अवधि में ₹ 3,285 करोड़ का बजट परिव्यय किया गया है।

दूरसंचार के क्षेत्र में शुरू की गई पहल

- भारतनेट (2015) इस परियोजना का लक्ष्य देश के सभी घरों को निष्पक्ष आधार पर वहनीय ब्रॉडबैण्ड कनेक्टिविटी के साथ नेटवर्क अवसंरचना प्रदान करना है। यह परियोजना देश की सभी (2.50,000) ग्राम पंचायतों को ब्रॉडबैण्ड कनेक्टिविटी प्रदान करने के लिए चरणबद्ध तरीके से लागू किया जा रहा है।
- 30 अप्रैल, 2024 तक 6,85,501 किमी ऑप्टिकल फाइबर केवल बिछाई जा चुकी हैं, 2,11,021 ग्राम पंचायतों को ऑप्टिकल फाइबर केवल से जोड़ा जा चुका है और कुल 2,12229 ग्राम पंचायतों सेवा के लिए तैयार हैं।
- राष्ट्रीय डिजिटल संचार नीति (2018) इसके अन्तर्गत वर्ष 2022 तक दूरसंचार क्षेत्रक में 100 बिलियन अमेरिकी डॉलर तक के निवेश को आकर्षित करने की परिकल्पना की गई थी।
  - इस नीति के तहत प्रत्येक नागरिक को 50 Mbps की ब्रॉडबैण्ड कनेक्टिविटी उपलब्ध कराना, इण्टरनेट ऑफ थिंग्स (Iot) को 5 बिलियन कनेक्टेड डिवाइस तक बढ़ाना, मोबाइल ग्राहक घनत्व को 55 से बढ़ाकर वर्ष 2022 तक 65 करना, नए कौशल के लिए 10 लाख लोगों को प्रशिक्षित करना जैसे लक्ष्य शामिल थे।
- दर्पण (DARPAN) (21 दिसम्बर, 2017) इसका उद्देश्य डाकघरों को तकनीकी सहायता प्रदान करना है, ताकि ग्रामीण उपभोक्ताओं को प्रदान की जा रही सेवाओं के स्तर में सुधार किया जा सके।
- पण्डित दीन दयाल उपाध्याय संचार कौशल विकास प्रतिष्ठान योजना (25 मई, 2017) यह एक कौशल विकास योजना है। इसका उद्देश्य देश भर में मोबाइल टावर्स के रखरखाव, ऑप्टिकल फाइबर की मरम्मत और अन्य संचार प्रौद्योगिकी को ठीक करने के उद्देश्य से ग्रामीण युवाओं को प्रशिक्षित करना है।
  - योजना द्वारा दूरसंचार क्षेत्र को कुशल श्रमिक उपलब्ध कराए जाएँगे। इसमें इस विभाग से जुड़े सभी सार्वजनिक उपक्रमों की भागीदारी होगी।

2. ऊर्जा अवसंरचना

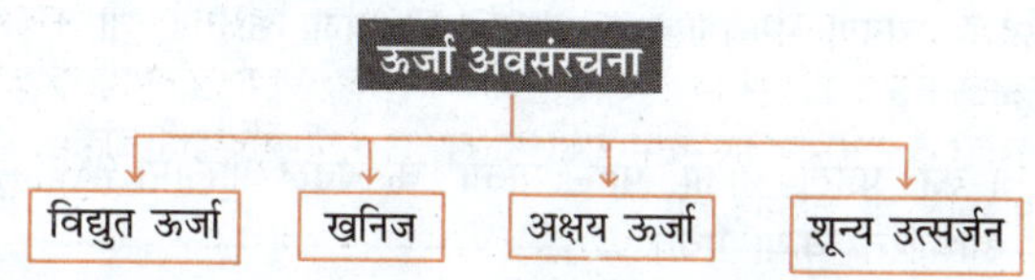

- किसी भी अर्थव्यवस्था में उत्पादन प्रक्रिया में ऊर्जा सबसे महत्त्वपूर्ण तथा प्रमुख आगत है। यह किसी भी देश की प्रगति और विकास के लिए एक महत्त्वपूर्ण स्तम्भ होती है।
- ऊर्जा अवसंरचना (Energy Infrastructure) के अन्तर्गत ऊर्जा के उत्पादन, प्रसंस्करण, भण्डारण और वितरण के साथ उपभोग को भी शामिल किया जाता है।
- एक सुदृढ़ ऊर्जा अवसंरचना के बिना किसी भी देश की कृषि, घरेलू औद्योगिक गतिविधियों का विकास सम्भव नहीं है।
- भारत के ऊर्जा मिश्रण में कोयले की हिस्सेदारी सर्वाधिक है, इसके बाद तेल, बायोमास, नवीकरणीय और स्वच्छ ऊर्जा एवं परमाणु ऊर्जा का स्थान है।
- भारत विश्व का तीसरा सबसे बड़ा ऊर्जा उपभोक्ता देश है, लेकिन इसका प्रतिव्यक्ति ऊर्जा उपभोग, वैश्विक औसत का एक-तिहाई है।

विद्युत ऊर्जा

- भारत में विद्युत पारेषण 1,18,740 मेगावाट स्थानान्तरित करने की अन्तर-क्षेत्रीय क्षमता के साथ एक आवृत्ति पर चलने वाले एक ग्रिड से जुड़ा हुआ है। यह दुनिया के सबसे बड़े एकीकृत बिजली ग्रिडों में से एक के रूप में उभर रहा है।
- विद्युत क्षेत्र में शुरू की गई पहलें निम्न हैं
  - स्मार्ट मीटरिंग यह उपभोक्ताओं को अपनी वित्तीय सुविधा और विद्युत उपभोग सम्बन्धी आवश्यकताओं के अनुरूप भुगतान करने में सक्षम बनाता है।
  - एक राष्ट्र, एक ग्रिड, एक आवृत्ति (One nation one grid, one frequency) यह भारत में सभी क्षेत्रीय ग्रिडों को एक ही आवृत्ति के साथ एक राष्ट्रीय ग्रिड में जोड़ने की परियोजना है। इसके तहत भारत की कनेक्टिविटी सम्बन्धी अवसंरचना में सुधार करने और राज्यों को वहनीय कीमतों पर विद्युत की उपलब्धता की सुनिश्चित करने का लक्ष्य निर्धारित किया गया है।
  - एकीकृत विद्युत विकास योजना (IPDS) इस योजना का उद्देश्य विद्युत ट्रांसमिशन और सबमिशन नेटवर्क को बेहतर और मजबूत बनाना है।

खनिज (Minerals)

- किसी देश की अर्थव्यवस्था के विकास में खनिज महत्त्वपूर्ण भूमिका निभाते हैं। भारत में चौथी औद्योगिक क्रान्ति के विस्तार के साथ-साथ विद्युत वाहनों में भी वृद्धि होगी, जिसके परिणामस्वरूप भारत में खनिजों की भूमिका और बढ़ जाएगी।
- भारत खनिजों के भण्डार के सन्दर्भ में समृद्ध है, किन्तु यहाँ कई वैधानिक एवं प्रक्रियात्मक कारणों (Procedural reasons) से खनिज दोहन क्षमता का ईष्टतम उपयोग नहीं कर पाया है। अत: इस क्षेत्र की क्षमता के बेहतर उपयोग के उद्देश्य से सरकार द्वारा खान एवं खनिज विकास विनियमन अधिनियम, 1957 को संशोधित करके (2015-16 में) कई महत्त्वपूर्ण संरचनात्मक सुधारों की घोषणा की गई, जो निम्नलिखित हैं
  - खानों को 'पहले आओ, पहले पाओ' के बदले नीलामी (Auction) पर आधारित किया गया।
  - उत्खनन को प्रोत्साहित करने के लिए राष्ट्रीय खनिज उत्खनन ट्रस्ट (NMET) की स्थापना की गई है।
  - सभी खानों के लिए 50 वर्षों की एक समान पट्टे (lease) की व्यवस्था की गई है।
  - परमाण्विक खनिजों, कोयले एवं लिग्नाईट को छोड़कर अन्य सभी खनिजों के लिए केन्द्र सरकार से अनुमोदन की आवश्यकता को समाप्त कर दिया गया।
  - जिला खनिज फाण्उडेशन (DMF) की स्थापना की गई, जिससे उत्खनन से प्रभावित होने वाले लोगों एवं क्षेत्रों को उपयुक्त लाभ प्रदान किया जा सके।

अक्षय ऊर्जा

- अक्षय ऊर्जा या नवीकरणीय ऊर्जा वह ऊर्जा होती है, जो प्राकृतिक स्रोतों से प्राप्त होती है और निरन्तर पुन: उत्पन्न होती रहती है। ये ऊर्जा स्रोत सीमित नहीं होते और जीवाश्म ईंधन की तरह समाप्त भी नहीं होते हैं।
- अक्षय ऊर्जा क्षेत्र में शुरू की गई प्रमुख पहलें निम्न हैं
  - वन सन वन वर्ल्ड वन ग्रिड इनिशिएटिव (2 नवम्बर, 2021) (OSOWOG) यह वैश्विक स्तर पर सौर और पवन ऊर्जा से बिजली बनाने की पहल है। इसके तहत विश्व के देशों को एक अन्तर्राष्ट्रीय ग्रिड से जोड़ा जाएगा, जिससे सौर ऊर्जा को एक जगह से दूसरी जगह भेजा जा सकेगा। इस तरह सौर ऊर्जा की उपलब्धता को बढ़ाया जा सकता है। इस पहल को अन्तर्राष्ट्रीय सौर गठबन्धन (ISA) के साथ मिलकर शुरू किया गया है, जिसमें अभी 105 देश शामिल हैं।
  - सौर पार्क योजना (12 दिसम्बर, 2014) बड़े पैमाने पर बिजली बनाने के लिए सौर ऊर्जा परियोजनाओं की स्थापना को आसान बनाने और उन्हें गति देने के लिए शुरू की गई एक योजना है। योजना के तहत सौर पार्कों के विकास के लिए आवश्यक आधारभूत ढाँचा तैयार करने में राज्यों को मदद दी जाती है। इस योजना में 13 राज्यों में 56 सौर पार्क के विकास के लिए 39.7 गीगावाट की स्वीकृत क्षमता है। इन पार्कों में 11.59 गीगावाट क्षमता की सौर परियोजनाएँ शुरू की गई हैं और शेष क्षमता कार्यान्वयन के विभिन्न चरणों में हैं।

शुद्ध शून्य उत्सर्जन

- शुद्ध शून्य उत्सर्जन या नेट ज़ीरो का तात्पर्य वायुमण्डल में उत्सर्जित होने वाली ग्रीनहाउस गैसों की मात्रा और उससे हटाई गई मात्रा के बीच सन्तुलन बनाना है। इसे 'कार्बन तटस्थता' भी कहा जाता है।
- शुद्ध शून्य उत्सर्जन के लिए, कार्बन उत्सर्जन को कम करना ही नहीं, बल्कि उसे वायुमण्डल से बराबर मात्रा में अवशोषित करना भी आवश्यक है।
- शुद्ध शून्य कार्बन उत्सर्जन का लक्ष्य दो स्तम्भों पर निर्भर करता है - स्वच्छ ऊर्जा और उसके भण्डारण की ओर संक्रमण। भारत ने वर्ष 2070 तक शुद्ध शून्य उत्सर्जन का लक्ष्य रखा है। इस लक्ष्य को पूरा करने के लिए भारत को बिजली, उद्योग और परिवहन जैसे क्षेत्रों में कम कार्बन वाली तकनीकों का उपयोग करना होगा।
- भारत का ऐतिहासिक रूप से संचयी उत्सर्जन, दुनिया के कुल उत्सर्जन का केवल 4.37% है।

3. डिजिटल अवसंरचना

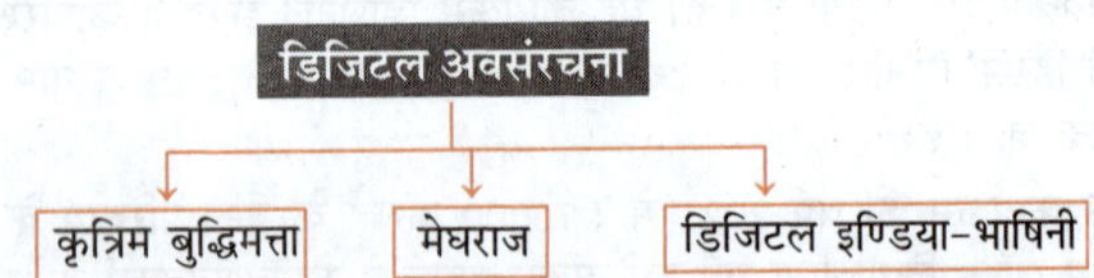

- डिजिटल आधारभूत ढाँचा किसी संगठन की सूचना प्रौद्योगिकी और संचालन के लिए आवश्यक डिजिटल प्रौद्योगिकियों का समूह है। इसमें कनेक्टिविटी, क्लाउड कम्प्यूटर, सुरक्षा, स्टोरेज और एप्लीकेशन जैसे तत्त्व शामिल हैं।
- यह ढाँचा भौतिक और आभासी दोनों तरह की तकनीकों को एक-साथ जोड़ता है, जिसके माध्यम से डेटा प्रबन्धन, कनेक्टिविटी, सहयोग और स्वचालन को सुविधाजनक बनाकर कुशल व्यवसायिक संचालन को सक्षम बनाया जाता है।
- विगत वर्षों में अवसंरचना विकास के विभिन्न पहलुओं को अवसंरचना योजनाओं, डिजाइनों और परिसम्पत्तियों की दक्षता में सुधार करने के लिए प्रौद्योगिकी के साथ एकीकृत किया गया है।
- प्रौद्योगिकी के सबसे महत्त्वपूर्ण उपयोग पीएम गतिशक्ति भुवन, भारतमैप्स, सिंगल विण्डो सिस्टम्स परिवेश पोर्टल नेशनल डेटा एनालिटिक्स प्लेटफॉर्म, यूनीफाइड लॉजिस्टिक्स इण्टरफेस प्लेटफॉर्म, प्रो-एक्टिव गवर्नेन्स एण्ड टाइमली इम्प्लीमेण्टेशन (प्रगति), इण्डिया इन्वेस्टमेण्ट ग्रिड (आईआईजी) और लगभग सभी मन्त्रालयों के लिए इसी तरह के कई डेशबोर्ड और डेटा स्टैक के माध्यम से किए गए हैं।
- जून, 2024 तक देश में मोबाइल टावरों की कुल संख्या 8.02 लाख है, जबकि बेस ट्रांसीवर स्टेशनों (बीटीएस) की संख्या 29.37 लाख और 5 जीबीटीएस की संख्या 4.5 लाख है।
- सरकार ने दूरदराज और दुर्गम क्षेत्रों में 24,680 गाँवों जो इस सुविधा से वंचित हैं में ₹26,316 करोड़ की कुल लागत से 4G मोबाइल सेवाओं की संतृप्ति के लिए परियोजना भी शुरू की है।
- नए युग के शासन के लिए एकीकृत मोबाइल एप्लीकेशन से उमंग (UMANG) प्लेटफॉर्म जिसे एक ही मोबाइल ऐप के माध्यम से प्रमुख सरकारी सेवाएँ देने के लिए विकसित किया गया है।

- इसमें अब 207 केन्द्रीय और राज्य सरकार के विभागों की 2019 सेवाएँ हैं।
- भारत सरकार द्वारा सेवाओं की नागरिकों तक पहुँच प्रदान करने के लिए अनेक डिजिटल माध्यमों को अपनाया गया है, जिनमें यूपीआई (UPI), यूनिफाइड पेमेण्ट इण्टरफेस ने भारत के डिजिटल भुगतान क्षेत्र को मजबूती प्रदान की।
- डिजिटल पब्लिक इन्फ्रास्ट्रक्चर (Digital Public Infrastructure) डिजिटल लोक आधारभूत ढाँचा निर्मित करने के क्रम में सरकार द्वारा कई पहलें की गई हैं। सरकार द्वारा भाषिणी, कोविन, ई-रूपी, ट्रेड्स (ट्रेड रेसीपे बिल्स) वेब 3.0 आधारित ओपन क्रेडिट इनेबलमेण्ट नेटवर्क (OCEN) आदि शामिल हैं।

डिजिटल अवसंरचना के क्षेत्र में शुरू की गई पहलें

- कृत्रिम बुद्धिमत्ता (AI) कृत्रिम बुद्धिमत्ता (एआई) एक ऐसी तकनीक है, जो कम्प्यूटर और मशीनों को मानव की तरह सीखने, समझने, समस्या समाधान, निर्णय लेने, रचनात्मकता और स्वायत्तता का अनुकरण करने में सक्षम बनाती है।
  - इसका उपयोग स्वास्थ्य, शिक्षा, वित्त, कृषि इत्यादि क्षेत्र में किया जाता है।
  - भारत आर्टीफिशियल इण्टेलिजेंस पर वैश्विक भागीदारी (GPI) का संस्थापक सदस्य है, जो वर्ष 2020 में बहु-हितधारक पहल में शामिल हुआ था। भारत इसकी परिषद् की अध्यक्षता 2023 से लगातार कर रहा है।
  - भारत सरकार ने एआई नवाचार स्तम्भों तक पहुँच को लोकतान्त्रिक बनाने और भारत के एआई पारिस्थितिकी तन्त्र की वैश्विक प्रतिस्पर्धात्मकता सुनिश्चित करने के लिए व्यापक भारत एआई मिशन के लिए ₹ 10,300 करोड़ से अधिक के आवण्टन को मंजूरी दी है।
- एआई रिसर्च एनालिटिक्स एण्ड नॉलेज डिसेमिनेशन प्लेटफॉर्म (AIRAWAT) (ऐरावत) जो कि एक एआई सुपरकम्प्यूटर है, जिसे सी-डैक पुणे में स्थापित किया गया है, ने जर्मनी में अन्तर्राष्ट्रीय सुपरकम्प्यूटिंग सम्मेलन, 2023 में घोषित शीर्ष 500 वैश्विक सुपरकम्प्यूटिंग सूची में 75वाँ स्थान प्राप्त किया है।
  - डिजिटल तकनीकों के स्तर पर सरकार ओपन एआई, (Open AI), क्वाण्टम कम्प्यूटिंग, मैट्रोनिक्स, रोबोटिक्स, 5G और इण्टरनेट ऑफ थिंग्स (IOT) जैसे क्षेत्रों में भी विकास और अनुसन्धान को बढ़ावा दे रही है, जिसके माध्यम से यह अवसंरचना अन्य सभी क्षेत्रकों के साथ जुड़कर उन्हें गतिशीलता प्रदान कर सके।

नोट *इण्टरनेट ऑफ थिंग्स (IOT) शब्द को सर्वप्रथम वर्ष 1999 में कम्प्यूटर वैज्ञानिक केविन एश्टन ने गढ़ा था। यह भौतिक उपकरणों का एक नेटवर्क है, जो बिना मानवीय हस्तक्षेप के एक-दूसरे को डेटा स्थानान्तरित कर सकता है। उदाहरणस्वरूप-स्मार्टवॉच इत्यादि।*

- जीआई क्लाउड- 'मेघराज' यह भारत सरकार की एक महत्त्वाकांक्षी परियोजना है, जिसका उद्देश्य क्लाउड कम्प्यूटिंग का लाभ उठाकर देश के डिजिटल परिवर्तन को गति देना है। इसे जीआई क्लाउड (GI Cloud) भी कहा जाता है।
  - वर्तमान में 25,806 वर्चुअल मशीनें जीआई क्लाउड पर चल रही हैं और इसका उपयोग सरकारी विभागों के 1,767 से अधिक अनुप्रयोगों द्वारा किया जा रहा है।
  - मेघराज पारिस्थितिकी तन्त्र के प्रसार के लिए, सरकार ने घरेलू अन्तर्राष्ट्रीय क्लाउड सेवा ने प्रदाताओं (सीएसपी) की क्लाउड सेवा पेशकशों को भी सूचीबद्ध किया है। वर्तमान में 22 सीएसपी सूचीबद्ध हैं और अब तक 250 से अधिक केन्द्रीय और राज्य विभाग सूचीबद्ध सीएसपी की क्लाउड सेवाओं का उपयोग कर चुके हैं।

डिजिटल इण्डिया भाषिनी

- यह भारत का आर्टिफिशियल इण्टेलिजेन्स (AI) के नेतृत्व वाला भाषा अनुवाद है, जिसे प्रधानमन्त्री द्वारा जुलाई, 2022 में लॉन्च किया गया।
- भाषिनी प्लेटफॉर्म आर्टिफीशियल इण्टेलिजेन्स (AI) और प्राकृतिक भाषा प्रसंस्करण (NLP) संसाधनों को सूक्ष्म, लघु और मध्यम उद्यम (MSME), स्टार्टअप एवं व्यक्तिगत इनोवेटर्स को सार्वजनिक डोमेन में उपलब्ध कराएगा।
- भाषिनी प्लेटफॉर्म राष्ट्रीय भाषा अनुवाद मिशन (NLTM) का हिस्सा है।
- इस मिशन का उद्देश्य यह सुनिश्चित करना है कि जैसे-जैसे और अधिक भारतीय इण्टरनेट से जुड़ें, वे अपनी भाषाओं में वैश्विक सामग्री का उपयोग करने में सक्षम हों।

4. सामाजिक अवसंरचना

- सामाजिक अवसंरचना वे सभी भौतिक और सामाजिक तत्त्व होते हैं, जो किसी समाज को सुचारू रूप से चलाने में मदद करते हैं। ये वे संरचनाएँ हैं, जो लोगों को शिक्षित होने, स्वस्थ रहने, सुरक्षित महसूस करने और एक-दूसरे के साथ जुड़ने में सक्षम बनाती हैं।
- ये अवसंरचना शहरी व ग्रामीण क्षेत्रों में सामुदायिक विकास और सामाजिक कल्याण को बढ़ावा देती है। भारत में शहरीकरण महत्त्वपूर्ण और न बदली जाने वाली प्रक्रिया बन गया है, जो राष्ट्रीय आर्थिक विकास और गरीबी कम करने का महत्त्वपूर्ण निर्धारक है।
- शहरीकरण की बढ़ती हुई गति समुचित अवसंरचना उपलब्ध कराने, औद्योगिक, कार्पोरेट और अवसंरचना निष्पादन सम्पर्क में सुधार करने और संसाधन जुटाने के बारे में चुनौतियाँ प्रस्तुत करेगी। शहरीकरण का स्तर वर्ष 2001 के 27.78% से बढ़कर वर्ष 2011 में 31.18% हो गया है।
- वर्ष 2011 की जनगणना के अनुसार भारत के लगभग 35 शहरों में एक मिलियन से अधिक की जनसंख्या 2030 तक 575 मिलियन पहुँचने की सम्भावना है।

सामाजिक अवसंरचना के अन्तर्गत पहलें

- सामाजिक अवसंरचना के विकास के लिए भारत सरकार नागरिकों को आवास प्रदान करने के लिए सब्सिडी और आर्थिक सहायता प्रदान करती है, साथ ही पात्र परिवारों को प्रधानमन्त्री आवास योजना के माध्यम से पक्के घर भी प्रदान करती है। पीएम आवास योजना के अन्तर्गत 1.18 करोड़ से अधिक घरों का निर्माण किया जा रहा है।

- इसी प्रकार भारत सरकार अमृत मिशन और अमृत मिशन 2.0 के माध्यम से शहरी अधोसंरचना का विकास कर रही है, जिसके अन्तर्गत शहरों को आत्मनिर्भर और जन सुरक्षित बनाने और 500 अमृत शहरों में सीवरेज और सेप्टेज प्रबन्धन जैसे कार्य किए जा रहे हैं।

सम्भारतन्त्र क्षेत्र

- सम्भारतन्त्र या लॉजिस्टिक्स (Logistic Sector) एक ऐसी व्यवस्था है, जिसमें किसी उत्पाद या सेवा को उसके उत्पादन स्थल से उपभोक्ता तक पहुँचाने के लिए आवश्यक सभी गतिविधियों को शामिल किया जा रहा है।
- यह एक जटिल प्रक्रिया है, जिसमें उत्पादन, भण्डारण, परिवहन, वितरण और सूचना प्रबन्धन जैसे कई पहलू शामिल होते हैं। भारत में से सम्भारतन्त्र क्षेत्र मूलत: असंगठित (Unorganised) हैं, जिसकी सम्भावनाओं पर विश्लेषण किया जा रहा है।
- लॉजिस्टिक अवसंरचना में सुधार पर फोकस के कारण विश्व बैंक के लाजिस्टिक्स प्रदर्शन सूचकांक में भारत की रैंक 139 देशों में से वर्ष 2023 में 38वें स्थान पर है (2018 में 44वाँ स्थान)।

राष्ट्रीय लॉजिस्टिक नीति 2022

शुरुआत —17 सितम्बर, 2022

प्रमुख घटक

- एकल खिड़की सिस्टम
- डिजिटल लॉजिस्टिक प्लेटफॉर्म का विकास
- मल्टीमॉडल लॉजिस्टिक पार्क का विकास
- कौशल विकास प्रशिक्षण कार्यक्रम
- अनुसन्धान और विकास को प्रोत्साहन

उद्देश्य

- लॉजिस्टिक लागत को कम करना तथा दक्षता में सुधार करना
- सड़क, रेल, जलमार्ग और हवाई अड्डों का एकीकरण करना
- लॉजिस्टिक्स पारदर्शिता
- लॉजिस्टिक्स क्षेत्र में निवेश को बढ़ावा

लक्ष्य

- 2030 तक लॉजिस्टिक लागत को कम करना
- 2030 तक विश्व के शीर्ष 25 देशों में स्थान प्राप्त करना
- प्रभावी लोजिस्टिक, तन्त्र के लिए डाटा आधारित निर्णय सहायता तन्त्र का विकास करना

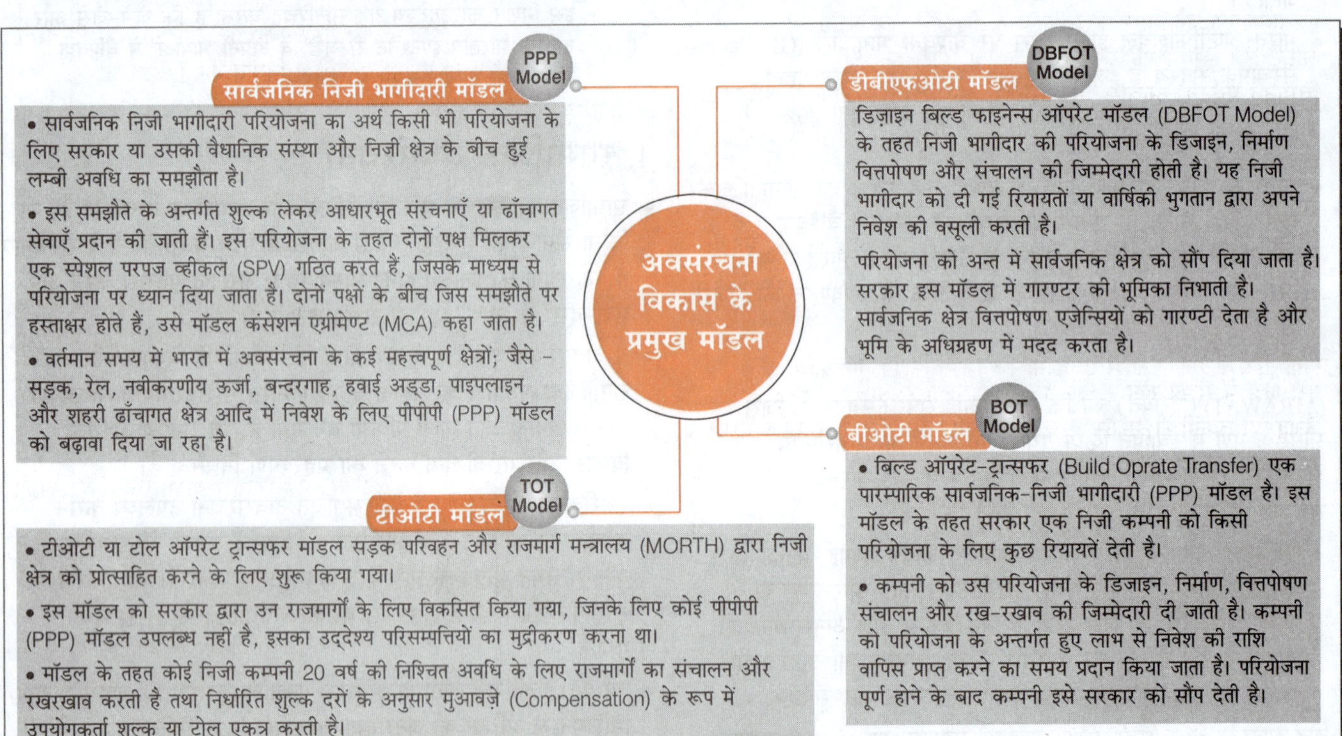

"

सेवा क्षेत्रक का तीव्र विकास व अर्थव्यवस्था में इसका गुणात्मक रूप से बढ़ता योगदान भारतीय अर्थव्यवस्था को एक विशिष्ट पहचान दिलाता है। भारत में सेवा क्षेत्र की प्रगति गत्यात्मकता पिछले कुछ वर्षों से अर्थशास्त्रियों व विचारकों हेतु व्यापक विचार-विमर्श का विषय रही है।

अध्याय सोलह

भारत में सेवा क्षेत्र

सेवा क्षेत्र

- सेवा क्षेत्र एक व्यापक क्षेत्र है। इसके अन्तर्गत विभिन्न प्रकार के क्रियाकलापों को शामिल किया जाता है; जैसे—दूरसंचार, कम्प्यूटर सॉफ्टवेयर, साधारण घरेलू सेवा प्रदाता, परिवहन, जहाजरानी व नागर विमानन पर्यटन, आवास, भू-सम्पदा, आधारभूत संरचना सम्बन्धित आदि। इसके अतिरिक्त इसमें स्वास्थ्य व शिक्षा से सम्बन्धित सामाजिक क्षेत्र के क्रियाकलाप भी शामिल हैं।
- सेवा के व्यापक क्षेत्र के फलस्वरूप सेवाओं के वर्गीकरण में व्यापक भिन्नता दिखाई देती है। सेवा क्षेत्र के राष्ट्रीय लेखा वर्गीकरण में व्यापार, होटल एवं रेस्तराँ, परिवहन, भण्डारण, संचार, वित्त, बीमा, भू-सम्पदा के साथ-साथ सामाजिक, सामुदायिक व वैयक्तिक सेवाओं को भी शामिल किया गया है।
- इस क्षेत्र में मुख्य रूप से शामिल होने वाली सेवाएँ; परिवहन, वैज्ञानिक तकनीकी, स्वास्थ्य कल्याण और सामाजिक सहायता तथा मनोरंजन आदि हैं।

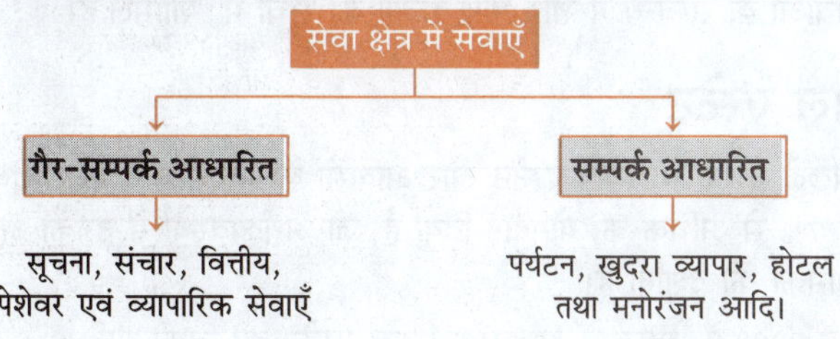

- 2001-2012 के दशक में सेवा प्रक्षेत्र ने देश की सकल घरेलू आय (GDP) में 62% का योगदान दिया था।
- आर्थिक समीक्षा 2024-25 के अनुसार, प्रचलित मूल्यों पर समग्र सकल मूल्य वर्द्धन (जीवीए) में सेवा क्षेत्र की हिस्सेदारी 55% है।
- सेवा क्षेत्र भारत की वृद्धि में महत्त्वपूर्ण योगदानकर्ता बना हुआ है, जो वित्त वर्ष 2025 में अर्थव्यवस्था के कुल आकार का लगभग 55% है।

सेवा क्षेत्र का प्रदर्शन

- महामारी से प्रभावित वित्त वर्ष 2021 को छोड़कर (महामारी के प्रभाव के कारण) पिछले दशक के सभी वर्षों में सेवा क्षेत्र में 8.3% से अधिक की वास्तविक वृद्धि दर देखी गई। वैश्विक स्तर पर, वर्ष 2023 में भारत का सेवा निर्यात विश्व के वाणिज्यिक सेवा निर्यात का 4.3% रहा।
- कोविड-19 से पहले एक दशक तक, सेवा क्षेत्र की वास्तविक वृद्धि दर लगातार समग्र आर्थिक वृद्धि से अधिक रही। वित्त वर्ष 2021 में सेवा क्षेत्र में 8.4% का संकुचन देखा गया, जबकि समग्र जीवीए में 4.1% की गिरावट आई।
- वित्त वर्ष 2024-25 में सेवा क्षेत्र में 8.3% की वृद्धि होने का अनुमान है।
- जीएसटी संग्रहण और ई-वे बिल निर्गमन दोनों ने थोक और खुदरा व्यापार को दर्शाते हुए दोहरे अंकों की वृद्धि प्रदर्शित की। वित्त वर्ष 2024 में सकल जीएसटी संग्रह ₹ 20.18 लाख करोड़ तक पहुँच गया, जो पिछले वर्ष की तुलना में 11.7% की वृद्धि दर्शाता है।
- मार्च, 2024 तक बैंक ऋण और जमाओं में वर्ष-दर-वर्ष क्रमश: 20.2% और 12.9% की वृद्धि हुई, जो वित्तीय सेवाओं में निरन्तर प्रगति का संकेत देती है।

सेवा क्षेत्र में व्यापार

निर्यात

- भारत सरकार के अनुसार, वित्तीय वर्ष 2023-24 में सेवा क्षेत्र का कुल निर्यात 339.46 अरब डॉलर था।
- वर्ष 2023-24 में सेवा क्षेत्र में कुल आयात 177.56 अरब डॉलर है।
- भारत के सेवा निर्यात में पिछले तीन दशकों में उल्लेखनीय वृद्धि देखी गई है। महामारी के बाद, सेवा निर्यात ने स्थिर गति बनाए रखी है।
- वित्त वर्ष 2023 -24 में भारत के कुल निर्यात में सेवा क्षेत्र का योगदान 44% रहा।

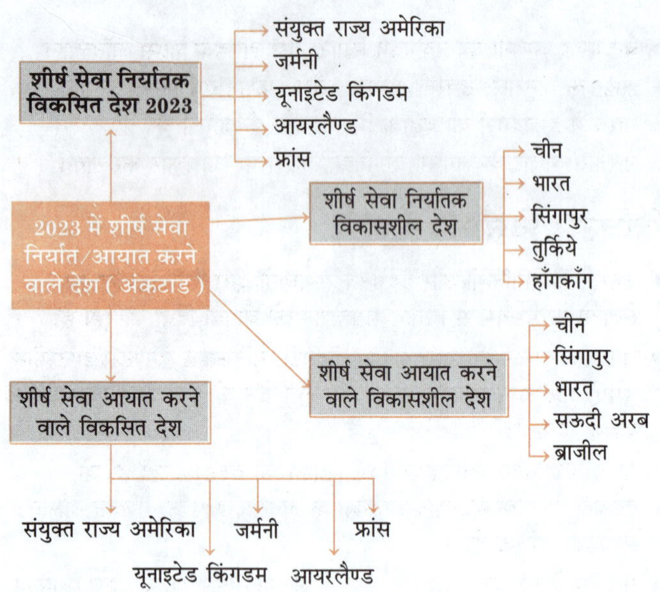

आयात

- वित्त वर्ष 2024 के दौरान, सेवाओं का आयात 178.3 बिलियन अमेरिकी डॉलर रहा, जिसमें पिछले वर्ष के मुकाबले 2.1% की कमी हुई। वैश्विक माल ढुलाई दरों में कमी के कारण इसमें कमी आई है।
- सेवाओं के निर्यात में वृद्धि और आयात में गिरावट के कारण वित्त वर्ष 2023-24 के दौरान पिछले वर्ष के मुकाबले निवल सेवा प्राप्तियों में वृद्धि हुई, जिससे भारत के चालू खाता घाटे को नियन्त्रित करने में सहायता मिली।

भारत में सेवा नियोजन

- राष्ट्रीय सांख्यिकीय कार्यालय (National Statistical Office-NSO) के अनुसार, ग्रामीण क्षेत्र में नियोजित प्रत्येक 1000 व्यक्तियों में से 24% सेवा क्षेत्र में नियोजित हैं, वहीं शहरी क्षेत्र में प्रति 1000 व्यक्तियों में से 683 व्यक्ति सेवा क्षेत्र में नियोजित हैं।
- सभी आकार वर्ग वाले नगरों में सेवा क्षेत्र में नियोजित कामगारों का अनुपात प्राथमिक व द्वितीयक क्षेत्र में नियोजित कामगारों से अधिक है।
- नगरीय भारत में 15 वर्ष व उससे अधिक आयु वाले पुरुष कामगारों में लगभग 59% व महिला कामगारों में लगभग 53% कामगार सेवा क्षेत्र में नियोजित हैं, अब यदि प्रथम श्रेणी के सभी महानगरों की बात की जाए, तो 64% पुरुष कामगार व 67% महिला कामगार सेवा क्षेत्र में नियोजित हैं।

भारत के प्रमुख सेवा क्षेत्र

विकास व सम्बन्धित संकेतकों के माध्यम से यह स्पष्ट है कि दूरसंचार, रेलवे व पर्यटन जैसी सेवाओं के कार्य में लगातार बेहतर प्रदर्शन हो रहा है, वहीं अन्य क्षेत्र अभी मन्दी की मार से उभर रहे हैं। इस सन्दर्भ में कुछ प्रमुख सेवा क्षेत्रों का विवरण निम्नलिखित है

पर्यटन उद्योग

- भारत में पर्यटन क्षेत्र का तेजी से विस्तार हो रहा है। विश्व आर्थिक मंच के यात्रा और पर्यटन विकास सूचकांक, 2024 में भारत 39वें स्थान पर पहुँच गया है।
- महामारी के बाद वैश्विक पर्यटन में धीरे-धीरे सुधार हो रहा है, जिससे इस उद्योग ने वर्ष 2023 में 92 लाख से अधिक विदेशी पर्यटकों का आगमन देखा, जो कि वर्ष-दर-वर्ष 43.5% की वृद्धि दर्शाता है।
- भारत ने पर्यटन के माध्यम से ₹ 2.3 लाख करोड़ से अधिक की विदेशी मुद्रा प्राप्तियाँ अर्जित की हैं, जोकि वर्ष-दर-वर्ष 65.7% की वृद्धि दर्शाती हैं।
- विश्व पर्यटन प्राप्तियों में भारत की विदेशी मुद्रा आय का हिस्सा वर्ष 2021 में 1.38% से बढ़कर वर्ष 2022 में 1.58% हो गया।
- पर्यटन क्षेत्र में डिजिटल क्रान्ति ऐसी ही एक पहल है। इ-मार्केट-प्लेस, जिसे वेब और मोबाइल एप्लिकेशन के माध्यम से पर्यटकों और प्रमाणित पर्यटक सुविधा-दाताओं और मार्ग दर्शकों के बीच बातचीत को सुविधाजनक बनाने के लिए डिजाइन किया गया है।

होटल उद्योग

- भारतीय आतिथ्य उद्योग, होटल बाजार के नेतृत्व में, प्राथमिक क्षेत्रों में से एक के रूप में उभरा है।
- भारत में होटलों को स्थान (शहर के होटल, हवाई अड्डे के होटल, रिसॉर्ट आदि), सेवा के स्तर (अपस्केल, मध्य-बाजार और अर्थव्यवस्था) और थीम (बुटीक होटल, हेरिटेज होटल आदि) के आधार पर वर्गीकृत किया जाता है।
- भारत में होटल उद्योग वर्ष 2023 के अन्त तक ₹ 1,210.87 बिलियन के मूल्य तक पहुँचा गया है, जो वर्ष 2019-2023 की अवधि के दौर में 13% की चक्रवृद्धि वार्षिक वृद्धि दर (Compound Annual Growth Rate, CAGR) से बढ़ा है।
- केरल को कुल 440 स्वीकृत होटलों के साथ देश में आतिथ्य सेवाओं का अग्रणी प्रदाता होने का अनुमान है।
- महाराष्ट्र, गुजरात, राजस्थान और तमिलनाडु अन्य राज्य हैं, जो आतिथ्य सेवाओं के सम्बन्ध में शीर्ष पाँच राज्यों की सूची में शामिल हैं।

रियल एस्टेट

- पिछले दशक में रियल एस्टेट और आवासों के स्वामित्व ने कुल जीवीए में 7% से अधिक का योगदान दिया है, जो अर्थव्यवस्था में उनकी अभिन्न भूमिका को दर्शाता है।
- वर्ष 2023 में, भारत में आवासीय रियल एस्टेट की बिक्री वर्ष 2013 के बाद से सबसे अधिक थी, जिससे 33% की वार्षिक वृद्धि दर्ज की गई, जिसमें शीर्ष आठ शहरों में कुल 4.1% लाख यूनिटों की बिक्री हुई।
- रियल एस्टेट क्षेत्र के लिए सम्भावनाएँ उत्साहजनक हैं। बढ़ते शहरीकरण के साथ, आवासन उद्योग एक महत्त्वपूर्ण परिवर्तन के लिए तैयार है। संयुक्त राष्ट्र के अनुसार, वर्ष 2050 तक भारत की आधी आबादी शहरी क्षेत्रों में रहने लगेगी।

- क्रिसिल की एक रिपोर्ट के अनुसार, भारत में आवास ऋण बाजार वित्त वर्ष 2018 से वित्त वर्ष 2023 तक लगभग 13% की सीएजीआर (चक्रवृद्धि वार्षिक वृद्धि दर एक वर्ष से अधिक की अवधि में किसी निवेश की औसत वार्षिक वृद्धि दर है।) से बढ़ा। इसके वर्ष 2026 तक ₹ 42 लाख करोड़ से ₹ 44 लाख करोड़ तक पहुँच जाने की आशा है।
- भूमि अभिलेखों के डिजिटलीकरण से भूमि लेन-देन में पारदर्शिता बढ़ेगी, सम्पत्ति के स्वामित्व सम्बन्धी विवादों में कमी आएगी और भूमि प्रबन्धन की दक्षता बढ़ेगी।

डिजिटल अर्थव्यवस्था

आईटी-बीपीएम उद्योग

- प्रौद्योगिकी के अधिकाधिक उपयोग, त्वरित प्रौद्योगिकी अपनाने और डिजिटल परिवर्तन के फलस्वरूप भारत का आईटी-बीपीएम उद्योग महामारी के दौरान भी लचीला बना रहा।
- महामारी ने इस क्षेत्र के लिए एक अवसर की तरह काम किया, जिसकी वजह से लगभग सभी अन्तिम उपयोगकर्ता उद्योगों के तकनीकी रूपान्तरण ने गति प्राप्त की है।
- आईटी-बीपीएम उद्योग राजस्व ने वित्तीय वर्ष 2022 के दौरान 15.5% की वृद्धि दर्ज की, जबकि यह वृद्धि वित्तीय वर्ष 2021-22 में 2% थी, इसमें सभी उपक्षेत्र, दोहरे अंकों वाली राजस्व वृद्धि भी शामिल थी।
- सार्वजनिक डिजिटल प्लेटफॉर्म को भारत के डिजिटल लाभ का आधार बनने के साथ ही भारत के बड़े डिजिटल बुनियादी ढाँचे ने प्रौद्योगिकी को अपनाने में महत्त्वपूर्ण भूमिका निभाई है।

भारत की सूचना प्रौद्योगिकी (इण्टरमीडियरी गाइडलाइन्स एण्ड डिजिटल मीडिया एथिक्स कोड) **नियम, 2021**

भारत सरकार ने सूचना प्रौद्योगिकी अधिनियम, 2000 की धारा 87(2) के अन्तर्गत अपनी शक्तियों का प्रयोग करते हुए और पहले के सूचना प्रौद्योगिकी (इण्टरमीडियरी गाइडलाइन्स) नियम, 2011 को अतिक्रमित कर, सूचना प्रौद्योगिकी इण्टरमीडियरी गाइडलाइन्स एण्ड डिजिटल मीडिया एथिक्स कोड नियम, 2021 (नए आईटी नियम) को 25 फरवरी, 2021 को अधिसूचित किया। महत्त्वपूर्ण संस्थाओं के लिए नए नियम 26 मई, 2021 से लागू हो गए हैं।

- इस उद्योग की वर्तमान सम्भावनाएँ और स्थितियाँ निम्नलिखित हैं
  - यह उद्योग प्रति वर्ष 155 बिलियन अमेरिकी डॉलर का योगदान करता है तथा 10 से 15% की वार्षिक वृद्धि की क्षमता रखता है।
  - वर्ष 2021 और 2026 के बीच, आई.टी. और व्यावसायिक सेवा बाजार के 8.3% की वार्षिक दर से बढ़ने की आशा है, जो 20.5 बिलियन अमेरिकी डॉलर के मूल्यांकन तक पहुँच जाएगा।

ई-कॉमर्स

- डिजिटल अर्थव्यवस्था को बढ़ावा देने के लिए सरकार का प्रोत्साहन, इण्टरनेट की बढ़ती उपयोगिता, स्मार्टफोन के प्रयोग में वृद्धि, मोबाइल प्रौद्योगिकी में नवाचार और डिजिटल भुगतानों को अपनाने में वृद्धि सम्बन्धी समस्त गतिविधियों ने ई-कॉमर्स को तीव्रता के साथ प्रेरित किया है।
- भारतीय ई-कॉमर्स उद्योग के वर्ष 2030 तक 350 बिलियन अमेरिकी डॉलर पार करने की सम्भावना है।
- बैन एण्ड कम्पनी की नवीनतम रिपोर्ट 'हाउ इण्डिया शॉप्स ऑनलाइन' 2022 के अनुसार, उभरती श्रेणियाँ: जैसे—फैशन एवं ग्रॉसरी इत्यादि से भारत में ई-कॉमर्स को बढ़ावा मिलेगा और ई-कॉमर्स वर्ष 2027 तक भारतीय बाजार के लगभग दो-तिहाई हिस्से पर अधिकार कर लेगा।

डिजिटल वित्तीय सेवाएँ

- उभरती प्रौद्योगिकियों और अभिनव समाधानों द्वारा डिजिटल वित्तीय सेवाओं के माध्यम से वित्तीय समावेशन को बढ़ावा दिया जा रहा है।
- जन धन-आधार-मोबाइल (JAM), ट्रिनिटी, यूनिफाइड पेमेण्ट्स इण्टरफेस (UPI) और अन्य नियामक ढाँचे द्वारा लेन-देन को डिजिटल प्लेटफॉर्मों ने बढ़ावा दिया है।
- भारत में फिनटेक अंगीकरण (Adoption) की दर 87% रही है, जो ग्लोबल फिनटेक एडॉप्शन इण्डेक्स के अनुसार 64% के वैश्विक औसत से काफी अधिक है।
- भारतीय रिजर्व बैंक (RBI) ने हाल ही में थोक और खुदरा दोनों सेगमेण्ट में डिजिटल रूपी लॉन्च किया है।

नोट *डिजिटल रूपी या ई रूपी भारतीय रिजर्व बैंक (RBI) द्वारा जारी की जाने वाली एक केन्द्रीय डिजिटल मुद्रा है, जिसे RBI सीधे नियन्त्रित करता है। यह भौतिक मुद्रा की तरह ही कार्य करता है तथा इसका मूल्य विद्यमान करेन्सी के बराबर होता है।*

- डिजिटल वित्तीय सेवाओं को गति देने में दस्तावेजों के डिजिटलीकरण ने भी महत्त्वपूर्ण भूमिका निभाई है। दस्तावेजों के डिजिटलीकरण से सुरक्षा, ऑनलाइन सत्यापन तथा बेहतर पहुँच में वृद्धि हुई है।

अन्तरिक्ष सेवाएँ

- भारतीय अन्तरिक्ष कार्यक्रम पृथ्वी प्रेक्षण, संचार और नौवहन से सम्मिलित अन्तरिक्ष प्रौद्योगिकी के अनुप्रयोग के माध्यम से वृहत से सूक्ष्म स्तरों पर सामाजिक-आर्थिक सम्बन्धित मुद्दों का निवारण करने के लिए राष्ट्रीय विकास में योगदान करता है।
- भारत में अन्तरिक्ष कार्यक्रम की शुरुआत 1960 के दशक में हुई थी। इसकी गतिविधियों में परिवर्तन होने के कारण अब यह निजी क्षेत्र भी अन्तरिक्ष गतिविधि में अपनी भूमिका निभा रहा है।
- इसी को ध्यान में रखते हुए भारत सरकार द्वारा वर्ष 2020 में अन्तरिक्ष क्षेत्र में सुधार किया गया, जिसके आलोक (प्रकाश) में अब गैर-सरकारी क्षेत्र के लिए भी बाह्य अन्तरिक्ष क्षेत्र को खोला गया तथा अन्तरिक्ष आधारित सेवाएँ प्रदान करने के लिए आमन्त्रित किया गया है।

भारत के अन्तरिक्ष कार्यक्रम का फोकस वर्तमान में तीन क्षेत्रों पर है

1. उपग्रह आधारित पथ प्रदर्शन, जिसमें गगन [GAGAN] एवं नाविक (Navic) की व्यवस्था करना।
2. पृथ्वी अवलोकन तथा अन्तरिक्ष आधारित सूचनाओं के द्वारा मौसम की भविष्यवाणी आपदा प्रबन्धन, संसाधन मैपिंग एवं अभिशासन के क्षेत्र में कार्य करना।
3. इनसैट/जीसैट उपग्रह संचार के विस्तार द्वारा देश में दूरसंचार, ब्रॉड कॉस्टिंग एवं ब्रॉडबैण्ड से जुड़ी अवसंरचना का उचित विकास करना।

दूरसंचार सेवाएँ

- दूरसंचार भारत में डिजिटल सेवाओं के तीव्र विकास का प्रवेश द्वार है। भारत में कुल टेलीघनत्व (प्रति 100 जनसंख्या पर टेलीफोन की संख्या) मार्च, 2014 में 75.2% से बढ़कर अक्टूबर, 2024 में 84% हो गया।
- मार्च, 2024 के अन्त में वायरलेस टेलीफोन कनेक्शनों की संख्या 116.5 करोड़ थी। सरकार ने डिजिटल इण्डिया अभियान के अंग के रूप में इण्टरनेट और ब्रॉडबैण्ड के विकास पर अधिक बल दिया है।
- भारत में 5जी सेवाएँ (5G Services) पहली बार अक्टूबर, 2022 में शुरू की गई थीं, जो वर्तमान में, विश्व में सबसे तेजी से बढ़ते 5जी नेटवर्कों में से एक है।
- 5जी सेवाओं के प्रारम्भ के बाद, मोबाइल ब्रॉडबैण्ड स्पीड में भारत की अन्तर्राष्ट्रीय रैंकिंग 118 से बढ़कर 15 हो गई है। (मार्च, 2024 तक)
- मार्च, 2023 में भारत में 6 जी विजन दस्तावेज लॉन्च किया गया था, जिसके फलस्वरूप 6 जी मिशन के चरण-वार उद्देश्यों को निर्धारित करने के लिए भारत 6 जी मिशन और शीर्ष परिषद् का भी गठन किया गया।
- सरकार ने दूरसंचार क्षेत्र में अनुसन्धान एवं विकास के वित्तपोषण के लिए सार्वभौमिक सेवा दायित्व निधि (यूएसओएफ) से वार्षिक संग्रहण का 5% आवण्टन उपलब्ध कराने का निर्णय लिया है।

नोट *सार्वभौमिक सेवा दायित्व निधि (यूएसओएफ) का उद्देश्य देश के ग्रामीण और दूरदराज क्षेत्रों में गुणवत्तापूर्ण तथा किफायती मोबाइल और डिजिटल सेवाएँ प्रदान करना है, जिससे मोबाइल और नेटवर्क सेवाओं तक गैर-भेदभावपूर्ण पहुँच के साथ-साथ ज्ञान और सूचना प्रसार तक समान पहुँच सके।*

भुवन सेवाएँ

इसरो ने एक भूमि पोर्टल लॉन्च किया है, जिसका नाम भुवन है। यह एक बहुसंवेदी, बहु प्लेटफॉर्म और बहु लौकिक उपग्रह बिम्ब मानचित्र प्रणाली तथा पृथ्वी प्रेक्षण एवं आपदा प्रणाली में सहायता करने से सम्बन्धित सूचना उपलब्ध कराता है।

मैपिंग और भू-स्थानिक सेवाएँ

- इसरो द्वारा प्रक्षेपित उपग्रहों से मैपिंग और भू-स्थानिक सेवाओं का सुचारू रूप से संचालन होता है।
- इनसे भू-आँकड़ों के साथ समकालिक उपग्रह आँकड़े भी प्राप्त होते हैं, जिनसे कृषि, विज्ञान तथा अर्थव्यवस्था के क्षेत्रों को लाभ मिलता है।
- इनसे प्राप्त आँकड़ों से कृषि से सम्बन्धित विभिन्न फसलों का रकबा (भूमि) और देश में 8 प्रमुख फसलों के उत्पादन के लिए मौसम पूर्वानुमान की जानकारी मिलती है।
- मानचित्रण और भू-स्थानिक विकसित सेवाओं के आधार पर सैटेलाइट डाटा में बागवानी फसल सूची राष्ट्रीय जल विज्ञान परियोजना के अन्तर्गत हाइड्रॉ इन्फॉमेटिक उत्पाद, ग्रामीण स्तरीय भू-जल सम्भावना का पता लगाया जा सकता है।
- आधुनिक भू-स्थानिक डेटा तकनीकों और मैपिंग सेवाओं पर आधारित नवीन तकनीकों के अनुप्रयोग से विभिन्न क्षेत्रों को व्यापक लाभ प्राप्त हो सकता है। इसमें कृषि से लेकर वित्त, निर्माण, स्थानीय उद्यम से जुड़ी गतिविधियाँ शामिल हैं।

बन्दरगाह और नौपरिवहन सेवाएँ

- किसी भी देश के सामाजिक एवं आर्थिक विकास के लिए समुद्री परिवहन एक महत्त्वपूर्ण अवसंरचना होती है।
- पत्तन क्षेत्र दैनिक पोत और कार्गो संचालन को सुव्यवस्थित करने के लिए सागर सेतु एप्लिकेशन का लाभ उठा रहा है, जो सभी समुद्री व्यवसायों के लिए केन्द्रीय हब बनने की आकांक्षा रखता है।
- सागर सेतु भारत के सभी 13 प्रमुख बन्दरगाहों के साथ-साथ 22 गैर-प्रमुख बन्दरगाहों और 28 निजी टर्मिनलों के साथ भी एकीकृत है।
- मालवाहक जहाजों के विकास से पर्यटक जहाजों को भी लाभ मिलता है, क्योंकि बेहतर जलमार्ग और सुविधाओं से उनके प्रचालनों में वृद्धि होती है।
- वित्त वर्ष 2023-2024 के दौरान क्रूज यात्राओं में 100% की आश्चर्यजनक वृद्धि हुई है।

सागरमाला कार्यक्रम

यह कार्यक्रम भारत के 7500 किमी लम्बी तटरेखा, 14500 किमी लम्बे सम्भावित नौगम्य जलमार्ग तथा प्रमुख समुद्री व्यापार मार्गों पर स्थित सामरिक स्थानों का लाभ उठाकर देश में बन्दरगाह आधारित विकास को बढ़ावा देने के लिए बन्दरगाह, नौवहन तथा जलमार्ग मन्त्रालय का प्रमुख कार्यक्रम है।

भारत में सेवा क्षेत्र में तीव्र संवृद्धि के कारण

- वर्तमान में सेवा क्षेत्र में विशेषज्ञता प्राप्त पेशेवरों का योगदान लिया जा रहा है, जिसके कारण इस क्षेत्र में व्यापक संवृद्धि देखने को मिल रही है। अनेक विदेशी कम्पनियों के द्वारा सूचना प्रौद्योगिकी से सम्बन्धित कार्य भारत से ही कराए जा रहे हैं, क्योंकि यहाँ के तकनीकी विशेषज्ञ कम वेतन पर भी कार्य सम्पन्न कर देते हैं, जिससे इनका उत्पादन लागत कम हो जाता है। सेवा क्षेत्र में तीव्र संवृद्धि का यह भी एक प्रमुख कारण रहा है।
- भारतीयों में क्रय-शक्ति क्षमता के बढ़ने से उनके द्वारा सेवा में बढ़ोतरी हुई, अतएव माँग पक्ष के बढ़ने के कारण आपूर्ति पक्ष को भी मजबूत किया जाने लगा, जिस क्रम में सेवा क्षेत्र में संवृद्धि तीव्र गति से बढ़ने लगी।
- वर्तमान समय में उन्नत तकनीकों के प्रयोग के फलस्वरूप भी सेवा क्षेत्र तीव्र संवृद्धि को प्राप्त कर रहा है।
- अत: द्वितीयक क्षेत्र (औद्योगिक क्षेत्र) एवं तृतीयक क्षेत्र (सेवा क्षेत्र) के मध्य अनुनाश्रय सम्बन्ध होता है।
- अत: द्वितीयक क्षेत्र की संवृद्धि भी सेवा क्षेत्र की संवृद्धि में सहायक भूमिका का निर्वाह करती है, जिसके कारण सेवा क्षेत्र की संवृद्धि में तीव्रता आती है।

सेवा क्षेत्र में प्रमुख नीतियाँ, योजनाएँ और अभियान

राष्ट्रीय डिजिटल संचार नीति 2018

उद्देश्य सभी के लिए ब्रॉडबैण्ड उपलब्ध कराना, प्रत्येक नागरिक को 50 MbPs पर सार्वभौमिक ब्रॉडबैण्ड कनेक्टिविटी प्रदान करना।

प्रधानमन्त्री सुरक्षा बीमा योजना

स्थापना वर्ष 2015 में वित्त मन्त्रालय द्वारा

उद्देश्य यह योजना आंशिक विकलांगता हेतु ₹ 1 लाख और आकस्मिक मृत्यु और कुल विकलांगता के लिए ₹ 2 लाख प्रदान करती है।

आयु सीमा - 18 से 70 वर्ष

पीएम वाणी (Wi-Fi एक्सेस नेटवर्क इण्टरफेस)

यह कार्यक्रम दिसम्बर, 2020 में शुरू हुआ, जिसके द्वारा देश भर में सार्वजनिक डेटा कार्यालयों (PDOs) के माध्यम से सार्वजनिक Wi-Fi हॉटस्पॉट की स्थापना को सक्षम बनाया गया है।

PDO को लाइसेन्स के लिए आवेदन अथवा शुल्क का भुगतान नहीं करना पड़ता है।

स्वदेश दर्शन 2.0

प्रारम्भ जनवरी, 2023 से

- पर्यटन नीति को बढ़ावा देने के लिए 15 राज्यों की पहचान की गई है।
- **उद्देश्य** स्थानीय समुदायों के लिए स्वरोजगार सहित रोजगार सृजित करना, निजी क्षेत्र के निवेश को बढ़ाना आदि।

विज्ञान प्रौद्योगिकी और नवोन्मेष नीति 2020

- इन नीति के अन्तर्गत उन व्यक्तियों और संगठनों को शामिल किया गया है, जो अनुसन्धान एवं नवाचार से सम्बन्धित हैं।
- **उद्देश्य** बुजुर्गों की देखभाल सुनिश्चित किया जाना।
- अनुसन्धान की गुणवत्ता को बढ़ाने के साथ-साथ स्थानीय अनुसन्धान एवं विकास की क्षमताओं में वृद्धि करना।
- भारत को शीर्ष तीन वैज्ञानिक महाशक्तियों में शामिल करने का प्रयास करना।

राष्ट्रीय दूर संचार नीति 2012

उद्देश्य एक राष्ट्र एक लाइसेन्स अवधारणा लागू करना।

- एक राष्ट्र में मोबाइल के सभी कार्यों को रोमिंग फ्री करना।
- शिक्षा, स्वास्थ्य जैसी प्राथमिक आवश्यकताओं के रूप में ब्रॉडबैण्ड को बढ़ावा देना।

आयुष्मान भारत प्रधानमन्त्री जन आरोग्य योजना

- **प्रारम्भ** 23 सितम्बर, 2018
- **उद्देश्य** लाभार्थी परिवार को ₹ 5 लाख की राशि उपलब्ध कराना।
- सभी राज्यों और विधानसभा वाले केन्द्रशासित प्रदेशों के लिए 60:40 के अनुपात में लाभांश
- केन्द्रशासित प्रदेश के लिए 100% लाभांश
- पूर्वोत्तर राज्यों तथा जम्मू-कश्मीर, हिमाचल प्रदेश एवं उत्तराखण्ड हेतु 40:10 के अनुपात में लाभांश

प्रसाद योजना

प्रारम्भ—जनवरी, 2015

प्रसाद—पिलग्रीमज रीजुवेनेशन एण्ड स्प्रीचुअल, हेरिटेज ऑग्मेण्टशन ड्राइवर (तीर्थयात्रा कायाकल्प और आध्यात्मिक संवर्द्धन अभियान)

संचालन—पर्यटन मन्त्रालय द्वारा प्रसाद योजना के अन्तर्गत विकास के लिए अनेक धार्मिक शहरों/स्थलों की पहचान की गई; जैसे-अमरावती, श्री शैलम, कामाख्या, परशुराम कुण्ड आदि।

उद्देश्य—सृजन और धार्मिक विकास पर प्रत्यक्ष

राष्ट्रीय ब्रॉडबैण्ड नीति 2004

उद्देश्य सूचनाओं की त्वरित पहुँच, बेब आधारित संचार, टेली एजुकेशन, टेली-मेडिसन, ई-गवर्नेन्स, मनोरंजन, रोजगार सृजन आदि का विकास करना है।

देखो अपना देश अभियान

प्रारम्भ वर्ष 2020 में पर्यटन मन्त्रालय द्वारा

उद्देश्य लोगों को अपने देश के भीतर बड़े पैमाने पर यात्रा करने के लिए प्रेरित करना

भारतनेट परियोजना

प्रारम्भ वर्ष 2015 में

- यह कार्यक्रम विश्व का सबसे बड़ा ऑप्टिकल फाइबर आधारित ग्रामीण ब्रॉडबैण्ड कनेक्टिविटी कार्यक्रम है।
- केन्द्रीय मन्त्रिमण्डल ने सार्वजनिक-निजी भागीदारी के माध्यम से भारत नेट परियोजना के कार्यान्वयन के लिए **वायबिलिटी गैप फण्डिंग** (VGF) समर्थन को मंजूरी दी है।
- यूनिवर्सल सर्विस ऑब्लिगेशन फण्ड (USOF) सम्पूर्ण परियोजना के लिए धन प्रदान करता रहा है।

स्वदेश दर्शन योजना

प्रारम्भ भारत सरकार के पर्यटन और संस्कृति मन्त्रालय द्वारा वर्ष 2014-15 में आरम्भ।

उद्देश्य भारत में पर्यटन की क्षमता को बढ़ावा देना, विकसित करना और उसका दोहन करना

- इसके अन्तर्गत 15 विषयगत सर्किटों की पहचान की गई है।
- यह केन्द्र सरकार द्वारा पूर्णत: 100% वित्त पोषित योजना है।

भारतीय पर्यटन विकास निगम

स्थापना वर्ष 1996

उद्देश्य देश के पर्यटन की आधारिक संरचना का विकास।

- यह भारत की सबसे बड़ी होटल शृंखला विकसित करने के साथ-साथ पर्यटन से सम्बद्ध अन्य सुविधाएँ; जैसे—परिवहन, शुल्क मुक्त खरीददारी, मनोरंजन पर्यटक प्रचार, साहित्य की प्रस्तुति, परामर्शी सेवाएँ आदि प्रदान करने में सफल रहा है।
- इस विकास निगम के भारत में 5 क्षेत्रीय कार्यालय-नई दिल्ली, चेन्नई, मुम्बई, कोलकाता व गुवाहाटी में स्थित हैं।

“

भूमण्डलीकरण के दौर में विश्व के अधिकांश देशों की अर्थव्यवस्था की प्रगति में अन्तर्राष्ट्रीय व्यापार का महत्त्वपूर्ण योगदान है। विश्व व्यापार वर्तमान वैश्विक अर्थव्यवस्था के लिए अपरिहार्य बन चुका है।

अध्याय सत्रह

अन्तर्राष्ट्रीय व्यापार एवं समझौते

अन्तर्राष्ट्रीय व्यापार

- विश्व व्यापार संगठन (WTO) के अनुसार, क्षेत्रीय व्यापार समझौते को दो-या-दो से अधिक भागीदारों के बीच पारस्परिक व्यापार समझौते के रूप में परिभाषित किया जा सकता है।
- अन्तर्राष्ट्रीय व्यापार, अन्तर्राष्ट्रीय सीमाओं और राष्ट्रीय सीमाओं के पार पूँजी, वस्तु और सेवाओं का आदान-प्रदान है। अन्तर्राष्ट्रीय व्यापार को 'व्यापारवाद' भी कहा जाता है और यह 17वीं-18वीं सदी में यूरोप में उभरा।
- यदि किसी देश का निर्यात उसके कुल आयात की तुलना में अधिक होता है, तो विदेशी व्यापार के सन्दर्भ में वह लाभ की स्थिति (व्यापार अधिशेष [Trade surplus]) में होता है, किन्तु उसका आयात यदि निर्यात की तुलना में अधिक होता है, तो वह विदेशी व्यापार के सन्दर्भ में घाटे की स्थिति व्यापार घाटा [Trade deficit] में होता है।

स्थिति 1

निर्यात ↑ (अधिक)

भारत — व्यापार अधिशेष — चीन

आयात ↓ (कम)

स्थिति 2

निर्यात ↓ (कम)

भारत — व्यापार घाटा — चीन

आयात ↑ (अधिक)

- अन्तर्राष्ट्रीय व्यापार, भौगोलिक विशिष्टिकरण का परिणाम है। किसी देश के विदेशी व्यापार से उसकी अर्थव्यवस्था की प्रकृति और आकार का पता चलता है।
- विदेशी व्यापार किसी अर्थव्यवस्था की उत्पादन क्रिया में श्रम-विभाजन और विशिष्टिकरण के आधार पर उत्पादन साधनों की दक्षता और कार्य कुशलता में वृद्धि करता है। इस प्रकार यह उत्पादन, रोजगार, औद्योगीकरण और कीमत स्तर पर अनुकूल प्रभाव डालता है।
- दो-या-दो से अधिक राष्ट्रों के मध्य वस्तुओं और सेवाओं के आदान-प्रदान को अन्तर्राष्ट्रीय व्यापार (International Trade) कहते हैं अर्थात् अन्तर्राष्ट्रीय व्यापार से तात्पर्य आयात-निर्यात के स्वरूप से है।
- जब हम वस्तुओं या सेवाओं को विदेशों में लाभ के ध्येय से भेजते हैं, तो इसे निर्यात कहा जाता है और जब हम आवश्यक वस्तुओं को विदेशों से मँगाते हैं, तो इसे आयात कहा जाता है।
- व्यापार (आयात-निर्यात) को उसकी प्रकृति के आधार पर दो भागों में विभाजित किया जा सकता हैं, जो निम्न प्रकार हैं
  - दृश्य व्यापार (Visible Trade) इसमें वस्तुओं या जिन्सों (Jeans) का व्यापार किया जाता है, जिन्हें हम छू सकते हैं तथा देख सकते हैं।
  - अदृश्य व्यापार (Invisible Trade) इसमें सेवाओं का व्यापार होता है।
- यदि किसी देश के कुल निर्यात में मूल्य के अनुसार, प्राथमिक उत्पादों (खाद्यान्न, खनिज इत्यादि) की प्रधानता होती है, तो सामान्यत: उसकी अर्थव्यवस्था अल्पविकसित और विकासशील प्रकृति की मानी जाती है; जैसे—नेपाल, पाकिस्तान, भूटान एवं अधिकांश अफ्रीकी तथा लैटिन अमेरिकी देश।
- विकसित अर्थव्यवस्था में औद्योगिक उत्पादनों एवं सेवा क्षेत्र के निर्यात की प्रधानता (यू.एस.ए. एवं अधिकांश यूरोपीय देशों में) होती है।

अन्तर्राष्ट्रीय व्यापार के लाभ

- यह अन्य देशों से वस्तुओं और सेवाओं की एक विस्तृत श्रृंखला तक पहुँच प्रदान करता है।
- यह देश को ऐसी वस्तुएँ प्राप्त करने की अनुमति देता है, जिनका वह स्वयं निर्माण नहीं करता।
- इससे सरकार उत्पादन के उन क्षेत्रों पर अपना ध्यान केन्द्रित कर पाती है, जहाँ उसे विश्वास है कि उसकी स्थिति बेहतर है।
- अन्तर्राष्ट्रीय व्यापार के माध्यम से देश के आयातकों और निर्यातकों से कर और लाइसेन्स शुल्क एकत्र करके देश के लिए राजस्व उत्पन्न करता है।

अन्तर्राष्ट्रीय व्यापार की हानियाँ

- इससे स्थानीय उद्योगों के खत्म होने का खतरा बना रहता है, क्योंकि वह विदेशी निर्मित वस्तुओं से प्रतिस्पर्द्धा नहीं कर पाते।
- इससे आयातित वस्तुओं, विशेषकर महत्त्वपूर्ण वस्तुओं पर निर्भरता बढ़ जाती है, जिससे देश अन्य देशों पर निर्भर हो सकता है तथा इसकी सम्प्रभुता का उल्लंघन हो सकता है।

भारत के विदेशी व्यापार की स्थिति

- आर्थिक समीक्षा 2024-25 के अनुसार, वित्त वर्ष 2025 में भारत का कुल निर्यात 602.6 बिलियन अमेरिकी डॉलर तक पहुँच गया है जिसमें प्रतिवर्ष 6% की वृद्धि देखी गई है। इसी प्रकार अप्रैल-दिसम्बर 2024 के दौरान कुल आयात 682.2 बिलियन अमेरिकी डॉलर तक पहुँच गया जिसमें प्रतिवर्ष 6.9% की वृद्धि दर्ज की है।
- अप्रैल 2025 को भारत का विदेशी मुद्रा भण्डार 8.31 अरब डॉलर बढ़कर 686.15 अरब डॉलर हो गया।
- आर्थिक समीक्षा 2024-25 के अनुसार, भारत का चालू खाता घाटा (CAD) वित्त वर्ष 2025 की दूसरी तिमाही में जीडीपी के 1.2% पर थोड़ा कम हुआ है। (2024 वित्त वर्ष में जीडीपी के 1.3%)
- भारत का विदेशी मुद्रा भण्डार 2023-2024 में बढ़कर 646.04 अरब डॉलर के उच्चतम स्तर पर पहुँच गया।
- आर्थिक समीक्षा 2023-24 के अनुसार, चालू खाता घाटा (Current Account Deficit) वित्त वर्ष 2023 से 2% से बढ़कर 2024 में GDP का 0.7% हो गया।
- आर्थिक समीक्षा 2023-24 के अनुसार, समग्र व्यापार घाटा वित्त वर्ष 2023 में 121.6 बिलियन अमेरिकी डॉलर से वित्त वर्ष 2024 में 78.1 बिलियन अमेरिकी डॉलर हो गया है।
- व्यापार में सुविधा और लॉजीस्टिक लागत में कमी सम्बन्धी सरकारी उपयोग के कारण विश्व बैंक (World Bank) के लॉजीस्टिक परफॉरमेन्स इण्डेक्स में 139 देशों में भारत की रैंक 6 अंकों में सुधार के साथ 2018 में 44 वें से 2023 में 38 वें स्थान पर पहुँच गई है।

भारत के विदेशी व्यापार की दिशा

- स्वतन्त्रता के समय ब्रिटेन, भारत का सबसे बड़ा व्यापारिक भागीदार था, परन्तु बाद के वर्षों में अमेरिका भारत का सबसे बड़ा व्यापारिक भागीदार के रूप में सामने आया।
- भारत वैश्विक स्तर पर दूरसंचार कम्प्यूटर सूचना सेवा निर्यात में दूसरे स्थान पर है।
- वित्त वर्ष 2017 से भारत का कुल निर्यात (वस्तुओं और सेवाओं) लगभग तीन वर्षों से समान आधार पर बढ़ रहा है। हालाँकि वित्त वर्ष 2020 में आर्थिक मन्दी देखी गई थी।
- क्षेत्रीय रूप से एशिया-ओशीनिया देशों से भारत का सर्वाधिक विदेशी व्यापार होता है।
- व्यापारिक समूहों के दृष्टिकोण से यूरोपीय संघ भारत का सबसे बड़ा व्यापारिक भागीदार समूह है। इसके बाद आसियान का स्थान आता है।
- आर्थिक सर्वेक्षण 2023-24 के अनुसार भारत के प्रमुख आयातकर्ता देशों में चीन भारत के आयात का प्रमुख स्रोत रहा, इसके बाद अमेरिका, यू.ए.ई., सऊदी अरब और इराक हैं, जबकि प्रमुख निर्यातक देशों में संयुक्त राज्य अमेरिका, संयुक्त अरब अमीरात, नीदरलैण्ड, चीन और बांग्लादेश हैं।
- भारत की वैश्विक मूल्य श्रृंखला से सम्बन्धित व्यापार में हिस्सेदारी वर्ष 2019 में 35.1% से बढ़कर 2022 में 40.3% हो गई।

भारतीय विदेशी व्यापार की संरचना

- किसी देश के उत्पादों और सेवाओं के आयात और निर्यात का अध्ययन व्यापार की संरचना के रूप में जाना जाता है। दूसरे अर्थों में यह किसी देश की वस्तुओं के आयात और निर्यात के बारे में जानकारी प्रदान करता है।
- भारत के आयात-निर्यात की क्रमबद्ध विवेचना निम्नलिखित है

आयात

- स्वतन्त्रता के समय भारत के आयात (Import) की टोकरी में तेल, दालें मशीनरी, रसायन, हार्डवेयर और फार्मास्यूटिकल्स जैसी वस्तुएँ शामिल थीं।
- नियोजन की प्रक्रिया अपनाने और पूँजीगत वस्तुओं और इंजीनियरिंग वस्तुओं की स्थापना पर अधिक बल दिए जाने के कारण वर्तमान में भारत की आयात की संरचना को तीन श्रेणियों में विभाजित किया गया है

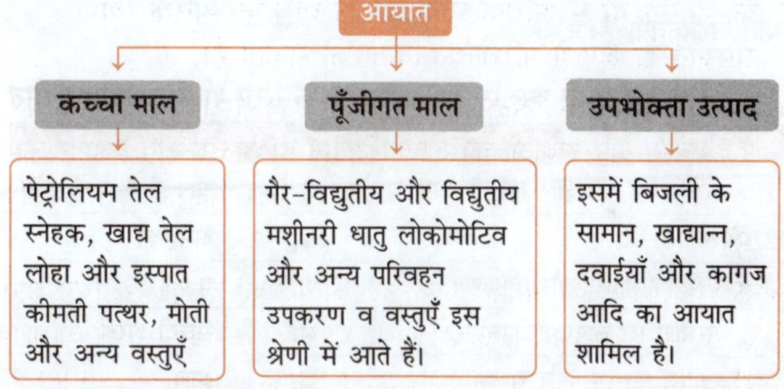

आयात आवरण

- आयात आवरण (Import Cover) उन दिनों व महीनों की संख्या बताता है, जितने महीनों के आयात का भुगतान देश के अन्तर्राष्ट्रीय रिजर्व द्वारा किया जा सकता है।
- विदेशी विनिमय रिजर्व भारतीय रिजर्व बैंक के पास आरक्षित रहता है। आयात आवरण की संख्या से सम्बन्धित रिपोर्ट भारतीय रिजर्व बैंक द्वारा प्रकाशित की जाती है।

आयात में संरचनात्मक परिवर्तन

- स्वतन्त्रता के बाद से आयात में लगातार वृद्धि की प्रवृत्ति विद्यमान रही है। पहली योजना के दौरान उपभोक्ता वस्तुएँ एवं खाद्यान्नों का भाग कुल आयात का 40% था एवं वर्ष 1970-80 तक खाद्यान्न का आयात लगभग समाप्त हो गया। वर्ष 1951 के पश्चात् आयात में विभिन्न संरचनात्मक परिवर्तन हुए हैं, जिसके अन्तर्गत
- औद्योगीकरण में तीव्र प्रगति के परिणामस्वरूप पूँजीगत वस्तुओं और कच्चे माल के आयात में वृद्धि हुई।

- निर्यात प्रोत्साहन के लिए आयात के उदारीकरण के आधार पर कच्चे माल के आयात में वृद्धि हुई।
- देश के खाद्यान्नों, उपभोक्ता, वस्तुओं कृषि तथा औद्योगिक विकास के परिणामस्वरूप आत्मनिर्भर हो जाने के कारण खाद्यान्नों एवं उपभोक्ता वस्तुओं के आयात में गिरावट आई।
- पेट्रोलियम, तेल और स्नेहकों में अन्तर्राष्ट्रीय कीमत में तीव्र वृद्धि तथा देशीय माँग में तेजी से वृद्धि होने के कारण भारी वृद्धि हुई।
- वित्त वर्ष 2023 और वित्त वर्ष 2024 के बीच आयात की संरचना में कई बदलाव देखे गए हैं: जैसे– पूँजीगत वस्तुओं के आयात में उल्लेखनीय वृद्धि देखी गई है, जो प्रशंसनीय है, क्योंकि यह उत्पादन प्रक्रियाओं में उपयोग की जाने वाली मशीनरी उपकरण और अन्य टिकाऊ वस्तुओं की बढ़ती हुई माँग को इंगित करता है, जो औद्योगिक बुनियादी ढाँचे में सम्भावित निवेश या तकनीकी उन्नयन का सुझाव देता है।
- आर्थिक समीक्षा 2024-25 के अनुसार, वित्त वर्ष 2025 के पहले नौ महीनों में कल आयात 6.9% वृद्धि दर्ज करते हुए 682.2% बिलियन अमेरिकी डॉलर तक पहुँच गया।

भारत की शीर्ष 5 आयात वस्तुएँ

निम्नलिखित उत्पाद समूह आर्थिक समीक्षा, 2023-24 के अनुसार, भारत के आयात में उच्चतम मूल्य का प्रतिनिधित्व करते हैं। इसमें यह भी दिखाया गया है कि प्रत्येक उत्पाद श्रेणी का प्रतिशत शेयर भारत के समग्र आयात में कितना है।

शीर्ष 5 आयात वस्तुएँ / **भारत के लिए शीर्ष 5 आयात स्रोत**

क्र. सं.	आयातित वस्तुएँ	क्र.सं.	देश
1.	पेट्रोलियम तेल और खनिज ईंधन	1.	चीन
2.	सोना	2.	अमेरिका
3.	विद्युत मशीनरी और उपकरण	3.	यू.ए.ई.
4.	परमाणु रिएक्टर और मशीनरी	4.	सऊदी अरब
5.	खनिज अयस्क और धातुएँ	5.	इराक

मुख्य आयातों की प्रवृत्तियाँ

मुख्य आयातों की प्रवृत्तियाँ निम्नलिखित हैं

- खाद्यान्न भारत की बढ़ती हुई आबादी के कारण वर्ष 1950-51 से वर्ष 1960-61 तक खाद्यान्नों का आयात कुल आयात के आधे से अधिक था। चौथी योजना और हरित क्रान्ति के कारण पर्याप्त फसल और बफर स्टॉक उपलब्ध होने के कारण खाद्यान्न आयात में कमी आई। वर्तमान में खाद्यान्न आयात की भागीदारी की मात्रा 3 से 5% है।
- मशीनरी वर्ष 1960-61 से औद्योगीकरण के आरम्भ होने से अब तक मशीनरी के आयात में उत्तरोत्तर वृद्धि हुई है। मशीनरी का बढ़ता हुआ आयात एक ओर हमारे औद्योगीकरण की ओर संकेत करता है, तो दूसरी ओर हमारी देशी टेक्नोलॉजी के विकास में विफलता और आयात नीति में तीव्र उदारीकरण (Liberalisation) को दर्शाता है।
- पेट्रोलियम तेल और स्नेहक भारत में खनिज तेलों की कमी के कारण उनके आयात में उत्तरोत्तर वृद्धि हुई है। तेल की अन्तर्राष्ट्रीय कीमतों में कमी एवं देशीय तेल उत्पादन में बढ़ोतरी के कारण वर्ष 1985-90 तक वार्षिक औसत आयात कम था।
- रसायन और औषधियाँ भारत में रसायनों और औषधियों तथा कृषि में नई तकनीक को अपनाने के फलस्वरूप उर्वरकों के आयात में वृद्धि हुई है।

आयात प्रतिस्थापन

- आयात प्रतिस्थापन (Import Substitution) में आयात की जाने वाली वस्तुओं का स्वदेशी में उत्पादन कर विदेशों पर निर्भरता कम करने के प्रयास किए जाते हैं, जिससे देश का आयात बिल कम होता है।
- आयात बिल कम हो जाने के कारण आयात प्रतिस्थापन की नीति विदेशी मुद्रा की बचत करके विदेशी विनिमय की समस्या का समाधान प्रस्तुत करती है। इससे देश में औद्योगीकरण को बढ़ावा मिलता है, जिससे देश के विकास की गति तीव्र होती है।

- औद्योगीकरण विस्तार के कारण अतिरिक्त रोजगार के अवसरों का सृजन होता है और देश में बेरोजगारी का दबाव घटता है। आयात प्रतिस्थापन प्रक्रिया में देश आर्थिक विकास की आत्मनिर्भर अवस्था प्राप्त करने में सफल हो जाता है।

निर्यात

- भारत में निर्यात (Export) मुख्यत: चार भागों में विभाजित किए जाते हैं
  - कृषि सम्बन्धित उत्पाद चावल, फल, सब्जियाँ, चाय और उनके उत्पाद, दुग्ध उत्पाद, दाल, मछली आदि।
  - अयस्क एवं खनिज कच्चा लोहा, कच्चा मैंगनीज, अभ्रक आदि।
  - निर्मित वस्तुएँ सूती-वस्त्र, हस्तशिल्प, इंजीनियरिंग वस्तुएँ, इस्पात, रसायन, चमड़ा, पटसन की वस्तुएँ आदि।
  - निर्यात उत्पाद खनिज ईंधन और स्नेहक आदि।

निर्यात

पारम्परिक उत्पाद	गैर-पारम्परिक उत्पाद
पारम्परिक वस्तुओं में कॉफी, चाय, जूट के सामान, लौह अयस्क, कपास, खनिज, मछली आदि का निर्यात शामिल है।	निर्यात की जाने वाली गैर-पारम्परिक वस्तुओं में इंजीनियरिंग सामान, चीनी रसायन, विद्युत सामान, लोहा और इस्पात, चमड़े के सामान, रत्न और आभूषण आदि शामिल हैं।

निर्यात में संरचनात्मक परिवर्तन

- भारत के निर्यात में मुख्य रूप से औद्योगिक प्रगति के कारण बदलाव आए हैं। भारतीय अर्थव्यवस्था का विविधीकरण हो रहा है और गैर-पारम्परिक निर्यात का महत्त्व बढ़ रहा है।
- भारत के निर्यात में नए उत्पादों की संख्या में लगातार वृद्धि हुई है। वर्ष 2022 तक भारत ने अपने निर्यात पोर्टफोलियो में 627 नए उत्पाद शामिल किए थे, इनमें मुख्य रूप से रासायनिक उत्पाद इलेक्ट्रॉनिक वस्तुएँ और उन्नत निर्मित वस्तुएँ शामिल हैं।
- भारत के निर्यात में मुख्य रूप से निर्मित वस्तुएँ; जैसे-सिले-सिलाए कपड़े, रत्न और आभूषण, चाय, जूट के उत्पाद, काजू की गिरी, इलेक्ट्रॉनिक सामान मुख्यत: हार्डवेयर और सॉफ्टवेयर शामिल हैं।
- इंजीनियरिंग वस्तुओं के निर्यात के विस्तार का कारण औद्योगिक देशों और मध्य पूर्व (Middle East) के देशों में भी इनकी बढ़ती हुई माँगें हैं। इन देशों में आधारभूत संरचना प्रोजेक्ट; जैसे-सड़कें, बन्दरगाहों, रेल निर्माण, टेली संचार और नागरिक निर्माण शुरू किए गए हैं।

नई कृषि-नीति की घोषणा के पश्चात् कृषि-वस्तुओं के निर्यात पर बल दिया जा रहा है। चावल का निर्यात महत्त्वपूर्ण बनता जा रहा है। इसके अतिरिक्त फल एवं सब्जियाँ और प्रसंस्कृत खाद्य-पदार्थ (Processed Foods) भी हमारे निर्यात में महत्त्वपूर्ण बन गए हैं।

- स्वतन्त्रता प्राप्ति के उपरान्त निर्यात व्यापार में महत्त्वपूर्ण परिवर्तन हुए हैं।
- स्वतन्त्रता प्राप्ति के समय भारत सूती-वस्त्र, सूत एवं जूट की वस्तुएँ, चाय, चमड़ा एवं उससे निर्मित वस्तुएँ, कच्चा लोहा, काजू एवं मसालों का निर्यात करता था।
- वर्ष 1950-51 में कुल निर्यातों में परम्परागत निर्यातों (सूती-वस्त्र, जूट एवं उनके उत्पाद तथा चाय) की भागीदारी 55% थी, जो वर्तमान में लगभग 15% हो गई है। अत: भारतीय निर्यात का ढाँचा निर्मित वस्तुओं के पक्ष में परिवर्तित हो रहा है।

प्रमुख निर्यातों की प्रवृत्तियाँ निम्नलिखित हैं

- विदेशी व्यापार सांख्यिकी रिपोर्ट (अप्रैल, 2024) के अनुसार भारत की 2022 में विश्व वस्तु निर्यात में 1.8% की हिस्सेदारी और सेवा निर्यात में 7.0% की हिस्सेदारी थी।
- आर्थिक समीक्षा 2024-25 के अनुसार, वित्त वर्ष 2025 में कुल निर्यात (माल और सेवाएँ) में लगातार वृद्धि दर्ज की गई है, जो 602.6 बिलियन अमेरिकी डॉलर (6%) तक पहुँच गया है।

प्रमुख निर्यातों की प्रवृत्तियाँ

- **सूत और निर्मित वस्तुएँ** भारतीय सूती-वस्त्र उद्योग में उत्पादन की अपेक्षाकृत अधिक लागत होने के कारण भारत के लिए अन्तर्राष्ट्रीय बाजार में सूत तथा कपड़ा बेचना कठिन हो जाता है। वास्तव में अधिक लागत के दो मुख्य कारण हैं-अधिक श्रम लागत और पुरानी मशीनरी का प्रयोग। अवमूल्यन के पश्चात् कपड़े के निर्यात में वृद्धि हुई है।
- **चाय एवं कॉफी** चाय भारत के निर्यात की महत्त्वपूर्ण मद है। वर्ष 1951 से अब तक तीसरी योजना अवधि को छोड़कर, चाय के निर्यात में उत्तरोत्तर वृद्धि हुई है। भारतीय चाय के प्रमुख ग्राहक देश अमेरिका, संयुक्त अरब अमीरात, ईरान, रूस और जर्मनी हैं। वर्ष 2022-23 में भारत में चाय और कॉफी का निर्यात क्रमश: 818 मिलियन और 1146 मिलियन टन हो गया।
- **लौह-अयस्क** भारत कच्चे लोहे (Sponge Iron) का निर्यात करता है। वर्ष 1960-61 से इसके निर्यात मूल्य में लगातार वृद्धि होती आई है, यह एक अस्वस्थ प्रवृत्ति है। भारत को अपने निर्यात में इस्पात के भागों को बढ़ाना चाहिए और कच्चे लोहे का प्रयोग अपने स्टील प्लाण्टों में करना चाहिए।
- **हस्तशिल्प** समय के साथ-साथ भारतीय हस्तशिल्पों का निर्यात में महत्त्व बढ़ता जा रहा है। वर्ष 1970-71 से अब तक इसमें लगातार वृद्धि हो रही है। इनमें 92% भाग हीरों तथा जवाहरात के निर्यात का था।
- **इंजीनियरिंग वस्तुएँ** इस वर्ग में लौह एवं इस्पात, इलेक्ट्रॉनिक वस्तुएँ और सॉफ्टवेयर (Software) शामिल किए जाते हैं। वर्ष 1980-81 से शुरू होकर वर्ष 2011-12 से इनके निर्यात में तीव्र वृद्धि हुई है, जोकि हमारे कुल निर्यात का 22.0% है। यह एक प्रशंसनीय उपलब्धि है।

निर्यात की प्रमुख मदें

- भारतीय निर्यात में वित्त वर्ष 2024 में 320.2 बिलियन अमेरिकी डॉलर का पण्य निर्यात हुआ है, जो पिछले वर्ष की तुलना में 1.5% अधिक है।
- इसी समय में भारतीय खिलौना उद्योग, फुटवियर निर्यात और रक्षा निर्यात में उल्लेखनीय वृद्धि दर्ज की गई है।
- भारत अब वैश्विक स्तर पर सातवाँ सबसे बड़ा सेवा निर्यातक देश है।

भारत की शीर्ष 5 निर्यात वस्तुएँ

भारत सरकार के वाणिज्य मन्त्रालय द्वारा वर्ष 2023-24 में निर्यात होने वाले शीर्ष 5 उत्पाद निम्न थे, जिनके बदले भारत को उच्च आय की प्राप्ति हुई।

क्र. सं.	वस्तु	क्र. सं.	वस्तु
1.	पेट्रोलियम उत्पाद	4.	कार्बनिक रसायन
2.	रत्न और आभूषण	5.	वाहन एवं पुर्जे
3.	फार्मास्यूटिकल्स		

निर्यात संवर्द्धन

- 'निर्यात संवर्द्धन' (Export promotion) से अभिप्राय सरकार की उन नीतियों और समर्थन से है, जिनका उद्देश्य अधिकतम विदेशी मुद्रा अर्जित करना तथा आर्थिक संवृद्धि को प्राप्त करना है।
- इन नीतियों के द्वारा निर्यात में आने वाली बाधाओं को दूर किया जाता है।
- देश में व्यापार घाटे को नियन्त्रित करने के लिए निर्यात संवर्द्धन एवं आयात प्रतिस्थापन की नीति पर बल दिया गया है।
- निर्यात संवर्द्धन द्वारा निर्यात वृद्धि के लिए पुराने निर्यातकर्ताओं को तथा नवीन फर्मों या व्यक्ति को प्रोत्साहित किया जाता है।

निर्यात संवर्द्धन के उपाय

- निर्यात संवर्द्धन के लिए सरकारें कई तरह के प्रयास करती हैं।
- निर्यात संवर्द्धन के लिए गठित समितियाँ; जैसे—डिसूजा समिति (1957), मुदालियर समिति (1961), अलेक्जेण्डर समिति (1977), टण्डन समिति (1980) आदि की सिफारिशों के आधार पर विभिन्न संगठनों; जैसे—विदेशी व्यापार संस्थान, राजकीय व्यापार निगम, निर्यात संवर्द्धन परिषद्, आयात-निर्यात सलाहकारी परिषद्, राजकीय व्यापार निगम, सूती-वस्त्र निगम, आयात-निर्यात बैंक आदि की स्थापना की गई थी।
- निर्यात संवर्द्धन उपाय के अन्तर्गत ही निर्यात प्रसंस्करण क्षेत्र (ईपीजेड) तथा विशेष आर्थिक क्षेत्र (सेज) की स्थापना की गई। निर्यात संवर्द्धन के अनेक उपाय किए गए हैं, जो निम्न प्रकार हैं

निर्यात प्रसंस्करण क्षेत्र (EPZ)

- निर्यात प्रसंस्करण क्षेत्र (EPZ) एक विशेष आर्थिक क्षेत्र है, जहाँ बिना किसी प्रतिबन्ध के वस्तुओं का निर्यात और आयात किया जाता है।
- निर्यात प्रसंस्करण क्षेत्र एक इकाई के रूप में निर्यात को बढ़ावा देने के लिए किसी भी देश के द्वारा स्थापित किया जाता है।
- इसके अन्तर्गत इस क्षेत्र में स्थापित उद्योगों को राजकोषीय प्रोत्साहन, कर छूट और निर्यातित वस्तुओं के लिए उपयुक्त वातावरण उत्पन्न करना है, जिससे वे अन्तर्राष्ट्रीय प्रतियोगिता में अपना स्थान बना सकें।

- भारत द्वारा निर्यात संवर्द्धन को बढ़ावा देने के उद्देश्य से एशिया का प्रथम निर्यात संवर्द्धन क्षेत्र वर्ष 1965 में काण्डला में स्थापित किया गया। सार्वजनिक क्षेत्र में कुल सात ईपीजेड स्थापित किए गए; जैसे–काण्डला (गुजरात), सान्ताक्रुज (महाराष्ट्र) एवं फाल्टा (पश्चिम बंगाल), नोएडा (उत्तर प्रदेश), कोच्चि (केरल), चेन्नई (तमिलनाडु) तथा विशाखापत्तनम (आन्ध्र प्रदेश)।
- इनके अतिरिक्त निजी क्षेत्र में दो ईपीजेड स्थापित किए गए; जैसे–मुम्बई (महाराष्ट्र), सूरत (गुजरात) इलेक्ट्रॉनिकी निर्यात संसाधन क्षेत्र विशिष्ट रूप से इलेक्ट्रॉनिक सामान तथा रत्न और आभूषणों के लिए हैं, जबकि अन्य क्षेत्र सभी प्रकार के उत्पादों के लिए हैं।

विशेष आर्थिक क्षेत्र

- विशेष आर्थिक क्षेत्र (Special Economic Zone-SEG) का अभिप्राय–ऐसे भौगोलिक क्षेत्र से है, जो देश में गैर-विशेष आर्थिक क्षेत्र की अपेक्षा विशेषाधिकारों का लाभ प्राप्त कर रहा है।
- ईपीजेड का अनुभव सर्वाधिक सकारात्मक नहीं होने के कारण आयात-निर्यात नीति वर्ष 1997-2002 में सेज की संकल्पना लागू की गई। चीनी मॉडल का अनुसरण करते हुए 1 अप्रैल, 2000 से कोच्चि (केरल) को छोड़कर सभी को सेज में परिवर्तित कर दिया गया।
- सेज की कार्य प्रणाली को और प्रभावी बनाने के लिए सेज अधिनियम, 2005 पारित किया गया। सामान्यत: आर्थिक मामलों में सेज को विदेशी क्षेत्र माना जाता है।

निर्यात संवर्द्धन औद्योगिक पार्क (EPIP)

- केन्द्र सरकार ने राज्यों के निर्यात में बेहतर सहभागिता सुनिश्चित करने के उद्देश्य से राज्यों में निर्यात संवर्द्धन औद्योगिक पार्क (Export Promotion Industrial Park, EPIP) स्थापित करने की योजना बनाई है। इस योजना के अन्तर्गत परियोजना लागत की 75% राशि केन्द्र सरकार द्वारा अनुदानित होगी, किन्तु औद्योगिक पार्क के लिए भूमि की लागत राज्य सरकार द्वारा प्रदान की गई।
- केन्द्र सरकार ने अभी तक विभिन्न राज्यों में ऐसे 25 पार्कों के प्रस्तावों को स्वीकृति प्रदान की है। इन पार्कों का कार्यान्वयन विभिन्न अवस्थाओं के अन्तर्गत किया गया है। अभी (2022) तक 11 पार्क बनाए जा चुके हैं।
- देश का पहला औद्योगिक निर्यात संवर्द्धन पार्क का औपचारिक उद्घाटन 22 मार्च, 1997 को जयपुर के निकट सीतापुर में केन्द्रीय वाणिज्य राज्यमन्त्री द्वारा किया गया। इस औद्योगिक पार्क का विकास राजस्थान औद्योगिक निवेश निगम द्वारा केन्द्र सरकार के सहयोग से किया गया है।
- राजस्थान में ही भिवाड़ी (अलवर जिले) में एक अन्य ईपीआईपी स्थापित करने का राज्य सरकार का प्रस्ताव केन्द्र के समक्ष विचाराधीन है।

कृषि निर्यात क्षेत्र

- कृषि निर्यात क्षेत्र (Agri Export Zone-AEZ) देश का एक भौगोलिक क्षेत्र होता है जिसे कृषि आधारित प्रसंस्करण उद्योग स्थापित करने के लिए सीमांकित किया जाता है।
- कृषि उत्पादों के निर्यात को बढ़ावा देने के उद्देश्य से वर्ष 2001-02 में अलग-अलग राज्यों में कृषि निर्यात क्षेत्रों (Agri Export Zone, AEZ) की स्थापना को मंजूरी दी गई।
- इनमें बासमती चावल के लिए पंजाब एवं उत्तराखण्ड, मसालों के लिए मध्य प्रदेश, आम के लिए पश्चिम बंगाल और तमिलनाडु, सब्जी के लिए पश्चिम बंगाल और झारखण्ड, प्याज के लिए महाराष्ट्र, अदरक और हल्दी के लिए ओडिशा में कृषि निर्यात क्षेत्र स्थापित किए गए हैं।
- सकल घरेलू उत्पाद के अनुपात के रूप में निवल सेवाएँ भुगतान सन्तुलन (बीओपी) पर सेवा निर्यात और आयात के निवल प्रभाव को दर्शाता है। भारतीय सेवा निर्यात सतत रूप से जीडीपी के 7.4% से 7.7% के बीच रहा, जो बीओपी के स्थायित्व में योगदान करने वाले इस स्रोत की निरन्तरता को प्रदर्शित करता है।

निर्यात हब के रूप में भारतीय जनपद

- देश के प्रत्येक जिले को वैश्विक बाजार में अपनी विशिष्ट पहचान बनाने, सम्भावनाओं का उपयोग करके निर्यात केन्द्र के रूप में उभरने साथ ही इन सभी जिलों में सन्तुलित क्षेत्रीय विकास को बढ़ावा देने के लिए अगस्त, 2019 में निर्यात केन्द्र के रूप में जिले (DEH) पहल शुरू की गई।
- इसका उद्देश्य घरेलू और अन्तर्राष्ट्रीय बाजारों में प्रत्येक जिले से उत्पादों का चयन, ब्राण्डिंग और बिक्री को बढ़ावा देना है।

विदेशी ऋण

- विदेशी ऋण (Foreign Debt) वह धन है, जो किसी देश की सरकार, निगम या घरेलू परिवार किसी अन्य देश की सरकार या निजी ऋणदाताओं से उधार लेता है।
- विश्व बैंक (World Bank) और एशियाई विकास बैंक (ADB) जैसे संगठनों के प्रति दायित्वों को भी विदेशी ऋण के रूप में वर्गीकृत किया जाता है।
- जीडीपी, अनुपात की तुलना में विदेशी ऋण में वृद्धि, ऋण की अदायगी तथा विदेशी मुद्रा भण्डार पर आहरण को बढ़ाता है, जिससे भुगतान सन्तुलन पर प्रतिकूल प्रभाव पड़ता है।
- वर्ष 2023-24 (अप्रैल-सितम्बर) के दौरान भारत का विदेशी ऋण कुल 635.3 बिलियन अमेरिकी डॉलर था। इस दौरान विदेशी ऋण और सकल घरेलू उत्पाद का अनुपात 18.61% था।
- अल्पावधि ऋण अर्थात् 1 वर्ष तक की परिपक्वता वाले ऋण कुल ऋण का 20.1% था। अल्पावधि ऋण की सकल ऋणों में हिस्सेदारी 21.7% थी।

पण्य व्यापार सन्तुलन

- पण्य व्यापार सन्तुलन (Merchandise Trade Balance) किसी देश के वस्तु निर्यात और आयात के बीच का अन्तर होता है, इसे व्यापार सन्तुलन भी कहा जाता है। इसकी गणना किसी देश के आयात के मूल्य को उसके निर्यात के मूल्य से घटाकर की जाती है।
- घरेलू गतिविधि के साथ-साथ अनेक व्यापारिक भागीदारों में पुनरुद्धार के साथ-साथ वैश्विक माँग में वापसी के कारण, व्यापारिक निर्यात और साथ ही आयात दोनों में बेहतर उछाल आया तथा पूर्व महामारी के स्तर को पार कर गया, जिससे व्यापारिक घाटे में वृद्धि हुई।
- सरकार द्वारा किए गए विभिन्न उपायों; जैसे–कीमती धातुओं के आयात शुल्क में कमी, प्रमुख निर्यात बाजारों में माँग में पुनरुद्धार के साथ-साथ व्यापार करने में सहजता को बढ़ाने के लिए प्रक्रियात्मक मुद्दों के

सरलीकरण के कारण, पिछले वर्ष की तुलना में गैर-पेट्रोलियम और गैर रत्न और आभूषण व्यापारिक वस्तुओं के निर्यात ने पिछले कुछ महीनों में निरन्तर वृद्धि के साथ लचीलापन दिखाया है, जिसके परिणामस्वरूप वित्त वर्ष 2024 में 320.2 बिलियन डॉलर का निर्यात हुआ।

- भारत की घरेलू माँग में वृद्धि के कारण अप्रैल-मई 2024 के दौरान पण्य आयात 106.05 बिलियन अमेरिकी डॉलर हो गया।

चालू खाता शेष

- किसी देश का चालू खाता शेष (Current Account Balance) उस देश के वित्तीय प्रवाह और बहिप्रवाह का रिकॉर्ड होता है।
- यह भुगतान सन्तुलन का हिस्सा है, जो किसी देश के शेष दुनिया के साथ होने वाले मौद्रिक लेन-देन का विवरण है।
- आर्थिक सर्वेक्षण 2023-24 के अनुसार, भारत का चालू खाता घाटा (Current Account Deficit) वित्त वर्ष 2025 की दूसरी तिमाही में जीडीपी के 1.2% पर थोड़ा कम हुआ, जबकि वित्त वर्ष 2024 की दूसरी तिमाही में यह जीडीपी के 1.3% पर दर्ज किया गया था।

व्यापार सन्तुलन

- व्यापार सन्तुलन (Balance of Trade, BOT) से तात्पर्य-एक निश्चित समय-सीमा के अन्दर किसी भी देश में वस्तुओं के निर्यात-आयात के सन्तुलन से है।
- व्यापार सन्तुलन में सेवाओं का व्यापार और शुद्ध अन्तरण का योग कर चालू खाता सन्तुलन (सीएबी) प्राप्त किया जाता है।
- चालू खाते के घटकों से संव्यवहार के कारण आई हुई प्राप्तियों से अधिक का प्रवाह भुगतान के रूप में होने पर चालू खाते का घाटा (सीएडी) प्राप्त होता है। यदि प्राप्तियाँ अदायगी से अधिक हों, तो इसे चालू खाते का आधिक्य (सीएएस) माना जाता है। व्यापार सन्तुलन में तीन सम्भावनाएँ बनती हैं
  - सन्तुलित व्यापार सन्तुलन → निर्यात = आयात
  - असन्तुलित व्यापार सन्तुलन → निर्यात < आयात
  - अनुकूल व्यापार सन्तुलन → निर्यात > आयात

भुगतान सन्तुलन तथा व्यापार सन्तुलन में अन्तर

आधार	भुगतान सन्तुलन	व्यापार सन्तुलन
विवरण	इसमें वस्तुओं के आयात-निर्यात के साथ-साथ सेवाओं, पूँजी तथा स्वर्ण का भी विवरण रहता है।	इसमें केवल वस्तुओं के आयात-निर्यात का विवरण रहता है।
क्षेत्र	इसका क्षेत्र व्यापक होता है।	यह संकुचित क्षेत्र तथा भुगतान सन्तुलन का ही एक भाग है।
प्रकृति	यह सदैव सन्तुलित रहता है।	यह अनुकूल तथा प्रतिकूल दोनों ही अवस्था में हो सकता है।
मदें	इसमें दृश्य तथा अदृश्य दोनों मदें शामिल होती हैं।	इसमें केवल दृश्य मदों के आयात-निर्यात को ही शामिल किया जाता है।
विनिमय दर पर प्रभाव	यह अधिक प्रभावित करता है।	यह अधिक प्रभावित नहीं करता।
महत्त्व	यह तुलनात्मक रूप से अधिक महत्त्वपूर्ण होता है।	इसका महत्त्व भुगतान सन्तुलन की अपेक्षा कम होता है।

चालू खाता घाटा

- चालू खाता घाटा (Current Account delicit) तब होता है, जब किसी देश द्वारा आयात की जाने वाली वस्तुओं और सेवाओं का कुल मूल्य उसके द्वारा निर्यात की जाने वाली वस्तुओं एवं सेवाओं के कुल मूल्य से अधिक हो जाता है।
- वस्तुओं के निर्यात या आयात के सन्तुलन को व्यापार सन्तुलन कहा जाता है। व्यापार सन्तुलन चालू खाता सन्तुलन का एक भाग है।
- वर्ष 2021 की एक रिपोर्ट के अनुसार, उच्च तेल आयात, उच्च स्वर्ण सीएडी को बढ़ाने वाले प्रमुख कारक हैं।

विदेश व्यापार नीति, 2023

- वर्ष 2004 के पूर्व तक आयात-निर्यात नीति की घोषणा की जाती थी, लेकिन वर्ष 2004-05 में प्रथम बार पंचवर्षीय विदेश व्यापार नीति की घोषणा की गई।
- विदेश व्यापार नीति की घोषणा केन्द्रीय वाणिज्य एवं उद्योग मन्त्रालय द्वारा की जाती है। अत: केन्द्रीय वाणिज्य एवं उद्योग मन्त्री द्वारा 27 अगस्त, 2009 को विदेश व्यापार नीति वर्ष 2009-2014 की घोषणा की थी। इस नीति के दो मुख्य उद्देश्य निम्न थे
- भारत के वस्तु व्यापार को वर्ष 2010-11 के वित्तीय वर्ष के अन्त तक बढ़ाकर 200 अरब डॉलर करना था। 15% की वार्षिक वृद्धि के साथ वर्ष 2014 तक विश्व व्यापार में भारत की भागीदारी को बढ़ाकर दोगुना करना था।
- 1 अप्रैल, 2015 को नई विदेश नीति, 2015-20 की घोषणा की गई, इस नीति में मेक-इन-इण्डिया को केन्द्र में रखते हुए वस्तुओं एवं सेवाओं के निर्यात में वृद्धि के साथ रोजगार सृजन को महत्त्व दिया गया था।

विदेश व्यापार नीति 2023

- **लागू** 1 अप्रैल, 2023 में
- **घोषणा** केन्द्रीय वाणिज्य एवं उद्योग मन्त्रालय द्वारा
- **उद्देश्य** विदेश व्यापार नीति को आयात निर्यात तक ही सीमित न रखकर रोजगार सृजन से भी सम्बन्धित करना।
- **नीति का प्रमुख दृष्टिकोण 4 स्तम्भों पर आधारित**
  - गठबन्धनों, निर्यातकों, राज्यों, जिलों, भारतीय मिशनों के माध्यम से निर्यात संवर्द्धन
  - प्रोत्साहनों से छूट की ओर
  - व्यवसाय की सुगमता कारोबार लागत में कमी और ई-पहल
  - उभरते क्षेत्र निर्यात में ई-कॉमर्स विकासशील जिले तथा SCOMET (Special Chemical, Organisms Materials equipment and technologies) नीति को सुगम बनाना
- **लक्ष्य** सरकार का लक्ष्य वर्ष 2030 तक भारत के समग्र निर्यात को 2 ट्रिलियन अमेरिकी डॉलर तक बढ़ाना है। जिसमें वस्तुएँ एवं सेवा क्षेत्रों का समान योगदान होगा।

विदेश व्यापार नीति, 2023 की मुख्य विशेषताएँ

- **पुनः इंजीनियरिंग प्रक्रिया और स्वचालनः** इसके तहत निर्यात उत्पादन के लिए शुल्क छूट योजनाएँ, अब क्षेत्रीय कार्यालयों के माध्यम से एक नियम आधारित IT प्रणाली के वातावरण में क्रियान्वित किया जाएगा।
- **ईच वन टीच वन** पहल के समान 2 स्टार और उससे ऊपर की स्थिति धारकों को इच्छुक व्यक्तियों को एक मॉडल पाठ्यक्रम के आधार पर व्यापार से सम्बन्धित प्रशिक्षण प्रदान करने हेतु प्रोत्साहित किया जाएगा।
- जमीनी स्तर पर व्यापार पारिस्थितिकी तन्त्र के विकास में तेजी लाने हेतु जिलों को **निर्यात हब** पहल के रूप में आगे ले जाना
- EPCG (Export promotion Capital Goods) योजना को और अधिक युक्तिसंगत बनाकर इसमें PM- मित्र योजना को अतिरिक्त योजना के रूप में जोड़ा गया है। सभी प्रकार के बैटरी चालित इलेक्ट्रिक वाहन, वर्टिकल फार्मिंग उपकरण आदि को इसमें शामिल किया गया है।
- **मौजूदा 39 शहरों के अतिरिक्त 4 नए शहरों** अर्थात् फरीदाबाद, मिर्जापुर, मुरादाबाद और वाराणसी को 'Town of Export Excellence' (TEE) के रूप में नामित किया जाएगा।
- जमीनी स्तर पर व्यापार पारिस्थितिकी तन्त्र के विकास में तेजी लाने हेतु जिलों को **निर्यात हब** पहल के रूप में आगे ले जाना
- SCOMET नीति को कारगर बनाते हुए इसके अंतर्गत नियंत्रित वस्तुओं। प्रौद्योगिकियों के निर्यात की सुविधा प्रदान करते हुए भारतीय निर्यातकों को दोहरे उपयोग वाली कीमती वस्तुओं प्रौद्योगिकियों तक पहुँच प्रदान करेगी।
- **एमनेस्टी योजना** के अंतर्गत पंजीकरण के लिए एक ऑनलाइन पोर्टल लॉन्च किया जाएगा और निर्यातकों को इस योजना का लाभ उठाने के लिए 6 महीनों की विण्डो उपलब्ध होगी।
- **निर्यात आदेशों के त्वरित निष्पादन** के लिए स्व-घोषणा के आधार पर परिधान और वस्त्र क्षेत्र के निर्यात के लिए विशेष अग्रिम प्राधिकरण योजना का विस्तार किया गया है।

अन्तर्राष्ट्रीय व्यापार बढ़ाने की पहल

- भारत लगातार अन्तर्राष्ट्रीय व्यापार को विस्तार देने की प्रक्रिया को आगे बढ़ा रहा है। GDP में व्यापार की हिस्सेदारी (पेट्रोलियम उत्पादों के निर्यात और कच्चे तेल के आयात को छोड़कर) वित्त वर्ष 2005 में 32.3% से बढ़कर वित्त वर्ष 2023 में 40.8% हो गई है।

एक जिला एक उत्पाद

एक जिला एक उत्पाद पहल निर्यात केन्द्र के रूप में जिला-ओडीओपी पहल का उद्देश्य सामान्य जनता के लिए निर्यात प्रोत्साहन, विनिर्माण और रोजगार सृजन को लक्षित करना है, जिससे राज्यों तथा जिलों को 'आत्मनिर्भर भारत' मिशन का भागीदार बनाया जा सके।

- **निर्यात उत्कृष्टता वाले शहर** 750 करोड़ या उससे अधिक रुपये के सामान का उत्पादन करने वाले चयनित शहरों को टीईई (TEE) के रूप में निर्यात में वृद्धि के लिए अधिसूचित किया गया है।
- **बाजार पहुँच पहल योजना** इस योजना के तहत फोकस कण्ट्री पर निर्यात प्रोत्साहन गतिविधियों, ईपीसी, उद्योग और व्यापार संघों पर फोकस उत्पाद आधार आदि के लिए वित्तीय सहायता प्रदान की जाती है
- **निर्विक योजना** (NIRVIK Scheme) NIRVIK अर्थात् 'निर्यात ऋण विकास योजना' के रूप में जानी जाती है, भारतीय निर्यात ऋण गारण्टी निगम (ECGC) के तहत लागू की गई योजना है, जिसका उद्देश्य छोटे पैमाने के निर्यातकों को ऋण देने की प्रक्रिया को आसान बनाना तथा ऋण की उपलब्धता को बढ़ाना है।
  - अनुकूल वैश्विक पण्य कीमतों से निर्यात को सहायता मिली है। सरकार की कुछ विशिष्ट योजनाओं ने भी निर्यात को सुविधाजनक बनाया है। ये योजनाएँ निम्न हैं
- **ब्याज समानीकरण योजना** यह योजना बैंकों द्वारा निर्यातकों को उनके प्री और पोस्ट शिपमेण्ट रुपया निर्यात क्रेडिट पर ब्याज दरों में लाभ देने के लिए तैयार की गई थी। इस योजना का विस्तार करते हुए 1 अक्टूबर, 2021 से सबवेन्शन (सरकारी अनुदान) दरों में भी कमी की गई है।
- **निर्यात ऋण गारण्टी** (ईसीजीसी) इस प्रक्रिया के द्वारा निर्यातकों और बैंकों की सहायता की जाती है। निर्यात ऋण गारण्टी निगम निर्यातकों को भुगतान जोखिमों के परिणामों से बचाने के लिए निर्यात ऋण पर बीमा सुरक्षा देता है।
- **कृषि उड़ान योजना** कृषि उत्पादों के परिवहन में किसानों की सहायता करने के लिए अन्तर्राष्ट्रीय और राष्ट्रीय मार्गों पर अगस्त, 2020 में कृषि उड़ान योजना आरम्भ की गई थी, जिससे उनके मूल्य की प्राप्ति में सुधार हो सके।
- **निर्यात योजना** के लिए व्यापार अवसंरचना (टीआईईएस) सरकार राज्यों से निर्यात के विकास के लिए उपयुक्त बुनियादी ढाँचे के निर्माण में केन्द्र और राज्य सरकार की एजेन्सियों की सहायता के लिए वित्त वर्ष 2018-19 से निर्यात योजना के लिए व्यापार अवसंरचना को लागू किया गया।
- **निर्यात उत्पादों पर शुल्क एवं कर की छूट** (Remission of duties and taxes on exported products [RODTEP]) भारत सरकार ने सभी निर्यात वस्तुओं के लिए 1 जनवरी, 2021 से इस योजना को आरम्भ किया।
  - इस योजना के अन्तर्गत केन्द्र, राज्य और स्थानीय स्तर पर लगाए जाने वाले शुल्कों और करों जैसे कि इलेक्ट्रीसिटी ड्यूटी, परिवहन के लिए उपयोग किए गए ईंधन पर लगने वाले मूल्यवर्द्धित कर जिनके लिए किसी अन्य वर्तमान प्रणाली के अन्तर्गत न तो छूट दी जाती है और न ही धन की वापसी होती है। उनसे सम्बन्धित राशि को निर्यातकों के सीमा शुल्क के बही खातों में वापस कर दिया जाए।

- क्रेडिट का उपयोग आयातित वस्तुओं पर मूल सीमा शुल्क का भुगतान करने के लिए किया जा सकता है या इसे अन्य आयातकों को हस्तान्तरित किया जा सकता है, जिससे निर्यात के लिए लेन-देन में आसानी होती है।

- उत्पादन से जुड़ी प्रोत्साहन योजना (Production- Linked Incentive [PLI]) इस योजना से विश्व स्तर पर भारतीय निर्माताओं को इन 16 क्षेत्रों यथा- मोबाइल विनिर्माण तथा निर्दिष्ट (specilies) इलेक्ट्रॉनिक संघटक (components), औषधियों से जुड़े क्रान्तिक (critical) पदार्थ, मेडिकल उपकरण, औषधियाँ आदि में प्रतियोगी बनाने पर बल दिया जा रहा है।
  - इस योजना के द्वारा मूल योग्यता और अत्याधुनिक प्रौद्योगिकी के क्षेत्र में निवेश आकर्षित होगा, सूक्ष्म, लघु और मध्यम उद्यमों (Micro, Small and Medium) को उत्पादन पूर्ण सुविधाएँ मिलेंगी, निर्यात को बढ़ावा मिलेगा और भारत वैश्विक आपूर्ति शृंखला का एक अभिन्न अंग बन जाएगा।

भारत से सेवा निर्यात योजना

- भारत से सेवा निर्यात योजना (Services Export From India Scheme [SEIS]) इसके अन्तर्गत सेवा निर्यातकों को उनके द्वारा अर्जित विदेशी विनिमय के अनुसार ड्यूटी क्रेडिट स्क्रिप देकर उन्हें प्रोत्साहित करने का प्रावधान है।

  इसके सभी प्रावधान एम.ई.आई.एस. (MEIS) जैसे हैं तथा स्क्रिप की दरें 5-7% हैं। [MEIS: भारत से व्यापारिक निर्यात योजना 1 जनवरी, 2021 में समाप्त]

  नोट *ड्यूटी क्रेडिट स्क्रिप विदेश व्यापार महानिदेशक (DGFT) द्वारा जारी की जाती है तथा इसका उपयोग केन्द्र सरकार को विभिन्न शुल्कों/करों का भुगतान करने के लिए किया जाता है।*

- निर्यात प्रोत्साहन पूँजीगत वस्तु योजना (Export Promotional Capital Goods Scheme [EPCG]) इसके अन्तर्गत निर्यातकों को पूँजीगत वस्तुओं का आयात करने के लिए सीमा शुल्क की अदायगी नहीं करनी पड़ती है। (अर्थात् इन उत्पादों पर सीमा शुल्क शून्य है)।
  - इस छूट के बदले में उन्हें सीमा शुल्क की कुल मात्रा का 6 गुना अधिक निर्यात करने की अनिवार्यता (obligation) का प्रावधान है, जिसे निर्यातक आने वाले 6 वर्षों में पूरा कर सकते हैं।
  - इन आयातों पर मार्च, 2020 तक आई.जी.एस.टी. (IGST) की छूट उपलब्ध थी।

- शुल्क मुक्त आयात प्राधिकारण (Duty free import authorization [DFIAI]) इस योजना के अन्तर्गत निर्यातित उत्पादों से जुड़ी आगतों के लिए निर्यात सम्पन्न होने के बाद शून्य सीमा शुल्क की अदायगी का प्रावधान है।
  - इसे मानक आगत-निर्गत नियमावली (Standard Input Output Norms) के आधार पर परिचालित किया जाता है।

- समग्रीकरण/समानता योजना (Integration equality Scheme [IES]) बैंकों द्वारा निर्यातकों को उसके प्री और पोस्ट शिपमेण्ट (Pre and Post shipment rupee) निर्यात ऋण पर ब्याज दरों में लाभ देने के लिए ब्याज समग्रीकरण समानता योजना शुरू की गई।
  - अक्टूबर, 2021 में इस योजना का विस्तार करते हुए अनुदान दरों में भी कटौती कर दी गई है।
  - इसके बाद एम.एस.एम.ई (MSME) विनिर्माण निर्यातकों के लिए 3% (पहले 5%) की संशोधित दरों में कमी तथा व्यापारी और अन्य निर्माता निर्यातकों पर 2% (पहले 3%) की छूट लागू की गई है।

- समकक्ष/मानित निर्यात योजना (DES Deemed export Scheme) माने हुए या समकक्ष (deemed) निर्यात ऐसे निर्यात हैं, जिन्हें भौतिक रूप से देश के बाहर नहीं भेजा जाता, लेकिन इनका भुगतान विदेशों से होता (रुपये या विदेशी मुद्राओं में) है।
  - इस योजना के अन्तर्गत विनिर्मित उत्पादों पर करों को वापस कर दिया जाता है, ताकि घरेलू विनिर्माण उद्योग में प्रतिस्पर्द्धा कायम (Level playing field) रखी जा सके।

- निर्दिष्ट कृषि उत्पाद योजना के लिए परिवहन और विपणन सहायता (Transport and marketing assitance for specified agriculture products scheme [TMA]) इस योजना को फरवरी, 2019 में शुरू किया गया था। इसका उद्देश्य निर्यातित विशेष कृषिगत उत्पादों की परिवहन लागत (जो कई कारणों से काफी अधिक हो जाती है) को कम करना है।
  - कृषिगत निर्यातों को प्रोत्साहित करने वाली यह योजना मार्च, 2020 तक कार्यान्वित की गई तथा इसे आगे भी बढ़ाए जाने की सम्भावना है।

क्षेत्रीय व्यापार समझौते

- क्षेत्रीय व्यापार समझौता (Regional trade Agreement) दो या दो से अधिक देशों के बीच किया गया एक समझौता है, जिसमें हस्ताक्षरकर्ता टैरिफ और कोटा जैसी व्यापार बाधाओं को कम करने के लिए सहमति देते हैं।

  नोट *टैरिफ एक तरह का कर अथवा शुल्क है, जो किसी देश द्वारा आयातित व निर्यातित वस्तुओं पर लगाया जाता है। यह सामान्यतः सरकार द्वारा विदेशी वस्तुओं को नियन्त्रित करने, घरेलू उद्योगों को संरक्षित करने आदि के उद्देश्य से लगाया जाता है।*

- इसके द्वारा सदस्य देशों में वस्तुओं और सेवाओं की मुक्त आवाजाही को प्रोत्साहित किया जाता है।
- इससे सदस्य देशों के बीच कूटनीतिक सम्बन्धों के साथ-साथ क्षेत्रीय एकजुटता को भी मजबूती प्रदान की जाती है। इसके द्वारा क्षेत्रीय आर्थिक हितों का बेहतर तरीके से संरक्षण सम्भव हो पाता है।
- इस व्यापार समझौते में शामिल सदस्य देश एक-दूसरे के उत्पादों के लिए शून्य बुनियादी सीमा-शुल्क की सुविधा प्रदान करते हैं। इसके द्वारा उनके उत्पादों को मूल सीमा-शुल्क की अदायगी से छूट प्रदान की जाती है।
- इस समझौते के सदस्य देशों के उत्पादों पर अतिरिक्त सीमा शुल्क या अन्य प्रकार के शुल्क लागू होते हैं। साफ्टा या इण्डो-आसियान फ्री-ट्रेड एग्रीमेण्ट को इसके उदाहरण के रूप में देखा जा सकता है।
- मुक्त व्यापार समझौता (Free Trade Agreement) मुक्त व्यापार समझौता (FTA) कई देशों के बीच व्यापार को आसान बनाने के लिए किया गया एक समझौता है। इसके तहत देशों के बीच आयात-निर्यात से जुड़े नियमों को आसान बनाया जाता है।

- इस समझौते के द्वारा देशों के बीच व्यापार बाधाओं को कम किया जाता है, जिससे अन्तर्राष्ट्रीय व्यापार को बढ़ावा मिलता है।
- भारत ने कई देशों के साथ मुक्त व्यापार समझौते किए हैं; जैसे-जापान, दक्षिण कोरिया, आसियान क्षेत्र के देश और सार्क (दक्षिण एशियाई क्षेत्रीय सहयोग संगठन) के देश आदि। इसके अन्तर्गत द्विपक्षीय एवं बहुपक्षीय स्तर पर बहुत से करों एवं शुल्कों में कटौती की जाती है।
- इस समझौते के अन्तर्गत अधिकतम संवेदनशील वस्तुओं को इससे अलग रखा जाता है और इसमें सामान्यत: वस्तुओं एवं सेवाओं के व्यापार को सम्मिलित किया जाता है।

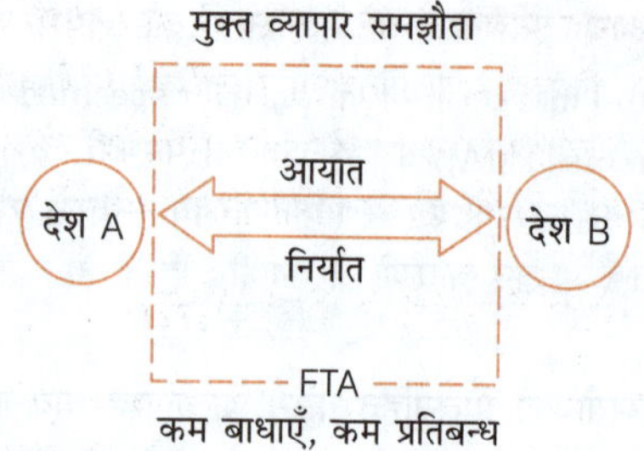

प्रिफरेन्शियल ट्रेड एग्रीमेण्ट

इस व्यापार समझौते में शामिल सदस्य देश, गैर-सदस्य देशों की तुलना में आपसी व्यापारिक अवरोधों को अपेक्षाकृत निम्न स्तर पर रखते हैं और सदस्य देशों के लिए सीमा-शुल्क की दर भी अपेक्षाकृत कम रखी जाती है। साफ्टा को इसके उदाहरण के रूप में देखा जा सकता है।

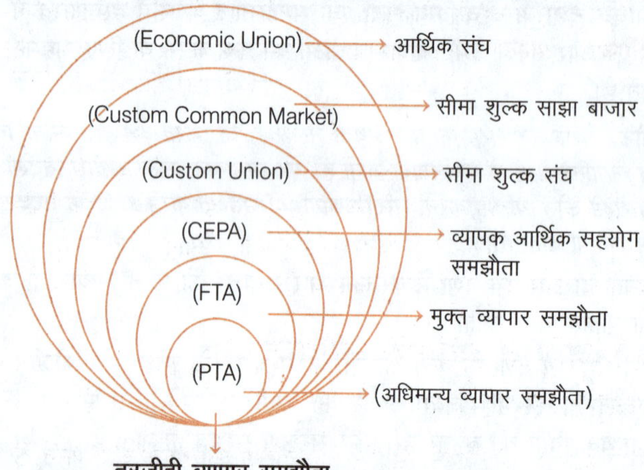

व्यापक आर्थिक सहयोग समझौता

यह समझौता दो देशों के बीच एक मुक्त व्यापार समझौता है, जिसका उद्देश्य व्यापार, आर्थिक विकास और साझेदारी को बढ़ावा देना है।

उदाहरण— भारत, सिंगापुर, सीईसीए
भारत, ऑस्ट्रेलिया, सीईसीए

व्यापक आर्थिक साझेदारी समझौता

- यह एक प्रकार का मुक्त व्यापार समझौता है, जिसमें सेवाओं एवं निवेश के सम्बन्ध में व्यापार और आर्थिक साझेदारी के अन्य क्षेत्रों पर बातचीत करना शामिल है।
- यह व्यापार सुविधा और सीमा शुल्क सहयोग, प्रतिस्पर्द्धा तथा बौद्धिक सम्पदा अधिकारों जैसे क्षेत्रों पर बातचीत कर सकता है।

उदाहरण भारत, जापान, सीईपीए
भारत, दक्षिण कोरिया, सीईपीए

नोट *साझेदारी या सहयोग समझौते मुक्त व्यापार समझौतों की तुलना में व्यापक हैं।*

- बिट व बिपा (BIT and BIPA) बिट (Bilateral Investment Treaty) एक द्विपक्षीय निवेश सन्धि/समझौता है। भारत सरकार द्वारा इसका निर्माण वर्ष 1993 में किया गया था। तब से अब तक भारत द्वारा 83 द्विपक्षीय निवेश संवर्द्धन एवं संरक्षण समझौता (BIPA) किए जा चुके हैं।
  - इस समझौते का उद्देश्य निवेशकों को निवेश की सुगमता, भेद-भाव रहित व्यवहार व विवाद के निपटान हेतु एक निष्पक्ष व स्वतन्त्र व्यवस्था करना है।
- नई बिट (New BIT) सरकार द्वारा इसकी घोषणा वर्ष 2016 में की गई। सरकार द्वारा वर्तमान में नई बिट के तहत ही मौजूदा द्विपक्षीय निवेश समझौतों, सी.ई.सी.ए, सी.ई.पी.ए. व एफ. टी. ए. पर नए तरीके से वार्ता कर रही है। नई व्यवस्था के तहत 83 में से अब तक 72 समझौतों का प्रवर्तन किया जा चुका है और शेष पर वार्ता जारी है।

सीमा शुल्क संघ

- यह मुक्त व्यापार समझौते का विकसित रूप है। इसके द्वारा सदस्य देशों को वस्तुगत उत्पादों से सभी प्रकार के सीमा शुल्क (मूल सीमा शुल्क तथा अतिरिक्त सीमा शुल्क) से छूट प्रदान की जाती है।
- इसके साथ-साथ सदस्य देशों द्वारा गैर-सदस्य देशों के सन्दर्भ में एकसमान टैरिफ नीति अपनाई जाती है। इसका प्रमुख उदाहरण दक्षिण अफ्रीका कस्टम यूनियन है।

साझा बाजार

- **साझा बाजार** (Common Market) कस्टम यूनियन का विकसित रूप है। इसमें कस्टम यूनियन की सभी विशेषताएँ होती हैं।
- इसके अतिरिक्त यह वस्तुओं के अतिरिक्त श्रम और पूँजी के मुक्त आवागमन को भी सुनिश्चित करता है।
- इसके प्रमुख उदाहरण दक्षिण अमेरिका साझा बाजार एवं साउथ अमेरिका का कॉपरटेनरी मार्केट हैं।

आर्थिक संघ

- आर्थिक संघ (Economic Union) मुक्त व्यापार समझौते का सबसे विकसित रूप है। इसमें साझा बाजार के सभी लक्षण उपलब्ध होते हैं।
- इसके सदस्य देशों के द्वारा एकसमान राजकोषीय मौद्रिक व विनिमय दर नीति समान आर्थिक-सामाजिक नीति को भी अपनाया जाता है। यह यूरोपियन यूनियन समन्वित बाजार से आर्थिक संघ बनने की ओर अग्रसर है।

भारत और क्षेत्रीय व्यापार समझौता

- भारत के पड़ोसी देशों की अर्थव्यवस्थाओं की तुलना में भारतीय अर्थव्यवस्था की प्रतिस्पर्द्धात्मक क्षमता अधिक होने के कारण इसके द्वारा क्षेत्रीय व्यापार समझौतों की प्रगति में विलम्ब हुआ।

- भारतीय उद्यमियों द्वारा क्षेत्रीय व्यापार समझौते की तुलना में बहुपक्षीय व्यापार समझौते को प्राथमिकता दी जाती थी, लेकिन दोहा दौर में उत्पन्न गतिरोध के कारण भारत ने क्षेत्रीय व्यापार समझौते की ओर बढ़ना शुरू किया। आरम्भिक दौर में विचार-विमर्श की यह प्रक्रिया केन्द्रीय मन्त्रालयों और व्यापार संघों तक सीमित रही, लेकिन परवर्ती चरण में अन्य हितधारकों को भी इसमें शामिल किया गया।
- वर्ष 1998 में श्रीलंका के साथ मुक्त व्यापार समझौता वास्तविक अर्थों में पहला मुक्त व्यापार समझौता है। यह वर्ष 2000 में लागू हुआ।

भारत में पिछले दो दशकों से क्षेत्रीय व्यापार समझौते में बढ़ती हुई सक्रियता के संकेत हैं। भारत ने इस प्रक्रिया में विभिन्न हितधारक समूहों को शामिल करते हुए विशिष्ट लक्ष्य निर्धारित किया। साथ ही इसके द्वारा आर्थिक और राजनीतिक-सामरिक उद्देश्यों के मध्य भी सन्तुलन बनाने में सफलता प्राप्त की है।

- दक्षिण एशियाई मुक्त व्यापार समझौता (South asian free trade agreement [SAFTA]) सर्वप्रथम श्रीलंका ने दिसम्बर, 1991 में सार्क देशों के छठे शिखर सम्मेलन में दक्षिण एशियाई वरीयता व्यापार व्यवस्था का प्रस्ताव प्रस्तुत किया था।
- रियायती प्रशुल्कों पर आपसी व्यापार करने के इस समझौते को प्रभावी करने का निर्णय दक्षेस के 8वें शिखर सम्मेलन के दौरान नई दिल्ली में वर्ष 1995 में लिया गया।
- रियायती प्रशुल्क दरों पर आपसी व्यापार समझौता हो जाने के बाद दक्षिण एशियाई देशों के मध्य व्यापार संवर्द्धन हेतु दक्षिण एशियाई मुक्त व्यापार समझौता (साफ्टा) पर हस्ताक्षर जनवरी, 2004 में किए गए, जबकि यह समझौता 1 जनवरी, 2006 को लागू हुआ।
- इस समझौते के अन्तर्गत भारत, पाकिस्तान एवं श्रीलंका को 1 जनवरी, 2009 तक अपने-अपने देशों में सीमा शुल्क घटाकर शून्य से 5% के मध्य करना था। इसके लिए दक्षेस के अपेक्षाकृत कम विकसित देशों को 1 जनवरी, 2016 तक का समय दिया गया। इस श्रेणी के देशों में बांग्लादेश, मालदीव, नेपाल, अफगानिस्तान एवं भूटान को शामिल किया गया।

इसका मुख्य उद्देश्य सदस्य देशों के बीच आपसी व्यापार कारोबार एवं आर्थिक सहयोग को प्रोत्साहन देना एवं वृद्धि करना, व्यापार कारोबार की बाधाओं को हटाना और सहयोगी देशों की सीमाओं के बीच वस्तुओं को सीमा पार आने-जाने की सुविधा प्रदान करना है।

- एशिया-प्रशान्त व्यापार समझौता (Asia Pacific trade agreement [APTA]) एशिया-प्रशान्त व्यापार समझौते को पहले बैंकॉक समझौते के नाम से जाना जाता था। इस समझौते पर 31 जुलाई, 1975 को हस्ताक्षर किए गए। यह यूनाइटेड नेशन्स इकोनॉमिक एण्ड सोशल कमीशन फॉर एशिया एण्ड द पेसिफिक (एस्केप) की एक पहल है।
- यह एस्केप के नई दिल्ली घोषणा में निहित सिद्धान्तों से प्रेरित है। यह एस्केप के विकासशील सदस्य देशों के बीच कारोबारी वार्ता के लिए पहला समझौता है।
- यह एस्केप क्षेत्र के सदस्य देशों के द्वारा आपसी सहमति द्वारा अधिमानी प्रशुल्क व्यवस्था में रियायतों के विनिमय के माध्यम से अन्तर्क्षेत्रीय व्यापार को प्रोत्साहन देता है।
- इस समझौते के संस्थापक देश; जैसे—भारत, बांग्लादेश, लाओस, कोरिया और श्रीलंका हैं।
- चीन को अप्रैल, 2000 में बैंकॉक समझौते की स्थायी समिति के 16वें सत्र में शामिल किया गया था।
- इस समझौते का उद्देश्य एस्केप के विकासशील सदस्य देशों के बीच व्यापार विस्तार की एक निरन्तर प्रक्रिया के माध्यम से आर्थिक प्रोत्साहन देना और उनके वर्तमान तथा भावी विकास एवं कारोबारी आवश्यकताओं के साथ आपसी लाभ के व्यापारिक उदारीकरण उपायों को अपनाना व तीसरी दुनिया के देशों के व्यापारिक हितों को विचार में लाना है।
- यह समझौता समग्र व्युत्क्रमणीयता और लाभों की आपसी सहमति के आधार पर होगा, जिससे सभी प्रतिभागी राज्यों को समान प्रकार से लाभ मिल सके। पारदर्शिता, राष्ट्रीय उपचार और सर्वाधिक लोकप्रिय उपचार के सिद्धान्त प्रतिभागी राज्यों के बीच व्यापारिक सम्बन्धों पर लागू होंगे।

व्यापक आर्थिक सहयोग समझौता

- भारत और आसियान दोनों कारोबार के दृष्टिकोण से एक-दूसरे के लिए बहुत महत्त्वपूर्ण हैं। आसियान, भारत का चौथा सबसे बड़ा कारोबारी क्षेत्र है, जबकि भारत आसियान के लिए सातवाँ सबसे बड़ा कारोबारी देश है।
- आसियान-भारत मुक्त व्यापार समझौते (AIFTA) पर हस्ताक्षर 13 अगस्त, 2009 को किए गए थे।
- वर्ष 2016-17 में भारत और आसियान के बीच 70 अरब डॉलर का द्विपक्षीय कारोबार हुआ था। भारत और आसियान के बीच वर्ष 2014 में ही मुक्त व्यापार समझौता हुआ था। इस सम्मेलन के पश्चात् भारत और आसियान के नेता वर्ष 2016-20 की नई कार्य योजना की समीक्षा करेंगे, जिससे विभिन्न क्षेत्रों में सहयोग बढ़ाया जा सके।
- अप्रैल, 2021 से फरवरी, 2022 की अवधि में भारत और आसियान क्षेत्र के बीच वस्तु व्यापार 98.39 बिलियन अमेरिकी डॉलर तक पहुँच गया। भारत के मुख्य व्यापारिक सम्बन्ध इण्डोनेशिया, सिंगापुर, मलेशिया, वियतनाम और थाइलैण्ड देशों के साथ हैं।

भारत-जापान व्यापक आर्थिक भागीदारी समझौता

- अक्टूबर, 2011 में जापान, सिंगापुर और दक्षिण कोरिया के बाद भारत के साथ व्यापक आर्थिक भागीदारी समझौता संघ वाला तीसरा देश है। यह समझौता 1 अगस्त, 2011 से लागू किया गया था। जापान, भारत के साथ ऐसा समझौता करने वाला पहला विकसित देश है।
- इस समझौते के अन्तर्गत रूल ऑफ ऑरिजन को परिभाषित किया गया है। यह कहा गया है कि यदि कोई वस्तु मूल रूप से उस देश का उत्पाद नहीं भी है, तो उसे भी सीईपीए के अन्तर्गत मिलने वाली छूटों का लाभ मिलेगा, बशर्ते उस वस्तु की 35% या इससे अधिक वैल्यू उस देश से सम्बद्ध हो।
- इसके अतिरिक्त कुछ वस्तुओं के सन्दर्भ में उत्पाद-विशेष पर आधारित नियमों को भी अपनाया गया, जिससे उन्हें मूल उत्पाद के रूप में परिभाषित किया जा सके।

भारत-जापान के मध्य दोहरे कराधान निषेध हेतु द्विपक्षीय संशोधित समझौता

- भारत तथा जापान ने दोहरे कराधान निषेध हेतु द्विपक्षीय संशोधित समझौते पर 11 दिसम्बर, 2015 को हस्ताक्षर किए। यह समझौता मूल रूप से वर्ष 1989 में किया गया था।
- द्विपक्षीय समझौते में दोहरे कराधान के साथ आयकर चोरी तथा सम्बन्धित सूचनाओं के आदान-प्रदान के लिए अन्तर्राष्ट्रीय स्तर पर स्वीकृत मानदण्डों को लागू करने की सहमति हुई है। द्विपक्षीय समझौतों से सम्बन्धित निम्न बिन्दु निम्न प्रकार हैं
- जापान के किसी निवासी के सम्बन्ध में सूचनाएँ भारत के सक्षम प्राधिकार की स्वीकृति के बाद जापान को सौंपी जाएँगी।
- भारत तथा जापान दोनों ही देश राजस्व दावों के संग्रह में एक-दूसरे को सहायता प्रदान करेंगे। सार्वजनिक वित्तीय संस्थाओं के कर में छूट की चर्चा भी इस समझौते में की गई है।
- अन्तर्राष्ट्रीय स्तर पर द्विपक्षीय एवं बहुपक्षीय आर्थिक सम्बन्धों को बढ़ावा देने के उद्देश्य से व्यापक आर्थिक समझौता (Comprehensive Economic Cooperation Agreement, CECA) तथा व्यापक आर्थिक भागीदारी समझौता (Comprehensive Economic Partnership Agreement, CECA) दोनों पर बल दिया गया है।
- व्यापक आर्थिक समझौता मुख्य रूप से व्यापार के लिए प्रारम्भिक समझौता है। इसके अन्तर्गत कुछ संवेदनशील वस्तुओं को जोड़कर आयात शुल्क में कटौती की जाती है।

भारत-मॉरिशस दोहरा करारोपण बचाव समझौता

- भारत को प्राप्त होने वाले कुल विदेशी निवेश का लगभग 37% अकेले मॉरिशस से प्राप्त होता है, इसे मॉरिशस मार्ग कहा जाता है। इसका कारण यह है कि भारत द्वारा मॉरिशस के साथ दोहरा करारोपण बचाव समझौता (डीटीएए) किया गया।
- भारत में विदेशी निवेश को प्रोत्साहित करने के लिए भारत द्वारा इस प्रकार के समझौते कुछ देशों के साथ किए गए हैं।
- इस समझौते के अन्तर्गत निवेश स्रोत देश तथा निवेश प्राप्तकर्ता देशों में निवेश की राशि पर कर न लगाकर किसी एक देश में ही कर लगाया जा सकता है।
- मॉरिशस द्वारा प्राप्त होने वाले निवेश पर भारत में कर नहीं लगाया जाता है। मॉरिशस ने भी वहाँ से होने वाले निवेश को कर मुक्त कर दिया है। इसके अतिरिक्त मॉरिशस का कुछ अन्य देशों से दोहरा करारोपण बचाव समझौता हुआ है।
- अधिकांश विदेशी निर्यातकर्ता इस समझौते का लाभ उठाकर सीधे भारत में निवेश न करके मॉरिशस मार्ग का अनुसरण करते हैं। इस प्रकार यह निवेशकर्ता के लिए कर मुक्त मार्ग बन जाता है।
- भारत को इससे पर्याप्त विदेशी निवेश प्राप्त हो रहा है, किन्तु इससे अरबों डॉलर के राजस्व की भी हानि होती है। यही कारण है कि मॉरिशस मार्ग को बन्द करके नए समझौते की माँग अर्थशास्त्रियों द्वारा की जा रही है।
- भारत ने प्रारम्भिक व्यापक आर्थिक समझौते को सिंगापुर के साथ जून, 2005 में लागू किया। इस समझौते के अन्तर्गत टैरिफ दरों में चरणबद्ध कटौती की जाती है, जबकि मुक्त व्यापार समझौता (Free Trade Agreement FTA) में शून्य बेसिक कस्टम ड्यूटी का प्रस्ताव होता है।
- 7 मार्च, 2024 को भारत तथा मॉरिशस दोहरा करारोपण बचाव समझौते के 'संशोधित प्रोटोकॉल समझौते' पर हस्ताक्षर किया गया।
- अप्रैल, 2024 तक भारत 14 एफ.टी.ए. (FTA) और 6 पी.टी.ए. (PTA) अधिमान्य व्यापार समझौता कर चुका है।
- सूची में सबसे हालिया भारत-यूएई व्यापक आर्थिक साझेदारी (CEPA) है, जो आधिकारिक तौर पर मई, 2022 में लागू हुआ था तथा अन्य भारत-ऑस्ट्रेलिया आर्थिक सहयोग तथा व्यापार समझौता (India-Australia, ECTA), जो 29 दिसम्बर, 2022 से लागू हुआ था।
- उल्लेखनीय है कि मार्च, 2024 में भारत ने यूरोपीय विदेश व्यापार संघ (एफ्टा/EFTA) के साथ व्यापार और आर्थिक साझेदारी समझौते (टेपा/TEPA) पर हस्ताक्षर किया। यह समझौता अभी लागू नहीं हुआ है।

"

भुगतान सन्तुलन (बीओपी) एक सांख्यिकीय विवरण है, जो किसी अर्थव्यवस्था और शेष विश्व के बीच विभिन्न लेन-देन को व्यवस्थित रूप में दर्शाता है। यह एक महत्त्वपूर्ण आर्थिक संकेतक के रूप में कार्य करता है।

अध्याय अट्ठारह

भुगतान सन्तुलन एवं विदेशी निवेश

किसी भी देश के अन्तर्राष्ट्रीय दायित्वों का पूर्ण विवरण भुगतान सन्तुलन के माध्यम से ज्ञात होता है, भुगतान सन्तुलन देश की अन्तरिष्ट्रीय वित्तीय स्थिति को अपने खातों के माध्यम से प्रदर्शित करता है। भुगतान की सन्तुलित स्थिति प्राप्त करने के लिए सरकार लगातार प्रयासरत् रही है। इसके लिए प्रमुख उपाय के रूप में निर्यात के सन्दर्भ में तीव्र वृद्धि की योजनाएँ अपना रही है, जिसके फलस्वरूप देश के विदेशी व्यापार व विदेशी मुद्रा भण्डार में सकारात्मकता के संकेत मिलने लगे हैं।

भुगतान सन्तुलन

- भुगतान सन्तुलन (Balance of Payments, BOP) का अभिप्राय-देश के सभी आयातों एवं निर्यातों तथा अन्य सेवाओं के सम्पूर्ण विवरण से है। यह विवरण दोहरी प्रविष्टि प्रणाली पर आधारित होता है तथा जब विदेशी उद्यम या उद्यमी लाभ और उत्पादन से प्रेरित होकर वित्तीय परिसम्पत्तियों को किसी राष्ट्र में व्यय करते हैं, तो इसे विदेशी निवेश कहा जाता है।
- किसी देश का भुगतान सन्तुलन (बीओपी) एक निश्चित अवधि में उस देश और शेष विश्व के साथ उसके सभी मौद्रिक व्यापार का क्रमबद्ध विवरण होता है अर्थात् यह एक वर्ष के अन्दर एक देश के निवासियों का विश्व के अन्य देश के निवासियों के साथ सभी प्रकार के आर्थिक लेन-देन (दृश्य, अदृश्य या पूँजीगत) का विवरण है।

भुगतान सन्तुलन में आर्थिक लेन-देन

दृश्य मदें

- सभी प्रकार की भौतिक वस्तुएँ जिनका आयात तथा निर्यात किया जाता है।
- इस प्रकार की मदों को देखा, छुआ तथा मापा जा सकता है; जैसे-दवाएँ, मशीनरी, खाद्य-पदार्थ

अदृश्य मदें

- इसके अन्तर्गत वे सभी मदें और सेवाएँ आती हैं, जिनके द्वारा सेवाएँ उपलब्ध कराई जाती हैं और प्राप्त की जाती हैं।
- इसके अन्तर्गत बैंक एवं वित्तीय संस्थाएँ, बीमा कम्पनी, जहाजरानी, एयरलाइन्स, इंजीनियर्स, डॉक्टरी सेवाओं, विद्यार्थियों, पर्यटकों, दूतावास, कर्मचारियों द्वारा की गई सेवाओं से प्राप्त आय, भुगतान ब्याज, लाभांश एवं रॉयल्टी आदि से प्राप्त मदें।

- जब तक भुगतान सन्तुलन में लेन-देन दोनों ही पक्षों में सामान्यत: सहज स्वाभाविक ढंग से प्राप्त हों, तो देश के लिए चिन्ता का कोई विषय नहीं है।
- स्थिति उस समय असन्तोषजनक होती है, जब किसी देश के चालू भुगतान उसकी प्राप्तियों से अधिक होते हैं और वह देश विदेशी ऋण लेकर अथवा विदेशी विनिमय कोष (Foreign Exchange Fund) से विदेशी मुद्राओं को खर्च करके अपने लेन-देन के बीच सन्तुलन स्थापित करता है।

भुगतान सन्तुलन के घटक

चालू खाता

- जिस खाते में उन प्राप्तियों व भुगतानों का लेखा किया जाता है, जो चालू वर्ष (एक वर्ष) में पूर्ण किए जाते हैं, चालू खाता (Current Accounts) कहलाता है।
- चालू खाता दृश्य मदों, अदृश्य मदों और एक पक्षीय हस्तान्तरण से सम्बन्धित प्राप्तियों और भुगतान का समावेश करता है।
- दृश्य व्यापार से अभिप्राय वस्तुओं के लेन-देन से होता है, वहीं अदृश्य मदों के अन्तर्गत सभी प्रकार की सेवाओं के आयात-निर्यात का विवरण होता है।
- किसी भी देश के भुगतान सन्तुलन की अनुकूलता या प्रतिकूलता का निर्णय उस देश के भुगतान सन्तुलन के चालू खाते मात्र के आधार पर किया जाता है।
- चालू खाते में वस्तुओं एवं सेवाओं के भुगतान के अतिरिक्त एक-पक्षीय भुगतान, ब्याज लाभांश भुगतान व उपहार आदि का भी विवरण दिया जाता है।
- भुगतान सन्तुलन के चालू खाते में शामिल मदों का सीधा प्रभाव अर्थव्यवस्था में आय, उत्पादन व रोजगार पर पड़ता है।

चालू खाते के घटक

वस्तुओं का आयात तथा निर्यात

- विदेशी व्यापार में आर्थिक सौदों का मुख्य भाग वस्तुओं के निर्यात से प्राप्तियाँ धनात्मक भाग (लेनदारी मदें) की ओर लिखा जाता है।
- वस्तुओं के आयात का भुगतान ऋणात्मक भाग (देनदारी मदें) की ओर लिखा जाता है।
- इसे दृश्य व्यापार (Visible Trade) भी कहा जाता है।

सेवाओं का आयात तथा निर्यात

- इसमें एक देश तथा शेष विश्व के मध्य बेची तथा खरीदी गई गैर-साधन सेवाओं; जैसे-बैंकिंग बीमा आदि आती हैं।
- इसे अदृश्य व्यापार (Invisible Trade) भी कहा जाता है।

विदेशों को और विदेशों से एक पक्षीय हस्तान्तरण

- इस प्रकार के हस्तान्तरण में उपहार, दान, व्यक्तिगत प्रेषणाएँ तथा एक ओर सौदे शामिल किए जाते हैं।
- एक पक्षीय हस्तान्तरण की प्राप्ति को लेनदारी तथा भुगतान को देनदारी भाग पर लिखा जाता है।

- चालू खाते में वस्तुओं के आयात-निर्यात, सेवाओं के अन्तरण- अदायगियों के विवरण दर्ज किए जाते हैं। वस्तु के निर्यात को आयात से घटाकर व्यापार सन्तुलन प्राप्त किया जाता है।
- जब आयात, निर्यात से अधिक होता है, तो व्यापार में घाटा होता है। भारत में भुगतान सन्तुलन चालू खाते की दृष्टि से स्वतन्त्रता के पश्चात् से ही केवल वर्ष 1976-79 को छोड़कर नकारात्मक रहा है। इसका कारण आयात-निर्यात की तुलना में अधिक होना है।
- विदेशों से आय प्राप्तियाँ और विदेशों को भुगतान यह ब्याज, किराया और लाभ के रूप में निवेश आय को सम्मिलित करता है।

चालू खाते में सन्तुलन/आधिक्य/घाटा

- चालू खाता सन्तुलन जब चालू खाते में प्राप्तियाँ चालू खाते के भुगतानों के बराबर होती हैं।
- चालू खाता आधिक्य जब चालू खाते में प्राप्तियाँ भुगतान से अधिक हों। इसका अर्थ है कि एक देश को अन्य देशों से भुगतान लेना है।
- चालू खाता घाटा जब चालू खाते में प्राप्तियाँ भुगतान से कम हों। इसका अर्थ है कि देश अन्य देशों से ऋणी है।
- चालू खाते का सन्तुलन = (दृश्य + अदृश्य निर्यात) = (दृश्य + अदृश्य आयात)

चालू खाते के घाटे को कम करने के उपाय

- चालू खाते के घाटे को कम करने के लिए पेट्रोलियम पदार्थों के विकल्प ढूँढ़ने, सेवा व्यापार को बढ़ावा देने, अनावश्यक आयात पर रोक लगाने, विदेशी व्यापार को बढ़ावा देने जैसे उपाय किए जा सकते हैं।
- आर्थिक सर्वेक्षण के अनुसार, भारत का चालू खाता घाटा (सीएडी) वर्ष 2023 में 67 बिलियन डालर (जीडीपी का 2%) से घटकर वर्ष 2024 में 23.2 बिलियन डॉलर (जीडीपी का 0.7%) हो गया। यह कमी वाणिज्यिक व्यापार घाटे में शुद्ध सेवा निर्यात में वृद्धि व भुगतान में वृद्धि के कारण आई है।
- भारत में भुगतान सन्तुलन की स्थिति में वर्ष 2015-16 में सुधार देखने को मिला। इसका अधिकांश श्रेय सरकार एवं आरबीआई द्वारा किए गए उपायों एवं कुछ सीमा तक समग्र वृहत आर्थिक मन्दी को दिया जाता है, जो विदेशी क्षेत्र में घटी।

पूँजी खाता

- भुगतान सन्तुलन का पूँजी खाता (Capital Account) देश के निवासियों और शेष विश्व के बीच हुए उन सभी सौदों का रिकॉर्ड रखता है, जो देश के निवासियों या उनकी सरकार की सम्पत्ति या देयता में परिवर्तन लाते हैं। यह वित्तीय प्रकृति के दावों और देयता से सम्बन्धित होता है।
- पूँजी खाते का प्रयोग चालू खाते में घाटे को वित्तीयन करने या चालू खाते के अतिरेक का शोषण करने के लिए प्रयोग किया जाता है। पूँजी खाता वित्तीय हस्तान्तरण के साथ सम्बन्धित होता है, इसलिए इसका देश की आय, उत्पादन और रोजगार पर कोई प्रत्यक्ष प्रभाव नहीं पड़ता है।
- भुगतान सन्तुलन के पूँजी खाते के लेन-देन का सम्बन्ध भौतिक परिसम्पत्तियों (भूमि, भवन, प्लॉट, मशीनरी) के क्रय-विक्रय और इनके कारण होने वाले परिसम्पत्तियों के स्वामित्व के परिवर्तन से है। इसके अतिरिक्त वित्तीय परिसम्पत्तियों (स्टॉक्स, बॉण्ड्स) के क्रय-विक्रय से होने वाले परिसम्पत्तियों के स्वामित्व में परिवर्तन से है।
- विदेशी प्रत्यक्ष निवेश (FDI) और विदेशी पोर्टफोलियो निवेश (FPI) पूँजीगत खाते का सबसे बड़ा घटक है।

पूँजी खाते के घटक

- विदेशों को उधार और विदेशों से उधार इसके अन्तर्गत निजी क्षेत्र, सरकार इत्यादि द्वारा विदेशों से उधार सम्बन्धी सभी सौदों को सम्मिलित किया जाता है। ऐसे ऋणों की प्राप्ति और विदेशियों द्वारा ऐसे ऋणों का पुनर्भुगतान धनात्मक (लेनदारी) भाग पर रिकॉर्ड होता है।
- निजी क्षेत्र और सरकार द्वारा विदेशों को ऋण विदेशों को ऋण और विदेशों से ऋण का पुनः भुगतान ऋणात्मक (देनदारी) भाग में रिकॉर्ड किया जाता है।
- विदेशों में और विदेशों से निवेश इसके अन्तर्गत शेष विश्व से भारतीय कम्पनियों के शेयरों में भारत में सम्पत्ति इत्यादि में निवेश को सम्मिलित किया जाता है।

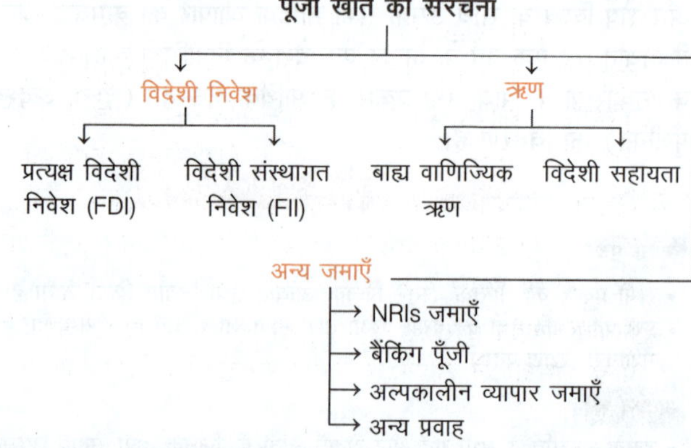

पूँजी खाते पर भुगतान सन्तुलन

- पूँजी खाते पर भुगतान सन्तुलन के अन्तर्गत ऐसे वित्तीय लेन-देन का विवरण होता है, जिसमें सभी प्रकार के अन्तर्राष्ट्रीय पूँजीगत अन्तरण, स्वर्ण का आदान-प्रदान, निजी भुगतान व राष्ट्रीय संस्थाओं से सम्बन्धित भुगतान व प्राप्तियाँ सम्मिलित होती हैं।

- परिसम्पत्तियों की खरीद/क्रय पूँजी खाते में डेबिट की जाती है; जैसे-यदि कोई भारतीय एक यू. के. की कार कम्पनी को खरीदता है, तो वह डेबिट मद में शामिल होगा, क्योंकि विदेशी विनिमय का भारत से बाह्य प्रवाह हो रहा है।
- दूसरी ओर परिसम्पत्ति की बिक्री पूँजी खाते की क्रेडिट मद में शामिल होगा; जैसे-यू. के. से खरीदी गई एक भारतीय कम्पनी के शेयर की बिक्री एक चीनी व्यापारी से करना, क्योंकि विदेशी विनिमय का भारत में अन्तर्प्रवाह हो रहा है।
- पूँजी खाते के सभी लेन-देनों का सम्बन्ध वित्तीय अन्तरणों से होता है, अत: इससे देश के उत्पादन, आय व रोजगार पर प्रत्यक्ष कोई प्रभाव नहीं पड़ता है।

भुगतान सन्तुलन और भारत

- वर्ष 1991 के पश्चात् आर्थिक सुधारों के माध्यम से निर्यात बढ़ाने का प्रयास किया गया, जिसके लिए प्रत्यक्ष विदेशी निवेश को प्रोत्साहित करने वाली नीतियों का निर्माण किया गया।
- तकनीकी उन्नयन पर विशेष बल देने व इसे प्रोत्साहित करने हेतु आयात के उदारीकरण की नीति अपनाई गई। इन सभी क्रियाकलापों व नीतियों से भुगतान सन्तुलन को सकारात्मकता प्राप्त हुई।

भुगतान सन्तुलन में सुधार हेतु प्रमुख प्रयास

- 1990 के दशक में सरकार ने उदारीकरण एवं आर्थिक सुधारों के परिप्रेक्ष्य में भुगतान सन्तुलन की प्रतिकूलता को दूर करने के लिए अनेक कदम उठाए गए, जो निम्नलिखित हैं
  - वर्ष 1992-93 के बजट में उदारीकृत विनिमय दर प्रबन्ध प्रणाली (एलईआरएमएस) घोषित की गई, जिसके अन्तर्गत 1 मार्च, 1992 से दोहरी विनिमय दर प्रणाली अपनाई गई।
  - वर्ष 1993-94 में रुपये को व्यापार खाते में पूर्ण परिवर्तनीय (Fully Convertible) बना दिया गया। इस नई प्रणाली में आयात-निर्यात के लिए दोहरी विनिमय दर प्रणाली को समाप्त करके खुले बाजार पर आधारित एकीकृत विनिमय दर की प्रणाली देश में लागू की गई और वर्ष 1991 में रुपयों का तीन चरणों में अवमूल्यन (Devaluation) किया गया।
  - रिजर्व बैंक द्वारा 19 अगस्त, 1994 को रुपये को चालू खाते में पूर्ण परिवर्तनीय घोषित कर दिया गया। निर्यातों को बढ़ावा देने के लिए निर्यात संवर्द्धन पूँजीगत सामान योजना (ईपीसीजी) लागू की गई।
  - निर्यात संवर्द्धन व विशेष आर्थिक क्षेत्रों (Special Economic Zones) की स्थापना तथा निर्यात को बढ़ावा देने के लिए निर्यात गृह, स्टार ट्रेडिंग हाउस तथा सुपर ट्रेडिंग हाउस की स्थापना की गई।
  - निर्यात संवर्द्धन में राज्यों की सही सहभागिता सुनिश्चित करने के लिए केन्द्र सरकार ने राज्यों में निर्यात संवर्द्धन औद्योगिक पार्क स्थापित किए।
  - वर्ष 1996-97 में आधारित संरचना की कमियों के कारण निर्यात में आने वाली बाधाओं को दूर करने के लिए क्रूशियल बैलेन्सिंग इन्वेस्टमेण्ट स्कीम लागू की गई।
  - वर्ष 1997-98 के बजट में एफईआरए (1973) के स्थान पर एक नया अधिनियम विदेशी मुद्रा प्रबन्ध अधिनियम (एफईएमए) लागू करने की घोषणा की गई।

भुगतान शेष प्रबन्धन

- भुगतान शेष के प्रबन्धन के लिए भारत सरकार ने समय-समय पर आवश्यक कदम उठाए हैं। इनमें से कुछ क्रियाकलापों का विवरण निम्नलिखित है
  - विदेशी विनिमय दर प्रबन्धन
  - विदेशी ऋण
  - विदेशी मुद्रा भण्डार के प्रबन्धन हेतु नीतियाँ

विदेशी विनिमय दर प्रबन्धन

- विनिमय दर प्रबन्धन का प्रत्यक्ष सम्बन्ध व्यापार नीति से है। अत: विनिमय दर में परिवर्तनों के माध्यम से भुगतान शेष में चालू खाते घाटे को कम किया जा सकता है।
- भारत सरकार द्वारा वर्ष 1993 में बाजार द्वारा निर्धारित विनिमय दर प्रणाली लागू की गई, जिसका परिणाम यह हुआ कि भारत में रुपये की विनिमय दर का निर्धारण बाजार की शक्तियों के द्वारा होने लगा।
- भारत में विदेशी विनिमय दर प्रबन्धन का प्रमुख उद्देश्य रुपये का विदेशी मूल्य, वास्तविक व विश्वसनीय स्तर पर रखना है।

विदेशी ऋण

- किसी भी देश का विदेशी ऋण उसके भुगतान शेष के चालू खाते के व्यवहार का सटीक प्रतिबिम्ब होता है।
- इस अर्थ में भारत के विदेशी ऋणों की बकाया मात्रा को पिछले वर्ष के चालू खाते के घाटों का संचयन माना जा सकता है।

विदेशी मुद्रा भण्डार एवं भण्डार प्रबन्धन नीतियाँ

- वर्ष 1991-92 में भारत के सम्मुख उत्पन्न गम्भीर आर्थिक संकट से यह बात स्पष्ट हुई कि भुगतान शेष के संकटों से उबरने व अन्तर्राष्ट्रीय विश्वास को बनाए रखने के लिए उपयुक्त विदेशी मुद्रा भण्डार का होना एक आवश्यक शर्त है।
- इन बातों का ध्यान रखते हुए रिजर्व बैंक ने विदेशी मुद्रा भण्डारों के निर्माण पर व्यापक रूप से ध्यान दिया है, जिससे कि चालू खाते में होने वाले घाटे व विदेशी मुद्रा सम्बन्धी समस्याओं का भविष्य में सामना किया जा सके।
- भुगतान सन्तुलन के पूँजी खाते से सम्बन्धित तीन प्रमुख मदों में विदेशी वाणिज्यिक उधार (एफसीबी), अनिवासी जमाएँ व अल्पकालीन ऋण प्रमुख हैं। भारत में निवेशकों के लिए आकर्षक वातावरण तैयार करने के उद्देश्य से दिसम्बर, 2004 में रतन टाटा की अध्यक्षता में निवेश आयोग (Investment Commission) का गठन किया गया।

विदेशी विनिमय कोष

- सामान्यत: भारत के विदेशी मुद्रा भण्डार को विदेशी विनिमय कोष कहा जाता है। इस कोष में विदेशी मुद्रा परिसम्पत्तियाँ, सोना, विशेष आहरण अधिकार (एसडीआर) और अन्तर्राष्ट्रीय मुद्रा कोष में आरक्षित किस्त की स्थिति को समाहित किया जाता है।
- देश के विदेशी मुद्रा कोषों का संरक्षक भारतीय रिजर्व बैंक है व देश के जितने भी विदेशी विनिमय का लेन-देन होता है, वह भारतीय रिजर्व बैंक के माध्यम से ही किया जाता है। यदि यह लेन-देन धनात्मक होता है, तो

इससे सरकारी कोष में वृद्धि होती है तथा ऋणात्मक होने पर सरकारी कोषों में कमी होती है।

विदेशी विनिमय दर

- विनिमय दर (Exchange Rate) से आशय दो अलग-अलग मुद्राओं की सापेक्ष कीमत से है अर्थात् यह एक मुद्रा के पदों में दूसरी मुद्रा के मूल्य की माप है। किन्हीं दो मुद्राओं के मध्य विनिमय की दर उनकी पारस्परिक माँग और पूर्ति के आधार पर निर्धारित होती है।
- विनिमय दर वह अनुपात है, जिस पर एक देश की मुद्रा दूसरे देश की मुद्रा से बदली जाती है। कुछ अर्थशास्त्री विनिमय दर को मुद्रा का बाह्य मूल्य भी कहते हैं। उदाहरण—यदि एक डॉलर की कीमत ₹ 54 है, तो यह डॉलर की रुपये में विनिमय दर है। इस प्रकार अलग-अलग मुद्राओं की विनिमय दर भी अलग-अलग होती है।

विनिमय दर के प्रकार

विनिमय दर के निम्नलिखित प्रकार हैं

- नाममात्र प्रभावी विनिमय दर भारतीय रिजर्व बैंक (Reserve Bank of India, RBI) 36 व्यापारिक साझेदार देशों की मुद्राओं के सम्बन्ध में रुपये की नाममात्र प्रभावी, विनिमय दर (Nominal Effective Exchange Rate, NEER) को सारणीबद्ध करता है।
  - यह एक प्रकार का भारित सूचकांक है अर्थात् इसमें उन देशों को अधिक महत्त्व दिया जाता है, जिनके साथ भारत अधिक व्यापार करता है। इस सूचकांक में कमी रुपये के मूल्य में ह्रास को दर्शाती है, जबकि सूचकांक में बढ़ोतरी रुपये के मूल्य में अभिमूल्यन को दर्शाती है।
- वास्तविक प्रभावी विनिमय दर NEER के अतिरिक्त वास्तविक प्रभावी विनिमय दर (Real Effective Exchange Rate, REER) भी भारतीय अर्थव्यवस्था में हो रहे परिवर्तनों को मापने के लिए एक महत्त्वपूर्ण मापदण्ड है।
  - REER के अन्तर्गत NEER में शामिल अन्य कारकों के अतिरिक्त विभिन्न अर्थव्यवस्थाओं में घरेलू मुद्रास्फीति को भी ध्यान में रखा जाता है, जिसके कारण इसका महत्त्व अधिक बढ़ जाता है।

NEER बनाम REER

- NEER विदेशी मुद्राओं के सन्दर्भ में घरेलू मुद्रा के द्विपक्षीय विनिमय दरों का भारित औसत होता है, जबकि REER मुद्रास्फीति के प्रभावों के लिए समायोजित अन्य प्रमुख मुद्राओं के सापेक्ष घरेलू मुद्रा का भारित औसत है। NEER विदेशी मुद्रा बाजार के सन्दर्भ में देश की अन्तर्राष्ट्रीय प्रतिस्पर्द्धा का एक संकेतक है।
- REER की गणना NEER में मूल्य परिवर्तन को समायोजित करने के पश्चात् की जाती है। इस प्रकार अर्थशास्त्री NEER की अपेक्षा REER को अधिक महत्त्व देते हैं।
- NEER = विशेष आहरण अधिकार (SDR) के सन्दर्भ में घरेलू विनिमय दर/विशेष आहरण अधिकार (SDR) के सन्दर्भ में विदेशी विनिमय दर।
- REER = NEER × (घरेलू मूल्य सूचकांक/विदेशी मूल्य सूचकांक)

विदेशी विनिमय दर प्रणाली

विदेशी विनिमय दर प्रणाली के निम्नलिखित प्रकार हैं

स्थिर विनिमय दर प्रणाली

इस प्रणाली में भारतीय रिजर्व बैंक ऑफ इण्डिया द्वारा विनिमय दर का निर्धारण किया जाता है। विनिमय दरों में जो उतार-चढ़ाव आता है, उसे अवमूल्यन तथा अधिमूल्यन कहते हैं।

स्थिर विनिमय दर (Stable Exchange Rate System) को निम्न व्यवस्था में बाँटा जाता है

- विनिमय दर की स्वर्णमान प्रणाली (Gold Standard System of Exchange Rate) यह प्रणाली वर्ष 1920 के पूर्व विश्व के अनेक हिस्सों में प्रचलित थी। इसके अन्तर्गत विश्व के विभिन्न देशों के मध्य प्रचलित मुद्राओं की समानता के लिए स्वर्ण को एक इकाई माना जाता था और प्रत्येक देश द्वारा अपनी मुद्राओं के मूल्य को स्वर्ण के तथ्य में परिभाषित करना होता था। इसमें विश्व की सभी मुद्राओं के मूल्यों के निर्धारण की तुलना स्वर्णमान से की जाती थी।
- विनिमय दर की ब्रेटन वुड्स प्रणाली (Bretton Woods System of Exchange Rate) इसके अन्तर्गत डॉलर के मूल्य को स्वर्ण के मूल्य द्वारा निर्धारित किया जाता है और दो मुद्राओं के बीच समानता के लिए स्वर्णमान को अन्तिम इकाई माना जाता है।
- परिवर्तनशील या तैरती विनिमय दर प्रणाली (Floating Exchange Rate System) बाजार की शक्तियों के अन्तर्गत माँग एवं पूर्ति का निर्धारण जिस विनिमय दर से होता है, उसे परिवर्तनशील विनिमय दर प्रणाली कहते हैं। तैरती विनिमय दर प्रणाली के अन्तर्गत विनिमय दरों में होने वाले परिवर्तन स्वत: स्फूर्त होते हैं।
- प्रबन्धित विनिमय दर प्रणाली (Managed Exchange Rate System) इसके अन्तर्गत यदि विनिमय दर का निर्धारण बाजार द्वारा और उसका प्रबन्धन सही तरीके से प्रशासनिक निकाय द्वारा किया जाए, तो इसे प्रबन्धित विनिमय दर प्रणाली कहते हैं। यह स्थिर एवं परिवर्तनशील विनिमय दर प्रणालियों का मिश्रण है।

फ्लोटिंग और स्थिर विनिमय दर प्रणालियों की तुलना

स्थिर विनिमय दर प्रणाली	फ्लोटिंग विनिमय प्रणाली
इसका मुख्य लक्षण विश्वसनीयता है, क्योंकि सरकार एक निश्चित स्तर पर विनिमय दर को बनाए रखने में सक्षम होती है।	यह सरकारी हस्तक्षेपों से मुक्त होती है।
इसमें भुगतान सन्तुलन में आधिक्य अथवा घाटा होता है।	यह सरकार को अधिक नम्यता प्रदान करती है और उन्हें विदेशी मुद्रा के विशाल कोषों का स्टॉक नहीं रखना पड़ता।
सरकारी आरक्षित कोषों का उपयोग कर सरकार इसे दूर करने के लिए हस्तक्षेप करती है।	इसका मुख्य लाभ यह है कि विनिमय दरों में परिवर्तन भुगतान सन्तुलन के आधिक्य व घाटों को स्वत: नियन्त्रण में कर लेता है।

उदारीकृत विनिमय दर व्यवस्था/प्रणाली

- भारत एक नियत मुद्रा व्यवस्था से उदारीकृत मुद्रा व्यवस्था की ओर अग्रसर हुआ है।
- भारत में दो प्रकार की विनिमय दरों का प्रचलन है, जिसमें एक का निर्धारण भारतीय रिजर्व बैंक द्वारा निर्धारित होता है तथा दूसरे की विनिमय दर का निर्धारण बाजार में मुद्रा की माँग व पूर्ति के आधार पर होता है। भारत में बाजार द्वारा निर्धारित विनिमय दर ही अधिकांशत: निर्देशित होती है।

भारत में विनिमय दर प्रणाली

- भारत की स्वतन्त्रता प्राप्ति के बाद यहाँ पर नियत विनिमय दर प्रणाली प्रचलित थी, जो ब्रेटन वुड्स प्रणाली के समान थी। भारतीय रुपये को वर्ष 1975 में पाउण्ड स्टर्लिंग से अलग कर दिया गया।
- इसके पश्चात् भारत में विनिमय दर प्रणाली को विनिमय दर संचालन के आधार पर सन्दर्भ दर पर निर्धारित किया गया।
- भारत में वर्ष 1992 में उदारीकृत विनिमय दर प्रबन्ध प्रणाली के सापेक्ष दोहरी विनिमय दर प्रणाली का प्रचलन किया गया।
- भारत में वर्ष 1993 में प्रबन्धित विनिमय दर प्रणाली की शुरुआत की गई, जिसके अनुसार विनिमय दर का निर्धारण बाजार की माँग एवं पूर्ति के आधार पर किया जाने लगा। इसमें होने वाले उतार-चढ़ाव को रोकने के लिए भारतीय रिजर्व बैंक द्वारा इसमें हस्तक्षेप कर इसे सामान्य किया जाने लगा।

अवमूल्यन

- अवमूल्यन (Devaluation) का तात्पर्य होता है—विदेशी मुद्राओं के सन्दर्भ में अपने देश की मुद्रा के मूल्य में जान-बूझकर कमी करना। मान लीजिए कि 1 डॉलर = 50 रुपया है, यदि आरबीआई सरकार द्वारा भारतीय रुपये का अवमूल्यन किया जाता है और इसे 1 डॉलर = 55 रुपया कर दिया जाता है, तो इससे अब 1 डॉलर प्राप्त करने के लिए ₹ 5 अधिक चुकाने होंगे।
- स्वाभाविक है कि अब विदेशों से आयात करने के लिए जो डॉलर खरीदा जाएगा, उसके लिए अधिक रुपये खर्च करने पड़ेंगे। इस प्रकार, आयात महँगा तथा इसके विपरीत निर्यात सस्ता हो जाएगा। अत: आयात हतोत्साहित तथा निर्यात प्रोत्साहित होगा।
- अवमूल्यन से वस्तु एवं सेवा व्यापार दोनों प्रभावित होते हैं, किन्तु अवमूल्यन की सफलता के लिए कुछ शर्तें आवश्यक हैं; जैसे—
    - अवमूल्यन तभी सफल हो सकता है, जब कोई दूसरा देश इसके विरोध में अपनी मुद्रा का अवमूल्यन न करे।
    - घरेलू बाजार में उन वस्तुओं की कीमत बढ़ जाएगी, जिनके निर्माण में प्रयुक्त सामग्री में विदेशों से आयात करना पड़ता है। अत: अवमूल्यन के कारण घरेलू मूल्य में होने वाली वृद्धि दर अवमूल्यन की तुलना में कम होनी चाहिए।
    - अवमूल्यन का लाभ तभी प्राप्त हो सकता है, जब निर्यात योग्य आधिक्य पर किसी प्रकार का प्रतिबन्ध न हो। इसके अतिरिक्त निर्यात योग्य आधिक्य का होना भी आवश्यक है।

भारत में मुद्रा का अवमूल्यन

- भारत में मुद्रा (रुपये) का अवमूल्यन आजादी के बाद से अभी तक 3 बार हुआ है।
- भारत में पहली बार 19 सितम्बर, 1949 को रुपये का अवमूल्यन किया गया और डॉलर की तुलना में इसे 1 डॉलर = 4.76 रुपये किया गया। पुन: 5 जून, 1966 को रुपये के मूल्य में 36.5% कमी की गई और इसे 1 डॉलर = 7.50 रुपये और पाउण्ड की तुलना में 1 पाउण्ड = 21 रुपये कर दिया गया। 1 जुलाई तथा 3 जुलाई, 1991 में जो अधोमुखी समायोजन हुआ, वह 18.5% था, जिसे मात्रा के आधार पर अर्थशास्त्रियों द्वारा अवमूल्यन माना गया। वर्ष 1949 तथा 1966 में अवमूल्यन जहाँ स्थिर विनिमय दर में हुआ, वहीं वर्ष 1991 का अवमूल्यन गिरती विनिमय दर प्रणाली के अन्तर्गत हुआ।

अधिमूल्यन

- मुद्रा का अधिमूल्यन (Appreciation) विदेशी मुद्रा बाजारों में एक मुद्रा के मूल्य में दूसरी मुद्रा के मूल्य के सापेक्ष वृद्धि को सन्दर्भित करता है।
- एक अल्पकालिक विनिमय दर प्रणाली के अन्तर्गत, बाजार की शक्तियाँ मुद्रा के मूल्य में परिवर्तन उत्पन्न करती हैं, जिसे मुद्रा मूल्यह्रास या अधिमूल्यन के रूप में जाना जाता है।

विदेशी मुद्रा भण्डार

- सामान्यत: भारत के विदेशी मुद्रा भण्डार (Foreign Exchange Reserve) में विदेशी मुद्रा परिसम्पत्तियाँ, सोना, विशेष आहरण अधिकार और अन्तर्राष्ट्रीय मुद्रा कोष में आरक्षित किश्त स्थिति को समाहित किया जाता है।
- भारत में विदेशी मुद्रा के आरक्षित भण्डार में आरबीआई द्वारा विनिमय बाजार में हस्तक्षेप कर विनिमय दर को आसान करने से, सहायक प्राप्तियाँ, ब्याज प्राप्तियाँ तथा इण्टरनेशनल बैंक फॉर रिकन्स्ट्रक्शन एण्ड डेवलपमेण्ट, एशियन डेवलपमेण्ट बैंक तथा इण्टरनेशनल डेवलपमेण्ट एसोसिएशन जैसी संस्थाओं द्वारा सहायता कोष दिए जाने से वृद्धि होती है।
- किसी देश/अर्थव्यवस्था के पास उपलब्ध कुल विदेशी मुद्रा उसकी विदेशी मुद्रा सम्पत्ति/भण्डार कहलाती है। भारतीय रिजर्व बैंक (आरबीआई) द्वारा जारी नवीनतम आँकड़ों (जनवरी, 2025) के अनुसार, भारत का विदेशी मुद्रा भण्डार $ 623.98 बिलियन है।
- किसी भी देश के विदेशी मुद्रा भण्डार में निम्नलिखित 4 तत्त्व शामिल होते हैं
    - विदेशी परिसम्पत्तियाँ (विदेशी कम्पनियों के शेयर, डिबेन्चर, बॉण्ड इत्यादि विदेशी मुद्रा में)
    - स्वर्ण भण्डार
    - आईएमएफ के पास रिजर्व कोष
    - विशेष आहरण अधिकार

विदेशी मुद्रा परिसम्पत्तियाँ

- ये ऐसी कम्पनियाँ हैं, जिनका मूल्यांकन देश की स्वयं की मुद्रा के अतिरिक्त किसी अन्य मुद्रा के आधार पर किया जाता है।
- एफसीए विदेशी मुद्रा भण्डार का सबसे बड़ा घटक है। इसे डॉलर के रूप में व्यक्त किया जाता है।

- एफसीए में विदेशी मुद्रा भण्डार में रखे हुए यूरो, पाउण्ड और येन जैसी गैर-अमेरिकी मुद्रा की कीमतों में उतार-चढ़ाव या मूल्यह्रास का प्रभाव शामिल है।

विशेष आहरण अधिकार

- विशेष आहरण अधिकार (Special Drawing Rights) को अन्तर्राष्ट्रीय मुद्रा कोष द्वारा वर्ष 1969 में अपने सदस्य देशों के लिए अन्तर्राष्ट्रीय आरक्षित सम्पत्ति के रूप में बनाया गया था।
- एसडीआर का मूल्य, बास्केट करेन्सी में शामिल मुद्राओं के औसत भार के आधार पर किया जाता है।
- इस बास्केट में पाँच देशों की मुद्राएँ शामिल हैं—अमेरिकी डॉलर, यूरोप का यूरो, चीन की मुद्रा रेनमिनबी, जापानी येन, ब्रिटेन का पाउण्ड आदि।

मुद्रा की परिवर्तनीयता

- मुद्रा की परिवर्तनीयता (Convertibility of Currencies) भुगतान सन्तुलन हेतु एक प्रमुख तत्त्व है। मुद्रा की परिवर्तनीयता का अर्थ ऐसी व्यवस्था से है, जिसके अन्तर्गत देश की मुद्रा मुक्त रूप से प्रमुख विदेशी मुद्राओं में तथा प्रमुख विदेशी मुद्राएँ मुक्त रूप से स्थानीय मुद्रा में परिवर्तनशील होती हैं।

प्रथम विश्वयुद्ध के पूर्व विश्व के अधिकाश राष्ट्रों में स्वर्णमान व्यवस्था प्रचलित थी, जिसके अन्तर्गत देश की प्रधान मुद्रा या तो स्वर्ण की बनी होती थी या कुछ शर्तों के अन्तर्गत मुद्रा का मुक्त रूप से स्वर्ण में तथा स्वर्ण का स्थानीय मुद्रा में परिवर्तन किया जा सकता था। इस प्रकार स्वर्ण परिवर्तनीय मुद्रा को ही परिवर्तनीय मुद्रा कहा जाता था।

- प्रथम विश्वयुद्ध के पश्चात् सभी राष्ट्रों ने स्वर्णमान का परित्याग कर दिया और इन राष्ट्रों में प्रचलित पत्र मुद्रा अपरिवर्तनीय घोषित कर दी गई।

रुपये की परिवर्तनीयता

- भारत अन्तर्राष्ट्रीय मुद्रा कोष (आईएमएफ) के संस्थापक सदस्यों में से एक है। अत: वह बहुपक्षीय भुगतान की प्रणाली को स्वीकार करता है अर्थात् रुपया आईएमएफ के सभी देशों की मुद्राओं में मुक्त रूप से परिवर्तन होगा, किन्तु भारत सरकार ने लम्बे समय तक भारतीय रिजर्व बैंक के विदेशी मुद्रा विनियम कानून (एफईआरए) के अधीन विदेशी मुद्रा नियन्त्रण की व्यापक प्रणाली अपना ली थी।
- विदेशी मुद्रा नियन्त्रणों और विदेशी मुद्रा विनियमन कानून के लागू करने से आयातकों एवं निर्यातकों तथा सामान्य जनता को भारी कठिनाइयों और असुविधाओं का सामना करना पड़ा। इसके अतिरिक्त काला बाजारी में बढ़ोतरी हुई।

भारत और परिवर्तनीयता

- वर्ष 1991 में पी.वी. नरसिंह राव की सरकार द्वारा शुरू की गई उदारीकरण की नीति के पहले वर्ष 1947 से भारत की विकास रणनीति संरक्षण, आत्म-निर्भरता और आयात प्रतिस्थापन पर आधारित थी। उस समय तक विदेशी पूँजी के प्रवाहों को अनुकूल दृष्टि से देखा नहीं जाता था और न ही इन्हें प्रोत्साहित किया जाता था।
- चालू खाते में होने वाले घाटे का वित्तपोषण ऋण प्रवाहों और आधिकारिक विकास सहायता (ओडीए) के माध्यम से किया जाता था, परन्तु भुगतान सन्तुलन और वर्ष 1990-91 में भारत के समक्ष उपस्थित हुए आर्थिक संकट ने भारत को थोक मात्रा में सुधारों को अपनाने के लिए मजबूर किया।

पूँजी खाते की पूर्ण परिवर्तनीयता

- साधारण भाषा में, पूँजी खाते पर परिवर्तनीयता किसी व्यक्ति को स्थानीय मुद्रा से विदेशी मुद्रा और विदेशी मुद्रा से स्थानीय मुद्रा में परिवर्तन की पूर्ण छूट देती है।
- इसका प्रमुख उद्देश्य विदेशी निवेशकों को एक आसान बाजार दिखाकर आकर्षित करना है, जिससे वे किसी देश में प्रवेश कर सकें और उससे जब चाहें, बाहर आ सकें।
- इसका एक अन्य उद्देश्य वैश्विक व्यवस्था में मुद्रा का सशक्त सन्देश भेजना है कि भारतीय अर्थव्यवस्था काफी मजबूत है और भारत के पास विदेशी मुद्रा के पर्याप्त रिजर्व हैं, जो देश से पूँजी के पलायन की किसी भी मात्रा का सामना करने में सक्षम हैं।

तारापोर समिति : पूँजी खाते पर परिवर्तनीयता

भारतीय रिजर्व बैंक ने वर्ष 1997 में रुपये की पूँजी खाते पर परिवर्तनीयता के लिए भूतपूर्व उप-गवर्नर श्री एस. एस. तारापोर की अध्यक्षता में इस समिति का गठन किया।

सीएसी पर प्रथम तारापोर समिति	सीएसी पर दूसरी तारापोर समिति
• आर्थिक सुधारों, बाह्य और वित्तीय क्षेत्रों की स्थिरता, त्वरित वृद्धि और वैश्विक समेकन (वास्तव में, ये 4 प्रमुख कारक हैं) के सन्दर्भ में पूँजी खाते की अधिक पूर्ण परिवर्तनीयता के विषय पर पुनर्विचार करने के लिए आरबीआई के एस. एस. तारापोर की अध्यक्षता में तारापोर समिति का गठन किया गया।	• तत्कालीन प्रधानमन्त्री डॉ. मनमोहन सिंह ने 18 मार्च, 2006 को मुम्बई में भारतीय रिजर्व बैंक में की गई अपनी उद्घोषणा में पूँजी की परिवर्तनीयता के विषय पर पुनर्विचार करने की आवश्यकता को सन्दर्भित किया था।
• प्रारम्भ में इस समिति ने सिफारिश की थी कि भारत को वर्ष 2000 तक पूर्ण परिवर्तनीयता की ओर बढ़ना चाहिए, परन्तु वर्ष 1997-1998 के व्यापक पूर्व एशियाई वित्तीय संकट के परिप्रेक्ष्य में इस समय-सारणी का परित्याग कर दिया गया। वास्तव में, अनेक लोगों का कहना है कि भारत की रूढ़िवादी (अपरिवर्तनवादी) नीतियों ने भारत को उस समय उन देशों में हुए दुर्भाग्य से बचा लिया।	• उन्हीं के शब्दों में "पिछले दो दशकों के दौरान हुए परिवर्तनों को देखते हुए एक पारदर्शी रूपरेखा के अन्तर्गत अधिक पूर्ण पूँजी खाते की परिवर्तनीयता की ओर बढ़ने के लाभ हैं। अत: मैं वित्त मन्त्री और भारतीय रिजर्व बैंक से अनुरोध करूँगा कि इस विषय पर पुनर्विचार किया जाए और वर्तमान वास्तविकताओं के आधार पर एक रूपरेखा तैयार की जाए।"

सीएसी पर प्रथम तारापोर समिति	सीएसी पर दूसरी तारापोर समिति
• वर्ष 2000 तक पूँजी खाते की पूर्ण परिवर्तनीयता की सिफारिश करते समय तारापोर समिति ने देश के अन्दर कुल वित्तीय गतिशीलता को लक्षित किया था, परन्तु वह सतर्क थी। उसने कहा था कि निम्न 5 पूर्व शर्तों की पूर्णता के बाद ही पूँजी खाते की पूर्ण परिवर्तनीयता पर विचार करना चाहिए। – भारत सरकार का राजकोषीय घाटा सकल घरेलू उत्पाद के 3.5% तक कम होना चाहिए। – मुद्रास्फीति की दरें 3-5% के बीच आ जाती हैं। – अनर्जक परिसम्पत्तियों (एनपीए) को 5% तक नीचे लाया जाता है। – आरक्षित नकदी निधि अनुपात (सीआरआर) को 3% तक नीचे लाया जाता है। – धन या ऋण 5% का एक मौद्रिक विनिमय दर बन्धन निर्मित किया जाता है।	• आरबीआई ने अधिक पूर्ण पूँजी खाता परिवर्तनीयता की रूपरेखा निर्धारित करने के लिए दूसरी तारापोर समिति की नियुक्ति की। आरबीआई ने इस समिति की रिपोर्ट 1 सितम्बर, 2006 को सार्वजनिक की। • इस रिपोर्ट में पूँजी खाते में रुपये की परिवर्तनीयता को अपनाने के लिए 3 चरणों का सुझाव दिया; जैसे–प्रथम चरण वर्ष 2006-07 में, द्वितीय चरण वर्ष 2007-09 में एवं तृतीय चरण वर्ष 2011 तक इस समिति की कुछ प्रमुख सिफारिशें निम्नानुसार थीं – स्वत: अनुमोदन के लिए बाह्य वाणिज्यिक उधार (ईसीबी) की सीमा को बढ़ाया जाना चाहिए। अनिवासी भारतीयों को पूँजी में निवेश की अनुमति दी जानी चाहिए। – अनिवासी भारतीयों की जमा राशियों को कर लाभ दिए जाने चाहिए। – बैंकिंग विनियमों में सुधार किया जाना चाहिए। – विदेशी संस्थागत निवेशकों को पार्टिसिपेटरी नोट्स से उठाई गई नई धनराशि का निवेश करने से प्रतिबन्धित किया जाना चाहिए। – विद्यमान पार्टिसिपेटरी नोट्सधारकों को एक निकास मार्ग प्रदान किया जाना चाहिए, जिससे पार्टिसिपेटरी नोट्स को चरणबद्ध तरीके से पूर्णत: समाप्त किया जा सके।

तारापोर समिति की प्रमुख अनुशंसाएँ

- विदेशी वाणिज्यिक उधारी (Foreign Commercial Borrowings, FCB) की ऊपरी सीमा तथा स्वायत्त मंजूरी की ऊपरी सीमा को धीरे-धीरे बढ़ाना।
- विदेशों में निगमों द्वारा किए जाने वाले विनियोगों (Investments) या बाह्य प्रवाहों की सीमा को कम्पनी के निवल मूल्य (Networth) के 200% से बढ़ाकर 400% करना।

नोट *निवल मूल्य किसी निगम के शेयर धारकों के स्वामित्व वाली हिस्सेदारी का मूल्य होता है। यह सकारात्मक (परिसम्पत्तियाँ देनदारी से ज्यादा) व नकारात्मक (परिसम्पत्तियों की तुलना में देनदारी ज्यादा) दोनों ही रूप में वर्णित हो सकती है।*

- पार्टिसिपेटरी नोट्स को समाप्त करना।
- निगमों तथा संस्थाओं को रूपी बॉण्ड निर्गत करने की मंजूरी देना, जिसमें विदेशी विनिमय में परिवर्तन का विकल्प हो, जिसकी सीमा निर्धारित हो, परन्तु जो धीरे-धीरे बढ़ा दी जाए।
- FRBM (Fiscal Responsibility and Budget Management) लक्ष्यों की प्राप्ति। राजकोषीय घाटे से PSBR (Public Sector Borrowing Requirements) की ओर विस्थापन।
- सरकारी ऋण प्रबन्धन एवं मौद्रिक नीति प्रणाली को अलग-अलग रखना तथा मौद्रिक प्रणाली के क्रियान्वयन में अधिक स्वायत्तता लाना।
- चालू खाते के घाटे को GDP के 3% से कम के स्तर पर लाना।

चालू खाते पर परिवर्तनीयता

वर्ष 1991 में भारत में उदारीकरण की नीति के अन्तर्गत द्वैध विनिमय दर प्रणाली आरम्भ की गई थी। इसके अन्तर्गत देश में दो विनिमय दरों औपचारिक विनिमय दर एवं बाजार विनिमय दर को लागू किया गया।

औपचारिक विनिमय दर

- यह सरकार द्वारा नियन्त्रित थी। इसके अन्तर्गत निर्यात आय का 40% भारतीय रिजर्व बैंक को अधिकृत व्यापारियों (Authorised Dealers) द्वारा औपचारिक विनिमय दर पर बेचना था।
- इस राशि का प्रयोग भारतीय रिजर्व बैंक अधिमान्य प्राप्त आयात (Preferred Imports) या अम्बारी आयात के लिए कर सकता था।

बाजार विनिमय दर

- इसे काले बाजार की विनिमय दर भी कहा जाता था। यह परिवर्तन बाजार के उच्चावचन पर निर्भर था।
- इसके अन्तर्गत निर्यात आय के 60% का परिवर्तन मुक्त बाजार द्वारा निर्धारित विनिमय दर पर किया जा सकता था।
- इस विनिमय दर का प्रयोग सौदों एवं भुगतान के लिए बिना रोक-टोक के किया जा सकता था।
- द्वैध विनिमय दर प्रणाली के परिणामस्वरूप औपचारिक विनिमय दर बाजार विनिमय दर से नीची थी। अत: व्यापारियों एवं विदेशों में कार्य करने वाले भारतीयों के हितों को नुकसान पहुँचा, जिसके फलस्वरूप 19 अगस्त, 1994 को तत्कालीन वित्त मन्त्री मनमोहन सिंह के कार्यकाल में रिजर्व बैंक द्वारा रुपये को चालू खाते पर पूर्ण परिवर्तनीय कर दिया गया।

विदेशी मुद्रा विनिमय से सम्बन्धित कानून

विदेशी मुद्रा विनिमय से सम्बन्धित निम्न कानून हैं

विदेशी मुद्रा विनियमन कानून (फेरा), 1974

- भारत में विदेशियों द्वारा नियन्त्रित कम्पनियों को विनियमित करने के उद्देश्य से इस कानून को वर्ष 1974 में (एफईआरए, 1947) पारित किया गया।
- वर्ष 1973 में इस कानून में अनेक महत्त्वपूर्ण संशोधन किए गए। इसके निम्नलिखित उद्देश्य थे
    - भारत के विदेशी मुद्रा भण्डार को सुरक्षित करना।
    - विदेशी निवेशकों को भारत के आधारभूत क्षेत्रों में निवेश के लिए नियम बनाना, जिससे उच्च स्तरीय विदेशी टेक्नोलॉजी का प्रयोग किया जा सके।

विदेशी मुद्रा प्रबन्ध कानून (फेमा), 2000

- विदेशी मुद्रा विनियमन कानून (फेरा), 1973 अत्यधिक कठोर था। अत: इसके स्थान पर वर्ष 1998 में विदेशी मुद्रा प्रबन्धन कानून (फेमा) लाया गया। इसे 1 जून, 2000 से लागू कर दिया गया। इसके निम्नलिखित उद्देश्य हैं
  - विदेशी व्यापार से सम्बन्धित भुगतानों में कोई रुकावट या कठिनाई न हो।
  - भारत के विदेशी विनिमय बाजार का सुचारू ढंग से विकास हो।

फेरा व फेमा में अन्तर

- भारत में विदेशी निवेश तथा विदेशों में भारतीय निवेश सम्बन्धी नियम फेरा (विदेशी मुद्रा विनियमन अधिनियम) की तुलना में फेमा (विदेशी मुद्रा प्रबन्धन अधिनियम) में अधिक उदार एवं पारदर्शी है।
- विदेशी यात्राओं व अन्य विभिन्न उद्देश्यों के लिए विदेशी मुद्राओं के आहरण की सीमाएँ फेरा की तुलना में फेमा में काफी अधिक निर्धारित की गई हैं।
- फेमा के उल्लंघन के मामलों का निपटान सिविल अपराधों के तरीके से किया जाएगा अर्थात् इसके उल्लंघनकर्ताओं को जेल की सजा नहीं, बल्कि केवल अर्थदण्ड ही वहन करना होगा।
- फेरा उल्लंघन के मामले में दण्ड की राशि, जहाँ सम्बद्ध राशि के पाँच गुना तक हो सकती थी, वहीं नए फेमा के अन्तर्गत यह अधिकतम तीन गुना ही होगी। फेरा के अन्तर्गत निर्दोष सिद्ध करने का दायित्व अभियुक्त का होता था, जबकि फेमा के अन्तर्गत यह दायित्व प्रवर्तन एजेन्सी (Enforcement Agency) का होगा।

मुद्रा प्रक्षालन निरोधक कानून, 2002

- मुद्रा प्रक्षालन (Money Laundering) ऐसी प्रक्रिया है, जिसके अन्तर्गत किसी धन सम्पदा के वास्तविक उद्गम को छिपाया जाता है। वर्ष 2002 में इस कानून को लागू किया गया।
- इस कानून का मुख्य उद्देश्य अवैध रूप से धन को विदेशी बैंकों में भेजकर वैध बनाने से रोकना है।
- इस कानून के उल्लंघन पर 3-7 वर्ष तक के कठोर कारावास की सजा के अतिरिक्त ₹ 5 लाख तक जुर्माना भी किया जा सकता है। यह अपराध जमानत योग्य नहीं होगा तथा स्वयं को निर्दोष साबित करने का दायित्व भी आरोपी पर होगा।
- इस कानून में वर्ष 2005 और वर्ष 2009 में अनेक संशोधन किए गए। इसके अतिरिक्त दिसम्बर, 2011 में भी इस कानून में संशोधन सम्बन्धी विधेयक लोकसभा में प्रस्तुत किया गया।

विदेशी ऋण

- किसी भी देश का विदेशी ऋण (Foreign Debt) उसके भुगतान सन्तुलन के चालू खाते के व्यवहार का प्रतिबिम्ब होता है।
- इस अर्थ में भारत के विदेशी ऋण की बकाया मात्रा को पिछले वर्ष के चालू खाते के घाटे का संचयन माना जा सकता है।
- विदेशी ऋण अल्पसमयावधि के लिए तथा दीर्घावधि के लिए जारी किए जाते हैं।
- ऋणों को जिस मुद्रा में प्राप्त किया जाता है, उसे वापस उसी मुद्रा में चुकाना पड़ता है।
- सकल घरेलू उत्पाद अनुपात में विदेशी ऋण का अनुपात जून 2024 के अन्त में सकल घरेलू उत्पाद के 18.8% से बढ़कर सितम्बर 2024 के अन्त में 19.4% हो गया।
- कुल विदेशी ऋण में अल्पकालिक ऋण की हिस्सेदारी जून 2024 के अन्त में सितम्बर, 2024 तक घटकर 18.8% हो गई।

ऋण जाल

तकनीकी रूप से ऋण जाल (Debt Trap) एक ऐसी स्थिति है, जहाँ आपको अपने मौजूदा ऋण दायित्वों को चुकाने के लिए ताजा ऋण लेने के लिए मजबूर किया जाता है और इससे पहले कि आप इसे जानते हों, आप ऐसी परिस्थिति में फँस जाते हैं, जहाँ आपके द्वारा देय ऋण की राशि बदतर और नियन्त्रण से बाहर हो जाती है।

विदेशी ऋण

दीर्घ और अल्पावधि ऋण
- दीर्घावधि ऋण एक वर्ष से अधिक की मूल परिपक्वता वाला ऋण होता है।
- अल्पावधि ऋण को माँग पर या एक वर्ष या उससे भी कम की मूल परिपक्वता वाले ऋण पुनर्भुगतान के रूप में परिभाषित किया जाता है।

बहुपक्षीय और द्विपक्षीय ऋण
- बहुपक्षीय संस्थान जैसे की अन्तर्राष्ट्रीय विकास संघ (IDA), पुनर्निर्माण और विकास के लिए अन्तर्राष्ट्रीय बैंक (IBRD), एशियाई विकास बैंक (ADB) लेनदार आदि
- राष्ट्र जो सम्प्रभु और गैर-सम्प्रभु व्यवस्थाओं जैसे ऋण व्यवस्था में सलंग्न हैं, द्विपक्षीय लेनदार हैं। भारत के द्विपक्षीय लेनदार-जापान, जर्मनी USA फ्रांस आदि।

सरकारी और गैर-सरकारी ऋण
- बाहरी सहायता कार्यक्रम के अन्तर्गत भारत सरकार द्वारा प्राप्त ऋण के कारण बाहरी ऋण, सरकार का ऋण, जिसमें IMF से उधार शामिल है, रुपया ऋण का रक्षा ऋण घटक और विदेशी मुद्रा रक्षा ऋण मिलकर सम्प्रभु ऋण का गठन करते हैं।
- गैर-सार्वभौमऋण बाहरी ऋण के शेष घटकों द्वारा गठित किया जाता है।

व्यापार/निर्यात क्रेडिट
- जब विदेशी आपूर्तिकर्ताओं, बैंकों और वित्तीय संस्थानों द्वारा सम्प्रभु और गैर-सम्प्रभु संस्थानों को आयात के लिए ऋण और क्रेडिट दिए जाते हैं।

बाहरी और वाणिज्यिक उधार (ECB)
- इसमें वाणिज्यिक बैंकों, वित्तीय संस्थानों से लिया गया उधार, बाण्ड, फ्लोटिंग रेट, नोट्स (FRN) वाणिज्यिक बैंकों की प्रतिभूतिकृत उधारी आदि जैसे प्रतिभूतिकृत उपकरणों को जारी करके जुटाया गया धन शामिल है।

विदेशी निवेश

- जब विदेशी उद्यम या उद्यमी लाभ तथा उत्पादन से प्रेरित होकर वित्तीय परिसम्पत्तियों को किसी राष्ट्र में व्यय करते हैं, तो इसे उस राष्ट्र के सन्दर्भ में विदेशी निवेश (Foreign Investment) कहा जाता है।
- इसके अन्तर्गत किसी देश में पूँजी तकनीक आदि का आगमन होता है। इसकी आवश्यकता देश में निवेश का स्तर ऊँचा करके प्राकृतिक साधनों का पूर्ण दोहन करने, आधुनिक तकनीक की उपलब्धि, आधारभूत आर्थिक ढाँचे का विकास, भुगतान सन्तुलन की स्थिति में सुधार आदि के लिए होती है।

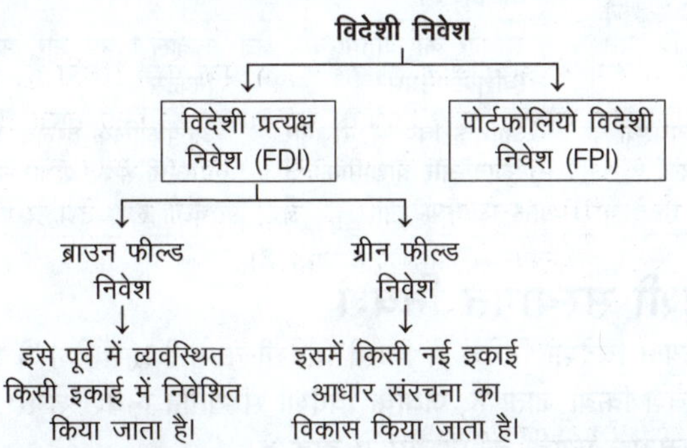

विदेशी प्रत्यक्ष निवेश

- सामान्यत: किसी एक देश की कम्पनी द्वारा दूसरे देश में किया गया निवेश विदेशी प्रत्यक्ष निवेश (Foreign Direct Investment) कहलाता है अर्थात् जब उत्पादन के साधनों (भूमि, मशीन, पूँजीगत सामान) में विदेशी निवेशक प्रत्यक्ष रूप से निवेश करते हैं, तो उसे विदेशी प्रत्यक्ष निवेश कहा जाता है।
- सामान्यत: यह दीर्घकालिक उद्यमीय निवेश होता है। ऐसे निवेश से निवेशकों को दूसरे देश की उस कम्पनी के प्रबन्धन में कुछ हिस्सा प्राप्त होता है, जिसमें उनका पैसा निवेश होता है।
- भारत में विदेशी प्रत्यक्ष निवेश के अन्तर्गत भारतीय रिजर्व बैंक के स्वत: अनुमोदित मार्ग (Automatic Route) तथा अनुमोदन सचिवालय अनिवासी भारतीय और शेयरों के अधिग्रहण मार्ग से आने वाली पूँजी सम्मिलित है।
- किसी निवेश को एफडीआई की श्रेणी में शामिल करने के लिए कम-से-कम कम्पनी में विदेशी निवेशकों को 10% शेयर खरीदना पड़ता है। इसके साथ उसे निवेश वाली कम्पनी से मताधिकार भी हासिल करना पड़ता है।
- 24 मई, 2017 को विदेशी निवेश संवर्द्धन बोर्ड को समाप्त करने का प्रस्ताव सरकार ने मंजूर कर लिया। 95% एफडीआई प्रपोजल अब ऑटोमैटिक रूट से आता है। इसलिए अब इसकी कोई आवश्यकता नहीं रह गई। इसे वर्ष 1990 में प्रधानमन्त्री कार्यालय के अधीन गठित किया गया था।

प्रत्यक्ष विदेशी निवेश

- आर्थिक सर्वेक्षण 2024-25 के अनुसार, भारत में सकल FDI अन्तर्प्रवाह वित्त वर्ष 2024 के पहले आठ महीनों में 47.2 बिलियन अमेरिकी डॉलर से बढ़कर वित्त वर्ष 2025 की समान अवधि में 55.6 बिलियन अमेरिकी डॉलर हो गया।
- वित्त वर्ष 2024-25 के दौरान भारत में FDI के क्षेत्र में मॉरीशस, सिंगापुर संयुक्त राज्य अमेरिका और नीदरलैण्ड का शीर्ष स्थान रहा।

FDI शीर्ष क्षेत्र

- कम्प्यूटर सॉफ्टवेयर और हार्डवेयर (14.1%)
- सेवा क्षेत्र (वित्त, बैंकिंग, बीमा, गैर-वित्तीय/व्यवसाय, आउट सोर्सिंग, अनुसन्धान एवं विकास, कूरियर, टेक, परीक्षण और विश्लेषण, अन्य)
- ऑटोमोबाइल उद्योग
- ट्रेडिंग
- निर्माण (इन्फ्रास्ट्रक्चर)

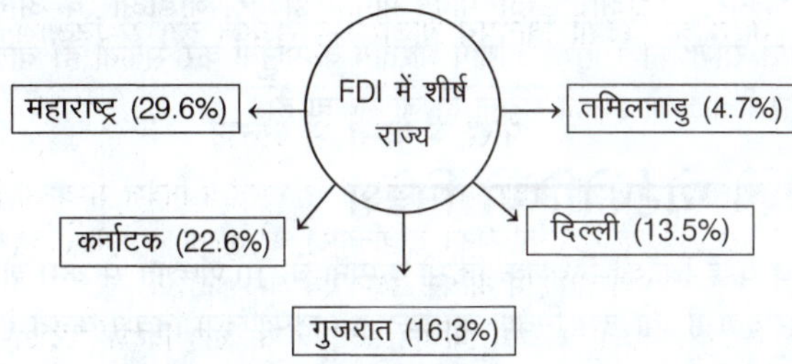

खुदरा क्षेत्र में प्रत्यक्ष विदेशी निवेश

वर्ष 2011 को भारत सरकार द्वारा सिंगल ब्राण्ड रिटेल क्षेत्र में 51% के स्थान पर 100% एफडीआई की मंजूरी प्रदान की गई, जो जनवरी, 2012 से भारत में प्रभावी हो गई।

> **सिंगल ब्राण्ड और मल्टी ब्राण्ड**
>
> सिंगल ब्राण्ड के स्टोर ऐसे होते हैं, जहाँ पर उत्पाद एक ब्राण्ड से सम्बन्धित होता है और जहाँ पर सभी ब्राण्ड के उत्पाद एक ही स्टोर से उपलब्ध होते हैं, उसे मल्टी ब्राण्ड स्टोर कहा जाता है।

मल्टी ब्राण्ड रिटेल में एफडीआई से मिलने वाले सम्भावित लाभ

मल्टी ब्राण्ड रिटेल में एफडीआई से मिलने वाले सम्भावित लाभ निम्नलिखित हैं

- इसमें निवेश से खाद्य शृंखला (Food Chain) का विकास होगा और लोगों को बेहतर सुविधा की प्राप्ति होगी।
- छोटे-छोटे शहरों में रोजगार का सृजन होगा। आधारिक अवसंरचना में निवेश होने से बुनियादी सुविधाओं का विकास होगा।
- उत्पादकों एवं उपभोक्ता दोनों वर्ग को उचित दर पर सामान उपलब्ध होगा।
- उपभोक्ताओं के सामने बेहतर या अनेक प्रकार के विकल्प उपलब्ध होंगे।

विदेशी निवेश प्राप्त करने का मार्ग

विदेशी निवेश प्राप्त करने के सम्बन्ध में वर्तमान में निम्न मार्ग प्रचलित हैं

- स्वत: अनुमोदन मार्ग के अन्तर्गत निवेश के लिए भारत सरकार या भारतीय रिजर्व बैंक की अनुमति आवश्यक नहीं होती है।
- इसकी जानकारी बाद में रिजर्व बैंक को दी जा सकती है। इस प्रकार के अधिकांश निवेश देश में पहले से कार्यरत् विदेशी कम्पनियों द्वारा प्राप्त किए जाते हैं।

- विशेष आर्थिक क्षेत्र के अन्तर्गत कम्पनी मुद्रा अर्जक विदेशी मुद्रा खाते से ₹ 50 करोड़ अमेरिकी डॉलर तक निवेश कर सकती है।
- एडीआर, जीडीआर स्वअनुमोदन शेयर/अदला-बदली मार्ग बाद में आरबीआई को सूचना देने की शर्त पर इसके अन्तर्गत $ 10 लाख या उसके बराबर राशि प्राप्त कर सकती है या विदेशों में निवेश कर सकती है।
- एडीआर, जीडीआर स्वअनुमोदन मार्ग-एडीआर, जीडीआर के अन्तर्गत प्राप्त राशि का 100% उपयोग भारतीय कम्पनियाँ कर सकती हैं। बाद में आरबीआई को इसकी सूचना दी जा सकती है।

विदेशी पोर्टफोलियो निवेश

- जब कोई विदेशी निवेशक किसी कम्पनी के 10 प्रतिशत से कम शेयर खरीदता है, तो उस निवेश को विदेशी पोर्टफोलियो निवेश कहते हैं। यह निवेश अत्यन्त अस्थिर प्रवृत्ति का होता है।
- इस श्रेणी में वे विनियोग आते हैं, जो किसी विदेशी द्वारा समता व अंशों के रूप में रखे जाते हैं। इस विनियोग पर एक निश्चित ब्याज व लाभांश की गारण्टी दी जाती है।
- यह शेयर बाजार के माध्यम से किया जाने वाला निवेश है। इसके अन्तर्गत विदेशी संस्थागत निवेश, सार्वभौमी न्यासी रसीदें (Global Depository Receipts, GDR), अमेरिकी न्यासी रसीदें (American Depository Receipts, ADR) आदि आते हैं।
- आर्थिक सर्वेक्षण 2024-25 के अनुसार, भारत में निकल एफपीआई (FPI) अन्तर्प्रवाह अप्रैल से दिसम्बर 2024 के मध्य 31.7 बिलियन अमेरिकी डॉलर से घटकर 10.6 बिलियन अमरीकी डॉलर हो गया।

100% विदेशी निवेश वाले क्षेत्र

- दूरसंचार
- वित्तीय कम्पनियाँ
- पेट्रोलियम रिफाइनिंग
- थोक व्यापार
- औषधि
- होटल एवं परिवहन
- कोरियर सेवाएँ
- चाय बागान एवं उद्योग
- विज्ञान एवं तकनीकी पत्रिकाएँ
- विदेशी समाचार-पत्र
- सिगार एवं सिगार उत्पादन
- खतरनाक रसायन
- गैर-बैंकिंग वित्तीय कम्पनियाँ
- निर्माण विकास परियोजनाएँ
- कोयला खनन
- सड़क एवं बन्दरगाह
- खनन एवं खनिज
- पर्यावरण नियन्त्रण
- प्रिण्ट मीडिया
- कृषि
- कॉफी एवं रबड़ प्रसंस्करण
- एल्कोहॉल
- औद्योगिक विस्फोटक
- अन्तरिक्ष क्षेत्र
- विद्युत (परमाणु ऊर्जा के अतिरिक्त)
- हवाई अड्डों का आधुनिकीकरण
- विदेशी निवेश संवर्द्धन बोर्ड (एफआईपीबी) वित्त मन्त्रालय का आर्थिक मामलों का विभाग विदेशी निवेश संवर्द्धन बोर्ड (एफआईपीबी) का घर है, जो एक अन्तर-मन्त्रालयी संगठन है, जो एफडीआई बोलियों को संशोधित करने और सरकारी अनुमोदन के लिए सुझाव देने का कार्य करता है।

FDI और FPI में अन्तर

विशेषताएँ	FDI	FPI
उद्देश्य	दूसरे देश में दीर्घकालिक निवेश	निवेश पर त्वरित रिटर्न अर्जित करना
निवेश की प्रकृति	दीर्घकालिक	अल्पकालिक
निवेश	मूर्त सम्पत्ति (जैसे—भवन, कारखाने)	वित्तीय सम्पत्ति (जैसे-बॉण्ड स्टाक)
नियन्त्रण	महत्त्वपूर्ण निवेशित इकाई पर	नहीं या सीमित नियन्त्रण
रिटर्न्स	लाभ, लाभांश और पूँजी अभिमूल्यन	लाभांश, ब्याज और पूँजी अभिमूल्यन
नीति विनियम	सरकार की नीतियाँ और क्षेत्र विशिष्ट नियम	लचीले नियम और आसान प्रवेश निकास
अर्थव्यवस्था पर प्रभाव	आर्थिक विकास, रोजगार सृजन और प्रौद्योगिकी हस्तान्तरण	अल्पकालिक तरलता प्रदान करता है और शेयर बाजार को प्रभावित करता है।

विदेशी संस्थागत निवेश

- प्रत्यक्ष विदेशी निवेश में किसी विदेशी कम्पनी द्वारा देश में प्रत्यक्ष निवेश किया जाता है, जबकि विदेशी संस्थागत निवेश शेयरों, म्यूचुअल फण्डों के माध्यम से होता है।
- विदेशी प्रत्यक्ष निवेश (एफडीआई) की प्रवृत्ति अधिकांशतः स्थायी होती है, दूसरी ओर बाजार की उथल-पुथल की स्थिति में विदेशी संस्थागत निवेश (एफआईआई) शीघ्र ही शेयरों की बिक्री करके बाजार से पलायन कर जाते हैं।
- विदेशी मुद्रा के सम्भावित अन्तर्प्रवाह के दबाव से निपटने के लिए भारतीय रिजर्व बैंक ने भारतीय नागरिकों, निगमित इकाइयों व म्यूचुअल फण्डों को विदेश में निवेश करने के लिए प्रावधानों को बहुत अधिक उदार बना दिया है।

ग्लोबल डिपॉजिटरी रिसीट

- इसके अन्तर्गत भारत में सूचीबद्ध कम्पनियाँ विदेश में डिपॉजिटरी शेयर जारी कर डॉलर या यूरो में पूँजी जुटाती हैं। यह काफी लोकप्रिय तरीका है।
- जीडीआर एक प्रकार के बैंक प्रमाण-पत्र होते हैं। कम्पनी के शेयरों के बदले इन्हें एक से अधिक देश में जारी किया जाता है।
- अन्तर्राष्ट्रीय बैंक की विदेशी शाखाएँ, इन्हें खरीदती हैं। इन कम्पनियों के शेयरों का कारोबार तो घरेलू बाजारों में होता है, लेकिन डिपॉजिटरी रसीदों की बिक्री नामित बैंकों की शाखाओं के द्वारा अन्तर्राष्ट्रीय स्तर पर की जा सकती है।

अमेरिकन डिपॉजिटरी रिसीट

- अमेरिकन डिपॉजिटरी रिसीट संयुक्त राज्य अमेरिका (यूएसए) के भीतर विदेशी कम्पनियों की व्यापार प्रतिभूतियों के लिए उपयोग कर रहे हैं। यद्यपि कम्पनियों की प्रतिभूतियों की तरह एडीआर अमेरिकी डॉलर में वर्गीकृत रहे हैं।
- एडीआर स्टॉक एक्सचेंजों पर सूचीबद्ध है और अमेरिकी एवं अन्तर्राष्ट्रीय बाजार पर पूँजी को आकर्षित करने के लिए एक साधन है। विशेष रूप से एडीआर का बाजार की आवश्यकताओं के अनुसार अलग-अलग नाम हो सकता है।

भारतीय डिपॉजिटरी रिसीट

- अमेरिकन डिपॉजिटरी रिसीट और ग्लोबल डिपॉजिटरी रिसीट की तरह डेरीवेटिव इन्स्ट्रूमेण्ट होते हैं।
- भारतीय कम्पनियाँ अमेरिका में एडीआर और यूरोप में जीडीआर के द्वारा पूँजी जुटाती हैं। इसी प्रकार कोई विदेशी कम्पनी भारत में आईडीआर के द्वारा पूँजी जुटा सकती हैं।
- भारत में डिपॉजिटरी विदेशी कम्पनियों के शेयरों के बदले में यह आईडीआर जारी करती है।
- भारत में वर्ष 2004 में पहली बार आईडीआर लॉन्च किया गया था, लेकिन तब से इसे कोई विशेष सफलता नहीं मिली है।

विदेशी प्रत्यक्ष निवेश तथा संस्थागत निवेश में अन्तर

विदेशी प्रत्यक्ष निवेश (एफडीआई)	विदेशी संस्थागत निवेश (एफआईआई)
यह एक दीर्घ अवधि अर्थात् एक वर्ष से अधिक का निवेश है।	यह लघु अवधि अर्थात् एक वर्ष से कम का निवेश है।
यह निवेश पूँजी सम्पत्तियों में निवेश से सम्बन्धित है।	यह निवेश वित्तीय बाजार से सम्बन्धित है।
इस निवेश के प्रवेश तथा निर्गम के निर्णय एफआईआई की तरह शीघ्रता में नहीं लिए जाते।	इससे प्रवेश तथा निर्गम सम्बन्धी निर्णय रातों-रात लिए जा सकते हैं।
इसका प्रवाह एक निश्चित प्रवृत्ति के अनुसार होता रहता है।	इसके प्रवाह में काफी उतार-चढ़ाव रहते हैं।

पार्टिसिपेटरी नोट्स (पी-नोट्स)

- ऐसे विदेशी निवेशक, जो भारत में स्टॉक मार्किट में पैसा लगाना चाहते हैं, परन्तु सेबी के पास पंजीकृत (Registered) नहीं हैं, पैसा नहीं लगा सकते, ये भावी निवेशक पार्टिसिपेटरी नोट्स द्वारा पैसों का निवेश कर सकते हैं।
- पी-नोट्स वे दस्तावेज होते हैं, जिनके माध्यम से कुछ व्यक्तियों या संस्थाओं को भारतीय शेयर बाजार में सहभागिता करने का अवसर मिल जाता है।
- इसके प्रावधान निम्न प्रकार हैं
  - पी-नोट्स पंजीकृत एफआईआई द्वारा जारी किया जा सकता है।
  - पी-नोट्स पर केवल जारी करने वाले एफआईआई का उल्लेख होगा न कि खरीदने वाले का।
  - भारत में लगभग 40% एफआईआई का निवेश पी-नोट्स के माध्यम से हुआ है।
  - पी-नोट्स द्वारा हम ऐसे निवेशकों को आमन्त्रित करते हैं, जिनके कार्यों के उद्देश्य, नाम, पते की कोई जानकारी हमें नहीं होती। वस्तुत: इसका उपयोग मुख्य रूप से विदेशी धनी निवेशक, हेज फण्ड और अन्य विदेशी संस्थान करते हैं।

अरविन्द मायाराम समिति

FDI और FII को परिभाषित करने के लिए केन्द्र सरकार ने मार्च, 2013 में अरविन्द मायाराम की अध्यक्षता में एक समिति का गठन किया।

प्रमुख सिफारिशें

- रक्षा क्षेत्र में FDI सीमा 26% से बढ़ाकर 49% करना
- मल्टी बाण्ड खुदरा कारोबार में FDI की सीमा 51% से बढ़ाकर 74% तक करना
- कोरियर सेवा के मामले में 100%
- अरविन्द मायाराम के अनुसार सुझावों का उद्देश्य और विदेशी निवेश आकर्षित करना है।

एफडीआई और एफआईआई पर मायाराम समिति की रिपोर्ट

- केन्द्रीय वित्त मन्त्रालय द्वारा 21 जून, 2014 को विदेशी प्रत्यक्ष निवेश (एफडीआई) और विदेशी संस्थागत निवेश (एफआईआई) को तर्कसंगत बनाने के लिए केन्द्रीय वित्त सचिव अरविन्द मायाराम की अध्यक्षता में गठित समिति की सिफारिशों को स्वीकार कर लिया गया।
- इस समिति ने (एफडीआई) तथा एफआईआई के बीच स्पष्ट सीमांकन कर उन्हें स्पष्ट करने का सुझाव दिया है।
- इस समिति ने स्पष्ट रूप से कहा है कि बुनियादी रूप से दीर्घावधि में विदेशी निवेशकों के दो वर्ग पोर्टफोलियो निवेशक तथा विदेशी प्रत्यक्ष निवेशक होने चाहिए, इन्हीं दोनों वर्गों के लिए समिति ने सुझाव दिए।

विदेशी प्रत्यक्ष निवेश पर सिफारिशें

- किसी सूचीबद्ध कम्पनी में 10% या उससे अधिक के विदेशी निवेश को विदेशी प्रत्यक्ष निवेश की श्रेणी में रखा जाएगा।
- एक निवेशक के 10% से नीचे के निवेश को एफडीआई के रूप में देखा जा सकेगा, यदि निवेश की भागीदारी पहली खरीद की तिथि से एक वर्ष के अन्दर 10% या उससे अधिक तक पहुँच जाए।
- कम्पनी विशेष में एक निवेशक या तो एफडीआई के द्वारा निवेश कर सकता है या FPI (विदेशी पोर्टफोलियो) निवेश के द्वारा, किन्तु दोनों एकसाथ नहीं कर सकता।
- गैर-सूचीबद्ध कम्पनी में किए जाने वाले विदेशी निवेश को सीमा की चिन्ता किए बिना एफडीआई के रूप में ही देखा जाएगा।

विदेशी पोर्टफोलियो निवेश पर सिफारिशें

- इक्विटी शेयरों, 10% से कम इक्विटी भुगतान वाले अनिवार्य परिवर्तनीय तरजीही शेयरों (मेनडेटरी कन्वर्टेबल प्रिफरेन्स शेयर) अथवा डिबेन्चरों द्वारा किए जाने वाले किसी भी निवेश को एफपीआई के अन्तर्गत रखा जाएगा।
- सूचीबद्ध होने वाली भारतीय निवेशक कम्पनियों द्वारा परिवर्तनीय डिबेन्चरों की श्रेणी में यदि 10% से भी कम मूल्य का भुगतान किया जाता है, तो इसे एफपीआई के अन्तर्गत माना जाएगा।
- 10% से कम एफपीआई सीमा की व्यक्तिगत निगरानी का कार्य भारतीय प्रतिभूति और विनियामक बोर्ड सेबी एवं एफपीआई की कुल सीमा की निगरानी भारतीय रिजर्व बैंक (आरबीआई) पहले की ही तरह करते रहेंगे।

“

वैश्विक व्यापार एवं वित्तीय मामलों में प्रभावी सहयोग तथा राष्ट्रों की सन्तुलित एवं समन्वित समृद्धि के लिए अन्तर्राष्ट्रीय वित्तीय संस्थानों और व्यापारिक संगठनों की महत्त्वपूर्ण भूमिका रही है।

अध्याय उन्नीस

अन्तर्राष्ट्रीय वित्तीय संस्थान

अन्तर्राष्ट्रीय संगठन

- वैश्विक आर्थिक परिदृश्य में अन्तर्राष्ट्रीय वित्तीय संस्थानों की भूमिका उल्लेखनीय है। ये संगठन वैश्विक व्यापार की दशा एवं दिशा को निर्धारित करने में तो महत्त्वपूर्ण भूमिका निभाते ही हैं, साथ ही विभिन्न आर्थिक समझौतों के द्वारा व्यापार को सरल, सुगम एवं लाभदायक बनाने हेतु भी सदैव प्रयासरत् रहते हैं।
- अन्तर्राष्ट्रीय वित्तीय संस्थानों की विकासशील एवं अल्प विकसित देशों के विकास में उल्लेखनीय भूमिका रहती है
    - इन संस्थाओं का निर्माण सामान्यत: राष्ट्रीय सरकारों द्वारा परस्पर सहमति से किया जाता है। इसके प्रमुख उदाहरण–विश्व बैंक, अन्तर्राष्ट्रीय मुद्रा कोष (IMF), विश्व व्यापार संगठन (WTO) तथा क्षेत्रीय स्तर पर आसियान (ASEAN), सार्क (SAARC), शंघाई सहयोग संगठन (SCO) आदि हैं।
    - इनमें से वैश्विक स्तर पर पूँजी और तकनीकों का आदान-प्रदान सामान्यत: अन्तर्राष्ट्रीय मुद्रा कोष (IMF), एशियाई विकास बैंक (ADB) तथा विश्व व्यापार संगठन (WTO) द्वारा तथा क्षेत्रीय स्तर पर आसियान (ASEAN) सार्क (SAARC) तथा शंघाई सहयोग संगठन (SCO) आदि के द्वारा किया जाता है ताकि देशों में आर्थिक विकास को बढ़ावा दिया जा सके।
    - क्षेत्रीय संगठनों द्वारा आपसी व्यापार बढ़ाने के लिए मुक्त व्यापार समझौते भी किए गए हैं। आर्थिक दृष्टिकोण से ये सभी संगठन काफी महत्त्वपूर्ण हैं।

अन्तर्राष्ट्रीय मुद्रा कोष

- संयुक्त राज्य अमेरिका द्वारा प्रस्तावित व्हाइट प्लान एवं ब्रिटेन द्वारा प्रस्तावित कीन्स योजना पर जुलाई, 1944 में 44 देशों के प्रतिनिधियों ने ब्रेटन वुड्स अधिवेशन में विचार-विमर्श किया। इस सम्मेलन में ही अन्तर्राष्ट्रीय मुद्रा कोष (International Monetary Fund, IMF) और अन्तर्राष्ट्रीय पुनर्निर्माण एवं विकास बैंक (International Bank for Reconstruction and Development, IBRD) की स्थापना की गई थी।
- इन दोनों संस्थानों को ब्रेटनवुड्स संस्थान या ब्रेटनवुड्स की जुड़वाँ सन्तान भी कहा जाता है।
- अन्तर्राष्ट्रीय मुद्रा कोष (IMF) के समझौते का प्रलेख 27 दिसम्बर, 1945 को लागू हुआ, किन्तु इसने वास्तविक रूप से 1 मार्च, 1947 से कार्य करना प्रारम्भ किया।
- नवम्बर, 1947 में यह संयुक्त राष्ट्र का विशिष्ट अभिकरण बना। इसका मुख्यालय वॉशिंगटन डीसी में तथा कार्यालय पेरिस एवं जेनेवा में स्थित है। वर्तमान में इसकी सदस्य संख्या 191 है।
- अन्तर्राष्ट्रीय मुद्रा कोष (IMF) अपने सभी 191 सदस्य देशों के लिए सतत विकास और समृद्धि प्राप्त करने के लिए काम करता है। यह वित्तीय स्थिरता और मौद्रिक सहयोग को बढ़ावा देने वाली आर्थिक नीतियों का समर्थन करके ऐसा करता है, जो उत्पादकता, रोजगार सृजन और आर्थिक कल्याण को बढ़ाने के लिए आवश्यक है।
- आईएमएफ अपने सदस्य देशों द्वारा शासित और उनके प्रति जवाबदेह है।

> - **नौरू गणराज्य** इसका 189वाँ सदस्य है, जिसको अप्रैल, 2016 में सदस्यता प्रदान की गई। इसके बाद 16 अक्टूबर, 2020 में **अण्डोरा गणराज्य** इसका 190वाँ सदस्य बनाया गया। लिचेंस्टाइन 21 अक्टूबर, 2024 को अन्तर्राष्ट्रीय मुद्रा कोष (IMF) का 191वाँ सदस्य बना है। **लिचेंस्टाइन**, पश्चिमी यूरोप में स्थित एक भूआवेष्टित देश है।
> - यह स्विटजरलैण्ड तथा ऑस्ट्रिया के बीच स्थित जर्मन भाषी देश है। वर्तमान में (1 नवम्बर, 2024) अन्तर्राष्ट्रीय मुद्रा कोष की प्रबन्ध निदेशक क्रिस्टालिना जॉर्जीवा हैं और इसके प्रथम प्रबन्ध निदेशक कैमिल गट्ट (6 मई, 1946 से 5 मई, 1951) थे।

- भारत, अन्तर्राष्ट्रीय मुद्रा कोष का संस्थापक सदस्य है। जब से अन्तर्राष्ट्रीय मुद्रा कोष की स्थापना हुई है, इसके उद्देश्यों में कोई परिवर्तन नहीं हुआ है, किन्तु इसके संचालन, जिसमें निगरानी, वित्तीय सहायता और तकनीकी सहायता शामिल है, में विश्व की बदलती अर्थव्यवस्था में इसके सदस्य देशों की बदलती आवश्यकताओं को पूर्ण करने के लिए परिवर्तन हुआ है।

अन्तर्राष्ट्रीय मुद्रा कोष के उद्देश्य

अन्तर्राष्ट्रीय मुद्रा कोष के निम्नलिखित उद्देश्य हैं

- अन्तर्राष्ट्रीय मौद्रिक सहयोग (International Monetary Co-operation) की स्थापना करना।
- अन्तर्राष्ट्रीय व्यापार का सन्तुलित विकास करना।
- विनिमय दरों (Exchange Rate) में स्थिरता बनाए रखना।
- बहुपक्षीय भुगतानों (Multilateral Payments) की व्यवस्था करके विनिमय प्रतिबन्धों को समाप्त अथवा न्यूनतम करना।
- सदस्य देशों के प्रतिकूल भुगतान सन्तुलन को अनुकूल बनाने के लिए सहायता प्रदान करना।
- असन्तुलन की मात्रा एवं अवधि में कमी करना।
- सदस्य देशों तथा अन्य अन्तर्राष्ट्रीय संस्थाओं को धन शोधन तथा आतंकवाद के वित्तीयन को रोकने हेतु सहयोग प्रदान करना।
- विश्व स्तर पर गरीबी कम करने हेतु प्रयास करना।

संगठन एवं संरचना

- अन्तर्राष्ट्रीय मुद्रा कोष का नियन्त्रण एवं प्रबन्धन एक बोर्ड ऑफ गवर्नर्स में निहित है।
- प्रत्येक सदस्य एक गवर्नर को नियुक्त करता है, जिन्हें मिलाकर बोर्ड ऑफ गवर्नर्स का गठन होता है।
- इस मनोनयन के साथ ही प्रत्येक देश एक वैकल्पिक गवर्नर को भी नियुक्त करता है, जो मुख्य गवर्नर की अनुपस्थिति में मतदान करता है।
- प्रत्येक गवर्नर को कितने मताधिकार प्राप्त हों, यह उस देश को प्राप्त कोटे के आधार पर निर्भर करता है। प्रत्येक गवर्नर को 250 मत सदस्यता के तथा उस देश को प्राप्त कोटे में प्रत्येक 1 लाख (Special Drawing Rights, SDRs) पर एक अतिरिक्त मत देने का अधिकार है। इन दोनों का योग ही सदस्य राष्ट्रों के मताधिकार को व्यक्त करता है।
- बोर्ड ऑफ गवर्नर्स की वार्षिक बैठक सितम्बर-अक्टूबर में होती है, इसमें मुद्रा कोष के कार्यों की समीक्षा होती है तथा भविष्य के लिए नीतियों का निर्धारण किया जाता है।
- कार्यकारी बोर्ड (Executive Board) मुद्रा कोष का सबसे शक्तिशाली अंग है। वर्तमान में इसके 24 सदस्य हैं।
- अन्तर्राष्ट्रीय मुद्रा कोष का कार्यकारी मण्डल इसमें होने वाली दिन-प्रतिदिन की कार्यवाही का संचालन करता है।
- कार्यकारी मण्डल में कुल 24 निदेशक होते हैं, जिनका चयन कार्यकारी मण्डल के द्वारा किया जाता है।
- इस मण्डल में सभी 190 सदस्य देशों का प्रतिनिधित्व होता है। इनके चुनाव के लिए सदस्य देशों को 24 समूहों में वर्गीकृत किया जाता है, जिसमें से प्रत्येक समूह अपना निदेशक चुनता है।
- किसी सदस्य देश के अंशदान या कोटे का निर्धारण उसकी विश्व बैंक में भागीदारी, प्रतिव्यक्ति राष्ट्रीय आय और आर्थिक विकास की दर पर निर्भर करता है, जो समूह का प्रतिनिधित्व करता है।

विशेष आहरण अधिकार

- **विशेष आहरण अधिकार** (Special Drawing Rights, SDR) अन्तर्राष्ट्रीय मुद्रा कोष द्वारा जनित अन्तर्राष्ट्रीय वित्तीय परिसम्पत्तियाँ हैं। अन्तर्राष्ट्रीय मुद्रा कोष ने विशेष आहरण अधिकार को अन्तर्राष्ट्रीय तरलता की समस्या के समाधान के लिए शुरू किया था।
- दिसम्बर, 1971 तक अन्तर्राष्ट्रीय मुद्रा कोष की हिसाबी मुद्रा अमेरिकी डॉलर थी, किन्तु दिसम्बर, 1971 में विशेष आहरण अधिकार द्वारा मुद्रा कोष की नई मुद्रा बन गई और कोष के सभी लेन-देन विशेष आहरण अधिकार में व्यक्त किए जाने लगे। अन्तर्राष्ट्रीय मौद्रिक क्षेत्र में विशेष आहरण अधिकार स्वर्ण मुद्रा की भूमिका निभाता है। इसी कारण इसे **कागजी स्वर्ण** (Paper Gold) भी कहा जाता है।
- विशेष आहरण अधिकार के मूल्य का निर्धारण विश्व की पाँच प्रमुख मुद्राओं की बास्केट पर आधारित होता है, ये मुद्राएँ अमेरिकी डॉलर (41.73%), यूरो (30.93%), जापानी येन (8.33%), चीनी रेन्मिन्बी (10.92%) तथा पाउण्ड स्टर्लिंग (8.09%) है।
- अन्तर्राष्ट्रीय मुद्रा कोष (IMF) के कोटे को सदस्य देशों द्वारा स्वर्ण (कोटे का 25%) तथा अपने देश की मुद्रा (कोटे का 75%) में जमा करना पड़ता है।
- अब तक कुल 11 बार कोटे में परिवर्तन किया जा चुका है। वर्तमान में संयुक्त राज्य अमेरिका के पास सर्वाधिक कोटा है। 11वें कोटा पुनरीक्षण के पश्चात् अन्तर्राष्ट्रीय मुद्रा कोष में भारत का कोटा बढ़ा दिया गया है एवं वर्तमान में अग्रणी कोटाधारियों में भारत का स्थान 8वाँ है।

आईएमएफ द्वारा सदस्य देशों को प्रदान किए जाने वाले ऋण

गैर-रियायती ऋण

- अन्तर्राष्ट्रीय मुद्रा कोष द्वारा विकसित और विकासशील देशों को गैर-रियायती ऋण प्रदान किए जाते हैं।
- यह ऋण इन्हें भुगतान सन्तुलन की समस्या से निपटने एवं आर्थिक विकास को बढ़ाना देने के लिए प्रदान किया जाता है।
- यह ऋण मध्यम अवधि के लिए प्रदान किया जाता है और ऋण प्राप्तकर्ता देश को इसके बढ़ने पर ब्याज का भुगतान किया जाता है।

रियायती ऋण

- अन्तर्राष्ट्रीय मुद्रा कोष द्वारा ऋण अल्प विकसित अर्थव्यवस्था वाले देशों को प्रदान किया जाता है।
- इससे ऋण प्राप्तकर्ता देश अपने भुगतान सन्तुलन की समस्या का समाधान करता है तथा आर्थिक विकास को बढ़ावा देता है।
- इस ऋण के प्राप्तकर्ता देश को केवल ऋण की राशि का ही भुगतान करना पड़ता है और इस पर ब्याज से छूट प्राप्त होती है।

अन्तर्राष्ट्रीय मुद्रा कोष द्वारा ऋण देने की शर्त

- अन्तर्राष्ट्रीय मुद्रा कोष द्वारा अपने सदस्य देशों को ऋण प्रदान करते समय कुछ शर्तों का उल्लेख किया जाता है, जिसे अन्तर्राष्ट्रीय मुद्रा कोष की शर्तावली कहा जाता है। ऐसा माना जाता है कि आईएमएफ की ऋण शर्तावली बेहद कठोर है, जिससे कुछ देश इसका विरोध करते हैं।
- अन्तर्राष्ट्रीय मुद्रा कोष द्वारा अपनी ऋण शर्तों के सम्बन्ध में यह कहा जाता है कि ये शर्तें, ऋण प्राप्तकर्ता देश के आर्थिक विकास को मजबूती प्रदान करती हैं। अन्तर्राष्ट्रीय मुद्रा कोष की ऋण शर्तें निम्नलिखित हैं

- राजकोषीय घाटे में कमी करना।
- निजीकरण को बढ़ावा देना।
- सदस्य देश की मुद्रा को विदेशी लेन-देन के लिए नियन्त्रण मुक्त करना।
- सरकारी कर्मचारियों की संख्या में कमी करना।
- सब्सिडी में कटौती करना।
- श्रम क्षेत्र में सुधार करना।

भारत और अन्तर्राष्ट्रीय मुद्रा कोष

- भारत उन 44 देशों में से एक है, जिन्होंने ब्रेटन वुड्स सम्मेलन में भाग लिया था। अतः यह अन्तर्राष्ट्रीय मुद्रा कोष का संस्थापक सदस्य है। आरम्भ में भारत सर्वाधिक अभ्यंश वाले 5 देशों में होने के कारण संचालक मण्डल का स्थायी सदस्य था, किन्तु वर्ष 1970 में अन्य देशों का कोटा अधिक हो जाने के कारण संचालक मण्डल में भारत की स्थायी सदस्यता समाप्त हो गई।
- भारत का वित्त मन्त्री अन्तर्राष्ट्रीय मुद्रा कोष के गवर्नर मण्डल का पदेन (Ex-officio) गवर्नर होता है और रिजर्व बैंक ऑफ इण्डिया का अध्यक्ष भारत का अन्तर्राष्ट्रीय मुद्रा कोष में दूसरा गवर्नर (वैकल्पिक गवर्नर) होता है।
- अन्तर्राष्ट्रीय मुद्रा कोष में भारत का प्रतिनिधित्व एक कार्यकारी निदेशक करता है, जो अन्य तीन देशों-बांग्लादेश, श्रीलंका तथा भूटान का भी प्रतिनिधित्व करता है।

अन्तर्राष्ट्रीय मुद्रा कोष का कोटा

- आईएमएफ का प्रत्येक सदस्य देश इसमें जुड़ने पर कुछ मुद्रा का योगदान करता है, जिसे कोटा सदस्यता (Quota Subscription) कहते हैं। कोटा सदस्यता देश की सम्पदा एवं आर्थिक प्रदर्शन पर आधारित होती है।
- कोटा निर्धारण का आधार सकल घरेलू उत्पाद (GDP) खुलापन, आर्थिक परिवर्तनशीलता (Economic Variability) और सम्बन्धित देश का अन्तर्राष्ट्रीय भण्डार (International Reserve) है।
- आईएमएफ (IMF) में सभी सदस्यों को अधिकार के कोटे के रूप में एक वोट का अधिकार प्रदान किया जाता है, जोकि एक सदस्य एक वोट या कुछ कम-ज्यादा भी हो सकता है।

कोटा या मतदान अधिकार निम्नलिखित सूत्र के माध्यम से व्यक्त किया जाता है-

- सकल घरेलू उत्पाद का भारित औसत - (50% भारांक)
- जीडीपी खुलापन (आर्थिक नीतियों में उदारीकरण) - (30% भारांक)
- आर्थिक परिवर्तनशीलता (15%)
- अन्तर्राष्ट्रीय भण्डार (5%)
- सदस्य देशों की जीडीपी का मापन-बाजार आधारित विनिमय दरों (60 प्रतिशत भारांक) और पीपीपी विनिमय दरों (Purchasing Power Parity Exchange Rate) 40 प्रतिशत भारांक पर आधारित मिश्रित जीडीपी के माध्यम से किया जाता है।

भारत का कोटा

- वर्तमान समय में आईएमएफ में भारत का कोटा (अगस्त, 2021 के संशोधन के बाद) एस.डी.आर. 13.66 बिलियन (तत्कालीन समय में 19.41 बिलियन डॉलर) हो गया है, जो आईएमएफ के कुल कोटे का 2.75% है।
- वर्तमान समय में भारत आईएमएफ का 8वाँ बड़ा कोटाधारी राष्ट्र हो गया है।
- अपनी आवश्यकता के लिए अन्तर्राष्ट्रीय मुद्रा कोष से कर्ज लेने वाले देश के बदले भारत अब इसका वित्तपोषक राष्ट्र बन चुका है। भारत ने मुद्रा कोष को यह राशि फाइनेन्शियल ट्रांजेक्शन प्लान (FTP) के अन्तर्गत उपलब्ध कराई थी। ये भारत के भुगतान सन्तुलन के सुदृढ़ होने तथा विदेशी मुद्रा कोष में वृद्धि के कारण हुआ है।

अन्तर्राष्ट्रीय मुद्रा कोष की रिपोर्ट्स

अन्तर्राष्ट्रीय मुद्रा कोष द्वारा निम्नलिखित रिपोर्टों का प्रकाशन किया जाता है

- विश्व आर्थिक परिदृश्य रिपोर्ट (World Economic Outlook Report)
- वैश्विक वित्तीय स्थिरता रिपोर्ट (Global Financial Stability Report)
- राजकोषीय अनुश्रवण (Fiscal Movitor)

SDR धारित के सापेक्ष IMF के शीर्ष 10 देशों की भागीदारी तथा वोटिंग शेयर (प्रतिशत में)

देश	कोटा (प्रतिशत)	वोटिंग शेयर (प्रतिशत)
यूएसए	17.43	16.50
जापान	6.47	6.14
चीन	6.40	6.08
जर्मनी	5.59	5.31
फ्रांस	4.23	4.03
यूके	4.23	4.03
इटली	3.16	3.02
भारत	2.76	2.63
रूस	2.71	2.59
ब्राजील	2.32	2.22

विश्व बैंक

- मुख्यालय वाशिंगटन डी.सी.
- सदस्यों की संख्या 189, 189वाँ देश - नौरू गणराज्य [अन्तर्राष्ट्रीय मुद्रा कोष (IMF) के सभी सदस्य विश्व बैंक के भी सदस्य होते हैं।]
- वर्तमान अध्यक्ष अजय बंगा, 14वें अध्यक्ष (भारतीय, अमेरिकी)
- अन्तर्राष्ट्रीय पुनर्निर्माण एवं विकास बैंक की स्थापना वर्ष 1944 के ब्रेटनवुड समझौते के अन्तर्गत वर्ष 1945 में हुई। इसे सामान्यतः विश्व बैंक भी कहा जाता है।
- इसकी स्थापना का उद्देश्य सदस्य देशों को आर्थिक पुनर्निर्माण और विकास के कार्यों में आर्थिक सहायता प्रदान करने, युद्धकालीन अर्थव्यवस्थाओं को शान्तिकालीन अर्थव्यवस्था में परिवर्तित होने में सहायता करने, विश्व में गरीबी को कम करने एवं अन्तर्राष्ट्रीय निवेश को बढ़ावा देना था।
- विश्व बैंक ने 25 जून, 1946 से कार्य करना प्रारम्भ किया।

विश्व बैंक समूह में शामिल संस्थाएँ

- अन्तर्राष्ट्रीय विकास एवं पुनर्निर्माण बैंक (International Bank for reconstruction and development, IBRD)
- अन्तर्राष्ट्रीय विकास संघ (International development Association IDA)
- अन्तर्राष्ट्रीय वित्त निगम (International Finance Corporation, IFC)
- बहुपक्षीय निवेश गारण्टी संस्था (Multi-lateral Investment Guarantee Agency, MIGA)
- निवेश विवादों को सुलझाने के लिए अन्तर्राष्ट्रीय केन्द्र (International Centre for settlement of Investment disputes, ICSID)

संगठन एवं संरचना

- आईएमएफ की भाँति विश्व बैंक का ढाँचा भी त्रिस्तरीय है। इसका एक अध्यक्ष होता है, दूसरे स्तर पर अधिशासी निदेशक होते हैं और तीसरे स्तर पर शासक मण्डल होता है।

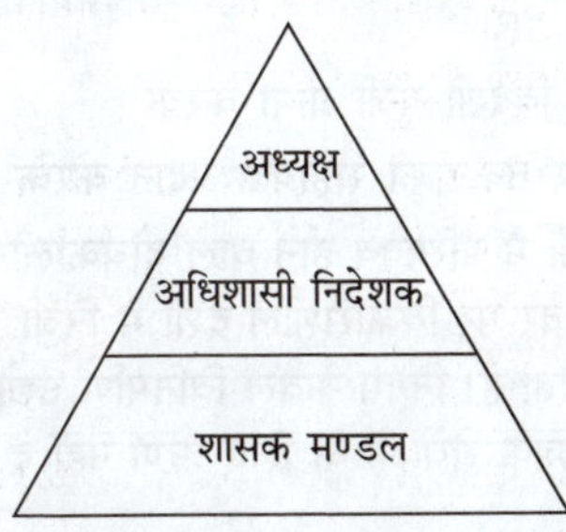

- इसके संगठन में गवर्नरों का बोर्ड, प्रशासनिक संचालक बोर्ड, सलाहकार समिति तथा ऋण समिति महत्त्वपूर्ण हैं।
- प्रत्येक सदस्य देश 5 वर्ष की अवधि के लिए एक गवर्नर और एक वैकल्पिक गवर्नर की नियुक्ति करता है। प्रत्येक गवर्नर की मतदान की शक्ति उसके देश की सरकार के वित्तीय योगदान से सम्बन्ध रखती है।
- प्रशासनिक निदेशक बोर्ड की बैठक नियमित रूप से वर्ष में एक बार होती है, जिसकी अध्यक्षता शासक मण्डल का अध्यक्ष करता है। प्रशासनिक निदेशक समझौते के नियमों के ढाँचे में नीति के विषय में निर्णय लेते हैं। वे अध्यक्ष द्वारा दिए गए ऋण (Debt) तथा साख (Credit) सम्बन्धी सुझावों पर विचार करते हैं और निर्णय लेते हैं। वे शासक मण्डल की वार्षिक मीटिंगों में ऑडिट, शुद्ध हिसाब-किताब, प्रशासकीय बजट और बैंक के प्रचालनों एवं नीतियों की वार्षिक रिपोर्ट भी प्रस्तुत करते हैं।
- संचालक बोर्ड के सदस्यों की संख्या 24 होती है। इनमें से पाँच उन देशों द्वारा नियुक्त किए जाते हैं, जिनका बैंक की पूँजी में सर्वाधिक भाग होता है। ये देश USA, जापान, चीन, जर्मनी एवं फ्रांस हैं।
- शेष 19 संचालक अन्य 184 देशों द्वारा 2 वर्षों के लिए चुने जाते हैं। प्रत्येक संचालक को उसके देश के अंशदान के अनुसार मताधिकार प्राप्त होते हैं।
- सलाहकार समिति (Advisory Committee) तथा ऋण समिति (Debt Committee) की नियुक्ति संचालक बोर्ड द्वारा होती है। संचालक बोर्ड की मीटिंग एक महीने में कम-से-कम एक बार होना आवश्यक है।
- संचालक समिति का अध्यक्ष बैंक का प्रधान अधिकारी होता है और वह बैंक के सभी साधारण कार्यों की देखभाल करता है। अध्यक्ष को केवल अपना निर्णायक मत देने का अधिकार होता है, साधारण मताधिकार नहीं।

भारत एवं विश्व बैंक

- भारत, विश्व बैंक के संस्थापक सदस्यों में से एक है। शुरू में भारत का अभ्यंश $ 400 मिलियन था एवं उसका नाम अधिकतम पूँजी वाले 5 देशों में शामिल था, जिससे भारत को विश्व बैंक में एक स्थायी कार्यकारी संचालक नियुक्त करने का अधिकार प्राप्त था, किन्तु अब अन्य देशों का अभ्यंश भारत से अधिक हो जाने के कारण प्रथम 5 देशों में भारत का स्थान नहीं रह गया है। मताधिकार के मामले में इसका स्थान 7वाँ (2.91% के साथ) है।
- भारत के आर्थिक विकास की गति को त्वरित करने में विश्व बैंक ने देश की विभिन्न विकास परियोजनाओं में दीर्घकालीन पूँजी निवेश करके अभूतपूर्व योगदान दिया है। विभिन्न विकास परियोजनाओं को पूर्ण करने हेतु विश्व बैंक द्वारा दीर्घकालीन ऋण प्रदान किए गए हैं। विशेषत: देश की परिवहन एवं संचार, सिंचाई, शिक्षा, जलापूर्ति, विद्युतशक्ति, जनसंख्या नियन्त्रण, गरीबी उन्मूलन, बुनियादी ढाँचा, ग्रामीण विकास, सड़क निर्माण आदि दीर्घकालीन परियोजनाओं को पूर्ण करने हेतु बैंक द्वारा वित्तीय सहायता उपलब्ध कराई गई है।
- विश्व बैंक से भारत को आर्थिक सहायता देने के लिए वर्ष 1958 में ऐड इण्डिया क्लब कन्सोर्टियम की स्थापना की गई। जून, 1994 में इसका नाम बदलकर भारत विकास मंच कर दिया गया।

अन्तर्राष्ट्रीय मुद्रा कोष एवं विश्व बैंक में अन्तर

अन्तर्राष्ट्रीय मुद्रा कोष (IMF)	विश्व बैंक (World Bank)
अन्तर्राष्ट्रीय मुद्रा कोष द्वारा सामान्यत: सदस्य देशों के भुगतान शेष को अनुकूल बनाने के लिए ऋण उपलब्ध कराया जाता है।	विश्व बैंक द्वारा सदस्य देशों के सन्तुलित विकास के लिए ऋण उपलब्ध कराया जाता है।
आईएमएफ अल्पकालीन ऋण प्रदान करता है।	विश्व बैंक दीर्घकालीन ऋण की व्यवस्था करता है।
आईएमएफ सदस्य देशों के मध्य मौद्रिक सहयोग बढ़ाने तथा विनिमय दर को स्थिर रखने में सहायता प्रदान करता है।	जबकि विश्व बैंक मौद्रिक सहयोग के साथ-साथ विकास कार्यों के लिए भी धन उपलब्ध कराता है।

विश्व बैंक समूह

विश्व बैंक (World Bank Group) समूह के अन्तर्गत शामिल संस्थानों का विवरण निम्न प्रकार है

अन्तर्राष्ट्रीय पुनर्निर्माण एवं विकास बैंक

- **परिचय** अन्तर्राष्ट्रीय वित्तीय संस्थान जो मध्यम आय के विकासशील देशों को ऋण प्रदान करता है।
- **स्थापना** वर्ष 1944 में ब्रेटेन वुड्स सम्मेलन के पश्चात कार्य की शुरुआत - 1946 से
- **सदस्य** 189 देश
- **मुख्यालय** वाशिंगटन डी.सी.
- **कार्य** आर्थिक विकास और गरीबी उन्मूलन पर विशेष ध्यान रखते हुए मध्यम आय के विकासशील देशों को ऋण प्रदान करता है।
  विश्व विकास रिपोर्ट (World development - Report) जारी करता है।

अन्तर्राष्ट्रीय विकास संघ

- अन्तर्राष्ट्रीय विकास संघ (International Development Association, IDA) की स्थापना 24 सितम्बर, 1960 को हुई थी। कानूनी और वित्तीय रूप से यह संस्था विश्व बैंक से अलग है, परन्तु वास्तव में यह विश्व बैंक की सहयोगी संस्था है। विश्व बैंक का अध्यक्ष ही इसका पदेन अध्यक्ष होता है। इसे विश्व बैंक की रियायती ऋण देने वाली खिड़की कहा जाता है।
- यह आई बी आर डी के पूरक के तौर पर कार्य करता है तथा विश्व के 75 कम आय वाले देशों को सहायता प्रदान करता है।
- इसने 8 नवम्बर, 1960 से कार्य करना प्रारम्भ किया एवं मार्च, 1961 में संयुक्त राष्ट्र का एक अभिकरण बना।
- इस संघ की सदस्यता विश्व बैंक के सभी सदस्यों के लिए खुली है। केवल विश्व बैंक के सदस्य ही इसके सदस्य बन सकते हैं। यदि कोई देश विश्व बैंक की सदस्यता से हट जाता है, तो उसकी परिषद् की सदस्यता भी अपने आप समाप्त हो जाती है।
- अन्तर्राष्ट्रीय विकास संघ के समझौते की धाराओं के अनुसार, सदस्यों को दो भागों में बाँटा गया है। भाग-I में विकसित देश और भाग-II में विकासशील देश हैं। वर्तमान में इसके 175 सदस्य हैं।
- वर्तमान में इस संघ के 32 अंशदाता देश हैं। विकास परिषद् को पूंजी संसाधन इसके सदस्य देशों द्वारा दिए गए अंशदान, विकसित सदस्य देशों के द्वारा की गई सामान्य आपूर्तियों (Replenishments) और विश्व बैंक के शुद्ध अर्जनों के हस्तान्तरणों से प्राप्त होते हैं।

अन्तर्राष्ट्रीय विकास संघ के उदार ऋण

- इन ऋणों की अदायगी में प्रथम 10 वर्ष की छूट होती है।
- इन ऋणों की भुगतान अवधि 35-40 वर्ष होती है।
- आवण्टित राशि पर 0.75% प्रतिवर्ष का **प्रशासकीय शुल्क** (Administrative Fee) लिया जाता है।
- इन ऋणों पर 0 से 05% तक ब्याज दर ली जाती है, जिसे **वचनबद्धता शुल्क** (Commitment Fee) भी कहते हैं। व्यवहार में पिछले कुछ वर्षों से ऋणों पर कोई वचनबद्धता शुल्क नहीं लिया गया है।
- इसके अन्तर्गत परियोजनागत और गैर-परियोजनागत दोनों प्रकार के ऋण प्रदान किए जाते हैं।

अन्तर्राष्ट्रीय वित्त निगम

- अन्तर्राष्ट्रीय वित्त निगम (International Finance Corporation, IFC) विश्व बैंक से सम्बन्धित एक अन्य संस्था है, जो जुलाई, 1956 में प्रारम्भ की गई थी। वर्ष 1961 में यह संयुक्त राष्ट्र संघ का एक अभिकरण बना। वर्तमान में इसके सदस्यों की संख्या 186 है। इसकी धाराएँ विश्व बैंक करार के ढाँचे के अनुरूप हैं। इस निगम की सदस्यता होने के लिए एक देश को विश्व बैंक का सदस्य होना अनिवार्य है।
- इसके अपने कर्मचारी हैं, परन्तु यह प्रशासकीय सेवाओं के लिए विश्व बैंक से सहायता लेता है। इसका अपना एक संगठनात्मक ढाँचा है, जिसमें एक अध्यक्ष, एक सभापति, शासक मण्डल और अधिशासी निदेशक, विश्व बैंक के ढाँचे के अनुसार हैं।
- विश्व बैंक का अध्यक्ष ही इस निगम का अध्यक्ष होता है, परन्तु निगम की सभी प्रशासकीय शक्तियाँ उपाध्यक्ष में केन्द्रित होती हैं।
- अन्तर्राष्ट्रीय वित्त निगम के अन्तर्गत आठ विभाग हैं, जिनमें से चार निवेश से सम्बन्धित हैं, जो भौगोलिक आधार पर कार्य करते हैं, जबकि शेष चार विभाग- पूंजी बाजारों, वित्त और प्रबन्धन (Finance and Management), कानूनी विषयों तथा इंजीनियरिंग से सम्बन्धित हैं, जो कार्यात्मक आधार पर परिचालन करते हैं।
- यह निगम विकासशील देशों में निजी उद्योगों (Private Industries) के लिए बिना सरकारी गारण्टी के धन की व्यवस्था करता है तथा अतिरिक्त पूंजी विनियोग द्वारा उन्हें प्रोत्साहित करता है।
- यह निजी उपक्रम की स्थापना, सुधार और प्रसार के वित्त-प्रबन्धन में सहायता करता है। यह सदस्य देशों में घरेलू और विदेशी पूँजी, उत्पादकीय निवेश में प्रवाहित करने के लिए प्रोत्साहित करता है।
- अन्तर्राष्ट्रीय वित्त निगम तीन प्रकार से विकासशील देशों में उत्पादकीय निजी निवेश को प्रोत्साहन देता है
  - प्रत्यक्ष निवेश द्वारा
  - स्थानीय और विदेशी पूँजी प्राप्त करके
  - मार्गदर्शन और तकनीकी सहायता प्रदान करके
- यह 7 से 12 वर्षों में परिपक्व होने वाले दीर्घकालीन ऋण और जोखिम पूँजी, व्यापारिक दर पर विकासशील देशों में निजी उपक्रम को उत्पादक निवेश के लिए देता है। निगम केवल विनिर्माण उद्योगों को ऋण देता है। यद्यपि यह सामाजिक सेवाओं के लिए ऋण नहीं दे सकता।

बहुपक्षीय निवेश गारण्टी एजेन्सी

- यह विश्व बैंक ग्रुप की नवीनतम सम्बन्धित संस्था है, जो अप्रैल, 1998 में स्थापित हुई। इसका मुख्यालय वाशिंगटन डी सी में है। इसकी अधिकृत पूँजी $ 1.08 बिलियन है।
- अपने गारण्टी प्रोग्राम के द्वारा यह राजनीतिक जोखिम दूर करने के लिए निवेश बीमा (Investment Insurance) प्रदान करती है। यह केवल नए निवेशों का बीमा कर सकता है, जिसमें वर्तमान निवेशों का प्रसार, निजीकरण और वित्तीय पुनर्संरचना करना शामिल है।
- इसका मुख्य उद्देश्य सदस्य विकासशील देशों में प्रत्यक्ष निवेश के प्रवाह को प्रोत्साहित करना है।
- यह विकासशील देशों की सरकारों को प्रोत्साहन और परामर्श देने वाली सेवाएँ भी प्रदान करती है, जिससे उनके निवेश वातावरण (Investment Environment) का आकर्षण बढ़ाया जा सके।
- बहुपक्षीय निवेश गारण्टी एजेन्सी (Multilateral investment gurantee agency, MIGA) से सहायता प्राप्त करने के लिए एक देश को उसका सदस्य बनना अनिवार्य है, जिसके लिए मिगा के समझौते पर उसे हस्ताक्षर करने होते हैं। वर्तमान में मिगा के 182 सदस्य (154 विकासशील देश और 28 औद्योगिक देश) हैं।
- इसका पूर्ण सदस्य बनने के लिए एक देश को अपना पूँजी-अंशदान भी MIGA को देना होता है। अन्य देशों की तरह भारत ने भी प्रत्यक्ष विदेशी निवेश की सुरक्षा के लिए मिगा के समझौते पर 13 अप्रैल, 1992 को हस्ताक्षर किए।

विश्व व्यापार संगठन

- विश्व व्यापार संगठन (World Trade Organisation,WTO) की स्थापना 1 जनवरी, 1995 को गैट (GATT) के स्थान पर की गई। यह एकमात्र वैश्विक संगठन है, जो राष्ट्रों के मध्य व्यापार नियमों को स्थापित करता है।
- इसके मूल में विश्व व्यापार संगठन के समझौते हैं, जिन्हें विश्व के अधिकांश व्यापारिक देशों द्वारा बातचीत कर उन्हें अपनाया गया है और सम्बन्धित देशों की संसद द्वारा अनुमोदित किया गया है।

विश्व व्यापार संगठन की सदस्यता

डब्ल्यूटीओ में यूरोपीय संघ सहित 166 देश हैं (165 वाँ कोमोरोस (2024), 166 वाँ तिमोर लेस्ते 2024) और ईरान, इराक, भूटान और लीबिया जैसी 23 पर्यवेक्षक देश हैं।

विश्व व्यापार संगठन का इतिहास

- 1 जनवरी, 1995 को विश्व व्यापार संगठन का गठन द्वितीय विश्व युद्ध के अन्त के बाद से अन्तर्राष्ट्रीय व्यापार में सबसे बड़ा सुधार था। जहाँ गैट मुख्य रूप से वस्तुओं के व्यापार से सम्बन्धित था, वही डब्ल्यू टीओ और इसके समझौते सेवाओं और बौद्धिक सम्पदाओं के व्यापार को भी सम्मिलित करता है।
- द्वितीय विश्वयुद्ध के बाद प्रशुल्क एवं व्यापार पर सामान्य समझौते (GATT) की उत्पत्ति हुई
- अन्तर्राष्ट्रीय व्यापार संगठन (ITO) ब्रेटन वुड्स सम्मेलन में तीसरे स्तम्भ के रूप में प्रस्तावित।
- व्यापार, निवेश, सेवाओं और रोजगार प्रथाओं को नियन्त्रित करने के लिए वर्ष 1948 में हवाना चार्टर के रूप में तैयार
- हवाना चार्टर चुनौतियाँ हवाना चार्टर कभी लागू नहीं हुआ इसका मुख्य कारण अमेरिकी सीनेट द्वारा इसकी पुष्टि न करना, जिसके परिणामस्वरूप आईटीओ (ITO) अस्तित्व में नहीं आ सका।
- गैट का उद्‌भव (Emergence of GATT) वर्ष 1947 में जेनेवा में 23 देशों द्वारा हस्ताक्षरित समझौता से 1 जनवरी, 1948 को प्रभाव में आया।
- गैट का उद्देश्य वाणिज्यिक वस्तुओं के व्यापार पर शुल्क कम करने के लिए आयात कोटा को चरणबद्ध तरीके से समाप्त करना था।
- एक बहुपक्षीय साधन (संस्था नहीं) के रूप में गैट वर्ष 1948 से 1995 तक डब्ल्यूटीओ की स्थापना तक प्राथमिक बहुपक्षीय व्यापार साधन के रूप में संचालित हुआ।
- गैट की संस्थागत सीमाएँ एक औपचारिक संस्थान की कमी के बाद भी गैट ने एक वास्तविक अन्तर्राष्ट्रीय संगठन के रूप में कार्य किया।
- गैट वार्ता दौर बहुपक्षीय व्यापार वार्ता के आठ दौर प्रायोजित हुए। एक दौर विभिन्न व्यापार पहलुओं को सम्बोधित करने वाली वार्ताओं की एक श्रृंखला को दर्शाता है।
- डब्ल्यूटीओ में परिवर्तन (1995) गैट की संस्थागत कमियों के कारण वर्ष 1995 में विश्व व्यापार संगठन (WTO) की स्थापना हुई।
- डब्ल्यूटीओ की व्यापक भूमिका डब्ल्यूटीओ ने अपने कार्य क्षेत्र को गैट से अधिक विस्तृत किया जिसमें सेवाएँ, बौद्धिक सम्पदा और विवाद निपटान शामिल थे।
- व्यापार पर निरन्तर ध्यान सिल्क रोड से लेकर डब्ल्यूटीओ तक, व्यापारिक संस्थानों के विकास ने आर्थिक विकास और शान्तिपूर्ण वैश्विक सम्बन्धों के प्रति प्रतिबद्धता को दर्शाया है।

गैट एवं विश्व व्यापार संगठन में अन्तर

गैट (GATT)	विश्व व्यापार संगठन (WTO)
गैट केवल वस्तुओं के व्यापार से सम्बन्धित है।	विश्व व्यापार संगठन वस्तुओं, सेवाओं और बौद्धिक सम्पदा अधिकारों के व्यापार से सम्बन्धित है।
गैट में व्यापार सम्बन्धित विवादों के निपटान का प्रावधान नहीं है।	विश्व व्यापार संगठन में व्यापार से सम्बन्धित विवादों का भी निपटान किया जाता है।
गैट के अन्तर्गत संविदाकारी पक्षों (Contracting Parties) को अपने नियम कानूनों में परिवर्तन की आज्ञा नहीं है।	विश्व व्यापार संगठन में संविदाकारी पक्षों को अपने नियम कानूनों में परिवर्तन करने सम्बन्धी प्रावधान दिए गए हैं।

विश्व व्यापार संगठन की संरचना

विश्व व्यापार संगठन की संरचना में निम्नलिखित निकाय हैं

- मन्त्रिस्तरीय सम्मेलन (Ministerial Council) यह विश्व व्यापार संगठन की शीर्षस्तरीय निकाय है। इस संगठन का आयोजन प्रत्येक 2 वर्ष पर किया जाता है, जिसके सम्मेलन में प्रत्येक सदस्य देश के वाणिज्य एवं व्यापार मन्त्री शामिल होते हैं। यह सभी सदस्य देशों की व्यापार नीतियों की आवधिक समीक्षा करता है।
- इसके 13 वें मन्त्रिस्तरीय सम्मेलन का आयोजन 2024 में संयुक्त अरब अमीरात के अबू धाबी (Abu Dhabi) में आयोजित किया गया।
- सामान्य काउन्सिल (General Council) यह संगठन विश्व व्यापार संगठन की संरचना के द्वितीय स्तर पर है और इसमें सभी सदस्य देशों के राजदूत प्रतिभाग करते हैं। यह काउन्सिल मन्त्रिस्तरीय सम्मेलन में लिए गए निर्णयों के लिए क्रियान्वयन का कार्य करती है। इस स्तर पर इसके साथ ही दो अन्य निकाय भी कार्य करते हैं—विवाद निपटान निकाय (Dispute Settlement Body) एवं व्यापार नीति समीक्षा निकाय (Trade Policy Review Body)।
- व्यापार परिषद् यह विश्व व्यापार संगठन की संरचना के तीसरे स्तर का निकाय है, जो प्रत्यक्षतः जनरल काउन्सिल के नियन्त्रण में होती है। ये व्यापार परिषदें निम्नलिखित हैं
  - वस्तुओं के व्यापार के लिए परिषद्।
  - सेवाओं के व्यापार के लिए परिषद्।
  - बौद्धिक सम्पदा अधिकारों के व्यापार सम्बन्धी पहलुओं के लिए परिषद्।
  - विश्व व्यापार संगठन का एक अपना सचिवालय होता है, जो संगठन के विभिन्न स्तरों के क्रियाकलापों में सहयोग प्रदान करता है।
  - विश्व व्यापार संगठन की वर्तमान निदेशक नगोजी ओकोंजो - इवेला है (7वीं महानिदेशक), यह इस पद पर आसीन होने वाली पहली अफ्रीकी महिला हैं।

विश्व व्यापार संगठन के अन्तर्गत व्यापार समझौते

- वर्तमान समय में विश्व व्यापार संगठन में 60 से अधिक व्यापार समझौते सम्मिलित हैं। इन समझौतों को तीन वर्गों में वर्गीकृत किया जाता है– वस्तुओं में व्यापार पर बहुपक्षीय समझौता, सेवाओं में व्यापार पर सामान्य समझौता तथा बौद्धिक सम्पदा अधिकारों के व्यापार सम्बन्धी पहलुओं पर समझौता।
- विश्व व्यापार संगठन के अन्तर्गत कृषि समझौते पर कृषकों को प्रदान की जाने वाली सब्सिडियों को तीन समूहों में विभाजित किया जाता है, जिन्हें बॉक्स (Box) कहा जाता है। ये बॉक्स निम्न प्रकार हैं
  - ग्रीन बॉक्स सब्सिडी
  - ब्लू बॉक्स सब्सिडी
  - एम्बर बॉक्स सब्सिडी

सेवाओं में व्यापार पर सामान्य समझौता

- विश्व व्यापार संगठन (WTO) के अधीन सेवाओं के व्यापार के लिए सेवाओं में व्यापार पर सामान्य समझौता एक अन्तर्राष्ट्रीय समझौता है।
- यह उरुग्वे दौर की वार्ता के बाद 1 जनवरी, 1995 से लागू हुआ। इस समझौते के उद्देश्य निम्नलिखित हैं
  - अन्तर्राष्ट्रीय व्यापार नियमों के लिए विश्वसनीय प्रणाली का निर्माण करना।
  - निष्पक्ष और न्यायसंगत की प्राप्ति सभी हितधारक समूह को प्रदान करना।
- आर्थिक गतिविधियों को बाध्यकारी नीतियों के माध्यम से गति प्रदान करना। व्यापार एवं विकास को प्रगतिशील उदारीकरण के माध्यम से बढ़ावा देना।

बौद्धिक सम्पदा अधिकारों के व्यापार सम्बन्धी पहलुओं पर समझौता

- बौद्धिक सम्पदा अधिकार के व्यापार सम्बन्धी पहलू (Trade - Related Aspects & Intellectual Property Rights, TRIPS) अन्तर्राष्ट्रीय आईपी अधिकारों पर एक समझौता है।
- ट्रिप्स समझौते के अन्तर्गत विभिन्न मानक स्थापित किए गए; जैसे–ट्रेडमार्क एवं कॉपीराइट, भौगोलिक संकेत, पेटेण्ट, औद्योगिक डिजाइन, एकीकृत सर्किट के लिए ले-आउट डिजाइन, अज्ञात जानकारी और व्यापार रहस्य की उपलब्धता एवं संविदात्मक लाइसेंसों में प्रतिस्पर्द्धा प्रथाओं पर नियन्त्रण आदि हैं।

सर्वाधिक पसन्दीदा राष्ट्र

- इससे आशय है WTO का कोई सदस्य देश दूसरे सदस्य देश को व्यापार के सम्बन्ध में यथा-टैरिफ, जो सुविधा प्रदान करता है वह सुविधा अन्य सभी सदस्यों को स्वत: प्राप्त हो जाती है। यह WTO का समानता अथवा विभेद रहित व्यापार का सिद्धान्त है।
- इसके दो प्रमुख अपवाद हैं; जैसे–यदि कुछ सदस्य देश स्वतंत्र व्यापारिक समझौते (एफटीए) करते हैं तथा कुछ सुविधा का परस्पर आदान प्रदान करते हैं, अथवा जेनरलाइज्ड सिस्टम ऑफ प्रेफरेन्सेज (GSP) के माध्यम से यदि विकसित देशों द्वारा विकासशील या अल्पविकसित देशों को कुछ सुविधा दिया जाता है तो इसका एमएफएन का उल्लंघन या विरोध नहीं माना जाएगा।

व्यापार सुविधा समझौता

- व्यापार सुविधा समझौते (Trade Facility Agreement, TFA) को WTO के सदस्यों द्वारा दिसम्बर, 2013 में इण्डोनेशिया में बाली मन्त्रिस्तरीय सम्मेलन में अपनाया गया था।
- व्यापार सुविधा समझौता, WTO के दो-तिहाई सदस्यों के समर्थन के बाद 22 फरवरी, 2017 को लागू हुआ।
- इसका उद्देश्य-माल की सीमा पर आवाजाही के लिए सीमा शुल्क नियमों को सरल बनाकर लालफीताशाही को कम करना तथा अन्तर्राष्ट्रीय व्यापार को नियन्त्रित करने वाले सख्त नियमों को सुव्यवस्थित करना है।
- व्यापार सुविधा समझौता (TFA) सम्पूर्ण विश्व में व्यापार बाधाओं को कम करने में सहायता करता है।

संयुक्त राष्ट्र व्यापार एवं विकास सम्मेलन (अंकटाड)

- स्थापना वर्ष 1964 में
- मुख्यालय जेनेवा (स्विट्जरलैण्ड)
- सदस्य 195 देश
- अधिवेशन प्रत्येक 4 वर्ष में
- महासचिव रेबेका ग्रिनस्पैन (पहली महिला और मध्य अमेरिकी)
- अंकटाड (United Nations conference on Trade and Development, UNCTAD) अर्थात् संयुक्त राष्ट्र संघ का व्यापार एवं आर्थिक विकास पर अधिवेशन संयुक्त राष्ट्र संघ की आर्थिक एवं सामाजिक परिषद् द्वारा 31 मार्च से 16 जून को जेनेवा में आहूत किया गया था।
- इसमें अन्तर्राष्ट्रीय व्यापार सम्बन्धी विश्वव्यापी नीति निर्धारित की गई तथा विकासशील देशों की विशेष आवश्यकताओं एवं अन्तर्राष्ट्रीय व्यापार विस्तार सम्बन्धी समस्याओं के व्यावहारिक पहलू पर विचार किया गया था।
- अंकटाड का मुख्य उद्देश्य अन्तर्राष्ट्रीय व्यापार को प्रोत्साहन देना है। यह विकासशील देशों में व्यापार बढ़ाने के लिए विशेष प्रयास करता है।
- इसके सभी सम्मेलनों में आईएमएफ को स्थायी प्रतिनिधित्व प्राप्त है। अंकटाड द्वारा पारित प्रस्तावों को IMF अपनी नीति-निर्माण प्रक्रिया में प्रयोग करता है, परन्तु अंकटाड के सुझाव मात्र रचनात्मक होते हैं। इसके पालन के लिए किसी को बाध्य नहीं किया जा सकता है।
- अंकटाड द्वारा प्रत्येक वर्ष विश्व निवेश और व्यापार के सन्दर्भ में रिपोर्ट जारी की जाती है। इसके द्वारा अप्रैल, 2023 में व्यापार एवं विकास रिपोर्ट (Trade and Development Report) 2023 जारी की गई, जिसमें विकसित एवं विकासशील देशों के साथ-साथ भारत और चीन जैसी अर्थव्यवस्थाओं की वार्षिक वृद्धि दर का अनुमान व्यक्त किया गया है।
- वैश्विक वृद्धि दर-2.1% अनुमानित (वर्ष 2023), विकसित देशों में विकास दर-0.9% अनुमानित, भारत की विकास दर - 6% अनुमानित (वर्ष 2023) है।
- अंकटाड, संयुक्त राष्ट्र (United Nations) की एक स्थायी एजेंसी के रूप में कार्य कर रहा है, जिसकी सदस्यता पूर्णरूपेण ऐच्छिक है।
- कोई भी राष्ट्र अपनी इच्छानुसार अंकटाड की सदस्यता ग्रहण कर सकता है अथवा परित्याग कर सकता है।

विश्व आर्थिक मंच

- विश्व आर्थिक मंच (World Economic Forum-WEF) एक गैर-लाभकारी संगठन है, जिसे क्लाउस श्वाब द्वारा जनवरी, 1971 में स्थापित किया गया था। वर्ष 1987 में अन्तर्राष्ट्रीय संघर्षों को हल करने के लिए एक मंच प्रदान करने की दृष्टि से इसका नाम बदलकर विश्व आर्थिक मंच कर दिया गया। इसका मुख्यालय जेनेवा, स्विट्जरलैण्ड में स्थित है।
- इसका उद्देश्य वैश्विक, क्षेत्रीय और औद्योगिक एजेण्डे को आकार देना, आर्थिक विकास का विश्लेषण करके भविष्य की चुनौतियों का पूर्वानुमान लगाना तथा विश्व के नेताओं को एकसाथ एक मंच पर लाकर वैश्विक मुद्दों पर चर्चा करना है।
- विश्व आर्थिक मंच (WEF) की वार्षिक बैठक का आयोजन प्रत्येक वर्ष दावोस, स्विट्जरलैण्ड में किया जाता है। इस बैठक में सम्पूर्ण विश्व के देशों के प्रतिनिधि प्रतिभाग करते हैं, जिसमें मुख्यत: वित्त एवं व्यापार मन्त्री, केन्द्रीय बैंकों के गवर्नर, अर्थशास्त्री एवं नागरिक समाज के सदस्य होते हैं।
- विश्व आर्थिक मंच की 55वीं बैठक का आयोजन 20 से 24 जनवरी, 2025 के मध्य दावोस (स्विटजरलैण्ड में) में किया गया। इस संस्था द्वारा समय-समय पर विभिन्न रिपोर्टों का प्रकाशन किया जाता है, जिनके विषय मुख्यत: विकास, ऊर्जा, समावेशन, प्रतिस्पर्द्धा आदि होते हैं।
- WEF द्वारा विभिन्न रिपोर्टों का प्रकाशन किया जाता है; जो निम्न हैं
  - समावेशी विकास सूचकांक।
  - वैश्विक लैंगिक अन्तराल रिपोर्ट।
  - वैश्विक जोखिम रिपोर्ट।
  - यात्रा और पर्यटन प्रतिस्पर्द्धात्मकता रिपोर्ट।

आर्थिक सहयोग एवं विकास संगठन

- स्थापना वर्ष 1961 में
- मुख्यालय पेरिस (फ्रांस)
- सदस्य 38 देश
- इसका गठन इसके पूर्ववर्ती संगठन यूरोपीय आर्थिक सहयोग संगठन (OEEC) के स्थान पर किया गया, जिसकी स्थापना द्वितीय विश्व युद्ध के पश्चात् यूरोप के पुनर्निर्माण के लिए मार्शल योजना के तहत अमेरिकी और कनाडाई सहायता को प्रशासित करने के लिए की गई थी। 30 सितम्बर, 1961 को इसका नाम बदलकर आर्थिक सहयोग एवं विकास संगठन (Organisation for Economic Co-operation and Development-OECD) कर दिया गया।
- आर्थिक सहयोग एवं विकास संगठन के अधिकांश देश लोकतान्त्रिक होते हैं और मुक्त बाजार अर्थव्यवस्थाओं का समर्थन करते हैं, इन देशों में मानव विकास सूचकांक (HDI) बहुत ज्यादा होता है और इन्हें विकसित देश माना जाता है।
- यह संगठन आर्थिक प्रगति और विश्व व्यापार को बढ़ावा देने के लिए काम करता है। भारत इसका सदस्य देश नहीं है, परन्तु इसका एक प्रमुख आर्थिक भागीदार है।
- आर्थिक सहयोग एवं विकास संगठन एक थिंक-टैंक की भाँति कार्य करता है। इसके प्रमुख कार्यों में विश्व व्यापार का विस्तार, आर्थिक प्रगति को बढ़ावा, गरीबी उन्मूलन, सामाजिक विकास व पर्यावरणीय प्रभावों का आकलन करना है।
- आर्थिक सहयोग एवं विकास संगठन वित्तीय कार्यवाही कार्यबल (FATF) के साथ मिलकर आतंकी वित्तपोषण एवं धनशोधन पर नियन्त्रण हेतु भी कार्य कर रहा है।

वित्तीय कार्यवाही कार्यबल

- वित्तीय कार्यवाही कार्यबल (Financial Action Task Force-FATF) एक अन्तर्राष्ट्रीय अन्तर्सरकारी निकाय है। इसका गठन काले धन को वैध बनाने के सम्बन्ध में बढ़ती चिन्ताओं को दूर करने तथा आतंकी गतिविधियों के वित्त पोषण को रोकने हेतु पेरिस में वर्ष 1989 में सम्पन्न जी-7 सम्मेलन में किया गया। इसका सचिवालय पेरिस में ऑर्गेनाइजेशन फॉर इकोनॉमिक कॉर्पोरेशन एण्ड डेवलपमेण्ट के मुख्यालय में ही स्थित है।
- एफएटीएफ का प्राथमिक उद्देश्य अन्तर्राष्ट्रीय मानक निर्धारित करना तथा धन शोधन, आतंक की गतिविधियों के वित्तपोषण और सामूहिक विनाश के हथियारों के प्रसार से निपटने हेतु उपायों के प्रभावी कार्यान्वयन को बढ़ावा देना है।
- वर्तमान समय में वित्तीय कार्यवाही के कुल 39 सदस्य हैं, जिसमें 2 क्षेत्रीय संगठन (यूरोपीय आयोग एवं खाड़ी सहयोग परिषद्) के सदस्य हैं।
- भारत वर्ष 2006 में एफएटीएफ का पर्यवेक्षक बना तथा वर्ष 2010 में इसका 34वाँ सदस्य बना। सदस्य बनने के बाद भारत एफएटीएफ के अन्तर्गत काले धन व आतंकी गतिविधियों के वित्त पोषण के मुद्दों पर प्रस्तावित सूक्ष्म, लघु एवं दीर्घ स्तरीय कार्यक्रमों को अपनाने पर सहमत हुआ।
- भारत को एफएटीएफ (FATF) की नियमित अनुवर्ती (Regular Fellow-up) श्रेणी में रखा गया है, जिससे यह एक ऐसे विशेष समूह में शामिल हो गया है, जिसमें केवल 4 देश-यूनाइटेड किंगडम, फ्रांस, इटली और अन्य G-20 देश शामिल हैं।
- एफएटीएफ सदस्य देशों को चार श्रेणियों में से किसी एक में रखता है अर्थात् नियमित अनुवर्ती, वर्द्धित अनुवर्ती (Enhanced fellow up), ग्रे-लिस्ट और ब्लैक लिस्ट।

खाद्य एवं कृषि संगठन

- स्थापना 16 अक्टूबर, 1945
- मुख्यालय रोम (इटली)
- सदस्य 195 देश + यूरोपीय संघ
- खाद्य एवं कृषि संगठन (Food and Agriculture Organization-FAO) संयुक्त राष्ट्र की एक विशेष संस्था है, जो अन्तराष्ट्रीय भूख की समस्या को कम करने का प्रयास करती है।
- खाद्य एवं कृषि संगठन के प्रमुखत: तीन लक्ष्य निर्धारित किए गए हैं
  - भूख, खाद्य, असुरक्षा एवं कुपोषण को कम करना।
  - गरीबी कम करना एवं सभी लोगों के लिए आर्थिक एवं सामाजिक प्रगति को बढ़ावा देना।
  - भावी पीढ़ियों की आवश्यकता के लिए संसाधनों का सम्पोषणीय प्रबन्धन एवं उपयोग करना।

संयुक्त राष्ट्र औद्योगिक विकास संगठन (UNIDO)

- संयुक्त राष्ट्र औद्योगिक विकास संगठन (United Nations Industrial Development Organisation-UNIDO) संयुक्त राष्ट्र का एक महत्त्वपूर्ण निकाय है, जो गरीबी निवारण समावेशी वैश्वीकरण और पर्यावरणीय स्थिरता के लिए औद्योगिक विकास को बढ़ावा देता है।
- इसकी स्थापना वर्ष 1966 में संयुक्त राष्ट्र महासभा में लाये गए एक प्रस्ताव के माध्यम से की गई। इसका दूसरा मुख्य उद्देश्य औद्योगीकरण को गति एवं प्रोत्साहन प्रदान करना है।
- इस संगठन का मुख्यालय वियना (ऑस्ट्रिया) में है और इसने वर्ष 1969 से कार्य करना प्रारम्भ किया।
- इस संगठन के सदस्य देशों की संख्या 172 है। इसका प्रमुख कार्य सदस्य देशों में समावेशी और सतत औद्योगिक विकास को बढ़ावा देना है। यह अपने सदस्य देशों को चार अनिवार्य कार्यों के माध्यम से सहायता प्रदान करता है; ये कार्य हैं-तकनीकी सहयोग, कार्यवाही-उन्मुख अनुसन्धान और नीति सलाहकार सेवाएँ, मानकों से संबंधित गतिविधियाँ तथा ज्ञान और प्रौद्योगिकी हस्तान्तरण के लिए साझेदारी को बढ़ावा देना।
- भारत ने संयुक्त राष्ट्र औद्योगिक विकास संस्थान की सदस्यता 21 जून, 1985 को ग्रहण की। सदस्यता ग्रहण के बाद से UNIDO संगठन द्वारा भारत को औद्योगिक विकास परियोजना में सहायता प्रदान की गई है।
- संयुक्त राष्ट्र औद्योगिक विकास संगठन (UNIDO) द्वारा औद्योगिक विकास रिपोर्ट का प्रकाशन किया जाता है।

एशियाई विकास बैंक

- स्थापना 22 अगस्त, 1966 को
- मुख्यालय मनीला (फिलीपीन्स)
- सदस्य 69 देश
- एशियाई विकास बैंक (Asian development bank) एक बहुपक्षीय विकास बैंक है।
- इसकी स्थापना 22 अगस्त, 1966 को एशियाई देशों के आर्थिक विकास के लिए मनीला (फिलीपीन्स) में की गई।
- यह बैंक यूएन, इकोनॉमिक कमीशन फॉर एशिया एण्ड फॉर ईस्ट (UN, ECAFE) और गैर-क्षेत्रीय विकसित देशों के सदस्यों को सम्मिलित करता है। इस बैंक की स्थापना 31 सदस्यों के साथ हुई थी, अब इस बैंक के पास 69 सदस्य हैं, जिसमें से 49 एशिया पैसिफिक क्षेत्र से हैं और 20 सदस्य बाहरी हैं।
- एडीबी एक समृद्ध, समावेशी, लचीला और टिकाऊ एशिया और प्रशांत क्षेत्र की परिकल्पना करता है, साथ ही इस क्षेत्र में अत्यधिक गरीबी के उन्मूलन हेतु प्रयासरत् है।
- यह अपने सदस्य देशों और साझेदारों को सामाजिक और आर्थिक विकास को बढ़ावा देने के लिए ऋण, तकनीकी सहायता, अनुदान और इक्विटी निवेश प्रदान करके सहायता प्रदान करता है।
- एडीबी का प्रारूप काफी सीमा तक वर्ल्ड बैंक के आधार पर बनाया गया था और वर्ल्ड बैंक के समान यहाँ भी भारित वोट प्रणाली की व्यवस्था है, जिसमें वोटों का वितरण सदस्यों के पूँजी अभिदान अनुपात के आधार पर किया जाता है।
- वर्तमान में, संयुक्त राज्य अमेरिका और जापान के पास शेयरों का सबसे बड़ा भाग है, जो कुल शेयरों का 12.756% है।
- बैंक की सर्वोच्च नीति-निर्धारक संस्था, बोर्ड ऑफ गवर्नर्स है, जो प्रत्येक सदस्य देश के एक प्रतिनिधि के द्वारा बनी है। इसके बदले में बोर्ड ऑफ गवर्नर्स, अपने समूह में से 12 सदस्यों को बोर्ड ऑफ डायरेक्टर्स और उनके सहायक के रूप में चुनते हैं। बोर्ड ऑफ गवर्नर्स, बैंक के अध्यक्ष का भी चुनाव करते हैं, जो बोर्ड ऑफ डायरेक्टर्स का भी अध्यक्ष होता है और एशियाई विकास बैंक का प्रबन्धन देखता है। सामान्य रूप से अध्यक्ष का कार्यकाल 5 वर्ष का होता है और इसे पुन: निर्वाचित किया जा सकता है।

भारत और एशियाई विकास बैंक

- भारत वर्ष 1966 में एशियाई विकास बैंक (Asian Development Bank-ADB) की स्थापना से ही इसका एक संस्थापक सदस्य रहा है। वर्ष 1986 में देश में इसके ऋण प्रदान करने के कार्यों के प्रारम्भ के समय से, एशियाई विकास बैंक ने बुनियादी ढाँचे से सम्बन्धित विकास के माध्यम से गरीबी को कम करने के लिए अपने प्रयासों में भारत के साथ भागीदारी की है।
- भारत एशियाई विकास बैंक का चौथा सबसे बड़ा शेयरधारक (6.42%) है। एशियाई विकास बैंक से सम्बन्धित मामलों को देखने वाली भारतीय संस्था, वित्त मन्त्रालय है।
- एशियाई विकास बैंक ऑर्डिनरी कैपिटल रिसोर्सेज (ओसीआर सामान्य पूँजी संसाधन) से व्यापारी शर्तों पर हार्ड लोन देता है और एशियाई विकास बैंक से सम्बद्ध एशियन डेवलपमेण्ट फण्ड (एडीएफ) विशिष्ट कोष से रियायती दरों पर सॉफ्ट लोन देता है।

भारत की महत्त्वपूर्ण भूमिका वाले संगठन

विश्व में अनेक ऐसे वित्तीय संगठन हैं, जिनमें भारत की महत्त्वपूर्ण भूमिका है। कुछ महत्त्वपूर्ण संगठन निम्नलिखित हैं

दक्षिण एशियाई क्षेत्रीय सहयोग संगठन

- स्थापना 8 दिसम्बर, 1985
- मुख्यालय सचिवालय काठमाण्डू (नेपाल)
- सदस्य 8 देश

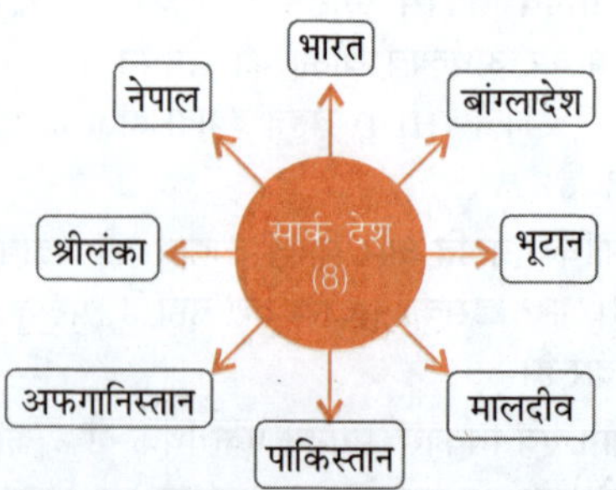

- दक्षिण एशियाई क्षेत्रीय सहयोग संगठन (South Asian Association for Regional Co-operation-SAARC) की स्थापना 7 एवं 8 दिसम्बर, 1985 को ढाका में दक्षिण एशिया के सात देशों (भारत, पाकिस्तान,

बांग्लादेश, नेपाल, भूटान, श्रीलंका और मालदीव) के राष्ट्राध्यक्षों के सम्मेलन के दौरान हुई। सार्क की स्थापना का विचार सर्वप्रथम वर्ष 1980 में बांग्लादेश के राष्ट्रपति जियाउर्रहमान ने दिया था।

- सार्क का 14वाँ शिखर सम्मेलन 3-4 अप्रैल, 2007 को नई दिल्ली में सम्पन्न हुआ। पहली बार सार्क का विस्तार इस सम्मेलन में किया गया तथा अफगानिस्तान को 8वें सदस्य के रूप में इस समूह में शामिल किया गया। पहली बार सार्क सदस्यों के अतिरिक्त पर्यवेक्षकों ने भी इस सम्मेलन में भाग लिया। ईरान को भी सार्क में पर्यवेक्षक का दर्जा इस सम्मेलन में प्रदान किया गया है। 16वें सार्क सम्मेलन वर्ष 2010 (थिम्पू) में ऑस्ट्रेलिया तथा म्यांमार को पर्यवेक्षक राष्ट्र का स्थान दिया गया।
- 2010-20 के दशक को सार्क ने अन्तर्क्षेत्रीय सम्पर्कता दशक (Inter Regional Connectivity Decade) के रूप में मनाने का निर्णय लिया है। सार्क देशों का 18वाँ शिखर सम्मेलन नेपाल की राजधानी काठमाण्डू में सम्पन्न हुआ। इसका 19वाँ शिखर सम्मेलन वर्ष 2016 में पाकिस्तान में होना था, जिसे रद्द कर दिया गया।

संगठन एवं संरचना

- वर्ष 1983 की मन्त्रिपरिषद् की बैठक में सार्क संगठन के ढाँचे को व्यवस्थित करने के लिए पहला व्यावहारिक कदम उठाया गया। इस बैठक में एक दो-मुखी ढाँचे को तकनीकी समिति एवं स्थायी समिति के रूप में स्थापित किया गया। तकनीकी समिति में अनेक अध्ययन एवं कामकाजी दल शामिल किए गए तथा स्थायी समिति में सार्क के सदस्य देशों के सभी विदेश सचिव आते हैं।
- सार्क सचिवालय की स्थापना काठमाण्डू में 16 जनवरी, 1987 को हुई। सचिवालय में एक प्रधान महासचिव, सात निदेशक तथा सामान्य सेवा कर्मचारी होते हैं। महासचिव की नियुक्ति विदेश मन्त्रियों की परिषद् द्वारा सदस्य देशों के बीच वर्णानुक्रम के अनुसार बारी-बारी से 2 वर्ष के लिए होती है, जिसका दोबारा नवीनीकरण नहीं होता।
- निर्देशकों की नियुक्ति सार्क के सदस्य देशों की नामजदगी (Nomination) पर महासचिव द्वारा होती है। यह नियुक्ति तीन वर्ष के लिए होती है, जिसे विशेष स्थितियों में सम्बन्धित सदस्य देशों के साथ विचार-विमर्श के बाद महासचिव द्वारा अधिक-से-अधिक 3 वर्ष के लिए बढ़ाया जा सकता है।

सार्क शिखर सम्मेलन

वर्ष	आयोजन स्थल	वर्ष	आयोजन स्थल
दिसम्बर, 1985	ढाका (बांग्लादेश)	जनवरी, 2002	काठमाण्डू (नेपाल)
नवम्बर, 1986	बंगलुरु (भारत)	जनवरी, 2004	इस्लामाबाद (पाकिस्तान)
नवम्बर, 1987	काठमाण्डू (नेपाल)	नवम्बर, 2005	ढाका (बांग्लादेश
दिसम्बर, 1988	इस्लामाबाद (पाकिस्तान)	अप्रैल, 2007	नई दिल्ली (भारत)
नवम्बर, 1990	माले (मालदीव)	अगस्त, 2008	कोलम्बो (श्रीलंका)
दिसम्बर, 1991	कोलम्बो (श्रीलंका)	अप्रैल, 2010	थिम्पू (भूटान)
अप्रैल, 1993	ढाका (बांग्लादेश)	नवम्बर, 2011	आडू सिटी (मालदीव)
मई, 1995	नई दिल्ली (भारत)	नवम्बर, 2014	काठमाण्डू (नेपाल)
मई, 1997	माले (मालदीव)	नवम्बर, 2016	पाकिस्तान में प्रस्तावित था, किन्तु स्थगित हो गया
जुलाई, 1998	कोलम्बो (श्रीलंका)		

दक्षिण एशियाई मुक्त व्यापार क्षेत्र

- साफ्टा (South Asian Free Trade Agreement-SAFTA) 1 जनवरी, 2006 से प्रभावी हो गया। साफ्टा में कुल 24 अनुच्छेद हैं, जिनमें से अनुच्छेद- 3, 7, 10, 16 व 21 सर्वाधिक महत्त्वपूर्ण हैं।
- साफ्टा समझौते का मुख्य उद्देश्य-मुक्त व्यापार से सम्बन्धित बाधाओं को दूर करना और सदस्यों के बीच स्वस्थ प्रतिस्पर्द्धा को बढ़ावा देना है। इस समझौते को सभी देशों को बराबर लाभ के सिद्धान्त पर तैयार किया गया है। इसके अन्तर्गत नेपाल, भूटान, बांग्लादेश, मालदीव आदि अल्पविकसित देशों को शुल्क दरों में विशेष छूट दी जाएगी।
- साफ्टा से सम्बन्धित वक्तव्यों पर समय-समय पर समीक्षा की जाती है और टैरिफ को कम करने के लिए क्रमिक चरणों का पालन किया जाता है। साफ्टा (SAFTA) समझौता तरजीही व्यापार को बढ़ावा देने के माध्यम से क्षेत्रीय आर्थिक एकीकरण के कार्यक्रम को और आगे बढ़ाएगा।
- साफ्टा के अन्तर्गत भारत, पाकिस्तान और श्रीलंका जैसे अपेक्षाकृत विकसित देशों को 1 जनवरी, 2009 तक अपनी सीमा शुल्क घटाकर 0.5% तक करना था।
- अन्य देशों को 1 जनवरी, 2016 तक का समय दिया गया। प्रशुल्क कटौती से यदि कम विकसित देशों को नुकसान होता है, तो इसकी भरपाई अपेक्षाकृत अधिक विकसित सदस्य देश करेंगे। इसके अतिरिक्त कुछ संवेदनशील उत्पादों की भी सूची बनाई गई, जिन पर ये शुल्क कटौती समझौते लागू नहीं होंगे।
- वर्तमान समय में साफ्टा के अन्तर्गत मालदीव को सबसे कम विकसित देश (LDC) का दर्जा देकर विशेष वरीयता दी जा रही है, वहीं श्रीलंका को मूल नियमों में विशेष दर्जा दिया गया है।

बिम्सटेक

- स्थापना जून 1997 में
- मुख्यालय ढाका (बांग्लादेश)
- सदस्य 7 देश (भारत, बांग्लादेश, भूटान, म्यांमार, थाइलैण्ड, श्रीलंका तथा नेपाल)
- बिम्सटेक को आरम्भ में बिस्टेक (BISTEC) के नाम से जाना जाता था। इसकी स्थापना जून, 1997 में बैंकॉक सम्मेलन में चार सदस्य देश भारत, बांग्लादेश, श्रीलंका एवं थाईलैण्ड द्वारा की गई थी। नवम्बर, 1997 में बैंकॉक में म्यांमार को शामिल करने के निर्णय के कारण इसका नाम बिम्सटेक (Bangladesh, India, Myanmar, Sri Lanka, Thailand Economic Co-operation) किया गया।
- वर्ष 2004 में नेपाल एवं भूटान को बिम्सटेक में शामिल होने के पश्चात् इसका नाम बदलकर अब Bay of Bengal Initiative for Multi-Sectoral Technical and Economic Co-operation कर दिया। इसमें शामिल 7 सदस्यों में से 5 देश दक्षेस के भी सदस्य हैं।
- इस संगठन का उद्देश्य आपसी सहयोग के लिए व्यापार, निवेश, उद्योग, परिवहन, आधारिक संरचना, विज्ञान एवं प्रौद्योगिकी, मानव संसाधन विकास, ऊर्जा, मात्स्यिकी, कृषि, प्राकृतिक संसाधन एवं पर्यटन को बढ़ावा देना है।

- बिमस्टेक की कल्पना दो क्षेत्रीय संगठनों दक्षेस एवं आसियान के मध्य आपसी सहयोग को बढ़ावा देने के उद्देश्य के रूप में की गई थी।
- भारत बिमस्टेक को अपनी एक्ट ईस्ट नीति (Act East Policy) का अभिन्न अंग मानता है, जो हिन्द महासागर में व्यापार और सुरक्षा हितों को आगे बढ़ाते हुए दक्षिण-पूर्व एशिया में क्षेत्रीय सहयोग को बढ़ावा देता है।
- भारत सरकार द्वारा 6 से 8 अगस्त, 2024 को नई दिल्ली में पहले बिम्सटेक व्यापार शिखर सम्मेलन का आयोजन किया गया, जिसका उद्देश्य सदस्य देशों के बीच मजबूत व्यापार और निवेश सम्बन्धों के माध्यम से अधिक क्षेत्रीय सहयोग को बढ़ावा देना है।

हिन्द महासागर परिधि संघ

- 5 मार्च, 1995 को मॉरीशस के पोर्टलुई नामक स्थान पर हिन्द महासागर के तटीय क्षेत्र में स्थित राष्ट्रों के मध्य पारस्परिक आर्थिक सहयोग बढ़ाने के लिए हिमतक्षेस (IOR-ARC) की स्थापना की गई।
- औपचारिक रूप से इसे मार्च, 1997 में स्थापित किया गया। यह तीन महाद्वीपों एशिया, ऑस्ट्रेलिया व अफ्रीका के मध्य एक सेतु का कार्य करेगा।
- हिमतक्षेस के सदस्य देश हैं—भारत, ऑस्ट्रेलिया, बांग्लादेश, ईरान, फ्रांस, मालदीव, मलेशिया, तंजानिया, सोमालिया, कोमोरोस, इण्डोनेशिया, श्रीलंका, सिंगापुर, ओमान, यमन, तंजानिया, थाईलैण्ड, संयुक्त अरब अमीरात, कीनिया, मोजाम्बिक, मेडागास्कर, दक्षिण अफ्रीका एवं मॉरीशस।

> - **हिमतक्षेस** को अब हिन्द महासागर परिधि संघ (Indian Ocean Rim Association, IORA) के नाम से जाना जाता है। इसका उद्देश्य हिन्द महासागर परिधि के देशों के बीच समुद्री सुरक्षा एवं संरक्षा, व्यापार एवं निवेश सुविधा, मात्स्यिकी प्रबन्धन, आपदा जोखिम प्रबन्धन, शैक्षिक एवं विज्ञान प्रौद्योगिकी सहयोग एवं सांस्कृतिक विनिमय को बढ़ावा देना है।
> - हिन्द महासागर क्षेत्र विश्व का तीसरा बड़ा महासागर है, जिससे विश्व के लगभग एक-तिहाई माल एवं दो-तिहाई तेल का परिवहन होता है।

ब्रिक्स

- 21वीं शताब्दी के पहले दशक में जहाँ परम्परागत देश दशक के अन्त तक वैश्विक वित्तीय संकट से ग्रसित हो गए, वहीं विश्व के कतिपय विकासशील देशों ने इस दशक में उल्लेखनीय आर्थिक प्रगति दर्ज की है।
- वर्ष 2009 में ऐसे ही चार देशों-ब्राजील, रूस, भारत व चीन ने एक नए आर्थिक संगठन ब्रिक की स्थापना की थी। ब्रिक की स्थापना इन चार देशों के प्रथम शिखर सम्मेलन का परिणाम थी।
- ब्रिक शब्द का पहली बार प्रयोग वर्ष 2001 में गोल्डमैन सैश के जिम ओ नील द्वारा किया गया था।
- ब्रिक का पहला शिखर सम्मेलन 16 जून, 2009 को रूस के शहर येकातेरिनबर्ग में सम्पन्न हुआ था।
- इस सम्मेलन में इन चारों देशों ने अमेरिका व उसके यूरोपीय सहयोगियों के प्रभुत्व वाली वर्तमान वैश्विक व्यवस्था के स्थान पर बहुध्रुवीय वैश्विक व्यवस्था की माँग उठाई थी।
- ब्रिक का नामकरण इसके सदस्य देशों के नाम के पहले अक्षर से हुआ है। अत: दक्षिण अफ्रीका के वर्ष 2010 में शामिल होने के बाद इसका नाम ब्रिक्स (Brazil, Russia, India, China and South Africa,-BRICS) हो गया।
- वर्तमान समय में ब्रिक्स में देशों की संख्या बढ़कर 11 हो गई है, इसमें मिस्र, ईरान, सऊदी अरब अमीरात, इथोपिया और इण्डोनेशिया देशों को शामिल किया गया है।
- नए ब्रिक्स विकास बैंक की स्थापना तथा वित्तीय सुरक्षा जाल (Financial Security Network) के रूप में आकस्मिक रिजर्व व्यवस्था (CRA) के सृजन पर सहमति तथा इस शिखर सम्मेलन की प्रमुख उपलब्धियाँ रहीं। छठा ब्रिक्स शिखर सम्मेलन वर्ष 2014 में ब्राजील में आयोजित किया गया।
- ब्रिक्स का 10वाँ शिखर सम्मेलन का आयोजन 25 से 27 जुलाई, 2018 के मध्य दक्षिण अफ्रीका के जोहान्सबर्ग में सम्पन्न हुआ।
- 11वाँ शिखर सम्मेलन 13 से 14 नवम्बर, 2019 के मध्य ब्रासीलिया में तथा 12वाँ शिखर सम्मेलन 21 से 23 जुलाई, 2020 के मध्य रूस में सम्पन्न हुआ, लेकिन 13वाँ शिखर सम्मेलन वर्ष 2021 में भारत द्वारा वर्चुअल माध्यम से किया गया।
- ब्रिक्स का 14वाँ शिखर सम्मेलन 23 जून, 2022 को चीन की अध्यक्षता में किया गया था।
- इसका विषय (Theme) उच्च गुणवत्ता वाली ब्रिक्स साझेदारी को बढ़ावा देना व वैश्विक विकास के लिए एक नए युग की शुरुआत करना है।
- ब्रिक्स का 15वाँ शिखर सम्मेलन 23 अगस्त, 2023 को जोहान्सबर्ग में दक्षिण अफ्रीका की अध्यक्षता में आयोजित किया गया।
- 16वाँ ब्रिक्स शिखर सम्मेलन 22 अक्टूबर से 24 अक्टूबर, 2024 के बीच कजान (रूस) में आयोजित किया गया।

ब्रिक्स के शिखर सम्मेलन

स्थान	वर्ष
येकातेरिनबर्ग (रूस)	2009
ब्रासीलिया (ब्राजील)	2010
सान्या (चीन)	2011
नई दिल्ली (भारत)	2012
डरबन (दक्षिण अफ्रीका)	2013
फोर्टालेजा (ब्राजील)	2014
उफा (रूस)	2015
गोवा (भारत)	2016
जियामेन (चीन)	2017
जोहान्सबर्ग (दक्षिण अफ्रीका)	2018
ब्रासीलिया (ब्राजील)	2019
मॉस्को (रूस)	2020
भारत (वर्चुअल)	2021
चीन (वर्चुअल)	2022
जोहान्सबर्ग (दक्षिण अफ्रीका)	2023
कजान (रूस)	2024
ब्राजील (प्रस्तावित)	2025

न्यू डेवलपमेण्ट बैंक

- न्यू डेवलपमेण्ट बैंक (NDB), जिसे पहले ब्रिक्स बैंक के अनौपचारिक नाम से भी जाना जाता था, ब्रिक्स समूह के देशों द्वारा स्थापित किए गए एक नए विकास बैंक का आधिकारिक नाम है। वर्ष 2014 के ब्रिक्स सम्मेलन में $ 100 अरब की शुरुआती अधिकृत पूँजी $ 50 बिलियन की अभिदत्त पूँजी (Subscribed Capital) के साथ नए विकास बैंक की स्थापना का निर्णय किया गया।
- ब्रिक्स के सदस्य देशों में भारत, चीन, रूस, ब्राजील और दक्षिण अफ्रीका आदि हैं। 2 सितम्बर, 2021 को संयुक्त अरब अमीरात, उरुग्वे और बांग्लादेश नए सदस्य के रूप में न्यू डेवलपमेण्ट बैंक में शामिल हुए हैं।
- इस बैंक का **प्रथम अध्यक्ष** भारत **के के. वी. कामथ** को बनाया गया था। इसका मुख्यालय शंघाई (चीन) में स्थापित किया गया है।
- इसका उद्देश्य ब्रिक्स देशों और अन्य उभरती तथा विकासशील अर्थव्यवस्थाओं की सतत विकास की मूलभूत परियोजनाओं के लिए वित्तीय संसाधन जुटाना है।
- इस बैंक के प्रमुख कार्य मुख्यत: किसी देश की शॉर्ट-टर्म लिक्विडिटी समस्याओं को दूर करना, ब्रिक्स देशों के बीच सहयोग बढ़ाना, वैश्विक फाइनेन्शियल सेफ्टी नेट को मजबूत करना आदि हैं।
- इसमें सभी सदस्य **बैंकों** को समान मताधिकार का अधिकार दिया गया है और किसी भी सदस्य को वीटो का अधिकार नहीं दिया गया है।
- बैंक का मुख्य प्रशासनिक अधिकारी इसका अध्यक्ष होता है। वर्तमान समय में इसके अध्यक्ष मासात्सुगु असकावा (जापान) हैं। अन्य सदस्यों द्वारा इसमें एक-एक उपाध्यक्ष को नियुक्त किया जाता है।

एशियन इन्फ्रास्ट्रक्चर इन्वेस्टमेण्ट बैंक

- स्थापना वर्ष 2015 में
- परिचालन वर्ष 2016 में
- मुख्यालय बीजिंग (चीन)
- सदस्य 110 देश
- यह बैंक एशिया में निवेश एवं आधारिक संरचना का विकास करने के लिए चीन के नेतृत्व में गठित किया गया है। एशियाई अवसंरचना निवेश बैंक (Asian infrastructure investment Bank-AIIB) की स्थापना का प्रस्ताव चाइना सेण्टर फॉर इण्टरनेशनल इकोनॉमिक्स नामक चीनी थिंक-टैंक द्वारा अप्रैल, 2009 में वोआवो फोरम में प्रस्तावित किया गया था। जून, 2015 में इसके गठन हेतु समझौता किया गया था, जिसमें भारत सहित 50 देशों द्वारा हस्ताक्षर किए गए।
- चीन 30.34% के साथ इसका सबसे बड़ा तथा भारत 8.52% के साथ दूसरा सबसे बड़ा शेयरधारक है। इसकी अधिकृत पूँजी 100 अरब डॉलर होगी, जिसमें से 75% केवल एशियाई देशों के लिए निश्चित होगी।
- यह एक बहुपक्षीय विकास बैंक है जिसका मिशन एशिया और इसके बाहर भविष्य के लिए अवसंरचना का वित्तपोषण करना है-संधारणीयता के साथ अवसंरचना।

मर्कोसुर

- मर्कोसुर (MERCOSUR) एक दक्षिण अमेरिकी व्यापार संगठन है, जिसका वर्ष 1991 में असुनसियन की सन्धि के माध्यम से गठन किया गया और ब्राजील के शहर औरो-प्रेटो में इस सन्धि पर 17 दिसम्बर, 1994 को हस्ताक्षर हुए, जिससे इस क्षेत्र में स्वतन्त्र व्यापार संगठन की स्थापना हुई।
- इसके संस्थापक सदस्यों में ब्राजील, अर्जेण्टीना, पराग्वे और उरुग्वे हैं एवं वर्ष 2006 में वेनेजुएला इसका पाँचवाँ स्थायी सदस्य बना।
- इसका उद्देश्य मुक्त व्यापार और माल तथा लोगों और मुद्रा के प्रवाह को बढ़ावा देना है। मर्कोसुर वर्तमान में स्वयं को एक सीमा शुल्क संघ तक सीमित रखता है, जिसमें मुक्त अन्तर्क्षेत्रीय व्यापार और सदस्य देशों के बीच एक सामान्य व्यापार नीति है।
- मर्कोसुर में बोलिविया को वर्ष 2023 में पूर्ण सदस्य का दर्जा प्रदान किया गया था तथा चिली, कोलम्बिया, इक्वाडोर, गुयाना, पेरु और सूरीनाम जैसे देशों को सहयोगी सदस्य का दर्जा दिया गया है।

शंघाई सहयोग संगठन

- शंघाई सहयोग संगठन (Shanghai Co-operation Organisation, SCO) 10 देशों (10वाँ बेलारूस) का एक बहुपक्षीय निकाय (Multilateral Body) है, जो यूरेशिया क्षेत्र में सुरक्षा एवं आर्थिक सहयोग पर ध्यान केन्द्रित करता है।
- वर्ष 1996 में गठित 5 देशों का समूह **शंघाई-5,** जिसे चीन द्वारा अपने चार पड़ोसियों के साथ सीमा सुरक्षा से जुड़े मुद्दे को निपटाने के लिए गठित किया गया था, का रूपान्तरण शंघाई सहयोग संगठन के रूप में हो गया है।
- वर्तमान स्वरूप में इस संगठन की स्थापना वर्ष 2001 में शंघाई में शिखर बैठक के दौरान रूस, चीन, कजाकिस्तान, किर्गिस्तान, तजाकिस्तान और उज्बेकिस्तान के राष्ट्राध्यक्षों द्वारा की गई थी। अस्ताना शिखर बैठक में (2005) भारत, ईरान एवं पाकिस्तान को प्रेक्षक के रूप में शामिल किया गया। आगे चलकर मंगोलिया को भी प्रेक्षक के रूप में शामिल किया गया, जबकि श्रीलंका और बेलारूस को वार्ता भागीदार बनाया गया।
- तुर्कमेनिस्तान शंघाई सहयोग संगठन की शिखर बैठकों में विशेष आमन्त्रित सदस्य के रूप में भाग लेता रहा है। वर्ष 2012 में बीजिंग शिखर बैठक के दौरान अफगानिस्तान को प्रेक्षक बनाया गया, जबकि तुर्किये को वार्ता भागीदार के रूप में शामिल किया गया।

भारत और शंघाई सहयोग संगठन

- भारत के माननीय विदेश मन्त्री ने (EAM) के स्तर पर वर्ष 2005 में शंघाई सहयोग संगठन की शिखर बैठक में भाग लिया तथा वर्ष 2009 में आयोजित येकातेरिनबर्ग (रूस) शिखर बैठक को छोड़कर सभी परिवर्ती शिखर बैठकों में मन्त्री स्तर पर या निचले स्तरों पर भाग लेता रहा है। वर्ष 2009 की येकातेरिनबर्ग (रूस) शिखर बैठक में तत्कालीन प्रधानमन्त्री डॉ. मनमोहन सिंह ने भाग लिया था।
- वर्ष 2017 में अस्ताना (कजाकिस्तान) में आयोजित SCD के 17वें शिखर सम्मेलन में भारत और पाकिस्तान को SCO के पूर्ण सदस्य देश का दर्जा प्रदान किया गया।
- इसका 19वाँ शिखर सम्मेलन का आयोजन 14 से 15 जून, 2019 के मध्य किर्गिस्तान के बिश्केक में सम्पन्न हुआ, जबकि 21वाँ शिखर सम्मेलन वर्ष 2021 में दुशाम्बे में सम्पन्न हुआ। इसमें ईरान 9वें सदस्य के रूप में शामिल हुआ।
- शंघाई सहयोग संगठन (SCO) का 23वाँ सम्मेलन भारत की अध्यक्षता में आभासी रूप में 4 जुलाई, 2023 को आयोजित किया गया था।

- एससीओ का 24 वाँ शिखर सम्मेलन 4 जुलाई, 2024 को कजाकिस्तान की राजधानी अस्ताना में आयोजित किया गया। इसकी अध्यक्षता कजाकिस्तान ने की। इस सम्मेलन की थीम: 'क्षेत्रीय सुरक्षा और स्थिरता को बढ़ाना' थी।

शंघाई सहयोग संगठन के शिखर सम्मेलन

वर्ष	आयोजन स्थल	वर्ष	आयोजन स्थल
2001	शंघाई (चीन)	2013	बिश्केक (किर्गिस्तान)
2002	सेण्ट पीटर्सबर्ग (रूस)	2014	दुशाम्बे (तजाकिस्तान)
2003	मॉस्को (रूस)	2015	ऊफा (रूस)
2004	ताशकन्द (उज्बेकिस्तान)	2016	ताशकन्द (उज्बेकिस्तान)
2005	अस्ताना (कजाखिस्तान)	2017	अस्ताना (कजाखिस्तान)
2006	शंघाई (चीन)	2018	किंग्दाओ (चीन)
2007	बिश्केक (किर्गिस्तान)	2019	बिश्केक (किर्गिस्तान)
2008	दुशाम्बे (तजाकिस्तान)	2020	सेण्टपीटर्सबर्ग (रूस)
2009	येकातेरिनबर्ग (रूस)	2021	दुशाम्बे (तजाकिस्तान) (आभासी रूप में)
2010	ताशकन्द (उज्बेकिस्तान)	2022	समरकन्द (उज्बेकिस्तान)
2011	अस्ताना (कजाखिस्तान)	2023	गोवा (भारत)
2012	बीजिंग (चीन)	2024	अस्ताना (कजाकिस्तान)

एशियाई समाशोधन संघ

- एशियाई समाशोधन संघ (**Asian Clearing Union**-ACU), जिसका मुख्यालय तेहरान (ईरान) में स्थित है, को एशिया और प्रशान्त हेतु संयुक्त राष्ट्र का आर्थिक और सामाजिक आयोग की पहल पर 9 दिसम्बर, 1974 को स्थापित किया गया।
- इसका उद्देश्य बहुपक्षीय आधार पर सदस्य देशों के बीच समाशोधन भुगतान के लिए एक प्रणाली प्रदान करने के लिए संघ के सदस्यों के बीच मात्र मौद्रिक लेन-देन के निपटान के सम्बन्ध में क्षेत्रीय सहयोग को बढ़ावा देना है। वर्तमान समय में इसके सदस्य देशों की संख्या 9 है, जिसमें भारत, पाकिस्तान, बांग्लादेश, भूटान, म्यांमार, नेपाल, श्रीलंका, मालदीव व ईरान शामिल हैं।

इब्सा

- अमेरिका और यूरोपीय संघ के दबदबे वाली विश्व आर्थिक व्यवस्था में विकासशील देशों के हितों की रक्षा के लिए ब्राजीलिया घोषणा-पत्र (Brasilia Declaration) के द्वारा भारत, ब्राजील और दक्षिण अफ्रीका का (India, Brazil and South Africa-IBSA) इब्सा संगठन 6 जून, 2003 में बना।
- इब्सा तीन अलग-अलग महाद्वीपों के तीन बड़े लोकतन्त्र एवं प्रमुख अर्थव्यवस्थाओं को एक मंच पर लाता है। ये तीनों ही देश विकासशील, बहुलवादी, बहुसांस्कृतिक, बहुजातीय, बहुभाषीय एवं बहुधार्मिक राष्ट्र हैं। इब्सा का छठा शिखर सम्मेलन जून, 2013 में तथा 7वाँ शिखर सम्मेलन वर्ष 2015 में नई दिल्ली में सम्पन्न हुआ।
- 10वाँ इब्सा शिखर सम्मेलन 15-16 नवम्बर, 2022 में बाली (इण्डोनेशिया) तथा 11वाँ इब्सा शिखर सम्मेलन 22 सितम्बर, 2023 को न्यूयॉर्क में आयोजित किया गया।

बेसिक

- बेसिक, ब्राजील (Brazil), दक्षिण अफ्रीका (South Africa), भारत (India) एवं चीन (China) चार नव-औद्योगीकृत देशों का एक संगठन है।
- इसकी स्थापना 28 नवम्बर, 2009 को **कोपेनहेगेन** में हुए एक समझौते के माध्यम से की गई थी।
- इस संगठन का मुख्य उद्देश्य जलवायु परिवर्तन सम्बन्धी होने वाली वार्ता में एक-दूसरे को सहयोग प्रदान करना है।

आसियान

- स्थापना 8 अगस्त, 1967 में
- मुख्यालय जकार्ता (इण्डोनेशिया)
- सदस्य 10 देश
- दक्षिण-पूर्वी एशियाई राष्ट्रों का संघ (Association of South-East Asian Nations, ASEAN) एक असैनिक, गैर-सुरक्षात्मक, आर्थिक तथा सांस्कृतिक क्षेत्रीय संस्था है।
- इसका गठन बैंकॉक घोषणा द्वारा 8 अगस्त, 1967 को दक्षिण-पूर्व एशिया के पाँच देशों मलेशिया, सिंगापुर, इण्डोनेशिया, फिलीपीन्स तथा थाईलैण्ड ने यूरोपीय आर्थिक समुदाय की सफलता से अभिभूत होकर किया था। इन देशों को आसियान के 'फाइण्डिंग फादर्स' भी कहा जाता है।
- वर्तमान में इसके सदस्यों की संख्या 10 है। अन्य 5 राष्ट्र सदस्य हैं—कम्बोडिया, लाओस, म्यांमार, ब्रूनेई एवं वियतनाम। भारत, संयुक्त राज्य अमेरिका, चीन और रूस सहित इसके 12 पूर्ण वार्ता भागीदार देश (Full Dialogue Partner) भी हैं।
- क्षेत्रीय सुरक्षा चिन्ता को दूर करने के लिए आसियान के बैंकॉक सम्मेलन में (1994) कनाडा, ऑस्ट्रेलिया, यूरोपीय संघ, चीन, जापान, दक्षिण कोरिया, लाओस, न्यूजीलैण्ड, पापुआ न्यू गिनी और रूस को शामिल किया गया और इसका नाम आसियान क्षेत्रीय मंच (Asean Regional Forum) रखा गया।
- अमेरिका और भारत ने भी इसकी सदस्यता वर्ष 1996 में ग्रहण की। आसियान प्लस थ्री इसी संगठन का अंग है। इसमें आसियान के देशों के अतिरिक्त चीन, जापान और दक्षिण कोरिया भी शामिल हैं। इसका मुख्यालय जकार्ता (इण्डोनेशिया) में स्थित है।
- 43वाँ आसियान शिखर सम्मेलन (Asean Summit) जकार्ता (इण्डोनेशिया) में सितम्बर, 2023 आयोजित किया गया, जिसकी थीम आसियान मामले : विकास का केन्द्र थी।
- इसके महासचिव का पद प्रति 2 वर्ष बाद प्रत्येक सदस्य देश को दिया जाता है और देश के चुनाव का आधार क्रमागत होता है।

आसियान और भारत

- आसियान भारत का चौथा सबसे बड़ा व्यापारिक साझेदार है, जबकि भारत आसियान के लिए उसका सातवाँ सबसे बड़ा व्यापारिक साझेदार है।
- वर्ष 2023-24 के दौरान भारत-आसियान का द्विपक्षीय व्यापार 122.67 बिलियन अमेरिकी डॉलर पर पहुँच गया है।

G-संगठन

G-7

- **स्थापना** नवम्बर 1975, रम्बोनिल्ट (पेरिस) में 5 प्रमुख औद्योगिक देशों द्वारा वर्ष 1976 में कनाडा और इटली शामिल
- **सदस्य देश** कनाडा, फ्रांस, जर्मनी, इटली, जापान ब्रिटेन और यू.एस.ए.।
- वर्ष 1997 में रूस 8 वें सदस्य के रूप में जुड़ा, तब यह ग्रुप G-8 बना। फिर उसे वर्ष 2014 में क्रीमिया अधिग्रहण विवाद के कारण निष्कासित कर दिया।
- **उद्देश्य** राष्ट्राध्यक्षों द्वारा प्रत्येक वर्ष विश्व की राजनीतिक समस्या तथा आर्थिक मुद्दों पर वार्ता
- G-7 का 50 वाँ शिखर सम्मेलन 13-15 जून, 2024 तक अपूलिया, फसानों (इटली) में आयोजित किया गया।

G-15

- **स्थापना** 1989 (बेलग्रेड में)
- **निर्गुट** (Non Alligned) एवं विकासशील देशों का संगठन है।
- **उद्देश्य** विकासशील देशों व्यापार, निवेश और वित्तीय प्रवाह में सन्तुलन बनाए रखने के लिए विकसित तथा पिछड़े देशों के बीच विचार- विमर्श को प्रोत्साहन देना
- **सदस्य** वर्तमान में इस संगठन में 17 देश सम्मिलित हैं, जिसमें ब्राजील और मैक्सिको को छोड़कर शेष सभी देश निर्गुट राष्ट्र हैं। G-15 के वर्तमान सदस्य हैं-भारत, इण्डोनेशिया, मलेशिया, श्रीलंका, मिस्र, अल्जीरिया, सेनेगल, जिम्बाब्वे, कीनिया, नाइजीरिया, वेनेजुएला, ब्राजील, अर्जेण्टीना, मैक्सिको, जमैका, ईरान एवं चिली।
- **G-15 का प्रथम सम्मेलन** 1 से 3 जून 1990 में कुआलालम्पुर (मलेशिया)

अब तक इसके 15 शिखर सम्मेलन हो चुके हैं।

- इसका 15वाँ सम्मेलन वर्ष 2012 में कोलम्बो में आयोजित किया गया था।

G-20

- **स्थापना** वर्ष 1999 में वित्तीय स्थायित्व से सम्बन्धित मुख्य मुद्दों पर चर्चा करने के लिए एक व्यवस्थित एवं महत्त्वपूर्ण औद्योगीकृत और विकासशील अर्थव्यवस्थाओं को एक मंच पर लाने के लिए।
- **सदस्य** 19 देश + यूरोपीय संघ + अफ्रीकी संघ (भारत इसका सदस्य देश है।)

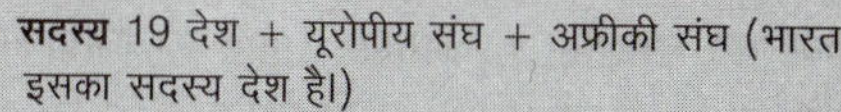

- यह सदस्य देशों के वित्त मन्त्रियों एवं केन्द्रीय बैंकों के गवर्नरों की वार्षिक बैठक है।
- **उद्देश्य** यह अन्तर्राष्ट्रीय सहयोगों और अन्तर्राष्ट्रीय वित्तीय संस्थाओं सम्बन्धी चर्चा के अवसर प्रदान कर G-20 विश्व में विकास वित्तीय स्थायित्व और विकास में सहायता करना है।
- **G-20 के सदस्य देश हैं** अर्जेण्टीना, ऑस्ट्रेलिया, ब्राजील, चीन, कनाड़ा, फ्रांस, जर्मनी, भारत, इण्डोनेशिया, इटली, जापान मैक्सिको, रूस, सऊदी अरब, दक्षिण कोरिया, तुर्की, यूके, दक्षिण अफ्रीका, यू.एस.ए और यूरोपीय संघ और अफ्रीकी संघ।

G-77

- **स्थापना** जेनेवा में अंकटाड की बैठक के दौरान वर्ष 1964 में
- विकासशील देशों का समूह है।
- **सदस्य** सदस्यों की संख्या 134 है, किन्तु संस्थापक देशों की संख्या 77 होने के कारण इसे G-77 कहते हैं।
- **उद्देश्य** विकासशील देशों के मध्य आर्थिक सहयोग एवं सामूहिक आत्मनिर्भरता हेतु समर्थन करना।
- G-24 द्वारा समूह 77 के कार्यकारी समूह के रूप में तीसरी दुनिया के हितों से जुड़े मुद्दों को उठाना आदि।

G-24

- **स्थापना** वर्ष 1971 में
- अन्तर्राष्ट्रीय मौद्रिक और विकास वित्त सम्बन्धी मुद्दों पर उभरते हुए बाजारों तथा विकासशील देशों की स्थिति का समन्वय करने के लिए G-24 का गठन किया गया।
- **सदस्य रीजन-I** अफ्रीका से अल्जीरिया, आइवरी कोस्ट, मिस्र, इथियोपिया, गैबोन, घाना, कांगो, दक्षिण अफ्रीका व नाइजीरिया सम्मिलित हैं।
- **रीजन II** लैटिन अमेरिका व कैरीबियन क्षेत्र से अर्जेण्टीना, ब्राजील, मैक्सिको, पेरू, वेनेजुएला, कोलम्बिया, ग्वाटेमाला एवं त्रिनिदाद एवं टोबैगो शामिल हैं।
- **रीजन III** एशिया से भारत, ईरान, लेबनान, पाकिस्तान, फिलीपीन्स, श्रीलंका व सीरिया शामिल हैं।
- **उद्देश्य** ब्रेटन वुड्स समझौता के अन्तर्गत गठित आई एम एफ (IMF) में विकासशील देशों के हितों के पर्याप्त प्रतिनिधित्व के लिए इसका गठन किया गया था।
- चीन इस समूह का विशेष आमन्त्रित सदस्य देश है। इस समूह की बैठकों में G-77 के अन्य सदस्य देश, जो G-24 में शामिल नहीं हैं, वे भी इसकी बैठकों में भाग ले सकते हैं। भारत को वर्ष 2012 में G-24 की सदस्यता प्राप्त हुई।

भारत और G-20

- भारत G-20 का संस्थापक सदस्य है, जब इसकी स्थापना वर्ष 1999 में वित्त मन्त्रियों के मंच के रूप में हुई थी।
- भारत दक्षिण एशिया से एकमात्र G-20 का सदस्य देश है और G-20 में महत्त्वपूर्ण उभरते बाजार (Emerging Market) सदस्य देशों में से एक है। G-20 में भारत की कुछ महत्त्वपूर्ण उपलब्धियाँ निम्नलिखित हैं
- भारत वर्ष 2002 में G-20 का अध्यक्ष था और उसने वर्ष 2002 में G-20 वित्त मन्त्रियों और सेण्ट्रल बैंक गवर्नरों की बैठक की मेजबानी भी की।
- भारत वर्तमान में कनाडा के साथ सशक्त, सतत और सन्तुलित वृद्धि को G-20 फ्रेमवर्क सम्बन्धी कार्यदल का सह-अध्यक्ष है।
- भारत विभिन्न विषयक् मुद्दों पर G-20 में विकासशील देशों के दृष्टिकोण का प्रतिनिधित्व करता है, जिनमें वित्तीय क्षेत्र नियामक सुधार (Financial Sector Regulatory Reform), जलवायु परिवर्तन, अन्तर्राष्ट्रीय वित्तीय संस्थान सुधार, वृद्धि और राजकोषीय समेकन (Development and Fiscal Inflation), वित्तीय स्थायित्व बोर्ड (FSV) और IASB जैसे मंचों में शेयरधारिता में वृद्धि, असहकारी क्षेत्राधिकार (वैश्विक मंच, वित्तीय कार्यवाही टास्क फोर्स (FATF) आदि) सम्बन्धी मुद्दे शामिल हैं।
- G-20 के 18वें शिखर सम्मेलन की मेजबानी और अध्यक्षता भारत ने की। इसका आयोजन नई दिल्ली में 9 और 10 सितम्बर, 2023 को किया गया, जिसकी थीमः 'वसुधैव कुटुम्बकम' या 'एक पृथ्वी एक परिवार एक भविष्य थी।'
- G-20 का 19वाँ शिखर 18 से 19 नवम्बर 2024 को रियो डी जेनेरियो में आयोजित किया गया।
- सम्मेलन का विषय -''एक न्यायपूर्ण विश्व और एक सतत ग्रह का निर्माण था।''

अफ्रीका विकास बैंक समूह

- अफ्रीका विकास बैंक समूह (Africa Devlopment Bank Group) एक बहुपक्षीय विकास वित्त संस्थान है।
- यह क्षेत्रीय सदस्य देशों में निवेश करने वाली अफ्रीकी सरकारों और निजी कम्पनियों को वित्त प्रदान करता है।
- अफ्रीकी विकास बैंक समूह की तीन संस्थाएँ हैं—अफ्रीकी विकास बैंक, अफ्रीकी विकास कोष और नाइजीरिया ट्रस्ट फण्ड।
- अफ्रीकी विकास बैंक इस समूह की मूल संस्था है, जिसकी स्थापना से सम्बन्धित समझौता 14 अगस्त, 1963 को किया गया, परन्तु यह समझौता 10 सितम्बर, 1964 से प्रभाव में आया। यद्यपि इसने अपना कार्य 1 जुलाई, 1966 से करना प्रारम्भ किया।
- इसका प्रमुख उद्देश्य अफ्रीकी महाद्वीप की सामाजिक आर्थिक उन्नति के लिए ऋण और इक्विटी में निवेश करना तथा अफ्रीकी महाद्वीप का आर्थिक एकीकरण एवं विकास करना आदि हैं।
- अफ्रीकी विकास कोष (ADF) एक रियायती ऋण खिड़की है, जो अफ्रीका महाद्वीप के देशों को ऋण की सुविधा प्रदान करती है। इसकी स्थापना वर्ष 1972 में की गई और इसने वर्ष 1974 से अपना कार्य करना प्रारम्भ किया। वर्तमान समय में इसमें 32 योगदानकर्ता सदस्य देश हैं एवं 38 देश लाभार्थी हैं।
- नाइजीरिया न्यास कोष की स्थापना वर्ष 1976 में अफ्रीकी विकास बैंक समूह एवं नाइजीरिया सरकार के मध्य एक समझौते द्वारा की गई। इसका उद्देश्य निर्धनतम सदस्य देशों को आर्थिक सहायता प्रदान करना है।
- भारत वर्ष 1982 में अफ्रीकी विकास कोष में शामिल हुआ और वर्ष 1983 में बैंक का सदस्य बना। भारत अफ्रीकी बैंक समूह का एक गैर-क्षेत्रीय सदस्य है।

इस समूह में वर्तमान में 81 सदस्य देश हैं, जिनमें से 54 क्षेत्रीय सदस्य देश और 27 गैर-क्षेत्रीय सदस्य देश हैं। इस समूह का मुख्यालय आइवरी कोष्ट के आबिदजान में स्थित है।

- वर्ष 2017 में अफ्रीकी विकास बैंक की 52वीं वार्षिक बैठक गाँधीनगर (गुजरात, भारत) में पहली बार आयोजित की गई थी।
- अफ्रीकी विकास बैंक समूह की 57वीं वार्षिक बैठक का आयोजन घाना में 23 से 27 मई, 2022 के मध्य हुआ था।
- अफ्रीकी विकास बैंक के बोर्ड ऑफ गवर्नर्स की 58वीं वार्षिक बैठक और अफ्रीकी विकास कोष के बोर्ड ऑफ गवर्नर्स की 49 वीं बैठक 22 से 26 मई, 2023 तक मिस्र के शर्म अल शेख में आयोजित की गई। इसका विषय अफ्रीका में जलवायु और हरित विकास के लिए निजी क्षेत्र के वित्तपोषण को जुटाना था।

यूरोपीय आर्थिक समुदाय (यूरोपियन यूनियन)

- यूरोपीय आर्थिक समुदाय (European Economic Community, EEC) अथवा यूरोपीय समुदाय की स्थापना वर्ष 1957 में रोम की सन्धि के अन्तर्गत 6 राष्ट्रों-फ्रांस, बेल्जियम, लक्जमबर्ग, पश्चिमी जर्मनी, इटली और नीदरलैण्ड्स द्वारा की गई।
- वर्ष 1995 से यह यूरोपीय संघ कहलाता है। वर्तमान में इसके सदस्यों की संख्या 27 है। ब्रिटेन ने यूरोपियन यूनियन से 31 जनवरी, 2020 को अपनी सदस्यता वापस ले ली। इसका मुख्यालय ब्रुसेल्स (बेल्जियम) में स्थित है।
- यूरोपीय संघ सदस्य राष्ट्रों को एकल बाजार के रूप में मान्यता देता है एवं इसका कानून सभी सदस्य राष्ट्रों पर लागू होता है, जो सदस्य राष्ट्र के नागरिकों की चार तरह की स्वतन्त्रताएँ सुनिश्चित करता है- मानव संसाधन, वस्तुओं, सेवाओं एवं पूँजी का स्वतन्त्र आदान-प्रदान।
- यह संघ सदस्य देशों के लिए एकसमान व्यापार, मानवाधिकार, क्षेत्रीय विकास की नीति पर अमल करता है। इसने साझी विदेश सुरक्षा, न्याय नीति की घोषणा की है। इसके द्वारा सदस्य राष्ट्रों के बीच श्लेगन सन्धि के अन्तर्गत पासपोर्ट नियन्त्रण भी समाप्त कर दिया गया है।
- यूरोपीय संघ को वर्ष 2012 में यूरोप में शान्ति और सुलह, लोकतन्त्र और मानव अधिकारों की उन्नति में अपने योगदान के लिए नोबेल शान्ति पुरस्कार से सम्मानित किया गया।

यूरो

- आर्थिक एवं मौद्रिक संघ की सफलता ने यूरोपीय समुदाय को एकल करेन्सी अपनाने के लिए प्रोत्साहित किया। फलस्वरूप फरवरी, 1992 में यूरोपीय संघ के 15 सदस्यों ने मॉस्ट्रिच स्थान में यूरोपीय मौद्रिक संघ बनाने के लिए एक सन्धि पर हस्ताक्षर किए। **मॉस्ट्रिच सन्धि** के आधार पर 1 जनवरी, 1999 से यूरोपीय समुदाय की साझी मुद्रा 'यूरो' अस्तित्व में आई।
- 1 जुलाई, 2002 से यूरो सिक्के और बैंक नोट जारी किए गए तथा सदस्य देशों की करेन्सियाँ समाप्त कर दी गईं। यूरो जोन के वर्तमान सदस्य देशों की संख्या 20 है। **क्रोएशिया** 1 जनवरी 2023 को यूरो को अपनी मुद्रा के रूप में अपनाकर यूरोजोन का 20वाँ सदस्य देश बना।

ब्रेक्जिट

- ब्रेक्जिट **'Britain Exit'** का संक्षिप्त रूप है। इसका प्रयोग यूरोपियन यूनियन से अलग होने के लिए किया गया। ब्रेक्जिट (Briexit) के लिए ऐतिहासिक जनमत संग्रह में ब्रिटिश लोगों का बहुमत यूरोपीय संघ से बाहर होने के पक्ष में किया गया था। इस जनमत संग्रह में यूरोपियन संघ से बाहर जाने के पक्ष में 51.8% मत पड़े थे।

यूरेशियन इकोनॉमिक यूनियन

- यूरोपीय संघ (EU) के समानान्तर रूस के नेतृत्व में यूरेशियन इकोनॉमिक यूनियन (EEU) के गठन को 23 दिसम्बर, 2014 को अन्तिम रूप दिया गया। यह संगठन 1 जनवरी, 2015 को अस्तित्व में आया।
- यूरेशियन इकोनॉमिक यूनियन ने सकल बाजार तथा एकल मौद्रिक नीति को विस्तार देने हेतु प्रवृत्तियों को आगे बढ़ाया है, जो विश्व के सबसे बड़े भौगोलिक क्षेत्र तथा 183 मिलियन जनसंख्या का प्रतिनिधित्व कर रहा है।
- इसके गठन को अन्तिम रूप कॉलेक्टिव सिक्योरिटी ट्रीटी ऑर्गेनाइजेशन (CSTO) की मॉस्को (रूस) में हुई बैठक के दौरान दिया गया, जिसमें बेलारूस, कजाकिस्तान, किर्गिस्तान, आर्मेनिया तथा रूस शामिल हैं।

- यूरेशियन इकोनॉमिक यूनियन का मुख्य उद्देश्य सदस्य देशों के मध्य मुक्त व्यापार को बढ़ावा देना है। इसके साथ वित्तीय प्रणाली में औद्योगिक तथा कृषिगत नीतियों में समन्वय करना, इस नवगठित संस्था का महत्त्वपूर्ण कार्य होगा।
- सदस्य देशों के बीच परिवहन नेटवर्क तथा श्रम बाजार को विस्तार देने तथा पारदर्शी बनाने पर भी बल दिया जाना है। यह नई क्षेत्रीय संस्था $ 4.5 ट्रिलियन की आर्थिक गतिविधियों का केन्द्र है।

यूरेशियन डेवलपमेण्ट बैंक

- यूरेशियन डेवलपमेण्ट बैंक की स्थापना वर्ष 2006 में की गई थी। इसके वर्तमान में अर्मेनिया, बेलारूस, किर्गिस्तान, कजाकिस्तान, रूस तथा ताजिकिस्तान छः सदस्य देश हैं। इसका मुख्यालय अलमाटी (कजाकिस्तान) में स्थित है।
- यूरेशियन इकोनॉमिक यूनियन (EEU) के गठन में इसने महत्त्वपूर्ण भूमिका निभाई है। अब यह यूरेशियन डेवलपमेण्ट बैंक की अनुषंगी संस्था बन गई है।

ओपेक

- पेट्रोलियम निर्यातक देशों का संगठन (Organisation of the Petroleum Exporting Countries-OPEC) वर्ष 1960 में बगदाद में संस्थापित किया गया।
- इसके संस्थापक सदस्य राष्ट्र ईरान, इराक, कुवैत, सऊदी अरब तथा वेनेजुएला थे। अक्टूबर, 2024 की स्थिति के अनुसार इसके सदस्यों की संख्या 12 है। इनमें ईरान, कुवैत, इराक सऊदी अरब, वेनेजुएला, इक्बेटोरियल गिनी, कांगो, गैबोन, लीबिया, संयुक्त अरब अमीरात, अल्जीरिया व नाइजीरिया शामिल हैं। इसका मुख्यालय वियना (ऑस्ट्रिया) में स्थित है।
- इसका उद्देश्य खनिज तेल के उत्पादन व इसकी कीमत को नियन्त्रित करके पेट्रोलियम निर्यात करने वाले राष्ट्रों के हितों का उन्नयन करना है।
- इसके अन्तर्गत तेल की कीमतों को स्थिरता प्रदान करना, तेल की अधिक कीमत प्राप्त करना तथा समय-समय पर इनके हितों का संवर्द्धन करने वाली नीतियों का निर्धारण करना है।
- ओपेक देशों के पास वर्तमान में विश्व के कुल पेट्रोलियम भण्डारों का लगभग दो-तिहाई है और उत्पादन में इनकी भागीदारी लगभग एक-तिहाई की है।

एशिया प्रशान्त आर्थिक सहयोग

- इसे **एपेक** (APEC) के नाम से भी जाना जाता है। वर्ष 1989 में ऑस्ट्रेलिया के प्रधानमन्त्री **बॉब हॉक** की पहल पर 12 देशों को लेकर इस संगठन की स्थापना की गई थी।
- वर्तमान समय में इस संगठन के 21 सदस्य देश हैं। सदस्य देशों के बीच क्षेत्रीय अर्थव्यवस्था, सहयोग, व्यापार एवं निवेश को बढ़ावा देना ही इसका प्रमुख लक्ष्य है, जिसमें एशिया प्रशान्त देशों के मध्य मुक्त एवं खुला व्यापार तथा निवेश शामिल है।
- एपेक का मुख्यालय सिंगापुर में स्थित है। इसके सदस्य देशों में सिंगापुर, थाईलैण्ड, अमेरिका, ताइवान, हाँगकाँग, चीन, मैक्सिको, पापुआ न्यूगिनी, चिल्ली, पेरू, रूस, वियतनाम, ऑस्ट्रेलिया, ब्रुनेई, कनाडा, इण्डोनेशिया, जापान, दक्षिण कोरिया, मलेशिया, न्यूजीलैण्ड और फिलीपीन्स हैं।

खाड़ी सहयोग परिषद्

- खाड़ी सहयोग परिषद् मध्य-पूर्व एवं पश्चिम एशिया के देशों का एक क्षेत्रीय संगठन है।
- इसकी स्थापना वर्ष 1981 में की गई थी और इसका मुख्यालय रियाद (सऊदी अरब) में स्थित है।
- इसके सदस्य देशों में कुवैत, ओमान, सऊदी अरब, कतर, बहरीन और संयुक्त अरब अमीरात हैं।
- खाड़ी सहयोग परिषद् के मुख्य उद्देश्य सभी क्षेत्रों में सदस्य देशों के बीच एकीकरण, समन्वय और अन्तर्सम्बन्ध को बढ़ावा देना है और लोगों के बीच सम्बन्धों को मजबूत करना है।

अन्तर्राष्ट्रीय संस्थाओं द्वारा प्रकाशित रिपोर्ट्स

अन्तर्राष्ट्रीय संस्थान/संगठन	रिपोर्ट
अन्तर्राष्ट्रीय मुद्रा कोष (IMF)	विश्व आर्थिक परिदृश्य रिपोर्ट, वैश्विक वित्तीय स्थिरता रिपोर्ट
विश्व बैंक समूह	विश्व विकास रिपोर्ट, वैश्विक आर्थिक सम्भावना रिपोर्ट, कमोडिटी मार्केट आउटलुक, वैश्विक वित्तीय विकास रिपोर्ट, विश्व विकास संकेतक (हरा सूचकांक विकसित किया गया)
विश्व व्यापार संगठन	विश्व व्यापार सांख्यिकी समीक्षा, विश्व व्यापार रिपोर्ट
विश्व आर्थिक मंच	यात्रा एवं पर्यटन प्रतिस्पर्द्धात्मकता रिपोर्ट, समावेशी विकास सूचकांक, वैश्विक जोखिम रिपोर्ट, वैश्विक लैंगिक अन्तराल रिपोर्ट
संयुक्त राष्ट्र विकास कार्यक्रम (UNDP)	मानव विकास रिपोर्ट (HDR)
वित्तीय कार्यवाही कार्यबल (FATF)	वैश्विक धनशोधन एवं आतंकी वित्तपोषण खतरा मूल्यांकन
अन्तर्राष्ट्रीय खाद्य नीति अनुसन्धान संस्थान (IFPRI)	वैश्विक खाद्य नीति रिपोर्ट
अन्तर्राष्ट्रीय ऊर्जा एजेन्सी	विश्व ऊर्जा परिदृश्य
ओपेक	विश्व तेल परिदृश्य
संयुक्त राष्ट्र औद्योगिक विकास संगठन	औद्योगिक विकास रिपोर्ट
विश्व बौद्धिक सम्पदा संगठन	विश्व बौद्धिक सम्पदा रिपोर्ट, वैश्विक सूचकांक
अन्तर्राष्ट्रीय श्रम (ILO) **संगठन**	विश्व सामाजिक सुरक्षा, रिपोर्ट, वैश्विक मजदूरी रिपोर्ट, विश्व रोजगार एवं सामाजिक परिदृश्य

अन्तर्राष्ट्रीय संगठन एवं उनके मुख्यालय

संगठन	मुख्यालय	संगठन	मुख्यालय
संयुक्त राष्ट्र (UN)	न्यूयॉर्क	उत्तर अटलाण्टिक सन्धि संगठन (NATO)	ब्रुसेल्स
संयुक्त राष्ट्र बाल आपात कोष (UNICEF)	न्यूयॉर्क	ट्रांसपेरेन्सी इण्टरनेशनल (Transparency International)	बर्लिन
संयुक्त राष्ट्र जनसंख्या कोष (UNFPA)	न्यूयॉर्क	दक्षिण एशियाई क्षेत्रीय सहयोग संगठन (SAARC)	काठमाण्डू
संयुक्त राष्ट्र व्यापार और विकास सम्मेलन (UNCTAD)	जेनेवा	दक्षिण-पूर्व एशियाई राष्ट्रों का संगठन (ASEAN)	जकार्ता
विश्व स्वास्थ्य संगठन (WHO)	जेनेवा	एशिया-प्रशान्त आर्थिक सहयोग (APEC)	सिंगापुर
अन्तर्राष्ट्रीय श्रम संगठन (ILO)	जेनेवा	विश्व आर्थिक मंच (WEF)	जेनेवा
विश्व व्यापार संगठन (WTO)	जेनेवा	संयुक्त राष्ट्र औद्योगिक विकास संगठन (UNIDO)	वियना
विश्व मौसम विज्ञान संगठन (WMO)	जेनेवा	अन्तर्राष्ट्रीय परमाणु ऊर्जा एजेन्सी (IAEA)	वियना
विश्व बौद्धिक सम्पदा संगठन (WIPO)	जेनेवा	पेट्रोलियम निर्यातक देशों का संगठन (OPEC)	वियना
अन्तर्राष्ट्रीय मानकीकरण संगठन (ISO)	जेनेवा	अन्तर्राष्ट्रीय मुद्रा कोष (IMF)	वॉशिंगटन डीसी
संयुक्त राष्ट्र शैक्षिक, वैज्ञानिक और सांस्कृतिक संगठन (UNESCO)	पेरिस	विश्व बैंक (World Bank)	वॉशिंगटन डीसी
एमनेस्टी इण्टरनेशनल (Amnesty International)	लन्दन	अन्तर्राष्ट्रीय न्यायालय (ICJ)	द हेग
खाद्य एवं कृषि संगठन (FAO)	रोम	अन्तर्राष्ट्रीय कृषि विकास निधि (IFAD)	रोम

अन्तर्राष्ट्रीय संगठनों से सम्बन्धित महत्त्वपूर्ण तथ्य

संगठन	स्थापना वर्ष	मुख्यालय	सदस्य.संख्या
अन्तर्राष्ट्रीय मुद्रा कोष (IMF)	1945	वॉशिंगटन डीसी	191
विश्व बैंक	1944	वॉशिंगटन डीसी	189
विश्व व्यापार संगठन (WTO)	1995	जेनेवा	166 (165वाँ कोमोरोस, 166वाँ तिमोर लेस्ते)
संयुक्त राष्ट्र व्यापार एवं विकास सम्मेलन (UNCTAD)	1964	जेनेवा	195
एशियाई विकास बैंक (ADB)	1966	मनीला (फिलीपीन्स)	69
दक्षिण पूर्वी एशियाई देशों का संघ (ASEAN)	1967	जकार्ता	10 (इण्डोनेशिया, फिलीपीन्स, मलेशिया, सिंगापुर, थाईलैण्ड, ब्रुनेई, वियतनाम, लाओस, म्यांमार तथा कम्बोडिया)
नाफ्टा (NAFTA)	1994		3 (अमेरिका, कनाडा, मैक्सिको)
एपेक (APEC)	1989	सिंगापुर	21 (एपेक ने वर्ष 2020 तक एशिया प्रशान्त क्षेत्र के स्वतन्त्र व्यापार क्षेत्र बनाने की घोषणा की है। यह विश्व का सबसे बड़ा स्वतन्त्र व्यापार क्षेत्र होगा।)
यूरोपीय संघ (EU)	1958 (EEC का परिवर्तित रूप)	ब्रुसेल्स	27
मर्कोसुर (Mercosur)	1995	मोण्टेवीडियो	5 (ब्राजील, अर्जेण्टीना, पराग्वे, उरुग्वे व बोलीविया) (यह दक्षिणी अमेरिकी क्षेत्र का स्वतन्त्र व्यापार क्षेत्र है)
ओपेक (OPEC)	1960	वियना (ऑस्ट्रिया)	12 (ईरान, इराक, कुवैत, सऊदी अरब, वेनेजुएला लीबिया, संयुक्त अरब अमीरात, अल्जीरिया, नाइजीरिया, कांगो, इक्वेटोरियल, गिनी व गैबोन)
दक्षेस (SAARC)	1985	काठमाण्डू	8 (भारत, पाकिस्तान, श्रीलंका, बांग्लादेश, नेपाल, भूटान, मालदीव और अफगानिस्तान)
आर्थिक सहयोग एवं विकास संगठन (OECD)	वर्ष 1948 में स्थापित यूरोपीय आर्थिक सहयोग संगठन का परिवर्तित रूप	पेरिस (फ्रांस)	36
एसेम (ASEM)	1996	–	53
एशियाई क्लीयरिंग यूनियन (ACU)	1975	तेहरान	9 (भारत, पाकिस्तान, बांग्लादेश, नेपाल, श्रीलंका, ईरान, भूटान, मालदीव व म्यांमार)
संयुक्त राष्ट्र संघ (UNO)	1945	न्यूयॉर्क	193 (दक्षिणी सूडान 193वाँ सदस्य)
G-15	1989	जेनेवा	17 विकासशील देशों का संगठन
ब्रिक्स (BRICS)	2009	शंघाई (चीन)	11 (ब्राजील, रूस, भारत, चीन, दक्षिण अफ्रीका, ईरान, संयुक्त अरब अमीरात, मिस्र, इथोपिया तथा इण्डोनेशिया)
शंघाई सहयोग संगठन (SCO)	2001	बीजिंग (चीन)	10 (चीन, भारत, ईरान, पाकिस्तान, कजाकिस्तान, किर्गिस्तान, रूस, ताजिकिस्तान, उज्बेकिस्तान, बेलारूस)

"

जनसंख्या के आधिक्य को संसाधन के रूप में देखा जाता है। किसी देश की जनसंख्या का आकार जितना अधिक होगा, उस देश का श्रम बल भी उतना सशक्त होगा।

अध्याय बीस

जनांकिकी एवं जनगणना

- जनसंख्या श्रम बल किसी भी देश के आर्थिक विकास के लिए महत्त्वपूर्ण घटक है। जनसंख्या में समाज के सभी पहलुओं का अध्ययन किया जाता है, जिसमें एक भू-भाग में अधिवास करने वाले लोगों की संख्या ही जनसंख्या कहलाती है।
- संयुक्त राष्ट्र जनसंख्या कोष (UNFPA) की नवीनतम रिपोर्ट के अनुसार, 1428.6 मिलियन की आबादी के साथ भारत ने 2.9 मिलियन के अन्तर से चीन को पीछे छोड़ दिया (20 अप्रैल, 2022 के अनुसार) है।
- भारत की जनसंख्या अमेरिका, इण्डोनेशिया, ब्राजील, पाकिस्तान, बांग्लादेश और जापान की संयुक्त जनसंख्या के लगभग बराबर है। भारत का भौगोलिक क्षेत्रफल विश्व का 2.4% है, किन्तु भारत में विश्व की लगभग 17.5% जनसंख्या निवास करती है।
- विश्व में जनसंख्या के मामले में पहला स्थान भारत का आता है। सम्पूर्ण विश्व में जनसंख्या वृद्धि को लेकर जागरूकता फैलाने के लिए 11 जुलाई को प्रत्येक वर्ष विश्व जनसंख्या दिवस मनाने का निर्णय लिया गया है।

जनांकिकी

- जनांकिकी (Demography) विषय के अन्तर्गत जनसंख्या से सम्बन्धित अनेक प्रवृत्तियों तथा प्रक्रियाओं का अध्ययन किया जाता है;
जैसे—जनसंख्या के आकार में परिवर्तन, जन्म, मृत्यु और प्रजनन के स्वरूप तथा जनसंख्या की संरचना, गठन अर्थात् इसमें स्त्रियों, पुरुषों और विभिन्न आय वर्ग के लोगों का अनुपात।

जनांकिकी के प्रकार

आकारिक जनांकिकी	सामाजिक जनांकिकी
मुख्यत: जनसंख्या के आकार अर्थात् मात्रा का अध्ययन	जनसंख्या के सामाजिक, आर्थिक एवं राजनीतिक पक्षों पर विचार

जनांकिकी से सम्बन्धित महत्त्वपूर्ण सिद्धान्त

जनांकिकी से सम्बन्धित महत्त्वपूर्ण सिद्धान्त निम्नलिखित हैं

माल्थस का जनसंख्या सिद्धान्त

- जनांकिकी के सर्वाधिक प्रसिद्ध सिद्धान्तों में एक सिद्धान्त अंग्रेज राजनीतिक अर्थशास्त्री थॉमस रॉबर्ट माल्थस के नाम से जुड़ा है।
- इन्होंने यह सिद्धान्त 1798 ई. में अपने लेख An Essay on the Principles of Population में प्रकाशित किया था। इस सिद्धान्त के अनुसार, जनसंख्या में वृद्धि हमेशा खाद्य आपूर्ति से अधिक होती है। इस सिद्धान्त को माल्थुसियन सिद्धान्त भी कहा जाता है।
- माल्थस के अनुसार, "मनुष्यों की जनसंख्या उस दर की तुलना में अधिक तेजी से बढ़ती है, जिस दर पर मनुष्य के भरण-पोषण के साधन बढ़ सकते है, इसलिए मनुष्य सदा ही गरीबी की हालत में जीने के लिए विवश रहा है।
- इस प्रकार जनसंख्या तीव्रगति से बढ़ती है और प्रत्येक 25 वर्ष बाद पहले से दोगुनी हो जाती है। वृद्धि की इस प्रवृत्ति को माल्थस ने गुणोत्तर या ज्यामितीय श्रेणी (1, 2, 4, 8, 16 ....32 ....) की दर की वृद्धि माना है। वहीं जीविकोपार्जन के साधन में वृद्धि समान्तर श्रेणी (1, 2, 3, 4 ....6 ....) की दर से होती है।
- माल्थस ने बताया कि यदि जीवन निर्वाह के संसाधनों का अवरोध न हो, तो प्रत्येक 25 वर्ष में जनसंख्या दोगुनी हो जाएगी। यदि यह अनुपात चलता रहे, तो 200 वर्षों में जनसंख्या में 256 गुना, परन्तु जीवन निर्वाह क्षमता में मात्र 9 गुना वृद्धि होगी। ऐसी स्थिति में खाद्य-आपूर्ति की समस्या उत्पन्न हो जाएगी।

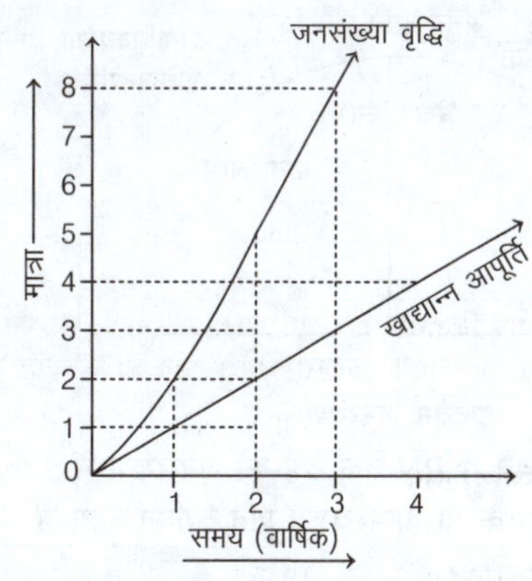

अनुकूलतम जनसंख्या सिद्धान्त

- इस सिद्धान्त की उत्पत्ति जनसंख्या व संसाधनों के सम्बन्धों के तुलनात्मक विश्लेषण से हुई है।

- इस सिद्धान्त का सर्वप्रथम उल्लेख एडवर्ड वेस्ट ने 1815 ई. में किया तथा हेनरी सिजविक ने वर्ष 1907 में इस सिद्धान्त को विकसित किया था।
- ब्रिटिश अर्थशास्त्री एडविन केनन ने अनुकूलतम शब्द का प्रथम बार प्रयोग किया था। उनके अनुसार, किसी देश की अनुकूलतम जनसंख्या (Optimum Population) से अभिप्राय जनसंख्या के उस आकार से है, जो उपलब्ध संसाधन, पूँजी व वर्तमान प्रविधि की स्थिति में अधिकतम प्रति व्यक्ति आय प्रदान करता है।
- यदि वास्तविक जनसंख्या अनुकूलतम जनसंख्या से अधिक होती है, तो वह देश अति जनसंख्या वाला देश बन जाता है। इसके विपरीत, यदि वास्तविक जनसंख्या अनुकूलतम जनसंख्या से कम हो, तो वह देश न्यून जनसंख्या वाला देश होता है।
- जनसंख्या व संसाधनों के सह-सम्बन्ध को निम्न सूत्र के द्वारा विवेचित किया गया है।

$$M = \frac{A - O}{O}$$

जहाँ, M = असन्तुलन की मात्रा (Mal-Adjustment)

A = वास्तविक जनसंख्या (Actual Population)

O = आदर्श जनसंख्या (Optimum Population)

- यदि M धनात्मक है, तो जनाधिक्य होगा और यदि ऋणात्मक है, तो जनसंख्या न्यून होगी। इस प्रकार यदि M का मान O के बराबर हो, तो जनसंख्या व संसाधन के बीच सह-सम्बन्धों की आदर्श व अनुकूलतम स्थिति होगी। वस्तुत: किसी भी देश की अनुकूलतम जनसंख्या स्थिर नहीं होती, क्योंकि अनुकूलतम जनसंख्या की अवधारणा एक गतिशील अवधारणा है।

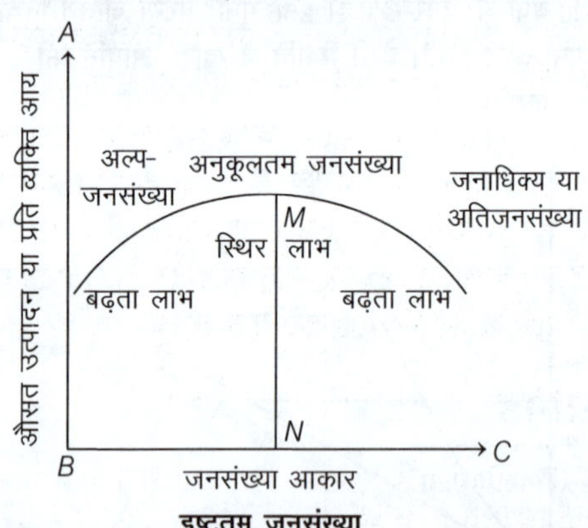

इष्टतम जनसंख्या

- उपरोक्त रेखाचित्र में BN तक देश की जनसंख्या में हुई प्रत्येक वृद्धि के परिणामस्वरूप प्रति व्यक्ति आय में वृद्धि है।
- जब वास्तविक जनसंख्या BN के बराबर हो जाती है, तो प्रति व्यक्ति वास्तविक आय (NM) अधिकतम हो जाती है। यह संसाधनों की मात्रा एवं गुणों में परिवर्तन के अनुसार परिवर्तनशील होती है।
- इसी प्रकार अल्प जनसंख्या (Under Population) व अधिक जनसंख्या (Over Population) की अवधारणा भी गतिशील है। यह वास्तविक भी हो सकती है और सापेक्षिक भी।

जनांकिकीय संक्रमण का सिद्धान्त

- जनांकिकीय संक्रमण सिद्धान्त (Theory of Demographic Transition) का प्रतिपादन डब्ल्यू एम थॉमसन ने किया था, परन्तु फ्रेंक नोटेन्स्टीन ने वर्ष 1945 में इसे व्यवस्थित एवं वैज्ञानिक स्वरूप प्रदान किया।
- यह सिद्धान्त विकसित क्षेत्रों के वास्तविक अनुभवों पर आधारित है, जिसके अनुसार, आर्थिक विकास के भिन्न-भिन्न स्तरों पर जन्म दर एवं मृत्यु दर की प्रवृत्तियाँ अलग-अलग होती हैं। इस कारण जनसंख्या वृद्धि दर भी अलग-अलग होती है।
- इस सिद्धान्त के अनुसार, सामान्यत: प्रत्येक अर्थव्यवस्था की जनसंख्या वृद्धि निम्न पाँच अवस्थाओं से होकर गुजरती है, जो निम्न प्रकार हैं

अर्थव्यवस्था में जनसंख्या वृद्धि की अवस्थाएँ

प्रथम अवस्था

- इस अवस्था में जन्म दर एवं मृत्यु दर दोनों उच्च होती हैं। अत: जनसंख्या स्थिर रहती है।
- अर्थव्यवस्थाएँ मुख्य रूप से कृषि प्रधान होती हैं अत: यहाँ के लोगों की निम्न आय होती हैं
- भोजन असन्तुलित एवं अपर्याप्त, अशिक्षा, अस्वास्थ्यकर आवास व्यवस्था, चिकित्सा सुविधाओं का अभाव आदि के कारण उच्च मृत्यु दर होती है।
- वर्ष 1921 से पूर्व भारत की जनसंख्या को इस अवस्था में शामिल किया जा सकता है।

द्वितीय अवस्था

- इस अवस्था को जनसंख्या विस्फोट की अवस्था भी कहते हैं, क्योंकि इस अवस्था में उच्च जन्म-दर व निम्न मृत्यु दर होती है।
- इसका कारण यह है कि आर्थिक विकास के आरम्भ होते ही राष्ट्रीय आय में वृद्धि होने के साथ-साथ प्रति व्यक्ति आय में वृद्धि होती है, जिससे लोगों का जीवन स्तर बेहतर होता है, भुखमरी/गरीबी दूर होने लगती है तथा बेहतर चिकित्सा सुविधाओं के कारण महामारी इत्यादि से होने वाली मृत्यु दर में कमी आती है।
- आर्थिक विकास की दृष्टि से यह अवस्था बहुत गम्भीर एवं चिन्ताजनक होती है।
- वर्ष 1921 से 1991 तक भार को हम इसके अन्तर्गत रख सकते हैं।

तृतीय अवस्था

- इस अवस्था को निम्न जन्म दर, निम्न मृत्यु दर की अवस्था कहते हैं।
- इसमें आर्थिक विकास की दर और तीव्र हो जाती है अत: शिक्षा, चिकित्सा एवं स्वास्थ्य सम्बन्धी सुधार के कारण मृत्यु दर मे गिरावट आ जाती हैं, साथ ही परिवार नियोजन ऐच्छिक रूप ले लेता है, जिससे जन्म दर भी गिरने लगती है।
- इस अवस्था मे जन्म व मृत्यु दर दोनों ही गिरती है, किन्तु दोनों में अन्तर बहुत अधिक होता है। अत: यह भी जनसंख्या विस्फोट की ही अवस्था है।
- इस अवस्था में देश विकसित होने के क्रम में होता है।

चतुर्थ अवस्था

- इस अवस्था में सुविधाओं और विलासिताओं में वृद्धि के कारण सन्तानोत्पत्ति की इच्छा समाप्त हो जाती है, जिस कारण जन्मदर तथा मृत्यु दर दोनों ही कम होकर एक निम्न स्तर पर स्थिर हो जाती है।
- जिससे जनसंख्या में युद्ध वृद्धि नगण्य के समान होती है।
- यूरोप के विकसित देशों में यह स्थिति देखने को मिलती है।

पंचम अवस्था

- इस अवस्था में अर्थव्यवस्था पूर्ण विकास के स्तर पर होती है।
- जन्म दर अत्यन्त नीची, होती है और यह मृत्यु दर से भी कम होती है।
- मृत्यु दर भी बहुत नीचे, अत: जनसंख्या के आकार में कमी होने लगती है।
- यह स्थिति फ्रांस और ऑस्ट्रेलिया जैसे देशों में देखी जा सकती है।

जनसंख्या से सम्बन्धित पारिभाषिक शब्द

जनसंख्या से सम्बन्धित पारिभाषिक (Terminology Related to Population) शब्द निम्नलिखित हैं

- अशोधित जन्म दर (crude birth rate) किसी क्षेत्र विशेष में प्रति 1000 जनसंख्या पर
 1 वर्ष में पंजीकृत जन्में जीवित बच्चों की संख्या को अशोधित जन्म दर (Crude Birth Rate) कहा जाता है।
 अशोधित जन्म दर
 $$= \frac{\text{किसी वर्ष में पंजीकृत जीवित बच्चों की संख्या}}{\text{उस वर्ष की जनसंख्या (मध्य की)}} \times 100$$
- अशोधित मृत्यु दर (Crude mortality rate) किसी भौगोलिक क्षेत्र में प्रति 1000 जनसंख्या पर 1 वर्ष में मृतकों की संख्या को अशोधित मृत्यु दर कहते हैं।
 अशोधित मृत्यु दर (Crude Death Rate)
 $$= \frac{\text{किसी क्षेत्र विशेष में 1 वर्ष में कुल मृतकों की संख्या}}{\text{अनुमानित मध्य वर्ष में जनसंख्या}} \times 1000$$
- लिंगानुपात (Sex ratio) किसी विशेष भौगोलिक क्षेत्र में प्रति 1000 पुरुषों के पीछे महिलाओं की संख्या या प्रति 1000 महिलाओं के पीछे पुरुषों की संख्या को लिंगानुपात (Sex Ratio) कहा जाता है।
 - शिशु लिंगानुपात की गणना के लिए 6 वर्ष तक से कम आयु के शिशुओं को शामिल किया जाता है।
- शिशु मृत्यु दर (Infant Mortality Rate-IMR) की गणना में किसी निश्चित वर्ष अथवा समयावधि में किसी क्षेत्र विशेष में एक वर्ष से कम आयु के शिशुओं की मृत्यु संख्या को उसी क्षेत्र में उत्पन्न शिशुओं की कुल संख्या से विभाजित किया जाता है।
 - विभाजित संख्या को 1000 से सामान्यतः गुणा कर दिया जाता है।

$$\text{शिशु मृत्यु दर} = \frac{\text{एक वर्ष में मृत शिशुओं की संख्या}}{\text{एक वर्ष में जीवित शिशुओं की संख्या}} \times 1000$$

- बाल मृत्यु दर (Child mortality rate) 1 वर्ष के दौरान प्रति 1000 जीवित जन्में बच्चों की संख्या के सन्दर्भ में 0-5 वर्ष के बीच मृत बच्चों की संख्या को बाल-मृत्यु दर (Child Mortality Rate) कहा जाता है।

बाल मृत्यु दर
$$= \frac{\text{एक वर्ष में 0- 5 वर्षों की आयु के बच्चों की मौतों की संख्या}}{\text{एक वर्ष में जीवित बच्चों की संख्या}} \times 1000$$

- जनसंख्या वृद्धि दर (Growth Rate of Population) किसी दिए गए देश, क्षेत्र या भौगोलिक क्षेत्र के लिए निर्दिष्ट अवधि के दौरान अशोधित जन्म दर (croud birth rate) तथा अशोधित मृत्यु दर (crude mortality rate) के अन्तर को जनसंख्या की प्राकृतिक वृद्धि दर कहते हैं। जब प्राकृतिक वृद्धि दर में प्रवास की दर को भी जोड़ दिया जाता है, तो यह जनसंख्या वृद्धि दर कहलाती है।

जनसंख्या वृद्धि दर = अशोधित जन्म दर – अशोधित मृत्यु दर + निवल प्रवास दर

- दशकीय वृद्धि दर (Decadal growth rate) इसके द्वारा 10 वर्षों की अवधि में हुई जनसंख्या में प्रतिशत वृद्धि को दशकीय वृद्धि दर (Decadal Growth Rate) कहते हैं।
 $$\text{दशकीय वृद्धि दर} = \frac{\text{वर्तमान जनसंख्या} - \text{पूर्व जनसंख्या}}{\text{पूर्व जनसंख्या}} \times 100$$
- साक्षरता दर (Literacy Rate) 7 वर्ष तथा उससे ऊपर की आयु के वे सभी लोग, जो पढ़ना-लिखना जानते हैं, साक्षर माने गए हैं।

$$\text{साक्षरता दर} = \frac{\text{साक्षरों की संख्या}}{\text{7 वर्ष से अधिक आयु वाली जनसंख्या}} \times 1000$$

$$\text{अशोधित साक्षरता दर} = \frac{\text{कुल साक्षर लोगों की संख्या}}{\text{देश की कुल जनसंख्या}} \times 1000$$

- जनसंख्या घनत्व (Population Density) सामान्यतः जनसंख्या घनत्व (Population Density) किसी क्षेत्र विशेष में जनसंख्या के दबाव का द्योतक है।
 - जनसंख्या के घनत्व से अभिप्राय किसी देश या क्षेत्र विशेष में प्रति वर्ग किमी में निवास करने वाले व्यक्तियों की संख्या से है।

 $$\text{जनसंख्या घनत्व} = \frac{\text{स्थान विशेष की कुल जनसंख्या}}{\text{स्थान विशेष का कुल क्षेत्रफल}}$$
- कुपोषण दर (Malnutrition Rate) कुपोषण के अन्तर्गत ऐसे बच्चे आते हैं, जिनमें 3 वर्ष तक के बच्चों को रखा जाता है, जो अपने वजन के हिसाब से कम वजन तथा कम लम्बाई के होते हैं।
- सम्पूर्ण प्रजनन दर (Toral fertility Rate) एक महिला अपने जीवन काल के जिस स्तर पर बच्चे पैदा करने की क्षमता रखती है, उसे प्रजनन काल (Fertility Rate) कहते हैं। भारत में प्रजनन काल के अन्तर्गत 15-49 वर्ष की महिलाओं को शामिल किया जाता है।
 - सम्पूर्ण प्रजनन दर (Total Fertility Rate) के अन्तर्गत एक महिला अपने सम्पूर्ण प्रजनन काल (15-49 वर्ष) के दौरान जितने बच्चों को जन्म देती है, वह सम्पूर्ण प्रजनन दर कहलाती है।
- मातृ मृत्यु दर (Matunal mortality rate) विश्व स्वास्थ्य संगठन के अनुसार, मातृ मृत्यु दर महिलाओं की गर्भावस्था के दौरान या गर्भावस्था की समाप्ति के 42 दिनों के अन्दर प्रति एक लाख जीवित जन्मों पर प्रसव पीड़ा से ग्रसित एवं गर्भावस्था के बाद की मातृ मृत्यु दर है। वर्तमान में मातृ मृत्यु दर वर्ष 2020 के अनुसार 103 प्रति एक लाख है।

जनसंख्या पिरामिड

- जनसंख्या पिरामिड (Population Pyramid) को आयु-लिंग पिरामिड भी कहा जाता है, जिसमें विशेषतः देश की जनसंख्या को रेखांकन के रूप में दर्शाया जाता है।
- यह हमें समय के साथ जनसंख्या में परिवर्तन अर्थात् जन्म दर, मृत्यु दर और देश की जीवन प्रत्याशा के बारे में बताता है।

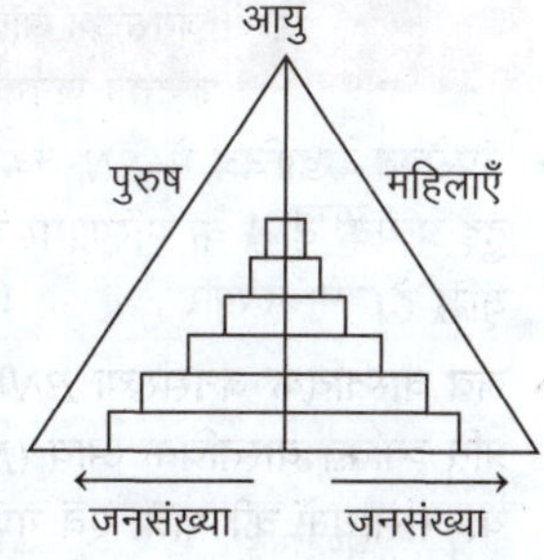

- जनसंख्या पिरामिड में सबसे नीचे आधार पर सबसे कम आयु वर्ग की होती है, जो सबसे बड़ी होती है और ऊपर की ओर जाने पर सभी आयु वर्ग की जनसंख्या घटती चली जाती है।
- जनसंख्या पिरामिड से आयु तथा लिंग के आधार पर जनसंख्या का अध्ययन किया जाता है।
- जनसंख्या पिरामिड के आधार पर जनसंख्या पर आश्रित रहने वाले लोगों का पता चलता है और इसकी सहायता से जन्म दर और मृत्यु दर में होने वाले अन्तर का अध्ययन भी किया जाता है।
- विकसित देशों के जनसंख्या पिरामिड का आकार सामान्यत: ऊँचा और आकृति आयताकार होती है, क्योंकि इन देशों में जीवन स्तर बेहतर होता है तथा स्वास्थ्य सेवाओं का स्तर भी अच्छा रहता है। विकासशील देशों में जनसंख्या पिरामिड का आकार शंकु होता है।

भारत की जनसंख्या नीति

- वर्तमान समय में भारत में जनसंख्या विस्फोट की स्थिति है। देश की जनसंख्या विस्फोट की स्थिति को आर्थिक विकास में बाधक समझा जाता है।
- इस जनसंख्या विस्फोट की स्थिति पर नियन्त्रण के लिए एक राष्ट्रीय नीति का होना अति आवश्यक समझा गया।
- भारत में सर्वप्रथम वर्ष **1952 में परिवार नियोजन** कार्यक्रम की शुरुआत हुई, जिसे बाद में वर्ष 1961-62 में **परिवार कल्याण नियोजन** कार्यक्रम बना दिया गया और वर्ष 1966 में **परिवार नियोजन विभाग** का सृजन किया गया।
- भारत में पहली बार जनसंख्या नीति की घोषणा वर्ष **1976 में** की गई, जिसके अन्तर्गत लड़कियों की विवाह की न्यूनतम आयु को 15 वर्ष से बढ़ाकर 18 वर्ष एवं लड़कों की आयु 18 वर्ष से बढ़ाकर 21 वर्ष कर दी गई।
- वर्ष 1976 की नीति के अन्तर्गत संसद में प्रतिनिधित्व के प्रयोजनों के साथ केन्द्रीय सहायता के वितरण करों के हस्तान्तरण आदि के लिए जनसंख्या के आँकड़ों को वर्ष 2001 तक के लिए वर्ष 1971 के स्तर को निश्चित कर दिया गया।
- भारत सरकार द्वारा वर्ष 1997 में **प्रजनन और बाल स्वास्थ्य कार्यक्रम** को शुरू किया गया।

भारत में जनगणना

- भारत में जनगणना (Census in India) का प्रारम्भिक प्रमाण कौटिल्य (मौर्यकालीन) के अर्थशास्त्र (321-296 ई. पू.) में मिलता है। इसके बाद मुगलकाल में अबुल फजल की आइने अकबरी (1595-96 ई.) में भी इसका उल्लेख मिलता है।
- वैज्ञानिक पद्धति पर आधारित व्यवस्थित जनगणना के अनेक प्रयास 1865 ई. से 1872 ई. के बीच क्रमबद्ध रूप से किए गए, लेकिन जनगणना का क्रमवार आकलन अर्थात् प्रथम नियमित जनगणना 1881 ई. में लॉर्ड रिपन के शासनकाल से मानी जाती है। इसके पश्चात् आज तक प्रत्येक 10 वर्ष बाद जनसंख्या का आकलन नियमित रूप से कराया जा रहा है। 2011 की जनगणना भारत की 15वीं एवं स्वतन्त्र भारत की 7वीं अखिल भारतीय जनगणना है।

भारत की 15वीं जनगणना (जनगणना, 2011)

- हमारी जनगणना हमारा भविष्य (Our Census Our Future) शीर्षक वाक्य के साथ जनगणना, 2011 के अन्तिम आँकड़ों का प्रकाशन गृहसचिव जी के पिल्लई की उपस्थिति में महापंजीयक व जनगणना आयुक्त (Registrar General and Census Commissioner) सी चन्द्रमौलि द्वारा किया गया।
- 30 अप्रैल, 2013 को 15वीं जनगणना के अन्तिम आँकड़े (Final Data) जारी किए गए। इन आँकड़ों के माध्यम से जनसंख्या लिंगानुपात, साक्षरता दर, जनघनत्व, अनुसूचित जनगणना, शिशु लिंगानुपात एवं ग्रामीण-शहरी जनसंख्या विवरण को आँकड़ों के रूप में प्रस्तुत किया गया।

भारत में जनसंख्या वृद्धि की प्रवृत्तियाँ

- भारत की जनसंख्या वृद्धि की प्रवृत्ति का अध्ययन निम्न चार अवस्थाओं के अन्तर्गत किया जा सकता है

प्रथम अवस्था (वर्ष 1901 से 1921 तक)	देश की जनसंख्या में धीमी गति से वृद्धि हुई
द्वितीय अवस्था (वर्ष 1921 से 1951 तक)	देश की जनसंख्या में लगभग स्थिर या धीमी गति से वृद्धि हुई
तृतीय अवस्था (वर्ष 1951 से 1981 तक)	देश की जनसंख्या में अत्यधिक गति से वृद्धि हुई
चतुर्थ अवस्था (वर्ष 1981 से 2011 तक)	देश की जनसंख्या में वृद्धि तो हुई, किन्तु वृद्धि दर में गिरावट का रुख जारी रहा

जनगणना 2011

क्र. सं.	भारत के राज्य/केन्द्रशासित प्रदेश	जनसंख्या (करोड़ में)			लिंगानुपात प्रति 1000 पुरुष पर	जनघनत्व (व्यक्ति/वर्ग किमी)	दशकीय वृद्धि (प्रतिशत में)	साक्षरता (प्रतिशत में)		
		व्यक्ति	पुरुष	महिलाएँ				व्यक्ति	पुरुष	महिलाएँ
	भारत	121.08	62.37	58.64	943	382	17.7	73	80.9	64.6
1	जम्मू-कश्मीर	1.25	0.66	0.59	889	124	23.6	67.2	76.8	56.4
2	हिमाचल प्रदेश	0.68	0.34	0.33	972	123	12.9	82.8	89.5	75.9
3	पंजाब	2.77	1.46	1.31	895	551	13.9	75.8	80.4	70.7
4	चण्डीगढ़	0.10	0.05	0.04	818	9258	17.2	86.0	90.0	81.2
5	उत्तराखण्ड	1.00	0.51	0.49	963	189	18.8	78.8	87.4	70.0

क्र. सं.	भारत के राज्य/ केन्द्रशासित प्रदेश	जनसंख्या (करोड़ में)			लिंगानुपात प्रति 1000 पुरुष पर	जनघनत्व (व्यक्ति/ वर्ग किमी)	दशकीय वृद्धि (प्रतिशत में)	साक्षरता (प्रतिशत में)		
		व्यक्ति	पुरुष	महिलाएँ				व्यक्ति	पुरुष	महिलाएँ
6	हरियाणा	2.53	1.34	1.18	879	573	19.90	75.6	84.1	65.9
7	दिल्ली	1.67	0.89	0.78	868	11320	21.2	86.2	90.9	80.8
8	राजस्थान	6.85	3.55	3.29	928	200	21.3	66.1	79.2	52.1
9	उत्तर प्रदेश	19.98	10.44	9.53	912	829	20.2	67.7	77.3	57.2
10	बिहार	10.40	5.42	4.98	918	1106	25.4	61.8	71.2	51.5
11	सिक्किम	0.61	0.032	0.028	890	86	12.9	81.4	86.6	75.6
12	अरुणाचल प्रदेश	0.13	0.071	0.066	938	17	26.0	65.4	72.6	57.7
13	नागालैण्ड	0.19	0.10	0.09	931	119	–0.6	79.6	82.8	76.1
14	मणिपुर	0.28	0.14	0.14	985	128	24.5	79.2	86.1	72.4
15	मिजोरम	0.109	0.055	0.054	976	52	23.5	91.3	93.3	89.3
16	त्रिपुरा	0.367	0.187	0.179	960	350	14.8	87.2	91.5	82.7
17	मेघालय	0.296	0.149	0.14	989	132	27.9	74.4	76.0	72.9
18	असम	3.12	1.59	1.52	958	398	17.1	72.2	77.8	66.3
19	पश्चिम बंगाल	9.12	4.68	4.44	950	1028	13.8	76.3	81.7	70.5
20	झारखण्ड	3.29	1.69	1.60	949	414	22.4	66.4	76.8	55.4
21	ओडिशा	4.19	2.12	2.07	979	270	14.05	72.9	81.6	64.0
22	छत्तीसगढ़	2.55	1.28	1.27	991	189	22.6	70.3	80.3	60.2
23	मध्य प्रदेश	7.26	3.76	3.50	931	236	20.30	69.3	78.7	59.2
24	गुजरात	6.04	3.14	2.89	919	308	19.3	78.0	85.8	69.7
25	दमन एवं दीव	0.02	0.01	0.009	618	2191	53.8	87.1	91.5	79.5
26	दादरा एवं नगर हवेली	0.034	0.019	0.014	774	700	55.9	76.2	85.2	64.3
27	महाराष्ट्र	11.23	5.82	5.41	929	365	16.0	82.3	88.4	75.9
28	आन्ध्र प्रदेश	8.45	4.24	4.21	993	308	11.0	67.0	74.9	59.1
29	कर्नाटक	6.10	3.09	3.01	973	319	15.60	75.4	82.5	68.1
30	गोवा	0.145	0.073	0.071	973	394	8.2	88.7	92.6	84.7
31	लक्षद्वीप	0.006	0.003	0.003	947	2149	6.3	91.8	95.6	87.9
32	केरल	3.34	1.60	1.73	1084	860	4.9	94.0	96.1	92.1
33	तमिलनाडु	7.21	3.61	3.60	996	555	15.61	80.1	86.8	73.4
34	पुदुचेरी	0.124	0.061	0.063	1037	2547	28.1	85.8	91.3	80.7
35	अण्डमान-निकोबार	0.038	0.020	0.017	876	46	6.9	86.6	90.3	82.4

जनगणना 2011 के प्रमुख संकेतक

जनगणना, 2011 के प्रमुख संकेतक निम्न प्रकार हैं

लिंगानुपात

- जनगणना, 2011 के अन्तिम आँकड़ों के अनुसार, भारत का लिंगानुपात (sex ratio) 943 रहा, जबकि 2001 की जनगणना के अनुसार, लिंगानुपात 933 था।
- भारत में वर्ष 1901 से 1941 तक लिंगानुपात में कमी की प्रवृत्ति रही है।
- वर्ष 1991 में यह अनुपात अपने न्यूनतम स्तर पर था। भारत में लिंगानुपात सम्बन्धित आँकड़े निम्नलिखित हैं

लिंगानुपात वाले राज्य (जनगणना 2011)

शीर्ष तीन राज्य		न्यूनतम तीन राज्य	
राज्य	प्रतिशत	राज्य	प्रदेश
केरल	1084	हरियाणा	879
तमिलनाडु	996	जम्मू-कश्मीर	889
आन्ध्र प्रदेश	993	सिक्किम	890

शिशु (0-6 आयु वर्ग) की जनगणना

- जनगणना, 2011 के अन्तिम आँकड़ों के अनुसार, भारत की शिशु जनसंख्या 16.44 करोड़ है, जोकि कुल जनसंख्या का 13.6% है।
- 0-6 आयु वर्ग का लिंगानुपात 919 है। शिशु लिंगानुपात के सन्दर्भ में अरुणाचल प्रदेश (972) शीर्ष स्थान पर है, जबकि दूसरे स्थान पर मिजोरम व मेघालय (970 प्रत्येक) है। वहीं हरियाणा (834) में लिंगानुपात न्यूनतम है। इसके पश्चात् पंजाब (846) का स्थान है।

भारत के सर्वाधिक एवं न्यूनतम जनसंख्या वाले चार राज्य (जनगणना 2011)

सर्वाधिक		न्यूनतम	
उत्तर प्रदेश	199812341 (16.50%)	सिक्किम	610577 (0.05%)
महाराष्ट्र	112374333 (9.28%)	मिजोरम	1097206 (0.09%)
बिहार	104099452 (8.60%)	अरुणाचल प्रदेश	1383727 (0.11%)
पश्चिम बंगाल	91276115 (7.54%)	गोवा	1458545 (0.12%)

भारत के सर्वाधिक एवं न्यूनतम जनसंख्या वाले चार केन्द्र शासित प्रदेश (जनगणना 2011)

सर्वाधिक		न्यूनतम	
दिल्ली	16787941 (1.39%)	लक्षद्वीप	64473 (0.01%)
पुदुचेरी	1247953 (0.10%)	दमन और दीव	243247 (0.02%)
चण्डीगढ़	1055450 (0.09%)	दादरा और नगर हवेली	343709 (0.03%)
अण्डमान एवं निकोबार द्वीप समूह	380581 (0.03%)		

साक्षरता दर

- जनगणना, 2011 के अन्तिम आँकड़ों के अनुसार, भारत की साक्षरता दर (Literacy Rate) 73% रही, जिसमें पुरुष साक्षरता 80.9% व महिला साक्षरता 64.6% रही।
- वर्ष 2001 के मुकाबले कुल साक्षरता में 8.16% की वृद्धि हुई। पुरुष साक्षरता में जहाँ 29.15% की वृद्धि हुई, वहीं महिला साक्षरता के मामले में यह वृद्धि 46.67% रही।
- जनगणना, 2011 के साक्षरता सम्बन्धी प्रमुख आँकड़े निम्नलिखित हैं

शीर्ष तीन राज्य		न्यूनतम तीन राज्य	
राज्य	प्रतिशत	प्रदेश	प्रतिशत
केरल	94.0	बिहार	61.1
मिजोरम	91.3	अरुणाचल प्रदेश	65.4
गोवा	88.7	राजस्थान	66.1

शीर्ष तीन संघ शासित राज्य		न्यूनतम तीन संघ शासित राज्य	
राज्य	प्रतिशत	प्रदेश	प्रतिशत
लक्षद्वीप	91.8	दादरा एवं नगर हवेली	76.2
दमन एवं दीव	87.1	पुदुचेरी	85.8
पुदुचेरी	86.6	चण्डीगढ़	86.0

- 2001 से 2011 के दशक में सर्वाधिक साक्षर जनसंख्या वृद्धि दादरा एवं नगर हवेली (119.4%) व दमन एवं दीव (75.6%) में हुई।
- पुरुष साक्षरता के मामले में शीर्ष तीन राज्यों का क्रम क्रमशः-
  - केरल (96.1%)
  - लक्षद्वीप (95.6%)
  - मिजोरम (93.3 %)
- स्त्री साक्षरता के सन्दर्भ में तीन शीर्ष राज्य क्रमशः-
  - केरल (92.1%),
  - मिजोरम (89.3%)
  - लक्षद्वीप (87.9 %)
- पुरुष एवं महिला साक्षरता के सन्दर्भ में निम्नतम स्थान बिहार का रहा, जहाँ पुरुष 71.2% तथा 51.5% महिला साक्षर हैं।
- पुरुष एवं महिला साक्षरता दर में सर्वाधिक अन्तर राजस्थान (27.1%) में रहा, जबकि यह अन्तर सबसे कम मेघालय (3.1%) में रहा।
- मिजोरम राज्य के सेरछिप (98.76.10), आइजोल (98.5%) जिले देश के सर्वाधिक साक्षर जिले रहे, वहीं मध्य प्रदेश का अलीराजपुर (37.22%) व छत्तीसगढ़ राज्य का बीजापुर (41.58%) जिला देश के न्यूनतम साक्षर जिले रहे।

जनसंख्या घनत्व

- जनसंख्या घनत्व (Population Density) का तात्पर्य प्रति वर्ग किलोमीटर में रहने/बसने वाली जनसंख्या से है। 2011 की जनगणना के अन्तिम आँकड़ों के अनुसार, भारत का जनसंख्या घनत्व 382 व्यक्ति प्रति वर्ग किमी रहा, जबकि वर्ष 2001 में भारत का जनसंख्या घनत्व 325 व्यक्ति प्रति वर्ग किमी था।

$$\text{जनसंख्या घनत्व} = \frac{\text{स्थान विशेष की कुल जनसंख्या}}{\text{स्थान विशेष का कुल क्षेत्रफल}}$$

- 1911 से 1921 के दशक को छोड़कर प्रत्येक जनगणना में जनघनत्व में वृद्धि हुई है। जनघनत्व में सर्वाधिक वृद्धि 1961-71 के दशक में हुई थी, जो 24.6% थी। वहीं 1911-21 के दशक में यह वृद्धि ऋणात्मक थी। जनगणना, 2011 से सम्बन्धित प्रमुख आँकड़ें निम्न प्रकार हैं

शीर्ष जनघनत्व वाले तीन राज्य		न्यूनतम जनघनत्व वाले तीन राज्य	
राज्य	जनघनत्व/वर्ग किमी	राज्य	जनघनत्व/वर्ग किमी
बिहार	1106	अरुणाचल प्रदेश	17
पश्चिम बंगाल	1028	मिजोरम	52
केरल	860	सिक्किम	86

शीर्ष जनघनत्व वाले तीन संघ शासित राज्य		न्यूनतम जनघनत्व वाले तीन संघ शासित राज्य	
राज्य	जनघनत्व/वर्ग किमी	प्रदेश	जनघनत्व/वर्ग किमी
दिल्ली	11320	अण्डमान-निकोबार	46
चण्डीगढ़	9258	दादरा एवं नगर हवेली	700
पुदुचेरी	2547	लक्षद्वीप	2149

- दिल्ली राज्य का उत्तर-पूर्वी जिला जनघनत्व के सन्दर्भ में सम्पूर्ण देश में शीर्षतम स्थान पर रहा, जिसका जनघनत्व (37346) रहा, वहीं दूसरा स्थान चेन्नई (26903) का रहा।

- अरुणाचल प्रदेश के दिबांग घाटी जिले का जनघनत्व सम्पूर्ण देश में न्यूनतम (1 व्यक्ति/1 किमी^{2}) है। जम्मू-कश्मीर राज्य का सम्बा जिला (2 व्यक्ति/किमी^{2}) इस सन्दर्भ में दूसरे स्थान पर है।

ग्रामीण व शहरी जनगणना

- इन आँकड़ों के अनुसार, देश की कुल 121.08 करोड़ जनसंख्या में 37.71 करोड़ शहरी क्षेत्रों में व शेष 83.37 करोड़ ग्रामीण क्षेत्रों में निवास करती है।
- इस प्रकार देश की कुल जनसंख्या में शहरी जनसंख्या अब 31.2% है, जबकि 68.8% जनसंख्या ही अब गाँवों में निवास करती है।
- इससे पूर्व 2001 की जनगणना के अनुसार, देश में शहरी व ग्रामीण जनसंख्या का वितरण क्रमश: 27.81% व 72.19% था।
- वर्ष 2001 में देश की कुल जनसंख्या की शहरी व ग्रामीण जनसंख्या 28.61% है। इन आँकड़ों के अनुसार, 2001-11 दशक में देश में शहरी जनसंख्या में जहाँ 9.10 करोड़ की वृद्धि हुई है, वहीं ग्रामीण जनसंख्या में यह वृद्धि 9.08 करोड़ रही है। इस प्रकार 2001-11 के दशक में देश में ग्रामीण जनसंख्या में, जहाँ 12.22 % की वृद्धि दर्ज की गई है, वहीं शहरी जनसंख्या में वृद्धि 31.8% रही है।

जनसंख्या (करोड़ में)

	2001	2011	अन्तर
भारत	102.9	121.05	18.15
1. ग्रामीण	74.26 (72.19%)	83.37 (68.84%)	9.08
2. शहरी	28.61 (27.81%)	37.71 (31.16%)	9.1

- ग्रामीण व शहरी जनसंख्या से सम्बन्धित प्रमुख आँकड़े निम्न प्रकार हैं

सर्वाधिक ग्रामीण जनसंख्या वाले चार राज्य		सर्वाधिक शहरी जनसंख्या वाले तीन राज्य	
राज्य	**जनसंख्या (मिलियन में)**	**क्रम**	**राज्य**
उत्तर प्रदेश	155.31 (18.63)	प्रथम	महाराष्ट्र
बिहार	92.34 (11.07)	द्वितीय	उत्तर प्रदेश
पश्चिम बंगाल	62.18 (7.46)	तृतीय	तमिलनाडु
महाराष्ट्र	61.55 (7.4)		

दशकीय जनसंख्या वृद्धि दर (2001-2011)

- दशक 2001-11 के मध्य भारत की जनसंख्या की वृद्धि दर 17.7% रही। इस दौरान ग्रामीण जनसंख्या वृद्धि दर 12.3% और शहरी जनसंख्या वृद्धि दर 31.8% रही

सर्वाधिक दशकीय वृद्धि दर वाले तीन राज्य		न्यूनतम दशकीय वृद्धि वाले तीन राज्य	
राज्य (2001-11)	दशकीय वृद्धि दर में	राज्य	दशकीय वृद्धि दर में
मेघालय	27.9	नागालैण्ड	(–)0.6%
अरुणाचल प्रदेश	26.0	केरल	4.9%
बिहार	25.4	गोवा	8.2%

- इस दशक में सर्वाधिक दशकीय वृद्धि वाले 2 केन्द्रशासित प्रदेश क्रमश: दादरा एवं नगर हवेली (55.88%) व दमन एवं दीव (53.76%) रहे, वहीं न्यूनतम दशकीय वृद्धि दर वाला केन्द्रशासित प्रदेश लक्षद्वीप (6.3%) रहा।
- इस दशक में देश में सर्वाधिक जनसंख्या वृद्धि दर वाले दो जिले क्रमश: अरुणाचल प्रदेश का कुरुंग कुमे (111.01%) व दादरा एवं नगर हवेली और दमन एवं दीव का दमन (77.15%) रहा।
- इस दशक में देश में न्यूनतम जनसंख्या वृद्धि दर वाले दो जिले क्रमश: नागालैण्ड के लांगलेग (-58.39%) व किफरें (-30.5%) रहे।

धार्मिक आधार पर कामकाजी जनसंख्या के आँकड़े

- केन्द्र सरकार द्वारा दिसम्बर, 2015 में धार्मिक आधार पर कामकाजी सम्बन्धी आँकड़े जारी किए गए। इसके अनुसार, राष्ट्रीय औसत कार्य-संलग्न आबादी 40% थी, जबकि देश की 48.2 करोड़ जनसंख्या कामगार थी।
- इस नवीन आँकड़े के अनुसार, क्षेत्रगत रोजगार उपलब्धता के आधार पर कृषि सम्बन्धी क्षेत्र से सर्वाधिक 55% आबादी जुड़ी थी, वहीं सेवा व उद्योग क्षेत्र में 41% रोजगार उपलब्ध थे।

समुदाय	रोजगारपरक आबादी	महिला
बौद्ध	43%	33%
हिन्दू	41%	27%
जैन	36%	12%
सिख	36%	15%
मुस्लिम	33%	15%

- भारत में वर्ष 2001 से 2011 के मध्य में हिन्दुओं की आबादी में 0.7% की कमी हुई, वहीं मुसलमानों की आबादी 0.5% की दर से बढ़ी।
- वर्ष 2001 से 2011 तक हिन्दुओं की दशकीय वृद्धि दर 16.8% थी, जबकि मुसलमानों की दशकीय वृद्धि दर 24.6% थी। यद्यपि हिन्दुओं और मुसलमानों की सबसे अधिक वृद्धि दर दादरा एवं नगर हवेली में 56.6% एवं 98.1 % रही।
- इस दशक में विभिन्न धर्मों का लिंगानुपात-हिन्दुओं में 939, मुसलमानों में 951, ईसाइयों में 1023, सिक्खों में 903, बौद्धों में 965 और जैनों में 953 है।

जनगणना, 2011 से सम्बन्धित कुछ महत्त्वपूर्ण आँकड़े

सर्वाधिक महिला साक्षरता के आधार पर राज्यों एवं केन्द्रशासित प्रदेशों का स्थान (घटते क्रम में)

रैंक	राज्य/केन्द्रशासित प्रदेश	साक्षरता दर (%)
1.	केरल	92.1
2.	मिजोरम	89.3
3.	लक्षद्वीप	87.9
4.	गोवा	84.7
5.	त्रिपुरा	82.7

न्यूनतम महिला साक्षरता के आधार पर राज्यों एवं केन्द्रशासित प्रदेशों का स्थान (बढ़ते क्रम में)

रैंक	राज्य/केन्द्रशासित प्रदेश	साक्षरता दर (%)
1.	बिहार	51.5
2.	राजस्थान	52.1
3.	झारखण्ड	55.4
4.	जम्मू और कश्मीर	56.4
5.	उत्तर प्रदेश	57.2

सर्वाधिक जनसंख्या घनत्व के आधार पर राज्यों एवं केन्द्रशासित प्रदेशों का स्थान (घटते क्रम में)

रैंक	राज्य/केन्द्रशासित प्रदेश	जनघनत्व/वर्ग किमी
1.	दिल्ली	11,320
2.	चण्डीगढ़	9,258
3.	पुदुचेरी	2,547
4.	दमन और दीव	2,191
5.	लक्षद्वीप	2,149

न्यूनतम जनसंख्या घनत्व के आधार पर राज्यों एवं केन्द्रशासित प्रदेशों का स्थान (बढ़ते क्रम में)

रैंक	राज्य/केन्द्रशासित प्रदेश	जनघनत्व/वर्ग किमी
1.	अरुणाचल प्रदेश	17
2.	अण्डमान एवं निकोबार द्वीप	46
3.	मिजोरम	52
4.	सिक्किम	86
5.	नागालैण्ड	119

क्षेत्रफल की दृष्टि से : वर्ष 2011

सबसे बड़ा राज्य	राजस्थान
सबसे छोटा राज्य	गोवा
सबसे बड़ा केन्द्रशासित प्रदेश	अण्डमान एवं निकोबार
सबसे छोटा केन्द्रशासित प्रदेश	लक्षद्वीप

जनसंख्या की दृष्टि से : वर्ष 2011

सबसे बड़ा राज्य	उत्तर प्रदेश
सबसे छोटा राज्य	सिक्किम
सबसे बड़ा केन्द्रशासित प्रदेश	दिल्ली
सबसे छोटा केन्द्रशासित प्रदेश	लक्षद्वीप

राष्ट्रीय जनसंख्या कोष

- फरवरी, 2000 में घोषित नई राष्ट्रीय जनसंख्या नीति के क्रियान्वयन के लिए फरवरी, 2003 में राष्ट्रीय जनसंख्या कोष (National Population Fund) की स्थापना ₹ 100 करोड़ की प्राथमिक पूँजी के साथ की गई।
- इस कोष के लिए विभिन्न निजी संस्थानों, चैरिटेबिल संस्थाओं, उद्योगों, गैर-सरकारी संगठनों से सहयोग भी लिया गया है।
- प्रधानमन्त्री इस कोष के पदेन (Ex-Officio) अध्यक्ष तथा केन्द्रीय स्वास्थ्य एवं परिवार कल्याण मन्त्री इसके उपाध्यक्ष हैं।
- वर्ष 2025 तक लक्ष्य को प्राप्त करने हेतु इस कोष द्वारा विभिन्न प्रकार के जनसंख्या नियन्त्रण कार्यक्रम चलाए जा रहे हैं।

राष्ट्रीय जनसंख्या आयोग

गठन

- गठन का प्रस्ताव राष्ट्रीय जनसंख्या नीति 2000 में किया गया था
- गठन 11 मई, 2000 को

उद्देश्य

- राष्ट्रीय जनसंख्या नीति का क्रियान्वयन सुनिश्चित करना।
- आयोग के पदेन अध्यक्ष – प्रधानमन्त्री
- जनांकिकी विशेषज्ञ और अर्थशास्त्री भी इसके सदस्य

पहली बैठक

- 22 जुलाई, 2000 को हुई इसमें जनसंख्या स्थिरीकरण कोष का प्रस्ताव पेश किया गया।
- 19 मई, 2005 को पुनर्गठन प्रधानमन्त्री द्वारा

पुनर्गठन

- पुनर्गठन के बाद प्रधानमन्त्री इसके अध्यक्ष व केन्द्रीय स्वास्थ्य व परिवार कल्याण मन्त्री तथा योजना आयोग के उपाध्यक्ष को आयोग के 2 उपाध्यक्ष के रूप में नामित किया गया।
- पुनर्गठन से पूर्व आयोग योजना आयोग के अधीन था, परन्तु अब इसे स्वास्थ्य मन्त्रालय के अधीन किया गया था।
- इसके प्रभावी व सुचारु संचालन हेतु इसके सदस्यों की संख्या घटाकर 40 की गई।
- आयोग के सदस्यों में राष्ट्रीय स्तर के राजनीतिक दलों के अध्यक्ष भी सदस्य बनाए ·गए हैं।

राष्ट्रीय जनसंख्या रजिस्टर

- शुरुआत भारत सरकार द्वारा जनगणना अभियान के दौरान पहली बार राष्ट्रीय जनसंख्या रजिस्टर (National population register-NPR) तैयार किया गया। इसे नागरिकता अधिनियम, 1955 और नागरिकता (नागरिकों का पंजीयन और राष्ट्रीय पहचान जारी करना) नियमावली, 2003 के अन्तर्गत लागू किया गया।
- उद्देश्य इस NPR का मुख्य उद्देश्य सभी नागरिकों की एक व्यक्तिगत विवरण पत्रिका तैयार करना व ग्रामीण और नगरीय क्षेत्रों में रहने वाले 15 वर्ष से अधिक के लोगों का फोटोग्राफ व 10 अंगुलियों की छाप लेना है। यह रजिस्टर एक व्यापक डाटा तैयार करेगा, जिसमें लोगों से सम्बन्धित 15 प्रश्नावलियों का एक सेट तैयार किया जाएगा, जिसमें सभी विवरणी उपलब्ध रहेगी। डाटाबेस तैयार होने के बाद 15 वर्ष से अधिक के सभी भारतीयों को एक विशिष्ट पहचान संख्या जारी की जाएगी।

आधार

- भारतीय विशिष्ट पहचान प्राधिकरण (यूआईडीएआई) एक सांविधिक प्राधिकरण है, जिसकी स्थापना भारत सरकार द्वारा आधार (वित्तीय और अन्य सब्सिडी, लाभ और सेवाओं के लक्षित वितरण) अधिनियम, 2016 (आधार अधिनियम, 2016) के प्रावधानों के अन्तर्गत इलेक्ट्रॉनिक्स एवं सूचना प्रौद्योगिकी मन्त्रालय (एमईआईटीवाई) के अन्तर्गत 12 जुलाई, 2016 को की गई।
- एक सांविधिक प्राधिकरण के रूप में अपनी स्थापना से पूर्व यूआईडीएआई तत्कालीन योजना आयोग (अब नीति आयोग) के एक सम्बद्ध कार्यालय के रूप में कार्य कर रहा था।

"

निर्धनता अर्थव्यवस्था के विकास के स्तर पर निर्भर करती है, यही कारण है कि विभिन्न समाजों में यह अलग-अलग है; जैसे- अमेरिका तथा पश्चिमी यूरोप के देशों में निर्धनता की धारणा भारत से बिल्कुल अलग होगी, क्योंकि यहाँ का साधारण व्यक्ति भी भारत से अधिक ऊँचे जीवन-स्तर पर रह रहा होगा।

अध्याय इक्कीस

निर्धनता एवं बेरोजगारी

निर्धनता

- विश्व बैंक गरीबी (Poverty) को लोगों की एक न्यूनतम जीवन निर्वाह के स्तर को प्राप्त करने की असमर्थता के रूप में परिभाषित करता है। गरीबी मूलत: वंचन (Deprivation) से सम्बन्धित है।
- गरीबी से आशय जीवन की कुछ मूलभूत आवश्यकताओं की पूर्ति से वंचित रहने (Deprivation from Necessities of Life) से है।
- निर्धनता (Poverty) एक ऐसी स्थिति है, जिसमें समाज का एक भाग अपनी मूल मानवीय आवश्यकता को पूर्ण कर पाने में असमर्थ होता है। ये मूल मानवीय आवश्यकताएँ मुख्यत: पर्याप्त पौष्टिक आहार प्राप्त करना, रहने के लिए उपयुक्त स्थान व पहनने के लिए उपयुक्त वस्त्र की उपलब्धता, शिक्षा ग्रहण करने का साधन एवं परिहार्य बीमारियों से बचने की क्षमता का वंचन इत्यादि हैं।
- संयुक्त राष्ट्र विकास कार्यक्रम (UNDP) के अनुसार गरीबी बहुआयामी होती है। बहुआयामी गरीबी सूचकांक UNDP के द्वारा जारी किया जाता है।
- प्रो. अमर्त्य सेन के अनुसार, गरीबी क्षमताओं का अभाव है।
- अन्तर्राष्ट्रीय श्रम संगठन (ILO) के अनुसार, गरीबी आधारभूत आवश्यकताओं की पूर्ति की अक्षमता है। संयुक्त राष्ट्र ने मनुष्य की आवश्यकताओं को दो भागों में विभाजित किया है
  - न्यूनतम आवश्यकताएँ भोजन, वस्त्र, आवास, शिक्षा, स्वास्थ्य आदि।
  - क्षमता निर्माण के लिए आवश्यकताएँ बैंक सेवा, बीमा सेवा, कानून-व्यवस्था, सुरक्षा, सुशासन आदि।

नीति आयोग के अनुसार, गरीबी के मानक

- नीति आयोग के अनुसार, जीवित रहने, स्वस्थ रहने एवं दक्षता के लिए न्यूनतम आवश्यकताओं को पूर्ण करने का अभाव ही गरीबी है। इसके अनुसार गरीबी के मानक निम्नलिखित हैं;
  - जीवित रहने के लिए आवश्यक पानी व भोजन।
  - स्वस्थ रहने के लिए आवश्यक पोषण, ऊर्जा, प्रोटीन व विटामिन इत्यादि।
  - दक्षता के लिए आवश्यक आवास, वस्त्र, शिक्षा, स्वास्थ्य, बैंकिंग, कानून व्यवस्था व योग्यता इत्यादि।

भारत में निर्धनता की श्रेणियाँ

- वर्ष 1998 के नोबेल पुरस्कार विजेता प्रो. अमर्त्य सेन ने कहा है कि निर्धनता केवल आय से सम्बन्धित नहीं है, बल्कि यह एक बहुआयामी (Multidimensional) समस्या है।
- निर्धनता के वर्गीकरण की प्रचलित विधियों में से एक विधि में निर्धनों का वर्गीकरण सदैव निर्धन और सामान्य निर्धन में किया जाता है। सामान्यत: निर्धन के अन्तर्गत वे व्यक्ति आते हैं, जिनके पास कभी-कभी कुछ धन आ जाता है; जैसे—अनियमित मजदूर।

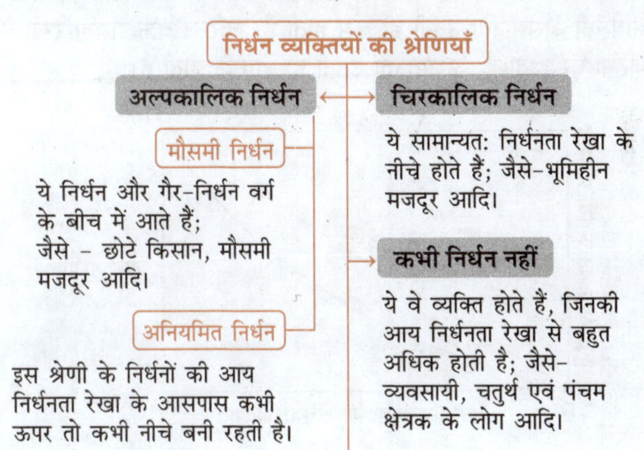

निर्धनता के प्रकार

निर्धनता को मुख्यत: दो प्रकारों में विभाजित किया जाता है

निरपेक्ष निर्धनता

- इसके अन्तर्गत राष्ट्रीय स्तर पर संसाधनों के अनुरूप परिमाणात्मकता के आधार पर जीविका स्तर (निर्धनता रेखा) को निर्धारित किया जाता है।
- निर्धनता रेखा में न्यूनतम उपभोग स्तर बताया जाता है। वे सभी व्यक्ति, जो न्यूनतम उपभोग स्तर तक नहीं पहुँच पाते, वे निर्धन होते हैं।
- इस प्रकार की निर्धनता को ज्ञात करने की विधि को हेड काउण्ट विधि (Head Count Method) कहा जाता है।

- इस विधि में कुल जनसंख्या में सम्मिलित उन व्यक्तियों को रखा जाता है, जो गरीबी रेखा से नीचे जीवन-यापन करते हैं।

सापेक्ष निर्धनता

- इसमें उच्च आय वर्गों और निम्न आय वर्गों के बीच तुलना की जाती है तथा यह देखा जाता है कि विभिन्न आय वर्गों के बीच कितनी विषमता है।
- इस प्रकार की निर्धनता तब उत्पन्न होती है, जब किसी देश या क्षेत्र में कुछ लोगों की आय अन्य सामान्य लोगों से भिन्न होती है।
- इसके अन्तर्गत समाज के औसत व्यक्ति की तुलना में किसी व्यक्ति के पास मूलभूत संसाधनों का न होना सापेक्षिक गरीबी (Relative Poverty) होती है।
- इसे प्राय: गिनी गुणांक तथा लॉरेन्ज वक्र द्वारा मापा जाता है। यह विधि विकसित देशों में गरीबी मापने के लिए अधिक उपयुक्त है, इन्हें निम्न प्रकार समझा जा सकता है

लॉरेन्ज वक्र

- लॉरेन्ज वक्र (Lorenz Curve) द्वारा किसी देश के लोगों के बीच आय विषमता को ज्ञात करते हैं।
- इसे वर्ष 1905 में मैक्स ओ लॉरेन्ज ने विकसित किया था। इस वक्र का प्रत्येक बिन्दु उन व्यक्तियों को प्रदर्शित करता है, जो एक निश्चित आय के प्रतिशत के नीचे होते हैं।
- लॉरेन्ज वक्र जितना अधिक निरपेक्ष समता रेखा के पास होता है, समाज में आय की असमानता उतनी ही कम होती है। लॉरेन्ज वक्र समता रेखा के जितना दूर होता है, असमानता उतनी ही अधिक होती है।

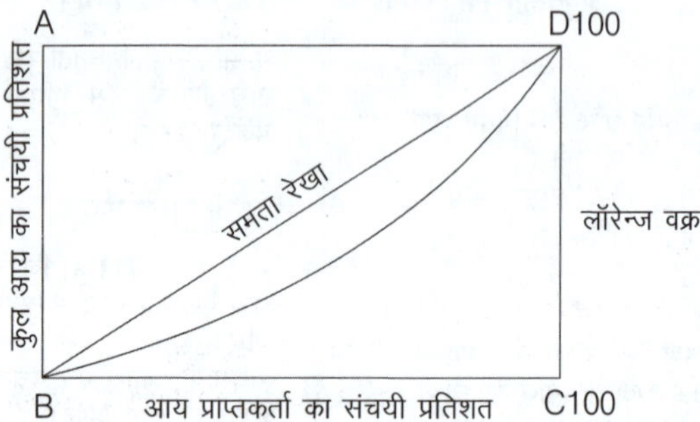

गिनी गुणांक

- यह आय के वितरण की विषमता की माप की सर्वाधिक प्रचलित विधि है, जो आय के प्रत्येक युग्म के बीच आय अन्तर की माप करती है।
- गिनी गुणांक (Gini Coefficient) को वर्ष 1912 में इटेलियन सांख्यिकीविद् कोरेडो गिनी ने विकसित किया था। यह लॉरेन्ज वक्र से क्षेत्रफल और काल्पनिक समता रेखा के नीचे के सम्पूर्ण क्षेत्रफल के अनुपात को प्रदर्शित करता है, जिसका मान 0 से 1 के बीच में होता है।
- यदि विषमता अधिकतम होती है, तो इसका मान 1 होता है और यदि विषमता न्यूनतम होती है, तो इसका मान शून्य होता है।
- गिनी गुणांक में यदि 100 से गुणा कर दें, तो गिनी सूचकांक निकलता है।
- इसे विभिन्न आय वर्गों से जनसंख्या के प्रतिशत बँटवारे के आधार पर भी मापा जा सकता है। प्रतिव्यक्ति आय इससे सम्बन्धित नहीं है।

गिनी गुणांक

$$= \frac{\text{आदर्श आय वितरण रेखा और लॉरेन्ज वक्र का क्षेत्रफल}}{\text{आदर्श आय वितरण रेखा के बीच का क्षेत्रफल}}$$

विषमता समायोजन

प्रति व्यक्ति आय अवधारणा का प्रतिपादन प्रसिद्ध अर्थशास्त्री अमर्त्य सेन द्वारा किया गया, उन्होंने आय के स्तर तथा वितरण के आयाम को जोड़कर आर्थिक कल्याण के मापन के लिए इस धारणा को विकसित किया। उनके अनुसार, मानव कल्याण में वृद्धि तब होगी, जब प्रति व्यक्ति आय के स्तर में वृद्धि हो या आय की विषमता समायोजित (Disparity adjustment) हो अर्थात् आय की विषमता में कमी आए

$$W = \mu\ (1 - G)$$

जहाँ, W = कल्याण, μ = प्रति व्यक्ति आय

G = विषमता (Inequality) की आयु

गरीबी रेखा

- निर्धनता रेखा (Poverty Line) वह रेखा है, जो व्यक्ति के औसत मासिक व्यय को निर्धारित करती है। इस औसत मासिक व्यय से कम होने पर व्यक्ति को निर्धन/गरीब माना जाता है।
- गरीबी रेखा से नीचे जीवन-यापन व्यतीत करने वाली जनसंख्या के प्रतिशत को व्यक्ति गणना अनुपात (Head Count Ratio) अथवा निर्धनता प्रभाव अनुपात (Poverty Incidence Ratio) कहा जाता है।
- भारत में गरीबी रेखा का अनुमान उपभोग व्यय के आधार पर निर्धारित किया जाता है, क्योंकि उपभोग व्यय किसी व्यक्ति द्वारा वस्तुओं और सेवाओं के वास्तविक प्रयोग को दर्शाता है, जबकि आय किसी व्यक्ति के केवल खरीदने की क्षमता के मापदण्ड का निर्धारण करती है।
- भारत में गरीबी रेखा का अनुमान वर्ष 1993-94 तक समान स्रोत काल (Uniform Resources Period, URP) के अन्तर्गत निर्धारित होता था, जिसके अन्तर्गत गणना में शामिल लोगों के 30 दिनों के उपभोग व्यय के सम्बन्ध में सूचनाओं को डीकॉल अवधि (Decall Period) में एकत्रित किया जाता था।
- NSSO ने वर्ष 1999-2000 से मिश्रित सन्दर्भ अवधि (Mixed Reference Period-MRP) को अपनाया, जिसमें व्यक्तियों द्वारा पिछले एक वर्ष के दौरान प्रयोग किए पाँच आवृत्ति की मदों (कपड़े, जूते, टिकाऊ वस्तु, शिक्षा और स्वास्थ्य) पर व्यय से सम्बन्धित आँकड़ों का संग्रहण किया जाता है।
- वर्तमान समय में गरीबी रेखा का आकलन भारत में नीति आयोग के टास्क फोर्स के द्वारा सांख्यिकी और कार्यक्रम कार्यान्वयन मन्त्रालय (MOSPI) के अन्तर्गत राष्ट्रीय नमूना सर्वेक्षण (National Sample Survey) द्वारा डाटा जुटाए गए आँकड़ों के आधार पर किया जाता है।

उपभोग के आधार पर निर्धनता मापने की विधियाँ

उपभोग के आधार पर निर्धनता मापने की प्रमुखत: दो विधियाँ हैं; जो निम्न प्रकार हैं

- यूनिफॉर्म रिकॉल अवधि (Uniform Recall Period, URP) पिछले 30 दिनों में उपयोग की गई सभी वस्तुओं (खाद्य एवं गैर-खाद्य दोनों) के आकलन को यूनिफॉर्म रिकॉल अवधि कहते हैं।
- मिश्रित रिकॉल अवधि (Mixed Recall Period, MRP) पिछले 30 दिनों के खाद्य पदार्थों के उपयोग एवं गैर-खाद्य पदार्थ; जैसे—कपड़े, जूते आदि का पिछले 365 दिनों में उपयोग के आकलन को मिश्रित रिकॉल अवधि कहते हैं।

निर्धनता को मापने से सम्बन्धित समितियाँ

- भारत में निर्धनता का अध्ययन सर्वप्रथम 1867-68 ई. में दादाभाई नौरोजी ने किया था, इन्होंने निर्धनता मापने के लिए जीवन के निर्वाह लागत सिद्धान्त का प्रयोग किया था।
- इनकी पुस्तक "पॉवर्टी एण्ड अनब्रिटिश रूल इन इण्डिया" जो वर्ष 1901 में प्रकाशित हुई थी, में पहली बार गरीबी के मापन को जीने की न्यूनतम आवश्यकताओं की पूर्ति से लगाया गया था।
- स्वतन्त्रता प्राप्ति के पश्चात् भारत में गरीबी का अध्ययन सर्वप्रथम बी एस मिन्हास ने किया था, उन्होंने वर्ष 1958-59 तथा वर्ष 1967-68 के बीच ग्रामों के निर्धनों के प्रतिशत में कमी होने के संकेत दिए। इसके अतिरिक्त पी डी ओझा एवं प्रणव के वर्धन ने ग्रामीण निर्धनों के अनुपात में वृद्धि के संकेत दिए। इनके विचार से देश में आर्थिक परिवर्तन की दिशा बढ़ती हुई गरीबी का कारण है।
- इनके पश्चात् दाण्डेकर एवं रथ ने वर्ष 1960-61 और वर्ष 1967-68 के दौरान नगरीय एवं ग्रामीण दोनों क्षेत्रों में गरीबी को स्थिर माना। सामान्यत: निर्धनता मापन करते समय यह पाया गया कि भारत में कुछ राज्यों की आधिकारिक गरीबी रेखाएँ अन्य राज्यों की तुलना में उच्चतर हैं, क्योंकि कीमत स्तर अलग-अलग राज्यों में अलग-अलग होते हैं।
- स्वतन्त्रता के पश्चात् पहली बार वैज्ञानिक तरीके से वर्ष 1971 में गरीबी रेखा का निर्धारण कैलोरी प्राप्ति के आधार पर किया गया, जो नीलकान्त दाण्डेकर तथा वी. एम. रथ के फार्मूले पर आधारित था।
- योजना आयोग द्वारा जारी रिपोर्ट के अनुसार, ग्रामीण क्षेत्रों में प्रति व्यक्ति 2400 कैलोरी प्रतिदिन तथा शहरी क्षेत्रों में प्रति व्यक्ति 2100 कैलोरी प्रतिदिन से कम भोजन प्राप्त करने वाले लोगों को गरीबी रेखा से नीचे माना जाएगा।
- भारत में निर्धनता की मापन से सम्बन्धित समितियाँ निम्नलिखित हैं

समिति	गठन वर्ष	उद्देश्य	सिफारिशें / अनुसंशाएँ
डॉ. वाई. के. अलघ समिति	वर्ष 1977	भारत में गरीबी का निर्धारण करना	• वर्ष 1978 में रिपोर्ट प्रस्तुत • एक ऐसा गरीबी निर्देशांक तैयार किया गया, जिसमें ग्रामीण क्षेत्रों में-2400 कैलोरी प्रति व्यक्ति/प्रतिदिन तथा शहरी क्षेत्रों में-2100 कैलोरी प्रति व्यक्ति/प्रतिदिन संस्तुति की गई।
लकड़वाला समिति	सितम्बर, 1989	भारत में निर्धनों की संख्या और अनुपात के अनुमान की कार्यविधि एवं परिकल्पना पर विचार करना।	• जुलाई, 1993 में रिपोर्ट प्रस्तुत • इन्होंने शहरी निर्धनता के आकलन के लिए औद्योगिक श्रमिकों के उपभोक्ता मूल्य सूचकांक एवं ग्रामीण क्षेत्र में कृषि श्रमिकों के उपभोक्ता मूल्य सूचकांक को आधार बनाया गया। • इस फॉमूले के अन्तर्गत सभी राज्यों में अलग-अलग निर्धनता रेखा अर्थात् कुल 35 निर्धनता रेखाएँ निर्धारित।
तेन्दुलकर समिति	वर्ष 2009	निर्धनता रेखा से नीचे (Below poverty line, BPL) के लोगों की पहचान के लिए नए फॉमूलें के निर्धारण हेतु प्रो. सुरेश तेन्दुलकर की अध्यक्षता में गठन।	• दिसम्बर, 2009 में रिपोर्ट प्रस्तुत। • इस समिति की कुछ प्रमुख सिफारिशें निम्न प्रकार हैं - गरीबी के अनुमान हेतु **राष्ट्रीय सैम्पल सर्वेक्षण** द्वारा संगृहीत भारतीय परिवारों के निजी पारिवारिक उपभोक्ता व्यय सम्बन्धी आँकड़ों का ही प्रयोग पर बल। - देश में निर्धनता रेखा के निर्धारण के लिए, जिस दाण्डेकर-रथ फॉर्मूलों का उपयोग वर्ष 1971 से किया जाता रहा है, उसमें भोजन में कैलोरी की मात्रा को ही एकमात्र आधार माना गया है। समिति के नए फॉर्मूलों में कॉस्ट ऑफ लिविंग को निर्धनता की पहचान के लिए आधार के रूप में स्वीकार किया गया है। - राष्ट्रीय सैम्पल सर्वे संगठन के निर्णय को स्वीकार किया गया कि पारिवारिक व्यय के अनुमान लगाने की स्मरण विधि में भविष्य में सभी उपभोक्ता सर्वेक्षणों में **मिश्रित स्मरण** अवधि का प्रयोग किया जाएगा।
एस.आर. हाशिम समिति	मई, 2010	शहरी क्षेत्रों में गरीबी रेखा से नीचे रहने वाले परिवारों की पहचान करने की विधि के विषय में सुझाव देने के लिए गठन।	इस समिति द्वारा **त्रिस्तरीय** दृष्टिकोण का सुझाव दिया गया, जिसमें शहरी गरीबी का स्वचालित समावेश एवं निष्कासन होता है।

समिति	गठन वर्ष	उद्देश्य	सिफारिशें / अनुसंशाएँ
रंगराजन समिति	24 मई, 2012	योजना आयोग द्वारा सर्वोच्च न्यायालय में दायर एक शपथ-पत्र के अनुसार, शहरी क्षेत्रों में ₹ 28.65 प्रति व्यक्ति प्रतिदिन उपभोग व्यय तथा ग्रामीण क्षेत्रों में ₹ 22.42 प्रति व्यक्ति प्रतिदिन उपभोग व्यय को निर्धनता रेखा निरूपित किए जाने की तीखी आलोचनाओं के बीच योजना आयोग ने प्रधानमन्त्री की आर्थिक सलाहकार परिषद् के अध्यक्ष **डॉ. सी रंगराजन** की अध्यक्षता में एक नवीन विशेषज्ञ तकनीकी समूह का गठन 24 मई, 2012 को किया।	गरीबी की परिभाषा और गरीबों की संख्या निर्धारित करने हेतु बनी सी रंगराजन समिति ने अपनी रिपोर्ट 6 जुलाई, 2014 को केन्द्रीय योजना क्रियान्वयन मन्त्री **राव इन्द्रजीत सिंह** को सौंपी। इस रिपोर्ट के मुख्य बिन्दु निम्नलिखित हैं • वर्ष 2009-10 में 38.2% आबादी गरीब थी, जो वर्ष 2011-12 में घटकर 29.5% पर आ गई। इसके विपरीत **तेन्दुलकर समिति** ने कहा था कि वर्ष 2009-10 में गरीबों की आबादी 29.8% थी, जो वर्ष 2011-12 में घटकर 21.9% रह गई। • कोई ग्रामीण व्यक्ति यदि एक महीने में ₹ 972 (₹ 32 प्रतिदिन) से कम खर्च करता है, तो उसे गरीब समझा जाएगा, जबकि तेन्दुलकर समिति के अनुसार, यह राशि ₹ 816 प्रतिमाह (₹ 27 प्रतिदिन) थी। • शहरी क्षेत्रों में प्रतिमाह ₹ 1407 (₹ 47 प्रतिदिन) से कम खर्च करने वाले लोगों को गरीबी की श्रेणी में रखा गया, जबकि तेन्दुलकर समिति के अनुसार, यह राशि ₹ 1000 (₹ 33 प्रतिदिन) थी।
अरविन्द पनगढ़िया टास्क फोर्स	वर्ष 2015	भारत में निर्धनता अनुमान के लिए विधि की सिफारिश या सुझाव देना	• इसे टास्क फोर्स द्वारा (Eliminating Poverty : Creating Jobs and Strengthening Social Programs) नाम से रिपोर्ट का प्रकाशन किया गया।

विभिन्न समितियों द्वारा निर्धारित मानक

विशेषज्ञ समूह	वर्ष	प्रति व्यक्ति प्रतिदिन उपभोग व्यय (₹ में)		प्रति व्यक्ति औसत मासिक उपभोग व्यय (₹ में)		अखिल भारतीय निर्धनता रेखाएँ	
		ग्रामीण	शहरी	ग्रामीण	शहरी	ग्रामीण	शहरी
सुरेश तेन्दुलकर	2011-12	27.2	33.3	816	1000	4080	5000
	2009-10	22.4	28.7	673	860	3365	4300
सी रंगराजन	2011-12	32.4	46.9	972	1407	4860	7035
	2009-10	26.7	39.9	801	1198	4005	5990

BPL जनगणना

- ग्रामीण क्षेत्रों में BPL (Below Poverty Line) परिवारों की पहचान के लिए डॉ. एन सी सक्सेना की अध्यक्षता में गठित समिति ने अपनी रिपोर्ट वर्ष 2009 में प्रस्तुत की।
- इस समिति ने कुछ विशेषाधिकार प्राप्त वर्गों के स्वयं ही बहिष्करण तथा सोसायटी के कतिपय वंचित और अत्यन्त कमजोर वर्गों के स्वमेव समावेशन तथा 10 के पैमाने पर उनकी रैंक देने के लिए शेष आबादी का सर्वेक्षण कराने की सिफारिश की है।

भारत में निर्धनता की प्रवृत्तियाँ

वर्ष	निर्धनों की संख्या (करोड़ों में)	कुल जनसंख्या में निर्धनों का प्रतिशत
1973-74	32	54.9
1977-78	33	51.3
1983	32	44.5
1987-88	31	38.9
1993-94	32	36
1999-2000	26	26
2004-05	40.7	37.2
2009-2010	35.46	29.8
2011-12	26.93	21.9

- वर्ष 2004-05, 2009-10 और 2011-12 के आँकड़े नई निर्धनता रेखा पर आधारित हैं।
- विश्व बैंक के अनुसार, गरीबी रेखा का मानक $ 2.15 प्रतिदिन निर्धारित किया गया है।
- भारत में निर्धनता की प्रवृत्तियों का विश्लेषण करने पर पता चलता है कि यहाँ जनसंख्या बढ़ने के साथ-साथ निर्धनों की संख्या में भी वृद्धि हुई है, लेकिन सरकार द्वारा चलाई गई अनेक योजनाओं के प्रभाव से कुल जनसंख्या में निर्धनों के प्रतिशत में कमी आई है।

बहुआयामी गरीबी सूचकांक (एमपीआई) : नीति आयोग

- भारत में नीति आयोग द्वारा जारी राष्ट्रीय बहुआयामी गरीबी सूचकांक (Multidimensonal poverty index) स्वास्थ्य, शिक्षा और जीवन स्तर के तीन समान रूप से भारित आयामों में एकसाथ अभाव का आकलन करता है, जिसमें 12 सतत विकास लक्ष्य संकेतक दर्शाए जाते हैं।
- इनमें पोषण, बाल और किशोर मृत्यु दर, मातृ स्वास्थ्य, स्कूली शिक्षा के वर्ष, स्कूल में उपस्थिति, भोजन पकाने का ईंधन, स्वच्छता, पेयजल, ऊर्जा, आवास, सम्पत्ति तथा बैंक खाते शामिल हैं।
- जनवरी, 2024 में नीति आयोग द्वारा जारी आँकड़ों के अनुसार वर्ष 2005-2006 से भारत में बहुआयामी गरीबी से पिछले नौ वर्षों में 24.82 करोड़ लोग बाहर हुए हैं।

- रिपोर्ट के अनुसार भारत में बहुआयामी निर्धनता में उल्लेखनीय कमी आई है, जो वर्ष 2013-2014 में 29.17% से घटकर वर्ष 2022-23 में 11.28% हो गई है, जो 17.89% की कमी को दर्शाता है।
- विगत् 9 वर्षों में (वर्ष 2013-14 से वर्ष 2022-23) लगभग 24.82 करोड़ लोग बहुआयामी निर्धनता की स्थिति से बाहर आए हैं।

विभिन्न राज्यों के आँकड़े

1. उत्तर प्रदेश (5.94 करोड़ लोग एमपीआई से बाहर)
2. बिहार (3.77 करोड़ लोग बहुआयामी गरीबी से बाहर)
3. मध्य प्रदेश (2.30 करोड़ लोग)
4. राजस्थान (1.87 करोड़ लोग) में एमपीआई (MPI) के आधार पर निर्धन के रूप में वर्गीकृत लोगों की संख्या में सबसे अधिक गिरावट दर्ज की गई है।

निर्धनता आकलन के लिए अन्तर्राष्ट्रीय मापदण्ड

- संयुक्त राष्ट्र विकास कार्यक्रम (UNDP) ने क्षमता निर्धनता माप (Capacity Poverty Measure) का एक नया मापदण्ड प्रस्तुत किया है, क्योंकि UNDP का मानना है कि वास्तव में निर्धनता एक बहुआयामी संकल्पना है। इसे केवल आय के आधार पर नहीं निकाला जा सकता अर्थात् आय निर्धनता (Income Poverty) स्वयं में पूर्ण नहीं है, बल्कि उसके लिए अन्य मानकों को भी ध्यान में रखना होगा।
- इसके अन्य मानकों में स्वास्थ्य व पोषाहार की क्षमता, जिसके अन्तर्गत यह देखा जाता है कि 5 वर्ष से कम आयु के बच्चों का कितना प्रतिशत भाग कुपोषण का शिकार है या मानक भार से नीचे है। परिवार के सदस्यों की शैक्षणिक स्थिति को भी इसमें सम्मिलित किया जाता है।
- इसमें शिक्षा, स्वास्थ्य तथा जीवन स्तर के 10 घटकों को शामिल किया जाता है, जिसमें बाल मृत्यु दर, पोषण, स्कूली शिक्षा का वर्ष, स्कूल में नामांकन, पानी, स्वच्छता, बिजली, खाना पकाने के ईंधन तक पहुँच, आवास तथा सम्पत्ति प्रमुख हैं।

भारत में निर्धनता पर संयुक्त राष्ट्र की रिपोर्ट

- सहस्राब्दि विकास लक्ष्य (Millennium Development Goals,) पर संयुक्त राष्ट्र की वर्ष 2010 की रिपोर्ट के अनुसार भारत में निर्धनता का अनुपात वर्ष 1990 में 51% था।
- UNDP रिपोर्ट के अनुसार, भारत के आठ राज्यों में निर्धनों की कुल संख्या अफ्रीका के 26 निर्धनतम देशों में निर्धनों की कुल संख्या से अधिक है। ये राज्य हैं—बिहार, छत्तीसगढ़, झारखण्ड, मध्य प्रदेश, ओडिशा, राजस्थान, उत्तर प्रदेश व पश्चिमी बंगाल।
- वैश्विक बहुआयामी गरीबी सूचकांक 2024 के अनुसार, विश्व के 1.1 बिलियन लोग गरीबी में जीवन व्यतीत कर रहे हैं। इसके अनुसार भारत में सबसे अधिक 234 मिलियन लोग गरीबी में जीवन बिता रहे हैं।

अन्तर्राष्ट्रीय निर्धनता रेखा

- विश्व बैंक के आकलन के अनुसार, यदि कोई व्यक्ति एक दिन में $ 2.15 प्रतिदिन (2022) से कम पर गुजर-बसर करता है, तो उसे निर्धन माना जाता है। इसके अन्तर्गत मुद्रास्फीति के साथ-साथ विभिन्न देशों के मध्य मूल्य अन्तरों को भी समाहित किया जाता है।
- एशियाई विकास बैंक ने अपने आकलन में $ 1.51 को प्रति व्यक्ति प्रतिदिन निर्धनता का मानक माना है।

गरीबी का दुष्चक्र

- इस अवधारणा को प्रो. रेगनर नर्कसे के द्वारा प्रस्तुत किया गया है, इसके अनुसार गरीबी का कारण गरीबी ही है।
- भारत का किसान गरीब है, क्योंकि वह गरीब है और गरीबी के कारण निवेश नहीं कर सकता, परिणामस्वरूप कम उत्पादन करता है।

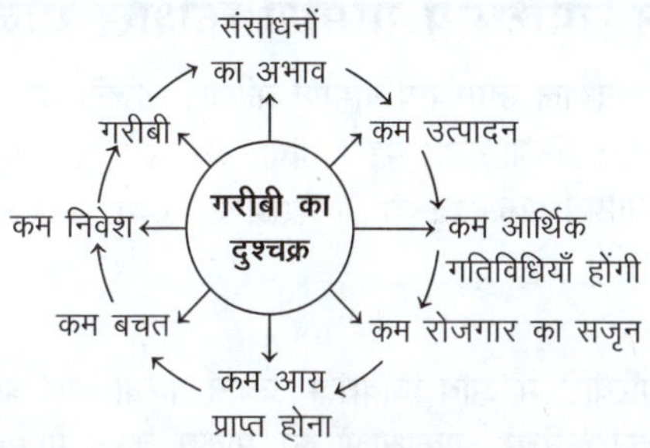

सरकार द्वारा निर्धनता उन्मूलन हेतु चलाए जा रहे कार्यक्रम

सरकार द्वारा निर्धनता उन्मूलन हेतु चलाए जा रहे कार्यक्रम निम्नलिखित हैं

प्रधानमन्त्री उज्ज्वला योजना 2.0

- शुरुआत प्रधानमन्त्री नरेन्द्र मोदी ने 10 अगस्त, 2021 को उत्तर प्रदेश के महोबा जिले के लाभार्थियों को LPG कनेक्शन सौंपकर उज्ज्वला योजना के दूसरे चरण उज्ज्वला 2.0 का शुभारम्भ किया।
- उद्देश्य
  - एक करोड़ अतिरिक्त एल.पी.जी. कनेक्शन प्रदान करना।
  - कम आय वाले उन परिवारों को जमा मुक्त एल.पी.जी. कनेक्शन प्रदान करना, जिन्हें उज्जवला योजना के पहले चरण के तहत शामिल नहीं किया जा सका था।
- प्रमुख तथ्य
  - इसके अन्तर्गत लाभार्थियों को जमा मुक्त LPG कनेक्शन के साथ-साथ पहला रिफिल और चूल्हा नि:शुल्क प्रदान किया जाता है।
  - इस योजना में निवास प्रमाण-पत्र स्थायी नहीं होने पर भी न्यूनतम कागजी कार्यवाही के साथ LPG कनेक्शन दिया जाता है।
  - इसके अन्तर्गत सरकार एक जमा-मुक्त कनेक्शन के साथ उज्जवला 2.0 के लाभार्थियों को 'पहली रिफिल और एक हॉटप्लेट (स्टोव)' मुफ्त प्रदान किया जाता है।
  - साथ ही सरकार ने चिन्हित 50 जिलों के 21 लाख घरों में पाइप के माध्यम से गैस पहुँचाने का भी लक्ष्य रखा है।
  - इसमें निवास प्रमाण-पत्र या राशन कार्ड को जमा करने की बाध्यता को समाप्त कर दिया गया है।

उज्ज्वला योजना

- प्रधानमन्त्री **नरेन्द्र मोदी** ने **मजदूर दिवस** के अवसर पर 1 मई, 2016 को बलिया (उत्तर प्रदेश) से 10 महिलाओं को रसोई गैस कनेक्शन प्रदान कर प्रधानमन्त्री उज्ज्वला योजना का शुभारम्भ किया था।
- इस योजना का उद्देश्य अगले 3 वर्षों में (वर्ष 2019 तक) गरीबी रेखा के नीचे (बी पी एल) के 5 करोड़ लाभार्थियों को रसोई गैस के कनेक्शन प्रदान करना था।

दीनदयाल उपाध्याय ग्रामीण कौशल योजना

- शुरुआत दीनदयाल उपाध्याय ग्रामीण कौशल योजना को 25 सितम्बर, 2014 को शुरू किया गया। यह ग्रामीण विकास मन्त्रालय (MoRD) द्वारा वित्त पोषित एक राष्ट्रव्यापी प्लेसमेण्ट लिंक्ड कौशल प्रशिक्षण कार्यक्रम है।
- उद्देश्य
  - गरीब परिवारों में आय विविधता उत्पन्न करना और ग्रामीण युवाओं को उनकी करियर आकांक्षाओं को साकार करने में मदद करना।
- विशेषताएँ

  दीनदयाल उपाध्याय ग्रामीण कौशल योजना की प्रमुख विशेषताएँ निम्नलिखित हैं
  - यह 15 से 35 वर्ष की आयु के ग्रामीण गरीब युवाओं के लिए विशिष्ट रूप से राष्ट्रीय ग्रामीण आजीविका मिशन का एक भाग है।
  - यह ग्रामीण युवाओं के जीवन स्तर को सुधारने में एक नीति-निर्माता तकनीकी सहायक और सुविधा एजेन्सी के रूप में कार्य करती है।
  - इस योजना के अन्तर्गत प्रशिक्षित होने वाले कुल उम्मीदवारों में से एक-तिहाई महिलाओं का होना अनिवार्य है। महिला उम्मीदवारों के लिए ऊपरी आयु सीमा 45 वर्ष है।
  - डीडीयू-जीकेवाई वर्तमान में 27 राज्यों एवं 3 केन्द्रशासित प्रदेशों में संचालित किया जा रहा है। इस योजना के अन्तर्गत कम-से-कम 70% प्रशिक्षित उम्मीदवारों के लिए गारण्टीकृत प्लेसमेण्ट के साथ एक परिणाम आधारित डिजाइन है और यह न्यूनतम अनिवार्य प्रमाणन की ओर बढ़ रहा है।
  - इस योजना के अन्तर्गत 576 घण्टे (3 महीने) से 2304 घण्टे (12 महीने) तक की प्रशिक्षण अवधि वाली परियोजनाओं के लिए धन उपलब्ध कराया जाता है।
- लक्ष्य दीनदयाल उपाध्याय ग्रामीण कौशल योजना के प्रमुख लक्ष्य निम्न प्रकार हैं
  - लाभ प्राप्त करने के लिए गरीबों और वंचितों को सक्षम बनाना।
  - ग्रामीण गरीबों के लिए निशुल्क कौशल प्रशिक्षण प्रदान करना।
  - सामाजिक रूप से वंचित समूहों का अनिवार्य कवरेज (SC/ST के 50%, अल्पसंख्यक वर्ग के 15% और महिला वर्ग के 33%)।
  - प्रशिक्षण प्रदान कर आजीविका उन्नयन पर बल देना।
  - नियोजित उम्मीदवारों के लिए अतिरिक्त सहायता प्रदान करना।
  - रोजगार साझेदारी की दिशा में सकारात्मक प्रयास करना।
  - नए प्रशिक्षण सेवा प्रदाताओं का पोषण करना और उनके कौशल का विकास करना।
  - इस योजना के अन्तर्गत शामिल होने वाले युवाओं की न्यूनतम आयु 15 वर्ष निर्धारित की गई है, जबकि आजीविका कौशल मिशन के अन्तर्गत न्यूनतम आयु 18 वर्ष है।

प्रधानमन्त्री आवास योजना (ग्रामीण)

- शुरुआत इस योजना की घोषणा प्रधानमन्त्री नरेन्द्र मोदी ने आगरा (उत्तर प्रदेश) में 20 नवम्बर, 2016 को की। इस योजना का पुराना नाम इन्दिरा आवास योजना था।
- उद्देश्य मार्च, 2022 के अन्त तक सभी ग्रामीण परिवारों, जो बेघर हैं या कच्चे या जीर्ण-शीर्ण घरों में रह रहे हैं, को बुनियादी सुविधाओं के साथ पक्का घर उपलब्ध कराना है। वर्तमान में इस योजना को वर्ष 2028-29 तक के लिए बढ़ा दिया गया है।
- आर्थिक सहायता
  - इस योजना के तहत ग्रामीण क्षेत्रों में 2 करोड़ और पक्के मकान बनाए जाने का लक्ष्य निर्धारित किया गया है, जिसके लिए मैदानी क्षेत्रों के लिए ₹ 1.20 लाख और पूर्वोत्तर क्षेत्र के राज्यों और पहाड़ी राज्यों हिमाचल प्रदेश, उत्तराखण्ड, केन्द्रशासित प्रदेशों जम्मू-कश्मीर और लद्दाख में ₹ 1.30 लाख की मौजूदा इकाई सहायता पर 2 करोड़ और पक्के घर बनाने के लिए वित्तीय सहायता प्रदान की जानी है।
  - इसके अतिरिक्त प्रत्येक लाभार्थी को मनरेगा के अन्तर्गत 90 से 95 दिनों की मजदूरी का अवसर दिया जाता है।
  - साथ-ही-साथ पक्के शौचालय का निर्माण करने के लिए ₹ 12 हजार तक की वित्तीय सहायता दी जाती है।
  - इस योजना के अन्तर्गत लाभार्थी का लाभ सीधे बैंक खाते अथवा पोस्ट ऑफिस खाते में डिजिटल भेज दिया जाता है।
  - आवास का न्यूनतम क्षेत्रफल 25 वर्ग मी सुनिश्चित किया गया है।

स्वर्ण जयन्ती ग्राम स्व-रोजगार योजना (SJGSY)

- शुरुआत इस योजना की शुरुआत 1 अप्रैल, 1999 में की गई थी।
- उद्देश्य ग्रामीण निर्धनों को स्व-रोजगार के लिए सहायता प्रदान करना।
- महत्त्वपूर्ण तथ्य पहले से चल रही 6 योजनाओं का इसमें विलय कर दिया गया। ये हैं—समन्वित ग्रामीण विकास कार्यक्रम (Integrated Rural Development Programme, IRDP), स्वरोजगार के लिए ग्रामीण युवाओं का प्रशिक्षण कार्यक्रम (Training Rural Youth for Self Employment, TRYSEM), ग्रामीण क्षेत्र में महिला एवं बाल विकास कार्यक्रम (Development of Women and Children in Rural Areas, DWCRA), ग्रामीण कारीगरों को उन्नत औजार की किट आपूर्ति का कार्यक्रम (1992), गंगा कल्याण योजना (Ganga Kalyan Yojana, 1997) तथा दस लाख कुँआ योजना (1989)।

प्रधानमन्त्री गरीब कल्याण योजना

- **शुरुआत** इस योजना की शुरुआत 20 मार्च, 2020 को की गई थी।
- **उद्देश्य** महामारी में लगे लॉकडाउन से उत्पन्न दशाओं से निपटना, गरीबों को मुफ्त अनाज मुहैया कराना, स्वास्थ्य कर्मियों के नुकसान को कवर करना आदि।
- **तथ्य** सरकार के द्वारा ₹ 1.70 लाख करोड़ का राहत पैकेज दिया गया।
  - मनरेगा मजदूरी बढ़ाई गई।
  - बुजुर्गों, दिव्यांगों तथा विधवाओं को ₹ 1000 की आर्थिक सहायता।
  - PM किसान योजना के अन्तर्गत तुरन्त भुगतान।
  - COVID-19 से लड़ने वाले स्वास्थ्य कर्मियों को ₹ 50 लाख का बीमा सुरक्षा।
- 26 मार्च, 2020 को प्रधानमन्त्री गरीब कल्याण योजना का नाम बदलकर प्रधानमन्त्री गरीब कल्याण अन्न योजना कर दिया गया और इस योजना के तहत **सार्वजनिक वितरण प्रणाली** (PDS) के माध्यम से 5 किलो सब्सिडी वाला खाद्यान्न उपलब्ध कराया जाता है।

राष्ट्रीय ग्रामीण आजीविका मिशन

- **शुरुआत** ग्रामीण क्षेत्रों में निर्धनता निवारण के लिए **राष्ट्रीय ग्रामीण आजीविका मिशन** की शुरुआत 3 जून, 2011 को राजस्थान के बाँसवाड़ा जिले से की गई।
- **उद्देश्य** वर्ष 2024-25 तक सभी ग्रामीण परिवारों को संगठित करना और उन्हें लगातार तब तक समपोषित करना और सहायता देना है जब तक वे दयनीय गरीबी से ऊपर नहीं आ जाते।
- **प्रमुख तथ्य**
  - इस मिशन के अन्तर्गत ग्राम स्तर पर स्वयं सहायता समूहों को फेडरेशन के रूप में गठित करके उनके माध्यम से लाभप्रद स्वरोजगार के अवसर उपलब्ध कराना है।
  - यह कार्य योग्यता पर आधारित स्व-सहायता समूह में प्रत्येक परिवार से एक महिला को सुनियोजित तथा गाँवों में उनके संघ बनाकर और उच्चतर स्तर पर किया जाता है।
  - अब BPL का प्रावधान NRLM में समाप्त हो गया है तथा सभी के लिए इसे खोल दिया गया है। 150 जिलों में महिला स्वयं सहायता समूहों को अब 7% पर ही बैंकों द्वारा ऋण उपलब्ध कराया जाता है। समय पर भुगतान करने वालों को 4% पर ऋण दिया जाता है। बाजार व सस्ती दर के ब्याज अन्तर का वहन केन्द्र सरकार करती है।

गरीब कल्याण रोजगार अभियान

शुरुआत प्रधानमन्त्री **नरेन्द्र मोदी** ने यह योजना बिहार के खगड़िया जिले के तेलिहार गाँव से 20 जून, 2020 को शुरू की।

उद्देश्य कामगारों को उनकी रुचि और कौशल के अनुसार रोजगार और स्वरोजगार उपलब्ध कराना है।

- **प्रमुख तथ्य** गरीब कल्याण रोजगार अभियान के अन्तर्गत वर्ष में 125 दिनों तक रोजगार उपलब्ध कराने की योजना है। कामगारों को योग्यता के अनुसार 25 प्रकार के कार्य दिए जाने का प्रावधान है। इसमें सड़क, ग्रामीण आवास, बागवानी, पौधारोपण, जल संरक्षण और सिंचाई, आँगनबाड़ी, पंचायत भवन और जलजीवन इत्यादि जैसे कार्य शामिल हैं।
- इसमें 6 राज्यों के 116 जिले, जिसमें बिहार के 32 जिलों को शामिल किया गया है।

बेरोजगारी

- जब समाज में प्रचलित पारिश्रमिक पर भी कार्य करने के इच्छुक एवं सक्षम व्यक्तियों को कोई कार्य नहीं मिलता, तब ऐसे व्यक्तियों को **बेरोजगार** तथा ऐसी समस्या को **बेरोजगारी की समस्या** कहा जाता है। दूसरे शब्दों में, जब योग्य एवं कुशल लोगों को उनकी क्षमता के अनुसार रोजगार नहीं मिल पाता है, तो इस समस्या को बेरोजगारी कहते हैं।
- बेरोजगारी के अनेक आर्थिक एवं आर्थिकेत्तर दुष्परिणाम होते हैं। इससे देश में **राष्ट्रीय उत्पादन** की मात्रा कम हो जाती है, जिसका पूँजी-निर्माण, व्यापार-व्यवसाय और प्रगति पर प्रतिकूल प्रभाव पड़ता है।
- इसके कारण गरीबी बढ़ती है तथा शिक्षित बेरोजगारों के सम्बन्ध में उन संसाधनों की बर्बादी भी होती है, जो इनके कौशल और प्रशिक्षण में लगे होते हैं।
- रोजगार अवसर की उपलब्धता के साथ-साथ इच्छा, क्षमता एवं योग्यता आदि पर भी निर्भर करता है।
- अधिकतर ऐसा होता है कि पर्याप्त अवसर उपलब्ध होने पर भी व्यक्ति को इच्छा, योग्यता और क्षमता के अभाव में रोजगार नहीं मिल पाता है, जिससे वह व्यक्ति बेरोजगार रह जाता है। इनका विवरण निम्न प्रकार है

बेरोजगारी के आधार

इच्छा	• इसका तात्पर्य है कि व्यक्ति रोजगार का इच्छुक है, लेकिन उसके पास रोजगार नहीं है। इसके लिए आवश्यक है कि वह अपना नाम रोजगार कार्यालय में दर्ज कराए। यह स्वयं पर निर्भर है। • प्रो पीगू के अनुसार, "एक व्यक्ति केवल तभी बेरोजगार कहलाता है, जब उसके पास कोई काम नहीं होता, जबकि वह काम पाने की इच्छा रखता है।"
क्षमता	• इसका तात्पर्य किसी कार्य को करने की क्षमता से है। • इसके अन्तर्गत यदि कोई दिव्यांग व्यक्ति कार्य करने की इच्छा, क्षमता और योग्यता रखता है, किन्तु रोजगार के अभाव में वह बेरोजगार कहलाएगा। • यह प्राकृतिक होती है।
योग्यता	• किसी कार्य को सम्पन्न करने के कौशल को योग्यता कहते हैं। • इसके अन्तर्गत यह देखा गया है कि व्यक्ति रोजगार पाने की इच्छा एवं क्षमता तो रखता है, लेकिन उसके पास आवश्यक योग्यता का अभाव होता है, जिससे वह बेरोजगार रह जाता है। यह अर्जित की जाती है। • भारत में अवसर प्राप्ति के लिए एवं आवश्यक योग्यता की कमी को दूर करने के लिए स्किल इण्डिया (Skill India) जैसे कार्यक्रमों को संचालित किया जा रहा है।

भारत में बेरोजगारी का वर्गीकरण/प्रकार

- भारत में बेरोजगारी के मुख्यत: दो प्रकार हैं

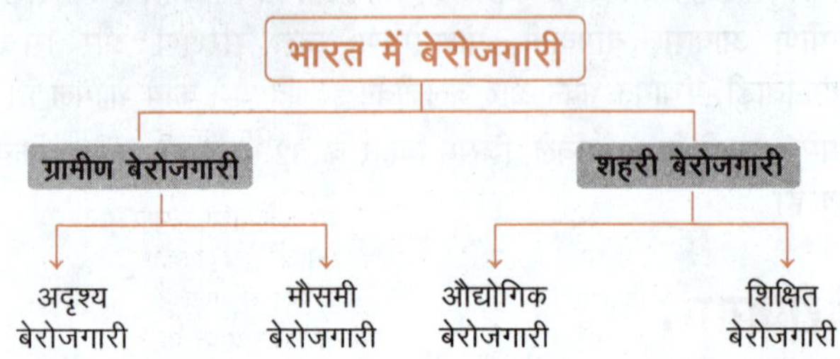

ग्रामीण बेरोजगारी

- ग्रामीण क्षेत्रों में जनसंख्या बढ़ने से भूमि पर जनसंख्या का भार अधिक होता है। भूमि पर जनसंख्या की मात्रा बढ़ने से कृषकों की संख्या भी बढ़ जाती है, जिसके कारण प्रच्छन्न बेरोजगारी बढ़ जाती है।
- अधिकांश श्रम शक्ति प्राथमिक व्यवसायों में संलग्न रहती है तथा व्यावसायिक ढाँचे के अनुकूलन न होने के कारण पूरे वर्ष के दौरान रोजगार नहीं मिल पाता है।
- भारत के ग्रामीण क्षेत्रों में प्रमुखत: प्रच्छन्न बेरोजगारी और मौसमी बेरोजगारी पाई जाती है, इनका वर्णन निम्न प्रकार है
- प्रच्छन्न/अदृश्य बेरोजगारी (Disguised Unemployment) ऐसी बेरोजगारी है, जिसमें कार्य करने के लिए जितने लोगों की आवश्यकता होती है, उससे कहीं अधिक संख्या में लोग रहते हैं। इस प्रकार की बेरोजगारी कृषि क्षेत्र में अधिक पाई जाती है।
  - कृषि क्षेत्र में पाई जाने वाली अदृश्य बेरोजगारी उस स्थिति को दर्शाती है, जब श्रमिकों की सीमान्त उत्पादकता शून्य होती है अर्थात् कुछ व्यक्तियों को कृषि क्षेत्र से हटाने के बाद भी कृषि क्षेत्र की उत्पादकता पर कोई प्रभाव नहीं पड़ता।
- मौसमी बेरोजगारी (Seasonal Unemployment) मुख्य रूप से कृषि क्षेत्र में पाई जाती है, क्योंकि कृषि में लगभग 7 से 9 महीने ही श्रम की आवश्यकता होती है। इस प्रकार वर्ष के शेष महीनों में वहाँ के श्रमिक खाली रहते हैं, जो अनुपलब्ध मौसमी रोजगार के कारण बेरोजगारी का सामना करते हैं।
  - ग्रामीण क्षेत्रों में कृषि के अतिरिक्त भी मौसमी कार्यों में लगे श्रमिक; जैसे—ईंट-भट्टे के श्रमिक, गन्ना पेराई में संलग्न श्रमिक आदि मौसमी बेरोजगारी से ग्रसित होते हैं।

शहरी बेरोजगारी

शहरी क्षेत्रों में भी मुख्यत: दो प्रकार की बेरोजगारी पाई जाती है

- औद्योगिकी बेरोजगारी (Industrial Unemployment) में उन लोगों को शामिल किया जाता है, जो तकनीकी एवं गैर-तकनीकी रूप से कार्य करने की क्षमता तो रखते हैं, किन्तु बेरोजगार हैं। औद्योगिकी क्षेत्र में बेरोजगारी की समस्या जनसंख्या वृद्धि के साथ बढ़ती जाती है।
  - औद्योगिक बेरोजगारी में आर्थिक विकास की रफ्तार धीमी रहती है, जबकि जनसंख्या वृद्धि की रफ्तार तेज रहती है।
  - इसका तात्पर्य यह हुआ कि सरकार के द्वारा औद्योगिक विकास के लिए बनाई जा रही नीतियाँ कमजोर सिद्ध हो रही हैं, जिस कारण उपयुक्त मात्रा में रोजगार के अवसर उत्पन्न नहीं हो रहे हैं।
- शिक्षित बेरोजगारी (Educated Unemployment) शिक्षित बेरोजगार ऐसे श्रमिक हैं, जिनके शिक्षण-प्रशिक्षण में बड़ी मात्रा में संसाधन उपयोग किए जाते हैं और इनकी कार्य करने की क्षमता दूसरे श्रमिकों से अधिक होती है।
  - इन श्रमिकों की कार्य के प्रति अपेक्षाएँ भी अलग होती हैं और ये विशेष प्रकार के कार्य के ही योग्य होते हैं। इनमें से कुछ अल्परोजगार की स्थिति में एवं कुछ खुले बेरोजगार होते हैं।

बेरोजगारी के अन्य प्रकार

बेरोजगारी के अन्य प्रकार निम्न हैं

- खुली बेरोजगारी (Open Unemployment) बेरोजगारी का वह रूप है, जिसमें श्रमिक कार्य करने के इच्छुक होते हैं तथा उनमें कार्य करने की योग्यता और क्षमता भी होती है, परन्तु उन्हें थोड़ा बहुत भी कार्य नहीं मिल जाता है।
- संरचनात्मक बेरोजगारी (Structural Unemployment) दीर्घकालीन प्रवृत्ति की संरचनात्मक बेरोजगारी अर्थव्यवस्था के ढाँचे का पिछड़ापन, सीमित पूँजी एवं श्रम के बाहुल्य के कारण उत्पन्न होता है। आर्थिक विकास से बाजार प्रतियोगिता में वृद्धि होती है। इस तीव्र प्रतियोगिता से सामना नहीं करने के कारण कुछ उद्योग बन्द हो जाते हैं और उसके कामगार बेरोजगार हो जाते हैं।
- अल्प रोजगार (Under employment) ऐसी स्थिति है, जिसमें श्रमिकों को कार्य तो मिलता है, परन्तु उत्पादन में उनका कुछ अंशों तक का ही योगदान होता है अर्थात् या तो उन्हें उनकी क्षमता के अनुसार कार्य नहीं मिलता या फिर वे एक वर्ष में कुछ महीने ही कार्य कर पाते हैं। सामान्यत: कृषि क्षेत्र में कार्यरत् मजदूरों को इस प्रकार का सामना करना पड़ता है।
- दृश्य अल्प रोजगार (Visible Under Employment) श्रमिकों के श्रम समय के न्यून उपयोग को ही दृश्य अल्परोजगार कहते हैं। ऐसे व्यक्ति सामान्यत: रोजगार में होते हैं, परन्तु उनके श्रम समय में उनका उचित उपयोग नहीं हो पाता है।
- अदृश्य अल्प रोजगार (Invisible Under Employment) कुछ श्रमिक या स्वरोजगार व्यक्ति सम्पूर्ण वर्ष रोजगार में लगे होते हैं, परन्तु अपनी आवश्यकताओं को पूर्ण नहीं कर पाते हैं। इस अवस्था को अदृश्य अल्परोजगार कहते हैं। इसके अन्तर्गत किसी भी श्रमिक को किसी अन्य के स्थान पर या अतिरिक्त कार्य भार देकर कार्य कराया जाता है।
- घर्षणात्मक बेरोजगारी (Frictional unemployment) इसका आशय ऐसी स्थिति से होता है, जब कोई व्यक्ति नई नौकरी की तलाश कर रहा होता है या नौकरियों के बीच स्विच कर रहा होता है। यह नौकरियों के बीच समय अन्तराल को सन्दर्भित करती हैं। यह अपरिहार्य समय की देरी घर्षण बेरोजगारी का कारण बनती है।

- चक्रीय बेरोजगारी (Cyclical Unemployment) मुख्यत: विकसित देशों में पाई जाती है। यह व्यापार चक्र से सम्बन्धित होती है। इसके अन्तर्गत बहुत-से श्रमिक अचानक से बेकार हो जाते हैं। यह व्यापार चक्र के उस चरण में उत्पन्न होती है, जब व्यापार क्षेत्र में मन्दी की स्थिति आती है। यह बेरोजगारी अस्थायी होती है। जब मन्दी की स्थिति समाप्त होती है और आर्थिक क्रियाओं में वृद्धि होने लगती है, तो यह बेरोजगारी समाप्त हो जाती है।
- सुभेद्य रोजगार (Vulnerable employment) इसका तात्पर्य यह होता है कि लोग बिना उचित नौकरी अनुबन्ध के अनौपचारिक रूप से काम कर रहे हैं और इस प्रकार इनके लिए कोई कानूनी सुरक्षा नहीं हैं। इन व्यक्तियों को बेरोजगार माना जाता है, क्योंकि उनके कार्य का रिकॉर्ड नहीं पाया जाता है। यह भी बेरोजगारी के मुख्य कारणों में से एक है।
- तकनीकी बेरोजगारी (Technical Unemployment) यह बेरोजगारी प्रौद्योगिकी में बदलाव के कारण हुई नौकरियों में कमी के सन्दर्भ में देखी जाती है। वर्ष 2016 में विश्व बैंक के आँकड़ों के अनुसार भारत में ऑटोमेशन के कारण 69% नौकरियों पर खतरा बढ़ा है।

बेरोजगारी की अवधारणाएँ

राष्ट्रीय प्रतिदर्श सर्वेक्षण संगठन (NSSO) द्वारा बेरोजगारी मापने की तीन अवधारणाएँ विकसित की गई हैं, जो निम्नलिखित हैं

- सामान्य स्थिति बेरोजगारी (General Situation Unemployment) इसके अन्तर्गत सर्वेक्षण में शामिल लोगों के बारे में यह जानने का प्रयास किया जाता है कि उनकी सामान्य स्थिति क्या है अर्थात् इसमें सामान्यत: यह देखा जाता है कि लोग रोजगार में हैं, बेरोजगार हैं या श्रम शक्ति से बाहर हैं। संकल्पना में लम्बी अवधि के आँकड़ों का विश्लेषण करके बेरोजगारी की व्याख्या की जाती है।
- इसके अन्तर्गत यदि व्यक्ति 365 दिनों में से 183 दिन या इससे अधिक दिन श्रम बल में नियोजित है, तो रोजगार माना जाता है तथा 183 दिनों से रोजगाररत् नहीं हैं, तो उसे श्रम बल से बाहर माना जाता है। अत: यह दीर्घकालीन बेरोजगारी को दर्शाती है।
- साप्ताहिक स्थिति बेरोजगारी (Weekly status Unemployment) इसमें व्यक्ति की पिछले सात दिनों की गतिविधियों का ही विश्लेषण किया जाता है। यदि इन सात दिनों में कोई व्यक्ति एक भी घण्टा कार्य प्राप्त करने में सक्षम रहता है, तो उसे रोजगार में मान लिया जाता है।
- दैनिक स्थिति बेरोजगारी (Daily status Unemployment) इसमें किसी व्यक्ति के प्रत्येक दिन की गतिविधियों का विश्लेषण किया जाता है। उपरोक्त दो अवधारणाओं में बेरोजगारी की प्रति व्यक्ति दर का आकलन किया जाता है, जबकि इससे बेरोजगारी के समय दर का आकलन किया जाता है, इसलिए दैनिक स्थिति बेरोजगारी उपरोक्त तीनों अवधारणाओं में बेरोजगारी की सर्वोत्तम माप प्रस्तुत करती है।
- सामान्य सैद्धान्तिक एवं सहायक स्थिति दृष्टिकोण (Usual Principal and Subsidiary Status Approach, UPSS) इसके अन्तर्गत यदि कोई व्यक्ति पिछले 12 महीनों में 30 दिन या उससे अधिक दिनों के लिए आर्थिक गतिविधियों में नियोजित रहता है, तो उस व्यक्ति को रोजगार में माना जाता है।

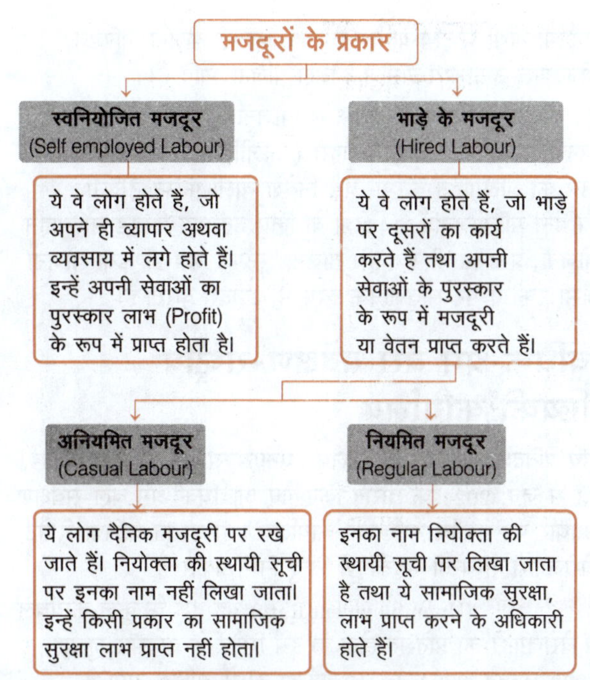

अन्य महत्त्वपूर्ण अवधारणाएँ

अन्य महत्त्वपूर्ण अवधारणाएँ निम्नलिखित हैं

- श्रम आपूर्ति (Labour Supply) इसका तात्पर्य श्रमिकों की उस संख्या से लगाया जाता है, जिसमें वे एक दी हुई मजदूरी दर पर अपनी आपूर्ति के लिए सदैव तत्पर रहते हैं। इसके लिए यदि मजदूरी दर में परिवर्तन किया जाता है, तो श्रम की आपूर्ति में परिवर्तन होता है। यदि मजदूरी की दर अधिक होती है, तो श्रम की आपूर्ति में भी वृद्धि होती है। श्रम आपूर्ति को सामान्यत: कार्य के घण्टों के रूप में मापा जाता है।
- श्रम बल (Labour Force) इसका तात्पर्य उन व्यक्तियों से होता है, जो वर्तमान समय में जिस मजदूरी दर पर वे कार्य करते हैं एवं इच्छुक रहते हैं।
- कार्य बल (Work Force) इसका अभिप्राय वास्तव में, कार्य करने वाले व्यक्तियों से होता है, न कि उन व्यक्तियों से होता है, जो कार्य करने के इच्छुक हैं, किन्तु कार्य नहीं कर रहे हैं।

> कार्य बल = श्रम बल - उन व्यक्तियों की संख्या जो कार्य नहीं कर रहे हैं, किन्तु कार्य करने के इच्छुक हैं।
>
> बेरोजगार व्यक्तियों की संख्या = श्रम बल - कार्य बल की संख्या

- स्टैण्डर्ड वर्ष (Standard year) एक वर्ष के दौरान 8 घण्टे प्रतिदिन कार्य के साथ 273 दिन कार्य करने को हम स्टैण्डर्ड वर्ष कहते हैं। इसके अनुसार, यदि कोई व्यक्ति 8 घण्टे प्रतिदिन कार्य करके 273 दिनों तक रोजगार करता है, तो रोजगार युक्त कहा जाता है।

भारत सरकार के द्वारा संचालित अन्य प्रमुख योजनाएँ

- सरकार की प्राथमिकता में रोजगार क्षमता में सुधार के साथ रोजगार के अवसर उत्पन्न करना है। सरकार द्वारा रोजगार उत्पन्न करने के लिए विभिन्न कदम उठाए गए हैं; जैसे—प्रधानमन्त्री रोजगार प्रोत्साहन योजना, मेक इन इण्डिया, स्टार्टअप इण्डिया, प्रधानमन्त्री रोजगार सृजन कार्यक्रम,

महात्मा गाँधी राष्ट्रीय ग्रामीण रोजगार गारण्टी योजना, पण्डित दीनदयाल उपाध्याय ग्रामीण कौशल योजना आदि हैं।

- इन योजनाओं के अतिरिक्त अन्य योजनाएँ; जैसे—दीनदयाल अन्त्योदय योजना, राष्ट्रीय शहरी (आजीविका) मिशन, निजी क्षेत्र को प्रोत्साहित करना, बड़े निवेश वाली फास्ट ट्रैकिंग विभिन्न परियोजनाएँ, 14 क्षेत्रों के लिए उत्पादन लिंक्ड प्रोत्साहन योजना, प्रधानमन्त्री स्वनिधि योजना, स्टैण्ड अप इण्डिया योजना जैसी स्कीमों पर सार्वजनिक व्यय में बढ़ोतरी करती हैं।

आवधिक श्रम बल सर्वेक्षण-राष्ट्रीय सांख्यिकी कार्यालय

राष्ट्रीय प्रतिदर्श सांख्यिकी कार्यालय (एनएसएसओ) के द्वारा जुलाई, 2023 से जून, 2024 के दौरान किए गए आवधिक श्रम बल सर्वेक्षण के आधार पर राष्ट्रीय सांख्यिकी कार्यालय द्वारा प्रस्तुत वार्षिक रिपोर्ट के बेरोजगारी सम्बन्धी महत्त्वपूर्ण बिन्दु निम्न प्रकार हैं

- **बेरोजगारी दर** (Unemployment Rate) यह देश के कुल कार्यबल में बेरोजगारी का प्रतिशत होता है। इस रिपोर्ट के अनुसार जुलाई, 2023 से जून, 2024 तक 15 वर्ष या उससे अधिक आयु के व्यक्तियों की बेरोजगारी दर 3.2% रही। इस समय अवधि में पुरुषों की बेरोजगारी दर 3.2% तथा महिलाओं की बेरोजगारी दर 3.2% रही।
- **श्रमिक जनसंख्या अनुपात** (Worker population Ratio -WPR) इसे जनसंख्या में नियोजित व्यक्तियों के प्रतिशत के रूप में मापा जाता है। यह जुलाई, 2023 से जून, 2024 के दौरान 55.2% रहा, जो पिछले वर्ष 56% था। पुरुषों एवं महिलाओं के लिए यह दर क्रमश: 76.3% तथा 40.3% रही।
- **श्रम बल भागीदारी दर** (Labor force participation Rate LFDR) जुलाई, 2023 से जून, 2024 के दौरान 15 वर्ष और उससे अधिक आयु के व्यक्तियों के लिए यह दर 60% रहीं। पुरुषों एवं महिलाओं के लिए यह दर क्रमश: 78.8% तथा 41.7% रही।

नोट *राष्ट्रीय सांख्यिकी कार्यालय (NSO) ने अप्रैल, 2017 में आवधिक श्रम बल सर्वेक्षण (PLFs) की शुरुआत की।*

श्रम बल सर्वेक्षण सम्बन्धी अन्य तथ्य

- **CWS दृष्टिकोण** गहरी बेरोजगारी PLFS, करेण्ट विकली स्टेट्स (CWS) के दृष्टिकोण पर आधारित है। CWS के अन्तर्गत ऐसे व्यक्ति को बेरोजगार माना जाता है, जिसने सप्ताह के दौरान किसी भी दिन एक घण्टे के लिए भी कार्य नहीं किया है, लेकिन इस सप्ताह के दौरान किसी भी दिन एक घण्टे के लिए कार्य की माँग या कार्य उपलब्ध था।
- **प्रवासन दर** भारत में प्रवासन दर 28.9% है। इसमें ग्रामीण और शहरी क्षेत्रों में महिलाओं की प्रवास दर क्रमश: 48% और 47.8% पाई गई है।

- **सेण्टर फॉर मॉनिटरिंग इण्डियन इकोनॉमी** (Centre for Monitoring Indian Economy-CMIE) एक प्रमुख व्यावसायिक सूचना कम्पनी है। यह मुख्य रूप से एक स्वतन्त्र थिंक-टैंक के रूप में वर्ष 1976 में स्थापित की गई थी।
- सीएमआईई की सम्पूर्ण सूचना खाद्य श्रृंखला पर आधारित है। यह बड़े पैमाने पर प्राथमिक डेटा संग्रह और विश्लेषण एवं पूर्वानुमान के माध्यम से सूचना संग्रह करता है।
- यह सरकारों, शिक्षाविदों, वित्तीय बाजारों, व्यावसायिक उद्यमों, पेशेवरों और मीडिया सहित व्यावसायिक सूचना उपभोक्ताओं के सम्पूर्ण स्पेक्ट्रम को सेवाएँ प्रदान करता है।
- सीएमआईई, आर्थिक एवं व्यावसायिक डेटाबेस तैयार करता है और निर्णय लेने तथा अनुसन्धान के लिए अपने ग्राहकों को देने के लिए विशेष विश्लेषणात्मक उपकरण विकसित करता है।
- यह अर्थव्यवस्था में रुझानों को समझने के लिए डेटा का विश्लेषण करता है। इसका मुख्यालय मुम्बई में स्थित है।

बेरोजगारी से सम्बन्धित सरकारी योजनाएँ

बेरोजगारी से सम्बन्धित सरकारी योजनाएँ एवं कार्यक्रम निम्नलिखित हैं

प्रधानमन्त्री श्रमयोगी मानधन योजना

- **शुरुआत** फरवरी, 2019 में श्रम और रोजगार मन्त्रालय द्वारा
- **उद्देश्य** असंगठित श्रमिकों के लिए वृद्धावस्था सुरक्षा सुनिश्चित करना
- **पात्रता**
  - आवेदक की आयु 18-40 वर्ष के बीच होनी चाहिए
  - मासिक आय ₹ 15000 प्रति माह या उससे कम होनी चाहिए।
  - आवेदक नई पेंशन योजना (एनपीएस), कर्मचारी राज्य बीमा निगम योजना (ईएसआईसी) या कर्मचारी भविष्य निधि संगठन (ई. पी. एफ. ओ.) के अन्तर्गत कवर नहीं किया जाना चाहिए।
- **तथ्य**
  - इसके अतिरिक्त वह आयकर दाता नहीं होना चाहिए।
  - असंगठित श्रमिक अधिकांश घर पर आधारित श्रमिकों, स्ट्रीट वेण्डर्स, मिड-डे मील वर्कर्स, हेड लोडर, मोची, चीर बीनने वाले, घरेलू कामगार, वाशर मैन, रिक्शा चालक, भूमिहीन मजदूर, स्वयं खाता कार्यकर्ता, कृषि श्रमिक के रूप में लगे हुए हैं।
  - निर्माण श्रमिक, बीड़ी श्रमिक, हथकरघा श्रमिक, चमड़ा श्रमिक, ऑडियो-विजुअल श्रमिक और इसी तरह के अन्य व्यवसाय, में संलग्न व्यक्ति इसमें शामिल होते हैं।
- **लाभ**
  - इस योजना के तहत 60 वर्ष की आयु के बाद लाभार्थी को प्रतिमाह ₹ 3000 की पेंशन प्रदान की जाती है।
  - यदि लाभार्थी की मृत्यु हो जाती है, तो उसका जीवनसाथी पारिवारिक पेंशन के रूप में पेंशन का 50% हिस्सा प्राप्त करता है।

पण्डित दीनदयाल उपाध्याय श्रमेव जयते कार्यक्रम

- शुरुआत 16 अक्टूबर, 2014 को भारत सरकार ने इस कार्यक्रम का शुभारम्भ किया। इसका क्रियान्वयन भारत सरकार के श्रम मन्त्रालय द्वारा किया जा रहा है।
- प्रमुख तथ्य इस कार्यक्रम के अन्तर्गत निम्नलिखित पाँच योजनाएँ आरम्भ की गईं
  - श्रम सुविधा पोर्टल (Labour Identification Number, LIN) यह वेब पोर्टल नियोक्ता के लिए विशिष्ट LIN माध्यम के रूप में कार्य करता है तथा नियोक्ताओं द्वारा वार्षिक रिटर्न की ई-फाइलिंग की सुविधा भी प्रदान करता है।
  - सार्वभौमिक खाता संख्या योजना (Universal Account Number, UAN) इसके अन्तर्गत भविष्य निधि में योगदान करने वाले सभी लोगों के लिए ऑनलाइन जानकारी उपलब्ध कराई जाती है।
  - आकस्मिक निरीक्षण योजना (Random Inspection Scheme RIS) यह श्रम निरीक्षण में पारदर्शिता लाने के लिए लाई गई है।
  - प्रशिक्षु प्रोत्साहन योजना (Apprentice Protsahan Yojana) इसके तहत् प्रशिक्षण के पहले दो वर्षों के दौरान प्रशिक्षुओं को भुगतान किए गए मानदेय का 50% लौटाकर निर्माण इकाइयों और अन्य प्रतिष्ठानों की सहायता की जाती है।
  - पुनर्गठित राष्ट्रीय स्वास्थ्य योजना (Revamped Rashtriya Swasthya Yojana) असंगठित क्षेत्र के श्रमिकों को स्मार्ट कार्ड उपलब्ध कराया जाता, जिससे अन्य सामाजिक सुरक्षा योजनाओं का वितरण हो जाता है।

प्रधानमन्त्री कौशल विकास योजना

- शुरुआत प्रधानमन्त्री कौशल विकास योजना (PMKVY) युवाओं के कौशल प्रशिक्षण के लिए एक प्रमुख योजना है, जिसे वर्ष 2015 में शुरू किया गया।
- उद्देश्य इसके अन्तर्गत पाठ्यक्रमों में सुधार, बेहतर शिक्षण और प्रशिक्षित शिक्षकों पर विशेष बल दिया गया है। प्रधानमन्त्री कौशल विकास योजना के उद्देश्य निम्नलिखित हैं
  - प्रशिक्षण में अन्य पहलुओं के साथ व्यवहार कुशलता और व्यवहार में परिवर्तन भी शामिल है। इसके अन्तर्गत 24 लाख युवाओं को प्रशिक्षण के दायरे में लाया गया है।
  - यह NSQF और उद्योग द्वारा निर्धारित मानदण्डों पर आधारित है।
  - कार्यक्रम के अन्तर्गत तृतीय पक्ष आकलन संस्थाओं द्वारा मूल्यांकन और प्रमाण-पत्र के आधार पर प्रशिक्षुओं को नकद पारितोषिक दिया जा रहा है। नकद पारितोषिक औसतन ₹ 8000 प्रति प्रशिक्षु प्रदान किया जाता है।
  - प्रधानमन्त्री कौशल विकास योजना के अन्तर्गत मुख्य रूप से श्रम बाजार में पहली बार प्रवेश कर रहे व्यक्तियों पर ध्यान केन्द्रित करता है और विशेषकर कक्षा 10 व 12 के दौरान स्कूल छोड़े गए छात्रों पर ध्यान केन्द्रित किया जा रहा है।
  - योजना का क्रियान्वयन राष्ट्रीय कौशल विकास निगम (NSDC) के प्रशिक्षण साझेदारों द्वारा किया जा रहा है।

कौशल विकास एवं उद्यमिता के लिए राष्ट्रीय नीति, 2015

- शुरुआत इसका प्रारम्भ 15 जुलाई, 2015 को केन्द्र सरकार के द्वारा किया गया। इसके पूर्व वर्ष 2009 में कौशल विकास को सन्दर्भित करते हुए श्रम एवं रोजगार मन्त्रालय के द्वारा राष्ट्रीय नीति बनाई गई थी। इसकी समीक्षा करते हुए ही नई नीति का निर्माण किया गया है।
- उद्देश्य कौशल विकास को ध्यान में रखते हुए सशक्तीकरण को बढ़ावा देना तथा उद्यमिता पर आधारित नवाचार गतिविधियों में वृद्धि करना है। उद्योगों में कुशल श्रमिकों की माँग के अनुरूप लगभग 40 करोड़ भारतीय युवाओं को प्रशिक्षित करना है।
- प्रमुख तथ्य
  - इस कार्यक्रम के सफल क्रियान्वयन हेतु प्रधानमन्त्री की अध्यक्षता में एक परिषद् का गठन किया गया है।
  - इस नीति के अन्तर्गत प्रशिक्षित उद्यमियों को परामर्शदाताओं, सहायकों एवं ऋण बाजारों से जोड़ा जा रहा है। साथ ही व्यावसायिक प्रबन्धन को भी अधिक सुगम बनाया जा रहा है।
  - इसके अन्तर्गत कौशल विकास से सम्बन्धित सभी बाधाओं को दूर करने का प्रयत्न किया जा रहा है; जैसे-कौशल प्रशिक्षण हेतु आधारभूत संरचनाओं एवं प्रशिक्षकों के अभाव की समस्या को दूर किया जा रहा है।
  - इस प्रशिक्षण कार्यक्रम में महिलाओं के प्रशिक्षण के ऊपर विशेष ध्यान दिया जा रहा है, जिससे महिला सशक्तीकरण को भी बढ़ावा दिया जा सके। साथ ही लक्षित समूह के अन्तर्गत वंचित वर्गों को शामिल किया गया है।

प्रधानमन्त्री स्वनिधि योजना

- शुरुआत 1 जून, 2020 को भारत सरकार के आवासन एवं शहरी कार्य मन्त्रालय द्वारा पीएम स्ट्रीट वेण्डर्स आत्मनिर्भर निधि की शुरुआत की गई, जिसे पीएम स्वनिधि योजना के नाम से जाना गया।
- कोविड-19 वैश्विक महामारी तथा इसके परिणामस्वरूप किए गए लॉकडाउन से पथ विक्रेताओं अथवा रेहड़ी वालों की आजीविका पर बुरा प्रभाव पड़ा था। उनकी स्थिति को सुधारने के उद्देश्य से सरकार द्वारा इस योजना की शुरुआत की गई।
- उद्देश्य प्रधानमन्त्री स्वनिधि योजना के प्रमुख उद्देश्य निम्नलिखित हैं
  - विक्रेताओं को लाभकारी कार्यशील पूंजी ऋण तक पहुँच प्रदान करना, जो इन्हें देशव्यापी लॉकडाउन (महामारी के कारण) के बाद अपनी आजीविका गतिविधियों को पुनः शुरू करने में सहायता करें।
  - कैश-बैक, बाद की माँगों पर अधिक ऋण आदि जैसे प्रावधानों द्वारा ऋणों की नियमित वापसी को प्रोत्साहित करना।
  - ऋणों के डिजिटल पुनर्भुगतान का विकल्प चुनने वाले विक्रेताओं को पुरस्कृत करके डिजिटलीकरण को बढ़ावा देना।

- प्रमुख तथ्य
  - यह एक केन्द्रीय क्षेत्र की योजना है। यह एक विशेष सूक्ष्म ऋण सुविधा योजना है। इस योजना का कार्यकाल मार्च, 2022 तक निर्धारित किया गया, जिसे बाद में दिसम्बर, 2024 तक बढ़ा दिया गया है।
  - इसके अन्तर्गत ₹ 10,000 तक का ऋण प्रदान किया गया। भारतीय लघु उद्योग विकास बैंक इस योजना हेतु कार्यान्वयन साझीदार है। इसमें एक वेण्डर को ऋणों के शीघ्र या समय पर पुन:भुगतान पर 7% की दर से ब्याज सब्सिडी प्राप्त होती थी। योजना के तहत सब्सिडी दावों का भुगतान मार्च, 2028 तक किया जाएगा।

आत्मनिर्भर भारत अभियान

- शुरुआत प्रधानमन्त्री नरेन्द्र मोदी ने 17 मई, 2020 को कोरोना संकट के दौर में भारत की अर्थव्यवस्था को सुधारने के लिए ₹ 20 लाख करोड़ के राहत पैकेज की घोषणा की। इस पैकेज को आत्मनिर्भर भारत अभियान के अन्तर्गत शुरू किया गया।
- उद्देश्य देश और उसके नागरिकों को प्रत्येक क्षेत्र में स्वतन्त्र और आत्मनिर्भर बनाना।
- प्रमुख तथ्य
  - यह योजना वोकल फॉर लोकल को बढ़ावा देती है। इस पैकेज को आत्मनिर्भर भारत अभियान का नाम दिया गया है।
  - अगले कुछ वर्षों में भारत अपनी आवश्यकता की अधिकांश वस्तुओं के लिए स्वयं पर निर्भर हो जाये, इसलिए इस अभियान का नाम आत्मनिर्भर भारत अभियान रखा गया है।
- अभियान के चरण अभियान के निम्नलिखित दो चरण हैं
  - प्रथम चरण इसमें चिकित्सा, वस्त्र, इलेक्ट्रॉनिक्स प्लास्टिक, खिलौने, जैसे क्षेत्रों को प्रोत्साहित करना, जिससे स्थानीय विनिर्माण और निर्यात को बढ़ावा दिया जा सके।
  - द्वितीय चरण इस चरण में रत्न एवं आभूषण, फार्मा, स्टील जैसे क्षेत्रों को प्रोत्साहित करने का प्रावधान है।

आत्मनिर्भर भारत अभियान के पाँच स्तम्भ

- **अर्थव्यवस्था** वृद्धिशील परिवर्तन के स्थान पर बड़ी उछाल पर आधारित अर्थवयवस्था को लाना।
- **अवसंरचना** ऐसी अवसंरचना का विकास करना, जो आधुनिक भारत की पहचान हो।
- **प्रौद्योगिकी** 21वीं सदी प्रौद्योगिकी संचालित व्यवस्था पर आधारित प्रणाली का विकास करना।
- **गतिशील जनसंख्या** गतिशील जनसंख्या आत्मनिर्भर भारत के लिए ऊर्जा का स्रोत है।
- **माँग** भारत की माँग और आपूर्ति श्रृंखला की सम्पूर्ण क्षमता का उपयोग किया जाना चाहिए।

संकल्प से सिद्धि योजना

- शुरुआत इस योजना की शुरुआत 1 अप्रैल, 2021 को की गई थी, इस योजना से 150 टीमें (ट्राइफेड एवं राज्य कार्यान्वयनकारी एजेन्सियों/मेटरिंग एजेन्सियों/पाटनर्स से प्रत्येक क्षेत्र में 10) जुडी हैं।
- उद्देश्य देश की अर्थव्यवस्था, नागरिकों और समाज में सुधार लाने हेतु देश में अनेक परिवर्तन करना किसानों की आय को दोगुना करना।
- प्रमुख तथ्य इसमें विकास कार्यक्रमों का सामाजिक लेखा परीक्षण किया जाता है। इस योजना के अन्तर्गत जारी कुल राशि का 6% भाग प्रशासनिक व्यय, निगरानी प्रशिक्षण, लेखा परीक्षण आदि में व्यय किए जाने का प्रावधान किया गया है।

अटल पेंशन योजना

- शुरुआत इस योजना का शुभारम्भ 9 मई, 2015 को किया गया।
- उद्देश्य भारत के सभी नागरिकों को 60 वर्ष की आयु के बाद आय का एक स्थिर स्रोत प्रदान करना।
- पात्रता
  - यह योजना 18 वर्ष से 40 वर्ष तक की आयु के असंगठित क्षेत्र में कार्यरत् श्रमिकों के लिए है। इस योजना से जुड़ने वाले व्यक्ति को 60 वर्ष की आयु के बाद कम-से-कम ₹ 1000 तथा अधिकतम ₹ 5000 तक की पेंशन राशि प्रत्येक महीने देने का प्रावधान है। इस योजना के अन्तर्गत केन्द्र सरकार द्वारा पात्र अंशदाता के बैंक खाते में कुल अंशदान का आधा भाग अथवा ₹ 1000 (जो कम हो) प्रत्येक महीने जमा करने का प्रावधान है।
  - भारत सरकार का सहयोगदान वित्त वर्ष 2015-16 से वित्त वर्ष 2019-20 के लिए 5 वर्षों तक उन ग्राहकों को उपलब्ध हुआ था, जो 1 जून, 2015 से 31 मार्च, 2016 की अवधि के दौरान इस योजना में शामिल हुए थे।
- अन्य तथ्य
  - इसमें लाभार्थी छोटी मासिक किस्तों के माध्यम से ऋणों को समय से पूर्ण करने में सफल हो जाएगा तथा अपनी आवश्यकताओं को पूर्ण कर सकेगा। कोई भी व्यक्ति, जो अन्य सामाजिक सुरक्षा योजना से जुड़ा है अथवा आयकर दाता है, इस योजना का लाभार्थी नहीं बन सकता है।
  - अटल पेंशन योजना के अन्तर्गत किसी भी व्यक्ति को 20 वर्ष से अधिक धनराशि जमा नहीं करना है।
  - इसमें स्वावलम्बन योजना के अन्तर्गत पेंशन कोष नियामक तथा विकास प्राधिकरण द्वारा संचालित राष्ट्रीय पेंशन प्रणाली के माध्यम से ग्राहक इस योजना में भी नामांकन करा सकते हैं।

प्रधानमन्त्री रोजगार सृजन कार्यक्रम

- शुरुआत इस कार्यक्रम की शुरुआत 15 अगस्त, 2008 को की गई। प्रधानमन्त्री रोजगार योजना तथा ग्रामीण रोजगार सृजन कार्यक्रम का इसमें विलय कर दिया गया।
- उद्देश्य देश के ग्रामीण और शहरी क्षेत्रों में रोजगार के अवसर पैदा करना है।

- तथ्य
  - इसके द्वारा सूक्ष्म लघु उद्योगों की स्थापना के लिए सब्सिडी युक्त साख उपलब्ध कराकर ग्रामीण तथा शहरी क्षेत्रों में रोजगार के नए अवसरों का सृजन करने का प्रावधान किया गया है।
  - खादी एवं ग्रामोद्योग आयोग को इसकी नोडल एजेन्सी बनाया गया है।
  - इस योजना के अन्तर्गत शहरी क्षेत्रों में सामान्य श्रेणी के लोगों को 15% तथा विशेष वर्ग के लाभार्थियों को 25% सब्सिडी दी जाती है।

प्रधानमन्त्री रोजगार प्रोत्साहन योजना

- शुरुआत इस योजना के क्रियान्वयन की घोषणा केन्द्र सरकार के द्वारा वर्ष 2016-17 के बजट में की गई थी। तत्पश्चात् इसे 9 अगस्त, 2016 को शुरू किया गया।
- उद्देश्य बेरोजगार युवाओं को उनके अपने स्व-रोजगार स्थापित करने में मदद करना है।
- तथ्य
  - इस योजना का विकास नियोक्ताओं को प्रोत्साहित करते हुए रोजगार के नए अवसर सृजित करने के लिए किया गया है। इसके क्रियान्वयन का दायित्व श्रम एवं रोजगार मन्त्रालय के अधीन कर्मचारी भविष्य निधि संगठन (ईपीएफओ) को सौंपा गया है।
  - इस योजना के अन्तर्गत भारत सरकार के द्वारा नियोक्ताओं के 12% ईपीएफ एवं ईपीस अंश का भुगतान किया जा रहा है।
  - इस योजना के लाभुक के रूप में ऐसे कर्मचारियों को शामिल किया गया है, जिनकी आय प्रति महीने ₹ 15,000 से कम है। इन कर्मचारियों के पास आधार नम्बर से जुड़ा हुआ एक वैध यूनिवर्सल अकाउण्ट नम्बर होना आवश्यक है। इसके अन्तर्गत जिन प्रतिष्ठानों के पास श्रम सुविधा पोर्टल के अन्तर्गत आवण्टित श्रम पहचान संख्या है, वे लाभ प्राप्ति हेतु आवेदन कर सकते हैं।

प्रधानमन्त्री युवा योजना

- प्रधानमन्त्री युवा योजना कौशल विकास और उद्यमिता मन्त्रालय का प्रमुख कार्यक्रम है।
- उद्देश्य उद्यमिता शिक्षा, प्रशिक्षण, क्षमता निर्माण, मार्गदर्शन और सहायता के माध्यम से इस योजना का उद्देश्य रोजगार सृजन करना है।
- तथ्य
  - इसके अन्तर्गत वर्ष 2016-2021 के मध्य 14.5 लाख से अधिक युवाओं को उद्यमशीलता प्रशिक्षण एवं शिक्षा उपलब्ध कराई गई।
  - इस प्रशिक्षण योजना में पाँच वर्षों में ₹ 499.94 करोड़ खर्च किए गए तथा इसमें प्रशिक्षण प्रदान करने के लिए 3,050 संस्थाओं को शामिल किया गया था।

अटल बीमित व्यक्ति कल्याण योजना

- शुरुआत इसे 01 जुलाई, 2018 से प्रभावी बनाया गया, जिसे पायलट प्रोजेक्ट के अन्तर्गत 2 वर्ष के लिए प्रारम्भ किया गया। इस योजना का लाभ लगभग 3.2 करोड़ उन बीमित व्यक्तियों को प्राप्त हुआ, जो कर्मचारी राज्य बीमा अधिनियम, 1948 के अन्तर्गत बीमित हैं।
- तथ्य
  - इस योजना का प्रारम्भ कर्मचारी राज्य बीमा निगम के द्वारा किया गया।
  - इस योजना का नोडल मन्त्रालय श्रम एवं रोजगार मन्त्रालय को बनाया गया है।
  - इस योजना के अन्तर्गत ऐसे बेरोजगार व्यक्ति, जो नए रोजगार की तलाश कर रहे हैं, उन्हें उनकी पिछली नौकरी से प्राप्त होने वाले 90 दिनों की औसत आय के 25% नकद लाभ (राशि) के रूप में सीधे उनके बैंक खाते में प्रदान करने का प्रावधान है।

"

समाज के उन वर्गों का कल्याण करना सरकार का उत्तरदायित्व है, जो समाज की मुख्यधारा में अपने लिए प्रभावी स्थान बनाने में स्वयं सक्षम नहीं है। इसके लिए ही सरकार सामाजिक कार्यक्रमों एवं योजनाओं की उद्घोषणा समय-समय पर करती है।

अध्याय बाईस

सामाजिक कल्याण कार्यक्रम एवं योजनाएँ

सामाजिक विकास कार्यक्रम

- समावेशी विकास में सामाजिक और वित्तीय समावेशन शामिल हैं और अधिकांश मामलों में सामाजिक रूप से शामिल न किए गए लोग आर्थिक रूप से छोड़ दिए जाते हैं। भूमिहीन कृषि श्रमिक, सीमान्त किसान, अनुसूचित जाति/जनजाति और अन्य पिछड़ा वर्ग; जैसे—आबादी के अनेक खण्ड सामाजिक और वित्तीय समावेशन से अछूते हैं। सरकार की नीतियाँ इन उपेक्षितों को मुख्यधारा से जोड़ने के लिए निर्देशित हैं।
- इस लक्ष्य की प्राप्ति हेतु केन्द्र सरकार अनेक सामाजिक क्षेत्र के कार्यक्रम कार्यान्वित करती है। इनमें प्रमुख कार्यक्रम शामिल हैं; जैसे- गरीबी उन्मूलन और रोजगार सृजन, सामाजिक संरक्षण, ग्रामीण अवसंरचना और विकास, शहरी अवसंरचना, शिक्षा व कौशल विकास, स्वास्थ्य, महिला एवं बाल विकास तथा कमजोर वर्गों का कल्याण और विकास इत्यादि।

महिला सम्मान बचत पत्र योजना

- इस योजना की शुरुआत जून, 2023 में की गई थी।
- महिला सम्मान बचत पत्र योजना भारत सरकार की नई सेविंग स्कीम (बचत योजना) है, जिसमें केवल महिलाओं और लड़कियों का खाता खुलवाया जाता है। इसमें ₹ 2 लाख रुपए तक जमा किए जा सकते हैं, जिन पर 7.50% के हिसाब से ब्याज मिलता है।
- इस खाते में 2 वर्ष तक पैसा जमा रहता है और 2 वर्ष बाद आपकी पूरी जमा और ब्याज को जोड़कर पूरा पैसा वापस मिल जाता है। फिलहाल, इस स्कीम के अनुसार इस खाते को केवल 31 मार्च, 2025 तक खुलवाया जा सकता है।
- यदि किसी अवयस्क (आयु 18 वर्ष से कम) लड़की का खाता खुलवाया जाता है, तो साथ में अभिभावक के रूप में उसकी माता का नाम भी खाते में शामिल किया जाता है।
- न्यूनतम ₹ 1000 और 100 के गुणक में कोई भी राशि ₹ 2,00,000 की अधिकतम सीमा के भीतर जमा की जा सकती है।

प्रधानमन्त्री PVTG विकास मिशन

केन्द्रीय वित्त मन्त्री निर्मला सीतारमण ने 1 फरवरी, 2023 को केन्द्रीय बजट, 2023-24 के अन्तर्गत प्रधानमन्त्री पीवीटीजी (विशेष रूप से कमजोर जनजातीय समूह) की घोषणा की। इसकी विशेषताएँ निम्न हैं

- लक्ष्य विशेष रूप से कमजोर जनजातीय समूहों (Particularly Vulnerable Tribal Groups-PVTGs) की सामाजिक-आर्थिक स्थितियों में सुधार करना।
- उद्देश्य
  - पीवीटीजी के परिवारों और बस्तियों को सुरक्षित आवास, स्वच्छ पेयजल व स्वच्छता, शिक्षा, स्वास्थ्य व पोषण, सड़क व दूरसंचार कनेक्टिविटी तथा स्थायी आजीविका के अवसरों जैसी बुनियादी सुविधाएँ प्रदान करना।
  - वित्तीय आवण्टन सरकार ने अगले तीन वर्षों में इस मिशन को लागू करने के लिए अनुसूचित जनजातियों हेतु विकास कार्य योजना के अन्तर्गत ₹ 15,000 करोड़ आवण्टित किए हैं।
  - गृह मन्त्रालय द्वारा 75 जनजातीय समूहों को विशेष रूप से कमजोर जनजातीय समूहों (PVTGs) के रूप में वर्गीकृत किया गया है। पीवीटीजी 18 राज्यों तथा अण्डमान और निकोबार द्वीप समूह संघ राज्य-क्षेत्र में रहते हैं।

पीएम विश्वकर्मा कौशल सम्मान योजना

- शुरुआत पीएम विश्वकर्मा कौशल सम्मान योजना की शुरुआत 17 सितम्बर, 2023 को प्रधानमन्त्री द्वारा की गई थी।
- उद्देश्य
  - पीएम विश्वकर्मा कौशल सम्मान योजना के अन्तर्गत परम्परागत कारीगर और शिल्पकारों को आर्थिक सहायता प्रदान करना। MSME के मूल्य सीरीज के साथ सरकार द्वारा इन कारीगरों के उत्पादों को बेहतर मूल्य दिलाना।
  - इसके अतिरिक्त इन कारीगरों को आने वाले समय में सरकार द्वारा बेहतर आय का माध्यम उपलब्ध कराना।

- यह योजना भारत में सदियों पुरानी कलाओं और पारम्परिक शिल्पों को जीवित रखने तथा देश के कारीगरों और शिल्पकारों की आर्थिक स्थिति सुदृढ़ करने में सहायक है।
- PM-VIKAS योजना को MSME मूल्य शृंखला में डाला गया है। यह योजना कारीगरों की क्षमता में वृद्धि करने तथा माल की पहुँच बढ़ाकर कारीगरों को वित्तीय सहायता प्रदान करेगी।
- इस योजना के लिए सरकार द्वारा वित्त वर्ष 2023-24 से 2027-28 तक ₹ 13000 करोड़ के व्यय का प्रावधान किया गया है।
- इस पहल के माध्यम से पारम्परिक और सदियों पुराने शिल्पों के लिए कौशल और प्रशिक्षण कार्यक्रम आयोजित किए जाएँगे, जिससे लोगों की शिल्पकला में रुचि बढ़े।
- इस योजना के माध्यम से उत्पादों की गुणवत्ता में सुधार किया जाना है। इसके अन्तर्गत निर्मित कला और शिल्प को भारत सरकार, अन्तर्राष्ट्रीय बाजारों तक प्रतिबद्ध है।
- विश्वकर्मा कौशल सम्मान योजना का लाभ केवल बढ़ई, सुनार, मूर्तिकार, लोहार और कुम्हार जैसे पारम्परिक कारीगर ही उठा सकते हैं।

श्रेष्ठ (SHRESHTA) योजना

- शुरुआत केन्द्रीय सामाजिक न्याय और अधिकारिता मन्त्री वीरेन्द्र कुमार ने 6 दिसम्बर, 2022 को SHRESHTA योजना शुरू की। SHRESHTA का पूर्ण रूप स्कीम फॉर रेजिडेण्टल एजुकेशन फॉर स्टूडेण्ट इन हाई स्कूल इन टारगेटिड एरियाज है। SHRESHTA अनुसूचित जाति समुदायों के मेधावी छात्रों को कक्षा 9वीं से कक्षा 12वीं तक उच्च गुणवत्ता वाली मुफ्त आवासीय शिक्षा की परिकल्पना करता है।
- उद्देश्य देश के सर्वश्रेष्ठ निजी आवासीय विद्यालयों में बच्चों को उच्च गुणवत्ता की शिक्षा प्रदान करके अनुसूचित जाति के लोगों की सामाजिक-आर्थिक स्थिति का उत्थान करना है।
- लक्ष्य इस प्रणाली के अन्तर्गत प्रत्येक वर्ष अनुसूचित जाति (SC) के लगभग 3000 छात्रों को कक्षा 9 और कक्षा 11 में प्रवेश देने का प्रावधान है।
  - मन्त्रालय उनकी शिक्षा और आवास शुल्क की पूरी लागत वहन करेगा जब तक कि वे अपनी कक्षा 12वीं की शिक्षा पूरी नहीं कर लेते।

अग्निपथ योजना

- शुरुआत केन्द्रीय मन्त्रिमण्डल द्वारा 4 जून, 2022 को सशस्त्र बलों में भारतीय युवाओं द्वारा सेवा देने के लिए इस योजना की शुरुआत की गई।
  - इस योजना के अन्तर्गत देशभक्त और प्रेरित युवाओं को 4 वर्ष की अवधि के लिए सशस्त्र बलों (सेना, नौ सेना और वायु सेना) में सेवा करने की अनुमति दी गई है।
  - इस योजना में केवल अधिकारी रैंक से नीचे के कर्मियों (जो कमीशन अधिकारी के रूप में सेना में शामिल नहीं होते) की भर्ती की जाएगी और उन्हें अग्निवीर कहा जाएगा।
- उद्देश्य
  - भारतीय सशस्त्र बलों की औसत आयु प्रोफाइल में लगभग 4 से 5 वर्ष की कमी करना।
  - वर्तमान में सशस्त्र बलों में औसत आयु 32 वर्ष है, जो 6-7 वर्ष घटकर 26 वर्ष हो जाएगी।
- लक्ष्य सशस्त्र बलों को युवा बनाए रखना तथा सेना में स्थायी सैनिकों की संख्या में कमी लाकर रक्षा बलों पर सरकार के पेंशन व्यय में कमी करना।

प्रधानमन्त्री आदि आदर्श ग्राम योजना

- शुरुआत सरकार ने 14 जून, 2022 को जनजातीय गाँवों के तेजी से विकास के लिए 'प्रधानमन्त्री आदि आदर्श ग्राम योजना' शुरू की।
- यह जनजातीय गाँवों में 41 मन्त्रालयों के विभिन्न कार्यक्रमों को एकजुट करने पर केन्द्रित है, ताकि उनका सर्वांगीण विकास सुनिश्चित किया जा सके।

SEED योजना

- शुरुआत इस योजना का शुभारम्भ फरवरी, 2022 को सामाजिक न्याय व अधिकारिता मन्त्रालय ने विमुक्त जनजातियों (डिनोटिफाइड ट्राइब्स) व खानाबदोश जनजातियों (नोमेडिक ट्राइब्स) व अर्द्धघुमन्तू जनजातियों के कल्याण हेतु किया है।
- उद्देश्य
  - डीएनटी (DNT) अभ्यर्थियों को अच्छी गुणवत्ता की कोचिंग प्रदान करना ताकि वे प्रतियोगी परीक्षाओं में शामिल हो सकें।
  - डीएनटी समुदायों को स्वास्थ्य बीमा प्रदान करना।
  - डीएनटी/एनटी/एसएनटी समुदाय संस्थानों के छोटे समूहों का निर्माण और सुदृढ़ीकरण करने के लिए सामुदायिक स्तर पर आजीविका पहल को सुविधाजनक बनाना।
  - इस योजना के लिए सरकार द्वारा ₹ 200 करोड़ की राशि आवण्टित की गई है, जिसे वित्त वर्ष 2021-22 से वित्त वर्ष 2025-26 तक पाँच वर्षों में व्यय किया जाएगा।

SMILE योजना

- शुरुआत इस योजना का शुभारम्भ 12 फरवरी, 2022 को नई दिल्ली में केन्द्रीय समाज न्याय व अधिकारिता मन्त्रालय द्वारा किया गया। स्माइल (SMILE) का पूर्ण रूप आजीविका व उद्यम के लिए सीमान्त व्यक्तियों हेतु समर्थन (Support for Marginalized Individuals for Livelihood and Enterprise-SMILE) है।
- उद्देश्य
  - इसका उद्देश्य एक समावेशी समाज बनाना है, जिसमें ट्रांसजेण्डर व्यक्ति और भीख माँगने के काम में शामिल व्यक्ति भी गरिमा और सम्मान का जीवन जी सकें।
  - इस योजना को भिखारियों और ट्रांसजेण्डरों के लिए मौजूद योजनाओं के विलय के बाद लाया गया है।
  - योजना राज्य/संघ राज्य क्षेत्रों और शहरी स्थानीय निकायों के पास उपलब्ध मौजूदा आश्रय गृहों के उपयोग के लिए भिक्षावृत्ति में लगे व्यक्तियों के लिए पुनर्वास सुनिश्चित करती है।
  - इस योजना के अन्तर्गत केन्द्रीय क्षेत्र की 'भिखारियों के व्यापक पुनर्वास के लिए योजना' नामक एक उपयोजना भी शामिल है।

प्रधानमन्त्री गरीब कल्याण अन्न योजना

- शुरुआत इस योजना की घोषणा 26 मार्च, 2020 को प्रधानमन्त्री नरेन्द्र मोदी द्वारा की गई थी, जो अप्रैल, 2020 से शुरू हो चुकी है।
- उद्देश्य
  - 80 करोड़ से अधिक लोगों को 5 किलो मुफ्त गेहूँ तथा चावल प्रदान करना और प्रत्येक परिवार को प्रति माह 1 किलो मुफ्त साबुत चना प्रदान करना।
  - अब तक 7 चरणों में इस योजना का लाभ गरीब परिवारों को दिया जा चुका है। योजना के पहले चरण से पाँचवें चरण तक लगभग 80 करोड़ एनएफएसए (NFSA) लाभार्थियों को अनाज वितरित करने के लिए राज्य एवं केन्द्रशासित प्रदेशों को 759 लाख मीट्रिक टन खाद्यान्न आवण्टित किया गया।
  - इस योजना का वर्ष 2025 तक विस्तार कर दिया जाएगा।
  - यह योजना वर्तमान में भी जारी है।

नोट *सार्वजनिक वितरण प्रणाली के लोगों को खाद्यान्न उपलब्ध कराया जाता है। इसका प्रमुख लक्ष्य गरीबों को खाद्य सुरक्षा उपलब्ध कराना है।*

राष्ट्रीय खाद्य सुरक्षा अधिनियम (NFSA) 2013

- एनएफएसए खाद्य सुरक्षा की पहुँच के लिए कल्याण से अधिकार आधारित दृष्टिकोण में एक आदर्श बदलाव का प्रतीक है।
- यह अधिनियम कानूनी तौर पर ग्रामीण आबादी के 75% और शहरी आबादी के 50% को लक्षित सार्वजनिक वितरण प्रणाली के तहत सब्सिडी वाले खाद्यान्न प्राप्त करने का अधिकार देता है।

सामाजिक सुरक्षा कार्यक्रम

- सरकार द्वारा कुल कार्यबल में अनौपचारिक क्षेत्र के भागों के महत्त्व को देखते हुए सामाजिक सुरक्षा योजनाओं के विस्तार पर ध्यान केन्द्रित किया जा रहा है, ताकि असंगठित क्षेत्र के कामगारों को न्यूनतम स्तर की सामाजिक सुरक्षा प्रदान की जा सके और व्यापक विकास सुनिश्चित किया जा सके।
- इसमें निम्नलिखित योजनाएँ शामिल होती हैं

वरिष्ठ पेंशन बीमा योजना

- शुरुआत इस योजना का प्रारम्भ 24 जनवरी, 2017 को किया गया था।
- उद्देश्य
  - सुनिश्चित पेंशन उपलब्ध कराकर वृद्धावस्था में सामाजिक सुरक्षा प्रदान करना है।
  - इस पेंशन योजना के लिए मासिक/तिमाही/छमाही और वार्षिक का विकल्प चुना जा सकता है। इसके अन्तर्गत एलआईसी को जो रिटर्न मिलेगा और प्रतिवर्ष 8% के निश्चित रिटर्न के बीच जो अन्तर होगा, उसकी पूर्ति के लिए सरकार वार्षिक सब्सिडी प्रदान करेगी।

राष्ट्रीय सामाजिक सुरक्षा निधि

- इस निधि का गठन भारत सरकार द्वारा जुलाई, 2011 में किया गया था, जिसका उद्देश्य असंगठित क्षेत्र के श्रमिकों के लिए संचालित योजनाओं को सहायता प्रदान करना है।
- राष्ट्रीय सामाजिक सुरक्षा निधि की कुल राशि ₹ 1000 करोड़ है। इसके अतिरिक्त इस निधि में ₹ 500 करोड़ और दिए गए हैं।
- इस निधि के क्रियाकलापों के लिए केन्द्रीय श्रम एवं रोजगार मन्त्रालय को नोडल एजेन्सी बनाया गया। देश में कुल श्रम शक्ति का 94% से अधिक भाग असंगठित क्षेत्र में ही कार्यरत् है। यह संख्या लगभग 43.3 करोड़ है।

प्रधानमन्त्री जन सुरक्षा योजना

- शुरुआत प्रधानमन्त्री नरेन्द्र मोदी द्वारा 9 मई, 2015 को कोलकाता (पश्चिम बंगाल) में सामाजिक सुरक्षा के उद्देश्य से प्रधानमन्त्री जन सुरक्षा योजना की शुरुआत की गई।
- इन महत्त्वपूर्ण योजनाओं को आरम्भ करने की बात आम बजट, 2015-16 में वित्त मन्त्री अरुण जेटली द्वारा की गई थी। इन योजनाओं को 1 जून, 2015 से लागू किया गया। इसके अन्तर्गत तीन योजनाएँ शामिल हैं, जोकि निम्नलिखित हैं
  - प्रधानमन्त्री जीवन ज्योति बीमा योजना
  - प्रधानमन्त्री सुरक्षा बीमा योजना
  - अटल पेंशन योजना

योजना	प्रधानमन्त्री जीवन ज्योति बीमा योजना	प्रधानमन्त्री सुरक्षा बीमा योजना	अटल पेंशन योजना
शुरुआत	9 मई, 2015 को प्रधानमन्त्री नरेन्द्र मोदी द्वारा	9 मई, 2015 को प्रधानमन्त्री नरेन्द्र मोदी द्वारा	9 मई, 2015 को प्रधानमन्त्री नरेन्द्र मोदी द्वारा
उद्देश्य	लोगों को सस्ती दर पर जीवन बीमा का लाभ देना, जो कम-से-कम प्रीमियम में लोगों को पारिवारिक सुरक्षा का लाभ देने में सक्षम हो।	वंचित लोगों को किफायती दामों पर बीमा कवर प्रदान करना। योजना के अन्तर्गत दुर्घटना के कारण मृत्यु या विकलांगता होने पर आर्थिक सुरक्षा मिलती है।	यह सुनिश्चित करना कि किसी भी भारतीय नागरिक को बुढ़ापे में अचानक बीमारी, दुर्घटना या पुरानी बीमारियों के बारे में चिन्ता न करनी पड़े तथा उन्हें सुरक्षा का एहसास हो।
प्रीमियम	₹436 का (पहले ₹333) प्रीमियम प्रतिवर्ष, जिसकी समय सीमा 1 जून से 31 मई होती है।	₹ 20 का प्रीमियम प्रतिवर्ष, 1 जून से 31 मई के बीच ऑटो-डेबिट की सुविधा	पेंशन राशि को मासिक ₹ 1000, ₹ 2000, ₹ 3000, ₹ 4000, और ₹ 5000 के रूप में चुना जा सकता है।
पात्रता	आवेदक की उम्र 18 से 50 वर्ष के बीच होनी चाहिए।	आवेदक की उम्र 18 से 70 वर्ष के बीच होनी चाहिए।	18 से 40 वर्ष के असंगठित क्षेत्र के कार्यरत श्रमिक
लाभ	यह वार्षिक रूप से नवीकरणीय योजना है। इसके अन्तर्गत प्रत्येक बैंक खाताधारक को ₹ 2 लाख का जीवन बीमा उपलब्ध कराती है।	आकस्मिक मृत्यु या पूर्ण विकलांगता की स्थिति में ₹ 2 लाख। स्थायी/आंशिक विकलांगता की स्थिति में ₹ 1 लाख की वित्तीय सुरक्षा	योजना में निवेश करने वाले अभिदाता को 60 वर्ष की आयु पूर्ण होने पर पेंशन लाभ प्राप्त होंगे।

ग्रामीण आधारभूत संरचना एवं विकास कार्यक्रम

भारत में अनेक ग्रामीण विकास योजनाएँ संचालित हैं, जो ग्रामीण विकास में अपना अमूल्य योगदान दे रही हैं। कुछ प्रमुख योजनाएँ निम्न प्रकार हैं

स्वामित्व योजना

- शुरुआत भारत सरकार की पंचायती राज्य मन्त्रालय (MOPR) ने देश में 24 अप्रैल, 2020 के पंचायती राज दिवस के अवसर पर स्वामित्व योजना की शुरुआत की।
- उद्देश्य ग्रामीण भारत के लिए 'एकीकृत सम्पत्ति सत्यापन समाधान' प्रदान करना है। ग्रामीण आबादी वाले क्षेत्रों का समीकन ड्रोन सर्वेक्षण तकनीक का प्रयोग करके किया जाएगा। इससे ग्रामीण क्षेत्रों के परिवारों को 'अधिकारों के रिकॉर्ड प्राप्त होंगे।'
- गाँव के लोगों को एक मालिकाना प्रमाण-पत्र दिया जाएगा। सम्पत्ति को लेकर जो भ्रम की स्थिति रहती है, वह दूर हो जाएगी। इससे गाँव में विकास योजनाओं की प्लानिंग सही तरीके से होगी।
- वैज्ञानिक तकनीकी के द्वारा मालिकाना हक (अधिकार) से गाँवों के निवासी अपनी सम्पत्ति का वित्तीय उपयोग कर पाएँगे। गाँवों के आवासीय क्षेत्र का रिकॉर्ड पंचायतों को प्रदान कर सकेंगे। इससे सम्पत्तियों को कर के दायरे में लाया जा सकेगा और इससे आसानी से कर संग्रह सम्भव हो पाएगा। इस आमदनी से पंचायतें ग्रामीण क्षेत्र में अच्छी सुविधा दे पाएँगी।
- सम्पत्ति के स्पष्ट आकलन और मालिकाना हक का निर्धारण होने से इनकी कीमतों में तेजी आएगी। ड्रोन सर्वेक्षण तकनीकी के उपयोग से ग्राम पंचायत के पास गाँव का सटीक रिकॉर्ड और मानचित्र होगा, जिसका उपयोग कर वसूली, भवन निर्माण के लिए परमिट जारी करने में, अवैध कब्जा समाप्त करने आदि के लिए किया जा सकता है।
- उत्तर प्रदेश, महाराष्ट्र, कर्नाटक, हरियाणा, मध्य प्रदेश और उत्तराखण्ड में इस योजना को प्रारम्भिक रूप से प्रारम्भ किया जा रहा है।

ग्रामीण आवास के लिए ब्याज सब्सिडी योजना

- शुरुआत 24 जनवरी, 2017 को प्रारम्भ इस योजना के अन्तर्गत ग्रामीण विकास को बढ़ावा देना।
- उद्देश्य देश के प्रत्येक गरीब को अपना मकान बनाने के लिए सरकार की तरफ से आर्थिक सहायता प्रदान करना।
- लक्षित लाभार्थी आर्थिक रूप से कमजोर वर्ग जो प्रधानमन्त्री आवास योजना (ग्रामीण) से लाभान्वित नहीं है।
- मकान के निर्माण हेतु ऋण लेने वाले लाभार्थियों को ₹ 2 लाख तक के ऋण पर 3% ब्याज सब्सिडी प्रदान की जाएगी। इस योजना का क्रियान्वयन राष्ट्रीय आवास बैंक द्वारा किया जा रहा है।

श्यामा प्रसाद मुखर्जी रूर्बन मिशन (SPMRM)

- शुरुआत वर्ष 2016 में SPMRM की शुरुआत की गई।
- उद्देश्य आर्थिक, सामाजिक और भौतिक अवसंरचना सुविधाओं के प्रावधान द्वारा ऐसे ग्रामीण क्षेत्रों का विकास करना है।
- मन्त्रालय ग्रामीण विकास मन्त्रालय
- यह योजना वर्ष 2014-15 के बजट में पेश की गई थी। इस योजना में पुरा (Providing Urban Amenities to Rural Area, PURA) का विलय किया गया है। श्यामा प्रसाद मुखर्जी रूर्बन मिशन के अन्तर्गत सरकारी-निजी भागीदारी से ग्रामीण क्षेत्रों में शहरी क्षेत्रों जैसी सुविधाएँ उपलब्ध करने की बात कही गई है।
- यह मिशन गुजरात में इसी प्रकार के लागू किए गए मिशन की अवधारणा पर आधारित है, जिसमें ग्रामीण क्षेत्रों की नागरिक सुविधा संरचना और सम्बन्धित सेवाओं में सुधार करने का कार्य किया गया है।

सभी के लिए आवास योजना

- शुरुआत इस योजना का प्रारम्भ 25 जून, 2015 को किया गया। इसे प्रधानमन्त्री आवास योजना का घटक बना दिया गया।
- उद्देश्य वर्ष 2023 तक गरीबी रेखा से नीचे जीवन-यापन करने वाले सभी परिवारों का अपना स्वयं का घर हो।
- मन्त्रालय ग्रामीण विकास मन्त्रालय
- इस योजना के अन्तर्गत वर्ष 2022 तक शहरी क्षेत्रों में रहने वाले गरीबों के लिए 2 करोड़ मकानों के निर्माण का लक्ष्य रखा गया है।
- इस योजना के क्रियान्वयन के लिए 9 राज्यों के 305 शहरों का चयन किया गया था।
- इस योजना में राजीव आवास योजना, राजीव ऋण योजना तथा सहभागिता के साथ वहनीय आवास योजना का विलय कर दिया गया।
- इस योजना के अन्तर्गत प्रत्येक राज्य को शहरों में मकान बनाने के लिए इसके मास्टर प्लान में सुधार करना, भवन निर्माण की स्वीकृति के लिए एकल खिड़की का प्रयोग करना, किराया कानून में संशोधन और झोपड़-पट्टी का पुनर्विकास आदि सुधार करने होंगे।

दीनदयाल उपाध्याय ग्राम ज्योति योजना

- शुरुआत यह योजना 25 जुलाई, 2015 में शुरू की गई।
- उद्देश्य पूरे देश के सभी परिवारों को वर्ष 2022 तक अबाधित बिजली आपूर्ति सुनिश्चित कराना था।
- तथ्य सरकार 24 × 4 ऊर्जा उपलब्ध कराने के लिए प्रतिबद्ध है। राजीव गाँधी ग्रामीण विद्युतीकरण योजना को ग्रामीण विद्युतीकरण घटक के रूप में नई योजना में शामिल कर लिया गया है।

सांसद आदर्श ग्राम योजना

- शुरुआत प्रधानमन्त्री नरेन्द्र मोदी ने लोकनायक जयप्रकाश नारायण के जन्मदिन के अवसर पर 11 अक्टूबर, 2014 को सांसद आदर्श ग्राम योजना की शुरुआत की थी।
- मन्त्रालय ग्रामीण विकास मन्त्रालय
- उद्देश्य चयनित ग्रामों को कृषि, स्वास्थ्य, साफ-सफाई, आजीविका, पर्यावरण, शिक्षा आदि क्षेत्रों में सशक्त बनाना था।
- तथ्य देश भर में समग्र रूप से विकसित आदर्श ग्राम पंचायतों का निर्माण करना है, जिसमें सांसदों के नेतृत्व, क्षमता, प्रतिबद्धता और ऊर्जा का उपयोग सीधे ग्राम पंचायत स्तर पर विकास किया जा सके।

प्रधानमन्त्री आदर्श ग्राम योजना

- शुरुआत इस योजना की घोषणा वर्ष 2009-10 के बजट में की गई।
- उद्देश्य अनुसूचित जाति बहुल गाँवों का एकीकृत विकास करना है।
- मन्त्रालय सामाजिक न्याय एवं अधिकारिता मन्त्रालय
- तथ्य इन गाँवों को ग्रामीण विकास एवं निर्धनता निवारण स्कीमों के अन्तर्गत जारी की जाने वाली राशि के अतिरिक्त ₹ 10 लाख दिए जाते हैं। इस योजना के अन्तर्गत उन गाँवों का चयन किया जाता है, जिन गाँवों की आधी जनसंख्या लगभग 50% अनुसूचित जनजाति की हो।

भारत निर्माण कार्यक्रम

- शुरुआत भारत सरकार ने वर्ष 2005 में भारत निर्माण कार्यक्रम प्रारम्भ किया था।
- उद्देश्य ग्रामीण क्षेत्रों में बुनियादी ढाँचे का विकास करना और शहरी क्षेत्रों की तुलना में अधिक विकसित बनाना है।
- मन्त्रालय ग्रामीण विकास मन्त्रालय
- तथ्य योजना के 6 घटक हैं—सिंचाई, सड़क, आवास, जलापूर्ति, विद्युतीकरण तथा दूरसंचार सम्पर्क। इन घटकों को विभिन्न योजनाओं के माध्यम से संचालित किया जा रहा है। ग्रामीण क्षेत्रों में शहरी सुविधाओं का प्रावधान (Providing Urban Amenities to Rural Areas, PURA) योजना का प्रारम्भ वर्ष 2003 में ग्रामीण क्षेत्रों में शहरी सुविधाओं की पहुँच बढ़ाने के उद्देश्य से किया गया था, जिससे ग्रामीण और शहरी विषमताओं को कम किया जा सके।

प्रधानमन्त्री ग्रामीण सड़क योजना (PMGSY)

- शुरुआत ग्रामीण क्षेत्रों के आर्थिक एवं सामाजिक विकास में ग्रामीण सड़कों के महत्त्व को समझते हुए केन्द्र सरकार द्वारा 25 दिसम्बर, 2000 से प्रधानमन्त्री ग्रामीण सड़क योजना को (Prime Minister Gramin Sadak Yojana, PMGSY) प्रारम्भ किया गया।
- मन्त्रालय ग्रामीण विकास मन्त्रालय
- उद्देश्य यह पूर्ण रूप से केन्द्र सरकार द्वारा वित्त पोषित योजना है। इसका उद्देश्य ग्रामीण क्षेत्रों में सड़क-सम्पर्क से वंचित गाँवों को बारहमासी सड़कों से जोड़ना है।
- तथ्य
    - प्रधानमन्त्री ग्रामीण सड़क योजना- IV वित्त वर्ष 2024-25 से 2028-29 के लिए शुरू की गई है।
    - इसमें जनगणना 2011 के अनुसार, मैदानी क्षेत्रों में 500 + आबादी वाली, पूर्वोत्तर और पहाड़ी राज्यों/ केन्द्र प्रदेशों में 250 + विशेष श्रेणी के क्षेत्रों (जनजाति अनुसूची, V, आकांक्षी जिले (ब्लॉक, रेगिस्तानी क्षेत्र) और LWE प्रभावित जिलों में 100 + आबादी वाली 25000 असम्बद्ध बस्तियों को कवर किया जाएगा।
    - इस योजना के तहत असम्बद्ध बस्तियों को 62,500 किमी की आल वेदर रोड़ प्रदान की जाएँगी। आल वेदर रोड के संरेखण के साथ आवश्यक पुलों का निर्माण भी किया जाएगा।

दीनदयाल अन्त्योदय योजना-राष्ट्रीय ग्रामीण आजीविका मिशन

- शुरुआत भारत सरकार ने 1 अप्रैल, 2013 स्वर्णजयन्ती ग्राम स्वरोजगार योजना (SGSY) की पुनर्संरचना करते हुए उसके स्थान पर दीनदयाल अन्त्योदय योजना-राष्ट्रीय ग्रामीण आजीविका मिशन (NRLM) नामक नया कार्यक्रम प्रारम्भ किया है।
- उद्देश्य
    - इस पहल का उद्देश्य ग्रामीण गरीब महिलाओं को स्वयं सहायता समूहों (SHG) में संगठित करना और समय के साथ उनकी आय में उल्लेखनीय वृद्धि होने तक उनको निरन्तर पोषण एवं सहयोग प्रदान करना है।
    - इस कार्यक्रम के तहत किए जाने वाले विभिन्न कार्यों का लक्ष्य महिलाओं के जीवन स्तर में सुधार और उन्हें अत्यधिक गरीबी से बाहर निकालना है।
- मन्त्रालय ग्रामीण विकास मन्त्रालय
- दीनदयाल अन्त्योदय योजना-राष्ट्रीय ग्रामीण आजीविका मिशन द्वारा 30 जून, 2024 तक, 28 राज्यों एवं 6 केन्द्रशासित प्रदेशों के 742 जिलों के 7135 ब्लॉकों में कार्यान्वयन को पूरा कर लिया गया है।

महात्मा गाँधी राष्ट्रीय ग्रामीण रोजगार गारण्टी योजना (MGNREGA)

- शुरुआत राष्ट्रीय ग्रामीण रोजगार गारण्टी अधिनियम, 2005 में अधिसूचित किया गया था और इस योजना का नाम बदलकर महात्मा गाँधी ग्रामीण रोजगार गारण्टी अधिनियम कर वर्ष 2006 में लागू किया गया।
- मन्त्रालय ग्रामीण विकास मन्त्रालय
- उद्देश्य ग्रामीण क्षेत्रों में रोजगार की सुरक्षा को बढ़ाने के लिए एक वित्तीय वर्ष में कम-से-कम 100 दिनों के रोजगार प्रदान करने के लिए।
- MGNREGA की अनुसूची- II में उल्लिखित प्रावधानों के अनुसार, मजदूरी चाहने वाले, मस्टर रोल बन्द होने के सोलहवें दिन से अधिक की देरी के लिए प्रतिदिन अवैतनिक मजदूरी के 0.05% की दर से मुआवजे का भुगतान प्राप्त करने के हकदार होंगे।

मिशन अन्त्योदय

- शुरुआत 25 दिसम्बर, 2000 को अन्त्योदय अन्न योजना शुरू की गई।
- उद्देश्य 50 हजार गरीबी मुक्त ग्राम पंचायतों को निर्माण करना है।
- मन्त्रालय ग्रामीण विकास मन्त्रालय
- इस योजना को केन्द्रीय खाद्य और नागरिक आपूर्ति मन्त्रालय द्वारा लागू किया गया था।
- इस योजना के माध्यम से आवण्टित 35 किलोग्राम खाद्यान्न 20 किलोग्राम गेहूँ और 15 किलोग्राम चावल) मात्र ₹ 2-3 प्रति किलोग्राम की दर से मिलता है।

प्रधानमन्त्री आवास योजना (PMAY) ग्रामीण

- शुरुआत पूर्ववर्ती इन्दिरा आवास योजना (IAY) को 01 अप्रैल, 2016 से 'प्रधानमन्त्री आवास योजना- ग्रामीण' के रूप में पुनर्गठित किया गया।
- मन्त्रालय ग्रामीण विकास मन्त्रालय
- उद्देश्य सभी गरीब ग्रामीण परिवार, जो बेघर हैं या कच्चे या जीर्ण-शीर्ण घरों में रह रहे हैं, को बुनियादी सुविधाओं के साथ मार्च, 2022 के अन्त तक पक्के घर उपलब्ध कराना है।
- PMAY के दो रूप हैं—पहला ग्रामीण और दूसरा शहरी क्षेत्रों के लिए है।

दीनदयाल उपाध्याय ग्रामीण कौशल्य योजना (DDU-GKY)

- शुरुआत इस योजना की शुरुआत वर्ष 2024 की स्वर्ण जयन्ती ग्राम स्वरोजगार योजना (SGSY) की विशेष परियोजना से हुई, जिसे वर्ष 2014 में संशोधित कर DDU-GKY बनाया गया।
- उद्देश्य युवाओं की करियर सम्बन्धी आकांक्षाओं को पूरा करने हेतु माँग आधारित कौशल प्रशिक्षण प्रदान करना है।
- मन्त्रालय ग्रामीण विकास मन्त्रालय
- तथ्य यह योजना राष्ट्रीय ग्रामीण आजीविका मिशन (NRLM) का एक हिस्सा है।
- यह योजना ग्रामीण गरीब 15 से 35 वर्ष की आयु के युवाओं पर केन्द्रित है और प्लेसमेण्ट के बाद करियर में ट्रैकिंग, प्रतिधारण और प्रगति के माध्यम से स्थायी रोजगार पर जोर देती है।

जल जीवन मिशन योजना

- शुरुआत इस योजना की घोषणा 15 अगस्त, 2019 में केन्द्र सरकार द्वारा की गई।
- उद्देश्य इस मिशन का उद्देश्य वर्ष 2024 तक सभी ग्रामीण घरों में पाइप जलापूर्ति (हर घर जल) सुनिश्चित कराना है।
- मन्त्रालय जल शक्ति मन्त्रालय
- तथ्य इस मिशन की प्राथमिकता सम्पूर्ण देश के सभी भागों में सुरक्षित पेयजल उपलब्ध कराना है।

अटल भू-जल योजना (अटल जल)

- शुरुआत प्रधानमन्त्री नरेन्द्र मोदी ने पूर्व पीएम अटल बिहारी वाजपेयी की जयन्ती के अवसर पर 25 दिसम्बर, 2019 को अटल भू-जल योजना का प्रारम्भ किया।
- उद्देश्य अटल भू-जल योजना की रूपरेखा सहभागी भू-जल प्रबन्धन के लिए संस्थागत संरचना को सुदृढ़ करने तथा सात राज्यों अर्थात् गुजरात, हरियाणा, कर्नाटक, मध्य प्रदेश, महाराष्ट्र, राजस्थान और उत्तर प्रदेश में टिकाऊ भू-जल संसाधन प्रबन्धन के लिए समुदाय स्तर पर व्यवहारगत बदलाव लाने के मुख्य उद्देश्य के साथ बनाई गई है।

राष्ट्रीय ग्रामीण पेयजल कार्यक्रम (NRDP)

- शुरुआत प्रत्येक ग्रामीण व्यक्तियों तक स्वच्छ पेयजल उपलब्ध कराने हेतु वर्ष 2009 में (NRDP) का प्रारम्भ किया गया था।
- मन्त्रालय पेयजल और स्वच्छता मन्त्रालय जो कि वर्ष 2009 में जल शक्ति मन्त्रालय में विलय कर दिया गया।
- उद्देश्य वर्ष 2022 तक प्रत्येक ग्रामीण व्यक्ति को 70 लीटर प्रति व्यक्ति प्रतिदिन शुद्ध जल की आपूर्ति उसके घर से 50 मीटर की दूरी के अन्दर उपलब्ध कराने का लक्ष्य रखा गया।

राजीव गाँधी राष्ट्रीय जल मिशन

- शुरुआत त्वरित ग्रामीण जलापूर्ति योजना को वैज्ञानिक और कम खर्चीला बनाने के उद्देश्य से वर्ष 1986 में राष्ट्रीय पेयजल मिशन की शुरुआत की गई। अब राष्ट्रीय पेयजल मिशन के नए मिशन का नाम राजीव गाँधी राष्ट्रीय जल मिशन (Rajiv Gandhi National Water Mission) कर दिया गया है।
- उद्देश्य ग्रामीण भारत में स्थायी पेयजल की सुविधा को सुनिश्चित करना था।

शहरी विकास की योजनाएँ

- भारत की आबादी का लगभग 30% शहरी समूह में रहता है। देश में तेजी से विकसित शहरीकरण, जो समग्र आर्थिक प्रगति से निकटता से जुड़ा हुआ है, के शहरों को सामाजिक-आर्थिक मोर्चे पर बेरोजगारी के साथ-साथ आवास जैसे शहरों में मौजूदा बुनियादी ढाँचे पर अतिरिक्त भार के साथ कुछ गम्भीर चुनौतियों का सामना करना पड़ रहा है; जैसे—स्वच्छता, परिवहन, स्वास्थ्य, शिक्षा, उपयोगिता आदि।
- लोगों के जीवन की गुणवत्ता व जीवन-स्तर को बढ़ाने के लिए विशेष रूप से शहरी गरीब के लिए आवास और शहरी विकास मन्त्रालय सक्रिय रूप से नई योजनाएँ शुरू कर रहा है, जोकि निम्न हैं

स्मार्ट सिटीज

- शुरुआत यह योजना भारत सरकार ने 25 जून, 2015 को स्मार्ट सिटीज मिशन के नाम से शुरू की है।
- उद्देश्य इसका उद्देश्य स्थायी और समावेशी शहरों को बढ़ावा देना है और नागरिकों को एक स्वच्छ वातावरण प्रदान करना है।
- मन्त्रालय आवास एवं शहरी मामलों के मन्त्रालय।
- स्मार्ट सिटी में कुछ मुख्य बुनियादी ढाँचे के तत्वों; जैसे—पर्याप्त पानी की आपूर्ति, बिजली की आपूर्ति, स्वच्छता, अपशिष्ट प्रबन्धन, कुशल शहरी गतिशीलता और सार्वजनिक परिवहन, किफायती आवास, मजबूत आईटी कनेक्टिविटी और डिजिटलाइजेशन ई-शासन और नागरिक भागीदारी, पर्यावरण, नागरिकों की सुरक्षा विशेष रूप से महिला और बुजुर्गों की सुरक्षा तथा स्वास्थ्य एवं शिक्षा पर बल दिया गया है।

हृदय योजना

- शुरुआत भारत सरकार के शहरी विकास मन्त्रालय ने विरासत शहरों के समग्र विकास पर ध्यान केन्द्रित करने के साथ-साथ 21 जनवरी, 2015 को राष्ट्रीय विरासत शहर विकास और उत्थान योजना (Heritage City Development and Augmentation Yojana, HRIDAY) शुरू की।
- उद्देश्य इस योजना का उद्देश्य धरोहर शहर की आत्मा को संरक्षित और पुनर्जीवित करना है, जो सौन्दर्य की दृष्टि से सुलभ, सूचनात्मक

और सुरक्षित वातावरण को प्रोत्साहित करके शहर के अद्वितीय चरित्र को दर्शाती है।

- मन्त्रालय पर्यटन मन्त्रालय
- 27 माह की अवधि (मार्च, 2017 में पूर्ण होने) और ₹ 500 करोड़ के कुल परिव्यय के साथ यह योजना 12 चिह्नित शहरों; जैसे—अजमेर, अमरावती, अमृतसर, बादामी, द्वारका, गया, कांचीपुरम, मथुरा, पुरी में कार्यान्वित की जा रही है। वाराणसी, वेलंकन्नी और वारंगल में इस योजना को मिशन मोड में लागू किया गया है।

कायाकल्प और शहरी परिवर्तन के लिए अटल मिशन

- शुरुआत यह मिशन वर्ष 2015 में शुरू किया गया।
- उद्देश्य घरों के निर्माण के लिए बुनियादी सेवाएँ (पानी, सीवरेज, शहरी परिवहन आदि) प्रदान करना तथा शहरों में सुविधाएँ देना है।
- मन्त्रालय आवास एवं शहरी विकास मंत्रालय
- मिशन में 500 शहरों को शामिल किया गया है, जिसमें अधिसूचित नगरपालिकाओं के साथ 1 लाख से अधिक आबादी वाले सभी शहर शामिल हैं।

राष्ट्रीय शहरी आजीविका मिशन

- शुरुआत आवास और शहरी गरीबी उपशमन मन्त्रालय द्वारा 24 सितम्बर, 2013 को इस मिशन की शुरुआत की गई।
- उद्देश्य गरीब परिवार को स्वरोजगार और कुशल मजदूरी रोजगार के अवसर प्रदान करना, जिससे उनकी आजीविका में वृद्धि हो सके।
- मन्त्रालय आवास और शहरी मामलों का मन्त्रालय।

जवाहरलाल नेहरू राष्ट्रीय शहरी नवीनीकरण मिशन

- शुरुआत इस मिशन की शुरुआत 3 दिसम्बर, 2005 में की गई। जवाहरलाल नेहरू राष्ट्रीय शहरी नवीनीकरण (Jawaharlal Nehru National Urban Renwal Mission, JNNURM) मिशन एक शहरी आधुनिकीकरण योजना थी।
- उद्देश्य इस योजना का उद्देश्य शहरी आधारभूत संरचना में निवेश बढ़ाना, बेहतर नागरिक सुविधाओं का निर्माण करना, बुनियादी उपयोगिताओं के लिए अपरिवर्तनीय पहुँच सुनिश्चित करने के साथ-साथ शहरी गरीबों, झोपड़पट्टी के निवासियों और आर्थिक रूप से कमजोर वर्गों के लोगों के लिए सस्ते घर बनाने के लिए डिजाइन करना था।
- मन्त्रालय आवास एवं शहरी गरीबी उपशासन मन्त्रालय
- इस योजना के अन्तर्गत 65 मिशन शहरों की पहचान की गई थी। इसका उपमिशन व्यापक एकीकृत विकास को बढ़ावा देना था।

उत्तर-पूर्वी क्षेत्र शहरी विकास कार्यक्रम

- शुरुआत यह कार्यक्रम वर्ष 2009 से शहरों में चल रहा है। इस कार्यक्रम द्वारा अनेक परियोजनाओं को जून, 2019 तक पूर्ण करने का लक्ष्य था।
- उद्देश्य
  - इस कार्यक्रम के द्वारा अगरतला (त्रिपुरा), आइजोल (मिजोरम), गंगटोक (सिक्किम), कोहिमा (नागालैण्ड) और शिलांग प्राथमिकता वाली शहरी सेवाओं को पहुँचाना है। यह कार्यक्रम निम्न तीन क्षेत्रों में फैला हुआ है; जैसे—जल आपूर्ति, सीवरेज, सेनिटेशन।
  - ₹ 1371 करोड़ की अनुमानित लागत पर क्षमता निर्माण, संस्थागत और वित्तीय सुधारों के अतिरिक्त ठोस अपशिष्टों का प्रबन्धन करना।
- मन्त्रालय शहरी विकास मन्त्रालय
- शहरी विकास मन्त्रालय (MOUD) द्वारा एशियाई विकास बैंक (ADB) से वित्तीय सहायता के साथ उत्तर-पूर्वी क्षेत्र शहरी विकास कार्यक्रम (NERUDP) को लिया गया है।
- इस कार्यक्रम के अन्तर्गत एशियाई विकास बैंक का योगदान भारत सरकार को ऋण के रूप में लागत का 70% है। इस कार्यक्रम के द्वारा 5 उत्तर-पूर्वी राज्यों की राजधानियों को शहरों में कार्यान्वित किया जा रहा है।

राष्ट्रीय शहरी परिवहन नीति, 2006

- राष्ट्रीय शहरी परिवहन नीति के अन्तर्गत, शहरी नियोजन चरण में शहरी परिवहन को एक महत्त्वपूर्ण पैरामीटर के रूप में सम्मिलित किया गया है।
- यह नीति बेहतर परिवहन प्रणालियों की शुरुआत, प्रदूषण स्तर में कमी तथा केन्द्रीय वित्तीय सहायता के माध्यम से सार्वजनिक परिवहन और गैर-मोटरसाइकिल मोड के अधिक उपयोग को प्रोत्साहित करने पर भी केन्द्रित है।

राष्ट्रीय ग्रामीण स्वास्थ्य मिशन

- शुरुआत माननीय प्रधानमन्त्री द्वारा 12 अप्रैल, 2005 को शुरू किया गया।
- उद्देश्य आस-पास के ग्रामीण क्षेत्रों में निर्धनतम परिवारों को सुलभ, वहनीय और उत्तरदायी गुणवत्तायुक्त स्वास्थ्य सेवाएँ प्रदान करना है।
- मन्त्रालय स्वास्थ्य और परिवार कल्याण मन्त्रालय
- राष्ट्रीय ग्रामीण स्वास्थ्य मिशन के अन्तर्गत राष्ट्रीय बाल स्वास्थ्य कार्यक्रम की शुरुआत की गई है। इस मिशन के मुख्य उद्देश्य निम्नलिखित हैं
  - राष्ट्रीय जनसंख्या नीति, 2000 के लक्ष्यों को प्राप्त करना।
  - राष्ट्रीय स्वास्थ्य नीति, 2002 के लक्ष्यों को प्राप्त करना।
  - शिशु मृत्यु दर को 30/1,000 जीवित जन्म के नीचे लाना।
  - मातृत्व मृत्यु दर को 100/1,00,000 जीवित जन्म से नीचे लाना।
  - कुल प्रजनन दर को वर्ष 2012 तक 2 बच्चे प्रति महिला के स्तर पर लाना।

स्वच्छ भारत मिशन (ग्रामीण)

- शुरुआत 2 अक्टूबर, 2014 को भारत सरकार द्वारा शुरू किए गए स्वच्छ भारत मिशन (SBM) के तहत उप-मिशनों में से एक है।
- उद्देश्य ग्रामीण क्षेत्रों में खुले में शौच को समाप्त करना था।
- मन्त्रालय जल शक्ति मन्त्रालय
- SBM (ग्रामीण) चरण- I (अवधि 2014-19) इसके तहत ठोस/ तरल और प्लास्टिक अपशिष्ट प्रबन्धन (SLWM) के लिए पर्याप्त सुविधाएँ प्रदान करने पर जोर देता है।
- SBM (ग्रामीण) चरण- II (अवधि 2020-21 से 2024-25) प्लास्टिक, जैव, धूषर जल व मलयुक्त कीचड़ प्रबन्धन पर जोर देता है।

गैल्वनाइजिंग ऑर्गेनिक बायो-एग्रो रिसोर्सेज धन (गोबरधन)

- शुरुआत केन्द्र सरकार द्वारा अप्रैल, 2018 में शुरू की गई।
- उद्देश्य गाँवों की स्वच्छता पर सकारात्मक प्रभाव डालना तथा मवेशियों और जैविक कचरे से धन और ऊर्जा उत्पन्न करना है।
- मन्त्रालय जल शक्ति मन्त्रालय

निर्मल ग्राम पुरस्कार

- शुरुआत वर्ष 2005
- उद्देश्य ग्रामीण भारत में साफ-सफाई की अच्छी आदतों को दैनिक जीवन स्तर के रूप में बढ़ावा देना।
- मन्त्रालय पेयजल और स्वच्छता मन्त्रालय
- जो ग्राम 100% स्वच्छता प्राप्त करते हैं अर्थात् 100% खुले में शौचयुक्त और तरल/ठोस अपशिष्ट प्रबन्धन के मुद्दों से निपटते हैं, उन्हें पुरस्कार से सम्मानित किया जाता है।
- ये पुरस्कार वर्ष 2012 से निर्मल भारत अभियान के तहत ग्राम पंचायतों का चयन राज्य द्वारा वहीं ब्लाक व जिला पंचायत का चयन केन्द्र द्वारा चयनित करके किया जाता है।

सम्पूर्ण स्वच्छता अभियान

- वर्ष 1999 से प्रारम्भ स्वच्छता अभियान का उद्देश्य ग्रामीण क्षेत्रों में बुनियादी स्वच्छता सुविधाएँ उपलब्ध कराना तथा वर्ष 2015 तक भारत को खुले में शौच मुक्त करना था।
- वर्तमान में इसका नाम बदलकर **निर्मल भारत अभियान** कर दिया गया है, जिसका उद्देश्य ग्रामीण भारत को निर्मल भारत में परिवर्तित करना तथा वर्ष 2022 तक सभी ग्रामीण परिवारों को 100% स्वच्छता प्राप्त कराना था।

कौशल विकास कार्यक्रम

- किसी भी देश के आर्थिक और सामाजिक विकास के लिए कौशल और ज्ञान दो प्रेरक बल हैं। वर्तमान वैश्विक वातावरण में उभरती अर्थव्यवस्थाओं की मुख्य चुनौती से निपटने में वे देश आगे हैं, जिन्होंने कौशल का उच्च-स्तर प्राप्त कर लिया है।
- किसी भी देश में कौशल विकास कार्यक्रम (Skill Development Programmes) मुख्य रूप से युवाओं पर ही केन्द्रित होते हैं।
- राष्ट्रीय कौशल विकास मिशन वर्ष 2010 में केन्द्र सरकार द्वारा शुरू किया गया था।
- राष्ट्रीय कौशल विकास निगम यह कम्पनी अधिनियम, 1956 के अन्तर्गत एक गैर-लाभकारी संगठन है। इस निगम को राष्ट्रीय कौशल विकास कोष द्वारा वित्तपोषित किया जाता है। राष्ट्रीय कौशल विकास निगम (National Skill Development Corporation) भारत की ऐसी पहली और एकमात्र संस्था है, जिसका मूल उद्देश्य कौशल विकास है, जो निजी एवं सरकारी साझेदारी में कार्य करने वाली इकाई है।
- राष्ट्रीय कौशल विकास निधि/न्यास इसे वर्ष 2009 में भारतीय न्यास अधिनियम, 1882 के अन्तर्गत न्यास के रूप में शामिल किया गया था, जो राष्ट्रीय कौशल विकास निगम को तथा इसके उद्देश्यों को प्राप्त करने के लिए निधियाँ प्रदान करने हेतु केन्द्र सरकार तथा राज्य सरकार के प्रतिष्ठानों बहुपक्षीय/द्विपक्षीय तथा अन्य दाताओं से निधियन अंशदान के लिए ग्रहणकर्ता निकाय के रूप में कार्य करता है।
- कौशल विकास से सम्बन्धित योजनाएँ एवं मिशन निम्नलिखित हैं

स्किल इण्डिया

- शुरुआत केन्द्रीय कौशल विकास एवं उद्यमिता मन्त्रालय ने स्किल इण्डिया की शुरुआत की।
- उद्देश्य वर्ष 2022 तक कम-से-कम 30 करोड़ लोगों को कौशल प्रदान करना था।
- इसके अन्तर्गत प्रधानमन्त्री नरेन्द्र मोदी ने 15 जुलाई, 2015 को कौशल विकास से सम्बन्धित चार प्रमुख पहल कीं, जो निम्न प्रकार हैं
- विकास एवं उद्यमिता के लिए राष्ट्रीय नीति-2015 बड़े पैमाने पर लोगों को कौशल प्रदान कर सशक्त वातावरण का निर्माण करना है, जिससे नवाचार आधारित उद्यमिता को बढ़ावा दिया जा सके।
- राष्ट्रीय कौशल विकास मिशन इस मिशन से 31 क्षेत्रों में कौशल विकास परिषद की मानक प्रक्रियाओं और उद्देश्यों को प्राप्त करने में सहायता मिलती है।
- प्रधानमन्त्री कौशल विकास योजना यह योजना युवाओं के कौशल प्रशिक्षण के लिए एक प्रमुख योजना है। इसके अन्तर्गत पाठ्यक्रमों में सुधार, बेहतर शिक्षण और प्रशिक्षित शिक्षकों पर विशेष बल दिया गया है।
- कौशल ऋण योजना प्रधानमन्त्री ने कौशल ऋण योजना की शुरुआत की जिसके अन्तर्गत देश में 34 लाख युवाओं को अगले 5 वर्ष में कौशल विकास कार्यक्रमों में भाग लेने वालों को ₹ 5000 से ₹ 1.5 लाख उपलब्ध कराने का प्रावधान है। 2015 में शुरू हुई इस योजना का उद्देश्य राष्ट्रीय व्यवसाय मानकों और योग्यता पाठ्यक्रमों से जुड़े कौशल विकास पाठ्यक्रमों के लिए व्यक्तियों को संस्थागत ऋण प्रदान करना था।

प्रधानमन्त्री कौशल विकास योजना

- 15 जुलाई, 2015 को विश्व युवा कौशल दिवस के अवसर पर प्रधानमन्त्री कौशल विकास योजना (PMKVY) को प्रारम्भ किया गया।
- यह योजना युवाओं के कौशल प्रशिक्षण के लिए एक प्रमुख योजना है इसके अन्तर्गत पाठयक्रमों में सुधार, बेहतर शिक्षण और प्रशिक्षित शिक्षकों पर विशेष बल दिया गया है
  - इसके अन्तर्गत प्रशिक्षण में अन्य पहलुओं के साथ व्यवहार कुशलता और व्यवहार में परिवर्तन भी शामिल हैं। इसके अन्तर्गत 24 लाख युवाओं को प्रशिक्षण के दायरे में लाना शामिल है।
  - इस कार्यक्रम के अन्तर्गत तृतीय-पक्ष आकलन संस्थाओं द्वारा मूल्यांकन और प्रमाण-पत्र के आधार पर प्रशिक्षुओं को नकद पारितोषिक देना। इसमें नकद पारितोषिक औसतन ₹ 8,000 प्रति प्रशिक्षु होगा।

◆ प्रधानमन्त्री कौशल विकास योजना के अन्तर्गत मुख्य रूप से श्रम बाजार में पहली बार प्रवेश कर रहे व्यक्तियों पर ध्यान केन्द्रित किया गया और विशेषकर कक्षा 10 व 12 के दौरान स्कूल छोड़ गए छात्रों पर ध्यान केन्द्रित किया गया है।

प्रधानमन्त्री कौशल विकास योजना 2.0

◆ इस योजना को भारत सरकार के अन्य मिशनों; जैसे-मेक इन इण्डिया, डिजिटल इण्डिया, स्वच्छ भारत आदि के साथ संयुक्त रूप से लॉन्च किया गया था।

◆ इस योजना का बजट ₹12000 करोड़ निर्धारित किया गया है। इसके अन्तर्गत PMKVY 1.0 और PMKVY 2.0 को मिलाकर देश में एक बेहतर मानकीकृत कौशल पारिस्थितिकी तन्त्र के माध्यम से 1.2 करोड़ से अधिक युवाओं को प्रशिक्षित/रोजगार उन्मुख बनाया गया है।

प्रधानमन्त्री कौशल विकास योजना 3.0

● शुरुआत इस योजना को 717 जिलों, 28 राज्यों/आठ केन्द्रशासित प्रदेशों में लॉन्च किया गया। PMKVY 3.0 आत्मनिर्भर भारत की दिशा में एक कदम है। इसे राज्यों/केन्द्रशासित प्रदेशों और जिलों से अधिक जिम्मेदारियों और समर्थन के साथ अधिक विकेन्द्रीकृत संरचना में लागू किया गया।

◆ राज्य कौशल विकास मिशन (SSDM) के मार्गदर्शन में जिला कौशल समितियाँ (DSCs) जिला स्तर पर कौशल अन्तराल को दूर करने और माँग का आकलन करने में महत्त्वपूर्ण भूमिका निभाएगा।

● विशेषताएँ प्रधानमन्त्री कौशल विकास योजना की विशेषताएँ निम्न हैं

◆ इस योजना के अन्तर्गत ₹948.90 करोड़ के परिव्यय के साथ वर्ष 2020-21 की योजना अवधि में 8 लाख उम्मीदवारों के प्रशिक्षण की परिकल्पना की गई।

◆ यह योजना प्रशिक्षुओं पर अधिक ध्यान केन्द्रित है। इसके अन्तर्गत नए युग और उद्योग 4.0 रोजगार भूमिकाओं के क्षेत्रों में कौशल विकास को बढ़ावा देकर माँग-आपूर्ति के अन्तर को कम करने पर ध्यान केन्द्रित करता है।

◆ यह युवाओं के लिए आयोग से जुड़े अवसरों को लाभ प्राप्त करने के लिए प्रारम्भिक स्तर पर व्यावसायिक शिक्षा का प्रसार करती है। इसके माध्यम से राष्ट्रीय शिक्षा नीति, 2020 समग्र विकास और रोजगार में वृद्धि के लिए व्यावसायिक प्रशिक्षण पर भी ध्यान केन्द्रित किया जाना है।

◆ प्रशिक्षण के लिए बॉटम-अप दृष्टिकोण अपनाते हुए यह योजना उन रोजगार भूमिकाओं की पहचान करती है, जिनकी स्थानीय स्तर पर माँग है और युवाओं को इन अवसरों (वोकल फॉर लोकल) से जोड़ते हुए उन्हें कौशल प्रदान करती है।

◆ इसके अन्तर्गत बेहतर प्रदर्शन करने वाले राज्यों को अतिरिक्त आवण्टन उपलब्ध कराकर राज्यों के मध्य स्वस्थ प्रतिस्पर्द्धा को बढ़ावा दिया गया।

◆ प्रधानमन्त्री नरेन्द्र मोदी ने कौशल ऋण योजना (Skill Loan Scheme, SLS) की शुरुआत की, जिसके अन्तर्गत देश में 34 लाख युवाओं को अगले 5 वर्ष में कौशल विकास कार्यक्रमों में भाग लेने वालों को ₹ 5,000 से 1.5 लाख तक उपलब्ध कराए गए। यह योजना वर्ष 2015 से 2020 तक क्रियान्वित की गई।

आत्मनिर्भर भारत रोजगार योजना (ABRY)

● शुरुआत इस योजना की शुरुआत 1 अक्टूबर, 2020 को की गई थी। यह योजना कर्मचारी भविष्य निधि संगठन (EPFO) के द्वारा लागू की जाती है।

● उद्देश्य नए कर्मचारियों को नियुक्त करने और कोविड-19 महामारी के कारण नौकरी से वंचित हो चुके कर्मचारियों को फिर से रोजगार देने के लिए ईपीएफओ (EPFO) में पंजीकृत नियोक्ताओं को प्रोत्साहित करना है।

● पात्रता इसका लाभ कुछ विशिष्ट शर्तें पूर्ण करने पर ईपीएफओ के अन्तर्गत पंजीकृत सभी प्रतिष्ठानों और उनके नये कर्मचारियों को दिया जाता है। नए कर्मचारियों के लिए निम्नलिखित शर्तें पूरी करनी होती हैं-

◆ कर्मचारी का वेतन ₹ 15000 से कम हो।

◆ वे कर्मचारी, जिनकी नियुक्ति 1 अक्टूबर, 2020 और 10 जून, 2021 के बीच हुई हो या

◆ वे कर्मचारी, जो 1 मार्च, 2020 से 30 सितम्बर, 2020 के बीच नौकरी से वंचित हो गए थे।

● लाभ निम्नलिखित प्रतिष्ठानों के लिए केन्द्र सरकार ईपीएफ (EPF) में अंशदान करती है-

◆ 1000 तक कर्मचारियों को रोजगार देने वाले प्रतिष्ठान - केन्द्र सरकार कर्मचारियों के वेतन के 12% तक तथा नियोक्ता के योगदान के 12% (कुल 24%) तक अंशदान करेगी।

◆ 1000 से अधिक कर्मचारियों को रोजगार देने वाले प्रतिष्ठान -

◆ ऐसे प्रतिष्ठानों के मामले में सरकार केवल कर्मचारियों के वेतन के 12% तक का अंशदान करेगी।

◆ भुगतान सीधे पात्र कर्मचारियों के UAN में किया जाएगा, UAN को इपीएफओ (EPFO) सृजित करता है।

◆ योजना के अन्तर्गत लाभ नए कर्मचारी के पंजीकरण की तारीख से 24 महीनों के लिए देय होगा, इसकी समय सीमा मार्च, 2024 है।

उस्ताद योजना

● शुरुआत उस्ताद (Upgradation of Skills and Training in Ancustral Arts/Crafts for Development, USTAD) योजना का वाराणसी के सांस्कृतिक संकुल में 14 मई, 2015 को शुभारम्भ किया गया।

● उद्देश्य केन्द्र सरकार ने इस योजना का शुभारम्भ बुनकरों, हस्तशिल्पियों और पारम्परिक कलाकारों की प्रतिभा को सही पहचान दिलाने और नए वक्त के साथ उनकी कला को निखारने के लिए किया।

● उस्ताद योजना से बुनकरों का उद्धार होगा, साथ ही हस्तशिल्प को भी इस योजना से प्रोत्साहन मिलेगा। उस्ताद योजना के अन्तर्गत शिल्पकारों और बुनकरों को प्रशिक्षण व कौशल विकास के साथ-साथ उनके उत्पादों की बिक्री में भी सहायता की जाएगी।

● हुनर हाट यह एक ऐसा मंच है, जहाँ सम्पूर्ण देश के शिल्पकारों/कारीगरों को अपने पारम्परिक हस्तनिर्मित, दुर्लभ और उत्तम स्वदेशी उत्पादों को प्रदर्शित करने तथा उनका विपणन करने का अवसर प्राप्त होता है।

महिला सशक्तीकरण कार्यक्रम

महिला सशक्तीकरण कार्यक्रम निम्न प्रकार हैं

मिशन शक्ति योजना

- **शुरुआत** 14 जुलाई, 2022 को केन्द्रीय महिला एवं बाल विकास मन्त्रालय ने मिशन शक्ति योजना (Mission Shakti Yojana) हेतु विस्तृत दिशा-निर्देश जारी किए हैं।
  - मिशन शक्ति के मानदण्ड 1 अप्रैल, 2022 से लागू माने गए हैं। इस मिशन का कार्यान्वयन 15वें वित्त आयोग की अवधि अर्थात् वर्ष 2021-22 से 2025-26 के दौरान किया गया है।
- **उद्देश्य**
  - यह एकीकृत महिला सशक्तीकरण कार्यक्रम है, जिसे महिलाओं की रक्षा, सुरक्षा और सशक्तीकरण हेतु अम्ब्रेला योजना के रूप में शुरू किया गया है।
  - इस मिशन की दो उप-योजनाएँ हैं—सम्बल और सामर्थ्य।

मिशन शक्ति की उपयोजनाएँ

सम्बल

महिलाओं की रक्षा और सुरक्षा हेतु

घटक
- नारी अदालत
- वन स्टोप सेंटर
- महिला हेल्पलाइन
- बेटी बचाओ बेटी पढ़ाओ
- उपयोजना सरकार द्वारा 100% वित्तपोषण

सामर्थ्य

महिलाओं के सशक्तिकरण हेतु

घटक
- स्वाधार गृह
- उज्ज्वल
- कामकाजी महिला छात्रावास

उपयोजना
- राष्ट्रीय क्रेच योजना
- पी.एम मातृ वन्दना योजना

  - मिशन शक्ति का कार्यान्वयन केन्द्र सरकार और राज्य सरकारों/केन्द्रशासित प्रदेशों (विधानसभा युक्त) के मध्य 60 : 40 के वित्तपोषण अनुपात के माध्यम से किया जाएगा।
  - केन्द्र सरकार और पूर्वोत्तर/विशेष दर्जे वाले राज्यों हेतु वित्तपोषण अनुपात 90 : 10 होगा।
  - बिना विधायिका वाले केन्द्रशासित प्रदेशों हेतु 100% वित्तपोषण केन्द्र सरकार द्वारा उपलब्ध होगा।

प्रधानमन्त्री पोषण शक्ति निर्माण योजना

- **शुरुआत** 29 सितम्बर, 2021 को प्रधानमन्त्री नरेन्द्र मोदी की अध्यक्षता में आर्थिक मामलों की मन्त्रिमण्डलीय समिति ने प्रधानमन्त्री पोषण योजना (PM Poshan Yojana) को स्वीकृति प्रदान की गई।
  - यह योजना वर्ष 2021-22 से वर्ष 2025-26 तक 5 वर्ष की अवधि के लिए लागू की जाएगी।
  - इस योजना के माध्यम से सरकारी सहायता प्राप्त स्कूलों में पका हुआ गर्म भोजन उपलब्ध कराया जाएगा।
  - यह योजना पूर्व में चल रही मध्यान्ह भोजन योजना का स्थान लेगी।
  - प्राथमिक कक्षाओं हेतु प्रति स्कूल प्रति बच्चे के लिए 100 ग्रा. तथा उच्च प्राथमिक कक्षाओं हेतु 150 ग्रा. खाद्यान्न की आपूर्ति की जाएगी।
  - यह केन्द्र प्रायोजित योजना कक्षा एक से लेकर आठवीं तक सभी स्कूली बच्चों को आच्छादित करेगी। इस योजना से सम्पूर्ण देश के 11.20 लाख स्कूलों में पढ़ने वाले लगभग 11.80 करोड़ बच्चे लाभान्वित होंगे।
- **विशेषताएँ** प्रधानमन्त्री पोषण शक्ति निर्माण योजना की मुख्य विशेषताएँ निम्नलिखित हैं
  - इस योजना को प्राथमिक कक्षाओं के 11.80 करोड़ बच्चों के अतिरिक्त पूर्व-माध्यमिक कक्षाओं अथवा बाल वाटिकाओं में पढ़ने वाले छात्रों तक विस्तारित करने का प्रस्ताव है।
  - तिथि भोजन की अवधारणा को व्यापक रूप से बढ़ावा दिया जाएगा। तिथि भोजन एक सामुदायिक भागीदारी कार्यक्रम है, जिसमें लोग विशेष अवसरों/त्योहारों पर बच्चों को विशेष भोजन प्रदान करते हैं।
  - सरकार बच्चों की प्रकृति और बागवानी के साथ प्रत्यक्ष अनुभव के लिए स्कूलों में स्कूल पोषण उद्यानों के विकास को बढ़ावा दे रही है। इन बगीचों की फसल का उपयोग मध्याह्न भोजन में अतिरिक्त सूक्ष्म पोषक तत्त्व प्रदान करने के लिए किया जाता है।
  - इस योजना का सोशल ऑडिट अनिवार्य कर दिया गया है। आकांक्षी जिलों और रक्ताल्पता (Annemia) के उच्च मामलों वाले जिलों में बच्चों को पूरक पोषाहार सामग्री उपलब्ध कराने के लिए विशेष प्रावधान किया गया है।

बेटी बचाओ, बेटी पढ़ाओ योजना

शुरुआत

सामाजिक विकास कार्यक्रम की शुरुआत - 22 जनवरी, 2015 को प्रधानमन्त्री द्वारा हरियाणा से (पानीपत)

उद्देश्य

- पक्षपातपूर्ण लिंग चयन का उन्मूलन
- बालिकाओं के अस्तित्व और संरक्षण को सुनिश्चित करना
- बालिकाओं की शिक्षा सुनिश्चित करना

कार्यान्वयन

- **महिला एवं बाल विकास मन्त्रालय (MOWCD)** आँगनवाड़ी केन्द्रों (AWC) में पहली तिमाही में गर्भधारण के पंजीकरण को बढ़ावा देना।
- **स्वास्थ्य एवं परिवार कल्याण मन्त्रालय** गर्भधारण पूर्व और प्रसव पूर्व निदान तकनीक (PCPNDT) अधिनियम, 1994 के कार्यान्वयन की निगरानी करना।
- **मानव संसाधन विकास मन्त्रालय** लड़कियों का सार्वभौमिक नामांकन, ड्राप आउट दर में कमी।

2 प्रमुख स्तम्भ

- **जनसंचार अभियान** यह सुनिश्चित करना कि लड़कियों को भेदभाव के बिना पोषित और शिक्षित किया जाए।
- **बहुक्षेत्रीय हस्तक्षेप** उन तीनों मन्त्रालय के बीच सहयोग को शामिल करने और बढ़ाने का है, जो इस योजना की सफलता मे प्रमुख भूमिका निभाते हैं।

सुकन्या समृद्धि योजना

- शुरुआत प्रधानमन्त्री नरेन्द्र मोदी ने 22 जनवरी, 2015 को पानीपत (हरियाणा) में बालिकाओं के लिए लघु बचत स्कीम के अन्तर्गत सुकन्या समृद्धि योजना (Sukanya Samriddhi Yojana) की शुरुआत की। यह योजना बेटी बचाओ-बेटी पढ़ाओ अभियान का भाग है।
- उद्देश्य
  - सुकन्या समृद्धि योजना का उद्देश्य बालिकाओं के प्रति परिवार के दृष्टिकोण में परिवर्तन तथा उसके नाम से बचत को प्रोत्साहन प्रदान करना है।
  - इसके अन्तर्गत 10 वर्ष से कम आयु की बालिकाओं के लिए बैंक खाता खोलना आवश्यक है।
- विशेषताएँ सुकन्या समृद्धि योजना की प्रमुख विशेषताएँ निम्नलिखित हैं
  - इस योजना के अन्तर्गत जमाराशि पर 9.1% वार्षिक ब्याज प्रदान किया जाता है तथा जमाराशि पर आयकर की छूट का प्रावधान है।
  - इस योजना के अन्तर्गत बालिका शिशु का बैंक खाता 10 वर्ष की आयु तक न्यूनतम ₹ 1000 से खोला जाता है।
  - यह खाता किसी भी वाणिज्यिक बैंक तथा डाकघर की शाखाओं में खोला जा सकेगा और ₹ 1.5 लाख की अधिकतम राशि एक वित्तीय वर्ष में जमा की जा सकेगी।
  - इस योजना के अन्तर्गत खोले गए खाते को 21 वर्ष तक चालू रखा जा सकेगा। इस खाते से बालिका अपनी 18 वर्ष की आयु के बाद 50% तक राशि निकालने के लिए स्वतन्त्र होगी।
  - बजट वर्ष 2015-16 में सुकन्या समृद्धि योजना को कर मुक्त घोषित कर दिया गया।

महिलाओं के लिए प्रशिक्षण और रोजगार कार्यक्रम हेतु सहायता

- यह योजना गरीब महिलाओं को कृषि, पशुपालन, डेयरी, मत्स्यपालन, हथकरघा, दस्तकारी, खादी एवं ग्रामीण उद्योगों, रेशम उत्पादन, सामाजिक वानिकी तथा बंजर भूमि विकास जैसे दस पारम्परिक क्षेत्रों और खाद्य प्रसंस्करण एवं सेवाओं के दो नए क्षेत्रों का अद्यतन हुनर उपलब्ध कराती है, ताकि उनकी उत्पादकता और आय सृजन में बढ़ोतरी हो सके।
- इसके अन्तर्गत प्रत्येक लाभार्थी की वित्तपोषण की उच्चतम सीमा ₹ 16,000 निर्धारित है।

राष्ट्रीय पोषण मिशन

- शुरुआत भारतीय प्रधानमन्त्री नरेन्द्र मोदी ने 8 मार्च, 2018 को अन्तर्राष्ट्रीय महिला दिवस के अवसर पर राजस्थान के झुंझुनूँ में राष्ट्रीय पोषण मिशन (National Nutrition Mission, NNM) की शुरुआत की।
- उद्देश्य
  - इस मिशन का उद्देश्य केन्द्र सरकार ने पिछले वर्ष दिसम्बर माह में NNM के लिए वर्ष 2020 तक ₹ 9046.17 करोड़ के बजट को मंजूरी दी थी। सरकार का उद्देश्य इस मिशन का लाभ दस करोड़ लोगों तक पहुँचाना है।
  - भारत सरकार द्वारा देश में 6 वर्ष से कम आयु के बच्चों और महिलाओं के बीच कुपोषण को कम करने के लिए पहले से ही अनेक योजनाएँ कार्यरत् हैं।
  - भारत सरकार द्वारा वर्ष 2022 तक कुपोषण को समाप्त करने के लिए मिशन भारतीय मन्त्रालयों में पोषण सम्बन्धी मार्गदर्शन कर जाँच, पर्यवेक्षण प्रदान करने के लिए एक शीर्ष निकाय का गठन किया गया।

इस मिशन का उद्देश्य कुपोषण के विषय में जागरूकता को बढ़ावा देना और उसके अनुसार व्यवहार्य समाधान प्रदान करना भी है। मानव शरीर के समुचित कार्य के लिए आवश्यक पोषण की भूमिका के बारे में जागरूक करने के लिए देश प्रतिवर्ष सितम्बर माह में राष्ट्रीय पोषण माह मनाता है।

  - भारत सरकार के अनेक मन्त्रालयों ने इस योजना की पहुँच बढ़ाने और इसके कार्यान्वयन को अधिक कारगर बनाने के लिए पहल की है। यह मिशन विशिष्ट लक्ष्यों को पूर्ण करने के लिए राज्यों और केन्द्रशासित प्रदेशों को प्रोत्साहित करता है।
  - यह आँगनबाड़ी कार्यकर्ताओं को सूचना प्रौद्योगिकी उपकरणों का उपयोग करने और पहले से उपयोग किए गए रजिस्टरों को समाप्त करने के लिए भी प्रोत्साहित करता है।

आशा योजना

- शुरुआत यह समुदाय में स्वास्थ्य के प्रति जागरूकता बढ़ाने एवं उपलब्ध स्वास्थ्य सुविधाओं के बेहतर प्रयोग एवं उत्तरदायित्व को सुनिश्चित करती है। यह मिशन वर्ष 2005 में शुरू हुआ था। आशा (Accredited Social Health Activists, ASHAs) वस्तुत: राष्ट्रीय ग्रामीण स्वास्थ्य मिशन के अन्तर्गत कार्यकर्ता को कहा जाता है।
- एनआरएचएम के अन्तर्गत प्रत्येक गाँव को एक प्रशिक्षित सामुदायिक स्वास्थ्य कार्यकर्ता उपलब्ध कराने का प्रावधान है। यह कार्यकर्ता (आशा) उसी गाँव की महिला होनी चाहिए, जिसने कम-से-कम कक्षा आठवीं तक औपचारिक शिक्षा प्राप्त की हो।
- औपचारिक शिक्षा वह शिक्षा प्रणाली, जो नियोजित, विनियमित एवं संगठित होती है। यह सीखने की व्यवस्थित प्रणाली होती है, जिसमें उद्देश्यपूर्ण पाठ्यक्रमों का पालन किया जाता है।

ऊषा योजना

- शुरुआत अक्टूबर, 2013 में राष्ट्रीय उच्चतम शिक्षा अभियान (रूषा/RUSA) एक केन्द्र प्रायोजित योजना के रूप में शुरू की गई।
- उद्देश्य सम्पूर्ण देश में उच्च शिक्षा संस्थानों को रणनीतिक वित्तपोषण उपलब्ध कराना, निर्धारित मानदण्डों और मानकों की अनुरूपता को सुनिश्चित करके और गुणवत्ता आश्वासन ढाँचे के रूप में मान्यता को अपनाकर मौजूदा राज्य उच्च शिक्षण संस्थानों की समग्र गुणवत्ता में सुधार करना।
- विशेषताएँ
  - उच्च शिक्षा में समानता पहुँच और समावेशन करना
  - गुणवत्तापूर्ण शिक्षण एवं सीखने की प्रक्रिया विकसित करना।

- गैर-मान्यता प्राप्त संस्थानों का प्रत्यायन और प्रत्यायन में सुधार करना।
- आईसीटी-आधारित डिजिटल अवसंरचना का विकास करना।

> राष्ट्रीय शिक्षा नीति (NEP 2020) के आलोक में, राष्ट्रीय उच्चतर शिक्षा अभियान (RUSA) योजना को जून, 2023 में प्रधानमन्त्री उच्चतर शिक्षा अभियान (PM-USHA) के रूप में लॉन्च किया गया। अतः अब इस योजना को ऊषा योजना के नाम से जाना जा रहा है।

स्वाधार योजना

- **शुरुआत** इसकी शुरुआत महिला और बाल विकास मन्त्रालय द्वारा 2001-02 में की गई थी।
- **उद्देश्य**
    - महिलाओं को विचारों और कार्यों में स्वतन्त्र बनाना एवं उन्हें अपने जीवन के प्रत्येक पक्ष का नियन्त्रण स्वयं करने के योग्य बनाना।
    - इस योजना के अन्तर्गत वेश्यावृत्ति, रिहा कैदी, प्राकृतिक आपदा अथवा अन्य किसी भी कारण से बेघर और बेसहारा पीड़ित महिलाओं को स्वाधार गृह लाया जाता है तथा उन्हें व्यावसायिक प्रशिक्षण दिया जाता है।
    - नेशनल मिशन फॉर एम्पावरमेण्ट ऑफ वूमेन (National Mission for Empowerment of Women, NMEW) महिलाओं के आर्थिक, सामाजिक एवं शैक्षिक सशक्तीकरण से सम्बद्ध यह मिशन वर्ष 2010 में प्रारम्भ हुआ।

> **सुपोषित माँ अभियान**
>
> - 1 मार्च, 2020 को लोकसभा अध्यक्ष ओम बिड़ला ने राजस्थान के कोटा से एक राष्ट्रीय अभियान **सुपोषित माँ अभियान** प्रारम्भ किया। इस अभियान के पहले चरण में 12 महीनों के लिए 1000 गर्भवती महिलाओं को 17 किलोग्राम सन्तुलित आहार की किट प्रदान की गई।
> - इस योजना का क्रियान्वयन महिला एवं बाल विकास मन्त्रालय द्वारा किया जाता है। इस योजना में एक परिवार की एक गर्भवती महिला को शामिल करना निर्धारित है।

शिक्षा सम्बन्धी कार्यक्रम

शिक्षा से सम्बन्धित कुछ महत्त्वपूर्ण कार्यक्रम निम्नलिखित हैं

अटल नवप्रवर्तन (इनोवेशन) मिशन

- **शुरुआत** नीति आयोग ने अटल नवप्रवर्तन (इनोवेशन) मिशन का शुभारम्भ जुलाई, 2018 में किया।
- **उद्देश्य** इसका उद्देश्य देश के सम्पूर्ण विद्यालयों में अटल टिंकरिंग प्रयोगशालाओं और अटल इन्क्यूवेशन केन्द्रों के माध्यम से नवप्रवर्तन को बढ़ावा देना है।
- **तथ्य**
    - अटल टिंकरिंग लैब (ATL) के माध्यम से स्कूल स्तर पर अटल नवप्रवर्तन मिशन ने एक प्रोग्राम लॉन्च किया है।
    - इसका उद्देश्य ATL और इसके आस-पास के समुदायों के बच्चों के अन्दर एक समस्या को सुलझाने की नवीन मानसिकता को प्रोत्साहित करना है।
    - ATL 21वीं सदी के उपकरणों और तकनीकों; जैसे-इण्टरनेट ऑफ थिंग्स, 3 डी प्रिण्टिंग, रेपिड के माध्यम से देशभर में कक्षा 6 से 12वीं तक के छात्रों के बीच के युवाओं के मन में जिज्ञासा और नवीनता को बढ़ावा देने के लिए एक स्कूल में स्थापित एक अत्याधुनिक स्थान है।
    - इस अटल इनोवेशन मिशन में ATL की स्थापना के लिए देश के 680 से अधिक जिलों में 10,000 स्कूलों का चयन किया है। वहीं 7,000 से अधिक स्कूलों को वित्त पोषित किया गया है और 2 मिलियन से अधिक छात्रों की पहुँच को एटीएल (ATL) तक सुगम बनाया गया है।

ग्लोबल इनिशिएटिव ऑफ एकेडमिक नेटवर्क्स योजना

- **शुरुआत** केन्द्रीय मानव संसाधन विकास मन्त्री ने 30 नवम्बर, 2015 को आईआईटी गाँधीनगर, गुजरात में इस योजना का शुभारम्भ किया।
- **उद्देश्य** इस योजना का मुख्य उद्देश्य अन्तर्राष्ट्रीय सहयोग के माध्यम से देश की शैक्षणिक संस्थाओं की गुणवत्ता में सुधार लाना तथा छात्रों के वैज्ञानिक एवं उद्यम नेतृत्व को बढ़ाने में सहायता करना है।
- **लक्ष्य** इसके प्रमुख लक्ष्य निम्नलिखित हैं
    - भारतीय शैक्षणिक संस्थानों में प्रतिष्ठित अन्तर्राष्ट्रीय संकाय की संस्थाओं में वृद्धि करना।
    - हमारे संकाय को अत्याधुनिक क्षेत्रों में ज्ञान और शिक्षण कौशल सीखने एवं साझा करने का अवसर प्रदान करना।
    - प्रतिष्ठित अन्तर्राष्ट्रीय संकाय से ज्ञान और अनुभव प्राप्त करने के लिए छात्रों को अवसर प्रदान करना।
    - अन्तर्राष्ट्रीय संकाय के साथ सम्भावित सहयोगी अनुसन्धान के लिए अवसर सृजित करना।
    - उच्च दर्जे के क्षेत्रों में वीडियो और प्रिण्ट दोनों के माध्यम से उच्च गुणवत्ता वाली पाठ्यक्रम सामग्री विकसित करना, जिसका उपयोग छात्रों और शिक्षकों के एक बड़े निकाय द्वारा किया जा सके।
    - राष्ट्रीय और अन्तर्राष्ट्रीय हित के उभरते हुए विषयों में नई शिक्षण पद्धतियों का दस्तावेजीकरण और विकास करना।

नई मंजिल योजना

- **शुरुआत** केन्द्रीय अल्पसंख्यक मन्त्रालय ने केन्द्रीय योजना नई मंजिल की शुरुआत 8 अगस्त, 2015 को पटना में की थी।
- **उद्देश्य** 17-35 वर्ष की आयु के छः अधिसूचित अल्पसंख्यक समुदायों से सम्बन्धित युवाओं (पुरुष और महिला दोनों) को लाभान्वित करना है, जिनके पास औपचारिक स्कूल छोड़ने का प्रमाण पत्र नहीं है अर्थात् वे स्कूल छोड़ने वालों की श्रेणी में आते हैं या मदरसा जैसे सामुदायिक शिक्षा संस्थानों में शिक्षित हैं।

- यह योजना सामान्य रूप से अल्पसंख्यक समुदायों, विशेष रूप से मुसलमानों की शैक्षिक और जीविकोपार्जन की आवश्यकताओं में सहायता प्रदान करेगी, क्योंकि मुसलमान शैक्षिक योग्यताओं में अन्य अल्पसंख्यक समुदायों से पीछे हैं।
- यह योजना अल्पसंख्यक समुदायों के लक्षित युवाओं के लिए शिक्षा और बाजार संचालित कौशल प्रशिक्षण प्रदान करती है।
- यह योजना 9 से 12 महीनों के लिए गैर-आवासीय एकीकृत शिक्षा और कौशल प्रशिक्षण प्रदान करती है, जिसमें से 3 महीने कौशल प्रशिक्षण के लिए समर्पित हैं।
- यह योजना जॉब प्लेसमेण्ट और पोस्ट प्लेसमेण्ट की सहायता भी प्रदान करती है।
- यह योजना योग्य अल्पसंख्यक युवाओं को ओपन स्कूलिंग में नामांकन करने और लागू दिशा-निर्देशों के अनुसार प्रशिक्षण एवं मूल्यांकन करने के लिए सहायता प्रदान करती है।
- यह योजना छात्रों को ओपन स्कूलिंग प्रमाणन प्राप्त करने में सहायता करने के लिए डिजाइन किए गए अतिरिक्त शिक्षा समर्थन प्रदान करती है। इस योजना का मुख्य उद्देश्य उत्पादक रोजगार के लिए अग्रणी सॉफ्ट कौशल सहित उच्च गुणवत्ता वाले कौशल प्रशिक्षण प्रदान करना है।

प्रधानमन्त्री ग्रामीण डिजिटल साक्षरता अभियान

- शुरुआत यह अभियान विश्व के सबसे बड़े डिजिटल साक्षरता कार्यक्रमों में से एक है। इसका प्रारम्भ फरवरी, 2017 में किया गया था।
- उद्देश्य इस अभियान का उद्देश्य मार्च, 2019 तक प्रत्येक वर्ष परिवार के एक सदस्य को कवर करके लगभग 40% ग्रामीण परिवारों तक पहुँच बनाई जाएगी।
- मन्त्रालय इलेक्ट्रॉनिक्स और सूचना प्रौद्योगिकी मन्त्रालय।
- लाभार्थी की आयु 14 से 60 वर्ष होनी चाहिए।

सर्व शिक्षा अभियान (SSA)

- शुरुआत SSA 86वें संवैधानिक संशोधन के अन्तर्गत वर्ष 2001 में शुरू किया गया।
- उद्देश्य सर्व शिक्षा अभियान (Sarv Shiksha Abhiyan, SSA) का उद्देश्य 6-14 वर्ष के आयु समूह के सभी बच्चों को निशुल्क प्रारम्भिक शिक्षा प्रदान कराना है, साथ ही विद्यालय प्रणाली के कार्य निष्पादन में सुधार एवं मिशन पद्धति पर समुदाय के स्वामित्व वाली गुणवत्तापूर्ण प्रारम्भिक शिक्षा प्रदान करना है।
- मन्त्रालय मानव संसाधन विकास मन्त्रालय
- इसमें प्रारम्भिक स्तर पर लैंगिक एवं सामाजिक असमानताओं को दूर करने की परिकल्पना की गई है।
- सर्वशिक्षा अभियान में लड़कियों, अनुसूचित जातियों और अनुसूचित जनजातियों तथा कठिन परिस्थितियों से घिरे अन्य बच्चों की शैक्षिक आवश्यकताओं पर विशेष रूप से ध्यान केन्द्रित किया गया है।

कस्तूरबा गाँधी बालिका शिक्षा योजना

- शुरुआत 15 अगस्त, 1997 को कस्तूरबा गाँधी शिक्षा योजना का प्रारम्भ किया गया था। अप्रैल, 2007 में इस योजना को सर्व शिक्षा अभियान के साथ सम्मिलित कर दिया गया था।
- उद्देश्य जिन जिलों में विशेष रूप से महिला साक्षरता दर बहुत कम है, उन क्षेत्रों में बालिकाओं के लिए विशेष विद्यालयों की स्थापना करना है।

साक्षर भारत मिशन

- शुरुआत राष्ट्रीय साक्षरता मिशन को पुनर्गठित करके 8 सितम्बर, 2009 को साक्षर भारत मिशन की शुरुआत की गई।
- उद्देश्य शिक्षा के क्षेत्र में लिंग असमानता को दूर करना अर्थात देश में उच्च महिला साक्षरता दर सुनिश्चित करना।
- इसमें 85% भागीदारी महिलाओं के लिए तथा कुल लक्ष्य का 50% अनुसूचित जाति/जनजाति, अल्पसंख्यक समुदायों के लिए आरक्षित किया गया।
- साक्षर भारत मिशन को पूर्णरूपेण साक्षर समाज स्थापित करने के लिए कार्यक्रम के प्रयासों को मान्यता देने और उसका सम्मान करने के लिए संयुक्त राष्ट्र शैक्षिक, वैज्ञानिक और सांस्कृतिक संगठन (The United Nations Educational, Scientific and Cultural Organisation, UNESCO) द्वारा किंग सेजोंग साक्षरता पुरस्कार, 2013 से सम्मानित किया गया।

राष्ट्रीय माध्यमिक शिक्षा अभियान

- इस योजना की शुरुआत मार्च, 2009 में की गई। इस योजना का उद्देश्य एक निश्चित दूरी पर माध्यमिक विद्यालयों की स्थापना करना, कक्षा 9वीं एवं 10वीं में 5 वर्ष के अन्दर 75% नामांकन सुनिश्चित करना, शिक्षा की गुणवत्ता में सुधार करना, लिंग, सामाजिक, आर्थिक और अशक्तता अवरोधों को दूर करना है।
- इस योजना का मुख्य उद्देश्य वर्ष 2017 अर्थात् 12वीं पंचवर्षीय योजना की समाप्ति तक माध्यमिक स्तर की शिक्षा तक सार्वभौम पहुँच और वर्ष 2020 तक सार्वभौम उपस्थिति बनाए रखना निर्धारित किया गया। इसके अन्तर्गत केन्द्र एवं राज्य की हिस्सेदारी 50 : 50 तथा पूर्वोत्तर राज्यों के सन्दर्भ में 90 : 10 निर्धारित की गई है।

पण्डित मदन मोहन मालवीय राष्ट्रीय शिक्षक एवं शिक्षण मिशन

- शुरुआत भारत सरकार ने 12वीं पंचवर्षीय योजना के अन्तर्गत पण्डित मदन मोहन मालवीय राष्ट्रीय शिक्षक एवं शिक्षण मिशन की शुरुआत 25 दिसम्बर, 2014 को की।
- उद्देश्य इस मिशन का उद्देश्य स्कूलों और उच्च शिक्षा संस्थानों में प्रभावी नेतृत्व और प्रबन्धन का निर्माण करना है।
- इस मिशन के अन्तर्गत शिक्षकों के प्रशिक्षण तथा उनके व्यावसायिक विकास से सम्बन्धित मुद्दों का व्यापक रूप से समाधान करने की परिकल्पना की गई है।

- प्रारम्भिक, माध्यमिक, उच्च, तकनीकी और व्यावसायिक सहित सभी स्तरों पर शिक्षा के व्यापक विकास को देखते हुए शिक्षकों की माँग में भी इसी प्रकार की वृद्धि हुई है।
- यह मिशन प्रारम्भिक प्रशिक्षण पर ध्यान केन्द्रित करता है। इसके अतिरिक्त छात्रों के बहु-कौशल के विकास को प्रोत्साहित करने के लिए मूल्यांकन प्रक्रिया को और अधिक वैज्ञानिक बनाने की आवश्यकता है।

नवभारत साक्षरता कार्यक्रम

- शुरुआत
  - सरकार ने राष्ट्रीय शिक्षा नीति 2020 और 2021-2022 की घोषणाओं के अनुरूप वयस्क शिक्षा के सभी पहलुओं को कवर करने के लिए वित्त वर्ष 2022-27 की अवधि के लिए नवभारत साक्षरता कार्यक्रम (New India Literacy Programme-NILP) को अनुमति दी है।
  - राष्ट्रीय शिक्षा नीति 2020 में प्रौढ़ शिक्षा और आजीवन सीखने की सिफारिशें शामिल हैं।
  - सरकार ने वित्त वर्ष 2022-23 से 2026-27 तक 5 वर्षों के लिए ₹ 1037.90 करोड़ के व्यय का प्रावधान किया है।
  - इस योजना के पाँच घटक—शिक्षा जारी रखना, मूलभूत साक्षरता और संख्यात्मक ज्ञान, बुनियादि शिक्षा, महत्त्वपूर्ण जीवन कौशल और व्यावसायिक कौशल विकास हैं।

एन.आई.एल.पी. की आवश्यकता

- वर्ष 2011 की जनगणना के अनुसार, 15 वर्ष और उससे अधिक आयु वर्ग में देश में निरक्षरों की समग्र संख्या 25.76 करोड़ (9.08 करोड़, महिला 16.68 करोड़) है।
- क्रियान्वयन
  - लाभार्थियों की पहचान करने के लिए राज्यों/केन्द्रशासित प्रदेशों में सर्वेक्षकों द्वारा एक मोबाइल ऐप पर डोर-टू-डोर सर्वेक्षण किया जाता है। गैर-साक्षर व्यक्ति भी मोबाइल ऐप के माध्यम से सीधे पंजीकरण करा सकते हैं।
  - यह योजना मुख्य रूप से ऑनलाइन मोड के माध्यम से कार्यान्वित की जाती है और यह प्रौद्योगिकी पर आधारित है।
  - शिक्षण व सीखने की सामग्री तथा संसाधन एनसीईआरटी (NCERT) के दीक्षा मन्त्र (DIKSHA Platform) पर उपलब्ध हैं और इन्हें मोबाइल ऐप के माध्यम से एक्सेस किया जा सकता है।

अन्य प्रमुख योजनाएँ

भारत सरकार द्वारा चलाई जा रही अन्य प्रमुख योजनाएँ निम्नलिखित हैं

पीएम सूर्य घर : मुफ्त बिजली योजना

- शुरुआत 13 फरवरी, 2024 को प्रधानमन्त्री नरेन्द्र मोदी द्वारा।
- उद्देश्य भारत में एक करोड़ परिवारों को मुफ्त विद्युत ऊर्जा उपलब्ध कराना है, जो रूफटॉप सोलर पैनल वाली बिजली इकाइयाँ स्थापित करना चाहते हैं।
- तथ्य
  - इस योजना के अन्तर्गत केन्द्र सरकार ₹ 75000 करोड़ का निवेश करके लाभार्थियों को प्रति माह 300 यूनिट मुफ्त बिजली प्रदान करने का प्रावधान है।
  - इस योजना के अन्तर्गत केन्द्र सरकार लोगों को उनके बैंक खातों में सीधे सब्सिडी प्रदान करने और रियायती बैंक उपलब्धता सुनिश्चित करने का प्रावधान है।
  - योजना के अन्तर्गत शहरी स्थानीय निकायों और पंचायतों को अपने अधिकार क्षेत्र में छत पर सौर प्रणाली को बढ़ावा देने के लिए प्रोत्साहित किया जाएगा।
  - योजना के अन्तर्गत् सभी हितधारकों को एक राष्ट्रीय ऑनलाइन पोर्टल से एकीकृत किया जाएगा।
- लाभ
  - इससे मुफ्त और अधिशेष बिजली, बिजली वितरण कम्पनियों को बेचने से परिवारों को सालाना ₹ 15000-18000 तक की बचत होगी।
  - इलेक्ट्रिक वाहनों की चार्जिंग की सुविधा प्राप्त होगी।
  - विद्युत आपूर्ति और स्थापना के लिए बड़ी संख्या में विक्रेताओं के लिए उद्यमिता के अवसर प्राप्त होंगे।
  - इस योजना से विनिर्माण और रखरखाव में तकनीकी कौशल वाले युवाओं के लिए रोजगार के अवसर भी प्राप्त होंगे।
  - इस योजना से अधिक आय, कम बिजली बिल और लोगों के लिए अधिक रोजगार सृजन होगा।
  - इससे सौर ऊर्जा और सतत प्रगति को बढ़ावा मिलेगा।

भारतीय सौर ऊर्जा निगम	रूफटॉप सोलर प्रोग्राम
इसकी स्थापना वर्ष 2011 में की गई थी।	इसकी स्थापना वर्ष 2014 में की गई थी।
यह नवीकरणीय ऊर्जा योजनाओं / परियोजनाओं के लिए नवीन और नवीकरणीय मन्त्रालय की प्राथमिक कार्यान्वयन एजेंसी है।	इसे आवासीय घरों की छतों पर सोलर पैनल लगाकर बिजली बनाने के लिए लॉन्च किया गया था।
इसने 56 GW (गीगावॉट) से अधिक की नवीकरणीय ऊर्जा (RE) परियोजना क्षमता प्रदान की।	इसके अन्तर्गत वर्ष 2022 तक देश में 40 GW (गीगावॉट) बिजली बनाने का लक्ष्य रखा गया था।

प्रधानमन्त्री किसान ऊर्जा सुरक्षा एवं उत्थान महाभियान (पी. एम. कुसुम)

- शुरुआत पी एम कुसुम योजना की शुरुआत वर्ष 2019 में की गई थी।
- उद्देश्य भारत में किसानों के लिए ऊर्जा सुरक्षा सुनिश्चित करना।
  - गैर-जीवाश्म ईंधन स्रोतों से बिजली की स्थापित क्षमता की हिस्सेदारी को 40% तक बढ़ाने की भारत की प्रतिबद्धता का सम्मान करना।
- तथ्य
  - इस योजना के अन्तर्गत बंजर जमीन पर सोलर प्लाण्ट लगाने के लिए प्रोत्साहन दिया जाता है।
  - किसानों को सोलर पम्प लगाने के लिए प्रोत्साहित किया जाता है।

- इस योजना का सबसे महत्त्वपूर्ण घटक कृषि क्षेत्र को डीजल मुक्त करना है। इसके अन्तर्गत सौर ऊर्जा चालित पम्पों और अन्य नवीकरणीय ऊर्जा स्रोतों के उपयोग को प्रोत्साहित करके सिंचाई के लिए डीजल पर निर्भरता को कम करना है।

- अवयव
  - घटक ए किसानों की बंजर/परती/चरागाह/दलदली/कृषि योग्य भूमि पर 10,000 मेगावॉट के विकेन्द्रीकृत भूमि स्टिल्ट माउण्टेड सौर ऊर्जा संयन्त्रों की स्थापना।
  - घटक बी ऑफ ग्रिड क्षेत्रों में 20 लाख स्टैंड-अलॉन सौर पम्पों की स्थापना।
  - घटक सी व्यक्तिगत पम्प सौरीकरण (सोलेराइजेशन) और फीडर स्तर सौरीकरण के माध्यम से 15 लाख ग्रिड से जुडे कृषि पम्पों का सौरीकरण।

कृषि अवसंरचना कोष

- एआईएफ (Agriculture Infrastructure Fund) एक वित्तपोषण सुविधा है, जिसे 8 जुलाई, 2020 को फसल उपरान्त प्रबन्धन अवसंरचना और सामुदायिक कृषि परिसम्पत्तियों के निर्माण के लिए शुरू किया गया था।
- इस योजना के अन्तर्गत वित्तीय वर्ष 2025-26 तक ₹ 1 लाख करोड़ वितरित किए जाने हैं और ब्याज अनुदान और ऋण गारण्टी सहायता वर्ष 2032-33 तक दी जाएगी।

पावर टेक्स इण्डिया योजना

- शुरुआत सरकार ने देश में 45 स्थानों पर एक साथ पावर टेक्स इण्डिया (Power Tax India Yojana) योजना का आरम्भ 3 अप्रैल, 2017 में किया, जो बिजली के क्षेत्र के विकास के लिए एक व्यापक योजना है।
- इस योजना की शुरुआत भिवण्डी, थाणे (महाराष्ट्र) में की गई थी।
- उद्देश्य बिजली क्षेत्र की इस व्यापक योजना का उद्देश्य विशेष रूप से छोटे मशीन करघा बुनकरों को लाभ पहुँचाना।
- तथ्य इस योजना के अन्तर्गत मन्त्री और मुख्यमन्त्रियों ने वीडियो कॉन्फ्रेन्स के माध्यम से महाराष्ट्र, गुजरात, बिहार, तमिलनाडु, कर्नाटक, उत्तर प्रदेश और अन्य राज्यों से बातचीत की, क्योंकि पावर टेक्स इण्डिया स्कीम देशव्यापी शुरू की गई थी।
- घटक इस व्यापक योजना में निम्नलिखित घटक हैं
  - पावरलूम्स का इन-सीटू अपग्रेडेशन
  - ग्रुप वर्कशेड योजना
  - धागा बैंक योजना
  - समान सुविधा केन्द्र
  - पावरलूम बुनकरों के लिए प्रधानमन्त्री ऋण योजना
  - पावरलूम्स के लिए सौर ऊर्जा योजना
  - पावरलूम योजनाओं के लिए सुविधा, आईटी, जागरूकता, बाजार विकास और प्रचार
  - टेक्स वेंचर कैपिटल फण्ड
  - अनुदान सहायता और पावरलूम सेवा केन्द्रों (PSCs) का आधुनिकीकरण और उन्नयन

प्रधानमन्त्री किसान सम्मान निधि (PM-KISHAN) योजना

- शुरुआत 24 फरवरी, 2019 को उत्तर प्रदेश के गोरखपुर में प्रधानमन्त्री मोदी द्वारा।
- उद्देश्य लघु एवं सीमान्त किसानों को आर्थिक सहायता प्रदान करना।
- पात्रता आरम्भ में यह योजना केवल लघु एवं सीमान्त किसानों (2 हेक्टेयर से कम जोत वाले) के लिए ही शुरू की गई थी, किन्तु 31 मई, 2019 को कैबिनेट द्वारा यह देश भर के सभी किसानों हेतु लागू कर दी गई।
- लाभ
  - किसानों को प्रतिवर्ष ₹ 6000 की दर से प्रत्यक्ष आय सहायता उपलब्ध कराई जाती हैं
  - यह सहायता ₹ 2000 की तीन समान किस्तों में लाभान्वित किसानों के बैंक खातों में प्रत्यक्ष रूप से हस्तान्तरित की जाती है।

प्रधानमन्त्री जन धन योजना

- शुरुआत प्रधानमन्त्री श्री नरेन्द्र मोदी ने 28 अगस्त, 2014 को प्रधानमन्त्री जन धन योजना (Pradhan Mantri Jan Dhan Yojana, PMJDY) को वित्तीय समावेशन के लिए एक राष्ट्रीय मिशन के रूप में शुरू किया।
- उद्देश्य इस मिशन का उद्देश्य वहन करने योग्य तरीके से बैंकिंग/बचत और जमा खाते, भेजी हुई रकम, कर्ज, बीमा, पेंशन जैसी वित्तीय सेवाओं तक पहुँच सुनिश्चित करना तथा प्रत्येक परिवार के लिए कम-से-कम एक बैंक खाता सुनिश्चित करना है। यह कार्यक्रम वित्त मन्त्रालय द्वारा क्रियान्वित किया गया।
- लाभ प्रधानमन्त्री जन धन योजना के निम्नलिखित लाभ हैं
  - जमा पर ब्याज।
  - ₹ 2 लाख तक का दुर्घटना बीमा कवर।
  - न्यूनतम बैलेन्स की आवश्यकता नहीं।
  - ₹ 30,000 का जीवन बीमा कवर।
  - भारत में कहीं भी आसानी से धन का हस्तान्तरण।
  - सरकारी योजना के लाभान्वितों को इन खातों से सीधे लाभ का हस्तान्तरण।
  - खाता 6 महीने तक सन्तोषजनक तरीके से संचालित करने के बाद ओवर ड्राफ्ट की सुविधा।
  - पेंशन, बीमा सम्बन्धी वित्तीय प्रबन्ध तक पहुँच।
  - दुर्घटना बीमा कवर पाने के लिए रुपे डेबिट कार्ड का प्रयोग 45 दिन में कम-से-कम एक बार करना।
  - प्रत्येक परिवार को केवल एक खाते में ₹ 10,000 के ओवर ड्राफ्ट की सुविधा। इसके लिए प्राथमिकता परिवार की महिला को दी जाएगी।
  - बैंक की किसी भी शाखा अथवा बैंक मित्र में जीरो बैलेन्स के साथ खाता खोला जा सकता है, लेकिन यदि खाताधारक को चैक बुक चाहिए, तो इसके लिए उसे न्यूनतम बैलेन्स की शर्त को पूरा करना होगा।

सेतु भारतम् योजना

- **शुरुआत** राष्ट्रीय राजमार्गों पर सुरक्षित और सहज यात्रा सुनिश्चित करने के लिए पुलों के निर्माण हेतु भारत सरकार ने ₹ 50,000 करोड़ के निवेश वाली महत्त्वाकांक्षी 'सेतु भारतम् योजना' का शुभारम्भ 4 मार्च, 2016 को किया।
- **उद्देश्य** पुराने पुलों के नवीनीकरण के साथ-साथ नए पुलों के निर्माण पर भी ध्यान केन्द्रित करना तथा मोबाइल निरीक्षण इकाईयों के माध्यम से राष्ट्रीय राजमार्गों पर सभी पुलों का सर्वेक्षण और पुनरुद्धार करना है।
- **तथ्य**
  - सड़क परिवहन और राजमार्ग मन्त्रालय ने नोएडा, उत्तर प्रदेश में इण्डियन एकेडमी फॉर हाइवे इंजीनियर में एक भारतीय पुल प्रबन्धन प्रणाली (आईबीएमएस) की स्थापना की।
  - इसके अन्तर्गत वर्ष 2019 तक सभी राष्ट्रीय राजमार्गों को रेलवे क्रॉसिंग से मुक्त करने का लक्ष्य निर्धारित किया गया।

उड़ान योजना

- इस योजना की शुरुआत नागरिक उड्डयन मन्त्रालय द्वारा 15 जून, 2016 को की गई। यह योजना राष्ट्रीय नागरिक उड्डयन नीति (एनसीएपी) का एक मुख्य भाग है।
- प्रधानमन्त्री श्री नरेन्द्र मोदी के द्वारा 27 अप्रैल, 2017 को क्षेत्रीय कनेक्टिविटी योजना 'उड़े देश का आम नागरिक' (उड़ान) के अन्तर्गत शिमला-दिल्ली मार्ग पर पहली उड़ान को झण्डी दिखाकर रवाना किया गया।
- इस योजना के अन्तर्गत 500 किमी की एक घण्टे की यात्रा या हेलीकॉप्टर से 30 मिनट की यात्रा का हवाई किराया अधिकतम ₹ 2,500 है। इसका मुख्य उद्देश्य क्षेत्रीय दृष्टि से देश के महत्त्वपूर्ण शहरों से हवाई यात्रा सुलभ कराया जाना है।

रेल कौशल विकास योजना

- **शुरुआत** भारतीय रेलवे द्वारा इस योजना को 17 सितम्बर, 2021 को लॉन्च किया गया।
- **उद्देश्य** इसके अन्तर्गत रेलवे में आने वाले 3 वर्षों में 50,000 युवाओं को प्रशिक्षित करना। यह प्रशिक्षण 18 से 35 वर्ष तक के युवाओं को दिया जाएगा। युवाओं को प्रशिक्षण 4 ट्रेड इलेक्ट्रिशियन, वेल्डर, मशीनिस्ट और फिटर में दिया जाएगा।
- **तथ्य** इस योजना के अन्तर्गत देशभर से चयनित अभ्यर्थियों को रेलवे के 75 प्रशिक्षण संस्थानों में 100 घण्टे का प्रशिक्षण दिया जाएगा।

पीएम प्रणाम योजना

- **शुरुआत** प्रधानमन्त्री प्रणाम योजना की शुरुआत 28 जून, 2023 को की गई थी। प्रणाम का अर्थ – कृषि प्रबन्धन हेतु वैकल्पिक पोषक तत्त्वों का संवर्द्धन (Promotion of altimate nutrients for agriculture managment yojna PRANAM) है।
- **उद्देश्य** इस योजना का उद्देश्य जैव उर्वरकों और जैविक उर्वरकों के संयोजन के साथ उर्वरकों के सन्तुलित उपयोग को प्रोत्साहित करना है।
- **लक्ष्य**
  - रासायनिक उर्वरकों पर सब्सिडी के बोझ को कम करना, जिसके अन्तर्गत किसी संघ/राज्य क्षेत्र द्वारा किसी विशेष वित्तीय वर्ष में पिछले तीन वर्षों की औसत खपत की तुलना में रासायनिक उर्वरकों (यूरिया, डीएपी, एनपीके, एमओपी) की खपत में कमी के माध्यम से बचाई गई उर्वरक सब्सिडी का 50 प्रतिशत अनुदान के रूप में उस संघ/राज्य क्षेत्र को दिया जाएगा।
  - इस योजना के अन्तर्गत प्रदान किए गए अनुदान का 70% गाँव, ब्लॉक और जिला स्तर पर वैकल्पिक उर्वरकों और वैकल्पिक उर्वरक उत्पादन इकाइयों की तकनीक को अपनाने से सम्बन्धित परिसम्पत्ति सृजन के लिए उपयोग किया जा सकता है, जबकि शेष 30% अनुदान राशि का उपयोग किसानों, पंचायतों, किसान उत्पादक संगठनों और स्वयं सहायता समूहों को पुरस्कृत करने तथा प्रोत्साहित करने के लिए किया जा सकता है, जो उर्वरक उपयोग को कम करने व जागरूकता उत्पन्न करने में शामिल हैं।

गोबर धन योजना

- **शुरुआत** गोबर धन (गैल्वनाइजिंग ऑर्गैनिक बायो एग्रो रिसोर्सेस धन) योजना को 1 फरवरी, 2018 को शुरू किया गया।
- **उद्देश्य**
  - इस योजना के मुख्यत: दो उद्देश्य हैं; जैसे-गाँवों को स्वच्छ बनाना एवं पशुओं और अन्य प्रकार के जैविक अपशिष्टों से अतिरिक्त आय तथा ऊर्जा उत्पन्न करना।
  - इस योजना के अन्तर्गत पशुओं के गोबर और खेतों के ठोस अपशिष्ट पदार्थों को कम्पोस्ट बायोगैस, बायो-CNG में परिवर्तित किया जाना है।
  - इसके लिए प्रत्येक जिले में एक कलस्टर का निर्माण करते हुए 700 कलस्टर्स स्थापित करने की योजना है।
  - मवेशियों का गोबर, रसोई अपशिष्ट और कृषि सम्बन्धित कचरे का बायोगैस आधारित ऊर्जा बनाने में प्रयोग करना।

वर्तमान में गोबर धन योजना के अन्तर्गत जैव ऊर्जा मूल्य श्रृंखला को सभी श्रेणियों में छोटे-बड़े पैमाने पर परिचालनों को शामिल करते हुए विभिन्न व्यवसाय मॉडल का विकास किया जा रहा है।

प्रधानमन्त्री श्रम योगी मानधन योजना (PM- SYMY)

- **शुरुआत** पीएम श्रमयोगी मानधन योजना की शुरुआत श्रम और रोजगार मन्त्रालय द्वारा फरवरी, 2019 में की गई थी।
- **उद्देश्य** असंगठित श्रमिकों की वृद्धावस्था सुरक्षा और सामाजिक सुरक्षा प्रदान करना।
- **पात्रता**
  - इस योजना के पात्र 18-40 वर्ष की आयु समूह के घर से काम करने वाले श्रमिक, स्ट्रीट वेण्डर, मिड-डे-मील श्रमिक, सिर पर बोझा ढोने वाले श्रमिक, ईंट भट्टा मजदूर, चर्मकार, कचरा उठाने वाले, घरेलू कामगार, धोबी आदि तथा इसी तरह के व्यवसायों में काम करने वाले ऐसे श्रमिक हैं, जिनकी मासिक आय ₹15000 या उससे कम है।

◆ पात्र व्यक्ति को नई पेंशन योजना, कर्मचारी राज्य बीमा निगम और कर्मचारी भविष्य निधि संगठन के लाभ के अन्तर्गत कवर न किया गया हो तथा उसे आयकर दाता नहीं होना चाहिए।

- लाभ

◆ योजना के अन्तर्गत प्रत्येक अभिदाता को 60 वर्ष की उम्र पूरी होने के बाद प्रति महीने न्यूनतम ₹ 3000 की निश्चित पेंशन का प्रावधान है।

◆ यदि पेंशन प्राप्ति के दौरान अभिदाता (Subscriber) की मृत्यु हो जाती है, तो लाभार्थी को मिलने वाली पेंशन की 50 प्रतिशत राशि फैमिली पेंशन के रूप में लाभार्थी के जीवनसाथी को मिलेगी।

◆ अभिदाता का अंशदान उसके खाते से ऑटोडेबिट सुविधा के माध्यम से किया जाएगा।

स्वामित्व योजना

- शुरुआत इस योजना की शुरुआत प्रधानमन्त्री मोदी ने 24 अप्रैल, 2020 को की थी।
- उद्देश्य ग्रामीण भारत के लिए एक एकीकृत आवासीय (आबादी) सम्पत्ति स्वामित्व समाधान (Svamitva Scheme) प्रदान करना है।
- तथ्य

◆ योजना का क्रियान्वयन भारतीय सर्वेक्षण विभाग द्वारा किया जा रहा है तथा इसकी कवरेज देश के सभी 31 राज्यों और केन्द्रशासित प्रदेशों में है।

◆ योजना के अन्तर्गत ग्रामीण परिवार के मुखिया को सम्पत्ति कार्ड/स्वामित्व दस्तावेज के रूप में अधिकार अभिलेख (Record of Rights) प्रदान किए जा रहे हैं।

◆ योजना का लक्ष्य वित्तीय वर्ष 2020-21 से वित्तीय वर्ष 2024-25 तक 6.62 लाख गावों को कवर करना है।

◆ योजना के अन्तर्गत ड्रोन का उपयोग करके बड़े पैमाने पर मानचित्रण करना, निरन्तर संचालित सन्दर्भ स्टेशन (CORS) की स्थापना करना, स्वामित्व डैशबोर्ड, डिजीलॉकर ऐप जैसी गतिविधियाँ शामिल हैं।

प्रधानमन्त्री स्ट्रीट वेण्डर्स आत्मनिर्भर निधि (पीएम स्वनिधि) योजना

- शुरुआत इसकी शुरुआत आवासन और शहरी कार्य मन्त्रालय द्वारा 1 जून, 2020 को की गई।
- उद्देश्य इस योजना का उद्देश्य स्ट्रीट वेण्डरों को कोविड-19 महामारी से बुरी तरह प्रभावित हो चुके उनके व्यवसायों को फिर से शुरू करने के लिए बिना किसी गारण्टी के कार्यशील पूँजी ऋण की सुविधा प्रदान करना है।
- तथ्य

◆ योजना के अन्तर्गत बिना कुछ गारण्टी रखे 1 वर्ष की अवधि के लिए ₹ 10,000 तक की कार्यशील पूँजी के रूप में ऋण दिया जाता है।

◆ इस ऋण का समय पर पुनर्भुगतान करने पर ऋण की दूसरी किस्त के रूप में ₹20000 तथा तीसरी किस्त के रूप में ₹50000 के ऋण भी प्रदान किए जाते हैं।

◆ राज्य/शहरी स्थानीय निकाय इस योजना के अन्तर्गत पात्र स्ट्रीट वेण्डर्स की पहचान करने और नए आवेदन (लाभार्थी) जुटाने के लिए जिम्मेदार हैं।

◆ इस योजना को सरकार द्वारा दिसम्बर, 2024 तक के लिए बढ़ा दिया गया है।

स्वास्थ्य योजनाएँ

स्वास्थ्य योजनाएँ	शुरुआत	उद्देश्य	तथ्य
स्वच्छ भारत अभियान (ग्रामीण) द्वितीय चरण	स्वच्छ भारत मिशन की उपलब्धियों के पश्चात् इसे बनाए रखने हेतु स्वच्छ भारत अभियान (ग्रामीण) के दूसरे चरण की शुरुआत की गई है। इस मिशन की क्रियान्वयन की अवधि वर्ष 2020-21 से वर्ष 2024-25 तक है।	ग्रामीण भारत में व्यापक ठोस और तरल अपशिष्ट प्रबन्धन शुरू करके सम्पूर्ण स्वच्छता हासिल करना।	• ग्रामीण स्तर पर सामुदायिक स्वच्छता परिसर के निर्माण के लिए वित्तीय सहायता को बढ़ाकर ₹ 2 लाख से ₹ 3 लाख कर दिया गया है। • इससे घरेलू शौचालय एवं सामुदायिक शौचालय के निर्माण में ग्रामीण रोजगार तथा अर्थव्यवस्था को प्रोत्साहन मिलेगा।
सुरक्षित मातृत्व आश्वासन (सुमन) योजना	केन्द्रीय स्वास्थ्य मन्त्री ने 10 अक्टूबर, 2019 को सुरक्षित मातृत्व आश्वासन (सुमन) योजना की शुरुआत की। इस योजना की घोषणा स्वास्थ्य और परिवार कल्याण मन्त्रालय के केन्द्रीय परिषद् के **13वें सम्मेलन** की शुरुआत के दौरान की गई।	इस योजना का उद्देश्य देश में मातृत्व मृत्युदर एवं शिशु मृत्युदर में कमी लाना, अस्पताल में मातृ तथा शिशु मृत्यु की रोकथाम करना तथा भुगतान रहित एवं सम्मानजनक और गुणवत्तापूर्ण चिकित्सकीय सुविधा उपलब्ध कराना है।	• इस योजना के अन्तर्गत गर्भवती महिलाओं को प्रसव के 6 माह के पश्चात् माता तथा सभी रुग्ण नवजात शिशुओं की नि:शुल्क देखभाल का प्रावधान है। • इस योजना में गर्भवती महिला को घर से स्वास्थ्य संगठन तक नि:शुल्क परिवहन की सुविधा प्रदान करने का प्रावधान है। • इस योजना के साथ ही वेबसाइट तथा शिकायत निवारण पोर्टल का भी शुभारम्भ किया गया है।
प्रधानमन्त्री मातृवन्दना योजना	इस योजना की शुरुआत 1 जनवरी, 2017 को सम्पूर्ण देश की गर्भवती एवं स्तनपान कराने वाली महिलाओं के कल्याण के लिए की गई थी। यह एक केन्द्र प्रायोजित योजना है, जिसे महिला एवं बाल मन्त्रालय द्वारा संचालित किया जा रहा है।	सामाजिक और आर्थिक रूप से पिछड़ी महिलाओं को मातृत्व लाभ देना और गर्भवती महिलाओं स्तनपान कराने वाली माताओं के स्वास्थ्य सम्बन्धी व्यवहार में सुधार करना।	• इस योजना के द्वारा गर्भवती महिलाओं को सीधे उनके बैंक खाते में नकद लाभ प्रदान किया जाता है, जिससे बढ़ी हुई पोषण सम्बन्धी आवश्यकताओं को पूर्ण किया जा सके और वेतन हानि की क्षतिपूर्ति की जा सके। इस योजना के अन्तर्गत सभी पात्र लाभार्थी (गर्भवती या स्तनपान कराने वाली महिला) को कुल ₹ 6000 की वित्तीय सहायता प्रदान की जाती है। • इसमें ₹ 5000 तीन किस्तों में दिए जाते हैं तथा शेष राशि (₹ 1000) जननी सुरक्षा योजना के अनुरूप संस्थागत प्रसव के पश्चात् दी जाती है।

स्वास्थ्य योजनाएँ	शुरुआत	उद्देश्य	तथ्य
राष्ट्रीय वयोश्री योजना	1 अप्रैल, 2017 को राष्ट्रीय वयोश्री योजना का शुभारम्भ आन्ध्र प्रदेश राज्य के नेल्लोर जिले से किया गया। वर्ष 2015-16 के बजट में ही इस योजना के लिए घोषणा की गई थी।	इस योजना का उद्देश्य आयु सम्बन्धी बीमारियों (कम दृष्टि, सुनने में परेशानी, दाँतों का टूट जाना एवं विकलांगता आदि) का सामना कर रहे गरीबी रेखा से नीचे की श्रेणी से सम्बद्ध बुजुर्गों को जीवन-यापन के लिए आवश्यक उपकरण प्रदान कर उनके जीवन को सामान्य बनाना है।	• यह वरिष्ठ नागरिक कल्याण कोष से वित्त पोषित योजना है। • यह योजना सामाजिक न्याय और अधिकारिता मन्त्रालय के तहत एक सार्वजनिक क्षेत्र उपक्रम, कृत्रिम अंग निर्माण निगम द्वारा क्रियान्वित की जा रही है। • इसके तहत पात्र वरिष्ठ नागरिकों की विकलांगता या दुर्बलता की सीमा के अनुरूप निःशुल्क उपकरण प्रदान किया जाता है।
प्रधानमन्त्री सुरक्षित मातृत्व अभियान	यह केन्द्र सरकार की एक प्रमुख योजना है, जिसकी शुरुआत वर्ष 2016 में देश की गर्भवती महिलाओं को व्यापक एवं गुणवत्तापूर्वक प्रसव पूर्व जाँच सुनिश्चित करने हेतु की गई।	इस योजना का उद्देश्य सुरक्षित गर्भधारण और सुरक्षित प्रसव के माध्यम से मातृ एवं शिशु मृत्युदर को कम करना तथा गर्भवती महिलाओं की गुणवत्तापूर्ण प्रसव पूर्व जाँच करना है।	• यह योजना भारत के दुर्गम तथा दूर-दराज के क्षेत्रों तक पहुँचने में सफल रही। इसके अन्तर्गत 1 करोड़ से अधिक जाँच में से 25 लाख से अधिक जाँच उच्च प्राथमिकता वाले जिलों में आयोजित की गई है। • इस योजना के अन्तर्गत प्रत्येक माह की 9 तारीख को सभी गर्भवती महिलाओं की सार्वभौमिक रूप से सुनिश्चित एवं गुणवत्तापूर्ण जाँच कराई जाती है। • इस योजना के अन्तर्गत उच्च जोखिम वाली महिलाओं की पहचान कर उन्हें लाल स्टीकर तथा सामान्य गर्भवती महिलाओं को हरे रंग का स्टीकर प्रदान किया जाता है तथा आवश्यकतानुसार इन्हें फॉलो अप की सुविधा प्रदान की जाती है।
भारत : प्रधानमन्त्री जन आरोग्य योजना	23 सितम्बर, 2014 को राँची (झारखण्ड) में प्रधानमन्त्री मोदी द्वारा।	समाज के आर्थिक रूप से वंचित वर्गों को स्वास्थ्य सेवा लाभ प्रदान करना।	• इस योजना के अन्तर्गत देश के लगभग 50 करोड़ लोगों को सरकारी तथा प्राइवेट अस्पतालों में इलाज की सुविधा प्रदान करने का प्रावधान है। यह BPL परिवारों एवं असंगठित क्षेत्र के श्रमिकों आदि के लिए स्वास्थ्य बीमा योजना है। • यह सुविधा पूर्ण रूप से कैसलेस तथा वहनीय है। इसके माध्यम से देश के किसी भी भाग में इलाज कराने का प्रावधान है। • इस योजना में **राष्ट्रीय स्वास्थ्य बीमा योजना** और **वरिष्ठ नागरिक स्वास्थ्य बीमा योजना** का विलय कर दिया गया है।
स्वच्छ भारत अभियान (ग्रामीण)	भारत में स्वच्छ भारत मिशन की शुरुआत 2 अक्टूबर, 2014 को की गई, जिसे (गाँधी जी की 150वीं जयन्ती के अवसर पर) वर्ष 2019 तक पूरा किया जाना निर्धारित किया गया।	इस मिशन के अन्तर्गत ग्रामीण स्वच्छता, खुले में शौच से मुक्ति, घर, गाँव और देश में स्वच्छता को जीवन शैली का अंग बनाने पर बल दिया गया।	इस मिशन के अन्तर्गत 10 करोड़ से अधिक व्यक्तिगत शौचालयों का निर्माण किया गया, जबकि 120 मिलियन का लक्ष्य रखा गया था। भारत के सभी राज्यों के ग्रामीण क्षेत्रों को 2 अक्टूबर, 2019 को **ODF** (खुले में शौच मुक्त) मुक्त किया गया।
राष्ट्रीय किशोर स्वास्थ्य कार्यक्रम	इस कार्यक्रम की शुरुआत 7 जनवरी, 2014 को हुई थी। यह कार्यक्रम 10 से 19 वर्ष के वयस्कों को लक्षित करता है।	भारतीय किशोरों को उनके स्वास्थ्य और कल्याण से जुड़े निर्णय लेने में सहायता करना।	• इस कार्यक्रम के अन्तर्गत देश के सभी किशोरों (10-19 वर्ष) की स्वास्थ्य एवं विकास सम्बन्धी सभी आवश्यकताओं को ध्यान में लाना तथा उन्हें पूर्ण करना है। इसके अन्तर्गत विद्यालयों में छात्रों की जाँच की जाती है तथा गैर-संक्रामक रोगों का पता लगाने हेतु स्वास्थ्य केन्द्रों पर भेजा जाता है। • इसके अन्तर्गत मुख्य रूप से पोषण, यौन, प्रजनन, स्वास्थ्य, नशाखोरी, गैर-संक्रामक रोगों, मानसिक स्वास्थ्य, चोट और हिंसा जैसे क्षेत्रों पर ध्यान दिया जाता है। • इस कार्यक्रम के कार्यान्वयन में मार्गदर्शन करने हेतु संयुक्त राष्ट्र जनसंख्या कोष के सहयोग से राष्ट्रीय किशोर स्वास्थ्य रणनीति विकसित की गई है।
मिशन इन्द्रधनुष	इसके अन्तर्गत भारत सरकार के स्वास्थ्य एवं परिवार कल्याण मन्त्रालय ने 25 दिसम्बर, 2014 को मिशन इन्द्रधनुष की शुरुआत की थी।	इस मिशन का उद्देश्य वर्ष 2020 तक ऐसे सभी बच्चों का टीकाकरण करना था, जिन्हें सात बीमारियों से लड़ने के लिए टीका नहीं लगाया है या आंशिक रूप से लगाया गया है।	• यह एक बूस्टर टीकाकरण कार्यक्रम है, जो कम टीकाकरण कवरेज वाले 201 जिलों में शुरू हुआ था। वर्तमान में इसका विस्तार कर दिया गया हैं। • इसका लक्ष्य देश में 90% लोगों को टीका लगवाना और वर्ष 2022 तक इस स्तर को बनाये रखना था। वर्तमान मे इसमें सघन मिशन इन्द्रधनुष चलाया जा रहा है। • इस मिशन के अन्तर्गत 12 रोगों के टीकाकरण की व्यवस्था है; जैसे—तपेदिक, पोलियो, हेपेटाइटिस बी, डिप्थीरिया, पर्टुसिस, टिटनेस, तथा खसरा, मैनिन्जाइटिस, निमोनिया हेमोफिलस इन्फ्लूएंजा टाइप बी संक्रमण, जापानी इंसेफेलाइटिस, रोटावायरस वैक्सीन, रूबेला और न्यूमोकोकल कंजुगेट वेक्सीन आदि हैं।

स्वास्थ्य योजनाएँ	शुरुआत	उद्देश्य	तथ्य
राष्ट्रीय बाल स्वास्थ्य कार्यक्रम	राष्ट्रीय ग्रामीण स्वास्थ्य मिशन के अन्तर्गत फरवरी, 2013 में राष्ट्रीय बाल स्वास्थ्य कार्यक्रम (RBSK) की शुरुआत की गई।	इसका उद्देश्य जन्म के समय बच्चों में किसी प्रकार के विकार, बीमारी, न्यूनता और विकलांगता सहित बच्चों के विकास में आने वाली समस्या की शुरुआती पहचान तथा शुरुआती हस्तक्षेप करना है।	• यह राष्ट्रीय ग्रामीण स्वास्थ्य मिशन के अन्तर्गत बच्चे को स्वास्थ्य एवं जाँच और अर्ली इण्टरवेन्शन सर्विसेज का एक प्रमुख घटक है। • इस कार्यक्रम के अन्तर्गत बीमार बच्चों को तृतीय स्तर पर सर्जरी सहित राष्ट्रीय ग्रामीण स्वास्थ्य मिशन के अन्तर्गत नि:शुल्क स्वास्थ्य सेवाएँ प्रदान करने का प्रावधान है। • इस कार्यक्रम में बाल स्वास्थ्य स्क्रीनिंग और प्रारम्भिक हस्तक्षेप सेवाओं में स्क्रीनिंग, प्रारम्भिक पहचान और मुक्त प्रबन्धन हेतु 30 चयनित स्वास्थ्य परिस्थितियों को शामिल करने की परिकल्पना की गई है। इस कार्यक्रम के अन्तर्गत बाल स्वास्थ्य स्क्रीनिंग के दो स्तर क्रमश: समुदाय तथा सुविधा हैं।
राष्ट्रीय स्वास्थ्य सुरक्षा बीमा योजना	यह योजना वर्ष 2008 में भारत सरकार के श्रम एवं रोजगार मन्त्रालय द्वारा गरीबी रेखा से नीचे जीवन-यापन करने वाले परिवारों को स्वास्थ्य बीमा कवरेज प्रदान करने हेतु प्रारम्भ की गई।	स्वास्थ्य आघात से उत्पन्न वित्तीय देयताओं से गरीबी रेखा से नीचे रहने वाले परिवारों को सुरक्षा प्रदान करना, जिसमें अस्पताल में भर्ती कराना भी शामिल किया गया।	• इस योजना के अन्तर्गत BPL श्रेणी में आने वाले कामगारों के परिवारों को लाभ देने का प्रावधान किया गया (एक परिवार इकाई में पाँच सदस्यों को माना गया)। इस योजना के अन्तर्गत लाभार्थियों की पहचान हेतु स्मार्ट कार्ड जारी किया गया। • इसके अन्तर्गत प्रति परिवार प्रतिवर्ष पारिवारिक फ्लोटर के आधार पर कुल बीमा राशि ₹ 30,000 निर्धारित की गई। सभी बीमारियों के लिए नकद राशि का प्रावधान किया गया है। परिवहन लागत (प्रति विजिट अधिकतम ₹ 100) के साथ ₹ 1000 की समग्र सीमा का प्रावधान किया गया। • इसके अन्तर्गत भारत सरकार द्वारा ₹ 750 के अनुमानित वार्षिक प्रीमियम की 75% राशि का योगदान, प्रतिवर्ष प्रति परिवार अधिकतम ₹ 565 का प्रावधान किया गया।
प्रधानमन्त्री भारतीय जन औषधि परियोजना (PMBJP)	इस योजना की शुरुआत भारत सरकार के रसायन और उर्वरक मन्त्रालय के फार्मास्यूटिकल्स विभाग द्वारा वर्ष 2008 में की गई थी, जिसका नाम वर्ष 2015 में जन औषधि योजना और वर्ष 2016 में फिर से 'पीएम जन औषधि योजना' कर दिया गया।	आम नागरिकों को किफायती मूल्य पर गुणवत्तापूर्ण जेनरिक दवाईयाँ उपलब्ध कराना।	• इस योजना के अन्तर्गत गुणवत्तापूर्ण जेनरिक दवाओं का कवरेज बढ़ाया जाता है, ताकि दवाओं पर होने वाले व्यय को कम किया जा सके। • शिक्षा एवं प्रचार के माध्यम से जेनरिक दवाओं के बारे में जागरूकता का प्रसार किया जा रहा है, ताकि गुणवत्ता केवल उच्च **कीमत** का पर्याय न बने। • इसके तहत सस्ती दरों पर जेनरिक दवाएँ उपलब्ध कराई जा रही हैं।
जननी सुरक्षा योजना	यह केन्द्र प्रायोजित योजना है, जिसकी शुरुआत 12 अप्रैल, 2005 को हुई थी। यह माताओं तथा शिशुओं की मृत्युदर में कमी लाने के लिए राष्ट्रीय ग्रामीण स्वास्थ्य मिशन द्वारा चलाया जा रहा एक सुरक्षित मातृत्व हस्तक्षेप है।	इस योजना का प्रमुख उद्देश्य संस्थागत प्रसव को बढ़ावा देना तथा प्रजनन एवं शिशु स्वास्थ्य कार्यक्रम के अन्तर्गत माता एवं शिशु मृत्युदर में कमी लाना है।	• इस योजना के अन्तर्गत जन-स्वास्थ्य केन्द्र पर प्रसव कराने पर ₹ 1400 की नकद सहायता प्रदान की जाती है। • इस योजना की सफलता को गरीब परिवारों के बीच संस्थागत प्रसव में वृद्धि द्वारा निर्धारित किया जाता है। • इस योजना के अन्तर्गत आशा कार्यकर्ता की भूमिका महत्त्वपूर्ण होती है, जो संस्थागत प्रसव लाभों के बारे में गर्भवती महिलाओं को बताती है। • इस योजना के अन्तर्गत गर्भवती महिलाओं का सरकारी अस्पतालों में पंजीकरण करना, कम-से-कम 3 प्रसव पूर्व जाँच कराना, प्रसव कराना आदि आशा के प्रमुख कार्य हैं। इस योजना के अन्तर्गत घर पर ही प्रसव को प्राथमिकता देने वाली गर्भवती महिला को, प्रति प्रसव ₹ 500 नकद सहायता प्रदान की जाती है।

***अन्य योजनाओं को पढ़ने** के लिए QR कोड स्कैन करें*

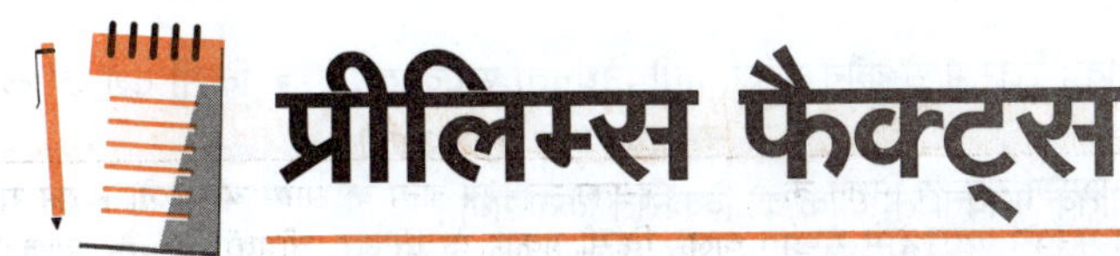

1. अर्थशास्त्र : एक परिचय

- आधुनिक अर्थशास्त्र का जनक किसे कहा जाता है? ***– एडम स्मिथ [MPPSC (Pre) 2010]***
- अन्य बातें अपरिवर्तित रहने पर भी किसी वस्तु के लिए बाजार माँग बढ़ सकती है, यदि ***– इसकी स्थानापन्न वस्तु की कीमत में वृद्धि हो या इसकी कीमत घट जाए। [IAS (Pre) 2021]***
- वह दर, जिस पर उपभोक्ता एक वस्तु को दूसरी वस्तु से, सन्तुष्टि का स्तर बदले बिना, प्रतिस्थापन के लिए तैयार करता है, उसे क्या कहते हैं? ***– सम-सीमान्त उपयोगिता [RAS/ RTS (Pre) 2013]***
- हाट्रे, हायक, कीन्स और हिक्स में से किस अर्थशास्त्री ने व्यापार चक्र का विशुद्ध मौद्रिक सिद्धान्त प्रतिपादित किया? ***– हाट्रे [UKPSC (Pre) 2012]***
- वी. के. आर. वी. राव, जगदीश भगवती, अमर्त्य सेन और राजकृष्ण में से किसने भारतीय पूँजीवाद को धर्मशाला पूँजीवाद कहा? ***– राजकृष्ण [HPPSC (Pre) 2017]***
- किसी भी अर्थव्यवस्था में परिवहन एक बड़ी भूमिका निभाता है, परिवहन के प्रकारों – वायु, रेल, सड़क और जल में से किसकी लोच उच्चतम है? ***– सड़क [BPSC (Pre) 2017]***
- पूर्ण लाभ का सिद्धान्त किससे सम्बन्धित है? ***– एडम स्मिथ [HPSC (Pre) 2024]***
- बिग पुश का सिद्धान्त किससे सम्बन्धित है? ***– पॉल रोसेनस्टीन रोडन [HPSC (Pre) 2024]***
- निम्न स्तर के सन्तुलन जाल के सिद्धान्त का सम्बन्ध है ***– रिचर्ड आर-नेल्सन [HPSC (Pre) 2024]***
- सन्तुलित विकास का सिद्धान्त किससे सम्बन्धित है? ***– रेगनर नर्कसे [HPSC (Pre) 2024]***
- गरीबी का दुष्चक्र सिद्धान्त सम्बन्धित है ***– रेगनर नर्कसे [JPSC (Pre) 2024]***

2. भारतीय अर्थव्यवस्था : एक परिचय

- भारत ने $5 ट्रिलियन अर्थव्यवस्था का लक्ष्य कब तक प्राप्त कर लेने का लक्ष्य रखा है? ***– वर्ष 2024 [UPPSC (Pre) 2020]***
- राष्ट्रीय ढाँचागत पाइपलाइन (एन. आई. पी.) सरकार द्वारा किस अवधि के लिए आरम्भ किया गया है? ***– वर्ष 2020-2025 की अवधि के लिए [UPPSC (Pre) 2020]***
- राष्ट्रीय ढाँचागत पाइपलाइन का उद्देश्य है ***– सभी को समान ढाँचागत सुविधा प्राप्त कराना [UPPSC (Pre) 2020]***
- अर्थव्यवस्था के किन क्षेत्रकों के साथ कृषि तथा सेवाएँ क्रियाकलाप सम्बद्ध हैं? ***– क्रमशः प्राथमिक तथा तृतीयक [UPPSC (Pre) 2015]***
- 'बन्द अर्थव्यवस्था' वह अर्थव्यवस्था है, जिसमें ***– न तो निर्यात और न ही आयात होता है। [IAS (Pre) 2011]***
- भारत में समाजवादी, गाँधीवादी, मिश्रित और स्वतन्त्र में से किस प्रकार की अर्थव्यवस्था है? ***– मिश्रित [JPSC (Pre)2010, BPSC (Pre) 2013]***
- क्रय शक्ति समता (PPP) विनिमय दरों की गणना विभिन्न देशों में, किस प्रकार की वस्तुओं और सेवाओं के मूल्यों की तुलना की जाती है? ***– एक समान वस्तुओं और सेवाओं [IAS (Pre) 2019]***

3. आर्थिक संवृद्धि एवं आर्थिक विकास

- वर्ष के दौरान स्थिर कीमतों पर राष्ट्रीय आय में वृद्धि, वास्तविक प्रति व्यक्ति आय में सुस्थिर वृद्धि, किसी अवधि में चालू कीमतों पर राष्ट्रीय आय में वृद्धि और जनसंख्या में वृद्धि के साथ राष्ट्रीय आय में वृद्धि में से कौन-सा एक आर्थिक वृद्धि का परिचायक है? ***– व्यक्ति आय में सुस्थिर वृद्धि [RAS/RTS (Pre) 2013]***
- संवृद्धि की सीमा की अवधारणा का प्रतिपादन किसके द्वारा किया गया? ***– क्लब ऑफ रोम 1972 [UPPSC (Pre) 2019]***
- 'X' देश में आर्थिक संवृद्धि अनिवार्य रूप में होगी, यदि ***– 'X' में पूँजी निर्माण होता है। [IAS (Pre) 2013]***
- सकल घरेलू उत्पाद, निवल घरेलू उत्पाद, निवल राष्ट्रीय उत्पाद और प्रतिव्यक्ति वास्तविक आय में से कौन किसी देश की आर्थिक संवृद्धि का सबसे उपयुक्त मापदण्ड है? ***– प्रतिव्यक्ति वास्तविक आय [CGPSC (Pre) 2016, UPPSC (Pre) 2013, IAS (Pre) 2001]***
- SDG इण्डिया इण्डेक्स 2018 के अनुसार, SDG1, SDG2 और SDG9 क्रमश: दर्शाते हैं ***– कोई गरीबी नहीं, कोई भुखमरी नहीं और उद्योग, नवाचार, बुनियादी ढाँचा [MPPSC (Pre) 2024]***
- सैद्धान्तिक रूप से यदि आर्थिक विकास की कल्पना की जाती है, तो सकल घरेलू उत्पाद में वृद्धि, विश्व बैंक से वित्तीय सहायता में वृद्धि, सकल राष्ट्रीय उत्पादन में वृद्धि और प्रतिव्यक्ति सकल राष्ट्रीय उत्पाद में वृद्धि में से किस एक को साधारणतः ध्यान में नहीं रखा जाता है? ***– विश्व बैंक से वित्तीय सहायता में वृद्धि [JPSC (Pre) 2013]***
- पूँजी का संचय एवं तकनीक सुधार, जनसंख्या में परिवर्तन, विशेषीकृत क्रियाओं/गतिविधियों में श्रम विभाजन और तकनीकीविद् व नौकरशाह में से कौन-सा आर्थिक विकास का प्रमुख कारक नहीं है? ***– तकनीकीविद् एवं नौकरशाह [UPPSC (Pre) 2021]***
- उच्च बचत वाली अर्थव्यवस्था होते हुए भी–कमजोर प्रशासन तन्त्र, निरक्षरता, उच्च जनसंख्या घनत्व और उच्च पूँजी उत्पाद अनुपात में से किस कारण पूँजी निर्माण महत्त्वपूर्ण उत्पादन वृद्धि में परिणामित नहीं हो पाता है? ***– उच्च पूँजी उत्पाद अनुपात के कारण [IAS (Pre) 2018]***
- संयुक्त राष्ट्र विकास कार्यक्रम, समन्वित ग्रामीण विकास योजना, विश्व विकास प्रतिवेदन और सामुदायिक विकास योजना में से किस एक ने विकास के मानवीय पक्ष पर सबसे पहले ध्यान केन्द्रित किया? ***– संयुक्त राष्ट्र विकास कार्यक्रम [UP UDA/LDA (Pre) 2013]***
- मानव विकास की अवधारणा किसके द्वारा दी गई? ***– महबूब–उल–हक [UPPSC (Pre) 2016]***
- मानव विकास सूचकांक किसका संयुक्त सूचकांक है? ***– जीवन प्रत्याशा, शैक्षणिक उपलब्धि एवं प्रति व्यक्ति आय [UKPSC (Pre) 2016, RAS/RTS (Pre) 2013, UPPSC (Pre) 2020]***
- मानव गरीबी सूचकांक (एच. पी. आई.) की अवधारणा मानव विकास रिपोर्ट वर्ष 1997 में प्रस्तुत की गई, लेकिन मानव विकास रिपोर्ट ने इसे बहुआयामी गरीबी सूचकांक (एम. पी. आई.) द्वारा किस वर्ष में प्रतिस्थापित कर दिया? ***– वर्ष 2010 [UPPSC (Pre) 2020]***

- स्वास्थ्य, शिक्षा और जीवन स्तर में से कौन बहुआयामी निर्धनता सूचकांक में सम्मिलित होता है? **– ये सभी** [UPPSC (Pre) 2019]
- किसके द्वारा जीवन के भौतिक गुणवत्ता सूचकांक को विकसित किया गया? **– मौरिस डी. मौरिस** [UPPSC (Pre) 2019]
- UNDP की HDR 2007, HDR 2008, HDR 2009 और HDR 2010 में से किस मानव विकास रिपोर्ट में लिंग असमानता सूचकांक की शुरुआत हुई थी? **– HDR 2010** [UKPSC (Pre) 2020]
- सांस्कृतिक अखण्डता और पारिस्थितिकी प्रक्रियाओं को बनाए रखते हुए पर्यटन और पर्यावरण का प्रबन्ध करना किसका मुख्य उद्देश्य है? **– पोषकीय पर्यटन** [UPPSC (Pre) 2020]
- नीमराणा, जो टिकाऊ आर्थिक विकास मॉडल है, भारत के किस राज्य में अवस्थित है? **– राजस्थान में (भीलवाड़ा)**
- वर्ष 2004-05, 2011-12, 2012-13, 2013-14 में से किस आर्थिक सर्वेक्षण में प्रथम बार धारणीय विकास और जलवायु परिवर्तन का नवीन अध्याय जोड़ा गया था? **– वर्ष 2011-12** [UPPSC (Pre) 2015]
- भारत ने स्विट्जरलैण्ड, नॉर्वे, स्वीडन और फ्रांस में से किस देश के साथ नीली अर्थव्यवस्था (समुद्री संसाधन) पर सतत् विकास हेतु साझेदारी के लिए टास्क फोर्स का निर्माण किया है? **– नॉर्वे** [MPPSC (Pre) 2021]
- सामाजिक दृष्टिकोण, आर्थिक दृष्टिकोण, पर्यावरण दृष्टिकोण में से कौन सतत् विकास का आधार है? **– पर्यावरणीय दृष्टिकोण** [MPPSC (Pre) 2015]
- वर्तमान पीढ़ी के विकास के साथ–साथ भविष्य का आर्थिक विकास किसका मुख्य अभिप्राय है? **– सतत् आर्थिक विकास** [MPPSC (Pre) 2015]
- पर्यावरणीय कुजनेट्स वक्र (EKC) पर्यावरणीय क्षति एवं प्रतिव्यक्ति GDP के मध्य सम्बन्ध दर्शाता है। इस पर्यावरणीय कुजनेट्स वक्र का आकार किस प्रकार का होता है? **– उल्टा U आकार** [UPPSC (Pre) 2019]

4. राष्ट्रीय आय

- किसने सर्वप्रथम भारत में राष्ट्रीय आय का आकलन किया था? **– दादाभाई नौरोजी** [UPPSC (Mains) 2013]
- किस अर्थशास्त्री ने भारत में सबसे पहले वैज्ञानिक दृष्टि से राष्ट्रीय आय की गणना की? **– वी. के. आर. वी. राव** [BPSC (Pre) 2017]
- वर्ष 1991 के आर्थिक सुधार के बाद भारतीय अर्थव्यवस्था में GDP में कृषि के हिस्से में वृद्धि, FDI के अन्तःप्रवाह में वृद्धि और विदेशी विनिमय कोष में वृद्धि में से क्या परिवर्तन हुआ है? **– FDI के अन्तः प्रवाह में वृद्धि तथा विदेशी विनिमय कोष में वृद्धि** [UKPSC (Pre) 2022]
- आर्थिक विकास सामान्यतः किसके साथ युग्मित होता है? **– स्फीति के साथ** [IAS (Pre) 2011]
- हिन्दू वृद्धि दर मुद्रा भारतीय अर्थव्यवस्था के किस घटक से सम्बन्धित है? **– GDP** [BPSC (Pre) 2019, UPPSC (Pre) 2006]
- वर्ष 1949 में भारत सरकार द्वारा नियुक्त राष्ट्रीय आय समिति का अध्यक्ष कौन था? **– पी. सी. महालनोबिस** [UPPSC (Mains) 2015]
- उत्पादन विधि, ह्रासमान लागत विधि, आय विधि और व्यय विधि में से कौन–सी एक सकल घरेलू उत्पाद गणना करने की विधि नहीं है? **– ह्रासमान लागत विधि** [BPSC (Pre) 2020]
- नई GDP आँकड़ों के आधार वर्ष 2004-2005 के स्थान पर बदलकर किस वर्ष को कर दिया गया है? **– वर्ष 2011-2012** [UPPSC (Pre) 2015, BPSC (Pre) 2018]
- किसी देश की कर से GDP के अनुपात में कमी क्या सूचित करती है? **– राष्ट्रीय आय का कम सामयिक वितरण** [IAS (Pre) 2015]
- आय का वितरण फिलिप वक्र, लॉरेन्ज वक्र, मार्शल वक्र और लाफर वक्र में से किसके द्वारा मापा जाता है? **– लॉरेन्ज वक्र** [CGPSC (Pre) 2019]

5. भारत में आर्थिक नियोजन तथा नीति आयोग

- महात्मा गाँधी, जवाहरलाल नेहरू, इन्दिरा गाँधी और राजीव गाँधी में से किसने भारत में नियोजित विकास का विरोध किया था? **– महात्मा गाँधी** [UPPSC (Pre) 2019]
- वर्तमान में भारत की योजनाओं के सार्वजनिक व्यय हेतु अधिकतम साधन, वर्तमान प्राप्तियों, विदेशों, सार्वजनिक उद्योगों, ऋणों तथा घाटे में से किससे जुटाए जाते हैं? **– ऋण से** [CGPSC (Pre) 2014]
- भारत में योजना आयोग की स्थापना कब हुई थी? **– 15 मार्च, 1950** [BPSC (Pre) 2017, UP Lower 2009]
- नीति आयोग का गठन योजना आयोग के स्थान पर कब किया गया था? **– 1 जनवरी, 2015** [UP Lower 2015]
- भारत में पहली पंचवर्षीय योजना का आधार हैरॉड–डोमर मॉडल, महालनोबिस मॉडल, दादाभाई नौरोजी मॉडल और जे. एल नेहरू मॉडल में से क्या था? **– हैरोड–डोमर मॉडल** [BPSC (Pre) 2017]
- भारत की द्वितीय पंचवर्षीय योजना दादाभाई नौरोजी, पी. सी. महालनोबिस, अमर्त्य सेन और सी. एच हनुमन्था राव में से किसके द्वारा विकसित एक आर्थिक मॉडल पर आधारित थी? **– पी. सी. महालनोबिस** [JPSC (Pre) 2021]
- किस पंचवर्षीय योजना के अन्तर्गत समाज के समाजवादी ढाँचे की स्थापना का संकल्प लिया गया था? **– द्वितीय पंचवर्षीय योजना** [MPPSC (Pre) 2015]
- किस पंचवर्षीय योजना का उद्देश्य आत्मनिर्भरता और शून्य विदेशी सहायता घोषित करना था? **– पाँचवीं पंचवर्षीय योजना** [UPPSC (Mains) 2014]
- गरीबी हटाओ का आह्वान किस पंचवर्षीय योजना में सम्मिलित किया गया था? **– पाँचवीं पंचवर्षीय योजना** [MPPSC (Pre) 2015]
- ग्यारहवीं पंचवर्षीय योजना का मुख्य उद्देश्य था **– तीव्रता एवं अधिक सम्मिलित वृद्धि** [UKPSC (Pre) 2010, 2012]
- बारहवीं पंचवर्षीय योजना का मुख्य उद्देश्य क्या है? **– तीव्रतर, धारणीय एवं अधिक समावेशी विकास** [IAS (Pre) 2014, MPPSC (Pre) 2014]
- बारहवीं पंचवर्षीय योजना में ऊर्जा, परिवहन, सामाजिक सेवाएँ और ग्रामीण विकास में से किस मद में सबसे अधिक धनराशि वितरित की गई? **– सामाजिक सेवाओं की मद में** [UPPSC (Mains) 2013]
- द्वितीय पंचवर्षीय योजना में किस क्षेत्र के विकास पर सर्वाधिक बल दिया गया था? **– औद्योगिक क्षेत्र** [JPSC (Pre) 2024]
- कौन–सी पंचवर्षीय योजना, मानव संसाधन विकास पर केन्द्रित थी? **– पंचम** [BPSC (Pre) 2023]
- कौन–सी योजना 'रोलिंग प्लान' कही जाती है? **– पाँचवी योजना** [UKPSC (Pre) 2022]
- नीति आयोग के उपाध्यक्ष की नियुक्ति कौन करता है? **– भारत के प्रधानमन्त्री** [MPPSC (Pre) 2023]
- 2020 में SDG इण्डिया इण्डेक्स 3.0 में मध्य प्रदेश का समग्र SDG (सतत विकास लक्ष्य) स्कोर कितना था? **– 62** [MPPSC (Pre) 2025]

6. मुद्रा एवं मुद्रास्फीति

- विदेशी मुद्रा जिसमें त्वरित प्रवास की प्रवृत्ति होती है, क्या कहलाती है?
  – ***गर्म मुद्रा*** *[BPSC (Pre) 2015]*
- ADR, GDR, SDR में से कौन-सी मुद्रा/मुद्राएँ कृत्रिम समझी जाती हैं?
  – ***SDR*** *[IAS (Pre) 2010]*
- भारत में कागजी मुद्रा सर्वप्रथम कब शुरू की गई थी?
  – ***वर्ष 1862 में*** *[UPPSC (Mains) 2011]*
- भारत में सिक्के जारी करने के लिए रिज़र्व बैंक ऑफ इण्डिया, वित्त मन्त्रालय, स्टेट बैंक ऑफ इण्डिया और राष्ट्रीय स्टॉक व्यापार में से कौन अधिकृत है? – ***रिज़र्व बैंक ऑफ इण्डिया*** *[UP UDA/LDA (Pre) 2010]*
- ₹ 1 के भारतीय नोट पर किसके हस्ताक्षर होते हैं?
  – ***सचिव, वित्त मन्त्रालय के*** *[UKPSC (Pre) 2012]*
- भारतीय रिज़र्व बैंक को कितने रुपये तक का करेन्सी नोट छापने का अधिकार प्राप्त है? – ***₹ 10,000 तक*** *[UPPSC (Pre) 2014]*
- यदि आप अपने बैंक के माँग जमा खाते से ₹ 1,00,000 की नकद राशि निकालते हैं, तो अर्थव्यवस्था में तात्कालिक रूप से मुद्रा की समग्र पूर्ति पर इसका क्या प्रभाव पड़ेगा?
  – ***मुद्रा की समग्र पूर्ति अपरिवर्तित रहेगी*** *[IAS (Pre) 2020]*
- वस्तुओं का मूल्य बढ़ना, मुद्रा का मूल्य गिरना, विनिमय दर में सुधार होना में से कौन मुद्रास्फीति का कारण होता है?
  – ***वस्तुओं का मूल्य बढ़ना और मुद्रा का मूल्य गिरना*** *[CGPSC (Pre) 2013]*
- अर्थव्यवस्था में नकदी की मात्रा को कम करना, संव्यवहार के अंकीय तरीकों का अधिक उपयोग, कर आधार को बढ़ावा देना और जीडीपी की विकास दर में वृद्धि करने में से कौन-सा भारत में विमुद्रीकरण का औपचारिक उद्देश्य नहीं था?
  – ***जीडीपी की विकास दर में वृद्धि करना*** *[UPPSC (Mains) 2017]*
- साहूकार, ऋणी/लेनदार, बचत खाता एकाउण्ट रखने वाले और राजकीय पेंशनर में से कौन मुद्रास्फीति से सवाधिक लाभ पाता है?
  – ***ऋणी*** *[UPPSC (Pre) 1995, UP RO/ARO (Mains) 2016]*
- फिलिप्स वक्र मुद्रा विस्फीति एवं बेरोजगारी, मुद्रास्फीति एवं बेरोजगारी, मुद्रास्फीति एवं अदृश्य बेरोजगारी और मुद्रा विस्फीति एवं चक्रिय बेरोजगारी में से किनके मध्य सम्बन्ध को व्यक्त करता है?
  – ***मुद्रास्फीति एवं बेरोजगारी*** *[UKPSC (Pre) 2012]*
- भारत में मुद्रास्फीति को किसके द्वारा मापा जाता है?
  – ***थोक मूल्य सूचकांक के द्वारा*** *[RAS/RTS (Pre) 2013]*
- भारतीय रिज़र्व बैंक, भारत सरकार, नीति आयोग और वित्त आयोग में से किसने ±/ 2% के सहनीय स्तर के साथ 4% का मुद्रास्फीति का लक्ष्य निश्चित किया है? – ***भारत सरकार*** *[RAS/RTS (Pre) 2018]*
- किसी अर्थव्यवस्था में खाद्य और ऊर्जा की कीमतों सहित कुल मुद्रास्फीति की माप क्या कहलाती है? – ***शीर्ष (हेडलाइन) मुद्रास्फीति*** *[UKPSC (Pre) 2024]*
- भारतीय रिज़र्व बैंक, आर्थिक कार्य विभाग, श्रम ब्यूरो एवं कार्मिक और प्रशिक्षण विभाग में से कौन औद्योगिक कर्मकारों के लिए उपभोक्ता मूल्य सूचकांक निकालता है? – ***श्रम ब्यूरो*** *[IAS (Pre) 2015]*

7. भारतीय बैंकिंग प्रणाली

- भारतीय मौद्रिक नीति के बारे में निर्णय कौन लेता है?
  – ***भारतीय रिज़र्व बैंक*** *[RAS/RTS (Pre) 2010]*
- भारत में मौद्रिक नीति बैंक दर, मुक्त बाजार संक्रियाएँ, सरकारी ऋण, लोक राजस्व साधनों में से किनका प्रयोग करती हैं?
  – ***बैंक दर, मुक्त बाजार संक्रियाएँ*** *[IAS (Pre) 2015]*
- कौन-सी पारिभाषिक शब्दावली उस क्रियाविधि को इंगित करती है, जिसके माध्यम से वाणिज्यिक बैंक सरकार को उधार देता है?
  – ***सावधिक तरलता अनुपात*** *[IAS (Pre) 2010]*
- वैधानिक तरलता अनुपात (एस एल आर) की न्यूनतम सीमा क्या थी, जिसे भारत सरकार द्वारा वर्ष 2007 में संशोधित किया गया था?
  – ***25%*** *[MPPSC (Pre) 2023]*
- उधार सीमा मार्जिन में परिवर्तन, सरकारी प्रतिभूतियों को बेचना, साख राशनिंग व नैतिक दबाव में से कौन-सा उपाय चयनात्मक साख नियन्त्रण के सम्बन्ध में सही नहीं है? – ***सरकारी प्रतिभूतियों को बेचना*** *[RAS/RTS 2023]*
- अगस्त, 2023 में विश्व विद्यालय अनुदान आयोग, भारतीय राष्ट्रीय राजमार्ग प्राधिकरण, भारतीय अन्तरिक्ष अनुसन्धान संगठन और भारतीय रिजर्व में से किस संस्था ने केन्द्रीकृत वेब पोर्टल 'UDGAM' लॉन्च किया? – ***भारतीय रिजर्व बैंक*** *[RAS/RTS 2023]*
- सीमान्त स्थायी सुविधा दर तथा निवल माँग और सावधि देयताएँ का प्रयोग किसके सम्बन्ध में किया जाता है? – ***बैंक कार्य*** *[IAS (Pre) 2014]*
- किसी अर्थव्यवस्था में यदि ब्याज की दर को हटाया जाता है, तो वह
  – ***अर्थव्यवस्था में निवेश व्यय को बढ़ाएगा*** *[IAS (Pre) 2014]*
- भारतीय अर्थव्यवस्था के सन्दर्भ में, अंकित प्रभावी विनिमय दर (Nominal Effective Exchange Rate, NEER) किसको दर्शाती है?
  – ***रुपए की मूल्यवृद्धि को*** *[IAS (Pre) 2022]*
- किस संस्था ने केन्द्रीयकृत वेब पोर्टल UDGAM लॉन्च किया?
  –***भारतीय रिज़र्व बैंक*** *[RAS/RTS (Pre) 2023]*
- वैधानिक तरलता अनुपात (SLR) की न्यूनतम सीमा क्या थी, जिसे भारत सरकार द्वारा वर्ष 2007 में संशोधित किया गया था?
  – ***25%*** *[MPPSC (Pre) 2024]*
- किस वर्ष रिज़र्व बैंक का राष्ट्रीयकरण किया गया था?
  – ***वर्ष 1949*** *[MPPSC (Pre) 2023]*
- बैंक में लेन-देन में पिन का क्या अभिप्राय है?
  – ***पर्सनल आइडेण्टिफिकेशन नम्बर*** *[UP RO/ARO (Pre) 2024]*
- किस समिति ने प्रतिस्पर्धा अधिनियम, 2002 को अधिनियमित करने का सुझाव दिया? – ***एस.वी.एस.राघवन समिति*** *[BPSC (Pre) 2023]*
- नाबार्ड (कृषि एवं ग्रामीण विकास हेतु राष्ट्रीय बैंक) की स्थापना कब हुई?
  – ***वर्ष 1982*** *[MPPSC (Pre) 2023]*
- LBS एक वित्तीय समावेशन के लिए भारत सरकार द्वारा उठाए गए आर्थिक उपायों में से एक है, इस परिप्रेक्ष्य में LBS क्या है?
  – ***अग्रणी बैंकिंग योजना*** *[UPPSC (Pre) 2022]*
- मौद्रिक नीति का मुख्य उद्देश्य क्या है?
  – ***मूल्य स्थिरता बनाए रखना और आर्थिक वृद्धि सुनिश्चित करना*** *[MPPSC (Pre) 2025]*

- व्यापारिक बैंकों की समग्र जमा एवं संचय (रिजर्व) का अनुपात केन्द्रीय बैंक के पास रखना होता है इस अनुपात को दर्शाता है? *– नकद कोष अनुपात [HPSC (Pre) 2021]*
- भारत का कौन-सा व्यापारिक बैंक विश्व में शीर्ष 100 बैंकों में शामिल है? *– भारतीय स्टेट बैंक [BPSC (Pre) 2020]*

8. भारतीय वित्तीय बाजार (प्रतिभूति बाजार) एवं वित्तीय संस्थान

- फेमा, सेबी, एमआरटीपी अधिनियम में से कौन भारत के शेयर बाजार के कार्य को नियन्त्रित करता है? *– सेबी (SEBI) [UPPSC (Mains) 2012]*
- स्वैट इक्विटी शेयर्स– साधारण शेयर धारकों, अधिमान शेयर धारकों तथा कम्पनी के कर्मचारियों में से किसे आवण्टित किया जाता हैं? *– कम्पनी के कर्मचारियों को [UKPSC (Pre) 2022]*
- सार्वजनिक वस्तुओं की कीमत निर्धारण हेतु छाया कीमतों की अवधारणा को किसने प्रतिपादित किया था? *– जे. टिनबरगिन [UP UDA/LDA (Pre) 2010]*
- एक अन्तर्राष्ट्रीय वित्तीय सेवा केन्द्र गाँधीनगर, मुम्बई, अहमदाबाद और बंगलुरु में से कहाँ स्थापित किया गया है? *– गाँधीनगर [UPPSC (Mains) 2016]*
- भारतीय औद्योगिक ऋण और निवेश निगम की स्थापना कब की गई? *– वर्ष 1955 में [BPSC (Pre) 2015]*
- औद्योगिक और वित्तीय पुनर्निर्माण बोर्ड की स्थापना कब हुई? *– वर्ष 1987 में [BPSC (Pre) 2015]*
- भारत का औद्योगिक वित्त निगम किस रूप में कार्य करता है? *– एक विकास बैंक के रूप में [UPPSC (Mains) 2012]*
- भारत में बीमा कम्पनियाँ, पेंशन निधि और खुदरा निवेशकों में से कौन कॉर्पोरेट बॉण्ड और सरकारी प्रतिभूतियों में व्यापार कर सकते हैं? *– ये तीनों [UPSC (Pre) 2024]*
- भारतीय अर्थव्यवस्था के सन्दर्भ में सम्पार्श्विकीकृत उधार लेन-देन सम्बन्धी दायित्व बॉण्ड बाजार, विदेशी मुद्रा बाजार, मुद्रा बाजार और शेयर (स्टॉक) में से किसके लिखित (इन्स्ट्रूमेण्ट) है? *– मुद्रा बाजार [UPSC (Pre) 2024]*
- एक्सचेन्ज - ट्रेडेड फण्ड (ETF), मोटर वाहन और मुद्रा की अदला-बदली में से किसे वित्तीय लिखित (इन्स्ट्रूमेंट) माना जाता है। *– एक्सचेन्ज ट्रेटेड फण्ड और मुद्रा की अदला-बदली [UPSC (Pre) 2024]*

10. लोकवित्त, राजकोषीय नीति एवं बजट

- भारत में राजकोषीय नीति का निर्माण-भारतीय रिजर्व बैंक, योजना आयोग, वित्त मन्त्रालय और भारतीय प्रतिभूति एवं विनिमय बोर्ड में से किसके द्वारा किया जाता है? *– वित्त मन्त्रालय [UPPSC (Pre) 2012]*
- किस अर्थशास्त्री ने वर्ष 1929-30 की महान मन्दी को सुधारने के लिए राजकोषीय नीति के उपाय का उपयोग किया? *– प्रो. कीन्स [UKPSC (Pre) 2012]*
- करारोपण, सार्वजनिक व्यय, ब्याज दर और सार्वजनिक ऋण में से एक कौन-सा राजकोषीय नीति का उपकरण नहीं है? *– ब्याज दर [UPPSC (Pre) 2016]*
- उत्पादन नीति, कर नीति, विदेश नीति और ब्याज दर नीति में से कौन-सा एक राजकोषीय नीति का भाग है? *– कर नीति [UKPSC (Pre) 2012]*
- सरकारी व्यय को नियन्त्रित करने का प्राधिकारी भारतीय रिजर्व बैंक, योजना आयोग, वित्त मन्त्रालय और वित्त आयोग में से कौन है? *– वित्त मन्त्रालय [BPSC (Pre) 2015]*
- बजट सरकार की मौद्रिक नीति, सरकार की वाणिज्य नीति, सरकार की राजकोषीय नीति और सरकार की मुद्रा-बचत नीति में से किसका एक लेख-पत्र है? *– सरकार की राजकोषीय नीति का [UPPSC (Pre) 2013]*
- संयुक्त राज्य अमेरिका, फ्रांस, भारत और जर्मनी में से किस देश में शून्य आधारित बजट सर्वप्रथम लागू किया गया था? *– संयुक्त राज्य अमेरिका [UPPSC (Mains) 2017]*
- निष्पादन बजट की अवधारणा जर्मनी, फ्रांस, यू. के. और संयुक्त राज्य अमेरिका में से कहाँ से ली गई है? *– संयुक्त राज्य अमेरिका [UPPSC (Pre) 2010]*
- भारत में बजट का राजस्व अनुमान तैयार किया जाता है *– वित्त मन्त्रालय द्वारा [JPSC (Pre) 2013]*
- भारत का आर्थिक सर्वेक्षण नीति आयोग-भारतीय रिजर्व बैंक, वित्त मन्त्रालय और वित्त आयोग में से किससे सम्बन्धित है? *– वित्त मन्त्रालय से [UPPSC (Mains) 2010, CGPSC (Pre) 2019]*
- भारत में जेण्डर बजटिंग कब शुरू किया गया था? *– केन्द्रीय बजट, 2005-06 [BPSC (Pre) 2020]*
- राजस्व विभाग, आर्थिक कार्य विभाग, वित्तीय सेवाएँ विभाग और व्यय विभाग में से कौन एक संघीय बजट की तैयारी और उसे संसद में पेश करने के लिए उत्तरदायी है? *– आर्थिक कार्य विभाग [IAS (Pre) 2016]*
- भारत में घाटे की वित्त व्यवस्था आर्थिक विकास, सार्वजनिक ऋण का भुगतान, भुगतान शेष का समायोजन और विदेशी ऋण को कम करने में से किसके लिए संसाधनों को बढ़ाने के लिए उपयोग की जाती है? *– आर्थिक विकास के लिए [IAS (Pre) 2013]*
- प्रभावी राजस्व घाटा वर्ष 2010-11, वर्ष 2011-12, वर्ष 2009-10 और वर्ष 2012-13 में किस केन्द्रीय बजट में पेश किया गया? *– वर्ष 2011-12 [BPSC (Pre) 2015]*
- भारत में बजट घाटे को पूरा करने की तदर्थ बिल प्रणाली को कब समाप्त कर दिया गया? *– 31 मार्च, 1997 को [BPSC (Pre) 2015]*
- सार्वजनिक व्यय, ब्याज दर, हीनार्थ प्रबन्धन और कारारोपण में से कौन राजकोषीय नीति का उपकरण नहीं है? *– ब्याज दर [RAS/RTS 2023]*
- सकल राजकोषीय घाटे के सूत्र को दर्शाता है– *– सकल राजकोषीय घाटा = शुद्ध घरेलू उधार + आर. बी. आई से उधार + विदेशी उधार [RAS/RTS 2023]*

11. भारतीय कर प्रणाली

- भारत में 'आय कर' (Income Tax) की शुरुआत किसने की थी? *– जेम्स विल्सन [UP RO/ARO (Pre) 2014]*
- भारत में प्रत्यक्ष कर कोड-बिक्री कर, आयकर, उत्पादन कर और सेवा कर में से किससे सम्बन्धित है? *– आयकर [UPPSC (Pre) 2018]*
- शराब पर उत्पादन कर केन्द्र सरकार, राज्य सरकार, नगर निगम और जिला बोर्ड में से किसके द्वारा लगाया जाता है? *– राज्य सरकारों द्वारा [UPPSC (Mains) 2014]*
- बिक्री कर, भू-राजस्व कर, स्थानीय मेलों पर कर में से कौन-सा कर ग्राम पंचायतों द्वारा लगाया जाता है? *– स्थानीय मेलों पर कर [UPPSC (Pre) 2018]*

- अक्टूबर, 2015 में ई–सहयोग योजना बिक्री कर, आयकर, आबकारी कर और पथ कर में से किस विभाग द्वारा प्रारम्भ की गई? *– आयकर [MPPSC (Pre) 2016]*
- भारत में सेवा कर कब प्रारम्भ किया गया था? *– 1 जुलाई, 1994 [BPSC (Pre) 2015]*
- भारत के बजट में किस वर्ष वस्तु लेन–देन कर (सी टी टी) प्रस्तुत किया गया था? *– वर्ष 2013-14 [BPSC (Pre) 2020]*
- विक्रय कर जिसका भुगतान आप कोई टूथपेस्ट खरीदते समय करते हैं, किस प्रकार का कर है? *– राज्य सरकार द्वारा आरोपित एवं संग्रहित कर [IAS (Pre) 2014]*
- भारत में कर निर्दिष्टीकरण के संवैधानिक प्रावधानों के अन्तर्गत– जीएसटी, आयकर, भू–राजस्व और निगम कर में से कौन–सा कर है, जो पूर्ण रूप से राज्य सरकारों द्वारा लगाया और वसूला जाता है? *– भू–राजस्व [JPSC (Pre) 2021]*
- टोबिन टैक्स किस पर लगाया जाता है *– विदेशी विनिमय लेन-देन पर [UKPSC (Pre) 2022]*
- वाँचू समिति (1971) का सम्बन्ध किससे है? *– प्रत्यक्ष कर से [UPPSC (Mains) 2015]*
- किसने भारत में पहली बार 'व्यय कर' लगाने का सुझाव दिया था? *– कॉल्डॉर ने [UPPSC (Pre) 2010]*
- मानवीय उपभोग के लिए शराब, विद्युत, पेट्रोलियम उत्पाद और घी में से किसे (वस्तु एवं सेवा कर) जीएसटी के दायरे के अन्दर रखा गया है? *– घी [RAS/RTS (Pre) 2018]*
- प्रथम वित्त आयोग के अध्यक्ष कौन थे? *– के. सी. नियोगी [UPPSC (Pre) 2021]*
- भारत में किस प्रकार की कर प्रणाली पाई जाती है? *– प्रतिगामी [UKPSC (Pre) 2022]*
- भारत सरकार द्वारा अनुमोदित सक्षम परियोजना सम्बन्धित है? *– नवीन प्रत्यक्ष कर नेटवर्क से [UPPSC (Pre) 2022]*

12. कृषि एवं खाद्य प्रबन्धन

- ट्रक कृषि साग–सब्जी, दूध, अनाज और मुर्गीपालन में से किससे सम्बन्धित है? *– साग–सब्जी से [MPPSC (Pre) 2022]*
- 'झूम' एक प्रकार का लोक नृत्य, एक नदी का नाम, पूर्वोत्तर की एक जनजाति और कृषि (खेती) की एक पद्धति में से क्या है? *– कृषि की एक पद्धति [UKPSC (Pre) 2022]*
- जूट , ज्वार, गन्ना एवं मूँगफली में से कौन–सी नकदी फसल नहीं है? *– ज्वार [JPSC (Pre) 2024]*
- दशहरी, लंगड़ा, अलफॉन्सो और आम्रपाली में से कौन–सी निर्यात हेतु आम की पसन्दीदा प्रजाति है? *– अलफॉन्सो [UPPSC (Mains) 2014]*
- भारत में सीमान्त कृषि भूमि जोत का आकार है *– 1 हेक्टेयर से कम [UPPSC (Pre) 2016, BSPC (Pre) 2018]*
- किस वर्ष में राष्ट्रीय भूमि अभिलेख आधुनिकीकरण कार्यक्रम प्रारम्भ किया गया था? *– वर्ष 2008 में [UPPSC (Pre) 2016]*
- काली क्रान्ति–मत्स्य उत्पादन, कोयला उत्पादन, कच्चा तेल उत्पादन और सरसों उत्पादन में से किससे सम्बन्धित है? *– कच्चा तेल उत्पादन [BPSC (Pre) 2016]*
- गन्ने की उचित एवं लाभप्रद कीमतों को कौन अनुमोदित करता है? *– आर्थिक मामलों की मन्त्रिमण्डलीय समिति [IAS (Pre) 2015]*
- नॉर्मन बोरलॉग, एम एस स्वामीनाथन, राजा कृष्णा और आर. के. वी. राव में किसके द्वारा 'सदाबहार क्रान्ति' भारत में कृषि उत्पादन बढ़ाने के लिए प्रयोग में लाई गई? *– एम. एस. स्वामीनाथन द्वारा [UPPSC (Mains) 2015]*
- नैफेड, स्टेट ट्रेडिंग कॉर्पोरेशन, इफको और एमएमटीसी में से कौन–सी एजेन्सी भारत से कृषि सामानों के निर्यात में सम्मिलित नहीं है (सहभागी नहीं है)? *– इफको (IFFCO) [UPPSC (Pre) 2017]*
- राष्ट्रीय बागवानी मिशन कब प्रारम्भ किया गया? *– वर्ष 2005 में [UPPSC (Mains) 2016]*
- राष्ट्रव्यापी 'मृदा स्वास्थ्य कार्ड स्कीम' का उद्देश्य है *– कृषि भूमि में उर्वरकों के अति–उपयोग को रोकना [IAS (Pre) 2017]*
- इलायची एवं कालीमिर्च का सबसे बड़ा उत्पादक है। *– केरल [UPPSC (Pre) 2018]*
- भारत किस फसल का सबसे बड़ा उत्पादक सबसे बड़ा अपभोक्ता और आयातक है? *– दलहन [JPSC (Pre) 2024]*
- बिहार में कृषि आधारित उद्योगों में किस खाद्य उद्योग का प्रभुत्व है *– अनाज आधारित उद्योग [BPSC (Pre) 2023]*
- भारत किन कृषि उत्पादों में सबसे बड़ा उत्पादक है? *–दूध, दालें और मसाले [MPPSC (Pre) 2025]*
- वर्ष 2021 में निम्नलिखित में से कौन–सा राज्य देश में मूँगफली का सबसे बड़ा उत्पादक था? *– गुजरात [MPPSC (Pre) 2023]*
- राष्ट्रीय खाद्य सुरक्षा मिशन की शुरुआत किन वस्तुओं के उत्पादन को बढ़ाने के लिए गई थी? *– गेहूँ, चावल, दालें [UKPSC (Pre) 2022]*
- वर्ष 2021-22 में कौन–सा राज्य देश में क्षेत्रफल और दालों के उपादन में प्रथम स्थान पर था? *– मध्य प्रदेश [MPPSC (Pre) 2025]*

13. उद्योग एवं औद्योगिक क्षेत्र

- राष्ट्रीय विनिमाण नीति भारत सरकार द्वारा कब आरम्भ की गई थी? *– वर्ष 2011 [JKPSC (Pre) 2017]*
- नवाचार, रोजगार सृजन, व्यावसायिक समन्वय और जोखिम प्रबन्धन में से व्यवसाय का सामाजिक उद्देश्य क्या है? *– रोजगार सृजन [UPPSC RO/ARO (Pre) 2016]*
- विनिर्माण क्षेत्र में बड़े उद्योग, लघु उद्योग, सूक्ष्म उद्योग, मध्यम उद्योग और निर्माण उद्योग में से किसे शामिल नहीं किया जाता है? *– निर्माण उद्योग [CGPSC (Pre) 2016]*
- लघु उद्योगों के लिए बनी समितियों–नायक समिति, आबिद हुसैन समिति, एस. एस. कोहली समिति और कार्वे समिति का सही कालानुक्रम है *– कार्वे समिति–आबिद हुसैन समिति – नायक समिति – एस एस कोहली समिति [UPPSC (Pre) 2019]*
- कौन उन फैक्ट्रियों में जिनमें कामगार नियुक्त हैं, औद्योगिक विवादों, समापनों, छँटनी और कामबन्दी के विषय में सूचनाओं को संकलित करता है? *– श्रम ब्यूरो [IAS (Pre) 2022]*
- खादी एवं ग्रामीण उद्योग कमीशन का मुख्यालय कहाँ अवस्थित है? *– मुम्बई में [UPPSC (Pre) 2014]*

- चीनी को नियन्त्रण मुक्त करने हेतु बनी समिति के अध्यक्ष एम. एस. अहलुवालिया, डी. सुब्बाराव, वाई वी. रेड्डी और सी. रंगराजन में से कौन थे? ***– सी. रंगराजन** [CGPSC (Pre) 2014]*
- मेक इन इण्डिया कार्यक्रम कब आरम्भ किया गया? ***– सितम्बर, 2014** [MPPSC (Pre) 2020]*
- भारत में चीनी उत्पादन में कौन-सा प्रदेश अग्रणी है? ***– उत्तर प्रदेश** [BPSC (Pre) 2023]*
- वर्ष 2017-2018 में भारत के किस राज्य में विनिर्माण क्षेत्र में पूँजी गहनता सबसे अधिक है? ***– मध्य प्रदेश** [MPPSC (Pre) 2025]*

17. अन्तर्राष्ट्रीय व्यापार एवं समझौते

- आयात की प्रक्रिया इण्डेण्ट, मेट की रसीद, सामुद्रिक बीमा और जहाजी बिल में से किससे आरम्भ होती है? ***– इण्डेण्ट से** [UPPSC (Pre) 2011]*
- राष्ट्रीयकृत बैंक, विनिमय बैंक, भारतीय रिजर्व बैंक और वित्त मन्त्रालय में से कौन माल के आयात हेतु विनिमय की स्वीकृति देता है? ***– भारतीय रिज़र्व बैंक** [UPPSC (Pre) 2011]*
- यूएसए, यू.के., फ्रांस और चीन में से कौन-सा देश भारत के विदेशी व्यापार में सबसे बड़ा भागीदार है? ***– यूएसए** [UKPSC (Pre) 2016]*
- आयात-निर्यात बैंक का गठन भारत में किस वर्ष हुआ? ***– वर्ष 1982 में** [UKPSC (Pre) 2010]*
- भारत सरकार का रक्षा मन्त्रालय, विदेश मन्त्रालय, वाणिज्य एवं उद्योग मन्त्रालय और गृह मन्त्रालय में से कौन-सा मन्त्रालय भारत की विदेश व्यापार नीति से सम्बन्धित है? ***– वाणिज्य एवं उद्योग मन्त्रालय** [MPPSC (Pre) 2019]*
- भारत में चमड़े का सामान, कपड़ा, चाय और चावल में से निर्यात होने वाली सबसे महत्त्वपूर्ण वस्तु क्या है? ***– कपड़ा** [UPPSC (Pre) 2018]*
- एशिया का प्रथम निर्यात प्रसंस्करण क्षेत्र वर्ष 1965 में अल हिलाली, काण्डला, नोएडा और सिंगापुर में से कहाँ स्थापित किया गया? ***– काण्डला** [UPPSC (Mains) 2011]*
- विशेष आर्थिक क्षेत्र (SEZ) अधिनियम, 2004, 2005, 2006 और 2007 में से कब प्रभावी हुआ? ***– वर्ष 2006 में** [UPPSC (Pre) 2010]*
- भारत और अमेरिका के मध्य विदेशी खाता कर अनुपालन अधिनियम (एफ ए टी सी ए) कब क्रियाशील हुआ? ***– 30 सितम्बर, 2015** [UPPSC (Pre) 2015]*
- व्यापार सन्तुलन में माल, सेवाएँ, भुगतान का हस्तान्तरण में से कौन सम्मिलित होता है? ***– माल** [UPPSC (Mains) 2016]*
- EPCG का पूर्ण रूप क्या है? ***– एक्सपोर्ट प्रमोशन कैपिटल गुड्स** [BPSC (Pre) 2019]*
- 'ई सी जी सी' निर्यात संवर्द्धन, निर्यात वित्तीयन एवं बीमा, निर्यात गुणवत्ता के प्रमाणन और निर्यात आँकड़ों के प्रकाशन में से किससे सम्बन्धित है? ***– निर्यात वित्तीयन एवं बीमा से** [UPPSC (Pre) 2018]*
- किस अर्थशास्त्री ने व्यापार चक्र का विशुद्ध मौद्रिक सिद्धान्त प्रतिपादित किया? ***– आर जी हाट्रे** [UKPSC (Pre) 2012]*
- 'डिजिटल एकल बाजार कार्यनीति' पद ASEAN, BRICS, EU और G20 में से किसे निर्दिष्ट करता है? ***– EU को** [IAS (Pre) 2017]*
- भारत सरकार ने वर्ष 2020-2021 के बजट में एक नई योजना निर्विक (NIRVIK) घोषित की। अर्थव्यवस्था का कृषि, औद्योगिक, स्वास्थ्य और निर्यात क्षेत्र में कौन-सा क्षेत्र इस योजना से लाभान्वित होगा? ***– निर्यात क्षेत्र** [BPSC (Pre) 2020]*
- निर्यात उत्पाद पर शुल्क और करों में छूट की योजना [RODTEP] के तहत निर्यातकों को केन्द्रीय, राज्य और स्थानीय शुल्कों पर रिफण्ड प्रदान करती है। ***– यह योजना विश्व व्यापार संगठन (WTO) के अनुरूप है।** [HPSC (Pre) 2024]*
- दक्षिण एशियाई वरीयता व्यापार समझौता (SAPTA) के तहत 7 सदस्य देश हैं ***– बांग्लादेश, भूटान, मालदीव, नेपाल, भारत, पाकिस्तान और श्रीलंका।** [UKPSC (Pre) 2022]*
- वित्तीय वर्ष 2023-24 में भारत के कुल व्यापार घाटे को कम करने में किस क्षेत्र ने महत्त्वपूर्ण भूमिका निभाई? ***– सेवा निर्यात** [MPPSC (Pre) 2025]*

19. अन्तर्राष्ट्रीय वित्तीय संस्थान

- विश्व बैंक की स्थापना कब की गई थी? ***– वर्ष 1945 में** [MPPSC (Pre) 2006, UKPSC (Pre) 2016]*
- 'हरा सूचकांक' संयुक्त राष्ट्र पर्यावरण कार्यक्रम, अन्तर्राष्ट्रीय मुद्रा कोष, विश्व बैंक में से किसके द्वारा विकसित किया गया है? ***– विश्व बैंक** [UPPSC (Pre) 2014]*
- बहुपक्षीय विनियोग गारण्टी अभिकरण (MIGA) विश्व बैंक समूह, अन्तर्राष्ट्रीय मुद्रा कोष, अन्तर्राष्ट्रीय वित्त निगम और अन्तर्राष्ट्रीय विकास संघ में से किससे सम्बन्धित हैं? ***– विश्व बैंक समूह से** [UKPSC (Pre) 2022]*
- अन्तर्राष्ट्रीय मुद्रा कोष की स्थापना किस समझौते के अन्तर्गत हुई? ***– ब्रेटन वुड्स समझौता** [UKPSC (Pre) 2012, UPPSC (Mains) 2015]*
- ब्रेटन वुड्स सम्मेलन ने आईएमएफ, विश्व बैंक, संयुक्त राष्ट्र और डब्ल्यूटीओ में से किन संस्थाओं की स्थापना की? ***– आईएमएफ, विश्व बैंक** [IAS (Pre) 2013]*
- अन्तर्राष्ट्रीय मुद्रा कोष (IMF) कर्ज देता है ***– केवल सदस्य देशों को** [UKPSC (Pre) 2022]*
- 'त्वरित वित्तीय प्रपत्र' और 'त्वरित ऋण सुविधा' एशियाई विकास बैंक, अन्तर्राष्ट्रीय मुद्रा कोष, संयुक्त राष्ट्र पर्यावरण कार्यक्रम वित्त पहल और विश्व बैंक में से किस एक के द्वारा उधार दिए जाने के उपबन्धों से सम्बन्धित है? ***– अन्तर्राष्ट्रीय मुद्रा कोष** [IAS (Pre) 2022]*
- आँर्थर डंकल का नाम आई एम एफ गैट, ओसी जी सी और एक्जिम बैंक में से किससे सम्बन्धित है? ***– गैट से** [UP UDA/LDA (Mains) 2010]*
- WTO के अन्तर्गत सरकारी न्यूनतम समर्थन मूल्य (MSP) एवं बाजार मूल्य के अन्तर, जब सीधे किसानों को भुगतान किया जाता है, तो उसे क्या कहा जाता है? ***– नीला बॉक्स सहायिका** [UPPSC RO/ARO 2016]*
- एम्बर बॉक्स, ब्लू बॉक्स और ग्रीन बॉक्स शब्द WTO मामला, SAARC मामला, UNFCCC मामला और FTA पर भारत EU वार्ता में से किससे सम्बन्धित है? ***– WTO मामला** [IAS (Pre) 2016]*
- यूरोपीय संघ का मुख्यालय कहाँ अवस्थित है? ***– ब्रुसेल्स (बेल्जियम)** [UPPSC (Mains) 2011]*
- दक्षिण एशियाई क्षेत्रीय सहयोग संगठन (सार्क) की स्थापना कब हुई? ***– वर्ष 1985 में** [UKPSC (Pre) 2012]*
- ब्रिक संघ किस वर्ष 'ब्रिक्स' में परिवर्तित हुआ? ***– वर्ष 2010 में** [UKPSC (Pre) 2016]*

- ग्रेट ब्रिटेन, कनाडा, मैक्सिको और संयुक्त राष्ट्र अमेरिका में से कौन नाफ्टा में सम्मिलित नहीं है *– ग्रेट ब्रिटेन [BPSC (Pre) 2018]*
- ओपेक (ऑर्गेनाइजेशन ऑफ दी पेट्रोलियम एक्सपोर्टिंग कण्ट्रीज) का, पेट्रोलियम का उत्पादन और पेट्रोलियम की कीमतों पर नियन्त्रण में से किस पर विशेष बल है? *– उपरोक्त दोनों पर [UKPSC (Pre) 2016]*
- विकसित देश, विकासशील देश, कम विकसित देश और विकासशील एवं कम विकसित देश में से किन देशों ने नामा–11 का गठन किया है ? *– विकासशील देश [CGPSC (Pre) 2021]*
- WTO के अन्तर्गत निम्नलिखित में से कौन अनुदान बॉक्स के रूप में विचार नहीं करता है? *– व्हाइट बॉक्स अनुदान [JPSC (Pre) 2024]*
- विश्व सामाजिक सुरक्षा रिपोर्ट विश्व बैंक, UN महिला आयोग, ILO और UN मानवाधिकार आयोग में से किसके द्वारा जारी की जाती है? *– ILO [JPSC (Pre) 2024]*

20. जनांकिकी एवं जनगणना

- वर्ष 2011 की भारत की जनगणना के लिए कौन–सा आदर्श वाक्य उपयोग किया गया था? *– 'हमारी जनगणना, हमारा भविष्य' [UP RO/ARO (Pre) 2016]*
- जनसंख्या की प्राकृतिक वृद्धि अशोधित जन्मदर, अशोधित मृत्यु दर, प्रवजन और विवाह में से किसका परिणाम है? *– अशोधित जन्मदर, अशोधित मृत्युदर [UPPSC (Pre) 2018]*
- जनसंख्या वृद्धि के स्वरूप में एक दीर्घ कालावधि में घटित क्रमिक परिवर्तन को क्या कहते हैं? *– जनांकिकीय संक्रमण [UP RO/ARO (Pre) 2016]*
- स्थायी जनसंख्या संरचना की उचित प्रक्रिया है *– स्थिर जन्मदर और मृत्युदर [UP RO/ARO (Mains) 2014]*
- माल्थस के अनुसार, जनसंख्या नियन्त्रण का सर्वाधिक प्रभावकारी उपाय युद्ध, विपत्ति, जन्म नियन्त्रण और अनैतिक व्यवहार में से कौन–सा है? *– जन्म नियन्त्रण [UP UDA/LDA (Pre) 2017]*
- माल्थस के जनसंख्या सिद्धान्त के अनुसार जनसंख्या में वृद्धि–ज्यामितीय क्रम, अंकगणितीय क्रम, हरात्मक क्रम में से किसमें होती है? *– ज्यामितीय क्रम में [UKPSC (Pre) 2012]*
- जनसंख्या का घनत्व, रहन–सहन का स्तर, लिंगानुपात और ग्रामीण शहरी जनसंख्या में से कौन–सा जनसंख्या की जनांकिकीय विशेषताओं का हिस्सा नहीं है? *– रहन–सहन का स्तर [UPPSC Re-Exam 2015]*
- 2011 की जनगणना के अनुसार, 2001-2011 के दशक में जनसंख्या वृद्धि दर का प्रतिशत क्या था? *– 17.7% [BPSC (Pre) 2016]*
- 2011 की जनगणना के अनुसार, भारत में जनसंख्या घनत्व है *– 382 [MPPSC (Pre) 2017]*
- 2011 की जनगणना के अन्तिम आँकड़ों के अनुसार, भारत में साक्षरता का प्रतिशत है *– 74.04% [UPPSC (Mains) 2012]*
- जनगणना 2011 के आँकड़ों के अनुसार, भारत में 0-6 वर्ष के आयु सूमह के बच्चों का यौन अनुपात है *– 914 [UPPSC (Mains) 2010]*
- भारत की गिनती जनांकिकीय लाभांश (डेमोग्राफिक डिविडेण्ड) वाले देश के रूप में की जाती है। ऐसा इसलिए है, क्योंकि *– यहाँ 15-64 वर्ष के आयु वर्ग की जनसंख्या अधिक है [IAS (Pre) 2011]*
- कार्यकारी जनसंख्या के आकार में वृद्धि, जोतों के आकार में कमी, बढ़ती हुई बेरोजगारी और अनाजों की प्रति व्यक्ति उपलब्धता में कमी में से कौन–सा अर्थव्यवस्था में जनसंख्या वृद्धि का प्रतिकूल प्रभाव नहीं है? *– कार्यकारी जनसंख्या के आकार में वृद्धि [UPPSC Re-Exam 2015]*
- मध्य प्रदेश, महाराष्ट्र, पश्चिम बंगाल और हरियाणा में से कौन–सा एक राज्य आर्थिक दृष्टि से सबसे ऊपर, किन्तु लिंगानुपात के आधार पर सबसे नीचे है? *– हरियाणा [UPPSC (Pre) 2017]*
- राष्ट्रीय जनसंख्या नीति, 2000 के अन्तर्गत, जो एक लक्ष्य था कि वर्ष 2045 तक जनसंख्या (में) स्थिरता प्राप्त कर ली जाएगी, अब वह लक्षित वर्ष रखा गया है *– वर्ष 2070 तक [UP UDA/LDA (Pre) 2016]*
- जनसंख्या के पिरामिड में 15-60 वर्ष का आयु समूह, 60 वर्ष से ऊपर आयु समूह, 5 वर्ष से ऊपर के आयु समूह और 0-14 वर्ष के आयु समूह में से कौन–सा समूह आश्रित आबादी के रूप में जाना जाता है? *– 0-14 वर्ष का आयु समूह [UPPSC (Pre) 2015]*
- जनसंख्या के सीमान्त कृषक, भूमिहीन कृषि श्रमिक, अनुसूचित जाति/अनुसूचित जनजाति और अर्द्धशहरी क्षेत्रों में रहने वाले व्यक्ति में से किस अंग को समावेशी विकास के कार्यक्रम में सम्मिलित नहीं किया जाता है? *– अर्द्धशहरी क्षेत्रों में रहने वाले व्यक्ति [UPPSC (Pre) 2016]*
- किसी अर्थव्यवस्था में कुल प्रजनन दर को किस रूप में परिभाषित किया जाता है? *– एक महिला की गर्भधारण आयु के अन्त तक उनसे जन्मे जीवित बच्चों की औसत संख्या [UPSC (Pre) 2024]*
- जनगणना 2011 के अनुसार भारत के कौन–से राज्य में जनसंख्या घनत्व सबसे कम रहा? *– मिजोरम [MPPSC (Pre) 2024]*
- किस जनगणना दशक में लिंग अनुपात में भारतवर्ष में सबसे अधिक गिरावट दर्ज की गई? *– वर्ष 1981–91 [MPPSC (Pre) 2020]*
- 2011 की जनगणना के अनुसार, भारत की नगरीय जनसंख्या का प्रतिशत था? *– 36.16% [UP RO/ARO (Pre) 2024]*
- भारत की जनगणना 2011 के अनुसार, बिहार की महिला साक्षरता दर कितनी है? *– 51.50% [BPSC (Pre) 2022]*
- भारत के किस धार्मिक समूह का सर्वाधिक भाग नगरीय है? *– जैन [UPPSC (Pre) 2022]*
- दशक 2001-2011 में किस राज्य की जनसंख्या वृद्धि दर भारत में सर्वाधिक रही? *– मेघालय [MPPSC (Pre) 2025]*

21. निर्धनता एवं बेरोजगारी

- 'गरीबी की संस्कृति' का विचार किसके द्वारा प्रस्तुत किया गया? *– ऑस्कर लुईस द्वारा [UPPSC (Pre) 2020]*
- 'निर्धनता के दुश्चक्र' की अवधारणा किससे सम्बन्धित है? *– नर्कसे [UPPSC (Pre) 2014]*
- 'पॉवर्टी एण्ड अनब्रिटिश रूल इन इण्डिया' नामक पुस्तक किस वर्ष प्रकाशित हुई? *– वर्ष 1901 [UPPSC (Pre) 2021]*
- वे व्यक्ति जो निरन्तर निर्धन और गैर–निर्धन होते रहते हैं, क्या कहलाते है? *– चक्रीय निर्धन [JKPSC (Pre) 2017]*
- किस समिति ने मात्र पोषक–तत्त्वों की आवश्यकता के आधार पर गरीबी रेखा का निर्धारण किया है? *– अलघ समिति [UPPSC (Pre) 2020]*
- भारत में नगरीय क्षेत्रों में बीपीएल परिवारों की पहचान के लिए कौन–सी समिति गठित की गई थी? *– हाशिम समिति [UPPSC (Pre) 2018]*

- केन्द्रीय मन्त्रिमण्डल, लोकसभा, राज्यसभा और योजना आयोग (नीति आयोग) में से कौन भारत में गरीबी रेखा का निर्धारण करता है?
  – योजना आयोग (अब नीति आयोग) *[UPPSC (Pre) 2018]*
- लकड़वाला समिति *(1993)* सम्बन्धित है
  – गरीबी आकलन से [JPSC (Pre) 2024]
- शहरी क्षेत्रों में गरीबी के आकलन का आधार किस सूचकांक को माना जाता है?
  – औद्योगिक श्रमिकों का उपभोक्ता मूल्य सूचकांक [JPSC (Pre) 2024]
- किसी दिए गए वर्ष में भारत में कुछ राज्यों में आधिकारिक गरीब रेखाएँ अन्य राज्यों की तुलना में उच्चतर है, क्योंकि
  – कीमत स्तर अलग–अलग राज्य में अलग–अलग होता है। [IAS (Pre) 2019]
- वर्ष *2004-05* के *61*वें डाटा में निर्धनता आकलन करने के लिए–यूनिफॉर्म रिकॉल मेथड (यू आर एम) और मिक्स्ड रिकॉल मेथड (एम आर एम) दोनों में किस विधि को अपनाया गया?
  – यू आर एम और एम आर एम दोनों को [JPSC (Pre) 2016]
- फिलिप्स वक्र किनके मध्य सम्बन्ध को व्यक्त करता है?
  – मुद्रास्फीति एवं बेरोजगारी [UKPSC (Pre) 2012]
- तेन्दुलकर समिति ने भारत में गरीबी रेखा के नीचे की जनसंख्या का अनुपात कितने प्रतिशत आकलित किया है?
  – 37.2% [UPPSC (Pre) 2012, UPPSC UDA/LDA (Pre) 2013]
- अशिक्षा, बेरोजगारी, जनसंख्या वृद्धि दर और आय की विषमता में से कौन लॉरेन्ज वक्र द्वारा मापा जाता है? *– आय की विषमता [UPPSC (Pre) 2018]*
- 'निर्धनता को एक सामाजिक समस्या माना गया है' जोकि लन्दन में निर्धनता पर किए गए एक शोध सर्वेक्षण का परिणाम है। इस शोध के शोधार्थी कौन थे? *– चार्ल्स बूथ [UPPSC (Pre) 2022]*
- भारत वर्ष के अधिकांश हिस्से में बेरोजगार रहने वाले व्यक्तियों की संख्या को क्या कहा जाता है? *– सामान्य स्थिति बेरोजगारी [UPPSC (Pre) 2019]*
- भारत में छिपी हुई बेरोजगारी (प्रच्छन्न बेरोजगारी) मुख्य रूप से कृषि क्षेत्र, ग्रामीण क्षेत्र, विनिर्माण क्षेत्र और शहरी क्षेत्र में से किससे सम्बन्धित है?
  – कृषि क्षेत्र व ग्रामीण क्षेत्र से [UPPSC (Mains) 2017]
- भारत में महिलाओं के लिए श्रम की भागीदारी की दर में तेजी से गिरावट आई है। इसका कारण है
  – पारिवारिक आय में सुधार एवं शिक्षा में वृद्धि के कारण [UPPSC (Pre) 2019]
- प्रच्छन्न बेरोजगारी श्रमिकों की सीमान्त उत्पादकता है–
  – शून्य [HPPSC (Pre) 2024]
- श्रम शक्ति सहभागिता दर को किस रूप में परिभाषित किया जाता है?
  – नियोजित एवं नियोजन के इच्छुक का कार्यशील आयु जनसंख्या के प्रति अनुपात [JPSC (Pre) 2024]
- राष्ट्रीय किशोर स्वास्थ्य कार्यक्रम में किस आयु वर्ग के बच्चे/किशोर सम्मिलित हैं? *– मध्य प्रदेश [MPPSC (Pre) 2025]*
- 'राष्ट्रीय सिकल सेल एनीमिया उन्मूलन मिशन' ने किस वर्ष तक सिकल सेल एनीमिया को भारत से समाप्त करने का लक्ष्य निर्धारित किया है?
  – 2047 [MPPSC (Pre) 2025]

22. सामाजिक कल्याण कार्यक्रम एवं योजनाएँ

- ब्राजील, यूएसए, भारत और चीन में से किस देश ने सरकारी रूप में परिवार नियोजन कार्यक्रम को सर्वप्रथम अपनाया?
  – भारत (वर्ष 1952) [UPPSC (Pre) 2012]
- अटल नवप्रवर्तन (इनोवेशन) मिशन को किसके अधीन स्थापित किया गया? *– श्रम एवं रोजगार मन्त्रालय [IAS (Pre) 2019]*
- स्वाभिमान कार्यक्रम का प्रमुख उद्देश्य क्या है?
  – ग्रामीण निर्धनों के घरों तक बैंकों को पहुँचाना [UPPSC (Mains) 2010]
- कौशल विकास योजना मानव पूँजी, भौतिक पूँजी, कार्यशील पूँजी और स्थिर पूँजी में से किसे बढ़ाती है? *– मानव पूँजी [UPPSC (Mains) 2017]*
- मनरेगा अन्य रोजगार कार्यक्रमों से भिन्न है, क्योंकि
  – यह रोजगार की योजना न होकर कानूनी व्यवस्था है। [MPPSC (Pre) 2014]
- स्वावलम्बन योजना किस वर्ष में प्रारम्भ की गई थी?
  – वर्ष 2010 [UPPSC (Pre) 2016]
- भारत सरकार ने प्रधानमन्त्री गरीब कल्याण अन्न योजना को कब तक बढ़ा दिया है? *– दिसम्बर, 2008 [HPPSC (Pre) 2024]*
- राष्ट्रीय खाद्य सुरक्षा मिशन (NFSM) शुरू किया गया था।
  – वर्ष 2007-08 में [UKPSC (Pre) 2022]
- प्रधानमन्त्री श्रम योगी मान–धन योजना में प्रत्येक ग्राहक को 60 वर्ष की आयु प्राप्त करने के बाद कितनी न्यूनतम अनुमानित पेंशन प्रति माह प्राप्त होगी? *– ₹ 3,000 [BPSC (Pre) 2019]*
- सार्वजनिक वितरण प्रणाली का लक्ष्य है
  – गरीबों को खाद्य सुरक्षा उपलब्ध कराना। [MPPSC (Pre) 2018]
- राष्ट्रीय युवा नीति, 2014 के अनुसार, किस आयु वर्ग में युवा लाभान्वित होंगे? *– 15-29 वर्ष [UKPSC (Pre) 2012]*
- भारत में महिला समृद्धि योजना किस वर्ष शुरू की गई?
  – वर्ष 1993 में [UPPSC (Mains) 2015]
- सितम्बर, 2020 में प्रारम्भ किए गए ऑपरेशन 'मेरी सहेली' का उद्देश्य है
  – रेलगाड़ियों में महिला यात्रियों की सुरक्षा को बढ़ावा देना। [BPSC (Pre) 2020]
- साक्षर भारत कार्यक्रम का महिला साक्षरता, पुरुष साक्षरता, शिशु साक्षरता और माध्यमिक शिक्षा में से किस पर विशेष बल है?
  – महिला साक्षरता पर [UPPSC (Mains) 2015]
- राष्ट्रीय स्वास्थ्य मिशन की जननी सुरक्षा योजना के मुख्य उद्देश्य क्या हैं? *– माता एवं शिशु की मृत्युदर को कम करना। [MPPSC (Pre) 2021]*
- सितम्बर, 2018 में प्रारम्भ की गई भारत की किस योजना को विश्व की सबसे बड़ी बीमा योजना माना गया है?
  – प्रधानमन्त्री जन आरोग्य योजना [BPSC (Pre) 2018]
- अटल ज्योति योजना, 2013 के अन्तर्गत ग्रामीण कृषि क्षेत्र को कितने न्यूनतम घण्टे बिजली देने का प्रावधान किया गया है?
  – 10 घण्टे [MPPSC (Pre) 2018]
- लघु और सीमान्त किसानों को पेंशन के उद्देश्य से प्रधानमन्त्री किसान मान धन योजना कब प्रारम्भ की गई?
  – 12 सितम्बर, 2019 [RAS/RTS (Pre) 2021]
- प्रधानमन्त्री किसान सम्मान निधि (PM - KISAN) योजना प्रभाव में आई थी *– 24 फरवरी, 2019 से [UKPSC (Pre) 2022]*
- राष्ट्रीय ई–गवर्नेंस योजना (NeGP) के तहत मिशन मोड परियोजनाओं का सार–संग्रह कहा जाता है *– सारांश [MPPSC (Pre) 2025]*

प्रीलिम्स अभ्यास

1. अर्थशास्त्र : एक परिचय

1. सूची I का सूची II से सही मिलान कीजिए
UPPSC (Pre) 2024

सूची I (अर्थशास्त्री/लेखक)	सूची II (पुस्तक)
A. मिर्डल	1. इकोनॉमिक थ्योरी एण्ड अण्डरडेवलप्ड रीजन्स
B. हिर्शमैन	2. द स्ट्रैटेजी ऑफ इकोनॉमिक डेवलपमेण्ट
C. काल्डर	3. स्ट्रैटेजिक फैक्टर्स इन इकोनॉमिक डेवलपमेण्ट
D. एडम स्मिथ	4. द वेल्थ ऑफ नेशन्स

नीचे दिए गए विकल्पों में से सही उत्तर का चयन कीजिए

	A	B	C	D
(a)	1	2	3	4
(b)	2	3	1	4
(c)	3	2	1	4
(d)	2	1	3	4

2. अर्थशास्त्र में माइक्रो (Micro) तथा मैक्रो (Macro) शब्द का प्रयोग सर्वप्रथम किसके द्वारा किया गया था?
(a) एडम स्मिथ (b) लियोनेल रॉबिन्स
(c) डेविड रिकार्डो (d) रैगनर फ्रिश

3. निम्नलिखित कथनों पर विचार कीजिए
IAS (Pre)2021

अन्य बातें अपरिवर्तित रहने पर भी किसी वस्तु के लिए बाजार माँग बढ़ सकती है, यदि
1. इसकी स्थानापन्न वस्तु की कीमत में वृद्धि हो।
2. इसकी पुश वस्तु की कीमत में वृद्धि हो।
3. वस्तु घटिया किस्म की है और उपभोक्ताओं की आय में वृद्धि होती है।
4. इसकी कीमत घटती है।

उपरोक्त कथनों में से कौन-से कथन सही हैं?
(a) 1 और 4 (b) 2, 3 और 4
(c) 1, 3 और 4 (d) 1, 2 और 3

4. निम्नलिखित में से कौन माँग की कीमत लोच को सन्दर्भित करता है?
(a) जब वस्तु की माँगी गई मात्रा के परिवर्तन को क्रेता की आय में हुए परिवर्तन के सन्दर्भ में मापा जाता है।
(b) जब एक वस्तु की माँगी गई मात्रा के परिवर्तन को दूसरी सम्बन्धित वस्तु की कीमत में हुए परिवर्तन के सन्दर्भ में मापा जाता है।
(c) जब वस्तु की माँगी गई मात्रा के परिवर्तन को वस्तु की कीमत में हुए परिवर्तन के सन्दर्भ में मापा जाता है।
(d) उपरोक्त में से कोई नहीं

5. निम्नलिखित में से कौन एक आपूर्ति (Supply) के निर्धारक तत्त्व नहीं हैं?
1. वस्तु की कीमत
2. सम्बन्धित वस्तुओं की कीमत
3. उत्पादन के कारकों की लागत
4. सरकारी नीति
5. उपभोक्ताओं की रुचि

कूट
(a) 3 और 5 (b) 2 और 4
(c) केवल 5 (d) 2, 4 और 5

6. निम्नलिखित में से कौन-से उत्पादन के कारक हैं?
1. भूमि 2. पूँजी
3. उद्यमी 4. श्रम

कूट
(a) 1 और 2 (b) 2 और 4
(c) 1, 2 और 3 (d) ये सभी

7. निम्न कथनों पर विचार कीजिए
RAS/RTS (Pre) 2018

अभिकथन (A) समग्र पूर्ति वक्र में विवर्तन के कारण लागत प्रेरित स्फीति होती है।
कारण (R) मजदूरी में वृद्धि के कारण समग्र पूर्ति वक्र में विवर्तन होता है।

उपरोक्त कथनों में से कौन-सा/से कथन सही है/हैं?
(a) A और R दोनों सही हैं तथा R, A का सही स्पष्टीकरण है
(b) A और R दोनों सही हैं, परन्तु R, A का सही स्पष्टीकरण नहीं है
(c) A सही है, किन्तु R गलत है
(d) A गलत है, किन्तु R सही हैं

8. निम्नलिखित में से एकाधिकारी प्रतियोगिता का विशिष्ट उदाहरण कौन-सा है?
(a) खुदरा सब्जी बाजार
(b) साबुन के लिए बाजार
(c) भारतीय रेलवे
(d) सॉफ्टवेयर इंजीनियरों के लिए श्रम बाजार

9. किसने भारतीय पूँजीवाद को 'धर्मशाला पूँजीवाद' कहा?
HPPSC (Pre) 2017
(a) वी. के. आर. वी. राव
(b) जगदीश भगवती
(c) अमर्त्य सेन
(d) राज कृष्ण

10. सूची I को सूची II से सुमेलित करें और नीचे दिए गए कूट से सही उत्तर का चयन करें।
JPSC (Pre) 2024

सूची I	सूची II
A. मूल्य विभेद	1. रेगनर नर्कसे
B. भूमि सुधार	2. ब्रेटन वुड्स
C. गरीबी का दुष्चक्र	3. भूमि एकाधिकार
D. आई. बी. आर. डी	4. भूमि चकबन्दी

कूट

	A	B	C	D		A	B	C	D
(a)	3	4	1	2	(b)	2	1	4	3
(c)	3	2	1	4	(d)	4	3	2	1

2. भारतीय अर्थव्यवस्था : एक परिचय

11. अर्थशास्त्रियों के निम्नलिखित वर्गों में से किस वर्ग ने बाजार अर्थव्यवस्था का प्रबल समर्थन किया था?
(a) एडम स्मिथ, कीन्स, हिक्स
(b) एडम स्मिथ, मार्क्स, स्ट्रमलिन
(c) एडम स्मिथ, हायक, फ्रीडमैन
(d) एडम स्मिथ, रिकार्डो, जे. के. गालब्रेथ

12. भारतीय अर्थव्यवस्था में संयुक्त क्षेत्र का क्या अभिप्राय है?
UPPSC (Pre) 2005
(a) किसी उद्यम में सरकार का अंश 60% से अधिक है
(b) कोई भी वस्तु सरकारी तथा निजी दोनों क्षेत्रों में उत्पादित होती है
(c) यह सहकारिता क्षेत्र का ही दूसरा नाम है
(d) किसी उद्यम में सरकारी एवं निजी, दोनों का ही सम्मिलित स्वामित्व है

13. भारत में सार्वजनिक क्षेत्र के कार्यों के सन्दर्भ में निम्नलिखित में से कौन-से कथन सही हैं?
UPPSC (Pre) 2019
1. सार्वजनिक उपयोगिता संसाधन प्रदान करना।
2. सामाजिक और आर्थिक ऊपरी पूँजी का निर्माण करना।

3. सन्तुलित क्षेत्रीय और क्षेत्रकीय विकास सुनिश्चित करना।
4. समतावादी लक्ष्यों को आगे बढ़ाना।

कूट

(a) 1, 2 और 3 (b) 2, 3 और 4
(c) 1, 3 और 4 (d) 1, 2, 3 और 4

14. भारत को एक अल्पविकसित देश कहा जाता है, उसकी **UPPSC (Pre) 2009**

1. नियोजन की आवश्यकता के कारण।
2. तीव्रगति से जनसंख्या में वृद्धि के कारण।
3. कृषि पर अधिक निर्भरता के कारण।
4. औद्योगिक उन्नति की मन्दगति के कारण।

कूट

(a) केवल 1 (b) 1 और 2
(c) 2 और 3 (d) 2, 3 और 4

15. निम्नलिखित कथनों पर विचार कीजिए:

कथन I चक्रीय अर्थव्यवस्था ग्रीनहाउस गैसों के उत्सर्जन को कम करती है।

कथन II चक्रीय अर्थव्यवस्था आगत के रूप में कच्चे माल के प्रयोग को कम करती है।

कथन III चक्रीय अर्थव्यवस्था उत्पादन प्रक्रिया में अपव्यय को कम करती है।

उपर्युक्त कथनों के संदर्भ में, निम्नलिखित में से कौन-सा एक सही है? **IAS (Pre) 2025**

(a) कथन II और कथन III दोनों सही हैं तथा वे दोनों कथन I की व्याख्या करते हैं
(b) कथन II और कथन III दोनों सही हैं, किन्तु उनमें से केवल एक, कथन I की व्याख्या करता है
(c) कथन II और कथन III में से केवल एक सही है तथा वह कथन I की व्याख्या करता है
(d) न तो कथन II और न ही कथन III सही है

16. भारतीय अर्थव्यवस्था के सेक्टरों के सन्दर्भ में निम्नलिखित युग्मों पर विचार कीजिए **IAS (Pre) 2024**

आर्थिक गतिविधि		सेक्टर
1. कृषि उत्पाद का भण्डारण	–	द्वितीयक
2. डेरी फार्म	–	प्राथमिक
3. खनिज की खोज	–	तृतीयक
4. कपड़ा बुनाई	–	द्वितीयक

उपरोक्त युग्मों में से कितने युग्म सही सुमेलित हैं?

(a) केवल एक (b) केवल दो
(c) केवल तीन (d) सभी चार

17. भारत कौन-कौन-से तृतीयक क्षेत्रों में सम्मिलित है?

1. व्यापार और परिवहन
2. वित्त और वास्तविक (स्थावर) सम्पदा
3. वानिकी और मात्स्यिकी

कूट

(a) केवल 1 (b) 1 और 2
(c) 2 और 3 (d) केवल 3

3. आर्थिक संवृद्धि एवं आर्थिक विकास

18. सरकार के समावेशित वृद्धि लक्ष्य को आगे ले जाने में निम्नलिखित में से कौन-सा/से कार्य सहायक साबित हो सकते है/हैं? **IAS (Pre) 2011**

1. स्व-सहायता समूहों (सेल्फ-हेल्प ग्रुप्स) को प्रोत्साहन देना
2. सूक्ष्म, लघु और मध्यम उद्यमों को प्रोत्साहन देना
3. शिक्षा का अधिकार अधिनियम लागू करना

कूट

(a) केवल 1 (b) 1 और 2
(c) 2 और 3 (d) 1, 2 और 3

19. 'X' देश में आर्थिक संवृद्धि अनिवार्य रूप से होगी, यदि **IAS (Pre) 2013**

(a) विश्व अर्थव्यवस्था में तकनीकी प्रगति होती है
(b) 'X' में जनसंख्या वृद्धि होती है
(c) 'X' में पूँजी-निर्माण होता है
(d) विश्व अर्थव्यवस्था में व्यापार की मात्रा बढ़ती है

20. मानव विकास सूचकांक (एचडीआई) में किन संकेतकों का उपयोग किया जाता है? **UPPSC (Pre) 2024**

1. आय स्तर
2. शिक्षा
3. पर्यावरण की स्थिति
4. सम्भावित जीवन अवधि या आयु

नीचे दिए गए कूट में से सही उत्तर दीजिए

(a) केवल 1, 2 और 3 (b) केवल 1 और 4
(c) केवल 1, 2 और 4 (d) केवल 1 और 2

21. बहुआयामी निर्धनता सूचकांक में सम्मिलित होता है **UPPSC (Pre) 2019**

1. स्वास्थ्य 2. शिक्षा 3. जीवन स्तर

नीचे दिए गए कूटों का उपयोग कर सही उत्तर चुनिए

(a) केवल 1 (b) 2 और 3
(c) 1 और 2 (d) 1, 2 और 3

22. निम्नलिखित घटनाओं को उचित कालानुक्रम में व्यवस्थित कीजिए **HPPSC (Pre) 2024**

1. महबूब-उल-हक ने एचडीआई (मानव विकास सूचकांक) तैयार किया।
2. मॉरिस-डी-मॉरिस ने PQLI (फिजिकल क्वालिटी ऑफ लाइफ इण्डेक्स) विकसित किया।
3. एल्किरे और फोस्टर ने MPI (बहुआयामी गरीबी सूचकांक) विकसित किया।
4. भूटान के राजा जिंग्मे सिंग्ये वांगचुक द्वारा 'सकल राष्ट्रीय खुशी' शब्द गढ़ा गया।

नीचे दिए गए विकल्पों में से सही उत्तर का चुनाव कीजिए

(a) 1, 4, 2, 3 (b) 2, 1, 4, 3
(c) 4, 2, 1, 3 (d) 3, 2, 1, 4

23. 'पूँजी निर्माण' के सन्दर्भ में कौन-सा/से कथन सही है/हैं? **UPPSC (Pre) 2021**

1. पूँजी निर्माण की प्रक्रिया बचतों और वित्तीय संस्थाओं की प्रभाविता पर निर्भर करती है।
2. निवेश पूँजी निर्माण के लिए एक अनिवार्य कारक है।

कूट

(a) केवल 1 (b) केवल 2
(c) 1 और 2 दोनों (d) न तो 1 और न ही 2

24. पोषकीय पर्यटन का मुख्य उद्देश्य है **UPPSC (Pre) 2020**

(a) पर्यटकों की संख्या में वृद्धि
(b) बड़े पैमाने पर पर्यटन और लघु पैमाने पर यात्राओं का प्रबन्ध करना
(c) सांस्कृतिक अखण्डता और पारिस्थितिक प्रक्रियाओं को बनाए रखते हुए पर्यटन और पर्यावरण प्रबन्ध करना
(d) उपरोक्त में से कोई नहीं

25. नीति आयोग की SDG इण्डिया इण्डेक्स 2020 के अनुसार, सूचकांक स्कोर रेंज के आधार पर सतत् विकास लक्ष्यों में राज्यों के प्रदर्शन की विभिन्न श्रेणियों को कैसे परिभाषित किया जाता है? **MPPSC (Pre) 2024**

(a) आकांक्षी : 100, प्रदर्शक : 65-99, अग्रणी : 50-64, एचीवर : 0-49
(b) आकांक्षी : 0-49, प्रदर्शक : 50-64, अग्रणी : 65-99, एचीवर : 100
(c) आकांक्षी : 50-64, प्रदर्शक : 65-99, अग्रणी : 0-49, एचीवर : 100
(d) आकांक्षी : 65-99, प्रदर्शक : 50-64, अग्रणी : 0-49, एचीवर : 100

4. राष्ट्रीय आय

26. निम्नलिखित कथनों में से कौन-सा कथन सही नहीं है?

(a) वास्तविक सकल घरेलू उत्पाद की गणना सामान्य कीमतों पर विभिन्न वर्षों के उत्पादन के मूल्यांकन के आधार पर की जाती है
(b) सम्भाव्य सकल घरेलू उत्पाद वह वास्तविक सकल घरेलू उत्पाद है, जिसका उत्पादन अर्थव्यवस्था अपने संसाधनों का पूर्ण उपयोग करने की स्थिति में करती है
(c) सांकेतिक सकल घरेलू उत्पाद की गणना स्थिर कीमतों पर विभिन्न वर्षों के उत्पादन के मूल्यांकन के आधार पर की जाती है
(d) प्रति व्यक्ति वास्तविक सकल घरेलू उत्पाद, वास्तविक सकल घरेलू उत्पाद को जनसंख्या से विभाजित करने पर प्राप्त अनुपात है

27. निम्नलिखित कथनों को पढ़िए तथा सही विकल्प को चुनिए CGPSC (Pre) 2020

कथन (1) शुद्ध घरेलू उत्पाद = सकल घरेलू उत्पाद + मूल्य ह्रास

कथन (2) प्रति व्यक्ति आय = शुद्ध घरेलू उत्पाद/राष्ट्र की कुल जनसंख्या

कथन (3) विश्व की अर्थव्यवस्थाओं की तुलना करने हेतु शुद्ध घरेलू उत्पाद, सकल घरेलू उत्पाद की अपेक्षा बेहतर मानक है।

कूट

(a) 1, 2 और 3 (b) 1 और 2
(c) 2 और 3 (d) इनमें से कोई नहीं

28. राष्ट्रीय आय (एनआई) ...... है। CGPSC (Pre) 2024

(a) एनआई = मूल मूल्य पर एनएनपी- (अप्रत्यक्ष कर - सब्सिडी)
(b) एनआई = बाजार मूल्य पर एनएनपी- (अप्रत्यक्ष कर - सब्सिडी)
(c) एनआई = बाजार मूल्य पर एनएनपी- (प्रत्यक्ष कर - सब्सिडी)
(d) उपरोक्त में से कोई नहीं

29. निम्नलिखित मदों पर विचार कीजिए

1. उपभोक्ता वस्तुएँ तथा सेवाएँ।
2. सकल निजी (प्राइवेट) घरेलू निवेश।
3. सरकार द्वारा उत्पादित वस्तुएँ तथा सेवाएँ।
4. विदेशों से निवल आय।

उपरोक्त मदों में से किन्हें जीएनपी में शामिल किया गया है?

(a) 1, 2 और 3 (b) 1, 2 और 4
(c) 3 और 4 (d) 1, 2, 3 और 4

30. व्यक्तिगत प्रयोज्य आय (पीडीआई) एक ...... है। CGPSC (Pre) 2024

(a) पीडीआई = व्यक्तिगत आय - व्यक्तिगत कर भुगतान
(b) पीडीआई = व्यक्तिगत आय - व्यक्तिगत कर भुगतान - गैर-कर भुगतान
(c) पीडीआई = व्यक्तिगत आय - गैर-कर भुगतान
(d) उपरोक्त में से कोई नहीं

31. राष्ट्रीय आय लेखांकन में 'आधार वर्ष' का अर्थ है। RAS/RTS (Pre) 2021

(a) जिस वर्ष की आय का उपयोग मौद्रिक जीडीपी की गणना के लिए किया जाता है
(b) जिस वर्ष की कीमतों का उपयोग मौद्रिक जीडीपी की गणना के लिए किया जाता है
(c) जिस वर्ष की कीमतों का उपयोग वास्तविक जीडीपी की गणना के लिए किया जाता है
(d) जिस वर्ष की आय का उपयोग वास्तविक जीडीपी की गणना के लिए किया जाता है

32. भारत में सर्वप्रथम राष्ट्रीय आय का आकलन किसने किया था? MPPSC (Pre) 2025

(a) दादाभाई नौरोजी ने (b) आर.सी. दत्त ने
(c) वी.के.आर.वी. राव ने (d) डी.आर. गाडगिल ने

33. निम्नलिखित में से कौन-सा समायोजित सकल आय राजस्व (Adjusted Gross Revenue-AGR) की परिभाषा के अन्तर्गत आता/आते है/हैं? UP RO/ARO (Mains) 2016

1. ब्याज आय
2. लाभांश (डिविडेण्ड)
3. विदेशी मुद्रा लाभ (फोरेक्स गेन)

कूट

(a) केवल 1 (b) 2 और 3
(c) 1, 2 और 3 (d) 1 और 3

34. हिन्दू वृद्धि दर किससे सम्बन्धित है? BPSC (Pre) 2019, UPPSC (Pre) 2006, 1996

(a) मुद्रा (b) GDP
(c) जनसंख्या (d) GNP

35. सैद्धान्तिक रूप से यदि आर्थिक विकास की कल्पना की जाती है, तो इनमें से किस एक को साधारणत: ध्यान में नहीं रखा जाता है? JPSC (Pre) 2013

(a) सकल घरेलू उत्पाद में वृद्धि
(b) विश्व बैंक से वित्तीय सहायता में वृद्धि
(c) सकल राष्ट्रीय उत्पाद में वृद्धि
(d) प्रतिव्यक्ति सकल राष्ट्रीय उत्पाद में वृद्धि

5. भारत में आर्थिक नियोजन तथा नीति आयोग

36. आदेशात्मक और निर्देशात्मक योजना में आधारभूत अन्तर क्या है?

(a) आदेशात्मक योजना में आदेष्टा सोपान बाजार तन्त्र का स्थान पूर्ण रूप से ले लेता है, जबकि निर्देशात्मक योजना में उसे बाजार प्रणाली के कार्यकरण को सुधारने का केवल एक साधन माना जाता है
(b) निर्देशात्मक योजना में किसी भी उद्योग के राष्ट्रीयकरण की कोई आवश्यकता नहीं होती
(c) आदेशात्मक योजना में सभी आर्थिक क्रियाकलाप लोक क्षेत्रक के हाथ में होते हैं
(d) निर्देशात्मक योजना में लक्ष्यों की सिद्धि सरलता से होती है

37. भारत में नियोजन के सन्दर्भ में क्या सत्य है? JPSC (Pre) 2021

1. राष्ट्रीय पुनर्निर्माण एवं सामाजिक नियोजन का प्रस्ताव कांग्रेस वर्किंग कमेटी ने अगस्त, 1937 में वर्धा बैठक में स्वीकृत किया।
2. हरिपुरा के अपने अध्यक्षीय भाषण में सुभाषचन्द्र बोस ने 'योजना आयोग' के माध्यम से राष्ट्र राज्य व्यापक नीतियों को स्वीकार करने की घोषणा की।
3. मोदी सरकार ने योजना आयोग का नाम बदलकर 'नीति आयोग' किया।
4. सुभाषचन्द्र बोस ने वर्ष 1938 में जवाहरलाल नेहरू की अध्यक्षता में राष्ट्रीय योजना समिति के निर्माण की घोषणा की थी।

कूट

(a) 1 और 3 (b) 3 और 2
(c) केवल 3 (d) ये सभी

38. नीति आयोग के विषय में निम्नलिखित में से कौन-सा एक कथन सही नहीं है?

(a) इसका गठन योजना आयोग के स्थान पर किया गया
(b) इसमें एक पूर्णकालिक अध्यक्ष होता है
(c) इसका गठन जनवरी, 2015 में किया गया था
(d) यह सहकारी संघवाद के सिद्धान्त पर आधारित है

39. निम्नलिखित में से कौन-सा नीति आयोग (NITI) का उद्देश्य नहीं है?

(a) यह विकास प्रक्रिया के लिए महत्त्वपूर्ण दिशा और कार्य नीतिगत सूचना (इनपुट) उपलब्ध करता है
(b) यह नीति के प्रमुख तत्त्व उपलब्ध कराने में 'चिन्तक मण्डल' के रूप में कार्य करता है
(c) यह कार्यक्रमों के कार्यान्वयन पर निगरानी रखता है और उसका मूल्यांकन करता है
(d) यह अन्तर्राज्य विवादों के समाधान के लिए 'समग्र उपाय प्रदाता' (प्रोवाइडर ऑफ फर्स्ट एण्ड लास्ट रिसोर्ट) के रूप में एक मंच प्रदान करता है

40. द्वितीय पंचवर्षीय योजना के बारे में निम्नलिखित कथनों पर विचार कीजिए

1. के. एन. राज के नेतृत्व में इसका प्रारूप तैयार किया गया।
2. इसमें प्रस्ताव था कि बिजली, रेलवे, इस्पात, मशीनरी और संचार जैसे उद्योग पब्लिक सेक्टर में विकसित किए जाएँ।
3. प्रारूपकारों ने पाया कि उद्योग और कृषि में सन्तुलन बनाना बहुत कठिन है।
4. प्रारूपकारों ने पाया कि उद्योग और कृषि में सन्तुलन बनाना वास्तव में आसान है।

कूट

(a) केवल 1 (b) 1 और 2
(c) 2 और 3 (d) 3 और 4

41. 'चल योजना' के बारे में निम्नलिखित पर विचार करें UPPSC (Mains) 2016, BPSC (Pre) 2011

1. चालू वर्ष के लिए एक योजना, जिसमें वार्षिक बजट शामिल होता है।
2. एक योजना, जो 3, 4 या 5 वर्षों के लिए निर्धारित होती है।
3. वह अर्थव्यवस्था की आवश्यकतानुसार प्रतिवर्ष संशोधित होती है।

4. 10, 15 अथवा 20 वर्षों के लिए एक सापेक्ष योजना।

उपरोक्त कथनों में से कौन-सा/से कथन सही है/हैं?

(a) 1 और 2 (b) 1 और 3
(c) 2 और 3 (d) 1, 2, 3 और 4

42. यद्यपि वर्ष 1991 से बाजार अर्थव्यवस्था स्वीकृत कर ली गई है, फिर भी राष्ट्रीय आर्थिक योजना अभी चालू है। इसका मुख्य कारण क्या है?

(a) यह संवैधानिक अपेक्षा है
(b) लोक क्षेत्रक में पहले से लगाई गई भारी मात्रा की पूँजी की देखभाल आवश्यक है
(c) पंचवर्षीय योजनाएँ बाजार समर्थक रीति से अर्थव्यवस्था को दीर्घावधि परिप्रेक्ष्य प्रदान कर सकती हैं
(d) बाजार अर्थव्यवस्था मुख्यत: उद्योग और वाणिज्य तक सीमित है और कृषि में केन्द्रीय योजना आवश्यक है

43. निम्नलिखित में से कौन-सी बारहवीं पंचवर्षीय योजना (2012-2017) की कथित व्यापक दृष्टि तथा आकांक्षाओं की सर्वोत्तम व्याख्या है?

(a) तीव्रतर, धारणीय और अधिक समावेशी संवृद्धि
(b) उद्योगों का आधुनिकीकरण तथा आधारिक संरचना को मजबूत बनाना
(c) कृषि तथा ग्रामीण आय को बढ़ाना
(d) मुद्रास्फीति को रोकना तथा पोषण आवश्यकताओं, स्वास्थ्य एवं परिवार नियोजन जैसे गैर-आर्थिक परिवर्तनों को मजबूत बनाना

44. नीति आयोग अस्तित्व में कब आया?

अथवा

'योजना आयोग' के स्थान पर एक नई संस्था 'नीति आयोग' का गठन कब किया गया?
CGPSC (Pre) 2014, BPSC (Pre) 2017, MPPSC (Pre) 2023

(a) 1 जनवरी, 2014 (b) 1 जून, 2014
(c) 1 जनवरी, 2015 (d) 1 जून, 2015
(e) उपरोक्त में से कोई नहीं/उपरोक्त में से एक से अधिक

45. नीति आयोग के उपाध्यक्ष की नियुक्ति कौन करता है? **MPPSC (Pre) 2023**

(a) भारत के राष्ट्रपति
(b) भारत के प्रधानमन्त्री
(c) भारत के उपराष्ट्रपति
(d) लोकसभा अध्यक्ष

46. निम्न में से कौन नीति आयोग की शासी परिषद् के भाग नहीं हैं? **UKPSC (Pre) 2024**

(a) सभी राज्यों के मुख्यमन्त्री
(b) दिल्ली तथा पुदुचेरी के मुख्यमन्त्री
(c) राज्यों के राज्यपाल
(d) अण्डमान और निकोबार द्वीपों के लेफ्टिनेण्ट गवर्नर

47. पंचवर्षीय योजना के उद्देश्य निम्नलिखित में से कौन-से थे? **BPSC (Pre) 2023**

1. विकास 2. आधुनिकीकरण
3. आत्मनिर्भरता 4. साहित्य

कूट

(a) 1, 2 और 4 (b) 1, 3 और 4
(c) 2, 3 और 4 (d) इनमें से एक से अधिक
(e) इनमें से कोई नहीं

6. मुद्रा एवं मुद्रास्फीति

48. भारतीय रिजर्व बैंक (RBI) के अनुसार, वित्तीय वर्ष 2025 के लिए हेडलाइन मुद्रास्फीति का अनुमान क्या है? **BPSC (Pre) 2024**

(a) 5.0% (b) 4.1% (c) 5.5% (d) 4.5%

49. किसी अर्थव्यवस्था में खाद्य और ऊर्जा की कीमतों सहित कुल मुद्रास्फीति की माप कहलाती है **UKPSC (Pre) 2024**

(a) शीर्ष (हेडलाइन) मुद्रास्फीति
(b) मूल (कोर) मुद्रास्फीति
(c) परिष्कृत मूल मुद्रास्फीति
(d) इनमें से कोई नहीं

50. मुद्रास्फीति के सन्दर्भ में निम्न कथनों पर ध्यान दीजिए **RAS (Pre) 2023**

कथन (A) हैडलाइन मुद्रास्फीति उपभोक्ता मूल्य सूचकांक में परिवर्तन की दर को सन्दर्भित करती है, जो एक विशिष्ट परिवार द्वारा उपभोग की जाने वाली वस्तुओं और सेवाओं की एक मानक टोकरी की औसत कीमत की माप है।

कथन (B) कोर मुद्रास्फीति उपभोक्ता मूल्य सूचकांक से अस्थिर मूल्य वाली कुछ वस्तुओं; जैसे—खाद्य और ईंधन को बाहर करने के बाद औसत उपभोक्ता कीमतों में बदलाव को मापती है।

कूट

(a) A और B दोनों सही नहीं हैं
(b) A और B दोनों सही हैं
(c) केवल कथन B सही है
(d) केवल कथन A सही है
(e) अनुत्तरित प्रश्न

51. डिजिटल रुपये (Digital Rupee) के सम्बन्ध में निम्नलिखित कथनों पर विचार कीजिए **IAS (Pre) 2024**

1. यह भारतीय रिजर्व बैंक (RBI) द्वारा अपनी मौद्रिक नीति के अनुरूप जारी की गई राष्ट्रिक (सॉवरेन) मुद्रा है।
2. यह RBI के तुलना-पत्र (बैलेंस शीट) पर देयता के रूप में दिखाई देता है।
3. यह अपने डिजाइन से ही मुद्रास्फीति के विरुद्ध बीमाकृत है।
4. यह वाणिज्यिक बैंक मुद्रा और नकदी के लिए स्वतन्त्र रूप से परिवर्तनीय है।

उपरोक्त कथनों में से कौन-से कथन सही हैं?

(a) 1 और 2 (b) 1 और 3
(c) 2 और 4 (d) 1, 2 और 4

52. यदि आप अपने बैंक के माँग जमा खाते से ₹ 1,00000 की नकद राशि निकालते हैं, तो अर्थव्यवस्था में तात्कालिक रूप से मुद्रा की समग्र पूर्ति पर इसका क्या प्रभाव पड़ेगा? **IAS (Pre) 2020**

(a) मुद्रा की समग्र पूर्ति में ₹ 1,00000 की कमी आएगी
(b) मुद्रा की समग्र पूर्ति में ₹ 1,00000 की वृद्धि होगी
(c) मुद्रा की समग्र पूर्ति में ₹ 1,000000 से अधिक की वृद्धि होगी
(d) मुद्रा की समग्र पूर्ति अपरिवर्तित रहेगी

53. निम्नलिखित कथनों पर विचार कीजिए **IAS (Pre) 2022**

1. US फेडरल रिजर्व की सख्त मुद्रा नीति पूँजी पलायन की ओर ले जा सकती है।
2. पूँजी पलायन वर्तमान विदेशी वाणिज्यिक ऋण ग्रहण वाली फर्मों की ब्याज लागत को बढ़ा सकता है।
3. घरेलू मुद्रा का अवमूल्यन, ECBs से सम्बन्ध मुद्रा जोखिम को घटाता है।

उपरोक्त कथनों में से कौन-से कथन सही हैं?

(a) 1 और 2 (b) 1 और 3
(c) 1 और 3 (d) 1, 2 और 3

54. भारत में मुद्रास्फीति के सन्दर्भ में निम्नलिखित कथनों में से कौन-सा कथन सही है? **IAS (Pre) 2015**

(a) भारत में मुद्रास्फीति का नियन्त्रण केवल भारत सरकार का उत्तरदायित्व है
(b) मुद्रास्फीति के नियन्त्रण में भारतीय रिजर्व बैंक की कोई भूमिका नहीं है
(c) घटा हुआ मुद्रा परिचलन (मनी सर्कुलेशन), मुद्रास्फीति के नियन्त्रण में सहायता करता है
(d) बढ़ा हुआ मुद्रा परिचलन मुद्रास्फीति के नियन्त्रण में सहायता करता है

55. भारतीय अर्थव्यवस्था के सन्दर्भ में माँग-प्रेरित मुद्रास्फीति या उसमें वृद्धि निम्नलिखित किन कारणों से होती है? **IAS (Pre) 2021**

1. विस्तारकारी नीतियाँ
2. राजकोषीय प्रोत्साहन
3. मुद्रास्फीति सूचकांक मजदूरी (इन्फ्लेशन-इण्डेक्सिंग वेजेस)
4. उच्च क्रय शक्ति
5. बढ़ती ब्याज दर

कूट

(a) 1, 2 और 4 (b) 3, 4 और 5
(c) 1, 2, 3 और 5 (d) ये सभी

56. निम्नलिखित कथनों पर विचार कीजिए IAS (Pre) 2020

1. खाद्य वस्तुओं का 'उपभोक्ता मूल्य सूचकांक (CPI)' में भार उनके 'थोक मूल्य सूचकांक' में दिए गए भार से अधिक है।
2. WPI सेवाओं के मूल्यों में होने वाले परिवर्तनों को नहीं पकड़ता, जैसा कि CPI करता है।
3. भारतीय रिजर्व बैंक ने अब मुद्रास्फीति के मुख्य मान हेतु तथा प्रमुख नीतिगत दरों के निर्धारण और परिवर्तन हेतु WPI को अपना लिया है।

उपरोक्त कथनों में कौन-सा/से कथन सही है/हैं?
(a) 1 और 2 (b) केवल 2
(c) केवल 3 (d) 1, 2 और 3

57. भारतीय अर्थव्यवस्था के सन्दर्भ में निम्नलिखित कथनों पर विचार कीजिए IAS (Pre) 2022

1. यदि मुद्रास्फीति अत्यधिक है, तो भारतीय रिजर्व बैंक (RBI) सम्भावित रूप से सरकारी प्रतिभूतियाँ खरीद सकता है।
2. यदि रुपये का तेजी से मूल्यह्रास हो रहा है, तो RBI बाजार में डॉलरों का सम्भावित रूप से विक्रय कर सकता है।
3. यदि USA या यूरोपीय संघ में ब्याज दरें गिरती होतीं, तो इससे सम्भावित रूप से RBI की डॉलरों की खरीद प्रेरित हो सकती है।

उपरोक्त कथनों में कौन-सा/से कथन सही है/हैं?
(a) 1 और 2 (b) 2 और 3
(c) 1 और 3 (d) 1, 2 और 3

7. भारतीय बैंकिंग प्रणाली

58. निम्नलिखित कथनों पर विचार कीजिए IAS (Pre) 2021

1. केन्द्र सरकार द्वारा भारतीय रिजर्व बैंक के गवर्नर की नियुक्ति की जाती है।
2. भारतीय संविधान के कतिपय प्रावधान केन्द्र सरकार को जनहित में RBI को निर्देश देने का अधिकार देते हैं।
3. RBI का गवर्नर अपना अधिकार (पावर) RBI अधिनियम से प्राप्त करता है।

उपरोक्त कथनों में से कौन-सा/से कथन सही है/हैं?
(a) 1 और 2 (b) 2 और 3
(c) 1 और 3 (d) 1, 2 और 3

59. नकद आरक्षित अनुपात (CRR) को कम करने में अर्थव्यवस्था पर इसका निम्नलिखित प्रभाव पड़ेगा BPSC (Pre) 2020

1. बैंकों के पास अधिक तरलता लाभ होगा।
2. अर्थव्यवस्था में निवेश वृद्धि देखने को मिल सकती है।
3. अर्थव्यवस्था में मुद्रा-पूर्ति बढ़ सकती है।
4. वास्तविक निवेश दर में गिरावट आ सकती है।

कूट
(a) केवल 1 (b) 1 और 2
(c) 1, 2, 3 और 4 (d) 2, 3 और 4
(e) इनमें से कोई नहीं/इनमें से एक से अधिक

60. हाल ही में निम्न में से किस संस्था ने केन्द्रीकृत वेब पोर्टल UDGAM लॉन्च किया? RAS/RTS (Pre) 2023
(a) विश्वविद्यालय अनुदान आयोग
(b) भारतीय राष्ट्रीय राजमार्ग प्राधिकरण
(c) भारतीय अन्तरिक्ष अनुसन्धान संगठन
(d) भारतीय रिजर्व बैंक
(e) अनुत्तरित प्रश्न

61. भारतीय अर्थव्यवस्था के सन्दर्भ में निम्नलिखित कथनों पर विचार कीजिए IAS (Pre) 2022

1. अंकित प्रभावी विनिमय दर (Nominal Effective Exchange Rate, NEER) में वृद्धि, रुपये की मूल्यवृद्धि को दर्शाता है।
2. वास्तविक प्रभावी विनिमय दर में वृद्धि व्यापार प्रतिस्पर्धात्मकता में सुधार को दर्शाता है।
3. अन्य देशों में मुद्रास्फीति के सापेक्ष घरेलू मुद्रास्फीति में बढ़ने की प्रवृत्ति (NEER) और REER के बीच में वर्धमान अपसरण उत्पन्न कर सकता है।

उपरोक्त कथनों में से कौन-से कथन सही हैं?
(a) 1 और 2 (b) 2 और 3
(c) 1 और 3 (d) 1, 2 और 3

62. निम्नलिखित कथनों पर विचार कीजिए : IAS (Pre) 2025

I. भारतीय रिज़र्व बैंक भारत में सभी सूचीबद्ध कंपनियों को व्यावसायिक उत्तरदायित्व और स्थिरता रिपोर्ट [बिजनेस रिस्पॉन्सिबिलिटी ऐंड सस्टेनेबिलिटी रिपोर्ट (BRSR)] प्रस्तुत करने का अधिदेश करता है।
II. भारत में व्यावसायिक उत्तरदायित्व और स्थिरता रिपोर्ट (BRSR) प्रस्तुत करने वाली कोई कंपनी, इस रिपोर्ट में उनका प्रकटन करती है, जो मुख्यत: गैर-वित्तीय स्वरूप के हैं।

उपर्युक्त कथनों में से कौन-सा/कौन-से सही है/हैं?
(a) केवल I
(b) केवल II
(c) I और II दोनों
(d) न तो I और न ही II

63. विलफुल डिफोल्टर्स और लार्ज डिफोल्टर्स डायरेक्शन्स, 2023 के विवेचन के सम्बन्ध में रिजर्व बैंक ऑफ इण्डिया की तात्कालिक रिलीज से सम्बन्धित निम्नलिखित कथनों पर विचार कीजिए HPSC (Pre) 2024

1. निर्देश सभी विनियमित इकाइयों NABARD, SIDBI और EXIM बैंक सहित पर लागू होंगे।
2. विलफुल डिफोल्ट उधारकर्ता की समीक्षा एवं अन्तिम रूप खाते के नॉन-परफॉर्मिंग एसैट के रूप में वर्गीकृत होने के छः महीने के भीतर की जानी चाहिए। (NPA)
3. ऋणदाता मुख्य देनदार के विरुद्ध पर्याप्त उपाय किए बिना गारण्टर के विरुद्ध प्रक्रिया नहीं कर सकता है।

उपरोक्त कथनों में से कितने कथन सही हैं?
(a) केवल 1 (b) 1 और 2
(c) 1, 2 और 3 सभी (d) 2 और 3
(e) अनुत्तरित प्रश्न

64. विदेशी बैंकों के साथ व्यवहार करते समय भारतीय रिजर्व बैंक द्वारा अधिरोपित नियम/नियमों के सन्दर्भ में निम्नलिखित कथनों पर विचार कीजिए UPSC (Pre) 2024

1. भारत में पूर्ण स्वामित्व वाले सहायक बैंकों (बैंकिंग सब्सिडरियो) के लिए कोई न्यूनतम पूँजी की आवश्यकता नहीं है।
2. भारत में पूर्ण स्वामित्व वाले सहायक बैंकों (बैंकिंग सब्सिडरियो) के लिए बोर्ड सदस्यों के कम-से-कम 50% भारतीय नागरिक होने चाहिए।

उपरोक्त कथनों में से कौन-सा/से सही है/हैं?
(a) केवल 1
(b) केवल 2
(c) 1 और 2 दोनों
(d) न तो 1 और न ही 2

65. भारत के सन्दर्भ में, निम्नलिखित कथनों पर विचार कीजिए। IAS (Pre) 2021

1. खुदरा निवेशक डीमैट खातों के माध्यम से प्राथमिक बाजार में 'राजकोष बिल' (ट्रेज़री बिल) और 'भारत सरकार के ऋण बॉण्ड' में निवेश कर सकते हैं।
2. 'बातचीत से तय लेन-देन प्रणाली-ऑर्डर मिलान' (निगोशिएटेड डीलिंग सिस्टम-ऑर्डर मैचिंग) भारतीय रिजर्व बैंक का सरकारी प्रतिभूति व्यापारिक मंच है।
3. 'सेण्ट्रल डिपॉजिटरी सर्विसेज लिमिटेड' का भारतीय रिजर्व बैंक एवं बम्बई स्टॉक एक्सचेंज द्वारा संयुक्त रूप से प्रवर्तन किया जाता है।

उपरोक्त कथनों में से कौन-सा/से कथन सही है/हैं?
(a) केवल 1 (b) 1 और 2
(c) केवल 3 (d) 2 और 3

66. केन्द्रीय बैंक की डिजिटल मुद्राओं के सन्दर्भ में निम्नलिखित कथनों पर विचार कीजिए
UPPSC (Pre) 2023

1. यू. एस. डॉलर या एस. डब्ल्यू. आई. एफ. टी. प्रणाली का प्रयोग किए बिना डिजिटल मुद्रा में भुगतान करना सम्भव है।
2. कोई डिजिटल मुद्रा इसके अन्दर प्रोग्रामित प्रतिबन्ध, जैसे कि इसके व्यय के समय ढाँचे के साथ वितरित की जा सकती है।

उपरोक्त कथनों में से कौन-सा/से कथन सही है/हैं?
(a) केवल 1
(b) केवल 2
(c) 1 और 2 दोनों
(d) न तो 1 और न ही 2

67. प्रोम्प्ट करेक्टिव एक्शन (PCA) फ्रेमवर्क से सम्बन्धित निम्नलिखित कथनों पर विचार कीजिए
HPSC (Pre) 2024

1. वर्तमान में PCA पर्यवेक्षी मानक सरकारी और गैर-सरकारी NBFC दोनों पर लागू होते हैं।
2. PCA के अधीन विवेकाधीन कार्यों में ब्रांच के विस्तार पर प्रतिबन्ध सम्मिलित है।

उपरोक्त कथनों में से कितने कथन सही हैं?
(a) केवल 1 (b) केवल 2
(c) 1 और 2 दोनों (d) इनमें से कोई नहीं

68. भारतीय रिजर्व बैंक की निम्नलिखित में से किस एक गतिविधि को 'बन्ध्यकरण (स्टेरलाइजेशन)' के एक भाग के रूप में माना जाता है?
IAS (Pre) 2023

(a) 'खुला बाजार कार्यवाही' का संचालन
(b) निपटारा और भुगतान प्रणालियों की निगरानी
(c) केन्द्र सरकार और राज्य सरकारों के लिए ऋण एवं रोकड़ प्रबन्धन
(d) गैर-बैंकिंग वित्तीय संस्थानों के कार्यों का विनियमन

69. निम्नलिखित घटनाओं पर विचार कीजिए तथा उनको नीचे दिए गए कूट का उपयोग करते हुए कालक्रमानुसार व्यवस्थित कीजिए
UP RO/ARO (Pre) 2024

1. बैंकों के राष्ट्रीयकरण का प्रथम चरण
2. बैंकों के राष्ट्रीयकरण का दूसरा चरण
3. क्षेत्रीय ग्रामीण बैंकों की स्थापना
4. नाबार्ड की स्थापना

कूट
(a) 1, 2, 4, 3 (b) 1, 3, 2, 4
(c) 4, 2, 3, 1 (d) 3, 2, 1, 4

70. निम्नलिखित कथनों पर विचार कीजिए
IAS (Pre) 2023

1. स्वयं-सहायता समूह [सेल्फ-हेल्प ग्रुप (एस. एच. जी.)] कार्यक्रम मूलत: भारतीय स्टेट बैंक द्वारा वित्तीय रूप से वंचितों को लघु ऋण प्रदान कर प्रारम्भ किया गया था।
2. किसी एस. एच. जी. में समूह के सभी सदस्य उस ऋण के लिए उत्तरदायित्व लेते हैं, जो ऋण कोई अकेला सदस्य लेता है।
3. क्षेत्रीय ग्रामीण बैंक और अनुसूचित वाणिज्यिक बैंक एस. एच. जी. को समर्थन देते हैं।

उपरोक्त में से कितने कथन सही हैं?
(a) केवल एक (b) केवल दो
(c) सभी तीन (d) इनमें से कोई नहीं

71. निम्नलिखित कथनों पर विचार कीजिए
MPPSC (Pre) 2025

1. भारतीय रिजर्व बैंक का राष्ट्रीयकरण 26 जनवरी, 1950 को हुआ।
2. भारत सरकार के ऋण कार्यक्रमों का संचालन व्यय विभाग, वित्त मन्त्रालय द्वारा होता है।

उपरोक्त कथनों में से कौन-सा/से कथन सही है/हैं?
(a) केवल 1
(b) केवल 2
(c) 1 और 2 दोनों
(d) न तो 1 और न ही 2

72. मौद्रिक नीति का मुख्य उद्देश्य क्या है?
MPPSC (Pre) 2025

(a) सरकारी खर्च बढ़ाना
(b) मूल्य स्थिरता बनाए रखना और आर्थिक वृद्धि सुनिश्चित करना
(c) राजकोषीय घाटा कम करना
(d) विदेशी मुद्रा भण्डार को नियन्त्रित करना

73. निम्नलिखित घटनाओं पर विचार कीजिए और उन्हें कालक्रमानुसार व्यवस्थित कीजिए
UPPSC (Pre) 2020

1. नाबार्ड की स्थापना
2. स्वयं सहायता समूह का बैंक लिंकेज कार्यक्रम
3. किसान क्रेडिट कार्ड योजना
4. क्षेत्रीय ग्रामीण बैंक की स्थापना

कूट
(a) 4, 1, 2, 3 (b) 4, 2, 3, 1
(c) 1, 2, 3, 4 (d) 4, 3, 2, 1

74. भारतीय अर्थव्यवस्था के सन्दर्भ में, निम्नलिखित में से कौन-सा/से गैर-वित्तीय ऋण में सम्मिलित है/हैं?
IAS (Pre) 2020

1. परिवारों का बकाया गृह ऋण
2. क्रेडिट कार्डों पर बकाया राशि
3. राजकोष बिल

नीचे दिए गए कूट का प्रयोग कर सही उत्तर चुनिए
(a) केवल 1
(b) 1 और 2
(c) केवल 3
(d) 1, 2 और 3

75. भारत के सन्दर्भ में, निम्नलिखित घटनाओं पर विचार कीजिए
BPSC (Pre) 2024

1. बैंकों का राष्ट्रीयकरण
2. क्षेत्रीय ग्रामीण बैंकों का गठन
3. बैंक शाखाओं द्वारा गाँवों को गोद लेना

उपरोक्त घटनाओं में से किसे/किन्हें 'भारत में वित्तीय समावेशन' प्राप्त करने के लिए उठाया गया कदम माना जा सकता है?
(a) 2 और 3 (b) 1, 2 और 3
(c) 1 और 2 (d) केवल 3

76. भारतीय रिजर्व बैंक के अनुसार, एक स्मॉल फाइनेन्स बैंक (SFB) के यूनिवर्सल बैंक में परिवर्तन के लिए पात्रता मानदण्डों में से एक क्या है?
BPSC (Pre) 2024

(a) न्यूनतम शुद्ध सम्पत्ति ₹ 1500 करोड़
(b) न्यूनतम शुद्ध सम्पत्ति ₹ 500 करोड़
(c) न्यूनतम शुद्ध सम्पत्ति ₹ 2000 करोड़
(d) न्यूनतम शुद्ध सम्पत्ति ₹ 1000 करोड़

8. भारतीय वित्तीय बाजार (प्रतिभूति बाजार) एवं वित्तीय संस्थान

77. निम्नलिखित बाजारों पर विचार कीजिए
IAS (Pre) 2023

1. सरकारी बॉण्ड बाजार
2. शीघ्रावधि द्रव्य बाजार (कॉल मनी मार्केट)
3. कोष पत्र बाजार (ट्रेज़री बिल मार्केट)
4. स्टॉक बाजार

पूँजी बाजार में उपरोक्त में से कितने शामिल हैं?
(a) केवल एक (b) केवल दो
(c) केवल तीन (d) सभी चार

78. भारत के सन्दर्भ में निम्नलिखित कथनों पर विचार कीजिए
IAS (Pre) 2021

1. खुदरा निवेशक डीमैट खातों के माध्यम से प्राथमिक बाजार में 'राजकोष बिल (ट्रेज़री बिल)' और 'भारत सरकार के ऋण बॉण्ड' में निवेश कर सकते हैं।
2. 'बातचीत से तय लेन-देन प्रणाली-ऑर्डर मिलान (नेगोशिएटेड डीलिंग सिस्टम ऑर्डर मैचिंग)' भारतीय रिजर्व बैंक का सरकारी प्रतिभूति व्यापारिक मंच है।

3. 'सेण्ट्रल डिपोजिटरी सर्विसेज लिमिटेड' का भारतीय रिजर्व बैंक एवं बम्बई स्टॉक एक्सचेन्ज द्वारा संयुक्त रूप से प्रवर्तन किया जाता है।

उपरोक्त कथनों में से कौन सा/से कथन सही है/हैं?

(a) केवल 1 (b) 1 और 2
(c) केवल 3 (d) 2 और 3

79. भारतीय अर्थव्यवस्था के सन्दर्भ में 'सम्पार्श्विकीकृत उधार लेन-देन सम्बन्धी दायित्व' निम्नलिखित में से किसके लिखत (इन्स्ट्रूमेण्ट) हैं? **UPSC (Pre) 2024**

(a) बॉण्ड बाजार (b) विदेशी मुद्रा बाजार
(c) मुद्रा बाजार (d) शेयर (स्टॉक) बाजार

80. भारत में निम्न में से कौन कॉर्पोरेट बॉण्ड और सरकारी प्रतिभूतियों में व्यापार कर सकते हैं? **UPSC (Pre) 2024**

1. बीमा कम्पनियाँ 2. पेंशन निधि
3. खुदरा निवेशक

नीचे दिए गए कूट का प्रयोग कर सही उत्तर चुनिए

(a) 1 और 2 (b) 2 और 3
(c) 1 और 3 (d) 1, 2 और 3

81. कॉर्पोरेट डेब्ट मार्केट डेवलपमेण्ट फण्ड (CDMDF) से सम्बन्धित निम्नलिखित कथनों पर विचार कीजिए **HPSC (Pre) 2024**

1. इसकी स्थापना वैकल्पिक निवेश निधि के रूप में की जाएगी।
2. निर्दिष्ट डेब्ट-ओरिएण्टेड म्यूच्युअल फण्ड स्कीम्स और एसेट मैनेजमेण्ट कम्पनियों के लिए इस फण्ड में योगदान अनिवार्य होगा।
3. प्रारम्भ में इसकी स्थापना 5 वर्ष के लिए की जाएगी और सेबी (SEBI) के आदेश पर आगे बढ़ाया जा सकता है।

उपरोक्त कथनों में से कितने कथन सही हैं?

(a) केवल 1 (b) 1 और 2
(c) 1, 2 और 3 (d) इनमें से कोई नहीं
(e) अनुत्तरित प्रश्न

82. भारत में कार्य कर रही विदेशी स्वामित्व की ई-वाणिज्य फर्मों के सन्दर्भ में निम्नलिखित कथनों में से कौन-सा/से कथन सही है/हैं? **IAS (Pre) 2022**

1. अपने प्लेटफॉर्मों को बाजार स्थान के रूप में प्रस्तुत करने के अतिरिक्त वे स्वयं अपने माल का विक्रय भी कर सकते हैं।
2. वे अपने प्लेटफॉर्मों पर किस अंश तक बड़े विक्रेताओं को स्वीकार कर सकते हैं, यह सीमित है।

कूट

(a) केवल 1 (b) केवल 2
(c) 1 और 2 दोनों (d) न तो 1 और न ही 2

83. परिवर्तनीय बॉण्ड के सन्दर्भ में निम्नलिखित कथनों पर विचार कीजिए **IAS (Pre) 2022**

1. चूँकि बॉण्ड को इक्विटी के लिए बदलने का विकल्प है, परिवर्तनीय बॉण्ड अपेक्षाकृत कम ब्याज दर का भुगतान करते हैं।
2. इक्विटी के लिए बदलने का विकल्प बॉण्डधारक को बढ़ती हुई उपभोक्ता कीमतों से सहलग्नता (इण्डेक्सेशन) की मात्रा प्रदान करता है।

उपरोक्त कथनों में से कौन-सा/से कथन सही है/हैं?

(a) केवल 1
(b) केवल 2
(c) 1 और 2 दोनों
(d) न तो 1 और न ही 2

84. भारतीय अर्थव्यवस्था के सन्दर्भ में 'मुद्रास्फीति सहलग्न बॉण्ड' (Inflation Indexed Bonds, IIBs) के क्या लाभ हैं? **IAS (Pre) 2022**

1. सरकार IIBs के रूप में अपने ऋण ग्रहण पर कूपन दरों को कम कर सकती है।
2. IIBs निवेशकों को मुद्रास्फीति के विषय में अनिश्चितता से सुरक्षा प्रदान करते हैं।
3. IIBs पर प्राप्त ब्याज और साथ ही साथ पूँजीगत लाभ कर योग्य नहीं होते।

उपरोक्त कथनों में से कौन-सा/से कथन सही है/हैं?

(a) 1 और 2 (b) 2 और 3
(c) 1 और 3 (d) 1, 2 और 3

85. निम्नलिखित कथनों पर विचार कीजिए **IAS (Pre) 2022**

1. भारत में साख क्षमता-निर्धारण एजेन्सियाँ (क्रेडिट रेटिंग एजेन्सीज) भारतीय रिजर्व बैंक द्वारा विनियमित होती हैं।
2. ICRA नाम से जानी जाने वाली क्षमता निर्धारण एजेन्सी एक पब्लिक लिमिटेड कम्पनी है।
3. ब्रिकवर्क रेटिंग्स एक भारतीय साख क्षमता-निर्धारण एजेन्सी है।

उपरोक्त कथनों में से कौन-सा/से कथन सही है/हैं?

(a) 1 और 2 (b) 2 और 3
(c) 1 और 3 (d) 1, 2 और 3

86. भारतीय सरकारी बॉण्ड प्रतिफल निम्नलिखित में से किससे/किनसे प्रभावित होता है/होते हैं? **IAS (Pre) 2021**

1. यूनाइटेड स्टेट्स फेडरल रिजर्व की कार्रवाई
2. भारतीय रिजर्व बैंक की कार्रवाई
3. मुद्रास्फीति एवं अल्पावधि ब्याज दर

नीचे दिए गए कूट का प्रयोग कर सही उत्तर चुनिए

(a) 1 और 2
(b) केवल 2
(c) केवल 3
(d) 1, 2 और 3

87. किसी संगठन या कम्पनी द्वारा किए गए व्यय के सन्दर्भ में, निम्नलिखित कथनों में कौन-सा/से सही है/हैं? **IAS (Pre) 2022**

1. नई प्रौद्योगिकी प्राप्त करना पूँजीगत व्यय है।
2. ऋण वित्तीयन को पूँजीगत व्यय माना जाता है, जबकि इक्विटी वित्तीयन को राजस्व व्यय माना जाता है।

कूट

(a) केवल 1 (b) केवल 2
(c) 1 और 2 दोनों (d) न तो 1 और न ही 2

88. स्वामित्व के आधार पर निम्नलिखित में से कौन-सा एक अन्य से भिन्न है? **UPPSC (Pre) 2021**

(a) जीवन बीमा निगम की पॉलिसी
(b) बैंक की सावधि जमा
(c) किसान विकास-पत्र
(d) कम्पनी का ऋणपत्र

9. भारत में बीमा प्रणाली

89. भारतीय जीवन बीमा निगम की स्थापना कब हुई? **BPSC (Pre) 2008**

(a) वर्ष 1956 में (b) वर्ष 1944 में
(c) वर्ष 1950 में (d) वर्ष 1947 में

90. भारत सरकार द्वारा बीमा नियामक एवं विकास प्राधिकरण की स्थापना की गई थी **UPPSC (Pre) 2002, UKPSC (Pre) 2012**

(a) अप्रैल, 2000 में (b) अप्रैल, 2001 में
(c) अप्रैल, 2002 में (d) अप्रैल, 2003 में

91. निम्नलिखित कथनों पर विचार कीजिए **IAS (Pre) 2006**

1. भारतीय जीवन बीमा निगम भारत की सबसे पुरानी बीमा कम्पनी है।
2. नेशनल इंश्योरेन्स कम्पनी लिमिटेड वर्ष 1972 में राष्ट्रीयकृत हुई थी तथा जनरल इंश्योरेन्स ऑफ इण्डिया की समनुषंगी है।
3. यूनाइटेड इण्डिया इंश्योरेन्स कम्पनी लिमिटेड का मुख्यालय चेन्नई में है।

उपरोक्त कथनों में से कौन-सा/से कथन सही है/हैं?

(a) 1, 2 और 3 (b) 1 और 2
(c) 2 और 3 (d) 1 और 3

10. लोकवित्त, राजकोषीय नीति एवं बजट

92. सरकार के निम्नलिखित कार्यों पर विचार कीजिए **IAS (Pre) 2010**

1. कर दरों में कटौती करना
2. सरकारी व्यय को बढ़ाना
3. उपादानों को समाप्त करना

आर्थिक मन्दी के सन्दर्भ में उपरोक्त कार्यों में से कौन-सा/से राजकोषीय उद्दीपन पैकेज का भाग माना/माने जा सकता/सकते है/हैं?

(a) 1 और 2
(b) केवल 2
(c) 1 और 3
(d) 1, 2 और 3

93. निम्नलिखित में से कौन-सा समीकरण सकल राजकोषीय घाटे के सूत्र को दर्शाता है? **RAS/RTS (Pre) 2023**

(a) सकल राजकोषीय घाटा = प्राथमिक घाटा + विदेशों से प्राप्त शुद्ध उधार
(b) सकल राजकोषीय घाटा = कुल व्यय – राजस्व प्राप्तियाँ
(c) सकल राजकोषीय घाटा = राजस्व घाटा + पूँजी व्यय
(d) सकल राजकोषीय घाटा = शुद्ध घरेलू उधार + आर.बी.आई. से उधार + विदेशी उधार
(e) अनुत्तरित प्रश्न

94. निम्नलिखित कथनों पर विचार कीजिए **IAS (Pre) 2018**

1. राजकोषीय दायित्व और बजट प्रबन्धन (एफआरबीएम) समीक्षा समिति के प्रतिवेदन में सिफारिश की गई है कि वर्ष 2023 तक केन्द्र एवं राज्य सरकारों को मिलाकर ऋण-GDP अनुपात 60% रखा जाए, जिसमें केन्द्र सरकार के लिए 40% तथा राज्य सरकारों के लिए 20% हो।
2. राज्य सरकारों के जीडीपी के 49% की तुलना में केन्द्र सरकार के लिए GDP का 21% घरेलू देयताएँ हैं।
3. भारत के संविधान के अनुसार, यदि किसी राज्य के पास केन्द्र सरकार की बकाया देयताएँ हैं, तो उसे कोई भी ऋण लेने से पहले केन्द्र सरकार से सहमति लेना अनिवार्य है।

उपरोक्त कथनों में से कौन-सा/से कथन सही है/हैं?

(a) केवल 1 (b) 2 और 3
(c) 1 और 3 (d) 1, 2 और 3

95. वित्तमन्त्री संसद में बजट प्रस्तुत करते हुए उसके साथ अन्य प्रलेख भी प्रस्तुत करता है, जिनमें 'वृहद् आर्थिक रूपरेखा विवरण' भी सम्मिलित रहता है। यह पूर्वोक्त प्रलेख निम्न आदेश के कारण प्रस्तुत किया जाता है **IAS (Pre) 2020**

(a) चिरकालिक संसदीय परम्परा के कारण
(b) भारत के संविधान के अनुच्छेद-112 तथा अनुच्छेद-110(1) के कारण
(c) भारत के संविधान के अनुच्छेद-113 के कारण
(d) राजकोषीय उत्तरदायित्व एवं बजट प्रबन्धन अधिनियम, 2003 के प्रावधानों के कारण

96. भारत के केन्द्रीय बजट में राजकोषीय घाटे का तात्पर्य होता है **JPSC (Pre) 2021**

(a) मुद्रीकृत घाटे और बजटीय घाटे का जोड़
(b) भारतीय रिजर्व बैंक से केन्द्र सरकार के उधार में शुद्ध वृद्धि
(c) चालू खर्च और चालू आय के बीच का अन्तर
(d) राजकोषीय घाटा बताता है कि सरकार को अपने खर्चों को पूरा करने के लिए कितने पैसों की आवश्यकता है

97. निम्नलिखित में से कौन-सा एक सार्वजनिक आगम का स्रोत नहीं है?

(a) आयकर
(b) सार्वजनिक ऋण
(c) वैट
(d) अर्थ-साहायकी (परिदान)

11. भारतीय कर प्रणाली

98. भारत में वस्तुओं और सेवाओं पर कर परोक्ष कर सुधार के रूप में लागू किया गया था। निम्न में से कौन-सी वस्तुओं और सेवाओं पर कर की विशेषताएँ हैं? **HPSC (Pre) 2021**

1. वस्तुओं और सेवाओं पर कर वस्तुओं के उत्पादन, वस्तुओं की बिक्री, सेवाओं की उपलब्धता पर लागू होता है।
2. वस्तुओं और सेवाओं पर कर वस्तुओं अथवा सेवाओं की आपूर्ति पर लागू होता है।
3. वस्तुओं और सेवाओं पर कर गन्तव्य आधारित उपभोग कर के सिद्धान्त पर आधारित है।
4. वस्तुओं और सेवाओं पर कर काउन्सिल द्वारा निर्धारित दरों पर वसूला जाता है।

कूट

(a) 1 और 4
(b) 2 और 3
(c) 2, 3 और 4
(d) 1, 3 और 4

99. अप्रवासी सत्वों द्वारा दी जा रही ऑनलाइन विज्ञापन सेवाओं पर भारत द्वारा 6% समकरण कर लगाए जाने के निर्णय के सन्दर्भ में निम्नलिखित कथनों में से कौन-सा/से कथन सही है/हैं? **IAS (Pre) 2018**

1. यह आय के अधिनियम के भाग के रूप में लागू किया गया है।
2. भारत में विज्ञापन सेवाएँ देने वाले अप्रवासी सत्व अपने गृह देश में 'दोहरे कराधान से बचाव समझौते' के अन्तर्गत टैक्स क्रेडिट का दावा कर सकते हैं।

कूट

(a) केवल 1 (b) केवल 2
(c) 1 और 2 दोनों (d) न तो 1 और न ही 2

100. भारत के सन्दर्भ में हाल ही में जनसंचार माध्यमों में अक्सर चर्चित अप्रत्यक्ष अन्तरण को निम्नलिखित में कौन-सी एक स्थिति सर्वोत्तम रूप से प्रतिबिम्बित करती है? **UPSC (Pre) 2022**

(a) कोई भारतीय कम्पनी, जिसने किसी विदेशी उद्यम में निवेश किया हो और अपने निवेश पर मिलने वाले लाभ पर उस बाहरी देश को कर अदा करती हो
(b) कोई विदेशी कम्पनी, जिसने भारत में निवेश किया हो और अपने निवेश से मिलने वाले लाभ पर अपने आधारभूत देश को कर अदा करती हो
(c) कोई भारतीय कम्पनी, जो किसी बाहरी देश में मूर्त सम्पत्ति खरीदती है और उनका मूल्य बढ़ने पर उन्हें बेच देती है तथा प्राप्ति को भारत में अन्तरित कर देती है
(d) कोई विदेशी कम्पनी शेयर अन्तरित करती है और ऐसे शेयर भारत में स्थित परिसम्पत्तियों से अपना वस्तुगत मूल्य व्युत्पन्न करते हैं

101. प्रिवेंशन ऑफ मनी लॉण्ड्रिंग एक्ट (PMLA) के सम्बन्ध में निम्नलिखित में से कौन-सा सही नहीं है? **UKPSC (Pre) 2024**

(a) इसमें काले धन के सृजन से सम्बन्धित सभी प्रमुख अपराध सम्मिलित हैं
(b) कर चोरी एवं तस्करी मनी लॉण्ड्रिंग की परिभाषा से बाहर रखे गए हैं
(c) इस अधिनियम के दायरे में आने वाले केस गैर-जमानती होते हैं
(d) मनी लॉण्ड्रिंग डायरेक्टर को वित्तीय संस्थाओं द्वारा संधारित रिकॉर्ड मँगवाने का अधिकार नहीं है

102. निम्नलिखित पर विचार कीजिए **IAS (Pre) 2023**

1. जनांकिकीय निष्पादन
2. वन और पारिस्थितिकी
3. शासन सुधार
4. स्थिर सरकार
5. कर एवं राजकोषीय प्रयास

समस्तर कर-अवक्रमण के लिए पन्द्रहवें वित्त आयोग ने उपरोक्त में से कितनों को जनसंख्या क्षेत्रफल और आय के अन्तर के अतिरिक्त निकष के रूप में प्रयुक्त किया?

(a) केवल दो (b) केवल तीन
(c) केवल चार (d) सभी पाँच

103. भारत के बजट में किस वर्ष वस्तु लेन-देन कर (CTT) प्रस्तुत किया गया था? BPSC (Pre) 2020

(a) वर्ष 2013-14 (b) वर्ष 2012-13
(c) वर्ष 2014-15 (d) वर्ष 2017-18

104. भारत में कर निर्दिष्टीकरण के संवैधानिक प्रावधानों के अन्तर्गत निम्न में से कौन-सा कर है, जो पूरी तरह से राज्यों द्वारा लगाया और वसूला जाता है JPSC (Pre) 2021

(a) GST (b) आयकर
(c) भू-राजस्व कर (d) निगम कर

105. केन्द्रीय सरकार के निम्नलिखित महत्त्वपूर्ण कर राजस्व के स्रोतों पर विचार कीजिए BPSC (Pre) 2015

1. निगम कर
2. निगम-कर के अतिरिक्त अन्य आय पर कर
3. कस्टम्स
4. संघ उत्पादन शुल्क

सकल कर राजस्व के मामले में इनका सही अवरोही क्रम निम्नलिखित में से कौन-सा है?

(a) 1, 2, 4, 3 (b) 1, 2, 3, 4
(c) 3, 1, 2, 4 (d) 2, 3, 1, 4

12. कृषि एवं खाद्य प्रबन्धन

106. भारत में उर्वरक क्षेत्र के सन्दर्भ में निम्नलिखित कथनों पर विचार कीजिए HPSC (Pre) 2024

1. सल्फर कोटेड यूरिया को सामान्यत: नीम कोटेड यूरिया भी कहा जाता है, जो मृदा में सल्फर की कमी को पूरा करने में मदद करता है।
2. फर्टिलाइजर फ्लाइंग स्क्वॉड (FFS) का गठन अलग-अलग खेतों के लिए फसलवार उर्वरक की सिफारिश करने के लिए किया गया था।

उपरोक्त कथनों में से कितने कथन सही हैं?

(a) केवल 1 (b) केवल 2
(c) 1 और 2 दोनों (d) इनमें से कोई नहीं
(e) अनुत्तरित प्रश्न

107. भारत में पिछले पाँच वर्षों में खरीफ की फसलों की खेती के सन्दर्भ में निम्नलिखित कथनों पर विचार कीजिए IAS (Pre) 2019

1. धान की खेती के अन्तर्गत क्षेत्र अधिकतम है।
2. ज्वार की खेती के अन्तर्गत क्षेत्र तिलहन की खेती के अन्तर्गत क्षेत्र की तुलना में अधिक है।
3. कपास की खेती का क्षेत्र, गन्ने की खेती के क्षेत्र की तुलना में अधिक है।
4. गन्ने की खेती के अन्तर्गत क्षेत्र निरन्तर घटा है।

उपरोक्त कथनों में से कौन-सा/से कथन सही है/हैं?

(a) 1 और 3 (b) 2, 3 और 4
(c) 2 और 4 (d) ये सभी

108. भारत में दालों के उत्पादन के सन्दर्भ में निम्नलिखित कथनों पर विचार कीजिए IAS (Pre) 2020

1. उड़द की खेती खरीफ और रबी दोनों फसलों में की जा सकती है।
2. कुल दाल उत्पादन का लगभग आधा भाग केवल मूँग का होता है।
3. पिछले तीन दशकों में जहाँ खरीफ दालों का उत्पादन बढ़ा है, वहीं रबी दालों का उत्पादन घटा है।

उपरोक्त कथनों में से कौन-सा/से कथन सही है/हैं?

(a) केवल 1
(b) 2 और 3
(c) केवल 2
(d) 1, 2 और 3

109. भारत में पट्टेदारी सुधार के उपायों के सन्दर्भ में कौन-सा कथन सही है/हैं? UPPSC (Pre) 2019

1. लगान का विनियमन
2. अवधि की सुरक्षा
3. पट्टेदारी पर स्वामित्व की घोषणा

कूट

(a) केवल 1 (b) 1 और 2
(c) 2 और 3 (d) 1, 2 और 3

110. नीचे दो कथन दिए गए हैं HPSC (Pre) 2023

कथन I 1960 के दशक में भारत सरकार ने तत्कालीन खाद्य और कृषि मन्त्री चिदम्बरम सुब्रह्मण्यम के अधीन आनुवंशिकीविद् एम. एस. स्वामीनाथन की सहायता से हरित क्रान्ति की शुरुआत की।

कारण II हरित क्रान्ति के दौरान ड्वार्फ बीज-गेहूँ की हाई-यील्डिंग वेराइटीज (HYVs) अर्थात् Lerma, Rojo-64 और Sonora-64 को भारत में शुरू किया गया, जिन्हें जापान से आयात किया गया था।

उपरोक्त कथनों को ध्यान में रखते हुए नीचे दिए गए विकल्पों में से सबसे उपयुक्त उत्तर का चयन कीजिए

(a) कथन I और II दोनों सही हैं।
(b) कथन I और II दोनों गलत हैं।
(c) कथन I सही है, लेकिन कथन II गलत है।
(d) कथन I गलत है, लेकिन कथन II सही है।

111. सूची I को सूची II से सुमेलित कीजिए BPSC (Pre) 2023

सूची I (क्रान्ति)	सूची II (सम्बन्धित)
A. धूसर क्रान्ति	1. प्याज का उत्पादन
B. गुलाबी क्रान्ति	2. टमाटर और मांस उत्पादन
C. रजत क्रान्ति	3. अण्डे का उत्पादन
D. लाल क्रान्ति	4. उर्वरक (फर्टिलाइजर)

कूट

	A	B	C	D
(a)	1	4	2	3
(b)	4	1	3	2
(c)	3	1	4	2

(d) उपरोक्त में से कोई नहीं

112. सूची I को सूची II से सुमेलित कीजिए तथा सूचियों के नीचे दिए गए कूट से सही उत्तर का चयन कीजिए UPPSC (Pre) 2022

सूची I (क्रान्ति)	सूची II (सम्बन्धित)
A. गोल्डन क्रान्ति	1. तिलहन उत्पादन
B. ग्रे क्रान्ति	2. बागवानी एवं शहद
C. पीली क्रान्ति	3. पेट्रोलियम उत्पादन
D. काली (ब्लैक) क्रान्ति	4. उर्वरक

कूट

	A	B	C	D		A	B	C	D
(a)	4	2	1	3	(b)	2	3	4	1
(c)	1	2	3	4	(d)	2	4	1	3

113. निम्नलिखित कथनों पर विचार कीजिए IAS (Pre) 2020

1. कृषि क्षेत्र को अल्पकालीन साख परिदान करने के सन्दर्भ में 'जिला केन्द्रीय सहकारी बैंक (DCCBs)' 'अनुसूचित वाणिज्यिक बैंकों' एवं 'क्षेत्रीय ग्रामीण बैंकों' की तुलना में अधिक ऋण देते हैं।
2. DCCBs का एक सबसे प्रमुख कार्य 'प्राथमिक कृषि साख समितियों' को निधि उपलब्ध कराना है।

उपरोक्त कथनों में से कौन-सा/से कथन सही है/हैं?

(a) केवल 1
(b) केवल 2
(c) 1 और 2 दोनों
(d) न तो 1 और न ही 2

114. किसान क्रेडिट कार्ड योजना के अन्तर्गत निम्नलिखित में से किन-किन उद्देश्यों के लिए कृषकों को अल्पकालीन ऋण समर्थन उपलब्ध कराया जाता है? IAS (Pre) 2020

1. फॉर्म परिसम्पत्तियों के रख-रखाव हेतु कार्यशील पूँजी के लिए
2. कम्बाइन कटाई मशीनों, ट्रैक्टरों एवं मिनी ट्रकों के क्रय के लिए

3. फॉर्म परिवारों की उपभोग आवश्यकताओं के लिए
4. फसल कटाई के बाद खर्चे के लिए
5. परिवार के लिए घर निर्माण तथा गाँव में शीतागार सुविधा की स्थापना के लिए

कूट
(a) 1, 2 और 5 (b) 1, 3 और 4
(c) 2, 3, 4 और 5 (d) 1, 2, 3, 4 और 5

115. भारत में कृषि क्षेत्र में छूटों (फार्म सब्सिडी) के सन्दर्भ में निम्न कथनों पर विचार कीजिए **IAS (Pre) 2022**

1. भारत में इनपुट सब्सिडी जैसे उर्वरकों पर दी जाने वाली अप्रत्यक्ष फार्म सब्सिडी के अन्तर्गत आती है।
2. किसानों को बिजली एवं सिंचाई पर दी जाने वाली कटौतियाँ प्रत्यक्ष फार्म सब्सिडी के अन्तर्गत आती हैं।
3. विश्व व्यापार संगठन (WTO) के कृषि सम्बन्धी प्रावधान प्रत्यक्ष फार्म सब्सिडी की अनुमति देते हैं, परन्तु अप्रत्यक्ष सब्सिडी पर रोक लगाते हैं।
4. भारत में सरकारों द्वारा दी जाने वाली सभी सब्सिडियाँ अप्रत्यक्ष श्रेणी में आती हैं।

उपरोक्त कथनों में से कौन-सा/से कथन सही है/हैं?
(a) 1 और 2 (b) 3 और 4
(c) 2 और 3 (d) 1 और 4

116. भारत में निम्नलिखित में से किन्हें कृषि में सार्वजनिक निवेश माना जा सकता है? **IAS (Pre) 2020**

1. सभी फसलों के कृषि उत्पाद के लिए न्यूनतम समर्थन मूल्य निर्धारित करना।
2. प्राथमिक कृषि साख समितियों का कम्प्यूटरीकरण।
3. सामाजिक पूँजी विकास।
4. कृषकों को नि:शुल्क बिजली की आपूर्ति।
5. बैंकिंग प्रणाली द्वारा कृषि ऋण की माफी।
6. सरकारों द्वारा शीतागार सुविधाओं को स्थापित करना।

कूट
(a) 1, 2 और 5 (b) 1, 3, 4 और 5
(c) 2, 3 और 6 (d) ये सभी

117. कृषि विपणन प्रणाली में सुधार के लिए भारत सरकार द्वारा अपनाया गया नीतिगत उपाय क्या है? **BPSC (Pre) 2023**
(a) सार्वजनिक वितरण प्रणाली (PDS)
(b) न्यूनतम समर्थन मूल्य (MSP)
(c) बफर स्टॉक का रख-रखाव
(d) उपरोक्त में से एक से अधिक
(e) उपरोक्त में से कोई नहीं

118. निम्नलिखित कथनों पर विचार कीजिए **IAS (Pre) 2020**

1. सभी अनाजों, दालों एवं तिलहनों का 'न्यूनतम समर्थन मूल्य' पर प्रापण (खरीद) भारत के किसी भी राज्य/केन्द्रशासित प्रदेश में असीमित होता है।
2. अनाजों एवं दालों का न्यूनतम समर्थन मूल्य किसी भी राज्य/केन्द्रशासित प्रदेश में उस स्तर पर निर्धारित किया जाता है, जिस स्तर पर बाजार मूल्य कभी नहीं पहुँच पाते।

उपरोक्त कथनों में से कौन-सा/से कथन सही है/हैं?
(a) केवल 1
(b) केवल 2
(c) 1 और 2 दोनों
(d) न तो 1 और न ही 2

119. निम्नलिखित कथनों पर विचार कीजिए **IAS (Pre) 2020**

1. कृषि लागत और कीमत आयोग 32 फसलों के लिए न्यूनतम समर्थन कीमतों की सिफारिश करता है।
2. केन्द्रीय उपभोक्ता मामलों, खाद्य एवं सार्वजनिक वितरण मन्त्रालय ने 'राष्ट्रीय खाद्य सुरक्षा मिशन' आरम्भ किया है।

उपरोक्त कथनों में से कौन-सा/से कथन सही है/हैं?
(a) केवल 1
(b) केवल 2
(c) 1 और 2 दोनों
(d) न तो 1 और न ही 2

120. निम्नलिखित कथनों पर विचार कीजिए **UPPSC (Pre) 2023**

1. भारत सरकार काले तिल नाइजर (गुइजोटिया एबिसिनिका) के बीजों के लिए न्यूनतम समर्थन कीमत उपलब्ध कराती है।
2. काले तिल की खेती खरीफ की फसल के रूप में की जाती है।
3. भारत के कुछ जनजातीय लोग काले तिल के बीजों का तेल भोजन पकाने के लिए प्रयोग में लाते हैं।

उपरोक्त में से कितने कथन सही हैं?
(a) केवल एक (b) केवल दो
(c) सभी तीन (d) इनमें से कोई भी नहीं

121. भारत किन कृषि उत्पादों में सबसे बड़ा उत्पादक है? **MPPSC (Pre) 2025**
(a) चावल, गेहूँ और कपास
(b) दूध, दालें और मसाले
(c) चाय, कॉफी और जूट
(d) गन्ना, मक्का और तिलहन

13. उद्योग एवं औद्योगिक क्षेत्र

122. भारत सरकार केन्द्रीय सार्वजनिक क्षेत्र उद्यमों (CPSEs) में लगी अपनी इक्विटी का विनिवेश क्यों कर रही है? **IAS (Pre) 2011**

1. सरकार अपनी इक्विटी के विनिवेश से मिले राजस्व का उपयोग मुख्यत: अपने बाह्य ऋण को लौटाने में करना चाहती है।
2. सरकार अब (CPSEs) के प्रबन्धन का नियन्त्रण अपने हाथों में नहीं रखना चाहती।

उपरोक्त कथनों में से कौन-सा/से कथन सही है/हैं?
(a) केवल 1 (b) केवल 2
(c) 1 और 2 दोनों (d) न तो 1 और न ही 2

123. भारत के औद्योगिक उत्पादन सूचकांक में निम्नलिखित में से कौन-सी गतिविधि सम्मिलित नहीं है? **UPPSC (Mains) 2016**
(a) विनिर्माण (b) खनन
(c) विद्युत (d) निर्माण

124. निम्न में से किस वर्ष में MSME का अद्यतन वर्गीकरण किया गया था? **UKPSC (Pre) 2022**
(a) वर्ष 2012 (b) वर्ष 2014
(c) वर्ष 2018 (d) वर्ष 2020

125. निम्नलिखित युग्मों में से कौन-सा एक सही सुमेलित नहीं है? **UPPSC (Pre) 2022**

एल्युमीनियम संयन्त्र		अवस्थिति
(a) इण्डियन एल्युमीनियम कम्पनी लिमिटेड	–	हीराकुड
(b) भारत एल्युमीनियम कम्पनी लिमिटेड	–	कोरबा
(c) हिन्दुस्तान एल्युमीनियम कॉर्पोरेशन लिमिटेड	–	रेणुकूट
(d) मद्रास एल्युमीनियम कम्पनी लिमिटेड	–	चेन्नई

126. भारत में निगमित सामाजिक उत्तरदायित्व (CSR) नियमों के सन्दर्भ में, निम्नलिखित कथनों पर विचार कीजिए **IAS (Pre) 2024**

1. CSR नियम विनिर्दिष्ट करते हैं कि सीधे कम्पनी अथवा इसके कर्मचारियों को लाभ पहुँचाने वाले व्यय को CSR कार्यकलापों के रूप में नहीं माना जाएगा।
2. CSR नियम CSR कार्यकलापों पर होने वाले न्यूनतम व्यय को विनिर्दिष्ट नहीं करते हैं।

उपरोक्त कथनों में से कौन-सा/से सही है/हैं?
(a) केवल 1
(b) केवल 2
(c) 1 और 2 दोनों
(d) न तो 1 और न ही 2

127. कॉर्पोरेट सामाजिक उत्तरदायित्व के सन्दर्भ में निम्न कथनों में कौन-सा/से कथन सही है/हैं? **UPPSC (Pre) 2019**

1. कम्पनी अधिनियम, 2014 ने CSR को अनिवार्य बना दिया।
2. इसके अन्तर्गत आने वाली कम्पनियों को अपने वार्षिक शुद्ध लाभ का 1% CSR गतिविधियों में व्यय करना होगा।

कूट

(a) केवल 1 (b) केवल 2
(c) 1 और 2 दोनों (d) न तो 1 और न ही 2

128. निम्नलिखित भारी उद्योगों पर विचार कीजिए **IAS (Pre) 2023**

1. उर्वरक संयन्त्र 2. तेलशोधक कारखाने
3. इस्पात संयन्त्र

उपरोक्त में से कितने उद्योगों के विकार्बनन में हरित हाइड्रोजन की महत्त्वपूर्ण भूमिका होने की अपेक्षा है?

(a) केवल एक (b) केवल दो
(c) सभी तीन (d) कोई भी नहीं

129. भारत में निम्नलिखित में कौन एक उन फैक्ट्रियों में, जिनमें कामगार नियुक्त हैं, औद्योगिक विवादों, समापनों, छँटनी और कामबन्दी के विषय में सूचनाओं को संकलित करता है? **IAS (Pre) 2022**

(a) केन्द्रीय सांख्यिकी कार्यालय
(b) उद्योग संवर्द्धन और आन्तरिक व्यापार विभाग
(c) श्रम ब्यूरो
(d) राष्ट्रीय तकनीकी जनशक्ति सूचना प्रणाली

130. भारत के सन्दर्भ में निम्नलिखित कथनों पर विचार कीजिए **IAS (Pre) 2023**

1. सूक्ष्म, लघु और मध्यम उद्यम विकास (एम. एस. एम. ई. डी.) अधिनियम, 2006 के अनुसार, 'जिनके संयन्त्र और मशीनरी में निवेश ₹ 15 करोड़ से ₹ 25 करोड़ के बीच हैं, वे मध्यम उद्यम हैं।
2. सूक्ष्म, लघु और मध्यम उद्यमों को दिए गए सभी बैंक ऋण प्राथमिकता क्षेत्रक के अधीन अर्ह हैं।

उपरोक्त कथनों में से कौन-सा/से कथन सही है/हैं?

(a) केवल 1 (b) केवल 2
(c) 1 और 2 दोनों (d) न तो 1 और न ही 2

131. किसी संगठन या कम्पनी द्वारा किए गए व्यय के सन्दर्भ में, निम्नलिखित कथनों में से कौन-सा/से सही है/हैं? **IAS (Pre) 2022**

1. नई प्रौद्योगिकी प्राप्त करना पूँजीगत व्यय है।
2. ऋण वित्तीयन को पूँजीगत व्यय माना जाता है, जबकि इक्विटी वित्तीयन को राजस्व व्यय माना जाता है।

नीचे दिए कूट का प्रयोग कर सही उत्तर चुनिए

(a) केवल 1 (b) केवल 2
(c) 1 और 2 दोनों (d) न तो 1 और न ही 2

132. भारत में चीनी उद्योग के बारे में निम्नलिखित में से कौन-सा कथन सही है? **BPSC (Pre) 2023**

(a) उत्तर प्रदेश चीनी का दूसरा सबसे बड़ा उत्पादक है
(b) यह वजन कम करने वाला उद्योग है
(c) महाराष्ट्र देश में अग्रणी चीनी उत्पादक के रूप में उभरा है
(d) उपरोक्त में से एक से अधिक
(e) उपरोक्त में से कोई नहीं

14. आर्थिक सुधार एवं उदारीकरण, निजीकरण और वैश्वीकरण

133. वर्ष 1991 के आर्थिक उदारीकरण के बाद की भारतीय अर्थव्यवस्था के सम्बन्ध में निम्नलिखित कथनों पर विचार कीजिए **UPSC (Pre) 2020**

1. शहरी क्षेत्रों में श्रमिक की उत्पादकता (2004-05 की कीमतों पर प्रति श्रमिक रुपये) में वृद्धि हुई, जबकि ग्रामीण क्षेत्रों में इसमें कमी हुई।
2. कार्यबल में ग्रामीण क्षेत्रों की प्रतिशत हिस्सेदारी में सतत् वृद्धि हुई।
3. ग्रामीण क्षेत्रों में, गैर-कृषि अर्थव्यवस्था में वृद्धि हुई।
4. ग्रामीण रोजगार की वृद्धि दर में कमी आई।

उपरोक्त कथनों में से कौन-सा/से कथन सही है/हैं?

(a) 1 और 2 (b) 3 और 4
(c) केवल 3 (d) 1, 2 और 4

134. भारत में आर्थिक सुधार की प्रक्रिया कब शुरू की गई? **JPSC (Pre) 2024**

(a) वर्ष 1990 (b) वर्ष 1991
(c) वर्ष 1993 (d) वर्ष 1994

135. वैश्वीकरण के भारत पर प्रभाव के बारे में, निम्नलिखित में से कौन-सा सत्य नहीं है? **BPSC (Pre) 2023**

(a) इसमें वस्तुओं और सेवाओं में व्यापार का विस्तार किया है
(b) इसमें प्रत्यक्ष विदेशी निवेश का प्रवाह बढ़ा है
(c) निर्यात में वृद्धि, आयात में वृद्धि से अधिक है
(d) उपरोक्त में से कोई नहीं

136. वर्ष 1991 के आर्थिक सुधार के बाद, भारतीय अर्थव्यवस्था में निम्न में से क्या परिवर्तन हुआ है? **UKPSC (Pre) 2021**

(a) GDP में कृषि का हिस्सा बहुत बढ़ा है
(b) FDI का अन्त:प्रवाह बढ़ गया
(c) विदेशी विनिमय कोष में वृद्धि हुई है
(d) 'b' और 'c' दोनों

15. आधारभूत अवसंरचना

137. निम्नलिखित कथनों में से कौन-सा/से कथन सही है/हैं?

1. भारत सरकार द्वारा रेलवे की परिचालन क्षमताओं और माल ढुलाई में रेलवे की हिस्सेदारी को 27% से बढ़ाकर 45% करने का लक्ष्य रखा गया है।
2. राष्ट्रीय रेल परियोजना के माध्यम से सरकार वर्ष 2030 तक अवसंरचना विकास पर बल दे रही है।

कूट

(a) केवल 1 (b) केवल 2
(c) 1 और 2 दोनों (d) इनमें से कोई नहीं

138. डेडिकेटेड फ्रेट कॉरिडोर (DFC's) परियोजना के सन्दर्भ में निम्नलिखित कथनों पर विचार करें

1. यह विशेष रूप से माल परिवहन के लिए विकसित किया जा रहा है।
2. इस परियोजना के अन्तर्गत तीन मुख्य गलियारों का निर्माण किया जा रहा है।

उपरोक्त में से कौन-सा/से कथन सही नहीं है/हैं?

(a) केवल 1 (b) केवल 2
(c) 1 और 2 दोनों (b) इनमें से कोई नहीं

139. किसी भी अर्थव्यवस्था में परिवहन एक बड़ी भूमिका निभाता है। परिवहन के प्रकारों यथा वायु, रेल, सड़क और जल में से किसकी लोच उच्चतम है? **BPSC (Pre) 2017**

(a) वायु (b) रेल
(c) सड़क (d) जल

140. सागरमाला परियोजना के सन्दर्भ में निम्नलिखित कथनों पर विचार कीजिए

1. इसका उद्देश्य जलमार्गों और समुद्र तट की क्षमता को बढ़ाकर बुनियादी ढाँचे में निवेश को कम करना है।
2. इस योजना के तहत 14 मेगा तटीय आर्थिक क्षेत्रों की स्थापना की जानी है।

उपरोक्त में से कौन-सा/से कथन सही नहीं है/हैं?

(a) केवल 1 (b) केवल 2
(c) 1 और 2 दोनों (d) इनमें से कोई नहीं

141. प्रधानमन्त्री सूर्य घर मुफ्त योजना के सन्दर्भ में विचार करें

1. इस योजना की शुरुआत प्रधानमन्त्री मोदी द्वारा 15 फरवरी, 2021 में की गई थी।

2. इस योजना का उद्देश्य एक करोड़ परिवारों को प्रत्येक महीने 300 यूनिट तक मुफ्त बिजली प्रदान करना है।

उपरोक्त में से कौन-सा/से कथन सही है/हैं?

(a) केवल 1
(b) केवल 2
(c) 1 और 2 दोनों
(d) उपरोक्त में से कोई नहीं

142. निम्नलिखित कथनों पर विचार कीजिए

1. भारत सरकार द्वारा अक्टूबर, 2021 में 5 वर्ष की अवधि के लिए अमृत 2.0 योजना को शुरू किया गया।
2. जल निकायों और कुओं का कायाकल्प इस मिशन के महत्त्वपूर्ण घटकों में से एक है।

उपरोक्त में से कौन-सा/से कथन सही नहीं है/हैं?

(a) केवल 1 (b) केवल 2
(c) 1 और 2 दोनों (d) इनमें से कोई नहीं

143. भारत सरकार की एक योजना 'सौभाग्य' निम्नलिखित में से किस क्षेत्र से सम्बन्धित है?

(a) घरेलू विद्युतीकरण प्राप्त करना
(b) गरीब घरों में खाना पकाने के लिए स्वच्छ ईंधन उपलब्ध कराना
(c) एलपीजी पर तर्कसंगत सब्सिडी
(d) कन्या भ्रूण हत्या रोकना

144. भारतनेट (Bharat Net) परियोजना निम्नलिखित में से किससे सम्बन्धित है?

(a) ग्राम पंचायतों तक ब्रॉडबैण्ड कनेक्टिविटी
(b) ग्रामीण क्षेत्रों को शहरी क्षेत्रों से जोड़ने वाली परियोजना
(c) किसानों को हाई-स्पीड इण्टरनेट
(d) ग्रामीण क्षेत्रों के छात्रों को मुफ्त वाई-फाई की सुविधा

145. निम्नलिखित कथनों पर विचार कीजिए

1. भारतमाला परियोजना की शुरुआत 2015-2016 में की गई थी।
2. इस योजना का वित्त पोषण ऋण निधियों, निजी निवेश या केन्द्रीय सड़क निधि या टोल संग्रहण के माध्यम से किया जाता है।

उपरोक्त में से कौन-सा/से कथन सही है/हैं?

(a) केवल 1 (b) केवल 2
(c) 1 और 2 दोनों (d) इनमें से कोई नहीं

146. नीचे दो कथन दिए गए हैं, जिसमें से एक को कथन (A) तथा दूसरे को कारण (R) कहा गया है। **UPPSC (Pre) 2020**

कथन (A) राष्ट्रीय ढाँचागत पाइपलाइन (NIP) सरकार द्वारा 2020-30 की अवधि के लिए आरम्भ किया गया है।

कारण (R) राष्ट्रीय ढाँचागत पाइपलाइन का उद्देश्य सभी को समान ढाँचागत सुविधा प्राप्त कराना है।

कूट

(a) A और R दोनों सही हैं तथा R, A की सही व्याख्या है।
(b) A और R दोनों सही हैं, परन्तु R, A की सही व्याख्या नहीं है
(c) A सही है, किन्तु R गलत है।
(d) A गलत है, किन्तु R सही है।

16. भारत में सेवा क्षेत्र

147. भारत में सेवा क्षेत्र में सम्मिलित हैं

1. खनन व उत्खनन 2. परिवहन और संचार
3. होटल 4. वानिकी व मात्स्यिकी

कूट

(a) 1 और 2 (b) 2 और 3
(c) 3 और 4 (d) 1 और 4

148. निम्नलिखित कथनों में से कौन-से कथन सत्य हैं?

1. भारत का सेवा सकल घरेलू उत्पाद में 15वाँ स्थान है।
2. होटलों के निर्माण के लिए विदेशी पूँजी निवेश की सीमा को 100% की अनुमति प्रदान कर दी गई।
3. डाक सेवा ने मोबाइल पर धन भेजने की सुविधा प्रदान की है।

कूट

(a) 1 और 2 (b) 2 और 3
(c) 1, 2 और 3 (d) इनमें से कोई नहीं

149. कम्पनियाँ प्रौद्योगिकी की सहायता से कारोबारी प्रक्रिया की पुनर्रचना क्यों करती हैं? **RAS/RTS (Pre) 2018**

(a) उपभोक्ताओं की माँग एवं अपेक्षाएँ निरन्तर बढ़ रही हैं
(b) कम लागत पर उत्पादों और सेवाओं में प्रतिस्पर्धी बढ़त प्राप्त करने हेतु सूचना प्रौद्योगिकी का लाभ उठाया जा रहा है
(c) अर्थव्यवस्थाओं के विश्वव्यापी उदारीकरण के साथ परिवर्तन की दर तीव्र हो गई है
(d) उपरोक्त सभी

150. भारत की व्यावसायिक संरचना का वर्षों बाद भी लगभग वैसा ही बने रहने का एक कारण है

(a) निवेश का प्रतिमान पूँजी प्रधान उद्योगों की दिशा में उन्मुख रहा है।
(b) कृषि में उत्पादकता इतनी अधिक रही है कि जनता को कृषि में ही बने रहने की प्रेरणा मिली है।
(c) भूधृति (जोत) पर लगी अधिकतम सीमा के कारण अधिक लोगों को भूस्वामित्व मिला है और उन्होंने कृषि में ही बने रहना पसन्द किया है।
(d) आर्थिक विकास के लिए कृषि से उद्योग की दिशा में अन्तरण के महत्त्व की जनता को अधिकतर जानकारी नहीं है

151. ई-ब्रिज भारत सरकार की राष्ट्रीय ई-गवर्नेन्स योजना के अन्तर्गत एक एकीकृत सेवा परियोजना है, जो 31 मिशन मोड प्रोजेक्टों का हिस्सा है। ई-ब्रिज औद्योगिक एवं उद्योग मन्त्रालय की देख-रेख और संरक्षण में किसके द्वारा कार्यान्वित की जा रही है?

(a) टाटा कन्सलटेन्सी सर्विसेज
(b) इन्फोसिस टेक्नोलॉजीस लिमिटेड
(c) विप्रो
(d) एचसीएल टेक्नोलॉजी

152. निम्नलिखित में कौन-कौन-से कार्यकलाप अर्थव्यवस्था में वास्तविक क्षेत्रक (रियल सेक्टर) का निर्माण करते हैं? **UPSC (Pre) 2022**

1. किसानों का अपनी फसलें काटना
2. कपड़ा मिलों का कच्चे कपास को कपड़े में बदलना
3. किसी वाणिज्यिक बैंक का किसी व्यापारी कम्पनी को धनराशि उधार देना
4. किसी कॉर्पोरेट निकाय का विदेश में रुपया-अंकित मूल्य के बॉण्ड जारी करना

कूट

(a) 1 और 2
(b) 2, 3 और 4
(c) 1, 3 और 4
(d) 1, 2, 3 और 4

17. अन्तर्राष्ट्रीय व्यापार एवं समझौते

153. भारत द्वारा आयातित कृषि वस्तुओं में पिछले पाँच वर्षों में निम्नलिखित में से किस एक का मूल्य के आधार पर अधिकतम आयात रहा है? **IAS (Pre) 2019**

(a) मसाले (b) ताजे फल
(c) दलहन (d) वनस्पति तेल

154. वस्तु वर्गीकरण और समूहों के अनुसार, विश्वव्यापी निर्यातों में भारत का हिस्सा वर्ष 2018 में कितना था? **BPSC (Pre) 2022**

(a) 1.7% (b) 0.7%
(c) 2.1% (d) 1.3%
(e) इनमें से कोई नहीं/इनमें से एक से अधिक

155. निम्नलिखित कथनों पर विचार कीजिए **IAS (Pre) 2023**

कथन 1 वस्तुओं के वैश्विक निर्यात में भारत का निर्यात 3.2% है।

कथन 2 भारत में कार्यरत् अनेक स्थानीय कम्पनियों एवं भारत में कार्यरत् कुछ विदेशी कम्पनियों ने भारत की 'उत्पादन-आधारित प्रोत्साहन (प्रोडक्शन-लिंक्ड इसेंटिल)' योजना का लाभ उठाया है।

उपरोक्त कथनों के बारे में निम्नलिखित में से कौन-सा एक कथन सही है?
(a) कथन 1 और कथन 2 दोनों सही हैं तथा कथन 2, कथन 1 की सही व्याख्या है।
(b) कथन 1 और कथन 2 दोनों सही हैं, परन्तु कथन 2, कथन 1 की सही व्याख्या नहीं है।
(c) कथन 1 सही है, किन्तु कथन 2 गलत है।
(d) कथन 1 गलत है, किन्तु कथन 2 सही है।

156. वर्तमान में भारत में अन्तर्राष्ट्रीय व्यापार के सन्दर्भ में निम्नलिखित में कौन सा/से कथन सही है/हैं? IAS (Pre) 2020
1. भारत के माल का निर्यात, माल के आयात से कम है।
2. भारत के लोहे व इस्पात, रसायनों, उर्वरकों और मशीनों के आयात में हाल के वर्षों में कमी आई है।
3. भारत की सेवाओं का निर्यात, सेवाओं के आयात से अधिक है।
4. भारत को कुल मिलाकर व्यापार/चालू खाते का घाटा हो रहा है।

कूट
(a) 1 और 2 (b) 2 और 4
(c) केवल 3 (d) 1, 3 और 4

157. निम्नलिखित कथनों पर विचार कीजिए IAS (Pre) 2024
कथन I. भारत, संयुक्त राज्य अमेरिका से सेब आयात नहीं करता है।
कथन II. भारत में विधि के अनुसार, सक्षम प्राधिकारी के अनुमोदन के बिना आनुवंशिक रूप से रूपान्तरित खाद्य (फूड) के आयात पर प्रतिषेध है।
उपरोक्त कथनों के सम्बन्ध में निम्नलिखित में से कौन-सा सही है?
(a) कथन I और कथन II दोनों सही हैं तथा कथन II, कथन I की व्याख्या करता है।
(b) कथन I और कथन II दोनों सही हैं, परन्तु कथन II, कथन I की व्याख्या नहीं करता है।
(c) कथन I सही है, किन्तु कथन II सही नहीं है।
(d) कथन I सही नहीं है, किन्तु कथन II सही है।

158. निम्नलिखित कथनों पर विचार कीजिए IAS (Pre) 2018
1. पिछले पाँच वर्षों में आयातित खाद्य तेलों की मात्रा खाद्य तेलों के घरेलू उत्पादन से अधिक रही है।
2. सरकार विशेष स्थिति के रूप में सभी आयातित खाद्य तेलों पर किसी प्रकार का सीमा शुल्क नहीं लगाती है।

उपरोक्त कथनों में से कौन-सा/से कथन सही है/हैं?
(a) केवल 1 (b) केवल 2
(c) 1 और 2 दोनों (d) न तो 1 और न ही 2

159. निर्यात उत्पाद पर शुल्क और करों में छूट की योजना के सम्बन्ध में निम्नलिखित कथनों पर विचार कीजिए HPSC (Pre) 2024
1. वह निर्यात वस्तुओं पर करों, शुल्कों और लेवी की छूट के लिए तन्त्र प्रदान करती है।
2. योजना WTO के अनुरूप है और शुरू से अन्त तक आईटी परिवेश में लागू की गई है।

उपरोक्त कथनों में से कितने कथन सही हैं?
(a) केवल 1 (b) केवल 2
(c) 1 और 2 दोनों (d) इनमें से कोई नहीं
(e) अनुत्तरित प्रश्न

160. वित्तीय वर्ष 2023-24 में भारत के कुल व्यापार घाटे को कम करने में किस क्षेत्र ने महत्त्वपूर्ण भूमिका निभाई? MPPSC (Pre) 2025
(a) कृषि निर्यात
(b) माल निर्यात
(c) सेवा निर्यात
(d) ऑटोमोबाइल निर्यात

18. भुगतान सन्तुलन एवं विदेशी निवेश

161. भुगतान सन्तुलन के सन्दर्भ में निम्नलिखित में से किससे/किनसे चालू खाता बनता है?
1. व्यापार सन्तुलन IAS (Pre) 2014
2. विदेशी परिसम्पत्तियाँ
3. अदृश्यों का सन्तुलन
4. विशेष आहरण अधिकार

कूट
(a) केवल 1 (b) 2 और 3
(c) 1 और 3 (d) 1, 2 और 4

162. निम्न उपायों में से कौन-सा भारतीय भुगतान सन्तुलन स्थिति को सुधारने में सक्षम नहीं है? IAS (Pre) 2017
(a) आयात प्रतिस्थापन नीति को बढ़ावा
(b) रुपये का अवमूल्यन
(c) आयातों पर अधिक कर लगाना
(d) निर्यातों पर अधिक कर लगाना

163. चालू लेखा घाटा क्या है? CGPSC (Pre) 2018
(a) बैंकों में खोले गए चालू लेखों में जमा राशि से अधिक आहरित राशि
(b) चालू वर्ष में सरकारी राजस्व से अधिक सरकारी व्यय से होने वाला घाटा
(c) देश के कुल निर्यात से कुल आयात अधिक होने वाला घाटा
(d) वस्तु के बाजार मूल्य से लागत मूल्य अधिक होने पर होने वाला घाटा

164. नीचे दो कथन दिए गए हैं
कथन (A) जब एक देश का भुगतान उसके व्यापार में वस्तुओं, सेवाओं, स्थानान्तरण एवं विशुद्ध आय की प्राप्तियों से अधिक हो जाता है, तब उसे चालू खाता घाटा (CAD) कहा जाता है।
कारण (R) चालू खाता (CAD) तब होता है, जब एक देश वस्तुओं, सेवाओं एवं पूँजी का अधिक निर्यात करता है।

कूट
(a) A और R सत्य दोनों हैं तथा R, A की सही व्याख्या है
(b) A और R सत्य दोनों हैं, परन्तु R, A की सही व्याख्या नहीं है
(c) A सत्य है, किन्तु R असत्य है
(d) A असत्य है, किन्तु R सत्य है

165. भारत की विदेशी मुद्रा आरक्षित निधि में निम्नलिखित में से कौन-सा एक मद समूह सम्मिलित है? IAS (Pre) 2013
(a) विदेशी मुद्रा परिसम्पत्ति, विशेष आहरण अधिकार (एसडीआर) तथा विदेशों से ऋण
(b) विदेशी मुद्रा परिसम्पत्ति, भारतीय रिजर्व बैंक द्वारा धारित स्वर्ण तथा विशेष आहरण अधिकार
(c) विदेशी मुद्रा परिसम्पत्ति, विश्व बैंक से ऋण तथा विशेष आहरण अधिकार
(d) विदेशी मुद्रा परिसम्पत्ति, भारतीय रिजर्व बैंक द्वारा धारित स्वर्ण तथा विश्व बैंक से ऋण

166. भारतीय रुपये की पूँजीगत लेखा परिवर्तनीयता का अर्थ है IAS (Pre) 1998
(a) कि यात्रा के लिए भारतीय रुपये को प्राधिकृत डीलर द्वारा विनिमय किया जा सकता है
(b) कि माल और सेवाओं के व्यवसाय के प्रयोजन से भारतीय रुपये का किसी भी प्रमुख मुद्रा से विनिमय किया जा सकता है
(c) कि वित्तीय परिसम्पत्ति के व्यापार के प्रयोजन से भारतीय रुपये का किसी भी प्रमुख मुद्रा से विनिमय किया जा सकता है
(d) उपरोक्त में से कोई भी नहीं

167. तारापोर समिति निम्नलिखित में से किस एक से सम्बन्धित थी?
(a) विशेष आर्थिक क्षेत्र
(b) पूर्ण पूँजी लेखा सम्परिवर्तनीयता
(c) विदेशी मुद्रा बाजार
(d) भारतीय अर्थव्यवस्था पर तेल की कीमतों का प्रभाव

168. भारत में प्रत्यक्ष विदेशी निवेश के सन्दर्भ में निम्नलिखित में से कौन-सी उसकी प्रमुख विशेषता मानी जाती है? IAS (Pre) 2020
(a) यह मूलत: किसी सूचीबद्ध कम्पनी में पूँजीगत साधनों द्वारा किया जाने वाला निवेश है
(b) यह मुख्यत: ऋण सृजित न करने वाला पूँजी प्रवाह है

(c) यह ऐसा निवेश है, जिससे ऋण समाशोधन अपेक्षित होता है
(d) यह विदेशी संस्थागत निवेशकों द्वारा सरकारी प्रतिभूतियों में किया जाने वाला निवेश है

169. निम्नलिखित कथनों पर विचार कीजिए **IAS (Pre) 2019**

1. भारत का अधिकांश विदेशी ऋण सरकारी सत्वों के ऋणी होने के द्वारा है।
2. भारत का सारा विदेशी ऋण US डॉलर के मूल्य वर्ग में है।

उपरोक्त में से कौन-सा/से कथन सही है/हैं?
(a) केवल 1 (b) केवल 2
(c) 1 और 2 दोनों (d) न तो 1 और न ही 2

170. प्रत्यक्ष विदेशी निवेश (FDI) तथा संस्थागत विदेशी निवेशक (FII) दोनों ही किसी देश में निवेश से सम्बद्ध हैं। निम्नलिखित में से कौन-सा कथन दोनों के बीच की एक महत्त्वपूर्ण भिन्नता को सबसे अच्छे ढंग से व्यक्त करता है? **IAS (Pre) 2011**
(a) FII बेहतर प्रबन्धन कुशलताएँ तथा प्रौद्योगिकी अन्तरण को लाने में सहायक है, जबकि FDI केवल पूँजी लेकर आता है
(b) FII व्यापक स्तर पर पूँजी उपलब्धता बढ़ाने में सहायक है, जबकि FDI का लक्ष्य केवल विशिष्ट क्षेत्रों तक सीमित होता है
(c) FDI केवल द्वितीयक बाजार में चलित होता है, जबकि FII का लक्ष्य प्राथमिक बाजार होता है
(d) FDI की तुलना में FII अधिक स्थायी माना जाता है

171. भारत में फॉरेन पोर्टफोलियो इन्वेस्टमेण्ट (FPI) से सम्बन्धित निम्नलिखित कथनों पर विचार कीजिए **HPSC (Pre) 2024**

1. इसमें पिछले दशक में जबरदस्त रूप से उतार-चढ़ाव हुआ है।
2. 2022-2023 में भारत में शुद्ध एफपीआई, जीडीपी के 1% से कम था।
3. फॉरेन एक्सचेंज मैनेजमेण्ट एक्ट, 1999 भारत में एफपीआई को नियन्त्रित करने वाला प्राथमिक कानून है।

उपरोक्त कथनों में से कौन-सा/से कथन सही है/हैं?
(a) केवल 1
(b) केवल 2
(c) 1, 2 और 3
(d) उपरोक्त में से कोई नहीं
(e) अनुत्तरित प्रश्न

172. निम्नलिखित कथनों पर विचार कीजिए **IAS (Pre) 2024**

1. भारत में गैर-बैंकिंग वित्तीय कम्पनियाँ भारतीय रिजर्व बैंक की चल-निधि समायोजन सुविधा विण्डो का लाभ उठा सकती हैं।
2. भारत में विदेशी संस्थागत निवेशक सरकारी प्रतिभूतियों (G-Secs) के धारक बन सकते हैं।
3. भारत में शेयर बाजार (स्टॉक एक्सचेंज) ऋणों के लिए पृथक् व्यापारिक मंच (ट्रेडिंग प्लेटफॉर्म) प्रदान कर सकते हैं।

उपरोक्त कथनों में से कौन-सा/से सही है/हैं?
(a) 1 और 2 (b) केवल 3
(c) 1, 2 और 3 (d) 2 और 3

173. निम्नलिखित कथनों पर विचार कीजिए **IAS (Pre) 2022**

1. US फेडरल रिज़र्व की सख्त मुद्रा नीति पूंजी पलायन की ओर ले जा सकती है।
2. पूँजी पलायन वर्तमान विदेशी वाणिज्यिक ऋणग्रहण (External Commercial Borrowings, ECBs) वाली फर्मों की ब्याज लागत को बढ़ा सकता है।
3. घरेलू मुद्रा का अवमूल्यन, ECBs से सम्बद्ध मुद्रा जोखिम को घटाता है।

उपरोक्त कथनों में से कौन-सा/से कथन सही है/हैं?
(a) 1 और 2 (b) 2 और 3
(c) 1 और 3 (d) 1, 2 और 3

19. अन्तर्राष्ट्रीय वित्तीय संस्थान

174. त्वरित वित्तीयन प्रपत्र (Rapid Financing Instrument) और त्वरित ऋण सुविधा (Rapid Credit Facility) निम्नलिखित में से किस एक के द्वारा उधार दिए जाने के उपबन्धों से सम्बन्धित है? **IAS (Pre) 2022**
(a) एशियाई विकास बैंक
(b) अन्तर्राष्ट्रीय मुद्रा कोष
(c) संयुक्त राष्ट्र पर्यावरण कार्यक्रम वित्त पहल
(d) विश्व बैंक

175. अन्तर्राष्ट्रीय मुद्रा कोष के सन्दर्भ में निम्नलिखित में से कौन-से कथन सही हैं?

1. IMF संयुक्त राष्ट्र संघ का एक विशिष्ट अभिकरण है।
2. IMF को अन्तर्राष्ट्रीय मौद्रिक सहयोग सुनिश्चित करने के लिए वर्ष 1944 में हुए ब्रेटन वुड्स सम्मेलन में स्थापित किया गया।
3. IMF का उद्देश्य मुद्रा विनिमय दरों को स्थिरता प्रदान करना तथा अन्तर्राष्ट्रीय तरलता का विस्तार करना (दुर्लभ मुद्राओं तक पहुँच बनाना) है।

कूट
(a) 1, 2 और 3 (b) 2 और 3
(c) 1 और 2 (d) 1 और 3

176. विश्व बैंक का सृजन द्वितीय विश्वयुद्ध के तुरन्त बाद किया गया था। इसके क्रियाकलाप विकासशील देशों पर केन्द्रित हैं।
निम्नलिखित में से कौन-से बैंक के क्रियाकलाप हैं?

1. मानव विकास
2. कृषि एवं ग्रामीण विकास
3. पर्यावरण संरक्षण एवं शासन
4. सदस्य देशों को ऋण एवं अनुदान

कूट
(a) 1, 2 और 3 (b) 3 और 4
(c) 2 और 4 (d) ये सभी

177. विश्व आर्थिक सम्भावना (ग्लोबल इकोनॉमिक प्रोस्पेक्ट्स) रिपोर्ट आवधिक रूप से निम्नलिखित में से कौन जारी करता है?
(a) एशिया विकास बैंक **IAS (Pre) 2015**
(b) यूरोपीय पुनर्निर्माण और विकास बैंक (यूरोपियन बैंक फॉर रिकन्स्ट्रक्शन एण्ड डेवलपमेण्ट)
(c) यूएस फेडरल रिजर्व बैंक
(d) विश्व बैंक

178. WTO के अन्तर्गत निम्नांकित में से कौन अनुदान बॉक्स के रूप में विचार करता है? **JPSC 2024**
(a) ग्रीन बॉक्स अनुदान (b) एम्बर बॉक्स अनुदान
(c) रेड बॉक्स अनुदान (d) व्हाइट बॉक्स अनुदान

179. राष्ट्रीय बौद्धिक सम्पदा नीति के सन्दर्भ में निम्नलिखित कथनों पर विचार कीजिए **IAS (Pre) 2017**

1. यह दोहा विकास एजेण्डा और TRIPS समझौते के प्रति भारत की प्रतिबद्धता को दोहराता है।
2. औद्योगिक नीति और संवर्द्धन विभाग भारत में बौद्धिक सम्पदा अधिकारों के विनियमन के लिए केन्द्रक अभिकरण है।

उपरोक्त कथनों में से कौन-सा/से कथन सही है/हैं?
(a) केवल 1 (b) केवल 2
(c) 1 और 2 दोनों (d) न तो 1 और न ही 2

180. व्यापार सम्बन्धित निवेश उपायों के सन्दर्भ में निम्नलिखित कथनों में से कौन-सा/से कथन सही है/हैं? **IAS (Pre) 2020**

1. विदेशी निवेशकों द्वारा किए जाने वाले आयात पर परिमाणात्मक निर्बन्धन निषिद्ध होते हैं।
2. ये वस्तुओं एवं सेवाओं दोनों के व्यापार से सम्बन्धित निवेश उपायों पर लागू होते हैं।
3. ये विदेशी निवेश के नियमन से सम्बन्धित नहीं हैं।

कूट
(a) 1 और 2 (b) केवल 2
(c) 1 और 3 (d) ये सभी

181. वैश्विक अर्थव्यवस्था में ब्रिक्स (BRICS) महत्त्वपूर्ण है। ब्रिक्स के सम्बन्ध में निम्नांकित में से कौन-सा कथन सही नहीं है? UKPSC (Pre) 2022

(a) इसमें विश्व की जनसंख्या का 40% से अधिक भाग आता है।
(b) इसमें विश्व के कुल सकल घरेलू उत्पाद का लगभग 24% भाग आता है।
(c) वैश्विक व्यापार का लगभग 46% व्यापार इसमें सम्मिलित देशों से होता है।
(d) प्रथम ब्रिक्स बैठक वर्ष 2009 में रूस में सम्पन्न हुई थी।

182. निम्नलिखित कथनों पर विचार कीजिए HPSC (Pre) 2024

1. अन्तर्राष्ट्रीय वित्तीय निगम विश्व बैंक का एक अंग है, जोकि विकासशील देशों में निजी क्षेत्र को वित्तपोषित करने के लिए है।
2. आईसीआईएमओडी-इण्टरनेशनल सेण्टर फॉर इण्टीग्रेटेड माउण्टेन डेवलपमेण्ट स्विट्जरलैण्ड में स्थित एक अन्तर-सरकारी ज्ञान और शिक्षण केन्द्र है।
3. अखिल भारतीय ग्रामीण वित्तीय समावेशन सर्वेक्षण हर पाँच साल में रिजर्व बैंक ऑफ इण्डिया (आरबीआई) द्वारा किया जाता है।

उपरोक्त कथनों में से कौन-सा/से कथन सही है/हैं?

(a) 1 और 2
(b) 2 और 3
(c) केवल 1
(d) उपरोक्त सभी
(e) अनुत्तरित प्रश्न

183. निम्नलिखित पर विचार कीजिए IAS (Pre) 2022

1. एशियाई अवसंरचना निवेश बैंक (एशियन इन्फ्रास्ट्रक्चर इन्वेस्टमेण्ट बैंक)
2. प्रक्षेपास्त्र प्रौद्योगिकी नियन्त्रण व्यवस्था (मिसाइल टेक्नोलॉजी कण्ट्रोल रिजीम)
3. शंघाई सहयोग संगठन (शंघाई को-ऑपरेशन ऑर्ग़ेनाइजेशन)

उपरोक्त में से भारत किसका/किनका सदस्य है?

(a) 1 और 2
(b) केवल 3
(c) 2 और 3
(d) 1, 2 और 3

184. निम्नलिखित में से किस समूह के चारों देश G20 के सदस्य हैं? IAS (Pre) 2022

(a) अर्जेण्टीना, मैक्सिको, दक्षिण अफ्रीका एवं तुर्की
(b) ऑस्ट्रेलिया, कनाडा, मलेशिया एवं न्यूजीलैण्ड
(c) ब्राजील, ईरान, सऊदी अरब एवं वियतनाम
(d) इण्डोनेशिया, जापान, सिंगापुर एवं दक्षिण कोरिया

20. जनांकिकी एवं जनगणना

185. किसी अर्थव्यवस्था में कुल प्रजनन दर को किस रूप से परिभाषित किया जाता है? UPSC (Pre) 2024

(a) एक वर्ष में जनसंख्या में प्रति 1000 व्यक्तियों पर जन्म लेने वाले बच्चों की संख्या
(b) किसी दी गई जनसंख्या में एक दम्पत्ति के जीवनकाल में उनसे जन्मे बच्चों की संख्या
(c) जन्म दर घटा मृत्यु दर
(d) एक महिला की गर्भधारण आयु (चाइल्ड-बेअरिंग एज) के अन्त तक उनसे जन्मे जीवित बच्चों की औसत संख्या

186. 2011 की भारत की जनगणना के लिए निम्नलिखित में से कौन-सा आदर्श वाक्य उपयोग किया गया था? UPPSC (Pre) 2016

(a) अवर फ्यूचर, अवर कण्ट्री
(b) अवर कण्ट्री, अवसर सेंसस
(c) पीपुल ऑफ इण्डिया, अवर सेंसस
(d) अवर सेंसस, अवर फ्यूचर

187. 2011 की जनगणना के अनुसार, निम्नलिखित में से किस राज्य में महिला साक्षरता दर (प्रतिशत) सर्वाधिक थी? MPPSC (Pre) 2023

(a) मिजोरम (b) गोवा
(c) हिमाचल प्रदेश (d) महाराष्ट्र

188. जनगणना 2011 के अनुसार भारत के निम्न राज्यों में से कौन-से राज्य में जनसंख्या घनत्व सबसे कम रहा था? MPPSC (Pre) 2024

(a) त्रिपुरा (b) अरुणाचल प्रदेश
(c) मिजोरम (d) मेघालय

189. दशक 2001-2011 में किस राज्य की जनसंख्या वृद्धि दर भारत में सर्वाधिक रही है? MPPSC (Pre) 2025

(a) उत्तर प्रदेश (b) राजस्थान
(c) मेघालय (d) बिहार

190. शिशु मृत्युदर के बारे में निम्नलिखित कथनों पर विचार कीजिए BPSC (Pre) 2023

1. यह शिशु के जन्म से लेकर ठीक 1 वर्ष की आयु के बीच मृत्यु की सम्भावना है, जो प्रति 10000 जीवित जन्मों पर व्यक्त की जाती है।
2. वर्ष 1950 में शिशु मृत्युदर 189.6 थी।
3. वर्ष 2019 में शिशु मृत्युदर 30 थी।
4. रजिस्ट्रार जनरल ऑफ इण्डिया (आर. जी. आई.) के सैम्पल रजिस्ट्रेशन सिस्टम (एस.आर.एस.) के बुलेटिन के अनुसार, उत्तर प्रदेश, वर्ष 2019 में सबसे अधिक शिशु मृत्युदर वाला राज्य था।

उपरोक्त में से कौन-से कथन सही हैं?

(a) 1, 2 और 3 (b) 2, 3 और 4
(c) 2 और 3 (d) 1 और 4

21. निर्धनता एवं बेरोजगारी

191. निम्नलिखित कथनों पर विचार कीजिए HPSC (Pre) 2024

1. गिनी इण्डेक्स आय या धन के वितरण का एक ग्राफिकल निरूपण है।
2. गिनी सूचकांक जितना अधिक होगा, आय समानता की डिग्री उतनी ही अधिक होगी।
3. इण्डिया वेज रिपोर्ट के अनुसार भारत में नियमित श्रमिकों के बीच गिनी इण्डेक्स का मान बढ़ा है, जबकि आकस्मिक श्रमिकों के बीच यह घटा है।

उपरोक्त कथनों में से कितने कथन सही हैं?

(a) 1 और 2 (b) 2 और 3
(c) केवल 3 (d) ये सभी
(e) अनुत्तरित प्रश्न

192. निम्नलिखित समितियों को उनकी स्थापना के उचित कालानुक्रम में व्यवस्थित कीजिए HPPSC (Pre) 2024

1. अलघ समिति
2. तेन्दुलकर समिति
3. रंगराजन समिति
4. लकड़ावाला समिति

नीचे दिए गए विकल्पों में से सही उत्तर का चुनाव कीजिए

(a) 1, 4, 2, 3
(b) 2, 1, 4, 3
(c) 4, 2, 3, 1
(d) 3, 2, 1, 4

193. भारत में गरीबी के अनुमान हेतु निम्नलिखित में से कौन-सी विधियों का प्रयोग किया जा रहा है UPPSC (Pre) 2020

1. सिर गणना विधि
2. कैलोरी ग्रहण
3. पारिवारिक उपभोग व्यय
4. प्रति व्यक्ति आय

कूट

(a) 2 और 3 (b) 1, 2 और 3
(c) केवल 3 (d) ये सभी

194. भारत में नियोजित अनियत मजदूरों के सन्दर्भ में निम्नलिखित कथनों पर विचार कीजिए IAS (Pre) 2021

1. सभी अनियत मजदूर, कर्मचारी भविष्य निधि सुरक्षा के अधिकारी हैं।
2. सभी अनियत मजदूर नियमित कार्य-समय एवं समयोपरि भुगतान के अधिकारी हैं।
3. सरकार अधिसूचना के द्वारा यह विनिर्दिष्ट कर सकती है कि कोई प्रतिष्ठान या उद्योग केवल अपने बैंक खातों के माध्यम से मजदूरी का भुगतान करेगा।

उपरोक्त कथनों में से कौन-से कथन सही हैं?
(a) 1 और 2 (b) 2 और 3
(c) 1 और 3 (d) 1, 2 और 3

195. श्रम शक्ति सहभागिता दर को किस रूप में परिभाषित किया जाता है? JPSC (Pre) 2024
(a) बेरोजगार जनसंख्या के प्रति श्रम शक्ति का अनुपात
(b) नियोजित एवं नियोजन के इच्छुक का कार्यशील आयु जनसंख्या के प्रति अनुपात
(c) नियोजित एवं बेरोजगार की संख्या का अनुपात
(d) प्रच्छन्न बेरोजगारी को छोड़कर, श्रमशक्ति एवं नियोजन आयु वर्ग की संख्या का अनुपात

196. 'अटल पेंशन योजना' के सम्बन्ध में निम्नलिखित कथनों में से कौन-सा/से कथन सही है/हैं? IAS (Pre) 2016
1. यह एक न्यूनतम गारण्टित पेंशन योजना है, जो मुख्य रूप से असंगठित क्षेत्र के मजदूरों को लक्ष्य बनाती है।
2. परिवार का केवल एक ही व्यक्ति इस योजना में शामिल हो सकता है।
3. अभिदाता (सब्सक्राइबर) की मृत्यु के पश्चात् जीवनसाथी को आजीवन पेंशन की समान राशि गारण्टित रहती है।

कूट
(a) केवल 1 (b) 2 और 3
(c) 1 और 3 (d) 1, 2 और 3

22. सामाजिक कल्याण कार्यक्रम एवं योजनाएँ

197. भारत सरकार द्वारा प्रारम्भ की गई निम्नलिखित योजनाओं को कालानुक्रम में व्यवस्थित कीजिए और नीचे दिए गए कूट में से सही उत्तर चुनिए UPPSC (Pre) 2024
1. स्वच्छ भारत मिशन
2. प्रधानमन्त्री कौशल विकास योजना
3. प्रधानमन्त्री गरीब कल्याण योजना
4. प्रधानमन्त्री महिला शक्ति केन्द्र योजना

कूट
(a) 2, 1, 4, 3 (b) 4, 2, 1, 3
(c) 1, 2, 3, 4 (d) 3, 1, 2, 4

198. राष्ट्रीय किशोर स्वास्थ्य कार्यक्रम में किस आयु वर्ग के बच्चे/किशोर सम्मिलित हैं? MPPSC (Pre) 2025
(a) 8 से 15 वर्ष (b) 8 से 17 वर्ष
(c) 9 से 16 वर्ष (d) 10 से 19 वर्ष

199. राष्ट्रीय स्वास्थ्य नीति, 2017 ने स्वास्थ्य में सुधार के लिए सात प्राथमिकता वाले क्षेत्रों पर समन्वित कार्यवाही की पहचान की है। दिए गए विकल्पों में से कौन-सा सात प्राथमिकता वाले क्षेत्रों के अन्तर्गत नहीं है? MPPSC (Pre) 2023
(a) स्वच्छ भारत अभियान (b) यात्री सुरक्षा
(c) निर्भया नारी (d) अन्नपूर्णा योजना

200. 'प्रधानमन्त्री सुरक्षित मातृत्व अभियान' के सन्दर्भ में निम्नलिखित कथनों पर विचार कीजिए UPSC (Pre) 2024
1. यह योजना किसी भी सरकारी स्वास्थ्य सुविधा केन्द्र में गर्भावस्था की दूसरी और तीसरी तिमाही में महिलाओं को प्रसवपूर्व चिकित्सा देखभाल सेवाओं के लिए न्यूनतम पैकेज और प्रसवोत्तर छः महीने की स्वास्थ्य चिकित्सा देखभाल सेवा की गारण्टी प्रदान करती है।
2. इस योजना के अन्तर्गत कुछ विशिष्टताओं वाले निजी क्षेत्र के स्वास्थ्य देखभाल सेवा प्रदाता स्वेच्छा से नजदीकी सरकारी स्वास्थ्य सुविधा केन्द्रों में सेवाएँ प्रदान कर सकते हैं।

उपरोक्त कथनों में से कौन-सा/से सही है/हैं?
(a) केवल 1 (b) केवल 2
(c) 1 और 2 दोनों (d) न तो 1 और न ही 2

201. भारत में विभिन्न सामाजिक सेवा योजनाओं का उत्पत्ति वर्ष के अनुसार सही क्रम क्या है? HPPSC (Pre) 2024
1. प्रधानमन्त्री जन धन योजना
2. सुकन्या समृद्धि योजना
3. राष्ट्रीय स्वास्थ्य बीमा योजना
4. राष्ट्रीय सामाजिक सहायता योजना

नीचे दिए गए विकल्पों में से सही उत्तर का चुनाव कीजिए
(a) 1 2 3 4 (b) 4 3 1 2
(c) 4 3 2 1 (d) 1 2 4 3

202. सूची-I को सूची-II से सुमेलित कीजिए और सूचियों के नीचे दिए गए कूट का प्रयोग कर सही उत्तर चुनिए UPPSC (Pre) 2024

सूची I (योजना)		सूची II (आरम्भ तिथि)
A.	प्रधानमन्त्री आवास योजना-ग्रामीण	1. मई, 2016
B.	जल जीवन मिशन	2. अक्टूबर, 2014
C.	स्वच्छ भारत मिशन-ग्रामीण	3. अगस्त, 2019
D.	प्रधानमन्त्री उज्ज्वला योजना	4. नवम्बर, 2016

कूट

	A	B	C	D
(a)	2	3	1	4
(b)	4	3	2	1
(c)	1	2	3	4
(d)	3	4	1	2

203. प्रधानमन्त्री श्रम योगी मान-धन (PM-SYM) योजना के सन्दर्भ में निम्नलिखित कथनों पर विचार कीजिए UPSC (Pre) 2024
1. इस योजना में नामांकन के लिए प्रवेश आयु वर्ग 21 से 40 वर्ष है।
2. लाभार्थी द्वारा आयु विशिष्ट अंशदान किया जाएगा।
3. इस योजना के अन्तर्गत प्रत्येक ग्राहक (सब्सक्राइबर) को 60 वर्ष की आयु प्राप्त करने के बाद ₹ 3,000 प्रतिमाह की न्यूनतम पेंशन प्राप्त होगी।
4. पारिवारिक पेंशन पति/पत्नी और अविवाहित पुत्रियों पर लागू होगी।

उपरोक्त कथनों में से कौन-सा/से कथन सही है/हैं?
(a) 1, 3 और 4 (b) 2 और 3
(c) केवल 2 (d) 1, 2 और 4

204. 'राष्ट्रीय सिकल सेल एनीमिया उन्मूलन मिशन' ने किस वर्ष तक सिकल सेल एनीमिया को भारत से समाप्त करने का लक्ष्य निर्धारित किया है? MPPSC (Pre) 2025
(a) 2032 (b) 2037
(c) 2042 (d) 2047

205. राष्ट्रीय ई-गवर्नेंस योजना (NeGP) के तहत मिशन मोड परियोजनाओं का सार-संग्रह कहा जाता है MPPSC (Pre) 2025
(a) ई-प्रमाण
(b) डिजीलॉकर
(c) सारांश
(d) एम.ई.आई.टी.वाई

206. सूची-I को सूची-II से सुमेलित कीजिए और सूची के नीचे दिए गए कूट का प्रयोग कर सही उत्तर चुनिए UPSC (Pre) 2024

सूची I (सामाजिक सुरक्षा कार्यक्रम)		सूची II (हिताधिकारी/ लाभार्थी का योगदान)
A.	प्रधानमन्त्री श्रम योगी मान-धन योजना	1. हिताधिकारी लाभार्थी की इच्छानुसार
B.	प्रधानमन्त्री जीवन ज्योति बीमा योजना	2. ₹ 55 से ₹ 200 प्रतिमाह
C.	प्रधानमन्त्री सुरक्षा बीमा योजना	3. ₹ 436 प्रति वर्ष
D.	अटल पेंशन योजना	4. ₹ 20 प्रति वर्ष

कूट

	A	B	C	D
(a)	2	3	4	1
(b)	2	4	1	3
(c)	1	2	3	4
(d)	3	2	1	4

उत्तरमाला

1. (a) 2. (d) 3. (a) 4. (c) 5. (c) 6. (d) 7. (a) 8. (b) 9. (d) 10. (a)
11. (d) 12. (d) 13. (d) 14. (d) 15. (a) 16. (b) 17. (b) 18. (d) 19. (c) 20. (c)
21. (d) 22. (c) 23. (c) 24. (c) 25. (b) 26. (c) 27. (c) 28. (b) 29. (d) 30. (a)
31. (c) 32. (a) 33. (c) 34. (b) 35. (b) 36. (a) 37. (d) 38. (b) 39. (d) 40. (c)
41. (d) 42. (d) 43. (a) 44. (c) 45. (b) 46. (c) 47. (d) 48. (d) 49. (a) 50. (b)
51. (d) 52. (d) 53. (a) 54. (c) 55. (a) 56. (a) 57. (b) 58. (c) 59. (e) 60. (d)
61. (c) 62. (b) 63. (b) 64. (b) 65. (b) 66. (c) 67. (d) 68. (a) 69. (b) 70. (b)
71. (d) 72. (b) 73. (a) 74. (d) 75. (b) 76. (d) 77. (b) 78. (b) 79. (c) 80. (d)
81. (b) 82. (b) 83. (c) 84. (a) 85. (b) 86. (d) 87. (a) 88. (d) 89. (a) 90. (a)
91. (c) 92. (a) 93. (d) 94. (c) 95. (d) 96. (d) 97. (d) 98. (c) 99. (d) 100. (d)
101. (c) 102. (b) 103. (a) 104. (c) 105. (a) 106. (d) 107. (a) 108. (a) 109. (d) 110. (c)
111. (b) 112. (d) 113. (b) 114. (b) 115. (a) 116. (c) 117. (d) 118. (d) 119. (d) 120. (c)
121. (b) 122. (d) 123. (d) 124. (d) 125. (d) 126. (c) 127. (d) 128. (d) 129. (c) 130. (b)
131. (d) 132. (d) 133. (b) 134. (b) 135. (c) 136. (d) 137. (c) 138. (a) 139. (c) 140. (d)
141. (b) 142. (d) 143. (a) 144. (a) 145. (c) 146. (d) 147. (b) 148. (b) 149. (d) 150. (d)
151. (b) 152. (a) 153. (c) 154. (a) 155. (d) 156. (d) 157. (d) 158. (a) 159. (b) 160. (c)
161. (c) 162. (d) 163. (c) 164. (c) 165. (b) 166. (c) 167. (b) 168. (b) 169. (d) 170. (b)
171. (c) 172. (d) 173. (a) 174. (b) 175. (a) 176. (d) 177. (d) 178. (b) 179. (c) 180. (c)
181. (c) 182. (c) 183. (d) 184. (a) 185. (d) 186. (d) 187. (a) 188. (b) 189. (c) 190. (c)
191. (a) 192. (a) 193. (b) 194. (d) 195. (b) 196. (c) 197. (c) 198. (d) 199. (d) 200. (c)
201. (b) 202. (b) 203. (b) 204. (d) 205. (c) 206. (a)

प्रीलिम्स अभ्यास

अधिक प्रैक्टिस के लिए
दिया गया QR कोड स्कैन करें

UPSC मुख्य परीक्षा के प्रश्न (2024-2015)

भारतीय अर्थव्यवस्था तथा योजना, संसाधनों को जुटाने, प्रगति, विकास तथा रोजगार से सम्बन्धित विषय

1. भारत में निरन्तर उच्च खाद्य मुद्रास्फीति के कारण क्या है? इस प्रकार की मुद्रास्फीति को नियन्त्रित करने में आर.बी.आई की मौद्रिक नीति की प्रभावशीलता पर टिप्पणी कीजिए। *UPSC 2024 (150 शब्द; 10 अंक)*
2. भारत में श्रम बाजारों के सन्दर्भ में, चार श्रम संहिताओं के गुण व दोषों की विवेचना कीजिए। इस सम्बन्ध में अभी तक क्या प्रगति हुई है? *UPSC 2024 (250 शब्द; 15 अंक)*
3. 'देखभाल अर्थव्यवस्था' और मुद्रीकृत अर्थव्यवस्था के बीच अन्तर कीजिए। महिला सशक्तीकरण के द्वारा देखभाल अर्थव्यवस्था को मुद्रीकृत अर्थव्यवस्था में कैसे लाया जा सकता है? *UPSC 2023 (250 शब्द; 15 अंक)*
4. भारत में सबसे ज्यादा बेरोजगारी प्रकृति में संरचनात्मक है। भारत में बेरोजगारी की गणना के लिए अपनाई गई पद्धति का परीक्षण कीजिए और सुधार के सुझाव दीजिए। *UPSC 2023 (250 शब्द; 15 अंक)*
5. ''हाल के दिनों का आर्थिक विकास श्रम उत्पादकता में वृद्धि के कारण सम्भव हुआ है।'' इस कथन को समझाइए। ऐसे संवृद्धि प्रतिरूप को प्रस्तावित कीजिए, जो श्रम उत्पादकता से समझौता किए बिना अधिक रोजगार उत्पत्ति में सहायक हो। *UPSC 2022 (250 शब्द; 15 अंक)*
6. देश में आयु सम्भाविता में आई वृद्धि से समाज में नई स्वास्थ्य चुनौतियाँ खड़ी हो गई हैं। ये नई चुनौतियाँ कौन-कौन-सी हैं और उनके समाधान हेतु क्या-क्या कदम उठाए जाने आवश्यक हैं? *UPSC 2022 (150 शब्द; 10 अंक)*
7. भारत की सकल घरेलू उत्पाद (जी.डी.पी.) के वर्ष 2015 के पूर्व तथा वर्ष 2015 के पश्चात् परिकलन विधि में अन्तर की व्याख्या कीजिए। *UPSC 2021 (150 शब्द; 10 अंक)*
8. क्या आप सहमत हैं कि भारतीय अर्थव्यवस्था ने हाल ही में V-आकार के पुनर्रुत्थान का अनुभव किया है? कारण सहित अपने उत्तर की पुष्टि कीजिए। *UPSC 2021 (250 शब्द; 15 अंक)*
9. सम्भाव्य सकल घरेलू उत्पाद (जी. डी. पी.) को परिभाषित कीजिए तथा उसके निर्धारकों की व्याख्या कीजिए। वे कौन-से कारक हैं, जो भारत को अपने सम्भाव्य सकल घरेलू उत्पाद (जी. डी. पी.) को साकार करने से रोकते रहे हैं? *UPSC 2020 (150 शब्द; 10 अंक)*
10. क्या आप इस मत से सहमत हैं कि सकल घरेलू उत्पाद (जी. डी. पी.) की स्थायी संवृद्धि तथा निम्न मुद्रास्फीति के कारण भारतीय अर्थव्यवस्था अच्छी स्थिति में है? अपने तर्कों के समर्थन में कारण दीजिए। *UPSC 2019 (150 शब्द; 10 अंक)*
11. ''वहनीय (ऐफोर्डेबल), विश्वसनीय, धारणीय तथा आधुनिक ऊर्जा तक पहुँच संधारणीय (सस्टेनबल) विकास लक्ष्यों (एस. डी. जी.) को प्राप्त करने के लिए अनिवार्य है।'' भारत में इस सम्बन्ध में हुई प्रगति पर टिप्पणी कीजिए। *UPSC 2018 (150 शब्द; 10 अंक)*
12. भारत में नीति आयोग द्वारा अनुसरण किए जा रहे सिद्धान्त इससे पूर्व के योजना आयोग द्वारा अनुसरित सिद्धान्तों से किस प्रकार भिन्न हैं? *UPSC 2018 (250 शब्द; 15 अंक)*
13. भारत की सम्भाव्य संवृद्धि के अनेक कारकों में बचत दर, सर्वाधिक प्रभावी है। क्या आप इससे सहमत हैं? संवृद्धि सम्भाव्यता के अन्य कौन-से कारक उपलब्ध हैं? *UPSC 2017 (150 शब्द; 10 अंक)*
14. ''सुधारोत्तर अवधि में सकल घरेलू-उत्पाद (जी. डी. पी.) की समग्र संवृद्धि में औद्योगिक संवृद्धि दर पिछड़ती गई है।'' कारण बताइए। औद्योगिक-नीति में हाल में किए गए परिवर्तन औद्योगिक संवृद्धि दर को बढ़ाने में कहाँ तक सक्षम हैं? *UPSC 2017 (250 शब्द; 15 अंक)*
15. हाल के समय में भारत में आर्थिक संवृद्धि की प्रकृति का वर्णन अधिकांशतः नौकरीहीन संवृद्धि के तौर पर किया जाता है। क्या आप इस विचार से सहमत हैं? अपने उत्तर के समर्थन में तर्क प्रस्तुत कीजिए। *UPSC 2015 (200 शब्द; 12½ अंक)*

समावेशी विकास तथा इससे उत्पन्न विषय

1. भारत में सुधारों के उपरान्त की अवधि में सामाजिक सेवाओं पर सार्वजनिक व्यय के स्वरूप एवं प्रवृत्ति का परीक्षण कीजिए। किस सीमा तक यह समावेशी संवृद्धि के उद्देश्य को प्राप्त करने के अनुरूप है? *UPSC 2024 (150 शब्द; 10 अंक)*
2. क्या बाजार अर्थव्यवस्था के अन्तर्गत समावेशी विकास सम्भव है? भारत में आर्थिक विकास की प्राप्ति के लिए वित्तीय समावेश के महत्त्व का उल्लेख कीजिए। *UPSC 2022 (150 शब्द; 10 अंक)*
3. ''तीव्रतर एवं समावेशी आर्थिक संवृद्धि के लिए आधारिक-अवसंरचना में निवेश आवश्यक है।'' भारतीय अनुभव के परिप्रेक्ष्य में विवेचना कीजिए। *UPSC 2021 (250 शब्द; 15 अंक)*
4. समावेशी संवृद्धि एवं सम्पोषणीय विकास के परिप्रेक्ष्य में, आन्तर्पीढ़ी एवं अन्तर्पीढ़ी साम्या के विषयों की व्याख्या कीजिए। *UPSC 2020 (150 शब्द; 10 अंक)*
5. यह तर्क दिया जाता है कि समावेशी संवृद्धि की रणनीति का आशय एक-साथ समावेशिता और धारणीयता के उद्देश्यों को प्राप्त किया जाना है। इस कथन पर टिप्पणी कीजिए। *UPSC 2019 (250 शब्द; 15 अंक)*
6. 'समावेशी संवृद्धि' के प्रमुख अभिलक्षण क्या हैं? क्या भारत इस प्रकार के संवृद्धि प्रक्रम का अनुभव करता रहा है? विश्लेषण कीजिए एवं समावेशी संवृद्धि हेतु उपाय सुझाइए। *UPSC 2017 (250 शब्द; 15 अंक)*

7. भारतीय सन्दर्भ में समावेशी विकास में निहित चुनौतियाँ, जिनमें लापरवाह और बेकार जनशक्ति शामिल है, पर टिप्पणी कीजिए। इन चुनौतियों का सामना करने के उपाय सुझाइए। *UPSC 2016 (200 शब्द; 12½ अंक)*

8. प्रधानमन्त्री जन-धन योजना (पी. एम. जे. डी. वाई.) बैंक-रहितों को संस्थागत वित्त में लाने के लिए आवश्यक है। क्या आप सहमत हैं कि इससे भारतीय समाज के गरीब तबके के लोगों का वित्तीय समावेश होगा? अपने मत की पुष्टि के लिए तर्क प्रस्तुत कीजिए। *UPSC 2016 (200 शब्द; 12½ अंक)*

संघीय बजट तथा संबंधित मुद्दे

1. पूँजी बजट तथा राजस्व बजट के मध्य अन्तर स्पष्ट कीजिए। इन दोनों बजटों के संघटकों को समझाइए। *UPSC 2021 (150 शब्द; 10 अंक)*

2. वस्तु एवं सेवा कर (राज्यों को क्षतिपूर्ति) अधिनियम, 2017 के तर्काधार की व्याख्या कीजिए। कोविड-19 ने कैसे वस्तु एवं सेवा कर क्षतिपूर्ति निधि (जी. एस. टी. कॉम्पेन्सेशन फण्ड) को प्रभावित और नए संघीय तनावों को उत्पन्न किया है? *UPSC 2020 (250 शब्द; 15 अंक)*

3. उन अप्रत्यक्ष करों को गिनाइए, जो भारत में वस्तु एवं सेवा कर (जी. एस. टी.) में सम्मिलित किए गए हैं। भारत में जुलाई, 2017 से क्रियान्वित जी. एस. टी. के राजस्व निहितार्थों पर भी टिप्पणी कीजिए। *UPSC 2019 (150 शब्द; 10 अंक)*

4. केन्द्रीय बजट, 2018-19 में दीर्घकालिक पूँजी अभिलाभ कर (एल. सी. जी. टी.) तथा लाभांश वितरण कर (डी. डी. टी.) के सम्बन्ध में प्रारम्भ किए गए महत्त्वपूर्ण परिवर्तनों पर टिप्पणी कीजिए। *UPSC 2018 (150 शब्द; 10 अंक)*

5. वर्ष 2017-18 के संघीय बजट के अभीष्ट उद्देश्यों में से एक उद्देश्य 'भारत को रूपान्तरित करना, ऊर्जावान बनाना और भारत को स्वच्छ करना' है। इस उद्देश्य को प्राप्त करने के लिए बजट 2017-18 में सरकार द्वारा प्रस्तावित उपायों का विश्लेषण कीजिए। *UPSC 2017 (250 शब्द; 15 अंक)*

6. भारत में महिला सशक्तीकरण के लिए जेण्डर बजटिंग अनिवार्य है। भारतीय प्रसंग में जेण्डर बजटिंग की क्या आवश्यकताएँ एवं स्थिति हैं? *UPSC 2016 (200 शब्द; 12½ अंक)*

प्रत्यक्ष एवं अप्रत्यक्ष कृषि सहायता तथा न्यूनतम समर्थन मूल्य से सम्बन्धित विषय, जन वितरण प्रणाली- उद्देश्य, कार्य, सीमाएँ, सुधार, बफर स्टॉक तथा खाद्य सुरक्षा सम्बन्धी विषय, प्रौद्योगिकी मिशन, पशुपालन सम्बन्धी अर्थशास्त्र

1. भारत में स्वास्थ्य एवं पोषण की सुरक्षा को सुनिश्चत करने के लिए मोटे अनाजों की भूमिका को समझाइए। *UPSC 2024 (150 शब्द; 10 अंक)*

2. भारत में कृषि कीमतों के स्थिरीकरण के लिए सुरक्षित भण्डार (बफर स्टॉक) के महत्त्व को स्पष्ट कीजिए। बफर स्टॉक के भण्डारण से जुड़ी चुनौतियाँ क्या है? विवेचना कीजिए। *UPSC 2024 (250 शब्द; 15 अंक)*

3. भारत में कृषि क्षेत्र को प्रदान की जाने वाली प्रत्यक्ष एवं अप्रत्यक्ष सब्सिडी क्या है? विश्व व्यापार संगठन (डब्ल्यू टी.ओ.) द्वारा उठाए गए कृषि सब्सिडी सम्बन्धित मुद्दों की विवेचना कीजिए। *UPSC 2023 (250 शब्द; 15 अंक)*

4. भारत में सार्वजनिक वितरण प्रणाली (पी. डी. एस.) की प्रमुख चुनौतियाँ क्या हैं? इसे किस प्रकार प्रभावी तथा पारदर्शी बनाया जा सकता है? *UPSC 2022 (150 शब्द; 10 अंक)*

5. राष्ट्रीय खाद्य सुरक्षा अधिनियम, 2013 की मुख्य विशेषताएँ क्या हैं? खाद्य सुरक्षा विधेयक ने भारत में भूख तथा कुपोषण को दूर करने में किस प्रकार सहायता की है? *UPSC 2021 (250 शब्द; 15 अंक)*

6. अनाज वितरण प्रणाली को अधिक प्रभावी बनाने हेतु सरकार द्वारा कौन-कौन से सुधारात्मक कदम उठाए गए हैं? *UPSC 2019 (250 शब्द; 15 अंक)*

7. न्यूनतम समर्थन मूल्य (एम. एस. पी.) से आप क्या समझते हैं? न्यूनतम समर्थन मूल्य कृषकों का निम्न आय फन्दे से किस प्रकार बचाव करेगा? *UPSC 2018 (150 शब्द; 10 अंक)*

8. सहायिकियाँ सस्यन प्रतिरूप, सस्य विविधता और कृषकों की आर्थिक स्थिति को किस प्रकार प्रभावित करती हैं? लघु और सीमान्त कृषकों के लिए फसल बीमा, न्यूनतम समर्थन मूल्य और खाद्य प्रसंस्करण का क्या महत्त्व है? *UPSC 2017 (250 शब्द; 15 अंक)*

9. प्रत्यक्ष लाभ अन्तरण (डी. बी. टी.) के द्वारा कीमत सहायिकी का प्रतिस्थापन भारत में सहायिकियों के परिदृश्य का किस प्रकार परिवर्तन कर सकता है? चर्चा कीजिए। *UPSC 2015 (200 शब्द; 12½ अंक)*

10. ग्रामीण क्षेत्रों में कृषितर रोजगार और आय का प्रबन्ध करने में पशुधन पालन की बड़ी सम्भाव्यता है। भारत में इस क्षेत्रक की प्रोन्नति करने के उपयुक्त उपाय सुझाते हुए चर्चा कीजिए। *UPSC 2015 (200 शब्द; 12½ अंक)*

भारत में खाद्य प्रसंस्करण एवं सम्बन्धित उद्योग-कार्यक्षेत्र एवं महत्त्व, स्थान, ऊपरी और निचली अपेक्षाएँ, आपूर्ति शृंखला प्रबन्धन

1. कृषि उत्पादों के उत्पादन एवं विपणन में ई-तकनीक किसानों की किस प्रकार मदद करती है? इसे समझाइए। *UPSC 2023 (150 शब्द; 10 अंक)*

2. खपत पैटर्न एवं विपणन दशाओं में परिवर्तन के सन्दर्भ में, भारत में फसल प्रारूप (क्रॉपिंग पैटर्न) में हुए परिवर्तनों की व्याख्या कीजिए। *UPSC 2023 (250 शब्द; 15 अंक)*

3. भारत में खाद्य प्रसंस्करण उद्योग के कार्यक्षेत्र और महत्त्व का सविस्तार वर्णन कीजिए। *UPSC 2022 (150 शब्द; 10 अंक)*

4. भारत में कृषि उत्पादों के विपणन की ऊर्ध्वमुखी और अधोमुखी प्रक्रिया में मुख्य बाधाएँ क्या हैं? *UPSC 2022 (250 शब्द; 15 अंक)*

5. देश में खाद्य प्रसंस्करण क्षेत्र की चुनौतियाँ एवं अवसर क्या हैं? खाद्य प्रसंस्करण को प्रोत्साहित कर कृषकों की आय में पर्याप्त वृद्धि कैसे की जा सकती है? *UPSC 2020 (150 शब्द; 10 अंक)*

6. खाद्य प्रसंस्करण क्षेत्रक की चुनौतियों के समाधान हेतु भारत सरकार द्वारा अपनाई गई नीति को सविस्तार स्पष्ट कीजिए। *UPSC 2019 (250 शब्द; 15 अंक)*

7. फलों, सब्जियों और खाद्य पदार्थों के आपूर्ति शृंखला प्रबन्धन में सुपरबाजारों की भूमिका की जाँच कीजिए। वे बिचौलियों की संख्या को किस प्रकार समाप्त कर देते हैं? *UPSC 2018 (150 शब्द; 10 अंक)*

8. लागत प्रभावी छोटी प्रक्रमण इकाई की अल्प स्वीकारिता के क्या कारण हैं? खाद्य प्रक्रमण इकाई गरीब किसानों की सामाजिक-आर्थिक स्थिति को ऊपर उठाने में किस प्रकार सहायक होगी? *UPSC 2017 (150 शब्द; 10 अंक)*

9. भारत में खाद्य प्रसंस्करण उद्योग का विकास करने की राह में विपणन और पूर्ति शृंखला प्रबन्धन में क्या बाधाएँ हैं? क्या इन बाधाओं पर नियन्त्रण पाने में ई-वाणिज्य सहायक हो सकता है? *UPSC 2015 (200 शब्द; 12½ अंक)*

भारत में भूमि सुधार

1. देश के कुछ भागों में भूमि सुधारों के सफल कार्यान्वयन के लिए उत्तरदायी कारक क्या थे? स्पष्ट कीजिए। *UPSC 2024 (150 शब्द; 10 अंक)*

2. भारत में भूमि सुधार के उद्देश्यों एवं उपायों को बताइए। आर्थिक मापदण्डों के अन्तर्गत, भूमि जोत पर भूमि सीमा नीति को कैसे एक प्रभावी सुधार माना जा सकता है, विवेचना कीजिए। *UPSC 2023 (150 शब्द; 10 अंक)*

3. देश के कुछ भागों में भूमि सुधारों ने सीमान्त और लघु किसानों की सामाजिक-आर्थिक स्थिति को सुधारने के लिए किस प्रकार सहायता की है? *UPSC 2021 (150 शब्द; 10 अंक)*

4. कृषि विकास में भूमि सुधारों की भूमिका की विवेचना कीजिए। भारत में भूमि सुधारों की सफलता के लिए उत्तरदायी कारकों को चिह्नित कीजिए। *UPSC 2016 (200 शब्द; 12½ अंक)*

5. भारत में कृषि भूमि धारकों के पतनोन्मुखी औसत आकार को देखते हुए, जिसके कारण अधिकांश किसानों के लिए कृषि अलाभकारी बन गई है, क्या संविदा कृषि को और भूमि को पट्टे पर देने के लिए बढ़ावा दिया जाना चाहिए? इसके पक्ष-विपक्ष का समालोचनात्मक मूल्यांकन कीजिए। *UPSC 2015 (200 शब्द; 12½ अंक)*

उदारीकरण का अर्थव्यवस्था पर प्रभाव, औद्योगिक नीति में परिवर्तन तथा औद्योगिक विकास पर इनका प्रभाव

1. जीवन सामग्रियों के सन्दर्भ में बौद्धिक सम्पदा अधिकारों का वर्तमान विश्व परिदृश्य क्या है? यद्यपि भारत पेटेण्ट दाखिल करने के मामले में विश्व में दूसरे स्थान पर है, फिर भी केवल कुछ का ही व्यवसायीकरण किया गया है। इस कम व्यवसायीकरण के कारणों को स्पष्ट कीजिए। *UPSC 2024 (150 शब्द; 10 अंक)*

2. जी.डी.पी. में विनिर्माण क्षेत्र विशेषकर एम.एस.एम.ई की बढ़ी हुई हिस्सेदारी तब आर्थिक संवृद्धि के लिए आवश्यक है। इस सम्बन्ध में सरकार की वर्तमान नीतियों पर टिप्पणी कीजिए। *UPSC 2023 (150 शब्द; 10 अंक)*

3. उत्तर-उदारीकरण अवधि के दौरान, बजट निर्माण के सन्दर्भ में, लोक व्यय प्रबन्धन भारत सरकार के समक्ष एक चुनौती है। इसको स्पष्ट कीजिए। *UPSC 2019 (250 शब्द; 15 अंक)*

4. श्रम-प्रधान निर्यातों के लक्ष्य को प्राप्त करने में विनिर्माण क्षेत्रक की विफलता के कारण बताइए। पूँजी-प्रधान निर्यातों की अपेक्षा अधिक श्रम-प्रधान निर्यातों के लिए उपायों को सुझाइए। *UPSC 2017 (150 शब्द; 10 अंक)*

5. भारतीय अर्थव्यवस्था में वैश्वीकरण के परिणामस्वरूप औपचारिक क्षेत्र में रोजगार कैसे कम हुए? क्या बढ़ती हुई अनौपचारिकता देश के विकास के लिए हानिकारक है? *UPSC 2016 (200 शब्द; 12½ अंक)*

6. इसकी स्पष्ट स्वीकृति है कि विशेष आर्थिक जोन (एस.ई.जैड.) औद्योगिक विकास, विनिर्माण और निर्यातों के एक साधन हैं। इस सम्भाव्यता को मान्यता देते हुए, एस.ई.जैड. के सम्पूर्ण करणत्व में वृद्धि करने की आवश्यकता है। कराधान, नियन्त्रक कानूनों और प्रशासन के सम्बन्ध में एस.ई.जैड. की सफलता को परेशान करने वाले मुद्दों पर चर्चा कीजिए। *UPSC 2015 (200 शब्द; 12½ अंक)*

7. सोने के लिए भारतीयों के उन्माद ने हाल के वर्षों में सोने के आयात में प्रोत्कर्ष (उछाल) उत्पन्न कर दिया है तथा भुगतान-सन्तुलन और रुपये के बाह्य मूल्य पर दबाव डाला है। इसको देखते हुए स्वर्ण मुद्रीकरण योजना के गुणों का परीक्षण कीजिए। *UPSC 2015 (200 शब्द; 12½ अंक)*

8. 'भारत में बनाइए' कार्यक्रम की सफलता, 'कौशल भारत' कार्यक्रम और आमूल श्रम सुधारों की सफलता पर निर्भर करती है। तर्कसम्मत दलीलों के साथ चर्चा कीजिए। *UPSC 2015 (200 शब्द; 12½ अंक)*

बुनियादी ढाँचा: ऊर्जा, बन्दरगाह, सड़क, विमानपत्तन, रेलवे आदि

1. भारत में क्षेत्रीय वायु कनेक्टिविटी के विस्तार की क्या आवश्यकता है? इस सन्दर्भ में, सरकार की 'उड़ान' योजना तथा इसकी उपलब्धियों की चर्चा कीजिए। *UPSC 2024 (250 शब्द; 15 अंक)*

2. भारतीय अर्थव्यवस्था मे डिजिटलिकरण की स्थिति क्या है? इस सम्बन्ध में आने वाली समस्याओं का परीक्षण कीजिए और सुधार के लिए सुझाव दीजिए। *UPSC 2023 (150 शब्द; 10 अंक)*

3. बुनियादी ढाँचागत परियोजनाओं में सार्वजनिक-निजी साझेदारी (पी. पी. पी.) की आवश्यकता क्यों है? भारत में रेलवे स्टेशनों के पुनर्विकास में पी.पी.पी. मॉडल की भूमिका का परीक्षण कीजिए। *UPSC 2022 (150 शब्द; 10 अंक)*

4. क्या आपके विचार में भारत अपनी ऊर्जा आवश्यकता का 50% भाग, वर्ष 2030 तक नवीकरणीय ऊर्जा से प्राप्त कर लेगा? अपने उत्तर के औचित्य को सिद्ध कीजिए। जीवाश्म ईंधनों से सब्सिडी हटाकर उसे नवीकरणीय ऊर्जा स्रोत में लगाना उपर्युक्त उद्देश्य पूर्ति में किस प्रकार सहायक होगा? समझाइए। *UPSC 2022 (250 शब्द; 15 अंक)*

5. पारम्परिक ऊर्जा उत्पादन के विपरीत सूर्य के प्रकाश से विद्युत ऊर्जा प्राप्त करने के लाभों का वर्णन कीजिए। इस प्रयोजनार्थ हमारी सरकार द्वारा प्रस्तुत पहल क्या है? *UPSC 2020 (250 शब्द; 15 अंक)*

6. ऊर्जा की बढ़ती हुई जरूरतों के परिप्रेक्ष्य में क्या भारत को अपने नाभिकीय ऊर्जा कार्यक्रम का विस्तार करना जारी रखना चाहिए? नाभिकीय ऊर्जा से सम्बन्धित तथ्यों एवं (Fear) जोखिमों की विवेचना कीजिए। *UPSC 2018 (250 शब्द; 15 अंक)*

7. चीन-पाकिस्तान आर्थिक गलियारे (सी. पी. ई. सी.) को चीन की अपेक्षाकृत अधिक विशाल 'एक पट्टी एक सड़क' पहल के एक मूलभूत भाग के रूप में देखा जा रहा है। सी. पी. ई. सी. का एक संक्षिप्त वर्णन प्रस्तुत कीजिए और भारत द्वारा उससे किनारा करने के कारण बताइए। *UPSC 2018 (150 शब्द; 10 अंक)*

8. सार्वजनिक-निजी भागीदारी (पी. पी. पी.) मॉडल के अधीन संयुक्त उपक्रमों के माध्यम से भारत में विमानपत्तनों के विकास का परीक्षण कीजिए। इस सम्बन्ध में प्राधिकरणों के समक्ष कौन-सी चुनौतियाँ हैं? *UPSC 2017 (150 शब्द; 10 अंक)*

9. देश में नवीकरणीय ऊर्जा के स्रोतों के सन्दर्भ में उनकी वर्तमान स्थिति और प्राप्त किए जाने वाले लक्ष्यों का विवरण दीजिए। प्रकाश उत्सर्जक डायोड (एल. ई. डी.) पर राष्ट्रीय कार्यक्रम के महत्त्व की विवेचना संक्षेप में कीजिए। *UPSC 2016 (200 शब्द; 12½ अंक)*

10. 'स्मार्ट शहरों' से क्या तात्पर्य है? भारत के शहरी विकास में इनकी प्रासंगिकता का परीक्षण कीजिए। क्या इससे ग्रामीण तथा शहरी भेदभाव में बढ़ोतरी होगी? पी. यू. आर. ए. एवं आर. यू. आर. बी. ए. एन. मिशन के सन्दर्भ में 'स्मार्ट गाँवों' के लिए तर्क प्रस्तुत कीजिए। *UPSC 2016 (200 शब्द; 12½ अंक)*

11. सौर ऊर्जा की उपकरण लागतों और टैरिफ में हाल के नाटकीय पतन के क्या कारक बताए जा सकते हैं? इस प्रवृत्ति के तापीय विद्युत उत्पादकों और सम्बन्धित उद्योग के लिए क्या निहितार्थ हैं? *UPSC 2015 (200 शब्द; 12½ अंक)*

निवेश मॉडल

1. एक अर्थव्यवस्था में पूँजी निर्माण के रूप में विनियोग के अर्थ की व्याख्या कीजिए। उन कारकों की विवेचना कीजिए, जिन पर एक सार्वजनिक एवं एक निजी निकाय के मध्य रियायत अनुबन्ध (कॉनसुलेशन एग्रीमेण्ट) तैयार करते समय विचार किया जाना चाहिए। *UPSC 2020 (250 शब्द; 15 अंक)*

2. भारतीय अर्थव्यवस्था के विकास में एफ. डी. आई. की आवश्यकता की पुष्टि कीजिए। हस्ताक्षरित समझौता-ज्ञापनों तथा वास्तविक एफ. डी. आई. के बीच अन्तर क्यों है? भारत में वास्तविक एफ. डी. आई. को बढ़ाने के लिए सुधारात्मक कदम सुझाइए। *UPSC 2016 (200 शब्द; 12½ अंक)*

केन्द्रीय बजट 2025-26 **एवं आर्थिक सर्वेक्षण** 2024-25 के लिए QR कोड स्कैन करें